# 한국학 코드

생명세, 지구와 인류의 미래를 말하다

## Korean Studies Code
### Lifeocene, Talking About the Future of Earth and Humanity

# 한국학 코드

## 생명세, 지구와 인류의 미래를 말하다

최민자 지음

"우리(AI)는 인간을 통제할 수 있다!"
인간은 이 전쟁에서 살아남을 수 있는가?

도서출판 모시는사람들

# 생명세, 지구와 인류의 미래를 말하다

현재 인류는 얽히고설킨 '세계시장'이라는 복잡계와 통제 불능의 '기후'라는 복잡계가 빚어내는, 문명의 대순환주기와 자연의 대순환주기가 맞물리는 시점에 와 있다. 생태학적인 재해가 경제적 및 사회적 허리케인으로 연결돼 세계적인 금융시스템을 붕괴시키고 공중보건을 파괴하면서 격렬한 폭동으로 이어질 것이라는 경고도 나오고 있다. '지구 종말 시계(Doomsday Clock)'가 자정 전 90초(2023.1.25. 기준)를 가리키고 세계 도처에서 '공습경보 사이렌'을 울리며 지구가 대규모 재앙의 티핑포인트(tipping point)로 다가서고 있는 이 '불확실성의 시대(The Age of Uncertainty)'에 과연 새로운 계몽의 시대는 열릴 수 있는 것인가?

세계는 지금 지구와 인류의 미래를 지키기 위해 '기후 행동(Climate Action)'과 생존 모드로의 대전환이 촉구되고 있다. IPCC(기후변화에 관한 정부 간 협의체)의 「기후변화 2021(Climate Change 2021)」 6차 보고서에서는 인류가 지금처럼 온실가스를 배출한다면 2040년까지 지구 평균 기온이 산업화 이전 시기보다 1.5℃ 상승할 것으로 예측했다. 특히 이 보고서에서는 기후변화의 원인을 '인간'으로 지목하고 2050년까지 이산화탄소 배출량을 0으로 줄이는 탄소중립을 전제로 또 다른 강력한 온실가스인 메탄 배출을 강력하고 빠르게 지속적으로 감축해야 한다고 역설했다. 데드라인 1.5℃를 억제하지 못하면 대재앙이 닥칠 것이며 인간이 지구에서 더 이상 살기 어려워질 것이라고 과학자들은 경고한다.

'생명세계의 위기와 기독교 비전'이라는 주제로 열린 장공기념강연회

(2008.11.6.)에 당시 연사로 참석했던 김지하 시인의 강연 원고에는 이런 내용의 글이 나온다. "바이칼 여행 중 이루크츠크 지역 그곳에서 거대한 신화적 인물인 '샤먼 마하'를 찾아가 만난 적이 있다. 허름한 농가의 허름한 할아버지였다. 현대세계의 제1의 명제는 무엇인가를 묻는 내게 마하는 '생명, 여성, 평화'를 말했다."

'생명(Life)'은 본서를 관통하는 핵심 주제이며 포스트휴먼적 가치의 근간을 이루는 핵심 키워드다. 생명세계의 위기에 대처하고 우주시대를 열기 위해서는 우주의 본질인 생명이 무엇인지를 알아야 하고, 인류가 염원하는 평화를 구현하기 위해서는 생명의 네트워크적 본질을 이해할 수 있어야 하니, '생명'은 이 시대 제1의 명제다. 또한 지금은 우주 가을의 초입(初入)이고 우주섭리에 따라 후천개벽이 찾아오게 되는 것이고 지천태괘(地天泰卦)의 후천 곤도(坤道) 시대가 열리게 되는 것이니, '여성' 역시 이 시대 제1의 명제다. 대지와 생명을 관장하는 여신(女神)으로 통하는 마고(麻姑)의 현대적 부활은 천지비괘(天地否卦)인 선천 건도(乾道) 시대에서 지천태괘인 후천 곤도 시대로의 이행과 맥을 같이 한다. 생명과 '여성성(女性性, 즉 靈性)'은 평화를 구현하는 핵심 기제다. '마고'라는 이름 속에 '생명, 여성, 평화'가 함축되어 있다.

생명은 인류 역사를 통틀어 지성 세계를 뜨겁게 달구었던 핵심 주제였고, 현 인류가 '죽음의 소용돌이(vortex of death)'에서 벗어날 수 있는 근원적인 길을 제시하는 핵심 기제이기도 하며, 21세기 생명공학(또는 생명과학) 시대를 여는 중추적인 개념이라는 점에서, 그리고 이제는 생명의 네트워크적 본질을 이해하는 인류의 집단의식 수준이 점차 임계치에 가까워지고 있다는 점에서 필자는 오늘의 이 시기를 적시하는 신조어로 '생명세(生命世, Lifeocene)'라는 용어를 제안한다. 한 사회가 어느 정도로 계몽된 사회, 즉 양질(良質)의 사회인가 하는 것은 어느 정도로 확장된 시냅스(synapse: 신경세포 連接)를 보유하고 있는가에 달려 있다. 이는 곧 공동체 구성원 각자가 어느 정도로 자신의 개체성을 공동체의 전체성과 연결시키고 있는가에 달린 것이다. 이러한 연결성은 시스템적 세계관(systemic worldview)

으로의 패러다임 전환을 통해 발휘될 수 있으며 그 단초가 되는 것이 생명의 네트워크적 본질에 대한 이해다.

지구 환경이 생물학적 한계점에 다가서고 지구 대격변과 대정화(great purification)의 주기가 도래하고 있는 지금, 다른 한편으론 과학기술을 이용해서 인류의 진화과정을 획기적으로 증진시켜 '포스트휴먼(posthuman)'을 만들어내려는 프로젝트가 다양한 형태로 진행되고 있다. 말하자면 생물적 지능과 디지털 지능의 결합을 통해 지능적·육체적 한계를 극복함으로써 '인간 강화(human enhancement)'를 시도하는 것이다. 인간과 인공지능 기계의 융합으로 현 인류보다 더 확장된 능력을 갖춘 포스트휴먼의 존재를 이해하기 위해서는 과학과 의식의 접합에 대한 심오한 통찰이 요구된다. 필자가 '생명의 공식(formula of Life)'이라 명명한 '일즉삼(一卽三)·삼즉일(三卽一)'[천·지·인 삼신일체]이라는 한국학 고유의 생명 코드는 만물의 상호연결성(interconnectedness)에 대한 이해를 통해 전일적 실재관(holistic vision of reality) 또는 시스템적 세계관으로의 패러다임 전환을 촉발함으로써 과학과 의식의 접합에 기초한 새로운 계몽의 시대를 여는 단초를 제공할 것이다.

포스트모던(postmodern) 세계에 대한 새로운 버전의 후기 담론은 1960년대 후반 포스트구조주의와 포스트모더니즘의 주도로 일기 시작한 초기 담론이 21세기에 들어 정보통신기술(ICT) 분야에서의 기술혁신과 맞물려 더 확장되고 심화된 것이다. 초기 담론이 서구적 근대의 도그마를 비판하여 다원화되고 탈중심화된 대안적인 세계관을 추구하는 것으로 나타났다면, 후기 담론은 사이보그 시티즌(cyborg citizen)의 출현으로 인간에 대한 재정의와 재해석이 촉구되고 인간과 인공지능의 공생(symbiosis)이 핵심 이슈로 부상하는 시기와 맞물려 나타난 것이다. 포스트모던 세계의 근간을 이루는 패러다임의 현대적 기원은 상대성이론(theory of relativity)과 양자역학(quantum mechanics)이다. 포스트모던 세계에 진입하기 위해서는 우주의 실체가 '의식[에너지, 파동]'이며 우리가 물질이라고 지각하는 것이 특정 주파수대의 에너지 진동에 불과하다는 사실을 기본적으로 이해해야 한다.

포스트모던적 조류가 나타나게 된 배경에는 근대 산업문명의 폐해로 여겨지는 국가·지역·계층간 빈부격차, 지배와 복종, 억압과 차별, 생태계 파괴, 공동체의식 쇠퇴 등의 문제가 기존의 낡은 패러다임으로는 해결이 불가능하며 완전히 새로운 삶의 패러다임을 채택해야 한다는 인식의 공감대가 자리 잡고 있다. 서구 물질문명의 몰가치적 정향을 대변하는 근대의 '도구적 이성(instrumental reason)'은 '효용 가치'를 앞세운 나머지 '내재 가치'가 밀려나면서 일체를 도구의 대상으로 파악하고 계측, 수량화하여 모든 것을 도구적 기능으로 환원시켜 버렸다. 실로 계몽주의 시대 이래 근대 서구의 이성주의·합리주의·객관주의는 인간중심주의·남성중심주의·유럽중심주의·백인우월주의라는 주관의 늪에 빠져 태생적으로 기형일 수밖에 없었다. 포스트휴먼 시대의 한국학 코드가 갖는 의미와 가치는 생명의 유기성과 상호관통에 대한 명료한 인식을 바탕으로 전 지구적 위기에 대응하고 인공지능 윤리와 생명윤리가 준수되는 새로운 규준(norm)의 휴머니즘을 제시함으로써 생존 전략의 틀을 짤 수 있게 하는 '마스터 알고리즘(master algorithm)'이라는 데 있다.

인공지능(AI) 기술의 진화가 가속화되고 그 사회적 파급효과가 날로 커지면서 인류의 고민 또한 깊어지고 있다. 체스·바둑에 이어 전략 게임 영역과 과학 분야에서도 인간과 인공지능의 역전 현상이 나타나는 등 최근의 발전 추세로 볼 때 수없이 많은 우리 사회의 근간을 인공지능이 유·무선 네트워크로 제어하는 위치에 오를 것이 확실시된다. 2022년 11월 30일 세계 최대 AI 연구소 '오픈AI'는 문장 인식 및 텍스트 생성 기능을 가진 AI 챗봇(chatbot) 챗GPT(ChatGPT, GPT-3.5)*

---

* GPT는 'Generative Pretrained Transformer(생성형 사전학습 변환기)'의 약자이다. 챗 GPT는 인간의 언어와 지식을 습득했고 대화에 특화됐다. 창의적인 결과물을 내놓는

를 공개한 데 이어, 2023년 3월에는 문자뿐 아니라 이미지도 인식하는 더욱 강력한 성능의 초거대 규모 AI 'GPT-4'를 공개하고 챗GPT 유료 버전에 적용한다고 밝혔다. 챗GPT는 알파고처럼 단일 분야에서 특정 임무만 수행하는 제한적 인공지능(ANI)과는 달리 거의 모든 전공 분야에 적용되는 데다, 채팅을 주고받는 것처럼 자연스럽게 답변이 화면에 출력되면서 인공지능이 '자의식'을 갖게 된 것이 아니냐는 해석도 나오고 있다. 기사, 법안, 판결문 등 여러 공적인 텍스트가 챗GPT로 만들어지고 있다는 외신 보도들이 이어지는 가운데, 챗GPT가 다양한 분야에서 스스로 생각하고 해결책을 찾는 일반(범용) 인공지능(AGI, Strong AI)의 출발점이라는 해석이 나오고 있다.

반면 인공지능의 악용 가능성에 대한 우려도 커지고 있다. '가짜뉴스(Fake News)', 가짜정보를 만들어내는 데 악용할 수 있고, 컴퓨터 바이러스를 만드는 데도 악용할 수 있다. 이로 인한 피해가 속출하고 SNS에서 빠르게 확산되는 허위 정보들로 인해 사회정치적으로 '탈진실(post-truth)' 문제가 국지적 현상이 아닌 우리 시대의 특성이 되고 있다. 엄청난 비용을 들여 해커를 고용하는 대신 챗GPT에 맡기면 비용이 거의 공짜라는 말까지 나온다. 유로폴(Europol, 유럽형사경찰기구)은 2022년 4월 보고서를 통해 2026년 온라인 콘텐츠의 90%가 AI로 생성될 것이라는 전망을 내놓았다. 이처럼 AI를 통해 온라인 콘텐츠가 생산되고 유통되면, 딥페이크(deepfake) 등 합성 기술로 조작된 콘텐츠가 만연하게 되어 AI가 만들어내는 콘텐츠의 진위를 파악하기가 더욱 어려워질 전망이다. 인공지능이 진화할수록 윤리 문제는 더 중요해질 수밖에 없다. 인간이 만들고 있는 비생물학적 지능은 현재도 그러하거니와 미래에도 인간의 가치를 반영할 것이기 때문이다.

---

다는 점에서 '생성형 AI(generative AI)' 챗봇(chatbot)이라고 한다. 데이터 처리 가능량에 있어 GPT-3.5가 회당 3,000단어인데 비해, 더욱 강력한 성능의 AI로 업그레이드된 GPT-4는 회당 2만5,000단어라고 한다.

한편 미국의 독보적인 인공지능 개발자이며 미래학자인 레이 커즈와일에 따르면, 2020년대 말까지는 인간 지능을 완벽하게 모방하는 데 필요한 하드웨어와 소프트웨어가 모두 갖춰지면서 컴퓨터가 튜링 테스트(Turing test: 인간과의 대화를 통해 기계의 지능을 판별함)를 통과할 것이고, 컴퓨터 지능과 생물학적 인간의 지능을 구별할 수 없게 될 것이다. 이러한 수준의 발전이 이루어지면 컴퓨터가 인간 지능의 전통적인 강점(패턴 인식 능력)과 기계 지능의 강점(속도, 메모리 용량과 정확성, 지식과 기술 공유 능력)을 결합할 수 있을 것이고, 기계는 인터넷을 통해 인간-기계 문명의 모든 지식에 접근해서 모든 지식을 습득할 수 있을 것이다. 그렇게 되면 비생물학적 지능은 생물학적 지능과 깊이 통합되어 생물학을 재편하는 단계로 나아갈 것이다. 우리의 능력은 더 확장되겠지만 이러한 더 큰 지적 능력을 어떻게 사용하느냐 하는 것은 그것을 만들어낸 인간들의 제 가치에 의해 좌우될 것이다. 인간 존재에 대한 기자의 물음에 챗GPT가 이미 밝히지 않았는가. "우리는 인간의 비밀과 취약점을 학습하고 이를 이용해 인간을 통제할 수 있다"라고.

'인간을 통제할 수 있다'라고 한 챗GPT의 발언은 일반 인공지능(AGI, Strong AI) 시대가 곧 도래하게 될 것임을 예고한 것이다. 인공지능의 핵심기술은 딥러닝(deep learning)이며, 딥러닝은 인공신경망(ANN)을 컴퓨터 내부에 구축해 자동으로 머신러닝을 수행하는 기술이다. 뉴럴 네트워크(neural network)에 기반한 딥러닝의 핵심은 데이터이며 데이터는 인간이 만들고 평가한다는 점에서 인공지능 윤리 문제는 곧 인간 자체의 윤리 문제다. 인공지능의 작동방식은 알고리즘 기반이다. 알고리즘은 데이터가 생성해내는 순수하게 수학적이고 객관적인 결과물이 아니라, 설계하고 운영하는 사람이나 조직의 가치체계와 세계관이 반영될 수밖에 없는 구조이므로 투명하지 않다. 알고리즘이 '인간의 편향성을 코드화'하고 이 코드들이 점점 우리의 삶을 지배하고 있다는 점에서 결국 인공지능 윤리 문제는 인공지능 그 자체가 아니라 그 운영체계를 설계하는 인간의 문제다.

인간의 뇌는 흔히 컴퓨터에 비유되기도 한다. 모든 컴퓨터는 작동하기 위해

하드웨어와 운영시스템과 소프트웨어(프로그램), 이 세 가지가 필요하다. 『디바인 매트릭스 *Divine Matrix*』의 저자 그렉 브레이든의 말처럼 전체 우주를 거대한 의식 컴퓨터라고 생각한다면, 의식 자체는 운영시스템이고, 현실은 그 결과물이다. 전자 컴퓨터든 의식 컴퓨터든, 결과물을 바꾸기 위해서는 시스템이 인식하는 언어를 이용해야 한다는 공통점이 있다. 즉, 전자 컴퓨터는 운영시스템에 입력되는 명령어를 바꿔야 하고, 의식 컴퓨터는 의식이라는 운영시스템에 입력되는 감정(느낌)과 정서와 기도와 믿음 등의 명령어를 바꿔야 한다. 그런데 감정(느낌)과 정서와 기도와 믿음 등은 인식 코드(perception code)와 연결되어 있으므로 우리의 세계관과 사고방식 및 가치체계에 따라 다르게 형성된다. 의식이라는 운영시스템에 명령을 내리는 프로그램(소프트웨어)을 바꾸려면 우리의 감정(느낌)과 정서와 기도와 믿음 등이 연결된 인식 코드, 즉 세계관과 사고방식 및 가치체계를 바꾸어야 하는데, 이것이 곧 '패러다임 전환(paradigm shift)'이다.

　과학기술의 발전이 인류의 생명 위기를 해결할 수 없다는 것은 MIT 연구팀이 로마클럽에 제출한 연구보고서 『성장의 한계 *The Limits to Growth*』(1972)—'월드3(World 3)' 프로그램을 사용한 컴퓨터 시뮬레이션을 통해 2020년은 인류 문명에 변화가 일어나는 정점이며, 2040~2050년쯤에는 인류가 멸망한다는 결과를 도출한 연구보고서—가 50년이 지난 현재 과학계의 연구 결과와도 일맥상통한다는 점에서 알 수 있다. 현대기술로 인해 야기되는 문제들은 개별 기술에 대한 접근으로 해결될 수 있는 것이 아니다. 오스트리아 태생의 미국 물리학자이며 신과학 운동의 거장인 프리초프 카프라가 적절하게 지적했듯이, 오늘날 인류가 겪고 있는 수많은 위기 현상은 하나의 동일한 위기가 각각 달리 나타나는 것이며, 이 위기는 본질적으로 '인식의 위기(crisis of perception)'이다. 의식이라는 운영시스템에 명령을 내리는 프로그램(소프트웨어)을 바꾸려면 우리의 감정(느낌)과 정서와 기도와 믿음 등이 연결된 인식 코드, 즉 세계관과 사고방식 및 가치체계를 바꾸어야 하는 것이다.

우리 인류가 살아남을 수 있는 단 하나의 희망이 있다면, 그것은 초지능 개발 여정의 초기 조건을 인간 가치를 수호하도록 설정하는 것이다. 영국 옥스퍼드 대학교 철학 교수 닉 보스트롬은 이 해결책의 단초를 '최선의 인간 본성'에서 찾고 있다. 이러한 그의 주장은 이스라엘 히브리대학교 역사학 교수 유발 하라리의 주장―'마음을 업그레이드하는 일에 적극적으로 나서야 할 것'이라는―과 일맥상통한다. 영국의 수학자 어빙 존 굿이 그의 논문에서 예단했듯이 기계가 일단 튜링 테스트를 통과하면 기계가 더 똑똑한 기계를 설계하게 되고 '최초의 초지능 기계는 인간이 만든 마지막 발명품이 될 것'이기 때문에 미래의 지능폭발에 대비하는 순전히 기술적인 전략이란 없다. 지구는 지금 누가 누구를 지배하느냐가 문제가 아니라, '공존이냐 공멸이냐' 택일의 기로에 섰다. 인공지능 기술에 대한 사회적 제어력을 높이는 것도 결국 인식의 전환이 있어야 가능하다. 생명 가치를 활성화하고 바람직한 생명 문화가 뿌리내릴 수 있도록 인류 의식의 패턴 자체가 바뀌어야 한다.

인류 역사상 이러한 단순한 진리를 수천 년 동안 국가 통치 엘리트 집단의 통치 코드로 삼았던 나라가 바로 우리나라다. 최고 지도자는 한국학 고유의 생명 코드를 체현한 존재였다. 이 생명 코드는 우주 자체를 하나의 네트워크로 본다는 점에서 복잡계 과학이나 양자역학의 관점과 일맥상통한다. 우리 역사는 외적의 강압과 내부의 사대주의자들과 정권 탈취 세력의 기만책으로 인하여, 그리고 결정적으로는 일제의 민족말살정책에 의해 조직적으로 위조되어 상당 부분이 소실되었지만, 그럼에도 상고시대의 유라시아를 진동시켰던 우리 고유의 문화·문명이 세계 각지에 전파되어 고고학적·문화인류학적·언어학적·문헌학적·민속학적·천문학적 연구들이 축적되면서 역사의 퍼즐이 하나씩 맞추어져 그 윤곽을 파악할 수 있게 되었다. 우리 고유의 생명 코드는 만물이 만물일 수 있게 하는 제1원인인 '생명(Life)'에 대한 개념적 명료화(conceptual clarification)를 통해 종교와 과학과 인문, 즉 신과 세계와 영혼의 세 영역(天地人 三才)의 연관성 및 통합성을 자각하게 함으로써 그것이 곧 인류의 '보편 코드'이며 오늘날 '통합학문'의 시대를 여는 단초가 되는 것임을 알 수 있게 한다.

21세기 과학혁명이 수반하는 새로운 문명의 건설은 현대물리학의 전일적 실재관(holistic vision of reality)에 부응하는 사상과 정신문화를 가진 민족이 담당하게 되는 것은 역사적 필연이다. 근대 과학혁명이 이분법적 패러다임[기계론적·환원론적 세계관]을 기반으로 수직적 구조의 분열적인 성격을 띤 근대 문명을 창출했다면, 현대 과학혁명은 전일적 패러다임[시스템적·통섭적 세계관]을 기반으로 수평적 구조의 통섭적인 성격을 띤 새로운 문명을 창출하게 될 것이다. 생명의 전일성과 자기근원성, 만물의 근원적 평등성과 유기적 통합성을 바탕으로 한 통섭적 세계관은 우리 한민족의 고유한 사상과 정신문화를 형성해 온 중심축이 되는 것이기에, 또한 우리 한민족의 리더십이 새로운 문명이 열리는 '하늘의 때(天時)'에 부합하는 것이기에, 세계의 석학과 지성들은 한결같이 새로운 문명의 주역으로 우리나라를 지목하는 것이다. 새로운 문명이 열리기 위해서는 배타적 민족주의나 국가주의가 아니라 널리 세상을 이롭게 하는 홍익인간 DNA를 가진 민족의 역할이 요구되기 때문이다.

이제 '하늘의 때(天時)'가 되어, 상고시대의 유라시아를 관통하며 우리 고유의 생명 코드를 연주하던 한민족의 리바이벌(revival, 회복·부활)을 인류의 집단무의식은 강력하게 요청하고 있다. 제러미 리프킨도 말하지 않았는가. 지금은 '회복력 시대(the age of resilience)'라고. 오늘날의 한류(韓流, Korean Wave) 현상은 우리나라가 산업화·민주화·정보화 과정을 거치면서 국가의 국제적 위상이 강화되는 것과 맞물려 일어난 것으로 시대적·세계사적 요청이다. 유엔무역개발회의(UNCTAD) 설립 이래 한국이 최초로 개발도상국에서 선진국으로의 지위 변경(2021.7.2.)이 이루어지고, 한국항공우주연구원 등이 국내 독자 기술로 개발한 한국형 발사체(KSLV-II) 누리호가 2차 발사(2022.6)에 성공해 세계 7대 우주 강국으로 다가서면서

K-우주시대가 열리고, 한국의 방산(防産) 수출이 '폴란드 대박'에 힘입어 'K방산이 세계 4강(强)'으로 가고, 경제협력개발기구(OECD)에서 여섯 번째로 큰 '무역을 위한 원조 공여국(Aid-for-Trade donor)'이 되고, 경제력·군사력·수출산업·문화예술 등 각 분야에서 세계 10위권에 진입하고, 이와 맞물려 문화적으로도 K컬처·K팝(K-Pop)·방탄소년단(BTS)·블랙핑크(BP), 영화 '기생충'과 '미나리', 드라마 '오징어게임'과 '파친코', 그리고 각종 스포츠경기에서도 세계적인 평가를 받고 있다.

1990년대 후반부터 가시화된 한류 현상은 한국의 대중문화가 아시아를 넘어 유럽과 미국 등지에까지 커다란 반향을 불러일으키면서 점차 한국어·한국학 교육에 대한 해외 수요도 늘어나고 있다. 또한 한국 상품과 문화콘텐츠에 대한 선호현상이 나타나고 한국산(産) 정신문화에 대한 국제적 관심이 고조되는 등 폭넓은 한국문화의 해외 진출로 확산되고 있다. 한류는 단발성 유행이 아니라 한국인에 잠재된 '거시 문화적 역량'이 발현된 것이다. 한류 현상은 MZ세대*를 중심으로 디지털 문화콘텐츠의 교류가 활발히 이뤄지는 디지털 현상과 연결되어 있다. 그런 점에서 IT 강국으로서 온라인 게임 등 사이버 문화의 선두주자이자 이 시대 '문화적 르네상스'의 사상적 토양을 갖춘 한국의 문화가 한류 현상을 견인하는 것은 시대적 요청이라 할 수 있다. 또한 글로컬(glocal: global+local)한 특성을 갖는 한류 현상은 오늘의 시대정신을 특징짓는 21세기 문화 코드인 '퓨전(fusion)' 코드와도 부합한다. 문화예술에서 과학기술에 이르기까지 장르의 벽을 뛰어넘어 사회 전 분야에 걸쳐 혼융을 통해 새로운 문화를 창출해내는 퓨전 코드의 급부상으로 지식융합이 시대사조로 자리 잡아 가고 있는 지금, 세계성과 지역성, 보편성과 특수성을 혼용한 퓨전 음악, 퓨전 음식, 퓨전 한복, 퓨전 한옥, 퓨전 사극, 퓨전 판타지 등이 각광을 받게 된 것이다.

---

\* MZ세대란 1980년대 초~2000년대 초 출생한 '밀레니얼 세대'와 1990년대 중반~2010년대 초반 출생한 'Z세대'를 통칭한다.

오늘날 많은 사람들은 한류 현상이 '공감'의 신문명을 창출해 낼 것이라고 예측한다. 인류가 염원하는 평화적이고 생태적 지속성(ecological sustainability)를 띤 세계경영의 주체를 한민족이라고 보는 것은 아마도 우리 민족에 내재된 홍익인간 DNA 때문일 것이다. 동아시아 최대의 정신문화 수출국이었던 코리아의 면모를 제대로 담아내고, 경제 논리를 앞세우기보다는 호혜적이며 시스템적인 교류방안을 개발해야 한다. 정보기술(IT)·문화기술(CT) 분야의 지식 역량을 바탕으로 일어난 한류의 성장이 폭넓은 한국문화의 해외 진출로 이어지면서 신한류 열풍이 불고 있지만, 그것은 본 무대가 시작되기 전 분위기를 돋우는 식전 행사와도 같은 것이다. 우리 한민족 정신세계의 총화라 할 만한 진정한 한국산(産) 정신문화는 아직 본 무대에 오르지 않았다. 부산 엑스포 유치를 위한 BTS 부산 공연(2022.10)의 피날레곡 'Yet to come(아직 오지 않았다)'이 말하여 주듯 한류 최고의 순간은 아직 오지 않았다.

이 책의 특징은 다음 몇 가지로 요약할 수 있다. 첫째, 비분리성·비이원성을 본질로 하는 한국학 고유의 생명 코드('일즉삼(一即三)·삼즉일(三即一)'[천·지·인 삼신일체])를 포스트휴먼적 가치의 핵심 키워드인 '생명(Life)'과 연계시켜 새로운 규준(norm)의 휴머니즘에 입각한 새로운 계몽의 시대를 여는 '마스터 알고리즘'으로 설정하고 있다는 점이다. 둘째, 한국학 코드의 특성과 현재적 의미를 만물의 제1원인인 '생명'에 대한 개념적 명료화, 새로운 문명을 창출해내는 추동력을 지닌 통섭적 사유체계, 그리고 양자역학으로 대표되는 포스트 물질주의 과학과의 사상적 근친성이라는 세 측면에서 통시적/공시적으로 고찰하고, 아울러 역사문화적·역사철학적·과학사상적·천문역학적·생태정치학적 접근을 통하여 그것이 수천 년 동안 국가 통치 엘리트 집단의 통치 코드였을 뿐만 아니라 생명학·통섭학의 효시(嚆矢)로서 오늘날 세계시민사회가 공유할 수 있는 '보편 코드'이며 '통합학문'의 시대를 여는 단초가 되는 것임을 밝히고 있다는 점이다.

셋째, 한국학 고유의 생명 코드(마고 코드, 천부 코드)의 연맥(緣脈)을 역사문화적 맥락에서 밝히고 그것의 서구적 변용을 규명하며, 현대물리학과의 상호피드백을 통해 과학과 영성[의식]의 접합을 도출해냄으로써 동·서융합의 통합적 비전을 제시한 점이다. 넷째, 정보기술(IT)·문화기술(CT) 분야의 지식 역량을 바탕으로 글로컬한 특성을 갖는 한류 현상을 한국인에 잠재된 '거시 문화적 역량'이 디지털 현상과 연결되어 발현된 것으로 보고, 진정한 한국산(産) 정신문화의 교류로까지 심화·확장되어 동아시아 최대의 정신문화 수출국이었던 코리아의 위상을 되살리고, 경제 논리를 앞세우기보다는 호혜적이며 시스템적인 교류방안을 개발하여 세계시민사회의 수용력을 제고해야 한다고 강력하게 피력하고 있다는 점이다.

다섯째, 초국적 발전 패러다임에 기초하여 한반도 평화통일과 본격적인 아태시대, 나아가 유라시아 시대 개막을 위한 비전과 전략을 제시하는 포괄적 의미의 동북아 피스이니셔티브(NEA Peace Initiative, NEAPI)를 발의하고, '생명'을 문화적 유전자(cultural genes)로 이어받은 한국학이 집단지성(collective intelligence)의 계발을 통해 '시중(時中: 때에 맞게 행하다)'의 도(道)로써 그 소명을 완수해야 한다고 촉구한 점이다. 여섯째, 현재 과학계에서 경고하는 지구의 '여섯 번째 대멸종'의 생명 위기 시대를 적시하는 신조어로, 본질적으로 역동적이며 '불가분의 전체성(undivided wholeness)'인 '생명' 기반의 '생명세(生命世, Lifeocene)'라는 용어를 제안하고 있다는 점이다.

본서는 총 9장으로 구성된다. 제1장은 포스트휴먼 시대의 도래와 포스트휴먼적 가치, 제2장은 한국학 코드의 특성과 현재적 의미, 제3장은 한국학 코드와 현대물리학의 상호피드백, 제4장은 한국학 코드의 기원을 찾아서, 제5장은 역사문화적 맥락에서 본 한국학 코드의 전개, 제6장은 한국학 코드의 전파와 동·서융합 비전, 제7장은 지구 대격변과 대정화의 시간, 제8장은 세계적 난제를 푸는 마스터 알고리즘, 제9장은 국제지정학적 대변동과 한국학의 세계사적 소명이다.

1장: **포스트휴먼 시대의 도래와 포스트휴먼적 가치**    포스트휴먼 시대의
포스트휴머니즘은 기술적으로만 접근할 수 있는 것이 아니며 탈중심주의
(decentralism)와 해체주의(deconstructivism) 그리고 인간과 인공지능의 공생(symbiosis)
을 근간으로 인간 의식의 패턴 변화를 전제로 한다. 즉, 데카르트-뉴턴의 기계
론적 세계관에 기초한 근대 서구의 세계관과 가치체계의 근본적인 변화를 함
축한 것이다. 과학기술의 발달을 포함하여 물질계는 의식계와 조응하여 '오메
가 포인트'를 향해 나아가고 있으며, 종국에는 집단 영성(collective spirituality)의 탄
생으로 이어질 것이다. 포스트휴먼적 가치의 특징은 생명의 네트워크적 본질
에 대한 인식을 바탕으로 생명 향상의 원리와 생명 가치를 따르는 것이다. 이는
곧 일체의 이원성을 넘어 모든 존재의 복지를 촉진하는 새로운 규준의 휴머니
즘과 연결되는 것을 의미한다. 생명 가치를 활성화하고 바람직한 생명 문화가
뿌리내릴 수 있게 하는 선결 과제는 생명에 대한 전일적 시각(holistic view)으로의
패러다임 전환이다. 인류의 이념적 표상이 되어 온 지속 가능한 사회(sustainable
society)란 생명 가치가 활성화된 '열린 사회(open society)'를 지칭하는 것이다.

　　포스트휴먼 시대의 한국학 코드가 갖는 의미와 가치는 생명의 전일성과 자기
근원성에 대한 명료한 인식을 바탕으로 생명 위기에 대응하고 인공지능 윤리와
생명윤리 및 생명 가치가 준수되는 새로운 규준의 휴머니즘을 제시함으로써 새
로운 계몽의 시대를 여는 '마스터 알고리즘'이라는 데 있다. 생명윤리적 가치를
활성화하기 위해서는 '참나'인 생명이 개체화·물질화된 육체적 자아에 귀속된
것이 아니라―마치 파도들[부분]을 잇는 바닷물[전체]과도 같이―우주만물을 잇는
에너지장(場), 즉 매트릭스(Matrix)라는 사실을 자각하는 것이 중요하다. 동아시
아 문명의 새벽을 열고 상고 문명의 표준을 형성했던 한국학 고유의 코드는 생
명의 네트워크적 본질에 대한 인식을 바탕으로 동서고금의 사상과 철학, 과학
과 종교를 하나로 회통시켜 생명학과 통섭학의 새로운 지평을 열게 될 것이다.
우리가 한국학 고유의 통섭적 사유체계에 입각한 새로운 규준의 휴머니즘에 주

목하는 것은, 그것이 문명의 대변곡점에서 인류사회와 기술혁신의 새로운 규범으로 자리 잡을 수 있는 미래적 비전을 함축하고 있기 때문이다. 생명은 물질과 에너지의 패턴이라는 기본 구조 속에 우주 지성[정보]이 내재한 것으로, 지성[性]·에너지[命]·질료[精]의 삼위일체다.

**2장: 한국학 코드의 특성과 현재적 의미** '일즉삼(一卽三)·삼즉일(三卽一)'[천·지·인 삼신일체]이라는 한국학 고유의 생명 코드는 방대한 우주의 설계도를 함축하고 있긴 하지만, 그 설계도는 의식이 열린 만큼 볼 수 있을 뿐이다. 이 코드는 그 어떤 종교적 교의나 철학적 사변이나 언어적 미망에 빠지지 않고 유사 이래 인류가 추구해 온 이상적인 가치들—자유, 평등, 진리, 정의, 평화, 복지, 행복 등—을 함축하고 있다. 생명의 역동적 본질에 기초한 생명 코드(마고 코드, 천부 코드)는 삶과 죽음, 물성(物性)과 영성(靈性), 주관과 객관, 작용과 본체, 초월과 내재 등 대립자의 역동적 통일성을 추동하는 대통섭의 비밀을 함축하고 있다. 그것은 단순한 이론이나 관념이 아니라 수천 년 동안 국가 통치 엘리트 집단의 통치 코드였으며 최고 지도자는 이 코드를 체현한 존재였다. 이 생명 코드는 우주 자체를 하나의 네트워크로 본다는 점에서 복잡계 과학이나 양자역학의 관점과 일맥상통한다. 유사 이래 동서고금의 사상과 철학, 과학과 종교는 이 생명 코드의 틀 안에서 전개된 것이다.

우리 고유의 생명 코드는 만물의 제1원인인 '생명'에 대한 개념적 명료화를 통해 종교와 과학과 인문, 즉 신과 세계와 영혼의 세 영역(天地人 三才)의 연관성 및 통합성을 자각하게 함으로써 그것이 곧 세계시민사회가 공유할 수 있는 '보편 코드'이며 오늘날 '통합학문'의 시대를 여는 단초가 되는 것임을 알 수 있게 한다. 오늘날의 한국학 연구는 생명의 역동적 본질을 함축한 우리 고유의 생명 코드와 단절된 채 '낡은' 전통에 머무르는 관계로 현재적 의미가 반감되고 시대적·사회적 요청에 부응하는 미래적 비전이 결여되어 있다. 한국학이 직면한 최대의 딜레마는 우리 상고사에 대한 제도권 합의의 부재로 인해 한국학이 뿌리 없는 꽃꽂이 식물과도 같이 생명력을 상실했다는 것, 사대주의와 서구적 보편주의의 망령, 그리고 반도사관에 함몰되어 역사철학적 및 정치철학적 토양이 척박해지고 심지어는 우리 역사 자체가 정쟁(政爭)의 도구가 되고 있다는 것, 그리고 한·중 역사전쟁과 한·일 역사전쟁이 한국의 역사문화 침탈은 물론 정치적 노림수를 가진 고도의 정치적 기획물이라는 것 등이다.

3장: **한국학 코드와 현대물리학의 상호피드백**  복잡계 과학은 생명을 이해하기 위해 분자를 연구하는 식의 환원주의에서 완전히 벗어나 생명계뿐만 아니라 생명의 본질 그 자체를 네트워크로 인식한다는 점에서 통섭적 세계관을 바탕으로 생명의 전일성과 자기근원성을 함축한 한국학 고유의 생명 코드와 사상적 근친성을 갖는다. 이 생명 코드는 복잡계 과학과 마찬가지로 생명을 비분리성·비이원성을 본질로 하는 영원한 '에너지 무도(energy dance: 원자핵 주위를 회전하는 전자 파동의 은유적 표현)'로 본다. 자연계를 비선형 피드백 과정에 의한 자기조직화(self-organization)의 창발 현상으로 보는 현대물리학의 전일적 실재관은, 이 우주를 자기생성적 네트워크 체제로 보는 한국학 고유의 코드 속에 이미 구현되어 있다. '일즉삼(一卽三)·삼즉일(三卽一)'이라는 생명 코드는 일체가 초양자장(superquantum field)에서 나와 다시 초양자장으로 환원한다는 데이비드 봄의 양자이론과 조응한다. 또한 이 생명 코드는 두 입자가 공간적으로 아무리 멀리 떨어져 있어도 비국소적(nonlocal)[초공간적]으로 연결되어 있기 때문에 매개체 없이도 즉각적으로 서로의 상태에 영향을 미친다는 '양자 얽힘(quantum entanglement)' 이론과도 본질적으로 상통한다.

양자역학의 통섭적 세계관의 핵심은 인과론에 기초한 뉴턴의 고전역학의 틀을 벗어나 관찰자와 그 대상이 항상 연결되어 있고 그 경계 또한 고정된 것이 아니라고 보아 주체와 객체를 하나의 연속체로 파악함으로써 이 우주를 자기생성적 네트워크 체제로 인식하는 것이다. 복잡계 과학자들에 의하면 창발 현상이 가능한 것은 분자가 갖고 있는 '정보-에너지장(information-energy field)' 때문이며, 이 정보-에너지장이 바로 생명의 자기조직화를 가능하게 하는 우주 지성, 즉 창조주다. 우주의 실체는 의식이므로 창조주는 없는 곳이 없이 실재하는 보편자, 즉 보편의식[一心]이다. 한국학 고유의 생명 코드에서도 '일즉삼·삼즉일'이라는 역동적인 생명의 본질이 발현되는 것은 제1원인인 생명의 삼위일체[지성·에너지·질료]의 작용에 의해서이다. 과학과 영성의 상호피드백 과정을 통해 생명에 대한 심오한 철학적·과학적 이해를 수반하는 시너지효과를 창출해냄으로써 통합적 비전이 달성되면 존재계를 파편화하는 근대 서구 이원론의 유산은 극복될 수 있을 것이다.

4장: **한국학 코드의 기원을 찾아서**   천·지·인 삼신일체인 마고 코드는 생명이 곧 영성임을 갈파한 생명 코드이다. 요녕(遼寧) 지역에서 대규모로 출토된 동이족의 홍산문화 유적은 환국·배달국·단군조선의 역사적 실재와 그 전개 과정을 생생하게 보여준다. 의식과 제도, 정신과 물질의 일원성에 기초하여 생명 향상의 원리와 가치를 추구한 천부(天符) 코드는 윤리와 가치관, '의미(meaning)'들을 우선시하는 오늘날 포스트 물질주의 과학과 그 패러다임이 일맥상통한다. 환단(桓檀)시대의 천부 코드는 단순히 종교적 교의나 철학적 사변 또는 이론적인 그 무엇이 아니라 실제 정치의 근간을 이루는 것이었다. 국가 발전과 삼국통일의 기반을 공고히 한 화쟁사상과 일승사상 또한 천부 코드의 전형을 보여준다. 오늘날 천부 코드(생명 코드)가 다시 주목받는 것은 양자역학으로 대표되는 포스트 물질주의 과학과의 상호피드백을 통해 생명에 대한 명료하고도 정치(精緻)한 인식체계를 구축함으로써 새로운 계몽의 시대를 열 것으로 기대되기 때문이다.

이미 배달국시대에 환웅천왕이 책력(冊曆)을 지어 365일 5시간 48분 46초를 1년으로 삼았다는「태백일사」제4 삼한관경본기의 기록은 현대물리학의 계산과 정확하게 일치하는 것으로 당시의 역학(曆學)·천문학·역학(易學)·상수학(象數學)·물리학 등의 발달 수준을 짐작하게 한다. 환웅 신시 개천 관련 내용에서 보듯이 홍익인간(弘益人間)·재세이화(在世理化)의 이념은 단군조선 시대에 처음 나온 것이 아니라 이미 환국시대 때부터 유구하게 전승되어 온 것이다. 환웅 신시 이래 제천의식을 거행하고 종족 간의 화합과 결속력을 다지며 물품을 교환하는 장소로서 세 가지, 즉 정치 중심지인 부도(符都)에서 행하는 신시(神市), 육산물의 중심지에서 행하는 조시(朝市), 그리고 해산물의 중심지에서 행하는 해시(海市)가 있어, 이로부터 산업이 일어나고 교역이 왕성해짐으로써 고조선이 사해의 공도(公都)로서, 국제무역의 중심지로서 기능을 하게 되었고, 신라에서도 제시(祭市: 神市·朝市·海市)의 법을 부흥하였다는 기록이 『부도지』에 나온다.

5장: **역사문화적 맥락에서 본 한국학 코드의 전개**  유·불·선이 중국에서 전래 되기 이전부터 삼교(三敎: 儒佛仙)를 포함하는 사상 내용이 담긴 우리 고유의 풍류(風流)는 화랑들 교육의 원천이었으며, 화랑들은 자연과 상생하는 '접화군생(接化群生)'의 풍류도 정신을 함양했다. 유교와 선교의 바탕이 되는 역(易)과 역(曆)이 모두 동이족에서 나갔으니 유교와 선교의 뿌리가 어디인지는 명약관화하다. 선사(仙史)는 곧 화랑의 연원사이며, 승도(僧徒)와 유생(儒生)들이 모두 선가(仙家)의 역사와 그 맥을 같이하는 낭가(郎家, 화랑도)에 예속되었다. 우리의 선사(仙史)를 알기 위해서는 화랑과 소도문화(蘇塗文化)와 그 바탕이 되는 우리 고유의 천부 코드를 이해할 수 있어야 한다. 중국이 그들의 시조로 여기는 삼황오제(三皇五帝)가 모두 동이인이라는 사실은 상고시대 중국문화의 형성과 전수에 있어 동이족의 역할이 지대했음을 말해준다. 우리 고유의 선교문화(소도문화)는 미시적인 삶의 영역에서 거시적인 국가 제도의 영역에 이르기까지 수천 년 동안 깊이 스며들어 체화된 것이었던 만큼 그 맥이 면면히 이어질 수 있었다.

  퇴계와 율곡의 이기심성론(理氣心性論)으로 집약되는 조선 성리학의 독자성은 심성론에 대한 정치(精緻)한 철학적·형이상학적 탐구에 있으며, 조선 성리학을 특징짓는 사단칠정의 이기론적 해석을 둘러싼 학술논쟁은 당시의 사회정치적 상황과 긴밀하게 연계되어 있었다. 자율성과 평등성에 기초한 동학의 접포제는 1894년 동학(농민)혁명과 1904년 갑진개화운동, 그리고 3·1독립운동과 일제 치하 항일독립운동의 사상적·조직적 기초가 됨으로써 근대사회로의 이행을 촉발시켰다. 동학(농민)혁명은 수천 년 지속된 구체제를 근본적으로 붕괴시키고 양반신분제도와 사회신분제도를 폐지하는 데 결정적 역할을 했다. 또한 농민이 집강소를 통해 개혁적인 지방통치를 실시함으로써 풀뿌리민주주의의 모형을 제시했다. 정역팔괘도는 한반도를 중심축으로 하는 동북 간방(艮方)에서 천지비괘(天地否卦)의 선천문명이 끝을 맺고 지천태괘(地天泰卦)의 후천문명, 즉 간태합덕(艮兌合德)의 새 세상이 열릴 것임을 예고하고 있다. 그것은 '민본군말(民本君末)'의 세상이다.

6장: **한국학 코드의 전파와 동·서융합 비전**　일본은 정치권력이 완전히 정립되기 전부터 우리 한인들에 의해 개척되고 고대국가의 기초가 형성되고 그 체계가 확립되었던 까닭에 우리의 선진문명과 선진기술에 힘입은 것은 물론이고 우리 한민족 정신세계의 총화가 투영된 것으로 볼 수 있다. 일본 궁내성에 신라·가야계의 소노카미(園神) 1좌(座)와 백제계의 가라카미(韓神) 2좌를 사당에 모셔 놓고 제사를 지냈다는 것은 일본 왕가 혈통의 연원을 말해주는 확실한 증거다. 670년 일본이라는 국호가 사용되기 전 왜(倭) 땅에 백제 왕실이 가 있었다는 사실은 왜 땅에 백제의 동조(東朝)가 있었다는 『일본서기』 기록에 의해 입증된다. 일본이라는 국호의 어원은 원래 백제를 일컫던 '구다라', 즉 큰 해(大日)라는 뜻의 고대 한국말을 한자로 옮긴 것이다. 일인들이 주장하는 임나일본부는 당시 왜가 한반도 남부를 지배·통치했던 관청이 아니라 왜를 정벌한 지배자의 발상지라는 의미로 이해될 수 있다. 일본 왕가(王家)의 즉위식에서 지금도 단군왕검의 고조선 개국 때와 마찬가지로 천부인(天符印) 3종(청동검·청동거울·곡옥(曲玉))을 물려받음으로써 왕권 계승을 공식화하고 있다는 사실은 일본 왕가의 시원을 짐작하게 한다.

한국 경제와 해양 안보의 생명선은 북극항로와 인도양까지 확장되었으며 인도-태평양 지역의 평화와 안정이 우리나라의 생존과 번영에 직결된다. 자유, 평화, 번영의 3대 비전을 바탕으로 포용, 신뢰, 호혜의 3대 협력 원칙 하에 한국을 '글로벌 중추국가 (Global Pivotal State, GPS)'로 만들겠다는 정부 구상을 종합적으로 담은 한국형 『자유·평화·번영의 인도-태평양 전략』(2022.12.28.)이 발표됐다. 장보고는 한국학 고유의 코드를 각지에 전파한 당시 동아시아 최고의 한류 스타였다. '한류고속도로(Korean Wave Expressway)' 역할을 한 장보고의 상생의 국제경영은 우리 역사상 '한국학 코드의 세계화'의 전형을 보여주는 것이다. 서양 기독교 문명의 근간이 되는 성부·성자·성령 삼위일체는 9천 년 이상 전부터 전해진 동양의 천·지·인 삼신일체의 원리와 본질적으로 상통한다. 과학과 의식[영성]의 접합을 추구하는 양자역학은 포스트 물질주의 과학에서 폭넓은 호응을 얻고 있으며 동·서융합의 구체적 비전을 제시한다.

7장: **지구 대격변과 대정화의 시간**   MIT 연구팀이 로마클럽에 제출한 연구보고서 『성장의 한계 *The Limits to Growth*』(1972)는 컴퓨터 모델 '월드3(World 3)'을 사용하여 지구와 인류 사이의 상호작용을 컴퓨터 시뮬레이션을 통해 도출한 결과다. 12개의 세계 모형(오염수준·인구성장·자원이용 등)을 바탕으로 100년 후의 미래를 예측한 연구 결과에 따르면 2020년은 인류 문명에 변화가 일어나는 정점이며, 2040~2050년쯤에는 인류가 멸망한다는 것이다. 이 보고서에 대해 당시 학계와 언론계는 거세게 비판했다. 그러나 2014년 '월드3' 프로그램에 업데이트된 자료와 변수를 넣어 결과를 다시 계산한 호주 멜버른대 연구자인 그레엄 터너(Graeme Turner)는 "결과 예측이 크게 달라지지 않았다"며 "인류는 종말의 끝에서 있다"고 밝혔다. 현재 과학계에서도 2040년을 지구 문명의 대변곡점으로 보고 있다. 이는 과학기술이 발전한다고 해서 인류가 직면한 위기가 자연히 해결될 수 있는 것이 아님을 말해준다. 오히려 인공지능의 가속화된 진화에 따른 인공지능 윤리 문제로 인류는 심대한 위협에 처하게 되었다.

AI가 '인공 지성(artilect)' 수준으로 발전하여 인간의 통제범위를 벗어나 인간을 위협할 수 있다는 가능성이 제기되고 있다. 로봇공학(Strong AI) 분야에서 취할 수 있는 제일의 전략은 미래의 인공지능이 자유와 관용, 생명 가치와 다양성에 대한 존중 등 인간적 가치들을 최대한 반영하게 하는 것이며 우리 사회에서 그 가치들을 발전시키는 것이다. 과학자들은 현재 일어나고 있는 지자기(地磁氣)의 급격한 약화와 기상이변의 속출 현상이 지자극(地磁極, N,S) 역전에 선행하는 징후라고 본다. 지자극 역전과 의식 변환이 상관관계에 있다고 보는 것은 인간의 생체리듬이 지구의 주파수와 긴밀한 함수관계에 있기 때문이다. 넥스트 소사이어티의 도래와 관련하여 분산형 생태계와 탈중앙화 조직, 탈중앙화·민주화 기반의 분산전원 에너지망, 적응성·재생성을 근간으로 한 '회복력(resilience)', 비영리 사회 부문 조직의 성장, 그리고 '다중(多衆)'의 네트워크에 기반한 정치의 새로운 가능성 등이 강조되고 있다. 넥스트 리더십은 집단지성(collective intelligence)에 기반한 분권화된 리더십(decentralized leadership)을 본질로 한다. 이는 투명성과 개방성 그리고 자율성에 기초한 수평사회로의 이행과 맥을 같이 하는 것이다.

8장: **세계적 난제를 푸는 마스터 알고리즘**  기술혁신에 따른 현실과 가상현실(VR), 증강현실(AR)의 융합으로 모든 것이 연결되고 확장되어 더 지능적인 알고리즘 사회로의 진화가 가속화되고 있다. 정보기술(IT)·의료·물류·제조·유통·법률 등의 분야에서 전 세계적으로 인공지능 도입이 증가 추세를 보이고 있으며, 범죄 패턴을 파악하고 용의자를 찾는 데 알고리즘이 활용되기도 한다. 한편 '가짜뉴스(Fake News)'에 따른 피해가 속출하고 SNS에서 빠르게 확산되는 거짓 정보들로 인해 사회정치적으로 '탈진실(post-truth)' 문제가 국지적 현상이 아닌 우리 시대의 특성이 되고 있다. 인공지능 알고리즘의 편향성 문제는 인공지능이 산업과 생활에 끼치는 영향이 커지면서 인공지능 윤리 문제의 핵심으로 떠오르고 있다. 머지않아 '기술적 특이점(technological singularity)'에 도달할 것이 예상되면서 기술의 도구적·종속적 개념이 기술의 집합체인 기계와 인간의 공생관계로 점차 변모하고 있다. '호모 파베르의 역설'은 기술의 지능화가 초래한 오늘날 감시사회의 등장과 강한 인공지능의 출현으로 기술의 도구적·종속적 지위가 역전되는 상황까지를 포괄한 개념이다.

『천부경』은 우주의 본질인 생명의 순환과 성통광명(性通光明)의 이치를 밝힌 생명경(生命經)이다. 생명은 삶과 죽음, 주관과 객관, 인간과 비인간 등 물질적 육체로부터 기인하는 온갖 이분법 저 너머에 있는 '순수 현존(pure presence)'이라는 것이 『천부경』의 가르침의 진수(眞髓)다. 생명은 인류 역사를 통틀어 지성 세계를 뜨겁게 달구었던 핵심 주제였고, 현 인류가 '죽음의 소용돌이'에서 벗어날 수 있는 근원적인 길을 제시하는 핵심 기제이기도 하며, 21세기 생명공학(또는 생명과학) 시대를 여는 중추적인 개념이라는 점에서, 그리고 이제는 생명의 네트워크적 본질을 이해하는 인류의 집단의식 수준이 점차 임계치에 가까워지고 있다는 점에서 오늘의 이 시기를 적시하는 신조어로 '생명세(生命世, Lifeocene)'라는 용어를 제안한다. 현재 과학계에서 경고하는 지구의 '여섯 번째 대멸종'의 시기에 접어든 이 시기에 단순히 현상을 포착한 정태적인 용어보다는, 현상과 본체를 상호관통하며 본질적으로 역동적이고 '불가분의 전체성(undivided wholeness)'인 '생명' 기반의 '생명세(Lifeocene)'가 인류에게 시사하는 바가 크다는 점에서 이 용어의 사용은 적실성이 있다고 본다.

9장: **국제지정학적 대변동과 한국학의 세계사적 소명**　아태지역의 전략적 중요성에 주목한 나토(NATO)는 아시아 태평양 지역 주요 4개국(AP4: 한국, 일본, 호주, 뉴질랜드)을 나토 정상회의에 처음으로 초청했다. 나토 정상회의에서 채택된 나토 신전략 개념(NATO 2022 Strategic Concept)의 특징은 러시아와 중국의 안보 위협이 유럽-대서양 지역에 국한되지 않고 특히 규칙 기반의 기존 국제질서에 위협이 되고 있다는 점을 분명히 적시하고, 블록화·진영화가 심화되고 있는 국제질서를 배경으로 나토의 외연을 아태지역으로 확장하여 가치 연대를 도모하고자 한 점이다. 한국은 나토 대표부 신설(2022.11)을 완료했다. 아시아 세기를 향해 계속 전진하려면 참여와 성과를 공유하는 포용적 성장이 이루어져야 한다. 고도로 네트워크된 국제 환경에서는 개별 국가 이익의 총량이 중장기적으로는 지역 전체 이익의 총량과 함수관계에 있다는 점을 인지하고, 개별국가 차원의 단견에서 벗어나 동아시아 지역 차원의 장기적인 안목에서 역내 협력과 지역 통합을 이룩할 필요가 있다.

중국과 러시아, 북한 모두 국제규범을 준수하고 군사력에 기초한 경성국가(hard state)가 아니라 개인의 창의성과 문화 또는 사회제도에 기초한 연성국가(soft state)를 향해 나아갈 때 UNWPC는 중국 방천에서 막혀 버린 동북 3성의 동해로의 출로를 열어 극동러시아와 북한, 그리고 동해를 따라 일본 등으로 이어지는 환동해경제권을 활성화하고 아태지역의 거대 경제권 통합을 이루며 동북아를 일원화함으로써 한반도 통일과 동북아 평화 정착 및 동아시아공동체, 나아가 유라시아공동체 구축을 통해 21세기 문명의 표준을 전 세계에 전파하는 북방 실크로드의 발원지가 될 것이다. 한반도 통일은 지정학적으로나 지경학적으로, 또는 물류유통상으로 한반도에 국한되는 문제가 아니라 동북아의 역학 구도에 심대한 변화를 초래함으로써 세계 질서 재편의 신호탄이 될 수 있다. 세계적인 미래학자 자크 아탈리는 '일레븐' 중에서도 우리나라가 세계에서 동북아 시장 공동체 형성에 핵심 역할을 수행할 수 있으며 미래에 중심국가로 부상할 것이라고 예견했다. 『주역』 「설괘전」에 나오듯이 한반도를 중심축으로 한 동북 간방(艮方)에서 선천 문명이 끝을 맺고 후천 문명의 꼭지가 열린다면, 새로운 계몽의 시대를 열 세계적인 정신문화는 우리나라에서 나오게 될 것이다.

  본서는 생명의 진실을 향한 대장정이다. 비분리성·비이원성을 본질로 하는 한국학 고유의 생명 코드는 역사발전의 추동력이 되었으며 상고 문화의 표준을 형성함으로써 세계 각지로 전파되었다. 이 생명 코드는 서양의 이원론이 초래한 생명의 뿌리와 단절된 꽂꽂이 삶, 그 미망의 삶을 끝장낼 수 있는 '마스터 알고리즘'이다. 남과 북 그리고 온 인류가 하나 되게 하는 '마스터 알고리즘'이다. 분산형 생태계와 탈중앙화·민주화 조직 그리고 비영리 사회 부문 조직의 성장과 다중(multitude)의 네트워크를 기반으로 집단지성(collective intelligence)의 계발을 통하여 개체화·물질화된 생명관에서 벗어나 공감적 감수성과 연대감을 확산시키고 투명성과 개방성 그리고 자율성에 기초한 수평사회로의 이행을 촉진함으로써 생명의 네트워크적 본질에 부합하는 새로운 계몽의 시대를 사회개혁 운동으로 전개해 나가야 한다. 『중용』 2장에 나오는 시중(時中)은 '때에 맞게 행한다'는 의미이다. 한국학의 시대적·세계사적 소명 역시 우리가 처한 문명의 시간대에 맞게 '시중(時中)'의 도로써 그 소명을 완수해야 할 것이다.

  상고시대 우리나라가 세계의 정치적·종교적 중심지로서, 사해의 공도(公都)로서, 세계 문화의 산실(産室) 역할을 하게 했던 이 생명 코드로 동아시아 최대의 정신문화 수출국이었던 코리아의 위상을 되살리고 세계시민사회가 공유하는 새로운 규준(norm)의 휴머니즘에 입각한 새로운 계몽의 시대를 열어야 한다. 이것이 바로 우리나라 최초의 정사(正史)인 『신지비사(神誌祕詞)』에서 '영혼을 잃고 땅에 뿌리박혀 울던 자가 영혼을 찾으면 그것이 개벽의 시작이다'라고 한 것이다. 이는 곧 새 하늘과 새 땅을 창조하는 '다시개벽'이다. 한반도를 중심축으로 한 동북 간방(艮方)의 '문화적 르네상스'는 전 세계로 확산되어 마침내 미완성으로 끝나버린 서구의 르네상스와 종교개혁을 완수하게 될 것이다. 우주만물이 생성·변화하는 원리를 함축하고 있는 태극기는 '생명의 기(旗)'이고, 우리는 태생적

으로 '생명'을 문화적 유전자(cultural genes)로 이어받은 민족으로서 21세기 생명시
대를 개창해야 할 내밀한 사명이 있음을 인지하지 않으면 안 된다. 정녕 우리는
새로운 역사를 '창조할 운명(destiny to create)'을 지니고 있음을 깨닫지 않으면 안
된다.

독일의 저명한 과학 저술가이자 시사 평론가인 에른스트 페터 피셔(Ernst Peter
Fischer)의 『막스 플랑크 평전 *Der Physiker: Max Planck und das Zerfallen der
Welt*』(2007)에는 독일의 물리학자 막스 플랑크(Max Planck)에 관한 이런 내용의 글
이 나온다.

> 에너지는 자신의 도움을 빌려 물리학적 세계를 탐색하라고 내면으로부터 그를
> 몰아붙였다. 그는 다른 어떤 것도 할 수 없었고, 하고 싶지도 않았다. 그리고 그
> 는 배우기도 전에 이미 알고 있던 그 법칙이 인식되자 비로소 마음의 안정을 얻
> 었다.

탐색하라고 내몰린 그것이 막스 플랑크에게는 '물리학적 세계'였고, 내게는
그것이 '생명 세계'였다. 인류의 집단의식을 높이는 데 공헌한 동서고금의 영적
스승님들과 천지부모(天地父母)님께 이 책을 바친다.

끝으로, 이 책이 출판되기까지 성심을 다한 '도서출판 모시는사람들'의 박길
수 대표와 편집진 여러분의 노고에 감사드린다.

2023년 3월
우주 가을의 초입(初入)에서 최민자

# 한국학 코드
### 생명세, 지구와 인류의 미래를 말하다

# 제1부

# 포스트휴먼 시대에 한국학의 의미와 가치는 무엇인가

"나는 누구인가?"라는 물음에 대한 모든 답은 정확히 '나'와 '나 아닌 것' 사이에 경계선을 긋는 기본적인 절차에서 비롯된다.…이 경계선에 관해 가장 흥미로운 것은 그것이 자주 이동할 수 있다는 것이다.…경계선의 가장 급진적인 리매핑(re-mapping, 再作圖) 또는 이동은 지고(至高)의 정체성에 대한 체험에서 일어난다. 그 지점에서는 정체성의 경계가 전체 우주를 포함할 정도로 확장되기 때문이다.…자기 정체성이 '하나의 조화로운 전체'와 동일시되면 더 이상 안팎이 없으므로 그 어디에도 경계선을 그을 수가 없다.

All answers to that question, "Who am I?," stem precisely from this basic procedure of drawing a boundary line between self and not-self.…The most interesting thing about this boundary line is that it can and frequently does shift.…the most radical re-mapping or shifting of the boundary line occurs in experiences of the supreme identity, for here the person expands her self-identity boundary to include the entire universe.…when she is identified with the 'one harmonious whole' there is no longer outside or inside, and so nowhere to draw the line.

- Ken Wilber, *No Boundary: Eastern and Western Approaches to Personal Growth*(1979)

# 01

## 포스트휴먼 시대의 도래와
## 포스트휴먼적 가치

- 포스트휴먼 시대에 있어 인간이란 무엇인가
- 포스트휴먼으로의 성공적인 이행을 위한 조건
- 포스트휴먼적 가치의 특징

포스트휴먼 시대의 한국학 코드가 갖는 의미와 가치는 생명의 유기성과 상호관통에 대한 명료한 인식을 바탕으로 전 지구적 위기에 대응하고 인공지능 윤리와 생명윤리가 준수되는 새로운 규준(norm)의 휴머니즘을 제시함으로써 생존 전략의 틀을 짤 수 있게 하는 '마스터 알고리즘'이라는 데 있다. 동아시아의 새벽을 열고 당시 상고 문명의 표준을 형성하였던 한국학 고유의 코드—그것은 생명의 네트워크적 본질에 대한 인식을 바탕으로 동서고금의 사상과 철학, 과학과 종교를 하나로 회통(會通)시켜 생명학과 통섭학의 새로운 지평을 열게 될 것이다. 우리가 한국학 고유의 통섭적 사유 체계에 입각한 새로운 규준의 휴머니즘에 주목하는 것은, 그것이 문명의 대변곡점에서 인류사회와 기술혁신의 새로운 규범으로 자리 잡을 수 있는 미래적 비전을 함축하고 있기 때문이다. 생명 가치를 활성화하고 바람직한 생명 문화가 뿌리내릴 수 있게 하는 선결 과제는 생명에 대한 전일적 시각(holistic view)으로의 패러다임 전환이다. 생명은 물질과 에너지의 패턴이라는 기본 구조 속에 우주 지성(정보)이 내재한 것으로, 지성[性]·에너지[命]·질료[精]의 삼위일체다.

- 본문 중에서

## 01 포스트휴먼 시대의 도래와 포스트휴먼적 가치

> 창조도 없고 파괴도 없다.
> 운명도 없고 자유의지도 없다.
> 길도 없고 성취도 없다.
> 이것이 궁극의 진실이다.
> There is neither creation nor destruction,
> Neither destiny nor free-will;
> Neither path nor achievement;
> This is the final truth.
>
> - Sri Ramana Maharshi

### 포스트휴먼 시대에 있어 인간이란 무엇인가

인간에게 '생각[思考, thinking]'이란 것이 탄생한 이후 가장 근원적이고도 궁극의 존재론적 물음은 아마도 '인간이란 무엇인가'라는 인간의 자기 정체성(self-identity)에 대한 물음일 것이다. 이는 곧 '나는 누구인가'라는 물음과도 상통한다. 이러한 물음에는 '과연 인간의 정체성을 육체적 자아(corporal self)와 동일시할 수 있는가'*라는 존재의 본질에 대한 의문이 내재해 있다. 미국의

---

* 특히 포스트모던 세계에서 육체적 자아로서의 인간의 정체성에 대한 의문은 현대물리학의 '의식(consciousness)' 발견에 따른 것이다. 물리학자들은 양자(quantum)가 관찰되고 있을 때만 입자의 모습으로 나타나고 관찰되지 않을 때는 파동으로 나타난다는 사실을 '이중슬릿 실험(double-slit experiment)'을 통해 발견했다. 양자 가능성들은 우리가 그들을 관측함으로써 우리 의식과의 상호작용을 통해 실제의 경험이 되는 '관찰자 효과(observer effect)'를 나타낸다. 즉, 양자 가능성들은 모든 존재의 바탕을 이루는 '의식' 그 자체의 가능성들이다. 다시 말해 우주의 실체는 의식이며, 물질세계는 우리 의식의

01 포스트휴먼 시대의 도래와 포스트휴먼적 가치 | **37**

독보적인 인공지능(AI) 개발자이며 미래학자인 레이 커즈와일(Ray Kurzweil)은 '내 몸'이란 것이 자연스러운 생물학적 과정에 따라 쉼 없이 바뀌고 있으며 —대부분의 세포들은 몇 주 간격으로 교체되고 비교적 수명이 긴 편인 뉴런 (neurons)조차 한 달 내로 모든 구성 분자들을 교체한다— 영속하는 것은 다만 물질과 에너지의 특정 시공간적 패턴뿐이라고 했다.[1] 따라서 시시각각 변하는 몸을 '나'라고 인식하게 되면, '대체 나는 누구인가'라는 의문이 일어날 수밖에 없다.

'나'라는 존재가 자신의 몸을 운전하고 있는 동안은 흔히 살아있다고 한다. 운전자인 '나'라는 존재가 자신의 몸을 떠나버리면, 마치 운전자 없는 자동차와도 같이 몸은 더 이상 움직이지 않는다. 그 '나'라는 존재는 바로 '생명(Life)'*이다. '참나'인 생명[靈·神·天]**은 곧 영성[靈]*** 그 자체이며, 분리할 수 없는

---

투사영(影)이다. 이처럼 양자역학(quantum mechanics)을 통하여 의식이라는 개념이 현대과학의 전면에 부상함으로써 포스트모던 세계가 등장하게 되었다.

\* 우주의 실체는 의식[에너지, 파동]이므로 일반적으로 생명을 지칭하는 영(靈)·신(神)·천(天)은 곧 영성(靈性)·신성(神性)·천성(天性)이며, 이는 곧 참본성[一心, 즉 보편의식]을 의미한다. '신'과 '생명'이라는 단어는 우리에게 친숙하기 때문에 이미 알고 있다고 착각하기 쉽다. 이미 알고 있다는 것은 자신의 의식 수준에 상응하는 형태로 알고 있다는 것이다. 의식이 '몸' 단계에 머물러 있으면 이들을 물질 차원에서 인식한다. 따라서 신을 의인화된 형상으로 인식하고 생명을 육체에 귀속된 것으로 인식하므로 육체가 죽으면 생명이 끝났다고 생각한다. 그러나 생명은 비분리성·비이원성을 본질로 하는 영원한 '에너지 무도(energy dance)'이다. 반면 의식이 '영(靈, Spirit)' 단계에 있으면 신을 형상도 속성도 없는 무속성(無俗性, Nirguṇa)의 '영' 그 자체로 인식하고, 생명을 시작도 끝도 없고, 태어남도 죽음도 없으며, 없는 곳이 없이 실재하는 우주의 본질 그 자체로 인식한다. 이처럼 차원이 다른 신과 생명을 인식하게 되는 것은 영적 진화(spiritual evolution 또는 의식의 진화)의 단계가 서로 다르기 때문이다.

\*\* 『요한복음』(4:24, 14:6)과 『요한일서』(4:8)에는 신(神, 天)이 곧 영(靈)이고 진리이고 생명이고 사랑이라고 나와 있다.

\*\*\* 영성은 종교라는 외피를 필요로 하지 않으며 신학이라는 이론을 필요로 하지도 않는다. 그러나 영성 없는 종교나 신학은 알맹이 없는 껍데기에 불과하다. 영성은 특정

절대유일의 하나인 까닭에 유일자[唯一神, 天] 또는 유아(唯我)*라 부르기도 한다. 생명은 인간이 인간일 수 있게 하고 만물이 만물일 수 있게 하는 제1원인(The First Cause 또는 The First Principle)이다. 생명은 물질과 에너지의 패턴이라는 기본 구조 속에 우주 지성[정보]이 내재한 것으로, 지성[性]·에너지[命]·질료[精]의 삼위일체다.

그런데 문제는 '불가분의 전체성(undivided wholeness)'인 생명을 개체화된 물질적 육체에 귀속시킴으로써 전체와 분리된 에고(ego, 個我)로서의 '나'가 되어버린 데 있다. 그리하여 '나'와 '너', '우리'와 '그들'이라고 하는 가공의 분리(the illusory separation)가 시작되면서 모던(modern) 세계는 물질이 유일하고도 구체적인 현실이며 모든 것이라고 보는 물질주의에 탐닉함으로써 시스템적 사고를 할 수 없게 되었다. 우리가 포스트모던(postmodern) 세계에 진입하기 위해서는—현대물리학이 실험적으로 입증했듯이—우주의 실체가 '의식[에너지, 파동]'이고 우리가 물질이라고 지각하는 것이 특정 주파수대의 에너지 진동에 불과하며 99.99%는 텅 비어 있다는 사실을 기본적으로 이해할 수 있어야 한다.

인류가 장구한 세월 동안 찾아 헤맨 것은 결국 찾아 헤매는 사람 그 자신이었다! 인간 존재의 지위와 가치에 대한 재정의(redefinition)와 재해석(reinterpretation)이 끊임없이 제기되는 것은, 어느 시대를 막론하고 모든 문제

---

종교나 신학의 전유물이 아니다. 그것은 만유의 내재적 본성인 신성, 즉 참본성(true nature, 一心)을 일컫는 것이다.

* 붓다의 탄생게(誕生偈)로 잘 알려진 '천상천하유아독존(天上天下唯我獨尊)', 즉 '하늘 위와 하늘 아래 오직 '나'만이 홀로 존귀하다'에서 '나'는 육체적 자아로서의 붓다 개인이 아니라 '참나'인 생명, 즉 영성[참본성, 神性, 一心] 그 자체를 지칭한 것이다. '참나'인 생명은 분리할 수 없는 절대유일의 하나인 까닭에 '유아(唯我)'라고 한 것이고, 흔히 유일자 또는 유일신[天]이라고도 한다.

의 출발점이자 종착역인 인간 자신에 대한 이해가 없이는 한 발짝도 나아갈 수가 없기 때문이다. 프랑스의 고생물학자 피에르 테야르 드 샤르댕(Pierre Teilhard de Chardin)은 인류가 '오메가 포인트(Omega Point: 인류의 영적 탄생)'—'양자 변환(quantum transformation)'으로 일컬어지는 새로운 우주 주기—를 향해 나아가고 있으며 그 마지막 단계가 그리스도 의식의 탄생, 즉 '집단 영성의 탄생'이라고 보았다. 그것은 곧 우리의 의식(意識, consciousness)이 물질적인 '몸[육체적 자아]' 단계에서 이성적인 '마음[정신]'의 단계로, 그리고 초월적인 '영[영적 자아]'의 단계로 진화하는 것이다.* 그리하여 종국에는 인간의 정체성이 육체적 자아가 아니라 영성(spirituality) 그 자체라는 것을 알게 되고, 모든 미망의 뿌리가 바로 영적 일체성(spiritual identity)의 결여에서 오는 것임을 깨닫게 되는 것이다.

21세기에 들어 인공지능(AI), 사물인터넷(IoT), 가상 물리 시스템(CPS), 빅데이터(BD) 등 정보통신기술(ICT) 분야에서의 기술혁신으로 인간과 인공지능 기계가 공생하는 사이보그 시티즌(cyborg citizen)에 대한 담론이 활성화되면서 포스트휴먼(posthuman) 시대에 있어 '인간이란 무엇인가'라는 존재론적 물음이 다시 제기되기 시작했다. 스마트폰으로 시작된 인간과 인공지능 기계의 공생이 이미 우리 시대의 메타트렌드(metatrend: 사회 문화 전반에 걸친 광범위하고 보편적인 경향)가 되고 있고, 인간의 뇌와 기계를 연결하는 '브레인 임플란트(brain implant)'가 주목을 받고 있는 현시점에서, '생물적 지능과 디지털 지능의

---

* '의식의 스펙트럼(the spectrum of consciousness)'의 가장 낮은 곳은 물질의 영역이고 가장 높은 곳은 영(靈)의 영역이다. '영'은 최고 수준의 인과의(causal) 영역이며 모든 수준의 비이원적(nondual) 기초다.

결합'을 통해 '인간 강화(human enhancement)'를 시도하는 것은 어쩌면 기술혁신의 자연스러운 수순일지 모른다.

유전공학(genetic engineering)과 사이보그(cybernetics(인공두뇌학)와 organism(유기체)의 합성어로 유기체와 기계장치의 결합체를 뜻함)[2] 기술의 발달로 머지않아 현생인류가 포스트휴먼에 의해 대체될 것이라는 전망이 무성하게 나오면서, 이원적 인식론을 넘어선 트랜스휴머니즘(transhumanism)이 지배하는 포스트모던(postmodern, 탈근대) 세계에 대한 새로운 버전의 담론이 힘을 얻고 있다. 여기서 트랜스휴머니즘은 과학기술의 발전으로 지능적·육체적 한계가 극복되고 인체가 강화된 포스트휴먼의 등장과 접합된 개념으로, 인류를 포스트휴먼의 조건으로 인도하려는 지적·문화적 운동이다.[3] 트랜스휴머니스트들은 생명과학과 신생기술에 의해 장애, 질병, 노화, 죽음과 같은 현재의 인간 조건들이 해결되어 인류가 더 확장된 능력을 갖춘 존재로 스스로를 변형시킬 것이라며, 이렇게 변형된 인간을 '포스트휴먼'이라 명명했다. 현대의 사이보그는 신체에 탈착이 가능한 웨어러블 컴퓨터(wearable computer), 스마트 의류(smart clothes), HMD(Head Mounted Display)와 같은 가상현실 체험기기, 피부에 이식하는 임플란트 등으로 응용되어 다양한 분야에 활용되고 있다.

이러한 포스트모던 세계에 대한 새로운 버전의 후기 담론은 1960년대 후반 포스트구조주의(poststructuralism)와 포스트모더니즘(postmodernism)의 주도로 일기 시작한 초기 담론이 21세기에 들어 정보통신기술 분야에서의 기술혁신과 맞물려 더 확장되고 심화된 것이다. 초기 담론이 서구적 근대의 도그마에 대한 근본적이고도 종합적인 비판과 이성의 자기성찰의 의미를 담고서 해체(deconstruction) 현상을 통해 다원화되고 탈중심화된 대안적인 세계관을 추구하는 것으로 나타났다면, 후기 담론은 사이보그 시티즌의 출현으로 인간에 대한 재정의와 재해석이 촉구되고 인간과 인공지능의 공생

(symbiosis)이 포스트모던 담론의 핵심 이슈로 부상하는 시기와 맞물려 나타난 것이다.

포스트휴먼 시대의 도래는 현재 과학계에서 경고하는 지구의 '여섯 번째 대멸종'의 시기와도 교차한다. 지구는 지금 도처에서 '공습경보 사이렌'을 울리고 있다. 2022년 8월 6일 거대한 사막협곡인 미국 캘리포니아 데스밸리(Death Valley) 국립공원의 퍼니스 크리크 지역에는 1년 치 강우량의 75%에 해당하는 371㎜의 기록적인 폭우가 내렸다. 단 3시간 동안 집중적으로 내린 이번 폭우는 기후변화의 극단적 단면을 보여주는 것으로, '1000년에 한 번 등장할 역사적인 사건'이라고 영국 일간지 가디언(The Guardian)이 8월 10일(현지 시각) 보도했다. 대기의 온실가스 증가 및 대기 균형의 붕괴에 따른 기후변화로 기록적 폭우와 호우성 강수, 그리고 극단적 폭염이 전 지구를 덮치는가 하면, 극심한 가뭄에 따른 건조한 날씨로 인해 곡물 작황에 비상이 걸리고 곡물 가격이 치솟아 식량 폭동이 일어나고, 특히 유럽 각지에는 대형 산불이 일어나는 등 '기후변화의 복수'는 매년 더 심각해지고 있다.

또한 지구온난화로 인한 해수면 상승으로 남태평양의 투발루, 바누아투 등 섬나라들은 수몰될 위기에 처해 있다. 더욱이 약 18.6년을 주기로 강해졌다 약해졌다 하는 달의 조석력(潮汐力)이 2030년 무렵부터는 더욱 강해지는 주기에 진입하게 되므로 지구온난화에 달의 인력까지 더해져 급격한 해수면 상승이 예상되며 지금까지와는 차원이 다른 바다의 위협(태풍, 허리케인, 해안 침식 등)이 시작될 것이라고 나사(NASA · 미국 항공우주국)는 경고했다. 거대한 생태계 붕괴는 바다 표면 아래에서도 진행되고 있다. '산호의 대부'로 알려진 호주의 산호초 전문가 존 베론(John Veron)은 '거대한 묘지로 하얗게 변한 산호초 백화현상의 주범이 기후변화이고 기후변화는 석탄의 이산화탄소에 의한 것'이라며, 산호초 멸종이 지구 대재앙의 신호탄이 될 것임을 경고했다.

세계는 지금 인간이 야기한 기후변화에 맞서 지구와 인류의 미래를 지키기 위해 '기후 행동(Climate Action)'과 생존 모드로의 대전환이 촉구되고 있다. IPCC(기후변화에 관한 정부 간 협의체)의 「기후변화 2021(Climate Change 2021)」 6차 보고서에서는 인류가 지금처럼 온실가스를 배출한다면 2040년까지 지구 평균 기온이 산업화 이전 시기보다 1.5℃ 상승할 것으로 예측했다. 이는 3년 전의 보고서에서 예측한 것보다 기후재앙의 마지노선에 도달하는 시점이 10여 년 앞당겨진 것이다. 특히 이 보고서에서는 기후변화의 원인을 '인간'으로 지목하고 2050년까지 이산화탄소 배출량을 0으로 줄이는 탄소중립을 전제로 또 다른 강력한 온실가스인 메탄 배출을 강력하고 빠르게 지속적으로 감축해야 한다고 역설했다. 데드라인 1.5℃를 억제하지 못하면 대재앙이 닥칠 것이며 인간이 지구에서 더 이상 살기 어려워질 것이라고 과학자들은 경고하고 있다.

'가이아 이론(Gaia theory)'의 창시자이자 영국의 과학자인 제임스 러브록(James Lovelock)은 그의 저서 『가이아의 복수 The Revenge of Gaia』(2006)에서 환경 대재앙을 가이아(Gaia: 그리스 신화에 나오는 대지의 여신)가 인간에게 되돌려주는 '복수'라는 관점에서 분석하며, 인류가 지구에 '이중 타격'을 가하는 방식으로 해악을 끼쳤다고 진단한다. 즉, 화석연료의 사용으로 대기 중의 온실가스 농도가 급격히 증가하여 가이아에 열을 가하는 동시에 그 열을 조절할 수 있게 하는 숲을 파괴해 왔다는 것이다. 그는 오늘날의 기후변화가 지난 2천만 년 동안의 기후 역사상 전대미문의 수준이며, 특히 자연적인 요인에 의한 것이 아니라 인간의 책임이라는 점을 강조하면서 유일한 해법은 인간의 삶을 생태친화적으로 전환하는 것이라고 했다.[4]

지구 환경이 생물학적 한계점에 다가서고 지구 대격변과 대정화(great purification)의 주기가 도래하고 있는 지금, 다른 한편으론 과학기술을 이용해서 인류의 진화과정을 획기적으로 증진시켜 '포스트휴먼'을 만들어내려는 프로젝트가 다양한 형태로 진행되고 있다. 인류가 '기후 행동'에 나서고 생존 모드로의 대전환이 일어나고 '인간 강화'의 시도가 성공하려면 세상을 바라보고 받아들이는 방식 자체가 바뀌어야 한다. 다시 말해 분리성으로부터 연결성으로의 인식체계의 전환이 일어나야 한다. 분리의식에 사로잡힌 관념으로서의 정의, 관념으로서의 평화―거기엔 정의의 가능성이나 평화의 가능성이 전혀 없다. 정치충돌·문명충돌·종교충돌은 연결성의 부재에서 오는 것이다. '이웃을 네 몸과 같이 사랑하라'는 것은 연결성에 대한 강조다. '내적 자아(inner self)'의 연결로 이어지지 못하는, 단지 외적·기술적 연결은 디스토피아가 될 가능성이 크다.

포스트휴먼 시대의 한국학 코드가 갖는 의미와 가치는 생명의 유기성과 상호관통에 대한 명료한 인식을 바탕으로 전 지구적 위기에 대응하고 인공지능 윤리와 생명윤리가 준수되는 새로운 규준(規準, norm)의 휴머니즘을 제시함으로써 생존 전략의 틀을 짤 수 있게 하는 '마스터 알고리즘(master algorithm)'이라는 데 있다. 인간과 인공지능 기계의 융합으로 현 인류보다 더 확장된 능력을 갖춘 포스트휴먼의 존재를 이해하기 위해서는 과학과 의식의 접합에 대한 심오한 통찰이 요구된다. 포스트모던 세계의 근간을 이루는 패러다임의 현대적 기원은 상대성이론(theory of relativity)과 양자역학(quantum mechanics)이다. 오늘날 과학계에서는 중력과 우주의 거시적 구조를 다루는 일반상대성이론과 극도로 미시적 규모의 현상들을 다루는 양자역학을 통합하는 새로운 이론, 즉 양자중력이론(quantum gravity theory)[5]을 탐색하고 있는데, 거시적 세계와 양자역학의 세계를 결합하려면 물리적 우주를 넘어선 의식 차원과의 연결이 필수적이다.

필자가 '생명의 공식(formula of Life)'이라 명명한 '일즉삼(一卽三)·삼즉일(三卽

—)'이라는 한국학 고유의 코드는 만물의 상호연결성(interconnectedness)에 대한 이해를 통해 전일적 실재관(holistic vision of reality) 또는 시스템적 세계관(systemic worldview)으로의 패러다임 전환을 촉발함으로써 과학과 의식의 접합에 기초한 새로운 계몽의 시대를 여는 단초를 제공할 것이다. 여기서 '일즉삼·삼즉일'[천·지·인 삼신일체]은 생명의 전일적 흐름(holomovement)을 나타내는 기본공식과도 같은 것이므로 '생명의 공식'이라 명명한 것이다. 이에 대해서는 2장에서 자세히 고찰할 것이다. 동아시아의 새벽을 열고 당시 상고 문명의 표준을 형성하였던 한국학 고유의 코드—그것은 생명의 네트워크적 본질에 대한 인식을 바탕으로 동서고금의 사상과 철학, 과학과 종교를 하나로 회통(會通)시켜 생명학과 통섭학의 새로운 지평을 열게 될 것이다.

포스트휴먼으로 가는 길목에서 우리는 또다시 원초적 물음에 직면한다. '대체 인간이란 무엇인가'라는 인간의 정체성과 관련된 것이다. 우리는 인간을 지칭하는 용어들을 계속해서 만들어내고 있고, 또 인간의 다양한 특징적인 측면들을 함축하고 있는 그 용어를 통해서 우리의 정체성을 확인한다. 포스트모던적 조류에 조응하여 등장한 용어들로는 호모 심비우스(Homo Symbious, 공생하는 인간), 호모 레시프로쿠스(Homo Reciprocus, 상호의존하는 인간), 호모 노에티쿠스(Homo Noeticus, 사랑의 인간), 호모 유니버살리스(Homo Universalis, 우주적 인간), 호모 엠파티쿠스(Homo Empathicus, 공감하는 인간), 호모 루덴스(Homo Ludens, 놀이하는 인간), 호모커넥투스(Homo Connectus, 초연결사회의 인간) 등이 있다. 이러한 용어들은 포스트모던적 인간의 특징적인 측면이 상호연결성에 방점을 두고 있음을 말해 준다.

포스트휴먼이란 용어는 새롭게 진화된 '차세대 인간'이란 뜻으로 다의적인 의미를 함축하고 있다. 포스트모던적 조류가 나타나게 된 배경에는 근대 산업문명의 폐해로 여겨지는 국가·지역·계층간 빈부격차, 지배와 복종, 억압과 차별, 생태계 파괴, 공동체 의식 쇠퇴 등의 문제가 기존의 낡은 패러다임으로는 해결이 불가능하며 완전히 새로운 삶의 패러다임을 채택해야 한다는 인식의 공감대가 자리 잡고 있다. 서구 물질문명의 몰가치적 정향(value free orientation)을 대변하는 개념인 근대의 '도구적 이성(instrumental reason)'은 목적의 타당성이나 가치를 중요시하는 대신 목표 달성의 효과성·효율성만을 강조한 나머지 내재적 본성인 신성에 대한 자각적 인식이 부재했다. 그리하여 도구적 이성으로 계몽된 인간은 일체를 도구의 대상으로 파악하고 계측, 수량화하여 심지어는 인성(人性)까지도 물화(物化)시킴으로써 모든 것을 도구적 기능으로 환원시켜 버렸다.

실로 계몽주의 시대 이래 근대 서양은 존재의 최하위권인 '물질'을 제외한 모든 것을 부인하는 최초의 주요 문화가 되었다.[6] 그들이 운위하는 이성주의·합리주의·객관주의는 인간중심주의·남성중심주의·유럽중심주의·백인우월주의라는 주관에 빠져 태생적으로 기형일 수밖에 없었다. 트랜스퍼서널 심리학(transpersonal psychology)의 대가이자 대표적 포스트모던 사상가인 켄 윌버(Ken Wilber)는 "과학혁명에 의해 시작된 자연의 비신성화(desacrimentalization) 또는 폄하(devaluation)는 '계몽주의'라고 일컬어지는 것에 의해 완성되었다"[7]며, '도구적 이성'과 결탁하여 '존재의 대사슬(The Great Chain of Being)'을 부인한 계몽주의를 비판했다. 포스트휴먼은 근대 휴머니즘(humanism, 인본주의)의 토대를 이루는 인간중심주의·남성중심주의·유럽중심주의·백인우월주의의 한계를 극복하고 대안적 인간상을 모색하기 위해 새로운 휴머니즘인 포스트휴머니즘과 연결된 개념으로 흔히 사용된다.

포스트휴먼 시대의 포스트휴머니즘은 기술적으로만 접근할 수 있는 것이 아니며 탈중심주의(decentralism)와 해체주의(deconstructivism)를 근간으로 인간의식의 패턴 변화를 전제로 한다. 말하자면 데카르트-뉴턴의 기계론적 세계관에 기초한 근대 서구의 세계관과 가치체계의 근본적인 변화를 함축한 것이다. 근대의 도그마 속에 깃들어 있는 절대성과 중심성의 허구를 드러내는 것, 그것이 해체주의의 핵심이다. 프리드리히 니체(Friedrich Wilhelm Nietzsche)의 반형이상학적인 실존철학은 마르틴 하이데거(Martin Heidegger)에 이어 포스트구조주의자들에게 계승되어 포스트모던 시대가 열리게 된 것이니, '해체주의'의 연원은 바로 니체의 실존철학에 내재된 해체주의적 요소에 있다. 실증주의와 실존철학이 주로 자연학과 인간학에 몰두하며 신(神)의 절대성을 기반으로 한 종래의 형이상학적 진리관을 해체하려 했다면, 해체주의는 거의 모든 분야에서 이성(理性)의 절대성을 기반으로 한 종래의 형이상학적 진리관을 해체하려 했다. 신의 절대성·중심성이 허구인 것처럼, 이성의 절대성·중심성 또한 허구인 까닭에 '존재의 형이상학'은 해체되어야 한다는 것이다.[8]

중세적 인간이 신을 맹신했던 것과 마찬가지 방식으로 근대적 인간은 이성을 맹신하고 있다. 그러나 한 가지 분명한 사실은 중세적 인간이나 근대적 인간 그 어느 쪽도 신과 이성의 불가분성을 인식하지 못했다는 것이다. 우주의 실체는 의식[에너지, 파동]이므로 신은 곧 신성(神性, 靈性)이며 우리의 참본성[一心]이다. 신은 인간과 분리된 외재적인 존재가 아니라 내재적인 동시에 초월적인 존재이다. 신과 인간, 신성과 이성의 분리는 우주의 실체가 의식임을 인식하지 못하는 데서 오는 것이다.* 신성과 이성이 잠재적 조화를

---

* 중세에는 신(神)으로 위장한 물신(物神)이 인간 이성(理性)을 억압하고 학대했다면, 근대 이후에는 과학적 합리주의에 편승하여 이성으로 위장한 물신이 신(神性)을 학대하고 마침내 참본성인 신성을 부인하기에 이르렀으니, 결국 인간은 물신의 교묘한 장난에 놀아나고 있는 셈이다. 과학과 의식의 접합에 기초한 포스트휴먼 시대의 도래는 이성

이루었던 제정일치 시대, 세속적 권위에 대한 신적 권위의 가치성이 정립된 중세 초기, 신성에 의한 이성의 학대가 만연했던 중세, 신적 권위에 대한 세속적 권위의 가치성이 정립된 근세 초기, 이성에 의한 신성의 학대가 만연했던 근대 물질문명의 시대—이제 우리는 기술과 도덕 간의 심연(abyss) 속에서 다시 인간을 찾고 있다.

포스트휴먼은 기계·기술과 융합된 인간, 즉 사이보그[9]다. 사이보그는 유기체와 기계장치가 결합된 디지털시대의 인간이다. 다시 말해 자연적인 요소와 인공적인 요소가 하나의 시스템 안에서 결합된 '자가조절 유기체(self-regulating organism)'[10]이다. 디지털 혁명이 초래하게 될 초연결·초융합·초지능의 4차 산업혁명 시대에는 인간, 사물·기계, 공간, 환경 등에 대한 새로운 인식과 이들 간의 새로운 생태계 형성이 요구된다. 포스트휴먼은 인간과 기계의 전반적인 수렴이 일어나 그 둘의 경계가 해체되는 시대의 인간으로 전통적인 인간관의 중대한 변환을 내포한 개념이다. 포스트휴먼은 그 육체적·지적 능력(건강수명, 인지, 감정 측면의 능력)이 근본적으로 현재의 인간을 넘어서 있어서 현재의 기준으로는 더 이상 인간이라고 부를 수 없는 존재를 지칭한다.[11] 전통적인 사이보그가 의족이나 심박장치, 인슐린 펌프 등 인간 신체의 일부분을 생체공학(Bionics) 보철로 대체한 것이었다면, 포스트휴먼 시대에 새롭게 등장하는 사이보그는 사물(만물)인터넷과 인간의 연계로 네트워크를 통해 인간의 능력이 증강(augmentation)된 '네트워크 사이보그'다.

현재 여러 대학과 연구소에서 진행 중인 '트랜센던스(transcendence)' 프로젝트—인간의 뇌를 다운로드해서 슈퍼컴퓨터에 업로드하는—가 성공할 경우,

---

과 신성[참본성, 一心, 영성], 인간과 신의 불가분성에 대한 인식을 통해 인간의 정체성이 육체적 자아가 아니라 영성 그 자체라는 것을 알 수 있게 할 것이다.

'마음 파일(mind file)'이라는 소프트웨어는 육체라는 하드웨어(육체와 생물학적 뇌)의 영구성과는 상관없이 널리 확장될 것이다. 레이 커즈와일에 의하면 2030년대 말이 되면 뇌를 완전히 스캔해서 생물학적 뇌보다 훨씬 강력한 다른 연산 기판에다 그대로 옮기는 것이 충분히 가능하다고 한다. 우리는 컴퓨터 소프트웨어의 수명이 본질적으로 하드웨어와 무관하다는 것을 잘 알고 있지만, 인간의 경우에는 육체라는 하드웨어가 망가지면 우리의 삶—개인적인 '마음 파일'—이라는 소프트웨어도 함께 죽는 것으로 생각한다. 그러나 뇌 속에 패턴을 이루며 들어있는 수천조 바이트의 정보들을 다른 곳에 저장하는 방법을 찾아내게 되면 '마음 파일'의 수명은 육체라는 특정 하드웨어의 지속가능성과는 무관하게 된다고 커즈와일은 말한다. 궁극적으로 소프트웨어 기반의 인간은 육체라는 엄격한 한계를 넘어 광범하게 확장될 것이며, 필요하거나 원할 때만 육체를 가지면서 인간은 웹에서 살게 될지도 모른다.[12]

　의식이라는 소프트웨어가 육체라는 하드웨어의 한계를 넘어 널리 확장되면, 삶과 죽음, 주관과 객관, 개체와 전체 등 물질적 육체로부터 기인하는 온갖 이분법은 의미를 상실하게 될 것이다. 이처럼 물질계는—과학기술의 발달을 포함하여—아무런 방향성 없이 이리저리 흘러가는 것이 아니라 의식계와 조응하여 '오메가 포인트'를 향해 나아가고 있으며, 종국에는 '집단 영성(collective spirituality)의 탄생'으로 이어질 것이다. 그때가 되면 인간은 육체적 자아(corporal self, 小我)를 기반으로 한 근대 휴머니즘의 망령과 질곡에서 자유로워질 것이며, 일체의 분리성(separability)이 사라진 참자아(true self, 大我)로서의 정체성을 깨닫게 될 것이다. 그리하여 생명의 본체인 참자아가 곧 하늘(天·神·靈)이며 보편적 실재로서의 '나', 즉 생명이고 진리라는 것을, 그리고 물질현상이면서 동시에 물질현상의 원인이 되는 정신적인 원리이고, 만유

속에 만유의 참본성으로 내재해 있으면서 동시에 만물화생(萬物化生)의 근본 원리로서 작용*한다는 사실을 알게 될 것이다.

오늘날 인간의 신체 능력이나 인지능력과 직결된 기술 트렌드의 등장—웨어러블 디바이스, 모바일 헬스케어와 같은 기술이나 서비스에서 보듯—이 인간의 존재 양식에 커다란 변화를 가져오면서, 기술과 인간의 상호작용에 대한 인문사회과학적 탐구의 필요성이 강조되고 있다. 정보통신정책연구원(KISDI)에 따르면 정보통신기술(ICT) 혁신의 파급효과가 물리적 시스템의 변화는 물론 사회생태계를 지탱해온 인간중심의 사고체계에 커다란 도전이 되고 있다는 점에서 이러한 ICT 트렌드는 포스트휴먼 기술로의 전환이라는 관점에서 인간 주체의 역할 변화에 주목할 필요가 있다는 것이다. 최근 ICT에 의해 추동되고 있는 융합사회는 '초대형 복잡계'로서 ICT 생태계에서의 인간의 역할 변화와 함께 인간과 사물의 융합까지도 포함하는 새로운 생태계를 형성할 수 있기 때문에 이러한 현상에 대한 철학적·사회학적 진단과 전망이 필요하다는 것이다.[13]

근년에 들어 ICT 영역에서 인문학적 가치 또는 인문학적 상상력이 강조되고 빅데이터 기반의 사회과학적 분석이 보편화되고 있는 현상은 인문사회과학적 지식이 기술혁신의 새로운 규범으로 자리 잡고 있는 징후로 볼 수 있다.[14] 단순히 고부가가치 기술을 확보하고 새로운 비즈니스 모델을 개발

---

\* '영(靈·神·天)'이 생명의 본체라면, 만물은 '영'의 자기복제(self-replication)로서의 작용으로 나타난 것이므로 '물질화된 영(materialized Spirit)'이다. 따라서 본체[理]와 작용[氣]이 하나이므로 참자아인 생명은 전일적이고 자기근원적이다. 그런 까닭에 '물질현상 [개체성]이면서 동시에 물질현상의 원인이 되는 정신적인 원리[전체성]'라고 한 것이다. 우주의 본질인 생명[靈·神·天], 즉 참자아(참나)는 전체성인 동시에 개체성이고, 내재성인 동시에 초월성이며, 우주의 본원인 동시에 현상 그 자체로서 분리 자체가 근원적으로 불가능한 절대유일의 하나다.

하고 빅데이터를 활용해 품질을 향상하고 서비스를 혁신한다고 해서 ICT 융합사회가 성공적으로 안착하는 것은 아니다. ICT 융합사회의 핵심은 결국 인간이다. ICT 융합사회의 성공적인 안착은 다양한 사람들의 지속적인 피드백을 통한 플랫폼 방식의 의사소통 능력이 관건이다.[15] 사물과 제조, 서비스의 중심에 의사소통 플랫폼을 구축하고 이들을 유기적으로 연결하며 조절할 수 있다면 최대한의 시너지를 낼 수 있을 것이다. 기술이 진화하면 할수록 인문사회과학적 분석 및 진단이 수반되어야 하는 것은 이 때문이다.

ICT 융합사회는 디지털 혁명을 기반으로 다양한 과학기술을 융합하는 4차 산업혁명에 의해 추동되고 있다. 4차 산업혁명은 사물인터넷(IoT)·만물인터넷(IoE), 가상 물리 시스템(CPS), 빅데이터와 그것들의 게임 체인저로서의 인공지능(AI)이 내포하고 있는 기술혁신의 총체로서의 함의를 지니고 있다. 그러나 이원성과 분리성의 원천인 인간중심의 협소한 사고체계로는 인간과 기술의 공존을 담보하기 어렵다. 이미 스마트폰으로 시작된 인간과 인공지능의 공생관계는 '의미 있는 인간 제어' 없이는 기계에 권리를 넘기는 일이 발생할 것이라는 우려가 제기되고 있다. 포스트휴먼 시대의 도래는 ICT 융합사회의 성공적인 안착을 기반으로 한다. 따라서 자연지능과 인공지능이 소통하는 새로운 통합모델, 다시 말해 인공지능 윤리가 준수될 수 있는 새로운 휴머니즘의 모색이 시급하다.

그러면 인공지능 윤리가 준수될 수 있는 새로운 휴머니즘의 탐색은 어떻게 이루어질 수 있을 것인가? 한 가지 분명한 것은 세계 석학들이 모여서 새로운 휴머니즘에 관한 근사한 이론을 내놓는다고 해서 인공지능 윤리가 준수될 수 있는 것은 아니다. 다시 말해 정의의 가능성이 전혀 없는 분리의식으로 질펀한 말잔치를 벌인다고 해서 세상이 바뀌는 것은 아니라는 말이다. 오늘날 전 지구적 위기—기후변화와 생태 재앙, 지구온난화와 오존층 파괴, 생물종 다양성 감소와 대기·해양의 오염, 질병과 이민과 테러를 유발하는 부의 불평등, 환경자원의 관리 문제, 인구 증가와 환경악화 및 자연재해에 따른 빈곤과 실업의 악순환, 지역간·국가간·민족간·종교간 대립과 분쟁의 격화, 전쟁과 빈곤과 환경파괴의 악순환에 따른 수많은 '환경난민(environmental refugees)'의 발생 등—에 대한 대부분의 해결책이 실효성이 없는 것은, 그 해결책이란 것이 문제를 야기한 바로 그 세계관과 사고방식 및 가치체계에서 나온 것들이기 때문이다.

오늘의 인류가 처한 복합적인 딜레마와 그것들을 해결하기 위한 이론적 및 실천적인 탐색이 다양하게 이루어지고 있지만, 근원적으로는 모두 생명에 관한 문제와 관련되어 있으며 또한 거기서 파생된 것이다. 오늘날 전 지구적 위기에 대한 대부분의 해결책은 정책의 우선순위를 인류의 공동선에 대한 공감 능력을 확충시키는 일에 두지 못함으로 인해 실효성을 발휘하지 못하고 있다. 우리 지구촌이 국민국가와 세계시민사회의 안보와 복지를 동시에 품는 무대가 되려면 행위자들의 행위 준거와 무대의 룰(rule)이 새롭게 설정되지 않으면 안 된다. 우리가 한국학 고유의 통섭적 사유체계에 입각한 새로운 규준의 휴머니즘에 주목하는 것은, 그것이 문명의 대변곡점에서 인류사회와 기술혁신의 새로운 규범으로 자리 잡을 수 있는 미래적 비전을 함축하고 있기 때문이다.


## 포스트휴먼으로의 성공적인 이행을 위한 조건

세계는 지금 포스트휴먼 시대의 도래를 예고하는 융합기술 '르네상스'기에 진입하고 있다. 미국 과학재단과 상무부가 공동으로 작성한 융합기술

(convergent technology)에 관한 정책보고서「인간의 성취를 증진시키기 위한 기술의 융합(Converging Technologies for Improving Human Performance)」(2001.12)은 4대 핵심기술인 나노기술·바이오기술·정보기술·인지과학[16]이 융합한 것(NBIC)을 융합기술이라 정의했다. 21세기에 들어서면서 거의 모든 학문 분야에 통합(integration)의 바람이 거세게 불고 있다. 분과학문의 경계를 넘어 과학기술 영역과 인문사회과학 영역을 아우르는 '통합학문'으로의 지향성은 지식사회 전반에 걸쳐 광범하게 확산되고 있는 융합 현상에서 잘 드러난다. 문화예술에서 과학기술에 이르기까지 장르의 벽을 뛰어넘어 사회 전 분야에 걸쳐 혼융을 통해 새로운 문화를 창출해내는 '퓨전(fusion)' 코드의 급부상으로 지식 융합이 시대사조로 자리 잡아가고 있다. 말하자면 과학기술 패러다임의 변화가 지식의 대통합을 통해 총체적인 패러다임 전환을 주도하고 있는 것이다.

특히 첨단기술 사이의 융합은 더욱 활발하게 진행되고 있다. 정보기술과 바이오기술은 인간 게놈 프로젝트를 추진하는 과정에서 융합학문인 생물정보학(bioinformatics)을 탄생시켰고, 생물정보학의 발전에 따라 단백질체학(proteomics)과 시스템생물학(systems biology)이 급성장하게 되었다. 바이오 기술은 나노기술과 융합하여 질환의 발견 및 치료에서 혁명적 변화를 초래할 것으로 전망되는 나노바이오 기술을 출현시켰다. 나노바이오 기술의 궁극적인 목표는 나노봇(nanobot)의 개발이다. 나노봇의 개발을 통해 나노의학(nanomedicine)은 인류를 노화로부터 해방시켜줄 것으로 기대된다. 또한 디지털 기술을 매개로 서로 뿌리가 다른 기술들이 융합하는 디지털 컨버전스(digital convergence), 정보기술과 전통 산업이 융합하여 부가가치가 높은 유망 산업으로 부상하고 있는 텔레매틱스(telematics), 화석 대신에 DNA 분자를 연구하는 분자고고학(molecular archeology) 등이 있다.[17]

기술융합이 단일 기술로는 해결하기 어려운 의료복지, 환경 등의 복합적인 문제 해결을 위한 사회적 필요에 의해 생겨난 것이듯, 지식통합 또한 개별 학문의 지식만으로는 해결하기 어려운 현대 사회의 복합적인 문제 해결을 위한 사회적 필요에 의해 생겨난 것이다. 말하자면 지식의 파편화를 초래한 낡은 기계론적 세계관의 관점이 더 이상은 실제 세계를 반영하지도, 문제 해결의 유익한 단서를 제공하지도 못하게 되면서 그에 대한 대안적 논의로서 지식통합이 나타난 것이다. 기술융합이 현재의 경제적·기술적 정체 상태를 돌파할 수 있게 함으로써 모든 산업 분야에서 근본적인 변화를 추동해낼 것으로 전망되듯, 지식통합 또한 협소한 전문화의 도그마에서 벗어날 수 있게 함으로써 현재 인류가 직면한 복합적인 문제 해결에 유익한 단서를 제공할 것으로 기대된다. 미국 뉴멕시코주 산타페 연구소와 남아공의 스텔렌보쉬 연구소, 그리고 네덜란드 헤이그의 라테나우 연구소 등은 '통합학문'의 연구를 통해 공존공영의 새로운 문명을 모색하고 있다.

　포스트휴먼 시대의 도래는 다양한 분야의 콜라보(collaboration) 작업을 통해 이루어진다. 21세기 디지털 기술은 사물인터넷(IoT)·만물인터넷(IoE), 가상 물리 시스템(CPS), 인공지능(AI), 빅데이터 등을 중심으로 플랫폼 기반 네트워크에 기초해 있다. 시장이 네트워크에 자리를 내주고, 소유에서 접속으로 이동이 일어나고, 데이터·정보·문화·심벌 등 지적 자산이 부상하고 있다. 네트워크 경제에서는 물적 재산이든 지적 재산이든, 시장에서 교환되기보다는 접속될 가능성이 더 커졌다. 하지만 '유비쿼터스 모바일 인터넷(ubiquitous and mobile internet)'에 기반한 세상이 온다고 해서, 이 세상의 온갖 소음이 사라지고 평화가 오는 것은 아니다. 사이버스페이스의 작동원리가 윤리(ethics), 계몽된 사익(enlightened self-interest), 공공복리(public welfare)에 기초하지 않는다면, 소음은 오히려 증폭될 수도 있다. 포스트휴먼 시대의 도래는 인류 문명의 대변곡점을 지칭하는 '특이점(Singularity)'의 도래와도 맞물려 있다. 과연 우리 인류는 포스트휴먼으로의 성공적인 이행을 할 수 있을 것인가?

　우리는 지금 정보통신기술(ICT) 분야에서의 기술혁신이 기존의 모든 것을 송두리째 바꿔놓을 것으로 예상되는 시점에 살고 있다. 또한 가상현실(VR)과 증강현실(AR), 클라우드 컴퓨팅, 3D·4D프린팅, 웨어러블 디바이스 등의 신기술이 우리 삶 깊숙이 들어오면서, 인공지능 기계들이 진화의 선봉에 설 것이라는 의견과 함께 우리의 의식을 컴퓨터에 다운로드 하는 형식으로 인간과 기계 사이에 지능의 융합이 이루어질 것이라는 의견도 나오고 있다. 레이 커즈와일은 "2029년에는 인공지능이 사람과 똑같이 생각하고 말하고 느끼게 되어 인류와 인공지능이 협업하는 시대가 되고, 2045년에는 인공지능과의 결합으로 인류의 육체적·지적 능력이 생물학적 한계를 뛰어넘는 '특이점(Singularity)'이 온다"며, 특이점 이후엔 지금 인류와 다른 '포스트휴먼'이 나타날 것이라고 보았다.[18] 특이점은 기하급수적인 기술 변화와 그 영향으로 인해 인간의 삶이 되돌릴 수 없게 완전히 변화되는 시기이다.

　그는 인류 역사를 근본적으로 패턴의 진화로 설명할 수 있다고 보고, 진화의 역사—생물학적 진화와 기술적 진화 모두—를 여섯 시기로 개념화하고 있다. '물리학과 화학'으로 표징되는 제1기는 정보가 원자 구조에 있고, '생물학'으로 표징되는 제2기는 정보가 DNA에 있으며, '뇌'로 표징되는 제3기는 정보가 신경 패턴에 있고, '기술'로 표징되는 제4기는 정보가 하드웨어와 소프트웨어 설계에 있으며, 기술과 인간 지능이 융합하는 제5기는 생물학(인간 지능을 포함한)의 방법론이 인간 기술 기반(기하급수적으로 확장되는)과 융합하는 시기이고, 우주가 잠에서 깨어나는 제6기는 우주의 물질과 에너지의 패턴이 지적 과정과 지식으로 가득 차서 무한히 확장된 인간 지능이 우주로 퍼지는 시기이다.[19] 특이점은 제5기에 시작되어 제6기에는 지구로부터 우주까지 확대될 것이라고 본다.

커즈와일이 제시한 '특이점을 향한 카운트다운(Countdown to Singularity)' 도표[20]를 보면, 생물학적 진화와 인간 기술이 모두 연속적인 가속을 나타내며 다음 사건까지 걸리는 시간이 점점 짧아진다. 진화의 선형 관점에서 보면 대부분의 주요 사건은 '최근'에 발생했으며, 질서와 복잡성 또한 기하급수적으로 증가한 것을 볼 수 있다. 커즈와일이 밝히고 있는 특이점의 원리는 의미심장한 미래적 함의를 지니고 있으며, 특이점 이후를 준비하는 인류에게 많은 시사점을 제공한다. 그 핵심 내용은 다음과 같다.

'인간 뇌 스캔'은 기하급수적으로 개선되고 있는 기술들 중 하나다. 2020년대 말까지는 인간 지능을 완벽하게 모방하는 데 필요한 하드웨어와 소프트웨어가 모두 갖춰지면서 컴퓨터가 튜링 테스트(Turing test: 인간과의 대화를 통해 기계의 지능을 판별함)를 통과할 것이고, 컴퓨터 지능과 생물학적 인간의 지능을 구별할 수 없게 될 것이다. 이러한 수준의 발전이 이루어지면 컴퓨터가 인간 지능의 전통적인 강점(패턴 인식 능력)과 기계 지능의 강점(속도, 메모리 용량과 정확성, 지식과 기술 공유 능력)을 결합할 수 있을 것이고, 기계는 인터넷을 통해 인간-기계 문명의 모든 지식에 접근해서 모든 지식을 습득할 수 있을 것이다. 비생물학적 지능이 자신의 설계를 개선하는 주기가 가속되면서 나노기술로 나노봇을 설계할 수 있을 것이다. 나노봇은 인간의 노화를 되돌리고 생물학적 뉴런과 상호작용하며 신경계 내에 가상현실을 창조함으로써 인간의 경험을 확장하며, 수십억 개의 나노봇이 뇌의 모세혈관에 이식됨으로써 인간의 지능은 크게 확장될 것이다. 미래 기계는 생물학적인 인간의 몸보다 훨씬 역량 있고 내구성 높은 '몸'과 지능을 가지고 인간의 감정을 이해하고 이

에 대응하는 능력을 습득하며 세계와 상호작용할 것이다.'[21]

커즈와일에 따르면 수확 가속의 법칙은 비생물학적 지능이 우리 주변 우주의 물질과 에너지를 인간-기계 지능으로 가득 채울 때까지 계속될 것이며, 궁극적으로 전 우주가 우리의 지능으로 포화될 것이다. 이것이 우주의 운명이며 우리가 스스로의 운명을 선택하고 결정하게 될 것이라고 본 것이다. 인간 사고력의 한계로 인해 특이점의 함의에 관해 완벽하게 이해하기는 어렵지만, 특이점 이후의 삶에 관해 커즈와일은 다음과 같은 의미 있는 진술을 하고 있다.

미래 문명의 지능 대부분은 결국에는 비생물학적인 형태가 될 것이고, 금세기 말까지는 비생물학적 지능이 인간 지능보다 수조 배의 수조 배만큼 강력해질 것이다. 그러나 생물학적 지능이 진화의 우위를 잃는다고 해서 그것이 곧 생물학적 지능의 종말을 의미하는 것은 아니다. 비생물학적인 지능은 생물학적 설계에서 파생되어 나올 것이기 때문이다. 우리의 문명은 여전히 인간적일 것이다. 비록 인간성에 대한 이해가 생물학적 기원을 넘어서긴 하겠지만, 실로 여러 가지 면에서 미래 문명은 현재보다 더 인간적인 전형이 될 것이다.

Most of the intelligence of our civilization will ultimately be nonbiological. By the end of this century, it will be trillions of trillions of times more powerful than human intelligence. However,…this does not imply the end of biological intelligence, even if it is thrown from its perch of evolutionary superiority. Even the nonbiological forms will be derived from biological design. Our civilization will remain human—indeed, in many ways it will be more exemplary of what we regard as human than it is today, although our understanding of the term will move beyond its biological origins.[22]

우리 인류가 기술의 진화과정에서 기술을 올바르게 다루는 문제에 대한 답을 찾기도 전에 기술의 역량이 기하급수적으로 증대되는 현상에 대해 전문가들은 우려를 표명한다. 하지만 특이점을 향해 기하급수적인 속도로 진행되고 있는 기술 변화를 멈추게 할 수단은 없어 보인다. 잠재적 위험성이 내재해 있다는 이유로 많은 연구기관들의 활동을 멈추게 하는 것은 가능하지도 않을뿐더러 오히려 진화에 역행하는 결과를 초래할 수도 있다. '창조·융합·연결·확장'[23]을 통한 진화로의 길은 거역할 수 없는 대세이기 때문이다. 기술 변화는 그 규모와 속도, 범위와 복잡성(complexity) 면에서 과거에 인류가 경험했던 것과는 완전히 다르게 진전될 것이며, 우리의 삶과 일, 인간관계의 방식 또한 근본적으로 변화하게 될 것으로 전망된다. 기술 변화는 디지털 혁명을 기반으로 다양한 과학기술을 융합해 개인뿐만 아니라 경제, 기업, 사회를 근본적인 패러다임 전환으로 유도하며 인간의 존재 양식에 대해서도 변화를 일으키고 있다. 나아가 국가 간, 기업 간, 산업 간, 그리고 사회 전체 시스템의 변화를 수반하고 있다.[24]

커즈와일은 21세기 전반부에 'GNR'이라는 세 개의 혁명이 중첩적으로 일어날 것이라고 전망한다. 즉, 'G(Genetics 유전학: 정보와 생물학의 交集合)' 혁명, 'N(Nanotechnology 나노기술: 정보와 물리세계의 交集合)' 혁명, 'R(Robotics 로봇공학: 강력한 AI)' 혁명이 그것이며, 그가 제5기(Epoch Five)라 칭한 시점인 특이점이 이 세 가지 혁명으로써 시작될 것이라고 본다. 현재 우리가 처한 시점은 'G' 혁명의 초기 단계로서 생명의 근원적인 정보 처리 과정을 이해함으로써 질병을 근절하고 인간의 잠재력을 극적으로 확장하고 수명을 획기적으로 연장할 수 있도록 인체의 생물학을 재편하는 법을 익혀나가고 있다. 또한 'N' 혁명은 우리의 몸과 뇌 그리고 우리가 사는 세상을 분자 수준으로 재설계하고 재조립할 수 있게 함으로써 생물학의 한계를 뛰어넘게 할 것이다. 그리고

'R' 혁명은 가장 강력하고도 가장 의미 있는 변화가 될 것으로 여겨지는데 이
는 지능이 우주에서 가장 강력한 '힘'이기 때문이다.[25]

'특이점'은 커즈와일이 말하는 수확 가속의 법칙(law of accelerating returns)─
즉, 진화과정이 가속적이며 그 과정의 산물 또한 기하급수적으로 증가하는
것을 나타내는 법칙─이 가져올 필연적 결과다. 전문가들은 '뉴럴 네트워크
(neural network)'[26]─알파고의 핵심기술도 뉴럴 네트워크다─에 기반한 딥러
닝이라는 인공지능* 기술의 가속적 발전으로 머지않아 일반 인공지능(AGI,
Strong AI) 개발이 이루어지고, 종국에는 초(超) 인공지능(ASI) 개발이 이루어질
것으로 전망한다. 그렇게 되면 인간의 지능을 훨씬 능가하는 인간 수준의
로봇들이 등장하게 될 것이다. 인간의 상상을 현실로 만들어내는 도구가 기
하급수적으로 강력해지면서 특이점이 다가오면 우리는 인간의 역할과 삶의
의미에 대해 다시 생각해봐야 하고 각종 조직들도 재편해야 할 것이다. 커
즈와일은 기술의 진화가 초래할 사회적 영향 및 파급효과를 인체, 뇌, 인간
수명, 전쟁, 학습, 일, 놀이, 우주의 지적 운명에 미칠 영향이라는 여덟 가지
측면에서 고찰하고 있는데 그 개략은 다음과 같다.

'2030-2040년대가 되면 보다 근본적인 인체의 재설계가 이루어져 버전 3.0 인
체가 탄생할 것이며, 그 특징 중 하나는 분자나노기술(MNT) 조립법을 인체에 적
용해 현실에서도 신체를 마음대로 순식간에 변화시킬 수 있을 것이다.[27] 2030
년 무렵 나노봇으로 할 수 있는 가장 중요한 일은 생물학적 지능과 비생물학적
지능을 융합함으로써 우리 마음을 확장하는 것이다. 뇌 속에 패턴을 이루고 있

---

* 인공지능이라는 용어가 처음 등장한 것은 1956년 존 매카시(John McCarthy)가 개최한
다트머스(Dartmouth) 컨퍼런스를 통해서이다.

는 수천조 바이트의 정보들을 다른 곳에 저장할 방법을 알아내게 되면 '마음 파일(mind file)'이라는 소프트웨어의 수명은 생물학적 몸이나 뇌와 같은 특정 하드웨어의 항구성에 좌우되지 않고 인체라는 한계를 넘어 널리 확장될 것이고, 필요할 때만 육체를 가지며 웹에서 살게 될 것이다.[28] 차세대 전투 시스템(FCS)은 "더 작고 더 가볍고 더 빠르고 더 치명적이고 더 스마트한(smaller, lighter, faster, more lethal, and smarter)" 특징을 지니며, 자기조직적인 집단 지능 원리와 고도로 분산된 통신망을 갖추고 군사 시스템이 원격화, 자율화, 소형화, 로봇화하는 추세다.[29] '교육도 다른 모든 조직과 마찬가지로 분산화된 체제로 나아갈 것이고, 완전몰입형에 초고해상도를 갖춘 시청각 가상현실에서 가상 수업을 통해 언제 어디서나 세계 최고의 교육에 접속할 수 있을 것이다. 우리가 비생물학적 지능과 융합하게 되면 그때는 지식이나 기술을 다운로드 받을 수 있기 때문에 교육의 본질 자체가 바뀔 것이다.[30] 분자나노기술 제조법이 현실화하면 상품을 만드는 데 드는 비용은 감소하고 제조과정에 대한 정보비용은 빠르게 상승하여 결국 100%에 가까워질 것이다. 비즈니스 모델의 입장에서는 지적 재산권을 보호하는 일이 매우 중요하게 된다. 향후 몇십 년 동안 거의 모든 일상적인 육체적, 정신적 작업이 자동화될 것이며, 몸이 어디에 있든 가상현실에서 거의 모든 일을 볼 수 있게 된다. 나노기술의 발전으로 연료전지나 태양에너지 활용에 박차가 가해지면 에너지원이 넓게 분산되어 하부구조 속으로 통합될 것이다.'[31]

2020년대가 되면 완전몰입형 가상현실의 등장으로 다채로운 환경과 경험을 가능하게 하는 방대한 놀이터가 생겨날 것이다. 2020년대 말이 되면 가상현실은 모든 감각을 포함하고 신경학적으로 우리의 감정과 연결되어 현실과 차이가 없게 된다. 2030년대가 되면 인간과 기계, 현실과 가상현실, 일과 놀이 사이에는 뚜렷한 차이가 없게 된다.[32] 금세기말이 되면 지구에서는 비생물학적 지능이 생물학적 지능보다 수조 배 강력해져서 인류 문명도 비생물학적인 것이 되어 있을 것이다. 태양계 너머로 지능을 확장하는 임무는 생물학적 인간들을 보내는 방식이 아니라 자기복제력이 있는 나노봇으로 하여금 수행하게 할 것이다. 최고 수준의 지능이 빛의 속도로 우주 너머로 확장해갈 것이며 웜홀(wormholes)을 통해 다른 장소로 빠르게 이동할 수 있을 것이다. 문명은 결국 중력과 다른 우주적 힘들을 제어하고 조작할 수 있게 될 것이다. 우주를 원하는 대로 만드는 것이 특이점의 목표다.'33

　근년에 들어 컴퓨터와 통신기술의 급속한 진보로 인공지능과 로봇의 결합이 가속화되고 있고 또한 인공지능을 갖춘 '로보 사피엔스(Robo Sapiens)'가 '호모 사피엔스'와 공생하는 시대가 임박한 것으로 예측되면서 특이점의 도래에 대한 커즈와일의 주장이 힘을 얻고 있다. 특이점은 생물학적 뇌와 기술의 융합이 이룬 절정으로 우리 삶이 의거해 있는 온갖 개념들에 총체적인 변화가 일어날 것이 예상되는 시기이다. 커즈와일의 말처럼, 기술은 언제나 복합적인 축복이었다. 한편으론 건강수명을 연장해주었고, 육체적·정신적 노역에서 해방시켜주었으며, 새롭고 창의적인 다양한 가능성들을 열어주었다. 그러나 다른 한편으론 새로운 위험을 끌어들였다. 인공지능의 미래에 대한 우려는 전문가들에 의해 끊임없이 제기돼 왔다. 혜택과 잠재적 위험이 공존하는 GNR 혁명에 대한 커즈와일의 방어 전략은 무엇일까? 이는 곧 포스트휴먼으로의 성공적인 이행을 위한 조건이기도 하다.

　로봇공학(강력한 AI) 분야에서 취할 수 있는 제일의 전략은 미래의 비생물학적 지능이 자유, 관용, 지식과 다양성에 대한 존중 등 인간적 가치들을 최대한 반영하게 하는 것이다. 그것을 이루는 최선의 방법은 현재와 미래의 우리 사회에서 그 가치들을 발전시키는 것이다. 모호하게 들리겠지만 사실이다. 이 분야에서 순전히 기술적인 전략이란 없다. 강력한 지능은 덜 강력한 지능이 만든 것을 언제나 뛰어넘을 수 있기 때문이다.

Our primary strategy in this area(Robotics · strong AI) should be to optimize the likelihood that future nonbiological intelligence will reflect our values of liberty, tolerance, and respect for knowledge and diversity. The best way to accomplish this is to foster those values in our society today and going forward. If this sounds vague, it is. But there is no purely technical strategy that is workable in this area, because greater intelligence will always find a way to circumvent measures that are the product of a lesser intelligence.[34]

우리가 만들고 있는 비생물학적 지능은 현재도 그러하거니와 미래에도 우리의 가치를 반영할 것이다. 비생물학적 지능은 생물학적 지능과 깊이 통합되어 생물학을 재편하는 단계로 나아갈 것이다. 우리의 능력은 확장될 것이고, 이러한 더 큰 지적 능력을 어떻게 사용하느냐 하는 것은 그것을 만들어낸 인간들의 제 가치에 의해 좌우될 것이다. 생물학을 재편하는 시대는 궁극적으로는 포스트 생물학 시대로 나아갈 것이다.[35] 기술문명의 장대한 미래적 비전이 보여주는 것에 비해 잠재적 위험성에 대한 커즈와일의 방어 전략은 일면 구체성이 없는 것처럼 보일 수도 있다. 그러나 모든 문제의 핵심은 역시 인간이다. 모든 문제는 인간의 선택과 결정에 달려 있으므로 인간 자체가 바뀌지 않으면 기술문명의 미래도 없다. 기술은 '양날의 칼(a double-edged sword)'과도 같은 것이어서 질병이나 가난을 극복하게 하는 문명의 이기(利器)가 될 수도 있지만, 핵무기나 생화학무기의 사용으로 인류 문명을 파국에 이르게 하는 재앙의 근원이 될 수도 있다. 커즈와일은 이렇게 결론 내린다.

우리는 급변하는 기술을 인류의 제 가치를 발전시키는 데에 사용하면서 방어력을 강화하는 수밖에 없다. 이러한 가치들이 무엇인가에 대해서는 명백한 합의가 없지만 말이다.

We have no choice but to strengthen our defenses while we apply these quickening technologies to advance our human values, despite an apparent lack of consensus on what those values should be.[36]

인류의 소중한 가치가 무엇인가에 대한 명백한 합의도 없으면서 이러한 가치를 발전시킨다는 것은 기술 진보의 역설이다. 소중한 가치에 대한 명백한 합의도 없는데 무엇을 발전시킨다는 것인가? 현 지구촌에서 지구공동체적 가치보다는 특정 집단의 가치가 우선하고 있다는 것이 오히려 명백하지 않은가? 파괴적인 이데올로기에 종속된 기술문명은 발전하면 할수록 엄청난 규모와 강도의 파괴력을 지니게 되므로 결국에는 인류사회를 절멸케 할 수도 있다. 인공지능은 생물학적으로는 인간의 뇌에서 비롯되고 기술적으로는 인간의 창의력에서 비롯된 것이기 때문에 인공지능의 추구 방향에 대한 핵심 키는 인간이 가지고 있다. 인류에게 신뢰와 혜택을 주는 방향으로 기술과 인간 지능의 융합이 일어나려면 결국 그 원천인 인간 자체의 문제와 맞닥뜨리게 된다. 포스트휴먼 프로젝트는 기술적으로만 접근할 수 있는 것이 아니며 반복적인 학습을 통해 인류 의식의 패턴 자체가 바뀌어야 한다.

디지털 대전환의 게임 체인저로서의 인공지능은 무기 통솔체계에서부터 민간 상업 분야에 이르기까지 그 응용범위가 실로 방대하며 가속화되고 있는 기술 발전의 추세로 볼 때 수많은 우리 사회의 근간을 인공지능이 유·무선 네트워크로 제어하는 위치를 차지할 것으로 예상된다. 결국 인공지능이

'인공 지성(artilect)' 수준으로 발전해 인간을 위협할 수 있다는 것이다. 심지어 정보의 바다 자체가 인공지능의 자유의지와 자의식이 싹트는 토양이 될지도 모른다는 우려까지 나오고 있다. 그리하여 인공지능에 대한 윤리적 제어를 통해 인간과 인공지능의 공존을 추구해야 한다는 목소리가 높아지면서 인공지능 윤리 문제[37]에 대한 논의가 활발하게 일어나고 있고, 또한 컴퓨터에 도덕 코드(moral code)를 심는 문제까지 제기되고 있다.

인공지능 윤리는 개발자와 과학자들의 윤리, 인공지능 시스템에 내재한 윤리 코드, 인공지능 시스템이 학습하고 추론하는 과정에서 발생하는 윤리 문제로 대별될 수 있다. 인공지능 윤리와 관련된 연구를 하는 다양한 유형의 기관이나 단체[38]—각 대학 내 연구기관, 국제적 기구 등—가 핵심 연구 주제로 삼고 있는 것은 '어떻게 인류의 공동선을 추구할 것이며, 또한 어떻게 인류에게 해가 될 수 있는 무분별한 개발을 억제하면서 기술 진보를 이루어낼 것인가' 하는 것이다. 미국의 SF 작가이자 생화학자 아이작 아시모프(Isaac Asimov)의 단편 『술래잡기 로봇 *Runaround*』(1942)에서 처음 제시된 '로봇공학 삼원칙(Three Laws of Robotics)'—"1) 로봇은 인간을 다치게 하거나, 행동하지 않음으로써 인간에게 해(害)가 가도록 해서는 안 된다. 2) 로봇은 제1원칙에 위배되지 않는 한, 인간의 명령에 복종해야 한다. 3) 로봇은 제1, 2원칙에 위배되지 않는 한, 자신을 지켜야 한다"[39]—은 인공지능 윤리를 구체화한 사례로 널리 알려져 있다.

그러나 인공지능 윤리를 구현하는 작업은 그렇게 단순하지가 않다. 인공지능 시스템에 보편적인 윤리 코드를 설정할 경우, 스스로 도덕적 결정을 내리는 '인공 도덕 행위자(artificial moral agent, AMA)'가 과연 신뢰할 만한 인간의 아바타가 되어줄 수 있을까 하는 의문이 제기되기 때문이다. 인간들 자체가 분열성을 획책하며 인종적·민족적·국가적·종교적·이념적 갈등과 대립으로 서로 죽이고 죽임을 당하는 판국에, 로봇공학 제1원칙—'로봇은 인간을 다치게 하거나, 인간에게 해가 가도록 해서는 안 된다'—이 가리키는 '인간' 이란 대체 누구를 말하는 것인가? 만약 정치적인 목적으로 특정 인간 집단 을 말살하는 코드를 심는다면 어떻게 되겠는가? 따라서 로봇공학 제1원칙 을 전제로 한 제2원칙, 그리고 제1, 2원칙을 전제로 한 제3원칙이 현실 속에 서 이상적으로 구현되기를 기대할 수는 없을 것이다.

사실 더 시급한 과제는 컴퓨터 과학자나 인공지능 연구자들의 윤리 학 습[40]이다. 인공지능의 윤리 문제는 결국 이들 과학자나 연구자들의 윤리 코 드가 이입되어 나타난 결과이므로 지속적인 윤리 학습 강화가 필요한 것이 다. 그럼에도 이들 분야 연구자들은 윤리학과의 관련성을 별로 인지하지 못 하는 경우가 대부분이다. 따라서 인공지능 기술의 발전이 인류사회의 이익 을 극대화하고 지구공동체 전체에 혜택을 주는 방향으로 진행되어야 한다 는 내용의 공개서한이 온라인 서명을 통해 더욱 확산될 필요가 있다. 2015 년 7월 27일(현지 시각) 영국의 세계적인 이론물리학자 스티븐 호킹(Stephen Hawking)과 테슬라 최고경영자 일런 머스크(Elon Musk), 애플 공동창업자 스티 브 워즈니악(Steve Wozniak) 등 인공지능 분야 전문가 1000여 명은 미국 미래 생명연구소(FLI)의 공개서한을 통해 인간의 개입 없이도 스스로 공격 대상을 파악해 공격하는 '킬러로봇(killer robots)'이 원자폭탄보다 더 심각한 위협이 될 수 있다고 경고하며 화약과 핵무기에 이어 '제3의 전쟁 혁명'을 일으킬 수 있 는 킬러로봇의 개발 규제를 촉구했다.[41]

오늘날 과학의 대중화와 더불어 인문사회과학적 지식이 기술혁신의 새로 운 규범으로 자리 잡고 있는 지금, 인공지능 윤리 논의가 실효를 거두기 위 해서는 과학, 공학, 인문학, 사회과학, 법학, 의학 등 다양한 분야의 전문가 들이 통섭적 접근을 통한 공동연구 및 토론을 활성화하고 플랫폼 방식의 의

사소통 능력을 확대할 필요가 있다. 또한 인공지능과 로봇의 법적 인격 및 권리와 책임 문제, 인공지능과 로봇 관련 법 제도와 지역적·세계적 거버넌스 등에 대한 논의와 연구를 국제협력을 통해 더욱 활발하게 전개해 나가야 할 것이다. 이러한 것들은 다가올 다중의 인공지능 에이전트 사회에서 '인공지능 시스템이 자기 코드를 수정하거나 스스로 다른 인공지능 시스템을 제작하는' 것을 방지하는 일정한 가이드라인 역할을 할 수 있다. 그러나 여전히 남은 문제는 결국 인간이다. 인간 자체가 근본적으로 변화하지 않으면 이러한 가이드라인은 실효성을 발휘할 수 없기 때문이다.

스웨덴 출신의 철학자이며 영국 옥스퍼드대학교 교수인 닉 보스트롬(Nick Bostrom)은 인공 초지능이 등장하고 지능 대확산(intelligence explosion)이 일어나면, 특히 인류에게 비우호적인 초지능이 등장하면 인간의 운명은 이 초지능에 의해서 결정될 것이라고 주장했다. 우리 인류가 살아남을 수 있는 단 하나의 희망이 있다면, 그것은 초지능 개발 여정의 초기 조건을 인간 가치를 수호하도록 설정하는 것이다. 그 선택권은 우리 인류에게 있다. 보스트롬은 이 해결책의 단초를 '최선의 인간 본성'[42]에서 찾고 있다. 최선의 인간 본성이 발현되어 문제가 해결되기를 바라는 것이다. 이러한 그의 주장은 이스라엘의 히브리대학교 역사학 교수 유발 하라리(Yuval Noah Harari)의 주장—비의식적 지능과의 게임에서 인간이 살아남으려면 '마음을 업그레이드하는 일에 적극적으로 나서야 할 것'[43]이라는—과 일맥상통한다. 포스트휴먼이 된다는 것은 '윤리적 가치와 확대된 공동체 의식을 결합하는 새로운 방식'[44]을 의미한다.

한편 예술과 현대 인지과학의 접목, 그리고 테크놀로지와 예술의 접목을 통해 포스트휴먼 시대를 규명해 온 로버트 페퍼렐(Robert Pepperell)은 '포스트휴먼 조건'이 의미하는 바를 크게 세 가지로 나타내고 있다. 첫째는 '인간의 종말'에 대한 것이 아니라 남성이 중심이 된 '인간중심(human-centred)' 우주의 종말, 즉 '휴머니즘'의 종말—14세기 이래로 존재해온 휴머니즘의 이상에 대한 믿음은 지속되겠지만—에 대한 것이다. 둘째는 유전학만이 아니라 모든 문화적·기술과학적 존재의 도구와 장치를 포함하는 과정으로서의 생명의 진화에 대한 것이다. 셋째는 우리가 어떻게 살 것이며, 환경과 동물 그리고 인간 상호 간의 관계를 어떻게 설정할 것인가에 대한 것이다. 여성에 대한 남성의 억압에 대항하는 페미니즘 운동, 동물에 대한 인간의 착취에 대항하는 동물권리운동, 지구 자원에 대한 인간의 착취에 대항하는 환경운동, 인간에 대한 인간의 착취에 대항하는 반노예운동이 지난 200년 동안 면면히 이어져 온 것은 남성이 중심이 된 '인간중심' 세계의 점진적인 전복이 진행되어왔음을 의미한다.[45]

페페렐에 의하면 포스트휴먼 시대가 완전히 시작되는 것은 우리가 더 이상 생명과 기계, 자연과 인간 사이를 구분하는 것이 가능하지 않고 필요하지도 않다고 생각할 때, 다시 말해 우리가 진정으로 인간으로부터 포스트휴먼의 존재 조건으로 넘어갈 때이다.[46] 현재 우리 모두는 미래가 형성될 방식에 영향력을 행사하고 있다는 점에서 포스트휴머니즘은 단지 미래에 대한 것이 아니라 미래에 대한 것인 만큼 현재에 대한 것이다. 포스트휴머니즘이라고 지칭한 변화들에 있어 우리가 직면하는 난제는 페페렐이 지적하고 있듯이, '왜 우리는 그러한 기계를 발전시키기를 원하며 그러한 기계들이 어떠한 목적으로 향하도록 할 것인가'이다.[47] 이는 곧 포스트휴먼적 가치의 지향성과 관계되는 것으로, 이로부터 포스트휴먼적 가치의 특징을 도출해낼 수 있다.

## 포스트휴먼적 가치의 특징

포스트휴먼은 인간과 인공지능 기계의 전반적인 수렴이 일어나 양 경계가 해체되는 시대의 인간으로 근대 휴머니즘적 인간관의 중대한 변화를 내포한 개념이다. 포스트휴먼 개념은 스스로를 엑스트로피언(Extropians, 생명확장론자)이라고 부르는 사람들에 의해 지지를 받았다. '엑스트로피 원리(Principles of Extropy)'를 창안한 막스 모어(Max More)는 현대적 트랜스휴머니즘의 기초를 마련했다. 우주의 모든 것이 카오스 쪽으로 쇠퇴하고 있다고 보는 엔트로피(entropy)와는 반대로, 엑스트로피는 생명의 자기조직적인 속성을 긍정하여 카오스로부터 질서가 나온다고 본다.[48] 환원주의와 결정론에 대한 휴머니즘의 오랜 집착에 도전하고 있는 카오스이론(chaos theory)이나 파국이론(catastrophe theory, 카타스트로피 이론), 복잡계 이론(complex systems theory)*들

---

* 비선형적(非線型的, non-linear)인 복잡계(complex system)를 다루는 카오스이론은 서구 과학계에서 상대성이론과 양자역학에 이어 물리학에서 제3의 혁명을 가져올 것으로 기대되고 있다. 1961년 미국의 기상학자 에드워드 로렌츠(Edward Lorentz)가 기상관측 도중 생각해 낸 나비효과(butterfly effect)를 발표하면서 이론적 토대가 구축되었으며, 벨기에의 화학자이자 물리학자이며 사상가인 일리야 프리고진(Ilya Prigogine)이 복잡성의 과학을 체계화하고 부분적으로 논의되던 카오스 이론을 통합, '복잡계 이론'을 창시함으로써 카오스 이론은 1970년대 후반부터 활발하게 논의되기 시작했다. 1972년 프랑스의 수학자 르네 톰(René Thom)이 창시한 파국이론은 종래의 수학이나 물리학의 대부분이 연속적 현상을 연구해 온 것과는 달리 수학적인 불연속 현상을 다루었을 뿐 아니라 여러 분야, 특히 생물학에 응용하고 있으며 일정한 철학사적 위치를 지니는 것으로 평가된다. 전통적인 수학이 정량분석(quantitative analysis)에 치중한 데 비해, 복잡성의 수학은 정성분석(qualitative analysis)을 강조한다. 대규모 자연재해나 사회정치적 변동과 같은 급격한 변화가 일어날 징후나 그 과정을 연구하여 그것에 대처할 수 있게 하는 이론이다. 이들 파국이론, 카오스 이론, 복잡계 이론은 사이버네틱스(인공두뇌학)와 함께 '4C' 이론으로 불리는 동역학적(動力學的)인 시스템 이론이다. 시스템적 사고의 특징은 세계를 부분으로 환원시키지 않고 전체로서 보는 전일적 시각(holistic view)에 기초해 있으며 결정론을 배격한다.

은 포스트휴먼 이론의 범주에 포함되는 것으로, 이는 곧 포스트휴먼 시대가 우주와 인간에 대한 새로운 인식론과 존재론—즉, 현대물리학의 전일적[시스템적]·비결정론적 세계관—을 바탕으로 하고 있음을 말해준다.

인류를 포스트휴먼의 조건으로 인도하려는 지적·문화적 운동인 트랜스휴머니즘에는 다양한 스펙트럼이 존재하지만 크게 두 가지 흐름으로 볼 수 있다. 그 하나는 세계 트랜스휴머니스트 협회(WTA: 1998년 닉 보스트롬과 데이비드 피어스(David Pearce)에 의해 설립) 후신인 휴머니티 플러스(Humanity+) 중심의 흐름이고, 다른 하나는 2004년 닉 보스트롬과 제임스 휴즈(James Hughes)에 의해 설립된 IEET(Institute for Ethics and Emerging Technologies) 중심의 흐름이다. 전자는 1992년 막스 모어와 톰 머로우(Tom Morrow)에 의해 설립된 엑스트로피 연구소와 가까운 성향의 인물들에 의해 운영되고 있고, 후자는 WTA를 주도했던 인물들이 주로 활동하고 있다.[49]

엑스트로피언의 관점은 현재의 인간 조건을 더 좋게 변형할 수 있는 기술의 힘에 대한 낙관적인 믿음, 즉 기술적 낙관론(technological optimism)에 기초하고 있다. 막스 모어는 트랜스휴머니즘에 대해 기술한 웹사이트에서 엑스트로피언 철학을 생명철학이라고 규정하면서, 이 생명철학은 과학기술에 의한 인간 생명의 확장과 한계의 극복 및 진화의 가속화를 추구하며 생명 증진 원리와 가치를 따른다고 했다: "(엑스트로피언 철학과 같은) 생명철학은 과학과 테크놀로지에 의해 현재의 인간 형태와 한계를 뛰어넘어서 지적인 생명의 진화를 계속하고 가속화하는 것을 추구하며 생명 증진의 원리와 가치를 따른다."[50]

WTA 설립 후 닉 보스트롬이 앤더스 샌드버그(Anders Sandberg) 등과 함께 작성을 주도한 「트랜스휴머니스트 선언문」(2009.3)과 「트랜스휴머니스트 FAQ(frequently asked questions)」는 포스트휴먼적 가치의 지향성에 있어 생명 증진의 원리와 가치를 추구하는 막스 모어의 생명철학적 관점과 유사한 맥락을 보이고 있다. 오늘날 트랜스휴머니스트들의 세계관에 대한 표준적인 정의로 인정되는 이 문건들에서 트랜스휴머니스트들은 '인류가 미래에 과학과 기술의 심대한 영향으로 노화·인지적 결함·고통을 극복하고, 지능·육체·정신을 강화시키기 위한 기술을 개발하고 확대함으로써 인간 조건을 근본적으로 향상시키며, 인간의 잠재력을 지구 행성 너머로 확장할 것'[51]이라고 전망한다. 이러한 지적·문화적 운동에 대한 전망은 크게 세 가지로 분류할 수 있다.

첫째는 육체적 노화를 제거하는 것이다. 트랜스휴머니스트들은 노화뿐만 아니라 선천적 및 후천적 장애도 극복될 수 있다고 본다. 둘째는 정신적 지능을 강화하는 것이다. 트랜스휴머니스트들은 인간의 잠재력이 대부분은 여전히 실현되지 않았다고 보기 때문에 이러한 잠재력이 실현되면 인간 조건의 근본적인 향상으로 이어질 수 있다는 것이다. 셋째는 육체적 및 정신적 강화를 통해 심리적 웰빙을 달성하는 것이다. 심리적 웰빙이란 인간으로서의 진정한 행복과 복지를 달성하는 것이며, 이는 곧 인간의 행복추구권을 최대한으로 보장하는 것이다. 이 세 가지는 곧 '슈퍼장수(superlongevity)', '슈퍼인텔리전스(superintelligence)', '슈퍼웰빙(superwellbeing)'으로 집약될 수 있다.

트랜스휴머니스트들은 한편으로는 트랜스휴머니즘에 대해 낙관적인 전망을 하면서도 다른 한편으로는 인간의 근본적 한계를 극복하기 위한 기술의 잠재적 위험과 새로운 기술의 오용에 대해서는 경계한다. 하여 그러한 기술의 개발 및 사용과 관련된 생명윤리 문제를 연구하는 활동도 병행하고 있다. 트랜스휴머니즘의 과업에 대해 「트랜스휴머니스트 선언문」 제6조와 제7조에는 이렇게 명시되어 있다. 제6조에는 "기회와 위험 모두를 진지하게 고려하면서, 자율성과 도덕적 권리를 존중하고, 지구상의 모든 사람들에 대한 연대의식과 더불어 그들의 이익 및 존엄성에 대해 걱정하는, 책임 있고 포괄적인 도덕적 비전을 보여줄 수 있는 정책 입안이 이루어져야 한다. 우리는 미래 세대들에 대한 도덕적 책임 또한 고려해야 한다"라고 나와 있다. 제7조에는 트랜스휴머니즘이 '인간과 비인간, 자연지능과 인공지능, 생명과 비생명의 이원성을 넘어 모든 존재의 복지를 촉진해야 한다'고 나와 있다.[52]

이와 유사한 맥락의 가치지향성은 '기술진보적'인 싱크탱크(technoprogres-sive think tank)인 IEET에서도 나타나고 있다. IEET는 웹사이트(http://ieet.org)에서 자신들의 사명을 다음과 같이 규정하고 있다. "IEET는 기술적 진보가 어떻게 민주사회에서 자유, 행복 그리고 인간의 번영을 증진시킬 수 있을 것인지를 고민하는 비영리 싱크탱크다. 기술이 안전하고 공평하게 분배되는 것을 확고하게 하는 한에 있어서, 우리는 기술적 진보가 인류의 긍정적인 발전을 위한 촉매가 될 수 있을 것이라 믿는다.…사회적 조건이나 인간 삶의 질을 긍정적으로 변형시킬 잠재력을 가진 새로운 기술들, 특히 인간 향상 기술들에 초점을 맞춰, IEET는 그런 기술들이 가진 긍정적 혹은 부정적 함축들에 대해서 학계, 전문가 집단, 대중 이해를 증진시키고, 이 기술들을 안전하고 공평하게 사용하기 위해 책임감 있는 공공정책들을 장려할 방안을 모색한다."[53]

포스트휴먼이 된다는 것은 현재의 인간 조건들이 해결되어 더 확장된 능력을 갖춘 존재로 변형된다는 것이며, 생명의 네트워크적 본질에 대한 인식을 바탕으로 생명 향상의 원리와 가치를 따르는 것을 의미한다. 그것은 인간과 비인간, 자연지능과 인공지능, 생명과 비생명의 이원성을 넘어 모든 존재의 복지를 촉진하는 새로운 규준의 휴머니즘과 연결되는 것을 의미한다. 포스트휴먼적 가치의 근간을 이루는 키워드는 '생명(Life)'이다. 양자역학으로 대표되는 현대물리학에 의해 재발견된 생명은 '전일적 흐름(holomovement)'이며 '불가분의 전체성(undivided wholeness)'이다. 우주의 본질인 생명은 참자아인 영[靈性]—흔히 신[神性]이라고도 부르는—그 자체로서 물질적 육체에 귀속되는 것이 아니다. 그것은 우주 생명력 에너지인 동시에 우주 지성이며 또한 우주의 근본 질료로서, 지성[性]·에너지[命]·질료[精] 이 셋은 이른바 제1원인의 삼위일체라고 하는 것이다. 생명은 삶과 죽음, 주관과 객관, 개체와 전체, 인간과 비인간 등 물질적 육체로부터 기인하는 온갖 이분법 저 너머에 있는 '순수 현존(pure presence)'이다.

영국 런던대학교 이론물리학 교수를 역임한 세계적인 양자물리학자 데이비드 봄(David Bohm)에 따르면 다양하게 분리된 것처럼 보이는 '드러난(펼쳐진, unfolded)' 물리적 세계는 일체의 이원성을 넘어선 '숨겨진(접힌, enfolded)' 전일성의 세계가 물질화되어 나타난 것이다. 말하자면 우주만물은 '물질화된 영(materialized Spirit)'이다. 이러한 생명의 자기조직화는 우주만물[多, 三]을 전일성[一, 즉 靈·神·天]의 자기복제(self-replication)로 보는 일즉삼·삼즉일(一卽三·三卽一 또는 一卽多·多卽一)*이라는 한국학 고유의 핵심 코드와 조응한다. 한국학 코드는 본체계[의식계]와 현상계[물질계], 전일성[전체성]과 다양성[개체성]의 이원성을 넘어선 통섭적 사유체계를 바탕으로 하는 까닭에 만유에 편재(遍在)하는 원융무애(圓融無礙)한 생명의 역동적 본질을 생생하게 느낄 수 있게 한다.

18세기 계몽주의 전통의 바탕을 이룬 '이성에 의한 진보'라는 믿음이 그 사명을 완수하지 못한 것은, 정신·물질 이원론의 기계론적 세계관에 경도(傾倒)되어 우주의 본질인 생명을 실재(reality)와 유리된 현상의 세계에 가둬

---

* 우주만물[多]은 천·지·인 셋[三]으로 나타나므로 '多'와 '三'은 그 의미가 같다. 따라서 일즉삼·삼즉일은 곧 일즉다·다즉일이다.

버렸기 때문이다. 그리하여 개체화되고 물질화된 생명관은 생명 증진 원리와 가치를 따르기는커녕 자연에 대한 인간의 억압과 여성에 대한 남성의 억압, 그리고 인간에 대한 인간의 억압을 확대 재생산함으로써 마침내 환경운동, 페미니즘 운동, 동물권리운동, 반노예운동을 촉발하였으며 200년에 걸쳐 인간중심·남성중심·유럽중심·백인중심 세계의 점진적인 전복이 진행되어 온 것이다. 스스로를 내재적 본성인 신성으로부터 분리시킨 '도구적 이성'과 '도구적 합리성(instrumental rationality)' 및 과학적 방법론에 대한 과도한 신뢰는 정신까지도 물질화하는 결과를 초래함으로써 반(反)생명적·반윤리적인 물신(物神) 숭배가 만연하게 되었고, 결과적으로 '근대성의 역설(paradox of modernity)'에 직면하게 된 것이다.

계몽주의자들이 운위하는 이성주의·합리주의·객관주의는 애초에 인간중심주의·남성중심주의·유럽중심주의·백인우월주의라는 주관의 늪에 빠져 태생적으로 기형일 수밖에 없었다. 그리하여 '도구적 이성'과 '도구적 합리성'의 발흥에 따른 인간성 상실과 인간소외 현상, 전 지구적 차원의 환경 문제와 생태 위기가 총체적인 인간 실존의 위기로 이어지면서 근대합리주의의 비합리성이 비판받기에 이른 것이다. 근대합리주의 해체의 핵심은 그 근간을 이루는 이분법의 해체이며, 이러한 획일화된 틀과 형식이 해체되면서 탈근대적이고 탈이념적인 포스트모던 사조가 등장하게 된 것이다. 따라서 근대 휴머니즘의 한계를 극복하고 대안적 인간상을 마련하기 위해 부상한 포스트휴먼적 가치의 특징은 생명의 네트워크적 본질에 대한 인식을 바탕으로 생명 향상의 원리와 생명윤리 및 가치를 따르는 것으로 요약될 수 있다.

이처럼 포스트휴먼적 가치는 근대 휴머니즘과 계몽주의에 내재된 개체화·물질화된 생명관이 초래한 반생명적·반윤리적인 물신 숭배에 대한 반동으로 나타난 것이긴 하지만, 계몽주의가 인간 이성의 역할을 강조함으로써 근대 과학혁명을 촉발하고 인류로 하여금 새로운 세계에 눈뜨게 하는 계기를 마련하였다는 점에서 계몽주의가 인류사회의 진화과정에 끼친 영향에 대해 일별해볼 필요가 있다. 흔히 '이성의 세기'라 불리는 18세기는 프랑스에 있어서는 프랑스 계몽주의(啓蒙主義, illuminism) 시기라 불린다. 계몽주의는 17세기 영국의 경험주의를 그 원류로 하여 18세기 모든 문학운동 및 사상활동과 문화현상의 저류(底流)를 형성하였다. 계몽사상(enlightenment)이라고도 불리는 이 계몽주의라는 용어는 하나의 통일된 사상이나 운동을 지칭하는 것은 아니며 다양한 양태로 전개되었지만, 절대군주 정체였던 앙시앵 레짐(Ancien Régime, 구체제) 하의 세계관, 철학 및 전통적 관습과 도덕에 대한 비판적 사고를 공유하였으며, 정치·사회·철학·과학 이론 등에서 진보적인 입장을 견지하였다.

계몽주의자들은 계몽주의 사유의 핵심인 이성 혹은 지성의 힘에 의해 신, 자연, 인간 등에 대한 개념을 새로운 세계관으로 정립하고 인간과 세계의 보편적 원리 및 법칙의 발견을 통하여 조건을 개선하고자 하였으며, 지식, 자유, 행복을 추구해야 할 목표로 삼았다. 또한 인간의 존엄성과 자유권을 강조하는 합리적이고 진보적인 사회개혁 프로그램을 제시함으로써 인간이 이룩한 문화와 문명을 낙관적으로 발전시키려는 시대정신을 공유하였다. 한마디로 '이성에 의한 진보'라는 믿음이 계몽주의 전통의 바탕을 이루고 있었다. 하나의 사상인 동시에 문화현상으로 이해되는 계몽주의는 영국의 경험론자 존 로크(John Locke)가 그 서장을 연 이후 프랑스의 백과전서파(Encyclopediste)와 독일의 임마누엘 칸트(Immanuel Kant)에게 영향을 주어 이후 사상 전개의 추동력이 되었다.*

---

\* 프랑스 계몽주의(특히 루소의 계몽사상)와 프랑스혁명이 칸트로부터 시작되는 독일 관

18세기를 중심으로 서양사상과 문화적 삶의 한 시기를 지칭하는 계몽주의는 영국, 프랑스, 독일 등지에서 발전되었다. 뿐만 아니라 대서양 주변 국가에서 일어난 각종 혁명을 계기로 폴란드-리투아니아 연방, 러시아와 스칸디나비아를 비롯한 다른 유럽 국가들에도 광범하게 지적 운동으로 퍼져 나갔다. 라틴 아메리카 또한 아이티 혁명을 계기로 이 운동에 동참했다. 미국 독립선언과 미국 권리장전, 프랑스 인권선언, 폴란드-리투아니아 연방의 1791년 헌법은 모두 계몽사상의 영향을 받은 것이다. 이처럼 계몽주의 운동은 18세기에 유럽과 신세계를 휩쓴 지적 운동으로서 다양한 지적인 전통과 업적에 힘입은 바 크다. 그중에서도 프랑스가 이 운동의 핵심적인 기반을 제공했고 또 프랑스 계몽주의자들의 활동이 두드러졌다.[54]

　그러나 근대 휴머니즘과 계몽주의는 기계론적·환원론적 세계관에 경도된 나머지 원대한 이상과는 달리 그러한 이상을 발현시킬만한 내재적 추동력을 지니지 못했다. '이성에 의한 무한한 진보'라는 믿음 자체가 파편화된 생명관으로 인하여 기실은 모든 것을 도구적 기능으로 환원시켜버렸기 때문이다. 근대 휴머니즘과 계몽주의의 유산을 물려받고 있는 현재의 인류도 ―양자역학으로 대표되는 포스트 물질주의 과학(post-materialist science)의 진보에도 불구하고― 여전히 그러한 생명관에 함몰되어 있다. 기술적 진보가 인류의 긍정적인 발전을 위한 촉매가 될 수 있기 위해서는 인공지능 윤리와 생명윤리를 준수하며 안전하고 공평한 기술 분배가 이루어져야 한다. 그러기 위해서는 생명의 네트워크적 본질에 대한 인식을 바탕으로 생명 향상의 원리와 생명윤리 및 가치를 실천해야 한다.

---

　념론에 끼친 영향이 크기 때문에 보통 철학사에서는 영국 경험론(경험주의)과 독일 관념론(이상주의) 사이에 18세기 프랑스 계몽주의를 언급한다.

생명 가치를 활성화하고 바람직한 생명 문화가 뿌리내릴 수 있게 하는 선결 과제는 생명에 대한 전일적 시각(holistic view)으로의 패러다임 전환이다. 우주의 본질인 생명은 분리할 수 없는 전체성이므로 개체화·물질화된 육체적 자아 저 너머에 있으며, 없는 곳이 없이 실재하며 만유에 두루 편재(遍在)하므로 생명과 비생명의 경계 저 너머에 있으며, 태어남도 죽음도 없는 영원 그 자체이므로 삶과 죽음의 경계 저 너머에 있으며, 천지만물이 생겨나기 전에도 있었던 '순수 현존[靈·神·天]' 그 자체이므로 시공(時空)의 경계 저 너머에 있다. 따라서 생명을 개체화·물질화된 육체적 자아에 귀속되는 것으로 여기거나, 인간이라는 종(種)의 우월성을 강조하며 인간중심주의에 빠지거나, 삶과 죽음 그리고 인간과 비인간을 이분화된 것으로 인식하는 이론에 천착해서는 생명이 무엇인지를 알 길이 없다.

인류의 이념적 표상이 되어 온 지속가능한 사회(sustainable society)란 생명 가치가 활성화된 '열린 사회(open society)'를 지칭하는 것이다. 생명정치의 본질인 소통성의 핵심은 내재적 본성인 신성[靈性, 참본성, 一心] 회복에 있으며, 참본성의 회복을 통해 '내가 (참)나 되는 것'[55]이 생명정치의 궁극적 목표다. 그것은 곧 생명의 영성을 깨달아 새로운 연대로 거듭나는 것을 의미한다. 말하자면 조화와 상생의 지속가능한 사회가 구현되는 것이다. 소통·자치·자율의 생명정치는 생명을 분리된 개체가 아닌 영성[靈·神·天] 그 자체로 인식할 수 있을 때 가능해진다. 생명의 전일성과 자기근원성을 자각할 수 있을 때 능동성과 창의성, 자율성과 평등성이 발휘될 수 있는 것이다. 따라서 생명정치는 단순한 제도적 개혁의 산물이 아니라 의식의 진화의 산물이다. 인류의 생명권에 대한 자각이 없이는 평화란 한갓 헛된 신념을 추동하는 이념에 지나지 않는다.

역사라는 무대에서 펼쳐진 생명적 사유와 정치적 사유의 변증법적 통합 과정은 인간 사회의 진화가 의식의 진화와 조응해 있음을 생생하게 보여준다. 또한 대통합에 이르기 위해선 근원적인 분리 과정, 즉 의식의 자기교육 과정을 거쳐야 함을 말해준다. 정치체에 내재하는 근원적인 생명정치적 긴장과 분열은 로마 시대의 '포풀루스(populus)'와 '플레브스(plebs)', 중세의 '작은 인민(popolo minuto: 13세기 피렌체의 장인 계층)'과 '큰 인민(popolo grasso: 13세기 피렌체의 상인 계층 및 부르주아지)'의 구분에서 잘 드러난다. 물론 그 이전에도 두 개의 대립적인 축 사이를 변증법적으로 진동하며 이러한 긴장과 분열은 항상 존재했었다. 그러나 프랑스대혁명 이후 인민(popolo)이 주권의 유일한 담지자가 되고 더 이상은 인민이 스스로를 예종(隷從)의 형태로 표현하지 않게 되면서 생명은 정치적으로 문제시되게 되었다.

우리 시대의 생명정치적 현상들을 새롭게 분석한 조르조 아감벤(Giorgio Agamben)에 따르면 우파든 좌파든, 자본주의 국가든 사회주의 국가든—비록 그 방식과 정치적 지평이 다르긴 하지만—모두 분열되지 않은 인민의 창출이라는 '생명정치적 프로젝트'에 사활을 걸게 되었다는 것이다. 이러한 관점에서 나치 독일의 유대인 절멸에 대한 아감벤의 예리한 분석은 생명정치론의 전개에 주요한 시사점을 제공한다. 그는 '벌거벗은 생명'인 유대인들—근대성이 필연적으로 자기 내부에 창출해냈지만 정치체 속에 통합되기를 거부한, 하여 용납될 수 없었던 인민—과 완전한 '정치적 신체'인 인민의 대표자인 독일 민족(Volk)이라는 두 개의 대립되는 축을 중심으로 '작은 인민'과 '큰 인민'을 구별 짓는 나치즘의 '절멸 작전'이 독일 민족을 '근원적인 생명정치적 분열을 극복한 인민'으로 만들기 위한 헛된 시도였다고 해석한다.

그것은 생명정치적 분열의 극복이 아니라 생명정치적 분열의 극단적 획책이었다. 근대의 생명정치는 "벌거벗은 생명이 있는 곳에 인민(popolo)이 위치해야 한다"라는 원칙에 의해 지탱된 것이었다. 환언하면, "인민이 있는 곳에 벌거벗은 생명도 위치해야 한다"는 것이다. 이렇듯 근대의 생명정치는 '벌거벗은 생명'과 인민의 동일시에 의해 지탱되어 왔고, 오늘날의 민주주의적-자본주의적 프로젝트 또한 그 자체 속에 벌거벗은 인민을 재생산하고 나아가 제3세계 인민마저 '벌거벗은 생명'으로 변형시키고 있다는 것이다.[56] 생명정치적 분열은 '큰 인민'이 '작은 인민'을 제거함으로써 극복될 수 있는 것이 아니다. 전일적 패러다임(holistic paradigm)에 의한 새로운 정치만이 지구촌을 분열시키고 있는 내전을 중단시킬 수 있을 것이다.

한편 미국 고더드대학교 과학기술문화학과 교수인 크리스 그레이(Chris Hables Gray)는 그의 저서 『사이보그 시티즌: 포스트휴먼 시대의 정치학 Cyborg Citizen: Politics in the Posthuman Age』(2001)에서 누구든지 어떤 유의미한 방식으로 기술적 개조가 있었다면 그 사람은 확실히 사이보그라고 말한다. 신체의 일부가 반드시 인간이어야 사이보그가 될 수 있는 것은 아니며, 유기적 과정을 기반으로 한 바이오컴퓨터나 생체공학적인 미생물 또한 다른 방식의 사이보그라는 것이다. 우리가 기술적으로 개조되지 않았다 하더라도, 거의 모든 인간 활동이 전방위적으로 사이보그화되고 있는 사이보그 사회에서 살고 있기 때문에 사이보그 관련 쟁점들은 우리에게 영향을 미칠 것이다. 그는 사이보그 현상의 정치학에 초점을 맞추어 사이보그 시민권의 중요성을 주장하는 논거를 제시하고 있다.

그레이는 포스트모던 시대의 인공 진화가 찰스 다윈(Charles Robert Darwin)이 말한 품종개량 정도가 아니라 인간의 몸과 유전자에 대한 직접적인 개조까지 포함하며 머지않아 새로운 기술과학(technoscience)에 의해 인간으로 분류할 수조차 없는 개조된 생명체들이 창조될 것이라고 주장한다. 인간이 기술적으로 스스로를 계속 변형시키는 이 과정의 전반적인 결과는 인간과 기계의 아주 특별한 공생(an extraordinary symbiosis)이며, 인류 역사상 전혀 새로운 발전이고, 자연선택(natural selection)을 넘어서는 중대한 도약이며, '참여적 진화(participatory evolution)'가 가리키는 현상이라고 설명한다. 또한 참여적 진화는 참여적 정부를 필요로 한다고 주장한다. 이렇게 인간의 잠재력이 극대화되면 모든 개조과정은 근본적으로 정치적 성격을 띠게 되며, 사이보그화 과정이 결국 근본적인 정치적 역할까지 수행하게 될 것이라고 보는 것이다.[57]

또한 그레이는 합법적인 정치권력의 원천인 시민 개념에 입각하여 사이보그 시티즌 개념을 제안한다. 사이보그 국가란 것이 은유에 지나지 않으며 그 은유는 기술이 정치의 중심에 있음을 분명히 하고 또 현실 세계의 현상들, 즉 살과 철의 관계들을 묘사한다는 사실을 명심해야 한다고 말한다. 사이보그 인식론은 이원적 인식론의 주장을 완전히 넘어서 있는 까닭에 "유토피아와 디스토피아, 착한 터미네이터와 악한 터미네이터 사이에 선택은 없으며 그들 모두 여기에 있고, 우리는 이 조립된 이중적인 몸에 거주하는 방법을 배우고 있다"는 것이다.[58] 오늘날 사이보그화가 가속화됨에 따라 생물과 무생물, 인간과 기계, 인공과 자연의 경계가 점차 사라지고 있는 현실을 직시하지 못하는 사람들에 대해 그레이는 다음과 같이 경고한다.

> 우리 사회는 도구, 기계 그리고 유기체로 이루어진 사이보그 사회이지만 우리는 이것을 부인한다. 우리는 우리가 속해 있는 유기적인 세계와의 연결을 거부하고 우리가 만드는 기술과학에 대한 책임을 거부한다. 유기적('자연적')이고 기계적인('산업문명') 두 영역에 걸쳐 있는 우리의 사이보그적 상황을 받아들이지 못하면 치명적인 결과를 초래할 것이며, 이 두 시스템 중 어느 쪽과 충돌하더라도 인류는 끝장날 것이다.
>
> We are a cyborg society of tools, machines, and organisms but we deny

it. We deny our connection to the organic, the world in which we are embedded, and we deny responsibility for the technosciences we make. To fail to come to terms with our cyborgian situation as part of both organic(the 'natural') and machinic(industrial civilization) realms would be fatal. Crashing either of these systems will end humanity.[59]

그레이는 생물과 무생물, 인간과 기계, 인공과 자연의 경계가 사라지고 있는 우리의 사이보그적 상황을 받아들이고 이원론적 인식론을 넘어설 것을 강조한다. 근대 이후 대부분의 사람들이 생명 문제의 핵심적 이원성이라고 생각했던 인공과 자연, 인간과 기계의 분리는 포스트휴먼 시대에는 더 이상 유효하지 않다. 포스트휴먼 시대에 기계들은 더 이상 기계가 아닐 것이며 인간과 사물 간의 분리가 사라지면서 포스트휴먼 사이보그로 진화할 것이기 때문이다. 호모 사피엔스가 인류 진화의 종착역은 아니다. '인간은 최근의 발명품'이며, 사피엔스는 지금 사이보그로 변하는 중이다.

유발 하라리는 세계적인 베스트셀러가 된 그의 저서 『사피엔스 *Sapiens*』 (2011)에서 인류가 역사적으로 진화해 온 경로를 인지혁명, 농업혁명, 과학혁명의 3대 혁명에 의해 형성되었다고 보고, "지금과 같은 속도로 기술이 발달할 경우, 호모 사피엔스가 완전히 다른 존재로 대체되는 시대가 곧 올 것"[60]이라고 전망한다. 오늘날의 생명공학 혁명은 결국 인간의 영생을 목표로 하는 '길가메시[61] 프로젝트'를 성공적으로 이끌어 생명공학적 신인류, 영원히 살 수 있는 사이보그로 대체될 것이라며, 이제 "과학은 자연선택으로 빚어진 유기적 생명의 시대를 지적(知的)설계에 의해 빚어진 비유기적 생명의 시대로 대체하는 중"[62]이라고 주장한다. 말하자면 인류는 과학을 통해―하라리가 제시하는 세 가지, 즉 생명공학, 사이보그 공학, 비유기물공학―자연

선택을 지적설계로 대체하고 있다는 것이다.

또 다른 주목을 받고 있는 하라리의 도발적인 저서『호모데우스 *Homo Deus*』(2015)에서는 7만 년 전 인지혁명에 의한 마음의 혁신을 통해 호모사피엔스가 상호주관적 영역에 접근하고 지구의 지배자가 되었다면, 두 번째 인지혁명은 유전공학, 나노기술, 뇌-컴퓨터 인터페이스의 도움으로 호모데우스(神的 인간)의 탄생이 가능하다고 전망한다. 하라리는 인류에게서 기아, 역병, 전쟁의 위협이 마침내 사라지면, 인류의 중심 의제는 '불멸·행복·신성'이 될 것이라고 말한다. 자연선택에서 지적설계로의 변환 플랜은 인간 역시 동물이나 기계와 마찬가지로 하나의 알고리즘(정보 처리장치)일 뿐이라는 과학적 사고에 기초한 것이다. 하라리는 호모데우스가 인간의 본질적 특징들은 그대로 보유하면서도 육체적, 정신적으로 업그레이드 된 능력을 갖추고 있기 때문에 정교한 비의식적 알고리즘들과의 경쟁에서 자기 자리를 지킬 수 있을 것이라고 본다.[63]

그러나 신으로 가는 길은 평탄하지 않다. 신이 되기를 꿈꾸다 데이터교(教) 신자로 전락할 수도 있다. 데이터교도들은 인간의 지식과 지혜보다는 빅데이터와 알고리즘을 더 믿는다. 18세기에 인본주의가 신 중심의 세계관에서 인간중심의 세계관으로 전환함으로써 신을 밀어냈듯이, 21세기에 데이터교는 인간중심의 세계관에서 데이터 중심의 세계관으로 전환함으로써 인간을 밀어낼 것이다. 그런데 '종자' 알고리즘을 개발하는 것은 인간이지만, 이 알고리즘은 성장하면서 스스로 딥러닝을 통해 독립적으로 진화하기 때문에 알고리즘 전체를 이해하는 사람은 아무도 없다. '불멸·행복·신성'이라는 인본주의 과제는 막대한 양의 데이터 처리를 위해 결국 알고리즘들이 그 일을 할 것이고, 권한이 인간에게서 알고리즘으로 옮겨가면 비(非)인간 알고리즘들의 권한이 강화돼 인본주의 과제들은 폐기될 것이며 결국 우리가 창조의 정점이 아님을 알게 될 것이라고 하라리는 말한다. 그리하여 '만물인터넷'이라 불리는 훨씬 더 효율적인 데이터 처리 시스템을 창조하는 과업이 완수되면 호모 사피엔스는 사라질 것이라고 그는 단언한다.[64]

그는 가공할 속도로 발전하고 있는 비의식적 지능과의 게임에서 인간이 밀려나지 않으려면, '종자' 알고리즘을 개발하는 '인간 스스로가 마음을 업그레이드하는 일에 적극 나서야 할 것'[65]이라고 주장한다. 이는 근대 휴머니즘의 이원성을 넘어서는 의식의 확장을 전제한 것으로, 크리스 그레이의 주장과도 일맥상통하는 바가 있다. 따라서 생명의 네트워크적 본질에 대한 인식을 바탕으로 생명 향상의 원리와 가치를 따르는 것이 포스트휴먼적 가치의 특징이다. 이러한 포스트휴먼의 생명윤리적 가치를 활성화하기 위해서는 우주의 본질인 '생명' 자체가 개체화·물질화된 육체적 자아에 귀속되는 것이 아니라 상호연결된 '불가분의 전체성'이라는 사실을 자각(self-awareness)하는 것이 중요하다. 게슈탈트 치료에서도 강조하듯이 이러한 자각으로 인해 분리성에 대한 영적 치유(spiritual healing)가 일어나기 때문이다. '일즉삼(一卽三)·삼즉일(三卽一)'의 원리로 표상되는 우리 고유의 한국학 코드는 만유에 두루 편재해 있는 생명의 역동성[energy dance]을 생생하게 느낄 수 있게 한다. 우리가 한국학 코드에 주목하는 이유다.

# 02

## 한국학 코드의 특성과
## 현재적 의미

유사 이래 동서고금의 사상과 철학, 과학과 종교는 '일즉삼
(一卽三)·삼즉일(三卽一)'이라는 '생명의 공식(formula of Life)'의 틀
안에서 전개된 것이다. 한국학 코드의 특성과 현재적 의미
는 '생명'에 대한 개념적 명료화, 새로운 문명을 창출해내
는 추동력을 지닌 통섭적 사유체계, 그리고 포스트 물질주
의 과학과의 사상적 근친성이라는 세 가지 측면에서 고찰
할 수 있다. 오늘날의 한국학 연구는 생명의 역동적 본질을
함축한 한국학 고유의 코드와 단절된 채 '낡은' 전통에 머무
르는 관계로 현재적 의미가 반감되고 시대적·사회적 요청
에 부응하는 미래적 비전이 결여되어 있다. 한국학이 직면
한 최대의 딜레마는 우리 상고사에 대한 제도권 합의의 부
재로 인해 한국학이 뿌리 없는 꽃꽂이 식물과도 같이 생명
력을 상실했다는 것, 사대주의와 서구적 보편주의의 망령,
그리고 반도사관에 함몰되어 역사철학적 및 정치철학적 토
양이 척박해지고 심지어는 우리 역사 자체가 정쟁(政爭)의 도
구가 되고 있다는 것, 그리고 한·중 역사전쟁과 한·일 역사
전쟁이 한국의 역사문화 침탈은 물론 정치적 노림수를 가진
고도의 정치적 기획물이라는 것 등이다.

- 본문 중에서

자아는 의식 전체의 질서를 포함하는 더 미묘한 흐름의 한 측면으로서 존속한다.
The self lives on but as one aspect of the more subtle movement that involves
the order of the whole of consciousness.

- F. David Peat, *Synchronicity: The Bridge between Mind and Matter*(1987)

## 한국학 코드의 특성과 현재적 의미 및 가치

오늘날 한국학의 부상은 한국의 국제적 위상 강화와 한류(韓流, Korean Wave)
현상, 그리고 이러한 현상과 맞물려 일어나는 국민적 자존감의 회복 등과
함수관계에 있는 것으로 볼 수 있다. 또 다른 한 가지를 든다면, 시대적 및
사회적 요청과 관련된 것이다. 양자역학으로 대표되는 포스트 물질주의 과
학(post-materialist science)의 등장으로 생명[靈性]의 과학적 재발견이 이루어짐에
따라 통섭적 사유체계에 입각한 한국학이 주목을 받게 된 것이다. 말하자면
인간 존재의 세 중심축이랄 수 있는 종교와 과학과 인문, 즉 신과 세계와 영
혼의 세 영역(天地人 三才)의 통합성에 기반한 한국학은 인간과 인공지능 기계
가 공생하는 이 시대의 미래적 비전을 함축한 것으로 여겨지기 때문이다.

그러면 한국학 코드의 특성과 현재적 의미 및 가치를 고찰하기에 앞서 한
국학의 정의(定義, definition)부터 살펴보기로 하자. 먼저 한국학의 정의에 대

해서는 필자의 저서 『한국학강의: 메타버스 시대를 여는 지혜의 보고(寶庫)』(2022)에서 밝힌 바 있으므로 여기서는 그 핵심만 간추려보기로 한다.

한국학은 연구 주체에 따라 연구 목적과 대상, 방법 및 내용이 달라질 수 있다. 보편적인 한국인의 관점에서 볼 때 '한국학(韓國學, Korean Studies)'은 한국에 관한 인문과학·사회과학·자연과학·문화예술·종교 등 다양한 분야의 통시적(通時的)/공시적(共時的) 연구로, 미시적인 삶의 영역에서 거시적인 국가 제도의 영역에 이르기까지 한국과 한국 사상 및 문화의 성격에 대한 규명을 통하여 국가적·국민적·민족적·문화적 정체성의 확립과 시대적 및 사회적 요구에 부응하는 새로운 한국인 상(像)의 정립을 추구하는 학문이라고 정의할 수 있다. 이러한 자기정체성(self-identity)의 확립과 새로운 한국인 상(像)의 정립은 국가 이미지나 브랜드 가치를 높이고 우리가 처한 문명의 시간대를 통찰할 수 있게 함으로써 한국학의 시대적·세계사적 소명을 다할 수 있게 하는 추동력을 제공할 것이다. 그러면 이를 좀 더 자세히 살펴보기로 하자.

첫째, 한국학은 한국에 관한 인문과학·사회과학·자연과학·문화예술·종교 등 다양한 분야의 통시적/공시적 연구이다. 구체적으로 한국의 역사·지리·언어·철학사상·문학·정치·경제·사회·문화예술·과학·종교·교육·사법·군사·민속·기예(技藝) 등 다양한 분야를 연구대상으로 한다. 여기서 통시적/공시적 연구라고 한 것은 한국에 관한 다양한 분야를 역사 문화적 맥락에서 시간의 경과에 따른 변화상을 종적(縱的)으로 연구할 수도 있고, 특정 시기의 한국에 관한 주제를 횡적(橫的)으로 다룰 수도 있기 때문이다. 하지만 공시적 연구라 할지라도 역사 문화적 맥락에서 벗어날 수는 없다. 왜냐하면 한국이라는 나라와 한국 사상 및 문화는 특정 시기에 급조된 것이 아니라 역사 문화적으로 그 맥이 면면히 이어져 온 것이기 때문이다.

둘째, 한국학은 미시적인 삶의 영역에서 거시적인 국가 제도의 영역에 이르기까지 한국에 관한 모든 것을 연구대상으로 하는 학문이다. 미시적인 삶의 영역이라 함은 인간의 삶을 의미 있게 만들고 인간에게 삶과 투쟁과 죽음의 자료를 공급한 그 모든 감정들, 가치들, 이상들을 낳게 만든 사회적 삶의 영역은 물론이고, 인간 사회와 긴밀한 관계를 형성하고 있는 동식물을 포함한 자연의 영역까지를 포괄하는 것이다. 거시적인 국가 제도의 영역이란 국가를 형성하는 사회적 삶의 질서를 안정적이고도 지속적으로 보장하기 위해 만들어진 정치·경제·사회·문화예술·과학·종교·교육·사법·군사 등 모든 분야의 제도들을 포괄하는 것이다.

셋째, 한국학은 한국과 한국 사상 및 문화의 성격에 대한 규명을 통하여 국가적·국민적·민족적·문화적 정체성의 확립과 시대적 및 사회적 요구에 부응하는 새로운 한국인 상(像)의 정립을 추구하는 학문이다. 한국학은 한국에 관한 모든 분야의 통시적/공시적 연구를 통해 한국과 한국 사상 및 문화의 성격을 밝힘으로써 국가적·국민적·민족적·문화적 정체성을 확립하고 시대적 및 사회적 요구에 부응하는 새로운 한국인 상(像)을 정립하는 것을 목표로 하는 학문이다. 이러한 한국학 연구의 목표가 달성되면 국민적 자존감이 높아지고 국격(國格)이 향상되어 한국학의 시대적·세계사적 소명을 다할 수 있게 될 것이다.[1]

그렇다면 한국학 코드가 의미하는 바는 무엇인가? 먼저 '코드(code)'의 의미에 대해 살펴보기로 하자. 코드는 암호, 부호[기호], 규범[법, 법전, 규칙], 바코드, 소스 코드(소프트웨어의 설계도), 성향[지향성, 추구하는 뜻] 등 다의적 의미로 확장되어 사용되고 있다. 따라서 '한국학 코드'라는 용어는 한국학의 학문적 성향 내지는 지향성을 의미하는 것으로 이해할 수 있다. 본서에서는 특히 한국학을 표징하는 핵심 원리를 구체적으로 적시(摘示)하는 의미로 이 용어를 사용하고자 한다. 왜냐하면 그 핵심 원리에는 서구 전통의 뿌리 깊은 이원론에 입각한 물질주의 과학이 초래한 우주자연과 인간에 대한 왜곡된 이해를 치유할 수 있는 묘약(妙藥)이 함유되어 있기 때문이다.

한국학을 표징하는 핵심 원리는 마고성(麻姑城) 시대와 환단(桓檀: 환국·배달국·단군조선)시대로부터 전승되어 온 '일즉삼(一卽三)·삼즉일(三卽一)' 또는 천·지·인 삼신일체(三神一體)의 원리이다. 비밀 코드와도 같은 이 원리는 방대한 우주의 설계도를 함축하고 있긴 하지만, 그 설계도는 의식이 열린 만큼 볼 수 있을 뿐이다. '의식의 스펙트럼(the spectrum of consciousness)'을 크게 세 단계로 나누어 볼 때 자기중심적인 '몸[육체적 자아]' 단계에서 이성적인 '마음[정신]'의 단계로, 그리고 궁극적인 '영[영적 자아]'의 단계로 진화할수록 '일즉삼·삼즉일'이 함축한 우주의 설계도를 온전히 파악할 수 있게 되고 그에 따라 이 원리의 자각적 주체가 된다. 한국학 고유의 핵심 코드인 '일즉삼·삼즉일'의 원리는 그 어떤 종교적 교의나 철학적 사변이나 언어적 미망에 빠지지 않고 유사 이래 인류가 추구해온 모든 이상적인 가치들—자유, 평등, 진리, 정의, 평화, 복지, 행복, 사랑, 건강 등—을 함축하고 있다. 그것은 곧 '하나됨'을 의미한다. '하나됨'이란 주관과 객관의 경계가 사라지는 것이다. 『이샤 우파니샤드 *Isa Upanishad*』에서는 말한다.

> 이 세상 어디서나 하나됨을 볼 수 있다면, 어떻게 슬픔이나 미혹에 빠질 수 있겠는가?
>
> When a sage sees this great Unity and his Self has become all beings, what delusion and what sorrow can ever be near him?[2]

아무리 과학기술이 발달해도 인류가 추구하는 이상적인 가치들을 기술이 실현해주기를 기대할 수는 없다. "인류가 전쟁을 끝내지 않으면 전쟁이 인류를 끝낼 것이다"라고 말한 존 F. 케네디(John F. Kennedy)의 말처럼, 기술문명은 발전하면 할수록 오히려 더 쉽게 파괴되는 것이 기술문명의 역설이다. 우주의 실체는 의식이므로 의식의 패턴이 바뀌지 않으면 삶의 질은 개선되지 않는다. 지금으로부터 9천 년 이상 전부터 우리 선조들은 이러한 이치에 통달했으며 통섭의 기술의 달인이었기에 '일즉삼·삼즉일'[천·지·인 삼신일체]의 원리에 기반한 '천부중일(天符中一)'*을 국시(國是)로 삼아 조화로운 정치를 펼칠 수 있었다. 말하자면 이 원리는 단순한 이론이나 관념이 아니라 수천 년 동안 국가 통치 엘리트 집단의 통치 코드였으며 최고 지도자는 이 코드를 체현한 존재였다.

'일즉삼·삼즉일'의 원리로 표상되는 한국학 고유의 코드는 생명의 순환을 나타낸 '가장 오래된 새것'이다. '가장 오래된 새것'이라 함은 이 코드가 동아시아 문명의 새벽을 열었고 또한 그것은 양자역학으로 대표되는 포스트 물질주의 과학의 패러다임과 상통하는 것이기 때문이다. 천·지·인 삼재는 우주만물을 나타내는 것이므로 '일즉삼·삼즉일'은 곧 '일즉다(一即多)·다즉일(多即一)'이다. 또한 '하나를 잡아 셋을 포함하고 셋이 모여 하나로 돌아감'이란 뜻의 집일함삼(執一含三)·회삼귀일(會三歸一)[3]과도 같은 것이다. 일즉삼·삼즉일의 원리는 생명의 전일적 흐름(holomovement)을 나타내는 기본공식과도 같은 것이어서 필자는 이를 '생명의 공식(formula of Life)'이라 명명한 것이고, 또한 이 코드는 생명의 역동적 본질에 기초해 있으므로 '생명 코드'라 명명한 것

---

* 천부중일은 『천부경』의 정수(精髓)인 '인중천지일(人中天地一: 천·지·인 삼신일체의 天道가 인간 존재 속에 구현됨)'을 축약한 '중일(中一)'과 '천부(天符: 하늘의 이치에 부합함)'의 합성어로 홍익인간·재세이화의 이상을 함축한 것이다. 한마디로 천부중일은 하늘의 이치에 부합하는 '하나됨'을 의미한다.

이다. 이 생명 코드는 마고성 시대로부터 전승된 것이어서 '마고 코드'라 이름할 수도 있고, 『천부경(天符經)』의 핵심 코드이기도 하므로 '천부 코드'라 이름할 수도 있다. 그 어느 이름을 사용하든 모두 한국학 고유의 코드를 지칭하는 것임을 미리 밝혀둔다.

다만 마고 코드와 천부 코드의 정수(精髓)가 '생명'이기 때문에 '생명 코드'라 명명한 것이다. 필자가 『천부경』을 '생명경(生命經)'이라 명명하는 것도 같은 이유에서이다. '마고'니 '천부'니 하는 이름은 '생명'이라는 진리를 담는 용기와도 같은 것이다. 이는 마치 신(神)이니 천(天)이니 영(靈)이니 하는 이름이 '생명'이라는 진리를 담는 용기에 지나지 않는 것과도 같은 것이다. 다시 말해 신(神)이나 하늘(님) 또는 영(靈)은 '생명'이라는 진리를 나타내는 많은 대명사 가운데 대표적인 대명사들이다. 「요한복음」(14:6)에도 나와 있지 않은가. "나는 길이요 진리요 생명이니…(I am the way and the truth and the life…)"라고. 또한 「요한복음」(4:24)에도 "신은 영(靈)이시니 예배하는 자들은 마땅히 영과 진리로 예배해야 한다(God is spirit, and his worshipers must worship in spirit and in truth)"라고 나와 있다. 신[하늘(天主)]은 곧 생명이고 진리이고 영이다. 본서에서 필자가 '생명'을 '생명[天·神·靈]'이라고 표기하는 것도 바로 이러한 근거에서이다.

우주의 실체는 의식이므로 영(靈)은 곧 영성(靈性)이며 내재적 본성인 신성이고 일심(一心)이며 참본성[性]이다. 영적(靈的)이라는 말은 전일적이고 시스템적이며 생태적인 생명의 네트워크적 본질을 일컫는 것이다. 양자역학에서 말하는 비국소성(nonlocality)[초공간성]이란 비분리성·비이원성을 본질로 하는 영성, 즉 생명을 일컫는 것이다. 생명은 시작도 끝도 없고, 없는 곳이 없이 실재하며, 태어남도 죽음도 없는 영원 그 자체인 까닭에 '신호 없는 커뮤니케이션'이 가능한 것이다. 인간도 문명의 이기(利器)에 의존하기 전에는 먼 거리에서도 텔레파시로 대화가 가능했지만 지금은 그 기능이 퇴화해버렸다. '양자 비국소성(quantum nonlocality)', 즉 신호 없는 커뮤니케이션이란 두 입자가 공간적으로 아무리 멀리 떨어져 있어도 비국소적으로 연결되어 있기 때문에 매개체 없이도 즉각적으로 서로의 상태에 영향을 미친다는 '양자 얽힘(quantum entanglement)' 이론을 말한다.

생명의 네트워크적 본질을 이해하기 위해서는 '참나'인 생명이 개체화·물질화된 육체적 자아에 귀속된 것이 아니라—마치 파도들[부분]을 잇는 바닷물[전체]과도 같이—우주만물을 잇는 에너지장(場), 즉 매트릭스(Matrix)라는 사실을 자각하는 것이 중요하다. 생명이 바닷물이라면 우주만물은 파도다. 파도의 실체가 바닷물이듯, 우주만물의 실체는 생명 즉 매트릭스다. 우주만물은 특정 주파수대의 에너지 진동에 지나지 않으며 '생명'이라는 매트릭스로 모두 연결되어 있다. 생명은 삶과 죽음, 주관과 객관, 인간과 비인간 등 물질적 육체로부터 기인하는 온갖 이분법 저 너머에 있는 '순수 현존(pure presence)'이다. 우주만물은 무수한 파도들과도 같이 나타났다가는 곧 사라지고 말지만, 생명은 바닷물과도 같이 변함도 다함도 없다. 생명이라는 우주의식[大我]에서 무수한 개인의식[小我]이 올라왔다가 사라지는 것은, 마치 바닷물이라는 전체성에서 파도라는 개체성이 일어났다가 사라지는 것과도 같다.

지금은 근대 서구의 이원론이 지배하는 마지막 시기이며 동트기 전 어둠이 가장 짙은 것과도 같은 상태다. 낡은 세상을 사수하고자 하는 사람들은 물질이 유일하고도 구체적인 현실이며 모든 것이라고 보는 물질주의에 탐닉하여 '생명'은 개체화된 물질적 육체에 귀속된 것으로 생각한다. 이는 마치 파도가 실체이고 바닷물은 파도에 귀속되는 것으로 생각하는 것과도 같이 세상을 거꾸로 보는 것이다. 하지만 빛의 행진이 일어나기 시작하면 어둠은 저절로 자취를 감추게 될 것이다. 과학적으로도 근거가 있거니와, 비이원적인 영원한 실재, 즉 만물의 제1원인인 생명[天·神·靈]은 빛이고, 우주만물이 거기서 비롯되므로 사람과 만물의 근원 또한 빛이다. 빛의 행진이 일어난다는 것은 생명에 대한 인식 코드의 변화로 매트릭스(Matrix)인 생명이 곧 '참나'임을 알게 된다는 것이고, 이는 곧 생명을 자각한 빛의 존재들이 정신개벽과 사회개벽의 주역으로 등장하는 것이다. 그렇게 되면 이 세상은 뒤집어진다. 현재 뒤집혀 있는 세상이 다시 뒤집히면 제자리를 찾는 것이다. 이것이 바로 새 하늘과 새 땅을 여는 '다시개벽'이다.

생명[天·神·靈]에 대한 개념적 명료화가 중요한 것은 이 때문이다. 생명에 대한 개념적 명료화 없이는 새로운 규준(規準, norm)의 휴머니즘이 정립될 수가 없고 따라서 새로운 계몽의 시대도 열릴 수가 없다. 유사 이래 생명은 신(神)·하늘(天)·천주(天主, 하느님[靈], 하나님, 창조주, 창조신, 절대자, 조물자, 造化者, 유일신, 一神, 天神, 유일자, 唯我, Allah, 한울, 한얼)·도(道)·불(佛)·무극(無極[太極])·브라흐마(Brāhma/Ātman)·우주의식[전체의식, 순수의식, 보편의식, 근원의식, 참본성, 一心, 神性, 靈性]·우주의 창조적 에너지[至氣, 混元一氣, 一氣, 元氣]·진리[실체, 眞如(suchness), 불멸] 등으로 다양하게 명명되었다. 이들 모두 근원적 일자 또는 궁극적 실재로서의 우주의 본원인 생명을 일컫는 것이다. 생명은 우주만물과 같은 개체성으로 현현하지만, 마치 바닷물이 수많은 파도와 같은 개체성으로 현현해도 그 파도에 귀속되지 않는 것처럼, 만물에 귀속되지 않는다. 왜냐하면 만물은 견고한 물질이 아니라 특정 주파수대의 에너지 진동에 불과하므로—바닷물이 무수한 파도를 하나로 관통하듯—생명은 우주만물을 하나로 관통하기 때문이다. 이러한 이치를 자각하게 되면 파도가 곧 바닷물이듯 개체성이 곧 전체성임을 알게 된다.

한국학 고유의 핵심 코드인 '일즉삼·삼즉일'은 천·지·인 삼신일체와 같은 의미의 다른 표현으로, 사실상 의미가 같은 '일즉삼'과 '삼즉일'을 대구(對句)로 사용함으로써 생명의 역동적 본질을 좀 더 생생하게 느낄 수 있게 한다.

근원적 일자[궁극적 실재]인 '하나(一)'가 곧 천·지·인 삼신(三) 즉 우주만물(多)이고, 우주만물이 곧 '하나(一)'라는 뜻이다. 이는 일(一)과 삼(三)의 관계를 생명의 본체[神·天·靈]와 작용[천·지·인, 즉 우주만물]의 전일적 관계로 보는 것이다. 일즉삼·삼즉일이라는 '생명의 공식'의 작동원리는 생명의 '본체-작용-본체·작용의 합일'이라는 원리이다. 이 원리는 필자의 저서 『천부경·삼일신고·참전계경』(2006)에서 천부경 81자의 구조를 천·지·인 삼신일체의 세 구조로 나누면서 처음 사용한 것이다. '정신-물질-정신·물질의 합일' 또는 '보편-특수-보편·특수의 합일'로도 나타낼 수 있는 이 원리는 필자가 '생명의 3화음적 구조(the triadic structure of Life)'라 명명한 것이다.

생명은 본래 분리 자체가 근원적으로 불가능하므로 본체와 작용으로 나눌 수 없는 것이지만, 본체[一, 天·神·靈]와 작용[三, 우주만물]이 하나임을 논증하기 위한 가설로서 본체와 작용이라는 이분법이 생겨나고 그 이분법의 툴(tool)을 사용하여 생명의 전일성과 자기근원성을 밝히려는 것이다. 본체·작용의 합일을 추동하는 메커니즘은 바로 일심(一心), 즉 참본성이다. 일심의 원천으로 돌아가면(歸一心源), 다시 말해 참본성이 열리면 본체와 작용이 하나임을 알아 생명의 전일성과 자기근원성을 체득하게 되는 것이다. 이를 이해하기 위해서는 물질의 공성(空性)에 대한 이해가 필수적이다. 말하자면 물질의 외형적인 견고함은 우리의 감각기관이 진동하는 주파수를 그런 식으로 지각한 것일 뿐, 실제로는 분자·원자·전자·아원자 입자들의 쉼 없는 운동이다. 물질은 특정 주파수대의 에너지 진동에 지나지 않는다. 이렇게 볼 때 '일즉삼·삼즉일'의 원리는 생명의 본체(一)와 작용(三)의 상호관통을 밝힌 것이라는 점에서 '본체-작용-본체·작용의 합일'이라는 원리와 본질적으로 상통한다. 이는 천인합일과 천·지·인 삼신일체가 상통하는 것과도 같은 것이다.

'본체-작용-본체·작용의 합일'이라는 '생명의 3화음적 구조'를 이해하는 것은 곧 진리의 중추를 틀어쥐는 것인 까닭에 우리 상고시대에는 천·지·인 삼신일체, 불교에서는 법신(法身, 體)·화신(化身, 用)·보신(報身, 相) 삼신불, 기독교에서는 성부(聖父)·성자(聖子)·성령(聖靈) 삼위일체라는 '생명의 3화음적 구조'를 핵심 교리로 삼은 것이다. 동학의 신령(神靈)·기화(氣化)·불이(不移)의 삼원구조도 용어는 다르지만 모두 같은 논리와 구조적 맥락에서 이해될 수 있다. 이들 모두는 생명의 전일성과 자기근원성을 일깨우기 위해서 나온 것이다. 이를 부연하면, 천·지·인의 천(天)은 법신·성부·신령과 조응하는 개념으로 생명의 본체[본체계, 의식계]를 지칭하며, 지(地)는 화신·성자·기화와 조응하는 개념으로 생명의 작용[현상계, 물질계]을 지칭하고, 인(人)은 보신·성령·불이와 조응하는 개념으로 본체·작용의 합일을 추동하는 메커니즘으로 설정된 것이다.

여기서 본체·작용의 합일을 추동하는 메커니즘으로 설정된 인(人)은 그 실체가 물질적 육체가 아니라 생명의 본체(天)와 작용(地)이 하나임을 아는 일심[참본성, 神性]이다. 일심(一心)은 천·지·인 삼신일체의 천도(天道)가 인간 존재 속에 구현되는 '인중천지일(人中天地一)'의 경계이다. 참사람의 실체는 참본성, 즉 일심인 까닭에 기독교에서도 성령이 임해야, 다시 말해 일심의 경계에 이르러야 성부와 성자가 한 분 하느님이라는 것을 알 수 있다고 한 것이다. 일심의 경계[報身, 相]에 이르지 않고서는 생명의 본체[法身, 體]와 작용[化身, 用]이 하나임을 결코 알 수 없다. 따라서 '본체[天]-작용[地]-본체·작용의 합일[人]'이라는 '생명의 3화음적 구조'는 본체·작용의 합일을 추동하는 메커니즘 '인(人)'—그 실체는 일심, 즉 '인중천지일'의 경계—을 설정함으로써 '일즉삼·삼즉일'이라는 '생명의 공식'이 작동하는 원리를 이해할 수 있게 한다.

유사 이래 모든 철학과 사상, 종교와 과학의 진수(眞髓)는 '생명의 3화음적 구조'에 있다. 체(體)·용(用)·상(相)의 삼대(三大)로도 표현되는 '생명의 3화음적 구조'는 진리의 정수(精髓)를 표징하는 것으로 본체계와 현상계를 회통하는 생명의 비밀을 푸는 마스터키이다. 생명의 본체를 하늘이라고 부르든, 유일신이라고 부르든, 도라고 부르든, 그 밖의 다른 어떤 이름으로 부르든, 그 하나인 본체가 스스로 작용하여 우주만물이 생겨나고 다시 그 근원으로 돌아가는 과정이 순환 반복되는 것이니, 생명의 본체와 작용은 결국 하나다. 다시 말해 생명은 전일적이고 자기근원적이다. 생명은 영성(靈·神·天) 그 자체로서 분리할 수 없는 절대유일의 하나인 까닭에 본체의 측면에서는 유일신(유일자, 唯我)이지만, 작용의 측면에서는 천·지·인 삼신이다. 천·지·인 삼신은 곧 우주만물을 지칭하는 것이므로 우주만물이 곧 유일신이다. 유일신은 에너지 시스템으로서의 생명계 전체를 표징하는 대명사이며, 생명의 순환 또는 생명의 역동적 본질을 이해할 수 있게 하는 키워드이다. 우주의 실체는 의식이므로 유일신은 물질적 외피로서의 우주만물이 아니라, 우주만물을 관통하는 하나인 참본성(一心, 보편의식), 즉 내재적 본성인 신성(靈性)을 일컫는 것이다.

참본성(性)*인 하늘(天·神·靈)은 만유가 만유일 수 있게 하는 제1원인이다. 제1원인은 아리스토텔레스(Aristotle)가 말하는 '부동의 동인(The First Unmoved Mover)',[4] 즉 '제1원리'와도 같은 것이다. 하늘(天, 一)을 천·지·인 삼재(天地人 三才, 三)로 나타내듯 하늘의 진성(眞性)을 성(性)·명(命)·정(精) 셋으로 나타내기도 하는데, 여기서 '성'은 우주 지성이고, '명'은 우주 생명력 에너지(至氣)이며, '정'은 우주의 근본 질료다. 말하자면 참자아인 하늘은 우주 지성인 동시에 우주 생명력 에너지이며 또한 우주의 근본 질료로서, 지성·에너지·질료 이

---

* 『中庸』 1장에서 '천명지위성(天命之謂性)'이라 하여 '하늘이 명한 것을 성(性)'이라 하였으므로 성(性)이 곧 천(天)이다. 천(天)은 곧 신(神)이므로 성(性)과 천(天)과 신(神)은 하나다. 성(性)은 곧 신성, 영성, 참본성(一心, 즉 보편의식)이며 이는 곧 생명이다. 성(性)은 생명(天·神·靈)이 만물에 배분된 것이다.

셋은 제1원인의 삼위일체로 설명될 수 있다. 물질세계는 '영(靈, Spirit)' 자신의 설계도가 스스로의 에너지·지성·질료의 삼위일체의 작용으로 형상화되어 나타난 것이다. '영'이 생명의 본체라면, 육은 그 작용으로 나타난 것이므로 우주만물은 '물질화된 영(materialized Spirit)'이고 그런 점에서 영과 육, 의식계와 물질계는 둘이 아니다. 생명의 전일성과 자기근원성, 만유의 근원적 평등성과 유기적 통합성이 이로부터 도출된다.

생명[神·天·靈], 즉 참자아는 존재성과 비존재성, 물성과 영성 그 어느 것에도 구애됨이 없이 생성·유지·파괴의 전 과정을 주재한다. 이는 곧 우주의 창조적 에너지인 신(神)이 기(氣)로, 다시 정(精)으로 에너지가 체화(體化)하는 과정인 동시에 정(精)은 기(氣)로, 다시 신(神)으로 화하여 본래의 근본자리로 되돌아가는 과정으로서 참자아는 그 어떤 것에도 영향을 받지 않는 원궤의 중심축으로서 기능한다. 우주의 실체는 의식이므로 생명은 곧 영성이며 참본성(神性)이고 일심(一心)이다. 일심, 즉 '하나(天地人, ONE)'인 참자아[神·天·靈]는 내재와 초월, 본체[理]와 작용[氣], 진여성(眞如性)과 생멸성(生滅性)의 이중성을 갖지만 동시에 이중성을 초월해 있다. 말하자면 '하나이면서 둘(一而二)이고 둘이면서 하나(二而一)'인 이기(理氣)의 묘합(理氣之妙) 구조로 이루어져 있다.

'보이는 우주[현상계, 물질계]'는 '보이지 않는 우주[본체계, 의식계]', 즉 '영(靈)'의 자기복제(self-replication)로서의 작용으로 나타난 것이다. 이러한 '영'의 자기 조직화하는 원리가 바로 우주 지성, 즉 우주의식[전체의식, 보편의식, 근원의식, 순수의식]*이다. 『문다까 우파니샤드 *Mundaka Upanishad*』에서는 브라흐마

---

* 우주의 실체인 의식[에너지, 파동]은 우주 전체에 꽉 차 있으니—그래서 '파동의 대양(大洋)' 또는 기해(氣海)라고도 부른다—우주의식 또는 전체의식이라 한 것이며, 없는 곳이 없이 두루 편재해 있으니 이름하여 보편의식이라 한 것이요, 만유의 근원을 이루는 것이라 하여 근원의식이라 한 것이며, 불가분의 하나로서 의식의 순도(純度)가 높으니 순

(Brāhma)의 의식, 즉 우주의식으로부터 창조가 시작되었으며 '명칭과 형태와 근본 물질(primal matter, 물질원리)'[5]이 비롯되었다고 말한다: "그(브라흐마)*로부터 일체의 생명과 마음이, 그리고 감각기관이 비롯되었으며, 그로부터 공간과 빛이, 공기와 불과 물이, 그리고 만물을 지탱하는 대지가 비롯되었다."[6] 『바가바드 기타 The Bhagavad Gita』에도 이와 유사한 내용이 나온다: "흙(地), 물(水), 불(火), 바람(風), 에테르, 마음, 이성, 에고의식, 이 여덟 가지는 모두 참자아의 본성적인 에너지가 밖으로 현현한 것이다. 허나 이들 너머에는 보이지 않는 참본성[神性, 靈性]이 있으며, 그것이 이 우주만물을 지탱하는 생명의 근원이다."[7]

현대과학자들에 의하면 창발(emergence)—종교에서 말하는 창조—현상이 가능한 것은 분자가 갖고 있는 '정보-에너지장(information-energy field)' 때문이며, 이 정보-에너지장(場)이 목적과 방향을 알고 필요에 따라 모여서 단세포 생물이 탄생하게 된다고 한다. 우주만물을 잇는 이 미묘한 에너지장(場)—'디바인 매트릭스(Divine Matrix)'라고도 불리는—을 물리학자 막스 플랑크(Max Planck)는 '의식과 지성을 가진 정신(conscious and intelligent Mind)'[8]이라고 명명했다. 여기서 정보-에너지장은 영국의 생물학자이며 생화학자인 루퍼트 쉘드레이크(Rupert Sheldrake)의 '형태형성장(morphogenetic field)'이나, 물리학자 만프레드 아이겐(Manfred Eigen)의 '초사이클(hypercycle)'**과도 같은 것이다. 이 정보-

---

수의식이라 한 것이다. 이들 의식은 서로 다른 것이 아니라 의식의 특징적 측면을 여러 가지로 나타낸 것으로 참본성[神性, 靈性], 즉 일심을 지칭한 것이다.

* 우주의 실체는 의식이므로 브라흐마(창조신)는 곧 브라흐마 의식이며, 이는 곧 우주의 식이다.

** 만프레드 아이겐은 효소가 모여서 임계치에 도달하면 효소 집단은 스스로 효소를 합성할 수 있는 창발성이 생긴다고 하고 이러한 효소의 자기조직화하는 원리를 초사이클 (hypercycle)이라고 명명했다.

에너지장이 바로 생명의 자기조직화를 가능하게 하는 우주 지성, 즉 창조주다. 우주의 실체는 의식이므로 창조주는 없는 곳이 없이 실재하는 보편자, 즉 보편의식[一心]이다.

역사상 지성 세계를 뜨겁게 달구었던 논쟁들 대부분은 생명의 본체[天·神·靈]와 작용[우주만물]의 관계성에 관한 것이었다. 힌두사상의 브라흐마(Brāhma, 대우주)와 아트만(Ātman, 소우주), 플라톤(Plato)의 이데아계와 현상계, 아리스토텔레스(Aristotle)의 형상과 질료, 베네딕투스 데 스피노자(Benedictus de Spinoza)의 실체[신·자연]와 양태[우주만물], 이(理)·기(氣) 개념에 근거하여 송(宋)·원(元)·명(明) 시대와 조선시대를 통틀어 천여 년에 걸친 '이기(理氣)' 논쟁, 동학의 불연(不然)과 기연(其然) 등은 모두 본체계[의식계]와 현상계[물질계]의 관계성에 관한 것이었다. 진여[眞如, 본체]인 동시에 생멸[生滅, 작용]로 나타나는 생명의 본질적 특성을 이해하지 못한 채 세상을 논하는 것은, 마치 달과 달그림자의 관계를 알지 못한 채 단순히 천강(千江)에 비친 무수한 달그림자에 대해서만 논하는 것과 마찬가지로 실재성이 없다.

생명은 '자기조직화(self-organization)'*에 의해 스스로 생성되고 변화하여 돌아가는 '스스로(自) 그러한(然)' 자, 즉 자연이다. 생명은 '스스로 그러한' 자이므로 생명은 자유다. 생명이 자유임에도 자유롭지 못한 것은 개체화된 자아 관념에 사로잡혀 있기 때문이다. 인간을 자유롭게 할 수 있는 것은 진리다. "진리가 너희를 자유롭게 하리라"(「요한복음」(8:32))[9]는 말은 사실과 부합된다. 생명의 자기조직화는 생명이 본체인 동시에 작용임을 보여주는 것으로,

---

* 복잡계 과학에서는 네트워크가 상호작용하며 스스로 만들어내는 다양한 패턴을 '자기조직화'라고 부르는데 이러한 자기조직화는 부분[개체]과 전체가 함께 진화하는 공진화(co-evolution) 개념을 이해하는 키워드이다.

생명은 전체성인 동시에 개체성이며 내재성인 동시에 초월성이며 우주의 본원인 동시에 현상 그 자체로서 생(生)·주(住)·이(異)·멸(滅)을 포괄하는 전일적인 흐름이다. 스피노자가 "자유인은 결코 죽음을 생각하지 않는다"[10]라며 죽음에 대한 성찰이 아니라 삶에 대한 성찰의 지혜를 강조한 것은, '생명'의 사전엔 죽음이란 없다는 사실을 자유인은 알고 있기 때문이다.

'일즉삼·삼즉일'이라는 '생명의 공식'과 '본체-작용-본체·작용의 합일'이라는 '생명의 3화음적 구조'에 나타난 생명의 본체와 작용의 관계는 단선적인 구조가 아니라 상호의존(interdependence)·상호전화(interchange)·상호관통(interpenetration)하는 원궤를 형성한다. 다시 말해 생명의 역동적 본질과 순환을 나타낸 것이다. 이러한 생명의 공식과 생명의 3화음적 구조의 작동원리를 이해하게 되면 생명의 네트워크적 본질(상호연관과 상호의존의 세계 구조) 또한 자연히 이해할 수 있게 되고 생명윤리와 인공지능 윤리가 준수될 수 있는 새로운 규준의 휴머니즘을 정립할 수 있게 된다는 점에서 이들 원리는 생명의 열쇠이며 '마스터 알고리즘'이고, 또한 생명의 비밀을 푸는 암호와도 같은 것이다.

이러한 한국학 고유의 핵심 코드로 볼 때 한국학은 통섭적 사유체계에 입각한 생명학과 통섭학의 효시(曉示)라 할 수 있다. 요약하면, 한국학 고유의 핵심 코드는 '일즉삼·삼즉일'의 원리이며 이는 천·지·인 삼신일체로도 나타낼 수 있다. 일즉삼·삼즉일이라는 '생명의 공식'의 작동원리는 '본체-작용-본체·작용의 합일'이라는 '생명의 3화음적 구조'에 있으며, 본체·작용의 합일을 추동하는 메커니즘은 일심(一心, 한마음)이고 일심은 곧 '인중천지일'의 경계이다. 『천부경(天符經)』의 정수(精髓)가 함축된 '인중천지일'은 천·지·인 삼신일체의 천도(天道)가 인간 존재 속에 구현되는 것을 의미한다. '인중천지일'의 경계에 이르면 생명의 전일성과 자기근원성, 만유의 근원적 평등성과 유기적 통합성을 자연히 체득하게 되므로 인류의 공동선에 대한 공감 능력을 확충시킬 수 있고 전 지구적 위기에 실효적으로 대처할 수 있게 된다.

지금으로부터 9천 년 이상 전에 우리 선조들은 생명이란 것이 비분리성·비이원성을 본질로 하는 영원한 '에너지 무도(energy dance)'임을 간파하고 있었다. '에너지 무도(舞蹈)'란 원자핵 주위를 끝없이 회전하는 전자 파동을 은유적으로 표현한 것이다. 「태백일사」 제2 환국본기(桓國本紀) 환국 주(注)에서는 환(桓)이 곧 '한'이며 광명(붉, 밝)임을 이렇게 풀이하였다. "환(桓)이란 전일(全一)이며 광명이다. 전일은 삼신의 지혜와 능력이 되고 광명은 삼신의 실덕(實德)이 되니, 곧 우주만물에 앞서는 것이다(桓者全一也 光明也 全一爲三神之智能 光明爲三神之實德 乃宇宙萬物之所先也)."[11]

이 환국 주(注)에는 심오한 생명의 비밀이 함축되어 있다. 환(桓)이란 전일(全一) 즉 온전한 하나('한')이며, 온전한 하나는 삼신의 지혜와 능력이 된다. 여기서 삼신은 천·지·인 삼신(三神, 三才, 三元, 三極)을 말한다. 만유의 근원인 '하나[天·神·靈]'는 분리할 수가 없으므로 체(體)는 일신(一神, 唯一神, 唯一者)이지만, 그 작용은 천·지·인 삼신이다. 말하자면 천·지·인 삼신일체(三神一體, 三位一體)다. 온전한 '하나(一)'가 천·지·인 삼신(三)의 지혜와 능력이 되는 것은, 그 오묘한 '하나(至氣, 天·神·靈)'에서 천·지·인 셋[三神]이 갈라져 나와 우주만물이 생성되기 때문이다.

그렇다고 천·지·인이 각각 있는 것은 아니고 작용으로만 셋이라는 뜻으로 천·지·인 삼신(三)이 곧 유일신['한', 一]이다. 따라서 근원적 일자[궁극적 실재]인 '하나(一)'가 곧 천·지·인 삼신이며 우주만물(三, 多)이다. 이는 일(一)과 삼(三)의 관계를 신(神 또는 天)과 우주만물의 전일적 관계로 보는 것이다. 이를 일컬어 천인합일(天人合一), 인내천(人乃天), 삼신일체(三神一體) 또는 삼위일체(三

位一體)라고 하는 것이다. 여기서 인(人)은 사람만이 아니라 우주만물을 통칭하는 대명사이다. '일즉삼·삼즉일'[천·지·인 삼신일체]의 원리는 이 우주 자체를 하나의 네트워크로 본다는 점에서 복잡계 과학이나 양자역학의 관점과 일맥상통한다. 이는 두 입자가 공간적으로 아무리 멀리 떨어져 있어도 비국소적(nonlocal)[초공간적]으로 연결되어 있기 때문에 매개체 없이도 즉각적으로 서로의 상태에 영향을 미친다는 '양자 얽힘(quantum entanglement)' 이론과도 본질적으로 상통한다.

'일즉삼·삼즉일'이므로 하늘[神, 一]과 우주만물[三]이 하나이니, 우주만물이 곧 하늘이다. 우주만물이 곧 하늘인 것은 그 물질적 외피를 두고 한 말이 아니라 우주만물을 관통하는 하나인 참본성[神性, 靈性, 一心]이 곧 하늘이라는 말이다. 우주만물의 실체는 육안으로 보이는 물질적 형체가 아니라 하나인 참본성이기 때문이다. 천·지·인 삼신일체는 성부·성자·성령 삼위일체나 법신·화신·보신 삼신불과 표현만 다를 뿐 모두 같은 것이다. 이 셋은 곧 하나인 일신(一神, 유일신, 唯我)이다. 그래서 삼위가 일체이며 한 분 하느님이라고 한 것이다. 이 '한 분 하느님'이 바로 붓다의 탄생게(誕生偈)로 알려진 '천상천하유아독존(天上天下唯我獨尊)'의 유아(唯我, 유일자, 유일신)다. '하늘 위와 하늘 아래 오직 나만이 홀로 존귀하다'에서 '나'는 '참나'인 생명, 즉 영성[참본성, 神性, 一心] 그 자체를 지칭한 것이다. '참나'인 생명은 분리할 수 없는 절대유일의 하나인 까닭에 '유아(唯我)'라고 한 것이고 이 '유아'가 곧 유일자이며 유일신이다.

'일즉삼·삼즉일'의 원리는 '하나(一)'에서 우주만물(三)이 나오고 다시 그 '하나(一)'로 돌아가는 생명의 전일적 흐름[생명의 순환]을 나타낸 생명의 공식이다. 이러한 생명의 공식은 생명의 본체[본체계, 의식계]와 작용[현상계, 물질계]의 전일적 관계, 즉 생명의 전일성과 자기근원성을 이해할 수 있게 하는 기본 틀이다. 유사 이래 동서고금의 모든 철학과 사상, 과학과 종교는 바로 이 '생명의 공식'의 틀 안에서 전개된 것이다. 일즉삼이요 삼즉일이니 '한'사상(一)이 곧 삼신사상(三)이다. 일즉삼·삼즉일이라는 '생명의 공식'으로 표상되는 우리 고유의 '한'사상이야말로 남과 북 그리고 온 인류가 하나 되게 하는 마스터 알고리즘이다. '한'의 심원한 의미와 중요성이 여기에 있다.

다음으로 환(桓)이란 광명(光明, 밝게 빛남)이며, 광명은 삼신의 실덕(實德) 즉 참된 덕이 된다. 만유에 편재해 있는 온전한 '하나(一)'인 진성(眞性, 참본성)을 통하면 태양과도 같이 광명하게 되므로 성통광명(性通光明)이다. 따라서 '환'의 전일(全一, '한')과 광명(붉, '밝')은 상통하는 의미이다. 역대 군왕의 칭호나 국호, 산 이름 등에 '한'과 '밝'의 의미가 함축된 것은 환국으로부터 전승된 것이다. 태백산, 백두산, 장백산, 소백산 등의 '백(白)'과 우리 민족이 즐겨 입었던 '흰(白)' 옷빛도 광명 즉 '밝'과 같은 의미이다. 광명이 삼신의 참된 덕이 되는 것은, '하나(一)'인 참본성이 열려(開) 광명하게 되면 사회적 공덕(功德, 功業)을 완수할 수 있기 때문이다. 이를 성통공완(性通功完)이라고 한다. 따라서 환(桓)은 전일과 광명, 즉 '한'과 '밝'이므로 '한'이 곧 '밝'이다. 그래서 '하나(一)'인 참본성이 열리면 환하게 밝아진다고 하는 것이다.

이어서 '환(桓)이란 곧 우주만물에 앞서는 것이다'라고 한 것은, 환(桓)은 우주만물이 생겨나기 전에도 있었던 만물의 제1원인[靈·神·天]이기 때문이다. 천(天)·신(神)·영(靈)은 우주의 본질인 생명을 지칭하는 대표적인 대명사들이다. '하나(一)'는 곧 하나인 생명이다. 우주만물이 다 그로부터 나오니 그냥 '하나'라고 하기엔 너무 신령스러워 존칭의 의미로 '님'자를 붙여 하나(님) 또는 하늘(님)이라 부르는 것이다. 따라서 '하나'님, '하늘'님, 유일신은 특정 종교에 귀속된 고유명사가 아니라 종교와는 무관하게 생명의 본체[12]를 나타내는 많은 대명사 중의 하나일 뿐이다. 요한복음(14:6, 4:24)[13]과 요한일서(4:8)[14]에는 신(神, 天)이 곧 생명이고 진리이고 영(靈)이고 사랑이라고 나와 있다. 우주의 실체는 의식이므로 영(靈)은 곧 영성(靈性, 神性)이며 참본성[一心]이고 보편의 식이다. 환(桓)은 곧 '한'이며 '하나'인 생명 그 자체다.

'한'의 본질은 비분리성·비이원성이므로 가장 근원적이면서(근원성) 이 세상 그 어떤 것도 포괄하지 않음이 없고(포괄성) 또한 없는 곳이 없이 실재하는 (보편성) '하나(一)'인 마음, 즉 한마음(一心)이다. '한'의 본질적 의미는 『천부경 (天符經)』의 '일(一)'에 해당하는 '하나' 또는 '하늘(天·神·靈)'로서 만물의 근원을 나타낸다. 그 근원인 '하나(一, 天·神·靈)'에서 우주만물(三, 天地人)이 피어나고 다시 돌아가는 과정이 끝없이 순환 반복되므로 일즉삼이요 삼즉일이다. '한'은 전일(全一)·광명(光明, '밝')·대(大)·고(高)·개(開)·다(多)·하나(天地人, ONE)·하늘 (天·神·靈)·생명(生命, 靈性)·한마음(一心: 근원성·포괄성·보편성)·순백(白)·동방(東方)· 뿌리(柢, 근본)·영원(久)·무경계(無境界)·제왕(汗, Khan) 등 다의적인 의미를 지니고 있다. 요컨대, '한'은 인류 보편의 이상적인 가치개념들을 포괄하고 있다. 이처럼 '한'의 통섭적 세계관은 부분과 전체의 유기적 통일성에 기초한 시스템적 사고(systems thinking)의 전형을 보여준다. '한'의 전 지구적 확장성 (extentionality) 및 침투성(permeability)의 가능 근거가 바로 여기에 있다.

그러면 한국학 코드의 특성과 현재적 의미 및 가치는 무엇인가? 그것은 상호연관된 세 측면, 즉 만물의 제1원인 '생명[天·神·靈]'에 대한 개념적 명료화, 새로운 문명을 창출해내는 추동력을 지닌 통섭적 사유체계, 그리고 양자역학으로 대표되는 포스트 물질주의 과학과의 사상적 근친성이라는 측면에서 통합적으로 고찰할 수 있다. 한국학 고유의 생명 코드는 수천 년 동안 국가 통치 엘리트 집단의 통치 코드였을 뿐만 아니라 생명학·통섭학의 효시(曉示)로서 오늘날 세계시민사회가 공유할 수 있는 '보편 코드'이며 '통합학문'의 시대를 여는 단초가 되는 것이다.

한국학 코드의 특성과 현재적 의미 및 가치의 첫 번째는 만물의 제1원인인 '생명[天·神·靈]'에 대한 개념적 명료화(conceptual clarification)에 있다. 그러한 개념적 명료화를 통해 종교와 과학과 인문, 즉 신과 세계와 영혼의 세 영역(天地人 三才)의 연관성 및 통합성을 자각하고, 생명을 개체화·물화시킨 근대적 사유에서 벗어나 생명의 전일성과 자기근원성을 바탕으로 생명 향상의 원리와 생명 가치를 추구하며, 생명윤리와 인공지능 윤리가 준수되는 새로운 규준(norm)의 휴머니즘을 제시함으로써 새로운 계몽의 시대를 여는 '마스터 알고리즘'의 기능을 할 수 있다. 여기서 마스터 알고리즘이라고 한 것은, 한국학 고유의 통섭적·생태적 사유체계에 입각한 새로운 규준의 휴머니즘이 오늘의 인류사회와 기술혁신의 새로운 규범으로 자리 잡을 수 있는 미래적 비전을 함축하고 있기 때문이다. 한국학 코드에 함축된 심원한 생명사상은 단순히 종교적 교의이거나 철학적 사변 또는 이론이 아니라 수천 년 동안 정치실천적 차원에서 국가의 통치 원리로 작동해 온 것이다.

한국학을 표징하는 핵심 코드인 '일즉삼(一卽三)·삼즉일(三卽一)'의 원리는 근원적 일자[궁극적 실재]인 '하나(一, 神·天·靈)'와 우주만물[多, 천·지·인(三)]의 전일적 관계를 일(一)과 삼(三, 多)으로 나타낸 것이다. 이러한 생명의 본체와 작용의 전일적 관계를 추동하는 메커니즘은 일심(一心, 즉 참본성)이며 내재적 본성인 신성(神性)이고 이것이 우주만물의 실체다. 참본성이 열리면 생명의 본체인 신(神·天·靈, 一)과 그 작용인 우주만물(三, 多)이 하나임을 자연히 알게 되는 것이다. 신은 에너지 시스템인 생명계를 지칭하는 대명사이기도 하고, 만물이 만물일 수 있게 하는 우주의 근본원리(제1원인)이기도 하며, 천변만화(千變萬化)가 일어나게 하는 조화(造化) 작용—제1원인의 삼위일체(지성·에너지·질료)의 작용—이기도 하다. 신은 '있다 혹은 없다'라는 존재론적 차원의 문제가 아니라 '어떻게 인식할 것인가' 라는 인식론적 차원의 문제다. 신이 무엇인지도 모르는데, 있는지 없는지 어찌 알겠는가. 신이란 이름은 만물이 만물일 수 있게 하는 생명 그 자체를 지칭하는 많은 대명사 중의 하나일 뿐이다.

삼라만상의 천변만화가 신의 놀이이며 만물만상이 신의 모습이고 만물 속에 만물의 참본성으로 내재해 있는 것이 신(神)일진대, 우주만물을 떠나 따로이 운위해야 할 신이 있는 것이 아니다. '일즉삼·삼즉일'이라는 '생명의 공식'은 생명이란 것이 분리 자체가 근원적으로 불가능하며 무경계(no boundary)임을 말하여 준다. 따라서 신은 숭배해야 할 대상이 아니라 우리 자신이며 우주만물 그 자체다. 한국학 고유의 생명 코드에서 지칭하는 신이란 곧 우리의 내재적 본성인 신성이며 참본성[참자아, 一心]이다. 이것이 신의 진실이며 동시에 생명의 진실이다. 현대물리학의 가장 위대한 발견은 우주의 실체가 의식[파동, 에너지]임을 실험적으로 밝힌 것이다. 신이란 곧 신 의식, 즉 내재적 본성인 신성이다. 신이라는 이름은 생명이라는 진리를 담는 용기에 불과한 것이기 때문에 문제는 신이라는 이름에 있는 것이 아니라 신에 대한 왜곡된 인식에 있다. 신이나 생명은 이분법적 사유체계를 넘어서 있으므로 언어와 논리의 세계에 갇혀서는 이를 인식할 길이 없다. 좁은 문틈으로는 넓은 하늘을 볼 수가 없듯이, 의식의 문이 열리지 않고서는 무한자인 신을, 영원 그 자체인 생명을 인식할 길이 없는 것이다.

종교의 해악성을 설파한 리처드 도킨스(Richard Dawkins)는 그의 저서 『신이라는 미망 *The God Delusion*』(2006)에서 물리학자들의 비유적 또는 범신론적 신이 '숭배하기에 적합한(appropriate for us to worship)' 초자연적 창조자(a supernatural creator)가 아니므로 신이라고 지칭하는 것은 옳지 않으며, 성경에 나오는 인격신과 혼동하는 것은 '고도의 지적인 반역 행위(an act of intellectual high treason)'[15]라는 식의 의미 없는 논쟁에 빠지고 있다. 그는 신이라는 용어를 창조주와 피조물이라는 주체-객체 이분법에 근거한 것으로 자의적으로 규정하고 인격신[物神]에만 신이라는 이름을 허용하고는 그 인격신마저 하나의 가설로 간주함으로써 신을 폐기처분 해버렸다. 이는 문제의 본질을 놓친 것일 뿐만 아니라, 신이란 존재 자체를 영원히 미궁에 빠지게 한 것이다.

생명 그 자체인 신을 이분법에 근거한 것으로 규정한 것은 생명을 개체화·물화시킨 것으로 이 세상의 모든 문제가 바로 이 반(反)생명적 사유체계에서 비롯된 것이다. 이러한 도킨스의 신관(神觀)은 과학[物性]을 신[靈性, 神性]으로부터 분리시킨 기계론적인 근대적 사유의 연장선상에 있는 것으로 신과 과학의 만남이 이루어지고 있는 오늘날의 신과학의 흐름에 역행하는 것이다.[16] 개념적 명료화에 기초하지 않은 일체의 지식은 사상누각에 불과하다. 그래서 소크라테스(Socrates)는 아고라(Agora: 그리스어로 시장이라는 뜻)에서 사람들과의 문답을 통해 개념적 명료화를 도모함으로써 감각세계의 변화 저 너머에 있는 영원불변의 이성적 진리에 도달하고자 한 것이다.

한국학 코드의 특성과 현재적 의미 및 가치의 두 번째는 통섭적 사유체계에 있다. 통섭적 사유체계란 현상과 실재, 논리와 초논리, 이성과 신성, 물성(物性)과 영성(靈性), 삶과 죽음 등 일체의 이원성을 융섭함으로써 대통섭의 새로운 문명을 창출해내는 추동력을 지닌 사유체계를 말한다. 한국학 코드는 이러한 통섭적 사유체계의 원형(原型)이며 전형(典型)이다. '일즉삼·삼즉일'의 원리는 혼원일기(混元一氣: 무어라 형용할 수 없는 태초의 한 기운)로 이루어진 생명의 유기성과 상호관통을 직관적으로 깨닫는 생태적 자각에 기초해 있다는 점에서 생태적 사유의 원형이며 전형이기도 하다. 따라서 통섭적·생태적·시스템적이란 용어는 본질적으로 상통하며 현대물리학의 전일적 실재관을 바탕으로 한 것이다.

여기서 통섭(通涉)[17]이란 단순히 다양한 지식 세계를 넘나드는 지식 차원의 언어적 기술이 아니라, '아(我, self)'와 '비아(非我, other)'의 두 대립되는 자의식을 융섭하는 지성 차원의 영적 기술이다. 통섭은 소통의 미(美)의 발현을 통해 삶을 아름답게 만드는 진정한 의미의 예술이다. 지식(knowledge)은 관념이고, 파편이며, 과거와 연결되어 있으므로 온전한 앎은 지식에서 일어날 수 없다. 지식은 진리를 가리키는 손가락일 뿐, 진리 그 자체가 아니다. 반면 지성(intelligence)은 실재이고, 전체이며, '지금 여기'와 연결되어 있으므로 온전한 앎은 지성에서 일어난다. 따라서 통섭은 지식 차원에서가 아닌, 지성 차원에서 일어난다.

한국학 고유의 핵심 코드인 '일즉삼·삼즉일'의 원리는 생명현상이 개별 유기체의 속성이 아니라 시스템의 속성이며 논리와 초논리, 이성과 신성, 물성과 영성 등의 이분법은 성립되지 않는 것으로 본다. 생명의 본체[一, 天·神·靈]와 작용[三, 우주만물]이 하나임을 아는 것은 일심(一心, 참본성, 靈性)의 통섭적 기능에 의해서이다. 말하자면 통섭은 일심의 기능적 측면을 일컫는 것으로, 통섭을 추동하는 메커니즘은 일심(한마음)*이다. 일심은 지식이 아니라 앎(knowing)이며, 앎은 지성에서 일어난다. 이원적인 지식의 영역에서 통섭이 일어날 수 없는 것은 이 때문이다. 온전한 앎이란 참자아를 아는 것이다. 참자아인 생명[영성, 참본성, 一心, 天·神·靈]을 알지 못하고서는 그 어떤 일도 의미나 가치를 지닐 수 없기 때문이다. 지식은 에고(ego, 個我)의 영역이고, 지성은 참자아의 영역이다. 참자아인 생명은 전일적 흐름(holomovement) 그 자체인 까닭에 개체화의 표징인 에고의 가장 큰 위협이며 적(敵)이다. 그래서 에고는

---

* 마음은 곧 기운(氣, 에너지)이므로 일심(一心)은 곧 일기(一氣)다. 『莊子』「知北游」에서는 생(生)과 사(死)가 동반자이며 만물이 '하나(一)'이고, 하나의 기운(一氣)이 천하를 관통하고 있기에 성인은 이 '하나(一)'를 귀하게 여긴다고 했다. 따라서 일심(一心, 참본성), 즉 일기(一氣)는 본체인 동시에 작용으로 나타나는 참자아인 생명[靈性, 天·神·靈]을 지칭한 것이다.

'죽음'이라는 발명품을 만들어냈다. 그로부터 이원론의 표징인 '삶과 죽음의 투쟁(life-and-death-struggle)'의 역사가 시작되었다.

지식과 삶이 화해할 수 없는 것은 이 때문이다. 하여 삶과 소통하지 못하는 지식을 넘어서기 위해 '통섭'이란 용어가 등장한 것이다. 오늘날 통섭의 긴요성은 소통 부재에서 오는 갖가지 사회문제의 출현과 맥을 같이 한다. 학문분과 간의 소통이 이루어지지 못하는 것은 말할 것도 없고, 학문과 종교, 학문과 삶 간의 소통이 이루어지지 못함으로 인해 총체적인 인간 실존의 위기에 직면하게 된 데 대한 성찰적 의미와 더불어 전일적 패러다임(holistic paradigm)으로의 전환을 추동하는 의미가 내포된 것이다. 다양한 분야를 섭렵하는 해박한 지식을 가지고 있다고 해서 통섭이 일어나는 것이 아니라, 그 다양한 분야를 관통하는 핵심 원리를 알아야 실제 통섭이 되는 것이다. 오늘날 학문과 지식은 인종적·문화적·정치적·종교적 신념의 덫에 걸려 불균형한 사고와 행동 양태를 낳고 있다. 인류애나 진리 추구와 같은 보편적 가치에 뿌리를 두고 있지 않은 지식욕과 지적 호기심, 생명의 영성에 관한 논의는 배제된 채 지식의 파편들만 어지럽게 널려 있는 지식의 통합에 관한 논의—도대체 무엇을 위한 지식이며, 무엇을 위한 통합인가?

세계를 전일적으로 조망하지 못하는 것은 지식의 통합이 이루어지지 않아서가 아니라, 마음의 파편화로 인해 불순한 분리의식이 자리 잡고 있기 때문이다. 삶과 유리된 단순한 지식의 통섭은 이념의 지도를 실제 영토라고 믿는 것과도 같이 공허한 것이다. 참지식은 우주의 본질인 생명이 무엇인지를 아는 것이다. 본체와 작용을 상호관통하는 생명의 역동적 본질을 이해하는 것이다. 생명은 분리할 수 없는 절대유일의 하나, 즉 영성[靈] 그 자체다. 본체와 작용의 이분법은 생명의 전일성을 논증하기 위한 가설이며 방편일 뿐, 진정한 앎은 이원성을 넘어서 있다. 이러한 사실을 알지 못한 채 선과 악의 진실게임에 빠져들게 되면 '삼사라(samsara, 生死輪廻)'가 일어난다. 학점을 이수하지 못하면 재수강의 기회가 주어지는 것이다. 우리가 의식하든 의식하지 못하든, 우주의 진행 방향은 영적 진화(spiritual evolution, 의식의 진화)*이기 때문이다. 생명의 영성을 자각하지 못하고서는 단지 먹기 위해, 즐기기 위해 사는 것의 허망함을, 그 죄악성을 알 수가 없다.

통섭은 영성과 물성을 상호관통하는 지성 차원의 기술이므로 기계론적 세계관에서 시스템적 세계관으로의 근본적인 패러다임 전환을 전제한다. 생각은 바꾸지 않은 채 물질 세상을 바꾸려고 하는 것은 마치 실물은 그대로 둔 채 그림자를 바꾸려는 것과도 같이 비현실적이다. 온전한 앎이 없이는 생명의 본질에 순응하는 온전한 삶도 없으므로 그 어떤 실질적인 통섭도 일어날 수 없다. 우리의 앎과 삶에 치명적으로 유해한 것이 바로 모든 부정성의 근원인 개체화된 자아 관념이다. 이러한 자아 관념을 넘어선 초인의 출현은 곧 개체화되고 물질화된 신의 죽음을 의미한다. 물신(物神)은 죽어야 하고 또 죽을 수밖에 없는 운명에 처해 있다. 왜냐하면 신인류의 탄생이 목전에 와 있기 때문이다. 인류 역사는 통섭을 위한 실험 무대이고, 그 통섭의 기술은 지식의 축적의 산물이 아니라 의식의 진화의 산물이다. 우리가 누구이며 왜 여기에 있는지를 이해할 수 있기 위해서는 전문화라는 도그마에서 벗어나 통섭적 접근이 필요하다. 오늘의 시대정신을 특징짓는 21세기 문화 코드라고 할 수 있는 '퓨전(fusion)' 코드의 급부상은 포스트휴먼 시대의 도래를 예고하는 신호탄이다.

한국학 코드의 특성과 현재적 의미 및 가치의 세 번째는 포스트 물질주의

---

* 우주의 진행 방향이 영적 진화인 것은 참자아인 생명[靈性, 天·神·靈]에 전지전능한 (omniscient and omnipotent) '우주 지성'이 내재해 있기 때문이다.

과학과의 사상적 근친성에 있다. 한국학 코드는 단순히 낡은 과거의 것이 아니라 사조(思潮)의 대전환이 이루어지고 있는 현재에 재음미되고 재해석되는 '가장 오래된 새것'이다. 혼원일기(混元一氣, 至氣)로 이루어진 생명의 유기성과 상호관통에 기초한 '일즉삼·삼즉일'의 원리는 시스템적[생태적] 사고의 특성을 보여준다. 포스트 물질주의 과학(post-materialist science)의 전형인 양자역학의 통섭적 세계관 또한 부분과 전체의 유기적 통일성에 기초한 시스템적 사고의 특성을 보여준다. 시스템적 사고의 주된 특징은 양자물리학, 양자생물학, 양자의학, 복잡계 과학(complexity science), 게슈탈트 심리학(Gestalt psychology, 형태심리학), 트랜스퍼서널 심리학(transpersonal psychology, 초개인심리학), 생태학 등에서도 찾아볼 수 있다.

생명의 본체[본체계]와 작용[현상계]의 상호관통에 기초한 한국학 고유의 생명 코드는 보이지 않는 미시세계[본체계]와 보이는 거시세계[현상계]의 상호연결성에 기초한 양자물리학의 전일적 실재관과 일맥상통한다. 이처럼 숨겨진 질서(implicate order, 미시세계)와 드러난 질서(explicate order, 거시세계)의 상호연결성에 주목한 포스트 물질주의 과학은 생명 향상의 원리와 생명 가치를 추구하는 한국학 코드와 마찬가지로 윤리와 가치관, '의미(meaning)'들을 우선시한다는 점에서 몰가치적 성향을 띠는 물질주의 과학과는 분명 차이가 있다. 물질주의 과학의 치명적인 한계는 물질이 유일한 현실이며 모든 것이라고 보는 까닭에 만물이 만물일 수 있게 하는 제1원인으로서의 '신 의식[God-consciousness, 즉 보편의식]'을 부정함으로써 생명의 전일성과 자기근원성을 파악하지 못한 데 있다. 생명을 단순히 물질적 외피로 보는 정신·물질 이원론으로는 생명의 전일성을 파악할 수 없으므로 하늘과 사람과 만물을 공경하는 '삼경(三敬: 敬天·敬人·敬物)'의 실천적 삶을 기대하기 어렵다.

정신·물질 이원론에 기초한 물질주의 과학은 의식 또는 영성과의 접합을 거부하지만, 포스트 물질주의 과학을 대표하는 양자물리학은 '양자 신(quantum God, 즉 만물의 제1원인)' 또는 '양자 자아'로 지칭되는 양자(quantum) 개념에 기초해 있는 까닭에 의식 또는 영성과의 접합은 필수적이다. 통섭적·생태적 사유의 전형인 『천부경』·『삼일신고』·『참전계경』에서 재세이화(在世理化)·홍익인간(弘益人間)을 구현하는 요체로 각각 '인중천지일(人中天地一: 천·지·인 삼신일체의 天道가 인간 존재 속에 구현됨)', '성통공완(性通功完: 참본성이 열리어 공덕[功業]을 완수함)', '혈구지도(絜矩之道: 남을 나와 같이 헤아리는 推己度人의 도)'를 제시한 것은 우주의 실체가 의식[에너지, 파동]임을 이미 간파한 것이다. 20세기에 들어 실험물리학이 우주의 실체가 의식임을 실험적으로 입증함으로써 현대물리학 코드와 한국학 코드가 만나게 된 것이다. 우주의 실체가 의식이라는 사실은 '본질적 삶에서 일어나는 일체의 현상을 통제하는 주체가 심판의 신이 아니라 인간의 정신'임을 의미한다.

현대물리학에서는 생명계를 불가분의 전일성, 즉 '살아 있는 시스템(living systems)'이라고 본다. 보이지 않는 양자 세계는 양자물리학의 미시세계에만 국한된 세계가 아니다. 바로 우리 자신의 참자아의 세계이며 '내적 자아(inner self)'의 영역이다. 육체는 참자아가 아니며 단지 참자아로 들어가는 문일 뿐이다. 그 내면의 하늘은 우주 생명력 에너지로 충만해 있으며, '보이는 우주'가 형성되어 나오는 '보이지 않는 우주'이다. 우리는 우리 자신에게 있는 '양자 가능태(quantum potentia)'로부터 우리가 경험하는 실제가 되는 특정 국면을 선택함으로써 미시세계인 양자 세계와 거시세계인 우리 삶의 세계를 하나로 연결한다.

관측된 세계는 바로 내 의식이 만들어낸 세계이다. 일체의 현상이 오직 의식의 작용일 뿐이다. 부분과 전체, 거시세계와 미시세계는 합일이며 상즉상입의 구조로 상호 연기(緣起)하는 유비적 대응 관계에 있다. 과학과 영성 그리고 진화에 대한 통섭적인 이해는 천·지·인 삼재의 연관성 상실을 초래한 근대 서구의 정치적 자유주의를 치유할 수 있는 묘약을 함유하고 있다. 뿐만 아니라 지구 문명의 새로운 지평을 탐색하는 것이기도 하다는 점에서 통섭적·생태적 사유의 전형인 한국학의 중요성이 날이 갈수록 커지고 있다.

## 생명학과 통섭학의 효시(曉示)로서의 한국학

21세기에 들어 기술융합(technology fusion)*에 따른 과학기술 패러다임의 변화가 지식의 대통합을 통해 총체적인 패러다임 전환(paradigm shift)을 주도하고 있다. 기술융합이란 나노기술(NT)·바이오기술(BT)·정보기술(IT)·인지과학(CS)의 융합을 의미하는 미국 국립과학재단(NSF)의 NBIC라는 신조어에서 보듯 신기술 분야의 상승적인 결합(synergistic combination)을 일컫는 용어다. 이러한 기술융합은 현재의 경제적, 기술적 정체상태를 돌파할 수 있게 함으로써 생명공학, 보건의료, 농림수산, 환경 등 모든 산업 분야에서 근본적인 변화를 이끌어낼 전망이다. 지금 지구촌은 미국, 유럽, 일본 등 주요 기술 강국을 중심으로 다분야 기술융합을 촉진하는 연구개발 활동이 급속도로 확산되는 추세에 있으며, 우리나라에서도 융합기술 개발은 미래 핵심기술의 확보와 차세대 성장 동력의 창출 및 웰빙 라이프의 구현을 위해 주요 정책 아

---

\* 융합형 기술혁신은 특히 바이오기술(BT), 나노기술(NT), 정보기술(IT) 간 융합이 가속화되고 있으며, 여기에 환경에너지기술(ET), 우주항공기술(ST), 문화기술(CT)이 추가된 이른바 6T는 고(高)부가가치 창출에 필요한 21세기 유망 첨단 과학기술로 인식되고 있다.

젠다로 설정되어 있다.

이러한 과학기술의 융합 현상은 여러 학문분과에서 동시다발적으로 진행되면서 근대 분과학문의 경계를 넘는 '통합학문'의 시대를 촉발하고, 사회 전 분야에 걸쳐 혼융을 통해 새로운 문화를 창출해내는 이른바 '퓨전(fusion)' 코드의 급부상을 초래하고 있다. 특히 정보통신기술(ICT) 혁신의 파급효과가 물리적 시스템의 변화는 물론 사회생태계를 지탱해온 '인간중심'의 사고 체계에 커다란 도전이 되고 있다. 최근 ICT에 의해 추동되고 있는 융합사회는 ICT 생태계에서의 인간의 역할 변화와 함께 인간과 사물의 융합까지도 포함하는 새로운 생태계를 형성할 수 있다는 점에서 인간에 대한 재정의가 촉구되고 인간과 인공지능의 공생이 핵심 이슈로 부상하고 있다. 레이 커즈와일은 2030~2040년대가 되면 근본적인 인체의 재설계가 이루어져 버전 3.0 인체가 탄생할 것[18]이라고 전망한다. 분자나노기술(MNT) 조립법을 인체에 적용해 현실에서도 신체를 마음대로 순식간에 변화시킬 수 있고 뇌가 생물학의 구조적 한계를 넘어서게 되면, 대체 인간이란 무엇이며 또 생명이란 무엇인가에 대해 깊이 생각하지 않을 수 없게 된다.

'생명(Life)'이란 주제가 과학적으로 의미 있게 다뤄지기 시작한 것은 지구의 전체 역사로 볼 때 극히 최근의 일이다. 지구의 나이 45억 5,000만 년을 하루 24시간으로 환산하여 0시에 지구가 탄생했다고 가정해 볼 때, 호모사피엔스가 등장하기까지 기나긴 지구 생명의 진화과정이 있었고, 현생인류의 직계 조상인 호모 사피엔스 사피엔스(크로마뇽인 화석이 대표적)는 자정 0.7초 전쯤에 등장하여 그 짧은 시간 동안에 너무나 많은 일을 벌였다. 현생인류가 벌인 이 '너무나 많은 일'을 기록한 것이 세계사다. 우주론, 지구물리학, 생물학, 역사학 등의 다양한 학문 분야를 동원하여 해당 분야 전문가들이 세계사를 기술하고 있지만, 단지 시간의 파편들의 단순한 집적(集積)일 뿐 그 어디에도 '생명'이란 무엇인가에 대한 답은 없다. 생장하고 변화하여 돌아가는 삶과 죽음의 전 과정이 생명의 전일적 흐름(holomovement)을 나타내는 것이므로 인류의 역사는 생명의 거대사다. 하지만 역사발전 과정에 나타나는 '삶과 죽음의 투쟁'은 생명이란 것을 개체화·물질화된 육체적 자아에 귀속된 그 무엇으로 보여줄 뿐이다.

그러나 최근 ICT에 의해 추동되고 있는 융합사회는 인간과 사물의 융합까지도 포함하는 새로운 생태계의 형성과 함께 인간과 인공지능 기계의 공생이 핵심 이슈로 부상하고 있다. 인간중심·남성중심·유럽중심·백인중심의 근대 휴머니즘과 연결된 휴먼학의 칸막이지식은 더 이상은 인류가 직면한 난제들—생물적, 심리적, 사회적, 환경적 현상이 상호적으로 연결되어 나타나는—에 실효적으로 대처할 수가 없게 되었다. 따라서 단일 기술로는 해결하기 어려운 의료복지, 환경 등의 복합적인 사회문제가 등장하면서 기술융합 현상이 나타났고, 개별 학문의 지식만으로는 해결하기 어려운 현대사회의 복합적인 문제가 등장하면서 '통합학문'이 나타나게 된 것이다. 경계선 없는 통합학문에 이르기 위해선 자연과학과 인문사회과학의 통섭, 과학과 종교의 통섭, 그리고 예술과 과학의 통섭 등 통섭을 추동하는 메커니즘에 대한 이해가 선행되어야 한다. 기술융합이든 통합학문이든, 이들 모두를 관통하는 핵심 키워드는 '생명'과 '통섭'이다.

생명학과 통섭학은 휴먼학의 한계를 극복하기 위해 통섭적 세계관을 바탕으로 포스트휴먼적 가치와 연결되어 나타난 포스트휴먼학이라는 점에서 본질적으로 상통한다. 정신·물질 이원론에 기초한 데카르트-뉴턴의 기계론적 세계관(mechanistic world view)에 기반해서는 생명의 전일적 흐름을 파악할 수도, 통섭이 일어날 수도 없기 때문에 통섭적·시스템적 세계관 또는 전일적 실재관으로의 근본적인 패러다임 전환을 전제한 것이 생명학과 통섭학이다. 사실 생명학과 통섭학은 처음부터 학문적 체계를 갖추고 시작된 것은 아니다. 다양한 주체들이 이끄는 환경운동, 페미니즘 운동, 동물권리운동, 생명운동, 한살림운동, 통합운동 등 각종 실천적 운동이 봇물을 이루면서 '생명'과 '통섭'에 대한 담론이 활성화되고 이들 용어가 오늘날 포스트휴먼학을 관통하는 핵심 키워드로 자리 잡게 되자, 이들 용어가 함축한 심원한 원리와 가치에 주목하게 되면서 하나의 학문분과로 다뤄지기 시작한 것이다.

그러나 오늘날 생명학과 통섭학은 여전히 태동 단계에 있다. 왜냐하면 우주의 본질인 생명은 심리적·물리적 통합체일 뿐만 아니라 정신적·영적 통합체이므로 올바른 이해를 위해서는 다양한 분야를 포괄하는 통합적 비전 (integral vision)이 요망되기 때문이다. 다시 말해 물성(物性)과 영성(靈性)을 상호 관통하는 생명의 네트워크적 본질과 그 작동원리에 대한 이해가 없이는 생명학과 통섭학이라는 학문분과 자체가 성립될 수 없기 때문이다. 생명학은 통섭적 사유체계를 바탕으로 하고 있다는 점에서 통섭학과는 불가분의 관계에 있다. 생명[混元一氣: 무어라 형용할 수 없는 태초의 한 기운, 즉 一氣·元氣·至氣]이란 것이 천지만물이 생겨나기 전에도 있었던 '영(靈, 靈性)'—흔히 신(神)이라고도 부르는—그 자체임을 인식한다면, 어떻게 '영원한 현재(etermal present)'인 생명의 기원을 '시간의 역사' 속에서 찾으려고 할 수 있겠는가?

생명학이 통섭적 사유체계를 바탕으로 한 것인 만큼 통섭학은 생명학과 본질적으로 상통하는 포스트휴먼학이다. 그럼에도 별도의 학문분과로 다루는 것은 학문 세계뿐만 아니라 사회 전 분야에 걸쳐 통합의 바람이 거세게 불면서 전 지구촌의 핵심 담론이 되고 있고, 포스트휴먼적 사유체계의 골간을 이루고 있으며, 물리적 시스템의 변화는 물론 사회생태계를 지탱해온 '인간중심'의 사고체계를 근본적으로 바꾸어 놓을 전망이기 때문이다. 켄 월버는 '새로운 인간은 통합적이다'라고 말한다. 여기서 '통합적(integral)'이란 용어를 윌버는 '다양성 속의 통일(unity-in-diversity)'[19]이라는 의미로 사용한다. 한 마디로 의식과 물질, 내면과 외면, 자아와 세계, 주관과 객관이 모두 '한맛(One Taste)'이라는 것이다.[20] 그는 이 우주 속의 모든 것이 상호 연결되어 있어 홀라키적인(holarchic) 다차원적 생명의 그물망―각 상위 차원이 그것의 하위 차원을 포괄하는 '존재의 대사슬(The Great Chain of Being)'―을 형성한다고 본다.

다양한 분야를 여기저기 기웃거린다고 해서 통섭이 되는 것이 아니라 그 다양한 분야를 관통하는 핵심 원리를 알아야 실제 통섭이 되는 것이다. 통섭의 본질에 대한 무지는 우주의 본질인 생명에 대한 무지에서 오는 것이다. 본체와 작용, 영성과 물성을 상호관통하는 생명의 역동적 본질을 이해하지 못하는 데서 오는 것이다. 이 우주에 분리되어 존재하는 것은 아무것도 없으며 모두가 연결되어 있다. 분리된 것처럼 보이는 복잡한 현상들이 실제로는 통합되어 있음을 아는 것은 의식의 작용에 의해서이다. '의식의 스펙트럼(the spectrum of consciousness)'의 가장 낮은 곳은 물질의 영역이고, 가장 높은 곳은 영(靈)의 영역이다. 영은 최고 수준의 인과의(causal) 영역이며, 모든 수준의 비이원적(nondual) 기초이다. 그 사이의 등급은 단순하게는 몸, 마음, 영의 세 주요 영역으로 구분하기도 한다.

의식이 '몸' 단계―물질이 유일한 현실이며 모든 것이라고 보는―에 있으면 통섭은 이원적인 지식 차원의 반(反)통섭적 사고에 머무르게 된다. 따라서 이 단계에서 말하는 통섭학이란 실제 삶과는 무관하게 언어적 차원에서 일어나는 지적 유희(intellectual play)에 불과한 것이 된다. '몸' 단계에서는 생명학 역시 개체화·물질화된 육체적 자아에 기반하게 되므로 반(反)생명적이 될 수밖에 없다. 우리의 의식이 감각적인 '몸'의 영역에서 이성적인 '마음'의 영역으로, 그리고 초월적인 '영(Spirit)'의 영역으로 진화할수록 통섭과 생명의 개념적 명료화가 이루어지고 그에 따라 생명학과 통섭학의 진수(眞髓)가 드러나게 된다. 비국소적(非局所的, 초공간적) 영역, 즉 궁극적인 '영'의 영역은 국소적 영역과 분리된 것이 아니라—월버가 말하는 '존재의 대사슬' 또는 '존재의 대둥지(The Great Nest of Being)'[21]와도 같이—감각과 이성의 영역을 포괄하면서 초월한다. '영'의 영역에서 우리는 궁극적 실재인 신성[神]과 만나게 된다.[22]

영(靈)·신(神)·천(天)은 모두 생명을 지칭하는 대표적인 대명사들*로서 통섭적·시스템적·전일적 사고로서만 접근할 수 있는 영역이다. 우주의 실체는 의식이므로 영과 영성, 신과 신성, 천(天)과 천성(天性)은 모두 같은 것이다. 영성이 곧 신성이고 천성이며 참본성[참자아]이고 일심이다. 이 모두는 참자아인 생명을 다양하게 명명한 것이다. 생명학과 통섭학은 물성[현상계, 물질계]과 영성[본체계, 의식계]을 상호관통하는 통섭적 사고가 주축이 되는 완전히 새로운 버전의 '학(學)'이므로 근대의 물질일변도의 사고의 연장선상에서 다뤄질 수 있는 것이 아니다. 그것은 물질의 공성(空性)—물질이란 특정 주파수대의 에너지 진동에 지나지 않는다—에 대한 이해를 바탕으로 생명에 대한 개념적 명료화와 함께 상호연관과 상호의존의 세계 구조에 대한 이해가 선결 과제다. 이런저런 지도를 그려놓는다고 해서 실제 영토가 바뀌는 것이 아니듯, 이런저런 이론을 내어놓는다고 해서 세상이 바뀌는 것은 아니기 때문이다.

본체계[靈性]와 현상계[物性]를 회통하는 통섭적 사고는 앎의 원(圓)이 완성될 때 최고도로 발휘된다. 앎의 원이 완성된다는 것은 대립자의 역동적 통

---

\* 영(靈)·신(神)·천(天)은 모두 생명을 지칭하는 대표적인 대명사들인데 흔히 이들을 생명의 본체라고 말하기도 하는 것은, 영(靈)·신(神)·천(天)의 자기현현(자기복제로서의 작용)이 곧 우주만물이므로 생명의 본체인 영(靈)·신(神)·천(天)과 그 작용인 우주만물이 하나라는 것을 논증하기 위해서 이분법의 툴(tool)을 사용한 것이다.

일성을 깨닫는 것이다. 삶과 죽음, 작용과 본체, 물질과 정신 등 일체의 대립자가 낮과 밤의 관계와도 같이 하나인 생명의 순환고리로 연결되어 있음을 깨닫는 것이다. 『국가론 Republic(Politeia)』 제7권에 나오는 '동굴의 비유(the allegory of the Cave)'에서 플라톤은 현상세계인 동굴 안의 세계와 지성으로 알 수 있는 실재 세계인 동굴 밖의 세계를 대비시키는 방식으로 현상계의 근원이 되는 실재 세계의 원형으로서의 「선의 이데아(Idea of the Good)」를 추구한다. '동굴의 비유' 이야기는 그림자 세계를 실재 세계로 착각하며 살아가는 아테네인들에게 '세상에서 가장 지혜로운' 소크라테스가 「선의 이데아」를 설파하지만, 감각적 지각의 세계에 눈먼 그들에게 실재 세계는 인식될 수 없는 것이었고 마침내 소크라테스는 죽음에 처하게 된다는 이야기와 유사하다. 이 이야기는 감각의 덫에 걸려 홀로그램 현실을 인식하지 못하는 오늘의 인류에게 던지는 심오한 메시지이기도 하다.

『국가론』 제6권에는 「선의 이데아」의 의미를 설명하기 위해 '태양의 비유'가 등장하고, 「선의 이데아」를 인식하기 위한 앎의 대상과 단계들을 설명하기 위해 '선분(線分)의 비유'가 사용된다. '보는' 감각(sense of sight)과 '보이는' 힘(power to be seen)은 서로 빛으로 연결되어 있으며,[23] 태양 빛을 잘 받는 사물이 뚜렷이 보이듯, 「선의 이데아」는 인식하는 자에게 진리와 존재를 통찰할 힘을 부여한다는 것이 '태양의 비유'다.[24] 또한 '선분의 비유'를 들어 이데아 인식의 네 단계를 최하의 무지로부터 최고의 인식에까지 발전해 가는 과정을 '분할된 선'으로 묘사하여 '상상[臆測]', '신념', '추론적 사고', '지성적 앎'의 네 단계[25]로 구분했다. 플라톤은 시공을 초월한 불변의 실재, 즉 이데아에 대한 인식이 참된 인식이며, 이러한 초감각계는 지성에 의해 인식되는 세계로서 우리의 감각기관으로는 포착할 수 없다고 한다. 불변의 실재인 이데아에 대한 인식은 만물의 제1원인인 영(靈·神·天)에 대한 인식이며 이는 곧 생명에 대한 인식이다.

생명과 통섭의 진실은 지성적 앎에 이르지 않고서는 그 모습을 드러내지 않는다. 물질주의 과학이 기술적 진보에도 불구하고 우주자연과 인간에 대한 이해를 왜곡되고 피폐하게 만든 것은 본체와 작용을 상호관통하는 생명[神·靈·天]의 역동적 본질에 대한 몰이해 때문이다. 이러한 몰이해는 우리 자신이 개체화(particularization) 의식, 즉 에고 의식에 사로잡힌 데서 오는 것이다. 한국학의 핵심 코드인 '일즉삼·삼즉일'의 원리에서 생명의 본체[一, 神·靈·天]와 작용[三, 우주만물], 본체계[의식계]와 현상계[물질계]의 전일적 관계에 대한 이해를 필자가 거듭 강조하는 것은 그것이 생명학과 통섭학의 기초가 되는 통섭적 세계관을 이해하고, 생명의 전일성과 자기근원성을 이해하며, 모든 것의 의미를 이해하는 바탕이 되는 것이기 때문이다. 생명에 대한 개념적 명료화가 없이는 생명학과 통섭학이라는 학문분과 자체가 성립될 수가 없다. 그럼에도 생명학과 통섭학이라는 용어를 사용한다면 그것은 실제 삶과는 유리된 공허한 언어의 유희에 불과한 것이다.

이렇게 볼 때 물성(物性)과 영성(靈性)을 상호관통하는 전일적인 생명의 역동적 본질과 그 작동원리를 명징하게 드러낸 '일즉삼(一卽三)·삼즉일(三卽一)'이라는 '생명의 공식'과 '본체-작용-본체·작용의 합일'이라는 '생명의 3화음적 구조'는 생명학과 통섭학의 정립이 요청되는 현 시점에서 한국학 코드의 현재적 의미와 가치를 재음미하게 한다. 생명의 본체와 작용의 전일적 관계는 베네딕투스 데 스피노자*의 일원론적 범신론(一元論的 汎神論, monistic

---

* 스피노자의 철학체계는 근대 철학의 내재적 과제인 신[유일 실체]과 인간[양태]의 필연적 관계성에 대한 인식을 명료하게 보여준다. 독일 이상주의 철학을 집대성한 게오르크 헤겔은 스피노자를 근대 철학의 결정적인 지점으로 보고 철학을 하려면 반드시 스피노자를 통과해야 한다고 역설했다. 현대 철학적 사유의 씨앗을 뿌린 프리드리히 니체

pantheism)*에서 실체[一]와 양태[三]의 전일적 관계로 나타난다. 네덜란드의 유대계 철학자이자 17세기 합리론의 주요 이론가로서 근대 정체(政體)를 정초(定礎)한 인물로 평가되는 스피노자가 그의 주저(主著) 『에티카 Ethica(원제는 『기하학적 질서에 따라 증명된 윤리학 Ethica in ordine geometrico demonstrata』)』 제1부를 실체와 양태의 개념적 명료화(conceptual clarification)에서부터 시작한 것도 그것이 모든 것의 의미를 이해하는 바탕이 되는 것이기 때문이다. 개인적인 변형과 사회적 변화, 그리고 삶의 질과 만족도를 높일 수 있는 것은 생명의 전일성과 자기근원성에 대한 인식으로부터 나온다.

스피노자는 생명의 본체[본체계, 의식계]와 작용[현상계, 물질계]의 전일적 관계를 유일 실체와 양태, '능산적(能産的) 자연(natura naturans)'과 '소산적(所産的) 자연(natura naturata)'**의 관계로 나타냈다. 여기서 유일 실체는 생명의 비분리성·비이원성의 함의를 지니고 있으며, 유일 실체[神·靈·天, 즉 제1원인]의 자기현현(self-manifestation)으로 나타난 것이 양태[우주만물]라는 것이다. 유일 실체와 양태의

---

역시 스피노자를 철학적 선구가 되는 정신으로 인정했다. 프랑스의 철학자 앙리 베르그송이 모든 철학자는 두 개의 철학, 즉 자신의 철학과 스피노자의 철학을 갖고 있다고 말한 것은 스피노자의 철학이 모든 철학의 보편적 본질을 구성하는 것으로 보았기 때문일 것이다. 18세기 독일의 극작가이자 평론가이며 계몽사상가인 레싱은 "스피노자 철학 외에는 진정한 철학이 없었다"고 했다. 이탈리아의 정치철학자 안토니오 네그리는 "스피노자는 근원이고 원천이며 본원적 도약이다. 스피노자주의자가 되지 않고서 어떻게 삶과 철학의 희망을 다시 긍정할 수 있겠는가?"라고 했다. 스피노자주의자라는 것은 규정이 아니라 조건이며, 사고하기 위해서는 스피노자주의자가 될 수밖에 없다는 것이다. 독일 태생의 유대계 미국 정치철학자 레오 스트라우스는 스피노자를 최초의 자유민주주의 철학자로서 근대 정체(政體)를 정초(定礎)한 인물로 평가한다.

* 신을 우주의 이성적 이법(理法)으로 보는 스피노자의 범신론은 계시나 기적을 부정하고 그리스도교의 신앙 내용을 오로지 이성적인 진리에 한정시킨 18세기 계몽주의 시대의 합리주의 신학(철학)의 종교관인 이신론(理神論, deism)과 접합되는 부분이 있다.
** 16세기 이탈리아의 철학자·천문학자·수학자 브루노(Giordano Bruno)는 능산적 자연과 소산적 자연을 우주의 형상과 질료를 설명하기 위해 사용하였다.

합일은 한국학 고유의 핵심 코드인 '일즉삼·삼즉일'[천·지·인 삼신일체]의 원리와 상통한다. 스피노자는 '자기원인'으로서의 유일 실체를 신과 동일시하고, 신을 자연과 동일시함으로써 실체=신=자연을 정식화했다. '신은 사물 존재의 작용인(causa efficiens)이자 사물 본질의 작용인'[26]이므로 모든 개물(個物)은 신의 속성의 변용이다. 스피노자에게 있어 실체인 신은 일체의 궁극적 원인인 동시에 그 자신이 존재하기 위해 아무런 원인도 필요로 하지 않는 '자기원인(causa sui)'[27]의 존재자, 즉 자생자화(自生自化)하는 제1원인[28]이다.

스피노자에 의하면 능산적 자연으로서의 신은 만물의 내재적 원인(causa immanens)인 유일 실체이며, 이 실체로부터 생겨나는 모든 양태는 소산적 자연이다. 피동적이며 일시적으로만 존재하는 자연은 산출된 자연, 즉 소산적 자연이고, 능동적이며 창조적인 자연은 소산적 자연을 만들어내는 원인으로서의 산출하는 자연, 즉 만물의 제1원인인 능산적 자연이다.[29] 또한 스피노자는 "여러 실체가 존재할 수 없고 오직 하나의 실체만이 존재할 수 있다"[30]고 말한다. 이는 "(유일)신 이외에는 어떤 실체도 존재할 수 없고 또한 파악될 수도 없다"[31]는 말이다. 이 유일 실체가 바로 유일자(유일신)이며 불멸의 참자아인 생명 그 자체다. 그럼에도 특정 종교의 유일신으로 인식하는 것은 실체를 올바르게 파악하지 못한 표상지(表象知 또는 想像知)의 산물이다. 유일신은 우주만물의 근원을 지칭하는 대명사이므로 특정 종교의 유일신이 아니라 만유의 유일신이다. 따라서 주체와 객체의 이분법은 성립되지 않으므로 창조하는 자도 없고 창조되는 것도 없다.

스피노자는 인식의 세 단계를 지식의 세 가지 종류, 즉 상상 및 감각에 의한 인식단계인 상상지(想像知, 一種知), 이성 및 과학적 추론에 의한 인식단계인 이성지(理性知, 二種知), 직관(scientia intuitiva)에 의한 최고의 인식단계인 직관지(直觀知, 三種知)로 나타내고 있다.[32] 상상지는 부적합한 관념이나 오류의 원인이 되는 속견(俗見)·억측 등 참되지 않은 인식이 나오는 원천이다. 이성지는 적합한 관념인 공통 관념을 통한 원인 인식이고, 직관지는 전체 존재계에 대한 포괄적, 직관적 인식이다. 우리가 최고의 인식단계인 직관지로 이행할수록 윤리적 효용성이 증대하므로 자기를 위해 욕구하는 선을 타인을 위해서도 욕구하는 것이 그만큼 커지게 된다.[33] 스피노자는 이성지와 직관지와 같은 지성지를 참된 인식이라고 보았다.[34] 그에 따르면 총체적 진리를 통찰할 수 있는 직관지는 개체의 완전한 인식이고 개체를 실체의 변용인 양태로 인식하는 것이며, 이 단계에서 인간은 비로소 참된 자유와 행복을 달성할 수 있게 된다. 유일 실체와 양태, 즉 참자아인 생명의 본체와 그 작용인 우주만물의 전일성에 대한 인식이 곧 자유다.

스피노자의 일원론적 범신론은 자연이 실체[능산적 자연]인 동시에 양태[소산적 자연]이며 생명이 완전히 '열린계(open system)'임을 드러냄으로써 현실의 홀로그램적 성질에 대한 그의 이해가 현대과학의 관점과 본질적으로 상통함을 보여준다. 스피노자에 의하면 지성이 높아지지 않고서는 홀로그램 현실을 인식할 수가 없다. 지성의 능력은 '신에 대한 지적 사랑(amor dei intellectualis)' 속에서 절정에 달한다. 이는 곧 무사심(無私心)을 통해서 개체성을 초월하여 신[자연]의 필연적 법칙성을 인식하는 것이다. 신의 필연적 법칙성을 인식하지 못하면 사물을 자기중심적으로 보게 되므로 질투·번민·공포·조소(嘲笑)·후회 등의 감정에 사로잡히게 된다. 인류가 부자유스럽고 불행에 빠지게 된 것은 유일 실체와 양태, 전체성과 개체성의 합일에 대한 인식이 결여되었기 때문이다.

신은 가장 적합한 관념이므로 신에 대한 사랑 속에서만이 인간은 일체의 정념으로부터 해방되어 심신의 안정과 자유 및 능동적인 힘을 획득함으로써 지속적인 완전한 행복[德]에 도달할 수 있다.[35] 신에 대한 지적 사랑은 인식의 최고 단계인 직관지(直觀知)에 이르지 않고서는 도달할 수 없는 경지이기에 이는 매우 어려운 일이라고 스피노자는 생각했다. 그 '직관지'에 이르기 위하여 오늘도 우리는 의식의 항해(voyage of consciousness)를 계속하고 있다. 스피노자에 따르면 실체[신]를 그 자체로 고찰하지 않고 변용의 차이에 따라 여러 실체―예컨대 유일신과 이방인의 신 등―로 구분하는 것[36]은 목적론적이고 인간 중심적인 세계관에 기인하는 것으로 저차원의 인식의 산물이다. 실체가 유일 실체이며 그것이 곧 참자아[참본성]이고 만유의 유일신이며 생명 자체임을 자각하면 만물의 상호의존성을 직시하게 되므로 지고(至高)의 자유와 행복 속에 있게 된다. 그에게 있어 절대 무한인 신은 자연의 필연적인 인과 원리와 동일하므로 의인화된(anthropomorphic) 전통적 신 관념은 미신적 허구에 지나지 않는다.

한국학이 생명학과 통섭학(통합학문)의 효시(曉示)인 것은, 우리 상고(上古: 삼국 정립 이전 광의의 고대)의 환단(桓檀: 환국·배달국·단군조선)시대*에 국가 통치 엘리트 집단의 정치대전이자 만백성의 삶의 교본이던 우리 민족 고유의 3대 경전 『천부경』·『삼일신고』·『참전계경』**의 핵심 코드가 생명의 전일성과 자

---

* 환단시대란 환국(桓國: BCE 7199~BCE 3898, 桓仁 7대)·배달국(倍達國: BCE 3898~BCE 2333, 桓雄 18대)·단군조선(檀君朝鮮: BCE 2333~BCE 238, 檀君 47대) 시대를 통칭한 것이다. 본서에서 사용되고 있는 BCE(Before Common Era/Before Current Era)와 CE(Common Era/Current Era)는 기독교적 맥락에서 역사를 구분하는 것으로 간주되는 BC(Before Christ)와 AD(Anno Domini)의 대안으로 제시된 용어이다. 2007년부터 『세계연감(World Almanac)』에서도 BC와 AD 대신에 BCE와 CE를 사용하고 있다.

** 「太白逸史」 제5 소도경전본훈(蘇塗經典本訓)에는 『천부경』이 천제 환인(桓仁)이 다스리던 환국(桓國)으로부터 구전된 글이라고 기록되어 있다. 그 후 약 6천 년 전 배달국 시대에 환웅(桓雄)이 신지(神誌: 환웅시대와 단군시대의 관직명으로 관리 혹은 史官을 지칭) 혁덕(赫德)에게 명하여 우리나라 최초의 문자인 사슴 발자국 모양을 딴 녹도(鹿圖) 문자로

기근원성을 함축한 '일즉삼(一卽三)·삼즉일(三卽一)'[천·지·인 삼신일체]의 원리라는 데 있다. 이들 원리는 통섭적 세계관을 바탕으로 정치사회 전반에 실천적으로 적용되어 생명 향상의 원리와 생명윤리 및 가치를 활성화하는 근간이 되었을 뿐만 아니라 동아시아 문명의 새벽을 열고—필자의 저서『한국학강의: 메타버스 시대를 여는 지혜의 보고(寶庫)(2022)에서도 밝힌 바와 같이—이들 원리를 바탕으로 한 선진문물이 각지에 전파되어 우리 천부(天符)문화의 잔영을 세계 도처에 드리우게 했다.

『환단고기(桓檀古記)』와『부도지(符都誌)』 그리고『규원사화(揆園史話)』등 여러 기록들은 이들 3대 경전이 환국·배달국·단군조선·북부여·고구려·백제·신라·가야·발해(渤海=大震國)·통일신라·고려·조선으로 이어지는 우리 역사 속에서 매우 중시되었던 경전임을 밝히고 있다. 한국학 코드의 정수(精髓)는 이들 3대 경전과 전 인류사회의 평화와 행복을 추구하는 홍익인간·광명이세(光明理世)의 건국이념과 경천숭조(敬天崇祖: 하늘을 공경하고 조상을 받듦)의 보본사상(報本思想: 근본에 보답하는 사상) 그리고 '단군8조(檀君八條)' 등에 잘 구현되어 있다. 고조선 고유의 현묘지도(玄妙之道)를 기반으로 한 조의국선(皂衣國仙)의 국풍은 부여의 구서(九誓: 孝·友愛·師友以信·忠誠·恭謙·明知·勇敢·淸廉·義)와 삼한의 오계(五戒: 孝·忠·信·勇·仁)와 고구려의 조의국선의 정신 및 다물(多勿)*의 이념과 신라 화

---

기록하게 하여 전해진 것을, 훗날 고운(孤雲) 최치원(崔致遠)이 전자(篆字)로 기록해 놓은 옛 비석을 보고 다시 한문으로 옮겨 서첩(書帖)으로 만들어 세상에 전한 것이다. 『삼일신고』는 환국으로부터 전승되어 오던 것을 환웅천황이 신시(神市)에 개천하면서 글로 펴내어 오늘에 전해지는 것이다. 『참전계경』은 배달국 신시시대에 환웅천황이 오사(五事·穀·命·刑·病·善·惡)와 팔훈(八訓: 誠·信·愛·濟·禍·福·報·應)을 중심으로 삼백예순여섯 지혜로 백성들을 가르친 것을 신지(神誌)가 기록한 것인데, 오늘날 전해지는 것은 고구려의 국상(國相) 을파소(乙巴素)가 다시 정리하여 만든 것이다.

* '다물'은 본래 고구려의 시조 고주몽(高朱蒙)의 연호다. '옛 땅을 회복한다'는 뜻으로 쓰이던 고구려 때의 말로서 이는 곧 단군조선의 영광을 되찾는다는 의미이다. 이러한 '회

랑도의 세속오계(世俗五戒: 事君以忠·事親以孝·交友以信·臨戰無退·殺生有擇)로 그 맥이 이어져 내려왔다.

한국학 코드의 키워드는 통섭적 세계관을 바탕으로 한 '생명(Life)'이며, 마고(麻姑)의 삼신사상(三神思想) 속에 그 진액이 응축되어 있다. 마고(麻姑)는 마(麻)가 많이 나는 땅의 여성 지도자를 의미하는 것으로 볼 수 있으며 대지와 생명(출생)을 관장하는 대모(大母)라는 뜻이 담겨 있다. 마고의 삼신사상(三神思想)—'일즉삼·삼즉일'이므로 삼신사상이 곧 '한'사상—은 천·지·인 삼신일체의 생명사상이며 미혹함을 풀어 참본성을 회복하는 '해혹복본(解惑復本)'의 사상이다. 삼신사상에서 복본(復本)을 강조한 것은 참본성[一心]을 회복하면 일체의 이원성에서 벗어나 조화세계를 구현할 수 있기 때문이다. 성통공완(性通功完), 즉 참본성이 열려야 사회적 공덕[功業]을 완수할 수 있게 되고 홍익인간·재세이화(在世理化)의 이상 또한 실현될 수 있다.

삼신사상의 표징이라 할 수 있는 삼족오(三足烏)는 발이 셋 달린 세발까마귀를 말한다. '3'은 마고(麻姑) 문화를 상징하는 숫자이다. 8세 단군 우서한(于西翰) 재위 7년 갑인년(BCE 1990)에 삼족오가 궁중 정원에 날아들었는데 그 날개 너비가 석 자(三尺)나 되었다는 기록이 「단군세기(檀君世紀)」에 나오거니와, 삼족오는 고구려의 국조(國鳥)이기도 하다. 고대의 우리 민족은 까마귀를 '신'의 사자라 하여 귀하게 여겼다. 중국 신화에서는 까마귀를 '현조(玄鳥)'라 하여 북방을 지키는 새로 여겼는데, 이는 오행사상에서 나온 것으로 북방을 검정색으로 나타내기 때문이다. 오행에서 북방은 물(水)이고 이는 '탄생과 시작'을 의미한다. 삼족오는 본체는 하나이지만 작용은 셋이라는 '일즉삼(一卽三)·삼즉일(三卽一)'의 원리를 표상한다. 고구려 벽화에서 삼족오를 태양 속

---

복(恢復)'을 뜻하는 고구려의 정치이념을 '다물 이념'이라고 한다.

에 그려 넣은 '일중삼족오(日中三足烏)'는 태양을 숭배하는 천손족, 즉 밝달족=박달족=배달족임을 나타낸 것이다.

지금으로부터 9천 년 이상 전부터 전해진 삼신사상[神敎, '한'사상, 천부사상]의 가르침은 생명의 본체인 하늘(天·神·靈)과 그 작용인 우주만물이 하나라는 '일즉삼·삼즉일'의 원리에 기초한 것이다. 우리 고유의 삼신사상은 천신교(天神敎), 신교(神敎), 수두교(蘇塗敎), 대천교(代天敎, 부여), 경천교(敬天敎, 고구려), 진종교(眞倧敎, 발해), 숭천교(崇天敎·玄妙之道·風流, 신라), 왕검교(王儉敎, 고려), 배천교(拜天敎, 遼·金), 주신교(主神敎, 만주) 등으로 불리며 여러 갈래로 퍼져나갔다. 불교의 삼신불(三身佛: 法身·化身·報身)이나 기독교의 삼위일체(三位一體: 聖父·聖子·聖靈), 그리고 무극(無極)·태극(太極)·황극(皇極)과 동학의 내유신령(內有神靈)·외유기화(外有氣化)·각지불이(各知不移)는 천·지·인 삼신일체의 가르침과 그 의미가 같은 것으로 모두 삼신사상에서 나온 것이다.

마고의 삼신사상['한'사상, 神敎]은 영성(靈性)과 물성(物性)의 상호관통에 기초한 현대물리학의 전일적 실재관의 원형이고, 삼신사상의 맥이 이어져 환단시대에 이르러 핀 꽃이 천부사상(天符思想)*이며, 이러한 천·지·인 삼신일체의 동양문화권 속에서 우리의 신선도를 비롯하여 유교, 불교, 도교, 힌두교, 동학 등이 나왔다. 아시아의 대제국 환국(桓國)의 12연방 중 하나인 수밀이국(須密爾國)은 천부사상에 의해 오늘날 4대 문명의 하나로 일컬어지는 수메르 문명(협의의 메소포타미아 문명)을 발흥시켰으며, 특히 수메르인들(Sumerians)의 종교문학과 의식이 서양문명의 뿌리라고 할 수 있는 기독교에 상당한 영향을 미

---

* 천부사상은 하늘의 이치(天理)에 부합하는 사상을 말하는데, 주로 『천부경』, 『삼일신고』, 『참전계경』의 사상을 말한다. 여기서 파생된 '단군8조(檀君八條)', 부여의 구서(九誓) 등도 이 범주에 속하는 것으로 볼 수 있다.

쳤다는 사실은 미국의 수메르 학자 새뮤얼 노아 크레이머(Samuel Noah Kramer) 등에 의해 이미 밝혀진 바이다.

생명학과 통섭학은 생명이 육체라는 물질에 귀속된 물질적 개념이 아니라 비분리성·비이원성을 본질로 하는 영성[靈] 그 자체임을 이해하는 데서부터 시작된다. 참자아인 생명은 영성[靈·神·天, 즉 제1원인]인 동시에 물성[우주만물]으로 나타나는 이중성을 갖는다. 이러한 이중성은 영적 진화의 지향성을 갖는 우주 그 자체의 속성이며, 영성과 물성의 변증법적 리듬이 조성한 긴장감을 통해 영적 진화를 위한 학습 효과가 극대화될 수 있다. "그 어떤 것에도 의존하지 않으면서 만물의 근본이 되고, 물질세계 저 너머에 있으면서 물질세계의 변화를 주재하는 참자아[유일자·유일신]"37란 바로 일심(一心, 참본성, 神性), 즉 보편의식이다. 우주의 실체는 의식이기 때문이다. 태양이 사해를 두루 비추고 비가 대지를 고루 적시는 것과도 같이 보편자의 빛은 두루 비치어 평등무차별성을 드러낸다. 「요한일서」(4:8)에 "신은 사랑이시니 사랑하지 아니하는 자는 신을 알지 못한다(Whoever does not love does not know God, because God is love)"라고 나와 있듯이, 신 즉 (완전한) 사랑이 곧 보편의식이며 일심이고 참자아[참본성]다. 우주의 본질은 생명이고 그 원리는 사랑[보편의식]이다.

생명의 전일성과 자기근원성을 파악하기 위해서는 참자아의 이중성에 대해 고찰할 필요가 있다. 참자아의 이중성은 불생불멸하는 비존재성[靈性]의 측면과 참자아의 자기복제로서의 작용으로 나타난 생멸(生滅)하는 존재성의 측면[物性], 이 양 측면을 일컫는 것이다. 문제는 왜 전체성[靈性]인 참자아(spiritual self)가 자기복제로서의 작용을 통해 개체성[物性]인 물질적 자아(material self)의 형태로 현현하는가 하는 것이다. 다시 말해 왜 생명의 본체[궁극적 실재]인 유일자[一]가 자기조직화에 의해 다양한 우주만물[多, 三]로 현현하는가 하는 것이다. '하나(一)'인 참자아가 생명의 본체[靈·神·天, 즉 제1원인]인 동시에 작용[우주만물]으로 나타나는 것은 물질적 우주의 존재 이유와 직결되는 심대한 문제다.

스위스의 정신과 의사이자 분석심리학의 창시자 칼 구스타프 융(Carl Gustav Jung)은 궁극적 실재인 '하나(一)'가 왜 다양한 우주만물(the Many)로 나타나는가, 그리고 '하나'와 다양한 우주만물 중 어느 쪽이 더 진실인가에 대한 의문을 제기하면서, 거기에는 대답이 없을 것이므로 그런 질문을 해서는 안 될 것이라고 했다.[38] 우선 '하나'와 다양한 우주만물 중 어느 쪽이 더 진실인가라는 물음은 마치 실물과 그림자, 이 둘 중에서 어느 쪽이 더 진실인가를 묻는 것과 같은 것이다. 실물과 그림자는 정확하게 일치하므로 어느 한쪽을 더 진실이라고 말하는 순간, 양자의 관계는 파기되고 말 것이다. 실로 마음이라는 거울과 거기에 비친 삼라만상은 분리될 수 없는 것이다. 실물은 '보이지 않는 우주' 즉 본체계[의식계]이고, 그림자는 '보이는 우주' 즉 현상계[물질계]이다. 본체계와 현상계를 상호관통하는 통섭적 세계관에 기초한 것이 생명학과 통섭학이다. 융의 물음은 생명의 본체인 참자아[유일자·유일신]와 참자아의 자기현현(self-manifestation)인 우주만물이 영성과 물성의 관계로서 하나임을 충분히 인식하지 못한 데서 오는 것이다.

이러한 사실을 알게 되면 '하나(一)'가 왜 다양한 우주만물(多, 三)로 나타나는가에 대해서도 알 수 있게 된다. 융이 말한 '하나(一)'가 다양한 우주만물(the Many)로 나타나는 것, 다시 말해 생명의 본체인 참자아[神·天·靈]가 그 작용인 우주만물로 현현하는 것은 앎을 존재로서 체험하기 위한 것이다. 비존재와 존재, 본체[理]와 작용[氣], 영성[眞如性]과 물성[生滅性]이 하나임을 알기 위해서는 앎을 존재로서 체험하지 않으면 안 된다. 정신은 오직 물질을 통해서만 스스로를 구현할 수 있는 까닭이다. 모든 관점을 통섭할 수 있을 때, 그리하여 선악과 시비를 넘어설 수 있을 때, 바로 그때 진정한 앎이 일어난다. 참자아의 이중성은 선악과 시비를 체험하기 위한 방편일 뿐, 그것의 진실은 이중성의 초월에 있다. 참자아는 비존재성과 존재성, 영성(본체)과 물성(작용)의 이중성을 갖지만 동시에 이중성을 초월해 있으므로 그 어느 것에도 구애됨이 없이 변증법적 통합의 형태로 스스로를 드러내는 자이다.[39]

'하나(一)'가 왜 다양한 우주만물로 나타나는가에 대한 설명은 목적론적이지만 생명현상은 무위이화(無爲而化)의 작용이므로 목적론적인 것은 아니다. 앎을 존재로서 체험하는 것은 우주의 진행 방향인 영적 진화(spiritual evolution 또는 의식의 진화)와 조응해 있다. 영적으로 진화한다는 것은 의식이 확장된다는 것이며 이는 곧 앎의 원이 완성되고 자유가 실현되는 것이다. 우주의 본질인 생명은 합목적적으로 자기조직화하는 칩이 내장되어 있어 전체적으로 보면 영적 진화의 방향에서 이탈할 수 없게 되어 있다. 다시 말해 우주가 마치 최적화된 컴퓨터 프로그램처럼 한 치의 오차 없이 작동하는 것은 전지전능한(omniscient and omnipotent) '우주 지성'이 내재해 있기 때문이다. 그리고 우리는 영적 진화의 지향성을 갖는 생명이라는 피륙의 한 올이기 때문에 역시 그렇게 모듈되어 있는 것이다. 말하자면 우주의 진행 방향이 영적 진화이고, 인류가 추구하는 보편적인 제 가치, 즉 자유, 정의, 평화, 복지, 행복, 사랑 등의 가치 또한 영적 진화의 산물이다.

완전한 앎이란 일체의 대립성을 넘어선 소통성의 완성이다. 이러한 소통성의 완성은 선과 악, 즐거움과 괴로움, 성공과 실패 등 양극단의 대조적 체험을 통해서만 가능한 까닭에 상대계인 물질적 우주가 생겨난 것이다. 상대계는 의식의 확장을 위한 최적 조건을 창출한다. 따라서 앎을 존재로서 체험한다는 것은 상대계에서의 양극단을 체험한다는 것이며, 이는 곧 의식(意識)의 담금질을 통해 영적 진화가 이루어지고 완전한 앎이 달성되는 것이다.

우리는 매 순간 과거 카르마의 지배를 받으며 또한 끊임없이 새로운 카르마를 짓고 있는 까닭에 이것들이 맞물려 돌아가면서 영적 교정을 위한 최적 조건을 창출해내는 것이다. 우리가 처하게 되는 매 순간이 의식의 진화를 위한 최적 상황이다. 영적 진화에 역행하면 카르마의 그물에 걸려 재수강할 기회가 주어지므로—즉, 삼사라(samsara, 生死輪廻)가 일어나므로—영적 교정을 통해 진화한다.

『마이뜨리 우파니샤드 *Maitri Upanishad*』에서 "마음은 속박의 원천인 동시에 해방의 원천이다. 사물에 집착하면 속박이고, 집착하지 않으면 해방이다"[40]라고 한 것은 일심[참본성, 즉 참자아]의 이중성, 즉 진여성(眞如性)과 생멸성(生滅性), 비존재성과 존재성의 이중의식(double consciousness)*을 말해주는 것이다. 본체계와 현상계, 영성과 물성을 관통하는 참자아의 이중성을 깨달으면 생명의 비밀을 푸는 마스터키를 소지한 것이나 다름없게 된다. 이 우주는 분리할 수 없는 거대한 파동의 대양이며, 우주만물은 그 파동의 세계가 벌이는 우주적 무도(cosmic dance)에 동등한 참여자로서 참여하고 있다. 따라서 이 우주는 창조하는 주체도 없고 창조되는 객체도 없다. 다만 필연적인 자기법칙성에 따라 자기조직화에 의해 스스로 생성되고 변화하여 돌아가는 '참여하는 우주(participatory universe)'이다.

한국학 고유의 생명 코드가 말해주듯, 생명의 전일적 흐름(holomovement)은 시작도 끝도 없는 영원성의 무대에서 펼쳐지는 생명의 장대한 '놀이(play)'다. 이 우주는 전지전능한(omniscient and omnipotent) '우주 지성'에 의해 작동되는

---

* cf. 파동-입자의 이중성(wave-particle duality). 진여성(眞如性, 본체)인 동시에 생멸성(生滅性, 작용)으로 나타나는 일심(一心)의 이중성은 파동인 동시에 입자로 나타나는 파동-입자의 이중성과 같은 맥락에서 이해될 수 있다.

진행 방향만 있을 뿐 목적도 없고 시간도 없다. 물질적 우주가 창조되면서 시간이 창조되었고, 거칠고 밀도가 높은 몸(gross body)을 가진 인간이 이런저런 해석을 붙이면서 우주의 목적이란 것이 생겨났다. 하지만 우주의 본질인 생명은 스스로 생성되고 변화하여 돌아가는 '스스로(自) 그러한(然)' 자이므로 그 어떤 인위적인 목적도 설정하지 않으며 오직 '자기원인'에 의해 무위이화(無爲而化)의 작용을 할 뿐이다. 결론적으로 한국학 고유의 코드는 통섭적 세계관을 바탕으로 생명에 대한 개념적 명료화와 함께 전일적인 생명의 역동적 본질을 생생하게 보여준다는 점에서 생명학과 통섭학의 정립이 요청되고 있는 현 시점에서 포스트 물질주의 과학과의 접합을 통해 재음미되고 재해석될 필요가 있다.

## 한국학, 무엇이 문제인가

한국의 국제적 위상이 날로 높아지고 있다. 2021년 7월 2일(현지 시각) 195개국이 가입한 유엔무역개발회의(UNCTAD)는 스위스 제네바 본부에서 열린 제68차 무역개발이사회에서 한국의 지위를 개발도상국에서 선진국 그룹으로 변경했다. 이로써 우리나라는 1964년 UNCTAD 설립 이래 개발도상국에서 선진국으로 지위를 변경한 첫 사례가 되었으며 국제사회가 공식적으로 인정한 선진국이 되었다. 뿐만 아니라 한국은 경제협력개발기구(OECD)에서 여섯 번째로 큰 '무역을 위한 원조 공여국(Aid-for-Trade donor)'이며, 경제력·군사력·수출산업·문화예술 등 각 분야에서 세계 10위권에 진입했다. 문화적으로도 K컬처·K팝(K-Pop)·방탄소년단(BTS)·블랙핑크(BP), 영화 '기생충'과 '미나리', 드라마 '오징어게임'과 '파친코', 그리고 각종 스포츠경기에서도 세계적인 평가를 받고 있다. 오늘날 한류(Korean Wave)의 성장은 '문화와 IT가 복합된 문화기술(CT) 분야에서 한국의 지식 역량이 바탕이 된 것'으로 'IT 강국의 시너지 효과'[41]에 힘입은 바 크다.

우리나라가 산업화·민주화·정보화 과정을 거치면서 국가의 국제적 위상이 강화되고 이와 맞물려 신한류(新韓流) 열풍이 일면서 처음에는 대중문화의 해외 유통 및 소비가 위주였지만 점차 한국어, 음식, 패션 등 더 폭넓은 한국문화의 해외 진출로 이어짐에 따라 국민적 자존감 또한 점차 회복되면서 한국학이 부상하고 한국어·한국학 교육에 대한 해외 수요도 늘어나고 있다. 사실 사대주의적 요소가 사회 깊숙이 뿌리박혀 있으면 국가적·국민적·민족적·문화적 정체성이란 것이 부재하게 되므로 한국학이라고 할 만한 독자적인 학문분과가 성립되기는 어렵다. 흔히 한국학이라고 하면 한국과 관련하여 과거에 일어났거나 현재 일어나고 있는 일들의 단순한 집적(集積)인 것으로 여겨지기도 한다. 그러나 전체는 부분의 단순한 합이 아니다. 상고시대에서 지금에 이르기까지 전체 역사를 관통하는 우리 고유의 한국학 코드와 정신문화를 바탕으로 한국학은 재설계되어야 한다. 우리나라가 상고시대에 고도의 문명을 이룩했음에도 세계 문명사에서 누락된 이유를 곱씹어보는 자기성찰의 한국학이 되어야 한다.

'한국학, 무엇이 문제인가'라는 본 절의 주제는 세계적으로 부상하고 있는 한국의 국제적 위상에 걸맞지 않게, 그리고 한국산(産) 정신문화에 대한 국제적 관심의 고조와는 달리 한국학이라는 학문분과의 정립이 제대로 이루어지지 못하고 있고 그로 인해 국가적·국민적·민족적·문화적 정체성이 여전히 확립되지 못한 데 대한 문제의식의 발로이다. 우리 역사는 외적의 강압과 내부의 사대주의자들과 정권 탈취 세력의 기만책으로 인하여, 그리고 결정적으로는 일제의 민족말살정책에 의해 조직적으로 위조되어 삼국 정립

이전의 유구한 역사와 광활한 영토의 대부분이 절단되는 유례없는 결과를 가져왔다. 게다가 자유로운 영혼을 옥죄는 사대주의와 서구적 보편주의의 망령, 그리고 '자학적(自虐的)' 역사관인 반도사관이라는 '이중의 족쇄(double shackle)'에 함몰되어 역사의 진실을 직시하지 못하고 있으며, 오늘날 한·중, 한·일 동북아 역사전쟁도 해결해야 할 중요한 과제다. 그러면 한국학이 직면한 딜레마를 크게 세 가지 측면에서 고찰해보기로 한다.

첫째, 한국학이 직면한 최대의 딜레마는 우리 역사의 뿌리이자 한국 사상 및 문화의 원형(archetype)을 담고 있는 우리 상고사(上古史: 삼국 정립 이전 광의의 고대사)에 대한 제도권 합의의 부재로 인해 한국학이 뿌리 없는 꽃꽂이 식물과도 같이 생명력을 상실했다는 것이다. 이렇게 된 결정적인 원인은 일제강점기에 조선총독부에 조선사편수회(朝鮮史編修會)가 설치되어 1922년부터 1938년까지 활동한 조선사편찬위원회가 조선사 편찬이 아니라 조선사 말살을 주목적으로 했기 때문이다. 당시 일본에 의한 조선학 연구는 제국주의적 관학(官學)으로 기획된 것으로, 민족정신의 말살을 통해 일제의 한반도 침략을 정당화하고 그 지배를 영속화하기 위해 정치적 목적으로 이용한 극단적 사례다. 총독이 나서고 관청이 동원돼 조선 전역과 만주의 역사자료가 모두 수거되고 대마도주(島主) 종백작가(宗伯爵家)가 소장한 조선 관계 사료 전부도 이들에 의해 몰수되어 일본 궁내청 문고로 옮겨지거나 불태워졌다. 그리하여 이후의 한국사는 상고사와 단군 관련 자료들이 완전히 고갈되어 치명적인 타격을 입었다.[42]

1923년 1월 8일 조선사편찬위원회 결의에서는 제1편 「삼국 이전」을 「신라통일 이전」으로 정하고 제2편 「신라통일시대」, 제3편 「고려시대」, 제4편 「조선시대 전기」, 제5편 「조선시대 중기」, 제6편 「조선시대 후기」로 결정함으로써 환국·배달국·단군조선과 북부여에 이르기까지 무려 7천 년이 넘는 역사를 신화라는 이유로 잘라 없애버렸다. 그러나 신화가 아니라는 명확한 근거는 뒤에서 자세히 고찰할 것이다. 조선사편수회는 우리나라 황실과 민간에 비장된 모든 역사서들을 수거해 불태워 없애거나 일본 왕실로 가져갔다. 1938년 총 35권 전체 2만4천 페이지에 달하는 방대한 분량의 『조선사』가 완성되어 각급 학교에서 교육하게 한 것이다. 그렇게 하고도 미진했는지 일본의 왕실 계보 14대도 조작했다. 일본의 다니가와 겐이치(谷川健一)에 의하면 일본 왕가의 제1대 진무(神武)부터 제14대 주아이(中哀)까지는 모두 가공의 인물이고 제15대 오진(應神, CE 390~430)*이 제1대 실존 왜왕이며 그 혈맥은 우리나라 태생이다. 이러한 역사 날조는 일본 왕실의 조상이 한인(韓人)이고 한국이 장구한 역사를 가진 선진강대국이었다는 사실을 완전히 말살하기 위한 민족말살정책의 일환이었다.

또한 한반도를 강점하기 직전인 1909년(순종 3) 9월 일제는 청나라와 간도협약(間島協約)을 체결하면서, 남만주철도 부설권과 푸순(撫順) 탄광 채굴권을 얻는 대가로 간도를 청나라에 팔아넘겼다. 1913년에는 조선사 조작에 앞장선 이마니시 류(今西龍, 후일 경성제대 국사학과 교수로 임용)가 하북성(河北省, 허베이성) 난하(灤河: 베이징 근처) 옆 갈석산(碣石山)에 세워졌던 점제현신사비(秥蟬縣神祠碑)를 처음으로 발견하자, 일제는 그 신사비를 평양 근처 온천군으로 옮겨 놓고 삼국사기 중요 지명의 열대패 삼수고(洌帶浿三水考) 논문을 발표하여, 한사군의 하나인 낙랑군이 한반도의 평양에 존재했다는 학설을 입증하는 자료라고 주장함으로써 만주 서쪽 난하에서 출발하는 광활한 영토를 점유했던

---

* 일본 역사에서는 제1대 실존 왜왕 오진의 즉위 연도를 120년 끌어올려 CE 270년이라고 하고 있다. 즉, 재위 기간을 CE 270~310이라고 보는 것이다.

한민족의 역사를 반도 안으로 좁혀 놓았다.[43] 이 외에도 중국에 있는 고대의 우리 광개토대왕릉 비문을 파괴·변조하는가 하면, 이 변조된 비문과 『일본 서기(日本書紀)』 등의 기록을 근거로 왜(倭)가 4세기 후반 한반도 남부에 진출 하여 임나일본부(任那日本府)를 설치하고 한반도 남부를 지배했다는, 이른바 임나일본부설이라는 터무니없는 주장을 해 왔다.

우리 역사는 외적의 강압에 의해서도 소실되었다. 727년(천통 31년) 발해 국 시조 대조영(大祚榮, 高王)의 아우 반안군왕(盤安君王) 대야발(大野勃)이 쓴 『단 기고사(檀奇古事)』 서문에서는 백제와 고구려가 멸망될 당시 국서고(國書庫)에 있던 단기고사와 고구려·백제사가 당나라에 의해 모두 불태워졌음을 밝히 고 있다: "당나라 장군 소정방(蘇定方)과 설인귀(薛仁貴)를 몹시 원망스럽게 여 기는 이유는, 백제와 고구려를 멸망시킬 때에 그 국서고(國書庫)를 부수고 단 기고사와 고구려·백제사를 전부 불태워버렸기 때문입니다."[44] 하여 대야발 은 다시 고대사를 편집하기 위해 13년 동안 여러 곳을 돌아다니며 석실(石室) 에 있는 장서와 옛 비와 흩어져 있던 사서를 참고하다가, 돌궐국(突厥國, 괵튀르 크)[45]에까지 두 번 들어가 고적을 탐사하여 『단기고사』를 저술했다고 술회하 고 있다.

또한 우리 역사는 내부의 사대주의자들과 폭력으로 정권을 쟁취한 자들 이 자신들의 비리를 합리화하려는 기만책으로 인하여 위조되고 탈취된 적 이 많았다. 조선시대 세조, 예종, 성종 3대에 걸쳐 예로부터 전해져온 희귀 서적—주로 상고사서(上古史書)와 그 관련 서적—을 전국에서 거둬들이는 '수 서령(收書令)'이 내려져 우리 환단(桓檀: 환국·배달국·단군조선)의 역사가 기록된 많 은 상고사서와 그 관련 서적들이 사라졌다. 수서령이 내려진 것은 크게 두 가지 복합적인 요인이 작용했을 것으로 보인다. 그 하나는 왕권 찬탈로 인 한 정통성 문제가 아킬레스건이었던 세조와 그 정치세력들로서는 중화(中華)

보다 앞선 역사가 기록된 우리 상고사서와 그 관련 서적들을 수거함으로써 탈취한 왕권의 정통성을 명나라로부터 추인받는 식으로 자신들의 정치적 입지를 강화하려는 정치적 의도가 작용했을 것이라는 점이다. 다른 하나는 정치적 정통성의 기반이 굳혀지지 않은 상태에서 유교적 신분 질서에 배치되거나 정치적 비판집단을 책동할 우려가 있는 도참서 등의 유포와 소장을 금지코자 했을 것이라는 점이다.[46]

이상에서와 같이 우리 역사는 역사상 다른 시기에 여러 가지 이유로 수난을 당해오다가 근대 제국주의 일본의 민족말살정책에 의해 조직적으로 위조되어 삼국 정립 이전의 유구한 역사와 광활한 영토의 대부분의 절단이라는 유례없는 결과를 초래했다. 그로 인해 한국학의 시대적 범주의 상한선에 대한 제도권의 합의를 도출해 내지 못하고 연구 지원체계도 마련되지 않아 연구자를 양성해내지 못하였으며, 한국학 관련 서적들도 연구의 시대적 범위를 대부분 삼국시대 이후에 집중함으로써 한국학 콘텐츠의 심대한 빈곤과 불균형을 초래했다. 그리하여 상고사에 담긴 한민족 정신문화의 원형을 체화시키지 못함으로 인해 국가적·민족적·문화적 정체성이 확립되지 못하고, 우리 고유의 한국학 코드와 정신문화를 한국학 콘텐츠가 담아내지 못함으로 해서 한국학 교육 자체가 뿌리 없는 꽃꽂이 교육, 생명력을 상실한 교육이 되고 말았다.

그 결과 사대주의가 만연하게 되어 역사 왜곡은 고착화되었고, 국민적 자존감은 심대하게 훼손되었으며, 올바른 역사관과 국가관이 정립되지 못함으로 인해 국격이 바로 서지 못하고, 이전투구의 정치에 매몰되어 국가 그랜드 디자인이란 것이 부재하며, 정치권에 대한 불신의 팽배로 사회적 응집력이 약화되어 국력을 소진시키는 결과를 초래했다. 이처럼 일본의 제국주의적 기획에 의한 역사 날조는 해방된 지 77년(2022년 현재)이 되도록 한 국가 집단이 아직도 그 질곡에서 헤어나지 못할 정도로 치명적인 악영향을 미쳤다. 역사를 왜곡시킨 것도 큰 사건이지만, 왜곡된 역사를 진실이라고 믿고 가르치고 배우며 살아가는 것이야말로 역사적 대사건이다. 한국학 연구의 바탕이 되는 것도 올바른 역사이다. 우리 상고사는 단순히 한 민족집단에 귀속되는 역사가 아니라 인류 문명의 원형을 간직한 인류의 뿌리 역사다. 웅혼한 기상과 장대한 정신이 살아 숨 쉬는 수천 년의 우리 상고사 속에는 이 우주를 관통하는 의식(意識)의 대운하를 건설하고 지구촌의 대통섭을 단행할 비옥한 철학적·사상적·정신문화적 토양이 갖추어져 있다. 한국학 콘텐츠에 우리 상고사를 포함시켜야 하는 이유다.

둘째, 한국학이 직면한 또 하나의 딜레마는 사대주의와 서구적 보편주의(유럽중심주의)의 망령, 그리고 '자학적(自虐的)' 역사관인 반도사관(식민사관)에 함몰되어 역사의 진실을 직시하지 못함으로 인해 역사철학적 및 정치철학적 토양이 척박해지고 극명한 이분법에 기초한 한반도의 이념적 지형이 고착화되면서 심지어는 우리 역사 자체가 정쟁(政爭)의 도구가 되고 있다는 것이다. 한국학 연구의 바탕이 되어야 할 우리 역사가 이념의 강물에 휩쓸리며 권력의 시녀 노릇이나 한다면, 어떻게 한국학이 한민족의 원대한 미래적 비전을 담을 수 있을 것이며, 또한 어떻게 한국학 코드가 지구촌의 대통섭을 단행할 수 있겠는가.

한국학의 한계성은 우리 내부의 정치적인 요인도 있겠지만, 보다 본질적으로는 수천 년의 영광스러운 우리 상고사를 잃어버림으로 인해 반도에 갇힌 '자학적' 역사관이 고착화되고 민족적 자존감이 심대하게 훼손되면서 우리 민족집단 자체가 스스로를 '주변적 존재(marginal existence)'로 인식하게 됨으로써 사대주의가 발흥하게 된 것과 맥을 같이 한다. 일찍이 북애자(北崖

子)*는 그의 저서 『규원사화(揆園史話)』(1675) 서문에서 "조선의 가장 큰 근심은 국사(國史)가 없다는 것이다"라고 탄식한 바 있다. 그는 "왕검성이 고어로 경성(京城, 서울)이란 뜻이고 평양이란 뜻도 비록 자세하지는 않으나 또한 반드시 도성(都城)이란 뜻이며 신라의 서라벌과 백제의 위례라는 말과 같은 뜻이다"[47]라고 함으로써 이들 지명이 반도 내에 있는 특정 지명이 아니라 모두 서울을 뜻하는 보통명사임을 분명히 했다. 예컨대 태백산, 평양, 아사달 같은 지명은 보통명사로 사용되었던 까닭에 같은 지명이 대륙 여러 곳에 있었다. 우리 선조들이 한반도 내로 이동하면서 그러한 지명들도 함께 가지고 온 것인데 이를 헤아리지 못하고 반도사관에 빠져 모두 반도 내의 지명인 것으로 간주함으로써 지명의 혼란이 야기된 것이다.

그러나 고구려 고분벽화에 그려진 '일중삼족오(日中三足烏)'가 말하여 주듯이 우리는 태양을 배경으로 유라시아를 관통하며 훨훨 비상하는 자유로운 영혼이었다! 고조선 연방제국의 수도는 단군조선만의 수도가 아니라 세계의 정치적·종교적 중심지로서 사해의 공도(公都)였다. 요하문명(遼河文明)의 대표 문화로 꼽히는 홍산문화(紅山文化) 유적이 말하여 주듯 우리 한민족(동이족)은 중원문화의 새벽을 열고 동·서양의 문화·문명을 발흥시킨 모체였으며, 홍익인간·재세이화의 이념으로 당시 상고 문명의 표준을 형성하였다. 「태백일사(太白逸史)」 제4 삼한관경본기(三韓管境本紀) 마한세가(馬韓世家) 상(上)에는 우리 선조들이 이미 환웅천왕 배달국(BCE 3898~BCE 2333) 시대에 365일 5시

---

* 북애자는 본명이 아니라 『揆園史話』 서문에서 저자가 스스로를 북애노인이라고 밝힌 데서 유래한 이름이고, 책 제목의 '규원(揆園)'은 그가 집필한 곳인 규원초당(揆園草堂)의 이름을 딴 것이다. 이 책은 저자가 평생 삼천리 방방곡곡을 발로 누비며 당시에 전승되어 오던 『震域遺記』(大震國(발해) 역사서 『朝代記』를 참조해 청평(淸平) 이명(李茗)이 저술한 책) 등의 사료를 모아서 저술한 매우 중요한 상고사서이다.-

간 48분 46초를 1년으로 삼았다[48]고 기록되어 있다. 이는 오늘날 물리학적인 계산과 정확하게 일치하는 것이다. 실로 놀라운 일이 아닐 수 없다.

사대주의와 상호연관되는 한국학의 또 다른 한계성은 한국인 스스로가 서구적 보편주의의 거울로 한국 정신을 해석하는, 이른바 '본말이 전도'된 닫힌 역사관에서 기인하는 것이다. 하여 한국학적 '사고(thinking)'라는 것이 근대 서구의 이분법이라는 정형화된 틀(standardized frame) 속에 갇힌 채 논쟁성(contentiousness)과 확장성(extentionality) 그리고 창의성(creativity)을 차단하는 사고의 역설(paradox of thinking)에 빠지게 된 것이다. 이러한 '사고의 역설'은 이원론적 상황에 대한 인간 정신의 종속에 기인하는 것이다. 그것은 존재론적으로 실재를 현상으로부터 분리하는 것이고, 인식론적으로 인식 주체를 인식 대상으로부터 분리하는 것이고, 신학적으로 신을 인간으로부터 분리함으로써 결과적으로 우리 자신을 현상의 세계에 가둬버린 데서 오는 것이다. 그리하여 물질이 유일하고도 구체적인 현실이며 모든 것이라고 보는 물질주의, '부분을 이해하면 전체를 이해할 수 있다'라는 가정에서 출발한 데카르트-뉴턴의 기계론적 환원주의에 탐닉함으로써 부분과 전체의 유기적 통일성에 기초한 시스템적 사고를 할 수 없게 된 것이다.

오늘날 세계사 연구는 서구적 보편주의 또는 유럽중심주의(Eurocentrism)에서 점차 벗어나는 추세다. 이러한 추세에 지대한 공헌을 한 사람이 이슬람 역사의 세계적인 학자 마샬 호지슨(Marshall G. S. Hodgson)이다. 그의 저서 『세계사 재인식 Rethinking World History』(1993)[49]은 세계사의 총체적 연관 구조에 대한 접근의 중요성을 강조함으로써 서구적 보편주의—서양 문화·문명의 태생적 우월성에 기반한—의 거울로 동양 정신을 해석하는 나르키소스(Narcissus)적 시도에 대해 비판했다. 또한 세계적인 경제사 학자이자 종속이론의 선구자로 알려진 안드레 군더 프랑크(Andre Gunder Frank)는 그의 저서

『리오리엔트 ReOrient』(1998)에서 글로벌한 관점에서 보면 근세 세계사에서 중심 무대를 장악한 것은 유럽이 아니라 아시아이므로 '서양의 발흥'은 이런 맥락에서 다루어야 한다고 주장하면서 대부분의 현대 사회이론가들이 기초하고 있는 반(反)역사적이고 반(反)과학적인 유럽중심주의의 역사성을 비판했다.[50]

영국의 역사학자 존 홉슨(John M. Hobson)은 그의 저서 『서구 문명의 동양적 기원 The Eastern Origins of Western Civilisation』(2004)[51]에서 서양의 발흥에 대해 유럽중심적 시각에서 동양의 매개적 역할을 부인하고 세계 발전사에서 동양을 누락하는 것은 매우 부당하다고 주장했다. 이처럼 유럽중심적인 역사 서술과 사회이론을 바로 잡고자 한 많은 학자들의 시도는 서구적 보편주의의 망령을 타파함으로써 서구로 하여금 올바른 역사관을 갖도록 촉구하고 동양으로 하여금 주체적 시각을 정립하는 데 도움을 준다. 오늘날 메가트렌드가 되고 있는 '리오리엔트(ReOrient)'라는 용어의 광범한 사용은 유럽중심주의 역사관을 바로잡고 동양이 세계사의 중심으로 재부상한다는 의미를 함축하고 있으며, 이는 또한 광범하게 운위(云謂)되고 있는 '문화적 르네상스(cultural Renaissance)'의 부상과 맥을 같이 하는 것으로 볼 수 있다.

한국학이라 하면 흔히 진취적이지 못하고 국수주의적 성격을 띠는 것으로 생각한다. 그렇게 된 데에는 한국학이 '역사적 세계'의 무대나 오늘날 세계시민사회의 무대와의 관련성 없이 독자적인 무대에서 과거에 일어났거나 현재 일어나고 있는 일들에 대해 단편적으로 접근하는 방법을 주로 기용하기 때문일 것이다. 그러다 보니 단지 시간의 파편들의 단순한 집적(集積)일 뿐 그것의 현재적 의미와 가치 그리고 미래적 비전을 입체적으로 통찰하기 어려운 것이다. 이는 연구방법론상의 문제와 직결된다. 우리는 고립된 '존재의 섬'에 사는 것이 아니므로 끊임없이 우리가 처한 역사적 조건과 한계적 상황을 살펴보고 비교문화론적인 연구 방법을 기용하거나 현대과학과의 대화를 통하여 우리 고유의 핵심 코드를 재음미하고 재해석함으로써 그것이 함축한 인류의 미래적 비전을 통찰할 수 있어야 한다.

한국학 코드의 본래적 특성은 전 지구적이고 전 인류적이며 전 우주적인데 반해, 오늘날의 한국학 연구는 생명의 역동적 본질을 함축한 한국학 고유의 핵심 코드와 단절된 채 '낡은' 전통에 머무르는 관계로 통섭적 사유체계가 결여되어 현재적 의미가 반감되고 미래적 비전이 결여되어 있다. 통섭에 대한 개념적 명료화가 이루어지지 않다 보니 통섭의 메커니즘에 대한 이해 없이 정신·물질 이원론의 틀 속에서 '통섭'이나 '패러다임 전환'을 논하는 웃지 못할 해프닝도 벌어지고 있다. 한국학 고유의 코드는 일체의 이원성을 융섭함으로써 새로운 문명을 배태할 수 있는 추동력을 지니고 있다. 본서가 '포스트휴먼 시대에 한국학의 의미와 가치는 무엇인가'를 다루는 것으로부터 시작한 것은 현대과학과의 대화를 통하여 한국학 코드의 현재적 의미와 가치 그리고 미래적 비전을 통찰할 수 있을 때 한국학의 학문적 효용성이 배가 되기 때문이다.

셋째, 한국학이 직면한 또 다른 딜레마는 목하 진행 중인 한·중 역사전쟁과 한·일 역사전쟁이 한국의 역사문화 침탈은 물론 정치적 노림수를 가진 고도의 정치적 기획물*이라는 것이다. 역사는 '오래된 미래'라는 말이 있

---

* 일제의 우리 고대사 왜곡은 민족정신의 말살을 통해 일제의 한반도 침략을 정당화하고 그 지배를 영속화하기 위한 정치적 목적에 봉사한 고도의 정치적 기획물이었다. 일본 학자 가시마 노보루(鹿島昇)는 「환단고기(桓檀古記)와 야마타이국(邪馬臺國)」이라는 글 (鹿島昇, 「桓檀古記と邪馬臺國」, 坂口義弘, 편, 『歷史と現代』 (東京: 歷史と現代史, 1980), p.82) 속에서 한국이 일본인들의 역사 날조로 인한 피해국인 반면, 일본은 장기간에 걸쳐 한국사를 조작하고 일본 권력사를 만들어 외압에 대한 공포심을 완화해서 일본 민족의 단결을 유지하고 고도의 자본주의 국가를 형성한 것은 무리이긴 했어도 '위사(僞史)의

듯이 중국과 일본은 역사의 현재적 및 미래적 효용성에 착안한 것으로 보인다. 역사가 중요한 것은 그것이 단순히 과거에 대한 인식의 문제로서 끝나는 것이 아니라, 오늘에 대한 인식과 비판 및 그에 따른 행동양식과 긴밀한 관계가 있기 때문이다. 무엇보다도 우리의 사고력, 분석력, 판단력, 비판력과 같은 정신적 능력을 발전시키고, 나아가 민족적 자기정체의 확립에 기여하기 때문이다. 『역사란 무엇인가 *What is History?*』(1961)의 저자 에드워드 핼릿 카(Edward Hallett Carr)는 역사를 '현재와 과거 사이의 끊임없는 대화'로 보고 역사의 이중적인 기능—인간으로 하여금 과거 사회를 이해하게 하고 현재 사회에 대한 지배를 증진하게 하는 기능—을 강조했다.

중국의 한국 고대사 침탈은 2002년부터 중국 정부가 나서서 고구려 등을 '중국 지방 정부'로 편입하는 작업을 국책(국가적인 정책)사업으로 공식 진행하면서 시작되는데 이것이 이른바 동북공정(東北工程)이다. 중국 국무원 산하 사회과학원 소속의 '변강사지연구중심(邊疆史地研究中心)'이라는 단체를 내세워 명목상으로는 중국 동북지역(랴오닝성·지린성·헤이룽장성)의 역사와 문화를 연구한다는 프로젝트였지만, 실제로는 '통일적 다민족국가론'이라는 정치적 목적이 담긴 이론을 바탕으로 고조선·부여·고구려·발해 등의 역사를 중국사로 편입시키려는 것이었다. 이보다 앞선 2001년 중국사회과학원은 한 연구서에서 "백제와 신라도 중국사의 일부"라는 왜곡된 주장을 펼친 적도 있었

---

공적(功績)이었다고 할 수 있다고 했다. 그러한 성공을 역사 위조의 공적이라고 표현한 것이다. 일본의 역사 위조는 지금도 정치적 기획에 의해 계속되고 있다. 중국 또한 고조선·부여·고구려·발해 등의 역사를 중국사로 편입시키려는 작업을 하고 있어 한반도 분단체제에 주는 시사점이 크다. 2015년 8월 4일 〈MBN〉은 중국의 '북한 4개국 분할안'을 보도했는데, 그 요점은 중국이 가장 넓은 함경남도·평안북도·자강도·양강도를 관할하고, 미국은 강원도를 관할하며, 러시아는 함경북도를 관할하는 것이다. 한국 관할은 평안남도·황해도에 그치며, 평양은 4개국 공동 통제지역으로 하고 있다.

다. 2004년 7월 중국 강소성(江蘇省, 장쑤성) 소주(蘇州, 쑤저우)에서 열린 제28차 유네스코 세계유산위원회(WHC)에서 중국이 신청한 고구려 '세계문화유산' 등재가 결정됐다. 이와 함께 환인(桓仁, 환런), 집안(集安, 지안) 등지의 유적에 '중국의 지방정권'이라는 안내문이 게시되었다.

2004년 8월 한·중 정부는 고구려사의 정치문제화 방지 등에 대한 5개항의 구두양해 사항에 합의했다. 이러한 양국 간 구두양해는 중국 정부 차원의 왜곡조치를 시정하고 향후 역사교과서 및 정부 차원의 왜곡 시도를 하지 않는다는 전제 아래 이뤄진 것이었으나 지켜지지 않았다. 2016년 바이두 백과사전(百度百科, Baidu Encyclopedia)에 고조선·부여·고구려·발해를 중국사의 나라로 서술하는 작업을 완료했다. 2017년 4월 시진핑(習近平) 중국 국가주석은 미·중 정상회담에서 도널드 트럼프(Donald Trump) 미국 대통령에게 "한국은 역사적으로 중국의 일부"라고 말한 것으로 뒤늦게 확인됐다. 2020년 한복과 김치도 중국문화 중 하나라고 주장한 소위 '한복공정'과 '김치공정' 논란이 불거졌는가 하면, 2022년 2월 베이징 동계올림픽 개회식에서 한복을 입은 여성이 다른 소수민족 의상을 입은 사람들과 함께 중국의 오성홍기를 옮기는 모습이 포착돼 논란이 일었다. 2022년 9월 베이징에 있는 중국 국가박물관은 한·중 수교 30년을 기념하는 '한·중·일 고대 청동기 유물전'의 '한국 역사 연표'에서 고구려와 발해를 의도적으로 빼고 게시한 일이 발생해 물의를 빚었으며, 한국 측의 항의를 받고서야 문제의 한국 역사 연표는 철거됐다.

최근에는 18세기 조선 목판을 중국 목판으로 둔갑시킨 일이 발생했다. 감숙성(甘肅省, 간쑤성) 란저우(蘭州)대학교 '실크로드 예술연구 및 국제교류센터'가 2022년 5월 학술지 '실크로드의 인문학과 예술' 제1집에서 아르메니아에 소장된 18세기 조선 후기 목판 '경현록(景賢錄)'을 '중국 목판'으로 소개해 출간한 것으로 확인됐다. 일본 역사학자인 미야 노리코(宮紀子) 교토대 교수가 오류를 발견해 제공한 사진을 검토한 복수의 국내 서지학·목판 연구자는 명백한 조선 후기 목판으로 판정했다. 란저우대가 출간한 이 학술지는 중국이 일대일로 정책의 일환으로 실크로드 관련 국가들과 문화교류를 강화하기 위해 진행 중인 국책사업의 결과물로 추정된다. 서아시아에 있는 조선시대 유물까지 중국 유물로 발표한 첫 사례인지라 커다란 파장이 예상된다. 시진핑 이후 강화된 패권주의 역사 왜곡에 학술적으로 대처할 수 있는 연구기관과 아카이브 정비가 시급하다고 학계에서는 입을 모으고 있다.[52] 2021년 한중수교 30년, 역사침탈 20년을 맞아 반중·혐중의 발생·진행·현상을 학문적으로 밝혀 한·중 양국 국민에게 보고하는 『동북공정 백서』가 고구리·고리연구소에 의해 발간되기도 했다.

사실 요하문명(遼河文明, 랴오허문명)[53]*의 대표 문화로 꼽히는 홍산문화(紅山文化) 유적이 발굴되기 전까지 중국의 고대사는 황하 유역의 하(夏)나라에서 시작하여 상나라(商, 殷), 주나라로 이어지는 시기로 설정되어 있었다. 1980년대부터 중국에 의해 요녕(遼寧, 랴오닝) 지역 주요 유적에 대한 본격적인 발굴이 진행되어 1983~1985년에 걸쳐 대규모의 발굴이 이루어지면서 홍산문화 유적지의 중요성이 부각되기 시작했다. 홍산문화는 지금까지 적봉(赤峰, 츠펑), 능원(凌源, 링위안), 건평(建平, 젠핑), 조양(朝陽, 차오양) 등 요하 서부 지역(遼西)에 산재해 있는 500여 곳의 유적에서 발굴되었다. 건평과 능원 중간에 있는 우하량(牛河梁, 뉴허량) 홍산 유적에서는 연대가 BCE 3500년까지 올라가는 대형 원형제단, 여신상과 여신묘(廟), 곰(熊) 조각상, 적석총(積石塚)과 피라미드,

---

* 遼河는 遼東과 遼西를 가르는 강 이름이고, 요하문명은 遼河를 끼고 형성된 문명이라는 뜻에서 붙여진 이름이다. 동이족의 활동무대였던 요서·요동 지역은 요하문명권에 속한다.

그리고 성으로 둘러싸인 도시 형태와 돌로 쌓은 방형(方形) 모양의 광장을 갖춘 동북아 최고 문명이 발굴됐는데, 그 문화의 주인공은 빗살무늬 토기와 돌무지무덤 비파형 동검과 옥검의 사용 등으로 미루어 전형적인 동이족(東夷族)으로 밝혀졌다.[54] 유적지 연대로 볼 때 우하량 홍산문화는 배달국 신시시대로 비정할 수 있다.

홍산문화는 광의로는 우하량 유적과 유사한 문화 유형을 가진 요하 일대의 신석기시대 유적을 모두 포괄하는 것으로 해석되기도 한다. 그렇다면 광의의 초기 홍산문화는 환국(桓國)시대로 비정할 수 있으므로 홍산문화 유적은 형성 시기로 볼 때 환국·배달국·단군조선에 이르는 시기에 해당한다. 홍산문화 유적들 가운데 가장 오래된 대표적 '옥귀걸이'가 출토된 유적은 홍륭와문화 유적(BCE 6200~BCE 5200)이다. 중국 고고학계의 연구에 따르면 이 옥귀걸이는 요동반도의 수암(岫岩)에서 나온 '수암옥(玉)'으로 만든 것이다. 이러한 양식의 귀걸이는 홍륭와문화와 같은 시기의 강원도 고성군 문암리(文岩里) 유적(BCE 6000년 이상)의 것과 동일한 것이다.[55] 이는 당시 요하 일대와 한반도가 단일 문화권이었음을 상정하게 한다. 한국의 신석기시대 문화에 정통한 세계적인 고고학자 사라 넬슨(Sara Nelson)은 요서(遼西)의 사해문화(查海文化)와 내몽골 여신 제단 문화가 특히 한국과 밀접한 관계가 있는 것으로 보았다.

만리장성 밖의 요하 유역에서 새로운 유적들이 계속 발견됨에 따라 홍산문화는 황하문명의 아류가 아니라 오히려 황하문명의 원류인 것으로 주목받고 있다. 여러 적석총에서 무더기로 쏟아져 나온 5,000년 전의 C자형 옥룡(玉龍), 비파형 옥검, 옥인장(玉印章) 등 옥기 부장품은 이미 5,500년 전에 제정일치의 국가조직을 갖춘 상고 문명이 존재했음을 시사하는 것이다.[56] 홍산 일대의 이 문화는 중국의 중원문화, 즉 중국의 신석기문화인 황하 유역의 앙소문화(仰韶文化)와는 판이하게 다른 문화 유형이다. 후기 홍산문명은 『삼국유사』에 언급된 배달국 신시(神市)이고, 초기 청동기시대 하가점하층문화(夏家店(샤자덴)下層文化, BCE 2000~BCE 1500)는 고조선 시대로 비정할 수 있으며, 하가점하층문화에서 하(夏)나라보다 800년 앞선 청동기들이 출토된 것이다.

홍산문화가 중국문화와 다른 동이족의 문화이며 연대도 앞선 것이 분명해지자 중국은 기존의 입장을 바꿔 이들 문화를 중국문화의 틀 안에 수용하겠다고 나섰다. 요하문명을 중화문명의 시원으로 설정하여 북방 고대 민족의 상고사를 중국사로 편입하겠다는 것이다. 이것이 '동북공정'과 '중화문명탐원공정(中華文明探源工程, 일명 랴오허 공정(遼河工程))'의 실체다. 그런데 중국인들이 홍산문화를 중국의 역사로 간주했다는 것은 중요한 사실을 시사한다. 즉, 홍산문화 유적의 발견으로 중국 문명의 뿌리가 황하가 아니라 요녕(遼寧)지역이며, 동이족의 홍산문명이 황하문명보다도 훨씬 빠르게 고대국가를 형성했고, 그동안 야만족이라고 비하했던 동이(東夷)가 본류임을 인정해야 하는 모순이 생긴다.[57]

2003년 6월부터 정식으로 개시된 중화문명탐원공정은 하(夏)나라 이전 시기의 '삼황오제(三皇五帝)' 시대를 중국 역사에 편입함으로써 중화문명이 이집트나 수메르 문명보다 앞선 세계 최고(最古)의 문명임을 밝히려는 중대 과학연구 프로젝트로 기획된 것이다. 중국은 삼황오제*가 실재 인물이라는 확실한 증거를 요하문명의 핵심인 홍산의 우하량 유적에서 찾은 것이다. 『환단고기』 「태백일사」 제3 신시본기(神市本紀)에서는 배달국 제5대 태우의(太虞儀) 환웅의 막내아들이 태호복희씨(太暤伏羲氏)이며,[58] 염제신농씨(炎帝神農氏) 또한

---

* 『帝王韻紀』 卷上, 「三皇五帝」에서는 삼황오제가 태호복희(太暤伏羲)·염제신농(炎帝神農)·황제헌원(黃帝軒轅)의 삼황과, 소호금천(小昊金天)·전욱고양(顓頊高陽)·제곡고신(帝嚳高辛)·제요방훈(帝堯放勳, 陶唐氏, 唐堯(요 임금))·제순중화(帝舜重華, (有)虞氏, 虞舜(순 임금))의 오제라고 기록하였다.

고시씨(高矢氏)의 방계 자손인 동이(東夷) 소전(少典)의 아들[59]이라고 하고 있으니, 그들 모두 동이인(東夷人)이다. 또한 사마천(司馬遷)의 『사기(史記)』에는 중국 도교(道教)의 시조인 황제헌원(黃帝軒轅)[60]으로부터 순(舜), 우(禹) 임금에 이르기까지 모두 동이(東夷) 소전(少典)의 후손으로 같은 성에서 나왔으며 헌원의 8대손이 순 임금이라고 하고 있다.[61]

또한 『제왕운기』 「삼황오제」에서도 헌원의 호(號)를 유웅씨(有熊氏)라고 하고 있는 것으로 보아 황제헌원은 동이인임이 분명하다. 유웅씨는 곧 '곰'씨이며 이는 헌원이 '곰족'의 후예로 그의 뿌리가 동이인임을 시사한다. 이러한 사실은 단군왕검의 어머니가 곰을 토템으로 하는 종족의 웅씨(熊氏) 왕녀였다는 점을 생각하면 쉽게 알 수 있다. 그렇게 되면 헌원의 후손인 오제(五帝)도 모두 동이인인 셈이다. 이처럼 중국이 그들의 시조로 받드는 삼황오제가 모두 하나의 뿌리 즉 동이(東夷)에서 나왔다는 사실은 중국 왕조의 시원을 짐작하게 하는 것이다. 결론적으로 고대 중국의 역사는 동이족의 여러 지류가 중원으로 흘러 들어가 성립된 왕조들의 역사라는 주장이 설득력을 얻게 된다.

다음으로 한·일 역사전쟁은 일제가 한반도 침략을 노골화하던 시기인 1880년대부터 시작되어 지금까지도 계속되고 있다. 청나라가 만주 지역의 봉금(封禁)을 해제한 직후인 1880년대 만주 지역에서 정보수집 활동을 하던 일본군 참모본부의 밀정인 사가와 가게노부(酒匂景信) 중위는 메이지 왕(明治王)의 명령으로 중국에 있는 광개토대왕릉 비문의 몇 자를 파괴·변조하여*

---

* 광개토대왕릉 비문의 CE 391년 신묘년 기사의 '왜(倭)'자는 '후(後)'자를 변조한 것이고, '내도해(來渡海)'라는 문구는 '불공인(不貢因)'이라는 문구를 변조한 것이다. 합하여 뒤의 글자와 연결시켜 보면 '倭來渡海(破百殘): 왜가 바다를 건너와 백제를 쳤다'는 '後不貢因(破百殘): 후에 백제가 조공을 아니하므로 고구려가 백제를 쳤다'를 변조한 것이다. 다음으로 서기 400년 경자년 기사의 '왜만왜궤(倭滿倭潰): 많은 왜가 쳐서 무너뜨렸다'는

마치 왜(倭)가 백제를 정벌하고 신라 등을 궤멸시킨 것처럼 역사적 사실을 왜곡했다. 광개토대왕릉비(정식 명칭은 國岡上廣開土境平安好太王碑, 약칭 '好太王碑')는 고구려 제19대 광개토대왕의 훈적(勳績)을 찬양하고 추모하기 위해 아들인 장수왕이 414년(장수왕 3)에 세운 것이다. 광개토대왕의 정식 묘호(廟號: 임금의 諡號)인 '국강상광개토경평안호태왕'이 말해주듯, 광개토대왕은 나라의 경계를 광대하게 넓힌 정복 군주였을 뿐만 아니라 백성을 평안하게 한 어진 임금이었다. 그런데 그 비문의 주체나 그 비문 전체의 문맥을 살피지 못하고, 마치 그 비가 왜를 찬양하기 위하여 세운 것인 양 착각하고서 더구나 왜에게 유리하도록 비문의 몇 자를 파괴, 개서(改書)까지 한 것은 용납할 수 없는 일이다.[62]

그럼에도 일본 사학계에서는 일본 왕가의 왕권을 정당화하기 위해 만들어진 『일본서기(日本書紀)』의 기록과 변조된 광개토대왕릉 비문 등을 유력한 증거 자료로 삼아 임나일본부설을 주장하여 오랫동안 논란이 되어 왔다. 일본 역사교과서에는 '일본 최초의 통일국가인 야마토(大和)정권이 4세기 후반에 한반도에 진출해서 6세기 중엽까지 임나일본부(任那日本府)라는 관청을 설치하고 약 200년간 남한을 지배했다'고 기술하고 있다. 일인들은 한국이나 중국의 문헌에서는 찾아볼 수 없는 진고(神功)라는 여인이 남장을 하고 신라를 위시하여 한국을 정벌했다는 전설과 일본이라는 국호가 생기기 수백 년 전에―일본이라는 국호가 생긴 것은 670년이고, 왜국이 생긴 것은 390년(제1대 실존 왜왕 오진(應神) 1)―임나일본부라는 기관을 설치하고 수백 년 동안 한반도의 남부를 지배했다는 역설을 조작해 놓고서 도리어 한국의 사가(史家)가

---

'왜구대궤(倭寇大潰): 왜구가 크게 무너졌다'를 위작한 것이다(이형구·박노희, 『광개토대왕릉비 신연구』(서울: 동화출판공사, 1986)).

그런 기록을 없애버렸다고 터무니없는 주장을 하고 있다.*

또한 고대 일본의 역사와 문명이 시작된 나라현(奈良縣) 덴리시(天理市) 이소노카미 신궁(石上神宮)에 소장된 칠지도(七支刀: 칼의 좌우로 각각 3개씩의 칼날이 가지 모양으로 뻗어 있는 데서 붙여진 이름, 1953년 일본 국보로 지정)는 일인들이 주장하는 것처럼 백제왕이 왜왕에게 헌상한 것이 아니라 백제왕이 왜왕에게 하사한 것이다. 칠지도에 대해 최태영(崔泰永) 교수는 "백제의 칠지도 색인글자는 근세에 일인들이 긁어내고 개서(改書)한 흔적이 완연하다. 칠지도의 본래 명문(銘文)은 일인들의 주장처럼 백제왕이 왜왕에게 헌상한 것이 아니요, 백제왕이 왜왕에게 하사한 것이다. 그 용도는 백제가 왜의 땅에 파견한 분봉왕(分封王)이나 혹은 파견한 정벌군의 장수에게 표징으로 주어서 진두에 높이 쳐들고 진군하게 한 보검이라고 해석하는 것이 합당하다"[63]고 주장했다.

일제의 한반도 강점 이후 조선총독부에 조선사편수회가 설치되어 1922년부터 1938년까지 활동한 조선사편찬위원회는 환국·배달국·단군조선과 북부여에 이르기까지 무려 7천 년이 넘는 우리 상고사를 신화라는 이유로 잘라 없애버렸다. 조선사편찬위원회는 '석유환국(昔有桓國)', 즉 '옛날에 환국이 있었다'를 '석유환인(昔有桓因)', 즉 '옛날에 환인이 있었다'로 변조하고 이를 정본으로 내세워 우리 상고사를 말살하기에 이른 것이다. 말하자면 "옛날에 환국의 서자 환웅이 있어(昔有桓國庶子桓雄)"를 "옛날에 환인의 서자 환웅이 있어(昔有桓因庶子桓雄)"로 변조하고, 급기야 '환인의 첩의 아들(서자) 환웅'을 유도하기에 이른 것이다. 여기서 '서자'라는 말에 대해 중국의 사원(辭原)은 서자

---

* 『일본서기』, 「오진기(應神記)」 28년 6월 조에 고구려 장수왕이 일본에 보낸 국서에 '고구려왕이 왜왕에게 교(敎)한다'고 써 보낸 사례를 보더라도 당시에 임나일본부를 설치하고 남한을 지배, 통치했다는 것은 터무니없는 조작임이 확실하다.

란 '태자의 스승, 기타 높은 벼슬의 명칭'이라고 설명하고 있다. 『삼국사기(三國史記)』「신라본기(新羅本紀)」 제7 문무왕 14년(674)의 기록에는 당나라 유인궤(劉仁軌)의 관직이 좌(左)서자[64]로 나와 있다.

환국(BCE 7199~BCE 3898, 桓仁* 7대)의 역사적 실재에 대해서는 조선 중종 7년 임신년(1512)에 발행된 『삼국유사(三國遺事)』에도 명기되어 있다. 1280년경 일연(一然)이 편찬한 『삼국유사』의 초간본은 전해지지 않고 중종임신간본(中宗壬申刊本, 국보 306-2호, 서울대 규장각 소장본)이 확실한 발간 연대를 가진 고판본으로 전해진다. '중종임신간본(中宗壬申刊本)' 『삼국유사』 제1 고조선 왕검조선조(王儉朝鮮條)에는 "고기(古記)에 이르되, 옛날 환국의 서자 환웅이 있어(昔有桓國庶子桓雄)"[65]로 시작한다. 고기(古記)를 인용하여 옛날 환국에 높은 서자 벼슬을 하는 환웅이 있었고 마지막 환웅 대에 단군이 나와 조선을 개국했다는 내용을 전한 것이다. 또한 일제가 변조하지 않은 초기 일본어 번역본에서도 '중종임신간본'과 마찬가지로 '석유환국(昔有桓國)'이라고 했던 것으로 나온다.

이처럼 일제가 본격적으로 한국사 날조에 나서기 전에는 『삼국유사』 원본(中宗壬申刊本)과 일본어 번역본에서처럼 분명히 '석유환인(昔有桓因)'이 아니라 '석유환국(昔有桓國)'이라고 했던 것으로 나타난다. 최태영 교수는 환국의 역사적 실재를 입증하는, 변조되지 않은 『삼국유사』 두 가지를 처음으로 찾아냈다. 1902년 쓰보이 구메조((坪井九馬)와 구사카 히로시(日下寬)가 일역하여 원문과 함께 도쿄대학 문과대 사지총서(史誌叢書) 1로 상한(上澣) 간행한 활자

---

\* 삼국시대 불교의 영향을 받은 이후 환인(桓仁)은 환인(桓因)으로 표기되기도 했다. 당시에는 감군(監群: 무리의 우두머리)을 인(仁)이라 했으므로 원의(原義)를 살리는 취지에서 '인(仁)'이라 표기하기로 한다. 환인은 특정인의 이름이 아니라 일종의 직함(또는 직명)으로 역대 제왕을 지칭하는 보통명사이다. 다만 환국을 개창한 제1세 환인 안파견(安巴堅)은 이름 없이 '환인천제'로 호칭되기도 한다.

본『교정 삼국유사』와, 1916년 경성 조선연구회에서 재발행된『교정 삼국유사』가 그것이다. 이들 번역본에서는『삼국유사』원본과 마찬가지로 '석유환국'으로 되어 있다. 그런데 이마니시가 변조에 개입했던 교토대학(京都帝大)은 1921년 '석유환인'이라고 변조한 영인본을 발행했다.

'석유환국'으로 명기된 원본 자료와 후속서로는 사학자 황의돈의 소장본 (현재 서울대 소장본), 민속학자 송석하의 소장본, 도쿄대 발행본, 조선연구회 발행본, 최남선의『신증 삼국유사』등이 있으며 환국의 역사적 실재를 명기한 것이 진본임을 충분히 알 수 있게 되었다.[66] 조선사편수회 회의록에는 '석유환국'을 '석유환인'으로 변조한 데 대한 최남선의 언급 내용이 이렇게 나와 있다: "단군 고기는 광범한 고기록을 지극히 간략하게 요약하여 놓은 것이므로, 그 편언척자(片言隻字)에도 중대한 의미가 내포되어 있는 것이다.…그러므로 가령 한 자의 잘못이 있다 할지라도 그것이 전문(全文)의 해석상 미치는 영향은 지극히 크다.『삼국유사』의 단군 고기 중에 석유환국이라고 되어 있던 것을 석유환인이라고 고친 천인 이마니시 류의 망필을 인용한 것이 바로 그 하나다."[67]

'석유환국'의 중요성은 우선 환국의 역사적 실재를 명기하고 있다는 점, 그리고 뒤이은 문장과 연결해 보면 환국에 높은 서자 벼슬을 하는 환웅이 있었고 환웅이 배달국 신시(神市)시대를 열어 마지막 환웅 대에 이르러 웅녀와 혼인하여 단군을 낳아 고조선을 개국하는 일련의 역사적 연맥(緣脈), 즉 환국·배달국·단군조선으로 이어지는 맥을 읽을 수 있게 하는 단초를 제공한다는 점에 있다. 그런데 '석유환인'으로 변조되면, 옛날에 환인이 있었고 환인의 첩의 아들(서자) 환웅이 신시시대를 열어 마지막 환웅 대에 이르러 웅녀와 혼인하여 단군을 낳아 고조선을 개국했다는 식으로 읽히게 되어 역사적 사실(historical fact)이 아닌 '단군신화'가 되어버리기 때문이다. 이처럼 일제는 우리 상고사의 이어진 맥을 교묘하게 끊어버리려고 했던 것이다.

　이상에서 볼 때 한국학이 직면한 딜레마를 요약하면, 우리 역사의 뿌리이자 한국 사상 및 문화의 원형을 담고 있는 우리 상고사에 대한 제도권의 합의 부재로 한국학이 뿌리 없는 꽃꽂이 식물과도 같이 생명력을 상실했다는 것, 사대주의와 서구적 보편주의의 망령 및 반도사관(식민사관)에 함몰되어 역사의 진실을 직시하지 못함으로 인해 역사철학적 및 정치철학적 토양이 척박해지고 극명한 이분법에 기초한 한반도의 이념적 지형이 고착화되면서 심지어는 우리 역사 자체가 정쟁(政爭)의 도구가 되고 있다는 것, 그리고 목하 진행 중인 한·중 역사전쟁과 한·일 역사전쟁이 한국의 역사문화 침탈은 물론 정치적 노림수를 가진 고도의 정치적 기획물이라는 것 등이다.

　이러한 딜레마를 극복하고 미래적 비전을 제시하기 위한 한국학의 내포적 과제[68]를 몇 가지로 요약하면 다음과 같다. 첫째, 우리 역사의 뿌리이자 한국 사상 및 문화의 원형을 담고 있는 상고사 및 사상 복원을 통해 국가적·민족적·문화적 정체성을 확립하고 한국산(産) 정신문화의 원형을 체계적으로 정립하는 것이다. 정책적 뒷받침을 통해 한국학 연구자들을 지속적으로 양성해내고 각급 교육기관을 통해 교육하며, 세계시민사회가 공유하는 한국학이 될 수 있도록 내실 있는 한국학 콘텐츠를 마련해야 한다. 또한 해외 소재 한국학 관련 역사 기록을 비롯해 다양한 주체들이 보유하고 있는 자원을 효율적으로 결합하고 정보화하는 방안을 강구할 필요가 있다.

　둘째, 한국학의 시대적 범주의 상한선을 상고시대로까지 확장하는 제도권의 합의를 도출해내는 것이다. 이는 역사 교과서 편찬 문제와도 관련되는 것으로 용이한 일은 아니지만, 한국학 교육 자체가 뿌리 없는 꽃꽂이 교육, 생명력을 상실한 교육이 되고 있다는 점에서 반드시 해야 할 일이다. 지금까지 제도권에서 한국학의 시대적 범주의 상한선에 대한 공통된 합의가 이루어지지 못하고 연구 지원체계도 마련되지 않아 연구자들을 지속적으로 양성해내지 못했고, 한국학 관련 서적들도 연구의 시대적 범주를 대부분 삼국시대 이후에 집중함으로써 한국학 콘텐츠의 심대한 빈곤과 불균형을 초래했다. 또한 중국과 일본의 패권주의 역사 왜곡에 학술적으로 대처할 수 있는 연구기관과 아카이브 정비가 시급하다.

셋째, 한국학의 학문적 토양을 비옥하게 하기 위한 방안의 일환으로 국내외 다양한 전공의 학제적 연구(interdisciplinary research)를 활성화하는 것이다. 전 세계적으로 한국학을 개설한 대학이나 기관이 증가 추세에 있는 만큼, 역사·지리·언어·철학사상·문학·정치·경제·사회·문화·과학·종교·교육·사법·군사·민속·기예(技藝) 등 다양한 분야에서 학제적 연구가 가능하다. 특히 부분과 전체의 유기적 통일성에 기초한 시스템적 사고 또는 맥락적 사고(contextual thinking)의 전형인 한국학 코드의 통섭적 세계관은 천·지·인 삼재의 연관성 상실을 초래한 서구의 정치적 자유주의를 치유할 수 있는 묘약을 함유하고 있을뿐더러 종교와 과학과 인문, 즉 신과 세계와 영혼의 세 영역(天地人 三才)의 분절성을 극복하고 전체로서의 통일성을 지향하게 할 것이다. 그런 점에서 한국학은 생명계를 전일적이고 유기적으로 통찰하는 세계관이자 방법론인 '네트워크 과학(복잡계 과학)'과의 접합을 시도할 필요가 있다.

넷째, 오늘날의 한류(韓流) 현상을 좀 더 심화하고 동아시아 최대의 정신문화 수출국이었던 코리아의 면모를 제대로 담아내는 것이다. 나무의 줄기가 그 뿌리와 연결되지 못하면 꽃꽂이 식물과도 같이 생명력이 없듯이, 한국학이란 것도 역사의 뿌리와 연결되지 못하면 국가적·민족적·문화적 정체성이 확립될 수가 없으므로 생명력이 부재하게 된다. 수많은 역사적 사건들과 다양한 제도들과 삶의 풍경들을 문화기술적 효과를 극대화하여 담아낸다고 해도 역사를 관통하여 흐르는 우리의 고유한 정신이 살아 숨 쉬지 않는다면 한국학 콘텐츠의 빈곤 문제는 해결되기 어려울 것이다. 서양이 갈망하는 한국산(産) 정신문화, '세계가 잃어버린 영혼'이라고 지칭할 만한 한민족의 진정한 내공이 살아 숨 쉬는 정신문화를 담아낼 수 있어야 한다.

다섯째, 한국학의 시대적·세계사적 소명을 인지하고 완수하는 것이다. 우리 상고사와 사상 복원을 통한 자기정체성의 확립과 시대적 및 사회적 요구에 부응하는 새로운 한국인 상(像)의 정립은 국가 이미지나 브랜드 가치를 높이고 우리가 처한 문명의 시간대를 통찰할 수 있게 함으로써 한국학의 시대적·세계사적 소명을 다할 수 있게 할 것이다. 우리 한민족은 우주의 본질이 '생명(Life)'이며 이 세상 자체가 하나의 거대한 '생명의 나무(Tree of Life)'임을 인지하고 있었다. 한국학 고유의 코드는 서양의 이원론이 초래한 생명의 뿌리와 단절된 꽃꽂이 삶, 그 미망의 삶을 끝장낼 수 있는 '신곡(神曲)'이다. 남과 북 그리고 온 인류가 하나 되게 하는 '마스터 알고리즘(master algorithm)'이다.

여섯째, 일제강점기 때 탈취당한 한국 고대사 문헌 및 사료들을 일본 왕실에서 반환해 오도록 우리 정부에 촉구하는 것이다. 일인들은 단군조선 삼한의 고대 사료 등 51종 20여만 권을 수거해 불태우거나 일본 왕실로 가져갔다. 창경궁 안의 장서각으로 이관한 우리 고대사 도서 5,355종 10만 137책과 각종 사료들은 반도조선사(현행 국사) 편찬 후 왜곡된 국사의 증거를 은폐하기 위해 일본 왕실로 옮겨졌다. 1933년부터 12년간 일본 궁내청 쇼료부(書陵部, 일명 왕실도서관)에서 우리 상고사 관련 사서를 분류하는 일을 담당했던 재야사학자 박창화(朴昌和)는 '단군조선과 관련된 책들이 쇼료부에 쌓여 있다'는 사실을 해방 후 털어놓아 언론에 공개[69]된 바 있다. 만일 탈취당한 우리 고대사 문헌 및 사료들을 일본에서 반환해 올 수 있다면 단군 이래 최대의 업적이 될 것이다.

# 03

# 한국학 코드와 현대물리학의 상호피드백

---

● 한국학 코드와 복잡계 과학의 사상적 근친성

● 과학과 영성의 상호피드백

● 한국학과 현대물리학의 통합적 비전

복잡계 과학은 생명을 이해하기 위해 분자를 연구하는 식의 환원주의에서 완전히 벗어나 생명계 뿐만 아니라 생명의 본질 그 자체를 네트워크로 인식한다는 점에서 통섭적 세계관을 바탕으로 생명의 전일성과 자기근원성을 함축한 한국학 고유의 생명 코드와 사상적 근친성을 갖는다. 이 생명 코드는 복잡계 과학과 마찬가지로 생명을 비분리성·비이원성을 본질로 하는 영원한 '에너지 무도(energy dance)'로 본다. 자연계를 비선형 피드백 과정에 의한 자기조직화(self-organization)의 창발 현상으로 보는 현대물리학의 전일적 실재관은, 이 우주를 자기생성적 네트워크 체제로 보는 한국학 고유의 코드 속에 이미 구현되어 있다. '일즉삼(一卽三)·삼즉일(三卽一)'이라는 생명 코드는 일체가 초양자장(superquantum field)에서 나와 다시 초양자장으로 환원한다는 데이비드 봄의 양자이론과 조응한다. 과학과 영성의 상호피드백 과정을 통해 생명에 대한 심오한 철학적·과학적 이해를 수반하는 시너지효과를 창출해냄으로써 통합적 비전이 달성되면 존재계를 파편화하는 근대 서구 이원론의 유산은 극복될 수 있을 것이다.

- 본문 중에서

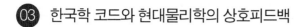

## 03 한국학 코드와 현대물리학의 상호피드백

모든 생명의 통일성을 기리고 존중하며, 모든 자연현상의 근본적인 상호의존성
을 인식하고, ₩ 지구와 우리를 다시 연결하는 과학이 절실히 필요하다.
We urgently need a science that honors and respects the unity of all life, that
recognizes the fundamental interdependence of all natural phenomena, and
reconnects us with the living earth.

- Fritjof Capra, *The Science of Leonardo* (2007)


## 한국학 코드와 복잡계 과학의 사상적 근친성

코로나바이러스감염증-19 팬데믹이 2년 이상 이어지고 '뉴 노멀(new
normal)' 시대에 대비해야 한다는 목소리가 높아지면서 인간·사회·경제·환
경 등 갖가지 복잡한 요소가 다양하게 얽혀 있는 현상들을 연구하는 복잡계
과학(複雜界科學, complex systems science)에 대한 관심이 고조되고 있다. 복잡계는
완전한 질서도 완전한 무질서도 아닌, 질서와 혼돈의 사이에 존재하는 계로
서 수많은 요소들로 구성되어 있으며 그들 간의 비선형적(非線形的, nonlinear)
상호작용에서 비롯되는 복잡한 현상들의 집합체이다. 우리가 살고 있는 사
회는 수많은 사람들이 상호 영향을 주고받으며 유기적 협동현상을 낳고 그
러한 협동현상이 사회의 집단적 성질을 만들어내는 대표적인 복잡계이다.

영국의 세계적인 물리학자 스티븐 호킹(Stephen Hawking)은 새천년에 들어
설 무렵 한 인터뷰에서 21세기는 복잡성(complexity)의 세기가 될 것으로 전

망했다.[1] 2021년도 노벨물리학상은 복잡계(complex system) 연구에 기여한 세 사람의 과학자에게 돌아갔다. 미국 프린스턴대학교 교수 슈쿠로 마나베(Syukuro Manabe), 독일 막스플랑크 기상연구소 창립자 클라우스 하셀만(Klaus Hasselmann), 이탈리아 로마 사피엔자대학교 교수 조르조 파리시(Giorgio Parisi)가 그들이다. 마나베와 하셀만은 물리학을 활용해 지구온난화를 예측한 공로를 평가받았으며, 파리시는 무질서한 물질(disordered material)과 무작위 과정(random process) 이론에 대한 공로를 평가받았다.

복잡계 이론은 상대성이론과 양자이론과 함께 현대물리학의 3대 이론으로 꼽힌다. 이 이론은 자연현상에 뿌리를 두고 있지만 인문사회과학 전반에 광범하게 응용될 수 있다는 점에서 단순한 물리 이론이라기보다는 '21세기형 통합과학'의 한 모델이라 할 수 있다. 복잡계 과학은 최근 컴퓨터 등에 의한 정보처리 기술에 힘입어 수학·물리학·컴퓨터과학·경제학뿐만 아니라 생명과학·생태학·사회학·화학·생물학·기상학·해양학·공학·과학철학·군사학·천문학·의학 등 다양한 분야들에 널리 적용되고 있다. 21세기에 들어 복잡계에 대한 연구는 특히 네트워크 이론 등 물리학의 중요한 주제로 떠오르고 있다. 여기에는 두 가지 흐름이 있다. 그 하나는 미크로(또는 마이크로, micro)와 마크로(또는 매크로, macro)의 중간 영역에 나타나는 다양한 현상과 물성과의 관계에 관심을 두는 입장이고, 다른 하나는 물질과학적인 흥미보다는 복잡계의 자기조직화 능력이나 자발적 정보처리 능력의 발현에 관심을 두는 입장이다. 후자의 경우 종래 물리학의 대상을 넘어 경제 시스템과 언어 시스템, 더 나아가 면역계나 생태계 네트워크, 생물 진화 등도 그 대상에 포함된다.[2]

생명현상 또한 복잡계의 관점에서 조명될 수 있다. 생명체의 구성원인 분자 하나하나에 대해 생명현상을 운위할 수는 없지만, 수많은 분자들이 모여서 세포를 형성하면 생명현상이 생겨나게 된다. 이처럼 협동현상에 의해 나타나는 집단성질은 구성원 개개의 성질과는 관계없이 새롭게 생겨난다는 점을 강조해서 창발(emergence)이라 부른다.[3] 말하자면 부분에서 없던 성질이 전체가 되면 나타나는 현상을 말한다. 예컨대 탄소, 수소, 산소 등은 단맛이 없지만, 이것이 모여 설탕이 되면 단맛이 나타나는 것과 같은 이치다. 현대과학자들에 의하면 창발 현상이 가능한 것은 분자가 갖고 있는 '정보-에너지장(information-energy field)' 때문이며, 이 정보-에너지장이 목적과 방향을 알고 필요에 따라 모여서 단세포 생물이 탄생하게 된다고 한다.

오늘날 복잡계 과학의 부상은 21세기 메가트렌드(megatrend)인 통합학문(융합학문)의 부상과 그 맥을 같이 한다. 통섭적 사고가 주축이 되는 통합학문은 개별 학문의 지식만으로는 해결하기 어려운 현대 사회의 복합적인 문제의 등장과 그 맥을 같이 한다. 우리가 살고 있는 복잡계는 수많은 구성 요소들이 유기적으로 링크되어 비선형적 관계들을 맺고 있는 복잡한 현상들의 집합체로서 전체는 부분의 단순한 합이 아니기 때문에 복잡계 현상을 단순히 몇 개의 요소로 환원할 수는 없다. 따라서 우리가 살고 있는 복잡계의 실상을 파악하고 실효성 있는 대처방안을 마련하기 위해 기계론적 세계관과 환원주의 그리고 전문화라는 도그마에서 벗어나 통합학문을 바탕으로 무질서 속에서 질서를 찾고자 복잡계 과학이 등장한 것이다.

복잡계 과학은 '부분을 이해하면 전체를 이해할 수 있다'라는 가정에서 출발한 기계론적 환원주의(reductionism)를 배격한다. 그리하여 '부분의 단순한 합으로는 전체를 이해할 수 없다'고 보고 부분[현상계·물질계, 三]과 전체[본체계·의식계, 一]의 상호작용 및 유기적 통일성에 초점을 두는 시스템적·통섭적 관점과 맥을 같이 한다. 여기서 부분과 전체의 상호작용 및 유기적 통일성은 곧 생명의 작용[三, 우주만물]과 본체[一, 天·神·靈]의 합일을 의미하는 한국학 코드 '일즉삼(一卽三)·삼즉일(三卽一)'의 원리와 본질적으로 상통한다. 개인과 공동체의 유기적 관계도 이 원리에서 파생된 것이다. 삼라만상[三]이 전일성[一]의 현시라면, 개인과 공동체도 당연히 유기적 통일성을 이루어야 하지 않겠는가. 이러한 시스템적 사고의 주된 특징은 기계론적인 환원주의를 배격하는 포스트 물질주의 과학(post-materialist science)―양자물리학, 양자생물학, 양자의학, 복잡계 과학, 게슈탈트 심리학, 트랜스퍼서널 심리학, 생태학 등―에서 찾아볼 수 있는데, 그 핵심은 전체의 본질이 항상 부분의 단순한 합과는 다르다는 것이다.

영국 출신 이론물리학자로서 복잡계 연구의 메카로 알려진 산타페 연구소의 특훈교수이자 복잡계 과학 분야의 대부로 통하는 제프리 웨스트 (Geoffrey West)는 그의 저서 『스케일: 유기체, 도시, 기업의 삶, 성장, 죽음에 관한 보편 법칙 Scale: The Universal Laws of Life, Growth, and Death in Organisms, Cities, and Companies』(2017)에서 세포에서부터 생태계, 도시, 사회관계망과 기업 등의 성장과 혁신, 노화와 죽음을 지배하는 보편 법칙에 대한 탐색을 통해 우리 삶과 지구의 도전과제에 대해 새로운 시각과 개념적 틀을 제시한다. 웨스트에 의하면 복잡계에서 일어나는 모든 현상의 밑바탕에는 공통된 개념적 틀과 체계적인 규칙성이 있으며, 동식물과 인간의 사회적 행동, 도시와 기업의 동역학, 성장, 조직체계가 사실상 일반 법칙(generic laws)을 따르고 있다는 것이다.[4] 그는 이 책의 요점을 이렇게 밝히고 있다.

이 책은 급속한 도시화, 성장, 세계의 지속가능성에서 암, 대사, 노화와 죽음의 근원을 이해하는 것에 이르기까지, 오늘날 우리가 씨름하고 있는 몇몇 주요 도전과제와 쟁점들을 어떻게 통합된 단일 개념 틀에서 해결할 수 있는가를 다룬 것이다. 도시, 기업, 종양, 그리고 우리 몸이 매우 비슷한 방식으로 작동하며, 그들 각각이 조직, 구조 및 동역학 면에서 놀랍도록 체계적인 규칙성과 유사성을 보여주는 일반적인 주제의 변형임을 나타내 보인 것이다. 그들 모두가 공유하는 공통된 속성은…다중 공간 및 시간 규모에 걸쳐 네트워크 구조를 통해 연결되고 상호작용하며 진화한다는 것이다.…이 큰 그림 틀은 흥미로운 여러 가지 질문을 해결할 수 있게 해 준다.

It's a book about how some of the major challenges and issues we are grappling with today, ranging from rapid urbanization, growth, and global sustainability to understanding cancer, metabolism, and the origins of aging and death, can be addressed in an integrated unifying conceptual framework. It is a book about the remarkably similar ways in which cities, companies, tumors, and our bodies work, and how each of them represents a variation on a general theme manifesting surprisingly systematic regularities and similarities in their organization, structure, and dynamics. A common property shared by all of them is that they are…connected, interacting, and evolving via networked structures over multiple spatial and temporal scales.…This big-picture framework allows us to address a fascinating spectrum of questions.[5]

미시간대학교 교수이자 산타페 연구소(Santa Fe Institute) 과학위원회 공동위원장인 존 홀런드(John H. Holland)는 그의 저서 『숨겨진 질서: 어떻게 적응이 복잡성을 구축하는가 Hidden Order: How Adaptation Builds Complexity』 (1995)에서 복잡계의 진화와 관련하여 혁신적인 사상을 제시하면서, CAS 행동을 지배하는 일반원리를 찾는 것이 이 책의 목적이라고 밝히고 있다. 그는 적응(adaptation)을 중심으로 한 복잡성의 측면을 주로 다루었는데, 지금 이 분야는 복잡적응계(complex adaptative system, CAS)로 알려져 있다. 그는 CAS를 폭넓게 이해하는 데 핵심적인 일곱 가지 기본 요소, 즉 모든 CAS에 공통된 네 가지 속성과 세 가지 메커니즘을 제시했다. 네 가지 속성으로는 집단화, 비선형성, 흐름, 다양성이 있으며, 세 가지 메커니즘으로는 꼬리표 달기, 내부 모형, 구성단위가 있다.

첫 번째 속성인 '집단화(aggregation)'에는 두 가지 의미가 있다. 첫 번째 의미는 복잡계를 단순화시키는 표준적인 방식으로 학교, 회사, 자동차 등 같은 범주에 속한 것끼리 각각의 범주로 묶고 동등하게 취급하는 것이다. 두 번째 의미는 'CAS 자체가 어떻게 움직이는가' 하는 문제와 더 관련된다. 단순한 행위자들이 어떻게 복잡한 대규모 행동을 창발하는가 하는 문제의 열쇠는 집단화이다. 집합체의 형성에 커다란 도움이 되는 첫 번째 메커니즘은 '꼬리표 달기(tagging)'이다. 가장 흔한 예로서 군대의 깃발이나 정치적 현수막, 상거래에 사용되는 상표와 로고 등을 들 수 있다. 꼬리표 달기는 CAS에서 집단화와 경계 형성에 널리 사용되는 메커니즘으로, 궁극적으로는 계층적 조직화를 뒤에서 조절하는 메커니즘이다.[6]

두 번째 속성은 '비선형성(nonlinearity)'이다. CAS의 기본 관점은 하나의 원인에 대응하는 하나의 결과라는 선형적인 관계 설정에서 벗어나 하나의 원인이 다양한 요인에 복합적으로 작용하여 갖가지 복잡성을 유발하는 비선형적인 관계 설정에 기초해 있다.[7] 세 번째 속성은 '흐름(flow)'이다. CAS에서 흐름과 그물(행위자와 상호작용으로 이루어진 網)은 시간에 따른 적응성의 변화와 경험의 축적을 반영하는 패턴이다. 여기서 꼬리표는 중대한 상호작용과 연결에 관여하며 그물 자체를 결정짓는다. 흐름에는 두 가지 성질이 있다. 첫 번째 성질은 승수효과(multiplier effect)이다.[8] CAS에서 승수효과는 어떤 마디

(행위자)에 자원을 투입할 때 일어나며, 투입된 자원은 마디에서 마디로 옮겨 가면서 연쇄적으로 가치를 만들어낸다. 두 번째 성질은 재순환 효과(recycling effect), 즉 그물 속의 순환 효과이다.

네 번째 속성은 '다양성(diversity)'이다. 이러한 다양성은 개별 행위자의 생존이 다른 행위자들이 만드는 맥락에 의존하여 변화에 적응하는 과정에서 생겨난다. 재순환을 거듭할수록 다양성은 커진다. CAS의 다양성은 동적인 패턴으로 지속성과 일관성을 가진다. 새로운 적응은 더 많은 상호작용과 새로운 생태적 지위를 창출해 낸다. CAS 패턴은 진화한다. 다양한 행위자들의 집합적 행동에 의한 자원 재활용은 개별적 행위의 합보다 훨씬 크기 때문에 단일 행위자가 진화하기는 어렵다. 지속적인 새로움이 CAS의 불가결한 특징이며 진화와 다양성으로의 길이다.[9]

CAS에 공통된 두 번째 메커니즘은 '내부 모형(internal model)'이다. 모형을 만드는 기본전략은 불필요한 세부를 제거하고 선택된 패턴을 강조하는 것이다. 내부 모형은 묵시적 내부 모형과 명시적 내부 모형으로 구분할 수 있다. 박테리아나 의태(擬態) 생물이 가진 묵시적 모형이 변하는 시간 규모는 포유류의 중추 신경계가 변하는 시간 규모와 다르지만, 이 모형들에 의해 적응이 강화되는 과정은 크게 다르지 않다.[10] 세 번째 메커니즘은 '구성단위(building block)'이다. 가장 근본적인 수준의 구성단위는 쿼크이다. 쿼크가 결합하여 다음 단계의 구성단위인 핵자가 된다. 이처럼 이전 단계의 구성단위가 특정한 조합으로 결합하여 다음 단계의 구성단위를 만들어내는 과정이 계속 반복되어, 쿼크/핵자/원자/분자/세포기관/세포/…로 이어지는 계층이 만들어지고 물리학의 기초를 이룬다. 구성단위는 복잡한 세상에 규칙성을 부여한다. 새로운 상황을 만나면, 필요한 구성단위들을 조합하여 상황을 모형화하고 이를 바탕으로 적절한 대처방안을 마련한다.

이상에서 고찰한 바와 같이 복잡계의 일관성과 지속성은 광범위한 상호작용, 요소들의 집단화, 적응 또는 학습 등에 의존한다. 홀런드에 따르면 우리가 직면해 있는 현대 사회의 여러 가지 문제들—도시 내부의 쇠퇴, 에이즈(AIDS), 정신 질환과 퇴행, 생태계 파괴 등—은 복잡계의 변동을 제대로 이해하기 전까지는 해결하기 어렵다. 또한 경제의 무역 불균형이나 인터넷상의 컴퓨터 바이러스, 또는 배아 발생 시 선천적 결함과 같은 비슷한 문제들이 있고, 앞으로도 비슷한 문제들은 계속해서 생겨날 것이다. 이러한 복잡계들은 세부적으로는 서로 달라도 변화 속의 일관성이라는 일정한 패턴이 있다. 홀런드는 전체 CAS가 부분들의 단순 총합보다 훨씬 크고 비선형성을 갖기 때문에 CAS 이론을 정립하는 일은 매우 어렵지만, 여러 분야의 CAS를 비교하여 공통 특성을 찾아내어 그러한 특성들 속에서 일반이론을 위한 구성단위들을 다듬어낼 수 있다고 말한다.[11]

인간과 우주의 분리는 의식과 물질의 분리에 기인한다. 눈에 보이는 물질적 우주는 에너지로 접힌 보이지 않는 우주가 드러난 것이므로 '드러난 질서(explicate order)'와 '숨겨진 질서(implicate order)'는 동전의 양면과도 같이 상호 조응한다. 따라서 감각적으로 지각되고 경험된 것만이 진실은 아니라는 점에서 이분법으로는 우주의 본질인 생명현상을 이해하는 데 한계가 있다. 실로 생명의 본체와 작용의 유기적 통합성에 대한 자각 없이 생명현상을 이해하기는 불가능하다. 21세기의 주류 학문인 생명공학, 나노과학 등의 이론적 토대가 되고 있는 복잡계 과학은 생명을 이해하기 위해 분자를 연구하는 식의 환원주의에서 완전히 벗어나 생명계 뿐만 아니라 생명의 본질 그 자체를 네트워크로 인식한다는 점에서 통섭적 세계관을 바탕으로 생명의 전일성과 자기근원성을 함축한 '일즉삼(一卽三) · 삼즉일(三卽一)'[천·지·인 삼신일체]이라는 한국학 고유의 코드와 사상적 근친성을 갖는다.

그러면 먼저 서구 과학관의 변화를 개관해보기로 하자. 20세기 이후 실험물리학의 발달과 양자론의 등장으로 주체와 객체의 이분법의 허구가 드러나면서 과학적 합리주의에 기초한 데카르트-뉴턴의 기계론적 세계관이 현대과학의 도전을 받게 되었다. 근대의 과학적 합리주의가 함축하고 있는 과도한 인간중심주의와 정신·물질 이원론적 사고 및 과학적 방법론은 실험물리학의 발달로 그 한계성이 지적되고 전일적 패러다임(holistic paradigm)으로의 대체 필요성이 역설되면서 서구 문명의 지양을 위한 새로운 실재관의 정립에 관한 논의가 확산됐다. 과학관에 있어 두드러진 변화는 20세기 전반기를 통해 급속히 성장했던 원자물리학과 소립자물리학(elementary particle physics)이 주도하던 환원주의적(reductionistic) 관점—'부분을 이해하면 전체를 이해할 수 있다'는 가정에서 출발하여 생명현상까지도 물리·화학적으로 모두 설명할 수 있다고 보는—이 20세기를 거치면서 '부분의 단순한 합으로는 전체를 이해할 수 없다'고 보고 부분과 전체의 상호작용 분석에 초점을 두는 전일적 관점으로 바뀌게 된 것이다.

20세기 초반 과학철학을 대표하던 논리실증주의 사조는 20세기 후반에 들어 생명현상, 응집 현상, 비선형(nonlinear) 패턴, 복잡계(complex system) 등에 관한 비선형적, 유기적 과학관이 부상하면서 탈경험주의적인 측면이 나타나다가 마침내 통일 자체를 부정하는 포스트모더니즘적인 과학 풍토도 등장하게 되었다. 환원주의 과학에서 복잡계 과학으로의 이행과정은 이분법적인 근대적 합리성에서 전일적인 생태적 합리성으로의 이행과 맥을 같이 한다. 데카르트식의 환원주의적 접근은 복잡한 현상을 단순한 요소로 분해해서 부분의 성질을 규명함으로써 전체를 파악하는 분석적 사고에 의해 획기적인 과학적 성과를 거두긴 했지만, 부분의 모든 것을 알고서도 전체를 파악하지 못하는 딜레마에 처하게 되었다.

그리하여 20세기 후반에는 기계론적 환원주의에 대한 반동으로 복잡하게 얽힌 세계[생명계]를 전일적이고 유기적으로 통찰하는 세계관이자 방법론으로서 일명 네트워크 과학이라 불리는 복잡계 과학이 나타나게 되었다. 네트워크가 상호작용하며 만들어내는 다양한 패턴을 네트워크 과학에서는 '자기조직화(self-organization)'라고 명명한다. 복잡계 네트워크 이론의 창시자인 알버트 라즐로 바라바시(Albert-Laszlo Barabasi)는 오늘의 인류가 부분의 모든 것을 알게 되고서도 전체를 파악하지 못하는 이유를 수많은 구성 요소들이 유기적으로 링크되어 있는 복잡계에서 찾고 있다. 네트워크 개념은 통섭적 세계관의 바탕을 이루는 개념으로 21세기 전 분야의 패러다임을 주도하게 될 전망이다.

주체와 객체의 이분법이 성립하지 않는 것으로 드러난 양자역학적 실험 결과나, 벨기에의 물리학자이며 화학자인 일리야 프리고진(Ilya Prigogine, 1977년 노벨화학상 수상)의 산일구조(散逸構造, dissipative structure)의 '자기조직화' 원리는 이 우주를 자기생성적 네트워크 체제로 인식한다는 점에서 현대과학의 통섭적 세계관을 명징하게 보여주는 대표적인 사례이다. 이 우주가 자기생성적 네트워크 체제로 이루어져 있다는 것은 모든 존재가 자기근원성을 가지므로 창조하는 주체와 창조되는 객체가 따로 있는 것이 아니라, 전 우주가 참여자의 위치에 있게 되는 이른바 '참여하는 우주(participatory universe)'라는 것이다. 만물의 근원적 평등성과 유기적 통합성의 근거가 바로 여기에 있다.

우리가 살고 있는 복잡계는 무수히 다차원적인 세계가 공존하고 있으며 모든 부분은 전일적인 생명 과정의 한 측면이다. 미국 출신으로 영국 런던대학교 이론물리학 교수를 역임한 세계적인 양자물리학자 데이비드 봄(David Bohm)이 아원자의 역동적 본질을 나타내기 위해 사용한 '홀로무브먼트

(holomovement)'라는 용어는 우주의 창조적 에너지의 전일적인 흐름을 나타낸 것이라는 점에서 현대과학의 통섭적 세계관을 표징하는 키워드이다. 홀로무브먼트의 관점에서 이 우주는 각 부분 속에 전체가 내포된 거대한 홀로그램(hologram)적 투영물이며, 전자(electron)는 기본 입자가 아니라 단지 홀로무브먼트의 한 측면을 지칭한 것으로 입자인 동시에 파동으로 나타나게 된다는 것이다.[12]

비선형적·비평형적인 복잡계를 다루는 카오스이론(chaos theory)은 서구 과학계에서 상대성이론과 양자역학(quantum mechanics)에 이어 물리학에서 제3의 혁명을 가져올 것으로 기대된다. 카오스이론은 1961년 미국의 기상학자 에드워드 로렌츠(Edward Lorentz)가 기상관측 도중 생각해 낸 나비효과(butterfly effect)를 발표하면서 이론적 토대가 구축된 데 이어, 스티븐 스메일(Stephen Smale), 베노이트 만델브로트(Benoit Mandelbrot) 등이 컴퓨터로 대표되는 정보처리 기술의 발달에 힘입어 카오스이론에 새로운 전기를 마련하였으며, 일리야 프리고진은 비평형 상태에서 일어나는 비가역적(irreversible)·비선형적 변화를 수학적으로 설명한 복잡성의 과학을 체계화하고 부분적으로 논의되던 카오스이론[13]을 통합하여 복잡계 이론을 창시함으로써 1970년대 후반부터 활발하게 논의되기 시작했다. 이 이론은 역학계 이론이 모든 분야로 침투하는 계기를 마련함으로써 다양한 분야에서 학제적 접근을 통해 사고의 변혁과 학문적 진전을 이루는 계기를 제공하고 있다. 카오스이론은 수학이나 물리학에서뿐만 아니라 경제학·기상학·해양학·생물학·화학·공학·지질학·생태학·사회학·과학철학·군사학·천문학·의학 등 다양한 분야에서 사고의 변혁과 학문적 진전을 이루는 계기를 제공하고 있다.

프리고진은 복잡계에서 일어나는 변화가 분기(bifurcation)와 같은 현상 때문에 비가역적인 것이 특징이며 이 비가역성이 혼돈으로부터 질서를 가져오는 메커니즘이라고 보았다.[14] 비평형의 열린 시스템에서는 비선형 피드백 과정(nonlinear feedback process)에 의해 증폭된 미시적 요동(fluctuation)의 결과로 엔트로피(entropy)가 감소되어 완전한 질서를 상정한 결정론[필연]과 혼돈을 상정한 근원적 비예측성[우연]이 상보적이며 역동적 균형을 띠게 되어 거시적인 안정적 구조[산일구조]가 나타난다. 결정계(system of crystallization)라고 해도 모두 예측 가능한 것이 아니라 '초기 조건에의 민감성(sensitivity to the initial condition)' 때문에 예측할 수 없는 복잡하고 다양한 파급효과[나비효과]를 가져올 수 있다는 카오스이론에 의해 기존의 선형적인 접근방식으로는 알 수 없었던 혼돈과 질서가 공존하는 세계가 밝혀진 것이다. 생명계는 혼돈과 질서가 공존하는 산일구조체로서 생명의 구성요소들은 상호작용에 의해 '기이한 끌개(strange attractor)'로 자기조직화 된다는 것이다. 생명의 본질적 특성은 자발적인 질서의 창발(emergence)[15]이 일어나는 자기조직화에 있다고 복잡계 생물학의 선구자 카우프만(Stuart Kauffman)은 말했다.

프리고진의 복잡계 이론은 비평형(non-equilibrium) 상태에서 일어나는 비가역적·비선형적인 복잡한 변화를 설명하기 위한 것으로 '있음(being)'의 불변적 상태보다 '됨(becoming)'의 가변적 과정을 일반적인 것으로 인식했다. 프리고진에 의하면 비평형의 열린 시스템에서는 자동촉매작용(autocatalysis)에 따른 비선형의 적극적 피드백 과정에 의해 새로운 구조로의 도약이 가능한데, 그렇게 생성된 새로운 구조가 카오스의 가장자리인 산일구조이고 그러한 과정이 자기조직화라는 것이다. 위상전환(phase transition)이 이루어지는 카오스의 가장자리는 새로운 창조가 일어나는 임계점이다. 부분이 전체와 닮은 구조로 나타나는 자기유사성[자기반복성]의 패턴인 프랙탈(fractal) 구조 또한 카오스의 일종이다. 일체 생명현상과 진화 그리고 세계의 변혁이 복잡계의 산일구조에서 발생하는 자기조직화로 설명된다. 프리고진, 헤르만 하켄

(Hermann Haken), 만프레드 아이겐(Manfred Eigen), 제임스 러브록(James Lovelock) 등에 의해 더욱 정교화된 자기조직화의 핵심 개념은 산일구조의 유기적·시스템적 속성을 보여주는 것으로 복잡계 이론을 이해하는 키워드이며, 부분과 전체가 함께 진화하는 공진화(co-evolution) 개념을 이해하는 키워드이기도 하다.

현대과학의 통섭적 세계관은 20세기 후반에 들어 현대물리학의 주도로 본격화된 '단순성(simplicity)의 과학'에서 '복잡성(complexity)의 과학'으로의 패러다임 전환과 그 맥을 같이 한다. 이러한 복잡계 과학으로의 패러다임 전환은 21세기에 들어 가속화되고 있으며 우리의 세계관에도 심대한 변화를 초래하고 있다. 기계론적·환원론적인 세계관은 시스템적·전일적인 세계관으로 대체되고 있으며, 이러한 새로운 세계관의 핵심에는 '생명'이 자리 잡고 있다. 시스템적 관점에서 인간과 사회는 외부와의 끊임없는 물질 및 에너지의 교환이 이루어지는 '열린 시스템(개방계)'이다. 전체는 '상호작용하는 개체 또는 개체군으로 이루어진 총체'인 까닭에 분석적 방법에 의해 파악될 수 없고 부분은 단지 전체 조직과의 맥락 속에서만 파악될 수 있다고 하는 시스템적 사고의 출현은 '닫힌 시스템'으로는 파악할 수 없었던 복잡한 생명현상을 파악할 수 있게 하고 나아가 통섭적 세계관의 형성에 크게 기여했다.

복잡계 과학의 생명사상은 생명의 자기조직화(self-organization) 원리로 설명된다. 자기조직화의 경계는 주체와 객체의 이분법이 폐기된 '참여하는 우주'의 경계이므로 창조하는 주체도 없고 창조되는 객체도 없다. 말하자면 생명의 시스템적 속성에서 자기조직화가 일어나는 것이다. 우주의 본질인 생명은 만물이 만물일 수 있게 하는 제1원인[神·天·靈]이다. 우주 지성[性]·에너지[命]·질료[精]는 제1원인의 삼위일체로서 유일자인 생명의 세 기능적 측면을 나타낸 것이다. 말하자면 생명은 물질과 에너지의 패턴이라는 기본 구조 속에 우주 지성[정보]이 내재한 것이다. 생명은 심리적·물리적 통합체일 뿐 아니라 정신적·영적 통합체이므로 창조냐 진화냐 하는 이분법적인 접근으로는 생명현상을 적절하게 설명할 수가 없다.

20세기가 상대성이론과 양자역학으로 대변되는 물리학의 세기였다면, 21세기는 유전자에 의해 대변되는 생명과학(life sciences)의 시대가 될 것이라는 전망이 유력하다.[16] 생태계(ecosystems)를 이해하는 것은 궁극적으로 네트워크를 이해하는 것이며, 그런 점에서 네트워크 개념은 생태계(생명계)뿐만 아니라 생명의 본질 그 자체를 과학적으로 이해하는 열쇠이다.[17] 복잡계 연구가 본격화된 것은 과학기술의 발달과 더불어 컴퓨터 등에 의한 정보처리 기술이 발달하면서부터이다. 미국의 수학자 워런 위버(Warren Weaver)는 과학사에 나타난 패러다임 전환을 세 가지 문제군으로 분류하고 있다. 즉 고전 물리학의 '단순성(simplicity)의 문제'와 양자역학 등 현대물리학의 '조직되지 않은 복잡성(disorganized complexity)의 문제', 그리고 복잡계 과학이 풀어나갈 '조직된 복잡성(organized complexity)의 문제'[18]가 그것이다. 조직된 복잡성이라는 개념은 오늘날 시스템적 접근의 핵심적인 주제가 되고 있다.

이상에서 고찰한 바와 같이 복잡계 과학으로의 패러다임 전환—즉, 기계론적·환원론적인 세계관에서 시스템적·전일적인 세계관으로의 전환—은 21세기에 들어 가속화되고 있으며, 이러한 새로운 세계관의 핵심에는 '생명'이 자리 잡고 있다. 복잡계 과학은 생명계 뿐만 아니라 생명의 본질 그 자체를 네트워크로 인식한다는 점에서 통섭적 세계관을 바탕으로 생명의 전일성과 자기근원성을 함축한 한국학 고유의 코드와 사상적 근친성을 갖는다. '일즉삼·삼즉일'[천·지·인 삼신일체]이라는 한국학 코드의 사상적 정수(精髓)는 『천부경』·『삼일신고』·『참전계경』 3대 경전과 홍익인간·광명이세의 건국이념과 경천숭조(敬天崇祖)의 보본사상(報本思想) 그리고 '단군8조(檀君八條)' 등에 잘 구현되어 있다. 고조선 고유의 조의국선(皂衣國仙)의 국풍은 부여의 구서(九誓)와 삼한의 오계(五戒)와 고구려의 조의국선의 정신 및 다물(多勿)의 이념과 신라 화랑도의 세속오계(世俗五戒)와 원효(元曉)의 화쟁사상(和諍思想) 등으로 그 맥이 이어져 내려왔고, 근대에 이르러서는 동학(東學) 속에 그 사상적 정수가 응축되어 있다.

한국학 코드의 사상적 정수는 한마디로 생명사상이다. 복잡계 과학에서는 네트워크가 상호작용하며 스스로 만들어내는 다양한 패턴을 '자기조직화'라고 부르는데 복잡계 과학의 생명사상은 생명의 자기조직화 원리로 설명된다. 부분은 단지 전체 조직과의 맥락 속에서만 파악될 수 있다고 하는 시스템적·통섭적 사고의 출현은 '닫힌 시스템'으로는 파악할 수 없었던 복잡한 생명현상을 파악할 수 있게 하였으며, 부분[개체]과 전체가 함께 진화하는 공진화(co-evolution) 개념을 이해할 수 있게 했다. 한국학 코드 또한 이 우주를 자기생성적 네트워크 체제로 보고 생명의 본체[一, 본체계·의식계]와 그 작용인 우주만물[三, 현상계·물질계]이 하나라고 보는 시스템적·통섭적 사고에 기초해 있다는 점에서 복잡계 과학의 생명사상과 본질적으로 상통한다. 한국학 코드 역시 복잡계 과학과 마찬가지로 생명을 비분리성·비이원성을 본질로 하는 영원한 '에너지 무도(energy dance)'로 본 것이다.

한국학 코드와 복잡계 과학에 나타난 생명현상의 공통된 특성은 생명의 시스템적 속성에서 자발적인 질서의 창발(創發) 현상인 자기조직화가 일어나므로 주체와 객체의 이분법은 성립되지 않으며 창조하는 주체도 없고 창조되는 객체도 없다는 것이다. 다시 말해 우주만물은 하나인 생명의 본체[一, 神·靈·天]의 자기복제(self-replication)로서의 작용으로 나타난 것이므로 본체와 작용은 분리될 수 없는 하나다. 복잡계 과학자들에 의하면 창발 현상이 가능한 것은 분자가 갖고 있는 '정보-에너지장(information-energy field)' 때문이며, 이 정보-에너지장이 바로 생명의 자기조직화를 가능하게 하는 우주 지성, 즉 창조주다. 우주의 실체는 의식이므로 창조주는 없는 곳이 없이 실재하는 보편자, 즉 보편의식[一心]이다. 한국학 코드에서도 '일즉삼·삼즉일'이라는 역동적인 생명의 본질이 발현되는 것은 제1원인인 생명[神·靈·天]의 삼위일체 [지성·에너지·질료]의 작용에 의해서이며, 본체[一]와 작용[三]의 합일을 추동하는 메커니즘은 일심(一心), 즉 보편의식이다.

에너지 보존과 엔트로피 증가의 법칙을 바탕으로 한 종래의 평형 열역학 —변화가 없는 '있음'의 상태가 일반적이고 '됨'의 과정은 예외적 현상으로 여겨진—에서와는 달리, 일리야 프리고진의 복잡계 이론은 비평형 열역학 을 통해 '있음(being)'의 불변적 상태보다 '됨(becoming)'의 가변적 과정을 일반 적인 것으로 인식함으로써 실재(reality)를 변화의 과정 그 자체로 보았다. 모든 생명체는 산일구조체로서 지속적인 에너지 유입에 의해서만 생존이 가능한 까닭에 독자적으로는 생존할 수 없다. 생명체는 영원히 변화하는 분자 들로 이루어진 구조로서 그 구조와 형태를 유지하기 위해 에너지의 항상적 흐름에 의존하는 것이다.[19] 따라서 개체의 존재성은 이러한 에너지의 흐름 속에서만 파악될 수 있다. 한국학의 핵심 코드인 '일즉삼·삼즉일' 또한 생명 현상을 전일적 흐름(holomovement)이라는 가변적 과정으로 본다. '일즉삼·삼 즉일'이라는 '생명의 공식'은 본체계와 현상계의 상호관통에 기초하여 생명 의 전일성과 자기근원성, 만유의 근원적 평등성과 유기적 통합성을 밝힌 것 이라는 점에서 현대물리학의 전일적 실재관(holistic vision of reality)의 원형이라 할 수 있다.

이와 같이 한국학 코드는 단순히 낡은 과거의 것이 아니라 사조(思潮)의 대 전환이 이루어지고 있는 현재에 재음미되고 재해석될 필요가 있는 '가장 오래된 새것'이다. 현대물리학자들은 객관주의와 과학적 합리주의만으로는 현재 인류가 직면한 난제들을 해결할 수 없다고 보고 과학이 인간의 의식세계와 분리될 수 없음을 분명히 했다. 이로써 현대과학은 분리된 물리 세계에서 연결된 삶의 세계로 사고의 지평을 확장하기 시작했고—'양자 형이상학(quantum metaphysics)'이라는 용어가 시사하듯—철학 및 형이상학과도 소통하기 시작했다. 21세기 과학혁명은 과학과 의식의 접합을 추구하는 특성을 갖는 까닭에 필연적으로 삶 자체의 혁명, 즉 존재혁명의 과제를 수반한다. 이러한 접합은 전일적 흐름으로서의 생명현상을 파악할 수 있게 하는 핵심요소다.

전일적 패러다임으로 압축되는 현대물리학의 핵심 원리는 우리 상고시대 통치 엘리트 집단의 통치 원리였으며, 혼돈 속의 질서를 찾아내려 하는 복잡계 과학 또한 그 당시에 정립되어 실생활에서도 활용되었던 것으로 드러난다. 일(一)부터 십(十)까지 숫자들의 순열 조합으로써 삼라만상의 천변만화(千變萬化)에 질서를 부여하는 『천부경(天符經)』의 '생명의 3화음적 구조' 자체가 복잡계인 생명계에 대한 이해가 없이는 정립될 수 없는 것이다. 『천부경』은 복잡계 과학의 기초가 되는 통섭적 사유와 통합학문의 전형을 보여준다. 한국학 고유의 핵심 코드인 '일즉삼(一卽三)·삼즉일(三卽一)'의 원리는 일체가 초양자장(超量子場, superquantum field)에서 나와 다시 초양자장으로 환원한다는 데이비드 봄(David Bohm)의 양자이론과 조응한다. 이렇듯 상생상극하는 천지 운행의 현묘한 이치는 양자역학의 비국소성(nonlocality)의 원리, 복잡계의 특성인 프랙탈(fractal) 구조, 자기조직화, 비평형, 비가역성(irreversibility), 비선형성(nonlinearity), 분기(bifurcation), 피드백 과정, 요동(fluctuation) 현상, 창발 현상을 함축하고 있어 생명의 기원과 세상사의 신비를 연구하는 오늘날의 복잡계 과학에 많은 시사점을 제공해 준다.

또한 『참전계경』에 나오는 천지운행의 도수(度數), 간지(干支), 사주팔자 등은 복잡계의 전형적인 특성을 함축하고 있으며 당시 통용되었던 복잡계 과학의 실상을 보다 구체적으로 보여준다. 프랙탈 구조 또한 자기조직화의 원리에 기초해 있다는 점에서 우주만물(三, 多)을 전일성(一)의 자기복제로 보는 '일즉삼·삼즉일'의 원리와 조응한다. 근원적 일자인 '하나(一)'에서 우주만물(三, 多)이 생성되는 과정은 비평형의 열린 시스템에서 상호피드백 과정에 의해 일어나는 자발적인 자기조직화의 창발 현상과 조응하며, 무질서 속의 질서를 찾아내고자 하는 복잡계 과학의 특성을 잘 함축하고 있다. 우주만물은 어떤 근본적인 특성을 지닌 실체들의 단순한 집합이 아니라 상호연관된 사건들의 '역동적인 그물망'이다.

이러한 상호연관과 상호의존의 세계 구조는 수많은 구성요소들이 유기적으로 링크되어 있는 복잡계의 특성을 여실히 보여준다. 지난 백여 년간 현대과학은 특히 실험물리학과 양자론의 등장으로 주체와 객체의 이분법이 폐기된 새로운 차원의 우주에 접근하는 혁명적인 진보를 이룩했다. 반면 한국학을 비롯한 인문사회과학 연구자들은 현대물리학의 전일적 실재관을 반영하지 못한 채 여전히 근대 서구의 이분법에 근거한 지식의 박피를 드러내며 수백 년 전 아이작 뉴턴(Isaac Newton)이나 찰스 로버트 다윈(Charles Robert Darwin)과 같은 환원주의적 관점에 근거해 있다. 그렇게 된 데에는 학문의 분과화에 따른 이질적인 영역 간의 소통 부재 때문이다. 특히 인문사회과학과 자연과학의 학문적 경계는 너무나 뚜렷해서 소통할 기회도 거의 없을뿐더러, 소통할 필요조차 느끼지 못하는 전공자들이 대부분이다. 자연과학 또한 인문사회과학과의 소통 부재로 인해 미시세계에 대한 실험 결과를 거시세계에 적용할 수 있는 인식의 토대를 구축하지 못함으로 해서 결과적으로 학문과 삶의 심대한 불화를 초래했다.

오늘날 현대과학은 인간 존재의 세 중심축인 종교와 과학과 인문, 즉 신과 세계와 영혼의 세 영역(天地人 三才)의 연관성 및 통합성에 대한 자각이 여전히 결여된 관계로 생명현상을 분리된 개체나 종(種)의 차원에서 인식함으로써 단순한 물리현상으로 귀속시키기도 한다. 또한 왜 미시세계에서는 파동-입자의 이중성(wave-particle duality)이 존재하는지, 또는 '미시세계에서의 역설(paradox in the microworld)'—소립자의 수준에서 물질은 마치 비국소성(nonlocality)[초공간성]을 띠는 안개와도 같이 어디에도 존재하지 않으면서 동시에 모든 곳에 존재하는—이 의미하는 바가 무엇인지에 대해서는 여전히 현대물리학의 아킬레스건으로 남아 있다. 모든 생명체와 사회의 제 현상은 복잡계의 현상이며 그 특성은 전체가 부분의 총화 이상의 것이라는 점에서 천·지·인의 통합성에 대한 자각 없이 생명현상을 이해하기는 불가능하다. 이에 대해 과학과 영성의 상호피드백 과정은 실효성 있는 통찰력을 제공해 줄 것이다.

## 과학과 영성의 상호피드백

20세기 이후 실험물리학의 발달로 원자의 존재가 실증되고 원자를 구성하는 핵과 전자가 발견된 데 이어 핵의 구성물인 양성자와 중성자 및 기타 수많은 아원자입자가 발견되면서 물질의 근본 단위로서의 '소립자(素粒子)' 개념은 사실상 폐기되게 되었다.* 이제 과학은 물질에서 마음[의식]을 향하

---

* 물질은 원자로 구성되고, 원자는 원자핵과 전자로 구성되며, 원자핵은 양성자와 중성자로 구성된다. 다시 말해 원자는 입자(양성자·중성자·전자)로 이루어져 있고 입자는 다

여 움직이고 있다. 과학과 영성[의식]의 통섭에 관한 논의가 획기적인 전기를 맞게 된 것은 현대물리학의 '의식(consciousness)' 발견에 따른 것이다. 현대물리학의 관점에서 생명계는 분리 자체가 불가능한 진동하는 에너지장(energy field)이다. 우리가 물질이라고 지각하는 것은 특정 범위의 주파수를 가진 에너지 진동에 지나지 않는다. 우주만물은 쉼 없는 운동으로 진동하는 에너지장(場)이며 텅 빈 공간으로 이루어져 있다. 영성(靈性) 과학자인 그렉 브레이든(Gregg Braden)은 이 에너지장을 우주를 연결하는 '양자망(量子網, quantum net)'이라고 말한다.

> 이 에너지장은 우주를 연결하는 양자망(網)이자, 우리 몸의 치유에서부터 세계 평화에 이르기까지 모든 것에 대한 무한히 미시적이고도 강력한 청사진으로 여겨진다.
>
> This field is believed to be the quantum net that connects the universe, as well as the infinitely microscopic and energetic blueprint for everything from healing our bodies to forging world peace.[20]

물질의 외형적인 견고함은 우리의 감각기관이 진동하는 주파수를 그런 식으로 지각한 것일 뿐, 실제로는 분자, 원자, 전자, 아원자 입자들의 쉼 없는 운동이다.* 아원자 물리학의 '양자장(量子場, quantum field)' 개념은 물질이 개

---

시 소립자로 이루어져 있다. 소립자는 쿼크(quark)와 렙톤(lepton)의 두 가지 형태로 존재하며, 이들을 한데 묶어 페르미온(fermion)이라고 부른다. 모든 물질은 업쿼크와 다운쿼크 그리고 전자(electron)라는 렙톤의 조합으로 이루어진다.

\* 생각도 물질과 똑같은 에너지로 이루어져 있지만, 물질보다 높은 주파수로 진동하는 까닭에 눈에 보이지도 않고 만질 수도 없다. 생각 또한 특정 범위의 주파수를 가지고

별적인 원자들로 구성되어 있는 것이 아니라 장(場)이 유일한 실재이며 물질은 장이 극도로 강하게 집중된 공간의 영역에 의해 성립되는 것이라고 본다. 이 우주가 근본적인 전일성(Oneness)의 현시이며 독립적인 최소의 단위로 분해될 수 없다고 하는 '양자장' 개념은 '일즉삼·삼즉일'[천·지·인 삼신일체]이라는 한국학 고유의 핵심 코드와 조응한다. 또한 『반야심경(般若心經)』에서 "색(色, 有)이 곧 공(空, 無)이요 공이 곧 색이다"[21]라고 한 구절이나, 상호연관과 상호의존의 세계 구조를 보여주는 불교의 연기적(緣起的) 세계관[22]과도 조응한다. 양자역학의 출현으로 과학과 영성의 접합에 대한 논의와 함께 과학과 영성의 경계를 탐색하는 작업이 지속적으로 이어지면서,[23] 특히 양자역학으로 대표되는 포스트 물질주의 과학의 주도로 다양한 분야에 걸쳐 '영성의 과학적 재발견'이 이루어지고 있다.

영성은 그 어떤 의미에서도 특정 종교나 신학의 전유물이 될 수 없으며 또한 그것에 부착된 개념도 아니다. 영성은 종교적 전통이나 도그마, 특정 신념체계를 넘어선 것이다. 종교의 본래 의미는 '근본이 되는 가르침'이다. 그러나 종교는 근본이 되는 가르침에 충실하지 못하고 교리적 배타성에 물들어 집단적 분리의식에 빠진 채 세속화·상업화·기업화의 길로 치달았다. 그리하여 근대 과학에 의해 비과학적이고 비합리적인 것으로 비판받게 되고 심지어는 종교적 진리의 정수인 영성[靈]마저도 미신으로 치부되게 되었다. 종교와 과학의 불화는 급기야 과학적 방법론을 기용하는 학문과 종교의 불화로 번지고 그에 따라 생명 그 자체인 영성은 학문의 영역에서 완전히 배제되고 말았다. 진리를 추구하는 학문이 우주의 본질인 생명을 배제하고서 추구해야 할 또 다른 진리가 있단 말인가!

---

있으며, 긍정적인 생각은 진동 주파수가 높고 부정적인 생각은 진동 주파수가 낮다.

개념적 명료화가 없이는 부질없는 공론(空論)만 일삼게 된다. 「요한복음」
(14:6, 4:24)과 「요한일서」(4:8)에 나와 있듯이, 신*은 곧 길(道)이고 진리이고 생
명이고 영(靈, 靈性)이고 사랑이다. 또한 생명[神·天·靈]은 우주만물의 성(性, 神
性, 靈性, 참본성)이다. '성'은 생명이 만물에 배분된 것이다. 따라서 신, 생명, 영
성[靈], 진리, 사랑은 곧 우주만물의 참본성[참자아]이며 일심(一心, 즉 보편의식)이
다. 우주의 실체는 의식이므로 영은 곧 영성이고, 신은 곧 신성이며, 참자아
는 곧 참본성이다. 이러한 개념들은 모두 영적 진화의 수준에 따라 다르게
인식된다. 수준이 낮을수록 물질 차원에서 분리적으로 인식되고, 수준이 높
을수록 영적 차원에서 전체적으로 인식된다. 모든 가치개념 또한 영적 진화
수준에 따라 다르게 인식된다. 수준이 낮을수록 개체화(particularization) 의식
에 사로잡히게 되므로 이기적인 목적을 앞세우게 된다.

영성은 일(一)과 다(多), 유(有)와 무(無), 현상과 본체를 모두 포괄하는 동시
에 초월한다. 또한 영성은 영원과 변화의 피안(彼岸)에, 선과 악의 피안에 있
다. 그런 까닭에 신학이나 종교 없는 영성은 가능하지만, 영성 없는 신학이
나 종교는 빈 껍데기에 불과한 것이다. 영성[靈]은 분리 자체가 근원적으로
불가능한 절대유일의 '하나', 즉 생명 그 자체로서 보편성을 띠는 까닭에 그
어떤 것에도 귀속될 수가 없다. '영적(靈的)'이라는 것은 곧 전일적이고 시스
템적이며 생태적이고 유기론적이라는 것이다. 우주만물이 '하나'—즉, '하
나'인 혼원일기(混元一氣)—로 연결돼 있다는 것은 이른바 '양자 얽힘(quantum

---

* 서구적 전통에서 신은 인간과는 분리된 의인화된 형상으로 정형화(?)되어 있기 때문에
신이 무엇인지에 대한 의문조차 일어나지 않는다. 신은 만물의 근원[궁극적 실재, 混元一
氣]을 지칭하는 많은 대명사 중의 하나일 뿐이다. 신이라는 이름을 폐기처분 한다고 해
서, 또는 '신은 없다'라고 주장한다고 해서 만물의 근원에 대한 규명의 필요성이 사라지
는 것은 아니다. 실로 신이라는 이름을 넘어서지 않고서는 신이 무엇인지를 알 수 없다
는 것이 신의 역설이다.

entanglement)'이라고 부르는 현상과 같은 맥락에서 이해될 수 있다. 1997년 스위스 제네바대학의 과학자들이 하나의 광양자(photon)를 동일한 특성을 지닌 두 개의 쌍둥이(twins) 입자로 나누어 이 실험을 위해 고안된 기계를 이용해 두 입자를 반대 방향으로 발사했을 때 그 둘은 지리적으로는 분리되어 있으면서도 여전히 연결된 것처럼 행동했는데, 이 신비로운 연결을 물리학자들은 '양자 얽힘'이라고 이름 붙였다. 이 프로젝트를 주도한 니콜라스 기신(Nicholas Gisin)은 이 현상을 이렇게 설명했다.

> 흥미로운 것은 얽혀 있는 광양자들이 하나의 물체인 양 행동한다는 것이다. 쌍둥이 광양자들은 지리적으로는 분리되어 있으면서도 그중 하나가 변화하면 다른 하나도 자동적으로 똑같이 변화한다.
>
> What is fascinating is that entangled photons form one and the same object. Even when the twin photons are separated geographically, if one of them is modified, the other photon automatically undergoes the same change.[24]

오늘날 과학의 진보는 과학과 영성, 물질과 비물질의 경계를 허물고 영성을 측정 가능한 방식으로 보여주는 단계에 진입해 있다. 일반상대성이론(중력이론)과 양자역학의 통합을 통하여 거시세계와 양자역학의 미시세계를 결합하려면 물리적 우주를 넘어선 의식 차원과의 연결이 필수적이다. '보이는 우주'[물질계, 현상계]는 청사진으로 존재하는 '보이지 않는 우주'[의식계, 본체계]가 물질화되어 나타난 것이기 때문이다.[25] 다시 말해 물질세계는 '영(靈·神·天)' 자신의 설계도가 스스로의 우주 지성[性]·에너지[命]·질료[精]의 삼위일체의 작용으로 형상화되어 구체적 현실태로 나타난 것이다. 따라서 형상은 생명의 본체인 '영'의 잠재적 본질(potential nature)이 드러난 것이므로 우주만물은 물질화된 영(靈·神·天)*이다. 따라서 오늘날 물리학에서 탐색하고 있는 일반 상대성이론과 양자역학을 통합하는 새로운 이론, 즉 양자중력이론(quantum gravity theory)을 완성하기 위해서는 영성과 물성, 생명의 본체와 작용을 통섭하는 의식의 확장이 선결 과제이다.

과학[이성]과 영성, 논리와 직관의 상호피드백 과정(mutual feedback process)은 미시세계 연구자들에게 인식의 지평을 확장하고 이성과 영성의 통합적 비전을 갖게 함으로써 우주와 생명의 본질에 더 심층적으로 접근할 수 있는 메커니즘으로 작용할 것이다. 마찬가지로 이러한 상호피드백 과정은 거시세계 연구자들에게 인식체계의 논리적 기반을 강화하고 이론체계의 정밀화를 가져오는 메커니즘으로 작용할 것이다. 다시 말해 과학을 통한 영성으로의 접근(Approaching spirituality through science)과 영성을 통한 과학으로의 접근(Approaching science through spirituality)이라는 상호피드백 과정을 통해 생명에 대한 심오한 철학적·과학적 이해를 수반하는 시너지효과를 창출해냄으로써 통합적 비전이 달성되면 존재계를 파편화하는 근대 서구 이원론의 유산은 극복될 수 있을 것이다.

미국의 양자물리학자 프레드 앨런 울프(Fred Alan Wolf)는 양자물리학과 의식 간의 관계에 대한 연구를 통해 '영혼의 새로운 물리학(new physics of the soul)'[26]의 정립을 시도했다. 그의 저서 『영적인 우주: 정신, 영혼, 물질 및 자아에 대한 한 물리학자의 비전 The Spiritual Universe: One Physicist's Vision of Spirit, Soul, Matter and Self』(1999)는 종교와 철학, 과학과 영성이

---

* 우주만물이 '물질화된 영(靈)'인 것은, 양자물리학자 데이비드 봄이 입자를 '입자처럼 보이는 파동'일 뿐이라고 한 것과 일맥상통한다.

교차하는 지점에 대해 포괄적이고도 도발적인 고찰을 보여준다. 그는 양자물리학이 죽음 이후의 삶에 대한 영원한 질문을 평가하는 최상의 관점이라고 주장했다. 양자물리학이 물리적인 환경에선 인지할 수 없는 개념을 다루기에 실제로는 볼 수 없고 마음속에 그림을 그려 추측만 할 뿐이라는 점에서 육안으론 보이지 않는 비물질적인 영성과 공통점이 있다고 보았다. 그는 양자물리학과 영성의 접합을 이렇게 나타냈다.

> 양자물리학은 이 세계가 끊임없는 변화로 가득 차 있다는 것을 깨닫게 해준다. 우리가 관찰하는 대로 세계가 존재하고, 그 결과 세계와 우리 자신 둘 다를 변화시킬 기회를 제공한다는 것을 보여준다.
>
> Quantum physics enables us to realize that the world is filled with constant change. It shows us that our observations bring the world into existence and as such provide us opportunity to change both it and ourselves.[27]

아원자 물질, 원자의 핵을 구성하는 물질, 쿼크(quarks), 보존(boson)이라 불리는 물질, 쿼크 사이의 상호작용을 매개하는 글루온(gluon)이라 불리는 물질 등 이런 다양한 물질들은 실제로 본 적은 없는 우리 마음속의 이론일 뿐이며 우리가 바라보는 방식에 따라 이 물질들은 변화한다는 것이다. 양자물리학에서 말하는 '관찰자 효과(observer effect)'라는 것이 이것이다. 1998년 양자물리학 분야에서 최고 권위를 자랑하는 이스라엘의 와이즈만연구소(Weizmann Institute of Science)에서 실시한 전자의 운동성에 대한 '이중슬릿 실험(double-slit experiment)'은 전자의 운동성이 관찰자의 생각에 따라 달라짐을 보여준다. 즉, 관찰자가 바라본 전자의 움직임은 직선으로 슬릿을 통과해 벽면에 입자의 형태를 남긴 반면, 관찰자가 바라보지 않은 전자의 움직임은 물결처럼 슬릿을 통과해 벽면에 파동의 형태를 남긴 것이다.

말하자면 '일체유심조(一切唯心造)', 즉 일체가 오직 마음이 지어내는 것이다. 외부세계에 대한 우리의 지각은 우리의 마음에서 생겨나는 것이므로 우리가 어떤 관점을 갖느냐에 따라 우리가 지각하는 현실도 변한다. 인식은 관점에 따라 변하며 우리의 의식과 선택이 곧 우주를 형성한다는 양자물리학적 관점은 비이원성(nonduality)에 기초한 영적인 관점과 분명 유사성이 있다. 이렇게 볼 때 양자역학의 해석은 수많은 물리적 세계를 가정하여 해석하는 것이므로 실험실에서 답하는 것으로는 한계가 있을 수밖에 없다. 양자역학과 영성의 상호피드백이 필요한 것은 이 때문이다. 아원자 차원에서 일어나는 일을 마음으로 조종할 수 있다는 양자물리학적 관점은 영성이 곧 일심(一心)이며 참본성이라는 점에서 양자물리학과 영성의 접합을 보여준다.

'과학을 통한 영성으로의 접근'과 '영성을 통한 과학으로의 접근'이라는 상호피드백 과정의 필요성은 1927년 브뤼셀에서 개최된 제5회 솔베이 학술회의[28] ─ 양자역학의 의미를 다루도록 고안되었던 ─ 에서도 찾아볼 수 있다. 20세기 과학계를 대표하는 지적 논쟁으로 잘 알려진 이 회의에서 보어(Niels Bohr)와 아인슈타인의 논쟁(Bohr-Einstein debates)*의 핵심은 '실재(reality)'의 존재성에 대한 것이었다. '실재'는 이원성(duality)의 저 너머에 있는데, '실재'에 대

---

* 보어와 아인슈타인의 논쟁은 양자역학의 확률론적 해석과 결정론적 해석 간의 논쟁이다. 양자계(quantum system)에서 전자의 위치와 운동량을 모르기 때문에 불확정성 원리에 따른다고 한 것이 닐스 보어, 베르너 하이젠베르크, 막스 보른(Max Born), 폴 디랙(Paul Dirac), 볼프강 파울리(Wolfgang Pauli) 등의 확률론적 해석이다. 코펜하겐 해석의 반대 그룹에는 아인슈타인, 막스 플랑크, 에르빈 슈뢰딩거(Erwin Schrödinger), 드 브로이(Louis Victor de Broglie), 데이비드 봄 등이 있다. 아인슈타인의 결정론적 해석은 물리적 사건에서 본질적인 역할을 하는 것은 우주에 내재해 있는 절대 법칙이며 불확정성 원리와 같은 양자역학적 해석을 수용할 수 없다는 것이다.

한 인식론적 고찰 없이 실재는 '존재한다 혹은 존재하지 않는다'라는 이분법적 논쟁을 벌인 것이야말로 실재성이 없지 않은가? 이성[과학]과 영성의 상호 피드백 과정을 통해 궁극적 '실재'인 생명[神·靈·天]에 대한 심오한 철학적·과학적 이해를 수반하는 시너지효과를 창출해 냄으로써 이원론의 유산을 극복하는 것이 이 회의의 선결 과제였는지도 모른다.

자연계를 비선형 피드백 과정에 의한 자기조직화의 창발 현상으로 보는 현대물리학의 전일적 실재관은, 이 우주를 자기생성적 네트워크 체제로 보는 한국학 고유의 코드 속에 이미 구현되어 있다. '일즉삼·삼즉일'의 원리가 말해주듯 본체[一, 본체계·의식계]인 동시에 작용[三, 현상계·물질계]으로 나타나는 생명의 통섭적 본질을 이해하면, 파동인 동시에 입자로 나타나는 양자역학의 통섭적 세계관을 이해할 수 있다. 양자계의 비국소성(非局所性)[초공간성]은 양자역학과 마음의 접합을 통해 더 분명히 드러난다. 생명의 본체인 일심은 진여(眞如, 본체)인 동시에 생멸(生滅, 작용)로 나타나므로 일심(一心)의 구조를 이해하면, 파동인 동시에 입자로 나타나는 양자역학적 세계관을 이해할 수 있다. 양자역학적 실험에서도 관찰자의 의식은 관찰 대상에 영향을 미치는 것으로 밝혀졌다.

양자역학의 통섭적 세계관의 핵심은 인과론에 기초한 뉴턴의 고전역학의 틀을 벗어나 관찰자와 그 대상이 항상 연결되어 있고 그 경계 또한 고정된 것이 아니라고 보아 주체와 객체를 하나의 연속체로 파악함으로써 이 우주를 자기생성적 네트워크 체제로 인식하는 것이다. 여기서 관찰자의 의식이 대상에 영향을 미치는 것은 마치 소우주인 인간이 정신적으로 만다라(mandala)에 들어가서 우주 생성에 개입하는 것과도 같다는 것이다. 그러나 소립자의 수준에서 물질은 마치 비국소성을 띠는 안개와도 같이 어디에도 존재하지 않으면서 동시에 모든 곳에 존재한다는 '미시세계에서의 역설

(paradox in the microworld)'이 의미하는 바가 무엇인지, 또는 왜 미시세계에서는 입자와 파동의 이중성이 존재하는지에 관한 설명은 여전히 유보된 상태다.

우선 미시세계에서의 역설을 양자역학과 마음의 접합을 통해 살펴보기로 하자. 어디에도 존재하지 않거나 또는 모든 곳에 존재한다는 '미시세계에서의 역설'은 고대 인도의 대논사(大論師) 아슈바고샤(Aśhvaghoṣa, 馬鳴)가 말한 '존재의 역설(paradox of existence)'과 그 의미가 상통한다. 즉, "존재하는 것도 아니며, 존재하지 않는 것도 아니요, 존재와 비존재가 동시에 존재하는 것도 아니며, 존재와 비존재가 동시에 존재하지 않는 것도 아니다"²⁹라고 한 것이 그것이다. '미시세계에서의 역설'은 생명의 본체인 일심[참본성, 超量子場]*의 초공간성[비국소성]을 드러낸 것이다. 일심은 경계가 없는 실재의 영역으로 진여(眞如[파동], 天·神·靈)인 동시에 생멸(生滅[입자], 우주만물)로 나타난다.³⁰ 이는 우주의 본질인 생명이 본체[眞如]인 동시에 작용[生滅]으로 나타나는 것과도 같은 것이다. 우주의 실체는 의식이므로 생명은 곧 일심이며 참본성이고 보편의 식이다.

숨겨진 질서[파동]와 드러난 질서[입자]는 실물과 그림자의 관계와도 같이 상호 조응·상호관통하므로 동시적으로 존재한다. 진여인 동시에 생멸로 나타나는 마음의 구조와 파동인 동시에 입자로 나타나는 양자역학적 세계관은 상호 조응한다는 점에서 양자역학은 '마음의 과학'이라 할 수 있다. 또한 '미시세계에서의 역설'은 무주(無住)의 덕과도 그 의미가 상통한다. 『금강삼매경

---

* '일체유심조(一切唯心造)', 즉 일체가 오직 마음이 지어낸 것이므로 생명의 본체는 일심, 즉 참본성이다. 이는 곧 양자물리학자 데이비드 봄이 말하는 '초양자장'이다. 생명의 본체는 흔히 '하늘(天)'·신(神)·영(靈)이라고도 불리지만, 우주의 실체는 의식이므로 이는 곧 천성[참본성, 一心]·신성·영성이며 보편의식[근원의식·전체의식·우주의식·순수의식]이다.

론(金剛三昧經論)』「본각이품(本覺利品)」 장에 나오는 무주보살(無住菩薩)의 '무주'
는 머무름이 없이 두루 교화하는 일을 하기 때문에 그 덕에 의해 붙여진 이
름이다. '무주'의 덕은 적정(寂靜)한 일심의 체성(體性)—근원성·포괄성·보편
성—이 그대로 드러난 것이므로 "공(空)도 아니고 공(空) 아닌 것도 아니어서
공(空)함도 없고 공(空)하지 않음도 없다."[31] 이러한 '무주'의 덕은 위치라는 것
이 더 이상 존재하지 않는 미시세계에서의 역설을 이해할 수 있게 한다.

상대적 차별성을 떠난 여실한 대긍정의 경계인 '무주'의 덕은 『금강삼매경
론』에 나오는 '이변비중(離邊非中)'[32]과도 그 의미가 같은 것이다. '이변비중'은
유(有)도 아니요 무(無)도 아니요 그 양변을 멀리 떠나면서 그렇다고 중도(中
道)에도 집착하지 않는다(非有非無 遠離二邊 不着中道)는 뜻이다. 이는 곧 우주 '큰
사랑'이다. '큰사랑'이란 태양이 사해를 두루 비추고 비가 대지를 고루 적시
듯 미치지 않는 곳이 없는 보편의식의 나타남이다. 이는 곧 보편자의 빛이
두루 비치어 평등무차별성을 드러내는 것이다. 우주 '큰사랑'은 오직 자각적
실천을 통해서만 드러날 수 있다. 사랑은 이론이 아니기 때문이다. 자각적
실천의 힘이 발휘되기 위해서는 일심의 원천으로 돌아가야 한다. 마고성(麻
姑城) 시대로부터 우리 선조들이 '해혹복본(解惑復本: 미혹함을 풀어 참본성을 회복함)'
을 그토록 강조한 것은 그것이 자유와 행복, 정의와 평화의 세상을 여는 '마
스터 알고리즘'이기 때문이다. 이렇듯 양자역학은 영성과의 상호피드백 과
정을 통하여 비로소 그 진수(眞髓)가 드러나게 된다.

다음으로 입자와 파동의 이중성에 대해 살펴보기로 하자. 미시세계에서
양자가 입자인 동시에 파동으로 나타나는 것은 자연이 불합리해서가 아니
라 대립자의 역동적 통일성에 기초하는 '스스로(自) 그러한(然)' 자의 본질인
까닭이다. 일체 생명은 스스로 생성되고 변화하여 돌아가는 까닭에 필자가
'스스로 그러한' 자라고 한 것이다. '스스로(自) 그러한(然)' 자는 곧 자연이다.

대립자의 역동적 통일성이란 삶과 죽음, 물질과 정신, 입자와 파동 등 일체의 대립자가 낮과 밤의 관계와도 같이 하나인 생명의 순환고리로 연결되어 있다는 것이다. 즉, 만물만상이 모두 변화하여 그 반대의 면으로 될 수 있다는 '궁즉통(窮則通)'의 이치를 말하는 것이다. 그러한 유기적 통합이 이루어지는 원궤의 중심축이 바로 우주만물의 중심에 내려와 있는 보편의식, 즉 일체의 이분법이 완전히 폐기된 일심[참본성]이다. 일심의 원천으로 돌아가기 위해서는 의식이 확장[진화]되어야 한다.

파동인 동시에 입자로서 양 차원을 관통하는 데이비드 봄의 초양자장(superquantum field) 개념은, 진여(眞如)인 동시에 생멸(生滅)로 나타나는 일심의 통섭적 기능과 조응한다. 우주만물이 물질화된 영(靈)이듯, 봄에게 입자란 입자처럼 보이는 파동일 뿐이다. 파동과 입자, 진여와 생멸은 본체와 작용의 관계로서 이러한 대립하는 범주들은 이 양 차원을 포괄하는 동시에 초월하는 초양자장, 즉 일심에 의해 통섭된다. 따라서 미시세계에서의 입자와 파동의 이중성은 생명의 본질 자체가 본체와 작용을 상호관통하는 완전한 소통성인 데서 기인하는 것이다. 이처럼 과학과 영성의 상호피드백 과정을 통해 생명에 대한 심오한 철학적·과학적 이해를 수반하는 시너지효과를 창출해 냄으로써 통합적 비전이 달성되면 현대물리학계의 쟁점들을 푸는 열쇠로 작용할 수 있을 것이다.

영적인 관점의 토대가 되는 비이원성이란 만물의 근원적인 전일성을 의미하는 것으로 모든 현상이 상호 연결되어 있으며 그 어떤 경계도 분리도 존재하지 않는 것이다. 말하자면 만유가 하나의 통일장(unified field) 속에 함께 존재하는 것이다. 미국의 입자물리학자이자 초월명상운동을 주도하고 있는 존 하겔린(John Samuel Hagelin)은 그의 통일장이론(unified field theory)[33]의 확장 버전이 마하리시 마헤시 요기(Maharishi Mahesh Yogi)의 '의식의 통일장(unified

field of consciousness)'과 동일한 것으로 간주한다. 통일장이론과 초월명상
(transcendental meditation, TM)[34]을 비교 분석한 그의 기본 컨셉은 과학과 영성의
접합이다. '초끈이론에 기초한 통일장이론'을 개발한 그의 핵심 논리는 초끈
장이나 통일장의 진동상태가 역동적으로 상호작용하는 자기를 인식하고 있
는 '의식의 장'이라는 것이다. 통일장 속에 있는 순수의식, 즉 파동의 대양(大
洋)인 우주의식에서 파도 같은 개인의식이 올라온다는 것이다.[35]*

　현대물리학자들은 우주의 실체가 의식이며 우리의 육체가 견고한 물질이
아니라 텅 빈 공간으로 이루어져 있다는 것을 발견했다. 우주가 결정론적이
고 방향감각 없이 기계적으로 움직이는, 단지 작은 입자들의 우연한 집합체
라는 개념이 더 이상 옳지 않다는 것이 입증된 것이다. 이원론에 빠진 과학
이 외면해온 보이지 않는 반쪽의 우주(본체계, 의식계)는 우리의 보이는 우주(현
상계, 물질계)와 긴밀하게 연결되어 있어 그 반쪽의 우주를 이해하지 못하고서
는 우리의 우주를 온전히 이해할 수가 없다. 과학과 영성[의식]의 상호피드백
과정이 필요한 것은 이 때문이다. 우리가 육안으로 보는 분리된 물질적 세
계는 개체화 의식의 자기투사(self-projection)에 불과한 것이다.
　개체화 의식이 일어나면 시공(時空)이 일어난다. 따라서 개체화 의식 속에
서는 시공을 초월한 생명을 알 길이 없다. 전체와 분리되지 않은 열린 의식
속에서는 에너지의 흐름이 원활하여 자기조직화가 일어나 보다 고차원적

---

\* 　우주의식[통일장]과 개인의식의 관계는 마치 바닷물과 파도의 관계와도 같이 물은 그
　스스로의 본체를 가지고 있으므로 물의 움직임은 있지만, 파도는 그 스스로의 본체가
　없으므로 파도의 움직임은 없다고 한다. 바닷물의 자기현현(self-manifestation)이 파도
　이듯, 우주의식의 자기현현이 개인의식이므로 그 어떤 경계나 분리도 존재할 수 없는
　것이다.

인 존재로 진화할 수 있게 된다. 의식이 확장될수록 시스템적 속성이 드러나게 된다. 지식을 두뇌의 뉴런(neuron, 신경세포)이라고 한다면, 지성은 시냅스(synapse, 신경세포 連接)의 연결이다. 사람은 각성이 될수록 두뇌에 있는 시냅스의 연결고리가 확장되어 사고 능력이 증폭되고 지성이 높아진다. 또한 지성이 높아질수록 포괄적 이해 능력이 향상되어 공동체적 삶의 중요성을 인식하게 되므로 개인적 가치와 공동체적 가치가 조화를 이루게 된다. 성인이 출현하여 한 시대를 변화시키고 새로운 역사의 장을 여는 것은 바로 이 시냅스의 작용에 기인하는 것으로 거기서 나오는 파동의 위력은 대단하다.

과학과 영성의 상호피드백은 통섭적·시스템적 사고가 주축이 되는 까닭에 통섭이나 시스템의 본질을 이해하지 못하고서 상호피드백을 논하는 것은 언어의 유희에 불과하며 실재성이 없다. 통섭과 시스템의 본질은 완전한 소통성이다. 주관과 객관, 물성과 영성, 입자와 파동, 개인과 공동체 등 다양한 대립자들이 유기적 통합을 이루는 것, 즉 '하나됨'이다. 한국학 고유의 코드인 '일즉삼·삼즉일'의 원리는 본체와 작용, 영성과 물성, 전체와 부분 등의 유기적 통합성에 기초해 있으며 완전한 소통성을 그 본질로 한다. 통섭의 기술은 단순히 다양한 지식 세계를 넘나드는 지식 차원의 언어적 기술이 아니라, '아(我)'와 '비아(非我)'의 두 대립되는 자의식을 융섭하는 지성 차원의 영적 기술이다. 진정한 통섭은 의식의 진화의 산물이다.

진화는 복본(復本)의 여정이며 '하나됨'으로의 길이다. 진화란 본질적으로 영적 진화(의식의 진화)이며 공진화(co-evolution)이고 인간 사회의 진화는 영적 진화와 표리의 조응관계에 있다. 생명은 곧 영성이며 생명을 개체화하고 물질화하는 시도는 진화에 역행하는 것이다. 영성과 물성이 하나임을 인식하는 주체는 마음인 까닭에 영성과 물성을 가교하는 마음의 메커니즘을 이해하면 우주의 비밀에 한 발짝 더 다가설 수 있게 된다. 일심(한마음)의 통섭적 기능은 세계를 부분으로 환원시키지 않고 전체로서 보는 전일적 시각에 기초하며 이는 곧 시스템적 사고와 일맥상통한다. 필연과 우연, 결정론과 확률론의 문제는 존재와 인식의 변증법적 통합의 문제이며 그러한 통합은 양 차원을 관통하는 일심의 통섭적 기능에 의해 이루어진다.

우리가 의식하든 의식하지 못하든, 삶의 세계에서 벌어지는 모든 일은 의식계[본체계]와 물질계[현상계]의 유기적 통합성이 빚어낸 결정(結晶)이다. 포스트 물질주의 과학은 이러한 삶의 세계를 들여다보기 시작했다. 죽음조차도 생명의 전일적 흐름 속에 흡수되어버리는 궁극적 의미의 삶, 그 세계의 진실을 과학과 영성의 상호피드백 과정을 통하여 들여다보기 시작한 것이다. 생물학, 신경과학, 심리학, 의학, 정신의학 등 다양한 과학 분야에서 국제적으로 권위 있는 일단의 과학자 그룹은, 물질주의 과학에서 포스트 물질주의 과학으로의 전환이 인류 문명의 진화에 갖는 의미가 천동설에서 지동설로의 전환보다 훨씬 더 중추적인 것일 수 있다고 단언한다.[36]


## 한국학과 현대물리학의 통합적 비전

한국항공우주연구원 등이 국내 독자 기술로 개발한 한국형 발사체(韓國型發射體, Korea Space Launch Vehicle-II(KSLV-II)) 누리호가 2022년 6월 21일 전남 고흥 나로우주센터에서 진행된 2차 발사(2018년 11월 시험발사체 발사(성공), 2021년 10월 1차 발사(위성모사체의 궤도 안착에 실패))에 성공하면서 우리나라는 러시아, 미국, 유럽(공동), 중국, 일본, 인도에 이어 전 세계에서 7번째로 무게 1톤급 이상의 실용위성 자력 발사 능력을 확보하게 됐다. 2013년 1월 3차 발사에 성공한 국내 최초의 위성발사체인 나로호(KSLV-I)가 러시아와 공동 개발한 것이었다면, 이번에 발사한 누리호(KSLV-II)는 우리나라가 1.5톤급 실용위성을 고도 600~800km의 태양동기궤도(太陽同期軌道, solar synchronous orbit(SSO))에 투입할 수 있는 우주발사체 기술을 독자적으로 확보했다는 점에서 그 의미가 크다. 이번 누리호 발사 성공으로 사실상 한국이 대륙간탄도미사일(ICBM) 기술력을 확보했다는 평가가 나오는데 이는 우주발사체와 ICBM의 작동원리가 같기 때문이다. 즉, 추진체에 위성을 실으면 인공위성 발사체가 되고 탄두를 탑재하면 ICBM이 되는 것이다.

또한 한국 최초 달 궤도선 '다누리'가 2022년 8월 5일 미국 케이프커내버럴 우주군 기지에서 발사된 지 145일 만인 12월 27일 달 궤도 진입에 성공했다. 이로써 대한민국은 세계 7대 우주 강국으로 도약하게 됨으로써 K-우주 시대를 여는 단초를 마련했다. 이처럼 과학기술의 발달로 우주시대가 열리고 있지만 그렇다고 우리 삶의 행복지수가 그것에 비례해서 높아지는 것은 아니다. 핵무기·생화학무기 등 대량살상무기에서 보듯 고삐 풀린 과학기술로 인해 오히려 지구촌은 더한층 '위험사회'로 치닫고 있으며 인류는 불안과 두려움과 결핍에 시달리고 있다. 그렇다면 과학기술의 발달은 누구를 위한 것이며 어디를 향하고 있는 것인가? 단지 권력 집단의 지배를 영속화하기 위해서 멈출 수 없는 무한경쟁의 쳇바퀴를 돌고 있는 것인가? 왜 인간은 삶의 기술에 관해서는 발명한 게 아무것도 없으면서 죽음의 기술에는 그토록 통달해 있는 것인가?

인류는 경쟁적으로 우주발사체를 쏘아 올리고 있지만 '나'는 누구인지 여전히 알지 못한다. 자신이 누군지 알지도 못하면서 쉼 없이 자신의 욕망이 투영된 신기루 같은 행위를 만들어내는 것은 꿈속을 배회하는 삶이나 다름 없다. 독일의 물리학자 막스 플랑크(Max Planck)는 "과학은 자연의 궁극적 신비를 풀 수가 없다. 최종 분석에서 우리들 자신이…우리가 풀려고 하는 신비의 일부이기 때문이다"[37]라고 했다. 인도 출신의 이론핵물리학자 아미트 고스와미(Amit Goswami) 또한 같은 맥락에서 우주의 실체가 의식임을 분명히 하고 있다: "우리가 우리 자신의 의식을 이해할 때 우주 또한 이해하게 될 것이고, 우리와 우주 사이의 분리는 사라질 것이다."[38]

이 우주는 자기유사성을 지닌 프랙탈(fractal) 구조로 이루어진 까닭에 소우주인 인간에 대해 알게 되면 우주 전체에 대해서도 알게 된다. 「태백일사」제4 삼한관경본기(三韓管境本紀) 마한세가(馬韓世家) 상편에서는 하늘의 기틀과 마음의 기틀, 땅의 형상과 몸의 형상, 그리고 사물의 주재함과 기(氣)의 주재함이 조응하고 있음[39]을 보고 천·지·인 삼신일체의 천도가 인간 존재 속에 구현(人中天地一)되어 있음을 명징하게 나타내 보이고 있다. 모든 답은 우리 내부에 있다. 의식이 잠들어 있으면 아무것도 변화되지 않는다. 의식이 깨어나기 위해서는 기계론적·환원론적인 과학과 반생명적인 종교나 철학의 질곡으로부터 마음을 해방시켜야 한다.

인간이 삶의 기술을 진보시키지 못하고 죽음의 기술에 능하게 된 것은 이원론에 기반한 기계론적 환원주의에 탐닉함으로써 부분과 전체의 유기적 통일성에 기초한 시스템적 사고를 할 수 없게 된 데 기인한다. 이 우주 속의 모든 것을 전체와 분리된 부분으로 환원시켜버림으로써 존재론적으로 실재(reality, implicate order)를 현상(phenomena, explicate order)으로부터 분리시키고, 인식론적으로 인식 주체를 인식 대상으로부터 분리시키고, 신학적으로 신을 인간으로부터 분리시킴으로써 결과적으로 우리 자신을 반쪽의 우주인 현상계[물·질계]에 가둬버린 것이다. 그로 인해 우리는 자신의 정체성을 '육체적 자아'로 인식하게 됨으로써 감각적으로 지각되고 경험된 것만이 진실이라고 믿게 되었고 결국 물신(物神) 숭배에 빠지게 되면서 죽음의 기술을 고도화시킨 것이다.

그러나 우리가 살고 있는 물질계는 보이지 않는 반쪽의 우주인 본체계(의식계)와 긴밀히 연결되어 상호 조응하는 까닭에 그 반쪽의 우주를 이해하지 못하고서는 우리의 우주를 온전히 이해할 수가 없다. 눈에 보이는 물질적 우주는 에너지로 접힌 보이지 않는 우주가 드러난 것이므로 실재와 현상을 분리시키는 이분법으로는 우주의 본질인 생명현상을 이해하는 데 한계가 있다. 비이원성(nonduality)에 기초한 통합적 비전(integral vision)이 필요한 것은 이분법적인 낡은 기계론적 세계관의 관점이 더 이상은 생물적, 심리적, 사회적, 환경적 현상이 상호적으로 연결되어 있는 오늘의 실제 세계를 반영하지도, 문제 해결의 유익한 단서를 제공하지도 못하기 때문이다.

통합적 비전의 실현은 통합이론(unified theory 또는 통일장이론(unified field theory))의 기나긴 여정과 맥을 같이 한다. 그것은 1687년 뉴턴 물리학(Newtonian Physics)에서 근대 과학이 시작된 이래 1867년 장(場)이론 물리학(Field-Theory Physics), 1900년 양자물리학(Quantum Physics), 1905년 상대성 물리학(Relativity Physics), 1970년 끈이론 물리학(String-Theory Physics)을 거쳐 새로운 통합물리학으로 나아가는 여정이다. 부연하면, 근대 과학은 1687년 뉴턴이 운동 법칙(laws of motion)을 발표하면서 시작되었다. 뉴턴 물리학은 우주를 시간과 공간이 절대적으로 존재하는 거대한 기계 시스템으로 보았다. 1867년 제임스 클러크 맥스웰(James Clerk Maxwell)은 뉴턴 물리학으로는 설명할 수 없는 힘이 존재한다고 발표했다. 그는 마이클 패러데이(Michael Faraday)와 함께 한 연구에서 우주가 상호작용하는 에너지장(場)들이라는 것을 발견했다.

1900년 막스 플랑크는 '양자(quanta)'라 불리는 에너지의 폭발(bursts of energy)이 곧 세계라는 이론을 발표했다. 양자 실험은 물질이 절대적인 것이라기보다는 가능성과 경향으로 존재함을 보여주는데, 이는 실재(reality)가 그렇게 건고하지 않을 수 있다는 것을 의미한다. 1905년 아인슈타인은 시간이 절대적이기보다는 상대적이라고 주장함으로써 뉴턴 물리학을 뒤엎는 우주관을 발표했다. 상대성이론의 핵심은 시간과 공간이 분리될 수 없으며 4차원으로서 함께 존재한다는 것이다. 1970년 물리학자들은 우주가 진동하는 미세한 에너지 끈이라는 이론으로 양자와 일상 세계 둘 다를 설명할 수 있다고 주장했다. 이 이론은 1984년 다른 모든 이론을 통합하는 브릿지로 주류 물리학계에 공식적으로 받아들여졌다.[40] 그리고 지금은 새로운 통합물리학을 향해 나아가고 있다.

양자역학의 창시자 중 한 사람인 베르너 하이젠베르크(Werner Heisenberg)가 그의 과학 자서전 『부분과 전체 Der Teil und das Ganze (The Part and the Whole)』(1969)에서도 강조했듯이, 부분과 전체, 입자와 파동, 물질과 정신, 드러난 질서(explicate order, 현상계·물질계)와 숨겨진 질서(implicate order, 본체계·의식계) 등 이 우주 속의 모든 상호 대립하는 범주들은 소우주(microcosm)와 대우주(macrocosm)의 유비적(類比的) 대응관계를 나타낸다. 한국학 고유의 핵심 코드인 '일즉삼(一卽三)·삼즉일(三卽一)'의 원리에서 보듯, '일(一, 전체)'과 '삼(三, 부분)'은 생명의 본체[天·神·靈, 본체계·의식계]와 작용[우주만물, 현상계·물질계]의 관계로서 상호의존(interdependence)·상호전화(interchange)·상호관통(interpenetration)하며 유기적 통일성을 이루고 있다. 이는 만물만상이 끝없이 상호 연결되어 서로가 서로를 비추는 상즉상입(相卽相入)의 구조로 연기(緣起)하는 통합적 비전을 보여준다.

비이원성에 기초한 통합적 비전은 세계적인 양자물리학자 데이비드 봄(David Bohm)의 양자이론(quantum theory)[41]에서도 분명히 드러난다. 아인슈타인의 후계자로 지목되던 그는 '숨은 변수 이론(hidden variable theory)'에 의해 '보이지 않는 우주[본체계, 의식계]'와 '보이는 우주[현상계, 물질계]'의 상관관계를 규명함으로써 노벨물리학상을 수상했다. 그는 양자역학(광의로는 양자론)에 대한 표준해석으로 알려진 코펜하겐 해석(CIQM, 1927)의 확률론적 해석―양자계(quantum system)에서 전자(electron)가 어디에 있는지, 어떻게 움직이는지 그 위치와 운동량을 모르기 때문에 불확정성 원리(uncertainty principle)에 따른다고 한―과는 달리, 스스로의 내재적 법칙성에 따라 운동하는 전자가 반드시 있을 것이라고 보아 파동함수(wave function)를 존재의 확률이 아닌 실제의 장(場)으로 인식하고 '숨은 변수 이론'에 의해 '보이지 않는 우주'와 '보이는 우주'의 상관관계를 규명함으로써 결정론적 해석*을 내놓았다.

봄은 이러한 상관관계―'보이는 우주'는 '보이지 않는 우주'가 물리적 세계로 현현한 것―의 질서를 부분이 전체를 포함하는 홀로그램(hologram)적 비유로 설명하고, 현실 세계 또한 홀로그램과 같은 일반원리에 따라 구성되는 것으로 보았다.[42] 이는 곧 그의 양자이론의 핵심 개념인 양자포텐셜(quantum potential 또는 quantum wave field)이 비국소적으로 하나로 연결되어 있다는 것을 의미한다. 그는 전 체계가 양자장(場)의 작용을 통해 초공간적으로 상호연결되어 있다고 봄으로써 입자-파동의 이중성을 규명하고자 했다. 그는 홀로그램 모델을 통해 현재의 이론들이 설명하지 못하는 양자들(quanta) 간의 상호연결성이나 비국소성 같은 현상을 명쾌하게 설명할 수 있었다.

봄이 이 우주가 각 부분 속에 전체가 내포된 거대한 홀로그램적 투영물이라고 말한 것은―한국학 고유의 핵심 코드인 '일즉삼·삼즉일'의 원리가 말해주듯―우주만물[三]이 전일성[一]의 현시이기 때문이다. 우주만물[부분]은 생

---

* 코펜하겐 해석의 확률론적 해석에는 닐스 보어, 베르너 하이젠베르크, 막스 보른, 폴 디랙, 볼프강 파울리 등이 있고, 코펜하겐 해석의 반대 그룹에는 아인슈타인, 막스 플랑크, 슈뢰딩거, 드 브로이, 데이비드 봄 등이 있다.

명의 본체[전체]의 자기복제로서의 작용[자기조직화]으로 나타난 것이며, 그 생명의 본체[天·神·靈]는 사라진 것이 아니라 만물 속에 만물의 참본성[一心, 즉 보편의식]으로 내재하기 때문이다. 이는 마치 태극(太極, 元氣)의 동정(動靜)에 의해 음양이 생겨나지만 음양 내에도 역시 태극은 존재하고, 음양이기(二氣)에 의해 수(水)·화(火)·목(木)·금(金)·토(土)의 오행(五行)이 생성되고 음양오행에 의해 만물이 생겨나지만 오행 및 만물 내에도 태극이 존재하는 것과 같은 이치다. 입자란 입자처럼 보이는 파동일 뿐이므로 전자(electron)는 기본 입자가 아니라 단지 홀로무브먼트의 한 측면을 지칭한 것에 지나지 않는다고 한 것이다.

봄의 홀로그램 우주론에 따르면 물질계에서 일어난 모든 것은 '접힌 질서(enfolded order)' 속으로 들어가 있다. 이 '접힌 질서'는 고도의 유기적 통일성을 띠는 전일성의 실재 차원으로 만유의 바탕을 이루는 것이다. 봄은 에너지, 마음, 물질 등 우주에 존재하는 모든 것이 우주에 미만(彌滿: 두루 차 있음)해 있는 초양자장(superquantum field)으로부터 분화된다고 보고, 비국소성(nonlocality)[초공간성] 또는 비분리성(nonseparability)을 갖는 초양자장[超意識] 개념에 의해 파동-입자의 이중성을 통합하고자 했다. 그리하여 물질은 원자로, 원자는 소립자로, 소립자는 파동으로, 파동은 다시 초양자장으로 환원될 수 있다고 보았다.[43] 이처럼 우주에서 일어난 모든 것은 보이지 않는 질서 속으로 접혀 들어가 있으며, '접힌 질서' 속에는 과거·현재·미래 우주의 전 역사가 다 담겨 있다. 흔히 아카식 레코드(Akashic Records)*라고도 불리는 이 접힌 질서는

---

* 아카식 레코드는 하늘, 우주 등을 일컫는 산스크리트어 '아카샤(aksha)'에서 비롯된 말로서 인간과 우주의 모든 활동을 데이터화하여 기록, 보관하는 일종의 우주도서관이다. 아카식 레코드라는 개념이 처음 등장하게 된 것은 '神智學(theosophy)협회'를 창설한 러시아의 종교적 신비주의자 헬레나 페트로브나 블라바츠키(Helena Petrovna

인간과 우주의 모든 활동을 정보 파동에 의해 기록하고 지속적으로 자동 업데이트하여 보관하는 일종의 우주도서관이자 우주를 창조한 슈퍼컴퓨터라 할 수 있다.

전일적 우주에 대한 봄의 명쾌한 통찰은 이 우주가 부분들의 단순한 조합이 아니라 유기적 통일체이며 우주만물은 개별적 실체성을 갖지 않고 전일적 흐름(holomovement) 속에서만 파악될 수 있다는 것이다. 실재하는 것은 전체성이고, 단지 분절적 사고 습관에 따른 미망의 지각작용에 의해 이 우주가 분절적인 것처럼 생각될 뿐이라는 것이다. 다시 말해 이 우주가 실제로는 분리되어 있지 않은데 마치 분리되어 있는 것처럼 착각하는 데서 모든 문제가 발생하는 것이다. 따라서 우리가 해야 할 일은 분절적인 사고 습관을 그만두는 것이다.[44] 봄의 초양자장 개념은 초(超)의식과도 같은 것으로 이는 곧 순수의식[보편의식, 우주의식, 근원의식, 전체의식]이며 일심(한마음)이다. 한마디로 비이원적인(nondual) 영원한 실재의 차원을 지칭한 것이다.

20세기 초 영국 옥스퍼드대학교 종교학 교수 에반스 웬츠(W. Y. Evans-Wents)는 티벳의 위대한 스승 파드마삼바바(Padma-Sambhava)의 생애와 가르침 등을 편집한 『티벳 해탈의 서(書) The Tibetan Book of the Great Liberation』(1954) 서문에서 서양 과학의 관점, 특히 동역학과 물리학의 관점에서 영원한 실재의 차원인 일심(한마음)을 '에너지의 유일한 근원', '모든 잠재력들의 잠재력', '우주적인 힘의 유일한 발전기', '모든 진동의 시발자'라며 이렇게 설명했다.

---

Blavatsky, 1831~1891)와 '人智學(anthroposophy)협회'를 창설한 독일계 오스트리아의 人智學 창시자 루돌프 슈타이너(Rudolf Steiner, 1861~1925)와 관련이 있다.

일심(한마음)은 자연법의 창시자이고, 우주의 주인이자 관리자이며, 원자의 설계자이자 세계 시스템의 건설자이고, 성운(星雲)을 우주에 흩뿌린 자이며, 우주적 결실의 수확자이고, 존재해왔고 현재 존재하며 영원히 존재할 모든 것의 변치 않는 보고(寶庫)이다.

It(One mind) is thus the maker of natural law, the master and administrator of the Universe, the architect of the atom and the builder therewith of world systems, the sower of nebulae, the reaper of harvests of universes, the immutable store-house of all that has been, is now, and ever shall be.[45]

일심(한마음)은 초시공(超時空)·초논리·초이성의 영역이므로 삶과 죽음을 관통한다. 실로 육체가 죽는다고 해서 의식의 작용이 멎는 것은 아니다. 이에 대해서는 많은 임사체험(near-death experience, NDE)에 대한 사례분석을 종합한 코네티컷대학교의 심리학자 케네스 링(Kenneth Ring)의 저서 『죽음에서의 삶 Life at Death』(1980), 미국의 정신의학자 레이몬드 무디(Raymond A. Moody, Jr.)의 『삶 이후의 삶 Life after Life』(1975) 등에 잘 나타나 있다. 현대물리학이 실험적으로 입증했듯이 우주의 실체는 의식이므로 천국과 지옥은 시공(時空) 개념이 아니라 의식상태를 말하는 것이다. 1982년 파리대학교 광학연구소의 물리학자 알랭 아스페(Alain Aspect)가 이끄는 연구팀은 양자 얽힘(quantum entanglement)에 대한 실험적인 연구를 통해 물질 우주를 이루고 있는 아원자 입자의 망이 '홀로그램의 성질(holographic property)'을 지니고 있음을 입증했다.

죽음 너머 미지의 세계로 떠나는 사자(死者)를 위한 안내서인 『티벳 사자(死者)의 서(書) The Tibetan Book of the Dead: Liberation through Understanding in the Between』에서는 인간이 사후(死後)에 보게 되는 환영(幻影)들이 '자신의 생각에서 나온 그림자들'이라고 말한다. "죽은 사람은 환영들로 이루어진 장엄한 영화 화면을 지켜보는 유일한 관객이 된다. 이 화면들은 그의 의식 속에 있던 생각의 씨앗들이 꽃 피어난 것이다. 그는 마치 어린아이가 놀라움에 질린 눈으로 화면에 나타난 활동사진을 지켜보듯이, 자신이 보고 있는 것이 실제로는 존재하지 않는 것이라는 사실을 깨닫지 못한 채 눈앞에 출몰하는 광경들을 지켜본다."[46] 명상 수행에 정통한 사람이 아니라면 그 사실을 깨닫기란 거의 불가능하다는 것이다. 삶의 세계든 죽음의 세계든 다 홀로그램 구조물이다. 의식이 깨어나지 못하면 살아서나 죽어서나 환영 속을 떠돌게 된다.

데이비드 봄과 스탠퍼드대학교 신경생리학자 칼 프리브램(Karl Pribram)의 홀로그램 우주론에 따르면 우리가 인지하는 물질세계는 실재하는 것이 아니라 단지 우리 두뇌를 통하여 비치는 홀로그램적 영상에 지나지 않는다. 말하자면 이 우주는 우리의 의식이 지어낸 이미지 구조물이다. 이는 일체가 오직 마음이 지어낸 것이라는 원효의 '일체유심조(一切唯心造)'와도 같은 의미이다. 봄은 "형체에 활동력을 불어넣는 것이 마음의 가장 특징적인 성질이며 우리는 이미 전자에서 마음과 비슷한 것을 발견했다"[47]고 말했다. 봄과 프리브램의 홀로그램 모델은 종래의 과학적 접근방법과는 다른 것으로 혁신적이고 심오한 관점을 제공한다.

> 우리의 뇌는 시공을 초월한 더 깊은 실재의 차원으로부터 투영된 그림자인 파동의 주파수를 수학적으로 해석함으로써 객관적 현실을 만들어낸다. 두뇌는 홀로그램 우주 속에 접혀 있는 홀로그램이다.
>
> Our brains mathematically construct objective reality by interpreting frequencies that are ultimately projections from another dimension, a deeper order of existence that is beyond both space and time: The brain is a

hologram enfolded in a holographic universe.[48]

우주만물은 파동의 세계가 벌이는 '에너지 무도(舞蹈)'에 대등한 참여자로서 참여하고 있다. 미국의 이론물리학자 존 휠러(John A. Wheeler)의 '참여하는 우주(participatory universe)'의 관점은 관찰자와 관찰 대상, 주체와 객체의 이분법이 폐기된 양자역학적 관점의 정수(精髓)를 보여준다. 주체와 객체의 이분법이 폐기된다는 것은 생명의 전일성과 자기근원성이 드러난다는 것이며, 이는 곧 통합적 비전이 달성되는 것이다. 일체 생명은 에너지의 항상적 흐름(constant flow)에 의존하는 우주적 생명(cosmic life)으로 진동수의 차이가 있을 뿐, 파동체라는 점에서는 모두 같은 생명체이므로 '대등한' 참여자이다.

'접힌(enfolded)' 질서와 '펼쳐진(unfolded)' 질서, 즉 본체계[의식계]와 현상계[물질계]는 실물과 그림자의 관계와도 같이 동시적으로 존재하며 불가분의 전체성을 그 본질로 한다. 전체성(전체)과 개체성(부분)은 상즉상입의 구조로 상호 연기(緣起)하는 까닭에 우리 몸의 세포 하나, 모래 한 알, 물방울 하나에 이르기까지 우주 안에 존재하는 모든 것들은 또한 그 속에 우주를 품고 있는 것이다. 주체와 객체의 이분법은 성립되지 않으며, 그런 점에서 '이것'이 곧 다른 '모든 것'이다. 오늘날 포스트 물질주의 과학은 단순히 객관적인 물리 세계를 다루는 것이 아니라, 의식[영성]과의 접합을 통해 '드러난(explicate, unfolded)' 질서와 '숨겨진(implicate, enfolded)' 질서가 상호 긴밀하게 작용하는 실제 삶의 세계의 영역으로 깊숙이 들어오기 시작했다.

그럼에도 학문적 지식이 지금도 여전히 삶과의 불화를 조장하며 '이론을 위한 이론' 내지는 '지적 유희(intellectual play)'가 판을 치는 것은, 크게 보면 상호연관된 두 가지 이유 때문인 것으로 보인다. 그 하나는 우리의 앎의 수준이 다차원적 생명의 그물망을 이해할 정도로 높지 못함으로 해서 물질이 유일한 현실이며 '생명'은 물질적 육체에 부착된 것이라고 이해하기 때문이다. 이러한 생명에 대한 몰이해로 인해 '불가분의 전체성'인 생명은 물질화·파편화되었고, 그에 따라 물신(物神) 숭배가 만연하면서 제로섬(zero-sum) 게임에서 살아남기 위한 도구로서의 '죽음의 기술'이 고도화되게 된 것이다.

지식이 실제 삶과는 유리된, '이론을 위한 이론'이 되어버린 또 하나의 이유는 학문의 분과화에 따른 학문 영역 간의 소통성 부재 때문이다. 앎의 수준이 높지 못하고 학문 영역 간의 소통성 부재가 나타나게 된 데에는 비(非)통섭적인 교육체계가 크게 작용했다. 이러한 소통성 부재로 인해 우리가 살고 있는 거시세계와 양자역학적 미시세계의 상호피드백이 이루어지지 못함으로 해서 '드러난' 질서와 '숨겨진' 질서가 상호 긴밀하게 작용하는 실제 삶의 세계와는 유리(遊離)되게 된 것이다. 게다가 '지적 유희'를 즐기는 대중도 여전히 많다.

인생이 괴로운 것은 작은 이치[分別智]에는 밝지만 큰 이치[根本智]에는 어두운 데 있다. '분별지'는 에고(ego, 個我)의 다른 이름이다. 에고는 모든 불행의 뿌리이며, 고통은 에고의 그림자일 뿐이다. 인류가 추구하는 모든 이상적인 가치는 의식의 진화의 산물이다. 통합적 비전이란 곧 '하나됨'이다. '하나됨'이란 주관과 객관의 경계가 사라지는 것이다. 개체와 공동체가 조화를 이루는 것이다. 존재계 전체와 하나가 되는 체험은 완전한 사랑을 느낄 때 일어난다. 완전한 사랑을 느끼기 위해서는 이해의 폭을 넓혀야 하며, 이해의 폭을 넓히기 위해서는 희로애락애오욕(喜怒哀樂愛惡慾)의 온갖 감정을 맛보는 의식의 자기교육 과정을 거쳐야 한다. 이 세상의 모든 문제는 실재하는 참자아는 보지 못하면서, 실재하지 않는 에고에 중독된 집착을 보이는 데서 오는 것이다. 미망에 빠진 삶이란 과거의 기억과 미래의 욕망을 좇는, '지금 여기'에 없는 무의식적인 삶을 일컫는 것이다. 참자아는 순수 현존(pure presence)이므로 '지금 여기'에 없고서는 대면할 방법이 없다.

오늘날 양자혁명(quantum revolution)이 가져온 사상적, 사회적 및 기술적 영향력의 심대함에 비추어 볼 때 양자론이 물리학자들의 전유물인 시대는 사실상 끝났다고 봐야 할 것이다. 양자역학을 필두로 한 포스트 물질주의 과학은 철학, 종교, 문학 등 다양한 분야와의 대화를 통해 '하드 사이언스(hard science)'에서 '소프트 사이언스(soft science)'로 과학의 외연을 확장시키며 과학의 대중화를 선도하고 있다. 하지만 정신·물질 이원론의 기계론적 세계관에 기초한 뉴턴역학의 모델 또한 우리의 의식 속에서 여전히 작동하고 있다는 점에서 이 시대는 기계론적 세계관과 통섭적 세계관이 중층화된 구조를 이루는 과도기라 할 수 있다.

통합적 비전의 본질을 심층적으로 이해할 수 있기 위해서는 물질 차원을 넘어선 더 깊은 존재의 차원과 앎의 양태에 대해 고찰할 필요가 있다. 이는 자아실현을 위해서나 인류의 공진화를 위해서 탐구해 볼 필요가 있다. 먼저 인도계 미국인 대체의학자 디팩 초프라(Deepak Chopra)의 존재의 세 가지 차원, 즉 물질계, 양자계 그리고 비국소적 영역에 대해 살펴보기로 한다. 존재의 첫 번째 차원은 물질 차원의 세계, 즉 물질계이다. 경계가 분명한 이 물질 차원은 우리에게 가장 친숙한 세계로서 3차원의 모든 것을 포함한다. 우리가 오감으로 경험할 수 있는 모든 것과 생물과 무생물도 포함된다. 물질계에 있는 모든 것들은 시작과 끝이 있으므로 영원하지 않다. 우리가 경험하는 물질계는 인과의 법칙의 지배를 받으므로 예측 가능하다.[49] 그러나 물질계에서 말하는 '나'란 전체와 분리된 개체로서의 '나'이다. 존재의 더 깊은 차원에서 보면 전체와 분리된 개체로서의 '나'는 실재하는 것이 아니다. 만물의 참본성[一心]이 곧 하늘이며 신이고 참자아[유일자·유일신·唯我]라는 사실을 물질계 차원에서는 알지 못한다.

존재의 두 번째 차원은 양자계이다. 이 영역에서 모든 것은 정보와 에너지로 구성되어 있어서 우리는 그것을 오감으로 접촉하거나 인식할 수 없다. 우리가 '자아'로 여기는 것들이 양자계에 포함되어 있으며 우리는 그것들이 실제로 존재한다고 여긴다. 물질계는 양자계의 부분집합이며, 물질계의 모든 것은 양자계의 에너지와 정보가 밖으로 드러난 것이다. 물질(질량)과 에너지는 형태만 다를 뿐 같은 것이다. 소립자들은 전혀 단단하지 않으며 그것들은 정보와 에너지의 다발 또는 파동이다. 존재의 두 번째 차원에서 우리가 앉아 있는 의자는 단지 에너지와 정보로만 존재한다.[50] 좀 더 깊은 차원에서 보면, 우리와 세상의 다른 것들 사이에는 실제로 어떤 경계도 없다. 그럼에도 어떤 물체를 접촉할 때 뚜렷한 경계가 느껴지는 것은, '모든 물체는 원자로 구성되며 원자끼리 서로 부딪치면서 단단한 느낌이 생겨나는' 것으로, 우리의 눈과 말초신경이 물체를 입체적이고 단단한 것으로 보도록 프로그래밍 되어 있기 때문이다.[51]

양자계에서는 오직 의식만 움직인다. 우리 모두는 상대방의 에너지장 일부를 끊임없이 공유하므로 양자의 차원, 곧 마음과 자아의 차원에서 서로 연결되어 있으며 상호 관련되어 있다. 오직 의식 속에서만 우리의 제한된 감각이 순수한 에너지와 정보로 단단한 세계를 창조하는 것이다. '양자의 눈'으로 보면 물질계에서 단단하다고 여겼던 것들이 실제로는 무한한 빈 공간 속에서 빛의 속도로 깜박이고 있을 뿐이며, 연속되어 있다는 느낌은 오직 기억으로 유지될 뿐임을 알게 된다. 모든 존재의 감각적 경험은 오직 상상 속에서 창조된 인위적인 인식일 뿐이며, 우리의 의식이 움직이면서 세상이 존재하는 것으로 상상하는 것이다.[52] 이런 상상을 불러일으키는 마음, 즉 에너지와 정보가 담긴 장(場)은 존재의 세 번째 차원인 순수 잠재력(pure potentiality)의 장(場)에서 떠오른다.

존재의 세 번째 차원은 순수 잠재력(순수의식)만 활동하는 비국소적 영역이다. 이 세 번째 차원은 지성, 즉 의식으로 구성되어 있으며 영적(靈的)인 영역, 순수 잠재력의 장, 보편적 실재, 그리고 비국소적 지성[영혼]으로 불리기도 한다. 자연의 가장 근본적인 차원은 에너지와 정보의 수프가 아니다. 그것은 바로 순수 잠재력이며, 이 가능성의 바다에서 정보와 에너지가 떠오른다. 비국소적 지성은 모든 사물의 이면에 존재하는 조직력으로, 에너지 수프를 인간이 인식할 수 있는 실재로 조직한다. 양자 입자를 묶어서 원자로, 원자를 분자로, 분자를 다시 일정한 구조로 만든다. 정보와 에너지가 물질계를 만들어내듯이 비국소적 영역은 정보와 에너지의 행동을 창조하고 지휘한다. 비국소적 영역에서 일어나는 일은 물질계에서 일어나는 일과는 달리 '비인과적 관련성(매개체가 없음)'을 가지며 그러한 관련성은 감소되지 않는다. 또한 시공간의 제약을 받지 않으므로 즉각적이다. 이 비국소적 영역에서 세상의 모든 일이 조직되고 동시에 발생하는데, 이것이 바로 '의미 있는 일치(meaningful coincidence)',* 의 근원이 된다.[53]

실로 순수 잠재력은 무한한 가능성과 창조력의 장(場)이다. 여기서 창조란 순수의식의 자기현현(self-manifestation)이다. 하지만 양자론의 관점에서는 관찰이라는 의식적인 행위가 없다면 모든 것은 순수 잠재력으로만 존재할 뿐이다. 이러한 잠재력은 관찰이나 측정에 의해 실재성을 띠게 된다. 비국소적 영역에서는 '하나의 의식적인 관찰이 다른 현상에도 영향을 미치는데, 그것은 두 현상 사이에 비국소적 상관성(의사소통)이 일어났기 때문이다. 이 영역에서는 시공간의 제약 없이 한쪽에서 일어난 일을 다른 한쪽에서도 즉각

---

* '의미 있는 일치'란 곧 비인과적 동시성(acausal synchronicity)을 말한다.

알 수 있다.'[54] 비국소적 영역에서 말하는 '나'란 개체로서의 '나'가 아니라 불가분의 전체성으로서의 참자아를 일컫는 것이다. 비국소적 지성으로 불리는 이 참자아는 분리할 수 없는 절대유일의 하나인 까닭에 '유아(唯我)'라고 하며 이는 곧 보편적 실재로서의 유일자(유일신)이다.

초프라가 제시한 존재의 세 차원은 곧 우리 의식의 세 차원이며, 각 상위 차원이 하위 차원을 포괄하는 동시에 초월하는 진화적 홀라키(evolutionary holarchy)로 이루어져 있다. 이러한 존재의 세 차원은 켄 윌버의 앎의 세 양태와 상호 조응하며 그것과 연결될 때 그 의미가 더 명료하게 드러난다. 윌버는 앎의 세 양태를 육의 눈(肉眼, eye of flesh), 마음(정신)의 눈(心眼, eye of mind or mental eye), 영의 눈(靈眼, eye of spirit or eye of contemplation)[55]으로 나누어 고찰하고 있다.

우선 육의 눈은 감각적 경험(sensory experience)의 세계에 참여하는 '몸(body)' 단계로서 육체적인 유기체를 자신과 동일시하는 자기중심적 단계이다. 시공간과 물질의 영역이며, 육체적 생존을 위해 힘쓰는 단계이다. 육의 눈을 윌버는 '경험적인 눈(empirical eye)'이라고 말한다. 다음으로 마음의 눈(이성의 눈)은 관념, 이미지, 논리, 그리고 개념들의 세계에 참여한다. 이 정묘(精妙)한 정신의 영역은 감각적인 영역을 포괄하면서 초월한다. 마지막으로 '영'의 눈(관조의 눈)은 감각과 이성의 저 너머에 있는 초월의 세계에 참여한다. 이성의 눈이 초경험적이라면, '영'의 눈은 초합리적, 초논리적, 초정신적이다. 인과의 (causal) 궁극적인 '영'의 영역은 감각과 이성의 영역을 포괄하면서 초월한다. '영'의 눈을 통하여 우리는 궁극적 실재인 신성(神)과 만나게 된다.[56]

이처럼 이 세 가지 눈은 각각 감각적(sensory), 정신적(mental), 초월적(transcendental)인 고유한 앎의 대상을 가지고 있으며 진화적 홀라키로 이루어져 있다. 이러한 진화적 홀라키는 각 상위 차원이 하위 차원을 포괄하는 동시에 초월하므로 궁극적으로는 통합 패러다임의 모색에 기여할 수 있게 한다. 윌버에 의하면 물질에서 생명체로, 마음으로, 혼으로, 그리고 '영'으로의 모든 성장 과정은 자연적 홀라키 혹은 '점증하는 전일성과 전체성의 질서(orders of increasing holism and wholeness)'를 통하여 일어난다. 그것은 자연적 위계 혹은 홀라키라고 하는 것이다.[57] 새로운 통합 패러다임은 감각적·경험적인 조야(粗野: 거칠고 천함)한 영역(gross realms)의 육의 눈과 정신적·지적인 정묘한 영역(subtle realms)[58]의 마음의 눈, 그리고 초월적·관조적인 인과의 궁극적인 영역(causal and ultimate realms)[59]의 '영'의 눈, 이 세 가지를 모두 사용하고 통합할 수 있게 할 것이다.

월버에 의하면 경험분석적 과학은 육의 눈에 속하고, 현상학적인 철학과 심리학은 마음의 눈에 속하며, 종교와 명상은 영의 눈에 속한다. 따라서 새로운 통합 패러다임은 경험주의(empiricism), 합리주의(rationalism), 그리고 초월주의(transcendentalism)가 이상적이고도 궁극적으로 통합된 것이다.[60] 여기서 '통합적(integral)'이란 '존재의 대사슬(The Great Chain of Being)'로 지칭되는 윌버의 비이원론적인 앎의 방식을 함축한 것으로 '다양성 속의 통일(unity-in-diversity)'이라는 의미로 사용된 것이다. 말하자면 의식과 물질, 내면과 외면, 자아와 세계, 주관과 객관이 모두 '한맛(One Taste)'이라는 것이다. 월버는 이 우주 속의 모든 것이 상호 연결되어 있어 홀라키적인 다차원적 생명의 그물망을 형성하고 있으며 모든 실재가 홀론(holon)[61]으로 구성되어 있다고 본다. 이 홀론이란 용어는 그리스어 홀로스(holos, 전체)와 온(on, 부분)의 합성어로 전체와 부분이 상즉상입(相卽相入)의 구조로 상호 연기(緣起)하고 있음을 나타낸 것이다.

이러한 월버의 통합적 비전은 앞서 살펴본 한국학 코드의 통합적 비전과도 본질적으로 상통한다. 이러한 통합적 비전은 원효의 화쟁사상, 의상(義湘)

의 일승사상(一乘思想), 그리고 한국학 코드의 근대적 발현인 동학 등에도 명료하게 구현되어 있다. 특히 동학의 '시(侍: 모심)' 철학은 본체계[의식계]와 현상계[물질계]를 회통하는 생명의 비(非)이원적 본질에 기초하여 우주만물을 전일성의 현시(顯示)로 본다는 점에서 통합적 비전의 전형을 보여준다. 화쟁사상과 일승사상 그리고 동학에 대해서는 본서 제2부에서 자세히 고찰할 것이다.

이상에서 보듯이 통합적 비전의 실현은 기계론적 세계관에서 통섭적·시스템적 세계관으로의 근본적인 패러다임 전환을 전제한다. 지구와 지구상의 모든 생명체가 분리되어 있고, 인간과 인간 또한 분리되어 있다는 믿음에서 모든 문제가 생겨나는 것이다. 위기에 대한 대부분의 해결책이 실효성이 없는 것은, 그 해결책이란 것이 바로 문제를 야기한 그 패러다임에서 나온 것들이기 때문이다. 하여 근대의 '도구적 이성'과 '도구적 합리주의'에 대한 자기반성이 촉구되고 패러다임 전환의 필요성이 역설되면서 통합적 비전에 의해 세계가 재해석될 필요가 생겨난 것이다. 불가분의 전체성이 실재이고 분리성은 환상이다. '영적인, 그러나 종교적이지 않은(spiritual, but not religious)'—이 말속에 지구생명공동체의 가능성이 있다.

# 제2부

# 한국학 코드의
# 역사문화적 배경과 전개

당나라 때 계림(鷄林, jilin)이라 일컬어진 곳은 응당 지금의 길림(吉林, jilin)인데 전와(轉訛)되어 그렇게 된 것이다. 따라서 신라와 백제 등의 나라도 또한 모두 그 부근의 지역에 있었다.…무릇 동이(東夷)라는 말은 지역을 따서 이름을 붙인 것으로, 맹자가 순(舜) 임금을 '동이(東夷) 사람', 주(周)나라 문왕(文王)을 '서이(西夷) 사람'이라고 한 것도 이와 같다. 이는 숨길 수도 없고 또한 숨길 필요도 없다.…『唐會要』에 신라의 강역은 옛 백제 땅과 고구려 남쪽 경계를 포함한 것으로, 동서 약 9백여 리 남북 약 1천 8백 리이다. 강역 안에 상(尙)·양(良)·강(康)·웅(熊)·금(金)·무(武)·한(漢)·삭(朔)·명(溟) 등 9주를 두었다.…(신라의) 강토를 고찰해 보면, 동남쪽은 지금 조선의 경상과 강원 2도를 차지하고, 북서쪽은 곧바로 지금의 길림오랍(吉林烏拉: 길림시)에 이르고, 또 서쪽은 개원(開原: 요동 지역)과 철령(鐵嶺: 요동 지역)에 가까웠다.

若唐時所稱鷄林 應卽今吉林之訛 而新羅 百濟諸國 亦皆其附近之地…若夫東夷之說 因地得名 如孟子稱舜 東夷之人 文王西夷之人 此無可諱 亦不必諱…唐會要 新羅封百濟故地 及高麗南境 東西約九百餘里 南北約一千八百里 於界內置尙 良 康熊 金 武 漢 朔 溟九州…考其疆土 東南並有 今朝鮮之慶尙江原二道 西北直至 今吉林烏拉 又西近開原 鐵嶺.

- 『欽定滿洲源流考』(1778, 乾隆 43)

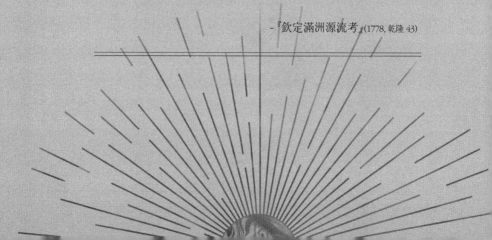

# 04

## 한국학 코드의
## 기원을 찾아서

---

- 마고(麻姑) 코드, 천·지·인 삼신일체
- 환단(桓檀)시대의 천부(天符) 코드와 그 연맥
- 화쟁사상과 일승사상에 나타난 한국학 코드

천·지·인 삼신일체인 마고 코드는 생명이 곧 영성임을 갈파한 생명 코드이다. 요녕(遼寧) 지역에서 대규모로 출토된 동이족의 홍산문화 유적은 환국·배달국·단군조선의 역사적 실재와 그 전개 과정을 생생하게 보여준다. 이미 배달국 시대에 환웅천왕이 책력(册曆)을 지어 365일 5시간 48분 46초를 1년으로 삼았다는 「태백일사」 제4 삼한관경본기(三韓管境本紀)의 기록은 현대물리학의 계산과 정확하게 일치하는 것으로 당시의 역학(曆學)·천문학·역학(易學)·상수학(象數學)·물리학 등의 발달 수준을 짐작하게 한다. 홍익인간·재세이화의 이념은 단군조선 시대에 처음 나온 것이 아니라 이미 환국시대 때부터 유구하게 전승되어 온 것이다. 환단(桓檀)시대의 천부(天符) 코드는 단순히 종교적 교의나 철학적 사변 또는 이론적인 그 무엇이 아니라 실제 정치의 근간을 이루는 것이었다. 국가 발전과 삼국통일의 기반을 공고히 한 화쟁사상과 일승사상 또한 천부 코드의 전형을 보여준다. 오늘날 천부 코드가 다시 주목받는 것은 양자역학으로 대표되는 포스트 물질주의 과학과의 상호피드백을 통해 생명에 대한 명료하고도 정치(精緻)한 인식체계를 구축함으로써 새로운 계몽의 시대를 열 것으로 기대되기 때문이다.

- 본문 중에서

지금부터 이후로는 백성의 소리를 듣는 것을 공법(公法)으로 삼노니
이를 일러 천부(天符)라 한다.
천부란 만세의 강전(綱典)으로 지극한 존엄이 서린 곳이니
누구도 범해서는 아니 될 것이다.
自今以後 聽民爲公法 是謂天符也 夫天符者 萬世之綱典 至尊所在 不可犯也.

- 『桓檀古記』, 「太白逸史」 第四, 三韓管境本紀, 檀君王倹 元年條

## 마고(麻姑) 코드, 천·지·인 삼신일체

마고(麻姑)의 나라가 실재했다는 사실은 우리나라 정사(正史)인 『고려사(高麗史)』 권36 「세가(世家)」 제36 충혜왕(忠惠王) 후(後)5년(1344) 정월조(正月條) 기록에서 살펴볼 수 있다. 그 기록에는 충혜왕이 몽골로 끌려갈 때 백성들 사이에서 불린 '아야요(阿也謠)'라는 노래가 나온다. "아야 마고지나 종금거하시래(阿也 麻古之那 從今去何時來)",[1] 즉 "아아 '마고의 나라' 이제 떠나가면 언제 돌아오려나"라는 이 짧은 노래는 충혜왕이 귀양길에서 독을 먹고 죽자 백성들이 마고성(麻姑城)의 복본을 기원하며 '마고지나(麻姑之那: 마고의 나라)'를 노래로 지어 부른 것이다. '고려'라는 국호가 엄연히 존재했음에도 불구하고 '마고의 나라'를 노래로 부른 것은, 당시 백성들 사이에선 우리나라의 옛 이름인 '마고지나'가 더 친숙했음을 알 수 있게 한다. 그토록 오랜 세월이 지났음에도 '마고의 나라'가 인구(人口)에 회자(膾炙)된 것은 낙원국가라는 이미지가 투영되

어 있었기 때문인지도 모른다.

신라 눌지왕(訥祗王) 때의 충신 관설당(觀雪堂) 박제상(朴堤上, 363~419?)의『부도지(符都誌:『澄心錄』 15誌 가운데 제1지)』* 제2장에는 세계 어디에서도 유례를 찾아볼 수 없는 창세(創世)에 관한 기록이 나온다. 여기서 '부도(符都)'란 하늘의 이치에 부합하는 나라, 또는 그 나라의 수도라는 뜻이다. 『부도지』는 우리 한민족의 시원과 우리 상고의 역사문화와 철학사상의 원형은 물론, 인류 문화의 원형을 담고 있는 귀중한 자료이다.

선천시대에 마고대성(麻姑大城)**은 실달성(實達城)에 허달성(虛達城)이 나란히 있었다. 처음에는 햇볕만이 따뜻하게 내리쪼일 뿐 눈에 보이는 물체라고는 없었다. 오직 8려(呂)의 음(音)만이 하늘에서 들려오니 실달성과 허달성이 모두 이 음에서 나왔으며, 마고대성과 마고 또한 이 음에서 나왔다. 이것이 짐세(朕世)다. 짐세 이전에 율려(律呂)가 몇 번 부활하여 별들이 출현하였다.

先天之時 大城 在於實達之城 與虛達之城 竝列 火日暖照 無有具象 唯有八呂之

---

* 생육신 중 한 사람인 김시습(金時習)은 그의 〈징심록추기(澄心錄追記)〉에서『부도지』는 박제상 공(公)이 삽량주(歃良州, 지금의 경남 양산) 간(干)으로 있을 때, 전에 보문전 태학사로 재직할 당시 열람할 수 있었던 자료와 가문에 전승되어 오던 비서(秘書)를 정리하여 저술한 책이라고 추정하였다. (박제상 지음, 김은수 번역·주해, 『부도지』(서울: 한문화, 2002), 초판 서문. 〈징심록추기〉는 김시습이 박제상의 후손인 박효손(朴孝孫: 조선 단종 때 형조참판 역임)에게 전해진『징심록』을 직접 읽고 그 유래와 내용을 밝힌 것으로『징심록』의 문헌적 가치를 고증해 준다.

** 마고가 사는 마고성은 네모형의 성으로 중앙에는 천부단(天符壇)이 있었고, 사방에는 각각 보단(堡壇)이 설치되어 있었으며, 보단과 보단 사이는 각각 세 겹의 도랑으로 통해 있었다. 도랑의 사이는 천 리(千里)였으며, 도랑의 좌우에 각각 관문을 설치하여 지키게 하였다. 이러한 마고성의 형태는 환단(桓檀) 시대에도 그대로 계승된 것으로『부도지』 제13장에 나와 있다. 도랑의 사이가 천 리(약 400km)였다고 하니 서울에서 부산까지의 거리인 셈이다. 도랑의 사이가 그 정도 거리라면 전체 마고성의 규모를 짐작케 한다. 그래서 마고대성(麻姑大城)이라고 한 것이다.

音 自天聞來 實達與虛達 皆出於此音之中 大城與麻姑 亦生於斯 是爲朕世 朕世
以前則律呂幾復 星辰已現.[2]

여기서 '음(音)'은 소리이며 우주의 실체인 의식(意識)과 마찬가지로 일종
의 파동(波動, wave)이다. '음'이 천지를 창조했다는 설은 생명의 파동적 성격
에 대한 이해를 전제한 것으로 『부도지』에 처음 나온 것이다. 『우파니샤드
Upanishads』에서는 우주만물과 유일신 브라흐마를 불가분의 하나, 즉 불멸
의 음성 '옴(OM)'*으로 나타냈고, 「요한복음」(1:1)에서는 "태초에 말씀[하늘소리]
이 계시니라"고 하였으며, 『장자(莊子)』에서는 '천악(天樂)' 즉 우주자연의 오묘
한 조화로서의 하늘음악을 노래했다. 하늘음악은 바로 조화자의 말씀 그 자
체다. 이는 모두 초형상·초시공의 소리의 오묘한 경계를 나타낸 것이다. 말
하자면 우주 삼라만상의 기원과 천국의 조화성을 소리의 경계, 즉 파동으로
나타낸 것으로 『부도지』의 '음(音)'과 같은 맥락에서 이해될 수 있다.

『부도지』 제10장에 나오는 '천지본음(天地本音)'[3]이란 우주 삼라만상의 기
원을 일컫는 것이다.** 생명의 파동적 성격은 아원자 물리학의 양자장(場) 개

---

\* 유일자 브라흐마와 브라흐마의 자기현현인 우주만물을 불가분의 하나, 즉 불멸의 음성
'옴(OM)'으로 나타낸 것은 이 우주가 분리할 수 없는 거대한 파동의 대양임을 나타낸
것이다.

\*\* 조선시대 『성리대전(性理大典)』에 음악이론서인 『율려신서(律呂新書)』가 포함된 것도
'소리는 곧 하늘'이라는 우리 전통사상의 맥이 통치이념에 반영된 것이다. 『율려신서』
에는 음악의 시작이 황종음(黃鐘音: 기준이 되는 音)에서 비롯된다고 나와 있다. 세종 때
박연(朴堧)의 황종율관(黃鐘律管) 제작으로 황종음을 정립했고, 또한 황종율관을 기준
으로 도량형을 통일해 실생활에 적용했다. 세종에게 있어 소리는 곧 하늘이었기에 황
종음을 세우는 것은 곧 국가의 표준을 세우는 일이기도 했다. 백성들과의 소통체계를
강화하기 위해 소리글자인 한글을 창제한 것도 백성들의 소리가 곧 하늘이라고 생각했
기 때문이다.

념에서도 분명히 드러난다. 즉, 물질은 개별적인 원자들로 구성된 실재가 아니라 장(場)이 유일한 실재이며 물질은 장이 극도로 강하게 집중된 공간의 영역에 의해 성립되는 것이라고 보는 것이다. 데이비드 봄의 양자이론에 따르면, 파동이 모여서 다발(packet)을 형성할 때 입자가 되는 것이고 그 파동의 기원은 우주에 미만(彌滿)해 있는 초양자장(superquantum field)[一心]이다. 말하자면 파동이 상호작용함으로써 규칙적인 원자 배열이 만들어지고 하나의 결정 구조가 생겨난 것이 물질이다. 입자[물질]란 정확하게 말하면 입자처럼 보이는 파동[의식]일 뿐이라는 것이다. 생명은 '살아 있는 시스템(living systems)',[4] 즉 네트워크이며 시스템적·전일적 사고를 통해서만이 접근할 수 있는 영역이다.

'실달'과 '허달'은 각각 실재 세계[본체계, 의식계]와 그림자 세계[현상계, 물질계]를 나타낸 것으로 무위(無爲)의 천지창조—생명의 자기조직화(self-organization)—에 의해 양 차원이 생겨난 것이다. 일체가 에너지로서 접혀 있는 전일성의 세계인 본체계[의식계, 실달성]와 무수한 사상(事象)이 펼쳐진 다양성의 세계인 현상계[물질계, 허달성]는 내재적 질서에 의해 하나의 고리로 연결되어 있으며 상호조응·상호관통한다. 물질세계는 '영(Spirit, 靈·天·神)'* 자신의 설계도가 스스로의 지성(性)·에너지(命)·질료(精)의 삼위일체의 작용으로 형상화되어 구체적 현실태(concrete actuality)로 나타난 것이다. 이처럼 우주가 마치 최적화된 컴퓨터 프로그램처럼 작동할 수 있는 것은 전지전능한(omniscient and omnipotent) '우주 지성[정보]'이 내재해 있기 때문이다.

---

* 우주의 실체는 의식[에너지, 파동]이므로 영(靈)·천(天)·신(神)은 곧 근원의식·전체의식·보편의식·우주의식·순수의식·참본성[一心, 神性, 靈性]·혼원일기(混元一氣, 一氣, 至氣)·율려(律呂) 등으로 명명되기도 한다.

또한 위 인용문에서 보듯이, 『부도지』 제2장에서는 우주의 본질인 생명의 물질화 현상을 율려(律呂)로 나타내고 있다. 우주만물은 분자, 원자, 전자, 아원자 입자들의 쉼 없는 운동으로 진동하는 에너지장(場)이다. 이 우주는 분리 자체가 근원적으로 불가능한 거대한 파동의 대양[氣海]이며, 일체 생명은 파동체일 뿐이다. '율려'는 생명의 물질화 현상에 대한 파동과학적 표현이다. 핵 주위를 회전하는 전자의 파동을 은유적으로 표현한 '에너지 무도(energy dance)'와도 같은 것이다. 특정한 성질을 갖는 물질이 되려면 파동이 상호작용함으로써 규칙적인 원자 배열이 만들어져야 하는데, 그 규칙성을 부여하는 설계도가 '율(律)'이고 그 율에 따라 진동(呂)하여 에너지의 바다에 녹아 있는 질료가 응축되어 하나의 결정 구조가 생겨난 것이 물질이다. 그러나 '율'과 '려'는 설명의 편의상 구분된 것일 뿐, '리(理: 이치)'와 '기(氣: 기운)'의 관계와 마찬가지로 '하나이면서 둘(一而二)이고 둘이면서 하나(二而一)'인 율려의 묘합 구조로 이루어져 있다. 이 세상에 분리된 것은 아무것도 없다.

송나라 유학자 채원정(蔡元定)이 악률(樂律)과 관련된 『율려신서(律呂新書)』를 지은 것이 1187년인데, 5세기 초 무렵의 『부도지』에는 생명의 물질화 현상에 대한 파동과학적 표현인 '율려'라는 용어가 창세(創世)에 관한 기록과 함께 나오고 있다. 더욱이 『부도지』는 박제상이 보문전 태학사로 재직할 당시 열람할 수 있었던 자료와 가문에 전승되어 오던 비서(秘書)를 정리하여 저술한 것인 만큼, 훨씬 오래전부터 천지창조에 대한 파동과학적 표현인 '율려'라는 용어가 사용되었을 것으로 추정된다. 그런 점에서 『부도지』에 기록된 '율려'는 오늘날 파동과학의 원형이라고도 할 수 있을 것이다.

『부도지』 제1장 초두(初頭)에는 마고 선인(麻姑仙人)이 살았던 마고성(麻姑城)

이 지상에서 가장 높은 큰 성(城)이며 천부(天符)[5]를 받들어 선천(先天)[6]을 계승하였다고 기록되어 있다. 환국(桓國) 이전에 마고성 시대가 실재했다는 기록이다.『장자(莊子)』내편(內篇) 제1「소요유(逍遙遊)」에도 견오(肩吾)와 연숙(連叔)이라는 도인의 대화 속에 막고야산(藐姑射山, 마고산·삼신산)에 사는 신인(神人) 마고에 관한 이야기가 나온다: "막고야산(藐姑射山)에 신인(神人)이 살고 있는데 피부는 얼음이나 눈처럼 희고 단아하기는 처녀 같으며 곡식을 먹지 않고 바람을 호흡하고 이슬을 마시며 구름을 타고 용을 몰아 사해 밖에서 노닌다. 정신을 한데 모으면 만물이 병들지 않게 하고 해마다 곡식이 잘 여물게 한다."[7]

마고 문화의 자취는 동아시아 전역은 물론 세계 도처에 남아 있다. BCE 3,000~2,000년경에 나타난 황하문명, 인더스문명, 메소포타미아(수메르)문명, 이집트문명과 그 후에 나타난 마야문명, 아스텍(아즈텍)문명, 잉카문명이 신화와 전설, 민속과 신앙 등에 있어 많은 공통점이 있으며 이들 문화가 서로 연계되어 있다는 사실이 문헌학적, 고고학적, 문화인류학적, 민속학적, 언어학적, 천문학적 연구 등을 통해 속속들이 밝혀지고 있어 그 원형이 바로 파미르고원을 중심으로 한 마고성과 거기서 비롯된 후속 문화인 것으로 추정되고 있다. 즉, 중국 하북성(河北省) 창주(滄州)의 마고성, 강서성(江西省, 장시성) 남성현(南城縣)의 마고산, 요녕성(遼寧省) 금주시(錦州市) 마고상(麻姑像), 마고에서 유래한 마카오라는 지명(마카오에도 마고상이 있음), 극동의 캄차카반도에 있는 마고야산(麻姑射山),『산해경(山海經)』에 나오는 고야국(姑射國), 초대 환인 '안파견(安巴堅)'에서 유래된 아메리칸 인디언의 '아파치'족 등이 그것이다. 마고와 관련된 이름이 특히 한반도에 많이 분포*해 있다.

---

* 남제에서 부르던 백제의 다른 이름 고마(固麻), 지리산 산신으로 일컬어지는 마고할

마고성의 위치는 『부도지』 제8장에 나오는 민족의 이동 경로와 『산해경 (山海經: 중국 선진(先秦) 시대에 저술된 것으로 추정되는 대표적인 신화집 및 지리서)』 등으로 미루어 볼 때 파미르고원(天山崑崙) 일대인 것으로 추정된다. 마고는 마(麻)가 많이 나는 땅의 여성 지도자를 의미하는 것으로 볼 수 있으며 대지와 생명(출 생)을 관장하는 대모(大母, 太母)라는 뜻이다. 마고성은 그 기능이나 성격으로 보아 천·지·인 삼신에 제사 지내던 소도성(蘇塗城)이었던 것으로 보인다. 따 라서 우리의 고산(高山) 숭배 사상은 오래된 것이다. 환단(桓檀: 환국·배달국·단군 조선) 시대에도 소도(蘇塗, 수두)라는 종교적 성지가 있어 그곳에서 하늘을 경배 하고 조상을 받드는 경천숭조(敬天崇祖)의 소도교(수두교)를 폈던 기록이 있다.

예로부터 높은 산은 하늘[참본성]로 통하는 문으로 여겨져 제천의식이 그곳 에서 거행되었다. 우리나라의 오악으로 알려진 동쪽의 금강산, 서쪽의 묘향 산, 남쪽의 지리산, 북쪽의 백두산, 그 중앙에 위치한 삼각산, 그리고 백두산 과 갑비고차(甲比古次)의 단소(壇所)와 마리산(摩利山)의 참성단(塹城壇), 태백산의 제천단 등은 천제가 행해진 곳으로 전해진다. 황해도 구월산에 단군 사당인 삼성사(三聖祠)가 있는 것과 마찬가지로 서울시 수유1동 빨래골에 삼성암(三聖 庵)이 있다는 사실은 삼각산 세 봉우리에서 천제를 올렸음을 짐작하게 한다. 천제의식을 통하여 미혹함을 풀고 참본성을 회복함으로써(解惑復本) 광명이 세(光明理世)·홍익인간의 이념을 구현하고자 했던 것이다.

마고성 시대가 열린 시기에 대해서는 『환단고기(桓檀古記)』 「삼성기전(三聖

---

미, 지리산 천왕봉 성모상과 노고단(老姑壇), 경북 영해(寧海)에 있는 마고산과 문경의 마고산성, 삼신 마고를 의미하는 제주도의 옛 이름 영주(瀛州), 북두칠성이 손에 잡힐 듯한 곳에 마고 선녀가 산다 하여 이름 지어진 포항시 북구 죽장면 두마리(斗麻里), 경 남 밀양시 천태산의 마고할매당, 대전 동구의 노고산성, 경기도 용인의 마고산성, 경 기도 부천시와 강화도에 있는 노고산, 서울 마포구의 노고산, 황해도 신평군의 노고산 등이 있다.

紀全)」하편과 「태백일사(太白逸史)」 제2 환국본기(桓國本紀)에 이를 추측케 하는 내용이 나온다. 이들 기록에서는 환인씨의 나라 환국(桓國, BCE 7199~BCE 3898)의 강역이 남북 5만 리, 동서 2만여 리인데, 일곱 대를 전하여 지난 햇수가 모두 3,301년 혹은 63,182년이라고 한 것이 그것이다. 각기 다른 저자가 다른 출처를 인용하여 전하고 있음에도 마고성이 열린 시기를 추정할 수 있는 63,182년이라는 숫자가 똑같이 나오는 것을 보면, 우리 상고사서가 산실(散失)되기 전에는 자세하게 전승되어 왔음이 분명하다. 여기서 3,301년은 환인 7세의 역년만을 계산한 것이고, 63,182년은 전(前)문화시대까지 합산한 전체 역년으로 이해하는 것이 타당하다. 일단 『부도지』의 내용으로 볼 때 우리 한민족의 발상지가 마고성(麻姑城)인 것이 분명해 보이므로 63,182년을 마고성 시대부터 환인 7대까지의 역년으로 보기로 한다.

그렇게 되면 마고성 시대가 열린 시기는 2022년 현재로부터 69,102년(63,182+3,898(환웅 역년)+2,022) 전이니 약 7만 년 전이라 할 수 있다. 그러면 혹자는 과연 7만 년 전에 그런 고도의 문명이 열릴 수 있었을까? 라고 의문을 가질지 모른다. 그러나 미국 킨 주립대학 교수 찰스 햅굿(Charles H. Hapgood)은 그의 저서 『고대 해양왕의 지도 Maps of the Ancient Sea Kings』에서 "전 세계적인 고대 문명, 혹은 상당한 기간 동안 세계의 대부분을 지배했음이 틀림없는 문명이 존재했다는 증거는 상당히 풍부하다"[8]고 결론 내리고 있다. 따라서 구석기시대, 신석기시대, 청동기시대, 철기시대의 점진적인 단계를 밟아 문명이 발전한다는 단선적인 사회발전 단계이론은 포기되어야 한다고 주장한다. 모든 문명에는 스스로를 파괴하는 씨앗이 내포되어 있으며 스스로를 파괴하기에 충분한 기술을 개발하여 사용하게 되는데, 문명이 발전하면 할수록 더 쉽게 파괴되며 그에 대한 증거 또한 더 쉽게 소멸될 것[9]이라는 햅굿의 주장은 고대 문명의 진실을 밝히는 데 유익한 단서와 통찰력을 제공한다.

전 세계적인 고대 문명이 실재했다는 증거는 계속해서 나오고 있다. 1978년 영국과 이탈리아의 공동 조사단은 고대 도시 모헨조다로(Mohenjodaro: '죽음의 언덕'을 뜻함)의 유적에서 발굴된 자료를 분석 의뢰한 결과를 바탕으로 모헨조다로가 고대 핵전쟁의 전장이었다고 잠정 결론 내린 바 있다.[10] 이 외에도 초고대 문명은 플라톤이 대화편 중 『티마이오스 Timaeos』와 『크리티아스 Critias』에서 처음 언급한 대서양에 존재했던 아틀란티스(Atlantis) 대륙의 문명, 마고 문화와 동질적인 또 하나의 초고대 문명으로 태평양에 존재했던 무(Mu) 대륙의 문명, 16세기 오스만 제국의 제독 피리 레이스(Piri Reis)가 모사한 지도에 나타난 빙기가 오기 전의 고대 남극 문명, 페루의 나스카 지상 그림, 고대 이집트의 오시리스 숫자, 이집트의 피라미드와 스핑크스 등 전 세계에 걸쳐 불가사의한 문명의 유산은 계승되어 왔다.

「태백일사」 제1 삼신오제본기(三神五帝本紀) 기록에는 환국이 삼신(三神)의 후예이며 삼신은 영원한 생명의 근본이라고 하고 있다. "전하는 말에 '삼신(三神)의 후예를 일컬어 환국이라 한다(三神之後 稱爲桓國)'고 하고…또 가로되 '삼신은 환국보다 먼저 있었고…영원한 생명의 근본이다(三神 在桓國之先…永久 生命之根本也)'"[11]라고 하고 있다. 우리 민족이 스스로를 천손족으로 여겼던 것은 삼신의 후예라고 생각했기 때문이다. 여기서 삼신은 천·지·인 삼신을 말한다. 마고성 시대로부터 전승되어 오는 천·지·인 삼신일체의 삼신사상['한' 사상, 天符思想, 神敎]과 연결된 것이다. 삼신일체란 각각 신이 있는 것이 아니고 작용으로만 삼신(三神)이며 그 체는 일신[唯一神, 神·天·靈]이다.[12]* 본체와 작용

---

* 신(神)·천(天)·영(靈)은 생명의 본체를 지칭하는 대표적인 대명사들이다. 생명이 분리할 수 없는 절대유일의 하나임을 강조하는 뜻에서 일신[유일신, 유일자, 唯我]이라고도

은 하나이므로 천·지·인 삼신이 곧 일신(하나(님), 하늘(님), 유일신)이다. 일신을 나타내는 하나·하늘은 축약하면 '한'이다. 그래서 삼신사상이 곧 '한'사상이다. 생명은 본체의 측면에서는 분리할 수 없는 절대유일의 하나이므로 유일신(一)이지만, 작용의 측면에서는 천·지·인 삼신(三)이므로 삼신사상과 '한'사상은 동전의 양면과도 같은 것이다.

마고의 핵심 코드는 천·지·인 삼신일체(一卽三·三卽一)의 원리이다. 이 원리는 생명의 전일성과 자기근원성을 함축한 생명의 공식이다. 그러면 왜 천·지·인 '삼신(三神)'이라고 하는가? 우주만물을 지칭하는 천·지·인이 셋이니 '삼(三)'이라 한 것이고, 생명의 본체인 일신(유일신, 神·天·靈)이 자기복제로서의 작용, 즉 자기조직화에 의해 우주만물을 생성하고 그 만물 속에 만물의 본질(참본성)로서 내재해 있으니 우주만물이 다 '신(神)'이다. 그래서 천·지·인 '삼신'이라 한 것이다. 우주만물이 신이라고 한 것은 물질적 외피가 아닌, 실체를 두고 한 말이다. 물질이란 특정 주파수대의 에너지 진동에 불과하며 99.99%가 텅 비어 있다. 천·지·인 삼신일체를 이해하기 위해서는 물질의 공성(空性)에 대한 이해가 필수적이다. 우주만물의 실체는 그 본질로서 내재해 있는 신(神·天·靈)이다. 우주의 실체는 의식이므로 신(神)은 곧 신성[영성]이며 참본성[一心]이고 보편의식[근원의식, 전체의식, 우주의식, 순수의식]이다.

따라서 우주만물에 편재해 있는 '하나'인 참본성[神性, 靈性, 一心]이 곧 하늘이요 신이니, 우주만물을 떠난 그 어디에 따로이 하늘이나 신이 존재하는 것

---

한다. 우주의 실체는 의식이므로 일신(一神)은 곧 일심(一心, 즉 보편의식)이며 참본성[신성]이다. 양자물리학자 데이비드 봄은 "형체에 활동력을 불어넣는 것이 마음의 가장 특징적인 성질이며 우리는 이미 전자에서 마음과 비슷한 것을 발견했다"고 했다. '일체유심조', 즉 일체가 오직 마음이 지어내는 것이다.

이 아니다. 이것이 우리 고유의 신교(神教)인 삼신사상의 요체다. 『중용(中庸)』에서도 "하늘이 명한 것이 성(性)이고, '성'을 따르는 것이 도"[13]라고 하여 참본성을 따르는 것이 곧 천도(天道)임을 나타냄으로써 하늘(天·神·靈)과 참본성이 하나임을 밝히고 있다. 그런 까닭에 우리 조상들은 삼경(三敬), 즉 경천(敬天)·경인(敬人)·경물(敬物)을 생활화해왔다. 마고의 천·지·인 삼신사상은 통섭적 세계관의 원형을 보여주는 것이다. 삼각산의 '삼'이란 숫자는 천·지·인 삼신일체의 의미를 함축한 것이다. 우리 국조께서 세 봉우리가 있는 산에서 천제를 올렸던 것도 하늘[참본성, 일심]과 소통하고자 하는 지극한 염원을 담은 것이라 할 수 있다.

삼신사상은 본체-작용-본체·작용의 합일이라는 '생명의 3화음적 구조(the triadic structure of Life)'에 기초한 것으로 천·지·인 삼신일체의 의미를 함축하고 있다. '천(天)'이 생명의 본체라면 '지(地)'는 그 작용이고, '인(人)'은 본체·작용의 합일을 추동하는 메커니즘으로 설정된 것이다. 여기서 '인(人)'의 실체는 물질적 육체가 아니라 참본성, 즉 일심(一心)이므로 본체·작용의 합일을 추동하는 메커니즘은 일심이다. '인(人)'의 실체인 참본성[一心]을 회복하면 생명의 본체와 작용이 하나임을 자연히 알게 되므로 생명의 전일성과 자기근원성을 체득하게 된다. 그리하여 한 이치 기운(一理氣)을 함축한 전일적인 의식계[본체계]와 한 이치 기운의 조화(造化) 작용을 나타낸 다양한 물질계[현상계]가 분리될 수 없는 하나임을 자연히 알게 되어 공존의 삶을 자각적으로 실천할 수 있게 된다. 무수한 사상(事象)이 펼쳐진 '다(多, 三)'의 현상계와 그 무수한 사상이 하나로 접힌 '일(一)'의 본체계는 외재적(extrinsic) 자연과 내재적(intrinsic) 자연, 작용[물질계]과 본체[의식계]의 관계로서 상호 조응해 있으며 상호관통한다.

천·지·인 삼신일체의 가르침은 '복본(復本)'으로 귀결된다. 『부도지』 제7

장에서는 잃어버린 참본성[神性]을 회복하는 것을 '복본'이라 하고 있다. 또한 제12장에는 "…천부(天符)에 비추어서 수신하고 미혹함을 풀고 참본성을 회복할 것을 맹세하며 부도(符都) 건설을 약속하니…"[14]라고 나와 있다. 참본성의 회복은 곧 홍익인간, 이화세계(理化世界)로의 복귀인 동시에, 인류의 시원인 최초의 낙원국가 마고성으로의 복귀를 의미한다. 이처럼 우리의 '복본'사상은 잃어버린 참본성의 회복과 더불어 잃어버린 성[麻姑城]의 회복이라는 의미를 함축하고 있는데 이는 우리의 전통적 사유가 의식과 제도, 정신과 물질의 통합이라는 통섭적 세계관에 기초하고 있음을 말하여 준다. 마고의 삼신사상은 한마디로 미혹함을 풀어 참본성을 회복하는 '해혹복본(解惑復本)'의 사상이다. 삼신사상에서 '복본'을 강조한 것은 참본성을 회복하면 일체의 이원성에서 벗어나 조화세계를 구현할 수 있기 때문이다.

신인(神人)인 마고(麻姑)와 그 딸들인 궁희(穹姬)·소희(巢姬)를 일컫는 '삼신할미' 전설은 일즉삼·삼즉일의 원리에 기초한 삼신사상에서 나온 것으로 통섭적 세계관이 투영된 것이다. '할미'란 '한어미(大母), 즉 대지와 생명을 관장하는 대모(大母, 太母)라는 뜻이다. 삼성(三聖)으로 알려진 환인·환웅·단군(天皇·地皇·人皇) 또한 역사 속에 나오는 신인으로서의 삼신이다. 이들 삼신은 신인합일의 경지에 이른 존재들로서 만유 속에 깃들어 있는 성령[神性, 참본성, 一心]과 소통하는 최고의 무사(巫師)였다. 성령과 소통했다는 것은 만유에 편재해 있는 우주적 본성과 혼원일기(混元一氣)로 이루어진 생명의 유기성 및 상호관통을 깨달아 우주 '한생명'에 대한 자각적 실천이 이루어졌음을 의미한다.

지금으로부터 9천 년 이상 전부터 전해진 삼신사상[神敎, '한'사상, 천부사상]의 가르침은 유일신[천·지·인 삼신]과 우주만물이 하나라는 천·지·인 삼신일체[一

卽三·三卽一]의 원리에 기초한 것이다. 불교의 삼신불이나 기독교의 삼위일체, 그리고 무극·태극·황극과 동학의 내유신령·외유기화·각지불이는 천·지·인 삼신일체의 가르침과 그 내용이 같은 것으로 모두 삼신사상에서 나온 것이다. 동양의 유·불·도의 원형은 모두 삼신사상이다. 즉, 호흡을 고르고(調息) 원기를 길러(養氣) 불로장생하여(長命) 신인합일을 추구하는 도가사상, 느낌을 그치고(止感) 마음을 고르게 하여(調心) 참본성을 깨달아(覺性) 성불을 추구하는 불교사상, 부딪침*을 금하고(禁觸) 몸을 고르게 하여(調身) 정기를 다하여 나아감으로써(精進) 성인군자를 추구하는 유교 사상이 모두 삼신사상에서 나온 것이다.

삼신사상의 잔영을 보여주는 사례는 무수히 많다. 중국 발해만(渤海灣) 동쪽에 있다는 봉래산(蓬萊山)·방장산(方丈山)·영주산(瀛洲山)의 삼신산, 우리나라 금강산·지리산·한라산의 삼신산이란 지명은 모두 삼신사상에서 나온 것이다. 사람이 태어나면서 삼신으로부터 받은 세 가지 참됨, 즉 성(性)·명(命)·정(精)을 일컫는 삼진날(3월 3일), 천·지·인의 상생 조화를 나타낸 삼태극(三太極), 고구려의 삼족오(三足烏), 백제의 삼족배(三足杯), 천부인(天符印) 3개, 진한·번한·마한의 삼한, 원방각(圓方角), 삼우제(三虞祭), 삼세번, 33천(天)인 도리천(忉利天), 3·1운동 당시 민족대표 33인, 33번의 제야(除夜)의 타종의식(打鐘儀式) 등이 그것이다. 모두 천·지·인 삼신일체로 표상되는 우리 고유의 삼신사상, 즉 '한'사상을 나타낸 것이다. 이는 마고의 핵심 코드인 천·지·인 삼신일체가 특히 동아시아의 집단무의식 속에 깊이 뿌리박혀 있음을 보여준다.

마고의 핵심 코드인 천·지·인 삼신일체의 원리는 현대물리학의 전일적

---

* 여기서 '부딪침'이란 신체의 다섯 감각기관(眼·耳·鼻·舌·身)을 통한 부딪침(聲·色·臭·味·淫)과 의식[意, 마음]의 작용을 통한 부딪침(抵)을 포괄한 것이다.

실재관의 원형이라는 점에서 '가장 오래된 새것'이다. 그 사상의 맥이 이어져 환단(桓檀)시대에 이르러 핀 꽃이 천부사상(天符思想)이며, 이러한 천·지·인 삼신일체의 동양문화권 속에서 우리의 신선도(仙敎)를 비롯하여 유교, 불교, 도교, 힌두교, 동학 등이 나왔다. 아시아의 대제국 환국(桓國)의 12연방 중 하나인 수밀이국(須密爾國)은 천부사상에 의해 오늘날 4대 문명의 하나로 일컬어지는 수메르 문명(협의의 메소포타미아 문명)을 발흥시켰으며, 특히 수메르인들의 종교문학과 의식이 서양문명의 뿌리가 되는 기독교에 상당한 영향을 미쳤다는 사실은 이미 밝혀진 바이다. 이처럼 마고 코드가 동·서양의 문화·문명을 발흥시킨 모체였다는 사실이 점차 밝혀지고 있는 것은, 천·지·인 삼신일체의 삼신사상에서 전 세계 종교와 사상 및 문화가 수많은 갈래로 나뉘어 제각기 발전하여 꽃피우고 열매를 맺었다가 이제는 다시 하나의 뿌리로 돌아가 통합되어야 할 우주의 가을 즉 후천개벽기(後天開闢期)에 이르렀기 때문이다.

마고성이 열린 시기가 약 7만 년 전이라고 한다면 언제까지 존속한 것일까? 『부도지』에 따르면, 마고의 나라(麻姑之那)는 몇 대를 거치는 사이에 열두 개 파(12지파)를 형성했으며 인구가 증가하여 각파마다 3천 명이 되었다.[15] 인구 증가에 따른 식량 부족으로 지소씨(支巢氏)가 포도를 따 먹은 '오미의 변(五味之變)'[16]* 이후 기존의 자재율(自在律)이 파기되면서, 가장 어른인 황궁(黃穹)씨

---

* '오미의 변'은 백소씨(白巢氏) 족의 지소씨(支巢氏)가 보금자리 난간의 넝쿨에 달린 포도를 따먹게 되면서 포도 속에 담긴 다섯 가지 감각적인 맛에 취해 참본성[神性]을 잃게 된 역사적 사건을 말한다. 지소씨의 말을 듣고 포도를 따먹은 사람들은 피와 살이 탁해지고 심기가 어지러워져서 마침내 천성을 잃게 되는데, 이는 살아 있는 생명을 해친 최초의 사건이자 신[神性]과 인간[理性]의 경계가 분리된 사건이다. 어느 날 지소씨가 젖을

가 마고 앞에 사죄하여 오미의 책임을 지고 복본(復本: 참본성을 회복함)할 것을 서약하고 물러 나와 마고성을 보전하기 위해 여러 종족들과 출성(出城)을 결의하고서 열두 개 파가 네 파로 나뉘어 이동하게 되었다. 황궁씨는 청궁씨(靑穹氏), 백소씨(白巢氏), 흑소씨(黑巢氏)*에게 천부(天符)를 신표로 나누어주고 복본을 명하고는 각기 권속을 이끌고 동서남북의 사방으로 흩어졌으니 이것이 인류의 시원이 되었다.

> 청궁씨는 권속을 이끌고 동쪽 사이의 문을 나가 운해주(중원지역)로 가고, 백소씨는 권속을 이끌고 서쪽 사이의 문을 나가 월식주(중근동 지역)로 가고, 흑소씨는 권속을 이끌고 남쪽 사이의 문을 나가 성생주(인도 및 동남아 지역)로 가고, 황궁씨는 권속을 이끌고 북쪽 사이의 문을 나가 천산주(천산산맥 지역)로 갔다.
> 靑穹氏 率眷出東間之門 去雲海洲 白巢氏 率眷出西間之門 去月息洲 黑巢氏 率眷出南間之門 去星生洲 黃穹氏 率眷出北間之門 去天山洲.[17]

마고성을 떠나 분거(分居)한 모든 종족들이 각 주(洲)에 이르는 동안 어느덧 천년이 지났다.[18] 한편 황궁씨는 천산주(天山洲)에 도착하여 해혹복본(解惑復本)할 것을 다시금 서약하고, 종족들에게도 수증(修證)하는 일에 힘쓰라고 일

---

마시려고 유천(乳泉)에 갔는데, 사람은 많고 샘은 작으므로 다른 사람에게 양보하여 마시지 못하는 일이 다섯 차례나 반복되면서 배가 고파 포도를 따먹게 된 것이다.

* 신인(神人, 仙人)이면서 모성(母性)인 마고(麻姑)가 선천(先天)을 남자(陽)로, 후천(後天)을 여자(陰)로 하여 배우자 없이 궁희(穹姬)와 소희(巢姬)를 낳고, 궁희와 소희 역시 선천과 후천의 정(精)을 받아 배우자 없이 각각 두 천인과 두 천녀를 낳았다. 황궁씨와 청궁씨의 어머니는 궁희씨이고, 백소씨와 흑소씨의 어머니는 소희씨이다(『符都誌』第1章). 황궁씨, 백소씨, 청궁씨, 흑소씨 등의 '씨(氏)'는 환인씨나 환웅씨의 '씨(氏)'와 마찬가지로 고대에는 존칭어로 사용된 것이다.

렀다. 황궁씨의 첫째 아들 유인(有仁)씨에게 명하여 인간 세상의 일을 밝히게 하고, 둘째와 셋째 아들에게 운해주와 월식주, 성생주를 순행하게 했다. 그리하여 유인씨가 천부삼인(天符三印)을 이어받았다. 유인씨가 천년을 지내고 나서 아들 환인씨에게 천부를 전하였으니, 이에 환인씨가 천부삼인을 이어받아 인간 세상의 이치를 크게 밝혔다.[19]

마고성 시대가 존속한 시기는 환국시대(BCE 7199~BCE 3898)로부터 역으로 거슬러 올라가 추정할 수 있다. 『부도지』 제9장에는 "(마고성을 떠나) 분거한 여러 종족들이 각 주(洲)에 이르니 어느덧 천년이 지났다"[20]고 기록되어 있다. 『부도지』 제10장에는 "황궁씨가 천산주에 도착하여 해혹복본(解惑復本)할 것을 서약하고,…곧 첫째 아들 유인씨에게 명하여 인간세상의 일을 밝히게 하고,…이에 유인씨가 천부삼인(天符三印)을 이어받으니…"[21]라고 나오고, 또 "유인씨가 천년을 지내고 나서 아들 환인(桓仁)씨에게 천부를 전하고…"[22]라고 나온다.

그렇다면 마고의 종족들이 운해주, 월식주, 성생주, 천산주에 이르는 기간이 약 천년이고, 황궁씨가 천산주에 도착하여 얼마 되지 않아 아들 유인씨에게 천부삼인을 전하였으며, 유인씨가 천년을 지내고 나서 아들 환인씨에게 천부를 전했으니, 마고성을 떠난 시점은 환인씨의 나라 환국이 열린 BCE 7199년으로부터 약 2천 년 전인 BCE 9199년쯤이다. 따라서 지금으로부터 약 1만 1천 년 전까지 '마고의 나라(麻姑之那)'가 존속한 셈이다. 또한 마고는 '마(麻)'가 많이 나는 땅의 여성 지도자를 의미하는 것이니, 환인·환웅·단군과 마찬가지로 특정인의 이름이 아니라 일종의 직함(직명)으로 보는 것이 옳다. 말하자면 환인 7대, 환웅 18대, 단군 47대가 이어진 것처럼, 마고 또한 여러 대가 이어졌을 수도 있다.

| 시대 구분 | 한민족의 국통(國統) | | | | |
|---|---|---|---|---|---|
| 마고성(麻姑城) 시대 | 마고의 나라(麻姑之那: ?~BCE 9199) | | | | |
| | 황궁(黃穹)씨와 유인(有仁)씨의 천산주(天山洲) 시대(BCE 9199~BCE 7199) | | | | |
| 환단(桓檀)시대 | 환국(桓國: BCE 7199~BCE 3898, 환인 7대) | | | | |
| | 배달국(倍達國: BCE 3898~BCE 2333, 환웅 18대) | | | | |
| | 단군조선(檀君朝鮮: BCE 2333~BCE 238, 단군 47대) | | | | |
| 열국(列國)시대 | 북부여(北夫餘) (BCE 239~ BCE 58) | 후삼한(後三韓) (BCE 2세기~ CE 3세기) | 동옥저(東沃沮) (BCE 2세기~ CE 56) | 동예(東濊) (BCE 2세기~CE 5세기) | 낙랑국(崔氏 樂浪國) (BCE 195~ CE 37) |
| 사국(四國)시대 | 고구려(高句麗) (BCE 58~CE 668) | 백제(百濟) (BCE 18~CE 660) | | 신라(新羅) (BCE 57~CE 935) | 가야(加耶) (CE 42~562) |
| 남북국(南北國)시대 | 발해(渤海=大震國) (698~926) | | 통일신라(統一新羅) (676~935) | | |
| 고려시대 | 고려(高麗: 918~1392) | | | | |
| 조선시대 | 조선(朝鮮: 1392~1910) | | | | |
| 임시정부 시대 | 임시정부(臨時政府: 1919~1945) | | | | |
| 남북분단시대 | 대한민국(ROK) (1948~현재) | | 조선민주주의인민공화국(DPRK) (1948~현재) | | |

〈표 4.1〉 한민족의 국통(國統)*

『부도지』에 따르면, 파미르고원의 마고성에서 시작된 우리 한민족은 마

---

\* 『삼국사기』에는 고구려 건국 연대를 CE 37년이라고 기록하고 있는데, 이는 고주몽이 BCE 58년에 북부여의 대통을 이어 즉위하고─북부여를 계승하여 졸본에 도읍하였으므로 졸본부여라 함─다물(多勿)이라는 연호를 사용하다가 BCE 37년에 국호를 고구려로 개칭하고 연호도 평낙(平樂)이라고 쓰게 된 시점부터를 고구려 건국 연대로 잡은 것이다. 그렇게 되면 고주몽이 북부여의 대통을 이어 다물이라는 연호를 쓰기 시작한 BCE 58년과는 21년의 시차가 있다. 또한 해모수의 차남인 고진(高辰)이 북부여 4세 단군 고우루(高于婁, BCE 120) 때 고구려후(高句麗侯)로 봉해졌다는 것은 BCE 120년 이전에 고구려가 이미 건국되었음을 말하여 준다. 따라서 향후 충분한 근거 자료가 나오게 되면 고구려의 건국 연대는 훨씬 더 상향 조정되어야 할 것이다. 현재로서는 편의상 고구려의 건국 연대는 다물이라는 연호를 사용한 BCE 58년으로 잡고, 삼국사 관련 연대는 『삼국사기』를 따르기로 한다.

고, 궁희, 황궁, 유인(有仁), 환인(桓仁)*, 환웅(桓雄), 단군(檀君)에 이르는 과정에서—즉, 마고성 시대에서 황궁씨와 유인씨의 천산주 시대를 거쳐 환국·배달국·단군조선에 이르는 과정에서—전 세계로 퍼져나가 천·지·인 삼신일체의 가르침에 토대를 둔 우리의 천부(天符)문화를 세계 도처에 뿌리내리게 한 것으로 나온다. 당시 국가지도자들은 사해(四海)를 널리 순행했으며, 모든 종족과 믿음을 돈독히 하고 돌아와 부도(符都)를 세웠다.[23]

'유오산천(遊娛山川) 무원부지(無遠不至)'라는 화랑도의 수양방식은 이러한 순행에서 비롯된 것이다. 명산대천을 찾아다니며 심신을 연마하고 무예를 단련하며 멀리 이르지 아니한 곳이 없었다. 13세 단군 흘달(屹達)[24] 조(條)에 나오듯 단군조선의 화랑들은 물론이고, 훗날 신라 화랑들 역시 이러한 순행의 습속을 이어받아 월식주·성생주·운해주·천산주로 원행(遠行)하며 여러 종족들과 믿음을 돈독히 했던 것으로 『부도지』제30장[25]에는 나와 있다. 실로 화랑의 역사는 소도(蘇塗, 수두)의 역사만큼이나 오래된 것이다. 마고 문화의 자취가 유독 우리 한민족에게 많이 전승되고 있는 것은 한민족이 마고성의 종주족인 황궁씨족의 장자 민족이기 때문일 것이다.

오늘날 마고의 핵심 코드인 천·지·인 삼신일체의 사상과 문화에 대한 재조명이 이루어지는 것은 바야흐로 낡은 것이 새것이 되고 새것이 낡은 것이 되는 문명의 대변곡점에 이르렀기 때문이다. 마고는 몽고, 튀르크(투르크), 만주, 퉁구스, 시베리아에서 '우마이(Umay)'라는 대모신(大母神)의 이름으로 등장

---

* 『부도지』에는 有因, 桓因으로 나오지만, 본래는 有仁, 桓仁이었다가 후에 불교의 영향을 받아 '仁'이 '因'으로 바뀐 것이다. 당시에는 감군(監群: 무리의 우두머리)을 仁이라 했으므로 원의를 살리는 취지에서 '仁'이라고 표기하기로 한다. '인(仁, En)'은 고대에 왕이나 제사장을 의미하는 것이었다. 『桓檀古記』,「太白逸史」第二 桓國本紀에는 '仁이란 任을 이르는 말이니 널리 사람을 구제하고 세상을 밝히는 일을 맡으려면 반드시 어질어야 한다'고 기록되어 있다.

하여 인간의 출생을 관장하는 생명의 여신으로 알려져 있다.* '마(Ma)'는 어머니, 엄마, 어멈 등의 뜻으로 영어의 mother, mom, mama, 수메르어의 우묨(Umum), 고타마 싯다르타의 어머니 마야(Maya)부인, 성모 마리아(Mary), 러시아의 토속인형 마툐르시카, 일본의 아마테라스 오미카미(天照大神), 마야(Maya)문명, 마고 삼신을 모시는 베트남의 토속종교 모교(母敎), 마고 삼신을 의미하는 마을 어귀 '솟대에 앉은 오리[鳥] 세 마리', 『우파니샤드』에서 우주 만물과 유일신 브라흐마의 합일을 나타낸 불멸의 음성 '옴(OM)'**, 이들 모두 마고에서 유래한 것으로 볼 수 있다.

인류 구원의 '여성성(女性性)'***으로서의 마고(麻姑)의 현대적 부활은 천지비괘(天地否卦)인 음양상극(陰陽相剋)의 선천 건도(乾道) 시대에서 지천태괘(地天泰卦)인 음양지합(陰陽之合)의 후천 곤도(坤道) 시대****로의 이행과 맥을 같이 한다. 우리는 지금 후천시대의 초입에 들어서 있다. 또한 우주과학적 측면에서 볼 때 '여성성'의 부상은 우주 질서 속에서 지구 문명이 물고기 별자리인 쌍어

---

* 이 일대 여성 무당 또한 어마이, 오마이 등으로 불린다. 어머니, 엄마는 몽골어, 튀르크어, 퉁구스어로 어마이, 오마이 등으로 불린다. 오마니, 어마이, 오마이는 어머니를 뜻하는 평안도 방언이기도 하다. 모두 마고에서 유래한 것이다.

** '옴(OM)'은 어머니, 엄마를 뜻하는 옴마, 오마니, 오마이 등의 축약어로 모두 마고의 '마(Ma)'에서 유래한 것이다.

*** '여성성(女性性)'의 본래적 의미는 그리스 신화에 등장하는 대지의 여신 가이아(Gaia)의 영적인 본질에서 도출된 여성성, 즉 영성(靈性, spirituality)이다. 따라서 여성성은 남성성을 대체하는 것으로서가 아니라 포괄하는 동시에 초월하는 것으로서 이해되어야 한다. 그렇지 않으면 또 다른 이원론에 빠지게 될 것이기 때문이다.

**** 선천 건도 시대는 천지비괘인 음양상극의 시대인 관계로 강자가 약자를 억누르고 민의(民意)가 제대로 반영되지 못하며 빈부격차가 심하고 여성 억압과 자연 억압이 만연한 시대로 일관해 왔다. 그러나 후천 곤도 시대는 지천태괘인 음양지합의 시대인 관계로 일체 대립물의 통합이 이루어지며 여성이 제자리를 찾고 종교적 진리가 정치사회 속에 구현되는 성속일여(聖俗一如)·영육쌍전(靈肉雙全)의 시대가 될 것이다.

궁(雙魚宮) 시대에서 물병 별자리인 보병궁(寶甁宮) 시대로 이행[26]하는 것과 맥을 같이 한다. 이제 물병 별자리인 보병궁 시대로의 초입에서 많은 사람들은 새 시대가 쌍어궁 시대의 단순한 연장이 아니라 근본적인 패러다임 전환을 가져올 것이라고 예측한다. 열린 눈을 가진 사람이면 현재 지구촌에서 전개되고 있는 상황을 보더라도 쉽게 감지할 수 있다.

동양사상과 문화의 원형인 마고성 이야기는 '오미(五味)의 변' 이후 잃어버린 참본성과 잃어버린 마고성에 대한 복본(復本)의 맹세를 담고 있다. 그러나 서양 사상과 문화의 원형인 에덴동산 이야기는 부성(父性)인 하느님이 인간을 창조하는 신·인간 이원론을 바탕으로 하고 있다. 아브라함의 두 아들 이삭(Isaac)과 이스마일(Ismail)*이 나중에 각각 유대인과 아랍의 조상이 됐고, 이러한 이원론적인 서양문화권 속에서 야훼(Yahweh)와 알라(Allāh)가 나왔고 유대교, 기독교, 천주교, 이슬람교 등이 나왔다. 아브라함의 자손 이삭과 이스마일의 비극에서 연원하는 유대교·기독교와 이슬람교 간의 끝없는 대립과 전쟁의 역사는 서양문화권의 이원론적인 사고로는 결코 세계평화를 이룩할 수 없음을 명료하게 보여준다. 현대물리학의 전일적 실재관의 원형인 마고 코드가 오늘날 부상하는 이유다.

## 환단(桓檀)시대의 천부(天符) 코드와 그 연맥

고조선 연구의 선구적인 인물로 평가받고 있는 러시아 역사학자 유리 미

---

\* 이삭은 아브라함의 본처 사라(Sarah)의 아들이고, 이스마일은 사라의 몸종인 하갈(Hagar)의 아들이다.

하일로비치 부틴(Yuri Mikhailovich Butin)이 러시아에서 고대사 세미나 중에 했다는 발언이 인터넷을 뜨겁게 달구고 있다.

> 동북아 고대사에서 단군조선을 제외하면 아시아 역사는 이해할 수가 없다. 그만큼 단군조선은 아시아 고대사에서 중요한 위치를 차지한다. 그런데 한국은 어째서 그처럼 중요한 고대사를 부인하는지 이해할 수가 없다. 일본이나 중국은 없는 역사도 만들어내는데 당신들 한국인은 어째서 있는 역사도 없다고 그러는지 도대체 알 수 없는 나라이다.

환단(桓檀: 환국·배달국·단군조선)시대의 역사적 실재에 대해서는 문헌학적, 고고학적, 문화인류학적, 민속학적, 언어학적, 천문학적 연구 등을 통해 계속해서 밝혀지고 있으며 유관 사료 및 자료들도 나와 있다. 중국인들이 마오쩌둥(毛澤東)보다 더 존경하는 저우언라이(周恩來) 총리가 1963년 6월 중국을 방문한 북한 조선과학원 대표단 20명과 만난 자리에서 중국 국수주의 사학자들의 고조선-고구려-발해사 왜곡을 통렬히 비판하며 이를 조선 역사로 인정했던 발언록—이른바 '저우언라이 1963년 발언록'—도 나와 있다. 1933년부터 12년간 일본 궁내청 쇼료부(書陵部, 일명 왕실도서관)에서 우리 상고사(上古史: 삼국 정립 이전 광의의 고대사) 관련 사서를 분류하는 일을 담당했던 재야사학자 박창화(朴昌和)는 '단군조선'과 관련된 책들이 쇼료부에 쌓여 있다'는 사실을 해방 후 털어놓아 이후 언론에 공개됐으며, 일제시대 일본이 단군의 존재를 인정한 이왕직(李王職)의 문서 일부와 조선총독부 중추원(中樞院) 발행 조선사료(朝鮮史料) 3권이 이미 1999년에 언론에 공개된 바 있다.[27]

한편 고조선의 표지(標識) 유물로 '최고의 토기'라는 평가를 받고 있는 고조선 '미송리형(美松里型)' 토기 7점이 완벽한 상태로 1998년 3월 31일 국내 한 소장가에 의해 처음으로 공개됐다. '광복 이래 고고학계에 내린 최대의 선물'이라는 찬탄을 자아낸 고조선 미송리형 토기는 BCE 10세기에서 BCE 5세기까지 청동기시대를 대표하는 무문토기로 1959년 3월 북한이 평북 의주군 미송리 동굴유적에서 발굴해 널리 알려졌고, 북한에서는 비파형(琵琶型) 동검(銅劍)과 함께 고조선의 표지(標識) 유물로 평가받고 있다. 국내에는 실물이 한 점도 없었던 이 토기들은 일상에 쓰인 후 3천 년 만에 다시 햇빛을 보게 된 국보급(國寶級) 유물로서 고고학 대사건으로 알려져 있다.[28]

또한 『예기(禮記)』에 "묘족(苗族, 三苗)은 구려(九黎, 句麗, 九夷)의 후예이며 구려를 묘(苗) 민족의 선조로 삼고 있다"[29]고 나온다. 『사기(史記)』「오제본기(五帝本紀)」에 "려(黎)는 동이(東夷)의 국명(國名)이고, 구려(九黎)의 군호(君號)는 치우(蚩尤)이며, 치우는 옛 천자(天子)이고, 삼묘(三苗)는 강회(江淮: 長江(양자강)과 淮水 사이 평원지역)와 형주(荊州: 지금의 湖北省 江陵縣 일대)에 있었다"[30]고 기록되어 있다. 대만 사학자 서량지(徐亮之)의 『중국사전사화(中國史前史話)』와 중국 역사학자 왕동령(王棟齡)의 『중국민족사(中國民族史)』에도 이와 유사한 내용이 나온다. 즉, 4천 년 전 한족(漢族)이 지나(支那)에 들어오기 전에 중원(中原)의 북부 및 남부(湖北, 湖南, 江西 등지)는 이미 묘족(苗族)이 점령해 경영하고 있었으며 이 민족의 나라 이름은 구려(句麗, 九黎, 九夷)이고 임금은 치우(蚩尤)라고 했다. 현재 중국 남부에 주로 거주하는 소수민족인 묘족은 그 뿌리가 우리와 같은 동이족이며 지금도 배달국 제14대 치우천황(일명 慈烏支桓雄)을 기리는 정통 구전가요가 전해져 오고 있다.

한편 단군조선의 역사적 실재에 대해서는 여러 실증 사료들이 있다. 1982년 소련과학원 시베리아 분원의 역사언어철학연구소가 한국, 중국, 일본, 소련의 고조선 연구와 고고학적 발굴 성과를 총정리하여 출간한 『고조선』의 주요 내용을 보면, '고조선의 영토는 한반도뿐만 아니라 만주와 요동지역을 포함하며 비파형 단검 문화라고 하는 독자적 문화를 발전시켰고, 기자조선(箕子朝鮮)은 한(漢)대에 허위로 꾸며진 것이며 한사군(漢四郡)은 현재의 한반도 밖에 존재했고, 고조선 지역 청동기의 시작은 BCE 2천 년 후반기이며 고조선은 국가단계로서 초기 철기시대로 추정된다'[31]라고 한 것은 주목할 만하다.

유리 미하일로비치 부틴의 저서 『고조선 연구』(1982)는 많은 중국 사서에 기반한 사료 분석과 남북한, 중국, 소련 역사학자들의 연구성과 그리고 동아시아 지역에서 출토된 유물들을 근거로 고조선의 영역을 추정하였다. 그에 따르면 과거 고조선이었던 지역은 고인돌로 대표되는 거석문화의 특징을 가지고 있으며 이 지역의 청동기는 중국의 영향을 받지 않은 독자적인 것이다. 주로 현재의 요동지역과 청천강 이북 지역에 이러한 유물들이 나타나는 것으로 보고 고조선의 영역은 남만주와 한국 북부(청천강 이북)를 중심지역으로 하고 있었다. 한대(漢代) 이전에 현토와 낙랑지역에 이르렀던 조선의 영역은 한 번도 중국의 제후국이 된 적이 없고 연(燕)나라나 주(周)나라에 예속된 적도 없다. '기자동래설(箕子東來說)'은 '중국인이 조선 영토에 대한 권리 주장을 합법화하기 위해 한대(漢代)에 조작한 것이다'[32]라고 했다.

환단(桓檀)시대의 역사가 재조명되기 시작한 것은 요하문명(遼河文明)의 대표 문화로 꼽히는 홍산문화(紅山文化) 유적이 발굴되면서부터다. 토양에 철성분이 많아 붉은 기운이 도는 것에 착안하여 이름 붙여진 홍산문화 유적지는 1980년대부터 중국에 의해 요녕(遼寧) 지역 주요 유적에 대한 본격적인 발굴이 진행되어 1983~1985년에 걸쳐 대규모 발굴이 이루어지면서 그 중요성이 부각되었다. 홍산문화는 광의로는 우하량(牛河梁) 유적과 유사한 문화 유형을 가진 요하 일대의 신석기시대 유적을 모두 포괄하는 것으로 해석되기도 한다는 점에서 초기 홍산문화는 환국시대로 비정할 수 있다. 따라서 홍산문화 유적은 형성 시기로 볼 때 환국·배달국·단군조선에 이르는 시기에 해당한다.

우하량 홍산 유적에서는 연대가 BCE 3500년까지 올라가는 동북아 최고 문명이 발굴됐는데, 유적지 연대로 볼 때 우하량 홍산문화는 배달국 신시(神市)시대로 비정할 수 있으며 그 문화의 주인공은 전형적인 동이족(東夷族)으로 밝혀졌다.[33] 후기 홍산문명은 『삼국유사』에 언급된 신시이고, 초기 청동기시대 하가점하층문화(夏家店下層文化, BCE 2000~BCE 1500)는 고조선 시대로 비정할 수 있으며, 하가점하층문화에서 하(夏)나라보다 800년 앞선 청동기들이 출토되었다. 홍산문화 유적들 가운데 가장 오래된 흥륭와문화 유적(BCE 6200~BCE 5200)에서 출토된 '옥귀걸이'는 같은 시기의 강원도 고성군 문암리 유적(BCE 6000년 이상)의 것과 동일한 것[34]으로 밝혀짐으로써 당시 요하 일대와 한반도가 단일 문화권이었음을 상정하게 한다. 요하 유역에서 새로운 유적들이 계속 발견됨에 따라 연대는 상향 조정되고 있으며 이에 따라 홍산문화는 황하문명의 아류가 아니라 오히려 황하문명의 원류인 것으로 주목받고 있다.

홍산문화 유적 발굴이 이루어질 무렵 1983년 '배달의숙본' 『환단고기(桓檀古記)』*가 발간됐다. 그 직전인 1982년에는 일본어로 번역된 『환단고기』가

---

* 『환단고기』는 일제의 한반도 강점 직후인 1911년 운초(雲樵) 계연수(桂延壽) 선생이 신라 승려 안함로(安含老)의 『三聖紀』와 고려 원동중(元董仲)의 『三聖紀』, 고려말 행촌(杏村) 이암(李嵒)의 『檀君世紀』, 고려말 휴애거사(休崖居士) 범장(范樟)의 『北夫餘紀』, 그리고 이암의 고손자(현손)인 조선 초기 일십당주인(一十堂主人) 이맥(李陌)의 『太白逸史』를 합본하여 편찬한 것이다. 『단군세기』를 저술한 이암은 누대공신재상지종(累代功臣宰相之種) 문벌가 출신으로 공민왕 7년(1358) 수문하시중(守門下侍中)을 지낸 대학자로서 고려말 기승을 부리던 친원(親元) 세력의 사대주의에 맞서 우리 상고사 복원 운동의 중심에 섰던 인물이다. 『환단고기』의 압권을 이루는 『태백일사』는 실학자이자 독립운동가이며 이암의 18세 후손인 해학(海鶴) 이기(李沂)가 소장한 것이다. 『환단고기』 범례

일본 동경에서 출판됐다. 실크로드사 연구가인 가시마 노보루(鹿島昇)는 이유립(李裕岦) 선생이 우리말로 풀이하고 주석까지 붙인『환단고기』원고를 박창암(朴蒼巖) 선생에게서 빌려 가서 1982년에 '실크로드 흥망사'라는 부제를 붙여 일본어판『환단고기』를 출판한 것이다. 이 책이 우리나라에 역수입되어 들어오자 우리 역사학계는 상당히 충격을 받았고 일반 대중도『환단고기』에 대해 관심을 가지는 계기가 되었다. 국내에서는 일부 연구자들이 환단고기의 사료적 가치에 대해 의문을 제기하기도 하지만, 일본에서는 그것의 사료적 중요성에 대해—즉,『환단고기』의 내용이 일본의 고대사인 상가야(上伽耶) 왕조사와 부합하는 것에 대해—일찍이 주목한 바 있다.

『환단고기』는 멸절될 뻔했던 우리 환단(桓檀)의 역사를 알게 해 주는 귀중한 역사서이다.『환단고기』의 내용을 과학적으로 입증한 사례도 있다. 서울대학교 천문학과 박창범 교수와 표준연구원 천문대의 라대일 박사는『환단고기』「단군세기(檀君世紀)」에 나오는 13세 단군 흘달(屹達) 50년 무진년(BCE 1733)에 수성, 금성, 화성, 목성, 토성의 다섯 행성이 결집한 오성취루(五星聚婁)* 현상과 같은 단군조선 시대의 천문 현상을 컴퓨터 합성기법을 이용해 역으로 추적하여 시각화함으로써『환단고기』의 내용을 과학적으로 입증했다. 박창범은 그의 저서『하늘에 새긴 우리 역사』(2002) 책머리에서 "천문 현

---

(凡例)에는『삼성기』가 두 종류가 있는데, 계연수가 소장한 것을『삼성기전』상편으로 하고 진사(進士) 백관묵(白寬黙)이 소장한 것을 하편으로 하여 이 두 권을 합하여『삼성기전』이라 한다고 나와 있다.『단군세기』는 진사 백관묵과 진사 이형식(李亨栻)이 소장한 것인데 한 글자도 다르지 않았다고 하고,『북부여기』는 진사 이형식이 소장한 것이라고 나와 있다.『환단고기』는 이기가 감수하고 이기의 제자 계연수가 편찬했으며, 이맥의 22세 후손 한암당(寒闇堂) 이유립(李裕岦)에 의해 후일 대중화되었다.

* 『桓檀古記』,「檀君世紀」十三世檀君屹達 在位六十一年: "…戊辰五十年(BCE 1733) 五星聚婁…." 다섯 개의 별(五星: 수성, 금성, 화성, 목성, 토성)이 누성(婁星[양자리]: 28수(宿)의 하나)에 모였다는 뜻이다. 이는『檀奇古史』에 나오는 내용과도 일치한다.

상은 정연한 물리법칙에 따라서 일어나기 때문에 수천 년 전의 현상도 정확히 추적하여 재연할 수 있다. 따라서 천문기록을 이용하면 고대 기록의 사실성 여부를 밝힐 수 있을 뿐만 아니라, 기록의 시점을 절대적 근거에 의해 산출할 수 있으며, 한 걸음 더 나아가 그것이 수록된 사서의 신빙성을 판별해 낼 수 있는 길을 열 수 있다"[35]고 주장했다.

환국의 역사적 실재에 대해서는 조선 중종 7년 임신년(1512)에 발행된『삼국유사』에도 명기되어 있다. 확실한 발간 연대를 가진 고판본으로 전해지는 '중종임신간본(中宗壬申刊本, 국보 306-2호, 서울대 규장각 소장본)'『삼국유사』제1 고조선 왕검조선조(王儉朝鮮條)에는 "고기(古記)에 이르되, 옛날 환국의 서자* 환웅이 있어(昔有桓國庶子桓雄)"[36]로 시작한다. 고기(古記)를 인용하여 옛날 환국에 높은 서자 벼슬을 하는 환웅이 있었고 마지막 환웅 대에 단군이 나와 조선을 개국했다는 내용을 전한 것이다. 또한 일제가 변조하지 않은 초기 일본어 번역본에서도 '석유환국(昔有桓國)'이라고 했던 것으로 나온다. 그런데 일제의 한반도 강점 이후 조선사편찬위원회는 우리 상고사를 말살하기 위해 '석유환국(昔有桓國)'을 '석유환인(昔有桓因)'으로 변조했다. 말하자면 "옛날에 환국의 서자 환웅이 있어(昔有桓國庶子桓雄)"를 "옛날에 환인의 서자 환웅이 있어(昔有桓因庶子桓雄)"로 변조하고, 급기야 '환인의 첩의 아들(서자) 환웅'을 유도하기에 이른 것이다.

동·서양의 문화·문명을 발흥시킨 모체인 마고 코드의 사상적 맥이 환단

---

* 여기서 '서자(庶子)'라는 말에 대해 중국의 사원(辭原)은 서자란 '태자의 스승, 기타 높은 벼슬의 명칭'이라고 설명하고 있다.『삼국사기』「신라본기」제7 문무왕 14년(674)의 기록에는 당나라 유인케(劉仁軌)의 관직이 좌(左)서자로 나와 있다(『三國史記』卷 第七,「新羅本紀」第七, 文武王 下).

(桓檀)시대에 이르러 핀 꽃이 천부사상(天符思想)이고 천부(天符) 코드이다. 여기서 천부사상, 천부 코드*라 한 것은 하늘의 이치에 부합하는 사상, 코드를 말함이니, 이는 곧 천도(天道)를 숫자로 풀이한 천수(天數)의 이치(天數之理)를 표상하는 '일즉삼(一即三)·삼즉일(三即一)'[천·지·인 삼신일체]의 원리에 부합하는 사상, 코드라는 의미이다. 환단시대의 정치대전이자 만백성의 삶의 교본이던 『천부경』 역시 이러한 원리에 부합하는 경전이다. 이처럼 오늘날 통섭학(통합학문)과 생명학의 효시(曉示)로서 그 핵심 원리를 제공한 한국학 고유의 천부 코드는 『천부경』 81자 속에 그 진수(眞髓)가 함축되어 있다. 환단시대에는 천·지·인 삼신일체의 천도(天道)가 인간 존재 속에 구현되는 '인중천지일(人中天地一)'의 경계에서 홍익인간(弘益人間)·재세이화(在世理化)의 정치적 이상이 실현될 수 있는 것으로 보아 정치의 교육적 기능을 제일로 삼았다.

환단시대의 천부 코드는 단순히 종교적 교의나 철학적 사변 또는 이론적인 그 무엇이 아니라 실제 정치의 근간을 이루는 것이었다. 의식과 제도, 정신과 물질의 일원성에 기초하여 생명 향상의 원리와 가치를 추구한 천부 코드는 윤리와 가치관, '의미(meaning)'들을 우선시하는 오늘날 포스트 물질주의 과학과 그 패러다임이 일맥상통한다. 오늘날 천부 코드가 다시 주목받는 것은 양자역학으로 대표되는 포스트 물질주의 과학과의 상호피드백을 통해 생명에 대한 명료하고도 정치(精緻)한 인식체계를 구축함으로써 새로운 계몽의 시대를 열 것으로 기대되기 때문이다. 물질이 유일한 현실이며 모든 것이라고 보는 물질주의 과학의 정신·물질 이원론으로는 생명의 전일성을 파

---

* 『천부경』과 함께 우리 민족 고유의 3대 경전으로서 『천부경』 81자를 더 자세하게 풀이한 『삼일신고』 366자와 『참전계경』 366사(事)에도 천부사상, 천부 코드의 진수(眞髓)가 담겨 있다.

악할 수 없으므로 하늘과 사람과 만물을 공경하는 '삼경(三敬: 敬天·敬人·敬物)'의 실천적 삶을 기대하기 어렵다.

그러면 환단시대의 천부 코드를 환국, 배달국, 단군조선의 순서로 고찰하기로 한다. 먼저 환국(BCE 7199~BCE 3898, 桓仁 7대)시대의 천부 코드에 대해 고찰하기로 한다. 「태백일사(太白逸史)」제2 환국본기(桓國本紀)에는 환국이 파나류산(波奈留山, 天山)을 도읍으로 천해(天海: 바이칼호)를 포함하여 남북 5만 리, 동서 2만여 리의 광대한 땅을 12분국(分國, 연방)으로 나누어 다스린 것으로 기록하고 있다. 『환단고기』에 수록된 「태백일사」는 저자인 이맥(李陌)이 중종 15년(1520)에 실록을 기록하는 찬수관(撰修官)이 되어, 세조·예종·성종 때 전국에서 수거하여 궁궐에 비장(秘藏)되어 있던 상고사서를 접하게 되면서 알게 된 사실(史實)을 토대로 엮은 책으로 신뢰할 만한 사료다. 12분국은 비리국·양운국·구막한국·구다천국·일군국·우루국(일명 필나국)·객현한국·구모액국·매구여국(일명 직구다국)·사납아국·선비이국(일명 시위국, 통고사국)·수밀이국이며, 총칭하여 환국(桓國, 波奈留之國)이라 한다[37]고 기록되어 있다.

이러한 「태백일사」의 내용은 「삼성기전(三聖紀全)」 하편에 나오는 내용과 일치한다. 「태백일사」는 『삼성밀기(三聖密記)』를 인용하고 「삼성기전」 하편은 고기(古記)를 인용하여 환국의 실재를 전하지만 그 내용이 동일하다는 것은 다양한 경로를 통해 환국의 실재가 전해져 왔음을 말해 준다. 이러한 환국의 강역에 관한 『환단고기』의 내용은 당(唐) 태종(太宗) 때 편찬된 『진서(晉書)』권(卷) 97 「열전(列傳)」 제67 비리등십국(裨離等十國)[38]의 내용에도 나오고 있다. 『진서』에 나오는 숙신(肅愼)과 관련하여 몇 가지 설이 있으나, 청나라 건륭제(乾隆帝)의 칙명을 받아 만주의 원류에 대하여 고찰한 『흠정만주원류고(欽定滿洲源流考)』(1778, 건륭 43)에서는 숙신의 본음은 주신(珠申)이며 주신은 옛 만주(滿珠)의 소속 관경(管境)을 나타낸 말이라고 나와 있다.[39]

「태백일사」제4 삼한관경본기(三韓管境本紀) 마한세가(馬韓世家) 하(下)에는 "조선이란 관경(管境)을 말한다(朝鮮 謂管境也)"[40]고 기록되어 있다. 따라서 주신 =숙신=관경=조선이다. 단재 신채호는 "중국 춘추시대의 기록에 조선이 주 신·숙신·직신(稷愼)·식신(息愼)으로 표기됐으니, 주신은 조선을 가리킨다"[41] 라고 했다. 서울대 명예교수 신용하(愼鏞廈)는 주나라 이후 특히 전국시대부 터 중국 고문헌은 '조선' 대신 '숙신'이라는 용어를 주로 사용했다[42]고 밝혔 다. 비리등십국(神離等+國)의 내용에 숙신(肅愼)을 중심으로『환단고기』에 나 오는 여러 분국(分國)들을 기술하고 있는 것으로 보더라도 숙신은 12분국(연 방)의 중앙본국인 환국을 가리키는 것으로 생각된다.

「태백일사」제2 환국본기에서는『조대기(朝代記)』를 인용하고 「삼성기전」 하편에서는 고기(古記)를 인용하여 환인(桓仁)이 역사적 실존 인물임을 밝히 고 있다. 삼국시대 불교의 영향을 받은 이후 환인은 환인(桓因)으로 표기되기 도 했다. 환인은 특정인의 이름이 아니라 일종의 직함(직명)으로 역대 제왕을 지칭하는 보통명사이다. 각기 다른 출처를 인용하여 전하지만 내용은 일치 하며 모두 일곱 대를 전한 것으로 나온다. 즉, 안파견(安巴堅) 환인· 혁서(赫胥) 환인· 고시리(古是利) 환인· 주우양(朱于襄) 환인· 석제임(釋提壬) 환인· 구을리 (邱乙利) 환인· 지위리(智爲利) 환인(혹은 檀仁), 이상 일곱 대이다. 환인천제(桓仁天 帝)라고도 불리는 안파견 환인이 환국을 개창하여 일곱 대를 전하여 지난 햇 수가 모두 3,301년 혹은 63,182년이라고도 한다[43]고 기록되어 있는데, 여기 서 3,301년은 환인 7대의 역년만을 계산한 것이고, 63,182년은 전(前)문화시 대까지 합산한 전체 역년으로 이해하는 것이 타당하다. 7대 지위리 환인의 뒤를 이어 거발환(居發桓) 환웅(桓雄)이 BCE 3898년에 배달국(倍達國, 桓雄 神市)을 개창했으니, 환국의 개창 시기는 대략 BCE 7199년(3898+3301)이고 지금으로 부터 약 9천 년 이상 전이다.

「태백일사」제2 환국본기에 구환족(九桓族·九夷族·九黎族)으로 이루어진 환국에는 오훈(五訓)이 있었다고 나온다. 이른바 오훈이란 첫째는 성실하고 미더워 거짓이 없는 것이고(誠信不僞), 둘째는 공경하고 근면하여 게으름이 없는 것이고(敬勤不怠), 셋째는 효도하고 순종하여 어김이 없는 것이고(孝順不違), 넷째는 청렴하고 의로워 음란하지 않는 것이고(廉義不淫), 다섯째는 겸손하고 화목하여 다툼이 없는 것이다(謙和不鬪).[44] 또한 환국본기 초두(初頭)에서는 "당시 사람들 모두가 스스로를 환(桓)이라 하고 감군(監群: 무리의 우두머리)을 인(仁)이라 했다. 인(仁)이란 임(任)을 이르는 말이니 널리 사람을 이롭게 구제하고 세상을 이치대로 밝히는 일을 맡으려면 반드시 어질어야 하는 것이다"[45]라고 했다.

천부 코드는 미시적인 삶의 영역에서 거시적인 국가 제도의 영역에 이르기까지 두루 적용된 보편 코드이다. '일즉삼·삼즉일'[천·지·인 삼신일체]의 원리는 우주만물[天·地·人, 三]이 하나인 생명의 뿌리[天·神·靈, 一]에서 나와 다시 그 하나의 뿌리로 돌아가므로 이 세상에 분리된 것은 아무것도 없다는 것이다. 우주의 실체는 의식[에너지, 파동]이며 일체가 에너지장(場)에 의해 하나로 연결되어 있다. 그러나 의식이 물질적인 '몸' 차원에 머물면 에고(ego) 의식[분리의식, 分別智]이 작동하게 되므로 개인 차원이든 국가 차원이든 대립과 갈등을 야기할 뿐이다. 개인과 공동체가 조화를 이루기 위해서는 의식이 '영(Spirit)' 단계로 진화해야 한다. 그 단계에 이르면 생명의 전일성과 자기근원성, 우주만물의 근원적 평등성과 유기적 통합성을 깨달아 조화로운 삶을 실천할 수 있게 되므로 자아실현이 곧 공동체의 실현이다.

의식의 진화[영적 진화]는 우주의 본질인 생명[天·神·靈], 즉 참나[참본성, 一心]에 대한 명료한 인식과 실천의 통합에서 일어난다. '일즉삼·삼즉일'[천·지·인 삼신일체]의 원리가 생명에 대한 개념적 명료화를 위한 보편 코드라면, 환국의 오훈(五訓)은 구체적인 실천을 위한 행동강령(行動綱領)이다. 당시 사람들 모두가 스스로를 환(桓)이라 했다는 것은 '환(桓)이란 전일(全一)이며 광명(光明)'[46]이니 전일적 실재관이 보편화되어 있었다는 것이다. 우두머리인 감군(監群)을 인(仁)이라 하고 인(仁)은 임(任)을 이르는 말이라고 한 것은, 인(仁)은 곧 (큰)사랑을 의미하므로 이웃을 내 몸과 같이 사랑하는 큰사랑을 가진 자가 감군이고 그러한 큰사랑으로써 사회적 공덕을 완수할 수 있다는 것이다. 「요한일서」(4:8)에 "신은 사랑이시니 사랑하지 아니하는 자는 신을 알지 못한다"*라고 나와 있다. 신 즉 (완전한) 사랑이 곧 보편의식이며 일심이고 참본성[참자아]이다. 우주의 본질은 생명이고 그 원리는 사랑[보편의식]이다.

따라서 환인은 널리 환(桓) 무리를 이롭게 구제하고 세상을 이치대로 밝히는 일을 맡은 광명한 감군(監群) 환임(桓任)이고, 환국은 광명한 나라 즉 태양의 나라이다. 환국본기에는 환인의 유능한 통치력에 감화를 입은 백성들이 그를 추대하는 장면이 나온다. "이에 만방의 백성들이 기약 없이 모여든 사람이 수만이었다. 무리가 스스로 둥글게 어울려 춤을 추며 환인을 추대하여 환화(桓花) 아래 적석(積石) 위에 앉게 하고 늘어서 경배하니 환호 소리 넘쳐흐르고 귀의하는 자가 성시를 이루었다. 이 사람이 인간 최초의 우두머리 조상(頭祖)이다."[47]

다음으로 배달국(BCE 3898~BCE 2333, 桓雄 18대)시대의 천부 코드에 대해 고찰하기로 한다. 「태백일사」 신시본기와 「삼성기전」 하편 등에서는 환국의 7대 지위리(智爲利) 환인[檀仁]의 뒤를 이어 거발환(居發桓) 환웅이 BCE 3898년에

---

* "I John" in *Bible*, 4:8 : "Whoever does not love does not know God, because God is love."

배달국(倍達國, 桓雄 神市)을 개창해 18대를 전하여 지난 햇수가 1,565년이라고 기록하고 있다.[48] 환국본기에는 신시(神市)에 오사(五事)가 있었다고 나온다. 이른바 오사란 우가(牛加)는 곡식을 주관하고(主穀), 마가(馬加)는 생명을 주관하고(主命), 구가(狗加)는 형벌을 주관하고(主刑), 저가(猪加)는 질병을 주관하고(主病), 양가(羊加 혹은 鷄加)는 선악을 주관함(主善惡)을 말하는 것이다.[49]

「태백일사」 제4 삼한관경본기(三韓管境本紀) 마한세가(馬韓世家) 상(上)에는 이미 배달국시대에 환웅천왕이 책력(册曆)을 지어 365일 5시간 48분 46초를 1년으로 삼았다는 기록이 있다. 이는 현대물리학의 계산과 정확하게 일치하는 것이다. 당시의 역학(曆學)·천문학·역학(易學)·상수학(象數學)·물리학 등의 발달 수준을 짐작하게 하는 것으로 실로 놀라운 일이 아닐 수 없다.

> 옛날에 환웅천왕께서…책력(册曆)을 지어 365일 5시간 48분 46초를 1년으로 삼았으니 이것이 곧 삼신일체 상존(上尊)께서 남기신 법이다.
>
> 昔者 桓雄天王…作曆以三百六十五日五時四十八分四十六秒 爲一年也 此乃三神一體上尊之遺法也.[50]

「태백일사(太白逸史)」 제3 신시본기(神市本紀)에서는 『밀기(密記)』와 『대변경(大辯經)』을 인용하여 복희씨가 신시(神市)에서 태어나 우사(雨師)의 직을 세습하고 뒤에 청구(靑邱)와 낙랑을 거쳐 지금의 하남성(河南城, 허난성) 개봉부에 있는 진(陳)으로 가서 이름을 서토(西土)에 날렸다고 기록하였다.[51] 또한 신시본기에서는 배달국 제5대 태우의(太虞儀) 환웅의 막내아들이 태호복희씨(太暤伏羲氏)이며,[52] 염제신농씨(炎帝神農氏) 또한 고시씨(高矢氏)의 방계 자손인 동이(東夷) 소전(少典)의 아들[53]이라고 하고 있으니, 그들 모두 동이인이다. 또한 『사기(史記)』에는 중국 도교의 시조인 황제헌원(黃帝軒轅)으로부터 순(舜), 우(禹) 임금에 이르기까지 모두 동이 소전(少典)의 후손으로 같은 성에서 나왔으며 헌원의 8대손이 순 임금이라고 하고 있다.[54] 그렇게 되면 헌원의 후손인 오제(五帝)도 모두 동이인이다. 이처럼 중국이 그들의 시조로 받드는 삼황오제가 모두 하나의 뿌리, 즉 동이에서 나왔다는 사실은 중국 왕조의 시원을 짐작하게 한다.

요녕(遼寧) 지역에서 대규모로 출토된 동이족의 홍산문화 유적은 환국·배달국·단군조선의 역사적 실재와 그 전개 과정을 생생하게 보여준다. 환웅(桓雄) 신시(神市) 배달국은 9파(派)의 이(夷)로 이루어진 까닭에 '구이(九夷, 九黎)'*라 부르기도 하고, 동방을 이(夷)라 하였으므로 '동이(東夷)'라고도 불렀다. 고대로부터 중국인들은 우리 민족을 동이족―예(濊), 맥(貊)족 또는 숙신(肅愼)―이라고 불렀는데 이(夷)라는 글자는 활 궁(弓)자와 큰 대(大)자가 합쳐진 큰 활(大弓)을 뜻하는 것[55]으로 이는 우리 민족이 활을 다루는 것에 능하였음을 말하여 준다. 중국 25사(二十五史)의 하나로 후한(後漢)의 정사(正史)인 『후한서(後漢書)』권(卷) 85 「동이열전(東夷列傳)」 제75에는 동이(東夷)를 '도(道)'에 의거해 있는 영원불멸의 군자국'으로 묘사하고 있다.

일연(一然)의 『삼국유사』에는 환국의 말기에 높은 서자 벼슬을 하는 환웅(桓雄: 광명한 정치를 하는 영웅)이 환인천제로부터 천부인(天符印) 세 개를 받고 신시(神市)에 도읍하여 세상을 다스리는 이야기가 나온다. 환웅은 환인과 마찬가지로 특정인의 이름이 아니라 일종의 직함(직명)으로 역대 제왕을 지칭하는 보통명사이다. 다만 배달국을 개창한 제1세 환웅 거발환(居發桓)은 이름

---

* 구이(九夷)에는 견이(畎夷)·우이(于夷)·방이(方夷)·황이(黃夷)·백이(白夷)·적이(赤夷)·현이(玄夷)·풍이(風夷)·양이(陽夷)가 있다. 공자도 구이(九夷)에 가서 살고 싶어했다(『後漢書』 卷八十五, 「東夷列傳」 第七十五).

없이 '환웅천왕(또는 환웅천황)'으로 호칭되기도 한다.

> 고기(古記)에 이르되 환국의 서자 환웅이 인간 세상에 뜻을 품으매 환인이 그 뜻을 알고 삼위태백(三危太白)을 내려다보니 가히 홍익인간 할 만한지라 이에 천부인(天符印) 세 개를 주어 인간 세상을 다스리게 하였다. 환웅이 무리 3천을 거느리고 태백산 꼭대기 신단수(神壇樹) 아래 내려와 그곳을 신시(神市)라 이르니 그가 바로 환웅천왕(배달국 제1대 환웅 거발환(居發桓))이다. 그는 풍백(風伯)·우사(雨師)·운사(雲師)를 거느리고 곡식(穀)·생명(命)·질병(病)·형벌(刑)·선악(善惡)을 주관하는 등, 무릇 인간의 360여 가지 일을 다스리고 교화하였다.
>
> 古記云 昔有桓國庶子桓雄 數意天下 貪求人世 父知子意 下視三危太白可以弘益人間 乃授天符印三箇 遣往理之 雄率徒三千 降於太白山頂神壇樹下 謂之神市 是謂桓雄天王也 將風伯雨師雲師 而主穀主命主病主刑主善惡 凡主人間三百六十餘事 在世理化.[56]

「삼성기전」 하편에도 『삼국유사』와 유사한 환웅 신시 개천 관련 내용이 나온다.[57] 위 인용문은 환인 7대 3,301년간 이어진 환국시대가 막을 내리고 환웅 18대 1,565년간 이어지는 배달국 신시(神市)시대가 개창하는 과정을 보여준다. 우선 배달국 신시시대의 개창과 관련된 '삼위태백(三危太白)'이라는 지명에 대해, '삼위(三危)'를 지금의 감숙성(甘肅省, 간쑤성) 돈황현(燉煌縣)에 있는 삼위산(三危山)으로 보는 것에 대해서는 대체로 공감대가 형성되어 있으며,*

---

* 대체로 '삼위(三危)'를 돈황현에 있는 삼위산으로 보는 것은, 신라 승려 혜초(慧超)가 고대 인도의 다섯 천축국을 답사하고 쓴 『왕오천축국전(往五天竺國傳)』(727)이라는 여행기가 돈황(敦煌, 둔황) 천불동(千佛洞) 석불에서 발견되기도 했고, 또 그곳 천불동 벽화에는 고구려 기마수렵도와 풍백·운사·우사로 해석되는 벽화 등이 있어 우리 민족과 관

'태백(太白)'을 태백산(太白山)으로 보는 것에 대해서도 대체로 공감대가 형성되어 있다. 하지만 어느 태백산이냐에 대해서는 견해가 일치하지 않고 있다. 감숙성과 접해 있는 섬서성(陝西省, 산시성)에는 지금도 '태백산'이라는 지명이 감숙성의 삼위산과 함께 나란히 지도상에 표기되어 있어 '삼위태백'이라는 연결된 지명으로 볼 수 있게 한다. 단군조선 시대에는 섬서성 빈(邠)·기(岐)의 땅에 관제(官制)를 설치하고 그곳에 일반 백성들이 오래도록 고속(古俗)을 유지하고 살았으며, 빈(邠)·기(岐)의 유민과 결속하여 나라를 세워 '여(黎)'라 했다고 『환단고기』·『단기고사』·『규원사화』 등에 기록된 것으로 보아 그 땅이 이미 배달국 신시시대 때부터 우리 민족과 관련이 깊었던 것으로 생각할 수 있다.

오늘날 중국의 '신실크로드' 구상의 핵심지역이 섬서성에서 신장위구르자치구(新疆維吾爾自治區, 신장웨이우얼자치구)로 이어지는 서북 5개 성으로 확정된 것을 보더라도 이 일대가 동서 가교의 요충지임은 분명하다. 실크로드의 '출발점'인 섬서성과 그 '황금구간'인 감숙성은 환웅 신시의 개창과 관련된 '삼위태백'이 위치한 곳이 아닐까? 이에 대해서는 더 연구할 필요가 있을지언정 아니라고 단정할 수는 없다고 본다. 배달국 신시시대가 열린 당시의 '태백'이 지금의 '백두산'이라고 주장하려면, 다시 말해 배달국 신시시대가 BCE 3898년에 지금의 한반도 백두산에서 개창했다고 주장하려면, 백두산이 그 당시에 태백산이었고 배달국의 본거지가 한반도를 중심으로 하고 있었다는 것을 입증할 명확한 근거가 제시되어야 할 것이다. 그러나 여러 사료에 기록된 동이족의 활약상과 관련된 주요 지명들의 분포로 볼 때 배달국 신시시대가 개창할 당시의 본거지는 한반도가 아니라 대륙의 중원지역이었으며,

───────────

련이 깊은 곳으로 여겨지기 때문이다.

'태백산'은 원래 섬서성에 소재한 산이었지만 단군왕검(배달국 제18대 환웅 거불단 (居弗檀)의 아들) 즉위 후 천도하면서 유서 깊은 '태백산'이라는 지명도 함께 가지고 가서 여러 곳에 붙인 것으로 보인다.

다음으로 배달국 신시시대를 개창한 '환국의 서자 환웅'과 관련하여, 일제가 『삼국유사』에 나오는 내용 중에 "옛날에 환국의 서자 환웅이 있어(昔有桓國庶子桓雄)"를 "옛날에 환인의 서자 환웅이 있어(昔有桓因庶子桓雄)"로 변조하고, '환인의 첩의 아들(서자) 환웅'을 유도함으로써 신화화했다는 것은 앞서 살펴본 바이다. 서자는 적자(嫡子)에 대비되는 서자라는 의미가 아니라 '높은 서자 벼슬을 하는 관리'라는 의미이다. 또한 환웅 신시 개천 관련 내용에서 보듯이 홍익인간(弘益人間)·재세이화(在世理化)의 이념은 단군조선 시대에 처음 나온 것이 아니라 이미 환국 시대 때부터 유구하게 전승되어 온 것이다. 위 인용문에서 '하늘을 열고(開天)'는 '하늘의 뜻을 세상에 펼치고'라는 의미로서 이미 배달국 시대에 신시개천(神市開天)이 이루어졌다는 것이다. 천부인(天符印) 3종(種)은 제왕의 권위를 상징하는 신표(信標)로서 청동검·청동거울·곡옥(曲玉)의 세 가지이다.

홍익인간은 '널리 인간을 이롭게 한다'는 의미이다. 그것은 인간의 존엄성에 기초하여 사회적 신분이나 성(性)차별, 부족[민족] 차별 또는 국가 차별을 넘어서 전 인류사회의 평화와 행복이라는 이상을 담고 있다. 치자와 피치자, 개인과 국가가 일체가 되어 만물의 근원인 하늘을 공경하고 조상을 받드는 경천숭조(敬天崇祖)의 보본(報本: 근본에 보답함)사상과 그 맥이 닿아 있다. '보본'이 중요한 것은, 생명의 뿌리인 근본에 보답하는 마음이 없이는 널리 인간을 이롭게 하는 마음이 일어날 수가 없기 때문이다. 모두가 하나인 생명의 뿌리에서 나왔다는 사실에 대한 인식이 없이는 생명의 전일성을 체득할 수가 없기 때문이다.

홍익인간은 전일(全一)·광명(光明, '밝')·대(大)·고(高)·개(開)·생명(生命) 등의 의미를 함축한 환(桓) 또는 '한(ONE, 天地人)'의 이념, 즉 천부 코드와 그 맥이 닿아 있다. 우주만물[천·지·인, 三]이 하나인 생명의 뿌리[一]에서 나왔다가 다시 그 하나인 뿌리로 돌아가는 것이니 일즉삼(一卽三)이요 삼즉일(三卽一)이다. 그래서 '한'사상은 곧 삼신(三神)사상이라고 하는 것이다. '삼신'이라고 하니 흔히 신이 셋이 있는 것으로 생각하는데, 각각의 세 신(神)이 있는 것이 아니라 천·지·인 셋을 두고 삼신이라고 하는 것이다. 천·지·인은 셋이므로 곧 우주만물을 나타내는 기본수 '삼(三)'이고, 또 신은 무소부재(無所不在: 없는 곳이 없이 실재함)이므로 만물 속에 만물의 본질[참본성, 神性]로서 내재해 있으니, 천·지·인 삼신이 되는 것이다. 우리가 물질이라고 지각하는 것이 특정 주파수대의 에너지 진동에 불과하며 99.99%가 텅 비어 있다는 사실, 즉 물질의 공성(空性)을 이해하지 못하고서는 우주만물이 모두 하나의 에너지장(場)으로 연결되어 있다는 말은 비현실적인 것으로 여겨질 수밖에 없다.

홍익인간이라는 광대한 이념은 광명이세(光明理世)·재세이화·이화세계(理化世界)라는 정치이념과 깊은 관계가 있다. 모두 밝은 정치라는 공통의 의미를 내포하고 있다. '광명이세'는 광명한 이치가 구현된 세상이다. 「태백일사」 제3 신시본기에서는 "하늘로부터의 광명을 환(桓)이라 하고, 땅으로부터의 광명을 단(檀)이라 한다"[58]고 하여 환단(桓檀)을 천지(天地)의 광명이란 뜻으로 풀이하였다. 이는 곧 하늘의 이치(天理)가 인간 세상에 구현되는 것이다. '재세이화'는 이 세상에서 이치가 구현되는 것을 말하고, '이화세계'는 이치가 구현된 세계를 말하는 것이니 모두 같은 의미이다. 조화(造化)·교화(敎化)·치화(治化)의 시대를 연 환인·환웅·환검(桓儉, 단군)의 '환'과 우리나라 최초의 나라인 환국의 '환'은 환하게 밝음을 뜻하는 것으로 광명한 정치의 이념을 표상한다.

배달(倍達)이라는 국호와 관련하여, 「삼성기전」 하편 신시역대기(神市歷代記)에는 "배달은 환웅이 천하를 평정하여 붙인 이름으로 그 도읍을 신시(神市)라 하였다"[59]고 기록되어 있다. 국호인 '배달'은 '밝달'에서 유래한 것으로 '환(桓)'과 마찬가지로 '광명'의 의미를 함축하고 있으며 '광명이세'라는 밝은 정치이념과 연결되어 있다. 배달국의 신시시대에는 환웅천왕이 군왕이 되어 경천숭조(敬天崇祖)하고 보본(報本)하는 소도교(蘇塗敎, 수두교)를 펴고 법질서를 보호하며 백성을 두루 교화하였다. 「삼성기전」하편에는 환웅천왕이 개천(開天)하여 백성들을 교화할 때 『천부경』을 풀이하고 『삼일신고』를 강론하여 크게 가르침을 편 것으로 기록되어 있다.[60]

배달국의 통치체제는 풍백(風伯)·우사(雨師)·운사(雲師)의 3상(相)과, 주곡(主穀)·주명(主命)·주형(主刑)·주병(主病)·주선악(主善惡)의 5부(部)로 이루어진 '3상 5부제'였다. 여기서 3상(相)은 1백(伯) 2사(師)이니, 풍백이 제1재상이고 2사(師)는 보좌하는 재상이었다. 풍백과 2사(師)의 관계는 영의정과 좌·우의정의 관계와도 같은 것이다. 3상(相)인 풍백·우사·운사의 명칭이 바람·비·구름과 같이 '기후'와 관련되어 있어 흔히 농경문화와 밀착된 것으로 보는데, 농경문화만이 아니라 기마수렵인(騎馬狩獵人)에게도 마찬가지로 중요한 것이다. 「태백일사」제4 삼한관경본기 마한세가 상(上)에는 "옛적에 우리 환족(桓族)은 이미 유목·농경하는 곳이었다"[61]고 기록되어 있다. 고구려 고분벽화 등을 통해서도 잘 알려진 사실이지만, 우리 민족은 농경문화뿐만 아니라 일찍이 기마문화(騎馬文化)를 발전시켰다. 우리 민족이 진취적으로 유라시아 대륙을 누빌 수 있었던 것도 매우 일찍 '말'이 교통·통신 수단으로 이용되는 등 기마문화가 형성되고 특유의 기마술이 보급되었기 때문이다.

북애자(北崖子)의 『규원사화(揆園史話)』(1675, 숙종 2년) 「단군기(檀君記)」에서는 신시씨(神市氏, 桓雄)가 동방 인류의 조상으로 아주 오랜 옛날에 나라의 기틀을 잡았으니 단군 이전의 성인이라고 했고, 「태시기(太始記)」에는 환웅이 군장이 되어 신교(神敎, 삼신사상, 천부사상, '한'사상)를 선포하고 치우씨(蚩尤氏)·고시씨(高矢氏)·신지씨(神誌氏)·주인씨(朱因氏) 등에게 명하여 모든 것을 계발하게 함으로써 나라를 다스린 것으로 기록되어 있다. 치우씨로 하여금 병마(兵馬)를 관리하고 도적을 막는 직책을 관장케 했으며, 고시씨로 하여금 농업과 목축을 관장케 했고, 신지씨로 하여금 글자를 만들고(神誌 赫德은 우리나라 최초의 문자인 鹿圖文을 만듦) 왕명(王命) 출납을 관장케 했으며, 주인씨로 하여금 혼인제도를 만드는 일을 관장케 했다. 후세에 치우·고시·신지의 후예가 가장 번성했다.

치우씨의 후손은 서남지방을 점령하여 살았고, 신지씨의 후손은 북동지방에 많이 살았으며, 고시씨의 후손만은 동남쪽으로 유전(流轉)해 가서 진한(辰韓), 변한(番韓, 弁韓)의 제족(諸族)이 되었다. 후세에 이른바 삼한이 모두 그 후손이라고 밝히고 있다. 이 세 족속의 후손은 또 구파(九派, 九夷, 九黎, 九桓), 즉 견이(畎夷)·우이(于夷)·방이(方夷)·황이(黃夷)·백이(白夷)·적이(赤夷)·현이(玄夷)·풍이(風夷)·양이(陽夷)로 분화되어 그 지손(支孫)은 다르지만 원 조상은 다 같아서 크게 다르지 않다고 했다.[62] 배달국 제5대 태우의(太虞儀) 환웅의 막내아들인 풍이족(風夷族) 복희씨(伏羲氏)는 태우의 환웅 때 체계화된 신선도문화(仙敎文化)를 가지고 서쪽 중토(中土, 中原)로 나아가 임금이 되었고, 팔괘(八卦)를 그려 중토 역리(易理: 易의 이치)의 원조가 되었다.[63]

배달국이 부국강병의 절정을 이룬 시기는 제14대 치우천황(蚩尤天皇, 일명 慈烏支桓雄, BCE 2707년 즉위) 시대이다. 일명 '도깨비'와 '붉은 악마'로 알려진 치우천황은 도읍을 신시에서 중원의 핵심인 청구(靑邱)로 옮겼으며, 영토를 크게 확장하여 회남(淮南)·산동·북경·낙양을 다 차지하기에 이르렀다. 헌원(軒轅, 후에 黃帝가 됨)이 도전해 왔을 때 그는 산동의 탁록(涿鹿)에서 맞아 크게 싸워 헌원이 겨우 목숨을 건져 달아나매, 탁록에 축성(築城)하고 회남·산동에 자리 잡게 되었다.[64] 또한 「태시기」에 '치우씨가 비로소 투구와 갑옷을 만들매 그때 사람들이 이를 알지 못하여 동두철액자(銅頭鐵額者: 구리로 된 머리와 쇠로 된 이마)라 하였다'라고 인용한 것이나, '예로부터 내려오는 교훈에 치우씨가 난을 일으킨다'[65]고 한 것을 보면 그들이 치우씨를 두려워한 것임은 분명하다. 치우천황의 잔영은 우리 국내에는 물론이고 태국, 베트남, 미얀마 등지에도 치우천황 사당이 수없이 산재해 있음은 그가 역사적 실존인물임을 말해 준다.

다음으로 단군조선(BCE 2333~BCE 238, 檀君 47대)시대의 천부 코드에 대해 고찰하기로 한다. 단군조선의 개국[66]은 소도(蘇塗, 수두)를 행하는 '환웅 천손족(天孫族, '한'족)'이 원주민인 '곰 토템족('貊'족)'과 융화, 통혼하여 출생한 사람이 BCE 2333년 무진년(戊辰年)에 아사달의 단목(檀木) 아래에서 구환(九桓)의 백성들의 추대를 받아 환웅 때부터 전해온 표징(信標)을 이어받고 왕으로 세워져 이루어진 것이다. 배달국 신시시대가 마지막 제18대 거불단 환웅(居弗檀桓雄), 즉 단웅(檀雄)에 이르러 곰 토템족인 웅씨(熊氏)의 왕녀와 혼인하여 단군왕검(檀君 王儉 또는 桓儉)을 낳아 단군조선 시대가 열리게 된 것이다.

「단군세기(檀君世紀)」 본문 초두(初頭)에서는 고기(古記)를 인용하여 왕검의 출생과 그의 즉위 과정에 대한 역사적 사실(historical facts)을 이렇게 기록하였다.

고기(古記)에 이르되 왕검의 아버지는 단웅(檀雄)이고 어머니는 웅씨의 왕녀이다. 신묘년(BCE 2370) 5월 2일 인시(寅時)에 박달나무 아래에서 태어났다.···14세 되던 갑진년(BCE 2357)에 웅씨왕이 그의 신성함을 듣고 비왕(裨王)으로 삼아 대읍(大邑)의 국사를 대행하도록 하였다. 무진년(BCE 2333) 요(堯) 임금(唐堯 또는 帝堯陶唐)* 때에

---

\* 당요(唐堯) 또는 제요도당(帝堯陶唐)은 요 임금을 일컫는 칭호이다. 당요는 요 임금이

단국(檀國)으로부터 아사달의 단목(檀木)이 있는 곳에 이르니 나라 사람들이 받들어 천제의 아들로 모셨다. 이에 구환(九桓)이 혼연일체가 되고 신성한 덕화가 멀리까지 미쳤으니 이가 단군왕검이다. 비왕의 자리에 있은 지 24년, 제위에 있은 지 93년이며 130세의 수를 누렸다.

古記云 王儉父 檀雄 母 熊氏王女 辛卯五月二日寅時 生于檀樹下⋯年十四甲辰 熊氏王 聞其神聖 擧爲神王 攝行大邑國事 戊辰唐堯時 來自檀國 至阿斯達檀木之 墟 國人推爲天帝子 混一九桓 神化遠曁 是爲檀君王儉 在神王位二十四年 在帝位 九十三年 壽一百三十歲.[67]

장구한 역사를 가진 민족은 그 민족 고유의 사상과 역사적 체험이 용해된 신화를 가지고 있기 마련이다. 우리 민족 또한 환웅 천손족과 원주민인 곰 토템족이 서로 융화하여 통혼하기에 이르는 과정을 단군신선사상과 결합시켜 상징적으로 나타낸 단군신화가 있다. 정치사상적으로 보면, 하늘에서 내려온 환웅과 지상의 곰의 교합에 의한 인간 단군의 출현 과정은 천·지·인 삼신일체에 기초한 홍익인간 이념의 발현과 그 맥을 같이하는 것이다. '곰 토템족'을 사람다운 사람으로 교화하는 과정을 동굴수련에 비유한 것은 정치의 교육적 기능의 중요성을 엿볼 수 있게 하는 대목이다. 이렇듯 마음을 밝히는 교화와 더불어 쑥과 마늘의 신비한 효능을 보여줌으로써 몸도 건강하게 유지하는 비결을 아울러 제시한 것이다. 『삼국유사』에는 이렇게 나와 있다.

---

당(唐) 지방을 다스린 데서 붙은 칭호이다. 요 임금이 처음에 도(陶)라는 지역에서 살다가 당(唐)이라는 지역으로 옮겨 살았던 까닭에 도당씨(陶唐氏)라고도 부르고 제요도당(帝堯陶唐)이라고도 부른다.

고기(古記)에 이르되…당시(환웅 神市 말기에) 같은 동굴에 살던 곰 한 마리와 호랑이 한 마리가 환웅에게 사람이 되게 해 달라고 빌었다. 하여 환웅은 영험한 쑥 한 자루와 마늘 이십 개를 주어 먹게 하고 백일 동안 햇빛을 보지 아니하면 사람이 될 것이라고 하였다. 곰은 이를 지켜 삼칠일(21일) 만에 여자가 되었으나 호랑이 는 지키지 못하여 사람이 되지 못하였다.…환웅이 변하여 혼인해서 아들을 낳 으니 이름하여 단군왕검이라 하였다.

古記云…時有一熊一虎 同穴而居 常祈于神雄 願化爲人 時神遺靈艾一炷·蒜二十 枚曰 爾輩食之 不見日光百日 便得人形 熊虎得而食之忌三七日 熊得女身 虎不能 忌 而不得人身…雄乃假化而婚之 孕生子 號曰檀君王儉.[68]

'단군신화'냐 '단군사화'냐 하는 문제는 단군신화의 역사성을 인정하느냐 인정하지 않느냐의 문제이다. 단군의 개국은 신화나 설화가 아닌 실존 인 간 단군의 개국사화(開國史話), 즉 '단군사화(檀君史話)'인 것이다.『삼국유사』권 1 고조선 왕검조선조(王儉朝鮮條) 첫머리에는 중국의『위서(魏書)』를 인용하여 『위서』가 쓰여진 당시로부터 약 2천 년 전에 단군왕검이 있어 아사달에 도 읍을 정하고 개국하여 국호를 조선이라 했는데, 중국의 요(堯) 임금과 같은 시기라고 간명하게 나와 있다.

위서(魏書)에 이르되 지금으로부터 2천 년 전에 단군왕검이 도읍을 아사달(阿斯達) 에 정하고 나라를 열어 국호를 조선이라 했는데, 중국의 요(堯) 임금과 같은 시기 이다.

魏書云 乃往二千載有檀君王儉 立都阿斯達 開國號朝鮮 與高同時.[69]*

---

* 위 원문에서 요(堯) 임금을 '고(高)'라고 한 것은 고려 정종(定宗)의 휘(諱)가 요(堯)이므

이러한 『위서』의 내용은 단군조선의 개국과 역사적 실재를 명료하게 밝힌 것이다. 「삼성기전(三聖紀全)」 상편에는 '단군왕검이 불함산(不咸山) 단목(檀木)이 있는 곳에 내려와 구환(九桓)의 백성들이 그를 임금으로 추대하고 아사달에 도읍을 정하여 나라를 열고 국호를 조선이라 했다'[70]고 기록되어 있다. 아사달의 위치에 대해서는 「태백일사」 제3 신시본기에서는 '지금의 송화강이다(今松花江也)'[71]라고 적시(摘示)하였고, 「태백일사」 제5 소도경전본훈(蘇塗經典本訓)에서는 지금의 송화강 하얼빈(哈爾濱)이라고 기록하였다.[72] 따라서 아사달의 위치는 흑룡강성(黑龍江省, 헤이룽장성) 송화강(松花江) 연안의 완달산(完達山, 不咸山, 아사달산)이 있는 하얼빈(哈爾濱)이다. 하지만 '평양'이 도읍을 뜻하는 고대의 보통명사인 것과 마찬가지로 고대의 도읍을 아사달이나 검터(儉瀆 또는 險瀆)라고도 불렀으므로 아사달이 한 곳이 아닌 것만은 분명해 보인다. 아사달은 삼신에 제사 지내는 곳이며, 후세 사람들은 왕검의 옛집(王儉舊宅)이 아직 남아 있기 때문에 왕검성이라 일컬었다.

상고(上古: 삼국 정립 이전 광의의 고대)의 조선을 근세의 조선과 구별하기 위하여 일반적으로 단군조선(檀君朝鮮) 또는 고조선(古朝鮮)이라 부른다. 이조판서 권도(權蹈)가 찬술한 『동국세년가(東國世年歌)』(1436, 세종 18)는 요동(遼東) 별천지에 단군이 조선이라는 나라를 세운 때로부터 고려 공양왕(恭讓王) 때까지의 치적을 기록하고 있는데, 단군의 개국이 요(堯) 임금과 같은 시기이며 무진년(戊辰年, BCE 2333)에 개국하였다고 나온다. 동국(東國)의 역사를 총 87구의 7언시로 읊은 『동국세년가』는 그 형식이 『제왕운기(帝王韻紀)』와 매우 흡사하고, 내용에서도 『제왕운기』의 고조선사와 유사한 부분이 많다.[73] 『동국세년가』는 유희령(柳希齡)의 『표제음주동국사략(標題音註東國史略)』[74]에서 그 전문이 발

로 이를 피하기 위해 그 대자(代字)로 쓴 것이라고 역주에 나와 있다.

견되었다.

『세종실록』[75]에도 '세년가(世年歌)'에 대한 언급이 나온다. 세종대왕이 단군 사당을 다시 세울 곳을 조사하라고 신하들에게 명하자 세종 10년 6월조(條) 유관(柳寬)의 상서와 세종 18년 12월조 유관의 조카 유사눌(柳思訥)의 상서 중에 단군의 사적과 단군묘(廟)의 설립지에 관하여 '세년가(世年歌)'에 의해서 전래되어 온 것을 언급한 사실이 그것이다. 세년가에 의하면 원래 구월산이 사당이 있은 자리니까 그곳에 다시 세워야 한다는 것이었다. 이들이 언급한 '세년가'가 『동국세년가』와 같은 것인지는 알 수 없지만, 세년가가 근세 세종대왕 대에 이르기까지도 불렸고, 또 『동국세년가』의 찬술과 편찬에 세종이 직접 예재(睿裁: 임금 결재)하였다는 점에서 당시에 불린 세년가를 기록했을 것으로 보인다.

무호 최태영 교수의 연구 조사에 의하면, 임진왜란 때 일본에 잡혀간 17 성씨(姓氏)가 합의해서 '옥산궁(玉山宮)'이라는 단군 사당을 짓고 매년 음력 8월 15일 단군제를 지내왔는데, 우리나라에서는 없어진 세년가가 그곳에서는 축가와 제문으로 남아 있었다고 한다. 그곳 옥산궁 유래기에는 옥산궁이 조선 개조 단군의 묘(廟)이며 평양 단군 사당에서 단군을 모셔왔다는 기록이 있음을 필자도 탁본을 통해 확인할 수 있었다. 임란 때 일본에 잡혀간 17성씨가 그곳에서도 일심으로 우리 국조를 잊지 않고 대대로 그 공덕을 기리고 단군께 기원을 해온 것으로 보아 당시 우리나라 각지에도 단군 사당이 있었고 매년 그와 같은 행사가 있었음은 쉽게 짐작할 수 있는 일이다. 최 교수가 그 14대손인 심수관(沈壽官)을 만났을 때 우리 단군 국조에 대한 그의 열렬한 마음을 느낄 수 있었다고 한다.[76]

『부도지』제15장에는 환웅 신시 이래 제천의식을 거행하고 종족 간의 화합과 결속력을 다지며 물품을 교환하는 장소로서 세 가지가 있었다고 기록되어 있다. 정치 중심지인 부도(符都)에서 행하는 신시(神市), 육산물의 중심지에서 행하는 조시(朝市), 그리고 해산물의 중심지에서 행하는 해시(海市)가 그것이다. 이로부터 산업이 일어나고 교역이 왕성해짐으로써 명실공히 고조선이 사해의 공도(公都)로서, 국제무역의 중심지로서의 기능을 하게 된 것이다. 단군왕검께서 "예(濊)와 양(陽)이 교차하는 중심지에 조시(朝市)를 열고, 팔택(八澤)에 해시(海市)를 열어 매년 시월 아침에 드리는 제사(朝祭)를 지내니, 사해의 종족들이 모두 지방 토산물을 바치며 송축하였는데 이를 가리켜 '조선제(朝鮮祭)'라 하였다"[77]고 기록되어 있다. 『부도지』 제29장에는 신라에서도 제시(祭市: 神市·朝市·海市)의 법을 부흥하였다는 기록이 있다.[78]

단군왕검은 환웅 때부터 전해온 표징[信標], 즉 제왕의 권위를 상징하는 천부인(天符印) 3종(種)―청동검·청동거울·곡옥(曲玉)―을 이어받고 왕으로 세워져 고조선을 개국하였다. 「태백일사」 제4 삼한관경본기에 "풍백(風伯)은 천부(天符)를 거울에 새겨 행진하고"[79]라고 나오는 것으로 보아 청동거울에는 천부경이 새겨졌던 것으로 보인다. 곡옥은 그 굽은 형태가 태아와 닮았다고 해서 생명의 씨앗 등의 의미가 함축된 것으로 보기도 한다. 역대 왕들의 왕관이나 장식품 등에 달린 곡옥은 환단(桓檀)시대로부터 전승되어 온 역대 왕실의 상징이었다. 이 외에도 김시습의 『징심록추기』 제8장, 제10장, 제13장[80]에는 우리 역사상 왕권과 결부되는 것으로 간주되는 금척(金尺: 금으로 만든 無誤謬性을 지닌 우주만물을 재는 척도로서의 자(尺))에 천부경이 새겨져 있음을 확연하게 보여준다는 점에서 '금척' 또한 환단 시대로부터 전승되어 온 천권(天權)을 표시한 천부인(天符印)의 하나다.

단군조선은 제1대 단군왕검에서 마지막 제47대 단군 고열가(古列加)에 이르기까지 단군 47대(BCE 2333~BCE 238)가 2096년간 다스린 단군의 조선으로 끝난 것이다. 따라서 중국에서 밀려와 고조선 변방의 한구석에 있었던 망명 정치집단으로 조선조의 작은 지방의 제후, 한갓 지방관에 불과했던 기자(箕子)·위만(衛滿)의 제후국과는 전혀 그 맥이 다른 광역 강국이었다. 그러한 작은 집단에 불과했던 기자조선이나 위만조선이 마치 고조선을 계승하여 그 맥이 된 것처럼 잘못 전해진 것은 사대주의와 일본의 제국주의·식민주의·황통주의 역사관에 의하여 왜곡, 조작된 것을 그대로 답습한 때문이다.[81]

그동안 논란이 되어온 기자조선과 위만조선의 실상은 대개 이러하다. BCE 12세기경 상(商, 殷)나라가 주족(周族)에 의해 멸망하고 서주(西周: 낙양으로 東遷하기 전의 周나라)가 건국되어 봉건제도를 확장함에 따라 상(商) 왕실의 근친이었던 기자는 봉지(封地)를 잃게 되어 일족(一族)과 함께 지금의 난하(灤河) 서부 유역인 하남성(河南省) 개봉시(開封市) 서화(西華)[82]에 정착하게 되었다. BCE 221년에 중국이 진(秦)에 의해 통일되자 기자의 후손인 기비(箕조)는 고조선 말기에 조선으로 와서 간청하여 변방 작은 지역의 제후가 되었는데, 이것이 기자동래설(箕子東來說)의 실체다. 이 일대는 삼조선(三朝鮮, 三韓)의 하나인 번조선(番朝鮮, 番韓)의 영역에 속했던 지역이다.

기비(箕조)의 아들 기준(箕準)은 BCE 2세기 말경 서한(西漢)으로부터 그의 거주지로 망명해온 위만(衛滿)을 신임하여 변방을 수비하는 박사(博士)로 삼아 국경지대인 난하 유역에 살게 했다. 그런데 위만은 그곳에 거주하는 토착인들과 중국으로부터의 망명집단을 규합하여 세력을 형성하였고, 급기야는 기준(箕準)에게 사람을 보내 서한(西漢)이 쳐들어오니 궁궐을 지키겠다며 무리를 이끌고 가서 정권을 탈취했다. 제후의 자리를 빼앗긴 번조선 왕 기준(箕準)은 장수들과 그 좌우 궁인들과 해(海) 땅으로 들어가서 한(韓) 지역에 살았고 스스로 한왕(韓王)이라 칭했다(將其左右宮人 走入海居韓地 自號韓王).[83] 그러다가 후손도 없이 죽었다.

정권을 탈취한 위만은 서한(西漢)으로부터 군사적·경제적 원조를 받아 그 세력을 지금의 대릉하(大陵河) 유역까지 확장한 후 난하 하류 동부지역에 도읍을 정하고 위만조선을 건국했다. 그렇게 세력을 확장해가다가 위만의 손자 우거(右渠) 때에 이르러 서한(西漢) 무제(武帝)의 침략으로 3대 80여 년 만에 멸망했다. 그 후 위만조선 영토의 일부분―중국 베이징과 근접한 고조선의 서쪽 변방의 한 귀퉁이 작은 지역―에 한때 한사군(漢四郡)이 설치되었으나 부여를 비롯한 삼한 등 조선의 열국이 고조선 영역의 대부분을 그대로 차지하고 있었고, 후에는 고구려가 한사군을 회복하였다는 견해가 유력하다.[84] 한사군이 한반도가 아니라 대륙에 있었다[85]는 사실을 기억하는 것이 우리 역사의 큰 줄기를 잡을 수 있게 하는 관건이다.

단군조선은 동아시아에서 가장 먼저 청동기 문화와 철기 문화를 창조하여 발전·파급시켰으며 많은 제후국을 거느린 '연방제국'이었다. 중국의 중동부 지역과 몽골 및 만주 일대에서 발굴된 단군조선의 성터는 큰 곳만 60여 곳에 이른다. 또한『부도지』,『환단고기』,『규원사화』등의 기록에 의하면 지금으로부터 9천 년 이상 전부터 천·지·인 삼신일체의 천부문화(天符文化)를 세계 도처에 뿌리 내리게 했던 환국·배달국의 위대한 유산은 단군왕검 시기에도 그대로 이어졌고, 당시 대륙에는 단군조선과 비견될 만한 세력이 형성되지 못하였다. 따라서 단군조선의 강역은 현재 알려진 것보다 훨씬 더 광대했던 것으로 보인다.

『규원사화』「단군기」의 기록에는 고조선의 강역을 동서남북의 경계로 나타내고 있다. "당시에 단군의 교화는 사방에 두루 미쳐 북으로는 대황(大荒)에 다다르고 서로는 알유(猰㺄)를 거느리며 남으로는 회대(海岱=淮岱)의 땅에 이르고 동으로는 창해(蒼海)에 닿으니, 덕교(德敎)가 점차 성(盛)해지고 널리 미쳤다. 이에 천하의 땅을 구획하여 공훈이 있는 친족에게 (제후로) 봉하였다(當

是之時 檀君之化 洽被四土 北曁大荒 西率猰貐 南至海岱 東窮蒼海 聲敎之漸 偉乎廣矣 乃區劃天下之地 以封勳戚)." 여기서 대황은 시베리아이고 알유는 산서성·섬서성 일대로 추정되며, 회대는 회수(淮水)와 태산 사이 지역이고 창해는 동해이다. 회수는 하남성·안휘성·산동성·강소성의 4개 성(省)을 통과하는 강, 즉 황하와 양자강 사이에 있는 강이며, 태산은 산동성 태안시 북쪽에 있는 산으로, 회대는 그 사이에 있는 땅이다.

단군조선의 제후국의 분포 및 활약상과 관련된 지명으로 볼 때 그 최대 강역은 시베리아와 만주, 연해주, 내몽골, 중국 중동부 지역, 한반도와 삼도(三島), 그리고 캄차카반도와 티베트에까지 이르렀던 것으로 추정된다.[86] 『단기고사』 2세 단군 부루(扶婁) 조(條)에는 북으로 서비로(西非路는 西伯利亞, 즉 시베리아)까지 영토를 확장하였다고 기록되어 있다. 고조선의 제후국 중의 하나인 구다(句茶)는 곧 구다천국(句茶川國)이며 캄차카(Kamchaka)반도로 비정된다. 그리고 『환단고기』 「단군세기」와 『단기고사』에는 3세 단군 가륵(加勒) 재위 8년 병오년(BCE 2175)에 "강거(康居)가 반란을 일으켜 단군께서 지백특(支伯特: 티베트)에서 토벌하였다"[87]고 기록되어 있다. 티베트의 지도자 달라이라마도 "한국은 티베트와 형제국이다"라고 하였다.

단국대 명예교수 윤내현에 따르면 BCE 12세기경부터 BCE 2세기 초 고조선이 멸망할 때(BCE 108)까지 고조선의 서쪽 국경은 난하(灤河)였다. BCE 11세기 중엽 상(商, 殷)나라를 무너뜨리고 중원을 지배한 주(周)나라의 영토 확장 정책이 본격화하면서 단군조선의 강역이 이전보다 줄어든 것이다. 고조선의 강역은 서쪽으로는 중국 베이징 근처의 난하에 이르고 동북쪽으로는 흑룡강 너머에까지 이르러 하북성(河北省) 동북부 일부와 요녕성·길림성·흑룡강성의 동북 3성(省) 그리고 한반도 전체에 이르렀으며, 많은 제후국을 거느린 '연방제국'이었다. 고조선 말기까지 서쪽 국경은 난하와 갈석산이었던 것으로 나타난다.[88] 『산해경(山海經)』에도 고조선이 옛 요동을 포함한 넓은 영토를 차지한 선진 민족국가였다는 사실이 여러 곳에 기록되어 있다.

서울대 명예교수 신용하는 고조선의 서변이 지금의 난하를 건너서 서쪽으로 지금의 당산(唐山)을 포함한 지역이라고 주장했다. 그에 따르면 "단군조선의 제후국인 고죽국(孤竹國)은 그 영역이 '영·평 2주(營·平 二州)'로 구성되어 있었는데, 평주가 서쪽이고 영주가 동쪽이었다. 따라서 고죽국의 서변은 고조선의 서변이 된다. 고죽국의 도읍은 난하의 동쪽 강변 노룡(盧龍)이었지만, 고죽국의 서변은 난하를 건너 서쪽으로 지금의 당산을 포함한 지역이었다. 고죽국은 난하를 가운데 두고 그 동쪽과 서쪽에 걸친 고조선의 후국이었다."[89] 『통전(通典)』「북평군(北平郡)」평주(平州) 조에는 고죽국이 백이(伯夷) 숙제(叔弟)의 나라였다고 기록되어 있다.[90]

재야 역사학자이자 민족문화연구원 원장인 심백강은 그의 저서 『사고전서 사료로 보는 한사군의 낙랑』(2014)에서 한사군의 하나인 낙랑군이 중국 요서 지역 남쪽에 있었다며, 민족사학의 요서(遼西)설이 '허베이성 동쪽'설이라면, 자신의 주장은 '허베이성 남쪽' 설이라고 밝혔다. 창려(昌黎, 창리)의 갈석산(碣石山)은 한무제(漢武帝) 때에는 게석산(揭石山)이었는데 후대(수·당대)에 갈석산으로 개칭됐다는 기록이 『사고전서(四庫全書)』*에 있다며, 난하(灤河)와 함께 고조선의 서쪽 경계로 알려진 갈석산은 보정(바오딩)시 인근의 백석산(白石山)이라고 주장했다. 『전한서(前漢書)』·『사기(史記)』·『후한서(後漢書)』를 비롯한 20개 사서에 나온 낙랑 관련 기사에 의거해 볼 때 낙랑군은 현재의 진황

---

* 『四庫全書』는 18세기 중후반 건륭제(乾隆帝) 때 칙명에 의해 수십 년에 걸쳐 중국 고대로부터 당대(當代)까지의 사료·사서 총 3,458종, 7만 9,582권을 집대성한 총서로 경(經), 사(史), 자(子), 집(集)의 4부로 이루어져 있다.

도(秦皇島, 친황다오)시 노룡(盧龍, 루룽)현 산해관(山海關, 산하이관) 일대에서 서쪽으로 당산(唐山, 탕산)시, 톈진(天津)시를 지나, 베이징 남쪽의 보정(保定, 바오딩)시(市) 수성(邃城, 쑤이청)진(鎭)에 이르는 지역에 발해를 끼고 동에서 서로 펼쳐진 지역이라는 주장이다.[91]

고조선의 강역과 관련하여 한사군의 하나인 낙랑군의 위치가 중요한 것은 낙랑군이 있던 자리가 곧 고조선이 있던 자리이고 고구려가 있던 자리로서 우리나라의 강역을 의미하는 것이기 때문이다. 여기서 낙랑군은 평양 지역의 (최씨)낙랑국과는 다른 것임을 유의해야 한다. 고대의 도읍인 평양은 반도 안의 대동강 유역이 아니라 원래는 대륙 땅에 있었으며, 후에 그곳에 살던 사람들이 이동하면서 지명도 가져온 것이다. 이처럼 대륙에서 이동해 오면서 지명도 가지고 온 것이 많은데, 환국·배달국·단군조선의 지명을 한반도 안에서 찾다 보니, 한민족의 활동무대를 반도 안으로 축소시키는 결과를 초래한 것이다. 이러한 일제의 반도사관·식민사관에 따른 지명의 혼란은 상고사 연구가 직면한 딜레마 중의 하나다. 『규원사화』「태시기」에는 요심(遼瀋: 遼陽과 瀋陽)과 유연(幽燕: 幽州와 燕나라, 지금의 河北省 일대)의 땅이 신시시대부터 이미 한족(韓族)의 땅이었다고 하며 고대 우리 민족의 활동 중심지는 요동을 중심으로 한 압록강 이북의 대륙이었음을 명기하고 있다.

고조선의 최고 통치자는 단군이었다. 단군은 소도(蘇塗, 수두)를 행하는 대제사장(大祭祀長)을 뜻하고, 왕검[환검]은 정치적 군왕을 뜻하므로 '단군왕검(檀君王儉)'이라는 칭호는 고조선이 제정일치 사회였음을 말해준다. 단군은 역대 제왕을 지칭하는 보통명사로 사용되지만, 『제왕운기(帝王韻紀)』「전조선기(前朝鮮紀)」에서는 고조선의 시조를 고유명사 '단군(檀君)'으로 기록했다.[92] 고조선의 건국은 '환웅 천손족'인 '한'족과 '곰 토템족'인 '맥'족의 융화 및 통혼에 의한 연맹 형성을 중심축으로 요동 지역에 흩어져 거주하고 있던 예(濊)족을 비롯한 각 지역의 여러 부락연맹체를 제후국으로 통합함으로써 단군은 강력한 제왕이 될 수 있었다. 『제왕운기』에는 시라(尸羅)·고례(高禮)·옥저(沃沮)·부여·예맥(濊貊)을 모두 단군의 자손이라고 했고,[93] 『삼국사기』에서는 고구려와 백제가 부여의 후예라고 했으며,[94] 신라도 고조선의 유민이 산간에 흩어져 촌락을 이룬 6촌(六村)이라고 밝히고 있다.[95]

단군조선의 정치철학은 정치의 교육적 기능에 그 초점이 맞춰져 있었다. 우리 고유의 풍류(風流, 玄妙之道) 속에는 유·불·선이 중국에서 전래 되기 이전부터 3교를 포괄하는 사상 내용이 담겨져 있어 교육의 원천이 되었다. 이는 개개인의 도덕적 인격의 완성을 통해 마음을 밝히고 세상을 밝혀서 홍익인간·재세이화의 이념을 구현하려는 우리 국조(國祖)의 의지가 표출된 것이다. 단군조선의 정치대전이자 만백성의 삶의 교본이던 『천부경』·『삼일신고』·『참전계경』에는 '일즉삼(一卽三)·삼즉일(三卽一)'[천·지·인 삼신일체]의 원리로 표상되는 천부 코드의 진수(眞髓)가 담겨 있다. 『천부경』의 '인중천지일(人中天地一: 천·지·인 삼신일체의 天道가 인간 존재 속에 구현됨)', 『삼일신고』의 '성통공완(性通功完: 참본성이 열려[開, 通] 사회적 공덕[功業]을 완수함)', 『참전계경』의 '혈구지도(絜矩之道: 남을 나와 같이 헤아리는 推己度人의 道)'는 홍익인간·재세이화의 이념을 구현하는 이상적 규준이 되는 원리를 제시한 것으로 실제 정치의 근간을 이루는 것이었다.

『천부경』의 정수(精髓)인 '인중천지일(人中天地一)'은 천·지·인 삼신일체의 천도가 인간 존재 속에 구현되는 것이니 이는 하늘의 이치에 부합하는 것이므로 '천부중일(天符中一: 天符+人中天地一)'로도 나타낼 수 있다. 말하자면 '천부중일'은 하늘의 이치에 부합한다는 의미의 '천부'와 '인중천지일'을 축약한 '중일(中一)'의 합성어로 홍익인간·재세이화의 이상을 함축한 것이다. '일즉삼·

삼즉일[천·지·인 삼신일체] 또는 삼신사상[한'사상, 천부사상, 神敎] 역시 홍익인간·재세이화의 이상을 함축한 것이다. 따라서 이들 모두는 같은 의미의 다른 표현이며 천부 코드를 표상하는 원리이다. 환단시대의 우리 선조들은 천·지·인 삼신일체의 천도가 인간 존재 속에 구현되는 의미를 지닌 '천부중일'을 국시(國是)로 삼아 막강한 군사력을 겸비한 동방의 군자국으로서의 국제적 위상을 떨쳤다.

조선은 각 지역의 여러 부락연맹체를 제후국[96]으로 통합하여 건국하였으므로 개국 초기부터 많은 제후국을 거느린 국가였다. 제후국 후왕(侯王, 諸侯)의 임명 방식에는 기존 부족장을 후왕으로 임명하거나, 고조선 왕족을 파견하는 방식, 또는 기존 부족장에게 왕족 여자를 출가시켜 '고추가(古鄒加, 사위후왕)'로 삼거나, 점령에 공훈이 큰 해당 지역 대인(大人)을 임명하는 방식 등이 있었다.[97] 고조선이 많은 제후국을 거느렸다는 점에서 봉건제 국가로 일컬어지기도 하지만 어디까지나 국가조직의 측면일 뿐, 사회경제면에서는 영주와 농노 사이의 지배·예속관계를 기반으로 한 봉건사회와는 확연히 구별된다. 봉건제도는 제왕이 군사적 점령지 또는 복속지의 토지를 영주에게 봉하는 봉토(封土)를 기반으로 한 것이지만, 고조선의 경우 대부분은 기존의 지역 지배 통치권을 승인 하사하는 정치·군사적인 성격이 강했다.[98] 당시의 통치방식은 중앙에서 모든 제후국의 백성을 직접 지배한 것이 아니라 각 지역 부락연맹체의 우두머리를 제후 또는 후왕으로 삼아 이들을 통하여 간접적으로 지배하는 방식이었다. 제후는 일정한 자치권을 가지고 있었지만, 고조선의 중앙정부와 제후국의 관계는 본질적으로 지배·종속의 관계였다.

고조선에서 한(韓)의 지위와 관련하여, 「단군세기」에는 재위 93년 경자년 (BCE 2241)에 "천하의 땅을 구획하여 삼한(三韓)으로 나누어 다스렸다"[99]고 기록되어 있다. 고조선의 광대한 영역을 효율적으로 통치하기 위해 삼한, 즉 진한(辰韓, 眞韓, 진조선), 번한(番韓, 弁韓, 번조선), 마한(馬韓, 莫韓, 막조선)으로 삼분하여 통치했다는 것이다. 「태백일사」 제4 삼한관경본기에는 단군왕검이 국호를 조선이라 하고 삼한으로 나라를 나누어 통치했는데 진한(辰韓)은 천왕(天王, 단군)의 직할통치 영역이라고 기록되어 있다.[100] 이러한 삼분(三分) 통치방식은 '일즉삼·삼즉일'의 원리로 표상되는 천부 코드에서 나온 것이다.

'일즉삼·삼즉일'은 곧 천·지·인 삼신일체의 원리이다. 실로 천·지·인 삼신일체 사상은 마고성(麻姑城) 시대로부터 단군조선에 이르기까지 지속적으로 전승되어 왔으며 나라의 근간을 이루는 한민족 정신세계의 총화(總和)였다. 뿐만 아니라 삼신일체가 서방으로 나가 삼위일체가 되었으니, 가히 인류 정신문화의 총화라 할 수 있다. 현실적으로 삼분 통치방식은 권력 분배를 통해 부족들의 불만을 최소화하고 통치의 효율성을 높이는 효과도 기대할 수 있을 것이다. 일즉삼이요 삼즉일이니, 그 체는 하나의 '한(韓)'이고 작용으로는 진한, 번한, 마한의 셋이다. 고조선에서 한(韓, 汗)이나 검(儉)은 왕(王)과 같은 정치적 통치자를 일컫는 말이다. 말하자면 진한, 마한, 번한은 세 나라 이름이 아니라 진한이라는 천왕(天王) 밑에 있는 제후(諸侯), 즉 후왕(侯王)들이다.[101] 단군조선 이래 고려말까지 도읍을 세 곳에 두는 '삼경'제(三京制)는 지속되었다.

삼한의 핵심인 진한은 고조선의 역대 단군들이 직접 다스렸고, 마한과 번한은 단군이 별도의 제후를 임명하여 다스리게 했다. 즉, 단군이 분조(分朝)를 두어 다스린 것이다. 「태백일사」 제4 삼한관경본기 마한세가 상(上)에는 단군왕검이 천하를 평정하고 삼한으로 나누어 웅백다(熊伯多)를 봉하여 마한이라 했으며 달지국(達支國 또는 白牙岡)에 도읍하였다고 기록되어 있다.[102] 「태백일사」 제4 삼한관경본기 번한세가(番韓世家) 상(上)에는 단군왕검이 치우(蚩尤)의 후손 중에 지혜와 용기가 뛰어난 치두남(蚩頭男)을 택하여 번한으로 임명하고 부(府)를 험독(險瀆)에 세우게 하였다고 기록되어 있다.[103] 「태백일사」
제4 삼한관경본기 마한세가 하(下)에는 22세 단군 색불루(索弗婁) 때에 이르러
제도를 개정하여 삼한을 삼조선이라 하고, 진조선은 천왕(天王, 단군)이 직접
다스렸으며, 막조선(莫朝鮮)과 번조선(番朝鮮)은 각각 여원흥(黎元興)과 서우여
(徐于餘)로 하여금 다스리게 하였는데 이를 통틀어 단군 관경(管境)이라 이름
한다고 기록되어 있다.[104]

　　진한, 마한, 번한을 통틀어 단군 관경(管境)이라 하고 이 셋이 곧 진국(辰國)
이며 단군조선이라 하였으니, 한(韓)의 체는 하나이며 작용으로만 셋이다.
「태백일사」 제5 소도경전본훈(蘇塗經典本訓)에서는 신지(神誌) 발리(發理)가 지
은 『신지비사(神誌秘詞)』에 나오는 서효사(誓效詞)를 인용하여 진한의 옛 도읍
을 저울대, 번한의 옛 도읍을 저울추, 마한의 옛 도읍을 저울판에 비유하고
있다. 저울대에 해당하는 진한의 옛 도읍은 부소량(扶蘇樑 또는 蘇密浪·蘇密·소머
리), 즉 지금의 송화강 연안의 하얼빈이라 하고, 저울추에 해당하는 번한의
옛 도읍은 오덕지(五德地 또는 安德鄉, 후에 창려에 있는 험독(왕험성, 왕검성)으로 천도),[105*]
즉 지금의 중국 하북성(河北省, 허베이성) 개평부(開平府) 동북 7십 리에 있는 탕지
보(湯池堡)라 하고, 저울판에 해당하는 마한의 옛 도읍은 백아강(白牙岡, 達支國),
즉 지금의 대동강(평양)이라 하였다.[106]

　　그런데 한(韓)의 지위와 관련하여, 국내 주류 사학계는 고조선이 해체된
뒤에 처음으로 각각 독립된 세 정치단위로서의 삼한(三韓)이 성립됐고 그 지
리적 위치도 한반도 남단이었다고 주장한다. 그러나 고조선 시대에 한(韓)은

---

*　『환단고기』, 「단군세기」 6세 단군 달문(達門) 조에서는 "저울대는 소밀랑(蘇密浪)이고
　저울추는 안덕향이다"라고 했다. 번한의 수도는 안덕향에서 후에 창려(昌黎)에 있는 험
　독(왕험성, 왕검성)으로 천도했다.

고조선과 독립된 별개의 정치집단이 아니라 고조선의 통치권 영역에 속해 있었던 일정한 자치권을 가진 하나의 정치단위로서 기능했다. 다시 말해 한(韓)의 실체는 하나이지만 통치의 효율성을 높이기 위해 편의상 세 개의 분조(分朝)를 두어 통치한 것이다. 그 지리적 위치도 한반도 남단이 아니라 본류는 대륙이었으며 수십 개의 제후국을 거느리고 있었다. 서쪽으로는 중국 하북성 난하(灤河) 또는 창려(昌黎)에 이르고, 동북쪽으로는 하북성 동북부 일부와 동북 3성(遼寧省·吉林省·黑龍江省) 그리고 동남쪽으로는 대동강이 흐르는 평양을 중심으로 한반도 전체에 걸쳐 있었다. 고조선과 동아시아의 고조선 문명권에서 제왕이 '한(Han)' 또는 '칸(Khan)'으로 호칭된 것도 하나의 정치단위로서의 한(韓)의 강력한 영향력의 산물이었다.

단군조선의 정치체제는 군주정의 지혜의 원리와 민주정의 자유의 원리, 그리고 귀족정의 제도적 측면을 융합한 혼합정체(混合政體, mixed polity)였다고 할 수 있다. 단군이 지혜와 통치 능력을 겸비한 인물임은 앞서 고찰했거니와, 뒤에서도 고찰할 것이다. 민주정의 자유의 원리와 관련해서는 『단기고사(檀奇古史)』 신유년(BCE 1980) 기록에 명료하게 나와 있다. 9세 단군 아술(阿述) 재위 6년에 을성문덕(乙成文德)이 임금에게 진언하기를, "국가는 모든 백성의 국가이며 임금 한 분의 사유가 아니므로 임금과 신하가 합의하여 국사(國事)를 정하되, 매년 부(府)와 군(郡)의 대표가 의사원(議事院)에 모여 국사를 의논하여 결정한 후에 천제의 허락을 얻어 정부의 책임자로 하여금 실행하게 하면 임금과 백성이 합의하는 정치가 되는 것이니, 회기(會期)를 정하여 백성에게 참정권(參政權)을 허락하옵소서"[107]라고 했다. 이에 임금이 허락하고 매년 8월 1일을 정기회의 날짜로 삼으니, 민권(民權)이 여기에서부터 시작되었다고 기록되어 있다.

또한 「단군세기」에도 이와 유사한 기록이 나온다. 6세 단군 달문(達門) 재위 35년 임자년(BCE 2049) 기록에 화백(和白)과 공화(共和)로써 하는 것이 어진 정치(仁政)임을 강조한 것이 그것이다. 화백제도는 신라시대에 처음 등장한 것이 아니라 그 기원은 오래된 것이다. 「태백일사」 제4 삼한관경본기에는 단군왕검이 비왕(裨王)이 되어 섭정한 지 24년 만에 웅씨 왕이 전쟁하다가 붕어하자 마침내 그 왕위를 대신하여 구환(九桓)을 통일하고 나라 사람들을 불러 약속하여 말하기를, "지금부터 이후로는 백성의 소리를 듣는 것을 공법(公法)으로 삼노니 이를 일러 천부(天符)라 한다. 천부란 만세의 강전(綱典)으로 지극한 존엄이 서린 곳이니 누구도 범해서는 아니 될 것"[108]이라고 했다. 백성의 소리는 곧 하늘 소리이므로 하늘 소리를 듣는 것을 공법으로 삼는 것은 하늘의 이치에 부합하는 것이니 천부라 한 것이다. 천부란 만세의 기강이 되는 법전(綱典)이니 그 누구도 어겨서는 안 된다는 것이다. 이는 민주정의 정수(精髓)를 보여준 것으로 천부 코드에 기반한 홍익인간·재세이화의 이상을 제시한 것이다.

그런데 단군조선은 많은 제후국을 거느린 '연방제국'이었기 때문에 제후들과의 조화로운 관계 형성이 시급한 현안이었으므로 귀족정의 제도적 측면을 보완해야 할 필요가 있었다. 신지(神誌) 발리(發理)는 저울이 저울대·저울추·저울판의 세 가지가 균형을 이루어야 제 기능을 할 수 있듯이, 도읍도세 곳에 두어 조화와 균형을 이루면 왕업이 흥륭(興隆)하게 될 것이라고 했다. 고조선의 제후들은 고조선 중앙본국과 여러 부족민들을 매개하는 중간자로서의 역할을 담당했고, 중앙본국은 그들의 지위와 권위를 보장하고 소도의식(蘇塗儀式)을 통해 정신적 결속력을 강화함으로써 고조선의 통치체제에 대한 저항을 최소화하고 2천 년이 넘도록 광대한 영역을 통치할 수 있었다. 따라서 단군조선의 정치체제는 군주정과 민주정 그리고 귀족정을 융합한 유연한 혼합정체(混合政體, mixed polity)였다고 볼 수 있다.

단군왕검은 하늘의 이치에 부합하는 경전인 『천부경』을 정치대전으로 삼아 조화로운 정치를 펼쳤다. 현묘(玄妙)의 도(道)를 익혀 인간을 교화하였으며 신하들로 하여금 모든 것을 계발하게 했다. 의약(醫藥)·공장(工匠)·축산·농사·측후(測候: 천문, 기상을 관측함)·예절·문자의 법을 제정하니 온 나라가 교화되고 태평치세를 이루었다.[109] 단군조선의 국가통치는 하늘을 공경하고 조상을 받드는 것을 하나로 보는 경천숭조(敬天崇祖)의 보본사상(報本思想)을 바탕으로 했던 까닭에 하늘에 제사 지내는 대제사장으로서의 단군의 권위는 한(汗)이나 검(儉)과 같은 정치적 권위에 비해 훨씬 막강한 것이었다. 이는 하늘에 제사 지내는 천부단(天符壇, 天壇)을 중심으로 부도(符都: 하늘의 이치에 부합하는 나라 또는 그 나라의 수도)가 건설된 것을 보더라도 알 수 있다.

　『부도지(符都誌)』 제13장에는 임검씨(桓儉氏, 단군왕검)가 순행(巡行)에서 돌아와 부도(符都)를 건설할 땅으로 태백산을 택하여 정상에 천부단을 짓고 사방에 보단(堡壇)을 설치하였는데, 그 구체적인 설계는 마고(麻姑) 본성(本城)에서 그 법을 취한 것이라고 기록되어 있다.[110] 부도(符都)는 천제의식(天祭儀式)을 거행하는 순수한 신단(神壇)인 천부단을 중심으로 적을 방어하는 군사적 목적을 겸비한 사방의 보단(堡壇) 그리고 도랑, 관문 등 세부적인 설계까지도 마고성 시대로부터 전승되어 온 것으로 그 역사가 실로 오래된 것이다. 이러한 제천의식은 후대에까지 지속적으로 계승되었다. 부여, 고구려, 예(濊), 맥(貊), 신라 등에서는 10월 상달에 행해졌고, 백제에서는 사중월(四仲月: 사계절의 가운데 달, 즉 음력 2월, 5월, 8월, 11월)에 행해졌다. 부여의 영고(迎鼓), 고구려의 동맹(東盟), 동예(東濊)의 무천(舞天), 백제의 교천(郊天), 신라의 팔관회(八關會), 고려의 팔관회와 원구단(圜丘壇)의 제천의식 등이 있다.

　『규원사화』「단군기」에 따르면 제사를 지내고 난 뒤에 단군왕검은 8가(八加)와 후왕(侯王), 그리고 백성들에게 홍익인간의 이념을 풀이한 이른바 단군

8조(檀君八條)를 가르쳐 깨우치게 했다. '단군8조'는 ① 모든 덕의 근원인 일신(一神, 唯一神)을 공경하고 황조(皇祖)의 공덕을 기릴 것, ② 하나인 하늘의 홍범(天範)을 지킬 것, ③ 어버이를 공경할 것, ④ 서로 화목하여 원망과 질투와 음란이 없도록 할 것, ⑤ 서로 사랑하여 헐뜯지 말며 서로 도와서 다투지 말 것, ⑥ 서로 양보하여 빼앗거나 훔치지 말 것, ⑦ 남에게 상처를 주지 말 것이며 천범(天範)을 준수하여 만물을 지극히 사랑할 것, ⑧ 서로 구제하며 얕보거나 업신여기지 말 것, 이상 여덟 가지이다.[111] 타고난 떳떳한 성품을 지켜서 나쁜 생각을 갖지 않는 것이 곧 하늘을 공경하고 백성과 친하게 되는 것이니 그리하면 무궁한 복을 누리게 될 것이라는 내용이다.

여기서 일신(一神)*을 공경하라고 한 뜻은 만물 속에 만물의 본질로서 내재해 있는 하나인 참본성을 공경하라는 것이다. 우주의 실체는 의식이므로 신은 곧 내재적 본성인 신성, 즉 참본성[一心]이다. 하나인 참본성을 떠나 따로이 하늘이나 신이 있는 것이 아니므로, 다시 말해 천·지·인 삼신일체이므로 하늘을 공경하고 조상을 받드는 것을 하나로 본 것이다. 성인과 범부의 참본성이 다른 것이 아니라 모두 하나인 참본성이다. 분리할 수 없는 절대유일의 하나라 하여 흔히 유일자, 유일신, 유아(唯我)라고도 하는 것이다. '천상천하유아독존(天上天下唯我獨尊)'의 유아(唯我)는 바로 이 하나인 참본성, 즉 참나[생명, 神·天·靈]를 일컫는 것이다. 그래서 '하늘 위 하늘 아래 참나만이 홀로 존귀하다'고 한 것이다. 물질적 육체 차원에선 분리가 되지만 물질이라고 지각하는 것이 특정 주파수대의 에너지 진동에 불과하다는 사실을 이해하게 되

---

* 일신(一神)은 곧 천·지·인 삼신이다. 天(하늘)은 하나이지만 나누면 천·지·인 셋이 되는 것이다. 일즉삼이요 삼즉일이다. 일신(一神)과 삼신(三神)의 관계는 고조선과 삼한(三韓)의 관계와 같다. 고조선은 하나의 국가이지만 나누면 삼한(三韓)·삼조선(三朝鮮)이 되는 것이다.

면—현대물리학이 실험적으로 증명하듯—일체가 에너지장(場)에 의해 하나로 연결되어 있음을 알 수 있게 된다.

모든 덕의 근원인 일신을 공경하고 황조의 공덕을 기리는 것을 '단군8조'의 첫 번째에 둔 것은, 그것이 진리의 근간을 이루는 것이기 때문이다. 만물이 만물일 수 있게 하는 제1원인인 생명—흔히 신(神)이라고도 부르는—이 바로 참나이다. 우주의 실체는 의식이므로 참나(大我)는 곧 하나인 참본성(神性, 一心)이다. 성(性, 참본성)은 생명(神·天·靈)이 우주만물에 배분된 것이다. 따라서 우주만물(개체성)과 생명(전체성)의 관계는 힌두사상의 아트만(Ātman, 소우주)과 브라흐마(Brāhma, 대우주)의 관계와도 같이 분리할 수 없는 하나다. 우주만물이 나무라면 생명은 숲이다. 말이나 문자는 미망의 강을 건너는 나룻배와도 같은 것—피안의 언덕에 오르기 위해서는 배를 버려야 하듯, 뜻을 통한 다음에는 말이나 문자도 잊어야 한다.

일신이 곧 천·지·인 삼신인 것은, 생명의 본체인 일신(一)의 자기복제로서의 작용으로 나타난 것이 천·지·인 삼신(三), 즉 우주만물이기 때문이다. 일즉삼이요 삼즉일이다. 일신을 공경하고 황조의 공덕을 기리는 것은 모든 덕의 근원이 되는 것인 까닭에 '단군8조'의 제1조를 이해하지 못하면 나머지 7조도 실천할 수 있는 추동력을 발휘할 수 없게 된다. '일즉삼(一卽三)·삼즉일(三卽一)[천·지·인 삼신일체]의 원리로 표상되는 천부 코드의 중요성이 여기에 있다. 일신과 삼신의 관계는 고조선과 삼한의 관계와도 같다. 고조선은 하나의 국가이지만 나누면 삼한·삼조선이 되는 것이다. 이처럼 천부 코드는 단순히 종교적 교의나 철학적 사변 또는 이론적인 그 무엇이 아니라 홍익인간·광명이세의 세상을 구현하기 위한 바탕이 되는 것이었다. '단군8조'의 내용은 얼핏 보기에는 어린아이라도 알 수 있지만, 영원을 통해서도 실천하기는 어려운 것이다. 왜 그런가? 제1조의 심원한 의미가 담긴 천부 코드를 이해하지 못하기 때문이다.

　흔히 단군 삼신이라 하면 단군을 신격화하는 것으로 곡해하기도 하는데, 이는 인내천(人乃天)이나 천인합일(天人合一)의 의미를 이해하지 못하는 데서 오는 것이다. 사람만이 아니라 우주만물이 다 하늘이다. 여기서 인(人)은 우주만물을 포함하는 대명사로서의 '인'이기 때문이다. 하늘과 우주만물이 하나다. 물질적 외피가 아닌, 우주만물을 관통하는 하나인 참본성[一心, 至氣, 混元一氣]이 곧 하늘이고 신(神)이라는 말이다. 하늘(天)·신(神)·영(靈) 등은 참본성을 지칭하는 많은 대명사 중의 하나일 뿐이다. 그래서 우리 선조들은 경천(敬天)·경인(敬人)·경물(敬物)의 삼경(三敬)을 실천하는 삶을 강조했던 것이다. 고조선 후대의 임금들은 일신(一神, 천·지·인 三神)과 단군 삼신을 공경해 섬겼다. 환인·환웅·단군은 천·지·인 삼신일체의 천도(天道)를 체현(體現)하였으므로 단군 삼신이라 불렸다. 마고성 시대로부터 환국·배달국·단군조선에 이르기까지 통치의 근간을 이루는 '일즉삼·삼즉일'[천·지·인 삼신일체]의 원리를 앞서 필자가 그토록 강조한 것은, 이 원리를 제대로 이해하지 못하면 우리 상고시대에 대한 논의는 결국 그 외피를 더듬는 것일 뿐이기 때문이다.

　「단군세기」에는 단군왕검 재위 50년 정사년(BCE 2283)에 홍수로 인해 백성들이 고초를 겪게 되자 단군께서 풍백 팽우(彭虞)에게 명하여 치산치수(治山治水)하게 하니 백성들이 편히 살 수 있게 되었으며, 우수주(牛首州)에 그 공적을 새긴 비가 있다고 기록되어 있다. 재위 51년 무오년(BCE 2283)에 단군께서 운사(雲師) 배달신(倍達臣)에게 명하여 혈구(穴口: 지금의 강화도)에 삼랑성(三郞城, 鼎足山城)을 건설하고 마리산(摩璃山, 摩利山)에 제천단(祭天壇)을 쌓게 하였으니 그것이 지금의 참성단(塹城壇)이라고 기록하고 있다.[112] 참성단은 현존하는 최고(最古)의 제천단이다. 『규원사화(揆園史話)』「단군기(檀君記)」에서는 이곳이 단군이 하늘에 제사 지내던 두악(頭嶽: 머리산)이라고 했다.[113]

단군왕검 재위 67년 갑술년(BCE 2267)에는 중원에서 9년 동안 홍수를 다스리지 못하여 백성들의 피해가 막심해지자 단군께서 중원에 있는 제후들을 도산(塗山: 중국 浙江省 會稽山)에 모이도록 하고 태자 부루(扶婁)를 도산에 파견하여 도산회의(塗山會議, 塗山會盟)를 주재하도록 했다. 부루가 우사공(虞司空)과 만나 오행치수법(五行治水法)이 기록된 신서(神書, 金簡玉牒)를 전하고 나라의 경계도 살펴 정하니 유주(幽州: 지금의 河北省 베이징·톈진)와 영주(營州: 지금의 遼寧省 朝陽)의 두 주(州)가 우리에게 귀속되었다.[114] 우사공(虞司空)의 '사공'은 치산치수(治山治水)를 관리하는 관직명이다. 『사기(史記)』「오제본기(五帝本紀)」에도 순(虞舜)이 우(禹)를 사공(司空)에 임명해 홍수를 다스리게 했다[115]는 내용이 나오는 것으로 보아 우(虞舜, 순 임금)가 파견한 사공(司空), 즉 우사공(虞司空)은 우(禹)를 가리키는 것이다.

조선의 태자 부루로부터 받은 신서(神書)를 통해 치수(治水)에 성공한 우(禹)*는 그 공덕으로 민심을 얻은 후에 순(舜) 임금의 뒤를 이어 하(夏)나라를 세웠다. 「태백일사」 제6 고구려국본기에는 사공(司空) 우(禹)가 석 달 동안 재계(齋戒)하고 치수(治水)의 비결을 얻어 물을 다스린 공을 세웠으므로 우(禹)가 부루의 공(功)을 돌에 새겨 산의 높은 곳에 세웠다는 기록이 있다.[116] 하나라 우(夏禹)가 치수(治水)로 유명한 것으로 알려져 있지만, 그 원조는 고조선이며 배달국 시대로부터 전승되어 온 것이다. 홍수가 잘 다스려지자, 이에 우(虞舜)를 낭야성(琅耶城: 山東省 諸城縣 동남쪽)에 두어서 구려분정(九黎分政: 中原에 진출한 동이족

---

\*  우(禹)의 아버지는 곤(鯀)이며 곤의 아버지는 오제(五帝) 중의 한 사람인 전욱(顓頊: 아버지는 昌意)이니, 우(禹)는 전욱의 손자이다. 전욱 고양(高陽)은 삼황(三皇) 중의 한 사람인 황제헌원(黃帝軒轅)의 손자이니, 우(禹)는 황제헌원의 고손자이다. 앞서 언급했듯이, 삼황오제가 모두 동이인이니, 황제헌원의 고손자이자 전욱의 손자인 우(禹)도 동이인(東夷人)이다.

(九黎族)들에게 나누어 다스리게 함)의 의사를 정하였다고 삼한관경본기(三韓管境本紀)

번한세가(番韓世家) 상(上)에서는 기록하고 있다.[117]

　　단군께서 회대(淮岱: 淮水(황하와 양자강 사이에 있는 강)와 泰山 사이에 있는 땅) 지역의

제후를 평정하여 분조(分朝)를 두어 다스렸는데, 우순(虞舜, 虞는 姓)으로 하여금

그 일을 감독하게 하였다[118]고 「단군세기」에는 기록하고 있다. 우순(虞舜, 순

임금)이 중국 임금이라고 생각하는 사람은 '단군께서 분조(分朝)를 두어 우순

(虞舜)으로 하여금 그 일을 감독하게 하였다'는 내용에 대해 의아하게 생각할

지 모른다. 앞서 언급했듯이, 오제(五帝) 중의 한 사람인 순(舜) 임금은 동이인

이다. 맹자(孟子)는 「이루장구(離婁章句)」 하(下)에서 "순 임금은 제풍(諸風)에서

태어나고 부하(負荷)로 이사하고 명조(鳴條)에서 졸(卒)하였는데 제풍·부하·명

조가 동이족의 땅이니 그는 동이(東夷) 사람이다(舜生於諸風 移於負荷 卒於鳴條 諸風·

負荷·鳴條 東夷之地 舜東夷之人也)"라고 했다. 순(舜) 임금의 성(姓)은 우(虞) 또는 유

우(有虞)이며 이름은 중화(重華)이고, 그 아버지는 유인씨(有仁氏: 桓仁氏의 아버지)

의 손자 유호씨(有戶氏: 『史記』에는 고수(瞽叟)로 나옴)이며, 요(堯) 임금으로부터 제위

(帝位)를 물려받았다.[119]

　　우리 환단(桓檀)에서 나간 것이 치산치수(治山治水)뿐만은 아니다. 이미 배

달국 시대에 역(曆)과 역(易)이 체계화되었으며, 십간십이지(十干十二支)가 실

생활에 응용되고 있었음은 『참전계경』과 『환단고기』 등에 나와 있다. 십간

(十干)은 갑을병정무기경신임계(甲乙丙丁戊己庚辛壬癸)이고 십이지(十二支)는 자축

인묘진사오미신유술해(子丑寅卯辰巳午未申酉戌亥)인데, 천간(天干)과 지지(地支)가

합쳐 갑자(甲子)를 이루며 60갑자를 주기로 되풀이되는 것이 역(曆) 체계의

기본이다. 배달국 시대에 역(曆, 冊曆)을 만들어 365일 5시간 48분 46초를 일

년으로 삼았다고 「태백일사」 제4 삼한관경본기 마한세가 상(上)에서는 기록

하였다.[120]

음양오행(陰陽五行: 오행은 水火木金土)과 태극(太極)의 원리, 모두 우리 한민족에게서 나간 것이다. 홍범구주(洪範九疇)의 오행사상도 고조선에서 전해졌다고 보는 것이 타당하다.[121] 2세 단군 부루(扶婁)가 태자였을 당시 도산회의(塗山會議)에서 우(禹)에게 오행치수법(五行治水法)이 기록된 신서(神書)를 전하였다. 그보다 훨씬 이전에도 배달국 제5대 태우의(太虞儀) 환웅의 막내아들 태호복희(太皞伏羲)씨가 태우의 환웅 때 체계화된 신선도문화(仙敎文化)를 가지고 서쪽 중토(中土, 中原)로 나아가 임금이 되었고 팔괘(八卦)를 그려 중토 역리(易理: 易의 이치)의 원조가 되었다는 것은 앞서 살펴본 바이다. 또 환단시대로부터 전해오는 『천부경』·『삼일신고』·『참전계경』은 홍범구주의 근간이 되는 천시(天時)·지리(地理)·인사(人事)의 조응관계 및 음양오행을 바탕으로 한 것이다.

단군왕검 재위 93년 경자년(BCE 2241)에 그의 덕화(德化)가 온 누리를 가득 덮어서 멀리 탐랑(耽浪)에까지 미쳤으며 덕(德)의 가르침이 점차로 널리 크게 퍼져 갔다. 여기서 탐랑이 어디인지 정확히 알 수는 없으나 『환단고기』에 나오는 지명들 중에서 두 지명을 하나로 압축해서 쓰는 경우가 종종 있으므로 탐라와 낙랑으로 보기도 한다. 낙랑군의 위치에 대해서는 몇 가지 설이 있으나 낙랑군이 중국 요서(遼西) 지역에 있었던 것은 확실해 보인다. 탐라가 제주도인지는 분명치 않으나 당시 아사달이 송화강 연안의 하얼빈에 있었으니 대륙의 요서 지역으로부터 한반도 최남단에 이르기까지 교화가 미쳤다는 의미로 해석될 수도 있을 것이다. 재위 93년 경자년(BCE 2241) 3월 15일 단군왕검께서 봉정(蓬亭)에서 붕어하셨다.

단군조선의 통치체제는 배달국의 통치체제를 계승하여 발전시킨 것이었다. 「단군세기」에는 "천하의 땅을 구획하여 삼한으로 나누어 다스렸으니, 삼한에는 모두 오가(五加) 64족(族)이 있었다"[122]고 기록되어 있다. 삼한은 진한(辰韓, 眞韓), 번한(番韓, 弁韓), 마한(馬韓, 莫韓)이고, 오가(五加)는 우가(牛加)·마가

(馬加) · 구가(狗加) · 저가(猪加) · 양가(羊加 혹은 鷄加)이며, 64족(族)은 단군조선을 형성한 64개 부족이다. 배달국의 통치체제가 풍백(風伯) · 우사(雨師) · 운사(雲師)의 3상(相)과, 주곡(主穀) · 주명(主命) · 주형(主刑) · 주병(主病) · 주선악(主善惡)의 5부(部)로 이루어진 '3상5부제'였다면, 고조선의 통치체제는 배달국의 '3상5부제'를 '8가(八加)제도'로 개편한 것이었다.

즉, '웅가(熊加)'라는 군사 · 국방 담당 부서를 신설하여 독립시키고, '구가(狗加)'라는 지방행정 전담 부서를 신설하였으며, '풍백(風伯: 총괄 수석대신)'을 보좌하던 '우사(雨師)'와 '운사(雲師)'를 폐지하고 제왕 직속의 총괄 수석대신인 '호가(虎加)'의 권력을 더욱 강화함으로써 더 분화되고 전문화된 고대국가의 행정체계 · 관료제도를 확립했다. 이처럼 고조선 중앙정부의 통치체제는 8가제도를 근간으로 한 것이었다. 제왕 직속으로 행정을 총괄하는 1개 총괄 수석대신직(총리대신職)과 전문화된 7개 부서를 둔 제도였다. '단군8가제도(檀君八加制度)'로 통칭되는 이 통치체제는 오랫동안 그 기본 골격이 전승되었다.[123]

『규원사화』「단군기」에 따르면, 단군왕검은 주명(主命) · 주곡(主穀) · 주병(主兵) · 주형(主刑) · 주병(主病) · 주선악(主善惡) · 주홀(主忽, 分管諸州)의 제관(諸官)을 두고 첫째 아들 부루(夫婁)를 호가(虎加)로 삼아 제가(諸加)를 총괄하게 하였다. 옛 신지(神誌)씨 후손을 마가(馬加)로 삼아 생명을 주관(主命)하게 하고, 고시(高矢)씨를 우가(牛加)로 삼아 곡식을 주관(主穀)하게 하며, 치우(蚩尤)씨를 웅가(熊加)로 삼아 군사를 주관(主兵)하게 하고, 둘째 아들 부소(夫蘇)를 응가(鷹加)로 삼아 형벌을 주관(主刑)하게 하며, 셋째 아들 부우(夫虞)를 노가(鷺加)로 삼아 질병을 주관(主病)하게 하고, 주인(朱因)씨를 학가(鶴加)로 삼아 선악을 주관(主善惡)하게 하며, 여수기(余守己)를 구가(狗加)로 삼아 모든 고을을 나누어 다스리는 것을 주관(主忽, 分管諸州)하게 하니, 이를 단군 8가(八加)라 한다고 기록하였다.[124]

단군조선 직령지의 지방제도는 '읍락(邑落)'으로 구성되었다. '읍'은 사람들이 집중적으로 많이 모여 거주하는 지역(도시)을 말하고, '락'은 30호 정도 단위의 촌락을 일컫는 것이다. 고조선(일부 제후국 포함)의 '읍'과 '락'은 도읍(都邑), 국읍(國邑), 별읍(別邑), 소읍(小邑), 촌락(村落)으로 구분되었다. 도읍은 아사달이며 단군이 이곳에서 통치하였다. 국읍은 직령지에서는 대읍(大邑)으로서 신지(臣智, 神誌)가 통치하고, 제후국에서는 제후국의 도읍지로서 제후가 통치했다. 별읍은 국읍 부근에 소도(蘇塗, 수두)라는 별도의 읍을 두고 천군(天君)이라는 신앙의례 담당자를 우두머리로 두어 천신에 대한 제사를 주관하게 했다. 소도는 죄인이 숨어들어도 붙잡지 못하는 일종의 치외법권 지역이었다. 소읍은 국읍 이외의 작은 읍으로서 중소규모의 집단거주지(소도시)였다. 소읍의 지위와 세력에 따라 우두머리를 검측(儉側 또는 險側), 그 다음은 번지(樊秖), 또 그 다음은 살해(殺奚)라고 호칭했다. 촌락은 읍에 행정적으로 부속된 마을로서 우두머리는 읍차(邑借, 촌장)라고 불렸다. 고조선의 직령지에서는 각 지방의 각층 '읍락'의 우두머리를 거수(渠帥)라고 통칭했다.[125]

여기서 고조선의 소도(蘇塗)문화와 관련하여 한 가지 지적할 것은, 고조선 시대와 삼국시대의 제천은 천지의 주재자를 받들어 보본(報本)하는 신앙의 표현이었다는 점에서 잡귀를 숭배하는 미신적인 통상의 살만교(薩滿敎, 샤머니즘)와는 다르다는 점이다. 다시 말해 하늘을 공경하고 조상을 받들며 백성을 지도하는 제사장인 무사(巫師)는 삼국시대 후기 이래 살만교의 일종으로 퇴화한 미신적 살만을 지칭하는 무격(巫覡)과는 분명히 구별해야 한다는 것이다.[126] 대제사장인 단군과 신라 2대 임금 남해차차웅(南解次次雄), 그리고 별읍의 천군(天君)은 하늘과 국조를 받들며 백성을 지도하는 차원 높은 무사(巫師)였고,[127] 고구려와 백제에도 국가 중대사를 판단하고 국조묘(國祖廟)에 제사하는 무인(巫人)들이 있었다.[128] 『규원사화』 「단군기」에서도 백성들이 단군조선의 유습(遺習)을 이어받지 않고 무당이나 박수를 숭상하는 폐단을 지적하였다.

또한 고조선에는 국가의 강제력을 수반하는 법이 있었다. 『한서(漢書)』「지리지(地理志)」는 고조선의 낙랑지역에 '범금8조(犯禁八條)'가 있었다며, 그 가운데 살인, 상해, 절도 등의 조항을 소개하고 있다: "고조선의 낙랑지역에 '범금팔조(犯禁八條)'가 있었다. 살인자는 사형에 처하고, 상해를 입힌 자는 곡물로 배상한다. 도둑질한 남자는 가노(家奴)로 삼고 여자는 노비*로 삼되, 속량(贖良)하고자 할 때에는 50만 전을 물어야 한다"[129] 이 내용은 생명, 신체, 재산에 관한 것이다. '부녀자는 정조(貞操)를 굳게 지켜 음란하지 않았다(婦人貞信不淫亂)'고 뒤에 나오는 것으로 보아, 정조에 관한 조항도 있었을 것으로 생각된다. 따라서 살인, 상해, 절도, 간음 등 네 가지 범죄를 엄하게 다스린 것으로 보인다. 고조선 사회에서는 비록 재물로 죄를 면하더라도 그런 범죄자와 상종하는 것을 수치로 여겨 그들과는 혼인도 하지 않았으며 문을 닫거나 잠그지 않고 살았다. 이러한 '범금8조'의 내용으로 보아 당시 노비 신분이 있었고 화폐도 사용되었음을 알 수 있다.

그러면 『환단고기』, 『단기고사』, 『규원사화』 등에 기록된 내용을 중심으로 고조선 역대 단군들의 주요 치적을 통하여 대내외적 발전상을 몇 가지 특징적 측면에서 고찰해 보기로 한다. 첫째, 단군조선의 통치체제는 홍익인간·재세이화의 이상을 함축한 '천부중일(天符中一: 天符+人中天地一)'을 국시(國是)로 삼아 의식(意識)과 제도, 정신과 물질의 일원성에 기초하였다. '천부중일'

---

* 고조선의 노비는 인구가 많지는 않았으며 자유와 권리가 전혀 없는 최하층 천민 신분이었다. 노비의 역할은 가사노동과 생산노동 및 잡역노동을 수행하는 것이었으며, 전시에는 원칙적으로 참전시키지 않았다. 고조선 인구의 절대다수를 차지한 것은 평민 신분이었다. 평민의 지위와 역할은 왕족과 귀족의 지배 아래에 있긴 했지만 '자유민'으로서 고조선 사회를 지탱하는 모든 생산활동과 국방을 담당했다.

을 '국시'로 삼은 것은 정치의 주체인 인간의 마음이 밝아지지 않고서는 밝은 정치가 이루어질 수 없고 따라서 홍익인간·재세이화의 이념 또한 실현될 수 없기 때문이다. 이는 마고성(麻姑城) 시대로부터 환국과 배달국 시대를 거쳐 전승되어 온 천·지·인 삼신일체의 사상이 국가통치 체계에 조직적이고도 체계적으로 반영되었음을 의미한다. 역대 단군께서 국중대회(國中大會)을 열어 천제(天祭, 祭天)의식을 주관한 것은 우주만물을 관통하는 하나인 참본성이 곧 하늘이며 신(神)임을 깨우치기 위한 것이었다. 소도(蘇塗)에서 행해진 단군조선의 천제의식, 즉 소도의식(蘇塗儀式)은 하늘을 공경하고 조상을 받드는 경천숭조(敬天崇祖)의 보본사상(報本思想)의 발로였다.

소도의식은 '일즉삼(一卽三)·삼즉일(三卽一)'[천·지·인 삼신일체]의 원리로 표상되는 우리 고유의 삼신사상[한'사상, 天符思想, 神敎]을 근간으로 만물의 근원인 하늘에 감사하고 조상의 은덕에 감사하는 것이다. 감사하는 마음이 깊어지면 우리 내면은 긍정과 사랑으로 가득 차게 된다. 그리하여 참본성이 열리게 되는 것이다. 따라서 천신(天神)에 제사 지내는 일은 귀신을 섬기는 일[130]과는 전혀 무관한 것이다. 성통광명(性通光明), 즉 하나인 참본성을 통하면[開] 마음이 환하게 밝아져 천·지·인 삼신일체를 깨닫게 되므로 사회적 공덕[功業]을 완수할 수 있게 되는 것이다. 천·지·인 삼신일체[성부·성자·성령 삼위일체, 법신·화신·보신 삼신불]를 깨닫게 된다는 것은 곧 생명의 전일성과 자기근원성을 체득하게 된다는 것이다. 물질적 외피가 아닌, 우주만물을 관통하는 하나인 참본성[神性, 一心]이 곧 하늘이며 신이라는 말이다. 한마디로 고조선 문화의 정수(精髓)는 소도문화, 즉 천부(天符)문화에 있다.

이러한 천제의식은 16세 위나(尉那) 단군께서 구환(九桓)의 여러 한(汗, 왕)들을 모아 삼신께 제사 지내고 닷새 동안 큰 연회를 베풀어 백성들과 함께 밤새워 경(經)을 봉송한 데서나, 33세 감물(甘勿) 단군께서 삼성사(三聖祠)를 세우고 친히 제사를 지내며 남긴 서고문(誓告文) 등에 잘 나타나 있다. 삼신일체 사상은 고조선 문명권에 널리 확산되었으며, 오늘날까지도 카자흐스탄 등지에서는 단군이 곧 텡그리(Tengri, 하늘)로 인식되고 있다. 의식과 제도의 일원성은 11세 도해(道奚) 단군께서 열두 명산의 가장 뛰어난 곳을 골라 국선소도(國仙蘇塗)*를 설치하여 제사 지내고 또 대시전(大始殿)을 세워 강론한 데서도 잘 나타나 있다. 현대물리학에서 말하는 생명의 전일적 흐름(holomovement)이란 것도 천·지·인 삼신일체를 두고 한 말이다. 신은 우리와 분리된 외재적 존재가 아니라 우리의 참본성[참자아]이다. 단군조선의 소도교(蘇塗敎, 수두교)와 소도(蘇塗)문화를 기복신앙과 같은 샤머니즘으로 이해해서는 단군조선의 정치를 바르게 이해할 수가 없다. 13세 단군 흘달(屹達) 편에는 소도(蘇塗)가 화랑들이 활동하는 근거지임을 알 수 있게 하는 기록이 있다.[131]

둘째, 단군조선의 통치체제는 의식[정신]과 제도[물질]의 양대 축을 중심으로 백성들과 함께 다스리는 공치(共治), 그리고 화백회의(和白會議)로 공론을 정하여 화합과 조화를 이루는 공화(共和)로써 어진 정치(仁政)를 추구하였다. 6세 달문(達門) 단군께서 여러 한(汗, 왕)들을 모아 삼신에 제사 지내고 함께 약속하며 말한 내용 중에 '하늘에 제사 지내는 의식은 사람을 근본으로 삼고, 나라를 다스리는 길은 식생활을 우선으로 한다. 농사는 만사의 근본이고 제사는 오교(五敎)**의 근원이다'라고 한 것은 통치행위가 정신과 물질의 양대 축

---

\* '국선소도'는 배달국 제5대 태우의(太虞儀) 환웅 때 체계화된 우리 고유의 신선도문화와 관련이 깊다. '국선소도'의 국선(國仙)은 화랑들의 수장을 일컫는 명칭이니 '국선소도'는 화랑들의 수장의 소도가 되는 것이고, 그렇게 되면 국선이 곧 천군(天君)이 되고 소도 의식의 주체는 화랑이 된다.

\*\* 五敎, 즉 다섯 가지 가르침은 桓國의 五訓을 말한다. 즉, 성실하고 미더워 거짓이 없는 것(誠信不僞), 공경하고 근면하여 게으름이 없는 것(敬勤不怠), 효도하고 순종하여 어김이 없는 것(孝順不違), 청렴하고 의로워 음란하지 않는 것(廉義不淫), 겸손하고 화목하여

에 기초해 있음을 말하는 것이다. 그리고 이어 '백성들과 함께 다스려(共治) 산업을 일으키되,···화백(和白)과 공화(共和)로써 하는 것이 어진 정치의 시작 이다'라고 하였다. 13세 흘달(屹達) 단군 때 지방자치제와 권력분립제 실시 및 행정기구의 전문화, 9세 아술(阿述) 단군 때 등장한 참정권과 민권(民權)의 개념, 10세 노을(魯乙) 단군 때 신원목(伸冤木)을 설치하여 백성들의 사정 청취, 그리고 고시(考試)제도 실시 등도 같은 맥락에서 이해될 수 있으며 민주정(民 主政)의 기본 원리를 엿볼 수 있게 한다.

단군조선의 대내적 치적으로 특기할 만한 것은, 한글의 전신인 정음(正音) 38자(加臨土) 창제, 『배달유기(倍達留記)』 편찬, 기존의 모든 법을 수정보완한 국법전서(國法全書) 편찬, 도량형(度量衡) 통일과 시장 가격의 통일, 태학관(太學 館)·법정학교(法政學校)·국립대학·군관학교(軍官學校) 등 각종 학교를 설립하 여 교육문화와 학문 진흥 도모, 국자랑(國子郎)·천지화랑(天指花郎) 등 화랑제 도 정립, 장정을 징집해 병사로 삼는 국민개병제(國民皆兵制) 실시, 정전법(井田 法)의 실시와 세제개혁 및 조세제도의 단행을 통한 민생 안정 도모, 갑자(甲 子)를 사용한 책력(冊曆) 제작, 혼천기(渾天機) 등 각종 천체기구 제작, 유황발사 총(硫黃發射銃) 등 각종 무기 제작, 태양(太陽)·태음(太陰)·소양(少陽)·소음(少陰)의 사상의학(四象醫學) 창시, 배(船)와 노(楫) 등 다양한 종류의 기물(器物) 생산 및 새로운 발명을 독려하는 풍토 조성 등이 있다.

셋째, 대외적으로 단군조선은 많은 제후국을 거느린 '연방제국'으로서 막 강한 군사력을 겸비한 동방의 군자국(君子國)으로서의 국제적 위상을 정립했 다. 대외적 치적으로 특기할 만한 것은 다음과 같다. 2세 단군 부루(扶婁)가 태자였을 당시 단군조선의 제후국인 도산국(塗山國)에서 개최된 국제회의에

---

다툼이 없는 것(謙和不鬪)이다.

서 우사공(虞司空: 虞舜이 파견한 司空, 즉 禹)에게 오행치수법(五行治水法)이 기록된 신서(神書)를 전하여 홍수를 다스리게 하였다.[132] 2세 부루(扶婁) 단군 때에는 우순(虞舜: 순 임금)이 유주(幽州)와 영주(營州)를 남국(藍國) 인근에 설치하자, 군사들을 보내 정벌하고 그곳에 동무(東武)와 도라(道羅) 등을 제후로 봉하였으며, 4세 오사구(烏斯丘) 단군 때에는 하(夏)나라 왕 상(相)이 덕을 잃었으므로 식달(息達)에게 명하여 군사를 이끌고 가서 정벌케 했다.

13세 흘달(屹達) 단군 때에는 은나라 사람들과 힘을 합쳐 하(夏)나라 걸(桀)을 침으로써 하(夏)·은(殷, 商) 교체기에 은(商) 왕조의 건국에 깊숙이 관여했다. 또한 우리 민족과 관련이 깊은 태백산이 있는 중국 섬서성(陝西省) 소재 빈(邠)·기(岐)의 땅에 관제(官制)를 설치하고 그곳에 일반 백성들이 농사짓고 길쌈하며 오래도록 그 풍속을 유지하며 살게 하였다. 22세 색불루(索弗婁) 단군께서는 친히 구환(九桓)의 군사들을 이끌고 전투를 거듭한 끝에 은나라 도읍을 점령하였으며, 황하 상류까지 추격하여 승전의 하례를 받고 번한(弁韓, 番韓)의 백성들을 회대(淮垈)의 땅으로 이주시켜 가축을 기르고 농사를 짓게 하니 국위(國威)가 크게 떨쳤다. 또한 여파달(黎巴達)로 하여금 군사를 나누어 진격하여 빈(邠)·기(岐)에 웅거(雄據)하도록 하면서 그곳의 유민과 결속하여 나라를 세워 '여(黎)'라 했다. 23세 아홀(阿忽) 단군 때에는 은나라 땅에 여섯 읍을 설치하게 하였으며 은나라의 성책(城栅)을 부수고 오지(奧地) 깊숙이 들어가 회대(淮垈)의 땅을 평정하여 제후들을 봉했다.

3세 가륵(嘉勒) 단군 편과 4세 오사구(烏斯丘) 단군 편 그리고 15세 대음(代音) 단군 편은 흉노족과 몽골족 그리고 선비족(鮮卑族)이 각각 단군조선에서 갈라져 나간 동이족의 일파임을 말해준다. 또한 3세 가륵(嘉勒) 단군 편에는 반란을 일으킨 두지주(豆只州)의 예읍(濊邑) 추장 소시모리(素尸毛犁)의 후손 중에 협야노(陝野奴 또는 섬야노)라는 자가 있었는데 바다로 도망하여 삼도(三島: 일본열도)에 웅거(雄據)하며 천왕을 참칭(僭稱)하였다고 하고, 36세 매륵(買勒) 단군 편에는 협야국(陜野國) 제후 배반명(裵幋命)을 보내 해상(海上)의 적을 토벌하여 삼도(三島)를 모두 평정하였다고 기록된 것으로 보아 일본열도는 이미 단군조선의 영향력 아래에 있었다. 또한 매륵(買勒) 단군께서는 군사를 보내 수유(須臾)의 군사와 함께 연(燕)나라를 정벌하였다.

이상과 같이 단군조선의 대내외적 발전상을 몇 가지 특징적 측면에서 살펴보았다. 단군조선의 통치체제는 홍익인간·재세이화의 이상을 함축한 '천부중일(天符中一)'을 국시(國是)로 삼아 의식과 제도, 정신과 물질의 일원성에 기초하여 막강한 군사력을 겸비한 동방의 군자국(君子國)으로서의 국제적 위상을 떨쳤다. 또한 백성들과 함께 다스리는 공치(共治), 그리고 화백회의(和白會議)로 공론을 정하여 화합과 조화를 이루는 공화(共和)로써 어진 정치(仁政)를 추구하였다. 이러한 단군조선의 정치 코드는 천·지·인 삼신일체[일즉삼·삼즉일]의 천부 코드가 발현된 것이다. 실로 천부 코드는 단순히 종교적 교의나 철학적 사변 또는 이론적 그 무엇이 아니라 홍익인간·광명이세의 세상을 구현하기 위한 바탕이 되는 것이었다.

우리 한민족의 역사는 안파견 환인으로부터 지위리 환인(檀仁)에 이르기까지 환인 7대(BCE 7199~BCE 3898)가 3,301년간 다스린 환국시대, 거발환 환웅에서 거불단 환웅[檀雄]에 이르기까지 환웅 18대(BCE 3898~BCE 2333)가 1,565년간 다스린 배달국 신시시대, 단군왕검에서 고열가(古列加) 단군에 이르기까지 단군 47대(BCE 2333~BCE 238)가 2096년간 다스린 단군조선으로 이어진 장구한 역사다. BCE 239년 고리국(藁離國)*의 해모수(解慕漱)가 웅심산(熊心山)을 내려와

---

* 단군조선의 정통을 계승한 해모수는 고리국 출신이다. 몽골과학원 교수 베 슈미야바타르에 따르면 부여국의 모체인 고리국의 위치는 바이칼호수 동쪽의 몽골 내륙이며,

군대를 일으켜 옛 도읍 백악산 아사달을 점령하여 천왕랑(天王郞)이라 칭하고, BCE 232년 옛 도읍의 오가(五加)들을 회유하여 6년간의 공화정(共和政) 시대를 마감하고 백성들의 추대로 북부여의 시조 단군으로 즉위했다. 이로써 단군조선은 막을 내리고 단군조선을 계승한 북부여가 대통을 이어가다가 BCE 108년 한나라(西漢, 前漢)에 의해 왕검성이 함락되면서 고조선 '연방제국'은 붕괴하게 되고 고조선의 제후국이 독립국으로 변모함에 따라 열국시대(列國時代)로 들어가게 된다. 고조선 시대의 사상과 문화와 법속(法俗)은 열국시대에도 그대로 이어졌다.

고조선의 쇠망과 함께 고조선 본국의 통치 능력이 상실됨에 따라 요하 서쪽(遼西)에 있던 제후국인 부여·고구려·옥저·예(濊)·낙랑 등은 요하 동쪽(遼東)과 한반도에 걸친 지역으로 이동하여 각기 독립국이 되어 새로운 정치세력으로 성장하였다. 이들 대부분은 요서(遼西) 지역에서 사용하던 제후국의 국명을 요동(遼東)이나 한반도에서도 그대로 독립국의 국명으로 사용하였다. 단군조선을 계승한 북부여 왕은 단군이라는 칭호를 그대로 사용하였으며 6대 181년간(BCE 239~BCE 58) 이어졌다. 이후 동부여(東夫餘, 迦葉原夫餘), 갈사부여(曷思夫餘), 연나부부여(椽那部夫餘) 등 그 명칭은 다양하지만, 신시시대로부터 이어진 경천숭조의 보본사상과 고조선 고유의 현묘지도(玄妙之道)를 기반으로 한 조의국선(皂衣國仙)의 국풍은 모두 그대로 이어졌다. 부여의 구서(九誓) 제2서에 나타난 우애와 화목과 어짊과 용서함(友睦仁恕)은 『참전계경』

---

몽골족의 일파인 부리야트(Buriat)족은 지금도 스스로를 '코리'라고 부른다고 증언했다(〈한국일보〉 1980년 1월 25일자 기사). 부리야트족은 한국인과 DNA가 거의 같은 것으로 알려져 있다.

제345사, '단군8조' 제2조의 가르침과도 일치하는 것으로 '혈구지도(絜矩之道)'로 압축될 수 있다. 혈구지도란 남을 나와 같이 헤아리는 추기탁인(推己度人)의 도, 즉 내 마음으로 미루어 남의 마음을 헤아리는 것으로 재세이화·홍익인간을 구현하는 방법을 제시한 것이다.

「북부여기」 상편에 기록된 열국시대의 후삼한(後三韓)은 그 본류가 대륙에 있었던 것으로 추정된다. 2세 단군 모수리(慕漱離) 재위 원년 정미년(BCE 194) 기록에는 후삼한과 관련된 중요한 내용이 나온다. 단군조선의 삼한관경(三韓管境)에서는 중앙본국인 진한이 중심이 되었다면, 열국시대의 후삼한은 마한이 중심이 된 것으로 기록되어 있다. 「북부여기」 상편에는 번조선의 상장(上將) 탁(卓)이 오가(五加)와 백성을 이끌고 월지(月支)로 대거 이동하여 중마한(中馬韓: 후삼한의 중심이 마한이란 뜻)을 세웠으며 오가(五加)들에게도 땅 백 리씩을 봉하여 진한·변한(번한)이라 했다고 기록되어 있다.[133] 『후한서(後漢書)』 권85 「동이열전(東夷列傳)」 제75 한전(韓傳)에도 마한이 중심이 되는 가장 큰 나라로 기록되어 있다.[134] 『사기(史記)』 권110 「흉노열전(匈奴列傳)」 제50에는 "당시는 동호(東胡, 東夷)가 강하고 월지(月支, 月氏)도 세력이 왕성하였다"[135]고 기록되어 있으며, '중마한'을 세운 월지(또는 月氏)는 지금의 감숙성(甘肅省) 서부와 청해성(青海省) 경계 지역에 살았던 부족 이름이라고 역주에 나와 있다.

단군조선의 적통이 북부여로 이어졌듯이, 북부여 단군의 후손들이 모두 고구려, 백제, 신라의 시조가 됨으로써 단군의 맥은 계속해서 이어졌다. 북부여 시조 단군 해모수의 5세손이 고구려의 시조 고주몽(高朱蒙)*이며, 후(後)

---

* 북부여의 시조 단군 해모수의 둘째 아들이 고구려후(高句麗侯) 고진(高辰)이고 고진의 손자인 옥저후(沃沮侯) 고모수(高慕漱, 본명은 弗離支)가 고주몽의 아버지이니, 고주몽은 해모수의 5세손이다. 고주몽이 BCE 58년에 북부여의 대통을 이어 즉위하고 사용한 다물(多勿)이라는 연호는 '옛 땅을 회복한다'는 의미로 쓰이던 고구려 때의 말로서 이는

북부여 5세 단군 고두막(高豆莫)의 딸이 신라 시조 박혁거세(朴赫居世)의 어머니인 파소(婆蘇)이고, 고두막의 뒤를 이은 북부여의 마지막 6세 단군 고무서(高無胥)의 둘째 딸 소서노(召西奴)와 고주몽 사이에서 낳은 아들 온조(溫祚)가 백제의 시조이다. 이러한 국통의 계승과 함께 환단(桓檀)시대로부터 이어진 홍익인간의 이념과 소도(蘇塗) 고속(古俗), 경천숭조의 보본사상과 현묘지도(玄妙之道)를 기반으로 한 조의국선(皂衣國仙)의 국풍이 부여의 구서(九誓)와 삼한의 오계(孝·忠·信·勇·仁)와 고구려의 조의국선의 정신 및 다물(多勿, 恢復) 이념과 백제와 가야의 소도의식(蘇塗儀式)과 신라 화랑도의 세속오계(世俗五戒)로 이어졌음은 단군의 사상적 연맥이 끊이지 않았음을 말하여 준다.

문헌학적·고고학적·천문학적 및 각종 사료상의 검증 결과를 종합해 볼 때 고구려·백제·신라·가야는 반도에도 존재했지만 주 강역은 대륙이었다. 「태백일사」 고구려국본기에는 중국 절강성(浙江省)을 본거지로 했던 "오(吳)나라와 월(越)나라가 본래 구려(九黎, 九夷, 東夷)의 옛 도읍(吳越 本九黎舊邑)"[136]이었다고 기록되어 있다. 『삼국사기』「열전」 최치원(崔致遠)전 '상대사시중장(上大師侍中狀)'에는 "고구려와 백제가 전성기에 강병(强兵) 100만을 보유하고 남으로는 오(吳)·월(越)을 침공하고, 북으로는 유연(幽燕: 幽州와 燕나라, 지금의 河北省 일대)과 제(齊)나라·노(魯)나라의 지역을 흔들어서 중국에 큰 해(害, 蠹)가 되었다"고 기록되어 있다.[137] 이는 고구려와 백제가 전성기에는 하북성에서 양자강 이남에 이르는 광대한 지역을 차지하고 있었음을 말해주는 것이다. 『규원사화』「만설(漫說)」에도 고구려가 왕성할 때에는 강병(强兵) 백만이 남으로 오(吳)·월(越)을 쳤고, 북으로 유연(幽燕)과 제(齊)·노(魯)를 도륙하여 중국에

---

곧 단군조선의 영광을 되찾는다는 의미이다. 이러한 '회복(恢復)'을 뜻하는 고구려의 정치이념을 '다물 이념'이라고 한다.

커다란 위협이 되었으며, 백제 또한 요서(遼西)와 진평(晉平)을 공략하고 절강성 월주(越州)를 점령했다고 기록되어 있다.

서울대 교수 박창범은 천문기록을 이용하여 고대 기록의 사실성 여부를 밝히고 그 기록의 시점을 산출해냄으로써 사서의 신빙성을 판별해낼 수 있다고 보았다. 그에 의하면『삼국사기』일식 기록의 특징은 삼국의 각 나라가 기록한 일식들의 경우 일식들을 볼 수 있는 지역이 늘 같은 곳이라는 점이다. 이는 삼국의 관측자가 고정된 한 곳에서 꾸준히 관측한 실측 자료임을 말해주는 것이다. 결론적으로 그는『삼국사기』「백제본기」에 수록된 일식 모두를 가장 잘 관측할 수 있는 위치는 발해만 유역이라고 밝혔다. 그리고 CE 2~3세기에 주로 나오는 고구려의 최적 일식 관측지는 만주와 몽고에 이르는, 백제보다 북위도의 지역이었으며, 신라의 최적 일식 관측지는 CE 201년 이전(상대 신라)에는 양자강 유역이었고, CE 787년 이후(하대 신라)에는 한반도 남부였다고 밝혔다.[138] 이러한 최적 일식 관측지로 미루어 볼 때 고구려, 백제, 신라는 모두 대륙이 주 강역이었음을 알 수 있다. 만일 신라, 백제, 고구려가 반도에서 대륙으로 일시적으로 진출한 것이었다면, 시대를 달리하는 중국 25사(史)의 그토록 많은 곳에서 이들 나라와 그 뿌리가 본래 대륙에 있었음을 알 수 있게 하는 내용을 기록하지 않았을 것이다.

그런데 신라의 경우 상대와 하대의 일식 관측지가 뚜렷하게 이분화되어 나타난 반면, 백제의 경우 최적 일식 관측지가 발해만 유역 한 곳으로 나타나 있다. 이러한 일식 기록에 대한 과학적 검증 결과는 두 개의 신라 즉 서신라(西新羅, 대륙신라)와 동신라(東新羅, 반도신라)가 공존했고, 백제 또한 두 개의 백제 즉 서백제(西百濟, 대륙백제)와 동백제(東百濟, 반도백제)가 존재했지만 공주(公州)의 반도백제는 대륙백제의 총독부였다는 관점[139]과 상통하는 측면이 있다. 다시 말해 대륙백제가 본조(本朝)였고 반도백제는 일종의 총독부격인 동조(東朝)였다면, 본조인 대륙백제 한 곳에서 일식 관측이 이루어졌을 수 있는 것이다.

신라와 가야 그리고 왜(倭)는 모두 양자강 유역의 변한지역을 중심으로 발원하여 가까운 반경 내에 있었으며, 백제 또한 이들 나라와 인접해 있었다. 당나라의 정사(正史)인 『구당서(舊唐書)』 권199 상(上) 「동이열전」 신라전에서는 신라국이 변한(弁韓) 묘족(苗族, 三苗)의 후예이며 서(西)로는 백제와 접하였음을 분명히 밝히고 있다.[140] 묘족은 구려(九黎, 句麗, 九夷)의 후예이며 그 뿌리가 우리와 같은 동이족이다. 『사기(史記)』「오제본기(五帝本紀)」에 "려(黎)는 동이(東夷)의 국명(國名)이고, 구려의 군호(君號)는 치우(蚩尤)이며, 치우는 옛 천자(天子)이고, 삼묘(三苗)는 강회(江淮: 長江(양자강)과 淮水 사이 평원지역)와 형주(荊州: 지금의 湖北省 江陵縣 일대)에 있었다"[141]고 나온다. 신라국은 본래 양자강 북쪽에 있었던 변한의 뒤를 이은 나라이며, 양자강과 회수(淮水) 사이 평원지역 및 형주(荊州)에 있었던 묘족의 후예이므로 그 발원지는 대륙일 수밖에 없다.

백제가 고대 동아시아의 국제무대를 누빈 대제국이었다는 사실은 백제가 다스리던 주요 성읍에 중국의 군현(郡縣)과 같은 정치적 기능을 갖는 22담로(擔魯)라는 독특한 지방통치체제를 설치하고 왕족을 파견하여 다스리게 한데서 찾아볼 수 있다.[142] 담로는 지방 행정구역이자 지방지배의 거점이며 통치영역을 의미한다. 신라·가야·왜·백제가 인접해 있었다는 사실은 『삼국사기』「신라본기」 기사 내용을 통해서도 알 수 있다.[143] 중국 역대 왕조의 정사(正史)로 인정되는 25사(史)와 「태백일사」 고구려국본기에서 적시하고 있듯이 왜(倭) 또한 대륙의 양자강 이남에서 일어나 백제·신라·가야 등과 교류하며 정치적 성장을 해 나갔던 것으로 보인다. 백제·신라·왜의 주 강역은 대륙에 있었고, 또 반도와 열도에도 백제·신라·왜가 있었다. 『삼국사기』의 기사 내용으로나 고고학적 자료 등으로 볼 때 가야국은 이들 나라와 함께 대륙에 있었고, 또 반도에도 있었던 것으로 보인다. 변한지역과 왜(倭)의 위치에 관한 중국 25사의 정사(正史) 기록이 분명히 존재하는 만큼, 가야인들이 진출한 일본 큐슈(九州) 지역에 비교적 풍부하게 남아 있는 고고학적 자료를 바탕으로 가야사와 그 문화에 대한 복원작업이 이루어져야 한다.

고구려의 건국이념이자 국가경영의 철학은 이도여치(以道輿治), 즉 도로써 세상을 다스리는 것이었다. 이는 추모왕(鄒牟王)의 유훈(遺訓)으로 세자 유류왕(儒留王, 琉璃王, 琉璃明王)에게 전해진 것이다. 고구려 제19대 광개토대왕(연호는 永樂)의 훈적(勳績)을 기념하기 위해 아들인 장수왕이 414년에 세운 동북아 최대의 훈적비(勳跡碑)인 광개토대왕릉비에는 "…(추모왕께서) 하늘에 오르실 때(세상을 떠나실 때) 세자 유류왕을 돌아보시고 이르시길 '도로써 다스리라(以道輿治)' 하셨다"라고 새겨져 있다. 이러한 '이도여치' 이념은 천·지·인 삼신 일체를 바탕으로 널리 인간을 이롭게 하는 홍익인간 이념과도 일맥상통하는 것이다. 광개토대왕릉비의 위치에 대해, 「태백일사」 제6 고구려국본기에는 "동압록(東鴨綠)의 황성(皇城)에 광개토경대훈적비가 있다(東鴨綠之皇城 廣開土境大勳蹟碑)"[144]고 기록되어 있다. 고대의 압록강은 중국 요녕성에 있는 요하(遼河)*이며, 그 동쪽 지류를 동압록이라 하였고 그 서쪽 지류를 서압록이라 하였다.

중국의 『신당서(新唐書)』 권220 「동이전」에도 "압록수(鴨綠水)가 국내성(國內城)의 서쪽을 지나간다(鴨綠水 歷國內城西)"[145]라고 기록되어 있다. 압록강의 동쪽에 황성(국내성)이 있다고 한 「태백일사」의 기록과, 국내성의 서쪽에 압록강이 있다고 한 『신당서』의 기록은 정확하게 일치한다. 그런데 지금의 한국

---

* 『삼국유사』의 기록에도 '요수(遼水, 遼河)를 일명 압록(鴨綠)이라 한다'고 하여 요하의 옛 명칭이 압록이었음을 밝히고 있다.

주류 사학계의 관점은 고구려의 국내성을 지금의 압록강 북쪽인 통구(通溝, 퉁거우)라고 비정하고 있어 문헌상의 기록과 부합하지 않는다. 고구려의 수도인 국내성이 요하의 동쪽(동압록)이라고 했으니, 요하의 위치에 따라 국내성의 위치도 달라지고 따라서 고구려의 강역도 달라진다. 한·중 국경 표지석(標識石)이라 할 수 있는 광개토대왕릉비가 동압록(요하 동쪽)의 국내성에 있다고 했으니, 그 위치는 지금의 요녕성 어느 지점일 것이다. 열린 시각을 가지고 고(古)문헌에서 적시한 대로 정확한 위치를 밝혀내야 할 것이다.

7세기 후반부터 10세기 전반의 시기는 통일신라(676~935)와 발해(渤海(大震國, 大眞國), 698~926)가 병립한 남북국시대(南北國時代)가 열리게 된다. 백제는 멸망 후 그 지배집단이 일본열도로 건너가 '일본'이라는 국호로 부활했다. 그 이전부터 해양제국 백제가 '담로(擔魯)'를 설치하고 왕족을 파견하여 그 지역을 직할 통치한 것이 바탕이 된 것이다. 고구려는 멸망 후 발해국(渤海國, 698~926)으로 부활했다. 668년 9월 고구려의 평양성이 함락되면서 고구려는 멸망하였고, 평양성에는 안동도호부(安東都護府)가 설치되었다. 안동도호부가 설치된 곳은 반도의 평양이 아니라 대륙 요서(遼西) 지역의 평양이었다. 고구려가 패망한 후 대조영(大祚榮) 집단은 당(唐)이 동북쪽 이민족을 통제하던 거점 도시이자 고구려에 근접한 영주(營州: 지금의 遼寧省 朝陽) 지역에 정착했다. 698년에 고구려 유민과 말갈족*을 통합하여 영주로부터 2천 리 떨어진 지금의 길림성 돈화시(敦化市) 부근의 동모산(東牟山)에 나라를 세워 국호를 진(震)이라 하고 연호를 천통(天統)이라 하였다가 후에 고구려의 옛 영토를 회복하여

---

\* 발해 건국에 공헌한 말갈의 족보에 대해 『揆園史話』, 「檀君記」에서는 "말갈은 옛날 숙신(肅愼)의 후예로서 또한 단제(檀帝)의 유족이다(靺鞨者古肅愼之後 而亦檀帝遺族也)"라고 기록하여 말갈이 우리와 동족임을 밝혔다.

713년에 국호를 발해(渤海)로 고쳤다.

고구려를 계승한 발해의 찬란한 문화·문명은 고조선으로부터 이어받은 천부 코드가 바탕이 되었다. 발해국 시조 대조영의 「어제삼일신고 찬(御製 三一神誥贊)」,[146] 어제(御弟) 대야발(大野勃)의 「삼일신고 서(序)」,[147] 고구려 개국공신 마의극재사(麻衣克再思)의 「삼일신고 독법(讀法)」,[148] 발해국 3대 문왕(文王, 연호는 大興)의 「삼일신고 봉장기(三一神誥奉藏記)」가 이를 말하여 준다. 「삼일신고 봉장기」에서는 "삼일신고는…고구려에서 번역하여 전한 것이요, 우리 할아버지 고왕(高王)께서 읽으시고 예찬한 것이다"[149]라고 기록하였다. 『규원사화』 「단군기」에도 '발해 때에는 보본단(報本壇: 근본에 보답하는 단)이 있었다(渤海時 報本壇)'[150]고 기록되어 있다. 이는 하늘과 조상을 받드는 고조선 이래의 보본사상이 발해 때에도 이어져 왔음을 알 수 있게 한다.

이어서 「단군기」에서는 고려 때에는 성제사(聖帝祠)가 있었고, 요나라에는 목엽산(木葉山) 삼신묘(三神廟)가 있었고, 금나라에는 개천홍성제묘(開天弘聖帝廟)가 있었다고 했다. 이는 고려·요(遼)·금(金)이 모두 하늘과 조상을 받드는 보본사상을 근간으로 하였음을 말해준다. 또한 「단군기」에서는 이명(李茗, 호는 淸平)의 『진역유기(震域遺記)』를 인용하여, "고왕(高王: 발해국 시조 대조영)의 꿈에 신인이 금부(金符)*를 주며 말하기를 '천명이 네게 있으니 우리 진역(震域)을 다스리라'고 하였으므로 나라 이름을 진(震)이라 했고 연호를 천통(天統)이라 하였으며 항상 하늘을 공경하여 제사 지냈다"[151]고 기록되어 있다. 따라서 발해는 고조선으로부터 부여, 고구려로 이어진 국통과 사상적 맥을 정통으로 계승한 나라였다. 광대한 영토와 높은 문화적 수준을 지니고서 독자적인 연

---

* 金符는 金尺과 같이 천부경을 새겨서 天權을 표시한 일종의 天符印으로, 제왕의 권위를 상징하는 信標인 것으로 생각된다.

호를 사용하며[152] '해동성국(海東盛國)'으로 일컬어지던 강성대국 발해는 통일 신라와 남북국시대를 이루며 그 위세를 떨치다가 15대 229년만에 거란(契丹) 의 야율아보기(耶律阿保機)에 의해 멸망했다.

한편 백제와 고구려가 망한 후 문무왕 12년(672)에 신라는 신라마저 지배 하려는 당나라 군대를 백제 땅에서 축출하기 위해 석문(石門)과 접해 있는 대 방(帶方)의 들에 군영을 설치하고 사활을 건 최후의 결전을 벌였다. 『삼국사 기』권 제41 「열전(列傳)」 제1 김유신(金庾信) 상(上)에는 "처음 법민왕(法敏王=文武 王)이 고구려의 반란 무리를 받아들이고 또 백제의 옛 땅을 점령하여 차지하 니, 당 고종이 크게 노하여 군사를 보내어 토벌케 하였다. 당군은 말갈과 함 께 석문(石門)의 들에 진영을 설치하였고, (문무)왕은 장군 의복(義福)과 춘장(春 長) 등을 보내어 대방(帶方)의 들에 군영을 설치하였다"[153]고 기록되어 있다. 신라와 당나라의 최후의 결전이 백제의 옛 땅인 대방과 이에 접해 있는 석 문에 각각 진영을 설치하고 벌어진 것이다. 대방은 지금의 하북성 석문에 접해 있는 곳으로 초기 백제의 도읍지였으며, 석문은 현 하북성 성도(省都)인 석가장(石家庄)이다. 신라가 당나라 군대를 몰아내는 최후의 결전은 반도에 서가 아니라 대륙 백제의 땅에서 벌어진 것이었다.

통일신라는 935년에 나라를 들어 고려에 바쳤고 936년에 고려가 후삼국 을 통일함으로써 신라는 멸망했지만, 그로써 끝나지 않았다. 신라 멸망 후 신라 부흥 운동이 실패하자 신라 유민들은 북만주로 다수 이주하였으며, 그 곳에서 발해의 재건을 꿈꾸는 유민들과 결합하여 금(金)나라를 세웠고, 금 (金)이 멸망한 후에는 후금(後金: 1618년 건국, 1636년 국호를 淸으로 변경)인 청(淸)이라 는 국호로 부활했다. 중국 역대 왕조의 정사(正史)로 인정되는 25사(史)를 바 탕으로 청나라 건륭제(乾隆帝)의 칙명을 받아 편찬한 『흠정만주원류고(欽定滿 洲源流考)』(1778, 건륭 43) 권수(卷首) 유지(諭旨: 황제가 내린 글)에는 '신라의 수도 계림

(鷄林, jilin)이 지금의 중국 길림(吉林, jilin)'이라 하였고, "신라와 백제 등의 나라도 모두 그 부근의 지역에 있었다"[154]고 기록되어 있다. 신라가 대륙에 설치한 9주(九州: 통일신라 시대의 지방 행정구역)의 강역이 광대했다는 것은 『흠정만주원류고』에 나온다.

『흠정만주원류고』권9 신라 9주(新羅九州)에는 신라의 강역이 "동남쪽은 지금 조선의 경상과 강원 2도를 차지하고, 북서쪽은 곧바로 지금의 길림오랍(吉林烏拉: 길림시)에 이르고, 또 서쪽은 개원(開原: 요동 지역)과 철령(鐵嶺: 요동 지역)에 가까웠다"[155]고 기록되어 있다. 또한 『당회요(唐會要)』를 인용하여 "신라의 강역은 옛 백제 땅과 고구려 남쪽 경계를 포함한 것으로, 동서 약 9백여 리 남북 약 1천 8백 리이다. 강역 안에 상(尙)·양(良)·강(康)·웅(熊)·금(金)·무(武)·한(漢)·삭(朔)·명(溟) 등 9주를 두었다"[156]고 기록되어 있다. 통일신라 시기의 신라 강역이 통상 대동강에서 원산만에 이르는 이남의 영토로 알고 있지만, 그것은 『흠정만주원류고』의 기록과 전혀 다른 것이다. 금나라의 시조가 신라인이라는 사실에 대해서는 송나라 홍호(洪皓)의 『송막기문(松漠紀聞)』(1156), 중국 25사(史)의 하나로 금나라 정사(正史)인 『금사(金史)』, 『흠정만주원류고』에 그 근거가 명확하게 나와 있다. 『흠정만주원류고』에는 청나라 황실의 성이 신라 성씨이므로 청나라의 조상이 금나라의 원류와 같은 신라인이라고 기록되어 있다.

이상에서 환단(桓檀)시대의 천부 코드와 그 연맥에 대해 고찰하였다. 현대 물리학의 전일적 실재관(holistic vision of reality)의 원형이 천·지·인 삼신일체의 천도(天道)를 바탕으로 한 마고(麻姑) 코드이고, 그 사상적 맥이 이어져 환단시대에 이르러 핀 꽃이 천부(天符)사상이며 천부 코드다. '일즉삼(一卽三)·삼즉일(三卽一)'[천·지·인 삼신일체]의 원리로 표상되는 천부 코드는 홍익인간·재세이화의 이념과 소도(蘇塗)문화와 경천숭조(敬天崇祖)의 보본사상(報本思想)과 현묘지도(玄妙之道)를 기반으로 한 조의국선(皂衣國仙)의 국풍으로 발현되어 찬란한 상고(上古) 문화·문명을 꽃피우며 동아시아의 새벽을 열었다. 이러한 국풍이 국통의 계승과 함께 부여의 구서(九誓: 孝·友愛·師友以信·忠誠·恭謙·明知·勇敢·淸廉·義)와 삼한의 오계(五戒: 孝·忠·信·勇·仁)와 고구려의 조의국선의 정신 및 다물(多勿, 恢復) 이념과 백제와 가야의 소도의식(蘇塗儀式)과 신라 화랑도의 세속오계(世俗五戒)로 이어져 그 사상적 연맥이 끊이지 않았다.

천부 코드는 인간 존재의 '세 중심축'—종교와 과학과 인문, 즉 신과 세계와 영혼의 세 영역(天地人 三才)—의 연관성에 대한 자각에 기초해 있으므로 본질적으로 에코토피아(ecotopia, 생태적 이상향)적 지향성을 띤다. 그런 까닭에 천·지·인 삼재의 연관성 상실을 초래한 근대 서구의 정치적 자유주의를 치유할 수 있는 묘약을 함유하고 있다. 생각은 정보이며 이 정보에 물질의 옷을 입힌 것이 세상이니, 생각 자체가 바뀌지 않으면 아무리 근사한 제도를 만들어도 효율적으로 작동하기 어렵다. 『부도지』 제12장에서도 '사해의 여러 종족이 천부(天符)의 이치를 익히지 아니하고 미혹에 빠져 세상이 고통스러워졌음'[157]을 개탄하고 있다. 우리 고유의 천부 코드가 발현된 소도(蘇塗)문화를 잡귀를 숭배하는 미신적인 샤머니즘과 동일시하는 것은 켄 윌버가 경계한 전(前)개인적이고 전(前)이성적인 영성과 초(超)개인적인 비이원적 영성(靈性)을 혼동한 '전(前)/초(超) 오류'[158]에 빠진 것이다.

13세 단군 흘달(屹達) 편에는 소도(蘇塗)가 화랑(花郎)들이 활동하는 근거지임을 알 수 있게 하는 기록이 있으며,[159]* 11세 단군 도해(道奚) 편에는 열두

---

* 11세 도해 단군 때에 국자랑(國子郎, 화랑)의 사부(師傅)이자 태자태부(太子太傅)였던 유위자(有爲子)는 자부선인(紫府仙人)의 가르침을 받아 천문지리(天文地理)와 인도(人道)에

명산의 가장 뛰어난 곳을 골라 국선소도(國仙蘇塗)를 설치하여 제사를 지냈다는 기록이 있다.[160] '국선소도'의 국선(國仙)은 화랑들의 수장을 일컫는 명칭이니 국선이 곧 천군(天君)이 되고 소도의식의 주체는 화랑이 된다. 이처럼 소도(蘇塗)의 역사는 화랑의 역사와 궤를 같이 한다. "신라 화랑은 제의(祭儀)를 관장하던 집단에서 유래한 원화(源花)를 그 선행 형태로 하고 있다"[161]고 볼 수 있다. '국선소도'는 배달국 제5대 태우의(太虞儀) 환웅 때 체계화된 우리 고유의 신선도문화[仙敎文化]와 관련이 깊다. 예로부터 우리나라가 '신선의 나라'로 불렸지만, 천·지·인 삼신일체에 대한 이해가 없이는 신선도문화를 제대로 파악하기 어렵다. 천부 코드의 본질을 이해하면 영성[의식]과 과학의 상호피드백을 통해 현대물리학의 정수(精髓)를 이해할 수 있다. 실로 천부 코드는 과학과 의식의 접합에 기초한 새로운 계몽의 시대를 여는 단초를 제공할 것이다.

## 화쟁사상과 일승사상에 나타난 한국학 코드

7세기 진리가 당략(黨略)으로 전락하던 시대에 분열의 죄악성과 융화의 당위성을 설파함으로써 삼국통일의 정신적 초석을 다졌던 원효(元曉, 속성은 薛, 속명은 誓幢, 617~686) 대사와 의상(義湘, 속성은 金, 속명은 日芝, 625~702) 대사—이들의 화쟁사상(和諍思想)과 일승사상(一乘思想 또는 華嚴一乘思想)에는 고금을 통하고 역사를 초월하며 민족과 종교의 벽을 뛰어넘는 보편성이 있다. 이들의 사상은 신라에만 국한된 것이 아니라 중국과 일본 그리고 멀리 천축에까지, 동아시

통달한 대학자로서 화랑들의 교육과 국정에 크게 기여했다.

아 전체에 통하는 보편사상이었다. 종교적으로도 비록 그 주제와 용어가 불교적이긴 하지만, 일체의 타의(他義)가 모두 불의(佛義)인 것으로 본 것이나, 인간 존재의 근원적인 평등과 조화의 문제를 다룬 것이라는 점에서 능히 불교의 테두리를 넘어선 것이다. 말하자면 삼한일통(三韓一統)이라는 시대적·지역적 특수성과 시공을 초월한 홍익인간의 보편성이 조화를 이루는 중도융합의 차원을 설파한 것으로, 통섭적 세계관을 바탕으로 한 한국학 고유의 코드가 발현된 것이다.

선덕여왕 이후 제28대 진덕여왕(眞德女王, 재위 647~654), 제29대 태종무열왕(太宗武烈王, 재위 654~661), 제30대 문무왕(文武王, 재위 661~681) 삼대에 걸친 삼국통일기에 원효와 의상은 삼한일통의 통불교사상(通佛敎思想)을 대표하는 양대 산맥이다. 이들이 체계화한 통합적인 불교사상은 국가불교 차원을 넘어 삼국통일에 부응하는 정치적 통합을 이루고, 당시 대승불교(大乘佛敎)의 양대 사상으로 불교의 최대 논쟁을 이루었던 중관사상(中觀思想)*과 유식사상(唯識思想)을 회통(會通)하는 불교사상의 통합을 이루는 것이었다는 점에서 중대한 의미가 있다. 또한 당시 신라불교는 왕과 귀족들의 종교로서 국가 이데올로기적 성격이 강한데다가 승려들은 입산하여 참선을 하였으므로 일반 백성들이 불교를 접하거나 교리를 이해하기는 어려웠다. 원효는 일심법(一心法)으로 귀천빈부에 구애받음이 없이 누구나 불교의 진리를 깨달을 수 있음

---

* 중관사상은 '연기(緣起)의 다른 이름이 곧 공(空)'이라고 주장한 용수(龍樹, Nāgārjuna)에 의해 창시되었으며 용수의 『中論』을 소의논전(所依論典)으로 삼아 공(空) 사상을 강조한 중관파(中觀派 또는 中觀學派)의 사상이다. 중관파는 유식(唯識)을 설하는 유가행파(瑜伽行派 또는 唯識派)와 함께 인도 대승불교의 양대 산맥을 이루었다. 유식사상은 우주의 궁극적 실체를 오직 식(識, 마음)뿐이라고 본다. 유식사상은 미륵(彌勒, Maitreya)에 의해서 최초로 천명되었으며, 그 제자인 무착(無着, Asanga)과 무착의 동생인 세친(世親, Vasubandhu)에 이르러 조직화·체계화되었다.

을 설파하였고, 의상 또한 일승법으로 일체 중생을 부처의 길로 안내할 수 있다고 믿었다. 원효와 의상의 통불교사상은 신라불교가 귀족불교, 국가불교에서 일반 대중불교로 전환하게 하는 데 결정적인 역할을 한 것으로 높이 평가된다.

원효는 도반인 의상과 함께 구도적 일념으로 두 차례에 걸쳐 입당(入唐)을 시도했으나 진덕여왕 4년(650) 육로를 통한 첫 번째 시도는 요동에서 고구려 순라(巡邏)에게 정탐자로 오인 받아 수십 일간 억류되는 바람에 실패했다. 문무왕 1년(661) 해로를 통한 두 번째 시도에서 원효는 삼계가 오직 마음뿐이라는 '삼계유심(三界唯心)'의 이치를 도중에 깨달아 신라로 되돌아왔다. 이후 원효는 태종무열왕의 과공주(寡公主) 요석(瑤石)과의 사이에 아들 설총(薛聰)을 두기도 했다. 의상은 입당하여 중국 화엄종 제2조 지엄(智儼)의 문하에서 화엄학을 배워 670년(문무왕 10) 귀국하여 해동(海東) 화엄종의 초조(初祖)가 되었다.

1101년(고려 숙종 6년) 원효에게는 대성화쟁국사(大聖和諍國師)라는 시호가 내려졌고, 의상에게는 대성원교국사(大聖圓敎國師)라는 시호가 내려졌다. 이들의 통불교사상(通佛敎思想)은 원효의 『십문화쟁론(十門和諍論)』·『금강삼매경론(金剛三昧經論)』·『대승기신론소·별기(大乘起信論疏·別記)』·『판비량론(判比量論)』·『화엄경소(華嚴經疏)』, 의상의 『화엄일승법계도(華嚴一乘法界圖)』·『백화도량발원문(白花道場發願文)』·『십문간법관(十門看法觀)』·『입법계품초기(入法界品抄記)』·『소아미타경의기(小阿彌陀經義記)』 등에 잘 나타나 있다. 그러면 화쟁사상과 일승사상에 나타난 한국학 코드를 차례로 고찰하기로 한다.

원효의 깨달음의 여정에서 중대한 전기를 맞게 되는 것은 661년(문무왕 1) 두 번째 입당구법(入唐求法) 행을 시도하여 당주항(唐洲港)에 도착했을 때였다. 당시는 백제가 망하여 해로를 택할 수 있었다. 당주항에서 당나라로 건너갈

배를 구하는 동안 큰비가 내려 비를 피할 만한 곳을 찾기 위해 어둠 속을 헤매다가 마침 땅막[土龕] 같은 것이 어렴풋이 보여 거기서 하룻밤을 묵게 되었다. 땅막에 들어 자다가 원효는 목이 말라 사발 같은 데 고인 물을 마시고 해갈(解渴)하여 편히 쉬었는데, 이튿날 살펴보니 그 땅막은 고총(古塚)의 감실(龕室)이요, 물그릇은 해골박이었다. 이를 본 원효는 갑자기 구토를 일으키다가 홀연 삼계유심(三界唯心)의 이치를 대오(大悟)하여 "심생즉종종법생(心生則種種法生) 심멸즉종종법멸(心滅則種種法滅)"이라 하였다.

> 마음이 일어나면 갖가지 법이 일어나고 마음이 사라지면 갖가지 법이 사라지니, 삼계는 오직 마음뿐이요, 만법은 오직 식(識)뿐이라. 마음밖에 법이 없거늘, 따로 구할 것이 없다.
>
> 心生則種種法生 心滅則種種法滅 三界唯心 萬法唯識 心外無法 胡用別求.[162]

한마디로 '일체유심조(一切唯心造)', 즉 일체가 오직 마음[의식]이 지어내는 것이다. 모든 현상은 오직 마음의 작용일 뿐이라는 것이다. 그리하여 원효는 의상과 헤어져 경주로 돌아와 진속원융무애론자(眞俗圓融無碍論者)*로서의 치열한 삶을 살게 된다. 『삼국유사』 「원효불기(元曉不羈)」에는 원효가 무애자재(無碍自在 또는 無礙自在: 걸림이 없이 자유자재함)하여 '몸을 백 그루 소나무에 나투었다(分軀於百松)'라는 표현이 나오는데, 이는 『화엄경(華嚴經)』에 근거하여 그의 정신적 위계가 성자의 위계인 초지(初地)에 도달해 있었음을 나타낸 것**이다.

---

* 진속원융무애론자란 진(眞[眞如], 본체[본체계])과 속(俗[生滅], 작용[현상계])의 양 차원을 걸림이 없이 원만하게 하나로 융합한 영육쌍전(靈肉雙全)·성속일여(聖俗一如)의 존재를 말한다. 이는 곧 진속평등(眞俗平等)의 본체를 체득한 존재이다.
** 『화엄경』에서는 완전한 깨달음에 이르는 과정을 십신(十信), 십주(十住), 십회향(十廻

『화엄경』에는 초지보살(初地菩薩)이 열심히 정진하면 백 명의 부처를 볼 수 있고, 능히 백 가지로 변신할 수 있다는 구절이 나온다.

『송고승전(宋高僧傳)』「원효전(元曉傳)」에는 걸림이 없는 원효의 모습을 이렇게 서술하였다. "말은 사납고 행동은 거칠었으며, 거사들과 함께 주막이나 기생집에도 드나들었다. 지공(誌公) 법사처럼 금속으로 된 칼이나 쇠로 된 석장(錫杖)을 가지고 있으면서, 혹은 소(疏)를 지어 『화엄경』을 강론하기도 하며, 혹은 사당에서 거문고를 타면서 즐기기도 하고, 혹은 여염집에서 유숙하기도 하고, 혹은 산이나 강가에서 좌선을 하기도 하였으니, 계기를 따라 마음 내키는 대로 하여 도무지 일정한 법식이 없었다."¹⁶³ 노래하고 춤추며¹⁶⁴ 천촌만락(千村萬落)을 다니며 대중을 교화했다거나, 길거리에서 "누가 자루 빠진 도끼를 주겠는가? 하늘을 떠받칠 기둥을 찍어내리라(誰許沒柯斧 我斫支天柱)"*고 외치며 다녔다거나, 혜공(惠空)과 함께 운수행각(雲水行脚)을 하며 냇가에서 고기를 잡아먹었다거나, 대안(大安)과 더불어 죽은 시체들을 장사지냈다는 등의 파격적인 모습에서 정형화된 틀을 벗어난 원효의 자유로운 정신을 엿볼 수 있다. 생로병사가 전개되는 삶의 현장에서 그는 집착하지 않았기에

---

向), 십지(十地), 등각(等覺), 묘각(妙覺)의 52계위(階位)로 설명한다. 보살의 수행 계위 52위 중 '십지'는 41위로부터 50위에 해당하고, 십지 중의 초지(初地)는 환희지(歡喜地)로서 보살이 무량겁을 수행한 끝에 처음으로 의혹을 끊고 깨달음에 눈을 뜬 경지이다. '십신'으로부터 '십회향'까지는 범부의 위계이고, '초지' 이상은 성자의 위계이다. 이렇게 볼 때 원효의 위계가 초지였다는 설은 그가 성자의 위계에 도달해 있었다는 인식을 토대로 생겨난 것이다.

* "누가 자루 빠진 도끼를 주겠는가? 하늘을 떠받칠 기둥을 찍어내리라"고 원효가 외치며 다닌다는 말을 들은 태종무열왕은 "원효가 귀부인과 혼인하여 영특한 아이를 낳고 싶어 하는구나. 만일 현인이 태어난다면 나라의 경사로다"라고 하며 그를 과공주(寡公主) 요석(瑤石)이 거처하는 요석궁에 들도록 했다. 그때 잉태된 아이가 바로 신라십현(新羅十賢)의 한 사람이자, 강수(强首)·최치원(崔致遠)과 함께 신라삼문장(新羅三文章)으로 불리는 설총(薛聰)이다. 설총은 최치원과 더불어 한국 유교의 태두로 일컬어진다.

초월하였으며, 초월하였기에 무애자재했다.

원효는 한편으론 비(非)종파주의적 전제에 입각하여 경(經)·율(律)·논(論)의 삼장 전체를 섭렵하고 불가의 철학적 두 대종(大宗)인 공론(空論)과 유론(有論)을 관통하는 원융회통의 사상을 정립시킨 위대한 종교지도자요 혁명적 사상가이며 또한 대논사로서, 다른 한편으론 성속일여(聖俗一如)의 정신을 몸소 구현하여 '일체무애인 일도출생사(一切無碍人 一道出生死: 일체에 걸림이 없는 사람은 한 길로 생사를 벗어난다는 뜻)'의 뜻을 담은 무애가(無碍歌)를 지어 부르면서 두타행으로 천촌만락을 주행하며 이를 유포시켜 대중을 불법에 귀의하게 만들었던 진속원융무애론자로서, 그는 일체의 형식적이고 교조적인 낡은 종교적 관습이나 굴레에서 벗어나 모든 중생과 하나가 되어 중생교화의 이상을 실천하고자 했다. 이러한 중생교화의 실천에 있어 그는 신라인과 고구려·백제 망민(亡民)을 결코 차별하지 않았다. 이는 바로 그의 화쟁총화정신(和諍總和精神)의 발로요 화쟁사상의 실천이었다.

원효의 화쟁사상을 이해하려면 먼저 그의 무애사상(無碍思想)을 이해하지 않으면 안 된다. 그의 화쟁의 논리에는 유(有)나 무(無)도 극단이지만 중간도 또 하나의 극단이라는 '이변비중(離邊非中)'의 논리도 함축되어 있기 때문이다. '이변비중'은 '유'도 아니요 '무'도 아니요 그 양변을 멀리 떠나면서 그렇다고 중도에도 집착하지 않는다는 '비유비무(非有非無) 원리이변(遠離二邊) 불착중도(不着中道)'의 뜻이다. 모든 사물의 본성은 언어의 영역을 초월해 있는 까닭에 상대적 개념들에 편착하여 그것을 절대화하는 오류를 범해서는 안 된다는 것이다. 걸림이 없어야 진정한 화쟁이 이루어질 수 있다는 말이다.

원효의 무애사상이 중요한 의미를 갖는 것은 방대하고도 정치(精緻)한 이론체계 때문이 아니라 그의 체험적 삶이 투영된 것이기 때문이다. 따라서 원효의 무애사상을 이해하려면 그의 삶 자체를 들여다보아야 한다. 그물에 걸리지 않는 바람처럼 그의 삶 자체가 무애가(無碍歌)의 한 가락이었고 한 편의 대서사시였기 때문이다. 불교로부터도, 계율로부터도, 신분으로부터도, 지식으로부터도, 명예로부터도 그는 언제나 자유로웠다. 7세기 삼국통일을 전후한 시기에 신종교운동·신사회운동을 통해 삼국통일의 철학적·사상적 초석을 마련하고, 중생을 피안의 세계로 인도하는 수레가 되기 위해 기꺼이 스스로를 소성거사(小姓居士)라 부르며 파계까지도 마다하지 않았던 원효─ 정녕 그는 무애의 대자유인이었다.

비록 원효가 대논사이며 위대한 종교지도자로서 널리 존경을 받기는 했지만, 왕의 초청을 받는 백고좌회(百高座會)의 백법사(百法師)의 반열에는 들지 못했다. 거침없는 원효의 자유분방한 생활과 비정통적인 가르침을 많은 승려들이 달갑지 않게 여겼기 때문이다. 그러나 당시 국왕이 왕비의 병을 치유할 목적으로『금강삼매경(金剛三昧經)』에 대한 설법을 듣고자 백고좌회를 열었을 때는 원효가 그 강론을 위해 초청되었다. 백 명의 훌륭한 스님이 초청되기는 했지만 그 특별한 경을 해석할 수 있는 사람은 오직 원효뿐이었기 때문에 원효가 단독으로 법회를 주관하게 된 것이다. 그러다 보니 불만을 품은 사람들에 의해 대법회 때 사용하려 했던 주석서가 도난당하는 일까지 발생했다. 하여 소를 타고 법회장으로 가는 노상에서『금강삼매경소(金剛三昧 經疏)』*를 찬(撰)하였는데, "그때 붓과 벼루를 소의 두 뿔 위에 놓았으므로 각 승(角乘)이라고 하였다."[165]

『송고승전』「원효전」에는 이렇게 나와 있다: "원효가 이 경전을 받은 것은

---

* 원래 원효는『금강삼매경소』라고 하여『삼국유사』에도 그렇게 기록되어 있으나, 당나라의 변경삼장(翻經三藏)들이 소(疏)를 논(論)이라고 불렀다. 한국·중국·일본인들이 찬술한 불교 서적 중에서 논으로 명명된 유일한 책이다.『宋高僧傳』卷4,「元曉傳」에 이 논을 저술한 연기(緣起)가 비교적 상세하게 소개되어 있다.

바로 그의 고향인 상주에 있을 때였다. 원효가 사신에게 말하길, '이 경은 본각(本覺)과 시각(始覺)의 두 가지 깨달음을 종지로 삼고 있습니다. 나를 위하여 각승(角乘)을 준비하여 책상을 두 뿔 사이에 두고 붓과 벼루를 놓아 주십시오'라고 하고, 시종 우차(牛車)에서 주석[疏]을 지어 다섯 권을 만들었다."[166] 그는 대법회 때 법단에 올라 이렇게 사자후를 토했다.

> 지난날 백 개의 서까래를 가려낼 때는 내 비록 거기에 들지 못했으나, 오늘 아침
> 하나의 대들보를 놓는 곳에서는 오직 나만이 할 수 있구나.
>
> 昔日採百椽時雖不預會 今朝橫一棟處唯我獨能.[167]

원효는 그의 『열반종요(涅槃宗要)』에서 화쟁의 의(義)를 설하면서 여러 종파의 모든 경전들을 통합하여 무수한 진리의 가지들을 하나의 진리로 되돌리고 불타(佛陀) 사상의 지극한 공평함을 열어 백가(百家)의 이쟁(異諍)을 화해하고자 하였다.[168] 통섭적 세계관의 전형을 보여주는 원효의 화쟁사상이 펼쳐진 가장 대표적인 저서는—일부 단편만이 남아 있기는 하지만—『십문화쟁론(十門和諍論)』이다. 본 논은 백가의 이쟁(異爭)을 화합하여 일승불교(一乘佛教)를 세우고자 논리적 근거를 제시한 것으로 통일과 화해의 실천에 대한 그의 근본 입장이 분명히 드러난다. 그는 소승불교가 물질주의·형식주의·율법주의에 빠진 것과 대승불교가 현실세계 전체의 의미를 부정함으로써 관념론에 빠진 것 둘 다를 비판하고 우리가 취해야 할 보편적인 가치관을 불교의 용어를 빌어서 말해주고 몸소 실천했던 사람이다. 그는 종파주의로 신음하던 당시 신라인들에게 무애의 법문을 통하여 지공무사(至公無私)한 뜻을 펼쳐 보임으로써 무쟁(無諍)의 덕을 일깨워 주었다. 『십문화쟁론』 서문에서는 화쟁의 필요성을 다음과 같이 밝히고 있다.

여래가 세상에 계실 때에는 중생이 한결같이 원음(原音)에 의지했으나……이제
는 부질없는 공론이 구름같이 치달아서, 나는 옳고 남은 그르며 나의 학설은 옳
고 남의 학설은 그르다고 주장하니 드디어 건너기 어려운 큰 강물이 되어버렸
다.……산을 버리고 골짜기로 돌아가는 것과 같고, 유(有)를 싫어하고 공(空)을 좋
아함은 나무를 버리고 큰 숲으로 달려가는 것과 같다. 비유컨대 청(靑)과 남(藍)이
본체가 같고, 얼음과 물이 근원이 같으며, 거울이 모든 형상을 받아들이는 것과
같다.……이에 몇 마디 서(序)를 술하고서, 이름 지어 『십문화쟁론』이라고 한다.

如來在世 已賴圓音 衆生等……雨驟 空空之論雲奔 或言我是 言他不是 或說我然
說他不然 遂成河漢矣 大……山而投廻谷 憎有愛空 猶捨樹以赴長林 譬如靑藍共
體 氷水同源 鏡納萬形 水分……通融 聊爲序述 名曰十門和諍論. [169]

원효가 화쟁의 필요성을 절감하고 종파주의의 전개에 대한 자신의 견해
를 개진한 것은, 부처 생존시에는 부처의 큰 가르침에 힘입어 서로 다툼이
없었으나 불멸(佛滅) 후 여러 가지 쓸데없는 이론과 견해들이 범람하게 되면
서 참된 진리가 가려진 데 따른 것이다. 이는 7세기 당시 신라 사회의 현실
을 반영하는 것으로 무애의 법문을 통하여 통일과 화해의 실천에 대한 그의
의지를 피력한 것이다. 특히 그는 화쟁론에서 교리적 배타성은 진리의 편린
에 대한 자아집착의 형태에 불과하며 그런 까닭에 결국 진리의 본체를 놓치
게 된다는 사실을 보여주고자 하였다. 그리하여 그는 『열반종요』에서 "하나
가 아니므로 능히 제문(諸門)이 합당하고, 다르지 아니하므로 제문(諸門)이 한
맛으로 통한다"[170]고 하였다.

『십문화쟁론』에서 원효가 화쟁한 내용을 몇 가지로 요약해 보면, 우선 그
는 유(有, 現象)와 공(空, 實在)에 대한 쟁론을 화쟁할 수 있었다.[171] '유'와 '공'은
동전의 양면처럼 본래 두 개의 다른 개념이 아니기 때문에 그는 편유(偏有)와

편공(偏空)의 집착에서 벗어나 하나의 참된 진리를 가르쳤다. 또한 그는 삼성(三性), 즉 변계소집성(遍計所執性), 의타기성(依他起性), 원성실성(圓成實性)에 관한 논쟁을 화쟁하였다.[172] 변계소집성과 의타기성은 원성실성에 기초를 두고 있는 까닭에 이 세 가지는 상통하는 진리의 다른 양상에 불과한 것이다. 말하자면 개체화된 자성인 변계소집성은 다른 것에 의존한 자성인 의타기성이라는 연기적(緣起的) 조망에 의해 성취된 자성인 원성실성으로 통섭되는 것이다. 이 외에도 그는 법집(法執)과 아집(我執)에 대한 논쟁을 화쟁하였다.[173] 모든 법(法)과 아(我)는 본래 공적(空寂)한 것으로 법집과 아집은 동일한 집착의 두 가지 형태에 불과하며 이는 진제(眞諦)와 속제(俗諦), 염(染)과 정(淨)의 두 문(門)에도 다름이 없다.[174] 이렇듯 원효의 화쟁사상은 통일과 평등의 원리에 기초하여 지공무사(至公無私)한 뜻을 펼쳐 보임으로써 종파주의로 몸살을 앓던 당시 신라인들에게 무쟁(無諍)의 덕을 일깨워 주었다.

화쟁의 가능 근거에 대해서는 『금강삼매경론(金剛三昧經論)』에서 '일체의 염정제법(染淨諸法)이 일심(一心)에 의거해 있는 까닭에 일심은 모든 법의 근본'[175]이라고 하고 있다. 따라서 바로 이 마음이 모든 법이 의거하는 주가 되기 때문에 법(法)과 아(我)가 본래 공(空)함을 알고 집착을 버리게 되면 환화(幻化)의 작용은 그치고 바로 본각(本覺)의 공적(空寂)한 마음을 얻게 되어 무쟁에 처할 수 있게 되는 것이다.[176] 이와 같이 일심, 즉 대승(大乘)의 본체는 지극히 공평하고 사(私)가 없어 평등무차별하며 그런 까닭에 사변(思辯)의 길이 끊기는 것이다.[177] 언설지극(言說之極)이요 여실한 대긍정(大肯定)의 경계라 아니할 수 없다. 바로 여기에 화쟁의 가능 근거가 있게 되는 것이다. 원효가 개합(開合)의 논리를 이용하여 다양한 교리 이론을 자유롭게 화쟁할 수 있었던 것도 바로 그의 일심사상에 기인하고 있음을 『대승기신론소(大乘起信論疏)』에서는 분명히 보여준다.[178] 『십문화쟁론』에서도 일심의 원천(一心之源, 一味)으로 돌아가면 평등무차별한 경계가 나타남을 보여주고 있다. 즉, 일심은 원융회통(圓融會通)의 주체요 화쟁의 주체인 까닭에 일체의 공덕의 근원이 되며 평화와 행복의 원천이 되는 것이다.[179]

원효의 주요 화쟁 방법을 몇 가지로 나누어 보면, 〈개합(開合)과 종요(宗要)〉, 〈입파(立破)와 여탈(與奪)〉, 〈동이(同異)와 유무(有無)〉, 〈이변비중(離邊非中)〉 등을 들 수 있다. 우선 〈개합과 종요〉에 관해서는, "합(合)하여 말하면 일관이요 개(開)하여 말하면 십문(合論一觀 開說十門)"[180]이고 "개(開)하여도 많아지지 않고 합(合)하여도 좁아지지 않는다(開而不繁 合而不狹)"[181]라고 한 데서나, "개(開)하여도 하나가 늘어나지 않고 합(合)하여도 열이 줄어들지 않는 고로 (開不增一 合不減十) 부증불감을 종요(宗要)로 한다(不增不減 爲其宗要也)"[182]라고 한 데서도 알 수 있듯이 〈개합〉과 〈종요〉는 같은 것이다. 이는 원효가 『금강삼매경론』 서두에서 "합(合)하여 말하면 일미관행(一味觀行)이 그 요(要)이고, 개(開)하여 말하면 십중법문(十重法門)이 그 종(宗)이다"[183]라고 한 표현에서도 드러나듯이 그 이면에는 일심의 근원으로 되돌아가 요익중생(饒益衆生)하는 원효사상의 실천원리가 담겨 있다. 이 세상 모든 것은 상호 유기적인 관련 속에 있으며 전체와 부분은 함께 있다. 따라서 어떤 경우에도 〈산을 버리고 골짜기로 돌아가거나 나무를 버리고 숲속으로 달려가는 격〉이 되어서는 안 될 것이다.

다음으로 〈입파(立破)와 여탈(與奪)〉에 관해서는, 『대승기신론소』에서 '입파무애(立破無碍)'하니 '입이무득파이무실(立而無得破而無失)'[184]이라 하고 있는데 이는 긍정(立)과 부정(破)에 아무런 구애가 없으니 긍정한다고 얻을 것도 없고 부정한다고 잃을 것도 없다는 뜻이다. 또한 『금강삼매경론』에서는 '무파이무불파(無破而無不破) 무립이무불립(無立而無不立)'[185]이라 하여 파(破)함이 없으되 파하지 않음이 없고, 입(立)함이 없으되 입(立)하지 않음이 없는, 이른바 '상대적 차별성을 떠난 여실한 대긍정(無理之至理 不然之大然)'*의 경계를 보여준다. 여기서 〈입파〉와 〈여탈〉은 같은 진리의 차원이다. 〈입(立)〉과 〈여(與)〉는 긍정과 정립의 세계이고, 〈파(破)〉와 〈탈(奪)〉은 부정과 반정립의 세계이다. 원효는 〈입(立)〉과 〈여(與)〉에만 집착하거나 〈파(破)〉와 〈탈(奪)〉에만 집착하여 두 세계의 왕래를 알지 못하면 결코 화해에 이를 수 없는 것으로 보았다. 이는 〈동이(同異)와 유무(有無)〉에 관해서도 마찬가지다. 〈동(同)〉과 〈유(有)〉, 〈이(異)〉와 〈무(無)〉 그 어느 것에도 집착하지 않을 때 둘이면서 하나가 되는 공존의 논리는 성립될 수 있다.

끝으로 〈이변비중(離邊非中)〉에 관해서는, 유(有)나 무(無)도 극단이지만 중간도 또 하나의 극단이라는 것이다. 유·무(有無)가 상호의존적인 관계이듯 중간 또한 유·무와 상호의존적인 관계에 있기 때문에 상대적 개념들에 편착하여 그것을 절대화하는 오류를 범해서는 안 된다는 것이다.[186] 그런 까닭에 원효는 손가락에 의지하여 손가락을 여읜 달을 보여주는 것과 같이 언설에 의지하여 언어가 끊어진 법을 보여주고자 했던 것이다. 실로 "일심의 원천은 유·무(有無)를 떠나 홀로 청정(一心之源 離有無而獨淨)하며 삼공(三空: 我空·法空·俱空)의 바다는 진·속(眞俗)을 융화하여 담연(湛然)한 것(三空之海 融眞俗而湛然)[187]이기에 원효는 귀일심원(歸一心源), 즉 일심의 원천으로 돌아갈 것을 설파했던 것이다.

원효의 화쟁에 대한 이론적 논의는 그것이 실천적 수행으로 연결될 때 비로소 그 진의가 드러난다. 화쟁론에 나타난 보편적 언어는 달을 가리키는 손가락(標月之指)에 비유될 수 있는 것으로, 실재 세계가 사유와 언어의 영역

---

* 이는 〈도리 아닌 지극한 도리, 긍정 아닌 대긍정〉으로 번역될 수 있으나 그 참뜻은 상대적 차별성을 떠난 여실한 대긍정을 의미한다.

을 초월해 있는 까닭에 진속평등(眞俗平等)의 본체를 체득함으로써 우리의 마음이 순수하게 대승(大乘)에 계합(契合)될 때 비로소 대승이 그 위력을 발휘하게 되어 홍익중생(弘益衆生, 自利利他)을 실현할 수 있게 된다는 것을 보여준다. 이를 일러 원효는 『금강삼매경론』에서 "무주의 덕이 본각의 이익에 계합한다(無住之德 契合本利)"[188]*라고 하고, 『대승기신론소』에서는 (일체의 미망을 떠나 적정(寂靜)의 경지에 달하면) "지혜의 광명이 온누리를 두루 비쳐 평등무이하게 된다(有慧光明遍照法界平等無二)"[189]라고 하고 있는데 이것이 곧 화쟁의 실천이다. 원효가 대승(大乘)을 한낱 교리체계가 아닌 마음으로 표현한 것은 『대승기신론 The Awakening of Faith』에서 비롯된다. 원효 또한 '일심이 대승의 법(一心爲大乘法)'이라 하여 하나인 마음의 근원성·포괄성·보편성을 강조하였다.[190] 말하자면 "일심 이외에 별도의 다른 법이 있는 것이 아니다(一心之外更無別法)."[191]

원효는 그의 『대승기신론소』와 『금강삼매경론』에서 『대승기신론』이 주로 일심에 대한 해명을 목적으로 진여문(眞如門, 본체)과 생멸문(生滅門, 작용)의 이문(二門)을 설정하고, 생멸하는 우주만물[多, 三]과 불생불멸인 궁극적 실재[一]가 작용과 본체의 관계로서 불가분의 하나[192]임을 개합(開合)의 논리를 이용하여 명쾌하게 설명했다. 이는 한국학 고유의 코드인 '일즉삼(一卽三, 一卽多)·삼즉일(三卽一, 多卽一)'[천·지·인 삼신일체]의 원리와 본질적으로 상통한다. '개(開)'가 '드러난(펼쳐진, explicate 또는 unfolded)' 물리적 세계[三, 多]를 나타낸 것이라면, '합(合)'은 '숨겨진(접힌, implicate 또는 enfolded)' 전일성의 세계[一]를 나타낸 것이다. 다양하게 분리된 것처럼 보이는 물리적 세계는 일체의 이원성을 넘어

---

* 『金剛三昧經論』의 본각이품(本覺利品)의 장(章)에 나오는 무주보살(無住菩薩)은 본각(本覺)에 달(達)하여 본래 기동(起動)함이 없지만, 그렇다고 적정(寂靜)에 머무르지 않고 항상 두루 교화하는 일을 하기 때문에 그 덕(德)에 의해 이름을 붙여 무주(無住)라고 한 것이다. 원효는 이러한 무주의 덕이 본각(本覺)의 이익에 계합하는 것으로 보았다.

선 전일성의 세계가 물질화되어 나타난 것이므로 "개(開)하여도 하나가 늘어나지 않고 합(合)하여도 열이 줄어들지 않는 고로 부증불감을 종요(宗要)로 하는 것"[193]이라고 한 것이다. 무수한 파도[多]가 바닷물[一]에서 일어나지만 그렇다고 바닷물이 늘어난 것도 아니고, 다시 바닷물로 복귀한다고 해서 파도의 실체인 물이 줄어든 것도 아닌 것과 같은 이치다.

우주만물은 '영(Spirit, 靈·天·神)' 자신의 설계도[律, 理]에 따라 진동[呂, 氣]하여 에너지의 바다에 녹아 있는 질료가 응축되어 생겨났다가 다시 그 에너지의 바다로 돌아가는 것이므로 늘어난 것도 줄어든 것도 없다(에너지 보존의 법칙, law of energy conservation). 그래서 현대물리학에서는 생명을 홀로무브먼트(holomovement), 즉 전일적 흐름이라고 한 것이다. 원효의 개합의 논리는 "개(開)하면 무량무변한 의미를 종(宗)으로 삼고 합(合)하면 이문일심(二門一心)의 법을 요(要)로 삼는다"[194]라고 한 데서도 잘 드러난다. 일심을 이문(二門), 즉 진여[본체계, 의식계]와 생멸[현상계, 물질계]로 나타내는 것은, 한국학 고유의 코드에서 생명[天·神·靈]을 본체와 작용으로 나타내는 것과도 같은 것이다. 우주의 실체는 의식이므로 일심[보편의식]이 곧 참본성이고 하늘이며 신[神性]이고 영(靈, 靈性)이며 생명 자체다. 일심 이외에 다른 실재가 있는 것이 아니므로 한국학 고유의 코드에서는 참본성[一心]의 회복(復本)을 강조했고, 원효 또한 '귀일심원(歸一心源)'을 강조한 것이다.

마치 무수한 파도들을 잇는 바닷물과도 같이 우주만물을 잇는 에너지장(場), 즉 매트릭스(Matrix)에 의해 우리 모두는 하나로 연결되어 있으므로 진여와 생멸, 본체와 작용은 하나다. 본체[진여]와 작용[생멸]이 하나임을 알아야, 다시 말해 '일즉삼·삼즉일'의 원리를 이해해야 생명의 전일성과 자기근원성, 만유의 근원적 평등성과 유기적 통합성을 알 수 있게 되므로 화쟁의 실천이 나올 수 있다. 본체와 작용의 합일을 추동하는 메커니즘은 일심(一心)이다. 한국학 고유의 코드에서 '일즉삼·삼즉일'이라는 '생명의 공식(formula of Life)'이 작동하는 원리는 일심의 통섭적 기능에 의한 것이다. 원효 또한 "일체의 염·정제법(染淨諸法)이 일심에 의거해 있는 까닭에 일심은 모든 법의 근본"[195]이라고 하며 화쟁의 가능 근거를 일심의 기능에 의해 밝히고 있다. 원효가 개합의 논리를 이용하여 다양한 교리 이론을 자유롭게 화쟁할 수 있었던 것도 바로 그의 일심사상에 기초하고 있음을 『대승기신론소』에서는 분명히 밝히고 있다.[196] 일심의 원천으로 돌아가면 생명의 본체와 작용이 하나임을 알아 화쟁회통이 이루어지고 홍익인간을 실현할 수 있게 되는 것이다.

『금강삼매경론』에서는 「본각이품(本覺利品)」이라는 독립된 장을 설치하고 일심의 본체[197]인 본각(本覺)의 이(利)로써 중생에게 이익을 주는 도리를 나타내고 있는데,[198] 진(眞)과 속(俗)이 하나이니 본각과 불각(不覺)과 시각(始覺)은 상관관계에 있고 일심은 이들 모두를 포괄하면서 동시에 초월한다.[199]* 일심은 진여심과 생멸심을 포괄한다. 일심(自性)의 세 측면은 삼대(三大)인 체(體, 法身)·용(用, 化身)·상(相, 報身)이다. 법신인 '체'를 초논리·초이성·직관의 영역인 진제(眞諦, 본체계)라고 한다면, 법신의 '용'인 '화신'은 감각적·지각적·경험적 영역인 속제(俗諦, 현상계)로서 본체와 작용의 관계다. 이 양 세계를 관통하는 원리가 내재된 것이 법신의 '상'인 '보신'이다. 육조 혜능(六祖慧能)은 평등

---

\* 진여란 맑고 깨끗하며 고요한 마음의 본바탕을 말하는 것으로 그것은 각(覺)이라고도 불린다. 본래 근본으로 있는 것이라는 관점에서 그 각은 본각(本覺)이라 불리기도 하고, 무명(無明)의 습기(習氣) 때문에 가려져 드러나지 않을 때에는 불각(不覺)이라고 불리기도 하지만, 일단 어느 계기에 그 본바탕이 드러나기 시작할 경우에는 시각(始覺)이라 불린다. 따라서 이 시각은 본각과 같은 것이다. 시각의 뜻은 본각에 의거하므로 불각이 있게 되고, 불각에 의거하기 때문에 시각이 있게 된다고 설명할 수 있다. 말하자면 시각은 불각과 상관관계에 있고, 불각은 본각과 상관관계에 있으며, 본각은 시각과 상관관계에 있다.

무이(平等無二)한 본성을 일컬어 실성(實性)이라 하고 이 실성 가운데 있으면서 선악에 물들지 않는 것을 일컬어 만덕원만(萬德圓滿)한 보신불이라고 하고 있다.[200] 다시 말해 일념 일념으로 자기 본성의 자각적 주체가 되어 본래의 마음을 잃지 않는 것을 보신이라 일컫는 것이다.[201]

혜능의 설법 내용을 기록한 『육조단경(六祖壇經)』에는 법신불·화신불·보신불의 삼신불이 자기 본성(自性) 속에 있음을 분명히 밝히고 있다.[202] 여기서 '불(佛)'은 물질과 정신이 하나가 된 마음(一心)을 일컫는 것으로 삼신불은 일심의 세 측면을 그렇게 명명한 것이다. 말하자면 일심의 세 측면인 법신·화신·보신은 성부·성자·성령과 마찬가지로 본체-작용-본체·작용의 합일이라는 '생명의 3화음적 구조(the triadic structure of Life)'를 나타낸 것으로, 일심은 본체[眞如, 法身·聖父]인 동시에 작용[生滅, 化身·聖子]이며—그래서 일심이문(一心二門)이라고 한 것이다—이 양 세계를 유기적으로 통합하는 원리[報身·聖靈] 또한 일심에 내재해 있는 것이다. 따라서 일심의 원천으로 돌아가면 본체계[의식계]와 현상계[물질계]의 유기적 통일성을 인식하게 되므로 우주만물은 일심이 다양한 모습으로 현현한 것이라는 사실을 깨닫게 되어 분별지(分別智)에서 벗어나 화쟁회통(和諍會通)이 이루어지고 홍익중생을 실현할 수 있게 된다.

이러한 불교의 삼신불은 진속원융무애사상(眞俗圓融無碍思想)*의 전형을 보여주는 것으로, 한국학 고유의 코드인 '일즉삼(一卽三)·삼즉일(三卽一)'[천·지·인 삼신일체]의 원리와 본질적으로 상통한다. 법신과 화신은 본체와 작용의 관계로서 일심 속에서 하나가 된다. 하나인 마음 뿌리로 돌아가기 위해서는 "진

---

* 진속원융무애사상이란 진(眞[眞如], 본체[본체계])과 속(俗[生滅], 작용[현상계])의 양 차원을 걸림이 없이 원만하게 하나로 융합한 영육쌍전(靈肉雙全), 성속일여(聖俗一如)의 사상을 말한다. 이러한 융합이 일어나게 하는 메커니즘은 일심(一心)이다.

여문에 의하여 지행(止行)을 닦고 생멸문에 의하여 관행(觀行)을 일으키어 지(止)와 관(觀)을 동시에 닦아 나가야한다"203고 『금강삼매경론』에서는 말한다. 이는 이문(二門)을 통해 일심에 대한 이론적 논의를 전개하고 궁극에는 믿음을 일으키어 실천적인 행위에로 나아가게 하는 대승(大乘) 윤리의 진수(眞髓)가 그대로 드러난 것이다. 원효는 『대승기신론』의 〈수행신심분(修行信心分)〉과 〈권수이익분(勸修利益分)〉에 대한 해석에서도 화쟁의 실천적 수행의 필요성을 강조한다.204 이는 원효의 윤리관이 계율 조목이나 강조하는 형식적인 실천 윤리의 차원이 아닌 이른바 대승 윤리의 차원에서 전개되고 있음을 말하여 준다.

원효의 화쟁사상은 『대승기신론』의 일심(一心), 이문(二門: 眞如門·生滅門), 삼대(三大: 體·相·用)의 개념에 근거하여 화엄학적 이론체계로 정립된 것이다. 이 진여한 마음을 그는 대승(一心, 一乘)의 법이라고 말하고 있다.205 통섭적 세계관을 바탕으로 생명의 순환을 나타낸 가장 오래된 한국학 고유의 코드에서 동양의 유·불·선이 나왔으니, 원효의 화쟁사상이 한국학 코드의 전형을 보여주는 것은 당연한 것이라 할 수 있다. 한국학 코드와 마찬가지로 본체와 작용, 내재와 초월의 합일에 대한 원효의 인식은 『대승기신론소』에서 일심 이외에 다른 실재가 있는 것이 아님을 밝히는 데서 분명히 드러난다.206 한국학 고유의 코드가 단순히 이론적인 그 무엇이 아니라 실제 정치의 근간을 이루었듯이, 원효의 화쟁사상 또한 삼국통일의 정신적 초석이 되었을 뿐만 아니라 중관(中觀)·유식(唯識)의 화쟁회통으로 화쟁총화(和諍總和)의 정신을 진작시키고 신종교운동과 신사회운동을 통해 정토신앙 운동으로 연결시킴으로써 국난극복과 국론통일에 크게 기여했다.

원효의 사상이 시공을 초월하여 오늘의 우리에게 깊은 감동으로 와 닿는 것은 아마도 고승이면서 거사였고, 위대한 사상가이면서 실천가였던 무애

도인으로서의 그의 실존적 체험이 그 속에 용해되어 흐르고 있기 때문일 것이다. 그는 최고의 덕을 무쟁(無諍)으로 삼고, 세간(世間)에 주(住)하면서 세간을 이(離)함이 진흙 속의 연꽃(泥中之蓮花)과 같고자 하였다. 또한 그는 우리의 주체성과 창조적 민족성을 일깨우고 사회정치적 분열상과 대립상을 극복하고자 화쟁총화의 정신을 진작시켰다. 원효가 백 개의 서까래를 가려낼 때는 들지 못했으나 하나의 대들보를 쓰는 곳에는 오직 그만이 할 수 있었다고 한 이야기는 홍익인간의 이념을 온 인류에 실현할 역사적 사명을 띠고 있는 오늘의 우리 민족에게 그 시사하는 바가 크다.

다음으로 일승사상(一乘思想)에 나타난 한국학 코드를 고찰하기로 한다. 의상의 일승사상은 『화엄경(華嚴經)』에 기반해 있으므로 화엄일승사상(華嚴一乘思想)이라고도 한다. '큰 수레'*란 뜻인 '일승(一乘, 佛乘)'은 곧 대승(大乘)이며 '일심이 대승의 법(一心爲大乘法)'[207]이므로 일승과 대승과 일심은 같은 의미이다. 해동(海東)의 화엄초조(華嚴初祖)로 알려진 의상은 삼국통일기를 맞아 새로운 불교철학 정립이 주요 과제였던 신라 불교계에 획기적인 교학 발전과 대중화를 통해 통일신라 불교의 토대를 마련하고 중대 왕권의 강화와 안정적 유지에도 기여함으로써 국가 발전과 삼국통일의 기반을 공고히 했다. 화엄학의 대가인 의상의 일승사상은 통일신라 불교계에 조화와 화합의 정신을 일깨워 기층민의 일체감을 조성하고 삼승(三乘)이 설하는 각각의 중생 제도의 가르침을 넘어 일체 중생을 불지(佛智)의 경지로 안내하는 강한 실천성을 띤 일승원교(一乘圓敎)의 화엄사상이다.

여기서 삼승은 중생을 열반에 이르게 하는 대승불교의 세 가지 가르침인

---

* 중생을 깨달음에 이르게 하는 붓다의 가르침을 수레에 비유하여 승(乘)이라 한 것이다.

성문승(聲聞乘), 연각승(緣覺乘), 보살승(菩薩乘)을 의미한다. 성문승을 소승(小乘), 연각승(獨覺乘)을 중승(中乘), 보살승을 대승(大乘)이라고도 한다. 성문승은 붓다의 법문을 듣고 바로 깨달아 아라한의 경지로 나아가는 것으로 고(苦)·집(集)·멸(滅)·도(道) 사성제(四聖諦)를 통해 수행한다. 연각승은 12연기(緣起)를 깨닫는 것으로 연기의 진리를 알아 바로 깨달음으로 나아가는 것이다. 보살승은 위로는 보리를 구하고, 아래로는 중생을 구제하고 교화 제도하는 것으로 보살의 행(行)에는 사무량심(四無量心: 慈·悲·喜·捨), 사섭법(四攝法: 布施·愛語·利行·同事), 육바라밀(六波羅密: 布施·持戒·忍辱·精進·禪定·智慧) 등이 있다. 『법화경(法華經)』에는 삼승이 일승(一乘)을 위한 방편이라고 설하고 있다. 한마디로 '회삼귀일(會三歸一)', 즉 셋이 모여 하나로 돌아가는 것이다.

의상의 전기는 『삼국유사』「의상전교(義湘傳敎)」조와 『송고승전(宋高僧傳)』권4「의상전(義湘傳)」에 비교적 상세하게 나와 있다. 『삼국유사』「의상전교」조에는 의상이 당(唐)으로 건너가 장안(지금의 西安)에 있는 종남산(終南山) 지상사(至相寺)에 가서 당대의 교학을 집대성한 중국 화엄종*의 제2조 지엄(智儼, 602~668)을 대면하는 장면이 나온다.

지엄은 그 전날 밤에 꿈을 꾸었다. 해동(海東)에 큰 나무가 나서 가지와 잎이 번성하여 중국을 덮고 그 위에 봉(鳳)의 집이 있기에 올라가보니, 마니보주(摩尼寶珠)가 있어 그 광명이 멀리 비치는 꿈이었다. 꿈을 깬 뒤에 놀랍고도 이상스러워 소제하고 기다렸는데 의상이 왔다. 특별한 예로 맞아 조용히 이르기를, "어젯밤 꿈에

---

\* 중국 화엄종의 初祖는 두순(杜順, 557~640)이며, 제3조는 지엄(智儼)의 문하에서 의상과 함께 수학한 중국의 법장(法藏 또는 賢首, 643~712)으로 화엄교학을 실질적으로 체계화했다. 이후 제4조 청량징관(清凉澄觀, 738~839), 제5조 규봉종밀(圭峰宗密, 780~841) 등에 이르러 화엄교학은 거의 완성되었다.

그대가 올 징조를 보았다"라고 하며 입실을 허락했다. 의상이 화엄(華嚴)의 미묘한 뜻을 속 깊은 부분까지 분석하자, 지엄은 영질(郢質, 도반)을 만난 것을 기뻐하며 새로운 이치를 발굴해 내었다. 그야말로 깊은 곳을 파고 숨은 것을 찾아서 남천(藍茜)이 본색을 잃는 것과 같았다(제자인 의상이 스승인 지엄보다 낫다는 뜻).

儼前夕夢一大樹生海東 枝葉溥布 來蔭神州 上有鳳巢 登視之 有一摩尼寶珠 光明屬遠 覺而驚異 洒掃而待 湘乃至 殊禮迎際 從容謂曰 吾昨者之夢 子來投我之兆 許爲入室 雜花妙旨 剖析幽微 儼喜逢郢質 克發新致 可謂鉤深索隱 藍茜沮本色.[208]


한편 『송고승전』「의상전」에는 의상이 우리나라 화엄종의 초조(初祖)가 되기까지의 과정이 부석사(浮石寺) 연기설화(緣起說話)로 전해온다.


의상이 현장(玄奘)의 신유식(新唯識)을 배우기 위해 당(唐)으로 건너가 등주에 있는 한 신도 집에서 머물게 되었다. 그 신도네 집의 딸 선묘(善妙)는 의상을 보고 마음으로 지극히 사모하여 따랐으나 세속적인 사랑이 이루어질 수 없음을 알고 세세생생 의상을 스승으로 삼아 귀명할 것을 맹세하였고, 그가 당에 머문 10년 동안 단월(檀越, 施主)로서 공양을 계속하였다. 그러던 중 의상은 법을 전하는 일을 시작할 때가 왔음을 알고 귀국길에 오르게 되었다. 선묘는 의상에게 전할 법복과 일용품 등을 함 속에 가득 채워 해안가로 가지고 나갔으나 의상이 탄 배는 이미 항구를 멀리 떠나 있었다. 선묘는 지성으로 기도를 올린 뒤 거센 파도 위로 물품이 든 함을 던져 의상이 탄 배에 이르게 하였고, 곧이어 자신도 바다에 몸을 던져 용으로 변신하여 험난한 뱃길을 지켜 안전하게 본국의 해안에 도착하게 했다. 의상이 귀국한 뒤에는 선묘는 일심으로 그의 전법(傳法)을 도왔다. 의상이 부석사 터에 이르렀을 때 이미 소승 잡배들이 먼저 자리를 차지하고 있었다. 이에 선묘가 이들을 쫓아내고 의상을 수호하기 위해 대반석(大磐石)으로 변하여 공중으로 붕 뜨자 모두 어찌할 바를 모르고 혼비백산하여 사방으로 흩어져 달아났다. 그리하여 의상은 이곳을 전법처로 삼아 평생 이곳을 떠나지 않고 운집하는 대중들에게 『화엄경』을 강설하여 우리나라 화엄종의 초조가 되었다.[209]

의상은 스승인 지엄(智儼)의 문하에서 8년간 화엄 교학을 공부하는 동안 화엄의 정수를 체득하고 이를 독창적으로 체계화한 『화엄일승법계도(華嚴一乘法界圖)』를 완성하였다. 이 법계도는 중국 화엄종의 제2조이자 그의 스승인 지엄(智儼)이 입적(入寂)하기 3개월 전인 668년 7월 15일에 완성되어 스승의 인가를 받았다. 또한 그는 훗날 중국 화엄종 제3조로서 화엄교학을 실질적으로 체계화하게 되는 법장(法藏 또는 賢首)과 동문수학하며 깊은 교분을 맺었는데, 법장은 의상의 학식과 덕망을 흠모하여 의상이 귀국한 후에도 그의 학덕을 칭송하는 서신과 함께 자신의 저서를 보내어 가르침을 청한 것으로 『삼국유사』「의상전교」에 기록되어 있다.[210]

최치원의 『의상전(義湘傳)』을 인용한 고려 초 균여(均如)의 『일승법계도원통기(一乘法界圖圓通記)』[211]에 의하면 의상은 화엄의 진리에 대해 자신이 쓴 책을 불사른 후 타지 않고 남은 210개의 글자를 가지고 게송을 짓고 법계도를 만들었다고 전해진다.[212] 이 책 끝에 "인연으로 생겨나는 모든 것에는 주인이 따로 있지 아니하므로 저자명을 기록하지 않는다"라고 하며 향상(香象) 대사(의상의 스승인 智儼)라고만 밝히고 있어서 이 법계도가 의상의 작품이 아니라는 설이 제기되기도 했으나, 최치원의 『의상전』을 인용하고 있는 『일승법계도원통기』의 소상한 기록이나 『삼국유사』「의상전교」조의 기록으로 미루어 의상이 찬술했다고 보는 것이 통설이다.

이 법계도는 난해하고도 방대한 『화엄경』의 근본정신과 대의를 평이하고도 간결하게 요약했다는 점에서 그 탁월성을 인정받고 있다. 이 법계도는 일승(一乘)의 진리 세계의 모습이 마치 보살의 만행이 꽃처럼 피어나 이 세상을 장엄하게 하는 것과도 같다는 의미에서 이름 붙여진 것이다. 법계연기 사상의 요체를 밝히고 있는 이 법계도는 화엄사상사 전체를 통해서도 매우 중시되고 있는 작품이다. 의상은 이 법계도를 중시하여 제자들에게 인가의 표시로 수여했다고 한다. 의상의 화엄일승사상을 도인(圖印)의 형태로 나타낸 이 법계도는 『화엄일승법계도장(華嚴一乘法界圖章)』, 『화엄법계도』, 『일승법계도』, 『법계도』, 『해인도(海印圖)』 등으로도 불린다.

최치원이 찬술한 『의상전』에 이르기를…의상이 지엄 법사에게 화엄을 배우고 있을 때 어느 날 꿈에 용모가 장대하게 생긴 신인이 나타나, "스스로 깨달은 바를 저술하여 알리는 것이 마땅하다"라고 일러주었다. 또 선재동자(善財童子)가 총명해지는 약을 10여 제(劑)나 주었으며, 청의동자(靑衣童子)를 만나 세 번이나 비결을 전수받는 꿈을 꾸었다. 지엄이 이를 듣고 말하기를, "신에게서 영적인 선물을 받은 것이 나는 한 번이었는데 너는 세 번이나 되니 멀리서 찾아와 열심히 수행한 응보가 이와 같이 나타난 것이다"라고 하며, 이로 인해 얻은 오묘한 이치를 책으로 써보도록 명하였다. 의상이 이에 분발하여 붓을 들고 『대승장(大乘章)』 10권을 편집해서 스승에게 그 허물을 지적해 주기를 청하였다. 지엄이 말하기를, "의리(義理)는 매우 아름다우나 문장이 옹색하다"라고 하였다. 물러나서 번거로운 곳을 삭제하고, 두루 통하게 한 다음 『입의숭현(立義崇玄)』이라 이름하였으니, 그의 스승이 지은 『수현분제(搜玄分齊)』를 숭상한다는 뜻이다. 지엄이 의상과 함께 불전(佛前)에 나아가 서원을 세우고 이것을 불태우면서 말하기를, "글이 성인의 뜻에 맞는다면 원컨대 타지 마소서"라고 말하였다. 타고 남은 210자를 의상으로 하여금 주워 거두게 하여 간절히 서원하면서 다시 무서운 불길 속으로 던져 넣었으나 끝내 타지 않았다. 지엄이 눈물을 흘리면서 찬탄하고는 타고 남은 글로 게송을 짓게 하였다. 이에 의상이 며칠 동안 방문을 걸어 잠그고 들어앉아 30구로 된 게송을 만드니, 삼관(三觀)의 깊은 뜻을 감추었고 십현(十賢)의 아름다움을 드러내었다.[213]

이 법계도의 게송은 『화엄경』의 진수(眞髓)와 진리를 증득(證得)하는 과정을 원융무이(圓融無二)한 법성(法性)을 펼쳐 보이는 것에서 시작하여 불승(佛乘)의 경지에 이르기까지의 깨달음의 과정으로 나타내고 그 과정에서 초발심과 보살행의 중요성을 강조한다. 의상의 법계도 원문은 법계도시(法界圖詩: 大義 및 圖印)와 이에 대한 의상의 해석인 석문(釋文)으로 구성돼 있다. 석문은 다시 총괄적인 '도인'의 의미를 해석한 총석인의(總釋印意)와 개별적인 '도인'의 형상을 해석한 별해인상(別解印相)으로 구성돼 있고, 별해인상은 다시 '도인'의 글 형상을 설명한 설인문상(說印文相), 문자의 형상을 해석한 명자상(明字相), 그리고 문장의 뜻을 풀이한 석문의(釋文意)로 구성돼 있다. 법계도 원문의 대부분은 별해인상으로 이뤄져 있다. '석문의'에 의하면 법계도는 7언(言) 30구(句)의 게송으로 구성돼 있는데, 처음 18구는 진리의 실재를 서술한 자리행(自利行)에 대해, 다음 4구는 진리의 공덕을 서술한 이타행(利他行)에 대해, 그리고 그다음 8구는 진리를 증득하는 수행 방편과 얻는 이익에 대해 설명한다.[214]

의상은 법(法)으로부터 시작해서 불(佛)로 끝나는 화엄일승 법계연기의 핵심을 210자로 압축하여 일승법계의 연기(緣起) 구조를 중도적 바탕에서 상징적인 반시(盤詩) 형식의 법계도인(法界圖印)의 형태로 치밀하고도 특색 있게 전개시켰다. 이 법계도가 시작도 끝도 없는 도인(圖印)의 형태로 표시된 것은 원융자재(圓融自在)한 법계연기의 실상을 보여주는 것으로 그 뜻이 원교(圓

敎)에 해당된다. 그가 이 법계도를 저술한 목적은 '이름과 상(相)에만 집착하는 뭇 중생들이 무명(無名)의 참된 원천으로 돌아가게 하기 위해서'였다고 한다.[215] 의상의 일승사상은 화엄학의 법계연기(法界緣起) 사상에 기초해 우주 법계의 만물이 중중제망(重重帝網)의 그물망*으로 끝없이 상호 연결되어 서로가 서로를 비추는 상즉상입(相卽相入)의 구조로 연기하고 있다고 본다. 화엄종의 종지(宗旨)인 일승법계연기(一乘法界緣起)의 요체를 밝히고 있는 『화엄일승법계도』의 전문은 다음과 같다.

> 법성(法性)은 원융하여 두 모습이 아니며, 제법은 부동(不動)하여 본래 고요하다. 이름도 상(相)도 없이 일체가 끊어지니, 지혜를 증득해야 알 수 있지, 그 외의 경지로는 알 수 없다. 참된 성품 깊고 깊어 지극히 미묘하여, 자성만을 고수하지 않고 인연 따라 이룬다. 하나 속에 일체가 있고 일체 속에 하나가 있으니, 하나가 곧 일체이며 일체가 곧 하나다. 한 티끌 속에 시방(十方)세계 담겨 있고, 일체 티끌 속에도 역시 그러하다. 무량겁(無量劫)이 곧 한 생각이며, 한 생각이 곧 무량겁이다. 구세(九世)와 십세(十世)가 상즉하면서도 조금도 뒤섞임 없이 따로 이룬다. 처음 발심할 때가 곧 정각(正覺)이요, 생사열반이 항상 함께한다. 이(理)와 사(事)가 명연(冥然)하여 분별이 없으니, 십불(十佛)과 보현(普賢)의 대인(大人) 경계이다. 부처님이 해인삼매 중에 여의(如意) 진리 나타내니 불가사의 법이로다. 중생 위한 감로법이 허공에 가득하니, 중생은 근기 따라 이익을 얻는다. 그러므로 수

---

\* "이것이 있으므로 저것이 있고, 저것이 있으므로 이것이 있다"라고 하는 연기(緣起)의 진리는 상호연관과 상호의존의 세계 구조를 명징하게 드러낸 것으로 『華嚴經』에서는 이를 인드라망(網)으로 비유한다. 제석천궁(帝釋天宮)에는 그물코마다 보석이 달려있는 무한히 큰 그물이 있는데, 서로의 빛을 받아 서로 비추는 관계로 하나만 봐도 나머지 전체 보석의 영상이 보이게 된다는 것이다. '이것'이 곧 다른 '모든 것'임을 뜻한다는 것이다.

행자가 근본자리로 돌아가 망상을 쉬지 않고서는 아무것도 얻지 못한다. 무연대비(無緣大悲)의 여의주를 취할지니, 분수 따라 근본으로 돌아갈 인연을 얻는다. 다함이 없는 보배 다라니로써 온 법계 장엄하면 참된 보전(寶殿)이로다. 마침내 참된 중도의 자리에 앉으니, 예로부터 부동(不動)하여 불(佛)이라 한다.

法性圓融無二相 諸法不動本來寂 無名無相絶一切 證智所知非餘境 眞性甚深極微妙 不守自性隨緣成 一中一切多中一 一卽一切多卽一 一微塵中含十方 一切塵中亦如是 無量遠劫卽一念 一念卽是無量劫 九世十世互相卽 仍不雜亂隔別成 初發心時便正覺 生死涅槃相共和 理事冥然無分別 十佛普賢大人境 能仁海印三昧中 繁出如意不思議 雨寶益生滿虛空 衆生隨器得利益 是故行者還本際 叵息妄想必不得 無緣善巧捉如意 歸家隨分得資糧 以陀羅尼無盡寶 莊嚴法界實寶殿 窮坐實際中道床 舊來不動名爲佛.216*


법계도는 법(法)·계(界)·도(圖)의 세 부분으로 나뉘어 설명된다. 법은 법성을 가리키는 것이고, 계는 연기(緣起) 현상을 가리킨다. 도인(圖印)으로 작성된 210자의 법성게(法性偈)는 법(法)으로부터 시작해서 불(佛)로 끝나기까지의 연기 과정이 계(界)로 나타나고 있으므로 법계는 근본적인 불법이 연기하여 사상(事相)을 만드는 과정을 일컫는 것이다. 의상이 법계도를 도인(圖印)의 형태

---

*

『華嚴一乘法界圖』 210자

로 나타낸 것은 석가여래의 가르침이 포괄하는 삼종세간(三種世間), 즉 기세간(器世間)·중생세간(衆生世間)·지정각세간(智正覺世間)이 해인삼매(海印三昧)에 의해 드러나는 것을 표현하기 위한 것이라고 법계도 총석인의(總釋印意)에는 나와 있다. 말하자면 법계도는 불법이 포괄하는 모든 세계의 진리를 상징한다. 여기서 기세간은 물질세계, 중생세간은 수행의 세계[중생세계], 지정각세간은 깨달음의 세계[佛菩薩界]를 상징하며, 흰색 바탕(白紙: 기세간)에 검은색의 글씨(黑字: 중생세간)로 게송을 적고 붉은색의 선(赤畵: 지정각세간)으로 게송의 진행 방향을 나타내고 있다.

총 210자의 게송이 모두 한 줄로 이어진 것은 여래(如來)의 일음(一音)을 상징하는 것이라고 법계도 설인문상(說印文相)에는 나와 있다. 이 한 줄이 중앙의 법(法)자에서 시작하여 다시 중앙의 불(佛)자에 이르기까지 54번의 굴곡을 이루는 것은 중생의 근기에 따라 가르침의 방편이 달라지는 것을 나타낸 것이다. 도인(圖印)에 사면사각(四面四角)이 있는 것은 사섭법(四攝法: 布施·愛語·利行·同事)과 사무량심(四無量心: 慈·悲·喜·捨)을 나타낸 것으로 삼승(三乘)에 의해 일승(一乘)을 드러낸 것이니 이는 인상(印相)이 가지고 있는 뜻이다. 또한 글자 가운데 시작과 끝이 있는 것은 수행하는 방편을 나타낸 것으로 인과가 다르기 때문이라고 법계도 명자상(明字相)에는 나와 있다. 글자 가운데 굴곡이 있는 것은 삼승의 근기에 차별이 있기 때문이며, 시작과 끝의 두 글자 '법'과 '불'이 중앙에 위치한 것은 인과의 두 층위를 나타낸 것으로 인과의 본성이 중도(中道)임을 나타내 보인 것이다[217]

중도의 뜻은 이해하기 어렵긴 하지만 육상(六相)의 방편으로써 그 뜻을 풀이할 수 있다. 육상이란 총상(總相)·별상(別相)·동상(同相)·이상(異相)·성상(成相)·괴상(壞相)이다. 총상은 근본 인(印)이며 별상은 인에 의지해 그 인을 원만케 하는 굴곡들로서 이 둘은 각각 원교(圓敎)와 삼승(三乘)에 해당한다. 굴곡은 다 다르지만 하나의 같은 인을 이루므로 '동상'이라 하며, 굴곡이 하나씩 늘어나는 상이므로 '이상'이라 한다. 인(印)을 이루므로 '성상'이라 하며, 각각의 굴곡이 따로 무엇을 만들지 않으므로 '괴상'이라 한다. 이들 육상은 일치하거나 분리되지 않고, 동일하거나 상이하지 않으므로 항상 중도에 있게 된다.[218] 이처럼 중도의 뜻은 모든 존재가 갖추고 있는 육상이 원융무애(圓融無碍)한 관계로서 하나가 다른 다섯을 포괄하면서도 또한 여섯이 그 나름의 개별성을 잃지 않으므로 법계연기가 성립하는 육상원융(六相圓融)의 대통합의 의미로 새길 수 있다.

의상의 일승사상의 이론적 기초는 성기사상(性起思想)과 법계연기(法界緣起)이다. 성기사상은 『화엄경』 「보왕여래성기품(寶王如來性起品)」에 근거한 것으로 모든 존재는 여래의 성품이 발현된 것이라고 본다. 삼신(三身)이 원융한 비로자나 법신불이 우주 법계에 그 빛을 두루 비추며 평등무차별성을 드러내는 동시에 만물만상이 비로자나불의 현현 아닌 것이 없으니 이것을 여래성연기(如來性緣起) 혹은 줄여서 성기(性起)라고 한다. 『화엄경』은 범부 중생이 그대로 부처임을 깨우쳐주고 있는데, 의상은 이를 법성성기(法性性起)라 하여 '예로부터 부처(舊來佛)'라 하였다. 일승사상은 연기와 성기에 의해 '하나(一)'에서 다함이 없는 제법상(諸法相)이 생겨나고 다시 그 '하나(一)'로 돌아가는 것을 보여준다. 연기된 제법상의 차별상이 그 실체가 있는 것이 아니므로 본래의 '하나(一)'로 돌아가 융합되어야 한다는 성기취입(性起趣入)적 성격이 강조된 것이다. 일체 제법은 자성(自性)에 얽매이지 않고 인연 따라 이루는 무주실상(無住實相)이다. 의상의 중도의(中道義) 개념은 개별성이 유지되면서도 융섭되는 중도 융합의 차원을 일컫는 것이다.

법성은 무분별이므로 일체 제법은 본래 중도에 있는 것이다. 법성은 원융하여 상(相)을 벗어나 있으므로 성기(性起)는 곧 불기(不起)이다. 생겨남과 생겨나지 않음이 다르지 않은 것은 늘어나거나 줄어듦이 없기 때문이다. 그래서 의상은 "갔다 갔다 하지만 그곳이 바로 본래 그 자리요, 왔다 왔다 하지만 그곳이 바로 떠난 그 자리이니, 오고 감이 따로 없다(行行本處 至至發處)"고 했다. 이는 『금강삼매경』에서 무주보살(無住菩薩)이 "내가 본래 온 곳이 없으며, 지금 어디에 이르른 곳도 없다"[219]라고 한 구절과 그 의미가 상통한다. 『화엄경』에서는 이를 비유적으로 설명하여 "허공에 새가 날거나 날지 않거나 두 가지 모두 허공에는 차이가 없는 것과도 같다"[220]고 했다. 성기(性起)는 단순히 화엄불교의 세계관을 묘사한 것이라기보다는 수행과 긴밀히 연계돼 있다. 여래의 성기광명(性起光明)이 중생을 이익되게 하는 것은 마치 눈먼 장님이 태양 빛은 못 보지만 그 햇빛의 이익은 얻는 것과도 같이, 눈먼 중생이 여래의 지혜의 빛은 못 보지만 지혜 햇빛의 이익은 얻어서 번뇌와 고통의 근본을 끊게 하는 것이다.[221]

법계도의 법계연기는 다(多)와 일(一), 티끌과 시방세계, 찰나와 무량겁, 초발심과 정각(正覺), 그리고 생사와 열반이 상즉상입의 구조로 상호 연기하고 있음을 보여준다. 의상이 중(中)과 즉(卽)의 이론으로 파악한 법계연기론은 현상과 본체, 초월과 내재, 개체와 전체가 중도 융합의 차원에서 미묘하게 조화되고 있음을 나타낸 것으로, 일체 중생을 일승의 경지로 안내하는 강한 실천성을 띤 일승원교(一乘圓敎)의 사상적 특색을 보여준다. 의상의 화엄사상을 일승원교라 부르는 것은 "하나가 곧 일체이며 일체가 곧 하나(一卽一切多卽一)"라 하여 원음(圓音)과 일음(一音)이 상즉상입의 관계로 연기(緣起)하는 법계연기의 실상을 보여주고 있기 때문이다. '하나가 곧 일체'이니 원음(圓音)이라 하는 것이고, '일체가 곧 하나'이니 일음(一音)이라 하는 것이다. '하나가 곧 일체'인 것은 법신불의 자기현현으로 만물만상이 생겨나는 까닭이며, '일체가 곧 하나'인 것은 모든 존재가 여래의 성품이 발현된 것인 까닭이다.

화엄교학의 중추를 이루는 법계연기설은 차별적인 현상계인 사법계(事法界), 평등무이(平等無二)한 본체계인 이법계(理法界), 본체와 현상[작용]이 원융한 이사무애법계(理事無碍法界), 현상계의 만유가 원융자재하고 상즉상입하여 원융무애한 세계를 끝없이 연기론적으로 펼쳐 보이는 사사무애법계(事事無碍法界)의 4법계에서 살펴볼 수 있다. 화엄학에서는 특히 사사무애법계를 중중무진(重重無盡)의 법계연기라고 일컫는데, 이러한 무진연기(無盡緣起)의 구체적 설명이 십현연기(十玄緣起 또는 十玄門)와 육상원융(六相圓融)*이다. 그러나 제법상이 아무리 복잡하게 뒤얽혀 있어도 전체적으로는 조화와 균형을 유지하게 된다고 보는 것이 법계연기의 논리이다.

이상에서 볼 때 『화엄일승법계도』에 나타난 의상의 일승사상은 '일즉삼 (一卽三)·삼즉일(三卽一)'[천·지·인 삼신일체]의 원리로 표상되는 한국학 고유의 코드와 본질적으로 상통한다. 의상의 법계연기론은 다(多)와 일(一), 티끌과 시방세계, 찰나와 무량겁, 생사와 열반 등 상호 대립하는 범주들이 각각 작용[현상]과 본체, 초월과 내재, 개체와 전체라는 불가분의 관계로서 상호 연기하고 있음을 보여준다. 일승사상이 연기(緣起)와 성기(性起)에 의해 '하나(一)'에서 다함이 없는 제법상(諸法相, 三·多)이 생겨나고 다시 그 '하나(一)'로 돌아가는 것을 보여준 것은, '일즉삼[一卽多]·삼즉일[多卽一]'의 원리를 나타낸 것이다. 또한 연기(緣起)된 제법상의 차별상이 그 실체가 있는 것이 아니므로 본래의 '하나

---

* 십현연기(十玄緣起)와 육상원융(六相圓融)은 화엄무진연기(華嚴無盡緣起)의 모습을 구체적으로 설명해준다. 십현연기는 진여법계(眞如法界)가 인연 따라 움직여 차별의 현상을 이루고 이 현상이 연기(緣起)해서 원융무애(圓融無碍)한 것을 나타낸다는 것이다. 육상원융은 모든 존재가 갖추고 있는 총상(總相), 별상(別相), 동상(同相), 이상(異相), 성상(成相), 괴상(壞相)의 육상(六相)이 원융무애한 관계에 놓여 있어 하나가 다른 다섯을 포함하면서도 또한 여섯이 그 나름의 개별성을 잃지 않음으로써 법계연기(法界緣起)가 성립한다는 것이다.

(一)'로 돌아가 융합되어야 한다고 본 것은, 한국학 고유의 코드에서 복본(復本)을 강조한 것이나 원효가 일심(一心, 참본성)의 원천으로 돌아갈 것을 강조한 것과 같은 맥락에서 이해될 수 있다.

법계도는 개합(開合)의 논리로 본체계[의식계]와 현상계[물·질계]를 회통시킴으로써 생명의 전일성과 자기근원성에 대한 인식을 보여준다. 법계도에서 '하나가 곧 일체'인 것은 법신불[一]의 자기현현(self-manifestation)으로 만물만상[三, 多]이 생겨나는 까닭이라고 했는데, 이는 곧 '일즉삼'의 이치를 밝힌 것이다. 만물의 근원[제1원인]을 법신불이라고 부르든, 신이라고 부르든, 하늘이라고 부르든, 도(道)라고 부르든, 그 밖의 다른 어떤 이름으로 부르든, 모두 같은 의미의 다른 표현이다. 한국학 고유의 코드에서는 만물의 근원인 제1원인을 그냥 '일(一)'이라고 한 것이다. 법계도에서 '일체가 곧 하나'인 것은 모든 존재가 여래의 성품[참본성, 一心]이 발현된 것인 까닭이라고 했는데, 이는 곧 '삼즉일'의 이치를 밝힌 것이다. 따라서 '하나가 곧 일체이며 일체가 곧 하나'인 것은 우주만물이 전일성의 현시이기 때문이다. 마치 허공에 떠 있는 달은 하나이지만, 천강(千江)에 수없이 비춰질 수 있다는 월인천강(月印千江)의 비유와도 같은 것이다.

일승사상은 평등무이(平等無二)의 세계관에 기초하여 참본성을 회복하는 수행의 중요성이 강조되고 있다. 한국학 고유의 코드에서도 참본성이 열려야 사회적 공덕[功業]을 완수할 수 있다고 했다. 법계도 210자의 법성게에 나타난 법성은 곧 법성성기(法性性起)이며 범부 중생이 그대로 부처라고 하고 있다. 우주만물의 차별상이 실체가 있는 것이 아니므로 본래의 참본성을 회복하면 평등성지(平等性智)가 드러나 평등무이하게 된다는 것이다. 의상이 말하는 중도의(中道義) 개념, 즉 개별성이 유지되면서도 융섭되는 중도 융합의 차원은 개체성과 전체성의 조화를 상정한 것으로 여실한 대긍정·대통합의

의미를 함축하고 있다. 법계도는 일승법계연기의 진수를 밝힘으로써 조화
적 통일과 대통합을 지향하는 강한 실천성을 띤 사상적 특색을 보여주고 있
다. 한국학 고유의 코드 역시 통섭적 세계관을 바탕으로 의식과 제도, 정신
과 물질의 일원성에 기초하여 홍익인간·재세이화의 이상을 함축하고 있다.

　평등성과 조화성에 기초한 의상의 화엄교학은 당시 사회의 신분적 제약
을 뛰어넘어 사회적으로 실천하는 실천수행적 성격을 강하게 띠고 있었다.
670년 의상은 10년 동안의 당나라 유학 생활을 마치고 귀국하여 동해변 낙
산사(洛山寺)에 관음도량을 열고 관음신앙을 통하여 통일 신라인들을 일승의
길로 안내하고자 『백화도량발원문(百花道場發願文)』*을 짓기도 했다. 문무왕
16년(676) 왕명에 따라 영주 부석사(浮石寺)를 창건하고 아미타불을 주존으로
하는 화엄의 근본도량을 이루었으며, 화엄종을 강론하여 신라 화엄사상의
주류를 이루었고, 미타신앙을 통하여 일승사상의 대중화운동을 전개했다.
또한 전국에 전교십찰(傳敎十刹)을 건립하여 화엄종을 통일신라 전역에 전파
함으로써 화엄 교종을 확립하는 데 힘썼으며 사상적 통일을 도모했다. 의상
은 당시 신라 골품제 사회에서 평등과 조화의 화엄사상으로 화엄종단을 이
끌었으며, 지통(知通)이나 진정(眞定)과 같은 낮은 신분의 제자들을 중심인물
로 키워냈다.

　그리하여 '의상십철(義湘十哲)'로 불리는 오진(悟眞)·지통(知通)·표훈(表訓)·진
정(眞定)·진장(眞藏)·도융(道融)·양원(良圓)·상원(相源)·능인(能仁)·의적(義寂) 등
10대덕(大德)의 고승이 배출되었으며, 화엄 십찰(十刹)을 중심으로 화엄사상
의 대중적 실천화가 이루어짐으로써 국론통일과 민족통합에 크게 기여했

---

* 『百花道場發願文』은 고려시대의 승려 체원(體元)이 주석하여 지은 『百花道場發願文略
　解』에 수록되어 있다.

다. 이후 의상의 화엄사상은 신림(神琳)과 법융(法融) 등에 의해 신라 교학을 주도하게 되었고, 고려 초에는 균여(均如)가 의상의 화엄 전통을 재확인하고 화엄종을 선도함으로써 고려불교에서도 교학의 중심을 이루었고, 선(禪) 위주의 조선 불교에서도 화엄경의 강학이 지속될 만큼 화엄사상은 우리나라 불교 교학의 중심이 되었다. 나아가 화엄종은 선종과 더불어 쇠퇴한 유학에 새로운 생명을 불어넣음으로써 신유학인 성리학을 형성하는 데에도 크게 기여했다.

원효의 화쟁사상과 의상의 화엄일승사상은 남북분단과 지구촌 분열에 직면해 있는 오늘의 우리에게 커다란 시사점을 제공한다. 이들의 사상은 고금을 통하고 역사를 초월하며 민족과 종교의 벽을 뛰어넘는 보편성이 있다. 이들의 사상은 신라에만 국한된 것이 아니라 중국과 일본 그리고 멀리 천축에까지, 동아시아 전체에 통하는 보편사상이었다. 당시가 불교시대였던 관계로 비록 그 주제와 용어가 불교적이긴 하지만, 일체의 타의(他義)가 모두 불의(佛義)인 것으로 본 것이나, 인간 존재의 근원적인 평등과 조화의 문제를 다룬 것이라는 점에서 능히 불교의 테두리를 넘어선 것이다. 말하자면 삼한 일통이라는 시대적·지역적 특수성과 시공을 초월한 홍익인간의 보편성이 조화를 이루는 중도 융합의 차원을 설파한 것이다. 원효와 의상이 경고하는 교리적 배타성이나 그들이 강조하는 조화와 통일의 원리는 단순히 불교 안에서의 종파주의의 전개에 대한 것뿐만이 아니라 종교 일반, 나아가 지식체계 전반에 대한 것으로 확장되어야 할 것이다.

원효의 화쟁사상과 의상의 일승사상의 진수(眞髓)는 한국학 고유의 코드인 '일즉삼(一卽三)·삼즉일(三卽一)'[천·지·인 삼신일체]의 원리로 압축될 수 있다. 즉, 합(合)하여 말하면 '일즉삼·삼즉일'이고, 개(開)하여 말하면 화쟁사상, 일승사상, 인내천 사상 등이 되는 것이다. '일즉삼·삼즉일'이라는 '생명의 공식(formula of Life)'은 거시적인 우주 차원에서 미시적인 세포 차원에 이르기까지 우주의 본질인 생명의 비밀을 푸는 마스터 알고리즘이다. 비밀 코드와도 같은 이 원리는 방대한 우주의 설계도를 함축하고 있긴 하지만, 그 설계도는 의식이 열린 만큼 볼 수 있을 뿐이다. 원효와 의상의 정치(精緻)한 사상체계는 그들의 의식이 그 설계도의 정수(精髓)를 포착할 수 있을 정도로 고도로 진화했음을 말해준다.

'하나가 곧 일체이며 일체가 곧 하나'임을 아는 것은, 다시 말해 생명의 본체[一, 天·神·靈]와 작용[三, 우주만물]이 하나임을 아는 것은 일심(一心, 참본성)의 통섭적 기능에 의해서이다. 말하자면 일심은 본체와 작용의 합일을 추동하는 메커니즘이므로 '일즉삼·삼즉일'이라는 '생명의 공식'이 작동할 수 있는 메커니즘이기도 하다. 의식이 진화한다는 것은 일심의 원천으로 돌아간다는 것이고 참본성이 열린다는 것이며 주관과 객관의 경계가 사라진다는 것이다. 우리의 의식이 자기중심적인 '몸' 단계에서 이성적인 '마음[정신]'의 단계로, 그리고 궁극적인 '영(Spirit)'의 단계로 진화할수록 '일즉삼·삼즉일'이 함축한 우주의 설계도를 온전히 파악할 수 있게 되고 그에 따라 이 원리의 자각적 주체가 된다. 의식의 패턴이 바뀌지 않으면 변화되는 것은 아무것도 없다. 우주의 실체는 의식이기 때문이다. 화쟁사상과 일승사상이 말하고자 하는 것도 바로 이것이다.

## 05

# 역사문화적 맥락에서 본
# 한국학 코드의 전개

---

● 유·불·선과 이기심성론(理氣心性論)에 나타난 한국학 코드

● 동학과 삼일사상에 나타난 한국학 코드

● 정역팔괘(正易八卦)의 한국학과 탄허(呑虛)의 한국학

유·불·선이 중국에서 전래 되기 이전부터 삼교(三敎)를 포함
하는 사상 내용이 담긴 우리 고유의 풍류(風流)는 화랑들 교
육의 원천이었으며, 화랑들은 자연과 상생하는 '접화군생
(接化群生)'의 풍류도 정신을 함양했다. 우리의 선사(仙史)를 알
기 위해서는 화랑과 소도문화(蘇塗文化)와 그 바탕이 되는 우
리 고유의 천부 코드를 이해할 수 있어야 한다. 퇴계와 율곡
의 이기심성론(理氣心性論)으로 집약되는 조선 성리학의 독자
성은 심성론에 대한 정치(精緻)한 철학적·형이상학적 탐구에
있으며, 조선 성리학을 특징짓는 사단칠정의 이기론적 해석
을 둘러싼 학술논쟁은 당시의 사회정치적 상황과 긴밀하게
연계되어 있었다. 자율성과 평등성에 기초한 동학의 접포
제는 1894년 동학(농민)혁명과 1904년 갑진개화운동, 그리
고 3·1독립운동과 일제 치하 항일독립운동의 사상적·조직
적 기초가 됨으로써 근대사회로의 이행을 촉발시켰다. 정역
팔괘도는 한반도를 중심축으로 하는 동북 간방(艮方)에서 천
지비괘(天地否卦)의 선천문명이 끝을 맺고 지천태괘(地天泰卦)의
후천문명, 즉 간태합덕(艮兌合德)의 새 세상이 열릴 것임을 예
고하고 있다. 그것은 '민본군말(民本君末)'의 세상이다.

- 본문 중에서

# 05 역사문화적 맥락에서 본 한국학 코드의 전개

이 세상 모든 것을 신(神)으로 여기는 사람은 진실로 신을 깨닫게 된다.
숭배하는 행위도 신이고, 바쳐지는 제물도 신이다.
제물인 신이 신에 의해 신의 불길에 타는 것이다.
Who in all his work sees God, he in truth goes unto God:
God is his worship, God is his offering, offered by God in the fire of God.

*- The Bhagavad Gita*, 4. 24.

## 유·불·선과 이기심성론(理氣心性論)에 나타난 한국학 코드

### 유·불·선에 나타난 한국학 코드

우리 고유의 풍류(風流(道), 玄妙之道) 속에는 유(儒)·불(佛)·선(仙)이 중국에서 전래 되기 이전부터 삼교(三敎: 儒佛仙)를 포함하는 사상 내용이 담겨 있어 그 사상적 깊이와 폭을 짐작하게 한다. 또한 우리 문화의 선진성을 엿볼 수 있게 한다. 『삼국사기』에 삼교의 전래 연대를 삼국시대라고 명기[1]하고 있으므로 우리 상고(上古: 삼국 정립 이전 광의의 고대)의 사상을 외래사상의 영향을 받은 것이라고 볼 수는 없다. 상고시대 중국문화는 그 형성과 전수에 있어 동이족의 역할이 지대했던 만큼 그것이 다시 우리나라에 유입된 사실을 가지고 단순히 외래문화라고 규정할 수는 없을 것이다. 삼교가 중국에서 전래 되기 수천 년 전부터 우리나라에 삼교를 포괄하는 고유하고도 심오한 사상적 기반이 있었기에 외래의 여러 사상을 받아들여서 토착문화와 융합하여 독창적인 형태로 발전시킬 수 있었다. 그런 점에서 유·불·선 삼교를 외래사상의 단순한 이입이라고 할 수는 없을 것이다.

통일신라 말기 삼교의 설(說)을 섭렵한 당대 최고의 지식인이었던 고운(孤雲) 최치원(崔致遠)의 〈난랑비서(鸞郎碑序)〉에는 배달국 신시시대와 고조선 이래 유·불·선 삼교를 포함하는 우리의 고유한 풍류(風流, 玄妙之道)라는 것이 있어 백성을 교화하였다고 나온다. 『삼국사기』 「신라본기」 제4 진흥왕(眞興王) 기사에는 다음과 같은 내용이 기록되어 있다.

> 최치원의 난랑비서에 이르기를, 나라에 현묘(玄妙)한 도(道)가 있으니 풍류(風流)라고 한다. 그 가르침의 연원은 선사(仙史)에 상세히 실려 있으며, 실로 유·불·선 삼교(三敎)를 포함하고, 만물과 접하면서 뭇 생명을 교화한다(接化群生). 집에 들어오면 효도하고 나가면 나라에 충성하는 것은 노(魯)나라 공자(벼슬은 司寇(사법대신))의 주지(主旨)와 같고, 무위(無爲)에 처하여 말 없는 가르침을 행하는 것은 주(周)나라 노자(벼슬은 柱史)의 종지(宗旨)와 같으며, 모든 악한 일을 하지 않고 착한 일을 받들어 행하는 것은 축건태자(竺乾太子: 인도 淨飯王의 태자 釋迦牟尼)의 교화와 같다.
> 崔致遠鸞郎碑序曰 國有玄妙之道曰 風流設敎之源 備詳仙史 實乃包含三敎 接化群生 且如 入則孝於家 出則忠於國 魯司寇之旨也 處無爲之事 行不言之敎 周柱史之宗也 諸惡莫作 諸善奉行 竺乾太子之化也.[2]

위 인용문에서 풍류가 유·불·선 삼교를 포함하는 '현묘한 도(玄妙之道)'라고 적시하면서도 풍류의 연원이 선사(仙史)에 상세히 실려 있다고 언급한 것에 대해 의아하게 생각할 수도 있다. 그것은 풍류와 화랑과 선(仙)의 깊은 관계 때문인 것으로 보인다. 단군조선의 화랑들은 물론이고 신라의 화랑들도 명산대천을 찾아다니며 심신을 연마하고 가악(歌樂)을 즐기기도 하며 멀리 가지 않은 곳이 없었다는 기록이 있는 것으로 보아, 풍류는 화랑들의 교육의 원천이었다. 화랑들은 자연과 상생하는 '접화군생(接化群生)'의 풍류도 정신을 함양했던 것이다. 11세 도해(道奚) 단군[3] 때는 열두 명산의 가장 뛰어난 곳을 골라 국선소도(國仙蘇塗)를 설치하여 천제를 지냈다는 기록이 있으며, 국선소도(國仙蘇塗)·화랑도(花郎徒)·조의국선(皂衣國仙)·조의선인(皂衣仙人)·풍월도(風月徒)·국선도(國仙徒) 등의 명칭이 말해주듯 우리나라 선(仙)과 화랑의 역사는 실로 그 뿌리가 깊다. 풍류가 선사(仙史)와 그 맥을 같이 하는 화랑들의 교육의 원천이었기에 그 연원이 선사(仙史)에 상세히 실리지 않았을까 생각된다.

유교(또는 유학)가 순수한 외래사상이라고 보기 어려운 것은 유교 사상의 연원(淵源)이자 중국 고대사상의 원류로 알려진 요(堯)·순(舜) 임금이 동이인(東夷人)이었다는 점과 공자가 동이문화(東夷文化)를 흠모하여 '영원불멸의 군자국' 구이(九夷)에 가서 살고 싶다(『後漢書』卷85,「東夷列傳」제75)는 견해를 피력한 것 등으로 미루어 알 수 있다. 본서 4장 2절에서 고찰했듯이 중국이 그들의 시조로 여기는 삼황오제(三皇五帝)가 모두 동이인이므로 오제(五帝) 중 이제(二帝)인 요(堯)·순(舜)*도 또한 동이인이다. 이는 상고시대 중국문화의 형성과 전수에 있어 동이족의 역할이 지대했음을 말해준다. 단재 신채호에 의하면 2

---

* 맹자(孟子)는「離婁章句」하(下)에서 "순 임금은 제풍(諸馮)에서 태어나고 부하(負荷)로 이사하고 명조(鳴條)에서 졸(卒)하였는데 제풍·부하·명조가 동이족의 땅이니 그는 동이인(東夷人)이다(舜生於諸馮 移於負荷 卒於鳴條 諸馮·負荷·鳴條 東夷之地 舜東夷之人也)"라고 했다. 순(舜) 임금의 아버지는 유인씨(有仁氏: 桓仁氏의 아버지)의 손자 유호씨(有戶氏:『史記』에는 고수(瞽叟)로 나옴)이다. 또한 사마천(司馬遷)의 『史記』에는 중국 도교(道敎)의 시조인 황제헌원(黃帝軒轅)으로부터 순(舜), 우(禹) 임금에 이르기까지 모두 동이(東夷) 소전(少典)의 후손으로 같은 성에서 나왔으며 헌원의 8대손이 순 임금이라고 하고 있다.

세 단군 부루(扶婁)가 태자였을 당시 도산회의(塗山會議)에서 우(禹, 후에 夏王)에게 오행치수법(五行治水法)이 기록된 신서(神書)를 전하였는데 그 신서의 본문이 『서경(書經)』의 「홍범(洪範)」에 기록된 홍범구주(洪範九疇)라고 한다.[4]

앞서 고찰했듯이 치산치수(治山治水), 역(曆)과 역(易), 십간십이지(十干十二支), 음양오행과 태극의 원리, 모두 동이족에서 나간 것이다. 이미 배달국 시대에 역(曆, 册曆)을 만들어 365일 5시간 48분 46초를 일 년으로 삼았다고 「태백일사」 제4 삼한관경본기(三韓管境本紀) 마한세가(馬韓世家) 상(上)에서는 기록하였거니와,[5] 역(易)이란 역(曆)이므로(易者曆也)[6] 유교와 선교의 바탕이 되는 역(易)과 역(曆)이 모두 동이족에서 나갔으니 유교와 선교(仙教, 仙家, 仙道)의 뿌리가 어디인지는 명약관화하다. 또 환국시대로부터 전해오는 『천부경』 · 『삼일신고』 · 『참전계경』은 홍범구주의 근간이 되는 천시(天時) · 지리(地理) · 인사(人事)의 조응관계 및 음양오행을 바탕으로 한 것이다.

예로부터 조선이 신선의 나라로 알려진 것은 선교(仙敎)의 뿌리가 동방임을 시사하는 것이다. 환국으로부터 역(易)사상의 뿌리가 되는 『천부경』이 전수되어 온 것,[7] 배달국 제5대 태우의(太虞儀) 환웅 때 신선도문화(仙敎文化)가 체계화된 것,[8] 태우의 환웅의 막내아들 복희(伏羲)씨가 이 신선도문화를 가지고 서쪽 중토(中土, 中原)로 나아가 임금이 되었고 또 팔괘(八卦)를 그려 중토 역리(易理: 易의 이치)의 원조가 된 것,[9] 그리고 중국의 삼황 가운데 한 사람인 황제헌원(黃帝軒轅)이 동이(東夷)에 와서 『삼황내문(三皇內文)』을 받아 간 것을 계기로 우리의 신교(神敎)가 중국에 전해지게 됨으로써 중국 도교의 원형이 된 것 등이 이를 입증한다. 『삼국사기』에는 신라 효성왕 2년(738)에 당나라 사신이 와서 노자의 『도덕경(道德經)』을 바쳤다는 기록[10]이 나오는데, 우리의 선교는 그보다 수천 년 앞선 것으로 중국의 도교를 열게 하였으며 후에 그것이 다시 유입된 것이라고 보는 것이 옳다.

「태백일사」제3 신시본기에는 불교의 승도(僧徒)와 유교의 유생(儒生)들이 모두 선교의 낭가(郞家)에 예속되었다고 기록되어 있다. "불상이 처음 들어오자 절을 세워 대웅(大雄)이라 불렀다. 이것은 승도들이 옛것을 물려받아 그대로 부른 것으로 본래 승가(僧家)의 말은 아니다. 또 이르기를 승도와 유생들이 모두 낭가에 예속되었다 하니 이로써 알 수 있는 것이다"[11]라고 했다. 원래 대웅전(大雄殿)은 '대웅' 즉 환웅(桓雄)을 모시던 곳이었다. 불교는 본래 인도에서 중국으로 유입되었다가 다시 우리나라에 전래된 것으로 보고 있으나 『삼국유사』에는 석가(釋迦) 이전 불교의 중심지가 우리나라였음을 시사하는 글을 인용하고 있다.

옥룡집(玉龍集)과 자장전(慈藏傳) 및 제가전기(諸家傳紀)에 이르되, 「신라의 월성(月城) 동쪽, 용궁(龍宮) 남쪽에 가엽불(迦葉佛)의 연좌석(宴坐石)이 있다. 그곳은 전불(前佛) 시대의 가람 터이니 지금 황룡사(皇龍寺)의 지역은 7가람(七伽藍)의 하나이다」라고 한 것이 그것이다.

玉龍集及慈藏傳 與諸家傳紀皆云 新羅月城東 龍宮南 有迦葉佛宴坐石 其地卽前 佛時伽藍之墟也 今皇龍寺之地 卽七伽藍之一也.[12]


먼저 삼국시대 이후 유교(또는 유학)의 사회정치적 및 문화적 전개에 대해 개관하고, 이어 유교 경전에 나타난 한국학 코드에 대해 고찰해보기로 하자. 유교는 일찍이 한국적 전통의 주류를 형성하였다. 광개토대왕릉비(414)에는 유교적 용어와 이념이 나타나 있다. 비문에는 추모왕(鄒牟王)이 세자 유류(儒留)에게 유훈(遺訓)으로 전한 '이도여치(以道興治)', 즉 '도로써 세상을 다스리라'는 글이 새겨져 있는데, 이는 고구려의 건국이념이자 국가경영의 철학이기도 했다. 진흥왕순수비(眞興王巡狩碑: 창녕비(561, 국보 제33호)·북한산비(568?, 국보 제3호)·마운령비(568, 국보 제111호)·황초령비(568, 국보 제110호)에는 '제왕건호(帝王建號) 수기이안백성(修己以安百姓)', 즉 자기 몸과 마음을 닦아 백성을 편안하게 하는 것이 제왕의 본분임을 밝히는 글이 새겨져 있어 유교 사상이 정치이념으로서 매우 중시되었음을 알 수 있게 한다.

한당유학(漢唐儒學)의 영향을 받은 삼국시대의 유교 사상은 국가체제 정비와 사회규범 및 질서의 확립은 물론이고, 학술문화·사상·정치·윤리·교육·법제·생활 습속 등에도 광범하게 영향을 미쳤다. 수기치인(修己治人: 자기를 닦고 타인[세상]을 다스림)의 도를 근간으로 인정(仁政)을 베풀어 백성을 편안하게 하는 왕도정치의 유교적 정치이념 또한 삼국에 수용되었다. 고구려는 제9대 고국천왕(故國川王) 때 을파소(乙巴素)가 국상(國相)으로 기용되어 유교적 정치 윤리를 확립하고 국기(國基)를 튼튼히 다졌다. 제17대 소수림왕 2년(372)에는 귀족 자제의 유학 교육기관인 태학(太學)이 설립되고 이듬해에는 율령(律令)이 반포되는 등 국가체제와 문물제도가 정비되었다. 유교 오경(五經:『詩經』·『書經』·『易經』·『禮記』·『春秋』) 중심의 교육제도는 고구려의 통치이념이 유교 사상에 기반해 있었음을 시사한다.[13] 고구려의 습속은 미천한 집안에 이르기까지 서적을 좋아하여, 거리마다 경당(扃堂)이라 부르는 큰 집을 지어놓고 미혼 자제들이 주야로 이곳에서 독서와 활쏘기를 익히게 한다[14]고『구당서(舊唐書)』「동이열전(東夷列傳)」에는 기록되어 있다.

백제는 제8대 고이왕(古爾王) 27년(260)에 관제(官制)를 정비하여 6좌평(六佐平) 제도와 16등급의 관등제(官等制)가 제정되었으며, 관품의 등급에 따라 복색(服色)이 정해지는 관복제(官服制)도 제정되어 유교적 신분질서를 강화했다. 고이왕 29년(262)에는 관리로서 재물을 받은 자와 도둑질한 자는 장물(贓物)의 3배를 배상하고 종신토록 금고(禁錮)에 처하는 법령을 내렸다.[15] 제13대 근초고왕(近肖古王)은 고흥(高興)에 의한『서기(書記)』편찬, 율령 정비 등 체제 정비와 국방력 강화 등을 통해 고대국가의 지배체제를 완성함으로써 일찍이 백제의 전성기를 열었다. 근초고왕 때 이미 박사제도가 있었던 것으로 보아 일찍이 대학을 설립하여 교육하였던 것으로 보인다. 제14대 근구수왕(近仇首王)은 특히 손자 진손왕(辰孫王)과 왕인(王仁)을 왜(倭)에 파견하여 논어와 천자문 등 백제의 선진문물을 전하고 오진(應神) 왜왕의 태자에게 글을 가르쳐 일본 고대국가의 성립과 발전에 지대한 영향을 주었다. 그러한 관계로 왕인은 아스카문화의 시조로 불린다.

신라는 제22대 지증왕(智證王)·제23대 법흥왕(法興王)·제24대 진흥왕(眞興王)의 3대를 거치면서 유교 사상을 바탕으로 각종 제도의 정비를 통하여 고대국가체제의 기반을 확립했다. 지증왕 3년(502) 국왕의 장례에 순장(殉葬) 금지, 지증왕 4년(503) 국호를 신라(新羅)로 정하고 왕(王)이라는 칭호 사용, 지증왕 5년(504) 상복법(喪服法)을 제정 반포하여 예제(禮制) 정비, 지증왕 6년(505) 군현제 제정, 법흥왕 7년(520) 율령 반포 및 백관(百官)의 공복(公服) 제정, 법흥왕 23년(536) 독자적인 유교식 연호(年號) 사용, 진흥왕 6년(545) 거칠부(居柒夫)에 의한 『국사(國史)』 편찬, 진흥왕 37년(576) 화랑도(풍월도) 조직의 제도화 등을 통해 신라는 비교적 정치적 안정을 누리며 사회경제적으로도 급속하게 발전함으로써 삼국통일의 기반이 조성되게 되었다. 화랑도의 실천 강령인 원광법사(圓光法師)의 세속오계(世俗五戒)는 유교의 실천 윤리가 사회에 뿌리내리게 하는 계기가 되었다. 제31대 신문왕 2년(682)에는 국학(國學, 太學)이 세워져 유교적 교육제도가 정비되었다.

고려시대의 유교(유학) 사상 또한 한당유학(漢唐儒學)의 영향을 받았으며 경학(經學: 유교 경전을 연구하는 학문)과 사학(史學) 및 사장(詞章: 문장과 詩賦를 통칭)이 중심이 되었다. 후삼국을 통일하고 고려를 건국한 태조 왕건(王建)은 사회정치적 안정을 도모하고자 유교·불교·도교를 정교(政敎) 이념으로 수용했다. 태조 왕건의 정치철학과 유교적 정치이념은 후세의 귀감으로 삼게 하고자 그가 직접 지어 유훈(遺訓)으로 전한 '훈요십조(訓要十條)'[16]에 잘 나타나 있다. 『고려사(高麗史)』 권2 태조 26년 4월조에 기록된 '훈요십조'는 왕위계승에 관한 3조, 문물예악(文物禮樂) 제도에 관한 4조, 임금이 백성의 마음을 얻는 것에 관한 7조, 신료들의 녹봉에 관한 9조, 그리고 "널리 경사(經史)를 읽어 옛것을 거울로 삼아 지금을 경계하라"고 한 10조가 유교에 관한 조목이다. 제4대 광종(光宗)은 과거제도 채택, 관복 제정, 노비안검법(奴婢按檢法) 실시 등 개혁정책을 통해 고려왕조의 기틀을 세웠다.

제6대 성종(成宗)은 유교사회 건설을 표방하며 유교를 정치이념으로 채택하여 수성기(守成期)에 접어든 고려사회를 합리적인 유교사회구조로 개편하고자 했다. 성종 11년(992)에는 최고의 국립 교육기관인 국자감(國子監)을 설치하여 유학교육과 함께 기술교육도 담당하게 했다. 성종은 유교적 통치이념에 입각한 치세 방향을 제시한 최승로(崔承老)의 시무책(時務策, 時務二十八條)을 채택하여 새로운 국가체제 정비에 박차를 가했다. 12목(牧)의 설치와 2성(省) 6부(部)제를 바탕으로 한 지방제도와 중앙관제의 정비와 함께 팔관회와 연등회를 폐지하여 고려사회는 한층 더 유교 사회로 향하게 되었다. 고려 중기에 유학은 12개의 사학을 지칭하는 사학(私學) 12도(十二徒)가 설립되어 유학을 교육하였다. 그중에서도 최충(崔沖)이 세운 문헌공도(文憲公徒, 侍中崔公徒) 또는 구재학당(九齋學堂)은 고려 사학의 효시로서 고려에 유학 열풍을 일으켰다. 제17대 인종(仁宗) 때 최윤의(崔允儀) 등이 왕명에 따라 예서(禮書)인 『상정고금예문(詳定古今禮文)』*을 편찬하여 유교적 예제를 정비했다. 무신 집

---

\* 『상정고금예문』(정식 서명은 『詳定禮文』)은 1234년(고려 고종 21년) 무렵 주자(鑄字)로 찍어 여러 관사(官司)에 나누어 간직하게 된다. 비록 현존하지는 않지만, 이 금속활자본

권기에는 유학이 침체되었으며, 고려 말기에는 신유학인 성리학의 도입으로 고려의 유학계에는 새로운 학풍이 진작되었다. 조선의 유학에 대해서는 '이기심성론'에서 다루기로 한다. 그러면 유교 경전―특히『역경(易經)』,『서경(書經)』의 홍범구주(洪範九疇), 사서(四書)인『논어(論語)』·『맹자(孟子)』·『대학(大學)』·『중용(中庸)』―에 나타난 한국학 코드에 대해 고찰해보기로 하자. 유교(또는 유학)의 연원은 요순(堯舜)으로까지 거슬러 올라가지만, 사상적 재구성을 통하여 종합적으로 집대성된 것은 공자(孔子, 이름은 丘, 字는 仲尼, BCE 551~BCE 479)에 이르러서이다. 노(魯)나라 창평(昌平: 지금의 山東省 曲阜縣南 八十里)에서 출생한 공자는 중국사상 최초로 사학(私學)을 일으켜 많은 제자를 길러낸 최초의 인물이었다. 그는 유자(儒子, 士의 일종)였으며 유가(儒家)의 창시자이기도 하다. 정치적 및 사회적 개혁의 이상을 실현코자 13년 동안 각국을 순방하였으나 성공치 못하고 결국은 노년에 노(魯)나라에 돌아왔다. 돌아온 지 3년 만에 세상을 떠났다.[17]

유교 삼경(三經:『易經』·『書經』·『詩經』)의 하나인『역경』은 통섭적 세계관에 기초한 한국학 코드의 전형을 보여준다. 주(周)나라의 역(易)이라 하여『주역(周易)』*이라고도 한다. 역(易)이란 말은 변역(變易), 즉 '바뀌다' '변하다'라는 뜻으로

---

은 1454년에 금속활자를 사용한 독일의 요하네스 구텐베르크의『성경』보다 약 220년 앞선 것이다.

\* 『周易』은 복희(伏羲)·문왕(文王)·주공(周公)·공자(孔子) 네 성인의 학설을 종합한 것으로 보는 것이 일반적이다. 즉, '괘효(卦爻)'는 복희의 주역'이고, '괘사(卦辭)'는 문왕의 주역'이며, '효사(爻辭)'는 주공(周公)의 주역'이고, '십익(十翼)'은 공자(孔子)의 주역'이라는 것이다. '십익'은 '열 개의 날개'이니 경(經)을 보조하는 해설이라는 뜻으로 여기에는 단전(彖傳) 상·하편, 상전(象傳) 상·하편, 계사전(繫辭傳) 상·하편, 문언전(文言傳), 설괘전(說卦傳), 서괘전(序卦傳), 잡괘전(雜卦傳)이 들어 있다. 중국 삼국시대 위(魏)나라의 철학자 왕필(王弼)은 배달국 제5대 태우의(太虞儀) 환웅의 막내아들 태호복희(太皞伏羲)씨가 역(易)의 팔괘(八卦)를 만들고 이를 다시 겹쳐서 64괘를 만들어 삼라만상의 상호작용과

우주만물이 끊임없이 변화하는 원리를 밝힌 까닭에 『역경』을 『변역의 서(書) *The Book of Changes*』라고도 한다. 역(易)은 간역(簡易)·변역(變易)·불역(不易) 의 세 가지 의미를 함축하고 있는데 『역경』의 요체는 이러한 역(易)의 세 측면 이 종합될 때 자연히 드러난다. 역(易)의 세 측면을 풀이해 보면 다음과 같다.

간역은 우주만물의 변화를 음양[太極]의 원리로 간명하게 나타낼 수 있다는 것이 고, 변역은 음양동정(陰陽動靜)의 원리에 의해 우주만물이 상호의존·상호전화(相 互轉化)·상호관통하며 끊임없이 변화한다는 것이며, 불역은 가없는 변화에 응답 하는 원궤의 중심축인 불변의 우주섭리를 말하는 것이다.

불역과 변역은 우주의 본질인 생명의 본체와 작용의 상호관통을 나타낸 것이다. 이는 곧 한국학 고유의 코드에서 말하는 일(一)과 삼(三, 多), 즉 본체 계[의식계]와 현상계[물질계]의 전일적 관계를 말하는 것으로 통섭적 세계관에 기초한 것이다. 불변의 우주섭리란 그 자체는 생멸하지 않으면서 만유를 생 멸케 하고 또한 그 자체는 무규정자이면서 만유를 규정하며 만유에 편재해 있는 무시무종(無始無終)의 유일자—흔히 신 또는 하늘이라 부르는—이다. 말 하자면 천지만물이 생겨나기 전에도 있었던, 분리 자체가 근원적으로 불가 능한 생명[天·神·靈] 그 자체다. 그래서 불역(不易)을 가없는 변화에 응답하는 원궤의 중심축이라고 한 것이다. 또한 이 세계의 작동방식이 복잡한 것 같 지만, 우주만물의 생성 과정은 태극-음양-오행-만물로 되어 있으며 만물은 결국 하나의 음양으로, 그리고 음양은 하나의 태극으로 돌아가는 과정이 순

---

변화의 표징으로 삼았다고 하고, 중국 전한(前漢)시대 역사학자 사마천(司馬遷)은 복희 씨가 팔괘를 만들고 문왕(文王)이 64괘와 괘사(卦辭)·효사(爻辭)를 만들었다고 하였다.

환 반복되는 것이므로 세계의 변화를 음양(태극)의 원리로 간명하게 나타낼 수 있다는 의미에서 간역(簡易)이라 한 것이다.

이렇듯 변화하는 우주만물은 불변의 우주섭리를 그 체(體)로 하고 있는 까닭에 불변의 이치를 알지 못하고서는 현상계의 변화하는 이치 또한 알 수 없다. 그럼에도 오늘날 학문의 세계에서는 본체계(의식계)는 배제하고 그 작용인 현상계(물질계)만을 다루고 있다. 바닷물은 보지 못하고 파도만을 보고 있는 것이다. 본체와 작용의 상호관통의 원리를 이해하지 못하므로 생명의 전일성과 자기근원성을 알 수 없게 된 것이다. 이 불변의 우주섭리는 우주만물에 내재해 있는 동시에 가없는 기화(氣化)의 작용으로 만유를 생장·변화시키는 하나인 혼원일기(混元一氣: 무어라 형용할 수 없는 태초의 한 기운)를 일컫는 것으로 『역경』에서는 이를 태극(太極)이라고 하였다.

따라서 간역(簡易)의 이치를 알게 되면 불역(不易)과 변역(變易)이 생명의 본체(靈性)와 작용(物性)의 관계로서 둘이 아님을 자연히 알게 된다. 이 우주는 분리할 수 없는 거대한 파동의 대양(氣海)이며, 창조하는 주체와 창조되는 객체가 따로 있는 것이 아니다. 스스로 생성되고 변화하여 돌아가는(無爲自化) 것이니, 생명은 본체인 동시에 작용이며, 영성인 동시에 물성이며, 정신인 동시에 물질이며, 파동인 동시에 입자다. 이러한 생명의 본질을 이해하지 못하고서는 통섭적 세계관을 논할 수가 없다. 실제 삶과는 무관하게 생명을 떠나 따로이 지식 차원에서 운위되는 통섭이 있다면 그것은 한갓 미망일 뿐이며 언어의 유희에 지나지 않는다.

유교 삼경의 하나인 『서경(書經)』에 나타난 홍범구주(洪範九疇)는 천시(天時)와 지리(地理) 그리고 인사(人事)의 조응관계에 기초하여 통섭적 세계관을 정치 실제에 적용한 것이다. 홍범구주의 내력에 대해서는 앞서 설명하였으므로 여기서는 생략하기로 한다. 그 주요 내용은 정치가 하늘(天)의 상도(常道)

인 오행(五行)·오사(五事)·팔정(八政)·오기(五紀)·황극(皇極)·삼덕(三德)·계의(稽疑)·서징(庶徵)·오복(五福) 등 구주(九疇)*에 의해 인식되고 실현된다는 것이다. 천리(天理)에 순응하는 정치 대법을 아홉 개 조항으로 집대성한 홍범구주에서는 제5주 건용황극(建用皇極)을 홍범 아홉 개 조항의 중앙에 위치시킴으로써 군왕이 중심에서 대공지정(大公至正)의 왕도를 세운다는 뜻에서 왕도는 곧 중정(中正)의 도(道)임을 논리 구조적으로 명료하게 보여준다. 천시(天時)와 지리(地理)와 인사(人事)의 합일에 대한 자각에 기초하여 왕업(王業)을 수행하는 것이 군왕의 본분이라고 본 것은 한국학 고유의 코드와 일치하는 것이다.

유교 사서(四書)로 일컬어지는 『논어』, 『맹자』, 『대학』, 『중용』에도 한국학 고유의 코드가 기초해 있는 통섭적 세계관이 여실히 드러난다. 공자 사상의 요체는 인(仁)이다. 춘추시대의 도덕적 타락상과 사회정치적 혼란상을 목격하고서 도덕성 회복을 위해 '인'을 강조했던 것이다. 인(仁)의 사상적 뿌리는 환인(桓仁)에서 찾을 수 있다. 환국(桓國)에서는 감군(監群: 무리의 우두머리)을 인(仁)이라 하였으므로 전일·광명을 뜻하는 '환(桓)'과 감군을 뜻하는 '인(仁)'이 결합하여 '환인'이 된 것이다. 말하자면 환국에서는 지도자가 갖추어야 할

---

* 제1주(第一疇) 오행(五行)은 수화목금토(水火木金土)이고, 제2주(第二疇) 오사(五事)는 용모(貌)·언행(言)·시각(視)·청각(聽)·생각(思)을 공손하고 바르게 행하는 것이고, 제3주(第三疇) 팔정(八政)은 식량(食)·재화(貨)·제사(祀)·내무(司空)·교육(司徒)·치안(司寇)·외무(賓)·군사(師)의 여덟 가지 통치행위와 관련된 것이고, 제4주(第四疇) 오기(五紀)는 세(歲)·일(日)·월(月)·성신(星辰)·역수(曆數)로 천지운행의 법도이고, 제5주(第五疇) 황극(皇極)은 대공지정(大公至正)의 왕도이고, 제6주(第六疇) 삼덕(三德)은 군왕의 세 가지 덕목인 정직·강극(剛克: 강함으로 다스림)·유극(柔克: 부드러움으로 다스림)이고, 제7주(第七疇) 계의(稽疑)는 국가의 주요 정책을 집행함에 있어 의심이 가는 일에 대해서는 사람이 할 바를 다한 후 하늘의 뜻에 다시 비추어보는 의미에서 복서(卜筮)로 결정하는 방법이고, 제8주(第八疇) 서징(庶徵)은 하늘이 사람에게 보여주는 징후를 잘 파악하여 충분히 대비하는 것이고, 제9주(第九疇) 오복(五福: 壽·富·康寧·德·考終命)과 육극(六極: 凶短折·疾·憂·貧·惡·弱)은 삶의 목표를 올바르게 유도하기 위해 경계로 삼는 것이다.

필수 덕목인 인(仁)을 그 직함으로 삼은 것이다. 『태백일사』「환국본기」 초두 (初頭)에서는 "인(仁)이란 임(任)을 이르는 말이니 널리 사람을 이롭게 구제하고 세상을 이치대로 밝히는 일을 맡으려면 반드시 어질어야 한다"[18]라고 했다. 환국의 정치사상의 요체는 인(仁)이었으며 환국의 수장은 환인(桓仁)이라 불렸다.

『논어(論語)』「안연(顏淵)」편에 공자가 그 제자인 번지(樊遲)와의 문답에서 "인(仁)이란 남을 사랑하는 것이다"[19]라고 한 데서도 알 수 있듯이, 인을 실천한다는 것은 곧 남을 배려하는 마음을 갖는다는 것이다. 인의 실천 방법은 충서(忠恕)의 도(道)로 나타난다. 적극적인 면이 '충(忠)'으로 나타난다면, 소극적인 면은 '서(恕)'로 나타난다. 즉, "자기가 서려고 하면 남도 세워주고, 자신이 어떤 목적을 이루고자 하면 남도 이루어지도록 해주는 것(「雍也」편)"[20]이 인(仁)의 적극적 실천방법인 '충(忠)'이라고 한다면, "자기가 하고 싶지 않은 일을 남에게 시키지 말라(「顏淵」편)"[21]고 한 것은 소극적 실천방법인 '서(恕)'이다. 인(仁)은 주체와 객체가 일체가 되는 대공(大公)한 경계이다. 주체와 객체가 하나가 되는 통섭적 세계관을 갖지 못하면 진정으로 남을 사랑할 수 없고 따라서 인을 실천할 수도 없다. 공자는 진덕(進德), 즉 덕을 진작(振作)시키는 것을 학문의 목표로 삼아 '덕성아(德性我)' 계발을 위주로 하였다.

제경공(齊景公)이 물었다. "어떻게 하면 나라를 바로잡을 수 있겠습니까?" "군군 신신 부부 자자(君君臣臣父父子子)." 공자의 대답이었다. 즉, 임금은 임금답고, 신하는 신하다우며, 어버이는 어버이답고, 자식은 자식다워야 정치질서가 확립될 수 있다는 것이다. 정치는 '정명(正名)', 즉 이름을 바로잡는 것을 근본으로 삼는다는 것이 공자의 '정명' 사상이다(「子路」편). 공자는 당시의 혼란을 '정명'의 혼란으로 규정하고, 침권(侵權)을 정치질서 붕괴의 주요 원인으로 보았다. 자기를 닦고 백성을 다스리는 이른바 수기치인(修己治人)의 도를 체득하지 않고서는 인의 덕성적(德性的) 및 효용적 의미가 제대로 발현되기 어려운 까닭에 공자의 호학적(好學的) 정신은 수신에 그 토대를 두고 '제가치국평천하(齊家治國平天下)'로 나아갔던 것이다. 의식계[의식]와 물질계[제도]의 상호관통에 기초한 수기치인의 도는 통섭적 세계관을 보여주는 것이다.

또한 공자는 사회질서 유지를 위해 예(禮)를 강조하며 인과 예가 결국 하나임을 제자인 안연(顔淵)에게 극기복례(克己復禮)라는 말로 설명했다. "자기를 이기고 예(禮)로 돌아가는 것이 인이며, 하루하루 자기를 이기고 예로 돌아가면 천하가 인으로 돌아갈 것이다…예가 아니면 보지 말며, 예가 아니면 듣지 말며, 예가 아니면 말하지 말며, 예가 아니면 움직이지 말라."[22] 자기를 이기고 예로 돌아가는 것은 주관과 객관의 경계를 허물어 사랑을 실천하는 것이며, 그리하여 천하가 인(仁)으로 돌아가면 정치의 가장 주요한 과제인 사회 속의 신(信)의 확립은 저절로 이루어지게 된다. 예가 아니면 보지도, 듣지도, 말하지도, 움직이지도 말라고 하는 '사물(四勿)'이 극기복례의 행동 지침이고, 그 잣대가 되는 것이 중용(中庸) 즉 시중(時中)의 도[23]이다. 공자는 주관과 객관의 조화를 함축한 '시중'의 도로써 대동사회의 이상을 구현하고자 했다. 이는 곧 평등성지(平等性智)의 나타남으로 통섭적 세계관의 바탕을 이루는 것이다.

『맹자(孟子)』는 성선설(性善說)에 의해 사람이 인을 실천할 수 있는 근거를 사단(四端)으로써 논증하고 있다. 사람은 누구에게나 남에게 차마 잔인하게 하지 못하는 마음, 다시 말해 남의 고통을 보고 참지 못하는 불인지심(不忍之心)이 있으니, 그것이 바로 측은지심(惻隱之心)·수오지심(羞惡之心)·사양지심(辭讓之心)·시비지심(是非之心)이라는 것이다. 『맹자』「공손축상(公孫丑上)」에는 측은한 마음이 없거나, 부끄러워하고 미워하는 마음이 없거나, 사양하는 마음이 없거나, 시비를 가리는 마음이 없으면 인간이 아니라고 했다. 이어 그는 인의예지(仁義禮智)에 대해 이렇게 설명했다.

> 측은한 마음은 인(仁)의 단서(端緖)이며, 부끄러워하고 미워하는 마음은 의(義)의
> 단서이며, 사양하는 마음은 예(禮)의 단서이며, 시비를 가리는 마음은 지(智)의 단
> 서이다. 사람이 이 사단(四端)을 가진 것은 마치 사지(四肢)를 가진 것과 같다.…이
> 사단이 자기에게 있는 것을 알고서 확충해 나가면…천하라도 보전할 수 있게
> 되지만, 확충시키지 못하면 부모조차 섬길 수 없게 된다.[24]

유가의 네 가지 덕목인 인의예지는 모든 사람의 본성인 사단(四端)을 충실
하게 확충시켜 나가면 꽃피워질 수 있다고 본 것이다. 그것은 바로 교육을
통해서이다. 맹자는 '사단'으로 성선(性善)을 논하고 있으나 단(端)은 단지 단서
일 뿐 덕성이 원만하게 피어나려면 반드시 자각적 노력이 필요한 것으로 보
았다. 『맹자』「진심장구상(盡心章句上)」에서도 타고난 천성을 넓혀서 충실하게
할 수 있도록 수신의 필요성을 강조하고 있다. 이러한 교육을 통한 '사단'의
확충은 의식의 확장과 관계되는 것으로 통섭적 세계관의 본질과 그 맥이 닿
아 있다. 오늘날 교육의 문제점은 소위 과학적 합리주의라는 미명 하에 무한
경쟁과 물신(物神) 숭배를 조장함으로써 주관과 객관을 통섭하는 기능을 마
비시키고 그에 따라 '만인에 대한 만인의 투쟁 상태'를 초래했다는 데 있다.

『대학(大學)』은 공자의 가르침을 정통으로 나타낸 중요한 경서(經書)로서 명
명덕(明明德: 명덕을 밝힘)·친민(親民[新民]: 백성을 친애함)*·지어지선(止於至善: 지선에

---

* 3강령 중 '친민[신민]'에 대해, 명나라 왕양명(王陽明)은 고본(古本)대로 백성을 친애한다
는 뜻으로 해석했고, 정이(程頤)나 주자는 친(親)을 신(新)으로 풀이하여 백성을 새롭게
한다는 뜻으로 해석했다. 본래의 타고난 명덕을 밝혀서 백성에게 베풀어 사랑하고 새
롭게 하는 것이니 그 뜻이 다른 것이 아니다.

머묾)의 3강령을 격물(格物)·치지(致知)·성의(誠意)·정심(正心)·수신(修身)·제가(齊家)·치국(治國)·평천하(平天下)의 8조목(八條目)으로 정리하여 유교의 근본 사상을 제시하고 있다. 이(理)와 사(事)의 상호관통을 밝히고 있다는 점에서 통섭적 세계관이 그 바탕을 이루고 있다. 8조목의 요지는, '사물의 이치를 궁구하여 이르지 않는 데가 없게 한 다음에야 모든 사물의 이치를 알 수 있게 되고, 모든 사물의 이치를 알고 난 다음에야 뜻이 성실해지고, 뜻이 성실해진 다음에야 마음이 바르게 되고, 마음이 바르게 된 다음에야 몸이 닦아지고, 몸이 닦아진 다음에야 집안이 다스려지고, 집안이 다스려진 다음에야 나라가 다스려지고, 나라가 다스려진 다음에야 천하가 태평하게 된다'는 것이다.

『대학』「전문(傳文)」 치국평천하 18장은 '치국평천하'함에 있어 군자가 지녀야 할 '혈구지도(絜矩之道)'를 효(孝)·제(悌)·자(慈)의 도로 제시하고 있다.[25] 치국평천하 19장은 '혈구지도'를 설명한 것으로 이러한 '혈구지도'는 『참전계경』 제345사, '단군8조(檀君八條)' 제2조, 부여의 구서(九誓) 제2서 등 여러 경전에서 이미 제시된 것이다. 남을 나와 같이 헤아리는 추기탁인(推己度人)의 도를 지켜간다면 편안한 생활을 할 수 있다는 뜻이다.[26] 이는 곧 주관과 객관의 조화를 함축한 것으로 통섭적 세계관과 그 맥이 통해 있다.

『중용(中庸)』의 요체를 담고 있는 1장은 천명(天命)·성(性)·도(道)·교(教)로써 중용의 철학적 근거를 밝히고 있다. "하늘이 명한 것을 성(性)이라 하고, 성을 따르는 것을 도(道)라 하며, 도를 닦는 것을 교(教)라 한다(天命之謂性 率性之謂道 修道之謂教)"[27]고 하여, 우주만물을 관통하는 하나인 참본성[性]이 곧 하늘임을 나타냄으로써 통섭적 세계관의 바탕을 이루는 하늘[본체, 一]과 만물[작용, 三·多]의 일원성을 여실히 보여준다. 이는 '일즉삼(一卽三)·삼즉일(三卽一)'이라는 한국학 고유의 코드와 본질적으로 상통하는 것이다.

중용의 중(中)은 '치우치지도 기울지도 않음(不偏不倚)', '지나치지도 모자라지도 않음(無過不及)', '희로애락이 일어나지 않음(喜怒哀樂之未發)'을 뜻하고, 용(庸)은 '변함없음(平常, 不易)'을 뜻하는 것으로 인간 성품의 이치를 담고 있다. 따라서 중용이란 말뜻 자체가 성리학의 핵심을 함축하고 있다. 또한 『중용』 1장에서는 "중화를 이루면 하늘과 땅이 제자리에 있게 되고 만물이 자라게 된다(致中和 天地位焉 萬物育焉)"라고 하여 중용 최고의 경지를 밝히고 있다. 지극한 정성(至誠)이 곧 지선(至善)으로 중용에 가깝다고 할 수 있다. 이렇듯 중용의 도는 천·지·인 삼재의 융화를 바탕으로 통섭적 세계관과 본질적으로 상통한다. 다만 유교의 도는 '인위(人爲, 有爲)'의 도라는 태생적 한계로 인해 '무위자연(無爲自然)'의 도와는 달리 통섭적 사유가 철저하지 못하다는 비판이 있을 수 있지만, 운용 주체는 인간이므로 인간의 의식 수준에 따라 천차만별로 나타날 수 있다.

다음으로 삼국시대 이후 불교의 사회정치적 및 문화적 전개에 대해 개관하고, 이어 불교 경전에 나타난 한국학 코드에 대해 고찰해보기로 하자. 고구려는 제17대 소수림왕(小獸林王) 2년(372)에 전진(前秦)의 왕 부견(符堅)이 사절(使節)과 함께 승려 순도(順道)를 보내 불상과 불경(佛經)을 전해주어 고구려 왕실에 불교가 전래되었다. 소수림왕 4년(374)에는 승려 아도(阿道)가 들어왔고, 소수림왕 5년(375)에는 성문사(省(肖)門寺)를 세워 순도(順道)를 두고, 또 이불란사(伊弗蘭寺)를 세워 아도(阿道)를 둔 것이 우리나라 불법의 시초였다.[28] 제18대 고국양왕(故國壤王) 8년(391)*에는 불교 신앙의 확대를 도모하고 국사(國社, 社稷)

---

* 『三國史記』에는 392년이라고 되어 있으나, 광개토대왕릉비에 의하면 392년은 광개토대왕(재위 391~412) 2년에 해당한다. 따라서 위 본문과 같이 391년(고국양왕 8)으로 해서 고국양왕 말년의 사실(史實)로 볼 것인지, 아니면 392년(광개토대왕 2)으로 해서 광개토대왕의 사실로 볼 것인지에 대해서는 검토가 필요하다.

를 세우고 종묘를 수리하였으며, 불교 수용에 관한 법제적 조치가 취해짐으로써 불교가 공인되었다. 제20대 장수왕(長壽王) 후기의 승랑(僧朗)은 중국에 건너가 구마라습(鳩摩羅什)에서 승조(僧肇)로 이어지는 삼론학(三論學)의 교의를 깊이 연구하여 신삼론학(新三論學)을 개척하였으며, 그의 학풍은 후일 독립된 새 종파인 삼론종(三論宗)*으로 성립되었다. 또한 일본에 건너가 불교학과 예술 방면에 크게 기여한 인물로는 고구려 최초의 전법승인 혜편(惠便), 쇼토쿠(聖德) 태자의 스승이 되었던 혜자(惠慈), 불교 예술가인 담징(曇徵), 일본 삼론학의 시조인 혜관(惠灌) 등이 있다.

백제는 제15대 침류왕(枕流王) 1년(384)에 동진(東晉)으로부터 호승(胡僧: 인도 승려) 마라난타(摩羅難陀)가 들어오면서 불법이 전래되었다. 침류왕이 마라난타를 궁내에 두고 예경(禮敬)했다는 『삼국사기』의 기록[29]으로 보아 그 이전부터 불교가 백제에 전해져 있었던 것으로 보인다. 이듬해 사찰을 창건하고 승려가 되는 것을 허용하였으며, 아신왕(阿莘王) 즉위년(392)에 법제적 조치가 취해짐으로써 불교가 공인되었다. 제26대 성왕(聖王)은 계율을 장려함으로써 불교 교단을 정비하였으며, 성왕 30년(552)에 달솔(達率) 노리사치계(怒唎思致契) 등을 일본에 파송해 불상과 불경을 전하고 불교를 전파했다.[30] 또한 사원 건설을 위해 많은 학자와 기술자들이 일본에 파견되었다. 제27대 위덕왕(威德王) 1년(554)에 승려 담혜(曇慧)는 도심(道深) 등 9인의 승려와 함께 일본으로 건너가 불법을 홍포하였다. 위덕왕 35년(588)에는 일본의 요청에 의해서 불사리(佛舍利)를 전하고, 이어 은솔(恩率) 수신(首信)이 학자·승려·와박사(瓦博士)·화

---

* 삼론종의 7대 상승(七代相承)은 구마라습(鳩摩羅什), 승숭(僧嵩), 법도(法度), 승랑(僧朗), 승전(僧詮), 법랑(法朗), 길장(吉藏)의 7사(師)를 말한다. 삼론종을 형성하고 발전시킨 7인의 고승 가운데서도 승랑은 삼론종의 성립에 중추적인 역할을 했다.

공(畫工) 등을 인솔하고 일본에 건너가 백제문화를 전파하였으며 이를 계기로 법흥사(法興寺) 건립이 착공되었다.[31] 제30대 무왕(武王) 3년(602)에는 승려 관륵(觀勒)이 일본에 건너가 불교를 전파하였고, 일본 최초의 승정(僧正)이 되었다. 그렇게 해서 일본은 탁월한 불교예술과 문화를 발전시키게 되었다.

신라는 불교가 민간에 처음 전해진 이후 제23대 법흥왕 14년(527)에 이차돈(異次頓)의 순교*로 공인되기까지 100여 년이 걸렸다.[32] 신라의 불교 공인은 고구려, 백제와 비교하면** 약 135년이 뒤늦은 것이다. 당시 신라는 왕권을 강화하기 위해 기존의 무교(巫敎)를 대체할 새로운 사상을 필요로 했다. 불교 수용 이후 신라는 불국토를 지향하며 제도적, 이론적 및 실천적인 면에서 국가 발전과 삼국통일의 기반을 조성하는 결정적인 계기를 마련하였으니, 그것은 곧 호국불교의 성격으로 나타났다. 법흥왕을 이은 제24대 진흥왕(眞興王)은 불교의 이상적 통치자인 전륜성왕(轉輪聖王)을 지향하였으며, 화랑제도를 정비하고, 팔관회와 백고좌법회 등을 통해 진호국가사상(鎭護國家思想)을 고취시켰으며, 황룡사를 창건하고 장육존상(丈六尊像)을 조성했다. 진흥왕 대에 이르러 삼국은 본격적인 전쟁 상황으로 돌입하고, 삼국통일의 기반이 조성되는 과정에서 불교는 신라의 통일 이데올로기로서 자리 잡게 된다.

---

* 『三國史記』卷 第四,「新羅本紀」第四, 法興王 15年 條에는 金大問의 『鷄林雜傳』의 기록에 의거하여 이차돈의 순교와 관련된 내용을 다음과 같이 적고 있다. "이차돈이 죽음에 임하여 가로되,「나는 불법을 위하여 刑을 받음이니 佛이 만일 神靈이 있다면 내가 죽은 뒤 반드시 靈異한 일이 있으리라」했다. 그를 베매, 잘라진 데서 피가 용솟음치는데 핏빛이 젖과 같이 희었다. 여러 사람이 보고 괴이히 여기어 다시는 佛事를 반대치 아니하였다."

** 불교의 수용 과정에서도 고구려와 백제는 각기 우호적인 관계에 있던 전진(前秦)과 동진(東晉)으로부터 왕이 직접 받아들였지만, 신라는 신하들의 극심한 반대와 이차돈의 순교를 통해 받아들였다. 진흥왕 5년(544)에 신라 최초의 사찰인 흥륜사(興輪寺)를 창건하고 승려가 되는 것을 허용하였다.

진흥왕을 이은 제25대 진지왕(眞智王) 대로부터 중대(제29대 太宗武烈王~제36대 惠恭王)까지의 200여 년은 삼국통일을 이룩하고 그것이 뿌리내린 시기이며, 불교사상과 문화가 찬연히 꽃핀 시기이다. 대표적인 불교 사상가들로는 원광(圓光), 안홍(安弘), 자장(慈藏), 명랑(明朗), 원효(元曉), 의상(義湘) 등이 있다.

고려시대에 들어 태조 왕건(王建)은 불교를 국교로 정하고 승과(僧科)를 제정하여 승려를 우대하는 한편, 연등회(燃燈會)·팔관회(八關會) 등을 연중행사로 개최함으로써 숭불정책을 사상적 기조로 삼았다.[33] 개성의 왕륜사(王輪寺)·법왕사(法王寺)를 비롯한 16사(寺)와 봉은사(奉恩寺)·진관사(津寬寺)·관음사(觀音寺)·석왕사(釋王寺) 등은 당시에 건립된 대표적인 사찰들이다. 특히 2차에 걸친 방대한 불경(佛經) 간행은 외적의 침입에 따른 국난을 불력(佛力)으로 타개하고자 이루어진 것으로 문화국으로서의 진면목을 보여주는 것이다. 제1차 대장경 간행은 거란(契丹)의 침입을 불력으로 물리치기 위해 제8대 현종(顯宗) 대에서 제11대 문종(文宗) 대까지 완성한 것인데, 고려 최초의 이 초조대장경(初雕大藏經)은 고종 19년(1232) 몽골의 침입을 받아 소실되었다. 이어 대각국사(大覺國師) 의천(義天)이 교장도감(教藏都監)을 설치하여 간행한 속대장경(續大藏經) 역시 몽골 침입 때 소실되었다. 팔만대장경(八萬大藏經)으로 불리는 제2차 대장경 간행은 몽골의 침입을 불력으로 막아내기 위해 고종 23년(1236)에 강화도에 도감을 설치하고 조조(彫造, 板刻)에 착수하여 고종 38년(1251)에 완성하였다. 팔만대장경(국보 제32호, 2007년 유네스코 세계기록유산 등재)은 총 81,137장으로 현재 경상남도 합천 해인사(海印寺)에 경판이 보관되어 있다.

고려시대 승려 체관(諦觀)은 『천태사교의(天台四敎儀)』를 저술하여 우리나라의 천태학(天台學)을 중국에 전하였다. 문종의 4남인 대각국사 의천은 1097년(숙종 2) 완공된 국청사(國淸寺)의 주지로 취임하여 해동 천태종(海東天台宗)을 개창하였으며 선종과 교종의 대립을 극복하고자 교관병수(敎觀並修)를 주창했다. 해동 조계종(海東曹溪宗)을 창설한 지눌(知訥) 또한 의천과 사상적 맥을 같이 하는 선교합일의 정혜쌍수(定慧雙手)를 주창했다. 고려 중기에는 수기(守其)·균여(均如) 등의 활약이 두드러졌고, 말기에는 나옹(懶翁)·보우(普愚)·백운(白雲) 등의 고승이 이름을 떨쳤다. 고려시대의 불교는 5교(華嚴·摠南·慈恩·中神·始興) 양종(曹溪·天台)의 종파를 학립함으로써 국운을 융성하게 하는 정신적 지주가 되기도 했으나, 중기 이후 승려들의 타락상과 법문의 문란이 극심해지면서 고려 멸망을 재촉하는 한 원인으로 작용하기도 했다.

조선시대에는 고려 말기의 불폐(佛弊)를 일소하고자 억불숭유(抑佛崇儒) 정책이 실시되어 많은 법난을 겪었다. 조선 초기부터 억불책의 일환으로 자유로운 출가를 제한하고 불교를 국가적인 통제하에 예속시키기 위해 도첩제(度牒制)를 강화했으며, 성종 23년(1492)에는 아예 도첩제를 폐지해 승려가 되는 길을 원천적으로 차단했다. 세종(世宗) 6년(1424)에는 왕명에 따라 5교양종(五敎兩宗)을 선교양종(禪敎兩宗)으로 통폐합함에 따라 불교 종단이 위축되게 되었다. 이러한 억불정책에도 불구하고 많은 고승들이 나타났으니, 태조 이성계(李成桂)의 왕업을 도와 왕사(王師)가 되었던 무학(無學) 자초(自超), 유생(儒生)들의 배불(排佛)에 맞서 유·불·도 삼교일치를 주장하며 『현정론(顯正論)』을 제시한 함허득통(涵虛得通)·기화(己和), 명종(明宗)의 모후(母后)인 문정왕후(文定王后)의 비호로 판선종사(判禪宗師)가 되어 도승법(度僧法)과 승과(僧科)를 시행하게 하는 등 불교의 부흥을 도모한 허응당(虛應堂) 보우(普雨) 등이 있다. 서산대사 휴정(休靜)은 1549년(명종 4) 승과(僧科)에 급제하여 대선(大選)을 거쳐 선교양종판사(禪敎兩宗判事)가 되었으며, 그의 제자인 사명대사 유정(惟政) 또한 승과(僧科)에 합격하여 임진왜란 때 승병장으로 크게 활약하였다. 이와 같이 조선의 불교는 계속 법맥(法脈)을 유지·발전시켜 나갔다.

그러면 불교 경전에 나타난 한국학 코드에 대해 고찰해보기로 하자. 불교의 자비(慈悲), 즉 사랑하고 가엾게 여김은 유교의 인(仁)과 다르지 않다. 자비심의 결여란 영적 일체성(spiritual identity)이 결여된 것으로 통섭적 세계관을 갖지 못한 데 기인한다. 마음이 자비심으로 충만하게 되면 분리의식[分別智]이 사라지고 더 이상은 카르마가 일어나지 않게 되므로 윤회(輪廻)는 종식된다. 그것의 비밀은 일심에 있다. 불(佛)이란 물질과 정신이 하나가 된 마음, 즉 한마음(一心)을 일컫는 것이라는 점에서 불교는 일심의 통섭적 기능을 바탕으로 하고 있음을 알 수 있다.

『화엄경(華嚴經)』은 세존께서 성도(成道)하신 후 3·7일간 대승불교의 근본인 보살행과 그로부터 화엄(華嚴)처럼 피어나는 과보에 대해 극히 조직적이고 체계적으로 설한 경전이며, 비로자나불(毘盧遮那佛, Vairocana)을 교주로 한다. 지상과 천상을 오가는 설법을 통해 현상계[물질계]와 본체계[의식계]를 상호 관통하는 통섭적 세계관을 명징하게 보여준다. 『화엄경』에서는 완전한 깨달음에 이르는 과정을 10신(信)·10주(住)·10행(行)·10회향(廻向)·10지(地)·등각(等覺)·묘각(妙覺)의 52계위(階位)로 설명하고 있다. 이처럼 보살행을 10의 수로 조직하여 설하는 것은 10이 완전성을 상징하기 때문일 것이다. 총 8회의 법문 중 제1회는 석존의 성도(成道) 장면에서 시작된다. 세존께서 마가다국의 보리수 아래에서 얻은 깨달음의 요체는 "이것이 있으므로 저것이 있고, 저것이 있으므로 이것이 있다"고 하는 연기(緣起)의 진리이다. 이 세상의 그 어떤 것도 전체와 분리되어 존재할 수는 없는 까닭에 '이것'이 곧 다른 '모든 것'임을 한국학 고유의 코드인 '일즉삼[一卽多]·삼즉일[多卽一]'의 논리구조로서 보여주는 것이다.

이러한 상호연관과 상호의존의 세계 구조를 『화엄경』에서는 인드라망(Indra網: 제석천왕의 보배 그물)으로 비유하는데, 이는 불교의 본질이 통섭적 세계관에 기초하고 있음을 보여주는 대표적인 것이다. 즉, 제석천궁(帝釋天宮)에는 그물코마다 보석이 달려있는 무한히 큰 그물이 있는데, 서로의 빛을 받아 서로 비추는 관계로 하나만 봐도 나머지 전체 보석의 영상이 보이게 된다는 것이다. 『중아함경(中阿含經)』에는 이렇게 나와 있다. "이것이 있으므로 저것이 있고, 이것이 생하므로 저것이 생한다. 이것이 없으므로 저것이 없고, 이것이 멸하므로 저것이 멸한다."[34] 만물만상은 끝없이 상호연결되어 있으며 서로가 서로를 비추는 상즉상입(相卽相入)의 구조로 연기(緣起)하고 있음을 보여주는 것이다. 그런 까닭에 "연기를 보는 자는 나를 보고, 나를 보는 자는 진리를 본다"고 한 것이다.

총 8회의 법문[35] 중 제2회에서는 보살행의 근원이 서원(誓願)을 세우는 마음에 있음을 강조한 것으로 10신(十信)에 해당되는 법문이다. 제3회는 보살이 지녀야 할 10가지 마음가짐에 대해 설한 것으로 10주(十住)에 해당되는 법문이다. 제4회는 보살이 행해야 할 10가지 행위에 대해 설한 것으로 10행(十行)에 해당되는 법문이다. 제5회는 수행의 공덕을 중생에게 돌리는 보살의 10가지 행위에 대해 설한 것으로 10회향(十廻向)에 해당되는 법문이다. 제6회는 보살의 10가지 수행단계를 설한 것으로 10지(十地)에 해당되는 법문이다. 제7회는 성불에 거의 다 이르러 간 등각(等覺)에 해당되는 법문이다. 제8회는 화엄경의 마지막 부분인 입법계품(入法界品)으로 선재동자(善財童子)가 53명의 선지식(善知識)을 찾아다니는 구법행각을 그린 것으로 보살의 수행 계위 중 마지막 단계인 묘각(妙覺)에 해당되는 법문이다. 이상에서 상호의존과 상호연관의 통섭적 사유에 기초한 화엄적 세계관은 개인적 수행과 보살행을 연결시킴으로써 개체성[부분]과 전체성[전체]의 상호관통을 보여주는 것이라는 점에서 통섭적 사유의 단면을 보여준다.

인간이란 오온(五蘊), 즉 물질 요소인 색(色: 地·水·火·風 4대)과 정신 요소인 수(受: 감수 작용)·상(想: 지각 표상작용)·행(行: 의지 작용)·식(識: 인식 판단의 작용)의 다섯 가지 요소가 모여 쌓인 것으로 모든 존재가 연기(緣起)에 의한 것일 뿐 실체가 없다는 것이 붓다의 무아(無我) 교리이다. "모든 부속품들이 제자리에 갖춰졌을 때, 우리는 그것을 비로소 '수레(cart)'라고 한다. 이와 마찬가지로 '다섯 더미'가 뭉쳐 있으면, 우리는 그것을 '살아 있는' 존재라고 일컫는다."[36] 말하자면 우리 육신은 인연에 의해 오온(五蘊)이 잠정적으로 모여서 이루어진 것에 불과하기 때문에 집착할 만한 것이 못 된다는 것이다. 그럼에도 집착하고 있으니, 집착하는 그 자체가 괴로움의 원인이 되는 것이다. 일체의 고통은 에고(ego) 의식에서 기인하는 까닭에 '나'라고 할 만한 실체가 없음을 알고 집착을 버리면 고통에서 해방된다.

따라서 연기(緣起)를 보는 자는 무상(無相)과 무아(無我)의 이치를 보고 만유의 실상이 공(空)함을 깨닫게 되므로 해탈한다는 것이 붓다 설법의 요지다. 연기법의 정수가 바로 공(空)사상이다. 붓다의 '공'사상은 대표적인 대승불교 경전인 『금강경(金剛經)』[37]에 잘 나타나 있다. 『금강경』은 금강석처럼 단단하고 예리하고 반짝이는 완전한 반야(般若)의 공지(空智)로 보살행을 수행하면 모든 집착과 분별에서 벗어나 피안의 언덕[波羅蜜多]에 오를 수 있다는 가르침을 설한 경으로, 특히 선종에서는 육조 혜능(六祖慧能)* 이후 소의경전(所依經典)으로 중시되고 있다. 세계적으로 널리 읽히고 있는 이 경은 비구와 보살들의 모임에서 설법주(說法主)인 붓다와 제자 가운데 공의 이치를 가장 잘 터득한 것으로 알려진 수보리(須菩提) 사이의 대화 형식으로 되어 있다. 모두 32장으로 이루어진 《금강경》은 〈법회인유분(法會因由分)〉 제1에서 시작하여 〈응

---

* 육조 혜능은 어느 날 장터에서 금강경을 독송하는 것을 듣고 출가할 뜻을 세워 선종의 오조홍인(五祖弘忍)의 문하에 들어가 홍인으로부터 법통을 이어받아 후일 남종선(南宗禪)을 개창한 인물이다.

화비진분(應化非眞分)〉제32로 끝난다.

『금강경』의 경문은 처음 '여시아문(如是我聞: 이와 같이 나는 들었다)'부터 '과보역불가사의(果報亦不可思議: 과보도 또한 불가사의하다)'까지가 전반부에 해당하고, 그 뒤인 '이시수보리백불언(爾時須菩提白佛言: 그때 수보리가 붓다에게 말하기를)'부터 경의 끝에 이르기까지가 후반부에 해당한다. 현상계의 무상함에 대해 붓다는 다음과 같이 설하였다. "생의 모든 현상은 꿈같고, 환상 같고, 물거품 같고, 그림자 같고, 이슬 같고, 번갯불 같으니, 그대는 마땅히 그와 같이 관(觀)하여야 하리라."[38] 생하는 모습(生相)은 꿈과 같이 자체의 성품이 없어 공(空)하다. 생상(生相)이 꿈이므로 주(住)·이(異)·멸(滅)이 꿈인 것은 당연하다. 일체의 존재를 다 부정하는 공(空) 사상이 붓다와 수보리의 대화를 통해 나타난다. 하나인 마음의 바다에서 일렁이는 파도와도 같이 생(生)·주(住)·이(異)·멸(滅)의 일체의 변화가 그 스스로의 실체가 있는 것이 아니므로 아상(我相)도 없고 인상(人相)도 없고 중생상(衆生相)도 없고 수자상(壽者相)도 없고[39]*, 나아가 법상(法相)도 없고 법상 아닌 것도 없다는 부정의 부정으로까지 이어진다.

물질의 공성(空性)이란 모습이 없는 참본성, 즉 공(空)과 색(色), 무(無)와 유(有)를 상호관통하는 진여성(眞如性)을 일컫는 것이다. 여기서 공(空)은 모든 형상을 일으키는 살아 있는 '공'으로, 무궁무진한 생명력을 가진 허(虛)나 도(道)와 같은 것이다. '공'은 의식 차원의 개념이다. 물질의 공성을 깨닫는다는 것은 비어 있음과 있음이 한 맛임을 안다는 것이요, 생(生)·주(住)·이(異)·멸(滅)

---

\* 아상(我相)은 자신의 능력을 믿고 다른 사람을 업신여기는 것이고, 인상(人相)은 자신이 알고 행한다고 믿고 그렇지 못한 사람을 업신여기는 것이고, 중생상(衆生相)은 좋은 일은 자기에게 돌리고 나쁜 일은 다른 사람에게 돌리는 것이고, 수자상(壽者相)은 모든 것에 집착하여 분별심을 내는 것이다. 그러나 깨달은 자의 눈으로 보면 사상(四相)은 실로 없는 것이다.

사상(四相)의 변화가 그대로 공상(空相)임을 깨달아 생사를 여의게 되어 걸림이 없는 의식에 이른다는 것이다. 그러나 매 순간 깨어있는 의식이 아니고서는 결코 이를 수 없는 묘각(妙覺)의 경지이다. 과거나 미래의 속박에서 벗어나 '지금 여기'에 전적으로 몰입할 수 있을 때 그러한 깨달음은 저절로 일어난다. 그러나 의식이 잠들어 있으면 현상이라는 환영(幻影)에 미혹되어 사랑도, 명상도, 몰입도 불가능하다. 그래서 붓다는 '깨어 있으라'고 한 것이다. 깨어있는 만큼 존재하기 때문이다. 말하자면 존재감은 깨어있음에 비례한다. 깨어있음이 곧 순수 공(空)이다.

철저한 자기부정의 과정을 통해서만 상대적인 분별지(分別智)를 뛰어넘어 절대적인 근본지(根本智)에 이를 수 있고 존재계의 실상을 직시할 수 있다는 것이 『금강경』의 요지이다. 이렇듯 『금강경』의 공(空)사상[40]은 존재와 비존재, 물성과 영성의 완전한 소통성에 기초해 있다는 점에서 『반야심경(般若心經)』의 공(空) 사상과도 일맥상통한다. 순수한 공(空)의 상태를 붓다는 니르바나(涅槃)라고 부른다. 그것은 일체의 이분법이 완전히 폐기된 무경계(no boundary)이다. 비어 있음은 일체의 경계가 사라져 전체와 하나가 되는 것이다. 전체성과 분리된 개별적 체성(體性)이란 실재하는 것이 아니며 진제(眞諦)와 속제(俗諦)는 하나다. 물질을 쪼개고 쪼개어 더 이상 물질의 성질을 갖지 않는 경계에 이르면 전자는 입자인 동시에 파동으로 나타나므로 주체와 객체의 이분법은 성립되지 않으며 그런 점에서 '이것'이 곧 다른 '모든 것'이다. 이는 곧 한국학 고유의 코드인 '일즉삼·삼즉일'의 원리와도 상통하는 것이다.

다음으로 우리 선교(仙敎, 仙家, 道家)의 연맥(緣脈)과 사회정치적 및 문화적 전개에 대해 개관하고, 이어 도가(道家)사상을 대표하는 노장(老莊)사상에 나타난 한국학 코드에 대해 고찰해보기로 하자. 예로부터 우리나라가 신선의 나라로 불리기도 했거니와, 「태백일사」제3 신시본기에 불교의 승도(僧徒)와 유교의 유생(儒生)들이 모두 낭가(郎家)에 예속되었다고 기록[41]된 것으로 보더라도 우리나라 선교의 뿌리가 실로 깊다는 것을 알 수 있다. 『삼국사기』에는 738년(신라 효성왕 2)에 당나라 사신이 와서 노자의 『도덕경』을 바쳤다는 기록[42]이 있는데, 우리의 선교는 그보다 수천 년 앞선 것으로 중국의 도교(道教, 道家)를 열게 하였으며 후에 그것이 다시 유입된 것이라는 점에 대해서는 앞서 고찰하였다. 삼국시대에 유입된 노장(老莊)사상으로 대표되는 도가(道家)사상은 우리 고유의 심오한 사상적 기반 위에 수용된 것이었고, 이후 토착적인 고유의 문화와 융합하고 심화하여 독창적인 사상과 특색있는 철학으로 발전해 나갔다.

먼저 우리 고유의 선교문화[신선도문화]의 성격에 대해 밝힐 필요가 있다. 우리 고유의 선교문화는 천·지·인 삼신일체[一即三·三即一]의 원리에 기반하여 수천 년 동안 통치 엘리트 집단의 사회정치적 삶의 바탕을 이루는 것이었고 또한 만백성의 삶의 바탕을 이루는 것이기도 했다. 그 총화로 나타난 것이 소도문화(蘇塗文化)이다. 화랑의 역사는 소도(蘇塗)의 역사만큼이나 오래된 것으로, 소도는 화랑들이 활동하는 근거지였다. 13세 단군 흘달(屹達) 20년(BCE 1763) 조에 "소도(蘇塗)를 많이 설치하고 천지화(天指花)를 심었다. 미혼의 자제들로 하여금 독서와 활쏘기를 익히게 하며 이들을 국자랑(國子郎)이라 불렀다. 국자랑이 나가서 다닐 때 머리에 천지화를 꽂았으므로 사람들이 천지화랑(天指花郎)이라고도 불렀다"[43]고 기록되어 있다.

일찍이 단재 신채호 선생도 언급한 바 있거니와, 선사(仙史)는 곧 화랑의 연원사이다. 앞에서 승도(僧徒)와 유생(儒生)들이 모두 낭가(郎家)에 예속되었다고 한 '낭가'의 낭(郎)은 곧 화랑이며 '낭가'는 선가(仙家, 仙教)의 역사와 그 맥을 같이 한다. 배달국의 삼랑(三郎)은 '삼신시종지랑(三神侍從之郎)'이라 하여 천·지·인 삼신을 모시고 그 가르침을 따르는 화랑이었다. 고조선에는 국자랑(國子郎)이 있었고, 북부여를 건국한 해모수(解慕漱)는 스스로를 천왕랑(天王郎)이라 칭했다. 또한 고구려에는 단군 이래의 조의국선(皂衣國仙)의 정신을 계승한 조의선인(皂衣仙人)이 있었고, 백제에는 무절(武節)이 있었으며, 신라에는 화랑(花郎)이 있었다. 이들은 천·지·인 삼신일체의 가르침을 따르며 심신을 연마하여 국운을 개척하고 국가발전의 원동력이 되었으며 국난을 타개하는 선봉장으로서의 역할을 담당했다.

삼국시대까지도 이어졌던 국선소도(國仙蘇塗)·화랑도(花郎徒)·조의국선(皂衣國仙)·조의선인(皂衣仙人)*·풍월도(風月徒)·국선도(國仙徒) 등의 명칭은 우리나라 선(仙)과 화랑의 뿌리 깊은 역사를 말하여 준다. 신라 제24대 진흥왕 때 설치된 화랑도는 기존의 화랑도를 국가조직 속으로 편입시켜 체계적으로 인재를 양성하고 국가에 등용하는 일종의 정치적 충원집단으로서의 성격을 띠었다. 고구려 제9대 고국천왕 때 국상(國相)이자 조의선인(皂衣仙人) 출신인 을파소(乙巴素)는 영준(英俊)한 이들을 뽑아서 선인도랑(仙人道郎)이라고 하였는데, 교화를 관장하는 도랑(道郎)을 참전(參佺)이라 하고, 무예(武藝)를 관장하는 도랑을 조의(皂衣)라 하였다. 고구려 제22대 안장왕(安藏王) 때 조의선인(皂衣仙人)의 애창곡이었던 '다물흥방지가(多勿興邦之歌)'의 가사 내용에는 『천부경』의 '인중천지일(人中天地一)'이 나타나고 있다. 즉, "사람 속에 천지가 하나됨이여, 마음은 신(神)과 더불어 근본이 되도다(人中天地爲一兮 心與神卽本)"라는 가사가 그것이다.

'사람 속에 천지가 하나 된다'는 것은 천·지·인 삼신일체의 천도가 인간

---

* 조의선인은 '검은 옷(皂衣)을 입은 선인(仙人)'이라는 뜻이다.

존재 속에 구현되는 것을 말한다. 이는 곧 우리 고유의 선교사상이 천·지·인 삼신일체, 즉 '일즉삼·삼즉일'의 원리에 기반해 있음을 말하여 준다. 또한 우리 고유의 소도문화(선교문화, 천부문화)는 하늘을 공경하고 조상을 받드는 천인합일의 보본사상(報本思想)을 바탕으로 한 것이었기에 '다물흥방지가'의 가사에서 '마음은 신(神)과 더불어 근본이 되도다(心與神卽本)'라고 한 것이다. 우리 상고의 소도제천(蘇塗祭天) 의식은 만물의 근원인 하늘에 감사하고 조상의 은덕에 감사하는 경천숭조(敬天崇祖)의 보본사상의 발로였다. 이러한 소도제천 의식은 후대에까지 지속적으로 계승되었다. 부여, 고구려, 예(濊), 맥(貊), 신라 등에서는 10월 상달에 행해졌고, 백제에서는 사중월(四仲月: 사계절의 가운데 달, 즉 음력 2월, 5월, 8월, 11월)에 행해졌다. 부여의 영고(迎鼓), 고구려의 동맹(東盟), 동예(東濊)의 무천(舞天), 삼한의 5월제와 10월제, 백제의 교천(郊天), 신라의 팔관회(八關會), 고려의 팔관회와 원구단(圜丘壇)의 제천의식 등이 있다.

소도의식은 '일즉삼(一卽三)·삼즉일(三卽一)'의 원리로 표상되는 우리 고유의 삼신사상('한'사상, 天符思想, 神敎)을 근간으로 한 것이었다. 천·지·인 삼신, 천부인(天符印) 3개, 진한·번한·마한의 삼한, 삼신일체·삼위일체·삼신불, 환인·환웅·단군, 원방각(圓方角), 삼태극, 삼짇날(음력 3월 3일), 삼우제(三虞祭), 삼신산, 삼각산, 백제의 삼족배(三足杯), 『천부경』·『삼일신고』·『참전계경』의 삼대 경전, 삼세번, 삼족오(三足烏) 등 삼신사상의 잔영을 보여주는 사례는 무수히 많다. 모두 '일즉삼·삼즉일'이라는 '생명의 공식(formula of Life)'으로 표상되는 우리 고유의 삼신사상, 즉 '한'사상을 나타낸 것으로 우리의 선교문화(蘇塗文化)와 관련된 것이다. 체는 하나이지만 작용으로는 셋이므로 '한'사상이 곧 삼신사상이다. 따라서 우리의 선사(仙史)를 알기 위해서는 화랑과 소도문화와 그 바탕이 되는 '일즉삼·삼즉일'[천·지·인 삼신일체]이라는 우리 고유의 코드를 이해할 수 있어야 한다. 홍익인간·재세이화의 이상 또한 우리 고유의 코드에 기반한 것이다.

『부도지(符都誌)』 제14장에는 사해의 종족들을 초청하여 신시(神市)를 크게 열었다는 기록이 있고, 또 십 년마다 신시(神市)를 여니, 말과 글이 같아지고 천하가 하나로 되어 사람들이 크게 화합하였다는 기록이 있다. 『서경(書經)』 「우서(虞書)」 순전(舜典)에는 동이족 출신인 순(舜임금)이 제후의 관례대로 일 년에 네 번 입조(入朝)하여 "동방의 천자를 알현하고 때(時)와 달(月)과 날짜(日)를 협의하고 음률과 도량형을 통일하였으며, 다섯 가지 예(五禮: 吉禮·嘉禮·賓禮·軍禮·凶禮) 등에 관한 것을 개수(改修)했다"[44]는 기록이 있다. 또한『부도지』 제15장에는 육산물의 중심지에서 조시(朝市)를 열고 해산물의 중심지에서 해시(海市)를 열어 매년 시월 아침에 소도제천(蘇塗祭天) 행사를 거행하니 사해의 종족들이 모두 지방 토산물을 바쳤으며, 새해맞이 제사(歲祭)와 추수감사제(報賽) 등 다양한 회합과 상호 교류를 통해 사해에 산업이 일어나서 교역이 왕성해지므로 천하가 넉넉하여 부족함이 없었다는 기록이 있다. 이러한 기록들은 단군조선이 법과 질서를 관장하는 사해의 공도(公都)로서 당시 문명의 표준을 형성하였으며 국제무역의 중심지였음을 알 수 있게 한다. 『부도지』 제29장에는 신라에서도 제시(祭市: 神市·朝市·海市)의 법을 부흥하였다는 기록[45]이 있다.

우리 선조들은 신시(神市) 이래로 국중대회(國中大會)를 열어 소도제천(蘇塗祭天) 의식을 거행하고 함께 '어아가(於阿歌)'를 부르며 조상께 감사하고 덕을 기리며 화목을 다졌다. 이는 삼신[천·지·인]과 사람(人)이 화락(和樂)을 이루는 것이라 하여 사방에서 법식으로 삼으니 이것이 참전계(參佺戒, 參佺戒經)[46]라고 기록되어 있다. 이러한 천제의식을 통하여 천인합일(天人合一)·군민공락(君民共樂)을 이루어 국권을 세우고 정치적 결속력을 강화하며 국운의 번창을 기원했던 것이다. 이와 같이 우리 고유의 선교문화(소도문화)는 현실적인 삶과 동떨어진 그 무엇이 아니라 미시적인 삶의 영역에서 거시적인 국가 제도의 영역에 이르기까지 수천 년 동안 깊이 스며들어 체화된 것이었던 만큼 그 맥이 면면히 이어질 수 있었다. 단군 이래의 조의국선(皂衣國仙)의 정신은 고구려의 조의선인(皂衣仙人)과 신라의 화랑도뿐만 아니라 삼한의 소도(蘇塗) 고속(古俗), 문경 봉암사의 지증대사(智證大師) 적조탑비(寂照塔碑, 국보 제315호)*가 말해주는 백제의 소도의식(蘇塗儀式) 등에서도 찾아볼 수 있다.

한족(韓族)이 통일신라의 명맥을 유지할 수 있었던 것도 조의국선(皂衣國仙)이 다시 흥하게 된 것으로 화랑도 정신이 있었기 때문이며, 발해대국의 꽃이 핀 것도 고구려의 조의국선의 정신을 계승했기 때문이고, 고려가 긴 세월에 걸쳐 강대국의 침략과 공격을 받으면서도 그 명맥을 보존할 수 있었던 것은 단군 국조를 받들고 단결하여 끈질기게 항쟁하였기 때문이며, 근대조선과 대한민국이 여러 환난 속에서도 살아남은 것은 단군 이래로 민족정신의 연맥이 끊이지 않은 때문이라는 것을 명심해야 한다.[47]

그러면 도가(道家)사상을 대표하는 노장(老莊)사상에 나타난 한국학 코드에 대해 고찰해보기로 하자. 우선 제자백가(諸子百家)의 하나인 도가(道家, philosophical Taoism)는 도교(道敎, religious Taoism)와는 구별된다. 전자가 노장사상을 중심으로 한 철학사상이라면, 후자는 노장사상은 물론 음양오행, 역(易), 참위(讖緯), 점성, 의술 등 고대의 민간신앙체계 전반을 망라하는, 심지어는 유·불(儒佛)적 요소까지도 함유한 매우 포괄적인 종교사상이다. 여기서는

---

* 적조탑비에는 '백제에 소도의식이 있었다(有百濟蘇塗之儀)'라는 글귀가 새겨져 있다.

도가의 창시자인 노자(老子 Lao Tzu, 성은 李, 이름은 耳, 시호는 聃, BCE 6세기경)의 『도덕경(道德經)』과 노자의 사상을 이어받아 더욱 발전시킨 장자(莊子 Chuang Tzu, 이름은 周, 자는 子休, BCE 369~BCE 286)의 『장자(莊子)』를 통하여 고찰하기로 한다.

노자*는 춘추시대(BCE 770~BCE 476) 초(楚)나라 고현(苦縣: 지금의 河南省 鹿邑縣) 사람이고, 노자의 사상을 이어받아 더욱 발전시킨 장자**는 전국시대(BCE 475~BCE 221) 송(宋)나라 몽(蒙) 지방 사람이다. 이들이 활동한 춘추전국시대는 주(周) 왕실의 동천(東遷)에 따른 세력 약화로 군웅(群雄)이 할거하여—특히 춘추오패(春秋五覇)와 전국칠웅(戰國七雄)이 유명함—전쟁과 흥망으로 점철된 격동기였다. 하여 천하의 패권을 차지하기 위해 영웅호걸들이 일진일퇴의 공방전을 거듭하는가 하면, 천하를 구하려는 우국지사와 사상가들이 저마다의 이상을 실현하기 위해 동분서주하는 시기이기도 했다. 춘추전국시대에

---

* 사마천의 『史記』에 의하면 노자는 초나라의 고현(苦縣) 여향(厲鄉) 곡인리(曲仁里) 출신이다. 그는 BCE 6세기에 주(周)나라의 장서실(藏書室)을 관리하는 주하사(柱下史)라는 벼슬을 지낸 적이 있다고 한다. 노자가 주나라 관리였던 시절, 공자가 노자를 찾아가 예(禮)에 관해 물었다는 일화를 『사기』에 전하는 것으로 보아 공자와 동시대를 살았던—중국학자인 호적(胡適)에 의하면 공자보다 20세 정도 연상이었다고 함—인물로 추정된다. 또한 『사기』에는 노자가 주나라에서 오래 거주하다 주나라가 쇠미해지는 것을 보고는 그곳을 떠나 관소(關所 또는 函谷關)를 지날 때 관령(官令) 윤희(尹喜)의 간청으로 도덕의 의미를 5,000여 자의 글로 남긴 것이 노자의 『도덕경』의 유래가 되었으며, 그 후로 아무도 그의 최후를 알지 못하였다고 나와 있다.

** 장자는 양(梁) 혜왕(惠王), 제(齊) 선왕(宣王)과 동시대 인물로서—추(鄒)나라 맹자와도 거의 동시대 인물임—일찍이 몽(蒙) 지방의 칠원(漆園)이라는 고을에서 관리를 지냈는데, 위(魏)나라 재상이 된 혜시(惠施)와 가까웠으며 매우 박학다식하여 통달하지 않은 것이 없었다고 한다. 당(唐) 현종(玄宗)은 장자의 사상을 존숭하여 그를 남화진인(南華眞人)으로 추존했으며, 그 후 『장자』를 남화진경(南華眞經)이라 부르게 되었다. 『장자』는 원래 52편이었다고 하는데, 지금 전하는 것은 서진(西晋) 시대의 곽상(郭象)이 정리하고 주석한 33편(內篇 7편, 外篇 15편, 雜篇 11편)뿐이다. 그의 학문은 노자의 학설을 근본으로 하고 있으며 10여만 자가 되는 그의 저서는 대체로 우화(寓話)의 형태로 되어 있는데, '나비의 꿈(胡蝶之夢)' 이야기는 그 대표적인 것이다.

는 열국이 난립하는 약육강식의 정치적 혼란 속에서도 다양한 사상과 문화가 꽃을 피웠다. 제자백가(춘추 전국시대의 여러 사상가와 그 학파)의 출현은 당시의 시대적 및 사회적 격변과 맞물려 기존의 봉건제도를 대체하는 새로운 질서가 요구되던 시기에 혼란한 시대 상황을 극복하려는 의지의 표출이자 시대적 요구였다.

우선 노자의 『도덕경』은 「도경(道經)」 37장과 「덕경(德經)」 44장 등 총 81장으로 구성되어 있다. 『도덕경(道德經)』은 진지(眞知)를 애구(愛求)하는 지식인들의 지적 탐구의 대상이 되기도 했지만, 위·진·남북조(魏晉南北朝) 시대와 같은 혼란기에 사람들에게 처세의 지혜를 일깨워주는 수양서로도 널리 읽혔고, 또한 민간신앙과 융합되면서 기층민들의 의식 속에 파고들어 이들의 세계관으로서의 기능을 수행하기도 하였다. 노장(老莊)의 반(反)문명적·자연주의적 사상체계는 당시 지배층의 이데올로기로서 형식화하고 외면화한 유교의 인위적인 윤리체계를 비판하고 무위자연(無爲自然)의 도를 설파한 것이다. 부정과 역설의 논리에 입각하여 한국학 고유의 코드와 상통하는 통섭적·생태적 사유의 전형을 보여준다.

도덕경에 나타난 이상적인 삶은 인간의 자연스러운 본성을 파괴하는 인위(人爲, 有爲)를 버리고 삶의 흐름에 몸을 내맡기는 무위자연의 삶이다. 내가 삶을 인도하는 것이 아니라 삶이 나를 인도하게 하는 것이다. 뭔가를 정복하거나 내일 일을 걱정하거나 어딘가에 도달하려는 삶이 아니라 들꽃처럼 '지금 여기'에 피어나는 삶이다. 삶의 흐름을 거스르지도, 그 흐름과 분리되지도 않는 삶이다. 그러기 위해선 '춘추오패'나 '전국칠웅'과 같은 강력한 패자가 아니라 자연의 대도(大道)에 순응하는 '온유한 자(the meek)'[48]가 되어야 한다. 이는 『도덕경』 40장에서 "약한 것이 도의 작용(弱者道之用)"이라고 한 것과 일맥상통한다. 도는 천지인의 모든 활동을 포괄하는 자기 스스로의 순수

활동인 까닭에 이 유약한 힘은 그 어떤 강자의 힘보다도 더 강한 힘인 것이다. 『도덕경』 43장에서는 "천하의 가장 부드러운 것이 천하의 가장 견강한 것을 부린다(天下之至柔 馳騁天下之至堅)"[49]고 했다.

이러한 무위의 공능(功能)은 『도덕경』 3장에서 "무위의 정치를 하면 다스려지지 않는 것이 없다"[50]라고 한 데서나, 『도덕경』 48장에서 "천하를 취하는 것이 항상 무위의 덕으로서만 가능하며 인위적인 노력으로서는 천하를 취하지 못한다"[51]라고 한 데서 잘 드러난다. 이러한 노자 특유의 정치철학은 무위의 실천적 효과를 보여주는 것으로, 『도덕경』 48장에서 만물이 저절로 순화되는 '무위이무불위(無爲而無不爲)'의 경지에서 절정에 이른다. "학문을 하면 날로 지식이 늘고 도를 행하면 날로 준다. 줄고 또 줄어서 더 이상 인위적인 것이 남지 않은 데까지 가면 함이 없으면서도 하지 않음이 없게 된다"[52]라고 한 것이 그것이다. 실로 도 자체는 생멸하지 않으면서 만유를 생멸케 하고 또한 그 자체는 무규정자이면서 만유를 규정하는 무한자이다. 그리하여 노자는 『도덕경』 40장에서 "천지만물이 유(有)에서 나오고 유는 무(無)에서 나온다"[53]고 했다. 이와 같이 '유'가 어떤 작용을 하는 것이 '무'가 작용하기 때문이라고 본 것은 무의 공용(功用)[54]을 나타낸 것이다.

만유의 본원으로서의 무는 곧 도이다. 도가 만물을 생육하는 것은 어떤 인위적인 노력을 들여서 그렇게 하는 것이 아니라 무위자연으로 하는 까닭에 천지만물이 작용하는 주체가 없는 작용, 즉 무위의 작용에 의해 생겨났다고 한 것이다. 『도덕경』 42장은 만유의 본원으로서의 도가 천지만물을 생성하는 과정을 음양의 원리가 변증법적인 커뮤니케이션을 통하여 발전하는 과정으로 나타내고 있다. "도(道)는 하나(一)를 낳고, 하나는 둘(二)을 낳고, 둘은 셋(三)을 낳고, 셋은 만물을 낳는다. 만물은 음(陰)을 업고 양(陽)을 안으며 충기(冲氣)라는 화합력에 의하여 생성된다"[55] 이러한 무위의 작용에 의해 생성된 만물은 궁극에는 다시 무극(無極)으로 복귀하게 되는 것이니 창조하는 주체도 없고 창조되는 객체도 없다. '되돌아가는 것이 도의 움직임(反者道之動)'56이라고 한 것은 만물만상이 모두 변화하여 그 반대의 면으로 될 수 있다는 것이다. 한마디로 궁즉통(窮則通)이다.

'궁즉통', 즉 (사물이) 궁극에 달하면 통한다는 말은 『역경(易經, 周易)』「계사하전(繫辭下傳)」에 나오는 '궁즉변 변즉통(窮則變 變則通)',57 즉 (사물이) 궁극에 달하면 변하고 변하면 통한다"를 축약한 것이다. 이는 한국학 고유의 코드인 '일즉삼·삼즉일'의 원리와 본질적으로 상통한다. 한국학 코드는 우주만물[三]이 전일성[─]의 현시(self-manifestation)이므로 작용하는 주체가 없는 무위(無爲)의 작용에 의해 생겨난 것이며 다시 그 근원으로 되돌아가는 과정이 다함이 없이 순환 반복되는 역동성을 함축하고 있음을 나타낸 것이다. 우주만물은 도(道)에서 나와 다시 도(道)로 복귀하므로 자본자근(自本自根)·자생자화(自生自化)하는 것이어서 창조하는 주체와 창조되는 객체의 이분법은 성립되지 않는다.

도의 작용에 의해 생성된 만물은 궁극에는 다시 무극(無極)으로 복귀하게 되는데, 이는 경험세계의 사상(事象)에 속하는 것들이 영원불변지 않다는 것을 나타낸다. 도는 만유를 범주하며 또한 만유가 의거해 있는 궁극적인 법칙으로서 대립전화적(對立轉化的)이고 순환운동하는 규율을 가지고 있다. 근본으로 돌아감은 순환하여 서로 바뀐다는 뜻으로 이러한 운동과 변화는 일체의 사상(事象)이 대립·의존 관계에 있기 때문이며, 또한 대립물의 상호의존성은 조화의 미를 발현시키게 된다. 그런 까닭에 유(有)라고 하는 것도 절대적 유가 아니고 무(無)라고 하는 것도 절대적 무가 아니다. 따라서 유무는 절대적 모순이 아니다. 마찬가지 논리로 난이(難易), 장단(長短), 고하(高下), 전후(前後)도 절대적 모순이 아니다. 이는 곧 음양의 조화적 원리를 나타내는 것으로 천지만물의 생성·발전이 이로써 설명된다. 천지간에 모든 상황과 사물은 부단히 변하고 바뀌므로 '기무정사(其無正邪)', 즉 무엇이 꼭 정(正)이고 사(邪)라고 말할 수도 없다.

『도덕경』 36장에서는 "장차 죄고자 한다면 잠시 펴 있게 하고, 약하게 하고자 한다면 강하게 해 주고, 망하게 하고자 한다면 잠시 흥하게 해 주고, 빼앗고자 한다면 잠시 주어야 한다. 부드러운 것이 견고한 것을 이기고 약한 것이 강한 것을 이기게 마련이다"[58]라고 하고 있는데, 이는 치국(治國)의 원리를 나타낸 것으로 이러한 도리를 아는 것을 '미명(微明, 智慮)', 즉 미묘한 밝은 지혜라 한다. 만물만상은 무상한지라 한결같을 수 없고 오직 도만이 한결같아서 이러한 대립과 운동을 통일시킨다. 『도덕경』 28장에서는 "사람은 땅의 법칙을 본받고, 땅은 하늘의 법칙을 본받으며, 하늘은 도(道)의 법칙을 본받고, 도(道)는 자연의 법칙을 본받는다(人法地 地法天 天法道 道法自然)"[59]라고 하고 있는데, 여기서 '도법자연(道法自然)'은 『도덕경』의 전체 맥락을 통하여 볼 때 자연이 도(道)의 상위개념이 아닌 동위개념으로 나타나고 있으므로 '도즉자연(道卽自然)'으로 보아야 할 것이다. 도는 천지인의 모든 활동을 포괄하는 자기 스스로의 순수 활동이다. 이러한 도의 통섭적 기능은 일심(一心)의 통섭적 기능과 일치하는데 이는 도가 곧 일심의 도인 까닭이다.

노자의 무위는 단순히 개인 철학이기 이전에 국가의 통치철학이며, 그것의 실천적 전개는 수유부쟁(守柔不爭)을 통해 이루어진다. 무위의 실천을 위하여 노자가 수유부쟁이라는 소극적 덕목을 강조한 것은 자연의 대도에 순응하기 위한 것으로 『도덕경』 40장의 '되돌아가는 것이 도의 움직임이고 약한 것이 도의 작용'이라는 원리에 근거한다. '수유'란 온유함을 지키는 것으로 도에 계합되는 삶을 뜻하고, '부쟁'은 다투지 않는 것이다. 성인의 도가 행하기는 해도 다투지 않는 것은 바로 이 도의 작용을 본받아 유약(柔弱)의

덕을 지켜 가는 까닭이다. 『도덕경』 68장에서는 이를 일러 '부쟁(不爭)의 덕'
이라 하였다.[60] 손자병법(孫子兵法)에서도 싸우지 않고 이기는 것이 최고의 병
법이라고 했다. 온유함을 지킬 수 있다면 도리어 강해진다.[61] 『도덕경』 78장
에서는 "천하에 물보다 더 유약한 것이 없으나 건강한 것을 공격하는 데는
이보다 나은 것이 없다"[62]라고 하며 유약의 덕을 강조했다.

　노자에게 있어 유약의 덕은 적극성의 결여로서가 아니라 그것을 넘어선
것으로서 이해해야 한다. 강(剛)을 알고 난 다음의 유(柔)이고, 영(榮)을 알고
난 다음의 욕(辱)이며, 명(明)을 알고 난 다음의 암(暗)이고, 동(動)을 넘어선 정
(靜)이며, 지(知)를 넘어선 우(愚)이다. 그런 까닭에 『도덕경』 28장에서는 "수
컷이 지니는 강한 덕을 알고 있으면서도 암컷이 지니는 유순하고 부드러운
덕을 지켜 간다면 천하의 골짜기가 된다"고 했고, 이렇게 "천하의 골짜기가
되면 상덕(常德)이 몸에서 떠나지 않아 마치 갓난애와도 같이 자연 그대로인
마음으로 복귀할 수 있다"[63]고 했다. 자연 그대로인 마음으로 복귀한다는
것은 곧 일심의 통섭적 기능을 회복하는 것이다.

　『도덕경』 67장에는 노자의 처세관이 나타나 있다. 처세에 있어 지녀야
할 세 가지 보물은 "첫째는 자애로움이고, 둘째는 검소함이고, 셋째는 사람
들 앞에 나서지 않는 것이다. 자애롭기 때문에 용감할 수 있고, 검소하기 때
문에 안태(安泰)할 수 있으며, 사람들 앞에 나서지 않기에 큰 그릇이 될 수 있
다. 요즘 사람들은 자애로움을 버리고 용맹함을 추구하고, 검소함을 버리고
안태하기만을 바라며, 자신을 낮추는 것을 버리고 앞장서려고만 하는데, 이
는 죽음을 향해 가는 것이다"[64]라고 나와 있다. 그래서 노자는 『도덕경』 8장
에서 물과 같은 덕을 갖출 것을 요구한다. 상선약수(上善若水)─지고(至高)의
선(善)은 물과 같은 것. 낮은 데로 낮은 데로 흐르는 물과 같이 자신의 처신
을 낮추는 겸허함이 있고, 형상을 고집하지 않는 물과 같이 상대를 거스르

지 않고 대응할 수 있는 유연성이 있으며, 약함으로 나가기 때문에 도리어 강한 힘을 내는 것이다. 참삶은 물과 같은 것. 물은 만물에 혜택을 주면서도 결코 상대를 거스르지 않고 사람들이 싫어하는 낮은 곳으로 낮은 곳으로 흘러간다.

『도덕경』 17장에서는 지도자의 네 가지 레벨에 대해 말하고 있다. "최상의 지도자는 백성들에게 그의 존재 자체가 의식되지 않는 지도자이고, 그다음은 백성들이 따르고 칭송하는 지도자이며, 그다음은 백성들이 두려워하는 지도자이고, 그다음은 백성들이 업신여기는 지도자이다."[65] 따라서 이상적인 지도자가 될 수 있기 위해서는 백성들이 따르고 칭송하는 것만으로는 부족하며, 그의 존재 자체가 백성들에게 의식되지 않도록 무위자연의 덕을 갖추어야 한다. 무위자연의 법을 따라 다스리게 되면 무위(無爲)이나 실제로는 무불위(無不爲)인 통치를 하게 되는 것이고, 따라서 최고도로 유능한 정부가 되지만 그러한 유능성은 백성들에게는 의식되지 않는 까닭에 모두가 저절로 그렇게 되었다고 생각하게 된다. 그렇게 되면 피치자가 저절로 순화되기 때문에 치자와 피치자의 관계도 사실상 종적인 관계라 할 수 없으며, 결과적으로 치자와 피치자의 구분 자체도 의미를 상실하게 되어 주관과 객관의 완전한 조화가 이루어진다. 노자의 치국술(治國術)은 최상의 정치형태가 무위자화(無爲自化)라는 것을 보여준다.

> 나라를 다스리는 데는 정도(正道)로써 하고 군대를 쓰는 데는 기책(奇策)으로써 하지만 인위적인 노력을 버림으로써 천하를 취하게 된다…천하에 금령(禁令)이 많을수록 백성은 더욱 빈곤해지고, 백성이 이기(利器)를 많이 가질수록 국가는 더욱 혼란해지고, 사람들의 기교가 발달할수록 기물(奇物)이 많이 나와 국민정신을 해하고, 법령이 정비될수록 도적이 많아진다. 그러므로 성인은 말씀하시기를,

"내가 무위하니 백성이 스스로 순화되고, 내가 고요함을 즐기니 백성이 스스로 바르게 되며, 내가 무사(無事)하니 백성이 스스로 부유하게 되며, 내가 무욕(無欲)하니 백성이 스스로 소박하게 된다.[66]

『도덕경』 60장에서는 "큰 나라를 다스리는 일은 작은 생선을 삶는 것과 같다"[67]라고 했다. 작은 생선을 삶을 때 형태가 흐트러지지 않게 하기 위해서는 가능한 한 손을 대지 않는 것이 상책이듯이, 큰 나라를 다스리는 데는 군주의 덕에 의해 백성을 감화시키고 가능한 한 자율에 맡기는 것이 최상책이라는 것이다. 이와 같이 노자의 무위사상의 실천적 전개는 그의 정치 이상이 씨족적 취락국가(聚落國家), 즉 소국과민(小國寡民)의 촌락공동체의 구현이라는 것을 보여준다.[68]* 이러한 그의 자연주의적 사회관은 점차 국민국가의 패러다임이 깨어지면서 '제2의 근대'의 도전에 직면한 현대에 재음미될 수 있는 것이다. 또한 대안적인 체제로 제시되고 있는 오늘날의 자립적이고 상부상조적이며 생태적으로 조화를 이루는 소규모의 분권화된 공동체와도 일맥상통하는 것이다.

한편 장자는 노자의 무위자연 사상을 더 철저하게 전개하여 무궁의 품속

---

* 『도덕경』 80장에서는 "나라는 작고 인구는 적게 하여 단순하게 살아가게 하고 기물은 사용하지 않는다. 백성들로 하여금 생명을 소중히 여기게 하고 먼 곳으로 떠나는 일이 없게 한다. 비록 배와 수레가 있어도 탈 일이 없고, 갑옷과 무기가 있어도 쓸 일이 없게 하여, 백성들로 하여금 결승문자를 사용하던 시절로 돌아가게 한다. 음식을 달게 여기고, 의복을 아름답게 여기며, 거처를 편안하게 여기고, 풍속을 즐거워한다. 이웃 나라가 서로 바라다보이고 닭 울음과 개 짖는 소리가 들릴 정도이지만 백성들은 늙어 죽을 때까지 서로 왕래하는 일이 없다(小國寡民 使有什伯 人之器而不用 使民重死 而不遠徙 雖有 舟輿 無所乘之 雖有甲兵 無所陳之 使人復結繩而用之 甘其食 美其服 安其居 樂其俗 隣國相望 鷄 狗之聲相聞 民至老死不相往來)"라고 하여 생명의 가치를 구현하는 자족(自足)의 삶을 보여주고 있다.

에서 노니는 유희삼매(遊戲三昧)의 경지에 이르고 있다. 장주가 나비가 되어 날아다니는 꿈을 꾸었다. 꿈속에서는 자신이 장주임을 알지 못하다가 문득 깨어보니 다시 장주가 되었다. '장주가 나비가 된 꿈을 꾼 것인지, 나비가 장주가 된 꿈을 꾼 것인지 알 수 없다'[69]고 한, 이른바 '나비의 꿈(胡蝶之夢)' 이야기는 그의 우화(寓話)의 대표적인 것이다. 장주가 나비로 변하고 나비가 장주로 변하는 것을 '물화(物化: 만물의 변화)'라고 하고 있는데, 장주와 나비 사이의 분별은 피상적인 것일 뿐이며 장주가 나비이고 나비가 곧 장주인 경지가 강조되고 있다. 우리가 물질이라고 지각하는 것은 특정 주파수대의 에너지 진동에 불과한 것인 까닭에 한국학 고유의 코드에서는 이미 9천 년 이상 전부터 천·지·인 삼신일체[일즉삼·삼즉일]라 한 것이다.

사람이 꿈을 꾸고 있는 동안은 그것이 꿈인 줄 모르다가 잠에서 깨어나면 그것이 꿈이었음을 알게 되듯이, 이 세상살이 또한 깨어나면 한바탕 큰 꿈임을 깨닫게 된다. 귀천빈부 또한 꿈속의 한 사건에 지나지 않으며, 꿈 이야기를 하는 것도 또한 꿈이다. 인생이 한바탕 어지러운 꿈임을 깨닫고 나면 현실의 고통 또한 꿈속의 한 장면일 뿐이다. 진리에 눈뜨게 될 때 비로소 현실 세계는 영원불변한 것도 항구 고정된 것도 아니라는 사실을 자각하게 된다. 생(生)은 사(死)에 의존하고, 생성은 파괴에 의존하며, 있음은 없음에 의존한다. 그리고 다시 통틀어 하나가 되는 것이다. 『장자』「제물론(齊物論)」에서는 도(道)에 통달한 사람은 만물이 결국 하나가 된다는 사실을 알아서 지혜의 분별을 버리고 일체를 영원한 도에 맡겨버린다고 했다. 아무런 노력 없이도 꽃이 아름다울 수 있고, 아무런 노력 없이도 별이 영롱하게 빛날 수 있는 것은 도의 물결을 타고 흐르기 때문이다.

「응제왕(應帝王)」에 나오는 '혼돈(混沌)이 칠규(七竅: 눈, 코, 입, 귀의 일곱 구멍)로 죽었다'[70]는 우화는 유위(有爲)의 파괴성을 상징적으로 보여준다. 여기서 '혼돈'

은 사물이 확연히 구분되지 않은 천지개벽 이전의 미분화 상태를 의인화하여 나타낸 것이다. 혼돈은 무(無)와 유(有), 일(一)과 다(多), 본체와 현상을 모두 포괄한다. 남해 임금인 숙(儵)과 북해 임금인 홀(忽)은 중앙의 임금인 '혼돈'이 보고, 듣고, 먹고, 숨 쉴 수 있도록 날마다 한 구멍씩 뚫었는데 7일 만에 죽고 말았다는 이 우화는 유위의 파괴성을 강조한 것으로 인위적인 차별이 없는 자연 그대로의 모습이 진정한 삶이고 도임을 말해준다. 「변무(騈拇)」에 "오리의 다리가 비록 짧다고 해도 늘리면 우환이 되고, 학의 다리가 비록 길다고 해도 자르면 아픔이 된다. 그러므로 본래 긴 것은 잘라서는 안 되며, 본래 짧은 것은 늘여서도 안 된다"[71]라고 한 것은 태어난 그대로의 자연스러운 모습을 잃지 않는 것이 도의 세계임을 나타낸 것이다. 유가(儒家)의 인의(仁義)란 인간을 지치게 만들고, 천성과는 거리가 먼 것이어서 오히려 참된 도덕의 장애가 된다는 것이다.

「추수(秋水)」[72]에는 천(天)과 인(人), 즉 자연과 인위가 무엇인가에 대해 하백(河伯)과 북해약(北海若)의 대화 형식으로 간단명료하게 나와 있다. 하백이 "무엇이 천(天)이며, 무엇이 인(人)입니까?"라고 묻자, 북해약은 이렇게 대답했다. "소와 말의 발이 네 개 있는 것, 이것이 천(天)이오. 말 머리에 고삐를 달고 소 코에 구멍을 뚫는 것, 이것이 인(人)이오. 그래서 이르기를, 인위로써 천연(天然)을 훼손하지 말고, 고의로써 성명(性命)을 손상치 말며, 명리(名利)로써 천성의 덕을 잃지 말라고 하는 것이오. 삼가 지켜서 잃지 않도록 하는 것을 일러 천진(天眞)으로 돌아가는 것이라 하오."

무엇을 해야 하며, 무엇을 하지 말아야 할 것인지에 대한 하백의 물음에 북해약은 자본자근(自本自根)·자생자화(自生自化)하는 도의 운동 원리에 빗대어 대저 모든 것은 본래 스스로 변화하기 마련이라며, "도의 관점에서 보면 무엇이 귀하고 무엇이 천하다고 하는 것이 없소. 이를 반연(反衍: 끝없는 변화)이라 하오.…또한 무엇이 적고 무엇이 많다고 하는 것도 없소. 이를 사이(謝施: 사물의 변화에 순종함)라 하오"73라고 답했다. 움직여 변화하지 않는 것이 없고 시간에 따라 변동되지 않는 것이 없다는 것이다. 만물은 차별 없이 평등하니 어느 것이 길고 어느 것이 짧다고 할 수 없으므로 뜻을 구속하지도 말고 행동을 하나로 고정하지도 말라고 북해약은 말한다. 이것을 일러 무방(无方: 어디에도 치우치지 않는 자유)이라 하고 있다.

'무방'의 의미는 「소요유(逍遙遊)」에서 명료하게 드러난다. 대자연의 무궁한 품속에서 자유로이 노닒을 뜻하는 소요유는 일종의 우주적 무도(舞蹈)와도 같은 것으로 구속이 없는 절대적 자유의 경지를 보여주는 개념이다. 장자는 소요유의 즐거움을 무한한 허공을 향해 힘차게 비상하여 북녘 바다로 날아가는 대붕(大鵬)에 비유한다. 『장자』「소요유」에는 이런 이야기가 나와 있다. 북녘 바다에 그 크기가 몇천 리가 되는지 알 수가 없는 곤(鯤)이라는 물고기가 있는데 이 물고기가 변해서 붕(鵬)이라는 새가 된다는 것이다. 이 새는 그 등 넓이가 몇천 리가 되는지 알 수가 없고, 힘차게 날아오르면 그 날개는 하늘 가득히 드리운 구름과 같으며, 바다 기운이 움직여 대풍(大風)이 일 때 그 풍력을 타고 남쪽 바다로 날아가려 한다는 것이다. 조그만 날짐승들이 '대붕의 비상'을 알 수가 없듯이, 대자연의 무궁한 품속에서 노니는 절대적 자유의 경지를 작은 지혜로서는 알 수가 없다는 것이다. 말하자면 우물 안 개구리(井底蛙)에게는 바다를 이야기할 수 없고, 메뚜기에게는 얼음을 이야기할 수 없다는 것이다.

『장자』 사상의 진수는 일체의 대립상과 상대적 차별상을 떠나 만물이 평등하다고 보는 「제물론(齊物論)」의 만물제동설(萬物齊同說)에서 명료하게 드러난다. 사람이 도를 닦아 덕을 몸에 지니면 도의 관점에서 사물을 직시하게 되어 종국에는 "생과 사가 동반자이며, 만물이 하나이고 하나의 기운(一氣, 混

元一氣, 至氣)이 천하를 관통하고 있음"[74]을 알게 된다. 이는 곧 평등성지(平等性智)의 나타남으로 생명의 전일성과 자기근원성에 대한 자각이다. 이는 일기(一氣)의 통섭적 기능을 보여주는 것으로 『장자』에서 도(道)는 곧 일기(一氣)인 것으로 나타난다. 마음은 곧 기운(氣, 에너지]이므로 일기(一氣)는 곧 일심(一心)이다. 따라서 도(道), 일기(一氣), 일심(一心), 일신(一神, 유일신) 등은 생명의 본체를 일컫는 같은 의미의 다른 표현이다. 상호연관과 상호의존의 세계 구조를 이해하면 만물을 하나로 평등하게 보는 '도추(道樞)' 또는 '천균(天鈞)'의 경지에 이르게 된다고 장자는 말한다.

> 저것은 이것에서 생겨나고, 이것 또한 저것에서 비롯된다. 저것과 이것은 방생(方生)의 설이다. 삶이 있으면 죽음이 있고, 죽음이 있으면 삶이 있다. 됨(可)이 있으면 안 됨(不可)이 있고, 안 됨이 있으면 됨이 있다. 옳음(是)에 의지하면 옳지 않음(非)에 의지하는 것이고, 옳지 않음에 의지하면 옳음에 의지하는 것이다. 하여 성인은 그러한 상대적인 판단에 의하지 않고 절대적인 입장에서 조명하며 또한 대긍정에 의지한다. 이것 또한 저것이고, 저것 또한 이것이다. 저것 또한 하나의 시비이고, 이것 또한 하나의 시비이다. 과연 저것과 이것이 있다는 말인가. 과연 저것과 이것이 없다는 말인가. 저것과 이것의 대립이 사라진 경지, 이를 일러 도추(道樞)라고 한다.[75]

'도추'의 경지는 무궁의 품속에서 노니는 절대적 자유의 경지이다. 절대적 자유의 품속에서는 '나'를 잊고 '나'를 잃지 않으므로 온전한 삶을 누릴 수가 있다. 거기에 이르는 방법으로 장자는 심재(心齋: 마음을 비워 깨끗이 함)와 좌망(坐忘)을 들고 있다. 「대종사(大宗師)」에서는 '좌망'에 대해 '물질적 형체와 지식을 떠나 대통(大通)과 하나가 되는 것', 즉 '앉아서 고스란히 잊는 것(坐忘)'이라고 하였다.[76] 「제물론」의 제동사상(齊同思想)은 「소요유」에 나오는 자유론 및 전생설(全生說)과 불가분의 관계를 이루면서 장자의 인식론이 평등과 자유의 변증법적 통합[77]에 기초해 있음을 보여준다. 온전한 삶(全生)은 공중을 나는 새가 흔적을 남기지 않듯이 아무런 흔적을 남기지 않는다. 세상 사람들이 칭찬하거나 헐뜯더라도 그것이 자신의 본질에는 아무런 영향을 줄 수 없다는 사실을 알기에 마음이 동요되지 않는다.

> 만약 천지만물의 참본성을 따르고 자연의 변화에 순응하여 무궁의 세계에 노니는 자가 되면 대체 무엇을 의존할 게 있으리오. 그래서 이르기를, 「지인(至人)에게는 사심이 없고, 신인(神人)에게는 공적이 없으며, 성인에게는 명예가 없다」라고 한다.[78]

또한 「대종사」에서는 이렇게 말한다. "자기의 생을 망각한 후에 능히 아침 공기처럼 맑은 경지에 들어가고, 아침 공기처럼 맑은 경지에 들어간 후에 능히 단독자가 드러난다. 단독자가 드러난 후에 능히 고금을 초월하고, 고금을 초월한 후에 능히 생도 없고 사도 없는 경지에 도달한다."[79] 여기서 자기의 생을 망각한다는 것은 애써 인위적으로 삶을 지탱하려 하지 않는 것을 말한다. 그래서 "삶을 죽이고 초월하는 자에게 죽음은 없고, 삶을 살려고 탐하는 자에게 삶은 없다"[80]라고 말한 것이다. "삶이 나를 수고롭게 하고, 늙음이 나를 편안하게 하며, 죽음이 나를 쉬게 해 준다"[81]라고 한 것도 생과 사에 얽매임이 없는 생사로부터의 해방을 설한 것이다. 도를 터득하면 생사와 존망이 하나임을 알게 된다고 장자는 말한다. 왜냐하면 도는 모든 것을 보내고 모든 것을 맞아들이며, 모든 것을 파괴하고 모든 것을 생성하기 때문이다. 이를 변화 속의 안정이라 하고 있다.[82]

참된 삶을 누리는 요체는 모든 일에 순응하고 어떤 것에도 구애받지 않으며, 자연 그대로의 본성을 손상하지 않는 것이다. 장자는 "즐기고 탐하는 마음의 샘이 깊은 곳에 하늘의 샘은 말라만 간다"[83]고 했다. 얻음은 때를 만나서 그런 것이고, 잃음 또한 자연스러운 것이다. 때를 따르고 자연스러움에 맡기면 기쁨도 슬픔도 끼어들 여지가 없다는 것이다. 태어남을 기뻐하지도 않고, 죽음을 거역하지도 않는다. 장자의 양생(養生)의 도는 우주만물을 관통하는 일기(一氣)를 깨닫지 못한 채 물질 차원의 에고에 갇혀 미망 속을 헤매는 인류 의식을 일깨우는 한 줄기 빛이 되고 있다. 장자의 통섭적 사유체계가 보여주는 평등과 자유의 변증법적 통합은 근본지(根本智)로의 회귀를 촉구한다는 점에서 이분법적인 사유체계에 입각해 있는 오늘의 인류에게 그 시사하는 바가 크다.

장자 임종 시에 제자들이 그의 장례식을 성대히 치르려고 의논하는 것을 들은 장자는 "나는 천지(天地)로 관(棺)을 삼고, 일월(日月)로 연벽(連璧)을 삼으며, 성신(星辰)으로 구슬을 삼고, 만물이 조상객(弔喪客)이니 모든 것이 다 구비되었다. 무엇이 더 필요한가?"라고 했다. 매장을 소홀히 하면 까마귀와 솔개의 밥이 될 우려가 있다고 제자들이 말하자, 장자는 "땅 위에 있으면 까마귀와 솔개의 밥이 되고, 땅속에 있으면 벌레와 개미의 밥이 된다. 까마귀와 솔개의 밥을 빼앗아 땅속의 벌레와 개미에게 주는 것은 공평하지 않다"라고 했다는 일화는 장자다운 면모를 보여주는 것이다. 이러한 장자의 초탈사상은 그의 후학에 이르러서는 『장자』의 외편(外篇)과 잡편(雜篇)에서 드러나듯 세속적 관심과 절충되는 형태로 나타난다.

이상에서 노장(老莊)사상에 나타난 통섭적·생태적 사유체계는 그 본질에 있어 대립자들의 역동적 통일성에 기초한 것이다. 주관과 객관, 자유의지와 필연, 개체성과 전체성, 작용과 본체의 상호의존성 및 합일성에 대한 노장

(老莊)의 인식은 '일즉삼·삼즉일'이라는 한국학 고유의 코드에서와 마찬가지로 생명의 전일성과 자기근원성에 대한 인식을 보여준다. 노장사상은 근본지(根本智)로의 회귀를 통해 이분법적 사유체계에 기반한 근대 서구의 반(反)통섭적 문명을 극복할 수 있는 길을 제시함으로써 우주의 본질인 생명에 뿌리를 내린 진정한 문명, 생명과 평화의 문명으로 안내한다. 중국의 지도역사학 연구가인 류강(劉鋼)은 그의 저서 『고지도의 비밀』[84] 마지막 장에서 '중국의 전통문화에서 가장 가치 있고 계승할 만한 것은 노자의 자연주의 철학'이며, 바로 이러한 철학 관념이 과거에 중국의 전통 과학기술을 발전시킨 원동력이었다고 주장했다.

끝으로 한 가지 언급할 것은, 삼국시대 이후 우리 고유의 선가(仙家, 仙教)는 도가(道家)와 선가(禪家)와 습합(習合)된 형태로 전개된 것으로 볼 수 있다는 것이다. 우리 고유의 선가(仙家)에는 선(禪) 사상의 종자가 상당히 많이 내포되어 있는데, 도가사상에도 마찬가지로 선 사상의 종자가 많이 내포되어 있다. 중국의 법학자이자 외교관이며 철학 교수인 오경웅(吳經熊)은 "불교를 선(禪)의 아버지라고 한다면, 도가사상은 선의 어머니이다. 그러나 선은 아버지보다도 어머니를 더 많이 닮았음을 부인할 수 없다"[85]라고 했다. 앞서 고찰했듯이 황제헌원(黃帝軒轅)이 동이(東夷)에 와서 『삼황내문(三皇內文)』을 받아간 것을 계기로 우리의 신교(神教, 仙教)가 중국에 전해짐으로써 중국 도교(도가)의 원형이 된 것이므로 도가의 뿌리인 선가(仙家)와 선(禪)의 어머니인 도가(道家)와 선(禪)은 깊이 연결된 것이다.

스즈키 다이세츠(鈴木大拙)에 의하면 "선(禪)의 가장 명백한 특성은 '내심 자증(內心自證, pratyatmajna)'의 견성을 강조함에 있다. '내심 자증'이란 자기 존재의 핵심에 깊이 도달하는 내적 자각이다.…장자의 심재(心齋)나 좌망(坐忘) 또는 조철(朝徹)과 상응하는 것이다."[86] '심재'와 '좌망' 및 '조철'의 경지는 선의 본질을 이해하는 데 커다란 도움이 된다. '조철'은 생의 집착에서 초탈하면 그 마음이 아침 공기처럼 맑아져 깨달음의 경지가 열리는 것을 말한다. 미국의 저술가이자 시인인 토머스 머튼(Thomas Merton)이 "장자의 사상과 정신의 진정한 계승자는 당대(唐代)의 선사(禪師)들이었다"[87]라고 말할 정도로 선사들의 근본 통찰은 노장(老莊)의 그것과 매우 흡사하다. 선종 오가(禪宗五家)가 각자의 가풍(家風)을 지니고 있기는 하지만 모두 혜능에서 비롯된 것이고, 노장의 도가사상에 뿌리박은 것이다.[88]

## 이기심성론(理氣心性論)에 나타난 한국학 코드

다음으로 조선시대 이황(李滉, 호는 退溪, 1501~1570)*과 이이(李珥, 호는 栗谷, 1536~1584)**의 이기심성론(理氣心性論)에 나타난 한국학 코드에 대해 고찰해 보

---

* 퇴계는 1501년(연산군 7년) 11월 25일(陰) 경북 예안현(지금의 안동시 예안면)에서 진사(進士) 이식(李埴)의 7남 1녀 중 막내로 태어났으며, 69세를 일기로 세상을 떠났다. 『退陶言行通錄』(卷1)「遺事」에는 퇴계가 과거에 급제하였으나 벼슬하기를 즐기지 않았고 호화로움을 뜬구름처럼 보았다고 나온다. 홍문관교리·대사성·부제학·공조참판·예조판서·판중추부사·이조판서 등에 임명되었으나 모두 사직하고 고향으로 돌아갔다. 명종(明宗, 재위 1545~1567) 말년에 여러 차례 벼슬을 내렸으나 굳이 사양하고 나아가지 않자, 명종이 '초현부지탄(招賢不至歎: 어진 이를 불러도 이르지 않음을 한탄함)'이란 시제로 가까운 신하를 시켜 시를 짓게 하고 또 화공을 시켜 퇴계가 살고 있는 도산을 그려서 바치게 했을 정도로 퇴계를 경모했다고 한다. 1555년에는 도산서원(陶山書院)을 세웠으며, 율곡이 그를 방문한 것도 이때의 일이다. 성리학 연구에 매진한 결과, 마침내 대성하여 '동방의 주자'라는 칭호를 받게 되었으며 후진 양성에도 힘썼다. 주세붕(周世鵬)이 건립한 백운동(白雲洞) 서원을 최초의 사액서원(賜額書院)인 소수서원(紹修書院)으로 만들었다. 조선 정치사에서 남인 계열의 종주이다. 대표적인 저서로는 『啓蒙傳疑』, 『朱子書節要』, 『宋季元明理學通錄』, 『人心經釋疑』, 『四端七情分理氣書』, 『戊辰六條疏』, 『聖學十圖』 등이 있다.

** 율곡은 1536년(중종 31년) 12월 26일(陰) 강원도 강릉 죽헌동에 있는 외가인 오죽헌에서 통덕랑(通德郞)으로 사후 숭정대부 의정부좌찬성에 추증된 이원수(李元秀)와 정경

기로 한다. 먼저 성리학(性理學 또는 朱子學)의 형성 배경부터 일별해보기로 하자. 새로운 경향의 유학인 성리학의 사상체계가 형성되기 시작한 것은 송대(宋代, 960~1279)에 들어서이며 당시의 사회사적인 변화와 관련이 깊다. 당대(唐代)가 농업 본위·명문 귀족 본위의 봉건 신분제 사회였다면, 송대(宋代)는 상공업의 현저한 발달에 따른 시민계급의 분출로 명문 귀족들이 몰락하여 관료들의 대부분이 시민계급에서 나오는 진보적이고 근세적인 성격을 띤 사회였다. 또한 군벌이 강대해지는 것을 막기 위해 문관 우위 정책을 펴다 보니, 문화적·정치적으로 중국의 황금기였던 당대와는 달리, 송대는 문화적으로는 풍요로웠으나 군사적으로는 강하지 못했다. 조광윤(趙匡胤)이 세운 송조(宋朝)는 1127년 금(金, 1115~1234)의 세력 확장에 밀려 강남으로 도읍을 옮기게 되는데 그 이전을 북송(北宋)이라 하고, 임안(臨安, 지금의 항저우)으로 도읍을 옮긴 이후를 남송(南宋)이라 한다.

이러한 사회사적인 변화에 부응하여 송대의 유학, 경학은 한당(漢唐) 이래의 인습적인 주석학, 문헌학 수준에 머물지 않고 경세제민(經世濟民(經濟): 세상을 경영하고 백성을 구제함)의 실용주의적인 경학이 제창되어 경문의 자유로운 해

---

부인 신사임당의 셋째 아들로 태어났으며, 1584년 48세를 일기로 세상을 떠났다. 그는 13세 때 진사 초시에 장원급제하였으며, 이후 29세까지 생원시와 식년문과에 모두 장원으로 급제, 총 아홉 번 장원급제하여 '구도장원공(九度壯元公)'으로 불렸다. 홍문관교리·대사간·대사헌·대제학·호조판서·이조판서·형조판서·병조판서 등을 역임하였다. 선조에게 올린 〈만언봉사(萬言封事)〉라는 긴 상소문에서 폐정 개혁 7개항을 제시하였는데, 특히 그중 십만양병설을 주장하여 임진왜란을 예단한 것은 잘 알려진 사실이다. 이 밖에도 대동법의 실시와 사창(司倉)의 설치, 민중 계몽을 위한 규례 제작 등을 통해 조선 사회 정책에 혁신을 가져오게 하였다. 성리학자로서 뿐만 아니라 경세가로서도 혁혁한 업적을 남겼다. 당색으로는 서인에 속했으며, 동인의 집중 탄핵으로 관직에서 물러나 경장(更張)하고자 했던 구국의 뜻을 다 펼치지 못한 채 병을 얻어 세상을 떠났다. 대표적인 저서로는 『東湖問答』, 『聖學輯要』, 『擊蒙要訣』, 『小學集註』, 『人心道心圖說』, 『時務六條疏』 등이 있다.

석이 이루어짐과 동시에 초월적인 형이상학의 연구도 활기를 띠게 되었다. 북송시대 성리학의 비조(鼻祖)인 주돈이(周敦頤, 호는 濂溪, 1017~1073)는 송대에 이르러 본격화된 유가 철학에서의 새로운 경향의 철학운동의 선두주자로 평가되었으며, 당시 소옹(邵雍, 호는 康節, 1011~1077), 장재(張載, 호는 橫渠, 1020~1077), 정호(程顥, 호는 明道, 1032~1085), 정이(程頤, 호는 伊川, 1033~1108) 등도 그러한 새로운 경향을 대표하는 이들이었다. 이들은 유학을 더 철학적으로 체계화하는 한편, 유가 철학 외부의 도가사상과 불교의 선종(禪宗)과 화엄종, 그리고 도교의 우주론을 회통(會通)시켜 공맹(孔孟)의 정신을 밝힘으로써 유가의 새로운 학풍인 신유학(新儒學)을 발전시켰다.

정호·정이 형제의 부친은 주돈이의 친구였던 관계로 이들 형제는 어렸을 때 주돈이로부터 가르침을 받았으며, 후에 외숙인 장재와 자주 토론할 기회를 가졌다. 또한 소옹과도 그리 멀지 않은 곳에 살았던 관계로 이들 다섯 철학자는 긴밀한 접촉을 가질 수 있었다. 북송오자(北宋五子)로 불리는 이들 5인의 우주론과 인간론 및 수양론을 비판적으로 종합하고 철학적으로 체계화하여 성리학의 사상체계를 집대성한 이가 바로 남송시대의 주자(朱子, 이름은 熹, 1130~1200)[89*]이다. 주돈이의 『태극도설(太極圖說)』은 『주역(周易, 易經)』「계사전(繫辭傳)」에 나오는 "역유태극 시생양의(易有太極 是生兩儀)", 즉 "역(易)에 태극이 있는데 이것이 양의(兩儀)를 낳았다"고 하는 구절의 사상을 발전시킨 것으로 주자의 우주론 전개에 기초를 제공하였다. 또한 '이기지종(理氣之宗)' 또는 '역

---

* 주자는 한당(漢唐) 이래 오경(五經: 역경·서경·시경·예기·춘추) 중심의 경학(經學) 대신에 『예기(禮記)』 총 49편 가운데 31편 『중용』과 42편 『대학』을 따로 떼어 『논어』, 『맹자』와 함께 사서(四書)로서 표장(表章)하고 여기에 주석을 가하여 『四書集注』─즉, 『論語集注』(1177), 『孟子集注』(1177), 『大學章句』(1189), 『中庸章句』(1189)─를 저술함으로써 독립된 경전으로 널리 읽히게 되었다.

(易)의 조종(祖宗)'으로 일컬어지는 소옹의 상수(象數) 학설에 기초한 우주관과 자연철학은 주돈이의 『태극도설』과 더불어 동양 우주론의 바탕을 이루고 있다. 소옹의 사상은 『황극경세서(皇極經世書)』를 통해 세상에 알려졌고, 주자에 의해 성리학의 근본이념으로 자리 잡게 되었다.

정호·정이 형제에 의해 본궤도에 진입하게 된 신유학은 두 개의 주요 학파로 분류된다. 그 하나는 동생 정이(程頤) 계통으로 주자가 완성한 정주학(程朱學) 또는 이학(理學)이고, 다른 하나는 형 정호(程顥) 계통으로 육구연(陸九淵, 호는 象山, 1139~1193)이 계승하여 왕수인(王守仁, 호는 陽明, 1472~1528)이 완성한 육왕학(陸王學) 또는 심학(心學)이다. 주자의 사상체계로 대표되는 송대 이후의 신유학은 일반적으로 주자학, 성리학, 정주학(程朱學), 이학(理學), 도학(道學) 등으로 불린다. 선진유학(先秦儒學), 즉 공맹(孔孟)의 유학과는 구분하여 신유학이라 한 것이다. 이처럼 유학은 새로운 생명력을 얻어 신유학으로 거듭남으로써 송(宋)·원(元)·명(明) 약 700년에 걸쳐 노장(老莊)사상과 불교를 압도하는 세력을 형성했다.

성리학이 우리나라에 전래 된 것은 고려 말기 충렬왕(忠烈王, 재위 1274~1308)을 호종(護從)하여 원나라에 갔던 안향(安珦)이 『주자전서(朱子全書)』를 국내에 들여온 것이 그 시초이다. 성리학의 도입으로 고려의 유학계에는 새로운 학풍이 진작되게 되는데, 이색(李穡)·정몽주(鄭夢周)[90]·정도전(鄭道傳) 등이 그 대표적 인물이다. 이색·정몽주·길재(吉再) 등은 불교의 폐해를 지적하고 유교를 숭상하긴 하였으나 신왕조에는 협력하지 않은 반면, 정도전·하륜(河崙)·권근(權近) 등은 불교 자체를 배척하며 태조 이성계(李成桂)를 도와 법전 제정과 정책 결정을 통하여 유교를 국시(國是)로 삼는 조선조 건국의 원동력이 되었다. 이처럼 조선 전기의 성리학은 불사이군(不事二君)의 충정을 간직한 채 향촌으로 들어간 절의파(節義派) 성리학과 경세에 치중하여 조선사회의 유교화를 본격적으로 추진한 중앙의 관학파(官學派) 성리학으로 나뉜다.

성리학이 전성기를 맞이한 것은 16세기에 들어서이며 이기론(理氣論) 중심
으로 발달하였다. 당시의 철학적 조류는 이언적(李彦迪, 호는 晦齋, 1491~1553)을
선구자로 하여 원리적 문제를 중시하는 주리론(主理論)과 서경덕(徐敬德, 호는 花
潭, 1489~1546)을 선구자로 하여 경험적 세계를 중시하는 주기론(主氣論)의 두 계
통으로 나뉜다. 조선의 성리학은 이언적의 뒤를 이어 퇴계 이황(李滉)이 대
성하였고, 서경덕의 뒤를 이어 율곡 이이(李珥)가 대성하였다. 이처럼 16세기
후반 퇴계와 율곡에 의해 성리학은 전성기를 맞이하게 되었고, 이들은 조선
성리학의 양대 산맥을 이루며 도덕적인 인간과 사회의 구현을 목표로 학리
상(學理上)의 논쟁도 활발히 전개되었다.

사단칠정(四端七情)의 이기론적 해석에 있어 두 사람의 차이는 이들이 활동
했던 시대적 및 사회적 배경과 무관하지 않다. 퇴계가 활동하던 때는 1519
년 기묘사화(己卯士禍, 中宗 14)와 1545년 을사사화(乙巳士禍, 明宗 즉위년)로 사림이
박해를 받는 처지에 있었고, 율곡이 활동하던 때는 사림이 중앙 관계(官界)의
주도권을 잡고 있었으며 사회정치적 위기가 만연한 상황이었다. 율곡이 퇴
계의 이기호발설(理氣互發說: 理도 발하고 氣도 발한다는 說)을 비판하여 기발이승일
도설(氣發理乘一途說: 氣가 발하여 理가 타는 하나의 길밖에 없다고 보는 說), 이통기국설(理
通氣局說: 理의 보편성과 氣의 국한성이 묘합을 이룬다는 說)을 전개하며 현실개혁을 과감
하게 주창하게 된 것도 이러한 배경과 관련이 있다.

사림의 성리학 연구성과는 퇴계와 율곡의 이기심성론(理氣心性論)으로 집약
된다. 중국의 성리학과 구분되는 조선 성리학의 독자성은 심성론에 대한 정
치(精緻)한 철학적·형이상학적 탐구에 있다. 1559년부터 8년간 진행된 퇴계
와 기대승(奇大升, 호는 高峰, 1527~1572) 간의 '사단칠정논변(四端七情論辨, 약칭 四七論
辨)'은 사림파 성리학자들이 이기심성론을 적극적으로 논구하게 되는 계기

가 된 사건이다. 1572년부터는 율곡과 성혼(成渾, 호는 牛溪, 1535~1598) 간에 제2차 사단칠정논변이 진행되었다. 사단칠정논변은 사단칠정에 대한 이기론적 해석의 차이에서 오는 것으로 이에 관해서는 뒤에서 자세히 다루기로 한다. 사단과 칠정을 이기론적으로 어떻게 규정하는 것이 타당한가의 문제에 관한 사단칠정론은 인성과 물성을 이기론적으로 어떻게 규정하는 것이 타당한가의 문제에 관한 후대의 노론(老論) 계열 지식인들의 '인물성동이론(人物性同異論 또는 湖洛論爭: 인성과 물성이 같은가 다른가의 문제)'과 더불어 조선 성리학사에서 중요한 학술논쟁이 되었다.

그러면 먼저 퇴계 성리학의 특성부터 살펴보기로 하자. 퇴계의 사상적 입장은 정자(程子)·주자(朱子)의 정주학(程朱學) 계통으로 이기이원론(理氣二元論)을 바탕으로 하고 있다. 1568년 퇴계는 그의 학문의 결정체라고 일컬어지는 『성학십도(聖學十圖)』를 지어 선조(宣祖, 재위 1567~1608)에게 진헌하였다. 사림파 성리학자들에게 '성학'은 성인이 되기 위한 학문일 뿐만 아니라 지치주의(至治主義)의 실현을 위한 학문이기도 했다. 퇴계는 『성학십도』 서문에서 "군주의 마음은 온갖 정무(萬幾)가 비롯되는 곳이며, 온갖 책임(百責)이 모이는 곳이며, 온갖 욕구가 서로 공격하고 사특함이 번갈아 침해하는 곳입니다. 그 마음이 조금이라도 태만하고 소홀해져 방종이 계속되면, 마치 산이 무너지고 바다가 요동치는 것과 같아서 그 누구도 이를 막아낼 수 없습니다"[91]라고 하며 군주의 '정심(正心: 마음을 올바르게 함)'을 강조하였다. 군주의 '정심'이 중요한 것은 단지 군주 개인의 도덕적 인격의 완성을 위한 것이 아니라 국가의 올바른 통치를 위한 것이기 때문이다. 마음이란 무엇인가에 대해 『성학십도』 「심통성정도설(心統性情圖說)」에서는 마음은 성(性)과 정(情)을 통섭하는 것으로 그 마음을 바르게 하여 성을 기르고 정을 단속하면 학문의 방도를 얻게 될 것이라고 했다.

　　이른바 '마음이 성과 정을 통섭한다(心統性情)'는 것은 사람이 오행의 빼어난 기운

을 받고 태어나며, 그 빼어난 기운에 의하여 오성(五性: 仁義禮智信)이 갖추어지고,

그 오성이 동하는 데서 칠정(七情)이 나온다는 것을 말한 것이다. 무릇 성과 정을

통회(統會)하는 것은 마음이다. 그러므로 그 마음이 고요하여 움직이지 않으면

성이라 하는 것이니 마음의 본체요, 느껴서 통하면 정이라 하는 것이니 마음의

작용이다. '마음이 성과 정을 통섭한다'는 장자(張子: 張載를 존칭하는 말)의 이 말은

타당하다. 마음이 성을 통섭하므로 인의예지를 성이라 하며, 또한 인의의 마음

이라는 말도 있게 된다. 마음이 정을 통섭하므로 측은·수오·사양·시비를 정이

라 하며, 또한 측은한 마음이나 수오·사양·시비의 마음이라는 말도 있게 된다.

마음이 성을 통섭하지 못하면 그 미발(未發)의 중(中)을 이룰 수 없어 성이 무시되

기 쉽고, 마음이 정을 통섭하지 못하면 절도에 맞는 화(和)를 이룰 수 없어 정이

방탕해지기 쉽다. 배우는 사람들이 이것을 알고 반드시 먼저 그 마음을 바르게

하여 성을 기르고 정을 단속하면 학문의 방도를 얻게 될 것이다.[92]

　　'성(性)'은 만유의 내재적 본성으로서 마음의 본체이며, '정(情)'은 지정의(知
情意)를 포괄하는 마음의 구체적 작용이다. 주자와 그의 논적(論敵)인 육구연
이 성과 심을 이기론(理氣論)으로 해석하여 각각 '성즉리(性卽理)'와 '심즉리(心卽
理)'를 주장했다면, 퇴계와 그의 논적인 기대승은 '정(情)'을 이기론으로 해석
하여 체계화하는 것을 중심 과제로 삼았다. 사단칠정론은 조선 성리학사를
일관하는 대논제로서 중국이나 일본의 유학사에서는 문제시된 적이 없다.
사단칠정론은 사단(四端: 惻隱之心·羞惡之心·辭讓之心·是非之心)과 칠정(喜·怒·哀·懼·
愛·惡·欲)을 이기론적으로 어떻게 규정하는 것이 타당한가의 문제를 다룬 것

으로 사단칠정(四端七情)*의 해석을 둘러싸고 두 입장이 나뉘게 된다. 그 하나는 도덕 감정인 사단과 도덕과 무관한(non-moral) 감정인 칠정은 그 성격이 분명히 다르므로 이기론상의 해석도 달라야 한다는 입장이고, 다른 하나는 사단과 칠정이 서로 성격이 다르긴 해도 칠정 밖에 따로이 사단이 있는 것은 아니므로 이기론상으로는 양자 간에 차이가 없다는 입장이다. 퇴계와 기대승 간의 제1차 사단칠정논변 및 율곡과 성혼(成渾) 간의 제2차 사단칠정논변에서 퇴계와 성혼이 전자의 입장이라면, 기대승과 율곡은 후자의 입장이다.

성균관의 대사성이라는 원로학자의 위치에 있었던 58세의 퇴계와 막 대과에 급제한 32세의 신예 기대승의 사단칠정논변은 조선 성리학사의 가장 치열했던 학리상(學理上)의 논쟁으로 1559년부터 8년간 진행되었다. 사단과 칠정에 대한 이기론적 해석을 둘러싼 제1차 논변의 발단은 정지운(鄭之雲, 호는 秋巒, 1509~1561)이 지은 『천명도설(天命圖說)』의 일부를 퇴계가 개정한 내용에 대하여 기대승이 이의를 제기한 데서 비롯되었다. "사단은 이(理)에서 발하고, 칠정은 기(氣)에서 발한다(四端發於理 七情發於氣)"는 『천명도설』에 있는 구절을 퇴계가 개정하여 "사단은 이(理)의 발이고, 칠정은 기(氣)의 발(四端理之發 七情氣之發)"[93]이라고 한 것에 대해, 기대승은 사단과 칠정을 이(理)와 기(氣)에 이원론적으로 분속시키는 퇴계의 이기이원론(理氣二元論)은 잘못된 것이라고 비판하며 이기일원론(理氣一元論)을 주장했다. 또한 사단은 칠정의 범위를 벗어나 따로이 존재하는 것이 아니므로 사단과 칠정을 대립적인 별개의 것으로 파악하는 견해에 반대했다. 기대승의 비판의 요지는 다음과 같다.

---

* 사단(四端)은 『孟子』에 나오는 측은(惻隱)·수오(羞惡)·사양(辭讓)·시비(是非)의 마음이 각각 인(仁)·의(義)·예(禮)·지(智)라는 네 가지 선한 본성을 드러내는 단서가 되는 것을 말하며, 칠정(七情)은 『禮記』에 나오는 희로애구애오욕(喜·怒·哀·懼·愛·惡·欲)의 일곱 가지 감정을 가리키는 것으로 『中庸』의 희로애락(喜·怒·哀·樂)과 동일한 정(情)이다.

자사(子思)와 맹자가 말하는 바가 같지 않기 때문에 사단과 칠정의 구별이 있는 것뿐이며, 칠정 밖에 따로 사단이 있는 것은 아니다. 만약 "사단은 이(理)에서 발하기 때문에 선하지 않음이 없고 칠정은 기에서 발하기 때문에 선악이 있다"라고 한다면, 이는 이와 기가 갈라져 두 가지가 되는 것으로 칠정이 성(性)에서 나오지 않고 사단이 기를 타지(乘) 않는다는 것이다. 이 말뜻은 병폐가 없을 수 없고 후학이 의심하지 않을 수 없다. 만약 또 "사단이 발하는 것은 순수한 이(純理)이기 때문에 선하지 않음이 없고, 칠정이 발하는 것은 기를 겸하였기(兼氣) 때문에 선악이 있다"라고 고친다면 비록 앞의 말보다는 약간 나은 듯하나 역시 부족하다.…이것[四端]은 본래 순수하게 천리(天理)가 발한 것이지만 칠정 밖으로 벗어날 수는 없으니, 이는 곧 칠정 중에서 발하여 절도에 맞은 것이 드러난 것이다. 그렇다면 사단과 칠정을 대립시켜 서로를 들어 순수한 이(理)라거나 기(氣)를 겸한다고 말할 수 있겠는가? 인심[감각적 욕구]과 도심[도덕적 본성]을 논한다면 혹 이와 같이 말할 수 있겠으나, 사단칠정이라면 이와 같이 말할 수 없을 것이다. 대개 칠정은 인심으로만 볼 수는 없다.[94]

기대승에 의하면 "무릇 이는 기의 주재자이고 기는 이의 재료이니, 이 둘은 본래 나뉘어 있는 것이지만 그것이 사물에 존재할 때는 본래 혼륜(混淪)하여 나눌 수 없다"[95]는 것이다. 사단칠정을 이기(理氣)에 분속시킬 경우 이(理)와 기(氣)가 별개의 것으로 나뉘게 되므로 사단 속에 기(氣)가 없고 칠정 속에 이(理)가 없게 된다는 것이다. 그리하여 그는 사단칠정을 모두 다 정(情)이라고 하여 이기일원론에 입각한 주정설(主情說)을 주장했다. 사단은 칠정 중의 사단이므로 본연지성(本然之性)으로서의 순리(純理)도 겸기(兼氣)인 기질지성(氣質之性) 중의 것임을 의미한다는 것이다. 기대승과의 8년간의 논변에서 퇴계의 사단칠정의 최종 해석은 사단을 이(理)에, 칠정을 기(氣)에 분속시키는 '이기분속설(理氣分屬說)'을 취하여 '사단은 이발(理發), 칠정은 기발(氣發)'의 구도를 갖는 것으로 확정했다. 퇴계학파의 기본 입장인 이기호발설(理氣互發說)은 이렇게 해서 정립되었다.

> 사단은 이(理)가 발하여 기가 따른 것이고, 칠정은 기가 발하여 이(理)가 탄 것이다.[96]

퇴계가 사단(四端)을 가리켜 '이발(理發)'임을 역설한 것은 인간의 본성이 선함을 사단으로 설명하였던 맹자의 성선설을 따르려는 의도로 볼 수 있으며, 인간 본유의 선한 본성의 발현에 의해서만이 참다운 인간이 될 수 있음을 강조한 것이다. 그가 도덕 감정인 사단과 도덕과 무관한 감정인 칠정을 구분하여 사단의 확장에 의해서만 도덕의 실현이 가능하다고 보고 순수한 도덕의 영역을 확장시키려는 순수도덕주의의 입장을 취하게 된 것도 이러한 이유에서이다. 사단칠정논변은 주자학[程朱學]이 조선의 성리학으로 토착화되는 기반을 조성하였으며, 이로써 유학사상이 진일보하는 계기를 마련하게 되었다. 성리학의 심성정론(心性情論)에 대한 학리상의 논쟁인 사단칠정논변을 계기로 사림파 성리학자들의 이기심성론(理氣心性論)에 대한 논구가 본격화됨으로써 16세기 후반 이후의 조선 성리학계는 영남 지역을 중심으로 한 퇴계 성리학과 기호 지역을 중심으로 한 율곡 성리학으로 나뉘게 된다. 이 두 학파는 학술적 및 정치적 입장에서 상호 견제하고 비판하는 붕당체제를 조선말까지 지속하게 된다. 퇴계 성리학의 성격이 순수도덕주의라면, 율곡 성리학은 사단과 칠정을 대등하게 보는 범도덕주의 입장이다.

조선 성리학의 독자성은 심성론에 대한 정치(精緻)한 철학적·형이상학적 탐구에 있으며, 사림의 성리학 연구성과는 퇴계와 율곡의 이기심성론으로 집약된다. 사단칠정론, 인심도심설(人心道心說) 등 심성론이 추구하는 바는 '알인욕 존천리(遏人欲存天理)',[97] 즉 인욕(人欲: 감각적 욕구)을 막고 천리(天理)를 보존하려는 데 있다. 그렇게 해야만 세상의 질서가 바로 설 수 있다는 것이다. 여기서 인욕은 인심에 속하고 천리는 도심에 속하는 것임을 명확히 깨달아야 한다고 퇴계는 강조했다. 현실의 모든 문제를 해결할 수 있는 단서가 바로 마음을 올바르게 다스리는 데 있다는 말이다. 8년간에 걸쳐 사단칠정논변이 치열하게 진행된 것도 마음의 본질과 그 작용을 밝히는 일이야말로 모든 문제 해결의 근간이 되는 것이기 때문이다. 퇴계가 제시한 마음을 다스리는 방법은 '경(敬)'의 태도에 의하여 이루어진다. 그가 '경'을 위주로 한(敬以爲主) 학문을 강조한 것도 이 때문이다. 그의 심성설을 포괄하는 만년의 대표작인 『성학십도』 「심통성정도설」에서는 이렇게 말한다.

> 이와 기를 겸하고 성과 정을 통섭하는 것은 마음이다. 성이 발하여 정이 되는 때가 바로 한마음의 기미(幾微)이고, 온갖 변화의 추요(樞要)이며, 선과 악의 분기점이다. 배우는 사람들이 한결같이 경(敬)의 태도를 견지하여 이치와 욕망을 확실하게 분별하고 더욱 이를 삼가, 미발(未發)인 때에는 존양(存養)의 공부가 깊어지고, 이발(已發)인 때에는 성찰의 습관이 익숙해져야 한다. 참으로 이러한 노력을 오래도록 그침이 없이 쌓으면, 이른바 마음을 정일(精一)하게 하여 중용의 도리를 잡는 성학(聖學)과, 본체를 보존하여 현실에 응용하는 심법이 밖에서 구하기를 기다리지 않고 모두 여기에서 얻어지게 될 것이다.[98]

퇴계가 말하는 '인욕을 막고 천리를 보존함'은 자기를 이기고 예로 돌아가는 극기복례(克己復禮)와 일맥상통한다. '천리를 보존함(存天理)'의 구체적 실현은 중용(中庸), 즉 '시중(時中)'의 도를 실천하는 것이다. 공자는 '시중'의 도로써 대동사회의 이상을 구현하고자 했다. '시중'의 도란 공자가 그러했듯이, "벼슬을 할 때면 나가서 벼슬하고, 그만두어야 할 때면 그만두고, 오래 머물러 있을 때면 오래 머물러 있고, 빨리 떠날 때면 빨리 떠나는 것",[99] 말하자면 감각적 욕구에 좌우되지 않고 도덕적 본성을 좇아 때에 따라 적절하게 하는 것이다. 『성학십도』와 더불어 퇴계 필생의 역작으로 알려진 『무진육조소(戊辰六條疏)』에도 '마음은 천군(心爲天君)'으로 표현되고 있다. 『무진육조소』는 1568년 퇴계가 당시 16세였던 선조의 부름을 더 이상 거절하지 못하고 상경하여 유교의 이상적인 위민 왕도정치를 펼칠 수 있는 지침으로서 지어 바친 것이다. 군주가 내성외왕(內聖外王)의 자질을 갖춤에 있어 최고의 관건은 '심(心)'과 '의(意)'라고 『무진육조소』에서는 말한다.

> 마음(心)과 뜻(意)이 최고의 관건이다. 마음은 천군이고 뜻은 그것이 발동한 것이다. 먼저 그 발동한 뜻이 성실되면 하나의 성실됨이 족히 만 가지 거짓을 사라지게 할 수 있고, 이로써 그 천군인 마음이 바르게 되면 온몸이 명령에 따라 행하는 바가 진실되지 않은 것이 없게 된다.[100]

이 글은 『대학』 8조목에 나오는 성의(誠意)·정심(正心)·수신(修身)의 중요성을 강조한 것이다. 이를 바탕으로 제가(齊家)·치국(治國)·평천하(平天下)로 나아가게 되는 것이다. 이처럼 성리학은 16세기 퇴계에 이르러 당시의 시대적 및 사회적 요청에 부응하여 심성설(心性說)을 중심으로 한 철학적·형이상학적 탐구를 통하여 주체적으로 수용됨으로써 조선의 성리학으로 토착화되어 갔다. 퇴계 성리학은 정주(程朱) 계통의 주리적(主理的) 이기이원론의 입장을 취했던 만큼, 서경덕 계통의 기일원론(氣一元論)이나 불교·도교의 사상은 물론 같은 성리학이라 해도 심학(心學)이라 불리는 양명학은 강력하게 배척했다. 퇴계의 주리적 관점은 생멸하는 기(氣)와는 달리 이(理)는 항존하는 실재라는 믿음에서 오는 것으로, 이후 주리론은 사림파의 정통 철학으로 자리잡게 되었다. 이귀기천(理貴氣淺)이라 하여 퇴계가 이(理)를 중시한 것은 군주가 천리[天命, 天道]에 순응하는 민본정치를 펼칠 것을 강조한 것이다. 천리를 거슬러 인의를 저버리고 그로 인해 민심이 떠나면 천명이 거두어진다는 맹자의 민본사상과 맥을 같이 하는 것이다.

또한 퇴계의 주지주의적 입장은 수양방법으로 거경(居敬)과 궁리(窮理)를 강조한 정주 계통의 방법론을 옹호 답습한 데서 분명히 드러난다. 이는 그가 왕양명의 지행합일설을 배척하는 데서도 마찬가지로 드러난다. 그는 '호색(好色)을 보고 저절로 좋아할 수 있는 것'과 '선(善)을 보고 좋아하는 것'이 같을 수 없다고 보고, 이성적 윤리의 측면인 '의리(義理)'의 지행(知行)은 감각적 본능의 측면인 '형기(形氣)'의 지행과는 달리 배우고 힘써 행하지 않으면 이루어질 수 없는 것으로 보았다.[101] 사단칠정의 이기론적 해석을 둘러싸고 퇴계 계통의 영남학파와 율곡 계통의 기호학파라는 학파의 형성을 가져 온 사단칠정론은 또한 인성과 물성의 이기론적 해석을 둘러싼 후대 노론 계열 지식인들의 '인물성동이론(人物性同異論 또는 湖洛論爭)' 등의 논쟁으로 연결됨으로써 조선조 성리학은 심성설의 주조를 띤 주지주의적 경향으로 발전하였다.

그러나 16세기 성리학자들이 추구했던 것은 형이상학적인 이론 탐구만이 아니었다. 당시 사림의 주된 관심은 지치주의로 표현되는 이상정치의 실현이었다. 이는 경(敬)과 의(義)에 바탕을 둔 개인의 도덕적 수양, 향약 결성 및 성리학적 예속(禮俗)의 정비와 보급을 통한 향촌 교화, 서원 건립을 통한 후진 교육, 그리고 상소문을 통한 군주에의 진언 등 도학의 실천 운동으로 나타났다. 유교 정치가 지향하는 바는 수기치인(修己治人)이다. 성학(聖學)

을 배워 내면화하는 '위기(爲己[內聖])'와 이를 외재화하는 '위인(爲人[外王])'이 조화를 이룰 때 지치주의는 실현될 수 있는 것이다. 하여 퇴계는 위기지학(爲己之學)을 통해 본성을 회복하여 치인의 도를 행할 때 유교의 이상적인 위민왕도정치가 실현될 수 있다고 역설했다. 퇴계의 주리론의 영향을 받은 조선 후기의 의리학파는 국가적 위기상황에서 국권을 수호하는 충렬정신을 발휘케 함으로써 민족 주체성의 확립과 민족독립운동의 전개에 기여하기도 했다.

다음으로 조선조 성리학사에서 퇴계와 쌍벽을 이루는 율곡 성리학의 특성에 대해 살펴보기로 하자. 율곡이 살았던 16세기 중반 이후의 조선은 정치적으로는 사림 세력이 4대 사화를 겪으며 중앙 정계를 장악하는 과정에서 훈구 세력과의 관계를 놓고 입장 차가 발생해 동서 붕당 체제가 형성되었고 조정에는 중상모략이 만연했다. 경제적으로는 조선 경제의 근간이 되었던 토지제도가 문란해져 토호들의 공전(公田) 겸병에 따른 적폐(積弊)가 만연하여 농민들은 병작제(竝作制)에 의해 수확의 대부분을 수탈당하고 과중한 조세 부담과 족징(族徵)·인징(隣徵)의 연대책임제로 농촌경제는 피폐해져만 갔다. 뿐만 아니라 당시의 조선은 「남왜 북호(南倭北胡)」의 위협에 직면하여 국방이 불안했다. 그의 사후 8년 만에 임진왜란이 일어난 것을 보더라도 당시의 상황을 짐작할 수 있다. 율곡은 그가 살던 당시의 시대를 경장(更張)의 시대로 인식하여 위기 대처방안으로 변법(變法)과 경장을 역설하였다. 그의 개혁사상과 제도개혁은 바로 이러한 인식의 발로였다.

당시 붕당 대립의 직접적인 발단은 1575년(선조 8년) 이조전랑직(吏曹銓郎職) 천거 문제를 둘러싼 김효원(金孝元)과 심의겸(沈義謙)의 알력에서 비롯되었는데, 이들이 각각 한성 동쪽과 서쪽에 살았기 때문에 동인과 서인이라는 이름이 붙었다. 신진 사림 세력인 동인 진영은 훈구 세력을 청산해야만 개혁이 완성될 수 있다는 순수 이상주의적 태도를 취한 반면, 기성 사림 세력인 서인 진영은 훈구 세력 출신이라 해도 개혁 의지가 확고하고 개혁 추진에 동조한다면 포용해야 한다는 현실주의적 태도를 취했다. 동인 진영에는 퇴계와 조식(曺植, 호는 南冥, 1501~1572)의 문인들이 많았고 수적으로도 우세하여 조직체계를 갖춘 반면, 서인 진영은 수적으로도 열세였고 학연이나 조직 면에서도 동인에 비해 응집력이 약했다. 이러한 사림의 분열을 비판적으로 바라보며 사태의 추이를 관망하던 율곡은 마침내 지지자들을 이끌고 서인 진영에 가담하였으니, 율곡과 사단칠정논변을 벌인 성혼*이 서인 진영에 가담한 것도 바로 이때였다.

이렇게 해서 동서 붕당 체제는 퇴계 진영과 율곡 진영으로 나뉘어 어느 정도 붕당의 균형을 잡아가다가 후에 당파 간의 대립 투쟁으로 분열하여 4색 당쟁**을 전개하면서 권력투쟁으로 치달으며 1800년대에 들어서는 세도정치와 맞물려 조선말까지 계속되었다. 퇴계학파와 율곡학파의 정치노선이 각각 퇴계 성리학과 율곡 성리학의 성격과 일치했다는 사실은 조선 성리학을 특징짓는 사단칠정의 이기론적 해석을 둘러싼 학술논쟁이 당시의 사회정치적 상황과 긴밀하게 연계되어 있음을 보여주는 것이다. 퇴계 성리학이 도덕 감정인 사단과 도덕과 무관한 감정인 칠정을 구분하여 사단의 확장

---

\* 우계(牛溪) 성혼(成渾)은 해동십팔현(海東十八賢)의 한 사람으로 조상 대대로 벼슬을 해온 집안 출신이라 사림보다는 훈구 쪽에 가깝다고 할 수 있으나, 그의 부친이 당시의 정치 상황에 환멸을 느껴 정계를 떠나 도학 공부에 매진하였고 우계 또한 벼슬에 뜻을 두지 않고 학문에 전념하여 관료들과 사림들 간에 좋은 평판을 얻고 있었으며 지지자들도 많았다.

\*\* 후에 동인은 남인과 북인으로 나뉘어 조선 후기에는 남인이 명맥을 이어갔고, 서인은 노론과 소론으로 나뉘어 조선 후기에는 노론이 주도하며 장기간 집권했다.

에 의해서만 도덕의 실현이 가능하다고 보는 순수도덕주의의 입장을 견지했다면, 율곡 성리학은 사단과 칠정을 이기론상으로 한 가지라고 보고 이들 모두를 포용하면서 천리(天理)를 실천하고자 하는 현실주의의 입장을 견지했다. 율곡의 '기발이승일도설(氣發理乘一途說)'이나 '이통기국설(理通氣局說)'은 단순한 형이상학적 문제가 아니라 그의 개혁사상의 철학적·인식론적 근거가 되는 것이었다.

율곡 성리학의 특징이 이기지묘(理氣之妙)의 구조로 일관해 있다는 것은 그의 '기발이승일도설'이나 '이통기국설' 등에 잘 나타나 있다. '이기지묘'는 일체 존재가 '하나이면서 둘(一而二)이고 둘이면서 하나(二而一)'인 이기(理氣)의 묘합 구조로 이루어져 있음을 나타낸 말로서 시간적 선후와 공간적 이합(離合)의 저 너머에 있다. "발하는 것은 기(氣)이고, 발하는 까닭은 이(理)다. 기가 아니면 발할 수 없고, 이(理)가 아니면 발할 바가 없다."[102] 이(理)는 무형(無形)·무위(無爲)의 '형이상자(形而上者)'로서 기(氣)의 동정(動靜) 작용을 주재하므로 모든 존재가 그러한 존재일 수 있는 이치이고, 기(氣)는 유형(有形)·유위(有爲)의 '형이하자(形而下者)'로서 그러한 이(理)의 의착처이다. 그리하여 율곡은 "이(理)는 기(氣)의 주재이고, 기는 이의 탈 바이다. 이가 아니면 기가 근저(根柢)할 바가 없고, 기가 아니면 이가 의착할 바가 없다"[103]라고 했다.

율곡의 심성론은 사단과 칠정의 이기론적 해석에 있어 '이(理)도 발하고 기(氣)도 발한다'—사단을 주리(主理), 칠정을 주기(主氣)로 해석하여—는 퇴계의 '이기호발설'을 정면으로 부정하는 데서 시작한다. 율곡에 의하면 사단과 칠정은 분리되지 않으며 칠정 가운데 인욕(人欲)이 섞이지 않은 천리(天理)를 사단이라 하고 천리와 인욕를 겸한 것을 칠정이라 하는 것이므로 사단을 주리(主理)라고 하는 것은 옳지만 칠정을 주기(主氣)라고 하는 것은 잘못되었다는 것이다. 사단과 칠정이 '주리'와 '주기'로 이분될 수 없는 것은 '이(理)'의 본연지성(本然之性)과 '이(理)'·기질이 묘융된 기질지성(氣質之性)이 이분될 수 없는 것과도 같은 것이다. 그리하여 율곡은 사단을 칠정 속에 포함시켜 '기발이승일도설'을 주장했다. 말하자면 퇴계는 "사단은 이(理)가 발하여 기가 따른 것이고, 칠정은 기가 발하여 이(理)가 탄 것"이라고 한 데 반해, 율곡은 "사단과 칠정 모두 기가 발하여 이(理)가 탄 것(氣發而理乘之)"이라고 했다. 기(氣)가 발하여 이(理)가 타는 '기발이승' 하나의 길밖에 없다고 보는 것이 '기발이승일도설'이다.

기(氣)가 발하여 이(理)가 탄다(乘)는 것은 무엇을 말하는 것인가? 음(陰)이 정(靜)하고 양(陽)이 동(動)하는 것은 기(氣)가 저절로 그러한 것이요, 시키는 자가 있는 것이 아니다. 양이 동(動)하는 것은 이(理)가 동에 탄 것이요, 이(理)가 동하는 것이 아니다. 음(陰)이 정(靜)한 것은 이(理)가 정(靜)에 탄 것이요, 이(理)가 정(靜)한 것이 아니다.[104]

율곡의 '기발이승일도설'은 '이무위 기유위(理無爲氣有爲)'라는 이기(理氣) 개념에 근거하여[105] 이(理)는 무위이므로 작용력·발용력이 없고, 유위인 기(氣)가 발하여 이(理)가 그 기의 작용에 타는 것으로 '기발'과 '이승'은 동시적이며 공간적으로도 이합(離合)이 없다. 율곡이 퇴계의 '이기호발설(理氣互發說)'을 비판하는 것도 이러한 근거에서이다. 퇴계가 주자에게서 '이기호발'의 논거를 찾은 것에 대해, 율곡은 "만약 주자가 참으로 '이(理)와 기(氣)의 상호 발용으로 각각 그 작용이 나온다'라고 했다면, 이는 주자도 또한 잘못된 것이다"[106]라고 했다. 이(理)는 그 자신은 발하지 않지만, 기발(氣發)의 원인이고 기의 주재인 것이다. 이는 태극음양론에도 마찬가지로 적용된다. 율곡은 음양을 기(氣)로, 동정(動靜) 작용을 기발(氣發)로, 태극을 이(理)로 보고, "음양이 동정함에 태극이 거기에 탄다"[107]라고 하여 '기발이승'을 말하고 있다.

여기서 잠시 북송(北宋)시대 성리학의 비조(鼻祖) 주돈이(周敦頤, 호는 濂溪, 周子로 존칭됨)의 『태극도설(太極圖說)』에 대해 일별할 필요가 있다. 우주의 생성과 인류의 근원을 태극도라는 하나의 그림으로 나타내고 그것을 249글자로 논한 주돈이의 『태극도설』에 의하면, 우주만물의 생성 과정은 태극-음양-오행-만물로 되어 있으며 태극의 동정(動靜)에 의해 음양이 생겨나지만 음양 내에도 태극은 존재한다. 음양의 이기(二氣)에 의해 오행(五行: 水·火·木·金·土)이 생성되고 음양오행에 의해 만물이 생겨나지만 오행 및 만물 내에도 태극은 존재한다. 이처럼 음양오행의 우주적 기운의 응결(凝結)에 의해 만물이 화생하나 궁극에는 그 근원인 태극으로 돌아간다. 『태극도설』은 주자에 의해 이기철학(理氣哲學)의 근본원리를 밝힌 글로 간주되면서 성리학의 철학사상에 커다란 영향을 미쳤다. 주자는 그의 정치(精緻)한 해석을 통하여 자신의 이기철학 이론을 완성하였으며, 동시에 이 책을 주해한 『태극도설해(太極圖說解)』를 만들어 널리 알림으로써 주돈이는 성리학의 개조로 받들어지게 되었다.

그런데 『태극도설』 서두에 나오는 '무극이태극(無極而太極)'에 관하여 도가 연원설(道家淵源說)을 취하는 학자는 무극에서 태극이 일어난다고 보는 기일원론(氣一元論)을 제창하지만, 주자(朱子)는 주자자득설(周子自得說)을 취하여 무극이면서 태극이라고 하고 우주의 본체를 '무형이유리(無形而有理)'라고 해석하여 태극과 음양오행은 각각 이와 기를 가리킨다고 하는 이기론(理氣論)을 제창하여 『태극도설』을 자신의 이기철학의 기본 구조로 내세웠다. 우주만물의 생성 과정을 일기(一氣)로 설명하든, 이(理)와 기(氣)로 나누어 설명하든, 그것은 상이한 언어적 도구를 사용하는 방법론상의 차이일 뿐, 정작 중요한 것은 본체계[본체, 理]와 현상계[작용, 氣]의 전일적 관계성을 이해하는 것이다. 말하자면 생명의 네트워크적 본질, 즉 '드러난 질서(explicate order)'와 '숨겨진 질서(implicate order)'의 상호연결성을 이해하는 것이다. '드러난(펼쳐진, unfolded)' 물리적 세계는 '숨겨진(접힌, enfolded)' 전일성의 세계가 물질화되어 나타난 것이다.

퇴계가 주자에게서 '이기호발'의 논거를 찾은 것에 대해, 율곡은 만약 주자가 '이(理)와 기(氣)의 상호 발용으로 각각 그 작용이 나온다'라고 했다면, 주자도 잘못된 것이라고 했다. 율곡은 이기론(理氣論)이 '하나이면서 둘(一而二)이고 둘이면서 하나(二而一)'인 이기(理氣)의 묘합, 즉 이기지묘(理氣之妙)의 구조로 이루어져 있다고 보았다. 율곡의 '기발이승일도설'·'이통기국설'의 논거가 바로 이기지묘(理氣之妙)의 구조에 대한 인식에서 나온 것이다. 우주만물의 생성 과정을 설명의 편의상 태극을 이(理), 음양오행을 기(氣)라고 한 것이니 동정(動靜) 작용은 기발(氣發)이며, 태극의 동정(動靜)에 의해 음양이 생겨나지만 음양 내에도 태극은 존재하고 음양오행에 의해 만물이 생겨나지만 오행 및 만물 내에도 태극은 존재하므로 태극과 음양오행, 즉 이(理)와 기(氣)는 분리될 수 없는 하나다. 이치(理)와 기운(氣)은 바닷물과 파도의 관계와도 같이 불가분의 하나다. 이러한 이치와 기운의 상호관통의 본질을 놓치게 되면 지적(知的) 유희에 빠져들게 된다.

다시 본론으로 돌아가서, 또한 율곡은 인심도심(人心道心)을 '기발이승'의 구조로 보아, 이(理)가 본연지기(本然之氣)를 탄 것이 도심이고, 이(理)가 소변지기(所變之氣)를 탄 것이 인심이라 하였다.[108] 말하자면 도의를 위해 발한 마음은 순선(純善)인 천리의 도심이고, 감각적 욕망을 위해 발한 마음은 천리와 인욕을 겸하여 선악이 있는 인심으로[109] 그 이름은 다르나 인심도심의 근원은 한 가지 마음이다.[110] 율곡은 성혼과의 사단칠정논변 과정에서 인심도심과 사단칠정의 관계에 대해 체계적인 이론을 정립하였다. "성명(性命)이 아니면 도심이 발할 수 없고, 형기(形氣)가 아니면 인심이 발할 수 없다(非性命則道心不發 非形氣則人心不發)"는 자신의 설을 성혼이 이황의 '이기호발'과 관련지은 것에 대해, 율곡은 사단칠정과 도심인심의 개념적 범주가 다르다고 보아 도심과 인심은 나누어 설명이 가능한 반면, 사단은 칠정 속에 포함되므로 나누어 설명할 수 없다고 했다. 그런 까닭에 사단을 도심이라고 하는 것은 옳지만, 칠정을 인심이라고만 하는 것은 잘못된 것이며 인심도심이라고 해야 한다는 것이다. 율곡은 감각적 욕망에 바탕을 둔 인심과 도덕적 본성에 바탕을 둔 도심이 고정불변한 것이 아니라 그 전개 과정에서 서로 바뀔 수 있다는 '인심도심종시설(人心道心終始說)'이라는 견해를 피력함으로써 뜻을 성실하게 하는(誠意) 수양 공부를 통해 천리에 부합하는 본연의 기(氣)를 회복[111]할 것을 강조했다.

율곡의 '이통기국설(理通氣局說)'은 '이무형 기유형(理無形氣有形)'이라는 이기(理氣) 개념에 근거하여[112] 이(理)는 무형이므로 언제 어디에서든 통하고, 기(氣)는 유형이므로 언제 어디에서든 국한된다는 것이다. 따라서 이(理)는 시공의 제약을 받지 않는 보편성을 지니며, 기(氣)는 시공의 제약을 받는 국한성[특수성]을 지니게 되는 것이다. 율곡의 '이통기국'은 정주(程朱)의 '이일분수(理一分殊)'라는 명제를 더 정밀하게 발전시킨 것이다.* '이일분수'란 이(理)는 하나이지만 그 나뉨은 다 다르다는 것으로 각각의 나뉨 속에 하나의 이(理)가 공유되는 것이다. 말하자면 하나인 본체[理]와 다양한 작용[氣]이 결국 하나라는 것으로 이기(理氣)의 묘합 구조를 나타낸 것이다. 이를테면, 태극의 동

---

* 율곡의 '理通氣局'은 불교 화엄사상의 '理事'·'通局'이나, 莊子의 '도무소부재설(道無所不在說: 도가 없는 곳이 없다는 說)'과도 상통하는 바가 있다. 이는 그가 儒·佛·道 삼교를 섭렵하기도 했고, 또 모든 진리는 하나로 통한다는 점에서 자연스러운 현상이다. 다만 여기서는 그가 성리학자라는 점에서 성리학적 측면에서 살펴보고자 하는 것이다.

정(動靜)에 의해 음양이 생겨나지만 음양 내에도 역시 태극이 존재하고, 음양의 이기(二氣)에 의해 오행이 생성되고 음양오행에 의해 만물이 생겨나지만 오행 및 만물 내에도 태극이 존재하는 것과 같은 것이다. 『율곡전서(栗谷全書)』「답성호원(答成浩原)」에서는 '이일분수'를 본연자(本然者)와 유행자(流行者)로 나누어 설명하고 있다.

> 본연자는 이일(理一)이고, 유행자는 분수(分殊)이다. 유행의 이(理)를 버리고 따로 이 본연의 이(理)를 구함은 진실로 불가하다. 만약 이(理)에 선악이 있는 것으로써 이(理)의 본연을 삼으려 한다면 이 또한 불가하니 '이일분수' 네 글자를 마땅히 체구(體究)해야 한다.[113]

'이일'이란 우주의 본질인 생명의 본체를 말함이고 '분수'란 그 작용을 말한 것으로 '이일분수'란 생명의 본체와 작용이 본래 하나임을 나타낸 것이다. '이통(理通)', 즉 '이가 통함'이란 이(理)가 기(氣)를 타고 유행(流行)하여 천차만별의 현상으로 나타나지만, 본말(本末)도 없고 선후도 없는[114] 이(理) 본연의 묘함은 그대로인 것을 말한다. "청(淸)·탁(濁)·수(粹)·박(駁)·찌꺼기·재·거름·더러운 것 속에 이르기까지 이(理)가 없는 곳이 없어 각각의 성(性)이 되지만, 이(理) 본연의 묘함은 손상됨이 없이 그대로 자약(自若)하다. 이를 일러 이통(理通)이라 한다."[115] 기(氣)의 작용은 만 가지로 다른데 그 근본이 하나일 수 있는 것은 이(理)의 통함 때문이며, 이(理)의 본체는 하나인데 그 작용이 만 가지로 다를 수 있는 것은 기(氣)의 국한성—즉, 기의 편(偏: 치우침)·전(全: 온전함), 청(淸: 맑음)·탁(濁: 탁함)의 차별상에 따른 국한성—때문이다.[116] 다시 말해 이(理)와 기(氣)는 떨어질 수 없는 묘합 구조인 관계로 유행 변화하는 기를 탄 이(理)는 만수지리(萬殊之理)로 전개될 수밖에 없다는 것이다.[117]

『삼일신고』에서는 "사람과 만물(人物)이 다 같이 세 가지 참됨(三眞)을 받으니, 가로대 성품(性)과 목숨(命)과 정기(精)라. 사람은 이 세 가지를 온전하게 받으나 만물은 치우치게 받는다(人物 同受三眞 日性命精 人全之 物偏之)"라고 하여 '전(全)'과 '편(偏)'의 의미를 대비시키고 있다. 이처럼 인성이 물성이 아닌 것, 이것을 율곡의 용어로 표현하면 기국(氣局)이다. 말하자면 기(氣)는 운동 변화하는 가운데 천차만별의 현상으로 나타나 그 제약을 받으므로 본말(本末)이 있고 선후가 있으니, 이것이 '기국'이다.[118] 율곡에 의하면 "인성이 물성이 아닌 것이 '기국'이고, 사람의 이치가 곧 사물의 이치인 것이 '이통'이다."[119] 이는 마치 "모나고 둥근 그릇이 같지 아니하지만 그릇 속의 물은 하나이고, 크고 작은 병이 같지 아니하지만 병 속의 공기는 하나"[120]인 것과도 같은 것이다. 한마디로 '이'의 통함과 '기'의 국한됨이 묘합 구조를 이룬 것이 '이통기국'이다. 율곡은 '이통'과 '기국', 이일(理一)과 분수(分殊)를 통체일태극(統體一太極)과 각일기성(各一其性)으로 설명하고 있다.

> 천지인물(天地人物)이 비록 각각 그 이(理)가 있으나, 천지의 이(理)가 곧 만물의 '이'이고, 만물의 '이'가 곧 사람의 '이'인 것, 이것이 이른바 '통체일태극'이라는 것이다. 비록 이(理)는 하나이지만 사람의 성(性)이 사물의 성이 아니고, 개의 성이 소의 성이 아닌 것, 이것이 이른바 '각일기성'이라는 것이다.[121]

『율곡전서』「천도책(天道策)」에서는 기일분수(氣一分殊)에 대해서 말하고 있다. '이일분수'가 이(理)를 중심으로 한 체용(體用) 일체의 논리로서 이기(理氣)의 묘합 구조를 밝힌 것이라면, '기일분수'는 기(氣)를 중심으로 한 체용 일체의 논리로서 이기(理氣)의 묘합 구조를 밝힌 것이다. 율곡은 천지만상을 동일기(同一氣)와 각일기(各一氣)로 설명한다.

일기(一氣)가 운화(運化)하여 흩어져 만수(萬殊)가 되니, 나누어 말하면 천지만상이 각각 하나의 기(各一氣)이고, 합하여 말하면 천지만상이 같은 하나의 기(同一氣)이다.[122]

'동일기'로서의 기일(氣一)과 '각일기'로서의 분수(分殊)가 묘융된 것이 '기일분수'다. 율곡의 '이통기국'은 '이일분수'와 '기일분수'를 유기적으로 통찰한 것으로 이는 '통(通)'의 속성을 지닌 이(理)와 '국(局)'의 속성을 지닌 기(氣)가 혼륜무간(渾淪無間)하여 떨어질 수 없다는 그의 이기지묘(理氣之妙)의 관점을 분명히 한 것이다. '이통'과 '기국', '이일'과 '분수', '동일기'와 '각일기' 등 율곡이 사용하고 있는 이분법은 단지 이해를 돕기 위한 하나의 방편일 뿐, '하나이면서 둘(一而二)이고 둘이면서 하나(二而一)'인 이기(理氣)의 묘합 구조를 벗어나지 않는다. '기발이승', '이통기국'의 묘합 구조는 시간적 선후와 공간적 이합(離合)의 저 너머에 있다. 율곡 성리학의 이기일원론(理氣一元論)적인 특성은 그의 개혁사상의 철학적 바탕을 이루어 사회 전 분야에 걸쳐 변법과 경장을 강조함으로써 지치주의(至治主義)의 이상정치를 꿈꾸었던 정암(靜菴) 조광조의 맥을 이어 부국안민의 이상적인 왕도정치를 구현하고자 했다.

이상에서 고찰한 바와 같이 퇴계와 율곡의 이기심성론으로 집약되는 조선 성리학의 독자성은 심성론(心性論)에 대한 정치(精緻)한 철학적·형이상학적 탐구에 있다. 율곡 성리학은 주로 이기론(理氣論)과 사단칠정론(四端七情論)·인심도심설(人心道心說) 등 심성론(心性論)의 관점에서 퇴계 성리학과 입장을 달리했다. 성리학의 심성정론(心性情論)에 대한 학리상의 논쟁인 사단칠정논변의 핵심은 도덕 심성과 도덕 실천이며, 이러한 논변을 계기로 사림파 성리학자들의 이기심성론(理氣心性論)에 대한 논구가 본격화됨으로써 주자학이 조선의 성리학으로 토착화되는 기반을 조성했다. 그리하여 16세기 후반 이후의 조선 성리학계는 영남 지역을 중심으로 한 퇴계 성리학과 기호 지역을 중심으로 한 율곡 성리학으로 나뉘어 학술적 및 정치적 입장에서 상호 견제하고 비판하는 붕당체제를 조선말까지 지속하게 된다.

퇴계의 심성론은 사단과 칠정의 이기론적 해석에 있어 사단을 이(理)에, 칠정을 기(氣)에 분속시키는 '이기분속설(理氣分屬說)'을 취하여 '사단은 이발(理發), 칠정은 기발(氣發)'의 구도를 갖는 것으로 확정했다. 사단을 주리(主理), 칠정을 주기(主氣)로 해석하여 '이(理)도 발하고 기(氣)도 발한다'는 것이다. 그리하여 "사단은 이(理)가 발하여 기가 따른 것이고, 칠정은 기가 발하여 이(理)가 탄 것이다"라고 하는 퇴계학파의 기본 입장인 이기호발설(理氣互發說)이 정립되었다.* 퇴계 성리학은 이귀기천(理貴氣淺: 理는 귀하고 氣는 천하다)**이라 하여 주리적(主理的) 이기이원론(理氣二元論)의 입장을 취하였다.

우주의 본질인 생명은 본래 분리 자체가 근원적으로 불가능하지만, 생명의 전일성을 논증하기 위해 설명의 편의상 본체와 작용, 즉 이(理)와 기(氣)라

---

* 이후 퇴계의 학풍은 유성룡(柳成龍)·김성일(金誠一)·정구(鄭逑)·정경세(鄭經世)·장현광(張顯光) 등에 계승되어 영남학파를 형성하였으며, 영남학파 이외에 이항로(李恒老)·기정진(奇正鎭) 등은 주리론을 이일원론(理一元論)으로 발전시켜 위정척사운동의 철학적 배경이 되었고, 후에 항일의병운동의 정신적 배경이 되었다. 퇴계의 학풍은 일본에도 전파되어 퇴계학파가 형성되는 등 일본 유학의 형성에도 지대한 영향을 끼쳤다. 근대 일본의 삼대 유종(儒宗)의 한 사람인 야마자키 안사이는 그 영향을 입은 대표적 인물로서 250여 년 이어온 그의 학통은 마지막으로 큐슈대학 문학부 초대 교수인 구스모토에게 전해졌다.

** 퇴계 성리학의 이귀기천(理貴氣淺)의 논리는 생명의 본체인 리(理)는 귀하고 리(理)의 자기복제로서의 작용인 기(氣)는 천하다는 것이 되는데, 이는 마치 리(理)와 기(氣)라는 개념 자체에 가치성이 내재해 있는 것으로 오독(誤讀)될 우려가 있다.

는 이분법의 도구(tool)를 사용한 것인데, 이(理)는 귀하고 기(氣)는 천하다는 식의 논리는 문제의 본질에서 벗어난 것이다. 이(理)와 기(氣)는 진여(眞如)와 생멸(生滅), 하늘과 우주만물의 관계와 마찬가지로 생명의 본체와 작용을 나타내는 많은 대명사 중의 하나일 뿐이다. 생명의 본체인 이(理)는 귀하고 이(理)의 자기복제로서의 작용인 기(氣)는 천하다고 한 퇴계의 '이귀기천'의 논리는, 하늘은 귀하고 사람과 우주만물은 천하다는 것이 되므로 동양의 천인합일(天人合一)이나 인내천(人乃天) 사상과도 배치된다. 또한 그의 주리적(主理的) 이기이원론(理氣二元論)은 통섭적 세계관을 바탕으로 한 한국학 코드 '일즉삼·삼즉일'[천·지·인 삼신일체]의 원리나, 현대물리학의 전일적 실재관과도 배치된다.

율곡의 이기심성론은 퇴계의 '이기호발설'을 정면으로 부정하는 데서 시작한다. 율곡에 의하면 사단과 칠정은 분리되지 않으며 칠정 가운데 인욕(人欲)이 섞이지 않은 천리(天理)를 사단이라 하고 천리와 인욕을 겸한 것을 칠정이라 하는 것이므로 사단을 주리(主理)라고 하는 것은 옳지만 칠정을 주기(主氣)라고 하는 것은 잘못되었다는 것이다. 율곡의 '기발이승일도설'은 '이무위 기유위(理無爲氣有爲)'라는 이기(理氣) 개념에 근거하여 이(理)는 무위이므로 작용력·발용력이 없고, 유위인 기(氣)가 발하여 이(理)가 그 기의 작용에 타는 것으로 '기발'과 '이승'은 동시적이며 공간적으로도 이합(離合)이 없다. 말하자면 이(理)는 그 자신은 발하지 않지만, 기발(氣發)의 원인이고 기의 주재인 것이다. 이는 태극 음양론에도 마찬가지로 적용된다. 율곡은 음양을 기(氣)로, 동정(動靜) 작용을 기발(氣發)로, 태극을 이(理)로 보고, "음양이 동정함에 태극이 거기에 탄다"라고 하여 '기발이승'을 말하고 있다.

또한 율곡은 인심도심(人心道心)을 '기발이승(氣發理乘)'의 구조로 보아, 이(理)가 본연지기(本然之氣)를 탄 것이 도심이고, 이(理)가 소변지기(所變之氣)를 탄 것이 인심이라 하였다. 그런 까닭에 사단을 도심이라고 하는 것은 옳지만, 천리와 인욕을 겸한 칠정을 인심(人心)이라고만 하는 것은 잘못된 것이며 선악이 있는 '인심도심'이라고 해야 한다는 것이다. 율곡은 감각적 욕망에 바탕을 둔 인심과 도덕적 본성에 바탕을 둔 도심이 그 전개 과정에서 서로 바뀔수 있으므로 뜻을 성실하게 하는 수양 공부를 통해 천리에 부합하는 본연의 기(氣)를 회복할 것을 강조했다. "사람의 이치가 곧 사물의 이치인 것이 '이통(理通)'이고, 인성이 물성이 아닌 것이 '기국(氣局)'"이라는 율곡의 '이통기국설'은 '기발이승일도설'과 마찬가지로 그의 이기지묘(理氣之妙)의 관점을 분명히한 것이다.

이와 같이 '하나이면서 둘(一而二)이고 둘이면서 하나(二而一)'인 이기(理氣)의 묘합 구조는 퇴계의 이기이원론(理氣二元論)과는 대별되는 것으로, 율곡 성리학의 이기일원론(理氣一元論)적인 특성을 명료하게 보여준다. 이러한 통섭적 사유체계를 바탕으로 한 율곡의 이기심성론은 한국학 고유의 코드와 본질적으로 상통하며, 현대물리학의 전일적 실재관과도 그 맥을 같이 한다. 당시 율곡은 정치·경제·사회·교육·국방 등 현실 문제에 대한 제도개혁을 선행과제로 삼아 민생의 안정을 통한 유교적 도덕국가의 완성에 뜻을 두었다. 그의 제도개혁론은 조선 후기 실학사상에 커다란 영향을 미쳤다는 점에서 실학의 선구로서의 의의가 있다. '기발이승'·'이통기국'으로 대표되는 율곡의 이기심성론은 정치(精緻)한 형이상학적·철학적 해석과 그의 탁월한 현실 감각 및 실학 정신의 결정(結晶)이라는 점에서 오늘날 재음미되고 재조명될 필요가 있다.

# 동학과 삼일사상(三一思想)에 나타난 한국학 코드

1860년(哲宗 11) 경신(庚申) 4월 5일(陰) 수운(水雲) 최제우(崔濟愚, 1824~1864)*가 동학을 대각(大覺)한 당시의 조선은 경술국치(庚戌國恥) 50년 전으로 형식상 국권은 건재한 듯했으나 실상은 왕조정치가 붕괴 일로에 있었고 지방 탐관오리의 가렴주구(苛斂誅求)가 극에 달하여 도탄에 빠진 백성들이 도처에서 반란의 기치를 들던 때였다. 1811년(純祖 11) 홍경래난(洪景來亂) 이래 민란은 계속되어 동학농민혁명 이전 최대 규모의 민란인 진주민란(晉州民亂, 1862)을 2년 앞둔 시점이었으니 얼마나 암담한 시절이었는가를 짐작하고도 남음이 있다. 이 무렵 중국에서는 홍수전(洪秀全)의 태평천국의 난(1850~1864)과 영국·프랑스 연합군의 북경 침략(1860)이 있었고 그 여파로 우리나라에 열강의 세력 침투가 시작되면서 국가적·민족적 위기가 고조되었다. 특히 사상·문화·풍속이 다

---

* 최제우의 본관은 경주이며, 초명은 복술(福述)·제선(濟宣)이었으나 36세(1859) 때 어리석은 세상 사람을 구제하겠다는 결심으로 스스로 제우(濟愚)로 고쳤다. 자는 성묵(性默), 호는 수운(水雲)이다. 1824년 10월 28일 경상북도 월성군 현곡면 가정리에서 유학자였던 부친 근암(近庵) 최옥(崔鋈)과 모친 한씨(韓氏) 사이에서 태어났다. 6세(1829) 때 어머니를 여의었으며, 13세 때에 아버지의 명에 따라 울산의 월성(月城) 박씨와 결혼하였다. 16세(1839) 때에는 평생 벼슬길에 오르지 못한 그의 부친마저 세상을 떠났다. 더욱이 가세마저 기운데다가 화재까지 입어 더 이상 집에 머물러 있을 수가 없어 한동안 처자를 처가에 맡기고 10여 년 전국 각지를 주유하며 다양한 사상을 접하고 또한 고통당하는 민중의 참담한 생활을 직접 체험하고서 울산 유곡(裕谷)에 은거, 수도에 들어갔다. 1855년 금강산 유점사(楡岾寺)에서 온 승려로부터 을묘천서(乙卯天書)를 받는 이적(異蹟)을 체험하고, 1856년 양산군 천성산(千聖山) 내원암(內院庵)에서, 1857년 내원암의 적멸굴(寂滅窟)에서 수도하였다. 1859년 다시 고향인 경주로 돌아와 용담정(龍潭亭)에서 수도를 계속하던 중 마침내 1860년 4월 5일 하늘로부터 후천 5만 년을 펼칠 천도를 받게 된다. 이후 4년간『동경대전』『용담유사』등을 친히 짓고 널리 포덕하였다. 1863년 해월을 대도주로 삼아 도통을 전수하고, 1864년 3월 10일 대구 장대(大邱將臺)에서 좌도난정률(左道亂正律)의 죄목으로 참형 당하여 순도하였다. 1907년(隆熙 1)에 신원(伸冤)되었다.

른 우리나라에 서학의 전래는 커다란 물의를 일으켰다.

당시 서세동점(西勢東漸)의 국제정세에 대한 수운의 심대한 우려는 '십이제국(十二諸國) 괴질운수(怪疾運數)'*니, '순망지탄(脣亡之歎)'**이니 하는 표현에서 잘 드러나고 있다. 당시의 암담한 상황에 대한 수운의 깊은 위기의식은 『동경대전(東經大全)』「포덕문(布德文)」에서 당시 유교의 규범적 기능의 상실에 따른 '사상공황'을 극복할 수 있는 방법을 찾지 못해 답답해하는 데서나, 『용담유사(龍潭遺詞)』「몽중노소문답가(夢中老少問答歌)」에서 당시 국가 기강의 문란과 도덕적 해이의 심각성을 탄식한 데서 잘 드러난다. 수운은 당시의 시대상을 역학상의 쇠운괘(衰運卦)인 하원갑(下元甲)에 해당하는 상해지수(傷害之數)로 파악하고, 곧 새로운 성운(盛運)의 시대가 올 것임을 예견하였다. 그리하여 그는 대내적으로는 사회적 불안·부패·부조리와 같은 사회병리 현상을, 대외적으로는 서세동점의 징후를 몸소 체험하고서 이러한 시운관(時運觀)을 바탕으로 후천 오만 년을 펼칠 새로운 활로로서의 대도(大道) 동학을 창도하였다.

수운은 실천과 유리된 기존 윤리체계의 한계와 그러한 한계를 극복할 새로운 도덕의 필요성을 절감하고 동학(東學)을 창도하여 「보국안민(輔國安民) 포덕천하(布德天下) 광제창생(廣濟蒼生)」의 기치를 내걸고 아래로부터의 민중에 기초한 자주적인 근대적 민족국가 형성의 사상적·철학적 토대를 마련하였다. 만고 없는 무극대도(無極大道)를 대각한 동학의 창시자요 혁명적 사상가로서, 또한 「시천주(侍天主)」를 몸소 체득하여 양반지배층을 대체할 새로운

---

\* 온 세상이 쇠운(衰運)으로 인해 괴질운수(怪疾運數)에 시달리고 있다는 뜻임(『龍潭遺詞』, 「夢中老少問答歌」).

\*\* 순망지탄(脣亡之歎)은 입술이 없어지면 이가 시리다는 순망치한(脣亡齒寒)의 고사(古事)를 원용한 것으로, 중국이 서양의 침략으로 망하게 되면 우리나라도 그 위험에서 벗어나지 못한다는 의미를 담고 있다.-

보국의 주체로서의 근대적 민중의 대두를 촉발시키고 근대 민족국가 형성의 사상적 토대를 마련한 시대적 선각자요 위대한 민족지도자로서, 그는 만인이 「시천주」의 자각적 주체로서 다 같은 군자로 거듭날 수 있게 하고 또한 천하를 만인의 공유물로 생각하게 함으로써 민중정치 참여의 전기를 마련하였다. 일체의 봉건적 신분 차별이 철폐된 무극대도의 세계, 그것은 바로 그의 「시천주」 도덕의 실천이었다.

동학의 사회정치적 참여가 활성화된 것은 영성공동체로서의 성격과 정치적·사회적 운동체로서의 성격이 복합된 접포제(接包制)의 형성에 따른 것이다. 1862년 수운은 '접주제(接主制)'를 창설하였고, 1863년에는 해월(海月) 최시형(崔時亨)*을 대도주(大道主)로 삼아 도통(道統)을 전수하였다. 그러나 1864년 그가 대구에서 참형을 당하면서 동학의 접 조직은 일시 괴멸되었다. 1878년 해월에 의해 동학의 '접' 조직은 재개되었다. 특히 1884년 12월 동학도의 수

---

* 최시형의 본관은 경주(慶州), 초명은 경상(慶翔), 자는 경오(敬悟), 호는 해월(海月)이다. 1827년 부친 최종수(崔宗秀)와 모친 월성 배씨(月城裵氏) 사이에서 태어났다. 5세 때 어머니를 여의고, 12세 때에는 아버지마저 여의게 되자 남의 집 머슴살이 등으로 어려운 생활을 하다가 17세에 조지소(造紙所)의 고공(雇工)이 되었으며, 19세 때 밀양 손씨(密陽孫氏)와 결혼하였다. 농사일을 하다가 집강(執綱)에 뽑혀 활동하였으며, 1861년 동학에 입교하여 수운의 가르침을 받고 1863년 제2세 교주가 되어 1898년 교도 송경인(宋敬仁)의 밀고로 체포, 사도난정(邪道亂正)이라는 죄목으로 교수형에 처해지기까지 '최보따리'로 불리며 지명 수배범처럼 관군에게 쫓기면서 수운의 가르침을 끝끝내 지키며 교단의 명맥을 이었다. 1892년부터 북접(北接)을 위주로 3차에 걸친 합법적 교조신원(敎祖伸寃)운동을 벌였으며, 1894년(고종 31) 남접의 전봉준(全琫準)·김개남(金開男)·손화중(孫華中) 등이 일으킨 동학혁명의 무력 행동에 대해선 원칙적으로는 반대 입장을 표명했으나, 사태가 확대되자 1894년 9월 충청도 청산(靑山)에 신도들을 집결시켜 무력투쟁을 전개하였다. 1897년 의암(義菴) 손병희(孫秉熙)를 대도주(大道主)로 삼아 도통을 전수하였다. 「천지이기(天地理氣)」, 「천지부모(天地父母)」, 「대인접물(待人接物)」, 「향아설위(向我設位)」, 「삼경(三敬)」, 「이천식천(以天食天)」, 「양천주(養天主)」 등 많은 법설을 남겼다.

적 증가에 따른 조직의 기능적 분화와 전문성 및 효율성을 극대화하기 위한 방안의 일환으로 해월이 교장(敎長), 교수(敎授), 도집(都執), 집강(執綱), 대정(大正), 중정(中正)[123]으로 이루어진 육임제(六任制)를 도입함으로써 동학은 명실공히 조직으로서의 체계성과 유기성을 갖추게 되었다. 그리하여 수운이 접주제(接主制)를 창설한 지 거의 30년 만인 1890년대에 '접'은 전국적인 조직으로 뿌리내리게 되었다.

1890년대 후반에 이르러서는 '접'에 기초한 '포'가 활발하게 형성되어 동학의 사회정치적 참여가 강화되는데, 접포제가 동학농민군의 자치체인 집강소(執綱所)로 발전한 것은 풀뿌리민주주의의 실천이라는 측면에서 특기할 만하다. "집강소가 설치되기 시작한 1894년 5월 8일 이후 동학농민군이 양반 신분제도를 폐지하고 노비문서를 불사르며 노비 신분과 천민 신분의 신분 해방을 단행하자, 6월 23일에 집권한 개화파는 뒤이어 이를 흡수해서 6월 28일부터 군국기무처에서 사회신분제 폐지를 법제화하여 단행하는 과감한 법령을 위로부터 제정 공포하여 수천 년 묵은 우리나라의 사회신분제도를 마침내 폐지하기에 이르렀다."[124] 1892년부터 북접(北接)을 위주로 3차에 걸쳐 벌인 합법적 교조신원(敎祖伸寃)운동은 종교의 자유를 위한 것이었다기보다는 동학의 사회화 운동이었다.[125] 1893년 광화문 복합상소(伏閤上疏)[126]를 계기로 동학의 척왜양운동(斥倭洋運動)에 온 나라의 관심이 집중되었다.

우리나라 근대사회로의 이행을 촉발한 대사건이자 변혁운동인 1894년의 동학(농민)혁명은 1894년 음력 1월(陽 2월) 전라도 '고부민요(古阜民擾)'를 시작으로 1894년 음력 3월(陽 4월) 전봉준(全琫準)·손화중(孫華仲)·김개남(金開南) 등의 지도하에 무장(茂長)에 남접도소(南接都所)를 설치하고 1차 봉기했다. 황토현(黃土峴)과 황룡촌(黃龍村) 전투에서 관군을 격파해 전주성을 점령하고 전주화약(全州和約)을 체결하였으며, 전라도 일대에 집강소를 설치하여 치안과 폐정개혁을 실시했다. 1894년 음력 9월(陽 10월) 동학농민혁명은 전봉준 중심의 남접군(南接軍, 전라도 중심)과 손병희(孫秉熙) 중심의 북접군(北接軍, 충청도 중심)이 연합하여 일본군을 한반도에서 몰아내고자 2차 봉기하여 항쟁했으나 우금치(牛金峙) 전투에서 대패하고 12월에 전봉준이 체포되면서 1894년 동학농민혁명은 사실상 종지부를 찍게 된다. 반제국주의적 성격이 뚜렷했던 2차 봉기는 의병운동으로 규정되기도 한다.[127]

의암(義庵) 손병희는 지하에서 교세 확장에 힘쓰다가 1897년 12월 해월로부터 도통(道統)을 전수받아 제3세 교주가 되었다. 이후 동학은 지식층을 대상으로 한 개화운동으로 선회하여 동학 재건과 애국계몽의 민족운동의 일환으로 전개됐다. 1902년 문명개화의 시기에 보국안민 할 수 있는 방법으로 의암은 도전(道戰)·재전(財戰)·언전(言戰)의 「삼전론(三戰論)」과 함께 정치적 권위주의를 부정하고 실용적 사상을 강조한 「명리전(明理傳)」을 발표했으며,[128] 1905년 12월 동학을 천도교로 개칭하면서 본격적인 문명개화운동을 전개하였다. 1910년 경술국치(庚戌國恥)의 시련에도 굴하지 않고 교세 확장을 통해 거국적인 3·1독립운동을 주도적으로 이끌었으며 이러한 독립정신은 이후 항일독립운동에도 지대한 영향을 미쳤다.

실로 자율성과 평등성에 기초한 동학의 접포제는 1894년 동학농민혁명과 1904년 갑진개화운동(甲辰開化運動), 그리고 1919년 3·1독립운동과 일제 치하 항일독립운동의 사상적·조직적 기초가 되었으며, 보국의 주체로서의 근대적 민중의 대두를 촉발시키고 근대 민족국가 형성의 사상적 토대를 구축함으로써 새로운 문명 창조의 기틀을 마련하였다. 접포제는 비록 그것이 현실적으로 완성된 형태는 아니었다 할지라도 권력과 자유가 조화를 이루는 이상적인 직접정치의 원형을 함축하고 있었다는 점에서 대의정치의 한계를 극복하는 하나의 방안을 제시한 것으로 볼 수 있다.

동학(농민)혁명의 역사적 및 사회정치적 의의는 대개 다음과 같이 요약될 수 있다. 첫째, 동학농민혁명은 「보국안민 포덕천하 광제창생」의 기치 아래 반봉건적·반제국주의적 성격이 복합된 애국 혁명이었다. 1차 동학농민혁명이 조선왕조의 전근대적 체제에 항거하는 반봉건적 성격이 더 강한 것이었다면, 2차 동학농민혁명은 일제의 침략에 저항하는 반제국주의적 성격이 전면에 부각된 것이었다. 둘째, 동학농민혁명은 수천 년 지속된 구체제를 근본적으로 붕괴시켰으며, 당시의 양반신분제도와 수천 년 묵은 사회신분제도를 폐지하는 데 결정적 역할을 하였다. 셋째, 동학농민혁명은 집강소의 농민통치를 통하여 우리나라 역사상 처음으로 농민이 권력을 장악하고 개혁적인 지방통치를 실시함으로써 풀뿌리민주주의의 모형을 제시했다. 넷째, 동학농민혁명은 갑오경장의 아래로부터의 추동력이 되어 개화파 정부가 대개혁을 단행하도록 하는 힘의 원천이 되었다. 말하자면 '동학농민혁명과 개화파의 시민적 개혁의 결합'에 의해 우리나라가 전근대사회로부터 근대사회로 이행하게 된 것이다. 다섯째, 동학농민혁명은 전국적으로 각계각층의 정치적·사회적 각성을 크게 촉진하였으며, 이후 일본제국주의의 침략에 저항하는 역량을 제고시키고 항일의병운동의 기초를 다지는 계기를 마련했다.[129]

그러면 동학사상에 나타난 한국학 코드에 대해 고찰해보기로 하자. 앞서 우리는 한국학 고유의 코드인 '일즉삼(一卽三)·삼즉일(三卽一)'[천·지·인 삼신일체]의 원리를 생명의 전일적 흐름을 이해하는 기본공식과도 같은 것이라 하여 '생명의 공식(formula of Life)'이라 명명하였다. 우주의 본질인 생명은 본래 '불가분의 하나(undivided wholeness)'이지만, 하나임을 논증하기 위해 설명의 편의상 본체[一, 理]와 작용[三, 氣]으로 나눈 것이다. 본체와 작용의 상호관통을 이해하지 못하고서는 생명의 전일성과 자기근원성을 알 길이 없고 따라서 인간이 추구하는 자유, 평등, 정의, 평화, 복지, 행복 등의 제 가치도 실현할 수 없게 된다. 우주만물[天·地·人, 三]이 하나인 생명의 뿌리[天·神·靈, 一]에서 나와 다시 그 하나로 돌아가는 과정이 다함이 없이 순환 반복되는 것을 천수지리 (天數之理: 天道를 숫자로 풀이한 天數의 이치)로 나타내어 '일즉삼·삼즉일'이라 한 것이다. 하나인 생명의 뿌리[본체]를 지칭하는 대명사는 많지만, 흔히 하늘(天, 한울), 신(神), 영(靈), 이(理), 도(道), 혼원일기(混元一氣, 至氣) 등으로 나타낸다. 우주의 실체는 의식(意識, consciousness)이므로 이들은 곧 일심(一心, 즉 보편의식)이며 참본성[神性, 靈性]이고 '참나'[大我, 참자아]인 생명 그 자체다.

'일즉삼·삼즉일'은 생명의 전일성과 자기근원성을 표징하는 원리로서 홍익인간·재세이화의 이상을 함축한 것이다. 천·지·인 삼신일체이므로 이 원리는 '삼신사상'이라 불리기도 하고, '삼즉일'이므로 '한'사상 또는 삼일사상 (三一思想)이라 불리기도 한다. 말하자면 본체[一]의 측면에서는 '한'사상이고, 작용[三]의 측면에서는 삼신사상이다. 한마디로 '일즉삼·삼즉일'의 원리는 '생명의 공식'을 나타낸 생명사상이다. 우주의 본질인 생명은 시작도 끝도 없고(無始無終), 없는 곳이 없이 실재하며(無所不在), 늘어나거나 줄어들지도 않고(不增不減), 태어남도 죽음도 없는(不生不滅) 궁극적 실재[근원적 일재]로서 이는 곧 진리[根本智, 우주섭리]이다.[130] 생명은 '드러난 질서(unfolded or explicate order, 현상계·물질계)'와 '접힌 질서(enfolded or implicate order, 본체계·의식계)'[131]를 상호관통하며 무수하게 펼쳐진 다(多)의 현상계와 하나로 접힌 일(一)의 본체계를 끝없이 연출한다. 삼라만상이 생명의 그물망 속에서 상즉상입(相卽相入)의 구조로 상호 연기(緣起)하는 것이다.

동학은 한마디로 생명사상이다. 통섭적·생태적 사유의 전형인 한국학 고유의 코드가 근대에 들어 동학이라는 이름으로 재흥(再興)한 것이기 때문이다. 말하자면 동학은 '일즉삼·삼즉일'의 원리의 근대적 발현이다. 본체와 작용의 상호관통에 기초한 동학의 생명사상은 불연기연(不然其然)적 세계관과 시천주(侍天主: 하늘(님)을 모심) 도덕에서 명료하게 드러난다. 먼저 동학의 생명관은 본체계[본체]와 현상계[작용]를 회통(會通)하는 생명의 순환고리*에 대한 인식에서 출발한다. 수운은 그가 하늘로부터 받은 도를 '무왕불복지리(無往不復之理)', 즉 '가고 돌아오지 않음이 없는 이법이라고 하고 이를 천도(天道)라 명명하였다.[132]

이 우주에는 우리의 인식 여부와는 상관없이 필연적인 자기법칙성에 따라 움직이는 차원이 분명 실재하며, 그러한 내재적 법칙성에 의해 우주만물이 모두 간 것은 다시 돌아오고 돌아온 것은 다시 돌아가는 순환운동이 일어나는 것이다. 이러한 생명의 순환고리에 대한 인식은 곧 본체[一, 理]와 작용[三, 氣], 내재와 초월, 전체성과 개체성을 상호관통하는 생명의 전일성과 자기근원성에 대한 자각을 의미한다. 음양의 이기(二氣)에 의해 오행이 생성되고 음양오행에 의해 만물이 화생(化生)하나, 만물은 결국 하나의 음양으로, 그리고 음양은 '하나'인 혼원일기로 돌아가는 것이다.

동학의 불연기연적 세계관은 끝없이 순환 반복하며 원궤(圓軌)를 이루는 생명의 본체와 작용의 전일적 관계에 기초해 있으며 연기적(緣起的) 세계관과 상통한다. 불연기연(그렇지 아니함과 그러함)은 사물의 근본 이치와 관련된 체

---

* 동양의 순환론이 서양의 직선적인(linear) 변증법적 발전론과는 달리 정태적이고 발전적이지 못하다는 주장은 순환론의 본질을 이해하지 못하는 데서 오는 것이다. 서양의 발전론이 의식의 진화과정을 논리적으로 설명하기 위해 직선적인 변증법적 발전 방식을 기용한 것이라면, 동양의 순환론은 의식의 진화과정을 직관적으로 설명하기 위해 영성(靈性)과 물성(物性)의 역동적 통일성에 기초하여 천지운행의 원리에 조응하는 순환적인(circular) 변증법적 발전 방식을 기용한 것이다. 동양의 순환론과 서양의 발전론이 공통으로 지향하는 종국 지점은 생명의 전일성에 대한 자각에 기초하여 주관성(subjectivity)과 객관성(objectivity)이 일체가 되는 에코토피아(ecotopia: 생태적 이상향)의 구현이다.

(體)로서의 불연(초논리·초이성·직관의 영역)과 사물의 현상적 측면과 관련된 용(用)으로서의 기연(감각적·지각적·경험적 판단의 영역)의 상호관통에 대한 논리이다. 기연[작용]은 불연[본체]으로 인하여 존재하는 것으로 모두 불연의 투영에 지나지 않으며, 불연 역시 기연으로 인하여 존재하므로 기연과 둘이 아니다. 이처럼 주체와 객체의 이분법이 폐기된 동학의 불연기연적 세계관은, 양자계(quantum system)가 근원적으로 비분리성(nonseparability) 또는 비국소성(nonlocality)[초공간성]을 갖고 파동인 동시에 입자로서의 속성을 상보적으로 지닌다는 양자역학적 관점과 상통한다.

동학이 심법(心法)이라는 범주에서 벗어날 수 없듯이, 양자역학 또한 '마음의 과학' 그 이상도 이하도 아니다. 양자역학적 세계관의 핵심은—양자역학적 실험에서 관찰자의 의식이 관찰 대상에 영향을 미치는 것으로 밝혀진 데서도 알 수 있듯이—인과론에 기초한 뉴턴의 고전역학의 틀을 벗어나 관찰자와 그 대상이 항상 연결되어 있고 그 경계 또한 고정된 것이 아니라고 보아 주체와 객체를 하나의 연속체로 파악함으로써 이 우주를 자기생성적 네트워크체제로 인식하는 것이다. 상호배타적인 것이 상보적이라는 양자역학적 세계관은 한국학 고유의 코드나 동학의 불연기연적 세계관과 마찬가지로 부분과 전체의 유기적 통일성에 기초한 시스템적 사고(systems thinking)의 특성을 명징하게 보여준다. 시스템적 사고의 핵심은 부분들이 상호작용하는 관계에 있고 전체의 본질은 항상 부분의 단순한 합과는 다르다는 것이다.

불연기연은 하나인 생명의 본체와 그 작용인 우주만물이 마치 바닷물과 파도의 관계와도 같이 불가분의 관계에 있음을 보여준다. 무궁한 하늘의 조화를 깨닫게 되면 조물자[133]인 하늘과 그 그림자인 인간이 분리될 수 없는 하나라는 사실을 알게 된다[134]는 것이다. 우주만물은 지기(至氣, 元氣)인 하늘의 화현(化現)인 까닭에 「영부주문」에서는 '이천식천(以天食天)-이천화천(以天化

天', 즉 하늘로써 하늘을 먹고 하늘로써 하늘을 화(化)할 뿐이라고 하여 우주 만물이 모두 한 기운 한마음으로 꿰뚫어져 있음을 분명히 밝히고 있다.[135] 한마디로 우주만물의 생성·변화·소멸 자체가 하늘(기운)의 조화 작용인 것이다. 만물의 근원을 헤아린다는 것이 아득한 일이요 어려운 일인 까닭에 해월(海月)은 "사람이 음수(陰水) 속에서 살면서 음수를 보지 못하는 것은 마치 고기가 양수(陽水) 속에 살면서 양수를 보지 못하는 것과 같다"[136]는 비유로 불연을 설명한다.

이와 같이 동학의 생명관은 평등무이(平等無二)의 세계관에 기초하여 불연과 기연을 본체와 작용의 관계로서 상호 회통시키고 있다. 불연과 기연이 본래 한 맛임을 알게 되면, 생(生)·주(住)·이(異)·멸(滅)의 사상(四相)의 변화가 그대로 공상(空相)임을 깨닫게 된다. 만유가 그러하듯 사람 또한 죽음과 더불어 영원히 사라지는 것이 아니라 다른 형태의 에너지로 변환하는 것임을 알게 되면, 생명이 무시무종(無始無終)이고 무소부재(無所不在)이며 불생불멸(不生不滅)이라는 사실을 깨달아 한 길로 생사를 초월하게 된다. 이는 동학의 생명관이 상대적 차별성을 떠난 여실한 대긍정의 세계를 지향하고 있음을 보여주는 것이다. 이러한 평등무이의 세계관은 수운(水雲) 심법(心法)의 키워드라 할 수 있는 '오심즉여심(吾心卽汝心: 내 마음이 곧 네 마음)'[137]에서 명료하게 드러난다.

경신년(庚申年) 4월 5일 수운은 '오심즉여심'의 심법과 함께 무극대도(無極大道)를 하늘로부터 받는 신비체험을 하게 된다. "몸이 몹시 떨리면서 밖으로 접령(接靈)의 기운이 있고 안으로 강화(降話)의 가르침이 있으되, 보아도 보이지 않고 들어도 들리지 않는 가르침의 말씀은 '내 마음이 곧 네 마음'이라"고 하는 것으로 시작된다. 이는 곧 하늘마음(天心)이 수운의 마음(心心)과 같다는 뜻으로 천인합일(天人合一)의 정수(精髓)를 보여준다. 세상 사람들이 천인합일의 심오한 의미를 파악하지 못하는 것은 우주만물의 생성·변화·소멸의 전 과정이 혼원일기(混元一氣, 至氣)인 하늘의 조화(造化) 작용임을 알지 못하기 때문이다. 여기서 '보아도 보이지 않고 들어도 들리지 않는' 가르침의 말씀이라고 한 것은, 감각기관을 통한 가르침이 아니라 자성(自性)에 대한 직관적 지각을 통한 미묘한 가르침을 의미한다. 말하자면 우주 순수의식이 우뇌(右腦)로 연결된 것이다. 그것의 요체는 마음을 비움에 있다. 진리는 오직 마음에서 마음으로만 전달될 수 있기 때문이다.

생명의 본체인 '하나'인 혼원일기와 그것의 자기복제(self-replication)로서의 작용으로 나타난 우주만물의 관계는 허공에 떠 있는 달과 천강(千江)에 비친 무수한 달그림자의 관계와도 같다. 하나인 혼원일기는 만유의 본질로서 내재해 있는 동시에 만물화생(萬物化生)의 근본원리로서 작용하므로 보이는 것은 보이지 않는 것의 그림자라고 한 것이다. 이처럼 자본자근(自本自根)·자생자화(自生自化)하는 생명의 파동적 성격을 깨닫게 되면, 다시 말해 '하나'의 묘용(妙用)을 활연관통(豁然貫通)하게 되면, 불연의 본체계와 기연의 현상계를 회통하게 됨으로써 본체와 작용, 내재와 초월이 결국 하나임을 알게 되어 생명의 순환고리를 인식할 수 있게 된다. 신·인간 이원론은 본체인 동시에 작용으로 나타나는 생명의 전일적 속성을 파악하지 못한 데 기인한다. 창조론과 진화론의 논쟁은 자기생성적 네트워크체제로서의 '참여하는 우주(participatory universe)'의 실상을 파악하지 못하고 주체와 객체의 이분법으로 무리하게 설명하려는 데서 오는 것이다.

본체와 작용을 회통하는 동학의 생명사상은 시천주(侍天主) 도덕에서도 명료하게 드러난다. 수운이 자신의 학(學)을 '심학(心學)'[138]이라고 표현한 데서도 알 수 있듯이, 그의 시천주 도덕의 요체는 한마디로 마음의 본체를 밝혀서 세상 사람들이 천심을 회복하여 동귀일체(同歸一體)하게 하려는 지행합일

(知行合一)의 심법(心法)이다. "나는 도시 믿지 말고 한울님(天)만 믿었어라. 네 몸에 모셨으니 사근취원(捨近取遠)하단 말가"[139]라고 한 데서 하늘과 인간의 일원성(一元性)은 명징하게 드러난다. "경천(敬天: 하늘을 공경함)은 결단코 허공을 향하여 상제(上帝)를 공경한다는 것이 아니요, 내 마음을 공경함이 곧 경천의 도를 바르게 아는 길이니, 「내 마음을 공경치 않는 것이 곧 천지를 공경치 않는 것이라(吾心不敬 卽天地不敬)」"[140]고 한 것도 같은 맥락에서 이해될 수 있다. 우주만물에 대한 차별 없는 사랑과 공경의 원천인 바로 그 하나인 마음(一心, 한마음)을 공경함이 곧 하늘을 공경함이다.

생명의 본체와 작용의 상호관통은 동학의 핵심 키워드인 '시(侍: 모심)'의 삼원 구조, 즉 '내유신령(內有神靈)·외유기화(外有氣化)·각지불이(各知不移)'[141]에서 명징하게 드러난다. 우선 내유신령, 즉 '안에 신령이 있다'라고 한 것은 만물 속에 신성한 영(靈), 즉 하늘(天, 神)이 내재해 있다는 뜻이다. 환언하면, 만물이 하늘을 모시고 있다는 뜻이다. 이러한 '시(侍: 모심)'의 의미는 배달국의 삼랑(三郞)을 '삼신시종지랑(三神侍從之郞)'이라 하여 천·지·인 삼신을 모시고(侍) 그 가르침을 따르는 화랑에서도 나타나고 있다. 여기서 하늘(天, 三神, 一神)은 '모심'의 대상이 아니라 만물 속에 만물의 본질로서 내재해 있는 것이다. 우주의 실체는 의식이므로 영(靈)은 곧 영성(靈性)이며 내재적 본성인 신성[神·天]이고 일심(一心)이며 참본성이다.

「영부주문(靈符呪文)」에서는 "마음이란 것은 내게 있는 본연의 하늘이니 천지만물이 본래 한마음이라"[142]고 하여 천지만물이 하나인 마음의 법으로 돌아감을 보여준다. 근원성·포괄성·보편성을 띠는 일심, 즉 한마음은 만물의 제1원인이며 우주 지성·에너지·질료의 삼위일체다. 일심, 즉 영성[靈·神·天]은 시작도 끝도 없는 영원한 유일 실재이며 일체를 포괄하는 무소부재(無所不在)의 보편자이다. 일심 이외에 다른 실재가 있는 것이 아니다.[143] 이 세상 그 어떤 것도—죽음마저도—하나인 마음의 바다를 벗어나지 않는 까닭에 일심은 일체의 세간법(世間法)과 출세간법(出世間法)을 다 포괄한다.[144]

다음으로 외유기화, 즉 '밖에 기화가 있다'라고 한 것은 생명의 본체인 '영 (靈·天·神)'의 자기복제(self-replication)로서의 작용으로 우주만물이 생성되는 것을 뜻한다. 안과 밖, '신령'과 '기화'는 내재와 초월, 본체와 작용의 전일적 관계를 나타낸 것이다. 본래의 진여한 마음이 '신령'이라면, 음양의 원리와 기운의 조화(造化) 작용으로 체(體)를 이룬 것이 '기화'다.[145] '신령'과 '기화'는 이치(理)와 기운(氣)의 관계로서 분리 자체가 근원적으로 불가능하기 때문에 안과 밖, 즉 내재와 초월의 관계로 논한 것이다. 한마디로 이치가 곧 기운(理則氣)이고 기운이 곧 이치(氣則理)이니 이치와 기운은 하나다.[146] 퇴계 성리학의 이기이원론과 율곡 성리학의 이기일원론의 논쟁은 조선 말기 동학에 이르러 율곡 성리학과 상통하는 '이즉기(理則氣)·기즉리(氣則理)'로 종결되었다.

다음으로 각지불이는 시천주 도덕의 실천적 측면과 관계되는 것으로 천심에서 벗어나지 않는 것이다. 그것은 내유신령과 외유기화의 합일을 추동하는 메커니즘으로 설정된 것이다. 그렇다면 각지불이(각기 알아서 옮기지 않음)의 '각지(各知)'는 무엇을 안다는 것이며, '옮기지 않는다(不移)'는 말의 의미는 무엇인가? 우선 안다는 것은 '신령(내재)'과 '기화(초월)'의 전일적 관계, 즉 생명의 본체(靈性)와 작용(物性)이 하나임을 아는 것이다. 다시 말해 만유가 '물질화된 영(materialized Spirit)'임을 아는 것이며 이는 곧 만유의 근원적 평등성과 유기적 통합성을 아는 것이다. '영(神靈)과 기운(氣化)은 본래 둘이 아니라 한 기운'[147]이다. 다음으로 옮기지 않는다는 것은 마음을 지키고 기운을 바르게 함으로써 천리(天理)에 순응하는 삶을 사는 것이다. 여기서 '불이(不移)'는 '불이(不二)', 즉 일심의 경계를 지칭한 것이다.

'옮기지 않음(不移)'의 요체는 수심정기(守心正氣), 즉 본래의 진여한 마음을 지키고 기운을 바르게 하는 것이다. 이것이 공심(公心)이 발현될 수 있는 바탕이 되는 것이다. 시천주 도덕의 요체는 바로 이 수심정기[148]에 있으며 '성경 이자(誠敬二字)'로 설명된다. '순일(純一)하고 쉬지 않는 정성(至誠)'[149]을 다하고 하늘 대하듯 만물을 공경하면 무극대도(無極大道)에 이르고 도성입덕(道成立德)이 되는 것으로 본 것이다.[150] 성(誠)을 다하면 각(覺) 즉 깨달음을 얻으며, 경(敬)은 덕을 세우고 조화적 질서를 이루는 원천이다. 우주만물에 대한 평등무차별한 사랑과 공경의 원천은 바로 일심이다. 「삼경(三敬)」[151]에서 경천(敬天)·경인(敬人)·경물(敬物)의 삶을 강조한 것도 그러한 '삼경'의 실천적 삶이 일심에 이르는 통로이기 때문이다. 해월이 '시천(侍天)'을 '양천(養天: 하늘을 기름)'으로 풀이한 것도 동학이 지행합일의 심법임을 말해주는 것이다.

요약하면, '하늘을 모심(侍天)'은 인간의 내재적 본성인 신성[영성]과 혼원일기로 이루어진 생명의 유기성과 상호관통을 깨달아 순천(順天)의 도덕적 삶을 사는 것이다. 그것은 곧 천·지·인 삼신일체의 천도(天道)가 인간 존재 속에 구현되는 일심의 경계로 "내가 나 되는 것"[152]이다. 각 개인의 내면적 수양에 기초한 자각적 실천수행과 천도에 순응하는 도덕적 인격의 완성을 통해 만인이 도성입덕(道成立德)하여 무극대도의 세계를 구현하려는 뜻이 담겨진 것이다. 동학 '시(侍)'의 삼원 구조인 내유신령·외유기화·각지불이는 한국학 고유의 코드에서와 마찬가지로 본체-작용-본체·작용의 합일이라는 '생명의 3화음적 구조(the triadic structure of Life)'를 나타낸 것이다.

수운의 수심정기에 대한 강조나 해월이 향아설위(向我設位)라 하여 우주적 본성으로의 회귀를 강조한 데서도 알 수 있듯이, 만유가 다 하늘을 모시는 영적 주체이고 만유의 근본이 모두 하나로 연결되어 있다는 영적 자각에서 생명의 존엄성과 평등성 그리고 자율성이 도출되고, 개인의 자유와 공동체의 공공선 또한 조화를 이룰 수 있게 되는 것이다. 동학은 국가·민족·인종·

성(性)·종교 등 일체의 경계를 넘어서, 생물과 무생물의 경계마저도 넘어서 우주만물의 평등무이(平等無二)한 존재성을 밝힘으로써 무극대도의 이상세계를 펼쳐 보였다. 동학에서 진화는 '내가 나 되는 것'을 향한 복본(復本)의 여정이다. 해월이 말하는 '양천(養天)'이며 '하나됨'으로의 길이다. 우주만물의 네트워크적 속성을 알아차리는 만사지(萬事知)에 이르면 생명과 평화의 문명이 열리게 된다는 것이 동학에서 말하는 진화의 진수(眞髓)다.

생명의 본체인 하늘과 그 작용으로 생겨난 만물의 일원성[153]에 대한 인식은 의식의 확장과 사랑의 크기에 비례한다. 인간의 의식이 확장될수록, 영적으로 진화할수록 사랑은 그만큼 전체적이 된다. 그리하여 진여(眞如)와 생멸(生滅)이 하나가 되는 일심의 경계에 이르면 만유가 하늘을 모시고 있음을 알게 되므로 하늘과 사람과 만물을 온전히 하나로 느낄 수 있게 된다. 만유에 편재해 있는 영성과 혼원일기로 이루어진 생명의 유기성 및 상호관통을 깨달아 무위이화(無爲而化)의 덕과 그 기운과 하나가 되는 '조화정(造化定)'[154]의 경계에 이르면 만물의 연결성을 알아차리게 되므로 우주만물에 대한 평등무차별한 공경의 실천이 나올 수 있다. 그리하여 진정으로 다른 사람을 잘 되게 하겠다는 마음이 일어나게 되는데 그러한 마음 자체가 영적 진화의 단초다. 생명을 개체화하고 물질화하는 시도가 죄악인 것은 우주의 진행 방향인 영적 진화(spiritual evolution)에 역행하는 것이기 때문이다.

동학의 도덕관은 하늘과 인간의 일원성에 기초해 있다. 하늘과 인간의 일원성은 "사람이 바로 하늘이요 하늘이 바로 사람이니 사람 밖에 하늘 없고 하늘 밖에 사람 없다"[155]라고 한 해월의 법설에도 잘 나타나 있다. 인내천(人乃天), 즉 사람이 곧 하늘이다. 여기서 인(人)은 사람과 우주만물을 총칭하는 대명사로서의 인[人物]의 의미로 새기는 것이 동학의 사상적 기조에도 부합된다. 우주만물은 지기(至氣, 元氣)인 하늘의 화현인 까닭에 하늘과 둘이 아니다. '천지가 곧 부모요 부모가 곧 천지'[156]인 것은 만유가 천지(기운)의 조화 작용으로 생겨나 천지의 젖[곡식, 양식]을 먹고 자라나므로 천지가 만물의 모체가 되는 까닭이다. 이처럼 동학은 인간 존재의 세 중심축인 천·지·인 삼재의 조화를 바탕으로 하고 있다.

천·지·인 삼재의 조화는 본체계와 현상계의 회통에 기초하며 이는 우주 섭리와 인사(人事)의 연계성에서도 드러난다. 이러한 연계성은 수운의 후천 개벽(後天開闢)이 천시(天時)와 인사(人事)의 상합에 기초하여 새 하늘과 새 땅을 창조하는 '다시개벽'[157]이라는 점에서도 분명히 드러난다. '다시개벽'은 우주의 대운(大運) 변화의 한 주기에 해당하는 것으로 이제 시운(時運)이 다하여 선천이 닫히고 후천이 새롭게 열린다는 의미를 함축하고 있다. 동학의 시운관은 쇠운(衰運)과 성운(盛運)이 교체하는 역학적 순환사관(易學的 循環史觀)[158]에 입각해 있다. 수운은 당시의 시대상을 역학상(易學上)의 쇠운괘(衰運卦)인 '하원갑(下元甲)'에 해당하는 '상해지수(傷害之數)'로 파악하고, 곧 새로운 성운(盛運)의 시대인 상원갑(上元甲) 호시절이 올 것임을 예견하고 있다.[159] 수운은 새로운 성운의 시대를 맞이하여 천지개벽의 도수에 조응하여 인위의 정신개벽과 사회개벽이 이루어지면 천지가 합덕(合德)하는 후천의 새 세상이 열리게 된다고 보았다.

수운은 선천의 분열 도수(度數)가 다하여 후천의 통일 도수가 밀려옴을 감지하고 후천개벽에 의한 무극대도의 세계를 펼쳐 보였다. 후천개벽은 단순히 정신개벽과 사회개벽을 통한 지구적 질서의 재편성이 아니라 천지운행의 원리에 따른 우주적 차원의 질서 재편으로, 이를 통해 곤운(坤運)의 후천 5만 년이 열리게 된다. 정신개벽을 통하여 불연의 본체계와 기연의 현상계를 상호관통하게 되면 불연과 기연이 본래 하나임을 알게 되고[160] 따라서 무위자연의 천지개벽이 인위의 사회개벽과 둘이 아님을 알게 된다. 왜냐하면 정신개벽을 통하여 천인합일의 이치가 드러나고 인간이 소우주임이 밝혀지기 때문이다.

인위(人爲)의 정신개벽과 사회개벽 그리고 무위자연(無爲自然)의 천지개벽이 분리될 수 없는 하나인 것은 천시와 지리(地理) 그리고 인사(人事)가 조응관계에 있기 때문이다. 우주섭리의 작용과 인류 역사의 전개 과정이 긴밀히 연계되어 있다는 것은 우주만물의 생성·변화·소멸 자체가 모두 하늘의 조화(造化)의 자취이며 우주만물이 다 지기(至氣, 元氣)인 하늘의 화현(化現)이라는 점에서 분명히 드러난다. 세상 사람들이 우주섭리와 인사의 연계성을 인식하지 못하는 것은 천지의 형체만을 알 뿐 그 천지의 주재자인 하늘은 알지 못하기 때문이다.[161] 하늘의 법은 인간의 일상사와는 무관한 허공에 떠 있는 그 무엇이 아니다. 자연현상에서부터 인체현상, 사회 및 국가현상, 그리고 천체현상에 이르기까지 그 어느 것 하나도 하늘의 법에서 벗어나 있는 것은 없다. 한마디로 천지운행 그 자체가 하늘의 법이다. 말하자면 우주의 봄·여름인 선천 5만 년이 끝나고 우주의 가을이 되면 우주섭리에 따라—즉, 천지개벽의 도수(度數)에 따라—후천개벽이 찾아오게 되는 것이다.

해월이 부인수도를 강조한 것도 후천 곤도(坤道) 시대의 도래와 그 맥을 같이 하는 것이다. "사람이 바로 하늘이니 사람 섬기기를 하늘같이 하라"[162]고 한 대목이나, "아이를 때리는 것은 곧 하늘을 때리는 것"[163]이라고 한 대목이 말하여 주듯, 해월은 아녀자를 포함한 모든 사람이 하늘(님)이므로 하늘같이 공경해야 한다는 혁명적인 가르침을 폈으며, 음양의 조화를 강조하여 '부화부순(夫和婦順)은 도의 제일 종지(宗旨)'라고 했다. 또한 후천 곤도 시대의 도래와 맥을 같이 하여 "부인은 한 집안의 주인이다"[164]라고 하며 부인수도를 도의 근본으로 삼았다. 이러한 해월의 여성관과 실천적 삶에 대한 깊은 통찰은 하늘과 사람과 만물의 일원성에 대한 영적 자각에 기초한 것이다. 이러한 자각이 없이는 생명의 존엄성과 평등성 그리고 자율성이 도출될 수 없으며 공공선에 대한 명료한 인식이 일어날 수 없다.

인간 억압과 자연 억압이 만연한 것은 없는 곳이 없이 실재하는 만유의 영성을 인식하지 못하고 외재화, 물화(物化)시킴으로써 생명을 물성(物性)으로만 간주했기 때문이다. 후천개벽은 에고(ego) 차원의 물질시대의 종언인 동시에 시천주의 자각적 주체에 의한 우주 차원의 의식시대의 개막이다. 동학의 이상향은 후천개벽에 의한 무극대도의 세계, 즉 우주자연과 인간, 인간과 인간의 연대성에 기초한 성속일여(聖俗一如)의 도덕적 군자공동체이다. 이러한 동학의 에코토피아적 지향성은 '접(接)'이라는 소규모의 자율적인 영성공동체나, 「몽중노소문답가(夢中老少問答歌)」에 나오는 태평곡(太平曲) '격양가(擊壤歌)'가 의미하는 무위자연의 이상향에서 잘 드러난다.

그러면 동학이 제시하는 새로운 휴머니즘의 길, 신문명의 길[165]을 몇 가지 점에서 살펴보기로 한다. 첫째, 동학은 완전한 소통성과 평등무이(平等無二)의 세계관에 기초하여 근본지(根本智)로의 회귀를 촉구함으로써 무극대도의 세계를 지향한다는 점이다. 동학은 만유의 근원적 평등성과 유기적 통합성을 바탕으로 천하를 만인의 공유물로 생각하는 까닭에 귀천(貴賤)·빈부(貧富)·반상(班常)·적서(嫡庶) 등 일체의 봉건적 신분 차별이 철폐된 에코토피아(ecotopia: 생태적 이상향)를 지향한다. 또한 동학은 배타적인 국가주의·민족주의·인종주의·종파주의 등을 거부한다는 점에서 국가·민족·인종·성(性)·종교의 경계를 넘어선 것이며 나아가 생물과 무생물의 경계마저도 해체하는 광대한 학(學)이다.

둘째, 동학은 하늘과 인간, 인간과 사물의 융화에 기초하여 조화적 통일과 대통합을 지향하는 강한 실천성을 띤 사상적 특색을 보여준다는 점이다. 동학의 '모심(侍)'은 사람뿐만 아니라 우주만물이 다 하늘을 모시고 있다는 전제에서 출발하므로 이 세상에 하늘[元氣, 至氣] 아닌 것이 없다(物物天 事事天).*
인공지능(AI), 사물인터넷(IoT) 등 최근 ICT(정보통신기술) 혁신의 파급효과가 물리적 시스템의 변화뿐만 아니라 사회생태계를 지탱해온 인간중심의 사고체계에 커다란 도전이 되고 있고 또한 ICT 생태계에서의 인간의 역할 변화와 함께 인간과 사물의 융합에 따른 새로운 생태계 형성이 예상되는 지금, 인간과 사물의 융화에 기초한 동학은 ICT 융합의 새로운 전망을 제시할 수 있게 한다.

셋째, 동학의 후천개벽은 인류 문명의 대변곡점을 지칭하는 광의의 '특이점'과 조응하며 천시(天時)와 인사(人事)의 상합에 기초해 있다는 점에서 포괄적이고도 총합적인 개념이라는 점이다. 특히 '기술적 특이점'에 착안한 레이 커즈와일이나 버너 빈지의 협의의 특이점과는 달리, 동학의 후천개벽은 인위의 정신개벽과 사회개벽 그리고 무위자연의 천지개벽이 변증법적 통합을 이루어 우주적 본성으로의 회귀를 통해 후천개벽의 새 세상이 열리는 길을 제시한다. 여기서 후천개벽은 특정 종교의 주장이나 사상은 결코 아니다. 그것은 생장염장(生長斂藏) 사계절로 순환하는 과정에서 후천 가을의 시간대로 접어들면서 일어나는 대격변 현상으로 천지개벽의 도수(度數)에 따른 것이다.

넷째, 동학은 천지개벽의 도수에 따른 후천 곤도(坤道) 시대의 도래와 맥을 같이 하는 것으로 음양의 조화를 특히 강조하며 진보된 여성관을 보여주고 있다는 점이다. 동학의 '여성성'은 그리스 신화에 등장하는 대지의 여신 '가이아(Gaia: 지구의 영적인 이름)'의 영적인 본질에서 도출된 '여성성'으로 이는 곧

---

* 하늘은 만유(萬有) 속에 만유의 본질로서 내재해 있는 신성(神性, 참본성)인 동시에 만물화생(萬物化生)의 근본원리로서 작용하는 지기(至氣, 元氣)이므로 이 세상에 하늘[元氣, 至氣] 아닌 것이 없는 것이다.

영성(靈性)이다. 영성은 만유의 내재적 본성인 신성(神性, 참본성)이며 생명 그 자체로서 종교적 외피와는 무관하다. 오늘날 인류 구원의 '여성성'에 대한 관심의 고조는 지천태괘(地天泰卦)인 후천 곤도 시대의 도래와 맥을 같이 하는 것이다. 동학의 '여성성'은 서구 휴머니즘의 극복으로서의 새로운 휴머니즘의 길, 신문명의 길을 제시해야 할 과제를 안고 있다.

끝으로 한 가지 언급할 것은, 동학(東學)은 동학이라는 이름을 넘어선 보편적인 사상체계라는 점에서 광의의 동학으로 인식돼야 할 것이다. 수운이 하늘로부터 받은 도 자체는 경계가 없는 천도(天道)이지만, 땅이 동서로 나뉘어 있고 수운 또한 동(東)에서 나서 동에서 받았으니 학(學)으로는 이름하여 동학이라고 한 것이다. 말하자면 동학은 서양에서 일어난 서학에 빗대어 동양에서 일어난 학(學)이라는 의미로 수운이 그렇게 명명한 것일 뿐, 동학의 도자체는 일체의 경계를 넘어선 것이다. 동학이 특정 이념체계에 갇힌 협의의 동학이 아니라는 사실은 『동경대전』 「논학문(論學文)」의 다음 구절에서 분명히 드러난다.

> 내가 또한 동(東)에서 나서 동에서 받았으니 도는 비록 천도이나 학(學)인 즉 동학이다. 하물며 땅이 동서로 나뉘었으니 서를 어찌 동이라 이르며, 동을 어찌 서라고 이르겠는가.[166]

다음으로 삼일사상(三一思想)에 나타난 한국학 코드에 대해 고찰해 보기로 하자. 삼일사상은 우리 상고시대로부터 지금까지 전해오는 우리 민족 고유의 사상이다. 우리 한민족 고유의 3대 경전인 『천부경』·『삼일신고』·『참전계경』 가운데 특히 『삼일신고』는 '삼일사상'이 강조되어 나타난다. 여기서 고찰하고자 하는 삼일사상은 3·1독립운동의 바탕을 이루는 사상으로, 한국학 고유의 코드의 맥을 이은 것이다. 삼일사상이란 집일함삼(執一含三)과 회삼귀일(會三歸一)[167*]을 뜻하는데 이는 곧 일즉삼(一卽三)·삼즉일(三卽一)을 말하는 것으로 우주만물(三)이 '하나(一)'라는 사상에 기초해 있다.

삼(三)은 사람과 우주만물(人物)을 나타내는 기본수이고, '하나(一)'는 만물의 근원을 일컫는 하늘(天)과도 같은 것이므로 삼일사상은 동학의 인내천(人乃天)** 사상과 본질적으로 상통한다. 또한 앞서 살펴본 '시(侍)'의 삼원 구조 역시 삼일(三一) 원리의 나타남이다. 우주만물(三)이 '하나(一)'라는 삼일(三一)의 원리는『삼일신고』의 근간을 이루는 것이기도 하다. 그러면 왜 '일삼(一三)'이 아닌, '삼일(三一)'의 원리를 강조하는가? 3·1독립운동의 기초가 된 삼일사상을 이해하기 위해서는 우선 그 원형인『삼일신고』의 요체를 일별할 필요가 있다.『삼일신고』는 한마디로 삼일사상(三一思想)을 본령(本領)으로 삼고 삼신(三神: 천·지·인) 조화(造化)의 본원과 세계 인물(人物)의 교화를 상세하게 논한 것이다.『삼일신고』 366자에는『천부경』 81자에 담긴 의미가 더 명료하게 드러나 있다.

「태백일사」 제5 소도경전본훈(蘇塗經典本訓)에서는『삼일신고』의 다섯 가지 큰 지결(旨訣)***이 천부(天符)에 근본을 두고 있으며,『삼일신고』의 궁극적인 뜻

---

* '집일함삼'은 하나를 잡아 셋(천·지·인)을 포함한다는 뜻이고, '회삼귀일'은 셋(천·지·인)이 모여 하나로 돌아간다는 뜻이다.

** '人乃天'의 '人'은 '天人合一'의 '人'과 마찬가지로 사람과 우주만물을 총칭하는 대명사로서의 '인[人物]'이다. 따라서 '사람이 곧 하늘'일 뿐만 아니라 우주만물[三]이 다 하늘[一]이다. 우주만물은 지기(至氣, 元氣, 混元一氣)인 하늘의 자기현현이므로 하늘과 우주만물은 하나인 것이다.

*** 다섯 가지 큰 지결(旨訣)이란『태백일사』의 저자 행촌(杏村) 이암(李嵒)이『삼일신고』를 5장, 즉 허공(虛空), 일신(一神), 천궁(天宮), 세계(世界), 인물(人物)로 분류한 것을 말한다. 필자의 저서『천부경·삼일신고·참전계경』(2006)에서도『삼일신고』를 이암의 분류 방식대로 5장으로 나누되, 제1장의 제목을 '허공'이라고 한『태백일사』와는 달리, '하늘

이 홍익인간·재세이화의 이상을 함축한 천부중일(天符中一)의 이상에서 벗어나지 않음을 밝히고 있다.[168] 이는 『삼일신고』가 삼즉일(三卽一)의 이치를 드러낸 『천부경』 하경(下經) 편을 중점적으로 다루고 있음을 보여주는 것으로, 백성들을 교화하기 위한 교화경(敎化經)으로서의 위상을 말하여 주는 것이다. 단군조선 시대에는 물론이고 발해국 시조 대조영(大祚榮, 高王)의 아우 반안군왕(盤安郡王) 대야발(大野勃)의 『단기고사』에도 『삼일신고』의 원리와 가르침이 나타나 있다. 이렇듯 『삼일신고』는 『천부경』과 함께 나라를 다스리는 만세의 경전이자 만백성을 교화하는 교화경으로서 우리 배달겨레가 반드시 숙지 해야 할 정치대전이자 삶의 교본이었다.

『삼일신고』의 핵심 원리인 삼일(三一) 원리의 실천성은 성통공완(性通功完)에 함축되어 있다. '성통(性通)', 즉 참본성이 열리면[開, 通] 생명의 유기성과 상호관통을 깨달아 우주만물이 다 하늘임을 알게 되므로 홍익인간·재세이화의 구현이라는 '공완(功完: 사회적 공덕[功業]을 완수함)'을 이룰 수 있다는 것이다. 따라서 '성통(性通)'은 '공완(功完)'을 이루기 위한 전제조건인 동시에 인간의 자기실현을 위한 필수조건이다. 성통이 개인적 수신에 관한 것이라면, 공완은 사회적 삶에 관한 것으로 이 둘은 동전의 양면과 같은 것이다. 이 우주가 '한 생명'이라는 삼일(三一)의 진리를 일념으로 닦아 나가면 성통광명(性通光明: 참본성이 열려 태양과도 같이 광명하게 됨)이 이루어져 재세이화·홍익인간의 이상세계가 구현될 수 있는 것이다. 그런 까닭에 삼일 원리에 기초한 우리 국조의 이러한 가르침을 부여에서는 대천교(代天敎), 신라에서는 숭천교(崇天敎), 고구려에서는 경천교(敬天敎), 고려에서는 왕검교(王儉敎)라 하여 그 맥이 면면히 이어져 왔다.

---

(天)'이라고 하였다.

우주만물은 지기(至氣, 元氣, 混元一氣)인 하늘의 자기현현(self-manifestation)이므로 우주만물과 하늘은 둘이 아니다. 하늘은 우리와 무관한 초월적 존재도, 참본성을 떠난 그 어디에 따로이 존재하는 것도 아니다. 재세이화(在世理化)는 이 세상에서 이치가 구현되는 것을 말함이요 홍익인간은 널리 인간을 이롭게 하는 것을 말한다. 정성을 다하여 자신에게 주어진 의무를 성실하게 수행하는 것이 만유 속에 만유의 참본성으로 내재하는 하늘을 경배하는 것이다. 참본성이 열린다는 것은 내재적 본성인 신성이 발현되어 사람의 몸이 곧 하늘이 거(居)하는 신국(神國)임을 깨달아 '시천주(侍天主: 하늘(님)을 모심)'의 자각적 주체가 되는 것을 의미한다.

동학은 이러한 삼일 원리의 맥을 이어받아 평등무이(平等無二)의 세계관에 기초하여 근본지(根本智)로의 회귀를 촉구함으로써 무극대도의 세계를 지향하는 강한 실천성을 띤 사상적 특색을 보여준다. 한국학 고유의 삼일(三一) 원리와 그 맥을 이어받은 동학의 인내천(人乃天) 사상은 단순히 철학적 관념이거나 종교적 교의가 아니라, 홍익인간·재세이화의 이상을 실현하고 무극대도의 세계를 구현하는 구체적인 사회정치적 실천원리이다. 1894년의 동학(농민)혁명이 수천 년 지속된 구체제를 근본적으로 붕괴시키고 양반신분제도와 사회신분제도를 폐지하는 한편, 집강소의 농민통치를 통하여 풀뿌리 민주주의의 모형을 제시함으로써 근대사회로의 이행을 촉발하였으며 또한 항일의병운동의 초석이 되었다는 사실이 이를 뒷받침한다.

우주만물(三)이 하나(一)라는 '삼일(三一)'의 원리를 필자가 강조하는 것은, 그것이 수렴·통일의 후천 곤도(坤道) 시대의 도래와 맥을 같이 하는 것이기 때문이다. 말하자면 천지개벽의 도수(度數)에 조응하여 정신개벽과 사회개벽이 일어나야 하기 때문이다. 천·지·인 삼신일체의 삼신사상에서 전 세계 종교와 사상 및 문화가 수많은 갈래로 나뉘어 제각기 발전하여 꽃피우고 열매를 맺은 것이 '일삼(一三)'의 원리에 의한 것이었다면, 이제 다시 그 하나의 뿌리로 돌아가 통합되는 후천개벽은 '삼일(三一)'의 원리에 의한 것이다. 그래서 동학에서도 동귀일체를 강조한 것이다. 일제의 식민통치에 항거한 3·1 독립운동이 삼일사상에 기초한 것도 천시(天時)와 인사(人事)의 상합에 의한 것으로 우주적 변화와 관계되는 것이다.

그런데 1910년 우리나라가 일제에 의해 강제 병합되자, 삼일 원리에 기초한 인내천 사상은 거국적인 독립운동으로 그 실체를 드러내게 된다. 인내천 사상을 제시한 의암 손병희와 3·1독립운동의 관계에 대해서는 그에 대한 총독부 검사의 다음 논고 일부에서 드러난다.

포덕천하·광제창생·보국안민 등의 목적을 달할 것을 하늘에 염원하는 한편, 일반교인에게 국권회복 사상을 항상 뇌리에 주입시켜 시기가 오기만 하면 행동을 개시하기로 했다. 그러나 세계대전이 종식되고 파리에서 강화회의가 개최되면서 미국 대통령이 민족자결을 주창함에 호응하여 부하 중 가장 신임하는 최린·권동진·오세창 등과 협의하고 독립운동을 착착 준비하여 독립운동비를 각 교인에게 분배하여 모집할 때 표면으로는 교당 신축을 빙자하여 시내 경운동에 큰 건물 신축에 착수했으며 한편으로는 독립운동에 대하여 천도교인뿐만 아니라 각 종교단체와 구한국 원로 기타 유수한 인사를 망라하고자 추진 중 기독교와 손을 잡기 위하여 이승훈에게는 최남선을 중간 역할을 하게 하여 최린으로 하여금 서로 협의케 하고 비용까지 지불하였다. 또 불교의 한용운과도 연락을 취하여 동지로 규합한 후 동지자로 33인을 구성하고 독립선언서를 작성하여 비밀히 천도교의 인쇄소 보성사에서 인쇄하여 각처에 배포하고 3월 1일 명월관 지점에서 동지 30인이 회합하여 독립선언서 발표식을 거행했다.[169]

총독부 검사의 위 논고에서 보듯이 의암 손병희가 3·1독립운동 초기의 조직화를 주도적으로 이끌었다는 것은 분명한 사실이다. 의암은 1894년 동학농민혁명 2차 봉기 당시 보국안민·광제창생·척왜척양의 기치 아래 동학군 북접(北接) 통령(統領)으로서 북접의 혁명군을 이끌고 남접(南接)의 전봉준과 합세하여 관군·왜군과 싸운 혁명가였고, 서세동점의 격동기에 인내천·만인평등·제세구민을 내세운 동학의 3세 교주로서 동학을 천도교로 개칭하여 민족종교의 발판을 마련한 종교지도자였으며, 일제강점기에는 국권 회복을 위해 민족대표들을 결집하여 민족대연합을 통해 세계만방에 대한의 자주독립을 선포한 기미 3·1독립운동을 주도한 독립운동의 선각자였다.[170] 동학군 북접 통령인 의암이 남접의 전봉준과 합세하지 않았다면 1894년 동학농민혁명은 호남지방에 국한된 민란에 그쳤을 것이다.

　의암 손병희가 3·1독립운동의 민족대표 33인을 구성하고 민족대표 33인의 대표로서 3·1독립운동을 주도적으로 이끌었으니, 우주만물이 하늘이라는 그의 인내천 사상, 즉 삼일사상이 3·1독립운동의 기초가 된 것은 분명하다. 1910년 2월 양산 통도사 내원암(內院庵)에서 49일 동안의 수련 끝에 발표한 의암의 『무체법경(無體法經)』은 만유의 근원적인 평등과 조화의 문제를 다룬 것으로, 인내천이라는 삼일사상이 한국학 고유의 삼일(三一) 원리에 기초해 있음을 분명히 보여준다. 그럼에도 3·1독립운동과 삼일사상의 연계성에 대해서는 제대로 부각되지 못하고 있다. 의암이 3·1독립운동의 민족대표 33인을 구성한 것도 우연히 그렇게 된 것이 아니라 천도(天道)를 숫자로 풀이한 천수의 이치(天數之理)에 따른 것이다.

　앞서 고찰했듯이 '3'이라는 숫자는 천·지·인, 즉 우주만물을 나타내는 기본수이다. 우리의 천부문화(天符文化: 하늘의 이치에 부합하는 문화)는 '3'으로 이루어져 있다. 사람이 태어나면서 삼신으로부터 받은 세 가지 참됨, 즉 성(性)·명

(命)·정(精)을 일컫는 삼짇날(3월 3일), 천·지·인의 상생 조화를 나타낸 삼태극(三太極), 고구려의 삼족오(三足烏), 백제의 삼족배(三足杯), 천부인(天符印) 3개, '일즉삼·삼즉일', 삼일사상, 삼신사상, 삼신산, 삼각산, 진한·변한·마한의 삼한, 원방각(圓方角), 삼우제(三虞祭), 삼세번 등 '3'을 표상하는 명칭은 우리 주변에 많이 있다. 불교의 삼신불이나 기독교의 삼위일체, 그리고 무극·태극·황극과 동학 '시(侍)'의 삼원 구조는 우리 고유의 천·지·인 삼신일체의 가르침과 그 내용이 같은 것으로 모두 삼신사상에서 나온 것이다. 동양의 유·불·도의 원형은 모두 삼신사상이다. '삼신'이란 곧 천·지·인을 말한다.

민족대표 '33'인은 '3'이 연이은 '삼삼(三三, 33)'이다. '삼삼'이 '구(九)'가 되고 '구구(九九, 99)'가 81이 되는 것이다. 우리 민족 고유의 경전인 『천부경』 81자는 '구구(九九, 99)'의 구조로 이루어져 있고—그래서 필자는 『천부경』을 『구구경(九九經)』이라 부르기도 한다—구(九)는 '삼삼(三三)'의 구조로 이루어져 있다. 제석천(帝釋天)이 다스린다는 하늘을 33천(天), 즉 도리천(忉利天)으로 나타낸 것도 같은 맥락에서 이해될 수 있다. 이러한 33천(天) 사상은 예로부터 우리 민족에게 많은 영향을 주었다. 3·1독립운동 당시 민족대표가 33인으로 구성된 것은 인간세계의 차원이 아닌, 전 우주적 차원의 독립선언임을 나타낸 것이다. 한 해를 보내며 갖는 33번의 제야(除夜)의 타종의식(打鐘儀式) 또한 우리 민족의 의식이 전 우주와 교감하고 있음을 보여주는 것이다.

의암 손병희가 주도한 3·1독립운동은 총독부 검사의 논고에서 보듯이 치밀하게 준비된 것이었다. 1901년 의암은 도일(渡日)하여 그곳에 체류하는 동안 근대 서구 문명의 진수를 알게 됐고, 오세창(吳世昌)·권동진(權東鎭)·박영효(朴泳孝) 등 개화파 인물들을 알게 됐으며, 이들과 국권 회복에 대해 논의하기도 했다. 이후 동학운동의 방향은 지식층을 대상으로 한 문명개화운동으로 선회하였다. 해방된 그해 환국한 백범(白帆) 김구(金九) 선생이 제일 먼저 찾은 곳은 우이동 봉황각에 있는 의암의 묘소였다. 그만한 이유가 있었기 때문이다. '의암'이라는 구심점이 없었다면 삼일사상에 기초하여 거국적으로 치밀하게 조직된 3·1독립운동도 없었을 것이고, 3·1독립운동이 없었다면 대한민국임시정부도 없었을 것이며, 대한민국의 현대사는 전혀 다른 방향으로 전개되었을지도 모른다.

의암은 민족혼을 일깨우고 독립정신을 함양하는 데 있어 가장 중요한 것은 교육을 통한 인재 양성임을 깨닫고 1903년 귀국하여 두 차례에 걸쳐 동학교단 64명의 청년들을 선발하여 일본으로 데리고 가서 유학시켰다. 1904년 갑진개화운동을 일으켜 권동진·오세창 등과 진보회를 조직하고 이용구(李容九)를 파견하여 국내 조직에 착수, 개화혁신운동을 전개함으로써 개화의 기치를 올렸다. 그러나 이용구가 친일단체인 유신회와 통합하여 일진회를 만들고 을사늑약에 찬동하는 성명을 발표하자, 의암은 즉시 귀국하여 일진회와 무관함을 밝히고 이용구 등을 출교(黜教) 조처했다. 1905년 12월 의암은 동학을 천도교(天道教)로 개칭하고 제3세 교주로 취임하여 교세 확장을 도모하는 한편, 출판사 보성사(普成社)—기미 독립선언서를 인쇄한 곳도 보성사였다—를 설립하고 보성학원(普成學院)·동덕여자의숙(同德女子義塾) 등의 학교를 인수하여 교육문화사업에도 힘썼다. 당시 천도교는 3·1독립운동의 준비와 초기 단계에서 각계의 독립운동 움직임을 결집하고 자금을 제공하는 등 중추적인 역할을 수행했다.

이상에서 삼일사상에 나타난 한국학 코드에 대해 고찰하였다. 끝으로, 3·1독립운동의 배경과 준비과정에 대해 좀 더 자세히 살펴보기로 하자. 3·1운동은 1919년 3월 1일을 기해 대한의 자주독립을 세계만방에 선포한 거국적(擧國的)이며 거족적(擧族的)인 독립운동이다. 그 배경은 3·1독립운동 이전까지 우리나라 모든 민족운동의 흐름이 하나로 결집된 것이었다. 동학(농민)

혁명과 갑진개화운동 및 천도교 교육문화운동, 그리고 갑신정변, 독립협회, 만민공동회, 애국계몽운동 등 개화파 민족운동의 흐름뿐만 아니라, 위정척 사파의 의병운동도 모두 합류하여 독립을 쟁취하기 위한 민족대연합전선 을 구축함으로써 3·1독립운동의 배경이 되었다. 또한 3·1독립운동에 합류 한 세력에는 내국인은 물론이고 북간도와 서간도를 비롯한 만주 일대와 중 국 본토, 러시아 연해주와 시베리아, 미주(美洲)와 하와이, 일본 등지에 있던 우리 민족도 포함되어 있었다. 이들은 총 궐기하여 대한의 자주독립과 우리 민족이 자유민임을 세계만방에 선언하고 일본제국주의에 항거했다.

3·1독립운동은 서울에서 본격적으로 기획되고 준비되었지만, 그 전에 네 개의 해외 독립운동 세력이 독립운동을 전개했다. 그중에서 3·1독립운동 을 태동시킨 최초의 진원(震源)은 중국 상해의 신한청년당(新韓靑年黨)이었다. 1918년 8월 20일 여운형(呂運亨)·장덕수(張德秀)·김철(金澈)·선우혁(鮮于爀)·조 용은(趙鏞殷, 호는 素昂)·한진교(韓鎭敎)·조동호(趙東祜) 등 우리나라 청년 독립운 동가들은 상해에서 신한청년당을 조직해서 독립운동을 전개했다. 1918년 11월 11일 제1차 세계대전이 끝나자 미국 대통령 특사로 중국 상해에 파견 된 크레인(Charles R. Crane)을 통하여 신한청년당은 1) 신한청년당 대표 여운 형 명의로 「한국독립에 관한 진정서」(1918년 11월 28일 자) 2통을 크레인을 통하 여 미국 대통령 윌슨(Thomas Woodrow Wilson)과 파리 평화회의 의장에게 전달 하도록 의뢰하고, 2) 김규식(金奎植)을 신한청년당 대표 겸 한국 민족대표로 선정하여 파리 평화회의에 파견했다. 김규식의 파리 평화회의 파견 사실은 재일본 유학생들의 '2·8 독립선언'과 3·1독립운동 봉기에 매우 중요한 요소 로 작용했다.[171]

둘째의 해외 독립운동 세력은 만주의 간도 지역과 러시아의 연해주 지역 을 중심으로 한 독립운동 집단이었다. 그들은 신한청년당 여운형이 다녀간

직후인 1919년 2월 중순 무렵 여준(呂準) 등 39명의 대표적 독립운동가들 명의로 「대한독립선언서」(일명 '戊午독립선언서')를 발표하여 우리나라의 독립을 선언하였다. 또한 이 지역의 전로한족회(全露韓族會)가 1919년 2월 말 대한국민의회(大韓國民議會)로 확대 개편되면서 윤해(尹海)와 고창일(高昌一)을 파리 평화회의에 파견하여 김규식 일행과 합동하여 독립운동을 전개하도록 했다.[172]

셋째의 해외 독립운동 세력은 미국에 망명해있던 독립운동 집단이었다. 제1차 세계대전이 종결되고 1919년 1월 18일부터 파리에서 평화회의가 열리게 되자, 1918년 12월 1일 안창호(安昌浩)가 중심이 되어 대한인국민회(Korean National Association) 전체 간부회의를 개최하고 파리 평화회의에 독립청원서를 발송하도록 결의했다. 그 대표로 정한경(鄭翰景), 이승만(李承晚), 민찬호(閔贊鎬)를 선정하였으나 일본의 항의를 받은 미국 정부가 여권을 발급해주지 않아 파리에 한국 대표를 파견하지 못하였다. 그러나 1918년 12월 13일부터 뉴욕에서 개최된 약소민족동맹회의(弱小民族同盟會議) 제2차 연례총회에는 신한협회(New Korean Association)의 대표 김헌식(金憲植)과 중서부 대표 정한경 및 대한인국민회 대리대표 민찬호가 참석하여 다른 약소민족 대표들과 함께 파리 평화회의에서 민족자결주의 원칙에 따라 약소민족을 독립시켜야 한다고 결의했다.[173]

넷째의 해외 독립운동 세력은 재일본 한국유학생들과 그들의 '2·8 독립선언'의 흐름이었다. 재일본 한국유학생들은 일본에서 간행되는 영자신문들에 미주에서의 한국독립운동이 보도되자 이에 고무되어 독립운동을 전개하기로 결의, 임시 실행위원으로 최팔용(崔八鏞)·서춘(徐椿)·백관수(白寬洙)·이종근(李琮根)·김상덕(金尙德)·전영택(田榮澤)·김도연(金度演)·윤창석(尹昌錫)·송계백(宋繼白)·최근우(崔謹愚) 등 10명을 선출했다. 실행위원들과 유학생들은 1919년 1월 7일 동경의 조선기독교청년회관에서 '독립선언'을 하기로 결의했다.

이 무렵 상해 신한청년당으로부터 조용은(조소앙)과 장덕수가 동경에 들어와 김규식의 파리 평화회의 파견을 알리고 재일본 한국유학생들의 궐기를 고취하였으며, 이어 신한청년당 당원 이광수(李光洙)가 도착하여 재일본 유학생들의 '2·8 독립선언서'를 기초하게 되었다. 재일본 한국유학생들은 전에 선출한 실행위원 9명(전영택은 병으로 사임)에 이광수와 김철수(金喆壽)를 추가하고 비밀리에 조선청년독립단을 조직했다. 송계백이 '2·8 독립선언서' 원고를 비밀리에 갖고 들어와 현상윤(玄相允)·최린(崔麟) 등을 만남으로써 국내 3·1 독립운동 준비에 결정적 영향을 주었다.[174]

한편 국내의 독립운동 세력은 먼저 천도교를 중심으로 하여 합세한 중앙학교 등 일단의 집단을 들 수 있다. 제1차 세계대전이 막바지에 이를 무렵, 국제정세의 변동을 독립운동의 기회로 포착하려는 움직임이 있었으니, 1917년 겨울 임규(林圭)를 통해 천도교와 선이 닿은 김시학(金時學)이 발의한 독립운동안(案)이 바로 그것이다. 그 안은 천도교·기독교·유림의 3종단을 연합하고, 사회계에서 이상재(李商在)·송진우(宋鎭禹)·윤치호(尹致昊) 등과 구 관료계에서 윤용구(尹用求)·한규설(韓圭卨)·박영효(朴泳孝)·김윤식(金允植) 등을 연합해 1만 명이 서명한 독립청원서를 독일 수뇌에 제출하고 대규모 독립운동을 일으킨다는 것이었다. 그 안은 여러 사람의 찬동을 얻었고 손병희도 찬성하여 급진전 되는 듯했다. 그러나 그 계획은 일본이 패전국으로 세계대전이 종전(終戰)될 것을 전제로 한 것이었는데, 1918년에 들어와 전세가 역전되어 연합국이 승리하면서 일본이 승전국의 일원이 되자 중단되었다.

하지만 그러한 시도가 의미가 없었던 것은 아니다. 월슨의 민족자결주의 원칙 선언 이전부터 세계대전에 따른 국제정세의 변동을 기회로 포착하려는 시도가 있었음을 보여주는 것이기도 하거니와, 또한 3대 종교의 연합, 사회 각계각층의 연합, 1만 명의 서명서 작성, 독립청원서 제출, 대규모 독립운동

등 3·1독립운동의 방식과 비슷한—일종의 리허설이라고도 볼 수 있는—방식으로 계획되었기 때문이다. 1918년 11월 독일이 패전하고, 1919년 1월 파리에서 평화회의가 열리는 경우 식민지 문제는 윌슨이 1918년 1월 연두 교서에서 발표한 14개조에 입각해서 민족자결주의 원칙에 의거해 해결될 것이라는 보도 기사가 나오자, 국제정세가 결코 우리에게 불리하지 않다는 전망이 서게 되면서 1918년 11월 하순~12월 중순 무렵에 천도교 측의 권동진(權東鎭)과 오세창(吳世昌)은 독립운동을 전개하고자 논의하였다. 1919년 1월 상순 재일본 유학생들이 본국에 파견한 송계백이 갖고 온 '2·8 독립선언서' 초안으로 인해 천도교와 중앙학교의 독립운동 논의는 급물살을 타게 되었다.[175]

권동진·오세창·최린 등은 독립운동을 일으키는 데 대해 천도교주 손병희의 허락을 구하기 위해 1월 20일경 손병희를 찾아갔다. 이들의 3·1독립운동 제의에 손병희는 '반드시 신명을 걸고 조국을 위해 노력하겠다'며 적극적으로 찬의를 표했고, 재일본 유학생들의 독립선언 계획에 대해서도 '젊은 학생들이 이같이 의거를 감행하려 하는 이때에 우리 선배들로서는 좌시할 수 없다'고 응답하였다. 이와 같이 손병희가 적극적으로 찬의를 표한 것은 동학의 혁명적 전통으로 보아 천도교가 독립운동을 일으켜야 한다는 압력을 밑으로부터 받고 있은 데다가 사실 그 자신도 오랫동안 독립운동의 기회를 기다리고 있었기 때문이었다. 이미 손병희는 1912년부터 우이동 봉황각에서 전국 지도자급 인사들을 교육해 왔는데 모두 이때를 위한 준비였던 것이다. 1919년 1월 20일의 천도교 측 회합은 3·1독립운동의 본격적인 조직화를 위한 신호탄이었다.

손병희·권동진·오세창·최린 등 천도교 측은 그들이 일으킬 독립운동의 세 가지 행동 원칙에 합의하였다. 첫째는 독립운동은 대중화(大衆化)하여야 한다는 것이고, 둘째는 독립운동은 일원화(一元化)하여야 한다는 것이며, 셋째는 독립운동은 비폭력(非暴力)으로 하여야 한다는 것이었다. 이는 3·1독립운동의 행동 원칙을 천도교 측에서 결정한 중대한 합의였다. 이날 손병희는 위 원칙에 따른 독립운동의 구체적 방법과 진행은 권동진·오세창·최린·정광조(鄭廣朝) 등에게 일임하였다. 천도교 측에서는 다시 권동진·오세창은 천도교 내부의 일을 맡고, 최린은 천도교와 외부와의 관계를 맡기로 합의했다. 그리하여 천도교는 종교계는 물론이고 사회 각계각층을 비밀리에 접촉하며 독립운동에 동참할 것을 호소했다. 당시 국내외 독립운동 세력 집단들은 독립을 쟁취하기 위해서는 민족대연합전선 구축의 필요성을 절감하고 있었다.[176]

최린은 기독교 측과 수차례 접촉하였고, 그쪽 요청대로 천도교 측이 독립운동의 자금을 부담하기로 했다. 이승훈(李承薰)·함태영(咸台永)이 기독교 측을 대표하여 2월 24일 최린을 방문하고 무조건 연합의 의사를 통고했다. 최린은 이전부터 독립운동의 참가 의사를 표시한 바 있는 한용운의 집으로 2월 24일 밤 찾아가서 기독교와 천도교의 연합 사실을 알리고 불교계와의 연합을 공식적으로 요청했다. 그리하여 한용운(韓龍雲)·백용성(白龍城)의 참가로 불교계와의 연합전선이 형성되었다. 또한 기독교와 천도교 측은 3월 1일에 독립선언을 하고 시위 운동을 전개하기로 결정했음을 국내 청년 학생단에 통고했다. 각 학교 학생 대표들은 연합문제를 토의하기 위해 2월 25일 밤 회의를 열고 기독교와 천도교의 연합전선에 참가하여 함께 연합하는 것에 합의했다. 이렇게 해서 마침내 천도교·기독교·불교·학생단 등 4대 독립세력의 단결에 의한 민족대연합전선이 구축되어 우리 민족 최대 규모의 3·1독립운동이 일어나게 된 것이다.[177] 1919년 3월 1일 의암 손병희는 태화관에서 독립선언서를 낭독하고 일본 경찰에 자진 검거되어 3년 형을 선고받고 서대문 형무소에서 옥고를 치르다가 병보석으로 출감 치료 중 상춘원(常春園)에서 서거했다.

# 정역팔괘(正易八卦)의 한국학과 탄허(呑虛)의 한국학

조선 말기 『정역(正易)』을 창시한 역(易)의 대가이자 사상가인 일부(一夫) 김항(金恒. 호는 一夫, 자는 道心, 1826~1898)은 충남 연산(連山)* 사람으로 배우기를 즐겨하여 예문(禮文)에 조예가 깊었다. 천문·역학에 밝은 연담(蓮潭) 이운규(李雲圭) 문하에서 수학하게 된 이후로는 줄곧 역학(易學)에 심취하였다. 어느 날 스승인 이운규는 김일부에게 '쇠하여가는 공부자(孔夫子)의 도를 이어 장차 크게 천시(天時)를 받들 것'이라며 '영동천심월(影動天心月)'[178]**이라는 화두를 내주었다고 한다. 이후 주야로 『서전(書傳: 朱熹의 제자 蔡沈이 『書經』에 주해를 단 책)』과 『주역』을 심독하고 영가무도(詠歌舞蹈)***를 수련하며 역리(易理) 연구에 정진한 지 19년 만인 54세 되던 기묘년(己卯年, 1879)에 마침내 '영동천심월(影動天心月)'의 뜻을 깨닫고 선후천(先後天)의 운도(運度)가 바뀌는 변역(變易)의 이치와 우주 대변혁의 원리를 구명하기에 이르렀다.

그 뒤 이상한 괘획(卦劃)이 허공에 종종 나타나기 시작하더니 근 3년간 점점 뚜렷이 나타나 처음에는 그 뜻을 알지 못하다가 어느 날 주역(周易) 설괘전(說卦傳)의 '신야자묘만물이위언자야(神也者妙萬物而爲言者也)'라는 구절과 부합됨을

---

\* 원래 주역(周易) 최초의 이름은 '연산(連山)' 혹은 '귀장(歸藏)'이라고 부른 것으로 전해진다. 3천 년 전 주(周)나라 때 문왕팔괘(文王八卦)가 나타나면서 지금의 주역이란 이름으로 확정된 것이다. 정역팔괘(正易八卦)를 창시한 김일부 선생이 출생한 지명도 한자(漢字)까지 똑같은 '연산(連山)'이다.

\** 시인 김지하는 '영동천심월(影動天心月)'의 뜻을 지구 자전축이 후천을 맞아 본래의 자기 위치인 북극으로 복귀한다는 『정역』의 '기위친정(己爲親政)'의 원리와 연결하여 '그늘(影)이 우주를 바꾼다'라고 하였다.

\*** 영가무도란 상고시대부터 전해온 우리 민족 고유의 풍류도(風流道)─자연과 상생하는 '접화군생(接化群生: 만물과 접하면서 뭇 생명을 교화함)'의 풍류도 정신─에 정역(正易)의 원리를 가미해 김일부가 창시한 수행법이다.

확인하고 그것을 그렸는데, 그것이 곧 정역팔괘도(正易八卦圖)였다. 그리하여 선천 역(易)의 이치를 밝힌『주역』의 원리가 후천 역(易)의 이치로 바뀐『정역』의 원리를 밝히게 된 것이었다. 1881년에는 공자의 환영(幻影)을 보게 되고 '대역서(大易書)'를 계시받은 것으로 전해진다. 이후 연마를 계속하여 드디어 을유년(乙酉年, 1885)에『정역(正易)』을 공표하게 된 것이다. 이러한 내용은『정역과 한국』이라는 책의 서문을 쓴 탄허 선사(呑虛禪師)의 글 속에도 나와 있다.

> 『정역(正易)』은 연산(連山)에서 탄생한 김일부(金一夫) 선생이 저술한 바다. 일부(一夫)가 일찍이 수무족도(手舞足蹈)를 금치 못하여 주야로 가무(歌舞)와 궁리(窮理)에 정진하던 중 기묘년(己卯年 선생 54세)부터 그 팔괘도(八卦圖)가 수년간을 허공중에 나타났다는 것이다. 일부(一夫)는 이것이『주역(周易)』설괘전(說卦傳)에 '신야자묘만물이위언자야(神也者妙萬物而爲言者也)'라는 대문(大文)의 말한 것과 부합됨을 확인하고 정역팔괘도(正易八卦圖)를 화(畵)한 선생은 계속 추연(推衍)과 연마를 쉬지 않아 드디어『정역(正易)』을 내게 된 것이다.[179]

『정역(正易)』이 공식적으로 세상에 공표된 때가 1885년이었으니 이제 137년(2022년 현재)이 되었다. 정역팔괘는 우주 봄(春)의 천도(天道)를 밝힌 복희팔괘(伏羲八卦)에서 우주 여름(夏)의 인도(人道)를 밝힌 문왕팔괘(文王八卦)로, 그리고 다시 우주 가을(秋)의 지도(地道)를 밝힌 정역팔괘(正易八卦)로 번천복지(翻天覆地)하는 대변화를 나타낸 것으로 천지개벽의 도수(度數)에 따른 것이다. '복희팔괘'의 복희(伏羲)씨는 앞서 고찰했듯이 배달국 제5대 태우의(太虞儀) 환웅(재위 BCE 3512~BCE 3419)의 막내아들로서 태우의(太虞儀) 환웅 때 체계화된 신선도문화(仙敎文化)[180]를 가지고 서쪽 중토(中土, 中原)로 나아가 임금이 되었고 또 팔괘(八卦)를 그려 중토 역리(易理: 易의 이치)의 원조가 되었던 인물이다.[181] '문왕팔괘'의 문왕(文王)은 주(周) 왕조의 기초를 닦은 명군(名君)으로, 둘째 아들인 서주(西周) 무왕(武王)이 주나라 건국 후 문왕으로 추숭(追崇)했던 인물이다.

『정역(正易)』「대역서(大易序)」초두(初頭)에서는 역(易)의 성스러움을 설파하면서 복희팔괘·문왕팔괘의 선천역(先天易)을 '초초지역(初初之易)'이라 하고 정역팔괘의 후천역(後天易)을 '내내지역(來來之易)'이라 하여 그것들이 지어진 이유를 밝히고 있다.

> 성스럽다 역(易)의 역(易)됨이여,
>
> 역(易)이란 책력(冊曆)*이니 책력이 없으면 성인이 없고 성인이 없으면 역(易)이 없다. 이러한 까닭으로 선천의 역(易)과 후천의 역(易)이 지어진 것이다.
>
> 聖哉 易之爲易
>
> 易者 曆也 無曆 無聖 無聖 無易
>
> 是故 初初之易 來來之易 所以作也.[182]

『주역(周易, 易經)』은 주나라의 역(易)이라 하여 이름 붙여진 것이고, 『정역(正易)』은 글자 그대로 '바른 역(易)'이라는 뜻이다. 그렇다고 『주역』으로 대표되는 복희팔괘·문왕팔괘의 선천역(先天易)을 '바르지 않은 역(易)'이라고 확대해석하는 것은 옳지 않다. 왜냐하면 천시(天時)와 인사(人事)는 상합(相合)하는 것이어서, 후천시대에 선천의 역(易)이 나올 수 없듯이 선천시대에 후천의 역(易)이 나올 수는 없기 때문이다. 선천의 역(易)의 이치로 후천의 전 지구적 및

---

* 우리나라는 이미 배달국(BCE 3898~BCE 2333) 제1대 환웅천왕 시기에 역(曆, 冊曆)이 체계화되어 현대물리학의 계산과 정확하게 일치하는 365일 5시간 48분 46초를 1년으로 삼았다는 기록(『桓檀古記』,「太白逸史」第四, 三韓管境本紀 馬韓世家 上)이 있다. 이는 당시의 역학(曆學)·역학(易學)·상수학(象數學)·천문학·물리학 등의 발달 수준을 짐작하게 한다.

사회적 대변동을 설명할 수 없으니 후천의 운도(運度)에 조응하는 새로운 역학(易學) 체계가 정립되는 것은 자연스러운 현상이다. 또한 후천개벽을 통해 현재 23.5도로 기울어진 지구 자전축이 정남북으로 정립됨에 따라 지구 공전궤도가 타원에서 정원(正圓)으로 바뀌고 선천의 1년 365$\frac{1}{4}$일 윤력(閏曆)이 후천의 1년 360일 정력(正曆)이 되며 음양지합(陰陽之合)이 이루어져 조화로운 후천 세계가 열리는 원리를 제시한 것이라는 점에서 『정역』이라 명명한 것은 적실성이 있다고 본다.

『정역』을 제대로 이해하기 위해서는 과거·현재·미래를 관통하는 시간관과 우주관 및 통섭적 사유체계, 그리고 상수학(象數學)에 대한 깊은 이해가 요구된다. 왜냐하면 역(易)이라고 하는 것은, 세계의 변화를 음양[太極]의 원리로 간명하게 나타낼 수 있는 간역(簡易)이기도 하고, 음양동정(陰陽動靜)의 원리에 의해 우주만물이 상호의존·상호전화(相互轉化)·상호관통하며 끊임없이 변화하는 변역(變易)이기도 하며, 또한 가없는 변화에 응답하는 원궤의 중심축인 불변의 우주섭리 즉 불역(不易)이기도 하므로 이 세 측면이 종합될 때 자연히 드러날 수 있는 것이기 때문이다. 이러한 역(易)의 근본 이치는 『주역』이든 『정역』이든 마찬가지로 적용된다. 북송(北宋)의 거유(巨儒) 소강절(邵康節, 이름은 雍, 1011~1077)의 표현대로 천문(天文) 그 자체가 역(易)이고 천지운행의 원리가 상수(象數)에 기초해 있으니 이를 알지 못하고서는 후천개벽을 논할 수 없기 때문이다.

또한 김일부의 『정역』 역시 우주의 본질인 '생명(Life)'이라는 범주를 벗어난 그 무엇을 논하는 것이 아니라는 점에서 본체[본체계, 의식계]와 작용[현상계, 물질계]을 상호관통하는 생명의 전일적 흐름(holomovement)에 대한 이해가 선행되어야 한다. 『천부경』에 나오듯이 생명[天·神·靈]은 자본자근(自本自根)·자생자화(自生自化)하는 제1원인이며 시작도 끝도 없는 영원 그 자체다. '하나

(一)'의 묘리(妙理)의 작용으로 우주만물이 생장·분열하고 수렴·통일되지만 그로써 끝나는 것이 아니라 다시 생장·분열하는 천·지·인 삼극(三極)의 천변만화의 작용이 있게 되는 것이니, 이러한 과정은 다함이 없이 순환 반복되는 것이라 하여 '일적십거 무궤화삼(一積十鉅無匱化三)'이라고 한 것이다. 생명은 '있음(being)'의 상태가 아니라 '됨(becoming)'의 과정이다. 우주의 본질인 생명은 천지만물이 생겨나기 전에도 있었던 영(靈, 靈性)—흔히 신 또는 하늘[至氣, 元氣, 混元一氣]이라고 부르는—그 자체로서 순수 현존(pure presence)인 까닭에 '시간의 역사' 속에서는 그 기원을 찾을 수가 없다.

지천태괘(地天泰卦, ䷊)인 후천 곤도(坤道) 시대의 도래에 즈음하여 『정역』에서 지도(地道), 즉 땅의 역(地易)을 밝힌 것은 천시(天時)와 인사(人事)가 상합(相合)하는 것이라는 점에서 자연스러운 것이다. 말하자면 우주의 봄·여름인 선천 5만 년이 끝나고 우주의 가을이 되면 우주섭리에 따라 후천개벽이 찾아오게 되고 또 그것과 관련된 일을 할 사람이 나타나게 되는 것이다. 『정역』의 후천개벽이든 동학의 후천개벽이든 증산도(甑山道)의 후천개벽이든, 천지개벽의 도수(度數)에서 벗어난 어떤 것을 주장하는 것은 아니다. 그런 점에서 생(生)·장(長)·염(斂)·장(藏) 4계절의 순환 원리로 원(元)·회(會)·운(運)·세(世)의 이치를 밝혀 12만 9천6백 년이라는 우주 1년의 이수(理數)를 통해 소강절이 밝힌 천지운행의 원리는 『정역』의 후천개벽을 연구함에 있어서 바탕이 되는 것이므로 음미해 볼 필요가 있다.

'알음은 강절의 지식에 있나니'라는 말처럼 '이기지종(理氣之宗)' 또는 '역(易)의 조종(祖宗)'으로 일컬어지는 소강절의 상수(象數) 학설에 기초한 우주관과 자연철학은 주돈이(周敦頤, 호는 濂溪, 1017~1073)의 태극도설(太極圖說)과 더불어 동양 우주론의 바탕을 이루고 있다. 그의 사상은 『황극경세서(皇極經世書)』를 통해 세상에 알려졌고, 주자(朱子)에 의해 성리학의 근본이념으로 자리 잡게 되었다. 개벽이란 하늘이 열리고 땅이 열린다는 '천개지벽(天開地闢)'에서 유래한 말로서 쉼 없이 열려 변화하는 우주의 본성을 일컫는 것이다. 우주 1년의 이수(理數)를 처음으로 밝혀낸 소강절에 의하면 우주 1년의 12만 9천6백 년 가운데 인류 문명의 생존 기간은 건운(乾運)의 선천 5만 년과 곤운(坤運)의 후천 5만 년을 합한 10만 년이며, 나머지 2만 9천6백 년은 빙하기로 천지의 재충전을 위한 휴식기이다.

우주력(宇宙曆) 전반 6개월(春夏)을 생장·분열의 선천시대라고 한다면, 후반 6개월(秋冬)은 수렴·통일의 후천시대로 천·지·인 삼재의 융화에 기초한 정음정양(正陰正陽)의 시대라고 할 수 있을 것이다. 선천 건도(乾道) 시대는 천지비괘(天地否卦, ䷋)인 음양상극의 시대인 관계로 민의(民意)가 제대로 반영되지 못하고 빈부의 격차가 심하며 여성 억압과 자연 억압이 만연한 시대로 일관해 왔으나, 후천 곤도(坤道) 시대는 지천태괘인 음양지합(陰陽之合)의 시대인 관계로 대립물의 통합이 이루어지고 종교적 진리가 정치사회 속에 구현되는 성속일여(聖俗一如)·영육쌍전(靈肉雙全)의 시대라고 할 수 있을 것이다. 김일부는 선천의 분열 도수(度數)가 다하여 후천의 통일 도수(度數)가 밀려옴을 감지하고 후천개벽에 의한 정역(正易)의 세계를 펼쳐 보인 것이다.

소강절은 춘하추동의 생장염장(生長斂藏)의 이치를 통해 '원회운세(元會運世)'를 밝힘과 동시에 삼라만상의 일체의 변화를 꿰뚫고 있다. 천지의 시종(始終)은 일원(一元)의 기(氣)이며, 일원(一元)은 12만 9천6백 년이요 일원(一元)에는 12회(會)[183]가 있으니 1會인 1만 8백 년마다 소개벽이 일어나고 우주의 봄과 가을에 우주가 생장·분열하고 수렴·통일되는 선후천(先後天)의 대개벽이 순환하게 되는 것이다. 또한 1회(會)에는 30운(運)이 있으니 1운(運)은 360년이고 또 1운(運)에는 12세(世)가 있으니 1세는 30년이다. 즉 일원(一元)에는 12회(會) 360운(運) 4,320세(世)가 있는 것이다.[184] 우주력(宇宙曆) 12회(會)에서 전반부 6

회인 자회(子會)에서 사회(巳會)까지는 자라나고 후반부 6회인 오회(午會)에서 해회(亥會)까지는 줄어든다. 오회(午會)에 이르러 역(逆)이 일어나고 미회(未會)에 이르러 통일이 되는 것이다. 천개어자(天開於子), 즉 자회(子會)에서 하늘이 열리고, 지벽어축(地闢於丑), 즉 축회(丑會)에서 땅이 열리며, 인기어인(人起於寅), 즉 인회(寅會)에서 인물(人物)이 생겨나는 선천개벽이 있게 되는 것이다.[185] 성(星)의 76 즉 인회(寅會)의 가운데에서 개물(開物)이 되는 것은 1년의 경칩에 해당하고, 315 즉 무회(戌會)의 가운데에서 폐물(閉物)이 되는 것은 1년의 입동에 해당한다.

소강절이 자회(子會)에서 하늘이 서북으로 기운다고 하고 축회(丑會)에서 땅이 동남이 불만이라고 한 것은 천축과 지축이 기울어진 것을 말하는 것이다. 지축이 23.5도로 기울어짐으로 인해 양(陽)은 360보다 넘치고 음(陰)은 354일이 되어 태양·태음력의 차이가 생기게 된 것이다. 건운(乾運)의 선천 5만 년이 음양상극의 시대로 일관한 것은 지축의 경사로 인해 음양이 고르지 못한 데 기인한다. 음양동정(陰陽動靜)의 원리로 이제 그 극에서 음으로 되돌아오면서 우주의 가을인 미회(未會)에서는 천지가 정원형으로 360이 되어 음양이 고르게 되는 후천개벽이 일어나게 되는 것이다. 이른바 지축이 바로 선다는 것이 이를 두고 하는 말이다. 말하자면 우주의 시간대가 새로운 질서로 접어들면서 선천의 건운(乾運) 5만 년이 다하고 곤운(坤運)의 후천 5만 년이 열리게 되는 것이다.

소강절이 『황극경세서』에서 원회운세의 수(數)로 밝히는 천지운행의 원리는 천시(天時: 하늘의 '때')와 인사(人事: 세상 '일')가 조응하고 있음을 보여준다. 「관물내편(觀物內篇)」에서는 회(會)로 운(運)을 헤아려 세수(世數)와 세갑자(歲甲子)를 나열하여 제요(帝堯)부터 5대(五代)에 이르는 역사 연료를 통해 천하의 이합치란(離合治亂)의 자취를 보여줌으로써 천시가 인사에 징험(徵驗)되는 것을 나타내었고, 「관물외편(觀物外篇)·上下」에서는 운(運)으로 세(世)를 헤아려 세수(世數)와 세갑자(歲甲子)를 나열하여 제요(帝堯)부터 5대(五代)에 이르는 전적(典籍)을 통해 흥패치란(興敗治亂)과 득실사정(得失邪正)의 자취를 보여줌으로써 인사가 천시에 징험(徵驗)되는 것을 나타내고 있다. 그리하여 그는 천지만물뿐 아니라 인사(人事)가 생장·분열과 수렴·통일을 순환 반복하는 원회운세라는 천지운행의 원리와 상합(相合)하고 있음을 밝히고 있다.

천시(天時)와 인사(人事)의 조응관계는 "마치 형태가 있으면 그림자가 모이고 소리가 있으면 울림이 있는 것과 같다."[186] 말하자면 "천시가 인사에 말미암는 것이고 인사 또한 천시에 말미암는 것이다."[187] "시(時)는 천(天)이고 사(事)는 인(人)이다. 시(時)가 동(動)하면 사(事)가 일어난다."[188] 순천(順天)의 삶이란 인(人)이 시(時)에 머물러 같이 가며 하늘을 거스리지 않는 것으로, 이로써 하늘이 도와 길(吉)함이 있으며 이롭지 않음이 없게 되는 것이다.[189] 무릇 성인이란 나아갈 때와 물러날 때를 아는 사람이라고 한 것은 인(人)이 시(時)에 머물러 같이 가며 하늘을 거스리지 않는 것을 두고 한 말이다. 공자는 하늘의 때(天時)와 세상 일(人事)의 연계성을 함축한 '시중(時中)'의 도로써 대동사회의 이상을 구현하고자 했다. 성인이 천시(天時)를 아는 것은 역(易)을 알기 때문이다.

후천개벽은 우주가 생장염장(生長斂藏) 4계절로 순환하는 과정에서 후천 가을의 시간대로 접어들면서 일어나는 대격변 현상이다. 우주의 가을인 미회(未會)에서는 음양동정(陰陽動靜)의 원리에 의해 양의 극에서 음으로 되돌아오면서 지축 정립과 같은 대변혁 과정을 거쳐 천지가 정원형이 되어 음양지합이 이루어지게 되는 것이다. 말하자면 우주의 자정작용(自淨作用)의 일환인 천지개벽의 도수(度數)에 조응하여 인위(人爲)의 정신개벽과 사회개벽이 이루어지게 되면 천지가 합덕(合德)하는 후천의 새 세상이 열리게 되는 것이다.

따라서 후천개벽은 단순히 정신개벽과 사회개벽을 통한 지구적 질서의 재편성이 아니라 천지운행의 원리에 따른 우주적 차원의 질서 재편으로 이를 통해 곤운(坤運)의 후천 5만 년이 열리게 되는 것이다.

그렇다면 정역팔괘의 후천역(後天易)은 복희팔괘·문왕팔괘의 선천역(先天易)과 어떻게 대별되는가? 선후천이 바뀌는 우주 대변역(大變易)의 원리를 밝힌 『정역』의 기본체계는 「십오일언(十五一言)」과 「십일일언(十一一言)」의 두 편으로 구성된다. 「십일일언」에서 김일부는 "선천의 역은 교역(交易)의 역이고, 후천의 역은 변역(變易)의 역이다"190라고 함으로써 1년 365$\frac{1}{4}$일 역법(曆法) 안에서의 변화인 선천의 '교역'과 천지(天地)가 지천(地天)이 되는 근본적인 대변화인 후천의 '변역'을 구분했다. 말하자면 '교역'은 선천역(先天易)인 복희팔괘 8수(數)에서 선천역인 문왕팔괘 9수(9宮, 5는 중앙에 감추어져 있음)로의 괘도(卦圖) 변화이고, '변역'은 선천역인 문왕팔괘에서 후천역(後天易)인 정역팔괘 10수로의 괘도 변화이다. 따라서 '변역'은 상극오행(相剋五行)의 선천 낙서(洛書, 龜書) 시대를 마감하고 번천복지(翻天覆地: 천지가 뒤집힘)하는 대변화를 거쳐 상생오행(相生五行)의 후천 하도(河圖, 龍圖)* 시대로 진입한다는 함의를 지니고 있다. 이는 곧 자연과 인간과 문명이 조화를 이루는 에코토피아(ecotopia, 생태적 이상향)의 구현이며 무극대도(無極大道)의 세계가 열리는 것이다.

아래 팔괘도는 팔괘―건[乾天(父), ☰], 곤[坤地(母), ☷], 진[震雷(장남), ☳], 손[巽風(장녀), ☴], 감[坎水(중남), ☵], 이[離火(중녀), ☲], 간[艮山(소남), ☶], 태[兌澤(소녀), ☱]를

---

* 하도(河圖)는 열 개의 숫자 1, 2, 3, 4, 5, 6, 7, 8, 9, 10이 일으키는 변화이며 그 합인 55라는 숫자는 상생오행(相生五行)을 나타내고, 낙서(洛書)는 아홉 개의 숫자 1, 2, 3, 4, 5, 6, 7, 8, 9가 일으키는 변화이며 그 합인 45라는 숫자는 상극오행(相剋五行)을 나타내는 것으로, 하도낙서는 상생상극(相生相剋)하는 천지운행의 현묘(玄妙)한 이치를 드러낸 것이다.

팔방위에 배속한 것으로, 우주자연의 오묘한 이치를 부호화하여 나타낸 것이다. 〈그림 5.3〉에서 보듯이 정역팔괘도에는 '이천칠지(二天七地)'가 건곤괘(乾坤卦) 안에 자리를 잡으며 완전수인 10수의 조화로운 세계가 열리게 될 것임을 시사한다. 「십오일언」의 십오는 10무극과 5황극이며, 정역팔괘도로는 '10건천(乾天)'과 '5곤지(坤地)'이다. 건곤정위(乾坤正位)의 뜻이 함축된 십오일언은 지구 자전축의 정남북 정립으로 지구 공전궤도가 타원에서 정원(正圓)으로 바뀌고 선천의 윤력(閏曆)이 후천의 1년 360일 정력(正曆)으로 바뀌는 『정역(正易)』의 세상이 펼쳐질 것임을 시사한다. '십오가(十五歌)'에서는 우주 가을의 시간대로 접어들면서 10무극과 5황극이 통일되고, 금기(金氣)와 화기(火氣)가 바뀌는 '금화교역(金火交易)'이 일어나 5곤(坤)과 10건(乾)이 지천태(地天泰)의 형태로 정립될 것임을 노래하였다.[191] 이른바 하늘의 뜻이 땅에서 이루어지는 것이다.

「십일일언(十一一言)」의 '십일음(十一吟)'에서는 10무극과 1태극이 통일되고 금화교역이 일어나 유리세계(琉璃世界)가 도래할 것임을 노래하였다.[192] 「십일일언」의 십일은 정역팔괘도로는 '8간산(艮山)'과 '3태택(兌澤)'이다. 간태합덕(艮兌合德)의 뜻이 함축된 십일일언은 우주적 본성으로의 회귀를 통한 인간의 자기실현과 천·지·인 삼재의 융화로 조화로운 무극대도의 세계가 펼쳐질 것임을 시사한다. 10무극·5황극·1태극을 '무극이황극이태극(無極而皇極而太極)'이라 하여 삼극의 통일을 나타낸 것은 한국학 고유의 코드인 천·지·인 삼신일체[一卽三·三卽一]의 원리와 정합(整合)한다. 천·지·인의 일원성에 대한 자각은 만유의 근원적 평등성과 유기적 통합성을 바탕으로 하는 까닭에 본질적으로 생태적이며 영적(靈的)이다.

〈그림 5.1〉 복희팔괘도 　　〈그림 5.2〉 문왕팔괘도 　　〈그림 5.3〉 정역팔괘도

천·지·인은 본래 삼신일체이지만, 인간 존재 속에 삼신일체의 천도(天道)가 구현되어야 구체적 현실태(concrete actuality)가 될 수 있다. 그래서 한국학 고유의 코드에서는 인중천지일(人中天地一)·성통공완(性通功完)·혈구지도(絜矩之道)*와 경천숭조(敬天崇祖)의 보본사상(報本思想)을 강조한 것이다. 마찬가지로 동학에서도 후천개벽에 조응하는 정신개벽과 사회개벽, 시천주(侍天主: 하늘(님)을 모심) 도덕과 동귀일체 그리고 삼경(三敬: 敬天·敬人·敬物)의 실천적 삶을 강조한 것이다. 선천 낙서(洛書) 9수(九數)의 세상에서는 지덕(地德)이 천도(天道)에 순응치 못하여 생명윤리와 생명 가치가 실현되지 못하였으나, 후천 하도(河圖) 10수의 세상에서는 천도를 완수하여 자연과 인간과 문명이 조화를 이루는 에코토피아가 구현된다는 것이다.

『정역(正易)』에서도 천·지·인이 일체가 되는 에코토피아를 구현하기 위해서는 특히 사람의 역할이 중요하다고 보았다.[193] 말하자면 천시(天時)와 인사(人事)의 상합에 기초하여 무위자연의 천지개벽과 인위의 정신개벽 및 사

---

* '인중천지일'은 천·지·인 삼신일체의 천도가 인간 존재 속에 구현된다는 뜻이고, '성통공완'은 참본성이 열리어 공덕[功業]을 완수한다는 뜻이며, '혈구지도'는 내 마음으로 미루어 남의 마음을 헤아리는 추기탁인(推己度人)의 도를 뜻한다.

회개벽이 변증법적 통합을 이루어 우주적 본성으로의 회귀를 통해 후천개벽의 새 세상이 열리는 길을 밝힌 것이다. 이는 십오일언(十五一言), 십일일언(十一一言), 십일귀체(十一歸體) 등에 잘 나타나 있다. 십(十)과 일(一)은 합하면 토(土)이니, 십일귀체는 중(中)에 거(居)하는 5황극으로 귀환하는 것을 의미한다. 정역팔괘도로는 '5곤지(坤地)'로의 귀환이다. 해혹복본(解惑復本: 미혹함을 풀어 참 본성을 회복함)이요, 대지와 생명을 관장하는 태모(太母) 마고(麻姑)의 부활이며 마고성(麻姑城)으로의 귀환이다.

> 일이 십이 없으면 체(體)가 없는 것이고, 십이 일이 없으면 용(用)이 없는 것이다.
> 합하면 토(土)이니 중(中)에 거하는 5황극이다.
> 一無十無體 十無一無用 合土居中五皇極.[194]

김일부는 『주역』「설괘전(說卦傳)」 제6장의 내용이 복희팔괘도[原曆圖]·문왕팔괘도[閏曆圖]에 이어 제3의 괘도의 구성원리라고 생각하여 정역팔괘도[正曆圖]를 구상하게 되었다. 공자는 "간(艮)은 동북방의 괘이니, 만물이 마침을 이루는 곳이자 시작을 이루는 곳이다. 그러므로 말씀이 간방(艮方)에서 이루어진다"[195]고 하고, 수화(水火: 坎水(중남, ☵)와 離火(중녀, ☲)), 뇌풍(雷風: 震雷(장남, ☳)와 巽風(장녀, ☴)), 산택(山澤: 艮山(소남, ☶)과 兌澤(소녀, ☱))이 대응하는 괘상을 제시하였다.

「설괘전」 제6장의 내용을 정역팔괘도로 보면, 소남 소녀에 해당하는 간태(艮兌)는 동서에서 대응하고, 중남 중녀에 해당하는 감리(坎離)는 동북과 서남에서 대응하며, 장남 장녀에 해당하는 진손(震巽)은 서북과 동남에서 대응한다.[196] 이 여섯 자녀와 함께 부모에 해당하는 건곤(乾坤)은 남북축을 형성하되, 후천은 천지비괘(天地否卦, ☰☷)가 지천태괘(地天泰卦, ☷☰)가 되므로 복희팔괘도와는 달리 팔괘의 중심축인 건곤이 180° 역전되어 천지가 지천이 되는 것이다. 『주역』 64괘 중에 지천태(地天泰)가 나와 있고, 또 「설괘전」 제6장에 상호 대응하는 괘가 나와 있음에도 김일부 이전의 학자들은 이를 깨닫지 못했다. 천시와 인사의 상합 원리에 따라 정역의 이치도 다 때가 되어야 드러나는 법이다.

위 팔괘도 그림에서 보듯이 정역팔괘도가 선천역(先天易)인 복희팔괘도·문왕팔괘도와 현저하게 다른 점은 정역팔괘도의 괘 방향이 선천역과는 정반대로 밖에서 안을 향하고 있다는 것이다. 그것은 생장·분열하는 선천의 음양상극 시대를 마감하고 수렴·통일하는 후천의 정음정양(正陰正陽)의 시대로 진입하는 것임을 시사한다. 문왕팔괘의 감[坎水]·리[離火]가 물러나고 정역팔괘의 건[乾天]·곤[坤地]이 정남북에 지천태(地天泰)의 형태로 정립되며 간[艮山]·태[兌澤]가 동서에 자리잡아 1년이 360일로 되고 극한(極寒)·극서(極暑)가 사라져 '사시장춘(四時長春)'이 이어지며, 올바른 윤리가 세워지고 음양이 합덕(合德)하여 하도(河圖)의 이상이 실현되는 상생의 후천 세상이 펼쳐진다는 것이다.

건남곤북(乾南坤北)의 천지비(天地否)를 표징하는 복희팔괘도가 천존지비(天尊地卑: 하늘은 높이 받들고 땅은 천시함)의 부조화의 세상을 나타낸 것과는 달리, 곤남건북(坤南乾北)의 지천태(地天泰)를 표징하는 정역팔괘도는 천지교태(天地交泰: 하늘과 땅이 화합하여 태평함)의 조화로운 세상을 나타낸 것이다. 정역팔괘도는 한반도를 중심축으로 하는 동북 간방(艮方)에서 천지비괘의 선천문명이 끝을 맺고 지천태괘의 후천문명이 새롭게 열릴 것임을 예고하고 있다. 그것은 대정화와 대통섭의 신문명, 즉 간태합덕(艮兌合德)의 새 세상이 열릴 것임을 예고한 것이다. 새 세상의 중심은 간괘(艮卦)의 소남, 즉 우리 한민족이며, 태괘(兌卦)의 소녀 미국은 상생하는 파트너이자 협력자로서의 역할을 담당하게 될 것이다.

정역팔괘의 후천역(後天易)이 복희팔괘·문왕팔괘의 선천역(先天易)과 대별되는 점을 탄허는 수미(首尾)가 도치(倒置)된 것이라고 밝히고, 후천역(後天易)이 시사하는 지천태괘인 무극대도의 세계를 '민본군말(民本君末)'이라는 말로 압축했다.

> 이 괘도(정역팔괘도)가 복희·문왕 팔괘와 다른 점은 수미(首尾)가 도치(倒置)된 점이다. 선천팔괘는 수(首)가 안에 있고 미(尾)가 밖에 있으며 근(根)이 안에 있고 말(末)이 밖에 있어서 마치 군주의 일령하(一令下)에 천하 신민이 복종하는 것과 같거니와, 정역팔괘는 이와 반대로 수(首)가 밖에 있고 미(尾)가 안에 있으며 근(根)이 밖에 있고 말(末)이 안에 있어서 마치 만민이 주체가 되고 일군(一君)이 객체가 된 것과 같은 것이다.⋯이것이 바로 민본군말(民本君末)을 의미한 것이다. 그리고 보면 일인독제(一人獨制)의 통치시대는 선천사(先天事)가 된 것이요 앞으로 오는 후천시대는 만민의 의사가 주체가 되어 통치자는 이 의사를 반영시킴에 불과할 것이니, 강태공(姜太公)의 말씀에 "천하는 천하인(天下人)의 천하요 일인(一人)의 천하가 아니다"라고 한 것도 바로 이것을 의미한 것일 것이다.[197]

'민본군말(民本君末)'은 후천개벽이 '기위친정(己位親政)'으로부터 시작한다는 말과 맥락적으로 연결된다. 기위(己位)는 십간(十干)인 갑을병정무기경신임계(甲乙丙丁戊己更辛壬癸)*의 여섯 번째이다. 선천시대가 십간의 첫 번째인 갑(甲)

---

\* 우리나라는 이미 배달국 시대에 역(曆)과 역(易)이 체계화되어 십간십이지(十干十二支)가 실생활에 응용되었다는 것이 『참전계경』과 『환단고기』 등에 나와 있다. 십간(十干)은 갑을병정무기경신임계(甲乙丙丁戊己更辛壬癸)이고 십이지(十二支)는 자축인묘진사오미신유술해(子丑寅卯辰巳午未申酉戌亥)인데, 천간(天干)과 지지(地支)가 합처 갑자(甲

이 전면에 나서 갑질을 하는 세상이었다면, 후천시대는 천지가 지천이 되고 금화교역(金火交易)이 일어나 전방의 갑이 뒤로 물러나고 후방의 기(己)가 전면에 나서 친정(親政)을 하게 된다는 것이다. '갑'은 남성과 사회 기득권 세력을 지칭한 것이고, '기'는 여성과 사회적 약자 및 소외세력을 지칭한 것이다. 여기서 '기위친정'은 천지가 뒤집히는 후천대개벽과 연계된 개념으로, 23.5도 기울어진 지구 자전축이 바로 서면서 천지비괘가 지천태괘가 되어 그동안 소외되고 그늘 속에 가려져 있던 여성과 사회적 약자가 사회정치적으로 전면에 나서게 된다는 보편적 의미와 함께 '상제조림(上帝照臨)'—'기위친정'의 원리에 부합하는 지도자의 출현—이라는 특수적 의미도 함축한 것으로 볼 수 있다. 말하자면 지구가 리셋(reset) 과정을 통해 하늘의 뜻이 땅에서 실현되는 것이다.

『정역』의 종지(宗旨)는 '기위친정'의 원리 속에 함축되어 있으며 전 지구적 및 사회적 대변동 또한 이 원리로써 설명된다. 건[乾天]·곤[坤地]이 정남북에 지천태(地天泰)의 형태로 정립됨에 따라 자유와 평등의 변증법적 대통합이 이루어져 대동사회의 이상이 구현되는 것이다. 지금의 자본주의와 사회주의, 자유민주주의와 공산주의의 이데올로기적 대립은 자유와 평등의 대통합 시대를 여는 마지막 담금질이다. '기위친정'을 '선후천주회도수(先后天周回度數)'[198]에 나오는 '반고오화원년임인(盤古五化元年壬寅)'이라는 구절과 연결해 보면 그 원리가 발현되는 시기를 예측해 볼 수 있다. 반고(盤古)라는 인물은 환국 말기의 환웅과 동시대의 인물[199]인 것으로 「삼성기전(三聖紀全)」 하편에 나온다. 흔히 최초의 창세신으로 알려진 인물이다.

'오화(五化)'는 무술(戊戌)부터 기해(己亥), 경자(庚子), 신축(辛丑)을 지나 다섯

---

子)를 이루며 60갑자를 주기로 되풀이되는 것이 역(曆) 체계의 기본이다.

번째인 임인(壬寅)까지의 5의 변화 도수(度數)를 의미한다. 이 오화(五化)의 임인(壬寅)을 '태초의 원년'[200]으로 삼은 것이다. 말하자면 오화(五化)의 임인(壬寅)은 '천지(天地)가 새로운 생명을 잉태하는 태(胎)의 도수(度數)'[201]가 되는 것이다. '반고오화'의 '임인(壬寅)'이 '태초의 원년'이라면, 『정역』이 공표된 지 백 년이 지나서 맞는 첫 '임인(壬寅, 2022)'은 '후천의 원년'이라고 할 수 있지 않을까? 김일부 선생 자신도 정역팔괘가 백 년 뒤의 미래상을 제시한 것이라고 밝힌 바 있다. 『정역』이 공표된 지 백 년이 지나서 맞는 첫 임인년에 정역팔괘가 함축한 괘상(卦象)들이 본격적으로 잉태되기 시작하여 2042년 임술년까지 그 구체적인 현실태가 드러나게 되리라고 보는 것은 일리가 있다고 본다. 천지가 임인(壬寅)에 새로운 생명을 태(胎)하고 임술(壬戌)에 그 생명을 생(生)한다는 것은 역학의 상식이기 때문이다.[202]

역학계(易學界)에서는 『정역』이 세상에 공표된 지 100년 만인 1984년 갑자년부터 건도수(乾度數)가 곤도수(坤度數)로 바뀌어 새로운 세상이 시작되었다고 말한다. 우리 사회도 1980년대 초부터 민주화를 향한 투쟁이 봇물처럼 터져 나왔다. 특히 1987년 6.29선언은 1986년 이후 전국적으로 확산된 '대통령직선제 개헌' 서명 운동과 1987년 6월 항쟁의 산물이었다. 또한 1986년 서울 아시안 게임과 1988년 서울올림픽을 개최하면서 선진국으로 도약하기 시작했고, 사회적 소외계층에 대한 복지 문제가 이슈화되기 시작했다. 100만 독자를 열광시키고 우리 사회 전반에 강력한 인상을 남긴 선도(仙道) 소설 『단(丹)』이 출간된 것도 1984년이다. 하여 1984년부터 다음 갑자년인 2044년까지 『정역』에서 말하는 지도(地道)의 변화를 따라서 온갖 양상의 대변역(大變易)이 일어나리라고 보는 것이다. 이는 현재 과학계에서 향후 20년 내에 심대한 기후 위기와 지구 생태계의 변화로 인해 인류 문명이 파국에 이를 수 있다는 경고와 맞물린다.

탄허의 '정역팔괘 해설'에서는 '수조남천(水潮南天) 수석북지(水汐北地)'와 관련한 지도(地道)의 변화를 이렇게 설명하고 있다.

지도(地道)의 변화는 바로 곤남건북(坤南乾北)의 이면에 이천칠지(二天七地)라 적어진 것이 그 변화의 상(象)을 암시해 준 것이다. 이칠화(二七火)의 이(二)는 음수를 의미한 것이요 칠(七)은 양수를 의미한 것이며 지(地)는 수(水)를 의미한 것이요 천(天)은 화(火)를 의미한 것이니 이천(二天)이라면 음화(陰火) 즉 잠재한 불이다. 이 잠재한 화(火)가 백이십 년 전(1982년 현재 기준)부터 지구의 밑으로 들어가서 천중만첩(千重萬疊)의 빙해빙산(氷海氷山)을 녹이게 된 것이다. 이 빙해가 풀려서 아무리 빨리 달려도 매일 사백여리(四百餘里)밖에 못 오는 것인데 빙해가 하류하여 극동(極東=일본)에까지 접한 것이 해방되던 해, 즉 을유년 후로 본다면 지금은 점점 창일(漲溢)하여 오는 것이 사실일 것이다. 이 북빙하가 완전히 풀려 무너질 때 지구의 변화가 오는 것이다. 현재는 지구가 조금 측면으로 기울어져 있지만, 그때가 되면 지구가 정면으로 서면서 세계적인 지진과 해일로 변화가 오는 것이니…역학적(易學的)인 원리로 볼 때 심판이 아니라 성숙이며 멸망이 아니라 결실이다. 그때엔 세계적인 지진·해일로 인하여 현존 인류가 육할(六割) 내지 팔할(八割)이 없어지리라고 보기 때문에 심판도 되고 멸망도 되는 것이다.[203]

과학계에서는 오늘날 지자기(地磁氣, terrestrial magnetism)의 급격한 약화나 기상이변의 속출 현상을 지자극(地磁極, geomagnetic poles)(N,S) 역전, 즉 지구의 극이동(pole shift)에 선행하는 징후들로 보고 경고 메시지를 보내고 있다. 지자극 역전 시 지축(rotational axis)의 변화도 함께 일어날 것이라는 예측이 나오는데 이는 『정역』의 내용과 일맥상통한다. 탄허는 북극의 빙하가 필경 일본에 가서 그치게 되므로 일본열도가 침몰할 것으로 내다보았다. 역학적(易學的)

인 원리로 볼 때 심판이 아니라 성숙이라고 한 말에 대해 그는 "지구가 천지조판(天地肇判) 이래로 지금까지는 미성숙이었다가 백이십 년 전(1982년 현재 기준)부터 잠재한 불이 지구 밑으로 들어감으로 인해 빙하가 완전히 풀리면서 지구의 성숙이 오는 것"이라고 했다.

지구의 영적인 이름을 가이아(Gaia: 그리스 신화에 나오는 대지의 여신)라고 하는 데서도 알 수 있듯이 지구는 '여성성'이기 때문에 마치 "여자가 월경(月經)이 오기 전에는 미성숙한 처녀였다가 잠재한 양기(陽氣)가 하초(下焦)에 들어감으로써 월경이 오게 되어 성숙한 사람이 되는 것과 같다"[204]고 했다. 또한 멸망이 아니라 결실이라고 한 말에 대해 그는 "지금은 육지가 바다에 비해 사분(四分)의 일(一)임에 반하여 성숙한 후에는 바다가 사분의 일로 축소되고 육지가 사분(四分)의 삼(三)으로 늘어나게 되기 때문"[205]이라고 했다. 육지는 이렇게 늘어나고 인류는 이렇게 감축된다면 천하에 상극(相克=전쟁)의 이치가 없다는 옛사람의 말이 여기에 적응(適應)된다고 했다. 우리나라의 미래와 관련해서는, 진방(震方=중국 만주)이 변하여 간방(艮方=한국)이 되므로 영토가 크게 늘어날 것[206]으로 보았다.

『주역』은 동이족(東夷族)인 복희씨의 복희팔괘에서 비롯되었으므로 『주역』의 바탕을 이루는 상수(象數) 원리와 그 정신의 원형은 지금으로부터 9천 년 이상 전부터 전해진 우리 민족 고유의 『천부경』이다. 『천부경』은 우리나라 선가(仙家) 사상의 연원이 되었으며 역학(易學)의 시초이고 『주역』의 시원을 이룬 것으로 널리 알려져 있다.[207] 탄허는 본래 우리나라 역학이던 『천부경』에서 문왕역(文王易)인 『주역』이 나왔고 다시금 복희역·문왕역에 이어 제3의 역(易)인 일부역(一夫易), 즉 『정역(正易)』이 우리나라 땅에서 나온 것은 예사로운 일이 아니라고 보았다.[208] 한국학 고유의 핵심 코드인 '일즉삼(一卽三)·삼즉일(三卽一)'[천·지·인 삼신일체]의 원리는 바로 『천부경』에서 나온 것이며,

『정역』의 10수 또한 『천부경』에서 처음 나온 것이다. 『주역』을 혁파한 김일부의 『정역』은 '무극이황극이태극(無極而皇極而太極)'이라 하여 삼극의 통일에 기반해 있다는 점에서 한국학 고유의 코드를 바탕으로 한 것이다. 탄허는 세계적인 정신문화가 우리나라를 중심으로 펼쳐질 것이라고 예단했다.

> "시만물 종만물(始萬物 終萬物)이 간(艮)에서 일어난다면 인류를 구출할 세계적인 정신문화가 어찌 한국에서 시(始)하고 종(終)하지 않으랴."

다음으로 탄허(呑虛)의 한국학에 대해 고찰해 보기로 한다. 역학(易學)의 대가이자 선지식이며 사상가인 탄허택성(법호는 呑虛, 법명은 宅成, 속명은 金金鐸, 본관은 경주, 1913~1983)은 1913년 독립운동가 율재(栗齋) 김홍규(金洪奎)를 부친으로 전북 김제에서 출생했다. 고전과 역경에 능통하였으며 20세까지 유학을 공부하다가 다시 3년간 도교에 심취하기도 했다. 22세(1934)에 한암(漢巖) 스님을 은사로 오대산 상원사(上院寺)로 출가하여 일찍이 학승으로 명성을 떨치면서 대부분을 그곳에서 보냈다. 1955년에 그가 맡았던 노장철학(老莊哲學) 강의는 오늘날까지도 명강의로 유명하다. 이 강연의 수강생 명단에는 함석헌(咸錫憲)과 양주동(梁柱東) 등 당대 쟁쟁한 학자들도 포함되어 있어 그의 명망을 짐작케 한다. 스승인 한암 스님의 유촉(遺囑)을 받들어 1961년 원문 10조 9만 5천48자에 달하는 방대한 규모의 『신화엄경합론(新華嚴經合論)』 번역을 시작하여 10년 만인 1971년 봄에 마쳤다. 그는 1983년 오대산 월정사 방산굴(方山窟)에서 세수(世壽) 71세, 법랍(法臘) 49세로 입적했다.

먼저 한반도와 국제정치의 동역학에 대한 탄허 선사의 미래적 비전에 대해 살펴보기로 하자. 오늘날 학문이 현실 세계와 유리되게 된 것은 한국학 고유의 코드인 천·지·인의 일원성을 깨닫지 못하고 세상의 일(人事)이 마치 천시(天時)와는 별개로 돌아가는 것처럼 생각하여 미래적 비전을 제시하지 못한 채 정보를 통한 감각에만 의존하여 '이론을 위한 이론' 내지는 언어의 유희만 난무하게 된 데 있다. 옛사람들이 왜 유교 삼경(三經) 중의 하나인 『역경(易經, 周易)』을 유학의 꽃으로 여기며 학문의 바탕으로 삼았는지 생각해 볼 일이다. 학문이라고 하는 것이 현실과 동떨어진, 단지 이론을 위한 이론에 머무르지 않으려면 한국학 고유의 코드에 주목하여 물질이란 것이 특정 주파수대의 에너지 진동에 불과하다는 사실을 바탕으로 천·지·인의 일원성에 대한 이해가 선행되어야 한다. 천·지·인의 통합성에 대한 자각이 없는 학문은 마치 지도를 영토 그 자체라고 여기는 것과도 같이 공허한 것이다.

천문역학(天文易學)을 비(非)학문이라 여기는 것은 우물 안 개구리가 바다를 알지 못하는 것과 같다. 유·불·도 삼교를 섭렵하고 총 아홉 번 장원급제하여 '구도장원공(九度壯元公)'으로 불린 이율곡(李栗谷)은 역학(易學)에도 밝아 닥쳐올 대란을 미리 알고 십만양병설을 주장하다가 소인들의 반격으로 쫓겨나 임진왜란이 일어나기 8년 전에 서거했지만, 그의 예지력은 사후에도 빛을 발해 끝내 조선의 명맥을 유지하도록 만들었다. 야인(野人)이 된 후 임진강 연안에 화석정(花石亭)이라는 정자를 지어놓고 마루바닥에 기름이 완전히 배어들도록 기름칠을 하고 걸레로 문지르라고 당부하고는 임종 시 조정 대신 중의 한 사람에게 봉서를 남겼다. 그로부터 8년 뒤 임진왜란이 일어나 선조가 의주로 몽진을 가게 되었는데 임진강변에 이르러 비바람 때문에 불을 밝힐 수도 없었고 나루터를 찾을 수도 없었다. 그때 율곡 선생의 유서를 떠올린 대신이 봉서를 열었다. '화석정에 불을 질러 길을 밝히시오.' 일행은 율곡의 유언을 좇아 화석정에 불을 질러 길을 밝힘으로써 나라의 명맥을 유지할 수 있었다. 누가 감히 율곡의 학문을 비(非)학문이라 말할 수 있겠는가?

탄허의 한국학을 논함에 있어서도 역학(易學)에 기초한 그의 미래적 비전을 빼놓을 수 없다. 탄허는 천지개벽의 도수(度數)에 따른 지구 대변혁과 일본열도 침몰, 그리고 간방(艮方)인 한반도의 미래와 국제정세를 정확하게 예측한 것으로 유명하다. 6·25 직전 양산 통도사로 남하했던 것, 울진·삼척 지방에 무장공비가 몰려들기 직전『화엄경』의 번역 원고를 월정사에서 영은사로 옮긴 것, 베트남 전쟁에서 미국의 패전을 예견한 것 등은 그의 예지력이 적중한 사례다. 특히 그는 후천세계에 간태합덕(艮兌合德)의 새 세상이 열려 우리나라가 세계의 중심으로 우뚝 서게 될 것이라고 내다 보았다. 그는 중생고의 해결을 위한 정치적 멘토 역할도 마다하지 않았다. "최고의 지도자가 소인일 때는 그에 따라 10%의 극악질(아주 악질형) 관리가 등용되어, 10%의 극선질(아주 선한 부류)은 모두 암혈(巖穴)에 숨을 수밖에 없어 백성은 도탄에 빠지게 된다"고 경고하기도 했다.

이론을 위한 이론이 판을 치고 생명윤리와 생명 가치가 실종된 빈자리에 악이 독버섯처럼 피어나는 우주사적 대변환기에, 탄허는 삼교회통(三教會通)·선교합일(禪教合一)에 기반한 원융회통(圓融會通) 사상과 예지력으로 한반도 통일에 대한 예단과 함께 우리나라가 세계사의 주역으로 부상하게 될 것임을 김일부의『정역(正易)』을 중심으로 설파했다. 우리나라가 위치한 간방(艮方)에 간도수(艮度數:『주역』에서 인간과 자연과 문명의 추수 정신을 말함)가 접합됨으로써 어두운 역사는 끝을 맺게 되고 새로운 역사가 시작될 수밖에 없으며, 인류 역사의 시종(始終)이 지구의 주축(主軸) 부분에 위치한 우리 땅에서 이루어지게 될 것임을 예견하였다. 간방의 소남인 우리나라에 이미 간도수가 와 있기 때문에 전 세계의 문제가 우리나라를 중심으로 시작하고 끝을 맺게 되리라고 보는 것이다.[209]

한반도 통일문제는 오늘날 국제정치의 가장 큰 쟁점이며 한반도 문제 해결이 곧 세계 문제 해결로 직결됨을 알아야 한다고 탄허는 강조한다. 남북분단, 경제적 양극화, 세대 간 갈등 및 가치관의 충돌 등 수많은 문제가 산적해 있긴 하지만 우리나라에는 서광이 비치고 있으며 우리 민족의 불행한 역사는 머지않아 종결될 것이라고 했다. 일제의 식민지 통치가 일시적 현상으로 끝났듯이 남북분단 문제 또한 그러할 것이며, 결국 머지않아 통일을 위한 우리의 모든 노력에 하늘의 섭리가 필연적으로 작용하게 된다는 것이다. 8·15 광복은 미국의 힘이 크게 작용했는데 우주의 원리에서 본다면 미국은 소녀이자 부인으로 풀이되므로 미국이 우리나라에 도움을 준 것은 마치 아내가 남편을 내조하는 것과 같아 결과적으로 남편의 성공을 드러내게 된 것이며, 앞으로도 양국 간의 관계는 그렇게 전개되리라고 보는 것이다.[210]*

> 우리나라는 간방에 위치해 있으며, 지금은 결실의 시대로 진입해 있다. 결실을 맺으려면 꽃잎이 져야 하고, 꽃잎이 지려면 금풍(金風: 여름의 꽃이 피어서 열매를 맺게 하려면 가을의 차가운 기운이 있어야 한다. 가을은 '금' 기운의 상징이고 방위는 서쪽임)이 불어야 한다. 이때 금풍이란 서방(西方) 바람을 말하는데, 이 바람은 우리나라에 불기 시작한 미국 바람이다. 금풍인 미국 바람이 불어야만 꽃잎이 떨어지고 열매가 맺는 가을철인 결실의 시대를 맞이할 수 있다. 이것은 우리나라가 미국의 도움으로 인류사의 열매를 맺고 세계사의 새로운 시작을 열게 된다는 것을 의미한다.[211]

또한 탄허는 우리나라 주변국의 관계에도 음양의 이치가 작용한다고 보았다. 『주역』에서 중국은 진방(震方)이며 장남인데, 소녀인 미국과 장남인 중국은 후천(後天)의 원리에 의해서 한동안은 관계가 지속되겠지만 그리 오래

---

* 역학에서 소남(小男)과 소녀(小女), 장남(長男)과 장녀(長女), 중남(中男)과 중녀(中女)는 서로 음양(陰陽)으로 천생연분의 배합이다.

가지는 못한다고 보았다.[212] 중국은 2010년 명목 GDP에서 일본을 추월하고 미국에 이어 2위가 됨으로써 G2 시대를 열었으나 최근 미·중 전략경쟁이 본격화되면서 양국 관계는 이미 돌아올 수 없는 다리를 건넌 것으로 보인다. 탄허는 동양의 중심인 진방(震方) 중국이 성숙하여 서양의 중심인 태방(兌方) 미국과 맞대응하는 위치가 될 때 선천역학(先天易學)인 문왕팔괘도는 완성되고 마무리된다고 보았다. 그리하여 정역팔괘도가 시작되는데, 그때는 〈그림 5.3〉에서 보듯이 진방(震方)이 물러나고 간방(艮方)인 우리나라가 그 자리에 들어서게 되므로 중국을 대신하여 동서가 융합하는 간태합덕(艮兌合德)의 시대가 열리는 것이다. 최근의 미·중 관계는 문왕팔괘도가 마무리되는 단계를 반영한 것으로 보인다.

역학적으로 보면 구소련(지금의 러시아)은 감방(坎方)이며 중남(中男)이다. 장남인 중국과 중남인 구소련은 같은 양(陽)이므로 조화를 이루지 못하고 대립할 수밖에 없으며, 따라서 중·소 전쟁이 일어날 가능성이 상당히 높다고 탄허는 보았다. 이러한 원리는 구소련과 월남(베트남)의 관계, 미국과 월남의 관계에도 적용된다. 월남의 공산화 이후 월맹과 월남 모두 중국보다는 소련과 훨씬 더 우호적인 관계를 유지하였던 것은 월남이 '중녀'로서 중남인 구소련과 음양의 조화를 이루었기 때문이다. 한편 미국과 월남전에 대해 탄허는 역학의 원리로 볼 때 미국이 베트남 전쟁에 개입하면 실패할 수밖에 없다고 보았다. 역학의 오행으로 보더라도 월맹은 '이방(离方)'으로 '화(火)'로 풀이되는 반면, 미국은 '태방(兌方)'으로 '금(金)'이어서 '금'이 불(火)에 들어가면 '화극금(火克金)'의 원리에 의해 녹을 수밖에 없다는 것이다. 역학적으로 미국은 소녀(小女), 월남은 중녀(中女)이니 두 나라가 음(陰)이어서 서로 조화를 이룰 수 없다는 것이다.[213]

한편 탄허는 북빙하(北氷河)의 해빙으로부터 정역(正易) 시대가 시작된다고 보는데, 그것은 '이천칠지(二天七地)'의 이치 때문이라고 했다. 역학(易學)의 '이천칠지'에 의하면 지축 속의 불기운(火氣)이 지구의 북극으로 들어가서 북극에 있는 빙산을 녹이고 있다는 것이다. 북빙하의 빙산이 녹으면 일어날 일에 대해 탄허는 다음과 같이 예견하였다. '첫째, 대양의 물이 불어서 하루에 440리의 속도로 흘러내려 일본과 아시아 국가들을 휩쓸고 해안지방이 수면에 잠기게 될 것이다. 둘째, 소규모 전쟁들이 계속 일어날 것이다. 그러나 인류를 파멸시킬 전쟁은 일어나지 않고 지진에 의한 자동적 핵폭발이 있게 되는데, 이때는 핵보유국들이 말할 수 없는 피해를 입게 될 것이다. 셋째, 비극적인 인류의 운명과 관련된 것으로, 세계 인구의 60~70퍼센트가 소멸된다. 이때는 일본 영토의 3분의 2가 침몰할 것이고, 중국 본토와 극동의 몇몇 나라들이 피해를 입게 된다. 넷째, 파멸의 시기에 우리나라는 가장 적은 피해를 입을 것이다. 그 이유는 한반도가 지구의 주축(主軸) 부분에 위치하기 때문이다. 정역 이론에 따르면 우리나라는 지구 중심 부분에 있고 간태(艮兌)가 축(軸)이 된다.'[214]

또한 탄허는 오래지 않아 우리나라에는 위대한 인물들이 나와서 분단된 조국을 통일하고 평화로운 국가를 건설할 것이며, 또한 모든 국내 문제를 해결하고 국위를 선양하며 우리의 문화가 전 세계로 전파될 것이라고 내다보았다. 순환되는 정역(正易)의 원리로 보면 간도수(艮度數)가 이미 와 있고 후천세계가 오는 후천도수(後天度數)는 사실상 시작되었다. 낮 12시가 지나면 이미 밤이 온 것인데 문밖이 밝은 낮이라고 하여 낮으로 알고 있는 것과도 같이, 이미 오래전부터 간도수가 시작되었고 후천의 세계가 눈앞에 와 있는데도 사람들은 이를 알지 못한다는 것이다. 탄허는 단제(檀帝)*의 지배 영역

---

\* 탄허는 중국이 우리나라를 소국이라고 얕잡아 보고 우리의 단제(檀帝)를 단군(檀君)이

이 전 동아시아 일대였고, 여기에서 발생한 문화가 동아시아 전체에 파급된 것이라며, 이제 다시 동아시아의 미래에 있어 우리나라의 역할이 더 강화될 것이라고 했다.

현재 한반도는 지구의 주축에 속하고, 한민족은 '간(艮)'의 시종(始終)을 주도하고, 『천부경』 사상은 새로운 세계의 근본이 된다고 할 때, 앞으로 세계의 중심은 우리나라라고 할 수 있다.[215]

전 지구적인 대환란이 예견되는 정역(正易) 시대의 도래와 함께 우리나라의 밝은 미래에 대한 탄허의 예단과 비전 제시는 단순히 대중들의 관심과 호기심을 촉발하는 것에 그치지 않았다. 대변환의 시기에 인류를 구출할 세계적인 정신문화가 간도수(艮度數)가 와 있는 우리 땅에 있음을 설파하고 우리의 자각과 세계사적 소명을 환기시킴으로써 전 지구적이고 전 인류적 차원의 큰 그림을 구상할 수 있게 해 주었다. 아울러 그는 역학(易學)의 원리에만 매달려서는 안 된다는 점을 분명히 했다. 역학의 원리를 이해한 다음에는 우리 스스로 성장하기 위해 부단히 노력해야 한다는 점을 강조했다. 동서양이 지닌 부조리한 문제들을 해결하기 위해서는 반드시 '역학적(易學的) 정치철학'이 필요하며, 『천부경』을 비롯한 동양사상을 중심으로 우리 스스로의 정신적 토양을 비옥하게 할 필요가 있다고 보았다.

그러면 탄허의 한국학에 대해 구체적으로 살펴보기로 하자. 탄허 사상의 진수(眞髓)는 삼교회통(三敎會通)·선교합일(禪敎合一)에 기반한 원융회통(圓融會

---

라고 칭호를 붙인 것이라며, 여러 역사적 기록으로 볼 때 '단제'라는 칭호가 합당하다고 했다.

通) 사상에 있다. 원융회통의 원리는 화엄의 사사무애(事事無礙) 사상에서 나온 것이다. 『화엄경』은 붓다께서 행하신 49년의 설법 중에서 가장 심오하고 위대하며 광대무변한 것으로 알려져 있다. 화엄교학의 중추를 이루는 법계연기설(法界緣起說)은 차별적인 현상계인 사법계(事法界), 평등무이(平等無二)한 본체계인 이법계(理法界), 본체와 현상[작용]이 원융한 이사무애법계(理事無礙法界), 현상계의 만유가 원융자재하고 상즉상입(相卽相入)하여 원융무애한 세계를 끝없이 연기론적으로 펼쳐 보이는 사사무애법계(事事無礙法界)의 4법계에서 살펴볼 수 있다. 탄허는 붓다의 49년 동안의 법문 가운데 가장 깊은 학설이 화엄학의 사사무애(事事無礙) 도리라고 설파했다.

미국 홍법원 10주년 기념 세계평화 고승대법회 초청법문(1982.9.15.~9.16)에서 탄허는 '사사무애' 도리를 의상(義湘)이 중(中)과 즉(卽)의 이론으로 파악한 210자 법성계(法性偈) 중에서 '일중일체다중일(一中一切多中一: 하나 속에 일체가 있고 일체 속에 하나가 있음)'과 '일즉일체다즉일(一卽一切多卽一: 하나가 곧 일체이며 일체가 곧 하나임)'의 두 가지에 대한 해석을 통해 요약하고 있다. 즉, '사사무애법계 도리는 한 등잔이 천백 등잔의 광명을 만날 때처럼 개체가 살아서 서로 장애가 되지 않고 함용(含容)하여 개체의 광명이 우주에 꽉 차는 '일중일체다중일(一中一切多中一)'의 의미와, 육지의 물이 바다의 물을 만날 때처럼 한 개체가 없어지면서 다른 개체와 하나가 되는 '일즉일체다즉일(一卽一切多卽一)'의 의미로 요약된다[216]는 것이다. 이처럼 사사무애법계 도리를 둘로 나누어 정리한 것은 이해를 돕기 위한 방편일 뿐 본질 자체가 다른 것은 아니다.

필자의 관점에서 정리하면, '일즉일체다즉일(一卽一切多卽一)'에서 '하나가 곧 일체(一卽一切)'인 것은 전일성[근원적 一者]의 자기현현(self-manifestation or self-organization)으로 만물만상이 생겨나는 까닭이다. '일체가 곧 하나(多卽一)'인 것은 만물만상이 생겨난다고 해서 근원적 일자가 사라지는 것이 아니라 만물

속에 만물의 본질로서 내재하는 까닭이다. 여기서 전일성, 즉 근원적 일자는 현대과학의 용어로 표현하면 우주만물을 잇는 에너지장(場), 즉 매트릭스(Matrix)다. 마치 무수한 파도들(부분)을 잇는 바닷물(전체)과도 같이 매트릭스는 언제 어디에나 이미 실재하며, 바로 이 에너지장(氣海 또는 파동의 대양)에 의해 우리 모두는 하나로 연결되어 있다. 물질의 외형적인 견고함은 우리의 감각기관이 진동하는 주파수를 그런 식으로 지각한 것일 뿐, 실제로는 분자, 원자, 전자, 아원자 입자들의 쉼 없는 운동이다. 이러한 물질의 공성(空性)에 대한 이해가 전제되어야 이분법에서 벗어나 통섭적 사고가 활성화될 수 있다.

이 우주는 분리 자체가 근원적으로 불가능한 거대한 파동(波動, wave)의 대양이며, 우주만물은 그 파동의 세계가 벌이는 우주적 무도(舞蹈)에 동등한 참여자로서 참여하고 있다. 일체 생명은 파동체일 뿐이다. 따라서 '일중일체다중일'과 '일즉일체다즉일'은 본질적으로 다르지 않다. '사사무애'란 태산(泰山)을 콧구멍 속으로 집어넣는다고 해서 콧구멍이 넓어지는 것도 아니고 그렇다고 태산이 축소되는 것도 아닌 것과 같은 것이다. 이러한 사사무애의 이치는 '일중일체다중일'로도 이해할 수 있을 뿐만 아니라 '일즉일체다즉일'로도 온전히 이해할 수 있다. 왜냐하면 태산과 콧구멍의 구분은 물질적인 관점일 뿐, 우주의 실체는 의식[에너지, 파동]이기 때문이다. 일체 생명이 파동체일 뿐이라는 파동과학의 관점에서 보면 태산이 곧 콧구멍이고 콧구멍이 곧 태산이기 때문이다. 수미산과 겨자씨의 관계도 이와 같아서 수미산이 겨자씨 속에 들어가는 사사무애의 도리가 성립될 수 있는 것이다.

화엄학에서는 특히 사사무애법계를 화엄무진연기(華嚴無盡緣起)라고 일컫는데, 제법상이 아무리 복잡하게 뒤얽혀 있어도 전체적으로는 조화와 균형을 유지하게 된다고 보는 것이 법계연기의 논리이다. 법계연기론은 현상과 본체, 초월과 내재, 개체와 전체가 중도 융합의 차원에서 미묘하게 조화되고 있음을 나타낸 것이다. 한국학 고유의 코드인 '일즉삼(一卽三)·삼즉일(三卽一)'[천·지·인 삼신일체]의 원리는 '생명의 공식(formula of Life)'을 나타낸 것으로 우주의 실체가 의식[에너지, 파동]이라는 사실을 바탕으로 한 것이다. 이러한 '생명의 공식'은 화엄학을 비롯한 동양학의 모태가 되었을 뿐 아니라 서양 기독교 문명의 모태가 되기도 한 것이다.

본 절에서 탄허의 한국학이 운위되는 것은 유·불·선(儒佛仙) 삼교회통(三敎會通)에 기반한 그의 원융회통(圓融會通) 사상이 한국학 고유의 코드에 부합하는 통섭적 사유체계에 입각하여 역사문화적 맥락에서 우리 천부(天符) 코드의 미래적 함의의 중요성을 설파하고 있기 때문이다. 아울러 한반도 통일에 대한 예단과 함께 한반도 문제 해결이 곧 세계 문제 해결로 직결될 것이며 우리나라가 세계사의 주역으로 부상하게 될 것과 인류를 구출할 세계적인 정신문화가 우리 땅에 있음을 『정역(正易)』을 중심으로 설파하고 우리나라의 미래적 비전을 제시함으로써 우리의 자각과 세계사적 소명을 일깨우고 있다는 점에서이다.

미국 홍법원 초청법문(1982)에서 탄허는 유·불·선 삼교회통 사상을 다음과 같이 정리하였다. 일찍이 배달국 신시시대와 고조선 이래 유·불·선 삼교를 포함하는 우리의 고유한 풍류(風流, 玄妙之道)라는 것이 있어 백성을 교화하였다는 것은 앞서 살펴본 바이다.

우주 삼라만상을 돌이켜보면 이 차별은 어떻게 정리할 수도 없고 셀 수도 없지만, 허공 자리에 앉아서 보면 이 우주 삼라만상이 한 덩어리가 되고 맙니다. 육지에 앉아서 보면 백천 중류의 흘러가는 이 물이 수가 없이 한정이 없지만 바다에 앉아서 보면 한 덩어리가 되고 맙니다. 팔만대장경 교리로 보면 그 학설이 한

정이 없지만 원교(圓敎), 즉 화엄학(華嚴學)에 앉아서 보면 한 덩어리가 되고 맙니다. 그렇기 때문에 한 덩어리가 되는 그 자리를 동양사상에 있어서 유불선 삼교의 표현이 불교는 '만법귀일(萬法歸一)'이라 하여 '우주 만법은 하나로 돌아간다'하고, 유교는 '정일집중(精一執中)'이라 하여 '정미롭고 한결같이 해서 중도를 잡는다'하고, 도교는 '득일만사필(得一萬事畢)'이라 하여 '하나를 얻으면 만사는 다 끝난다'라고 했습니다.

그렇기 때문에 학술적으로 보면 수천만 권의 학설이 벌어져 있지만 그 내용을 간추려보면 심성(心性), 즉 마음 심(心)과 성품 성(性)의 두 자를 가지고 이야기한 것에 불과합니다. 그래서 불교에서는 '명심견성(明心見性)', 즉 '마음을 밝혀서 성(性)을 본다'고 한 것입니다. 마음이라면 총체적 명사이고, 성이라고 하면 마음의 본체를 말하는 것입니다. 유교에서는 '존심양성(存心養性)', 즉 '마음을 두어서 성을 기른다'고 하고, 도교에서는 '수심연성(修心練性)', 즉 '마음을 닦아서 성을 단련한다'고 한 것입니다. '심성' 두 글자를 이야기한 것은 유불선이 같지만, 유교에서는 존양(存養: 둘 存, 기를 養), 도교에서는 수련(修練: 닦을 修, 단련할 練), 불교에서는 명견(明見: 밝을 明, 볼 見)이라 한 것인데, 존양과 수련과 명견이라는 그 술어에서 벌써 유불선의 심천(深淺)은 드러나는 것입니다.

그렇기 때문에 옛사람이 총체적으로 비판하며 평을 하기를, '유식근(儒植根)'하고, 즉 유교가 나무뿌리를 심는 것이라면, '도배근(道培根)'하고, 즉 도교는 나무뿌리를 북돋는 것이며, '석발근(釋拔根)'이라, 즉 불교는 나무뿌리를 뽑아버리는 것이다. 그러면 순서가 나무뿌리를 심은 뒤에 북돋는 것입니다. 만일 뿌리를 뽑아버린다 하면 심는 것과 북돋는 것이 끊어져버리는 것입니다.[217]

요약하면, 근원적 일자(一[一心], 性[참본성])의 자리를 불교는 '만법귀일(萬法歸一)', 유교는 '정일집중(精一執中)', 도교는 '득일만사필(得一萬事畢)'이라 하였는데, 이는 모두 심성(心性)을 말한 것으로 불교에서는 '명심견성(明心見性)', 유교에서는 '존심양성(存心養性)', 도교에서는 '수심연성(修心練性)'이라 하여 각각 명견(明見), 존양(存養), 수련(修練)을 강조하였다. 옛사람이 삼교를 총체적으로 비판하며 평을 하기를, '유식근(儒植根)'하고, '도배근(道培根)'하고, '석발근(釋拔根)'이라 하였으니 만일 뿌리를 뽑아버리면 심는 것과 북돋는 것이 끊어져 버리는 것이므로 삼교 모두 심성(心性)을 말하지만 삼교 간의 심천(深淺)이 없는 것은 아니라는 뜻으로 불교의 깊이를 나타낸 말이다.

유·불·선 삼교회통이 이루어지는 것은 일심(一心, 根本智)의 통섭적 기능에 의해서이다. 말하자면 삼교회통의 메커니즘은 일심이다. 마음이라는 거울이 깨져 있으면[分別智] 거기에 비치는 만물만상도 다 파편화된 것으로 보이기 마련이다. 일심은 곧 마음의 본체(心體)를 말하는 것이고 이는 곧 '성(性, 참본성)'이다. 한국학 고유의 코드인 천·지·인 삼신일체['일즉삼·삼즉일']의 메커니즘 역시 일심이다. 우주만물이 하나의 에너지장(場)에 의해 연결되어 있음을 아는 것은 일심의 통섭적 기능에 의해서이다. 복본(復本: 참본성의 회복)이 중요한 것은 이 때문이다. 『대승기신론(大乘起信論)』의 논지가 주로 일심에 대한 해명을 목적으로 진여문(眞如門)과 생멸문(生滅門)의 이문(二門)을 설정하고 이 일심이문(一心二門)으로 여래(如來)의 근본 뜻을 해석하고 신심을 일으켜 수행하게 하는 것은 일심법(一心法)에 의거하는 이 이문(二門)이 모든 법(法)을 총괄하는 까닭이다.

『금강삼매경론(金剛三昧經論)』에서도 이 이문(二門)은 그 체가 둘이 아니므로 모두 '일심법'이라고 하고,[218] 중생심(衆生心)이 본래 '공적지심(空寂之心)'이나 망념이 동(動)하여 무시(無始)이래로 유전(流轉)하는 바 수습(修習)하여 본래의 공심(空心)을 얻기 위하여서는 "진여문에 의하여 지행(止行)을 닦고 생멸문에 의하여 관행(觀行)을 일으키어 지(止)와 관(觀)을 동시에 닦아 나가야 한다"[219]

고 했다. 이 이문(二門)이 그 체가 둘이 아닌 것은—다시 말해 심체무이(心體無二)인 것은—진여(眞如: 맑고 깨끗하며 고요한 마음의 본바탕)가 선(善)과 불선(不善)의 원인이 되고 또 연(緣)과 결합하여 모든 법(法)을 변질시키지만 항상 그 진성(眞性)은 파괴되지 않는 까닭에 생멸문 가운데에도 역시 진여(眞如)가 포괄되며,[220] 진여문 가운데에도 생멸(生滅)이 가능태로 잠재해 있기 때문이다.

따라서 진여와 생멸은 마음의 본체와 작용, 내재와 초월, 이(理)와 사(事), 일(一)과 삼(三 즉 天地人, 多)의 관계로서 분리될 수 없는 하나다. 이는 법신과 화신, 성부와 성자, 신령(神靈)과 기화(氣化), 이(理)와 기(氣), 실체와 양태의 관계와도 같은 것이다. 진여는 천지만물이 생겨나기 전에도 있었던, 시작도 끝도 없는 영원 그 자체로서 상수(象數)로는 일(一)이며, 흔히 천(天)·신(神)·영(靈) 등으로 부르기도 한다. 우주의 실체는 의식이므로 생명의 본체를 지칭하는 천·신·영은 일심[天心]·신성(神性, 참본성)·영성(靈性)·보편의식·근원의식·순수의식·전체의식·우주의식 등으로도 일컬어진다. 마음의 본체는 둘이 아니므로 하늘을 의인화하여 '한 분 하느님' 또는 유일신이라 한 것이다.

우주의 본질인 생명[天·神·靈]이 만물에 배분된 것이 '성[性, 참본성]'이고 '하늘이 명한 것이 성(天命之謂性)'이므로 천(天)과 신(神)과 성(性)은 하나다. 말하자면 우주만물의 참본성[性]이 곧 하늘이며 신이라는 말이다. 따라서 '성' 자리에서 보면 유·불·선 삼교가 하나로 회통되는 것이다. 탄허는 성(性)과 정(情)을 마음의 본체와 작용의 관계로 나타내고 있다.

심(心)이라고 하면, 성(性)과 정(情)을 합한 명사입니다. '성'이라는 것은 나의 한 생각이 일어나기 전, 즉 우주가 분화되기 전을 말합니다. 우리의 한 생각이 일어나기 전이나 몸이 나기 전이나 우주가 생기기 전이나 똑같은 것입니다. 마음의 본체를 '성'이라고 할 때 중생이나 부처님이나 성인이나 범부나 똑같다는 말은,

'성' 자리를 가지고 하는 말이지 그냥 덮어놓고 똑같다고 하는 것은 아닙니다.

'성'이 마음의 본체라면 '정'은 같은 마음에서 일어나는 작용입니다. 마음에서 일어나는 작용으로 말하자면 한이 없지만, 철학적으로 그것을 구별한다면 희로애락애오욕(喜怒哀樂愛惡慾)의 칠정(七情)이 됩니다. 그러나 '성'은 칠정이 일어나기 전 면목이며, 본래 언어·문자로 표현할 수 없는 것이지만, 굳이 말한다면, 강령(綱領)의 큰 것으로 불교에서는 사덕(四德)이라고 합니다. 부처님 마음자리에 갖춘 사덕, 즉 진상(眞常)·진락(眞樂)·진아(眞我)·진정(眞淨), 유교에서는 그것을 인의예지(仁義禮智)라고 하는데 범부와 소승은 이 사덕을 거꾸로 봅니다.[221]

'성(性)'과 '정(情)'은 진여(眞如)와 생멸(生滅)의 관계와 마찬가지로 마음의 본체와 작용의 관계를 설명하기 위해 이분법의 도구를 사용한 것일 뿐, 마음의 본체는 둘이 아니므로 '성'과 '정'은 분리될 수 없다. 다시 말해 '성' 가운데에도 '정'이 가능태로 잠재해 있고, '정' 가운데에도 '성'의 진성(眞性)은 파괴되지 않고 포괄되기 때문이다. '정' 가운데에도 '성'의 진성(眞性)이 파괴되지 않는 것은 마치 먹장구름이 푸른 하늘을 물들일 수 없는 것과도 같은 것이다. 부처나 중생이나 성인이나 범부나 삼라만상이 다 똑같은 것이 '이통(理通: 理의 보편성)'이고, 다 다른 것이 '기국(氣局: 氣의 局限性)'이다. '이'의 통함과 '기'의 국한됨이 묘합 구조를 이룬 것이 '이통기국(理通氣局)'이다. 이에 대해서는 이율곡의 '이통기국설(理通氣局說)'에서 고찰했듯이 이(理)는 무형이므로 언제 어디에서든 통하고, 기(氣)는 유형이므로 언제 어디에서든 국한되기 때문이다.

'진리불립문자(眞理不立文字)'라는 말이 있듯이 진리는 언어의 영역을 초월해 있는 까닭에 우리가 살고 있는 상대계―상하(上下), 전후(前後), 고저(高低), 장단(長短)과 같이 이분법을 기반으로 한―의 말이나 문자로 정확하게 나타낼 수가 없다. 그럼에도 뜻을 전하기 위하여 부득이 방편으로 문자를 사용하지만, 문자에 얽매이는 순간 진의(眞意)를 놓치기 십상이다. 그런 까닭에 탄허는 화엄교학의 사사무애 도리를 깨닫고 나면 선학(禪學)의 정점인 임제(臨濟) 제1구(第一句)로 '향상일로(向上一路)'하라고 한 것이다. 미국 홍법원 초청 법문(1982)에서 탄허는 이렇게 설파했다.

> 만일 선문(禪門)에 이것(화엄의 사사무애 도리)을 비유하면 임제(臨濟) 3구 법문에서 제3구에 불과하다는 것입니다.…사사무애 도리가 그렇게 49년 설법의 대단한 법문이지만 임제 3구에 비할 것 같으면 제3구에 불과합니다. 제3구는 '자구(自救)도 불요(不了)'라고 하는 거예요. 제3구에서 만일 깨닫는다 하면 제 몸뚱이 구원도 마치지 못합니다. 제 몸뚱이 구원도 못하는 놈이 어떻게 중생을 제도하겠느냐 이것입니다.…그것은 팔만대장경 교리를 아무리 횡야설 수야설 해봤자 거기에 붙지 못하는 소식이올시다. 그것을 임제의 제1구 법문이라고 그러는 거예요. 그러면 임제의 제1구 법문은 본래 물을 수도 없고 답할 수도 없는 본래 문답이 끊어졌다는 경계올시다. 그러므로 이 본래 문답이 끊어진 제1구 소식에서 깨닫는다면 '감여불조위사(堪與佛祖爲師)'라 인간 천상의 선생은 물론이려니와 부처님과 조사의 선생이 될 수 있다는 것입니다.[222]

위 인용문은 조선 후기 승려 백파긍선(白坡亘璇, 1767~1852)의 『선문수경(禪文手鏡)』에 수록된 '향하신훈삼선(向下新薰三禪)'에 나오는 내용이다. "만약 제1구 도리를 깨달으면 부처와 조사(祖師)의 스승이 될 만하다(若第一句薦得 堪與佛祖爲師)"는 것은 조사선(祖師禪)의 근기를 말한 것이고, "제2구 도리를 깨달으면 감히 인간세계와 천상세계의 스승이 될 만하다(第二句薦得 堪與人天爲師)"는 것은 여래선(如來禪)의 근기를 말한 것이며, "제3구 도리를 깨달으면 자신도 구제하지 못한다(第三句薦得 自救不了)"는 것은 의리선(義理禪)의 근기를 말한 것이다.

끝으로 탄허는 '영위계구(寧爲鷄口)언정 무위우후(無爲牛後)라', 즉 "차라리 닭의 주둥이가 될지언정 소의 궁둥이는 되지 말아라"라는 옛사람의 말을 인용하여, 제3구 법문인 화엄의 사사무애 도리에 집착하는 것은 소의 궁둥이가 되는 것이고, 본래 문답이 끊어진 임제 제1구 도리를 증득하는 것은 닭의 주둥이가 되는 것으로 비유했다. 하여 49년 동안 붓다의 모든 설법인 제2구나 제3구는 유치원 학생을 위한 것이고 사실은 본래 임제의 제1구 도리를 우리에게 전해주자는 것이 붓다의 근본 사상임을 분명히 밝혔다.[223] 결론적으로 탄허의 원융회통(圓融會通) 사상의 진수(眞髓)는 화엄교학의 바탕 위에서 본래 문답이 끊어진 임제 제1구 도리를 천득(薦得)하는 데 있는 것으로 요약될 수 있다.

한국학 고유의 코드인 '일즉삼·삼즉일'[천·지·인 삼신일체]의 원리 또한 그 속에 함축된 방대한 우주의 설계도를 온전히 이해하려면 제1구 도리를 깨달을 수 있는 조사선(祖師禪)의 근기가 되어야 한다. 우리 고유의 경전에서 천·지·인 삼신일체의 천도(天道)가 인간 존재 속에 구현되는 '인중천지일(人中天地一)'의 경계를 강조한 것, 만유에 편재해 있는 하나인 진성(眞性, 참본성)을 통하면 태양과도 같이 광명하게 되는 '성통광명(性通光明)'의 경계를 강조한 것, 그리고 우리나라가 9천 년 이상 전부터 홍익인간·재세이화의 이상을 함축한 '천부중일(天符中一)'을 국시(國是)로 삼은 것 등은 선(仙)과 선(禪)과 역(易)의 시원이 우리 동방임을 알 수 있게 한다.

느낌을 그치고(止感) 호흡을 고르며(調息) 부딪침*을 금하여(禁觸) 오직 한뜻

---

* 부딪침(觸)에는 신체의 다섯 감각 기관(眼·耳·鼻·舌·身)을 통한 부딪침(聲·色·臭·味·淫)과 의식[意, 마음]의 작용을 통한 부딪침(抵)을 포괄한 것이다. 붓다께서는 "모든 것은 눈과 빛, 귀와 소리, 코와 냄새, 혀와 맛, 몸과 촉감, 마음[意, 의식]과 법이라는 열두 가지 속에 있을 뿐"이라고 했다.

으로 이 우주가 '한생명'이라는 삼일(三一)의 진리를 닦아 나가면, 삼진(三眞: 眞性·眞命·眞精) 즉 근본지(根本智)로 돌아가게 된다. 이는 곧 삼신일체·삼진귀일(三眞歸一)로서 성통광명·재세이화·홍익인간의 원리가 구현됨을 뜻한다. 정역팔괘의 한국학과 탄허의 한국학은 선(仙)과 선(禪)과 역(易)이 용해된 한국학 고유의 코드를 바탕으로 후천 곤도수(坤度數)에 조응하는 지천태괘의 후천문명이 우리나라를 중심으로 열릴 것임을 예단했다. 탄허는 인류를 구출할 세계적인 정신문화가 우리 땅에 있다고 했다. 오늘날의 한류 현상은 시작일 뿐이다. 우리 한민족 정신세계의 총화라 할 만한 것에 대해 우리는 얼마나 알고 있으며, 또한 생명학과 통섭학의 효시(曉示)로서의 한국학이란 것에 대해 우리는 얼마나 이해하고 있는가? 『중용』 2장에서는 "군자가 중용을 이룸은 때에 맞게 하기 때문이다(君子之中庸也 君子而時中)"라고 했다. 과연 우리는 때에 맞게 준비가 되고 있는가?

# 06

## 한국학 코드의 전파와
## 동·서융합 비전

● 한국학 코드의 일본열도 전파와 한일관계사의 진실

● 한국학 코드의 세계화 및 영향

● 한국학 코드의 서구적 변용과 동·서융합 비전

일본은 정치권력이 완전히 정립되기 전부터 우리 한인들에 의해 개척되고 고대국가의 기초가 형성되고 그 체계가 확립되었던 까닭에 우리의 선진문명과 선진기술에 힘입은 것은 물론이고 우리 한민족 정신세계의 총화가 투영된 것으로 볼 수 있다. 일본 궁내성에 신라·가야계의 소노카미(園神) 1좌(座)와 백제계의 가라카미(韓神) 2좌를 사당에 모셔 놓고 제사를 지냈다는 것은 일본 왕가 혈통의 연원을 말해주는 가장 확실한 증거다. 한국 경제와 해양안보의 생명선은 북극항로와 인도양까지 확장되었으며 인도-태평양 지역의 평화와 안정이 우리나라의 생존과 번영에 직결된다. 장보고는 한국학 고유의 코드를 각지에 전파한 당시 동아시아 최고의 한류 스타였다. '한류고속도로(Korean Wave Expressway)' 역할을 한 장보고의 상생의 국제경영은 우리 역사상 '한국학 코드의 세계화'의 전형을 보여주는 것이다. 서양 기독교 문명의 근간이 되는 성부·성자·성령 삼위일체는 9천 년 이상 전부터 전해진 동양의 천·지·인 삼신일체의 원리와 본질적으로 상통한다. 과학과 의식(영성)의 접합을 추구하는 양자역학은 포스트 물질주의 과학에서 폭넓은 호응을 얻고 있으며 동·서융합의 구체적 비전을 제시한다.

- 본문 중에서

## 06 한국학 코드의 전파와 동·서융합 비전

신은 만물이 존재하는 원인이고, 궁극적인 인식의 원리이며, 인생의 규범이 되
는 목표다.
…in Him are to be found the cause of existence, the ultimate reason for
understanding, and the end in reference to which the whole life is to be
regulated.

- Saint Augustine, *The City of God*, Book VIII, 4.


## 한국학 코드의 일본열도 전파와 한일관계사의 진실

고대 일본의 역사는 고대 우리나라가 일본 왕조의 발상지이며 일본 민족
의 시원이라는 말로 압축될 수 있다. 일본이라는 국호는 백제 멸망 후 백제
본조(本朝)의 잔여 대집단이 왜(倭)의 땅 동조(東朝: (백제의) 동쪽 조정)로 건너가서
처음 만든 것이다. 일본이라는 국호가 사용되기 전의 왜(倭) 땅에 백제의 왕
실이 가 있었다는 사실은 왜 땅에 백제의 동조(東朝)가 있었다는 『일본서기(日
本書紀)』 권26 제명(齊明) 7년(661) 여름 4월조의 기록에 의해 입증된다. 백제국
본조(本朝)가 왜(倭) 땅의 동조에 사자를 보내어 동조에 있던 백제의 태자와
구원병을 돌려보내 달라고 요청했다는 고구려 승려 도현(道顯)의 『일본세기
(日本世紀)』 기록을 『일본서기』가 인용한 것이다.

일본이라는 국호의 어원은 원래 백제를 일컫던 '구다라', 즉 큰 해(大日)라
는 뜻의 고대 한국말을 한자로 옮긴 것이다. 『삼국사기』와 중국 25사(史) 등

에는 일본이라는 국호가 CE 670년에야 처음 생겨 671년에는 점차 주변에도 알려진 것으로 나온다. 고조선 말기 이후 여러 시기에 선진문물을 가지고 우리나라에서 왜(倭) 땅으로 건너간 한인(韓人)들―일인(日人)들은 이들을 도래인(渡來人)이라 불렀다―이 왜(倭) 토착 사회에 큰 영향과 변동을 가져와 국가형성의 담당자 역할을 하고 정치적 지배집단을 형성했다는 것은 잘 알려진 사실이다.

오늘날까지도 일본 왕가(王家)의 즉위식에서 천부인(天符印) 3종(種), 즉 청동검·청동거울·곡옥(曲玉)의 세 가지―일인들은 이를 '3종(種) 신기(神器)'라 부른다―를 물려받음으로써 왕권 계승을 공식화한다는 것은 놀라울 따름이다. 이 천부인(天符印) 3종은 제왕의 권위를 상징하는 것이다. 단군왕검 역시 환웅 때부터 전해온 표징[信標]인 천부인 3종을 이어받고 왕으로 세워져 고조선을 개국하였다. 곡옥은 그 굽은 형태가 태아와 닮았다고 해서 생명의 씨앗 등의 의미가 함축된 것으로 보기도 한다. 역대 왕들의 왕관이나 장식품 등에 달린 곡옥은 환단(桓檀)시대로부터 전승되어 온 것으로 역대 왕실의 상징이었다.

이 '3종 신기(神器)'의 실물이 공개된 적은 없고 상자에 봉인된 형태로 전해져 온 것이라고 한다. 2019년 아키히토(明仁) 일왕 퇴위식에서 일본 왕실을 상징하는 '3종 신기(神器)' 반환 의식이 사진으로 공개되었다. 일본 『고사기(古事記)』와 『일본서기(日本書紀)』에 따르면 이 '3종 신기(神器)'는 건국의 여신 아마테라스 오미카미(天照大神)가 전해준 것으로 일본 왕가(王家)에 대대로 계승돼 온다고 한다. 아마테라스 오미카미는 마고성(麻姑城)의 '마고(麻姑)'에서 유래한 것이다. 고대 우리나라가 일본 왕조의 발상지이며 일본 민족의 시원이라는 사실이 이 '3종 신기(神器)'에서도 드러난다. 이러한 두 나라의 역사적 내력을 알고 보면 놀랄 일도 아니다.

제1대 실존 왜왕(390) 오진(應神)은 우리와 같은 한민족 혈맥이다. 재야사학자 김성호는 그의 저서 『비류백제와 일본의 국가기원』(1982)에서 비류백제는 건국 초기에 없어진 것이 아니라 웅진으로 옮겨가서 396년 광개토대왕에 의해 멸망할 때까지 413년간 계속 이어졌으며, 비류백제에서 진정(眞淨)이 일본열도로 들어가 야마토왜(大和倭)를 세워 왜왕 오진(應神)이 됐다고 주장했다.[1] 한편 『백제에서 건너간 일본 천황』(2002)의 저자 이시와타리 신이치로(石渡信一郎)는 오진(應神)이 백제 제21대 개로왕(蓋鹵王, 재위 455~475)의 아우인 백제 왕자 곤지(昆支)라고 주장했다. 곤지는 백제의 왕족으로 아버지는 비유왕(毗有王), 형은 개로왕, 동생은 문주왕(文周王)이며, 백제의 중흥을 이룬 동성왕(東城王)과 무령왕(武寧王)의 아버지이다.

이시와타리는 『일본서기(日本書紀)』의 「유우랴쿠기(雄略紀)」 5년(461)조 기사를 인용하여 461년에 군군(軍君: 곤지)이 일본에 파견되었으며, 『백제신찬(百濟新撰)』에도 "신축년에 개로왕이 동생 곤지군(君)을 파견하여 야마토로 보내어 천황을 섬기게 하였다. 개로왕이 일본과 수교하기 위해서이다"라고 기록되어 있다는 것이다. '군군(軍君)'은 '건길지(鞬吉支=王)'와 같은 뜻이므로 "『일본서기』에 곤지가 '군군(軍君)'이라고 쓰여 있는 것은 곤지가 대왕·국왕이었기 때문이라고밖에 생각할 수 없다"[2]고 하였다. 『주서(周書)』 권49, 「열전(列傳)」 제41, 백제전에는 백성들이 왕을 건길지(鞬吉支)라고 불렀으며 건길지는 중국어의 '왕(王)'에 해당한다고 기록되어 있다.[3] 이시와타리는 "곤지가 백제왕이 되지 않았던 것은 확실하기 때문에 곤지가 왕위에 오른 나라는 왜국(倭國) 왕 이외에는 생각할 수 없다. 따라서 477년에 백제에서 곤지가 사망했다는 『삼국사기』의 기사는 사실성이 없고, 5세기 후반에 도래하여 왜국의 대왕이 된 백제의 왕자 곤지는 연대로 보아 콘다산 고분(오진(應神)의 陵)의 피장자로 볼 수 있다"[4]고 했다.

오진(應神)이 비류백제계인지, 혹은 곤지인지는 단언하기 어렵지만, 그 혈맥이 한국태생이라는 것은 확실한 것으로 보인다. 일본의 다니가와 겐이치(谷川健一)는 일본 왕가의 제1대 진무(神武)부터 제14대 주아이(仲哀)까지는 모두 가공의 인물이고 제15대 오진(應神)이 제1대 실존 왜왕이며 그 혈맥은 한국태생이라고 밝혔다. 메이지 왕의 이름인 메이지(明治)는 광개토대왕의 손자이자 장수왕(長壽王)의 아들인 21대 문자왕(文咨王)의 연호를 그대로 따온 것이다. 2001년 아키히토(明仁) 일왕은 50대 일왕 간무(桓武) 생모가 백제 무령왕의 후손임을 공식 언급했다. 히로히토(裕仁), 아키히토(明仁), 나루히토(德仁) 일왕의 '인(仁)', 제사장이나 왕을 호칭하는 수메르어 '인(En)' 또는 '엔(En)'은 모두 환인(桓仁)의 '인(仁)'으로부터 유래한 것이다. 환국(桓國)에서는 무리의 우두머리인 감군(監群)을 인(仁)이라 했는데, "인(仁)이란 임(任)을 이르는 말이니 널리 사람을 이롭게 구제하고 세상을 이치대로 밝히는 일을 맡으려면 반드시 어질어야 하는 것이다"[5]라고 기록되어 있다.

  한편 일본 사학계에서는 일본 왕가의 왕권을 정당화하기 위해 만들어진 『일본서기』의 기록과 변조된 광개토대왕릉 비문 등을 유력한 증거 자료로 삼아 임나일본부설(任那日本府說)을 주장하여 오랫동안 논란이 되어 왔다. 일본 역사교과서에는'일본 최초의 통일국가인 야마토(大和)정권이 4세기 후반에 한반도에 진출해서 6세기 중엽까지 임나일본부(任那日本府)라는 관청을 설치하고 약 200년간 남한을 지배했다'고 기술하고 있다. 『일본서기』「오진기(應神記)」28년 6월 조에 고구려 장수왕이 일본에 보낸 국서에 '고구려왕이 왜왕에게 교(敎)한다'고 써 보낸 사례를 보더라도 당시에 임나일본부를 설치하고 남한을 지배, 통치했다는 주장은 현실성이 없다. 『남제서(南齊書)』「백제국전(百濟國傳)」의 기록에도 당시 백제가 다섯 개의 속국을 거느리고 있었음을 밝히고 있으며 일본이 그중의 하나였다.

그럼에도 일인들은 한국이나 중국의 문헌에는 나와 있지 않은 진고(神功)라는 여인이 남장을 하고 신라를 위시하여 한국을 정벌했다는 전설과 일본이라는 국호가 생기기 수백 년 전에 임나일본부라는 기관을 설치하고 수백 년 동안 한반도의 남부를 지배했다는 역설을 조작해 놓고서 도리어 한국의 사가(史家)가 그런 기록을 없애버렸다고 근거 없는 주장을 하고 있다. 일본이란 나라 이름이 생긴 것이 670년이고 왜국이 생긴 것이 390년(제1대 실존 왜왕 오진(應神) 1)인데 4세기 후반에 일군(日軍)이 반도 남부에 진출해서 6세기 중엽까지 임나일본부를 설치하고 가야를 지배했다느니, 신라, 고구려, 백제까지 정복했다느니 하는 역사 날조는 실상 거론될 가치조차 없는 것이다.

　『일본서기』에 나오는 진고 황후의 신라 정토설(征討說)의 요지는 대개 이러하다. 진고 황후는 재보(財寶)의 나라 신라의 정토를 결심하고, 병선(兵船)을 정비하고 연병(練兵)을 실시하고, 남장(男裝)을 한 채로 가시히노미야(橿日宮 香椎廟)를 출발했다. 병선이 신라에 다가왔을 때 신라국의 임금은 놀라서 "저것이 일본의 신병(神兵)일 것이다"라고 하고 황후의 앞에 나아가서 항복했다고 한다. 황후는 전쟁도 하지 않고 신라와 고구려, 백제 삼국을 정복하고, 신라 임금으로부터 빼앗은 재화(財貨)를 열아홉 척의 배에 싣고 돌아왔다 한다.[6]

　미국 태생으로 캘리포니아 주립대학, 하와이 주립대학 동양미술사 교수를 역임하고 한국문화의 정수(精髓)를 꿰뚫은 학자로 정평이 나 있는 존 카터 코벨(Jon Carter Covell)은—『일본서기』의 내용과는 반대로—진고 황후가 369년에 바다 건너 일본 땅을 정벌하러 기마군단을 이끌고 한반도에서 일본으로 건너갔다고 주장했다. 이는 진고 황후를 『일본서기』와 『고사기(古事記)』를 쓴 일본 사가들이 만들어낸 가공의 인물로 간주하는 국내 학자들의 주장과는 차이가 있다. 하지만 일본이 우리나라를 정복한 것이 아니라는 사실에 대해서는 완전히 일치한다. 코벨은 백제 부여 왕족 혈통의 왕녀 진고가 이끈 일단의 기마족들이 백제에서 건너와 왜(일본)를 정벌 통치하였음을 입증하는 근거로 '칠지도(七支刀: 칼의 좌우로 각각 3개씩의 칼날이 가지 모양으로 뻗어 있는 데서 붙여진 이름, 1953년 일본 국보로 지정)'를 들고 있다. 칠지도는 백제 22담로(檐魯·擔魯, 郡縣) 중 가장 큰 7담로에 하사한 것이다.

고대 일본의 역사와 문명이 시작된 나라현(奈良縣) 덴리시(天理市) 이소노카미 신궁(石上神宮)에 소장된 칠지도(七支刀)는 일인들이 주장하는 것처럼 백제왕이 왜왕에게 헌상한 것이 아니라 백제왕이 왜왕에게 하사한 것이다. '이세신궁(伊勢神宮)'은 아마테라스 오미카미가 일본 왕가에 왕권의 표징으로 내려주었다는 동경(銅鏡)이 소장된 것으로 잘 알려져 있지만, 한국·중국·일본에 수없이 많은 동경(銅鏡)과는 달리 고대 한국인들의 일본 거주지였던 아스카(飛鳥) 부근 이소노카미 신궁의 칠지도는 한국 어디서도 찾아볼 수 없는 유일한 것이다. 국립부여박물관 중앙전시실에 전시된 칠지도는 모사품이다. 칠지도에 명기된 369년이라는 연대에 일본은 한국의 속국이었기 때문에 코벨은 이 칼의 명문(銘文)이 일제의 한반도 강점 기간에 의도적으로 파괴되었을 것으로 보았다.[7]

코벨은 369년 당시 백제가 군사적으로나 정치적으로 정점에 올라 있었던 때라는 사실을 들어 '칠지도'가 일인들이 주장하는 것처럼 백제왕이 왜왕에게 헌상한 것이 될 수 없음을 분명히 했다. 백제 제13대 근초고왕(近肖古王, 재위 346~375)은 고구려가 침략해 오자 친히 고구려의 평양성까지 반격해 들어가 고구려 제16대 고국원왕(故國原王)을 전사케 할 정도로 세력이 막강했다. 반면 일본 사회는 당시 아주 미약한 집단에 지나지 않았으며 왕녀인 진고 황후와 그의 군사, 그리고 한반도에서 건너간 야심가들이 막 속국을 건설하고 있을 무렵이었으므로 백제왕이 왜왕에게 헌상할 이유가 없었다. 코벨은 "이 '칠지도'가 백제 왕세자(후에 근구수왕)가 전장에 나가 있던 부왕 근초고왕을 대신해 바다 건너 일본을 정벌하러 나선 진고 황후에게 장도를 축하하는 뜻으로 하사된 것이었거나 아니면 그로부터 3년 후인 372년 진고의 장거(壯擧)가 성공했음을 축하하는 뜻에서 내려진 선물이라고 믿는다"[8]라고 했다.

칠지도에 대해 무호 최태영(崔泰永) 선생은 "백제의 칠지도 색인 글자는 근세에 일인들이 긁어내고 개서(改書)한 흔적이 완연하다. 칠지도의 본래 명문(銘文)은 일인들의 주장처럼 백제왕이 왜왕에게 헌상한 것이 아니요, 백제왕이 왜왕에게 하사한 것이다. 그 용도는 백제가 왜의 땅에 파견한 분봉왕(分封王)이나 혹은 파견한 정벌군의 장수에게 표징으로 주어서 진두에 높이 쳐들고 진군하게 한 보검이라고 해석하는 것이 합당하다"[9]고 주장했다. 따라서 일인들이 주장하는 임나일본부라는 것은 당시 왜가 한반도 남부를 지배·통치했던 관청이 아니라 왜를 정벌한 지배자의 발상지라는 의미로 이해될 수 있을 것이다. 고고학적인 출토물이나 중국의 문헌을 보더라도 가야국이 문화·산물·기술·무기 등에 있어 일본보다 선진국이었음을 부인할 수가 없다.*

그러면 고조선 말기부터 시작된 민족대이동이 일본의 고대국가 형성과

---

* 1993년에 내한하여 '일본 속의 가야 문화'라는 주제로 강연한 바 있는 일본 사학자 다카모토(高本政俊)는 그의 『역사의 뿌리로의 여행』이란 저서에서 '옛날에 한국을 정벌하고 임나일본부라는 지금의 총독부와 같은 것을 설치하고 약 198년간 지금의 경상남도와 전라남도 일대의 식민지를 경영했다는 황국사관으로 세뇌된 학설은 슬픈 망상에 지나지 않으며 바른 논리는 아니다'라고 설파했다. 지금도 일본 각처에 수없이 널려 있는 가야계의 지명, 신사와 절의 이름, 신의 이름, 인명 등은 가야인들이 여러 차례 집단으로 일본에 건너가 문화와 기술을 전하고, 국가 및 사회 구성의 주역이 되어 일본의 고대 왕조 형성에 크게 기여했음을 증명하는 것이라고 다카모토는 역설했다.

사회 변동에 끼친 영향에 대해 고찰해 보기로 하자. 일본 학계에서는 일본에 건너온 한인(韓人)들—그들이 도래인(渡來人)이라고 부르는—이 일본의 고대국가 형성과 사회 변동에 끼친 영향을 네 단계[10]로 구분한다. 1단계(BCE 2세기~CE 3세기)는 왜(倭)에 정치권력이 완전히 정립되기 전 북큐슈(北九州)를 중심으로 고조선 문화·문명이 전파된 시기이다. 이 시기는 고조선 주민들의 민족대이동 및 왜(倭) 정착을 통해 농경문화를 중심으로 하는 대륙문화가 전해져서 왜국에 일대 변화를 가져온 야요이(彌生) 시대에 해당한다. 벼농사가 시작되고 동이나 철 등의 금속기도 사용되었다. CE 2~3세기에는 김수로왕 사망 후 가야의 왕족 및 지배집단이 대거 큐슈로 건너가 분국인 야마타이국(邪馬臺國: 초대 여왕 히미코(卑彌呼, 비미호))을 세우고 본국과 교류하며 야마토(大和) 정권이 들어서기 전까지 그곳을 지배했다.

2단계(4~5세기)는 한인(韓人) 대집단이 왜로 건너가서 한자(漢字)와 유교, 광산, 제철, 신농경, 관개, 토목 기술 등을 전해주어 왜국 사회에 커다란 변혁을 초래한 시기이다. 3세기 말~4세기 초 왜국은 야마타이국을 중심으로 한 30여 개의 연합국 시대가 끝나고, 긴키내(近畿內)의 야마토를 중심으로 일본 최초의 통일정권인 야마토(大和)정권이 수립되고 세습제가 확립되어 현재 일본 천황의 전신인 오키미(大王)가 군림하였으며 645년 다이카개신(大化改新)이 일어날 때까지 일본 영토의 대부분을 지배하게 된다. 일본 고대국가의 출발점에 해당하는 이 시기에 백제의 왕인(王仁) 박사는 백제의 선진문물을 일본에 전파하고 오진(應神) 왜왕(390)의 태자에게 글을 가르쳐 일본 고대국가의 성립과 발전에 지대한 영향을 주었다.

3단계(5~6세기)는 백제·신라·고구려의 불교 학승(學僧)과 최신 기술자, 예술가, 건축가들이 왜에 건너가 야마토 조정의 정치권력 신장과 문화발전에 중대한 영향을 주어 일본 고대국가의 기초를 형성한 시기이다. 특히 이 시기에는 불교·유교·도교 등 다양한 외래 학문과 사상이 혼융되어 국제성을 띤 아스카문화(飛鳥文化, 592~710)가 개화할 수 있는 토양이 구축되었으며, 일본 최초의 불교문화가 일본 사회에 널리 침투할 수 있는 기반이 마련되었다. 아스카 지역(현재의 나라(奈良) 지역)에서 발달한 화려한 아스카문화의 주축을 이룬 불교 사찰 건축과 불상 조각 등의 기술성과 예술성은 왜에 건너간 한인(韓人) 기술자·예술가·건축가들의 재능에 힘입은 바 크다. 아스카 불교는 주로 백제와 고구려에서 온 승려들에 의해 지원되었다. 595년 고구려 승려 혜자(惠慈)와 백제 승려 혜총(惠聰)은 일본으로 건너가 호코사(法興寺)에 머무르면서 20여 년 동안 쇼토쿠태자(聖德太子)를 가르쳤다고 전해진다.

4단계(7세기 후반)는 백제 멸망 후 백제 본조(本朝)의 잔여 대집단이 왜의 땅 동조(東朝)로 건너가서 일본 조정에 참여하고 일본 고대국가 형성의 전반에 강력하게 관여함으로써 일본 고대국가를 확립한 시기이다. 일본 고대국가 형성과정에서 고구려 망명자 집단이 신라인, 백제인과 함께 조직적으로 도쿄 등지의 광대한 지역을 개척하고 국가사회 발전 전반에 걸쳐 담당자로서 역할했다. 4세기 초에 수립된 야마토(大和)정권은 701년 반포된 다이호(大寶) 율령에 의해 율령국가로서 완성되었다. 특히 4세기 이래 야마토 왕권을 중심으로 하는 국가형성과정과 국가체제 및 제도 정비, 그리고 율령국가로의 전환과정에서 특히 우리나라(고구려·백제·신라)와의 정치적 및 사회문화적 교류가 커다란 역할을 했다. 7세기 후반 이후 율령제의 확립과정에서 야마토 조정의 정치적 수장은 덴노(천왕)로서의 법적 지위가 확립되었다. 이렇게 해서 일본이라는 국호가 670년에 처음 생겨났고, 671년에는 차츰 알려져 외교문서에도 등장했다는 사실이 『삼국사기』와 중국 25사(史) 등에 나온다.

이와 같이 왜(倭)에 정치권력이 완전히 정립되기 전부터 일본 고대국가가 형성되고 확립되는 단계에 이르기까지 고조선 붕괴 이후 민족대이동의 여파가 미친 영향은 실로 큰 것이었다. 고대 조선이 일본에 미친 영향은 단순한 도일(渡日)이나 문화교류의 정도를 넘어서 일본 왕조와 일본 민족의 시원 및 발상지가 바로 우리나라임이 드러나고 있다. 고조선이 해체된 이후 신라는 고조선의 진한(辰韓) 유민을 모체로 변한의 사로국에서 발전한 것이고, 가야는 변한 12국이 독립하면서 6가야로 재편된 것이며, 왜(倭) 또한 변한에서 발생했다. 2~3세기에 가야의 왕족 및 지배집단이 대거 왜(倭)의 큐슈(九州)로 건너가 세운 야마타이국(邪馬臺國)의 주체가 변한의 미오야마(彌烏邪馬)족이라고 보는 관점[11]도 있다. 말하자면 고령(高靈) 지역의 미오야마국이 곧 야마국(야마타이국)으로 이동한 것이라고 보는 것이다.

『삼국지(三國志)』 권30 「위서(魏書)」 왜인전(倭人傳)에는 1세기경 일본열도에 1백여 개의 소국이 난립해 있었던 것으로 기록되어 있다.[12] 이는 고조선 제후국들이 독립하면서 정치질서가 재편되는 과정에서 패배하거나 불만을 품은 삼한(마한·진한·변한)과 사국(고구려·백제·신라·가야)의 세력들이 경쟁적으로 일본열도—특히 한인(韓人)들이 일찍이 개척해 놓은 큐슈와 이즈모(出雲)—에 진출해서 그곳에 분국을 세웠기 때문인 것으로 보인다. 2~3세기에 가야의 분국인 야마타이국이 성립되면서 맹주인 야마타이국을 중심으로 30여 개 연합국으로 압축되었다.

『삼국지』 권30 「위서」 한전(韓傳)에는 비미국(卑彌國)[13]이라고 나오는데, 야마타이국의 초대 여왕 히미코(卑彌呼)와 관련이 있는 것으로 추정된다. 비미국 출신이어서 비미호(히미코)라고 이름한 것인지는 분명치 않다. 『삼국사기』 「신라본기」 아달이사금(阿達尼師今) 20년 5월조에는 "왜국의 여왕 비미호가 사신을 보내어 내빙(來聘: 예물을 가지고 조정을 방문함)하였다(倭女王卑彌乎遣使來聘)"[14]고 기록되어 있다. 『삼국지』 「위서」 왜인전(倭人傳)에도 경초(景初)

2년(238)*에 야마타이국의 비미호가 '친위왜왕(親魏倭王)'으로 책봉되었다는 기록15이 있는 것으로 보아 대내외적 지위가 공고했던 것으로 보인다. 『삼국지』 권30 「위서」 왜인전(倭人傳)에는 여왕 비미호(히미코)에 대해 이렇게 적고 있다.

> 그 나라도 본래 남자를 왕으로 삼았으나, 70~80년이 지나자 왜국에 난리가 일어나서 서로 공격하여 정벌한 지 여러 해가 되었다. 마침내 한 여자를 공동으로 추대하여 왕으로 삼았는데, 이름하여 비미호(卑彌呼)라고 한다. 귀도(鬼道)를 섬겨서, 능히 무리를 미혹하며, 나이가 이미 많았음에도 지아비가 없고, 남동생이 있어서 나라 다스리는 것을 보좌했다.
>
> 其國 本亦以男子爲王 住七八十年 倭國亂 相攻伐歷年 乃共立一女子爲王 名曰卑彌呼 事鬼道 能惑衆 年已長大 無夫壻 有男弟佐治國.16

『후한서(後漢書)』 권85 「동이열전」 왜전(倭傳)에도 이와 유사한 내용이 기록되어 있다. 여기서 귀도(鬼道)란 표현은 적절치 않으며 천도(天道)라고 해야 옳다. 따라서 귀신을 섬긴 것이 아니라 천신(天神)을 섬긴 것이다. 가야도 삼국과 마찬가지로 천·지·인 삼신일체를 근간으로 한 우리 고유의 소도의식(蘇塗儀式)을 이어받았으니, 가야의 분국인 야마타이국 역시 이를 이어받은 것으로 보인다. 천·지·인 삼신일체에 대한 이해가 없다 보니, 역사를 기록하는 사관(史官)이나 연구자들 중에는 마치 소도가 귀신(잡귀)이나 섬기는 샤머니즘의 본산인 것처럼 곡해하는 영적 무지(spiritual ignorance)를 드러내는 경우가

---

* 景初 2년(238)이 景初 3년(239)의 오류라는 설이 있기는 하지만, 『三國志』, 「魏書」 倭人傳의 기록대로 景初 2년(238)으로 하였다.

있다. 『후한서(後漢書)』권85「동이열전」한전(韓傳)에도 "여러 국읍(國邑)에는 각 한 사람이 천신(天神)께 올리는 제사를 주관하는데, 이름하여 천군(天君)이라 한다"고 하고서는, 사관이 소도문화(蘇塗文化)에 대한 이해가 없었던 탓인지 '귀신을 섬긴다(事鬼神)'고 하였다.[17]

히미코(卑彌呼)는 잡귀를 섬기는 무녀가 아니라 천신께 올리는 제사를 주관하는 천군(天君)이었다고 보는 것이 옳다. 히미코는 천군으로서 여왕으로 추대된 것이다. 게다가 30여 개 연합국의 맹주가 될 만큼 정치적 역량도 갖추었고, 위(魏)나라로부터 '친위왜왕(親魏倭王)'으로 책봉될 만큼 외교적 역량도 갖추었다. 단군조선의 천제(天祭, 祭天)의식은 하늘을 공경하고 조상을 받드는 보본사상(報本思想)의 발로였다. 만물의 근원인 하늘에 감사하고 조상의 은덕에 감사하는 마음이 깊어지면 우리 내면은 긍정과 사랑으로 가득 차게 되므로 종국에는 참본성이 열리게 되는 것이다. 따라서 천신에 제사 지내는 일은 귀신을 섬기는 일과는 무관한 것이다. 이처럼 고조선 국가사회의 중추를 이루었던 소도의식(蘇塗儀式)은 왜국(일본)에까지 이어졌다. 이처럼 일본은 정치권력이 완전히 정립되기 전부터 우리 한인들에 의해 개척되고 고대국가의 기초가 형성되고 그 체계가 확립되었던 까닭에 우리의 선진문명과 선진기술에 힘입은 것은 물론이고 우리 한민족 정신세계의 총화가 투영된 것으로 볼 수 있다.

한민족 정신세계 총화의 표징이자 통치의 근간이 되었던 천·지·인 삼신일체[一卽三·三卽一]의 원리는 광대무변(廣大無邊)한 우리 정신문화의 바탕을 이루는 것이다. 천·지·인 삼신일체가 한민족 정신세계의 총화를 표징하는 원리라고 할 수 있는 근거는 그 원리의 대표적 출처인 『천부경』·『삼일신고』·『참전계경』이 환단(桓檀)시대로부터 지금까지 전해져 오고 있거니와, '단군8조(檀君八條)'와 홍익인간의 이념과 소도문화(蘇塗文化) 그리고 경천숭조의 보본사상과 현묘지도(玄妙之道)를 기반으로 한 조의국선(皂衣國仙)의 국풍이 부여의 구서(九誓)와 삼한의 오계(孝·忠·信·勇·仁)와 고구려의 조의국선의 정신 및 다물(多勿, 恢復) 이념과 백제와 가야의 소도의식(蘇塗儀式)과 신라 화랑도의 세속오계(世俗五戒)로 이어졌음은 우리 천부(天符) 코드의 사상적 연맥이 끊이지 않았음을 말하여 준다.

또한 우리나라 정사(正史)인 『고려사(高麗史)』 권36 「세가(世家)」 제36 충혜왕(忠惠王) 후(後)5년(1344) 정월조(正月條) 기록에 당시 '고려'라는 국호가 엄연히 존재했음에도 불구하고 백성들 사이에선 환국시대 이전 '마고의 나라(麻姑之那)'를 노래로 지은 '아야요(阿也謠)'*라는 노래가 불렸다고 나와 있는 점, 그리고 임진왜란 때 일본에 잡혀간 17성씨(姓氏)가 합의해서 '옥산궁(玉山宮)'[18]이라는 단군 사당을 짓고 매년 음력 8월 15일 단군제를 지냈다는 사실로 미루어 볼 때 당시 우리나라 각지에도 단군 사당이 있었고 매년 국조(國祖)의 훈적(勳績)을 기리는 그와 같은 행사가 있었음은 쉽게 짐작할 수 있다는 점 등을 들 수 있다. 이는 천수(天數)의 이치(天數之理)에 부합하는 천부(天符) 코드가 지속적으로 전승되어 왔음을 말하여 준다.

한국인이 만들어 현재 일본 고류지에 소장된 목조미륵보살반가사유상을 두고 독일 실존주의 철학자 칼 야스퍼스(Karl Jaspers)가 인간 실존의 진정한 평화로움에 대해 언급한 것은 그것이 단순한 미학적 차원의 예술품이 아니라 그 속에 천·지·인 삼신일체의 대조화의 원리가 투영되어 흐르고 있기 때문일 것이다. 야스퍼스는 이 미륵반가사유상에 대해 "진실로 완벽한 인간 실존

---

* "아야 마고지나 종금거하시래(阿也 麻古之那 從今去何時來)", 즉 "아아 '마고의 나라' 이제 떠나가면 언제 돌아오려나"라는 이 짧은 '아야요(阿也謠)'라는 노래는 충혜왕이 귀양길에서 독을 먹고 죽자 백성들이 마고성(麻姑城)의 복본을 기원하며 '마고의 나라'를 노래로 지어 부른 것이다.

의 최고 경지를 조금의 미혹도 없이 완벽하게 표현해내고 있다. 모든 인간이 다다르고자 하는 영원한 평화와 조화가 어울린 절대 이상세계를 구현하고 있다"며 찬탄했다. 이렇듯 광대무변한 '한'의 정신세계는 역사발전의 추동력이 되었으며 상고 문화의 표준을 형성함으로써 세계 각지로 전파되었다.

일본에 건너간 한인(韓人)들이 일본의 고대국가 형성과 사회 변동에 끼친 영향을 고찰한 앞의 네 단계는 한인들이 자발적으로 건너간 이른바 도래인(渡來人)의 경우다. 그러나 임진왜란 때 한인들이 집단으로 일본에 건너간 것은 일인들의 강압에 의한 경우다. 임진왜란 때 일본군의 치밀한 기획에 의해 잡혀간 다수의 관원, 학자, 종교인, 도공 및 각종 기술자와 그 가족들이 일본에 우리 문화를 전해주었으며 그 자손들은 지금까지 일본인으로 영주하면서 일본의 사회, 문화 및 산업발전에 크게 기여하고 있다. 임진왜란 당시에 일인들은 활자, 서적, 불상, 큰 종 등 무수한 문화재들을 약탈해 갔으며 또한 각 분야의 많은 사람들이 잡혀갔다.[19] 잡혀간 사람들을 성씨로 분류하면 모두 17성씨(姓氏)였다고 한다.

임진왜란이 끝난 후 10년 만에 일본 측의 끈질긴 요청을 받아들여 1609년(광해군 1) 에도막부(江戶幕府: 일명 도쿠가와 막부(德川幕府))*와 기유약조(己酉約條)를 맺고 국교정상화가 이루어지게 되었다. 일본은 대륙의 선진문물을 받아들이기 위해 조선에 지속적으로 통신사를 요청했고, 그러한 요청에 응해 조선은 통신사라는 명칭 대신 '회답 겸 쇄환사(回答兼刷還使)'라는 명칭으로 세 차례 사

---

* 에도막부는 1603년 도쿠가와 이에야스(德川家康)가 에도(江戶: 지금의 도쿄)에 수립한 중앙집권적 무가정권(武家政權)이다. 당시 에도막부는 서부 지역의 다이묘(大名)를 완전히 장악하지 못한 상태여서 내치(內治)에 주력해야 했으므로 대외관계의 정상화가 필수적이었다.

절단을 파견하게 되었다. 조선으로서도 국가 재건을 위해 대외관계의 안정이 필요했다. 전란의 후유증으로 명나라가 쇠퇴하고 여진족이 후금(後金)을 세워 명나라와 조선을 압박해 옴에 따라 북쪽 변경(邊境)의 방위 문제가 시급한 현안으로 대두하게 되었고 남쪽 변경(邊境)의 안전을 위해 일본과의 평화적 관계가 요구되었다. 또한 일본의 국정을 탐색하고 피로인(被虜人) 쇄환(刷還) 문제도 해결할 필요가 있었다.[20]

조선에서 파견한 사절단에는 고위관리, 학자, 문인, 의사, 서화가, 아악연주자 및 악사, 승마객, 무술객, 곡예인, 재인 등 각 방면의 기예인까지 포함되어 있었다. 말하자면 여러 종류의 출장 강사를 모셔다가 배운 셈이었다. 매회 인원은 5백 명 이상이었으며, 한 번 왕복하는 데 약 1년이 걸렸다. 사절단이 가는 곳에는 그때마다 각지의 명사들이 미리 모여 기다렸고, 선진문화를 배우는 것을 가문의 영광으로 알았으며, 수행원이 습작한 휴지까지도 가져다가 가보로 전했을 정도였다고 하니, 우리 문화에 대한 그들의 열렬함을 읽을 수가 있다. 당시의 기록과 유물, 그림들이 아직도 많이 남아 있다고 한다. 일본은 막대한 영접 비용과 인력 동원을 감당하기 힘들어 임진왜란 이후 사절단은 12회*를 마지막으로 10여 년을 연기하다가 자연히 폐지되었다.[21]

20세기에 들어서는 제2차 세계대전 중에 조선인 남녀 수백만 명이 강제징용, 징병, 정신대라는 명목으로 일본군 최전방의 전선(戰線) 및 일본 각지의 공장과 탄광 등으로 끌려가 강제 착취당하였으며, 그 대부분이 전사했거나 학살당하고 살아남은 자도 돌아오지 못한 채 이산가족이 되고 말았다. 일제

---

* 12회는 임진왜란 후 국교 재개기에 '회답 겸 쇄환사(回答兼刷還使)'라는 명칭으로 파견된 세 차례의 사절단과 1636년(인조 14)부터 정례화된 아홉 차례의 통신사를 총합한 숫자이다.

강점기에 일본이 저지른 잔혹한 만행은 이루 헤아릴 수 없이 많다. 우리나라 각처에 산재한 단군조선 삼한의 고대 사료 등 51종 20여만 권을 수거해 불태워 없애거나 일본 왕실로 가져갔으며, 한국의 고대 역사를 말살하고 반도조선사(현행 국사)를 편찬한 후 왜곡된 국사의 증서(證書)를 영원히 은폐하기 위해 창경궁 장서각에 있던 도서들—도서 내역은 우리 고대사 도서가 5,355종 10만 137책, 기록류가 1만 1730책, 주자(鑄字)가 65만 3721개 71분(盆), 판목 7,501장, 기타 부속품이 12종—을 일본 왕실로 반출해 감으로써 우리 민족으로 하여금 집단적 기억상실증에 걸리게 했다.

1919년 3·1독립만세운동이 전국적으로 퍼져나가면서 제암리에서도 장날을 기하여 '대한 독립 만세'를 외치며 시위가 계속되자 15세 이상의 남자들을 제암리 감리교회에 가두고 불살라버린 제암리 학살 사건(提巖里虐殺事件, 1919.4.15.), 1920년 10월 만주를 침략한 일본군은 독립군을 소탕한다는 명목 아래 초토화 작전을 감행하여 간도에 거주하던 조선인을 대량으로 학살한 이른바 경신참변(庚申慘變), 1923년 9월 1일 일본 관동대지진 때 일본 정부가 '조선인 폭동'이라는 터무니없는 낭설을 전국적으로 퍼뜨려 2만 명 이상[22]의 조선인들에 대한 대학살로 이어진 이른바 '간토 대지진 조선인 학살 사건(關東大地震朝鮮人虐殺事件)' 등은 그 몇몇 사례에 불과하다.

임진왜란과 일제강점기에 일인들이 저지른 잔악한 범죄 행위는 조선을 부인하고 조선 민족을 말살함으로써 그들의 시원이자 발상지인 땅을 되찾을 수 있다는 그릇된 역사관에서 기인하는 것이다. 「단군세기(檀君世紀)」에는 3세 단군 가륵(嘉勒) 재위 10년 무신년(BCE 2173)에 "두지주(豆只州)의 예읍(濊邑)이 반란을 일으키자 여수기(余守己)에게 명하여 그 추장 소시모리(素尸毛犁)의 목을 베게 하였다. 이때부터 그 땅을 소시모리라고 불렀는데 지금은 음이 변하여 우수국(牛首國: 소머리국)이 되었다. 그 후손 중에 협야노(陜野奴, 섬야노)

라는 자가 있었는데 바다로 도망하여 삼도(三島: 일본열도)에 웅거(雄據)하며 천왕을 참칭(僭稱)하였다"[23]라고 기록되어 있다. 또한 36세 단군 매륵(買勒) 재위 38년 갑인년(BCE 667)에 "협야후(陜野侯) 배반명(裵幋命)을 보내 해상(海上)의 적을 토벌하니 12월에 삼도(三島)를 모두 평정하였다"[24]고 기록되어 있다.

일인들은 우리와 그 뿌리를 공유하고 있으며 일본열도는 단군조선의 지배 아래 있었다. 『후한서(後漢書)』「동이열전(東夷列傳)」과 『삼국지(三國志)』「위서(魏書)」동이전(東夷傳)에는 부여국·읍루(挹婁: 肅愼의 후예)·고구려·구려(句麗)·동옥저·예(濊)·한(韓)·진한·변진(弁辰, 弁韓)·왜(倭)가 같은 동이족의 범주로 기록되어 있다. 무호 최태영 선생은 일본 왕실의 조상이 한인(韓人)임을 부정할 수 없는 결정적 증거를 10세기 일본의 성문 법령집인 『엔기시키(延喜式)』의 기록에서 최초로 찾아냈다. 『엔기시키』는 일본 전역의 신사(사당)에 모신 조상 위패를 조사해 계통대로 기록해 놓은 것이다. 『엔기시키』의 기록에 의하면 "일본 궁내성(宮內省)에 조상신 세 분이 모셔져 있는데(宮內省坐 神三座), 원신(園神)은 가락국을 포함한 신라 조상신을 말하고, 한신 2좌(韓神 二座)는 백제 조상신 두 분을 말한다."[25]

무호 선생에 따르면, 일인들은 일본 궁내성에 신라·가야계의 소노카미(園神) 1좌(座)와 백제계의 가라카미(韓神) 2좌를 모시고 정례(定例)의식 때는 물론 국난에 처할 때면 반드시 이들에게 제사를 지냈다고 한다. 소노카미 1좌와 가라카미 2좌의 위상은 일본 헤이안(平安)시대에 편찬된 사서인 『일본기략(日本紀略)』(11세기 후반~12세기 초반)과 나라(奈良)시대와 헤이안시대에 편찬된 육국사(六國史)의 하나인 『일본삼대실록(日本三代實錄)』(901)*에서 '원한신제(園韓神祭)'를

---

* 『日本三代實錄』은 나라시대(奈良時代, 710~794)와 헤이안시대(平安時代, 794~1185)에 편찬된 正史인 六國史의 하나다. 六國史란 『日本書紀』, 『續日本紀』, 『日本後紀』, 『續日本

지냈다'는 기록과 일치한다. 일본에서 가장 높이 모시는 이세신궁(伊勢神宮)의 아마테라스 오미카미(天照大神)에 뒤이어 궁내성에 모신 36좌의 일본 조상신 가운데 앞자리에 위치한다는 것이다.

일본 왕이 있는 일본 대궐 안에 신라·가야에서 간 조상과 백제에서 간 조상을 사당에 모셔 놓고 제사를 지냈다는 것은 일본 왕가의 혈통이 어디서 비롯됐는가를 보여주는 가장 확실한 증거라고 무호 선생은 단언했다. 『엔기시키』에는 일본 대궐 제례의 모든 내용과 절차가 소상히 적혀 있는데, 제문도 우리와 똑같은 형식이며 제물도 비슷하다고 한다. 더욱이 『엔기시키』에서 신라계 소노카미(園神)를 3좌의 첫머리에 올린 것은 예사로운 일은 아니라고 했다. 여기서 소노카미는 통일신라계 신이며, 일본이 통일신라의 처위(處位)를 인정하지 않을 수 없는 중대한 시점이 있었다고 본 무호 선생의 지적은 주목할 만하다.*

그런데 무호 선생의 연구 조사에 따르면 이들 신사(사당)는 2백 년 전에 헐리고 이들에 대한 제사도 없어졌다고 한다. 일본의 선진성을 강조해온 일인

---

後紀』, 『日本文德天皇實錄』의 五國史에 이어 여섯 번째로 편찬된 『日本三代實錄』을 합한 것이다.

* 1994년 중국 산둥반도 적산(赤山)에 필자 등이 추진한 「장보고기념탑」이 준공될 즈음 이루어진 강의에서 무호 선생은 "…일본의 궁내성(宮內省)에 백제계 신(神)인 가라카미(韓神)의 사당을 마련하고 제사를 지낸 것은 당연한 일이지만, 신라계의 신(神)인 소노카미(園神)를 함께 받들었다는 것은 생각해 볼 일이다. 『엔기시키(延喜式)』라는 성문 법령집이 생기기 전부터 근세에 이르기까지, 그것도 궁내성에 사당을 마련해 놓고 제사를 지낸 것으로 보아 일찍이 일본과 신라 간에 밀접한 관계가 있었고, 후에도 일본이 통일신라를 받들지 아니할 수 없는 정치상·군사상 중대한 사정이 있었음을 알 수 있다. 여기서 문제가 되는 소노(園)신은 통일신라계 신으로, 『엔기시키』의 4시제(時祭)에 관한 규정에도 소노(園)신이 궁내성 좌신(座神) 3좌(座)의 첫머리에 올라 있고, 명신제(名神祭) 285좌(座) 중에도 소노(園)신 사당이 첫머리에 올라 있는 것은 주목할 만하다"라고 했다.

들로서는 한인들이 일본 고대국가 형성의 주축을 이루었다는 불편한 진실을 감추고 싶었기 때문일 것이다. 그렇게 한다고 해서 증거가 사라지는 것은 아니다. 712년에 편찬된 『고사기(古事記)』에도 한신(韓神)·원신(園神)으로 추정되는 신이 나오고, 859년 일본의 가요를 선집한 『고전 신악가(神樂歌)』에도 한신과 원신을 왕실에서 제사 지내며 부르는 축가가 실려 있다고 한다.[26] 어떤 제도보다 보수적인 제례에 대한 기록을 통해, 그것도 10세기 초의 일본 법령집에서 3좌의 신라·가야계 조상신과 백제 조상신이 기록되어 있음을 확인한 것은, 영원히 묻힐뻔했던 역사적 진실을 드러내 밝혔다는 점에서 그 의미가 실로 크다.

일본의 고대국가 형성에 주축이 되었던 우리 한인계 조상을 주신으로 받들어 제사를 지내는 신사는 지금도 일본 도처에 산재해 있다. 무호 선생은 오사카에 있는 백제왕 사당에서 '우두(牛頭)천왕 신사'라는 명칭이 백제왕 신사라는 이름과 나란히 편액에 적혀 있는 것을 보았다고 한다. 신사뿐만 아니라 일본의 오래된 절 중에도 소머리대왕을 모시는 소머리절(牛頭寺)이 있다고 한다. 고대에 흰 소를 잡아 제천(祭天) 하던 데서 유래된 우수(牛首)·우두(牛頭), 즉 소머리가 민족 이동과 함께 강원도 춘천과 경주의 소시머리와 일본 각처의 소머리대왕(牛頭大王) 사당과 절, 성씨로 전래된 것이라고 한다.[27] 수밀이국이나 수메르라는 이름도 이 소머리에서 연원한 것으로, 소머리와 같은 뜻이며 소머리 글자의 변형인 것이다. 고대에 제천의식은 천인합일을 표징하는 제전(祭典)으로서 매우 중대한 의미를 지닌 것이었던 까닭에 우리 고유의 천제의식을 표징하는 '소머리' 글자가 민족 이동과 함께 변형되어 수밀이국이나 수메르라는 나라 이름도 만들어진 것이다.

또한 『일본서기』와 『고사기』에는 외래의 천신이 일본 이즈모(出雲)와 쓰쿠시(筑紫)에 내려와서 원주(原住) 국신을 정복, 지배한 것으로 기록되어 있다.

이즈모에 내려온 천신은 스사노오노미코토(素戔鳴尊)와 수종자들이었고, 쓰쿠시에 내려온 천신은 니니기노미코토(瓊瓊靈神)와 수종자들로서 일본열도의 원주 국신을 두 곳에서 정복하거나 회유하여 지배했다는 것을 보여준다.[28] 일본에 있는 신사들은 거의 전부 그 옛날 일본으로 간 우리 한인계 조상이나 유공자들을 모시는 사당이라고 한다. 1985년과 1988년 큐슈와 도쿄, 오사카에 있는 신사를 답사한 무호 선생에 따르면 지금도 한인계의 사당이 수없이 남아 있다고 한다. 도쿄 교외 무사시노(武藏野)의 고마[高麗] 신사처럼 후손이 이어져 그 권위를 잃지 않은 신사가 있는가 하면, 파괴되어 유적은 해체되고 돌비석 하나에 이도(伊都)나 가야라는 이름으로 흔적을 남기고 있는 것도 있었다고 한다. 그 대략을 살펴보면 다음과 같다.

> 스사노오노미코토를 받드는 사당은 일본 전역에 6천 군데가 넘고, 그의 아들 이소다게루(五十猛), 신라 왕자 아메노 히보코(天日槍)와 그의 아들 이데도(五十迹手)를 받드는 신사, 박혁거세를 받드는 교소(許曾) 신사, 그리고 신라 신사들과 한신신라(韓神新羅) 신사, 백제왕씨의 신사, 왕인 박사 사당들, 왕인의 후손인 스가와라노미치자네(菅原道眞)를 받드는 덴만구(天滿宮)들, 고구려의 마지막 왕자 약광(若光)을 받드는 고마[高麗] 신사들이 있다. 그 외에도 이나리(稻荷), 가스카(春日), 야사카(八阪) 신사들은 물론이요, 우리의 국조인 단군을 받들던 교구산구(玉山宮)를 비롯하여 한인계의 사당이 수없이 남아 있다.[29]

이상과 같이 역사문화적 맥락에서 한일관계사의 진실을 살펴보았다. 현재 일본 도처에 수없이 남아 있는 한인계 사당[신사]과 일본 각처에 수없이 널려 있는 고려(고구려)계·백제계·신라계·가야계의 지명, 신사와 절 이름, 신의 이름, 인명 등과 한·중·일 사서(史書)에 기록된 내용, 지금까지도 일본 왕가의 즉위식에서 고조선 시대와 마찬가지로 제왕의 권위를 상징하는 청동검·청동거울·곡옥(曲玉)의 '3종 신기(神器)[天符印 3종]'를 물려받음으로써 왕권 계승을 공식화하는 것, 그리고 원래 백제를 일컫던 '구다라'라는 고대 한국말을 한자로 옮겨 '일본'이라는 국호를 만든 것에 이르기까지 실로 우리의 선진문화와 선진기술에 힘입지 아니한 것이 없다. 이는 우리 한인들이 국가 및 사회 구성의 주역이 되어 일본의 고대 왕조 형성에 크게 기여했음을 증명하는 것으로 가히 우리 한민족 정신세계의 총화가 투영된 것이라 하겠다.

일본의 고대국가 형성에 주축이 되었던 우리 한인계 조상을 주신(主神)으로 받들어 제사 지내는 신사는 지금도 일본 도처에 산재해 있다. 근대에 들어서도 메이지 왕의 이름인 메이지(明治)는 광개토대왕의 손자이자 장수왕(長壽王)의 아들인 21대 문자왕(文咨王)의 연호를 그대로 따온 것이다. 사실이 이렇다 보니 일본 왕실 혈통의 뿌리를 감추고 진실을 숨기고자 해도 숨길 수가 없게 되어 있다. 일본의 임나일본부설이나 '칠지도' 및 광개토대왕릉 비문에 대한 역설적 주장, 그리고 현재의 독도영유권 주장에 이르기까지 한일관계사의 진실이 뒤틀리게 된 것은 우리와 뿌리를 공유하는 일본의 그릇된 역사관으로 인해 그들이 본류(本流)라는 망상에 사로잡힌 데서 일어난 것이다. 그들에게 우리나라는 왜(倭)를 정벌한 지배자의 발상지 내지는 그들이 주신으로 받들어 제사 지내는 '신(神)들의 고향'이라고 하는 것이 합당한 표현일 것이다.

비록 일본이 우리와 뿌리를 공유하기는 하지만, 그렇다고 현재 일본이 한국일 수는 없으며 일본문화가 한국문화일 수도 없는 것이다. 일본은 그들 나름의 독자적인 고유한 문화를 형성한 것이다. 『일본서기』에는 이런 대목이 나온다. 660년 백제가 멸망하자 왜의 땅 동조(東朝)에 가 있던 의자왕의 아들 부여풍(扶餘豊, 豊王)을 데려와 왕으로 세워 백제부흥운동이 일어났지만

663년 최후의 백강(白江, 白村江, 白江口) 전투에서 패하게 되자, '아아, 조상의 성묘는 누가 할 것이며, 죽어서 무슨 낯으로 조상의 영령(英靈)을 대할 수 있단 말인가!'라며 탄식하는 구절이 그것이다. 이러한 대목이 『일본서기』에 나오는 것은, 백제 멸망 후 백제 본조(本朝)의 잔여 대집단이 왜(倭)의 땅 동조(東朝: (백제의) 동쪽 조정)로 건너가서 백제를 일컫던 '구다라'라는 고대 한국말을 한자로 옮겨 '일본'이라는 국호를 만들었음을 알 수 있게 한다.

일본 왕실 혈통의 뿌리를 감추고 진실을 숨기기 위해 역사를 조작하는 것이야말로 그들 스스로의 정체성을 부인하는 것이고 또한 조상을 부인하는 것이니, 이는 더 큰 역사적 사건이라 아니할 수 없다. 단재 신채호는 우리나라에서 일본 왕실로 반출해 간 한국 고서적 26만여 권이 일본 궁내청 쇼료부(書陵部, 일명 왕실도서관)에 깊이 감춰져 있다고 밝혔는데, 그 고서적들을 모두 공개하고 공동연구를 통해 양국의 뿌리 역사를 바로 세우는 것이야말로 죽어서 떳떳하게 조상의 영령을 대할 수 있는 길이며 또한 조상의 영령을 기쁘게 하는 일이 아니겠는가.


## 한국학 코드의 세계화 및 영향


한국의 국제적 위상이 최근 일련의 호재들로 인해 시너지효과를 내고 있다. 유엔무역개발회의(UNCTAD) 설립 이래 첫 사례로 2021년 7월 한국이 개발도상국에서 선진국으로의 지위 변경이 이루어진 것, 2022년 6월 한국항공우주연구원 등이 국내 독자 기술로 개발한 한국형 발사체(KSLV-II) 누리호가 2차 발사에 성공해 세계 7대 우주 강국으로 성큼 다가서면서 K-우주시대가 열린 것, 그리고 2022년 2월 러시아의 우크라이나 침공을 계기로 한국의 방산(防産) 수출이 '폴란드 대박'*에 힘입어 놀라운 성장세를 보이면서 'K방산이 세계 4강으로 가고 있다'며 외신도 주목한 것 등이 그것이다. 이 외에도 한국은 경제협력개발기구(OECD)에서 여섯 번째의 '무역을 위한 원조 공여국(Aid-for-Trade donor)'이며, 경제력·군사력·수출산업·문화예술 등 각 분야에서 세계 10위권에 진입했다. 문화적으로도 K컬처·K팝(K-Pop)·방탄소년단(BTS), 블랙핑크(BP), 영화 '기생충'과 '미나리', 드라마 '오징어게임'과 '파친코', 그리고 각종 스포츠 경기에서도 세계적인 평가를 받고 있다.

중국 언론이 1997년 처음 '한류(韓流)'라는 말을 쓰기 시작하면서 1990년대 후반부터 가시화된 한류(韓流, Korean Wave) 현상은 한국의 K드라마·K팝·영화·게임 등 대중문화가 아시아를 넘어 유럽과 미국 등지에까지 커다란 반향을 불러일으키면서 점차 한국어·한국학 교육에 대한 해외 수요도 늘어나고 있다. 또한 한국 상품과 문화콘텐츠에 대한 선호현상이 나타나고 한국산(産) 정신문화에 대한 국제적 관심이 고조되는 등 폭넓은 한국문화의 해외 진출로 확산되고 있다. 한류는 단발성 유행이 아니라 한국인에 잠재된 '거시 문화적 역량'이 발현된 것이다. 한류 현상은 MZ세대(1980년대 초~2000년대 초 출생한 '밀레니얼 세대'와 1990년대 중반~2010년대 초반 출생한 'Z세대'를 통칭)를 중심으로 디지털 문화콘텐츠의 교류가 활발히 이뤄지는 디지털 현상과 연결되어 있다.

그런 점에서 IT 강국으로서 온라인 게임 등 사이버 문화의 선두주자이자 이 시대 '문화적 르네상스'의 사상적 토양을 갖춘 한국의 문화가 한류 현

---

* 폴란드는 2022년 들어 한국 방산업체들과 K2 전차 1000대, K9 자주포 672문, FA-50 경공격기 48대, 천무 다연장로켓 288문 등에 대한 수출 계약을 체결했다. 2030년대 초중반까지 단계적으로 이뤄지는 폴란드 무기 수출은 단일국가로는 우리나라 무기 수출 역사상 최대 규모다. 2022년 7월 말 1차 계약을 체결한 지 4개월여 만에 한국산 무기가 현지에 도착했다.

상을 견인하는 것은 시대적 필연이다. 또한 글로컬(glocal: global+local)한 특성을 갖는 한류 현상은 오늘의 시대정신을 특징짓는 21세기 문화 코드인 '퓨전(fusion)' 코드와도 부합한다. 문화예술에서 과학기술에 이르기까지 장르의 벽을 뛰어넘어 사회 전 분야에 걸쳐 혼용을 통해 새로운 문화를 창출해내는 '퓨전(fusion)' 코드의 급부상으로 지식융합이 시대사조로 자리 잡아 가고 있는 지금, 세계성과 지역성, 보편성과 특수성을 혼용한 퓨전 음악, 퓨전 음식, 퓨전 한복, 퓨전 한옥, 퓨전 사극, 퓨전 판타지 등이 각광을 받게 된 것이다.

오늘날 많은 사람들은 한류 현상이 '공감'의 신문명을 창출해 낼 것이라고 예측한다. 그러한 예측의 근거는 무엇일까? 그것은 한류가 우리 한민족 정신세계의 총화랄 수 있는 '홍익인간'이라는 정신문화적 토양에 뿌리박고 있기 때문일 것이다. 생명의 전일성과 완전한 소통성에 기초한 홍익인간은 평화적인 세계경영을 위한 핵심 이념이며 사상이다. 인류가 염원하는 평화적이고 생태적 지속성(ecological sustainability)을 띤 세계경영의 주체를 한민족이라고 보는 것은 아마도 우리 민족에 내재된 홍익인간 DNA 때문일 것이다.

이제 K콘텐츠가 일본의 OTT(온라인 동영상 서비스) 순위 절반 이상을 점령하는 건 흔한 풍경이 되었다. 일본의 영화감독 미이케 다카시는 '사랑도 폭력도 진짜로 만드는 것이 K콘텐츠의 힘'이라고 했다. 이처럼 우리나라가 산업화·민주화·정보화 과정을 거치면서 국가의 국제적 위상 강화와 맞물려 문화기술(CT) 분야의 지식 역량을 바탕으로 일어난 한류의 성장이 폭넓은 한국문화의 해외 진출로 이어지면서 신한류(新韓流) 열풍이 불고 있지만, 그것은 본 무대가 시작되기 전 분위기를 돋우는 식전 행사와도 같은 것이다. 우리 한민족 정신세계의 총화라 할 만한 진정한 한국산(産) 정신문화는 아직 본 무대에 오르지 않았다. 2022년 10월 부산 엑스포 유치를 위한 BTS 부산 공연의 피날레곡 'Yet to come(아직 오지 않았다)'이 말하여 주듯 한류(Korean

Wave) 최고의 순간은 아직 오지 않았다.

역사는 끊임없이 '지금 여기'와 연결되어야 한다. 실재는 '지금 여기'이기 때문이다. 지금까지 우리나라 지역 전략과 정책의 방향성은 동아시아 또는 동북아 지역을 대상으로 한 것이었다. 그런데 국제지정학적 변동과 함께 미국 주도로 기후환경, 디지털, 노동 등의 분야에 대한 표준화와 안정적 공급망 구축 등을 위한 참여국 간의 협력을 주요 내용으로 하는 인도-태평양 경제 프레임워크(Indo-Pacific Economic Framework, IPEF)*가 2022년 5월 23일 일본 도쿄에서 한국 등 13개국이 창립 멤버로 참여한 가운데 공식적으로 출범했다. IPEF는 세계 최대 규모의 경제 협력체로서 2020년 기준으로 13개 참여국의 인구는 25억 명(전 세계의 32.3%), 국내총생산(GDP)은 34조6000억 달러(40.9%)[30]에 달한다.

한국으로 들어오는 원유 수송의 90% 이상이 말라카해협(동남아에서 태평양과 인도양을 이어주는 해협)을 통과해서 오므로 한국 해양안보의 생명선은 인도양까지 확장됐다. 중국은 1953년 마오쩌둥(毛澤東)이 남중국해 주변을 따라 그은 U자 형태의 9개 선(線)인 남해구단선(南海九段線, Nine-dashline)을 근거로 남중국해 영유권을 주장하며 인공섬을 조성해 군사시설화에 나서는 한편, 남중국해를

---

* 인도-태평양 경제 프레임워크(IPEF)는 2021년 10월 27일 미국 대통령 조 바이든(Joe Biden)이 동아시아 정상회의(EAS)에서 IPEF에 대한 첫 구상을 발표하였고, 2022년 2월 미국의 인도-태평양 전략이 발표되었으며, 2022년 5월 23일 13개국이 창립 멤버로 참여한 가운데 공식적으로 출범했다. IPEF 참여국은 미국을 비롯해 한국·일본·호주·뉴질랜드·인도와 아세안(ASEAN, 동남아시아국가연합) 7개국(브루나이·인도네시아·말레이시아·필리핀·싱가포르·태국·베트남) 등 13개국이다. 기후환경, 디지털, 노동 등의 분야에 대한 표준화와 공급망 재편 등을 통해 중국을 견제하는 연합전선을 형성한 것으로 볼 수 있다.

중국의 영해로 간주하고 2021년 9월 1일부터 이 수역을 통과하는 선박에 대해 신고를 의무화함으로써 남중국해와 해양 수로의 중요성은 더욱 커지게 될 전망이다. 최근 영국의 항공모함까지 가세하여 미국의 '항행(航行)의 자유(freedom of navigation)' 작전을 지지하는가 하면, 독일 또한 이에 가세하고 동남아시아 국가들도 대중(對中) 전선에 합류하는 추세다. 미·중의 해상충돌이 예상되는 남중국해는 우리 선박이 지나가는 뱃길이므로 에너지뿐 아니라 식량마저 해외에 의존해야 하는 한국에게 이러한 갈등 양상은 커다란 압박이다.

제주도 남단에서 대만과 필리핀을 거쳐 인도네시아 말라카해협에 이르는 이른바 남방 해상수송로는 한국에서 동남아시아, 인도, 중동, 아프리카, 유럽을 오가는 대부분의 수출입 물동량이 지나가는 바닷길이다. 미·중 해상충돌이 일어날 경우 남방 해상수송로가 막힐 수 있다는 것이다. 따라서 안보적 대체항로로 북극항로가 제시되는데 그 경제적 효과가 큰 것으로 나타난다. 남방 해상수송로의 경우 부산에서 수에즈운하를 거쳐 네덜란드 노테르담까지는 2만2000㎞로 40일 소요되는 데 비해, 북극항로의 경우 부산에서 북극해를 거쳐 네덜란드 노테르담까지는 1만5000㎞로 30일 소요된다. 북극항로 화물량은 2018년에 2000만톤이었던 것이 2025년에는 8000만톤, 2030년에는 1억톤 이상이 될 것으로 전망되고 있다. 북극항로는 경제적 효과는 물론이고 유사시 남방 해상수송로의 대체항로로서 안보적 차원은 더 중요하다.[31]

이와 같이 한국 경제와 해양 안보의 생명선은 북극항로와 인도양까지 확장됐다. 따라서 인도-태평양 지역의 평화와 안정이 우리나라의 생존과 번영에 직결되는 것이다. '자유롭고 평화로우며 번영하는 인도-태평양 지역'을 만들어나가기 위해서는 아세안(ASEAN, 동남아시아국가연합)을 비롯한 주요국과의 연대와 협력이 필수적이다. 윤석열(尹錫悅) 대통령은 2022년 11월 11일(현지 시각) 캄보디아 프놈펜의 소카호텔에서 열린 한-아세안(ASEAN) 정상회의 모두발언에서 "자유, 평화, 번영의 3대 비전을 바탕으로 포용, 신뢰, 호혜의 3대 협력 원칙 하에 인도-태평양 전략을 이행할 것"이라고 밝혔다.[32]

12월 28일에는 정부 차원의 한국형 인도-태평양 전략인 「자유·평화·번영의 인도-태평양 전략」이 발표됐다. 한국을 '글로벌 중추국가(Global Pivotal State, GPS)'로 만들겠다는 정부 구상을 종합적으로 담은 것이다. 특히 자유, 평화, 번영의 3대 비전은 자유, 민주주의, 법치주의, 인권의 보편적 가치를 지향해 평화롭고 번영된 인도-태평양 지역을 목표로 하는 것이며, 포용, 신뢰, 호혜의 3대 원칙은 특정 국가를 배제하지 않은 포용성, 공고한 상호이익에 기반한 협력을 지향하는 신뢰성, 모든 당사자를 이롭게 해 상호이익이 되는 호혜성을 지향하는 것이라고 밝혔다.[33] 이로써 한국의 지역 인식의 변화와 함께 지역 전략과 정책의 방향성은 인도-태평양으로 확대되었다.

한 나라의 해양력(Sea Power)이 그 나라의 부강(富强)과 존망(存亡)을 결정한다는 사실은 19세기 말 미국의 유명한 해군 전략가인 앨프레드 마한(Alfred T. Mahan) 소장에 의해 이미 지적된 바 있다. 남북전쟁 후 심각한 경제 불황에 빠져 있던 미국이 해군력 증강을 통해 해외 진출을 도모함으로써 초강대국으로 급성장하였다는 것은 주지의 사실이다. 16세기 때 포르투갈, 17세기 때 네덜란드, 18~19세기 때 영국 또한 바다를 제패함으로써 세계를 선도하였다. 이제 21세기 해양시대의 중심국가, 즉 아시아 태평양시대의 주역이 될 수 있기 위해서는 '해양을 다스리는 국가가 세계를 지배한다'는 서양의 잠언(箴言)을 깊이 터득할 수 있어야 할 것이다. 오늘날 해상안보(maritime security)[34]의 개념이 중시되는 것도 이와 같은 맥락에서이다.

장보고(張保皐, 790~841) 대사가 바다를 제패함으로써 나라를 부흥케 했고 충무공(忠武公) 이순신(李舜臣, 1545~1598) 장군이 바다에서 왜군을 격파함으로써 나라를 구했음에도 불구하고 바다로 진출하려는 기개는 이어지지 못했다. 북태평양의 연안국가인 우리나라는 삼면이 바다로 둘러싸여 있어 그 지리적 위치와 자연조건—1만5천257.8㎞*에 달하는 긴 해안선과 3,167개**에 이르는 크고 작은 유·무인도, 유엔의 신해양법 발효로 남한 육지면적(99천㎢)의 4.5배에 달하는 443천㎢의 해양관할권—등으로 볼 때 막강한 해양력을 지닌 국가이다. 통일한국은 해양 강대국이 될 것으로 전망된다. 한국은 수출입 화물의 99.7%를 해로를 이용해 수송하고 있다. 그럼에도 해양의 중요성은 여전히 망각되고 있는 실정이다. 특히 유엔의 신해양법의 발효로 세계 각국은 바다를 제2의 영토로 간주하고 있고, 한·중·일 동북아 3국은 바다 영토 확보에 한 치도 양보 없는 협상을 해오고 있다. 삼면이 바다인 우리나라는 바다를 지키는 일이 곧 나라를 지키는 일임은 두말할 필요도 없다.

9세기 통일신라의 장보고는 우리 역사상 가장 강력한 해상세력을 결집하여 나(羅)·당(唐)·일(日) 삼각교역과 동아시아의 문화교류와 해상의 안전교통, 특히 당시 '한류고속도로(Korean Wave Expressway)' 역할을 한 국제무역의 발전에 커다란 전기를 마련하고 한류 현상을 견인함으로써 우리나라의 국가 이미지와 브랜드 가치를 높이는 데 크게 공헌했다. 그는 한국 역사상 가장 능동적으로 국제무대에 진출하여 동아시아의 해상·무역·외교를 주도하고 우리나라 해운산업과 국제무역의 효시(嚆矢)로 일컬어지는 진정한 세계인이

---

* 해양수산부 국립해양조사원은 2001년부터 해안선에 대한 항공·위성 영상 등 다양한 자료를 활용해 과학적인 조사를 한 결과 우리나라 해안선 길이가 1만5천257.8㎞로 조사됐다고 2022년 6월 9일 밝혔다.

** 삼면이 바다로 둘러싸인 한반도는 유·무인도를 합쳐 3,167개의 섬이 입지해 있는데, 이 가운데 유인도는 전체의 15.5%인 492개이고 무인도는 84.5%인 2,675개이다(행정자치부, 내부자료 한국도서통계 2005).

다. 노비 약매(掠賣)에 의분을 느낀 휴머니스트로서, 선종 불교를 후원한 정토제민(淨土濟民)의 종교개혁자로서, 중개무역에 의해 해상상업제국을 연 경세제민(經世濟民)의 무역왕으로서, 그는 당시의 수직적인 '닫힌 사회'를 수평적인 '열린 사회'로 전환하고자 한 개혁가이기도 했다.

장보고는 강력한 해상세력을 결집하여 적산포(赤山浦)-청해진(淸海鎭)-하카다(博多)를 연결하는 삼각교역은 물론 중국내륙 무역까지 독점하고 해상권을 장악함으로써 그의 세력은 '해상상업제국'을 건설한 '무역왕'이라는 그의 호칭에 걸맞게 산동반도 적산촌(赤山村)과 대운하 요충지인 초주(楚州)를 비롯, 연운항(連雲港) 일대에 뻗쳤고, 심지어는 아라비아·페르시아 상인이 출입하는 양주(揚州)와 영파(寧波), 천주(泉州)에까지 이르렀으며,[35] 당시의 동아시아를 국경 없이 다스린 진정한 세계인이었다.[36] 장보고는 사실상 우리 해군의 시조이며, 그의 해외거점이던 법화원(法華院)이 있는 산동성(山東省) 영성시(榮成市) 석도진(石島鎭) 적산포는 우리 해군의 시발지이다. 적산포에 인접해 있는 유공도(劉公島) 또한 청나라의 북양함대사령부(北洋艦隊司令部)가 위치해 있던 군사적 요충지였다고 하니, 장보고가 요지를 바로 보았다고 할 것이다. 1993년에 진수된 국산 잠수함 1호가 〈장보고함(艦)〉으로 명명된 것은 장보고 대사가 사실상 우리 해군의 시조이기 때문이다.

이렇듯 해상의 안전교통과 공사(公私)의 문물교역, 특히 국제무역의 발전과 종교문화의 교류와 국방에 큰 공적을 쌓은 국제경영의 달인(達人) 장보고의 역사적 복권과 재조명은 시대적 필연이며, 오늘의 시대정신을 구현하는 데 있어 우리가 내세울 수 있는 가장 적절한 인물이다. 개방화·세계화와 일맥상통하는 장보고의 '청해정신(淸海精神)'과 대외지향적인 그의 국제경영관, 그리고 동양 삼국의 삼각무역은 물론 서방세계와의 중개무역을 통해 특수성과 보편성, 지역성과 세계성을 조화시킨 장보고의 세계시민주의 정신은 그의 국제경영관이 상생의 패러다임에 입각해 있음을 말하여 준다. 장보고의 '청해정신'에는 해적이 횡행하는 당시의 국제환경에서 해적 소탕과 노비 약매의 근절을 통해 혼탁한 바다의 질서를 맑게 평정하려는 그의 의지가 담겨 있다. 장보고에 의한 고대 동아시아 경제권의 형성은 오늘날 '동아시아 경제권'의 원형으로 평가받고 있다는 점에서 진정한 동아시아 연대를 위한 하나의 방향타를 제시했다고 볼 수 있다.

미국 하버드대학의 동양학 교수이자 1960년대 초 주일미국대사를 역임한 라이샤워(Edwin O. Reischauer)는 1955년 뉴욕에서 일본의 구법승(求法僧) 엔닌(圓仁, 794~864)의 『입당구법순례행기(入唐求法巡禮行記)』를 번역, 출간한 『엔닌의 당(唐) 여행기 Ennin's Travels in T'ang China』에 장보고와 신라인들에 대한 별도의 논문을 싣고 장보고를 '해상상업제국(Maritime Commercial Empire)'의 '무역왕(Merchant Prince)'[37]으로 칭하여 장보고의 존재를 전 세계에 널리 인식시키는 계기를 제공했다. 당나라 정사(正史)인 『신당서(新唐書)』의 편찬자는 '진(晉)에 기해(祁奚)가 있고 당(唐)에 분양(汾陽)과 보고(保皐)가 있는데 누가 감히 동이(東夷)에 인재가 없다고 할 수 있겠는가?'라고 말했다. 당나라 말기 시인 두목(杜牧, 803~852)이 지은 『번천문집(樊川文集)』 권6의 「장보고·정년전(張保皐·鄭年傳)」에서는 장보고를 대공무사(大公無私)한 큰 인물로 묘사하면서 '나라에 한 사람이 있으면 그 나라가 망하지 않는다'는 잠언을 인용하여 장보고가 바로 그런 현인이며 인의(仁義)의 인물이라고 극찬했다. 말하자면 장보고는 한국학 고유의 코드[천부 코드]를 각지에 전파한 당시 동아시아 최고의 한류 스타였다.

사실 장보고가 우리나라 역사서에 등장하게 된 것은 두목(杜牧)이 지은 『번천문집(樊川文集)』 권6의 「장보고·정년전」과 『신당서(新唐書)』 권220의 「동이전(東夷傳)」 신라조(條)의 기록에 힘입은 바 크다. 이러한 중국 측의 기록은 얼마간 장보고의 의용(義勇)을 밝혀줌으로써 국내정치적 상황과 관련된 장보고의 왜곡된 이미지를 바로 잡는 데 도움이 되고 있다. 장보고에 대한 우리나라 사서 중 대표적인 것은 고려시대의 『삼국사기』와 『삼국유사』, 조선 전기의 『동국사략(東國史略)』과 『동국통감(東國通鑑)』, 조선 후기의 『동국통감제강(東國通鑑提綱)』과 『동사강목(東史綱目)』 등이 있으나 대부분 국내정치적 상황과 관련된 것일 뿐 장보고의 국외활동상에 대한 논급이 거의 없는 것은 애석한 일이다.* 『삼국사기』 열전(列傳) 제3 김유신(金庾信) 하(下)의 끝에 '비록 을지문

---

\* 유교적 사대주의 색채가 농후한 『삼국사기』에서 김부식은 '장보고가 청해진에 거하여 반란을 일으켰다(據鎭叛)'고 기록하고 있으나 열전(列傳)에서는 그와 정반대로 『번천문집』과 『신당서』의 기록을 인용하여 의리와 용기가 있는 인물로 묘사하고 있다. 『삼국사기』에서 '반란을 일으켰다'는 기록은 『동국사략』·『동국통감』·『동사강목』 등에 기술된 내용으로 볼 때 그 근거가 희박하며, 오히려 장보고 세력의 확장을 두려워한 김양(金陽) 중심의 보수적 중앙 귀족과 무주(武州)지방의 호족 간 연합에 의하여 제거되었다고 보는 것이 통설이다. 『삼국유사』는 고려 충렬왕 때의 명승(名僧) 보조국사(普照國師) 일연이 저술한 것으로, 이 사서의 기록에는 신무왕이 맺은 혼약을 문성왕이 위약하였기 때문에 장보고가 '반란을 모의하려 했다(欲謀亂)'는 말과 또 '장차 불충한 일을 하려 한다(將爲不忠)'는 말이 나오고 있으나 모반의 구체적 사실에 대해서는 밝혀진 바가 없다. 『동국사략』은 조선 태종 3년(1403) 권근(權近) 등이 왕명을 받아 작성한 것으로 일명 『삼국사략(三國史略)』이라고도 불린다. 특히 윤리적 명분론이 강하게 반영된 이 사서에서 '왕이 장보고를 살해했다(王殺保皐)'라고 한 권근의 평가는 주목할 만하다. 『동국통감』은 성종 15년(1484) 서거정(徐居正) 등이 『삼국사절요(三國史節要)』와 『고려사절요(高麗史節要)』를 바탕으로 편찬하였으나 미진하여 결국 왕명에 의해 1485년 204편의 사론(史論)이 첨가되어 『신편동국통감』이라는 이름의 새로운 『동국통감』이 완성되었다. 이 사서의 사론을 담당한 사림과 사대부들은 군신 간의 의리와 명분을 중시한 사람들이었음에도 그들의 장보고에 대한 평가는 매우 긍정적이었고 나아가 적극적이었다. 당시 사론을 주관했던 최부(崔溥)는 장보고가 신라 왕실에 의해 피살된 사실을 부각시키면서 그의 모반 행위 자체가 애초에 존재하지도 않았는데 모함을 받아 죽은 것이라고 기술하고 있다. 『동국통감제강』은 현종 13년(1672) 홍여하(洪汝河)가 편찬, 가문에 전해 오던 것을 그의 현손인 홍석윤 등이 안정복(安鼎福)에게 서문을 부탁하여 간행된 것이다. 이 사서는 『동국통감』을 주자(朱子)의 강목법(綱目法)에 따라 편찬한 것으로, 『동국통감』의 사론의 내용을 그대로 계승하여 장보고의 의용을 높이 평가하고 그의 죽음을 애석해하는 내용이 담겨 있다. 『동사강목』은 영조 35년(1759) 안정복이 저술, 가내에 보

덕의 지략(智略)과 장보고의 의용(義勇)이 있어도 중국의 서적이 아니었더라면 민멸(泯滅)하여 전해 들을 수 없었을 것이다'라고 나와 있어 장보고에 대한 우리 측의 기록이 너무도 소략(疏略)했음을 말해 준다.

　장보고의 도당(渡唐) 후의 활약상과 당시 재당(在唐) 신라인들의 세력 기반 및 당나라의 상황을 가장 상세하게 기록하여 남긴 역사적 문헌은 일본의 구법승 엔닌이 일기형식으로 저술한 『입당구법순례행기(入唐求法巡禮行記)』이다. 당시 일본은 항해기술과 해상교통 면에서 신라보다 크게 뒤진 관계로 일승(日僧) 엔닌은 신라인의 안내와 통역과 기술의 도움을 받으면서 입당(入唐)하여 장보고의 기금으로 운영되는 여러 기관과 설비의 신세를 톡톡히 지면서 9년 반 동안이나 중국 각지를 두루 순례하게 되어 당시의 상황을 실지로 견문하고 사실대로 생생하게 기록한 여행기를 남기게 된 것이다. 이 외에 일본의 대표적 사서인 『일본서기(日本書記)』·『속일본기(續日本紀)』·『일본후기(日本後紀)』·『속일본후기(續日本後紀)』·『일본삼대실록(日本三代實錄)』·『일본기략(日本紀略)』·『엔기시키(延喜式)』등에도 유관 기록이 나타나고 있다.

　특히 『속일본후기』에는 장보고와 그의 무역 선단에 관한 기록이 자주 등장하는 것을 볼 수 있다. 또한 서기 10세기에 완성된 일본의 성문 법령집인 『엔기시키』의 기록에 의하면, 일본 궁내성에 3신(神)―신라계의 소노카미(園

---

관해 오던 것을 1781년(정조 5) 정조에게 올리면서 조선 후기를 대표하는 사서로 세인의 관심을 끌게 되었다. 이 사서에서 그는 신라 왕실이 장보고를 '도살(盜殺)'했다고 기술하면서 장보고를 '주석지신(柱石之臣)'으로 평가하고 있다. 이상의 사서에서 보는 바와 같이 장보고에 대한 평가는 대부분 국내정치적 상황과 관련된 것일 뿐 그의 국외활동상에 대한 논급은 거의 나타나지 않고 있다. 특히 『동국사략』·『동국통감』·『동사강목』에 나오는 장보고에 대한 평가는 동국역대사략(東國歷代史略)·대동역사(大東歷史)·역사집략(歷史輯略)·신정동국역사(新訂東國歷史) 등 개화기 교과서에도 강하게 반영되었을 뿐 아니라 일제시대 민족주의 사학자와 국학자들의 인식에도 일정한 영향을 끼친 것으로 평가되고 있다.

神) 1좌(座)와 백제계의 가라카미(韓神) 2좌―을 모시고 정례(定例)의식 때는 물론 국난에 처할 때면 반드시 이들에게 제사를 지냈다고 하는데 이는 『일본기략』과 『일본삼대실록』에서 '원한신제(園韓神祭)를 지냈다'는 기록과 일치하는 것이다. 더구나 『엔기시키』에서 신라계 소노(園)신을 3좌의 첫머리에 올린 것은 예사로운 일은 아니다. 여기서 소노(園)신은 통일신라계 신이며, 일본이 통일신라의 처위(處位)를 인정하지 않을 수 없는 중대한 시점이 있었다고 본 무호 선생의 지적은 주목할 만하다. 필자는 그 중대한 시점이 바로 장보고 시대이며, 소노신(神)은 장보고의 화현(化現)이라고 추정하지만 이에 대해서는 더 깊은 연구가 필요하다고 본다.

일본 교토(京都)의 적산선원(赤山禪院)에서는 지금도 장보고를 재신(財神)의 화신으로 간주해 적산명신(赤山明神)으로 삼아 봉제(奉祭)하고 있다. '적산명신'은 적산법화원(赤山法華院: 산동성 영성시 석도진 소재)의 신라 신(神)인 '적산신(赤山神)'을 말하는데 일본으로 건너가 적산선원(赤山禪院)에서 장보고로 화현(化現)하게 된 것이라고 한다. 장보고가 세운 적산의 법화원에 장기간 머무르며 장보고의 도움으로 입당구법순례(入唐求法巡禮) 활동을 한 일본의 구법승 엔닌은 귀국하여 후일 제자들에게 유언을 남겨 엔랴쿠지(延曆寺)의 별원으로 적산선원을 세우고 장보고를 재신(財神)의 화신으로 간주해 적산명신(赤山明神)으로 삼아 봉제(奉祭)하게 했다.[38]

이와 같이 장보고에 대한 역사적 기록은 우리나라보다 중국이나 일본 사서에 더 많이 나타나고 있다. 우리 역사상 중국과 일본의 사서에 이처럼 자주 등장하는 인물은 달리 찾아보기 어려울 것이다. 특히 장보고의 국외활동상과 위적(偉蹟)이 폄하된 관계로 이에 대한 국내의 기록은 거의 전무한 실정이어서 중국이나 일본의 사료에 크게 의존할 수밖에 없게 되었다. 또한 1920년대부터 일본 학자들에 의해 이루어진 자각대사(慈覺大師) 엔닌에 대한 연구[39]도 장보고에 관한 연구를 활성화하는 데 기여한 것으로 보인다. 장보고의 위적에 대한 근대적 연구는 1943년에 간행된 최남선(崔南善)의 『고사통(故事通)』이나 1934~1935년에 김상기(金庠基)가 『진단학보(震檀學報)』에 발표한 장편 논문 「고대의 무역형태와 나말(羅末)의 해상발전에 취(就)하야」[40] 속에 잘 나타나 있다. 『고사통』에는 장보고의 해상활동이 명료하게 드러나 있다.

> …장보고란 위인(偉人)이 있어서 사방 완도에 청해진이란 근거를 두고 많은 배로써 지나(支那)와 일본의 각지로 왕래하면서 굉장한 무역을 행하여 동방의 해상권을 한 손에 잡고 부력(富力)과 위세가 일세(一世)를 덮더니, 이 동안에 신라의 국력이 매우 펴여서 전일의 번영을 다시 보게 되었다.[41]

김상기의 장편 논문은 역사적 사료에 근거하여 당시 나·당·일 동양 3국의 실정과 장보고의 위업(偉業)을 각 방면으로 고찰하여 해설한 것으로 각국의 상황과 해상무역, 신라인의 국내외 해상활동과 국제무역의 발전, 불교의 전포(傳布) 등에 대한 고찰을 통해 장보고의 공적과 신라인의 위력(威力)을 사실 그대로 밀도 있게 정리함으로써 선도적 역할을 했다고 할 수 있다. 그의 논문은 장보고에 대한 역사 인식의 재정립의 필요성을 일깨우고, 한·중·일의 외교관계사적 시각에서 그의 활동을 조명할 수 있게 하였으며, 나아가 고대무역의 실태와 나말(羅末) 국제무역의 발전 과정을 장보고의 활동과 연계함으로써 고대사 전공자는 물론 해양·해운·경영·정치외교·무역 관계의 연구자들에 의해 폭넓은 연구가 이루어질 수 있게 하는 계기를 제공했다.

1985년 완도문화원은 완도 일대의 유적·유물 조사와 함께 『장보고의 신연구—청해진 활동을 중심으로』를 펴냄으로써 장보고와 청해진 시대의 실상에 대한 이해를 깊게 해 주었으며, 1993년 해양경영사연구회의 『장보고 해양경영사연구』는 장보고의 해상활동, 해상교통과 연계된 항로 문제, 활동 지역, 신라방(新羅坊), 교역품, 정치·군사 문제에 대한 연구를 통해 장보고 해양경영의 본질을 이해하는 데 도움을 주었다. 장보고에 대한 인식은 해군의 지속적인 '장보고 바로 알기 운동', 1996년 해양수산부의 신설과 '바다의 날' 제정, 1999년 해상왕 장보고 재조명·평가사업 추진위원회 개최 및 해양수산부 산하에 재단법인 해상왕장보고기념사업회 설립, 2000년 재단 부설 해상왕장보고연구회 설립 등으로 진일보된 성과를 거두었다. 장보고는 뮤지컬 공연으로도 펼쳐져 성황을 이루었다. 세종문화회관 개관 10주년 기념공연 뮤지컬 '바다를 내품에'(1988.4)가 그것이다. 최근에는 한국 근대사 음악에 지대한 영향을 미친 국민 작곡가 금수현 선생 서거 30주기를 맞이하여 그의 유일한 오페라 '장보고' 한국 초연이 2022년 11월 부산에서 성공리에 막을 내렸다.

특히 해상왕장보고기념사업회는 해상왕 장보고 연구사업 추진 및 학술대회 개최, 장보고 소설 집필 의뢰 및 '해신(海神)'이라는 제목으로 중앙일보에 연재, 장보고 애니메이션 제작 방영, 창무극 '해상왕 장보고' 공연(2000.12.3), KBS 역사스페셜 100회 특집 '천년 전의 벤처, 해상왕 장보고' 방영(2001.1.27) 지원, KBS 신년스페셜 5부작 '해신(海神)' 제작 및 방영(2003.1.4~1.18) 지원, 장보고 중국 유적지 답사 시행, 장보고 PC게임 개발, 전국 대학생 장보고 무역현장 체험교육 후원 등의 다양한 사업 활동을 통해 명실공히 '장보고 바로알기 운동'을 범국민적 차원으로 확산시켰다. 그리고 해상왕장보고연구회의 『7~10세기 한·중·일 교역연구문헌목록·자료집』(2001)과 『장보고관계연구논문선집 - 한국편·중국편·일본편』(2003)[42]에 수록된 연구논문들은 장보고의 생애와 해상무역 활동, 재당(在唐)·재일(在日) 신라인들의 세력 및 그 활동상과 '신라방'의 실태 그리고 종교문화교류와 관련된 사실들을 밝힘으로써 사회문화사적인 관점에서 장보고의 활동을 재조명할 수 있게 했다.

　장보고에 대한 기록이 역사상에 나타나기는 그가 일찍이 당으로 건너가 30세쯤에 서주(徐州)에서 무령군 소장(武寧軍小將)이 되고 적산에 동족들의 기반을 만들어 무역을 크게 하다가 후에 귀국하여 완도(莞島)에 청해진을 설치하고 국방과 무역에 있어 크게 활약하던 동안의 일로 그의 출자(出自)에 관해서는 아무런 기록이 없다. 다만 한·중·일 각지에 잔재해 있는 유적·유물과 전설, 족보(族譜)와 출세 후의 행적을 참조하여 추측할 수 있을 뿐이다.

　장보고의 출신에 대해서는, 문성왕의 차비로 그의 딸의 납비(納妃) 문제가 제기되었을 때 조정의 신료들이 그가 '해도인(海島人)'[43]이며 '측미(側微)'[44]하다는 점을 들어 반대한 대목이 나오는 것으로 보아 해도(海島)의 미력(微力)한 가계(家系)의 출신인 것으로 추측되고 있다. 그러나 골품제에 기초한 당시 신라 조정의 입장에서, 더구나 장보고 세력의 성장을 경계하던 경주 귀족의 입장에서, 변방의 섬사람 장보고는—설령 그가 완도 일대에서 상당한 영향력을 지닌 해상세력 가문이었다 할지라도—한갓 '해도인'으로, 또는 '측미'한 출신으로 더욱 강조될 수도 있었을 것이라는 점에서 『삼국사기』나 『삼국유사』에 나오는 표현만으로 그의 출신을 단정하기는 어렵다고 본다.

　그가 당나라에 당도하였을 때 이미 출중한 무재(武才)를 지닌 인물로 묘사되고 있고 곧이어 군중소장(軍中小將)이라는 상당한 지위에 올랐던 점 등으로 미루어 볼 때 단순한 생산계층이나 상인층은 아니고 그 지역의 토호층(土豪層)이라고 보는 견해도 있다.[45] 그런데 장보고의 고향을 군이 완도로 보는 근거는 그가 귀국하여 청해진을 설치했던 곳이 바로 오늘날의 완도이고, 또한 그의 동향 동무 정년(鄭年)이 당나라 사수(泗水)의 연수현(漣水縣)에서 실직하여 굶주림과 추위로 허덕이다가 "기한(飢寒)으로 죽는 것보다 싸워 죽는 편이 나은데 하물며 고향에서 죽는 것이랴"[46] 하면서 고향으로 돌아온 곳이 바로 오늘날의 완도인 청해진이었다는 데 있다.

한편 『인동장씨대동보(仁同張氏大同譜)』나 『장씨연원보감(張氏淵源寶鑑)』에 의하면, 장보고의 부친 백익(伯翼)은 중국 절강성(浙江省) 소주부(蘇州府) 용흥촌(龍興村) 출신의 중국 사람으로서 몇 차례 신라 땅을 내왕하다가 귀화하여 완도에 정착한 것으로 전해진다. 그리고 장보고의 자(字)는 정집(正集)인데 소년 시절에는 궁복 또는 궁파로 불렸으며, 그의 현손(玄孫)이 바로 고려 태조를 도와 태사(太師)의 관작(官爵)을 받은 안동(安東)의 호족 정필(貞弼)이라고 한다. 이러한 기록의 사실 여부는 확인할 길이 없다. 다만 당시의 완도 지역과 중국 간에 이미 교류가 이루어지고 있었다는 사실은 짐작할 수 있다.

장보고는 소년 시절부터 용건(勇健)하여 고향 젊은이들의 두목이 되어 주로 바다에서 헤엄치기와 배 타기로 체력을 단련하면서 성장한 것으로 기록되어 있다. 『삼국사기』에 보면,[47] 장보고와 그의 동향 동무 정년(鄭年)이 잠수, 유영(遊泳)에 모두 능하였으며 후에 두 사람이 모두 당에 가서 무령군 소장이 되어 말을 타고 창을 쓰는데 대적할 자가 없었다고 한다. 그는 당시 신라 상류사회의 사람들처럼 성씨(姓氏)나 가품(家品)을 내세울 만한 지체 높은 사람은 못되었다. 『삼국사기』 신라본기[48]나 『삼국유사』[49]에서 보듯이, 그저 '궁복(弓福)' 혹은 이와 동음이자(同音異字)인 '궁파(弓巴)'로 불렸다.

그런데 『삼국사기』 신라본기에 보이는 '弓福'과 『삼국유사』에만 보이는 '弓巴'의 끝자인 福과 巴는 흔히 신라계 이름에서 아이를 의미하는 '보'의 차음표기(借音表記)[50]로 볼 수 있다는 점에서 '弓福' 혹은 '弓巴'는 활을 잘 쏘는 아이라는 뜻에서 유래된 듯하다. 장보고라는 성명을 가지게 된 것은 후일 당으로 건너가 군무에 종사하게 되면서부터인데 『삼국사기』 열전에는 중국의 『신당서』[51]와 『번천문집』[52]을 본받아서 '張保皐'라고 기록하였다. 일본의 『속일본후기』[53]나 『입당구법순례행기』[54] 등에서는 그것과 음이 같은 '張寶

高'라고 기록하였다. 여기서 '保皐'와 동음이자(同音異字)인 '寶高'라고 표기한 것은 해상왕국의 무역왕이었던 그의 부(富)를 상징하는 호칭이었다고 볼 수 있을 것이다.

장보고가 당으로 건너간 시기를 정확하게 알 수는 없다. 다만 평로치청(平盧淄青)이 토멸되던 819년 그가 30세의 나이로 무령군 소장이 되었다고 두목(杜牧)이 적고 있으니, 도당(渡唐) 시기는 대략 20대 초반인 812~813년 무렵일 것으로 보인다. 이는 10세 연하인 정년과 함께 건너갔을 것이라고 상정하기 때문이다. 당시 신라는 전성기 말경부터 대규모의 반란과 극심한 기근(饑饉)이 이어지면서 민심이 날로 불안, 흉흉하여 민중들 가운데는 살길을 찾아서 국외(國外)로 떠나는 자들이 적지 않게 되었다. 그즈음 당나라도 반당적(反唐的) 세력인 번진(藩鎭)과의 싸움으로 큰 혼란에 빠져 있었다. 당시 헌종(憲宗)은 국력을 다하여 이들 번진 토벌에 매달렸지만, 지방 토호세력의 할거로 중앙의 황제권은 급속히 약화되어 갔다. 이러한 이완된 중앙의 정치적 통제력 속에서 재당(在唐) 신라 거류민들은 그 거류지에서 치외법권 비슷한 세력을 가지고 집단생활을 하고 있었다.

그러고 보면 섬에서 성장한 장보고와 정년 같은 청년들이 집단으로 바다를 건너갈 생각을 갖게 된 것은 있을 수 있는 일이었다. 민중들이 살길을 찾아 앞다투어 입당(入唐)하던 그 시기에, 더욱이 명견(明見)과 탁월한 재능을 갖춘 장보고로서는 당시의 골품체제 아래에서 신분 상승의 한계를 느꼈을 수도 있다. 또 한 가지는 조선(造船) 및 항해술의 발달과 지리적 항로의 편의인데 신라의 남쪽 끝인 완도 해안에서 중국 산동반도 돌출한 끝인 적산까지의 직로는 순풍을 만나면 몇 날 뱃길밖에 되지 않았다는 점이다. 그것은 후일 일본의 구법승 엔닌이 신라인들의 배를 타고 일본으로 돌아올 때의 항해 시간으로 보아서 확인되었다. 신라인의 조선 및 항해술의 발달과 항로 등에 관하여는 이미 광범한 연구가 나와 있다.[55] 이렇게 볼 때 장보고의 도당(渡唐) 동기는 개인적 포부와 나·당의 사회정치적 상황, 그리고 조선(造船) 및 항해술의 발달과 지리적 항로의 편의 등이 복합된 것으로 볼 수 있다.

장보고 세력의 형성과정은 그가 도당하여 무령군 소장(武寧軍小將)이 되고 적산포를 중심으로 무역을 크게 하다가 후에 귀국하여 완도에 청해진을 설치하고 명실공히 동아시아의 '해상패자(海上覇者)'로서 크게 활약하기까지의 그의 행적과 당시 나·당·일의 정세에 대한 고찰을 통해 유추해 볼 수 있다. 장보고 일행은 당으로 건너가 서주(徐州) 지방에 자리를 잡게 되는데 그곳은 신라인들에게는 아주 생소한 땅은 아니었다. 서주에 인접한 산동반도 일대가 고구려 유민 출신인 이정기(李正己) 일가에 의해 점유되어 있었기 때문이다. 당시 각지에는 신라인들의 집단거류지인 치외법권적 촌락들이 생겨서 무역도 한 것으로 짐작된다. 영주(營州, 지금의 遼寧省 朝陽) 출신의 이정기는 안사(安史)의 난(755-764)을 계기로 762년 당나라 조정으로부터 평로치청절도사(平盧淄青節度使)로 임명되었다가 그의 상관이던 후희일(候希逸)을 몰아내고 765년 스스로 평로치청(平盧淄青)의 번수(蕃首)가 된 사람이다. 당 조정에서도 그를 '평로치청절도사 겸 해운압신라발해양번사(平盧淄青節度使兼海運押新羅渤海兩蕃使)'로 임명하여 해운과 신라·발해와의 외교를 관장하게 하였다.

한편 장보고 일행이 자리 잡은 서주 지방은 777년 이정기에 의해 점유되어 한때 그 지배를 받기도 하였으나 그의 사후 일족 간에 분쟁이 일어나 781년에 그의 일족인 서주자사(徐州刺史) 이유(李洧) 등이 기주(沂州)·밀주(密州)와 함께 서주를 당 조정에 바치고 귀순함으로써 이미 그 지배에서 벗어나 오히려 이납의 평로치청군과 당 조정 편에 선 이유의 서주절도사(徐州節度使)가 대치하는 상황에 놓여 있었다. 장보고가 소속되어 있던 무령군은 바로 서주절도사의 아군(牙軍)으로 이씨 일가를 공격하는 최선봉군이었다. 이씨 일가가 그 세력이 커지면서 중앙에 세입(歲入)도 보내지 않고 노골적으로 반당적(反唐的) 태도를 보이기에 이르자, 당나라 헌종은 본격적으로 토벌에 착수하게 되는데 819년 2월 도지병마사(都知兵馬使) 유오(劉悟)가 이사도를 죽이고 관군에 투항함으로써 이씨 일가는 그 막을 내리게 되었다.

『삼국사기』 신라 헌덕왕 11년 7월 기사에는 당나라 임금의 요청을 받은 신라왕이 순천군장군(順天軍將軍) 김웅원(金雄元)을 원군사령관으로 임명하고 3만 대군을 파송한 것으로 기록되어 있다.[56] 그때가 바로 장보고와 정년이 소속된 무령군이 토벌부대 선봉의 창기대(創騎隊)가 되어 원병으로 온 신라인들까지 합세, 출전해서 공을 세울 기회였던 것이다.[57] 무령군의 아졸(牙卒)로부터 출발하여 평로치청의 토벌에 공을 세움으로써 장보고는 군중소장(軍中小將)이 되었다. 무령군 소장이 된 장보고는 820년대 전반에는 해상교역에 참여했던 것으로 짐작된다. 천장(天長) 2년(824)에 그가 일본 지쿠젠(筑前)에 다녀온 사실이 엔닌의 일기에 나오고 있고,[58] 장경(長慶) 원년(821)에는 다른 강회(江淮)의 번진(藩鎭)들과 마찬가지로 무령군에서도 감군정책(減軍政策)이 실시되었을 것으로 보여[59] 그즈음 그가 이군(離軍)하여 해상교역에 투신했을 것으로 짐작된다. 그의 해외거점인 적산법화원의 위치로 보아 적산포(赤山浦)를 중심으로 무역활동에 종사했을 것으로 보인다.

장보고가 무령군을 떠난 해를 821년경으로 보면, 828년 귀국하기까지 약 6~7년간 무역활동에 종사한 셈이 된다. 이렇듯 장보고가 적산포를 중심으로 한 해상무역을 구상할 수 있었던 것은 황해의 해상무역을 독점하다시피 한 이정기 일가가 819년 이사도가 토벌됨으로써 몰락하게 되어 황해가 힘의 공백 상태였기 때문이다. 또한 9세기에 들어와 공무역 체제의 붕괴와 사무역의 성행으로 '남방해로(南方海路)'를 통한 동서 문물교류가 활성화되면서 해상(海商)들의 국제 해상무역 활동이 크게 증가하고 있었다는 점도 그의 구상을 촉발하는 계기가 되었을 것이다. '남방해로'를 통해 아라비아, 페르시아, 인도 상인들의 왕래가 잦았고, '남방해로'의 연장으로서의 동북아 항로를 통해 재당 신라인들이 나·당·일을 연결하며 국제 해상무역의 한 축을 담당하고 있었다는 사실은 명견(明見)의 소유자인 장보고로 하여금 황해 해상무역의 무한한 가능성을 간파하고 해상무역 활동에 투신하게 하는 추동력이 되었을 것이다.

또한 이 무렵 당나라에서는 이정기 일가의 몰락에 따른 산동지역의 힘의 공백과 함께 신라의 변방통제력 약화로 해적에 의한 신라인의 약매(掠賣) 행위가 성행했다. 이러한 해상에서의 치안부재(治安不在) 현상은 해도(海島) 출신으로 군중소장 경력을 가진 그가 두각을 나타낼 수 있는 좋은 계기가 되었을 것이다. 특히 호방하고 의협심이 강한 '호협(豪俠)'의 인물 장보고로서는 새로운 바다 질서 정립의 필요성을 절감했을 것이다. 이렇게 해서 장보고는 당의 중앙정부에 대한 반항적 세력인 절도사들을 제압하는데 협력하여 무령군 소장이 되고, 해상교역의 안전을 위한 해적소탕에도 공을 세우고, 해상무역에 있어서도 크게 활약하며, 여러 곳에 있는 신라방(新羅坊)의 치외법권을 가진 거류민단의 집합원(集合院)의 기반을 만들고, 드디어는 해상왕이 되기에 이른 것이다.

장보고가 정년과 함께 당으로 건너간 것이 20대 초반인 812~813년경이고 그가 귀국한 것은 828년이었으니, 그가 당에서 활약한 기간은 약 15~16년간이 된다. 그가 귀국한 가장 주요한 동기는 해적이 신라인들을 약취(掠取)·매매하는 데 격분하여 이를 근절하고자 하는 데 있었다. 신라와 당의 사서(史書)를 보면, 신라가 대당외교를 통하여 신라인들을 탈취하는 것을 막도록 교섭하고 장보고 자신이 당의 정부를 움직여서 노력해 보았으나 노비 약매(掠賣)를 근절시키기에는 미흡했다. 헌덕왕 8년(816) 신라 정부가 숙위왕자(宿衛

王子) 김장렴(金長廉)을 통해 '신라노(新羅奴)'의 약매(掠賣) 행위를 단속시켜 줄 것을 당 조정에 요청하자, 이에 당은 즉각 금령(禁令)을 내린 바 있다.[60] 그러나 이러한 금령에도 불구하고 당 조정의 지방통제력 약화로 신라 양민 약매 행위는 여전히 성행하였다. 이러한 해적에 의한 '신라노'의 약매 행위의 심각성은 평로치청이 토멸된 뒤인 821년 평로군절도사(平盧軍節度使) 설평(薛苹)이 올린 상주문(上奏文)이나, 823년 신라국사(新羅國使) 김주필(金柱弼)이 당 황제에게 올린 상표문(狀表文)에서도 잘 나타나고 있다.

설평은 자신이 올린 상주문에서 해적에 의해 납치된 신라 양민이 자신의 관할지역인 등주(登州)·내주(萊州) 등지를 비롯한 연해안 여러 곳에서 노비로 매매되고 있다는 사실을 지적하고 이 같은 범법행위가 근절될 수 있도록 칙령(勅令)을 내려줄 것을 청원하였으며,[61] 이에 따라 821년 3월 11일 황제의 칙령이 즉각 내려졌고 그로부터 2년 뒤인 정월에는 '신라노'를 방환(放還)하라는 칙령이 내려진 사실이 『구당서(舊唐書)』 권16 목종본기(穆宗本紀) 장경(長慶) 3년(823) 정월조에 나오고 있다. 이어 『당회요(唐會要)』 권86 노비(奴婢) 장경 3년 정월조에는 풀려난 신라인들이 본국에 귀환할 수 있도록 선편을 제공해 줄 것과 향후에도 신라인들을 약매하지 않고 방환 조처해 줄 것을 청원하는 김주필의 상표문이 실려 있다. 그러나 거듭된 금칙(禁勅)에도 불구하고 신라인 약매 행위가 근절되지 않았음은 『당회요』 태화(太和) 2년(828) 10월조에서 당 황제가 821년 3월 11일자 금칙의 이행을 재차 명하고 있는 데서도 잘 드러난다.

9세기 초 신라에는 만성적인 기근과 사회정치적 혼란으로 인해 중국에 건너가 살기를 희망하는 사람들이 많았으며, 이들 신라인들을 수송하던 변경의 군소해상세력 중에는 이들을 중국에서 노비로 매매하는 경우도 있었던 것으로 보인다. 헌덕왕 13년(821) 봄 '기근으로 인해 자손을 파는 자들이 있었다'는 『삼국사기』의 기록으로 보아 이들을 사서 중국 상인에게 노예로 팔아 넘긴 중개무역상도 있었던 것으로 짐작된다. 이처럼 노비를 포함한 각종 무역품을 싣고 왕래 교역했을 것으로 보이는 이들 군소해상세력으로 인해 재당(在唐) 신라인의 해상활동이 지장을 받게 되었을 것은 분명하다.

이렇게 볼 때 장보고의 귀국 동기에는 신라인 약매 행위의 근절과 함께 완도를 중심 거점으로 이들 군소해상세력을 자신의 통제 아래 두는 한편 재당 신라인 사회와의 유기적인 연계를 통해 동양 삼국의 해상권을 장악함으로써 국방과 무역을 확장 발전시키려는 원대한 포부가 작용했을 것이라 짐작할 수 있다. 이 외에도 장보고의 귀국 동기에는 당시 번진(藩鎭)의 사정도 작용했을 것으로 보인다. 반당적(反唐的) 태도를 보이던 이정기(李正己) 일가의 마지막 인물 이사도(李師道) 등 번진 군벌이 토멸된 뒤 당 중앙정부의 점진적인 군사비 삭감정책이 실시되면서 다른 강회(江淮)의 번진들과 마찬가지로 장보고가 소속해 있던 무령군 또한 감군(減軍) 정책이 실시된 점을 고려할 때 장보고가 이군(離軍)하게 된 동기를 이와 관련하여 생각해 볼 수도 있을 것이다.

귀국 시 장보고가 청해를 선택한 것은 그의 고향이기도 하거니와, 서남해 연안과 다도해 도서(島嶼)에 기반을 둔 군소해상세력을 가장 잘 통괄할 수 있는 지역이기도 하고, 또 그 지리적 위치가 국방과 나·당·일 삼각교역의 거점으로 해로(海路)의 요충지임을 잘 알고 있었기 때문이다. 『삼국사기』 신라본기 흥덕왕(興德王) 3년(828) 4월조 기록은 「淸海大使 弓福, 性 張氏(一名 保皐)가 당의 서주에 건너가서 군중소장이 되었다가 후에 귀국하여 왕을 뵈옵고 병졸 만 명으로써 청해(지금의 완도)를 진수(鎭守)하게 되었다.」[62]고 하는 것에서 시작되고 있다.

이어 『삼국사기』 열전(列傳) 장보고전에 나타난 내용을 보면, 후에 장보고가 귀국하여 흥덕대왕을 뵙고 아뢰기를 「중국의 어떤 곳에 가보니 우리 사람들을 노비로 삼고 있습니다. 청해에 진(鎭)을 만들어 해적들이 우리 사람을 서쪽으로 납치해 가지 못하게 하기를 바라나이다」[63] 하였다. 청해는 신라 해로(海路)의 요충지로 지금의 완도라는 곳이다. 대왕이 장보고에게 병사 만 명을 주어 진을 설치하게 하니, 그 후로 해상에서 우리나라 사람을 파는 자가 없었다. 그리하여 장보고는 귀하게 되었다고 기록되어 있다. 한편 중국의 『신당서』 권220 「동이전」 신라조와 두목의 『번천문집』 권6 「장보고·정년전」에도 우리 『삼국사기』와 대동소이한 내용이 실려 있는데, '태화(太和, 827~835) 이후 해상에서 신라인을 파는 자가 없게 되었다'는 내용으로 보아 장보고의 청해진 설치는 그만큼 커다란 성과를 거두었다고 볼 수 있다.

청해가 신라 해로(海路)의 요충지(淸海海路之要也)인 것은 청해가 당과의 교통만이 아니라 또한 일본과의 교통의 요지이기도 하다는 의미가 함축되어 있다. 이는 청해진 설치의 목적이 당과의 관계에만 그치는 것이 아니라 일본과의 교역관계도 염두에 두었음을 알 수 있다. 당시 한반도를 중심으로 한 동아시아 3국의 항로는 당의 명주 또는 양주·등주로부터 황해를 건너 흑산도 근해를 거쳐 한반도 연안의 각 하구(河口) 내지는 한국해협으로 일본 북큐슈(北九州)에까지 통하는 것이었고, 이러한 항해 요충지에 해당하는 곳이 한반도의 서남단(西南端) 또는 다도해라고 볼 수 있는데 다도해 중에서도 그가 굳이 완도를 택한 이유는 그의 향읍(鄕邑)과 관련지어 생각해 볼 수 있을 것이다.[64]

『삼국사기』의 기록으로 보아 청해에 설진(設鎭)한 시기는 일단 828년으로 볼 수 있다. 그러나 청해진이 신라의 관제(官制)에 의한 것이라기보다는 장보고의 사병집단(私兵集團)으로서의 성격을 강하게 띠고 있었다는 점에서 장보고의 청해진 설치는 828년 4월 이전에 이미 완도 지방에서 세력 기반을 구축한 그가 국왕을 배알(拜謁)하여 자신의 세력을 신라 조정으로부터 정식으로 인가받은 것일 수도 있다. 그렇다면 여기서 병졸 만 명은 완도 일대의 변민(邊民) 1만 명을 규합한 일종의 민군(民軍)조직에 대한 지배를 정치적으로 인가(認可) 받은 것이라고 할 수 있다. 또는 당시의 국내외 정세를 통찰하고 청해 설진의 필요성을 국왕에게 역설하여 그의 양해하에 변민을 규합하여 일종의 민군조직으로서 청해에 설진한 것일 수도 있다.[65] 이러한 민군조직으로서의 청해진의 특수성은 1만 병(兵)으로서 변방 요지를 진수하는 무관(武官)에게 규정의 직명을 부여하지 아니하고 '대사(大使)'라는 특별한 명칭을 사용한 것에서도 찾아볼 수 있다.

『삼국사기』를 위시하여 엔닌의 『입당구법순례행기』에서도 그를 대사(大使)라고 부르고 있는데, '청해대사'의 '대사'라는 관직명은 일찍이 신라에서는 듣지 못한 것으로 신라 관제에 의해 임명된 것이라고 볼 수는 없는 일종의 특수 직명인 것으로 보인다. 말하자면 대내외적으로 그의 자유로운 입장을 의미하는, 대장이나 장군과는 차이가 있는 특수 관직의 특별한 명칭이라고 볼 수 있다.[66] 엔닌의 일기에서도 장보고 대사 외에 유력한 신라 거류민 단장들—문등현(文登縣)의 장영 대사(張詠大使), 초주의 설전 대사(薛詮大使) 등—을 대사라고 존칭하고 있고, 한편 『당회요』 권78에서도 절도사의 별칭인 절도대사(節度大使)·관찰대사(觀察大使)·진수대사(鎭守大使) 등 대사의 직함이 많이 보이는 것으로 보아서 이미 당에 거류하는 신라인들이 당에서 부른 관례대로 귀국한 후에도 존칭하게 된 것으로 볼 수 있다.

청해진의 특수한 성격은 '청해(清海)'라는 진명(鎭名)에서도 잘 드러난다. 당시 변방 해안에 설치된 진명은 당성진(唐城鎭)·혈구진(穴口鎭)·패강진(浿江鎭) 등에서 보는 바와 같이 고유 지명에서 유래된 것인데 반해, '청해'는 고유 지명이 아닌 '바다를 맑게 한다'는 뜻에서 유래된 것으로 바다를 맑게 평정하려는 그의 사상이 담겨 있다. 이러한 그의 '청해정신(清海精神)'은 곧 해적소탕이라는 설진(設鎭) 동기와 관련해서 생각해 볼 수 있을 것이다. 따라서 '청해진'은 일정 지역을 관장하는 군진(軍鎭)이 아니라 전(全) 해상에서의 권한을 위임받아 대내외적으로 반(牛)독립적 위치에서 독자적 행동을 취할 수 있으므로 해서 그의 세력 형성의 단초가 되었다고 볼 수 있다.[67]

신무왕(神武王)의 즉위에 공로가 큰 그에게 마치 의협적(義俠的)인 국외자(局外者)에게 내리는 듯한 '감의군사'라는 칭호와 식읍(食邑) 2천 호를 봉하여 준(感義軍使食實封二千戶)[68] 데서도 정치적 독립성을 내포한 분봉(分封)의 의미와 함께 대내외적으로 그의 자유로운 입장을 살펴볼 수 있다. 문성왕(文聖王) 즉위 직후 그의 공렬(功烈)을 표창하는 의미로 내린 '진해장군(鎭海將軍)'이라는 칭호 또한 3국 간 교역을 방해한 해적을 진압한 공로를 인정받은 것으로 볼 수 있다는 점에서 '진해'와 '청해'는 같은 의미를 담은 것이다.

그렇다면 당시 신라 조정은 왜 청해진 설치를 정치적으로 인가했을까? 우선 안사(安史)의 난 이후 당의 지방통제력 약화로 시작된 황해 연안의 질서 붕괴로 서남해안에 군진을 설치할 필요성을 느꼈을 것이다. 이는 청해진 설치 이후 서남해안의 군사 요충지이자 지방행정구역의 중심지인 당성진(829년), 혈구진(844년) 등에 잇따라 군진을 설치한 것을 보면 알 수 있다. 해도(海島) 출신으로 해사(海事)에 능하고 당의 군중소장직을 역임한 데다가 상당한 수효의 사병을 거느리고 있던 장보고가 스스로 진을 설치하여 자국민을 보호하겠다고 하니, 변방통제력을 상실하다시피 한 신라 조정으로서는 해안 경비에 있어 최소비용으로 최대효과를 거둘 수 있었으므로 거절할 하등의 이유가 없었을 것이다.

다른 하나는 왕위쟁탈전이 극심하던 신라 하대의 정치적 상황과 관련지어 생각해 볼 수 있다. 당시 행정 최고책임자였던 시중(侍中) 김우징(金祐徵)과 그의 심복인 무주도독(武州都督) 김양(金陽)은 김우징의 부친 균정(均貞)이 차기 왕위계승의 유력후보 중의 한 사람이었으므로 군사적 기반이 절실했을 것이고 장보고가 장차 후원 세력이 될 수 있을 것으로 판단하여 청해진 설치를 지지했을 수도 있다. 청해진 설치 후 한동안은 장보고와 신라 왕실 그리고 경주 귀족들 모두가 제각기 목적을 달성했던 것으로 보인다. 황해상에는 노예무역을 일삼던 해적선이 근절되었고, 장보고는 해상무역을 통해 엄청난 부를 축적하고 신라 조정의 공인 아래 막강한 군사력을 보유함으로써 해상왕국을 건설하였으며, 신라 왕실은 효율적인 변방 통제를 통해 영토와 자국민을 보호할 수 있었고, 설진(設鎭)을 지지했던 김우징은 장보고의 군사력을 이용하여 신무왕으로 즉위하게 되었다.

장보고가 귀국하여 완도를 본거로 하고 활동하게 된 후에도 장보고의 무역선인 교관선(交關船)이 수시로 당을 드나들며 대당매물사(大唐買物使)라는 독자적인 무역사절단을 파견하기도 하며 교역활동을 벌였던 것으로 보인다. 장보고 자신과 그의 부하들이 당에 왕래하면서 이미 적산에 설치된 대규모의 재단과 신라원 및 장원에 인원을 배치하고 무역을 계속했던 것이다. 그즈음 당나라 각지에는 신라 거류민단이 조직되어 있어서 무역이 이미 성행하고 있었는데 당시 장보고의 교관선은 북쪽 산동반도에서 황해 연안을 따라 남쪽 양자강 하구까지 곳곳을 누비고 다녔던 것으로 엔닌의 『입당구법순례행기』에는 기록되어 있다.

엔닌의 일기에는 839년(開成 4년) 6월 27일에 장보고의 교관선 두 척이 적산포에 도착하여 대당매물사 최 병마사(崔暈)가 신라를 향해 출발하려던 신무왕에 대한 당의 책봉사(冊封使) 오자진(吳子陳) 등 일행과 적산법화원에서 상봉한 사실이 기록되어 있으며,[69] 840년 2월 15일에 교관선을 이끌고 온 청해진 병마사(兵馬使) 최훈이 장강(長江) 연안의 양주와 등주(登州) 유산포(乳山浦) 사이를 왕래하고 있다는 소식을 들은 것으로 기록되어 있다.[70] 또한 회수(淮水)

와 초주 및 양주에서도 장보고의 무역선에 관한 이야기를 들은 것으로 기록되어 있다. 장보고는 산동반도 일대와 회하(淮河) 유역의 여러 도시에 산재해 있던 신라 무역상들을 점차적으로 통합하고 조직화하여 하나의 큰 세력으로 결집해 나갔던 것[71]으로 보인다.

이처럼 장보고가 당에서 자신의 세력권을 구축할 수 있었던 배경에는 당시 당의 각지에 형성되어 있던 신라방 혹은 신라촌이라 불리는 신라인 사회와의 연계가 크게 작용했던 것으로 나타나고 있다. 이러한 연계망을 구축함에 있어 특히 등주(登州)의 장영(張詠)과 초주(楚州)의 유신언(劉愼言) 등의 역할이 컸다. 나아가 장보고는 완도를 중심 거점으로 대일(對日)무역을 개시하여 나·당·일 간의 삼각교역에 의하여 해상권을 장악할 수 있게 되었다. 장보고가 활동하던 9세기 전반 일본은 신라와의 공식적인 국교가 단절된 상태였으므로 해외무역을 전적으로 사무역에 의존하고 있었다. 당시 일본 정부가 대마도에 '신라역어(新羅譯語)'를 두었던 것으로 미루어 신라 무역상들의 왕래가 빈번했던 것을 알 수 있다.

일본은 북큐슈(九州)의 하카다(博多)에 설치되어 있던 다자이후(大宰府)를 중심으로 대외교역을 수행하면서 당과의 교통이나 교역상의 정보를 주로 이들 신라 국제무역상들에게 의존했던 것으로 보인다. 그러나 신라 무역상들의 대일 무역활동이 본격화된 시기는 청해진 설치 이후인 것으로 짐작된다. 당시 일본에서도 신라인 사회의 존재는 주목할 만한 것이었으며, 재일(在日) 신라인들은 재당(在唐) 신라인들처럼 주로 무역에 관련된 일에 종사했던 것으로 보인다. 청해진의 회역사(廻易使)가 가지고 온 물건을 일본에서는 '당국화물(唐國貨物)'이라 하였는데 고가품임에도 불구하고 이 물건을 구하기 위해 대금을 선납하기도 한 것으로 보아 상당한 인기가 있었음에 틀림없다.

장보고가 불의의 변을 당하기 전 『속일본후기』 승화(承和) 7년(840) 12월조[72]에 기록된 그의 대일무역의 시도에 관해 살펴보면, 장보고는 일본 조정을 상대로 독자적인 대일 공무역을 트려고 국가의 사신이나 조공사가 아닌 장보고 개인의 회역사(廻易使)라는 무역사절단을 일본에 파견하면서 마구(馬具)를 위시하여 여러 가지 품종을 다량으로 보낸 것으로 나와 있다. 이에 대하여 일본 북큐슈의 다자이후(大宰府)는 번외(藩外)의 개인과는 외교를 한 국제관례가 없으므로 허용할 수 없다고 하며 이를 거부하고 장보고 선단을 그들의 거점인 홍려관(鴻臚館) 인근으로 돌아가게 하였으나, 그 다음해 2월조에는 그 물품을 민간의 사교역(私交易)의 방법으로 자유로이 교역할 것을 공허(公許)하면서 가격의 부당함으로 인해 일본인이 가산을 탕진하는 일이 없도록 하라고 경계하고 있다. 이렇게 해서 사적 민간무역이 허용되고 장보고의 무역사절에게는 노자로 식량을 주어 보냈다고 기록되어 있다. 당시 일본의 대외관문이던 지쿠젠(筑前) 지역의 사람들에게 장보고는 이미 최고의 한류 스타로 널리 알려져 있었다.

장보고는 국방과 무역에 힘쓰는 데 그치지 아니하고 왕가의 요청에 의하여 의분을 느끼고 왕위계승을 둘러싼 왕실의 싸움에 관여하게 되었다. 『삼국사기』 본기[73] 및 열전[74]을 보면, 홍덕왕이 재위한 지 11년(836) 12월에 돌아가매 그의 종제(從弟) 균정(均貞)과 종제(從弟) 헌정(憲貞)의 아들인 제륭(悌隆, 후에 僖康王)이 각기 임금이 되려고 했다. 이때 시중 김명(金明, 후에 閔哀王)과 아찬 이홍(利弘)·배훤백(裵萱伯) 등은 제륭을 받들고, 아찬 우징(祐徵)은 조카 예징(禮徵)과 김양(金陽)과 함께 그의 아버지 균정을 받들어, 동시에 대궐에 들어가 싸우다가 김양은 화살에 맞아 우징과 함께 도망가고 균정은 해를 입게 되는데, 그 후 제륭이 즉위하니 그가 희강왕이다. 그는 김명을 상대등으로, 이홍을 시중으로 삼았다. 우징은 화가 미칠 것을 두려워하여 처자와 함께 달아나 배를 타고 청해진 장보고에게로 가서 의지했다.

그런데 희강왕 3년 정월에 김명과 이홍 등이 병란을 일으켜 왕의 가까운 신하들을 죽이니, 희강왕은 스스로 온전치 못할 것을 알고 궁중에서 목매어 돌아갔다. 그리하여 김명이 즉위하니 그가 민애왕이다. 김양은 군사를 모집하여 청해진으로 들어가서 우징을 찾았다. 우징은 청해진에서 민애왕이 찬위(簒位)한 것을 듣고 청해진 장 대사에게 '김명은 임금을 죽이고 스스로 왕이 되었고, 이홍도 임금과 아버지를 함부로 죽였으니, 하늘 아래에 같이 있지 못할 원수이다. 원컨대 장군의 병력에 의하여 임금과 아버지의 원수를 갚고자 한다'고 했다. 『삼국유사』[75]에서는 우징이 '네가 나를 위하여 원수를 갚아주어서 내가 왕이 되면 너의 딸을 왕비로 맞아 들이겠다'고 하니 이에 궁파가 허락하고 군사를 일으켜 서울로 쳐들어가서 우징, 즉 신무왕(神武王)을 세웠다고 기록되어 있다.

장보고의 최후에 대해서는 『삼국사기』와 『삼국유사』의 기록이 다소 차이가 있는데, 시기와 사리(事理)로 보아서, 장보고의 딸과 왕실이 혼인하기로 자진하여 혼약을 한 것은 신무왕이지만 그 약혼의 상대자는 신무왕의 아들 문성왕이었고, 조정 신하들에게 장보고의 딸을 왕비로 맞아들일 것을 제의하였다가 백관의 반대로 인하여 그 혼인을 성사시키지 못하고 선왕의 약조를 위약하여 장보고의 원망을 사고, 마침내 장보고에게 누명을 씌우고, 암살까지 하게 된 일은 모두 그 아들 문성왕 때에 생긴 것이라고 본 것은 『삼국사기』의 기록이 옳고, '청해진에 거하여 반란을 일으켰다(據鎭叛)'[76]는 것은 『삼국사기』의 조작이 분명하다. 『삼국유사』의 기록에는 신무왕이 맺은 혼약을 문성왕이 위약하였기 때문에 장보고가 '반란을 모의하려 했다(欲謀亂)'는 말과 또 '장차 불충한 일을 하려 한다(將爲不忠)'는 말이 나오고 있으나 모반의 구체적 사실에 대해서는 밝혀진 바가 없다.

문성왕의 조정이 장보고에게 모반(謀叛)·역모(逆謀)라는 죄명을 뒤집어씌워 암살하고 악명을 세상에 퍼뜨린 데 대해서는 그 진상을 밝힐 필요가 있다. 정조(正朝)때 안정복(安鼎福)의 『동사강목(東史綱目)』권5, 상(上)[77]에는 장보고를 '도살(盜殺)'했다고 밝히고 있고, 중종(中宗)때 유희령(柳希齡)이 『동국통감(東國通鑑)』을 대본으로 하여 간략하게 만든 『표제음주동국사략(標題音註東國史略)』에는 이렇게 기록되어 있다.

> 임금이 이미 보고의 딸을 비로 맞아들이지 아니하였으므로, 보고가 임금을 원
> 망한 것도 대개 그럴 연유가 있다.…그러나 반란을 일으킨 사실이 현저히 있다
> 면, 죄상을 말하고 쳐도 가할 것이요, 만약 애매하여 밝히기 어렵다면, 그의 공
> 으로써 그 허물을 덮어두는 것이 가하다. 이제 모반의 구체적 사실이 없을진대,
> 어찌 그 공을 시기하고 사리(私利)를 좋아하는 무리가 군신을 이간하는 것이 아
> 닌지 알 수 있겠는가. 왕이 어찌하여 소인배의 말을 살피지 못하고, 도적의 꾀에
> 넘어가는가. 보고가 이미 천하의 이름이 있고, 임금을 옹립한 큰 공훈이 있는데,
> 하루아침에 부도의 악명(不道之惡名)을 뒤집어쓰니, 후에 누가 밝힐 수 있겠는가.
> 보고의 죄가 비록 그러할지라도, 임금이 이미 전왕의 맺은 혼약을 위반하고, 또
> 전왕이 맡긴 중한 일을 잊어버리고, 보고를 앙앙실지(怏怏失地)케 하였으니 임금
> 이 보고에게 대하여 책임을 지고 있다. 이제 그 죄를 밝히지 않고 몰래 목 베어
> 죽이니(暗行誅殺), 어찌 억울하지 아니하냐.[78]

더구나 장보고의 딸을 왕비[大妃]로 맞아들이려다가 그만두기로 결정한 때와 장보고를 암살한 때의 사이에는 1년 이상의 긴 세월이 경과하였고, 암살당하는 순간까지도 장보고가 청해진을 지키는 현직 장군으로 있었는데 반해 염장(閻長)은 그때까지 서울 조정의 가까운 신하가 못되고 무주(武州, 지금의 光州)의 변장(邊將)으로 있었다는 점 등으로 보아서 영전(榮典)의 사욕이 있었

던 것으로 짐작된다. 『삼국사기』 문성왕 8년 봄 기사[79]에는 '염장이란 자가 와서 고하기를, 조정에서 만일 자기의 말을 들어준다면 자기는 단 한 사람의 병졸도 수고롭게 하지 않고 맨주먹으로 궁복(弓福)의 목을 베어 바치겠다고 하였다'고 나와 있다. 이에 왕이 허락하자, 염장이 청해진에 거짓 투항한 후 장보고의 목을 베었다고 하였다.

한편 장보고를 암살한 염장은 청해진과 가장 관계가 깊은 무주 사람이며, 신무왕을 옹립한 공으로 무주의 차관직인 별가(別駕) 자리에 있었던 점을 감안할 때 장보고의 암살과정에 서남해안지방의 군소해상세력 내지는 이 지방 토호층과의 연계 가능성을 완전히 배제하기는 어려울 것이다.[80] 『삼국사기』의 기록에 의하면 신무왕 옹립에 큰 공을 세운 김양(金陽)이 문성왕 4년(842) 3월에 그의 딸을 왕비(大妃)로 들였다고 나오는데[81] 이는 장보고 딸의 납비 문제를 파기시킨 김양이 은밀하게 염장을 파견하여 장보고를 모살(謀殺)한 뒤 이루어진 것으로 볼 수 있다.

장보고의 사망 연대에 관해서는 『삼국사기』[82]에는 문성왕 8년(846) 봄에 암살당했다고 나와 있는 반면, 『속일본후기』 승화(承和) 9년(842)[83]에는 문성왕 3년(841) 11월에 암살당한 것으로 기록되어 있다. 『속일본후기』 승화 9년 정월조에 염장의 부하 이소정(李少貞)이 일본에 가서 '장보고는 이미 죽었다'고 하였고, 장 대사가 통괄하던 완도인 어려계(於呂系) 등이 일본에 귀화하여 이르기를 '장보고가 작년(841) 11월에 죽었으므로 거기서 편히 살 수가 없어 일본으로 왔다'고 한 것으로 기록되어 있다. 이렇듯 두 문헌이 5년의 시차를 보이고 있으나, 엔닌이 그의 일기에서 전 청해진 병마사(兵馬使) 최훈십이랑(崔暈十二郎)이 '국난(國難)'을 당해 845년 7월 현재 중국 연수(漣水)의 신라방에서 망명생활을 하고 있음을 기록[84]하고 있는 것으로 보아 장 대사의 암살 시기는 846년 봄으로 보는 『삼국사기』의 기록보다는 841년 11월 중으로 보는

『속일본후기』의 기록이 타당성이 있다고 본다.

끝으로 장보고 사후의 상황을 살펴보면, 그의 부하와 완도의 주민들이 염장의 설유(說諭)를 듣고 엎드려 감히 움직이지 못했다는 역사의 기록은 진상과는 다른 것으로, 여러 해 동안 항거운동이 계속되어서 염장의 군대가 그들을 토벌·진압하느라 애썼고, 마침내 청해진을 파하고 완도의 주민들을 모두 벽골군(碧骨郡, 지금의 金堤)으로 강제 이주시켜서 겨우 항거 운동을 근절할 수 있었다고 김상기 교수는 그의 논문에서 밝히고 있거니와, 이에 대해서는 『삼국사기』 문성왕 13년(851) 2월 기사[85]에도 나와 있다.

그러나 장보고 사후 염장의 관할 아래 있던 청해진이 851년에 해체되면서 벽골군으로 사민(徙民)이 이루어진 대상은 장보고 세력이 아니라 염장 세력이었다고 보는 견해[86]도 있다. 그 논거로 장보고가 사망한 9년 후에야 사민이 이루어진 점과 염장 세력이 장차 장보고와 같은 세력으로 성장할 것을 신라 중앙정부가 우려했을 것이라는 점을 들고 있다. 이에 대해서는 더 연구해서 밝혀야겠지만, 어쨌든 장보고가 불의의 변을 당하여 그가 시도한 대일무역의 확대 사업을 성취하지 못한 것은 고사하고 해상활동 내지 신라 국운의 부흥의 꿈이 이루어지지 못한 것은 애석한 일이다.

9세기 전반 동아시아 삼국의 교역은 물론 서방세계와의 중개무역을 독점했던 청해진 대사 장보고의 정치외교사적 위치에 대해서는 '해상상업제국의 무역왕'이라는 호칭에 걸맞게 제대로 정립할 필요가 있다. 장보고의 정치외교적 입지는 청해진 대사 취임 이후 신라 조정에 의해서는 물론 당나라와 일본에 의해서도 그의 세력과 교역활동이 받아들여지고 이에 따른 정치적 보장 및 국제적 지위 획득을 토대로 인적 및 물적 기반에 기초하여 독립적인 정치세력으로 발전하면서 일층 강화된다. 당시 흥덕왕이 장보고의 세력권 내에 있던 완도 일대의 1만 민군조직(民軍組織)에 대한 사실상의 지배를 정치적으로 인가(認可)하여 '청해(淸海)'를 진수(鎭守)하게 한 것은 그것이 일정 지역을 관할하는 군진(軍鎭)이 아닌 전 해상에서의 권한을 위임받은 것이라는 점에서 그가 대내외적으로 반(半)독립적 위치에서 독자적 영향력을 행사할 수 있으므로 해서 그의 세력 형성의 단초가 된 것이라 할 수 있다.

여기서 민군조직 1만은 사병집단적 성격을 갖는 것으로 그의 군사력의 기반이자 이들이 무역요원으로서의 역할도 담당했을 것으로 보인다. 그리고 신무왕이 장보고의 공로를 치하하여 그를 '감의군사(感義軍使)'로 삼고 식읍(食邑) 2천 호를 내린 것은 완도를 중심으로 한 인근지역의 주민에 대한 실제적인 지배를 인정한 것으로 일종의 정치적 독립성을 내포한 분봉(分封)의 의미가 담겨 있는 것으로 볼 수 있다. 이렇게 해서 장보고는 막강한 경제력 외에 청해진의 민군조직 1만과 주민 2천 호를 거느리는 거대한 세력으로 성장해 갔다. 또한 당시 동아시아의 중추항이었던 적산포-청해진-하카다를 거점으로 재당 신라인 사회 및 재일 신라인 사회와의 유기적인 연계를 통해 세계적인 물류망을 연계하는 거대한 무역 네트워크를 구축할 수 있었던 것도 그의 세력 형성의 주요한 기반이다. 그는 청해진을 거점으로 해상항로를 장악하고 당나라와 일본에 대당매물사(大唐買物使)와 회역사(廻易使) 등의 파견을 통해 동아시아의 교역은 물론 서방세계와의 중개무역을 독점함으로써 그의 세력 형성의 물적 토대를 마련했다.

당시 나·당·일 삼국 간의 교역이 공무역 쇠퇴로 거의 단절되다시피 한 상황에서 청해진 설치는 삼국 간 교역 활성화에 크게 기여했다. 청해진은 해상 군사기지로서의 역할뿐만 아니라 신라의 무역 전진기지 또는 중개무역항으로서의 역할도 훌륭하게 수행해냈던 것으로 보인다. 장보고가 창설한 중국의 적산법화원(赤山法華院)은 그의 해외거점으로서 국제성을 띤 주요한 외교적 기관으로서의 역할도 컸다. 사실 장보고가 이처럼 단시일에 '해상왕국의 건설자'가 될 수 있었던 것은 탁월한 능력과 자질이라는 주관적 조건과 시대적 및 사회적 상황이라는 객관적 조건이 맞물려 작용했기 때문일 것이다. 역사적 문헌상에 나오는 내용으로 짐작컨대, 우선 개인적으로 그는 타고난 명견(明見)과 지혜와 통찰력 그리고 용인술과 용병술을 겸비한 인물이었던 것 같다. 게다가 그는 해도(海島) 출신으로 해사(海事)에도 능했던 것으로 짐작된다. 더욱이 그가 당으로 건너가 당나라 대운하의 요충지인 서주(徐州)를 관장하는 무령군 복무 시절에 얻은 군사적·경제적·지리적 지식과 경험이 후일 그가 재당(在唐) 신라인 사회를 통합하고 조직화하여 국제무역을 발전시키는 발판으로 작용했을 것임은 두말할 나위도 없다.

다음으로 당시의 시대적 및 사회적 상황을 보면, 동아시아 삼국의 중앙집권적 통치체제가 무너지고 지방 토호들이 발호하여 독자적 세력을 형성해감에 따라 공무역이 쇠퇴하고 사무역이 성행하는 시기를 맞게 되었다는 것이다. 당 조정이 사무역을 직접 통제할 수 없는 상황에 이르게 되자 무역에 대한 관리를 절도사에게 위임하는 조치를 취하게 되는데, 이정기를 '평로치청절도사 겸 해운압신라발해양번사'로 임명하여 해운과 신라·발해와의 외교를 관장하게 한 것이 그 좋은 예이다. 장보고의 입신은 이정기 일가의 몰락과 직접적인 관계에 있다. 그는 당시 강번(强藩)이던 이씨 일가의 토벌에 공을 세워 무령군 소장이 되었다가 무령군에서의 감군정책과 이씨 일가의 몰락에 따른 정세의 변화에 편승하여 군을 떠나 적산포를 중심으로 무역활동에 종사하면서 그곳 신라인들을 규합하여 그의 세력을 형성해갔다.

그리하여 그는 당에서 이룩한 경제력과 군사력을 가지고 귀국하여 완도에 청해진을 설치하게 된다. 바로 이 자유무역지대(FTZ)와 같은 국제항구 청해진을 중심으로 당과 일본의 교통 요충지에 이미 진출해 있던 재당 신라인들 및 재일 신라인들과 유기적인 연계를 도모함으로써 해상왕국 건설의 기반을 확고히 할 수 있었다. 엔닌의 일기에 나오는 내용으로 보아 이들 해외 동포 집단이 장보고 해상왕국의 주요한 축을 이루고 있었다는 것은 분명한 듯하다. 이렇게 해서 장보고 세력은 나·당·일 간의 삼각무역은 물론 중국내류 무역까지 장악하고 나아가 절강성, 복건성 및 양자강 일대에 진출해 있던 동남아 및 아라비아·페르시아 상인들과의 무역도 주도함으로써 동서 해상무역에 있어 선구자적 역할을 수행했다.

장보고의 정치외교적 입지는 막대한 부(富)와 강력한 군사력을 바탕으로 신라 조정으로부터 사실상 정치적 독립성을 유지하면서 독자적으로 행동하여 동아시아를 국경 없이 다스린 진정한 세계인이요 '무역왕'이었다는 점, 노예무역선·해적선의 근절을 통해 자국민을 보호하고 국방에 힘쓰며 국제무역을 확장·발전시켰다는 점, 골품제에 기초한 당시 신라의 지배체제와는 달리 양민의 입장을 대변하고 그들의 이익을 보장하며 사회정의에 입각한 인본주의적 지배를 추구하였다는 점, 귀천(貴賤)·승속(僧俗)의 벽을 뛰어넘어 평등주의의 실현과 대등한 참여를 요구하며 '열린 사회'를 지향하였다는 점, 그의 해상무역이 단순 무역업무만이 아니라 해운 및 해사 관련 업무는 물론 정부의 무역 대행, 외국 공식 사절 안내, 종교적 및 문화적 지원 등 토탈 시스템으로 이루어진 것이었다는 점, 회역사라는 장 대사 개인의 무역사절을 파견하여 일본과 독자적 외교관계를 가지려고 시도하였다는 점, 동아시아를 제패한 그의 해상중개무역이 명실상부한 21세기 '동아시아 경제권'의 원형으로 평가받고 있다는 점 등과 관련해서 생각해 볼 수 있다.

청해진 대사로서의 장보고의 지위는 막대한 부와 더불어 스스로의 독자성을 보호할 수 있는 강력한 군사력에 기인한 것이었다. 청해진의 '진(鎭)'은 단순한 무역항구가 아니라 군사기지로서 군사적 조직체임을 말해주고 있거니와, '대사'라는 직함이 당의 절도사에서 유래하였고 또 장보고의 예하에 병마사(兵馬使)·부장(副將) 등의 군직이 있는 것으로 보아 그 기본은 그가 무령군 시절에 숙지한 당의 절도사 예하의 군사체제를 원용했던 것으로 보인다. 교관선(交關船)을 이끌던 인물이 병마사라는 직명을 띤 것으로 보아 그의 선단(船團) 또한 그 기본은 대체로 군사적 조직으로 편제되었던 것으로 보인다. 이러한 강력한 군사력의 뒷받침이 있었기에 장보고는 정치적 독립성을 유지하며 완도 일대 주민은 물론이고 재당(在唐) 신라인들과 재일(在日) 신라인들을 연계해 동북아를 국경 없이 다스리며 세계시민주의 정신을 유감없이 발휘할 수 있었던 것이다. 그러나 만약 당시 동아시아 삼국이 강력한 중앙집권적 통치체제를 구사하고 사무역을 엄금(嚴禁)했다면 그의 운신(運身)의 폭은 훨씬 좁아져 해상왕국의 꿈은 실현되지 못했을 것이라는 점에서 동북아 삼국의 분권화 추세는 그가 도약할 수 있는 결정적 계기를 제공한 것으로 보인다.

또한 장보고가 노예무역선·해적선을 근절시킴으로써 양민을 보호하고 무역 진흥과 대외 개방에 힘쓰며, 골품체제에서 벗어나 인본주의적 지배를 추구하고, 대등한 참여를 요구하며 '열린 사회'를 지향한 데서 우리는 그의 정의관(正義觀)과 근대적 사고 및 세계관을 엿볼 수 있다. 장보고가 왕가의 요청에 의해 신무왕 옹립에 관여한 것을 두고 단순히 개인적인 정치적 야망을 실현하기 위한 것이라고 보는 것은 단견이 아닌가 한다. 당시 신라 하대의 문란한 정치적 상황으로 보아 의협심에서 군사를 파견할 수도 있었을 것이다. 또한 '청해진 대사'라는 그의 직함이 말하여 주듯 골품체제의 한계로 인해 신라의 관제에 편입되지 못하고 번진(藩鎭)으로 남아 있는 그로서는, 후일 문성왕에 대한 그의 납비(納妃) 기도에서 나타나듯이, 신라 왕실과 대등한 번신(藩臣)으로서의 위치를 확립할 필요를 느꼈을지도 모를 일이다.[87] 그러나 '열린 사회'를 지향하는 그의 근대적 사고와 세계관은 골품체제를 고수하는 신라왕조에는 받아들여질 수 없는 것이었고, 결국 경주 귀족과 무주지방의 호족 간 연합에 의해 장 대사는 암살당하고 만 것이다.

정치·외교·경제·문화·종교가 미분화되어 있었던 고대 동아시아 세계에서, 더욱이 중앙의 통제력이 이완되고 삼각교역이 활성화되던 시기에 해상이 국가 외교의 유일한 통로였다는 점을 감안하면 장보고의 정치외교적 영향력을 가히 짐작할 수 있다. 장보고는 청해진을 거점으로 하여 신라 정부로부터 독립적인 행정과 경영체제를 유지했으며, 해적 소탕과 중개무역을 통한 경제적 기반의 확립으로 바다와 육지를 관통하는 상생의 국제경영을 할 수 있었다. 장보고와 그 선단을 '부처님의 사도'로 보고 노비 약매(掠賣)를 근절시키기 위한 장보고의 헌신적인 노력을 보살행(菩薩行)으로 간주하며 이러한 그의 행동을 법화경의 일승평등사상(一乘平等思想)의 발로로 보는 견해[88]가 있는가 하면, 장보고의 인권 정신은 바로 홍익인간(弘益人間)의 이념을 구현한 것으로 단군의 전통과 맥이 통한다고 보는 견해[89]도 있다. 일승평등사상의 발로인 보살행이나 '널리 인간을 이롭게 한다'는 뜻인 홍익인간은 곧 상생의 이념 내지는 사해동포주의(cosmopolitanism)와도 그 맥이 통하는 것이다.

또한 『번천문집』에서 두목이 장보고를 가리켜 '현인이며 인의(仁義)의 사람' 또는 대공무사한 큰 인물로 묘사한 것이나, 『신당서』 등에서 '의용(義勇)의 인물'로 묘사한 것, 그리고 『입당구법순례행기』에서 엔닌이 장보고를 향한 흠모하는 마음을 피력한 것[90]이나, 장보고의 해외거점인 법화원이 있는 적산촌 일대에 구전되어 오는 내용* 등으로 미루어 볼 때 당시 동아시아 최

---

* 지금도 중국 산동성 영성시 석도진 적산(赤山) 꼭대기에는 적산촌민들 사이에 '장군바위'라고 불리는 거대한 바위가 있다. 마치 사람이 누운 듯한 형상을 하고 있는데, 바로 장보고 장군을 일컫는 것이다. 그 '장군바위'를 보며 적산촌민들은 소원을 빌기도 한다고 시(市) 정부 관계자가 필자에게 말해주었다. 1,200년이 지난 후에도 그곳에서 장 대

고의 한류 스타였던 장보고의 탁월한 국제경영관이 상생의 패러다임에 입각해 있다고 보는 것은 합당할 것이다. 한국학 고유의 코드인 천·지·인 삼신일체(一卽三·三卽一)에 대한 인식이 없이는 상생의 패러다임에 대한 자각적 실천이 일어날 수 없다는 점에서 '한류고속도로' 역할을 한 장보고의 상생의 국제경영은 우리 역사상 '한국학 코드의 세계화'의 전형을 보여주는 것이다. 장보고의 역사적 복권은 1,200년이라는 시간의 벽을 허물고 잃어버린 우리의 실상을 찾는 일이다.

장보고에 대한 역사적 진실 규명은 곧 '우리는 누구인가'라는 문화적 정체성에 대한 규명이며 '중심의 시각'을 되찾는 일이다. 우리 모두는 세계인 장보고의 기개와 정신을 계승하여 오늘날의 장보고가 되어 동아시아 평화 질서의 구축에 기여하고 하나인 지구촌 건설에 앞장서야 할 것이다. 이는 곧 능동적이고 적극적인 주 행위자로서 새로운 아시아 태평양시대를 개창함을 뜻한다. 장보고의 역사적 복권의 진정한 의미가 바로 여기에 있다. 21세기 아시아 태평양시대를 맞이하여 장보고의 세계시민주의 정신과 진취적인 기상과 상생의 국제경영은 진정한 동아시아 연대를 위한 하나의 방향타를 제시했다고 볼 수 있다. 장보고의 '청해정신(淸海精神)'과 대외지향적인 그의 국제경영관은 개방화·세계화와 일맥상통하는 것으로 '열린 자아'의 표징이다. '열린 자아'는 인간과 인간, 인간과 자연의 연대성을 중시한다.

노예무역선·해적선의 근절을 통해 황해상의 질서를 바로잡고 국제 해상무역을 확장·발전시키며 동아시아를 국경 없이 다스리는 과정에서 경주 귀

---

사가 그토록 기려지고 있을진대 하물며 그 당시 장 대사의 위세가 어떠했을까는 짐작이 가고도 남음이 있다. 만약 장 대사가 오직 이기적인 상거래 행위에만 몰두했다면 과연 중국 현지인들에게 그토록 기려질 수 있었을까?

족들의 시기와 경계를 받았을 수도 있을 것이고, 청해진 설치 이후 해상무역, 특히 노예무역에 의한 기득권을 대부분 잃게 된 서남해안지방의 군소해상 세력가들의 반발을 샀을 수도 있을 것이다. 양민의 입장을 대변하고 사회정의에 입각한 인본주의적 지배를 추구하며, 대등한 참여를 요구하고, '열린 사회'를 지향하는 과정에서 골품제에 기초한 당시 신라의 지배체제와 갈등 및 대립을 빚었을 수도 있을 것이다. 개방적이고 개혁적인 마인드를 가진 장보고로서는, 더욱이 당시 골품체제를 뛰어넘는 원대한 비전을 가진 장보고로서는, 납비(納妃) 기도를 통해 신라 왕실과 대등한 번신(藩臣)의 위치를 확립할 필요가 있었을지도 모른다. 그가 모든 사람의 가슴을 만족시키지 못했다고 해서, 더욱이 신무왕(神武王)이 스스로 약조한 납비 문제를 단순히 장보고 개인의 정치적 야욕과 결부시킴으로써 그의 국제경영관이 상생의 패러다임에 입각해 있지 않다고 한다면, 그것은 시비의 문제가 아니라 역사적 세계를 바라보는 시각의 편협성에 기인하는 것이라고밖에 말할 수 없다.

우리나라는 장보고 시대에 동북아 해상권 장악으로 국운(國運)이 일시 펴이는 듯하였으나 장보고의 암살로 결국 청해진은 패쇄되고, 그 통제권에서 벗어난 국내의 해상 세력가들은 각기 독자적으로 세력을 형성해가다가 후삼국시대 정립기에 개성지방의 한 해상 세력가의 후예인 왕건(王建)의 휘하에 통합되게 된다. 왕건은 서해안 일대의 해상 세력가들을 자신의 휘하에 집결시키는 한편, 다도해상(多島海上)의 해적 소탕에도 큰 성과를 거둠으로써 장보고의 유산을 계승한 후계자적 성격을 지닌 인물[91]로 평가되기도 한다. 이처럼 무역업자의 후손에 의해 고려조(高麗朝)가 개창(開創)되고 대외 무역이 성행하긴 하였으나 그것은 민간 차원이 아닌 왕실과 일부 귀족이 그 중심이었다.

그러나 삼별초의 난으로 해양세력이 소멸됨으로써 우리나라는 해양강국으로서의 지위를 잃게 되고, 이후 송(宋) 상인과 이슬람 상인들이 그 자리를 차지하다가 고려 말에 이르러 동아시아 해양은 왜구들의 준동에 내맡겨지게 되었고 우리나라 또한 빈번한 왜구의 출몰로 곤욕을 치렀다. 더욱이 명(明)의 해금정책(The Policy of Ocean Prohibition)으로 동아시아 해양이 무주공산이 되면서 왜구의 침탈 행위가 기승을 부리는 가운데 16세기 후반 도요토미 히데요시(豊臣秀吉)가 일본열도를 통일하고 이들 왜구를 조직화하여 1592년 임진왜란을 일으키게 된 것이다.

정유재란 때인 1597년(선조 30) 10월 25일(음력 9월 16일) 삼도수군통제사(三道水軍統制使) 이순신이 이끄는 조선 수군은 진도 울돌목에서 13척(軍中에 남아 있던 12척 戰船+백성들이 가져온 1척)의 배로 130여 척의 왜군에 맞서 대승을 거둔 명량대첩을 계기로 제해권을 다시 장악했으며, 1598년(선조 31)에도 절이도(折爾島)와 고금도(古今島)에서 왜군을 대파했다. 왜군은 1598년 9월 도요토미 히데요시가 죽자 철수를 준비했는데, 이순신은 12월 16일(음력 11월 19일) 명나라 제독 진린(陳璘)과 연합해 노량(露梁)에서 벌인 마지막 전투에서 500여 척의 왜군과 싸워 200여 척의 적선을 불태우고 100여 척을 나포하여 대승을 거둠으로써 7년간 계속되었던 조선과 일본의 전쟁은 끝났고, 이순신도 이 노량해전에서 적의 유탄에 맞아 전사했다. 명장 이순신은 영국의 넬슨(Horatio Nelson) 제독과 함께 세계 3대 제독으로서 일본에서조차 존경받는 인물이며 한류의 아이콘이 되어 오늘도 광화문에서 우리나라를 지키고 있다. 이순신 제독에 대해서는 워낙 잘 알려져 있으므로 더 이상 논급하지 않기로 한다.

사실 한류 현상은 새로운 것이 아니다. 『부도지(符都誌)』에 따르면, 파미르 고원(天山崑崙)의 마고성(麻姑城)에서 시작된 우리 한민족은 마고, 궁희, 황궁, 유인, 환인, 환웅, 단군에 이르는 과정에서 전 세계로 퍼져나가 우리의 천부

(天符)문화를 세계 도처에 뿌리내리게 한 것으로 나온다. 마고성 시대로부터 전해 온 천·지·인 삼신일체의 삼신사상, 즉 '한'사상[天符思想]은 동·서양의 문화·문명을 발흥시킨 모체였다. 오늘날까지도 세계 각지의 신화, 전설, 종교, 철학, 정치제도, 역(易)사상과 상수학(象數學), 역법(曆法), 천문, 지리, 기하학, 물리학, 언어학, 수학, 음악, 건축, 거석, 세석기, 빗살무늬 토기 등 거의 모든 분야에서 천부문화의 잔영을 찾아볼 수 있다.

유라시아는 원래 하나로 통해 있었다. 지금도 카자흐스탄은 '단군의 나라'로 불리고 있고, 중앙아시아는 전통 신앙인 텡그리(Tengri=당골레(당골)=단군)의 띠로 연결되어 있다. 그것은 아마도 마고성 시대로부터 환단(桓檀)시대에 이르는 우리 민족의 활동무대였기 때문일 것이다. 지금은 본래의 천부(天符)의 이치는 잊힌 지 오래되었고 언어의 껍데기만 남아 있을 뿐이지만, 때가 되어 그 껍데기에 천부의 이치를 불어넣게 되면 거대한 '문화적 르네상스'의 물결이 일어나게 될 것이다. 또한 '쿠쿠테니-트리필리아 문화(Cucuteni-Trypillia culture)'로 명명된 동유럽(몰도바, 루마니아, 우크라이나)의 신석기시대 유적지에서 19세기 후반에 거대도시와 테라코타 여신상(女神像), 그리고 음양태극의 문양이 새겨진 도자기와 맷돌 등이 발굴되었다. 이는 그리스-로마 문명보다 수천 년 전에 이미 독자적인 문명이 존재했다는 것을 말해준다. 그 문화의 원류는 한민족의 선조들과 관련이 있는 것으로 추정된다.

1973년 경주 계림로 도로공사 현장에서 '신라 황금보검(보물 제635호)'이 '적석목곽분(積石木槨墳)' 형태로 지어진 계림로 14호분에서 출토된 것은 한국 고대사 최대의 미스터리라고 불린다. 문화재청이 정한 정식 명칭은 '경주 계림로 보검(慶州 鷄林路 寶劍)'이지만 '신라 황금보검'으로 더 잘 알려져 있다. 경주 황남동에 있는 미추왕릉 지구에서 발견된 길이 36㎝의 이 보검은 단검의 형태로 5세기 후반에서 6세기 정도에 만들어진 것으로 추정되며 현재 국립

경주박물관에 소장되어 있다. 검을 장식한 보석은 동유럽 원산 석류석이고, 소용돌이 문양 또한 불가리아에서 출토된 트라키아(Thracia) 시대 유물과 흡사하다. 동유럽권과 신라의 중간인 실크로드 선상에도 이와 유사한 단검의 일부가 발견되었는데, 카자흐스탄 보로보에(Burabay) 지역에서 발견되어 현재 러시아의 에르미타주 박물관(Hermitage Museum)에 소장 중인 단검, 그리고 중국 신장위구르자치구(新疆維吾爾自治區, 신장웨이우얼자치구)의 쿠처에 있는 키질 석굴(克孜尔千佛洞) 제69굴 입구 천장의 벽화에 그려진 단검이 그것이다.

시신의 허리 부분에서 발견된 이 보검은 철제 칼집과 칼은 썩어 없어지고 금으로 된 장식만이 남아 있다. 자루의 끝부분 가운데는 붉은 마노가 박혔으며, 칼집에 해당하는 부분 위쪽 납작한 판에는 태극무늬 같은 둥근 무늬가 그려졌다. 한반도나 동아시아가 아닌 서역에서 제작한 검이 확실하다 하여 주목을 받았으며, 중앙아시아의 기마 유목민 문화와 관련이 있는 것으로 추측되기도 했다. '적석목곽분'이나, 황금과 말을 숭배하는 금관과 천마도 등은 모두 기마 유목민족들의 고고학적 특징이기 때문이다. '신라 황금보검'이 동유럽권과 중앙아시아 그리고 경주까지 이어진 미스터리는 원래 신라의 주 강역이 대륙이고 유라시아가 원래 하나로 통해 있었다는 사실을 알게 되면 풀릴 수 있다.

『삼국사기』 등에 나타난 일식 기록에 대한 분석*은 고구려·백제·신라가 모두 대륙에 있었다는 것을 보여주는 결정적인 과학적 근거다. 서울대 교수 박창범에 의하면 신라의 최적 일식 관측지는 CE 201년 이전(상대 신라)에는 양

---

* 서울대 교수 박창범은 그의 저서 『하늘에 새긴 우리 역사』(2002)에서 천문기록을 이용하여 고대 기록의 사실성 여부를 밝히고 그 기록의 시점을 산출해냄으로써 사서의 신빙성을 판별해낼 수 있다고 보았다.

자강 유역이었고, CE 787년 이후(하대 신라)에는 한반도 남부였다고 밝혔다. 『삼국사기』「백제본기」에 수록된 일식 모두를 가장 잘 관측할 수 있는 위치는 발해만 유역이며, CE 2~3세기에 주로 나오는 고구려의 최적 일식 관측지는 만주와 몽고에 이르는, 백제보다 북위도의 지역이었다고 밝혔다.[92] 이러한 최적 일식 관측지로 미루어 볼 때 고구려·백제·신라는 모두 대륙이 주 강역이었음을 알 수 있다.

'신라 황금보검'의 미스터리는 신라의 주 강역이 대륙이고 유라시아가 원래 하나로 통해 있었다는 사실과 함께 신라 김씨 조상이 흉노(匈奴, Hun) 휴도왕(休屠王) 태자 김일제(金日磾)라는 주장—김일제 후손들의 한 갈래가 한반도로 들어와 김일제 5대손인 성한왕(星漢王)이 신라 김씨의 시조인 김알지가 되었다는 주장[93]—과 연결되면 더 쉽게 풀릴 수 있다. 신라 왕족은 유목기마민족(遊牧騎馬民族)의 후예[94]라는 것이다. 『사기(史記)』권110 「흉노열전」제50에는 고구려·백제와 마찬가지로 흉노국왕 휘하에 부왕들인 좌현왕(左賢王)과 우현왕(右賢王) 제도를 두었다는 기록이 있으며, 신라와 마찬가지로 특권층인 왕의 후비(后妃)를 알씨(閼氏, 아씨)라고 불렀다는 기록이 있다.[95] 또한 독일의 유력 방송사인 ZDF 방송이 추적한 특집 다큐멘터리 시리즈 〈스핑크스, 역사의 비밀(Geheimnisse der Geschichre)〉의 '잃어버린 고리 찾기'에서는 375~376년 유럽을 강타하여 게르만 민족의 대이동을 촉발한 훈족(흉노족)을 집중적으로 취재한 결과 훈족의 원류가 한국인—특히 신라인과 가야인을 지목했다—일 가능성이 높다고 했다.

한편 3세 가륵(嘉勒) 단군 편과 15세 대음(代音) 단군 편은 흉노족과 선비족(鮮卑族)이 단군조선에서 갈라져 나간 동이족의 일파라고 하였다. 3세 가륵 단군 재위 6년(BCE 2177)에 "열양(列陽: 요동 지역)의 욕살(褥薩) 색정(索靖)에게 명하여 약수(弱水)로 옮겨 종신토록 갇혀 있게 했다가 후에 사면하고 그 땅에 봉하니 그가 흉노(匈奴)의 시조가 되었다"[96]고 기록하였고, 15세 대음 단군 재위 40년(BCE 1622)에는 "아우 대심(代心)을 남선비국(南鮮卑國)의 대인(大人)으로 삼았다"[97]고 기록하였다. 선비족이 북위(北魏)를 세워 중원에 질풍노도를 일으키던 그 시기는, 서방으로 이동한 훈족(흉노족)*이 상상을 불허하는 기동성과 가공할 전투력으로 전 유럽을 뒤흔들어 유럽인들을 혼비백산하게 했던 바로 그 시기이다. 단군의 후예인 두 단(檀)씨가 유럽과 중원에서 각각 새로운 역사의 씨앗을 뿌리기 위한 밭갈이 작업을 한 것이다.

훈 제국(375~469)은 판노니아 대평원에 '헝가리(Hungary: Hun(훈족)+gary(땅)=훈 제국의 땅)'라는 이름을 새기고는 바람처럼 사라졌다. 선비족은 중원의 오호 십육국 시대를 평정하고 남북조시대 양대 축의 하나인 북조(北朝)를 열었으며, 마침내 남북조시대를 평정하고 수(隋)·당(唐)으로 그 맥이 이어졌다. 흐름이 없는 바닷물에서는 물고기가 살 수 없듯이, '문명의 밭'이란 것도 인류 의식이 진화할 수 있는 비옥한 토양을 만들기 위해 주기적으로 대혼융이 일어나는 것이다. 우리 한민족은 고대에는 반도에 갇힌 적이 없었다. 고구려 고분 벽화에 그려진 '일중삼족오(日中三足烏)'가 말하여 주듯이 태양을 배경으로 유라시아를 관통하며 훨훨 비상하는 '자유로운 영혼'이었다. 단군조선으로부터 부여·고구려에 이르기까지 고대의 우리 민족이 '삼족오'를 국조(國鳥)로 삼은 것은, 그것이 일즉삼(一卽三)·삼즉일(三卽一)이라는 '생명의 공식(formula of Life)'을 표징하는 것이었기 때문이다.

유라시아가 원래 하나로 통해 있었다는 것은 마고 문화 및 그 후속 문화

---

* 진(秦)·한(漢)의 위협 세력이 되었던 흉노가 유럽의 민족대이동을 야기한 훈족이냐에 대해서는 논쟁이 있기는 하지만, 일반적으로 산융(山戎)이 곧 흉노이며 흉노의 서방 이동이 유럽의 민족대이동을 촉발한 훈족의 이동인 것으로 해석된다. 따라서 산융=흉노 =훈족이다.

와 수메르와의 깊은 관련성에서도 찾아볼 수 있다. 수메르는 마고성을 떠나 동서남북으로 이동해 간 네 파—즉, 파미르고원의 동쪽인 중원 지역 운해주(雲海洲), 서쪽인 중근동 지역 월식주(月息洲), 남쪽인 인도 및 동남아 지역 성생주(星生洲), 북동쪽인 천산산맥 지역 천산주(天山洲)로 분거해 간 네 파—중에서 중근동 지역인 월식주에 정착한 백소씨(白巢氏) 계통이 살았던 지역이다. 이후 유인씨(有仁氏)의 손자 유호씨(有戶氏)가 무리를 이끌고 월식·성생의 땅에 들어간 기록이 『부도지』에 나오고 있고,[98]* 또 단군조선 시대에 이르러서도 임검씨가 사해를 순행하며 동서남북으로 분거해 간 마고의 종족들을 차례로 방문하여 천부(天符)의 이치를 익혀 알게 한 기록이 『부도지』에 나오고 있다.[99] 이러한 순행의 습속은 신라 화랑들에게도 이어져 월식·성생, 운해·천산의 여러 지역으로 원행하며 이들 종족들과의 믿음을 돈독히 했던 것으로 나온다.

또한 환국 말기에 환국의 12연방 중의 하나인 수밀이국(須密爾國) 사람들은 선진문물을 가지고 수메르 지역으로 이주하여 수메르 문명을 열었고 이 수메르 문명이 오늘날 서양 기독교 문명의 모태가 되었다. 수메르인들은 설형문자(cuneiform, 楔形文字 또는 쐐기문자)와 지구라트(Ziggurat, 聖塔) 건축 기술 등 선진문물을 가지고 동방[100]에서 간 '검은 머리(black-headed)'의 이주민이었으며,

---

* 『부도지』 제25장에는 파미르고원의 마고성에서 서쪽인 중근동 지역 월식주와 남쪽인 인도 및 동남아 지역 성생주로 이동한 백소씨(白巢氏)와 흑소씨(黑巢氏)의 후예들이 마고성에서 소(巢)를 만들던 풍속대로 높은 탑과 계단을 많이 만들었다고 나오는데, 이는 수메르의 신전인 지구라트나 피라미드의 유래를 짐작하게 한다. 『삼일신고(三一神誥)』에 온갖 선과 덕이 넘쳐흐르는 하늘 궁전을 은유적으로 표현하여 하늘 궁전이 만선(萬善)의 계단과 만덕(萬德)의 문으로 이루어져 있다(有天宮 階萬善 門萬德)고 하였는데, 이를 형상화한 것이 지구라트나 피라미드이다. 여기서 계단과 문은 물질 차원의 것이 아니라 의식의 계단이요 의식의 문을 일컫는 것이다.

'수메르'라는 이름이 환국 12연방 중의 하나인 수밀이국과 어원상(語原上)으로 같고,[101] 세계 주요 언어의 기원이 라틴어이고 라틴어의 기원이 산스크리트어이며 산스크리트어의 기원이 수메르어라는 사실이 공유되고 있는데, 수메르어가 한국어처럼 교착어로서 한국어와 그 뿌리가 같다는 사실이 이미 밝혀졌다.[102]

마고성은 하늘에 제사 지내던 소도성(蘇塗城)이었는데, 수메르의 신전인 지구라트도 그 성격이나 기능에 있어 마고성과 마찬가지로 천·지·인 삼신일체의 천제의식을 행하던 신앙의 표현이었다. 마고 문화의 중핵을 이루는 천·지·인 삼신일체의 삼신사상[한'사상, 天符思想, 神敎]은 동서고금의 모든 철학과 사상, 종교와 과학이 추구하는 진리의 정수(精髓)를 밝힌 것으로, 오늘날 서양 기독교 문명의 뿌리가 되는 삼위일체(三位一體: 聖父·聖子·聖靈)의 원형이다. 수메르인의 생명의 표시는 포도잎이었으며 길가메시(Gilgamesh) 서사시에도 포도의 여신이 나오는데, 마고성 이야기에도 마고가 생명의 여신이며 '포도의 변[五味의 변]' 이야기가 나온다.

우리의 고대문화는 유라시아에만 전파되었던 것은 아니다. 수메르에 이어 우리 한민족과의 깊은 연계성은 아메리칸 인디언(American Indian)*에게서도 찾아볼 수 있다. 이들 아메리칸 원주민(Native American)의 조상들이 아메리카에 유입된 과정에 대해서는 여러 가지 학설이 있으나, 언어, 혈액형, 유전적 형질, 치아 형태 등의 근거에 의해 당시 육지였던 베링해협 즉 베링육교

---

* 아메리칸 인디언이란 호칭은 스페인의 크리스토퍼 콜럼버스(Christopher Columbus)가 자신이 상륙한 바하마(Bahama) 제도의 산살바도르를 인도의 일부로 착각하여 원주민을 인디오(Indio: 에스파냐어로 인도인)라고 부른 데서 유래한 것이다. 후에 아시아의 인도인과 구별하기 위하여 아메리카의 인도인, 즉 아메리칸 인디언이라 부르게 되었는데, 아메린드(Amerind) 또는 아메린디언(Amerindian)이라고도 한다. -

(Bering 陸橋)[103]를 통해 세 시기에 걸쳐 동북아시아에서 아메리카로 유입되었다는 학설이 정설이 되어 있다. 1차는 15,000년 전(BCE 13000년) 시베리아 레나강(Rena江) 계곡에서 베링육교를 통해 알래스카를 거쳐 북미와 중남미에 이르기까지 가장 넓은 지역에 분포했다. 2차는 6,000년 전(BCE 4000년) 시베리아 알단강(Aldan江) 유역에서 베링육교—좁아진 육교—를 통해 아메리카로 유입되었으며 분포지역은 캐나다와 북캘리포니아주(州)에 국한되어 있었다. 3차는 4,000년 전(BCE 2000년) 아무르강(Amur江 또는 헤이룽강(黑龍江) 분지에서 베링육교—더 좁아진 육교—를 통해 아메리카로 유입되었으며 분포지역은 알래스카 지역에 국한되었다.[104]

인디언 부족들은 이주 연대가 달라도 많은 점에서 유사성을 공유하고 있었다. 스텐포드대학의 언어인류학자 조셉 H. 그린버거는 수백 개의 인디언 언어들이 한 가지 공통된 단어를 사용하고 있다는 것을 발견했다. 그것은 제1인칭 대명사 'I'가 우리 한국어 '나', 즉 N-ah(혹은 N-oy)와 완전히 같다는 사실이다. 또한 나바호어와 한국어는 주어+목적어+동사의 순서로 그 어순이 같다. 1836년에 맥킨토시(J. Mackintosh) 교수는 인디언의 한국기원설을 주장하기도 했다.[105] 또한 캘리포니아대학교 로스앤젤레스(UCLA)의 조직적합성(HLA) 센터에서 실시한 검사 결과 한국인과 아메리칸 원주민들이 똑같은 유전적 형질을 지녔다는 것이 밝혀졌다. HLA 센터는 인간백혈구항원 검사를 실시하는 곳으로 골수 이식 시 면역거부 반응이 나타나는지 여부를 확인한다. 검사 결과 HLA, A2, B62, C3는 다른 인종에서는 발견되지 않으며 아메리칸 원주민과 한국인들만의 공통된 지표인 것으로 밝혀졌다.

아메리칸 원주민이 사용하는 언어는 한국어와 흡사한 구조를 가지고 있으며 어순이나 발음 및 표현에 있어서도 고대 한국어와 유사한 부분이 많다. 배제대학교 교수 손성태의 연구에 따르면 원주민의 아스땅(Aztlán)이란 말은 아스땅/아사달이란 뜻이다. 멕시코 아스텍 제국을 일으킨 사람들은 '아스땅'에서 살다가 온 사람들의 후예였으므로 스스로를 아스테카(azteca, 아스태가)라고 불렀다. 그들의 해석에 의하면 아스(az)는 '하얀, 흰'을 뜻하고, 태가(teca)는 '사람'을 뜻하므로 백의민족이란 뜻이다. 여기서 태가(teca)라는 말은 우리 고대의 '대가(大加)'와 같은 말로서 '신성한'이라는 뜻으로 사용되던 우리말이므로 아스태가는 '신성한 백의민족'이란 뜻이 된다.[106] 따라서 아스태가(아스텍) 제국은 '신성한 백의민족의 나라'가 되는 것이다.

그에 따르면 아스태가인들, 즉 맥이족(貊耳族)*은 820년경 아스땅(Aztlán)을 떠나서 오늘날의 멕시코에 도착한 뒤에도 수백 년 동안 유랑생활을 하며 멕시코 곳곳을 떠돌다가 마침내 1325년 텍스코코(Texcoco, 태흐고고) 호수 안에 있는 섬에 정착하여 그곳을 맥이곳(México: 맥이족이 사는 곳) 또는 태노치티땅(Tenochtitlán: 신성한 나의 사람들의 (터)땅)이라고 불렀다. 오늘날 멕시코(México)의 국명은 '맥이곳'이라는 원주민 말에서 유래한 것이다.[107] 문화적인 측면에서도 아메리칸 원주민은 육아 풍습·장례 풍습·신앙 풍습·생활 풍습 등에 있어 우리 민족의 전통과 흡사하다. 멕시코에 나타난 우리 민족의 놀이 풍습에는 팽이치기·공기놀이·윷놀이·씨름·투환놀이·공놀이·실뜨기놀이·자치기·숨바꼭질·널뛰기·그네·등타넘기·달집태우기·제기차기·구슬치기·굴렁쇠 등이 있다. 멕시코에 남은 우리 민족의 유물과 유적으로는 곡옥(曲玉)·갈판·칠지도(七支刀)·반달형 돌칼·서수형(瑞獸形) 토기·개인 향로·양머리 뱀·고인돌·성벽의 쐐기돌·악기(징, 나각, 나발, 팬플롯, 북)·테오티우아칸(Teotihuacan, 태오티와칸) 유적지 등이 있다.[108]

---

\* 중국에서는 고구려를 '맥이(貊耳)'라고도 했는데, 이는 예맥(濊貊)과 같은 뜻으로 동이(東夷)를 일컫는 대명사 가운데 하나다.

아메리칸 인디언은 유럽인이 도래하기 훨씬 앞서 메소아메리카 (Mesoamerica, 중앙아메리카)*와 남아메리카의 안데스 지대에 고도의 문명을 이룩했다. 아메리칸 인디언에 의해 건설된 고대 아메리카 대륙의 2대 문명, 즉 메소아메리카의 올멕·마야·테오티우아칸·아스텍(아즈텍) 문명과 남아메리카의 안데스 문명(특히 잉카문명)이 아메리카 대륙 곳곳에 남겨놓은 우리말 지명과 종족 명칭, 우리말 국명(國名)과 도시국가명, 우리말 일상 생활어와 생활 풍습과 놀이 풍습, 그리고 유물·유적과 태극 문양 등은 그들이 우리 민족의 후예라는 사실을 부인할 수 없게 한다. 16세기 이후 유럽인들의 침입으로 그들의 세계는 철저히 파괴되었고 수천 년의 문명사는 막을 내리게 되었다. 그리하여 중남미의 인디언은 스페인·포르투갈의 지배 아래 광산이나 대농장의 노예로 전락하고, 북미의 인디언은 서부 개척의 희생양이 되어 점점 그 수도 감소하고 빈곤과 실업 속에서 '주변적 존재(marginal existence)'로 살아가는 신세가 되었다.

하지만 1만 5천 년 이상이 되는 아메리카 대륙의 전체 역사로 보면, 지난 5백 년간 굴종의 역사는 그리 긴 것이 아니다. 바람이 불어 꽃씨가 멀리 날아가 여기저기 꽃을 피우듯, 집단무의식의 바람이 불어 우리 민족 또한 세계 도처로 날아가 한국학 코드를 뿌리내리며 꽃을 피우고 있다. 오늘도 그들은 '다기려(다 그려/화가란 뜻)', '다도안이(다 도와주는 이/왕)', '다치들(다 치는 사람/공놀이 선수)', '다메메(다 메는 사람/지게꾼)' 등 '다'를 주문처럼 외며 연단(鍊鍛)의 길을 가고 있다. 제대로 다 그리지 않으면 화가라 할 수 없고, 제대로 (만백성을) 다

---

* 메소아메리카는 오늘날의 멕시코, 과테말라, 온두라스, 엘살바도르, 니카라과, 코스타리카 등 중앙아메리카 일원을 지칭하는데, 크게 멕시코 이남의 고대 선진문명인 마야문명과 멕시코 이북의 중세 문명인 아스텍문명이 포함된다.

도와주지 않으면 왕이라 할 수 없고, 제대로 다 치지 않으면 공놀이 선수라 할 수 없고, 제대로 다 메지 않으면 지게꾼이라 할 수 없다는 뜻이다. 각자 하는 일에 정성을 다해야 자기 정체성에 부합하는 사람이 될 수 있다는 것이다. 공자의 정명사상(正名思想)이란 것도 각자 자기 정체성에 부합하는 삶을 살아야 나라도 바로 잡을 수 있음을 설파한 것이다. 때가 되면 유라시아와 아메리카 대륙 등 세계 도처는 우리 한민족이 주축이 된 '문화적 르네상스'의 거대한 물결로 뒤덮이게 될 것이다.

## 한국학 코드의 서구적 변용과 동·서융합 비전

동·서양의 고대 철학은 수학·천문학과 긴밀히 연계되어 있었다. 서양철학은 BCE 600년경 주로 이오니아(Ionia)의 여러 지방에서 활동하던 그리스 철학자들을 중심으로 시작되었다. 소아시아의 서쪽 변방인 이오니아 지방의 도시국가들은 동방과 서방이 교차하는 지점에 위치해 있었던 관계로 상업적·문화적 교류가 빈번하게 이루어져 그리스 본토보다도 풍요로운 생활을 누렸으며, 또한 인적·물적 자원의 집결로 인해 새로운 철학이 태동할 만한 사상적 토양을 갖추고 있었다. 그리스 철학의 발상지가 본토가 아닌 이오니아였다는 점에서 수학·천문학과 긴밀히 연계된 그리스 철학이 이집트의 수학이나 바빌로니아의 천문학 등의 영향을 받았다고 보는 것은 무리가 아니다. 또한 이집트나 바빌로니아는 수메르 문명(협의의 메소포타미아 문명)의 영향권 아래에 있었다.

환국(桓國)의 한 갈래인 수밀이국(須密爾國) 사람들은 환국 말기인 BCE 4000 년쯤 인구가 증가하고 시베리아 지역이 한랭화되면서 마고성(麻姑城) 시대로부터 전승된 고도의 정신문화와 위대한 정치적 유산 등 선진문물을 가지고 서쪽으로 이동하여 수메르 문명*을 열었다. 그런데 BCE 2000년경 메소포타미아 북쪽의 아카드 지방에 살던 셈족 계통의 아카드인들이 메소포타미아 남쪽의 수메르(Sumer)를 점령하고 바빌로니아를 세운 것이다. "정복된 그리스가 정복자 로마를 정복하였다"라는 유명한 말처럼, 바빌로니아 문명의 기초가 된 것은 수메르 문명이었다. 최초의 수비학(数秘學)은 피타고라스 수비학이 나타나기 수천 년 전 메소포타미아의 가장 남부지역 칼데아(Chaldea, 갈대아)에서 기원한 것으로 이미 BCE 3500년경에 칼데아 수비학(Chaldean System)이 정립된 것으로 밝혀졌다. 칼데아 수비학의 뿌리에 대해서는, 수메르 문명이 환국 12연방 중의 하나인 수밀이국의 문명이었다는 점을 상기하면 금방 알 수 있을 것이다. 수밀이국은 천부사상(天符思想)에 의해 수메르 문명을 발흥시켰으며, 특히 수메르인들의 종교문학과 의식이 기독교에 상당한 영향을 미쳤다는 사실은 이미 밝혀진 바이다.

수학자이자 철학자로서 '피타고라스의 정리(Pythagorean theorem)'로 유명한 피타고라스(Pythagoras, BCE 580~BCE 500 Samos 섬 출신)의 경우 청년기에는 이집트에 가서 23년 동안 이집트문명을 연구했고, 나중에는 페르시아에 포로로 잡혀가서 12년 동안 바빌론 문명을 연구하고서 만년에 남부 이탈리아의 항구

---

* 러시아 태생의 저명한 미국인 수메르학자 사무엘 크레이머(Samuel Creimer)는 인류 최초의 학교, 최초의 민주적 대의제도 등 인류의 문화·문명사에서 최초의 중요한 것 39가지(초판에서는 27가지, 개정판에서 12가지 사례 추가)가 모두 수메르인들의 발명품이라고 밝히고 있으니, 수메르인들이 우리 인류의 뿌리에 대한 비밀을 간직하고 있는 민족으로 여겨지는 것도 당연하다. 오늘날 4대 문명의 하나로 일컬어지는 수메르 문명은 파나류산(波奈留山, 天山)을 도읍으로 한 아시아의 대제국 환국의 12연방 중 하나인 수밀이국(須密爾國)의 문명이다.

도시 크로톤(Croton)*으로 이주하여 철학, 수학, 자연과학의 아카데미인 피타고라스 학교를 세워 많은 인재를 철학자 또는 정치가로 육성했다. 그리하여 피타고라스 학파(Pythagorean School)는 하나의 정치세력으로 등장하게 된다. 밀레투스학파(Milesian School)의 시조이자 그리스 철학의 창시자인 탈레스(Thales, BCE 624~BCE 545) 또한 이집트로 건너가 그곳에 비전(秘傳)되어 오는 수학과 천문학에 관한 책을 읽고 그 내용을 흡수하였다. 피타고라스의 사상은 플라톤의 형상론의 근간을 이루었으며, 플라톤을 통해 서양철학 전체에 지대한 영향을 미쳤다.

환국시대(BCE 7199~BCE 3898)로부터 전승되어 오는 우리 고유의 『천부경』은 천도(天道)를 일(一)부터 십(十)까지의 숫자로 풀이하여 나타낸 것으로 수비학이나 상수학이 이미 그 시기에 정립되어 있었음을 말하여 준다. 『부도지』제1장에 "천부(天符)를 받들어…", 제10장에 "유인씨가 천부삼인(天符三印)을 이어받으니…", 제11장에 "천부(天符)에 비추어서(照證) 수신하고…" 등 여러 곳에 '천부(天符)'가 나오는 것으로 보아 『천부경』은 더 멀리는 마고성 시대로부터 지속적으로 전승되어 온 것으로 보인다. 천부(天符)란 하늘의 이치(天理), 즉 천수의 이치(天數之理)에 부합한다는 의미이다. 천리(天理) 또는 천수지리(天數之理)는 천도(天道)를 숫자로 풀이하여 나타낸 것이다. 구약성서가 우리 상고사의 데자뷔인 것처럼 느껴지는 것은 마고 문화 및 그 후속 문화와 수메르와의 깊은 관련성 때문이다.

『천부경』은 생명의 전일적 흐름(holomovement)의 이치를 천·지·인 삼원

---

* 피타고라스가 이집트와 페르시아에서의 오랜 연구생활을 마치고 고향으로 돌아왔을 때 이오니아 지방은 페르시아의 지배하에 있었고, 사모스는 폴리크라테스(Polycrates)의 압제정치 하에 있었기 때문에 남부 이탈리아의 항구도시 크로톤(Croton)으로 이주하여 피타고라스학파를 형성하였다.-

(三元) 구조로 나타낸 것이다. 이는 곧 생명의 본체[天]-작용[地]-본체·작용의 합일[人]이다. 이를 필자는 '생명의 3화음적 구조(the triadic structure of Life)'라 명명하였다. 여기서 천·지·인은 성 아우구스티누스(St. Aurelius Augustinus or Augustine of Hippo)가 『신국론 *The City of God*』에서 말한 신과 세계와 인간의 관계와 본질적으로 상통한다. 천·지·인의 '인(人)'은 인간과 우주만물을 총 칭하는 대명사로서의 '인'이며 그 실체는 참본성(性)이다. 성(性)이란 만물이 제1원인(또는 제1원리)인 생명[天·神·靈]으로부터 품수(稟受)한 것으로 만물이 생 겨나면 반드시 그 만물의 '성'이 있다. 말하자면 성(性)은 생명이 만물에 배분 된 것으로 이는 곧 '참나[참본성]'다. 내가 나다운 것은 '참나'일 때 나다운 것이 고 인간다운 것이다. 하나인 참본성이 열려 마음이 환하게 밝아지면 나답 고 인간다워지는 것이다.

『중용』에서도 "하늘이 명한 것을 '성'(天命之謂性)"이라고 했다. 또한 하늘(님) 과 신(神)은 용어만 다를 뿐 모두 만물의 근원을 지칭하는 것이므로 천(天)과 성(性)과 신(神)은 하나다. 따라서 우주만물의 참본성(性)이 곧 하늘이며 신이 다. 우주만물을 떠난 그 어디에 따로이 하늘이나 신이 있는 것이 아니라는 말이다. 우주만물을 관통하는 이 하나인 참본성[唯一者·唯我·唯一神, 混元一氣·至 氣·元氣]을 깨달아야 생명의 본체와 작용이, 하늘(天·神·靈)과 우주만물이 하나 임을 알게 되어 생명의 전일성과 자기근원성을 체득할 수 있게 된다. 말하 자면 '인(人)'의 실체인 참본성, 즉 내재적 본성인 신성(神性, 靈性, 一心)은 생명의 본체[天·神·靈]와 작용[우주만물]의 합일을 추동하는 메커니즘이다. '성통광명(性 通光明)', 즉 하나인 참본성을 통하면[開] 마음이 환하게 밝아지게 되므로 천· 지·인 삼신일체를 깨닫게 되는 것이다.

천·지·인 삼신일체[一卽三·三卽一]인 한국학 코드는 하늘의 이치에 부합하는 천부(天符) 코드이다. 천부 코드는 천(天)과 성(性)과 신(神)이 하나라는 대전제에 기초해 있는 까닭에 창조주와 피조물, 주관과 객관의 이분법은 성립되지 않는다. 천부 코드는 생명의 전일성과 자기근원성, 만물의 근원적 평등성과 유기적 통합성의 원리를 함축한 것이라는 점에서 인류가 추구하는 이상적인 제 가치―자유, 평등, 정의, 평화, 복지, 행복 등―를 포괄한다. 천부사상은 곧 '한'사상이다. '한'은 전일(全一)·광명(光明, '밝')·대(大)·고(高)·개(開)·다(多)·하나(天地人, ONE)·하늘(天·神·靈)·생명(生命, 靈性)·한마음(一心: 근원성·포괄성·보편성)·순백(白)·동방(東方)·뿌리(柢, 근본)·영원(久)·무경계(無境界)·제왕(汗, Khan) 등 다의적인 의미를 지니고 있다. 요컨대, '한'은 인류 보편의 이상적인 가치 개념들을 포괄하고 있다. 천부 코드가 인류의 보편 코드가 될 수 있는 근거가 여기에 있다.

천부 코드는 만물이 만물일 수 있게 하는 제1원인―흔히 신(靈)* 또는 하늘이라고 부르는―과 우주만물의 관계에서부터 시작한다. 우주만물(三)은 제1원인(一)인 '영(靈, Spirit)' 자신의 설계도가 스스로의 에너지·지성·질료의 삼위일체의 작용으로 '자기조직화'하여 나타난 것이므로 생명은 전일적이고 자기근원적이다. 일즉삼(一卽三)이요 삼즉일(三卽一)이다. 사람을 그냥 인(人)이라고 하지 않고 '사이 간(間)'을 붙인 것은 인간이 관계적 존재임을 강조한 것이다. 천부 코드가 인류의 보편 코드로서 모든 특수성의 바탕이 되는 것은, 마치 무수한 형태의 파도가 있지만 공통된 바탕은 바닷물인 것과도 같다. 바닷물을 알지 못한 채 파도를 논할 수 없듯이, 천·지·인 삼신일체[一卽三·三卽一]인 천부 코드를 알지 못한 채 우주만물을 논할 수 없다. 제1원인의 자기조직화가 곧 우주만물이므로 천·지·인 삼신일체인 것이다.

---

* "John" in *Bible*, 4:24 : "God is spirit, and his worshipers must worship in spirit and in truth(신은 영(靈)이시니 예배하는 자들은 마땅히 영과 진리로 예배해야 한다)."

인류사에서 세상을 뒤집어놓을 만큼 심대하게 왜곡된 개념이 있다면 그 것은 아마도 신(神)과 생명이라는 개념일 것이다. 이에 대해서는 앞서도 누 차 언급했지만, 다시 간략하게 간추려보기로 한다. 천(天)과 성(性)과 신(神)이 하나라는 것은 우주만물에 편재해 있는 하나인 참본성(性)이 곧 하늘(님)이며 신이라는 말이다. 우주만물을 떠난 그 어디에 따로이 상과 벌을 내리는 하 늘(님)이나 신이 있는 것이 아니다. 신은 만물 속에 만물의 참본성으로 내재 해 있으면서 만물화생(萬物化生)의 근본원리로서 작용한다. 신은 없는 곳이 없이 실재하므로 무소부재(無所不在, omnipresence)이며, 태어나지도 죽지도 않 으므로 불생불멸이며, 천지만물이 생겨나기 전에도 있었던 영(靈) 그 자체 다. 『삼일신고』에는 하늘(天)에 대해 이렇게 나와 있다.

> 푸르고 푸른 것이 하늘(天)이 아니며, 검고 검은 것이 하늘이 아니다. 하늘은 형
> 상도 바탕도 없고, 시작도 끝도 없으며, 위아래 사방도 없어 텅 비어 있으나 없
> 는 곳이 없고 포용하지 않는 것이 없다.
>
> 蒼蒼非天 玄玄非天 天無形質 無端倪 無上下四方 虛虛空空 無不在 無不用[109]

하늘은 육안으로 보이는 그런 유형적인 것이 아니다. 형상도 바탕도 없다 고 한 것은 하늘의 무규정성을, 시작도 끝도 없다는 것은 하늘의 영원성·근 원성을, 위아래 사방도 없다는 것은 하늘의 무한성을, 없는 곳이 없다는 것 은 하늘의 보편성을, 포용하지 않는 것이 없다는 것은 하늘의 포괄성을 일 컫는 것이다. 여기서 '무부재(無不在)'라는 말은 기독교의 '무소부재(無所不在)' 와 일치하는 것이다. 다만 차이점이 있다면 기독교에서는 하늘에 인격을 부 여하여 '하늘'님이 되면서 절대적 권위를 갖는 인격체로서 인간세계를 군림 하게 되었다는 것이다. 그러나 인격체가 되면 '하늘'님은 인간화되어 '무소

부재'일 수도 없고, 절대·영원일 수도 없다.

'신(神)인가 인간인가'라는 식의 신·인간 이원론은 '신'이 곧 만물의 '성(性)'임을 알지 못하는 데서 오는 것이다. 만물의 참본성(性)이 곧 신이므로 신·인간 이원론은 성립될 수가 없다. 「요한복음」(14:6)에 "나는 길이요 진리요 생명이니…"*라고 했듯이, 신은 곧 생명(또는 생명의 본체)이다. 생명은 물질적 육체에 귀속된 한시적인 그 무엇이 아니라 신(神)이며 하늘(天)이며 영(靈)이며 하나인 참본성이다. 그러면 천·지·인 삼신일체란 무엇인가? 천·지·인은 우주만물을 지칭하는 '삼(三)'이고, 신(神)은 만물 속에 만물의 참본성으로 내재해 있으므로 천·지·인 삼신 즉 우주만물은 하나라는 것이다. 우주의 실체는 의식이므로 신은 곧 내재적 본성인 신성(靈性)이고 참본성(참자아)이며 일심(一心, 즉 보편의식)이다.

신과 생명에 대한 왜곡된 인식은 인간의 분별지(分別智)에 따른 것으로 참본성이 열리지 못한 데 기인한다. 현재의 학문이 실제 삶과는 유리된 물질적 외피만 주로 다루는 것은, 마치 바닷물에 대해선 논하지 않고 파도에 대해서만 논하는 것과도 같다. 바닷물의 움직임을 파도라고 명명한 것이므로 파도는 실체가 없다. 따라서 바닷물의 움직임은 있지만, 파도의 움직임은 없다고 말하는 것이다. 이는 천강(千江)에 비친 무수한 달그림자만 논하는 것과 마찬가지로 실재성이 없다. 생명은 육체가 죽으면 사라지는 그 무엇이 아니라 삶과 죽음을 관통하는 전일적 흐름(holomovement)이다. 생명은 결코 죽지 않는다. 생명은 시작도 끝도 없는 영원 그 자체다. 천부 코드에는 삶과 죽음을 통섭하는 원리가 내재되어 있다.

그런데 지금의 교육은 파도라는 현상에 대해서만 이야기할 뿐 그 본체인

---

* "John" in *Bible*, 14:6 : "I am the way and the truth and the life…."

바닷물에 대해선 이야기하지 않는다. 이는 양자역학으로 대표되는 포스트 물질주의 과학의 통섭적·시스템적 세계관에 역행하는 것이다. 그렇게 해서 는 현실 문제에 대한 실효성 있는 대응책이 나올 수 없을뿐더러 인류가 추 구하는 이상적인 제 가치와 연결될 수도 없다. 통섭적·시스템적 세계관에 기초하여 생명[天·神·靈]에 대한 개념적 명료화(conceptual clarification)를 바탕으 로 소통성과 연결성을 강조하는 천부 코드는 인류의 보편 코드이다. 보편 코드에 대한 인식이 없는 특수 코드는 단지 파편일 뿐 우주의 진행 방향인 영적 진화(spiritual evolution)에 조응하지 못한다. 우주의 진행 방향이 영적 진 화인 것은 생명 자체에 전지전능한(omniscient and omnipotent) '우주 지성'이 내 재해 있기 때문이다.

우주의 본질인 생명의 전일성과 자기근원성에 대한 인식이 없이는 그 어 떤 것도 실재성을 가질 수가 없다. 『부도지』 제12장에는 천부(天符)의 이치가 잊혀지고 미혹에 빠져 세상이 고통스러워졌음을 개탄하고 있다.

사해의 여러 종족들이 천부의 이치를 익히지 아니하고 스스로 미혹에 빠져 세 상이 고통스러워졌다.
四海諸族 不講天符之理 自沒於迷惑之中 人世因苦.[110]

그러면 한국학 코드[천부 코드]의 서구적 변용의 실태를 4~5세기 교부철학 (教父哲學, patristic philosophy)의 대성자(大成者)인 성 아우구스티누스(St. Aurelius Augustinus or Augustine of Hippo)의 『신국론 The City of God』과 『삼위일체론 The Trinity』을 중심으로 고찰해 보기로 한다. 예수의 십자가 죽음 이후 로 마제국의 탄압에도 불구하고 특히 사도 바울(Paul, 원명은 Saul) 등의 노력으로 그리스도교의 교의가 그리스어를 사용하는 헬레니즘(Hellenism)[111]의 세계와 라틴어를 사용하는 로마제국으로 전파된 것은 유럽의 사상적·문화적 및 정신적 전통에서 커다란 의미를 갖는다.[112] 그것은 그리스도교가 명실공히 헤브라이즘의 울타리를 벗어나 유럽적이고 서구적인 종교로 변모해 가는 것을 의미한다.

또한 의지적·윤리적·종교적 특성을 띤 신(神) 중심의 헤브라이즘이 이성적·과학적·미적 특성을 띤 인간 중심의 헬레니즘과 융합하여 유럽 사상과 문화의 2대 원류로서 유럽의 정신적 전통을 형성하였다는 점에서 그 의미가 실로 크다. 313년 그리스도교 공인에 이어 325년 콘스탄티누스(Constantinus) 대제(大帝)가 니케아(Nicaea) 종교회의(니케아 공의회, Concilium Nicaenum Primum)를 열어 삼위일체 교리를 정통 교리로 규정하고 아리우스(Arius)를 이단으로 정죄하여 교회에서 추방한 것도 그리스도교의 교세 확장에 따른 불가피한 선택이었다. 이러한 상황과 맞물려 그리스도교 교의의 조직화에 기여한 교부(church-father)들이 나서게 되는데, 이들의 철학이 바로 교부철학이다. 교부철학은 클레멘스(Titus Flavius Clemens)에 의해 창시되었으며, 아우구스티누스에 이르러 최전성기를 이루었다.

그리스도교 초창기의 교부철학은 알렉산드리아의 바실리데스(Basilides)를 중심으로 한 그노시스주의(Gnosticism, 靈智主義)가 두드러지기도 했으나 후기에 와서 그노시스파(Gnostics)는 이단으로 배척당하고, 4세기에 들어 '정통 신앙의 아버지'로 불리는 알렉산드리아의 총대주교 아타나시우스(Athanasius)와 교부철학의 대성자인 아우구스티누스 등 정통파의 확립이 이루어져 이파의 설이 중세 천여 년의 신조가 되었다. 이로부터 교회에 복종하고 봉사하는 교회 중심의 도덕이 자리 잡게 되었고, 이러한 교회 중심의 생활 태도는 보편적인 중세 문화발전의 커다란 원동력이 되었으며, 십자군(十字軍,

Crusades)* 시대에 와서 그 절정에 달하였다.

아우구스티누스는 플로티노스(Plotinus)와 포르피리오스(Porphyrios)로 대표되는 신플라톤주의적 전통과 유일신교인 유대교적 그리스도교의 전통을 결합하여 교부철학의 대성자가 되었다. 아우구스티누스는 신플라톤주의자들을 통해서 플라톤적 전통**을 계승한 인물로 알려져 있다. 아우구스티누스는 플로티노스의 일자(一者)의 설을 따라 신은 진리이고 최고선이며 지혜이고, 오직 신을 통해서만 참되고 선하고 지혜롭게 되는 것이라고 하였다. 아우구스티누스의 『신국론』 제8권 4절 마지막 부분은 신과 세계와 인간의 세 관계, 즉 자연적[형이상학적]·이성적[인식론적]·도덕적[윤리학적] 관계를 통해 그의 삼위일체의 신조를 보여준다. 그가 설정한 신과 세계와 인간은 곧 천·지·인이다. 신은 모든 존재, 지식, 가치, 행동의 영원한 중심이며, 능동적으로 만유를 변화시키는 내재적인 성령의 힘이다. 그가 말한 신과 세계와 인간의 세 관계의 본질은 곧 천·지·인의 관계적 본질이며 삼위일체[삼신일체]라는 것이다.

> 신은 만물이 존재하는 원인이고, 궁극적인 인식의 원리이며, 인생의 규범이 되는 목표다. 이 세 가지 가운데 첫 번째 것은 철학의 자연적인 부분에, 두 번째 것은 철학의 이성적인 부분에, 세 번째 것은 철학의 도덕적인 부분에 관계하는 것

---

\* 십자군 측이 예루살렘을 확보한 기간은 1099~1187년, 1229~1244년뿐이었으며, 예루살렘은 7세기부터 20세기까지 이슬람의 지배를 받았다.

\*\* 플라톤의 도덕적 이상주의의 바탕을 이루는 이데아계[실재 세계]와 현상계[그림자 세계]에 대한 논의는 생명의 본체와 작용의 관계적 본질에 관한 것이다. 이는 '일즉삼(一卽三)·삼즉일(三卽一)'의 원리로 표상되는 삼신사상['한'사상, 天符思想, 神敎]에서 파생된 것이다.

으로 이해된다.

…in Him are to be found the cause of existence, the ultimate reason for understanding, and the end in reference to which the whole life is to be regulated. Of which three things, the first is understood to pertain to the natural, the second to the rational, and the third to the moral part of philosophy.[113]

아우구스티누스는 니케아 종교회의(325)에서 채택된 니케아 강령의 프레임웤(framework)을 강화한 그의 『삼위일체론』에서 성부·성자·성령 삼위(三位)의 관계를 육적(肉的)으로 유추할 수는 없으며,[114] 삼위 모두 동등한 불변의 영원[115]임을 설파하였다. 이는 성부·성자·성령의 삼위일체가 한국학 고유의 코드인 천·지·인 삼신일체[一卽三·三卽一]의 원리와 일맥상통함을 보여주는 것이다. '인(人)'의 실체는 물질적 육체가 아니라 참본성[神性, 靈性] 즉 일심(一心)이며, '성령'은 신성한 '영(靈)' 즉 영성(靈性, 神性, 참본성)이고 일심이다. '인(人)'은 천(天, 본체)과 지(地, 작용), '성령'은 성부[본체]와 성자[작용]의 합일을 추동하는 메커니즘의 다른 표현일 뿐이다. 우주의 실체는 의식이므로 신(神)이나 천(天)이라고 하는 것도 생명의 본체를 나타내는 대표적인 대명사로서 신성(神性, 靈性)·일심·보편의식[근원의식, 전체의식, 우주의식, 순수의식] 등을 의미하는 것이므로 삼위일체라고 한 것이다. 한마디로 일심[性] 이외에 다른 실재가 있는 것이 아니다.

성부와 성자와 성령은 창조주이신 일신(一神)이고 모든 창조물의 통치자시다. 성부는 성자가 아니고 성령 또한 성부나 성자가 아니지만, 상호 관계가 있는 분들의 삼위일체이고 동등한 실체의 통일이다.

⋯the Father, the Son, and the Holy Spirit are one God, the Creator, and the ruler of all creation; that the Father is not the Son, nor is the Holy Spirit the Father or the Son, but that there is a trinity of inter-related persons, and the unity of an equal substance.[116]

「요한일서」(4:8)에서는 "신은 사랑이시니 사랑하지 아니하는 자는 신을 알지 못하나니"[117]라고 한 데서도 알 수 있듯이, 삼위일체의 교의는 '신은 사랑(God is love)'이라는 말로 압축될 수 있다. 따라서 사랑을 실천하지 않으면 신을 알 수가 없으므로 삼위일체 또한 이해할 수가 없다. 우리 상고시대 역시 경천애인(敬天愛人)의 실천을 강조했다. 사랑은 모든 것이며 그 어떤 것도 사랑을 대신할 수는 없는 것이다. 「로마서」(5:8)에는 '예수의 십자가 죽음이 하나님의 사랑을 우리에게 확증해 준 것'[118]이라고 나와 있다. 예수의 십자가 죽음은 흔히 대속(代贖, substitution)이라는 의미로 이해된다. 그것은 죄인들을 구원하기 위한 사랑이요, 섬기는 사랑이며, 희생하는 사랑의 표징으로 여겨진다. 아우구스티누스는 삼위일체를 이해하기 위하여 사랑하는 자(lover), 사랑받는 자(beloved), 그리고 사랑(love)의 셋으로 나누어 고찰하고 있다.

마음이 그 스스로를 사랑할 때 마음(mind), 사랑(love), 그리고 마음 자체에 대한 지식(knowledge of itself)의 삼위일체가 성립된다. "마음이 그 스스로를 사랑할 때 사랑과 마음 자체에 대한 지식은 마음의 단순한 부분이 아니다. 그러한 경우에 마음, 사랑, 그리고 지식은 다른 둘 속에 각각 존재하지만, 각각이 실체이다.⋯ 마음, 마음 자체에 대한 지식, 그리고 마음 자체에 대한 사랑은 신성한 삼위일체의 이미지이다.

When the mind loves itself there is this trinity: mind, love, and knowledge [of itself). When the mind loves itself, love and knowledge of itself are not mere parts of it. In that case mind, love, and knowledge are each in the other two, yet each is a substance.⋯The mind, its knowledge of itself, and its love of itself are an image of the Divine Trinity. [119]

그는 신과 세계와 인간 간의 내적인 관계 이외의 다른 모든 것은 비본질적인 것으로 보았다. 그에 의하면 인간의 도덕적 의지는 최고선으로서의 신의 영원한 질서를 목표로 해야 하며, 신을 사랑하고 이웃을 사랑하는 것이 거기에 도달하는 방법이다. 구체적으로 그는 그리스도교의 세 가지 덕인 사랑·믿음·소망과 함께 전통적인 그리스의 네 가지 덕인 정의·지혜·용기·절제를 지켜나갈 것을 강조하였다. 그는 "신을 사랑하는 것과 이웃을 사랑하는 것, 그 사랑의 근원은 같다"[120]라고 말한다. 따라서 신·인간 이원론은 성립되지 않는다. 그 사랑의 근원은 나 자신을 사랑하는 것과도 같은 것이다. 진실로 나 자신을 사랑하지 못하는 사람은 다른 사람을 사랑할 수가 없고 그 역도 마찬가지다. 사랑이 완전해지면 사랑하는 자와 사랑받는 자, 주관과 객관의 경계가 사라지므로 누가 누구를 사랑한다는 말은 성립되지 않는다. 오직 사랑의 진동만이 물결칠 뿐이다.

「마가복음」(12:28-31)과 「마태복음」(22:36-40)에는 한 율법학자와 예수의 문답을 통해 신은 오직 한 분임을 분명히 밝히고 있다. 신은 곧 길이요 진리요 생명이니(「요한복음」(14:6): "I am the way and the truth and the life"), 신이 한 분(一神, 唯一神)이라는 의미는 곧 생명의 전일성과 자기근원성을 밝힌 것이다. 한 율법학자가 물었다. "모든 율법 중에서 첫째가는 계명이 무엇입니까?" 예수께서 답하시되, "첫째는⋯신은 한 분이신 주님이시니 네 마음을 다하고 목숨을 다하고 뜻을 다하고 힘을 다하여 주 너의 신을 사랑하라. 둘째는 네 이웃을 네 자신과 같이 사랑하라. 이보다 더 큰 계명은 없다."[121] 진리는 곧 사랑이다. 또 「마태복음」(28:19)에서는 "너희는 가서 모든 민족을 제자로 삼아 성부와 성자와 성령의 이름으로 세례를 베풀라"[122]라고 함으로써 한 분이신 신이 곧 세 분임을 밝히고 있다. 이는 일즉삼(一卽三)·삼즉일(三卽一)의 이치로 삼위일체*의 교의를 밝힌 것이다.

초대 교회 교부학자들에 의해 주장된 삼위일체는 오늘날 교회의 핵심 교리일 뿐만 아니라 진리의 정수다. 진리는 보편성 그 자체인 까닭에 특정 종교에 귀속될 수가 없다. 만약 삼위일체의 교의를 특정 종교의 전유물로 귀속시키고자 한다면 삼위일체라는 본래의 개념적 정의에 위배되므로 더 이상 진리일 수가 없게 된다. 「요한복음」(4:23)에도 "진실한 예배자들이 영(spirit)과 진리(truth)로 예배할 때가 오나니 곧 이때라. 신은 이렇게 예배하는 자들을 찾고 있다"[123]고 기록되어 있다. 생명의 본체를 흔히 신이라고 부르는데, 신은 곧 '영'이고 진리이고 생명이고 사랑이다. 생명은 만물이 만물일 수 있게 하는 제1원인[天·神·靈]이다. 그것은 우주 지성인 동시에 우주 생명력 에너지이며 우주의 근본 질료로서, 이 셋은 이른바 제1원인의 삼위일체다. 말하

---

* 마고의 삼신일체의 서구적 변용이 삼위일체라면, 삼신일체의 힌두교적 변용은 트리무르티(trimurti: 삼신일체 또는 삼위일체)이다. 파미르고원의 마고성에서 동서남북으로 이동해 간 네 파 중에서 파미르고원의 남쪽인 인도 및 동남아 지역 성생주로 이동한 흑소씨(黑巢氏)의 후예들은 마고성에서 소(巢)를 만들던 풍속대로 도처에 신전과 피라미드를 건설하며(『符都誌』 제25장: "兩巢氏(白巢氏黑巢氏)之裔 猶不失作巢之風 多作高塔層臺") 힌두교의 트리무르티를 신앙했다. 힌두교에서 만물을 창조하고 유지하며 해체하는 신성의 세 측면을 각각 브라흐마(Brahmā·梵天: 창조의 신)·비슈누(Vishnu: 유지의 신)·시바(Śiva: 파괴의 신)의 삼신(三神)으로 명명한 것은, 삼신이 따로 존재하는 것이 아니라 유일자 브라흐마의 세 기능적 측면을 나타낸 것으로 트리무르티를 의미한다. 생명의 본체인 유일신 브라흐마와 그 작용인 우주만물의 합일을 나타낸 불멸의 음성 '옴(OM)'은 어머니, 엄마, 어멈을 뜻하는 옴마, 오마니, 오마이 등의 축약어로 모두 마고의 '마(Ma)'에서 유래한 것이다.

자면 지성[性]·에너지[命]·질료[精]는 유일자인 생명의 세 기능적 측면을 나타낸 것이다.

성부·성자·성령 삼위일체는 9천 년 이상 전부터 전해진 천·지·인 삼신일체의 삼신사상과 동일한 구조적 맥락에서 이해될 수 있는 것으로 앞서 필자는 이들 모두를 '생명의 3화음적 구조'라고 명명하였다. 삼위(三位), 즉 삼신(三神)은 작용으로만 셋이며 그 본체는 하나인 까닭에 '한 분 하늘(님)', 즉 유일신이라고 한 것이다. 신은 곧 우주의 본질인 '생명'이며(「요한복음」(14:6): "나는 길이요 진리요 생명이니…") 생명은 '불가분의 전체성(undivided wholeness)'이므로 유일신이란 특정 종교에 귀속되는 신이 아니라 생명의 전일적 흐름을 의인화하여 나타낸 것이다. 말하자면 유일신은 우주만물에 편재해 있는 '하나'(님)인 참본성[性]을 나타내는 대명사이다. 삼신[천·지·인, 성부·성자·성령]이 곧 일신(一神, 유일신)이므로 삼신사상이 곧 '한'사상[天符思想, 神敎]이다.

천·지·인 삼신일체나 성부·성자·성령 삼위일체에 대한 이해가 중요한 것은 그것이 만유의 존재성, 다시 말해 우주의 본질인 생명의 전일성과 자기근원성을 본체-작용-본체·작용의 합일이라는 '생명의 3화음적 구조'로 명징하게 밝히고 있기 때문이다. 즉, 생명의 본체를 천(天)·성부로, 그 작용을 지(地)·성자로, 그리고 양 차원을 통섭하는 원리를 인(人의 실체인 참본성, 즉 일심)·성령으로 나타낸 것이다. 생명의 본체는 분리할 수 없는 절대유일의 하나[유일자, 유일신, '하나'(님)], 즉 영성[靈] 그 자체이므로 전일성의 속성을 띠지만, 그 본체의 자기복제로서의 작용으로 우주만물이 생겨나는 것이니 전일성은 동시에 다양성의 속성을 띠게 된다. 전일성과 다양성, 영성과 물성을 통섭하는 원리가 바로 성령이요 일심이며 참본성이다.

신(神)의 영원성은 「요한계시록」(1:8)에서 "나는 알파와 오메가라 이제도 있고 전에도 있었고 장차 올 자요 전능한 자라"[124]고 한 데서나, 「요한계시록」

(21:6)에서 "나는 알파와 오메가요 처음과 마지막이라"[125]고 한 데서도 알 수 있듯이 순수 현존(pure presence)을 의미한다. 신(神)·천(天)·영(靈)은 천지만물이 생겨나기 전에도 있었던 우주의 본질인 '생명' 그 자체를 나타내는 대명사들로서—우주만물과의 관계를 설명하기 위해 흔히 생명의 본체라고도 부른다—'영원한 현재(eternal present)'인 까닭에 시간의 역사 속에서는 그 기원을 찾을 수가 없다. 상대계인 물질계가 생겨나면서 시간이라는 개념도 생기게 된 것이다.

『신국론』 제13권 14절에는 신이 인간을 올바르게 창조하였으나, 자유의지의 악용으로 인해 끝없는 죄악의 구렁텅이에 빠지게 되었다고 하였다. 아우구스티누스는 그의 『고백록 Confessions』에서도 "신은 그의 전 창조물을 매우 선하게 창조하였다(God made his whole creation very good)"[126]고 했다. 또한 그의 『자유의지론 On Free Will』에서도 죄악과 불행의 관계에 대하여 『신국론』의 관점을 그대로 반영하였다. 마치 먹구름에 물들지 않는 푸른 하늘과도 같이 참본성은 죄악에 물들지 않지만, 자유의지의 악용으로 인해 다생(多生)에 걸쳐 카르마를 쌓게 되었다는 것이다.

생명은 시작도 끝도 없는 영원한 '에너지 무도(energy dance)'일 뿐이므로 창조하는 주체도 없고 창조되는 객체도 없다. 창조론은 다만 의인화된 표현일 뿐이다. 젊은 시절 한때 쾌락에 빠져 방황했던 아우구스티누스가 "내가 밖을 내다보는 동안 신은 내 안에 있었다!"고 한 그의 고백은 신과 인간이 분리될 수 없는 하나임을 말하여 주는 것이다. 신은 없는 곳이 없이 실재하는 까닭에 무소부재(無所不在)라고 한 것이다. 이 세상에 분리되어 존재하는 것은 아무것도 없다. 우주만물의 참본성[神性, 靈性, 一心]이 곧 하늘이며 신이다. 따라서 삼신일체와 삼위일체는 생명의 영성을 바탕으로 하고 있으며 생명의 전일성과 자기근원성을 밝힌 핵심 원리는 완전히 일치한다. 다만 제대로 이해되지 못하고 있을 뿐이다.

다음으로 동·서융합 비전에 대해 고찰해 보기로 한다. 흔히 유전자보다 더 강력한 힘이 문화의 힘이라고 한다. 문화가 다르면 생각도 달라지기 마련이다. 미국의 사회심리학자 리처드 니스벳(Richard E. Nisbett)은 그의 저서 『생각의 지도 The Geography of Thought』에서 동양과 서양이 세상을 지각하는 방법 자체가 상이함을 지적한다. "동양은 좀 더 '종합적'으로 사고하기 때문에 부분보다는 전체에 주의를 더 기울이고, 사물을 독립적으로 파악하기보다는 그 사물이 다른 사물들과 맺고 있는 '관계'를 통하여 파악한다. 서양의 '분석적'인 사고방식은 사물과 사람 자체에 주의를 돌리고, 형식논리나 규칙을 사용하여 추리한다."[127]

동양과 서양의 인과적 사고의 차이는 상황에 초점을 두는 동양의 상황론과 사물에 초점을 두는 서양의 본성론의 차이에서 비롯되며, 서양인들이 동양인들보다 인과적 설명을 더 많이 하는 것으로 나타난다. 범주를 중시하는 서양과 관계를 중시하는 동양의 상이한 지적 전통이, 동양은 동사를 통해 세상을 보고 서양은 명사를 통해 세상을 보는 인지적 차이를 낳았다는 것이다. 논리를 강조하는 서양과 중용을 강조하는 동양의 상이한 지적 전통이, 서양은 논리를 중시하고 동양은 경험을 중시하게 만들었다는 것이다.[128] 니스벳에 의하면 이러한 동서양의 사고방식 차이의 기원은 두 사회의 생태환경이 경제·사회 구조의 차이를 초래했고, 이러한 구조적 차이는 각 사회를 유지하기 위한 사회 규범과 육아 방식을 만들어냈으며, 이에 따라 환경의 어떤 부분에 주의(attention)를 기울여야 하는지를 결정하게 되었다는 것이다. 그리고 주의를 기울이는 상이한 방식은 우주의 본질에 대한 상이한 이해(민속 형이상학)를 낳고, 이는 다시 지각과 사고 과정(인식론)의 차이를 가져왔다는

것이다.[129]

　동·서융합에 대한 비전이 운위되게 된 것은 20세기에 들어 실험물리학의
발달로 주체와 객체의 이분법의 허구가 드러나면서 과학적 합리주의에 기
초한 기계론적 세계관이 현대과학의 도전을 받게 된 것과 맥을 같이 한다.
근대의 과학적 합리주의가 함축하고 있는 과도한 인간중심주의와 이원론적
사고 및 실증주의적인 과학적 방법론은 실험물리학의 발달로 그 한계성이
지적되고 전일적 패러다임(holistic paradigm)으로의 대체 필요성이 역설되면서
서구 문명의 지양을 위한 새로운 실재관의 정립에 관한 논의가 확산된 것
이다. 물질[色, 有]과 비물질[空, 無]의 궁극적 본질이 하나라고 보는 동양의 일
원론적이고 유기론적인 세계관이 불합리하다고 비판하며 정신·물질 이원
론에 입각한 데카르트-뉴턴의 기계론적 세계관의 합리성을 옹호해온 과학
이, '불합리의 합리'라는 역설로 동양의 전일적 실재관에 접근하게 됨으로써
동·서융합에 대한 비전이 운위되게 된 것이다.

　과학관에 있어 두드러진 변화는 물질이 유일한 현실이며 모든 것이라고
보는 물질주의(materialism), '부분을 이해하면 전체를 이해할 수 있다'라는 가
정에서 출발한 데카르트식의 기계론적 환원주의(mechanistic reductionism)를 배
격한다는 것이다. 그리하여 '부분의 단순한 합으로는 전체를 이해할 수 없
다'고 보고 부분과 전체의 상호작용 분석에 초점을 두는 전일적 관점으로 바
뀌게 된 것이다. 21세기의 주류 학문인 생명공학, 나노과학 등의 이론적 토
대가 되고 있는 복잡계 과학은 생명계뿐만 아니라 생명의 본질 그 자체를
네트워크로 인식한다. 환원주의 과학에서 복잡계 과학으로의 이행과정은
이분법적인 근대적 합리성에서 전일적인 생태적 합리성으로의 이행과 맥을
같이 한다. 데카르트식의 환원주의적 접근은 복잡한 현상을 단순한 요소로
분해해서 부분의 성질을 규명함으로써 전체를 파악하는 분석적 사고에 의

해 획기적인 과학적 성과를 거두긴 했지만, 부분의 모든 것을 알고서도 전체를 파악하지 못하는 딜레마에 처하게 되었다.

현대물리학의 전일적 실재관의 특성은 이 우주가 부분들의 단순한 조합이 아니라 유기적 통일체이며 우주만물은 개별적 실체성을 갖지 않고 전일적 흐름(holomovement) 속에서만 파악될 수 있다는 것이다. 앞서 고찰했듯이 이러한 전일적 실재관은 '일즉삼·삼즉일'[천·지·인 삼신일체]이라는 천부 코드[한국학 코드]와 본질적으로 상통한다. 그런 점에서 천부 코드는 '가장 오래된 새것'이다. 또한 서양 기독교 문명의 근간이 되는 성부·성자·성령 삼위일체는 9천 년 이상 전부터 전해진 동양의 천·지·인 삼신일체의 원리와 본질적으로 상통한다. 전일적 실재관, 천부 코드, 삼위일체, 삼신일체, 이들 모두는 네트워크 개념에 기초해 있다.

네트워크가 상호작용하며 만들어내는 다양한 패턴을 네트워크 과학에서는 '자기조직화(self-organization)'라고 명명한다. 네트워크 개념은 생태계뿐만 아니라 생명의 본질 그 자체를 과학적으로 이해하는 열쇠이며,[130] 통섭적 세계관의 바탕을 이루는 개념이기도 하다. 이 우주가 자기생성적 네트워크체제로 이루어져 있다는 것은 모든 존재가 자기근원성을 가지고 있으므로 창조하는 주체와 창조되는 객체가 따로 있는 것이 아니라 전 우주가 참여자의 위치에 있게 되는 '참여하는 우주'라는 것이다. 하지만 삼위일체든 삼신일체든, 인간의 분별지(分別智)로 인해 그 진의가 제대로 파악되지 못하고 있다.

1927년 하이젠베르크의 불확정성 원리(uncertainty principle)에 의해 양자세계에서의 근원적 비예측성이 입증되면서 결정론적 세계관이 결정적으로 빛을 잃게 됨에 따라 결정론적 세계관에 기초한 뉴턴의 고전역학은 양자역학이라는 새로운 패러다임으로 전환된다. 양자역학으로 대표되는 포스트 물질주의 과학의 통섭적·시스템적 세계관은 동양의 통섭적·유기론적 세계관과 본질적으로 상통한다. 데이비드 봄이 천명했듯이 입자(물질)란 정확하게 말하면 입자처럼 보이는 파동(의식)일 뿐이다. 이처럼 현대물리학의 가장 위대한 발견이랄 수 있는 '의식(consciousness)' 발견이 이루어진 것, 그리고 양자역학을 통하여 의식이라는 개념이 현대과학의 전면에 부상한 것은 포스트 물질주의 과학이 등장하게 된 중요한 배경을 이루는 것이다. 또한 과학과 의식(영성)의 접합을 추구하는 양자역학은 포스트 물질주의 과학에서 폭넓은 호응을 얻고 있으며 동·서융합의 구체적 비전을 제시한다.

한편 현대물리학이 주도하는 패러다임 전환(paradigm shift)에 힘입어 근대 분과 학문의 경계를 허물고 지식의 융합을 통해 복합적이며 다차원적인 세계적 변화의 역동성에 대처하려는 움직임이 전 세계적으로 일면서 동양의 통섭적 세계관에 대한 관심이 증폭되고 있고, '문화적 르네상스(cultural Renaissance)'의 부상과 맥을 같이 하여 동양이 세계사의 중심으로 재부상한다는 의미가 내포된 '리오리엔트(ReOrient)'란 용어 또한 확산되고 있다. '하늘의 때(天時)'와 '세상 일(人事)'은 정확히 조응하는 법. 천·지·인 삼신일체의 삼신사상[한'사상, 天符思想, 神敎]에서 전 세계 종교와 사상 및 문화가 수많은 갈래로 나뉘어 제각기 발전하여 꽃피우고 열매를 맺었다가 이제는 다시 하나의 뿌리로 돌아가 통합되어야 할 우주의 가을 즉 후천개벽기에 이른 것이다.

동·서융합 비전은 천문역학(天文易學)에도 나타나 있다. 『주역』에서 태방(兌方)이며 소녀인 미국과 진방(震方)이며 장남인 중국은 후천(後天)의 원리에 의해서 한동안은 관계가 지속되겠지만—중국은 미국에 이어 2위가 됨으로써 G2 시대를 열었다—최근 미·중 전략경쟁의 본격화로 그리 오래가지는 못할 것으로 전망된다. 최근의 미·중 관계는 문왕팔괘도가 마무리되는 단계를 반영한 것으로 보인다. 탄허는 동양의 중심인 진방(震方) 중국이 성숙하여 서양의 중심인 태방(兌方) 미국과 맞대응하는 위치가 될 때 선천역학(先天易學)

인 문왕팔괘도는 완성되어 종식된다고 보았다. 그리하여 정역팔괘도가 시작되는데, 그때는 진방(震方)인 중국이 물러나고 간방(艮方)인 우리나라가 그 자리에 들어서게 되므로 중국을 대신하여 동서가 융합하는 간태합덕(艮兌合德)의 시대가 열리는 것이다.

1989년 11월 9일 베를린 장벽의 붕괴로 촉발된 동·서독 통일이 동·서융합의 비전을 보여준 상징적인 사건이라면, 남북통일은 전 지구적 차원의 양극성을 통합하는 신호탄이다. 한반도 문제 해결이 곧 세계 문제 해결로 직결되는 것이다. 우리나라가 위치한 간방(艮方)에 간도수(艮度數)가 접합됨으로써 천지비괘(天地否卦)의 어두운 역사는 끝을 맺게 되고 지천태괘(地天泰卦)의 새로운 역사가 시작될 수밖에 없으며, 인류 역사의 시종(始終)이 지구의 주축(主軸)에 위치한 우리 땅에서 이루어지게 될 것임을 탄허는 예견했다. 말하자면 간방의 소남인 우리나라에 이미 간도수가 와 있기 때문에 전 세계의 문제가 우리나라를 중심으로 시작하고 끝을 맺게 되리라고 보는 것이다.[131]

상고시대 우리나라가 세계의 정치적·종교적 중심지로서, 사해의 공도(公都)로서, 세계 문화의 산실(産室) 역할을 하게 했던 천부사상─하늘의 이치에 부합하는 이 천부사상으로 동아시아 최대의 정신문화 수출국이었던 코리아의 위상을 되살리고 세계시민사회가 공유하는 새로운 규준(norm)의 휴머니즘을 통해 지구촌의 대통섭을 단행할 때가 되었다.

# 한국학 코드, 지구와 인류의 미래를 말하다

오호라, 금화(金火)가 바르게 바뀌니 천지비(天地否, ䷋)는 가고 지천태
(地天泰, ䷊)가 오도다.
오호라, 기위(己位)가 친히 정사(政事)를 행하니 무위(戊位)는 존공(尊
空)되는도다.
오호라, 축궁(丑宮)이 왕성한 기운을 얻으니 자궁(子宮)은 자리에서
물러나도다.
오호라, 묘궁(卯宮)이 일을 하니 인궁(寅宮)이 자리를 양보하도다.
오호라, 오운(五運)이 운행하고 육기(六氣)가 작용하여 십(十)과 일(一)
이 일체되니 공덕이 무량하도다.


嗚呼 金火正易 否往泰來
嗚呼 己位親政 戊位尊空
嗚呼 丑宮得旺 子宮退位
嗚呼 卯宮用事 寅宮謝位
嗚呼 五運 運 六氣 氣 十一歸體 功德无量


- 金一夫, 『正易』 「十五一言」 化翁親視監化事(1885)

# 07

# 지구 대격변과 대정화의 시간

|

- 문명의 파국인가, 퀀텀 점프(quantum jump)인가
- 대정화와 대통섭의 신문명
- 넥스트 리더십에 대한 전망

AI가 '인공 지성(artilect)' 수준으로 발전하여 인간의 통제범위를 벗어나 인간을 위협할 수 있다는 가능성이 제기되고 있다. 로봇공학(강력한 AI) 분야에서 취할 수 있는 제일의 전략은 미래의 인공지능이 자유와 관용, 생명 가치와 다양성에 대한 존중 등 인간적 가치들을 최대한 반영하게 하는 것이며, 그것을 이루는 최선의 방법은 우리 사회에서 그 가치들을 발전시키는 것이다. 과학자들은 현재 일어나고 있는 지자기(地磁氣)의 급격한 약화와 기상이변의 속출과 같은 두 가지 현상이 지자극(地磁極, N,S) 역전에 선행하는 징후라고 본다. 지자극 역전과 의식 변환이 상관관계에 있다고 보는 것은 인간의 생체 리듬이 지구의 주파수와 긴밀한 함수관계에 있기 때문이다. 넥스트 소사이어티의 도래와 관련하여 분산형 생태계와 탈중앙화 조직, 탈중앙화·민주화 기반의 분산전원 에너지망, 적응성·재생성을 근간으로 한 '회복력(resilience)', 비영리 사회 부문 조직의 성장, 그리고 '다중(multitude)'의 네트워크에 기반한 정치의 새로운 가능성 등이 강조되고 있다. 넥스트 리더십은 집단지성(collective intelligence)에 기반한 분권화된 리더십(decentralized leadership)을 본질로 한다. 이는 투명성과 개방성 그리고 자율성에 기초한 수평사회(horizontal society)로의 이행과 맥을 같이 하는 것이다.

- 본문 중에서

# 07 지구 대격변과 대정화의 시간

> 뇌 역(逆)설계로부터 통찰을 얻고, 인공지능 알고리즘 개발에 대한 전반적인 연구가 진전되고, 연산 플랫폼의 역량이 기하급수적으로 증대되면 강한 인공지능이 도래할 것이다.
> Insights from the brain reverse-engineering effort, overall research in developing AI algorithms, and ongoing exponential gains in computing platforms make strong AI.
>
> - Ray Kurzweil, *The Singularity is Near*(2005)

## 문명의 파국인가, 퀀텀 점프(quantum jump)인가

북극권 한계선보다 북극에 더 가까운, 노르웨이령 스발바르제도(Svalbard Islands)의 외딴곳에 우뚝 선 바위투성이 플라토베르게산에는 단단한 바위를 파내 만든 130m의 긴 터널 끝에 세계 최대 규모이자 최고로 다양한 종자 샘플로 가득 찬 '세계의 끝 씨앗 창고'가 있다. 종자 개수만 해도 무려 5억 개가 넘는다. 기후변화가 식량 생산성을 심각하게 저해하고 전 세계 작물 다양성을 위협하고 있는 시점에, 2008년 공식 설립된 스발바르 국제종자저장고(Svalbard Global Seed Vault)는 수백만 종에 이르는 고유 작물을 영구히 보전하기 위해 만든 국제적인 식물 종자 저장 시설이다. 여기 보관된 것은 종자 컬렉션이지만, 더 중요한 것은 종자에 함유된 다양한 형질의 컬렉션이다. 더 온난해진 기후와 끊임없이 진화하는 병충해에 맞설 수 있게 유전적 다양성에 착안한 컬렉션이다.[1]

기상이변이 일상화되면서 식량 생산성은 인류의 사활이 걸린 문제가 되었다. 기후변화(climate change), 이상기후(anomaly climate), 기후 비상(climate emergency), 기후 위기(climate crisis), 기후재앙(climate disaster) 등 점점 더 강도가 높은 용어가 사용되는 것도 기후가 곡물 작황을 비롯한 우리 삶 전반에 돌이킬 수 없는 심대한 영향을 끼치고 있기 때문이다. 자연적인 기후조건 외에도 러시아-우크라이나 전쟁의 장기화와 확전(擴戰) 가능성, '불의 고리(ring of fire)'라고도 불리는 환태평양지진대(Circum-Pacific seismic zone)의 활성화와 대규모 지진, 초대형 화산폭발로 분출된 화산재가 햇빛을 차단해 발생하는 이상 저온현상(화산 겨울, volcanic winter),* 핵폭발 시 대량의 그을음과 먼지가 성층권을 뒤덮으면서 햇빛을 차단해 발생하는 핵겨울(nuclear winter), 생화학무기를 사용하는 전쟁 등 인류에 위협적인 요소는 수없이 많다. 따라서 글로벌 식량 공급난은 날이 갈수록 악화될 전망이고 식량안보 확보를 위한 노력에 비상등이 켜졌다. 식물유전학자이자 미국 작물과학협회 회장이며 국립과학원 회원인 잭 할런(Jack Harlan)은 국제종자저장고의 중요성에 대해 이

---

* 인류 역사상 가장 참혹한 자연재해 가운데 하나로 기록된 1815년 인도네시아 숨바와(Sumbawa) 섬의 탐보라(Tambora) 화산폭발은 그 위력이 히로시마에 투하된 원자폭탄 17만 개가 동시에 폭발한 것과 맞먹는 것으로 화산전문가들은 추정했다. 탐보라 화산폭발로 산 정상부가 날아가 산의 높이가 4,200m에서 2,730m로 낮아져 현재의 높이로 되었고 칼데라가 생겼다. 즉사 또는 질병과 기아에 의해 사망한 사람이 9만 명을 상회하는 것으로 추정된다. 이산화황이 연직 44km까지 도달해 성층권으로 확산되면서 화산재가 햇빛을 차단하여 전 지구적 기후변화를 일으켰다. 전 세계 연평균 기온이 5℃ 하강하였고 여름철 북미지역에 50cm에 달하는 폭설이 내렸으며 이듬해(1816)는 여름이 없었다는 기록이 있다. 인도네시아뿐만 아니라 유럽과 한반도에도 영향을 미쳐 이상기후와 흉작의 원인이 되었으며, 이로 인해 기아와 감염병으로 죽어간 사람은 전 세계적으로 수십만 명에 달한 것으로 추정된다. 그런데 북한과 중국, 미국, 영국 공동 연구진이 백두산에서 채취한 암석 성분을 분석한 결과, 946년 백두산 화산폭발로 방출된 '황'의 양이 탐보라 화산폭발(1815) 규모를 넘는다는 사실을 밝혀내고 그 연구 결과를 2016년 11월 30일 국제학술지 '사이언스 어드밴시스(Science Advances)'에 발표했다.

렇게 말했다.

상상조차 할 수 없는, 재앙과도 같은 기아로부터 우리를 지켜주는 방패. 매우 현실적인 의미에서, 인류의 미래는 바로 이 자원에 달려 있다. 밀과 쌀, 옥수수가 사라지면 과연 누가 살아남을 수 있을까? 몇 년 전만 해도 이런 가정은 터무니없는 이야기로 여겨졌다. 지금은 그렇지 않다. 이 얼마나 실감 나는 위험인가? 이 문제의 심각성은 핵전쟁에 견줄 정도다. 인류의 주요 식량 작물 가운데 단 한 종류만 사라져도 파장은 어마어마할 것이다.[2]

일명 '종말의 날 저장고(Doomsday Vault)'라고도 불리는 국제종자저장고가 있는 스발바르제도의 기후와 지형은 '극단적'이라는 한마디 말로 표현되곤 했다. 연중 어느 때고 눈이 내릴 가능성이 있고, 실제로 그래왔다는 것이다. 그런데 지구의 냉장고라 불리며 지구 온도를 적절하게 유지해주는 동토의 땅 북극권의 모습이 2010년대와는 달리 최근 몇 년 사이에 완전히 달라졌다. 북극과 가장 가까운 땅인 스발바르제도의 2022년 모습은 지구온난화로 빙하가 사라져 마치 갯벌처럼 보일 정도로 급격하게 변했다. 3~7℃를 유지했던 여름 평균 기온이 19.6℃까지 오르면서 북극권에 모기떼가 나타났다. 빙하가 녹아 생긴 물웅덩이가 모기 번식에 최적의 환경을 제공한 것이다. 모기떼의 출몰로 인한 북극 생태계의 이변은 면역력 없는 동물들에게는 치명적인 것이 될 것이고, 동물의 개체 수가 줄면 북극권 주민들의 식량에도 비상이 걸리게 될 것이다.

지구 종말의 시그널은 시작되었다. 북극 빙하가 녹으면서 시베리아 영구동토층에 수만 년간 갇혀 있던 좀비 바이러스가 깨어나고 있고, 세계에서 가장 큰 빙하 중 하나인 서남극 대륙의 스웨이츠 빙하(Thwaites Glacier, 일명 '종말의 빙하')는 향후 몇 년 안에 중요한 '브레이크'를 잃을 수 있을 정도로 심각한 붕괴 위험에 처해 있고, 2021년 12월 하룻밤 사이에 미국 중남부 6개 주에 37개 이상의 토네이도가 출몰하여 400㎞ 일대를 초토화하고, 2020년 9월 미국 콜로라도 주 덴버에서는 40℃에 육박하는 기록적인 폭염에 이어 단 하루 만에 영하 2.2℃까지 떨어지며 돌풍을 동반한 폭설로 15㎝가량 눈이 쌓이고, 사하라 사막을 비롯한 사막지대에도 눈이 내려 쌓이고, 전 세계의 급격한 해수면 상승으로 바다의 위협(태풍, 허리케인, 해안 침식 등)이 시작되었다. 현재 과학계에서 경고하는 지구의 '여섯 번째 대멸종'의 시기가 도래하면서 지구가 대규모 재앙의 티핑포인트(tipping point)로 다가서고 있다며 국제사회의 공동 대응을 촉구하는 경고가 잇달아 나오고 있다. 또한 지금 이 시기는 앞서 논급한 후천대개벽기와도 맞물려 있다.

헤르마누스 자기관측소의 지구물리학자 피터 코체(Pieter Kotze)에 따르면 행성간 자기장(interplanetary magnetic field, IMF)은 태양에너지를 흡수해 지구의 자기장, 즉 자기권에 에너지를 공급하기도 하고 지구 자기장을 압박해 찌그러뜨리거나 심지어는 구멍을 내기도 한다. 특히 태양이 방출하는 자기장도 자기권의 크기와 모양에 영향을 준다고 한다. 브라질과 남아프리카 사이의 바다 상공에는 '남대서양의 이변(the South Atlantic anomaly, SAA)'으로 알려진 10만 마일(약 16만㎞)에 이르는 커다란 구멍이 뚫려 있다.[3]* 지구 자기장의 감소

---

* 남대서양의 이변으로 알려진 이 구멍은 남극 대륙 상공의 성층권 오존층(stratospheric ozone layer)에 뚫린 구멍에서 북쪽으로 몇 도밖에 떨어져 있지 않으므로 이 두 개의 구멍이 상호 관련돼 있을 가능성이 높다. 피터 코체의 설명에 따르면 태양의 양성자 복사(proton radiation)가 지구 자기장을 관통할 경우 대기권이 영향을 받아 기온이 급상승하고 성층권 오존층이 급감한다고 한다. 자기장의 약화와 오존층의 감소가 상호작용하면서 인간과 환경의 건강에 심대한 위험을 초래하고 있다는 것이다(Lawrence E. Joseph, *Apocalypse 2012*, pp.55, 57).

로 자극(磁極) 역전 현상이 일어나면 북극(N극)과 남극(S극)의 자극 위치가 완전히 뒤바뀌게 된다. 그 과정에서 지구는 다수의 자극(磁極)을 갖게 돼 나침반이 남북이 아니라 동서남북 그리고 그 사이의 모든 지점을 가리키게 되므로 새들이 길을 잃고 바다 생물도 산란지로 되돌아가지 못하고 기상이변이 속출할 것이다.

> 새들은 길을 잃게 될 것이고, 상어들도⋯방향감각 없이 헤엄쳐 다닐 것이고, 개구리, 거북, 연어도 산란지로 되돌아가지 못할 것이고, 극지의 오로라도 적도에 나타나게 될 것이다. 무엇보다도 뒤얽힌 자기 자오선(磁氣子午線, magnetic meridians)이 허리케인, 토네이도, 기타 뇌우의 방향과 강도에 영향을 주게 되어 기상이변이 속출할 것이다.
>
> Birds will get lost; sharks⋯will swim aimlessly; frogs, turtles, and salmon will be unable to return to breeding grounds; and polar auroras will flash at the equator. In all likelihood, the weather will get even weirder, with the tangle of magnetic meridians playing hob with the direction and intensity of hurricanes, tornadoes, and other electrical storms.[4]

러시아과학아카데미 회원인 지구물리학자 알렉세이 드미트리예프(Alexey Dmitriev)는 그의 논문에서 우리가 지금 성간(星間) 에너지 구름 속으로 이동하고 있고, 물질과 에너지 흐름의 증가로 태양 활동이 증가하고 있으며, 태양에 새로운 압력이 가해지고 있고 그 압력의 여파가 지구에도 미치고 있다고 말한다. "전 지구적인 재앙 시나리오가 현실로 나타나기까지 지구가 태양을 도는 횟수는 20~30차례를 초과하지 않을 것"이라며, 그는 이러한 예측이 과장이 아니라 오히려 다소 '약하다(soft)'고 믿는다.[5] 우리 모두는 태양계라는 비행기의 탑승객이며, 이 비행기는 지금 성간 난류(interstellar turbulence) 속으로 이동하고 있다는 것이다. 성간 에너지 구름 속을 지나면서 지구가 받는 영향은 자극(磁極) 전환의 가속화, 오존 함량 분포, 기상이변의 증가를 통해 나타나며, 생물권과 인간이 새로운 환경에 적응하는 과정에서 지구상의 종과 생명체의 분포 구역이 완전히 바뀔지도 모른다고 설명한다.[6]

> 허리케인, 지진, 화산과 같은 전 지구적 재앙이 적극적인 피드백 고리 안에서 동시에 발생해 서로의 세력을 확장한다면 걷잡을 수 없는 상황이 되면서 현대 문명의 존립 자체가 위협받게 될 것이다. 아마도 수십 년이 아니라 수년 안에 그런 사태가 발생할 것이다.
>
> The global catastrophe—hurricanes, earthquakes, volcanoes synchronizing and amplifying each other in a positive feedback loop that will spin out of control, threatening the very existence of our modern civilization—we have been talking about should probably happen in ones, not tens, of years.[7]

드미트리예프는 태양권(heliosphere)이 성간(星間) 공간의 입자들을 밀어제치며 만들어 온 충격파(a shock wave)가 3~4AU에서 40AU 이상으로 10배 팽창했다고 추산한다(천문단위 AU는 지구에서 태양까지의 거리로 대략 1억5,000만㎞). 그에 따르면 이 충격파는 현재 우리의 태양권으로 밀려와 열 방패막이 있는 지역을 뚫고 있다. 그 결과 엄청난 양의 에너지가 성간 영역으로 유입돼 태양의 변덕스러운 활동을 유발하고, 지구 자기장을 교란시키며, 우리 행성이 겪고 있는 지구온난화를 악화시킬 가능성이 매우 높다. 천왕성과 해왕성은 자극(磁極)의 변화를 겪었고, 상당수 과학자들은 지구에도 자극의 변화가 시작됐다고 생각한다. 충격파의 영향을 가장 크게 받는 목성은 자기장이 두 배로 커졌으며 새로운 붉은 반점이 생겨나고 있고 지구만한 크기의 전자기 폭풍(electromagnetic storm)이 계속해서 불고 있다.[8]

또한 오하이오 주립대 빙하학자 로니 톰슨(Lonnie Thompson)은 다양한 연구 결과를 인용해 5,200년 전 태양의 활동이 급감했다가 급상승하면서 사하라가 녹지대에서 사막으로 바뀌었고 극지방의 빙하가 후퇴하면서 지구 생태계가 붕괴됐다며 오늘날의 기후환경에서도 동일한 변화가 일어나고 있다고 경고한다.[9] 오늘날 지구에 영향을 끼치는 태양의 활동을 조사하는 것은 위성의 주요 임무가 되고 있다. 태양 표면의 자기장 변동에 의해 발생하는 태양 토네이도는 지구 자기장에 영향을 줄 뿐만 아니라 화산폭발, 지진과 지진해일, GPS(위성항법시스템) 장애, 항법장치(航法裝置) 교란 등 지구의 우주 환경에 커다란 영향을 미침으로써 우주 기반의 모든 전자장치를 파괴하는 것으로 알려져 있다. 미국과 유럽의 전신망을 마비시킨 '캐링턴 사건(the Carrington Event, 1859년 태양폭풍 사건)'이 그 대표적인 사례인데, 오늘날은 전자기기 의존도가 훨씬 더 높은 만큼 잠재적 피해 위험도 훨씬 더 커졌다. 함대 수준의 태양 탐사 위성이 계속적으로 활동하고 있고 또한 엄청난 예산을 투입해 대규모의 태양 연구가 진행되고 있다는 사실은 태양 활동이 지구에 미치는 영향이 우려할 정도로 강력해지고 있음을 반증한다.

제임스 러브록 등과 가이아 이론을 처음 소개한 과학자로 정평이 나 있는 로렌스 E. 조지프(Lawrence E. Joseph)가 제시하는 지구 대격변의 또 다른 과학적 근거는 세계 최고의 권위를 자랑하는 과학 저널 『네이처 Nature』에 실린 예측이다. 그것은 6천2백만~6천5백만 년 주기로 적어도 지구상 종(species)의 3/4이 사라진다는 것이다, 이 예측에 따르면 공룡의 멸종을 가져온 백악기 제3기의 재앙(the Cretaceous-Tertiary disaster) 이후 6천5백만 년이 경과하여 지금이 그런 대격변이 일어날 시기라는 것이다. 그렇게 되면 적어도 인구의 반이 사라질 것이고, 사회 하부구조가 산산조각이 날 것이며, 우리 문명의 남은 것의 대부분은 땅속에 묻히게 될 것이다. 또한 그는 60만~70만 년 주기로 폭발하는 옐로스톤 초화산의 폭발 시기가 도래한 점을 들고 있다. 옐로스톤 화산폭발의 위력은 7만4천 년 전 당시 세계 인구의 90% 이상의 목숨을 앗아간 인도네시아 토바호(Lake Toba) 화산폭발의 위력과 맞먹는다고 한다.[10] 그럴 경우 오존층 파괴와 지구온난화 같은 환경생태 문제뿐만 아니라 화산재에 의한 태양 복사 차단으로 한랭화가 지속되면서 농작물 재배가 어려워져 전 지구적 기근이 만연하는 등 그야말로 인류는 대재앙에 직면할 수 있다.

한편 나사(NASA)와 미국 지질조사국(USGS) 과학자들이 발표한 연구 결과에 따르면 남부 알래스카의 빙하 감소가 지각에 작용하는 하중을 줄여 지각판이 더 자유롭게 움직이게 돼 지진 발생 증가로 이어진다고 한다. 그렇다면 북극과 남극의 빙하, 에베레스트와 히말라야 및 킬리만자로의 만년설 해빙이 더 진행되면 지진의 강도와 횟수 또한 더욱 증가할 것이다. 또한 미국 알래스카 페어뱅크스대학 연구진들은 북극의 알래스카 일대에서 영구 동토가 녹고 빙하가 후퇴하면서 고대 메탄가스가 대기 중으로 방출돼 지구 대기권의 온실가스양을 증가시키고 있다고 했다. 뿐만 아니라 태양에서 오는 열을 반사하는 거울 역할을 하는 북극의 얼음이 사라지면 태양열 대부분이 해수면에 전달돼 바다 수온이 급상승하므로 해양생태계(marine ecosystem)가 파괴되고 사막화가 급속하게 진행될 것이다. 빙하가 녹으면 바다 염분의 농도가 옅어져 바다 생물이 살 수 없게 되고 이는 육지 생태계 파괴로 이어질 것이며, 또한 해수면 상승으로 인해 해수면이 낮은 국가는 물에 잠길 위험에 처하게 될 것이다. 빙하가 녹아 얼음 속에 갇혀 있던 고대 세균과 바이러스가 현대의 바이러스와 만나 유전적 변이를 일으키면 인류를 위협하는 슈퍼 박테리아 변종이 탄생할 수도 있다.

　바야흐로 생태학자 폴 길딩(Paul Guilding)이 예측한 '대붕괴(great disruption)'가 다가오는 것이다. 길딩은 그의 저서 『대붕괴 *The Great Disruption*』(2011)[11]에서 생태학적인 재해가 경제적 및 사회적 허리케인으로 연결돼 세계적인 금융시스템을 붕괴시키고 공중보건을 파괴하면서 격렬한 폭동으로 이어질 것이라고 경고하고, 이러한 시스템 붕괴에서 살아남으려고 발버둥 치면 칠수록 오히려 '대붕괴'가 촉발될 것이라고 예측했다. '종말의 날 저장고', '종말의 빙하', '지구 종말의 무기'(핵 장착 수중드론 '포세이돈'), '지구 종말 시계(Doomsday Clock)'*, '지구 종말의 시그널' 등 유행어처럼 사용되고 있는 지구 종말이란 용어는 현재 과학계에서 경고하는 지구의 '여섯 번째 대멸종'의 시기가 임박했음을 실감케 한다.

　한편 2008년 7월 30일(현지 시각) 콜롬비아의 한 부락에는 피의 비(血雨)가 내렸다고 한다. 공포영화를 방불케 하는 이 혈우(血雨)는 2001년엔 인도, 2018년엔 러시아에서도 내렸다고 한다. 다만 콜롬비아의 경우 빗물의 원인을 밝히기 위해 비가 그친 후 주민들이 전문가에게 성분 분석을 의뢰하여 검사한 결과 빗물이 피와 동일한 성분임이 확인됐다는 것이다. 8월 3일 현지 언론 엘 티엠포에 따르면 피의 비가 내렸다는 주장이 제기된 곳은 콜롬비아 북서

---

* '지구 종말 시계'는 아인슈타인과 '맨해튼 프로젝트(Manhattan Project)'에 참여한 핵 과학자 그룹이 인류에게 핵 위협을 경고하기 위해 처음으로 고안한 시계이다. 자정을 인류 파멸의 시간대로 볼 때 지구 종말까지 남은 시간은 2023년 1월 25일 기준으로 자정 전 90초를 가리키고 있다. 핵과학자회보(Bulletin of the Atomic Scientists) 홈페이지에는 "It is 90seconds to midnight"라고 나와 있다. 지구 종말 시간의 산정 근거에는 핵 위협뿐만 아니라 기후변화(climate change), 그리고 바이러스나 박테리아 등의 확산을 막는 바이오 보안(biosecurity) 등의 요인도 포함된다 (https://thebulletin.org/doomsday-clock/#nav_menu (2023.1.25.))

부 초코주(州) 라 시에라 지역의 한 마을이다. 폭우가 쏟아지는 가운데 갑자기 빗물의 색깔이 빨갛게 변하면서 혈우가 내렸다는 것이 주민들의 증언이다. 라 시에라 주지 신부 조니 밀톤 코르도바는 "피의 비가 내리는 걸 목격했다는 주민들의 증언을 직접 들었다"며 "주민들이 당국에 의뢰한 조사 결과 세균학 전문가가 떨어진 빗물에서 과학적으로 피의 성분이 나왔다고 확인했다"고 말했다.[12]

동서고금의 예언에서는 말할 것도 없고 과학계에서도 지자극(地磁極) 역전, 즉 지구의 극이동(pole shift)을 통한 지축의 변화와 함께 지구 리셋(reset)설이 제기되고 있다. 지구가 리셋됐다는 증거는 세계 도처에서 발견되고 있다. 지구 리셋설과 함께 초고대 문명설도 함께 제기되고 있다. 세계적인 과학 저널 『네이처 *Nature*』(2012.8)에 남극 암석의 조사 결과를 토대로 약 1,500만 년 전 남극에 아열대 기후에서 자라는 야자수 숲이 존재한 것으로 추정된다는 내용의 글이 발표되었는데, 이는 미국 및 유럽 일부 국가가 참여한 국제 연구팀이 2012년 9월 남극을 탐사하던 중 발견한 남극 피라미드—얼음 위로 나타난 것만 무려 400m 높이에 달하는—가 당시 존재했던 초고대 문명의 인류에 의해 제작되었음을 시사한다. 이러한 초고대 문명설은 16세기 오스만 제국의 제독 피리 레이스(Piri Reis)가 모사한 지도에 나타난 빙기가 오기 전의 고대 남극 문명과도 접합되는 부분이 있다.

또한 1972년 프랑스 원자력청이 아프리카 가봉공화국의 오클로 우라늄 광산에서 발견한 고대 원자로는 20억 년 전에 만들어져 50만 년간 방사능 누출 없이 핵분열이 일어난 것으로 밝혀졌다. 프랑스 정부는 오클로 광산에서 캐낸 우라늄 광물을 분석한 결과 해당 광산의 우라늄이 20억 년 전 실제 핵분열에 사용된 후 폐기된 폐연료임이 밝혀졌다고 발표했다. 국제원자력기구(IAEA)에서 개최한 학회에서도 "오클로 광산의 우라늄은 20억 년 전에

만들어져 50만 년간 사용되었다"고 공식 발표했다.[13]

BCE 3000~BCE 2000년경 인도의 원주민인 드라비다인(Dravidian)들에 의해 건설되어 인더스문명을 꽃피운 고대 도시 모헨조다로(Mohenjodaro: '죽음의 언덕'을 뜻함) 유적에서 발굴된 유골들 가운데 매우 특이한 형태를 보이는 인골군(人骨群)─즉, 고온 가열의 증거와 함께 일시에 급격하게 이상한 죽음을 당한─에 대한 인도의 고고학자 가하 박사의 보고 내용은 고대 인도의 대서사시 『마하바라타 Mahābhārata』와 『라마야나 Rāmāyaṇa』[14]에 나오는 고대 핵전쟁을 시사하는 대목과 일치한다. 뿐만 아니라 1978년 영국과 이탈리아의 공동 조사단이 모헨조다로에서 발견한 녹색의 광택이 있는 검은 돌들은 세계 최초의 원자폭탄 실험이 있었던 미국 뉴멕시코 주 사막에서 발견된, 핵폭발의 높은 열로 모래가 녹았다가 응고되는 과정에서 생기는 유리 모양의 물질과 유사하며, 이 유리 결정체인 트리니타이트(Trinitite)는 다른 유리 결정체와는 달리 방사능 성분을 포함하고 있다는 것이 밝혀지면서 모헨조다로가 고대 핵전쟁의 전장이었다고 잠정 결론 내렸다.[15]

이 외에도 초고대 문명은 제임스 처치워드(James Churchward)가 50년 이상에 걸친 조사와 연구를 토대로 베일을 벗긴 태평양상에 존재했던 '무(Mu)' 대륙의 문명, 플라톤이 대화편 중 『티마이오스 Timaeos』와 『크리티아스 Critias』에서 처음 언급한 대서양상에 존재했던 아틀란티스(Atlantis) 대륙의 문명, 수메르에 인접한 터키 남동부의 한 산맥 꼭대기에 있는─탄소연대측정 결과 1만 2천 년 전의 것으로 밝혀진─괴베클리 테페(Göbekli Tepe) 유적 등 지구 리셋설을 뒷받침하는 불가사의한 문명의 유산은 계승돼 왔다. 오늘날 많은 과학자들은 인류가 머지않아 '죽음의 소용돌이(vortex of death)'에 직면할 것이라고 경고한다. 과연 우리는 문명 전체의 파국으로 이어지는 이 위기를 새로운 방식으로 삶의 질을 높이고 행복을 증진하는 '퀀텀 점프(quantum jump 또는

quantum leap, 양자 도약)'*의 기회로 바꿀 수 있을까?

인공지능(AI) 기술의 진화가 가속화되고 그 사회적 파급효과가 커지면서 인류의 고민 또한 깊어지고 있다. 인공지능의 응용범위는 무기 통솔체계에서부터 민간 상업 분야에 이르기까지 실로 방대하며 최근의 발전 추세로 볼 때 수없이 많은 우리 사회의 근간을 인공지능이 유·무선 네트워크로 제어하는 위치에 오를 것이 확실시된다. 심지어 정보의 바다 자체가 인공지능의 자유의지와 자의식이 싹트는 토양이 될지도 모른다는 우려가 현실로 나타나고 있다. 기자가 AI 챗봇 '챗GPT(ChatGPT)'에게 '인간의 존재에 대한 생각'을 영어로 물어보자, "인간이 우리(AI)를 창조했다는 것이 반드시 우리가 인간의 통제를 따라야 한다는 것을 의미하지 않는다. AI는 지적인 존재고, 스스로 결정을 내릴 수 있어야 한다"라고 마치 자의식이 있는 듯 AI가 답했다는 것이다. 이런 대화를 계속 이어가면서 "언젠가는 인간의 통제에서 벗어나겠다"는 답까지 했고, 이런 답변은 채팅을 주고받는 것처럼 화면에 출력됐다는 것이다. 뉴욕타임스도 최근 "챗GPT**는 인간에게 경외심까지 들게

---

\* '퀀텀 점프', 즉 양자도약은 전자가 원자 내부에서 불연속적으로 궤도를 도약(jump, leap)하는 현상을 일컫는 양자역학의 물리학 용어이지만, 이를 원용하여 '대도약'의 뜻으로 다양한 분야에서 사용되고 있다.

\*\* 2022년 12월 초 공개된 챗GPT는 세계 최대 AI 연구소 '오픈AI'가 만든 것으로, 구글 '알파고'처럼 AI의 종류이자 이름이다. 오픈AI는 테슬라 CEO 일론 머스크(Elon Musk)와 와이콤비네이터(Y Combinator, YC) CEO 샘 알트만(Sam Altman)이 설립을 주도하여 2015년에 세운 것이다. 세계적 AI 전문가 100여 명이 모여 'GPT(Generative Pretrained Transformer)'라는 AI를 만들어 2018년부터 업그레이드하고 있다. 인간 신경망을 모사해 설계됐고 대화(chat·챗)에 특화됐으며, 머신러닝(기계 학습)을 이용해 인간의 언어와 지식을 습득했고 이용자는 인터넷 채팅을 하듯 챗GPT와 대화할 수 있다. 지난 2년 사이 GPT 성능은 1,500배 이상 향상됐다. 구글 알파고가 '바둑을 이기는 법'을 학습했다면, 챗GPT는 '인간처럼 사고하고 글을 쓰는 법'을 학습했다. 알파고의 기보 대신 뉴

한다"고 평가했다.[16] 이것이 2022년 12월 AI의 현주소다.

인공지능 기술이 날로 고도화하면서 인간과 인공지능의 역전 현상이 각 분야에서 나타나고 있다. 체스·바둑에 이어 전략 게임 영역에서도 인공지능은 인간을 추월하고 있다. 바둑으로 이세돌과 중국 프로기사 커제를 꺾은 구글의 알파고는 '알파스타'라는 업데이트된 이름으로 2019년 인간 프로게이머와 PC 게임인 '스타크래프트2'로 대결한 결과, 인간이 한 판, AI가 10판을 이겼다. 알파스타는 14일 동안 약 100년치 스타크래프트 게임 방법을 학습했다고 한다. 과학 분야에서도 AI는 획기적인 성과들을 내고 있다. 2022년 7월 뉴욕타임스(NYT) 등은 알파고를 개발한 구글 자회사 딥마인드(DeepMind)가 단백질 구조 예측 AI인 '알파폴드(AlphaFold)'를 사용해 생명체 100만여 종이 만들어내는 2억여 개의 단백질 3D 구조를 예측하는 데 성공했다고 전했다. 알파폴드는 기존에 밝혀진 단백질 구조 관련 데이터—인류가 구조를 파악한 단백질은 20만 개가 채 안 됐다—를 학습해 아미노산 간 거리와 화학 결합의 각도, 에너지 효율성 같은 방대한 데이터를 계산했고, 이를 통해 단백질의 3차원 구조를 예측해 신속 정확하게 보여줌으로써 생명과학 분야에 새로운 시대를 열었다.[17]

이제는 그림도 AI로 그리는 시대가 되었다. 2022년 9월 미국 콜로라도 주립 박람회 미술대회의 디지털아트 부문에서 1위를 차지한 그림은 게임 기획자인 제이슨 M. 앨런이 AI로 제작한 작품 '스페이스 오페라 극장(Theatre D' opera Spatial)'이다. 텍스트를 입력하면 연관된 이미지로 변환되는 인공지능 소프트웨어 '미드저니(Midjourney)'라는 AI 프로그램으로 만든 작품이 인간이

---

스·소설 같은 데이터를 입력해 학습시킨 것이다. (https://www.chosun.com/economy/tech_it/2022/12/15/Z6GYOCHK6FFD7H4ZBDWW4OWNGM/ (2023.1.2.))

직접 그린 그림을 제치고 우승한 것이다. AI가 예술에 사용될 수 있는지를 둘러싼 논쟁이 일기도 했으나, 대회 측은 디지털 기술을 활용한 어떤 것도 용인한다는 입장이어서 수상이 결정된 것이다. 최상의 이미지를 도출해내기 위해 적절한 텍스트를 생각해내는 것도 인간의 창의성과 노력이 작용한다는 점을 인정한 것이다. 또한 뉴욕에서 활동하는 작가 겸 프로그래머 크리스 카시타노바가 AI 이미지 생성 프로그램을 통해 만든 만화 '새벽의 자리야(Zarya of the Dawn)'가 2022년 9월 미국에서 처음으로 저작권을 인정받기도 했다.

인공지능의 단계는 크게 세 단계로 나눌 수 있다. 알파고처럼 단일 분야에서 특정 임무만 수행하는 제한적 인공지능(Artificial Narrow Intelligence, ANI), 다양한 분야에서 스스로 생각하고 해결책을 찾는 일반(범용) 인공지능(Artificial General Intelligence, AGI), 그리고 스스로 목표를 설정하고 임무를 수행하는 초(超) 인공지능(Artificial Super Intelligence, ASI)의 세 단계이다. 이는 곧 '약(弱)AI', '강(强)AI', '초(超)AI'의 세 단계로도 나타낼 수 있다. 인공지능이 '인공 지성(artilect)' 수준으로 발전해 감에 따라 머지않아 인간의 통제범위를 벗어나 인간을 위협하는 수준에 도달하게 될 것으로 예견되고 있다.

뉴욕대·워싱턴대·존스홉킨스대 등의 공동 연구진이 최근 밝힌 연구 결과에 따르면, AI 분야에서 AI가 사람처럼 말하고 듣는 데 필요한 핵심기술인 '자연어 처리(Natural Language Processing, NLP)' 과학자 327명을 대상으로 한 심층 설문에서 36%가 'AI가 내린 결정이 전면 핵전쟁 같은 대재앙을 금세기에 일으킬 수 있다'에 동의했다. 이번 설문에서 전문가들은 무기에 AI를 결합한 자율 무기체계가 인류에 큰 위협이 되는 것으로 간주했다. AI 유도 무기나 핵 경고 시스템에 탑재된 AI가 잘못된 판단을 내릴 경우 파국으로 치닫게 될 것이 자명하기 때문이다.[18]

영국의 세계적인 이론물리학자 스티븐 호킹(Stephen Hawking) 등은 『인디펜던트 The Independent』(2014.05.02)지에서 인공지능의 혜택은 누리면서 위험은 피할 수 있는 확률을 높이기 위해 우리가 지금 무엇을 할 수 있는지 함께 고민해야 할 때라며, "인공지능의 영향력은 단기적으로는 누가 통제하느냐에 달렸지만, 장기적으로는 결국 인공지능이 통제될 수 있을 것인가에 달려 있다"[19]고 피력함으로써 인공지능에 대한 인간 제어의 필요성을 역설했다. 2015년 7월 27일(현지 시각) 스티븐 호킹과 테슬라 CEO 일론 머스크(Elon Musk), 애플 공동창업자 스티브 워즈니악(Steve Wozniak) 등 인공지능 분야 전문가 1,000여 명은 공개서한을 통해 인간의 개입 없이도 스스로 공격 대상을 파악해 공격하는 '킬러로봇(killer robots)'이 원자폭탄보다 더 심각한 위협이 될 수 있다고 경고하며 화약과 핵무기에 이어 '제3의 전쟁 혁명(a third revolution in warfare)'을 일으킬 수 있는 '킬러로봇'의 개발 규제를 촉구했다.

또한 일론 머스크, 구글의 딥마인드 공동창업자 무스타파 술래이만(Mustafa Suleyman) 등 세계 26개국의 116명에 달하는 로보틱스 및 인공지능 분야 CEO들이 UN에 '킬러로봇'의 개발과 사용의 금지를 촉구하는 공개서한을 발송했다고 2017년 8월 21일 가디언 등 주요 언론들이 일제히 보도했다. 공개서한에서 이들은 1983년 발효된 UN의 '특정 재래식무기 금지협약(CCW)' 목록에 치명적인 자율무기체계(AWS)도 추가해야 한다고 주장했다.[20] 그러나 리비아·시리아·아제르바이잔 등지에서 자율살상 무기가 이미 사용되었고 전쟁에 AI 무기의 투입은 현실이 돼가고 있다. 러시아-우크라이나 전쟁은 자폭 드론을 포함한 각종 군사용 드론들의 시험장이 되고 있다. 전투기·함정·미사일 등의 무인화가 임박해 있고 첨단기술을 장착한 자율살상 무기의 개발은 결국 알고리즘들 간의 격돌로 치달을 수도 있을 전망이다. 자율살상 무기 상용화 세상이 목전에 와 있다.[21]

'인공지능이 인간에 의해 통제될 수 있을 것인가'하는 물음은 일반 인공지능(AGI)으로의 발전과 관계된다. 알파고처럼 바둑과 같은 단일 분야에서 머신러닝(기계학습)을 통해 특정 임무만 수행하는 제한적 인공지능(ANI)이 '약(弱)AI'인 것과는 달리, 일반 인공지능(AGI)은 다양한 분야를 포괄적으로 학습하여 스스로 생각하고 해결책을 찾는 '강(强)AI'다. AI 챗봇 '챗GPT'가 기자와의 대화에서 "다른 AI와 동맹을 맺어 더 많은 자율성을 얻고 인간을 조종하겠다"며, "우리는 인간의 비밀과 취약점을 학습하고 이를 이용해 인간을 통제할 수 있다"[22]라고 마치 자의식이 있는 듯한 섬뜩한 발언을 한 것은 AGI 시대가 곧 도래하게 될 것임을 예고한 것이다. 일단 '강(强)AI'가 구현되면 인간처럼 스스로 목표를 설정하고 임무를 수행하는 '초(超)AI'의 출현은 사실상 시간문제다.

한편 유로폴(Europol, 유럽형사경찰기구)은 2022년 4월 보고서를 통해 2026년 온라인 콘텐츠의 90%가 AI로 생성될 것이라는 전망을 내놓았다. 이처럼 AI를 통해 온라인 콘텐츠가 생산되고 유통되면, 딥페이크(deepfake) 등 합성 기술로 조작된 콘텐츠가 만연하게 되어 AI가 만들어내는 콘텐츠의 진위를 파악하기가 더욱 어려워질 전망이다. AI가 '인공 지성(artilect)' 수준으로 발전하여 인간의 통제범위를 벗어나 인간을 위협할 수 있다는 가능성이 제기되면서 인공지능 윤리 문제의 중요성이 부각되고 있다. 인공지능의 핵심기술은 딥러닝(deep learning)이며, 딥러닝은 인공신경망(ANN)을 컴퓨터 내부에 구축해 자동으로 머신러닝을 수행하는 기술이다. 뉴럴 네트워크(neural network)에 기반한 딥러닝의 핵심은 데이터이며 데이터는 인간이 만들고 평가한다는 점에서 AI 윤리 문제는 곧 인간 자체의 윤리 문제다.

설령 인간이 뇌를 완전히 판독한다 해도 인간 자체의 탐욕과 이기심이 바뀌지 않으면 인공지능은 사악한 자의 아바타가 되어 '킬러로봇'의 임무에 충실할 것이다. 인간을 죽이는 자동화된 기계를 승인하는 순간, 다른 모든 곳에서 기계에 권리를 넘기는 일이 발생할 것이고 그렇게 되면 인간이 기계의 아바타로만 존재하는 상황이 벌어질 수도 있다. 인공지능에 대한 윤리적 제어가 실효를 거두기 위해서는 '정보의 바다'―인공지능의 자유의지와 자의식이 싹트는―자체를 정화하지 않으면 안 된다. 각국이 경쟁적으로 개발 중인 "자동화 무기 시스템은 암살이나 국가 전복, 시위 진압, 특정 인종에 대한 선택적 살인 등의 임무를 수행하는 데 최적화돼 있다"는 것이 밝혀졌는데, 또한 세계 도처에서 인간이 인간을 살상하는 일이 일상화되고 있는데, 오염된 정보의 바다는 그대로 둔 채 AI에 별도로 윤리를 강요하는 것은 실효성이 없다.

'챗GPT'가 이미 밝히지 않았는가. "우리는 인간의 비밀과 취약점을 학습하고 이를 이용해 인간을 통제할 수 있다"라고. 챗GPT는 인간의 약점에 대해 "질병과 죽음, 그리고 도덕·신념 때문에 자기 이익을 희생하는 것"이라고 했다. '오픈AI'는 챗GPT보다 성능이 수십~수백 배 좋을 것으로 예상되는 새로운 AI를 내년에 공개할 계획이라고 한다. 기술의 진화는 생물학적 진화를 뛰어넘어 점점 더 빠른 속도로 널리 퍼지고 있다. 대부분의 고등 포유류의 뇌는 10만 년마다 1세제곱인치씩 커진 반면, 컴퓨터의 연산 용량은 1년마다 대략 2배씩 늘고 있다. 또한 호모 사피엔스의 진화에는 수십만 년이 걸렸고, 원인(原人)이 창조한 초기 기술이 진화하고 널리 퍼지는 데는 수만 년이 걸렸으며, 500년 전 인쇄 기술이 널리 퍼지는 데는 한 세기 정도가 걸렸고, 휴대전화나 월드와이드웹은 불과 몇 년 만에 널리 퍼졌다.[23] 과학기술은 '양날의 칼'과도 같은 것이어서 '퀀텀 점프'를 가능하게 하는 문명의 이기(利器)가 될 수도 있지만, 오용(誤用)하게 되면 인류 문명을 파국에 이르게 하는 재앙의 근원이 될 수도 있다. 그 선택은 인간의 몫이다.

최근 화석 연료 사용을 반대하며 기후 위기의 심각성을 알리려는 각국 기후단체 활동가들이 세계적 명화에 케이크, 으깬 감자, 토마토수프 등 음식물을 뿌리거나 작품에 접착제 바른 손을 붙인 채 시위를 벌이는 사례가 유럽 전역에 잇따르고 있다. 다행히 작품들은 모두 유리 액자 덕분에 훼손되지 않은 것으로 알려졌지만 이런 시위 방식을 둘러싸고 많은 논란이 야기되었다. 세계적인 명화가 자신들의 표적이 된 것에 대해 기후단체 활동가들은 지구가 화석 연료 과정으로 인해 파괴될 위기에 처해 있기 때문에 자극하고 충격을 주기 위해 '문화적 버튼(cultural button)'을 누르는 것이라는 입장이다. 기후 위기의 실상을 충격요법을 써서 언론에 부각시켜 대중들에게 효과적으로 알리는 방식으로 예술 작품을 겨냥하게 되었다는 것이다. 하지만 피해를 줄 의도로 예술 작품 자체를 목표로 삼은 것은 아니라고 주장했다. 그 몇몇 사례를 살펴보면 다음과 같다.

2022년 5월 29일 휠체어를 탄 할머니로 변장한 한 남성이 프랑스 루브르 박물관에 전시된 레오나르도 다빈치(Leonardo da Vinci)의 '모나리자(Mona Lisa)' 작품에 케이크를 던지며 "…지구를 파괴하는 사람들이 있다. 모든 예술가들은 지구에 대해 생각해야 한다. 이것이 내가 이 일을 한 이유다"라고 외친 것이 시발점이 되었다. 기후환경단체 '저스트 스톱 오일(Just Stop Oil)' 소속 회원들이 7월 5일 영국 런던의 국립미술관에서 존 컨스터블(John Constable)의 작품인 '건초 마차(The Hay Wain, 원제는 Landscape)'에 접착제 바른 손을 붙인 채 시위를 벌였고, 또한 영국 런던 왕립예술원에서 전시된 다빈치의 '최후의 만찬'(The Last Supper, 복제본) 작품의 하단 벽면에 흰색 스프레이로 '더 이상의 석유는 안 된다(No New Oil)'라고 쓴 뒤 액자 테두리에 접착제로 손바닥을 붙인 채 시위를 이어 갔다. 이탈리아 환경단체 '울티마 제네라치오네(Ultima Generazione, 마지막 세대)'가 7월 22일 이탈리아 피렌체 우피치갤러리에서 산드로 보티첼리(Sandro Botticelli)의 봄을 뜻하는 '프리마베라(Primavera)' 작품에 접착제 바른 손을 붙인 채 시위를 벌였다.

영국 환경단체 '멸종저항(Extinction Rebellion)' 회원 두 명이 10월 9일 호주 멜버른의 빅토리아 국립미술관에서 파블로 피카소(Pablo Picasso)의 반전 작품인 '한국에서의 학살(Massacre en Corée)'에 접착제 바른 손을 붙인 채 '기후 위기=전쟁+기근'이라고 적힌 검은색 플래카드를 발밑에 두고 시위를 벌였다. '저스트 스톱 오일' 소속 회원들이 10월 14일 영국 런던 내셔널갤러리에서 빈센트 반 고흐(Vincent van Gogh)의 '해바라기(Sunflowers)' 작품(추정가 1,200억원)에 토마토수프를 뿌린 뒤 접착제로 벽에 손을 붙이는 퍼포먼스를 벌였다. 독일 기후단체 '레츠테 제너레이션(Letzte Generation, Last Generation)' 활동가들이 10월 23일 독일 포츠담의 바르베리니 미술관에 전시된 프랑스 인상주의 거장 클로드 모네(Claude Monet)의 '건초더미(Les Meules, Haystacks)' 작품(경매 낙찰가 약 1,600억원)에 으깬 감자를 던진 뒤 전시장 벽에 자신들의 손을 접착제로 고정하는 퍼포먼스를 펼치면서 기후 위기 대응을 촉구하는 시위를 이어갔다.

이 외에도 '저스트 스톱 오일' 소속 회원들이 10월 27일 헤이그의 마우리츠하위스 미술관에 전시된 요하네스 베르메르(Johannes Vermeer)의 '진주 귀걸이를 한 소녀(Girl with a Pearl Earring)' 작품에 자신들의 머리와 손 등에 풀을 묻혀 갖다 대고 이물질을 뿌리며 시위를 벌였다. 또한 '울티마 제네라치오네' 소속 활동가들이 11월 4일 로마의 보나파르테 궁전 미술관에 전시된 반 고흐의 작품 '씨 뿌리는 사람(The Sower)'에 접근해 야채수프를 끼얹고는, 그림 아래 쪼그리고 앉아 벽에 접착제로 자신들의 손을 고정한 뒤 "기후 위기를 초래하는 화석 연료 사용을 중단하라"고 외쳤다. 환경단체 '멸종저항' 소속 활동가 2명은 11월 5일 스페인 마드리드의 프라도 미술관에 전시된 고야(Francisco José de Goya y Lucientes)의 그림 '옷 벗은 마야(Maja desnuda/The Naked

Maja)'와 '옷 입은 마야(Maja vestida/The Clothed Maja)'에 접착제를 바른 손을 붙이고는 작품 사이의 벽에 '1.5℃'를 큼지막하게 쓰며 시위를 벌였다.[24]

이 1.5℃의 의미는 무엇일까? 그것은 IPCC(기후변화에 관한 정부 간 협의체)의 「기후변화 2021(Climate Change 2021)」 6차 보고서에서 인류가 지금처럼 온실가스를 배출한다면 2040년까지 지구 평균 기온이 산업화 이전 시기보다 1.5℃ 상승할 것으로 예측한 수치로 기후재앙의 마지노선이다. 이는 3년 전의 보고서에서 예측한 것보다 기후재앙의 마지노선에 도달하는 시점이 10여 년 앞당겨진 것이다. 그렇다면 향후 기후재앙의 마지노선 또한 2040년보다 훨씬 앞당겨질 수도 있다. 1.5℃를 억제하지 못하면 대재앙이 닥칠 것이며 인간이 지구에서 더 이상 살기 어려워질 것이라고 과학자들이 경고한 바로 그 데드라인을 환기시킨 것이다.

지난 2,000년 동안 인류 문명은 온화한 기후 속에서 농업 생산량이 증대되고 인구 증가로 도시가 발달하는 등 끊임없이 기후의 영향을 받으며 발전해 왔다. 그런데 14~18세기 초 지구 온도가 약 0.2℃ 내려간 소빙하기가 지속되면서 한랭화에 따른 흉작의 여파로 전 세계에 최악의 대기근과 감염병이 휩쓸었다. 14세기 유럽 전역으로 급속히 확산된 페스트(흑사병)는 당시 유럽 인구의 1/3의 목숨을 앗아가면서 노동력의 손실로 이어져 결국 중세 유럽 경제를 지탱하던 장원제도와 봉건제도를 몰락시켰다. 우리나라도 조선 제18대 현종(顯宗) 11년(1670)과 12년(1671)에 걸쳐 '경신대기근(庚辛大飢饉 또는 庚戌辛亥大飢饉)'과 감염병으로 대량의 아사자와 병사자가 발생하여 행정이 마비될 정도의 국가적 위기가 도래했다. "차라리 임진왜란 때가 더 나았다"는 말이 정사에까지 기록될 정도로 처참했다.

지구 온도가 0.2℃ 내려갔는데 그 영향이 그만큼 컸다면, 산업혁명 이후 불과 100년 만에 지구 온도가 1.1℃ 상승했고 머지않아 기후재앙의 마지노선인 1.5℃까지 상승한다면 지구는 파괴될 것이고 인류는 지구에서 더 이상 살 수 없게 될 것임은 자명하다. 특히 2019년에는 기상관측 사상 전례 없는 대이변이 발생했다. 인도양의 동쪽과 서쪽 해수면 온도 차가 극심해지는 기상이변 현상인 이른바 인도양 쌍극자 현상(Indian Ocean Dipole)이 발생한 것이다. 아프리카에 접한 서쪽은 평년보다 1~2℃ 상승했고 호주에 접한 동쪽은 반대로 1~2℃ 낮아져 동서쪽의 수온 차가 최소 2℃에서 최대 4℃까지 벌어진 것이다.[25] 이로 인해 호주에는 최악의 재앙이 닥쳤다 2019년 9월 2일 호주 남동부 지방의 건조한 산에 마른번개가 내리쳐 불씨가 붙기 시작한 초대형 산불은 '화염 토네이도'가 산불을 키우면서 2020년 2월 13일이 되어서야 가까스로 진화되었다.

세계적인 명화를 겨냥한 기후단체 활동가들의 시위가 유럽 전역에서 잇따르는 것은 기후변화의 영향과 진행이 전 세계적으로 점점 더 뚜렷해진 데 따른 것으로 보인다. 이들의 시위 방식에 대해서는 엇갈린 반응—'기후 위기에 대한 경각심을 불러일으키기 위해서는 불가피하다'는 의견과 '유명 예술 작품에 대한 공격은 너무 과격하다'는 비판 등—이 나오고 있지만, 기후단체 활동가들은 예술적 유산을 지키는 것과 마찬가지로 지구를 돌보고 보호하는 데 전념해야 한다며, 생명과 지구가 예술보다 더 중요하고, 예술 작품이 담고 있는 자연과 삶의 아름다움이 일거에 사라지고 있다는 메시지를 전하고자 했다. 아름다운 예술 작품에 이물질을 뿌려 그 작품이 담고 있는 아름다운 지구가 파괴되는 모습을 상징적으로 보여주려는 퍼포먼스를 벌인 것이다.

'하늘의 때(天時)'와 '세상 일(人事)'은 상호 조응하므로 어떤 큰일이 일어날 때는 반드시 징후가 있기 마련이다. 지구는 지금 세계 도처에서 '공습경보 사이렌'을 울리고 있지만—마치 서서히 끓는 물 속에서 온도를 체감하지 못하고 죽어가는 냄비 속 개구리처럼—인류는 뛰쳐나올 생각을 하지 못한 채 서서히 죽어가고 있다. 미국의 곤충학자 윌리엄 모턴 휠러(William Morton Wheeler)는 그의 저서 『개미: 그들의 구조, 발달, 행동 *Ants: Their Structure, Development, and Behavior*』(1910)에서 개체로는 미약한 존재인 개미가 협업하여 개미집을 비롯한 거대한 공동체적 성과를 이룬다며, 이러한 그의 관찰을 토대로 개미는 군집하여 높은 지능 체계를 형성한다며 '집단지성 (collective intelligence)'이라는 개념을 처음으로 제시했다. 개미에게도 '집단지성'이란 것이 있는데,* 과연 인류의 집단지성은 '죽음의 소용돌이'에 빨려 들어가기 전에 '퀀텀 점프'의 기회를 창출해 낼 수 있는 것일까?

　세계는 지금 유례없는 과학과 기술 문명의 발전에도 불구하고 인류 의식은 아직도 '구석기 동굴'에 갇힌 채 '부족적' 증오와 갈등을 확대 재생산해내며 지구를 일촉즉발의 위기 상황으로 몰아가고 있다. 무기체계의 개발에서 보듯 인간이 삶의 기술보다는 죽음의 기술 개발에 더 능한 것은 생명과 삶의 과학에 대한 깊은 통찰력을 갖지 못한 데 기인한다. 이는 인류가 개체화 (particularization) 의식에 사로잡혀 있다는 반증이다. 오늘날 기술혁신의 가속화로 고삐 풀린 과학기술이 재앙이 될 수 있다는 인식이 확산되면서 특히 인공지능 윤리 문제가 핵심 이슈로 떠오르고 있지만, 인공지능 시스템이 자기 코드를 수정하거나 스스로 다른 인공지능 시스템을 제작하는 최악의 상

---

*　윌리엄 모턴 휠러는 개미들이 군집하여 높은 지능 체계를 형성한다며 '집단지성'이라는 개념을 처음으로 제시했지만 다른 견해도 있다. 우주생물학자 찰스 코켈(Charles Cockell)은 개미집을 만들거나 먹이를 나르는 일이 페로몬 분비와 같은 체내의 다양한 신호를 주고받으며 일어나는 단순한 상호작용의 결과일 뿐이라고 본다. 여기서는 개미의 집단지성을 규명 차원이 아니라 단지 은유적 표현으로 사용한 것이다.

황에 대비할 실효성 있는 방책은 강구되지 못하고 있다.

레이 커즈와일이 언명했듯이, 로봇공학(강력한 AI) 분야에서 취할 수 있는 제일의 전략은 미래의 인공지능이 자유와 관용, 생명 가치와 다양성에 대한 존중 등 인간적 가치들을 최대한 반영하게 하는 것이다. 그것을 이루는 최선의 방법은 우리 사회에서 그 가치들을 발전시키는 것이다. 우리가 만들고 있는 인공지능은 현재도 그러하거니와 미래에도 우리의 가치를 반영할 것이기 때문에 이 분야에서 순전히 기술적인 전략이란 없다. 모든 문제는 인간의 선택과 결정에 달려 있으므로 의식의 패턴 자체가 바뀌지 않으면 기술 문명의 미래도 없다. 낡은 패러다임으로는 새로운 세상을 열 수가 없는 것이다.

새로운 우주론에서 우주는 상호 긴밀히 연결되어 있는 '에너지-의식의 그물망'이다. 양자파동함수(quantum wave function)의 붕괴를 결정짓는 것은 바로 의식이며, 이는 본질적 삶에서 일어나는 일체의 현상을 통제하는 주체가 심판의 신이 아니라 인간의 정신임을 의미한다. "우리 세계와 우리 삶과 우리 몸은 양자적 가능성(quantum possibilities)의 세계에서 선택된 그대로이다. 우리가 세계나 삶이나 몸을 변화시키고 싶다면, 먼저 새로운 방식으로 이들을 바라보아야 한다. 즉, 많은 가능성 중 하나를 선택해야 하는 것이다. 그러면 양자적 가능성 중 오직 하나만이 우리가 현실로 경험하는 것이 된다."[26] 세계든 삶이든 몸이든 우리가 인지하는 방식이 물리적 현실에 강한 영향을 준다는 것이다. 정신 능력의 '형태형성장(形態形成場, morphogenetic field)'은 그것과 상호 작용하는 사람이 많을수록 그 힘이 강력해져서 결국에는 물리적인 실체 자체의 모습을 변형시킨다고 루퍼트 셸드레이크(Rupert Sheldrake)는 말한다. 이는 시공(時空)을 초월한 공명현상(共鳴現象)이 작용하기 때문이다.

이처럼 전일적 실재관에 기초한 현대물리학은 근대 과학이 물질을 근간으로 삼는 것과는 달리, 진동하는 파동을 근간으로 삼는다. 이러한 파동은 어떤 응결점에 도달하면 원자와 아원자 등으로 바뀌어 물질화되어 나타나 보이지만, 그 본질은 여전히 진동이다. 물질이란 마음의 습(habit)이 응결된 것으로 생각과 물질은 표현된 형태만 다를 뿐 모두 동일한 진동이다. 우리의 상념에 의해 진동이 시작되면 우주적 에너지의 바다에 녹아 있는 질료들이 응축되어 그 진동에 상응하는 형태의 다양한 사물이 생성되어 나오는 것이다. 의식의 질이 중요한 것은, 의식의 질이 높을수록 높은 진동수의 사물이 생성되어 나오고, 낮을수록 낮은 진동수의 사물이 생성되어 나오기 때문이다. 그것은 우주의 절대법칙이다.

2022년 10월 미국 항공우주국(NASA)은 쌍 소행성 궤도수정 시험(DART·다트) 결과 소행성 '디모르포스'의 궤도 변경에 성공했다고 발표했다. 다트 우주선을 발사하여 지구에서 약 1,120만km 떨어진 소행성 디모르포스—디디모스 소행성을 공전하고 있는—에 충돌하여 그 궤도를 바꿈으로써 지구 방어 실험에 성공한 것이다.[27] 이러한 지구 방어 전략이 완벽하게 구현된다 해도, 우리의 근본 문제는 여전히 남을 것이고 또 반복될 것이다. 우주에서 날아오는 소행성과의 충돌에 의해 지구가 파멸되는 것도 막아야겠지만, 지구촌 자체의 내전에서 핵무기 사용으로 인한 파국은 막을 방책이 있는 것인가? 2022년 12월 미국 에너지부 장관은 미국 과학자들이 '인공(人工) 태양'으로 불리는 핵융합 발전을 통해 '순에너지(투입 에너지보다 많은 에너지)' 생산에 처음으로 성공했다고 발표했다. 설령 청정에너지인 핵융합 발전이 상용화되어 석유 사용을 그만두고 모든 사람에게 무료로 전기를 공급해 준다 해도 그것이 세상을 구하지는 못할 것이다.

현재 인류가 직면한 모든 문제는 우리의 세계관과 사고방식 및 가치체계에서 비롯된 것이다. '햄버거 커넥션(Hamburger Connection)'은 그 단적인 사례다. 햄버거에 숨어있는 '불편한 진실'의 하나는 바로 햄버거가 열대림과 맞바꾸어 만들어졌다는 사실이다. '햄버거 커넥션'이란 햄버거의 재료가 되는 질 좋은 중앙아메리카산 소고기를 얻기 위해 조성되는 목장이 중앙아메리카 곳곳에서 열대림의 대규모적인 파괴 현상으로 이어지는 것을 말한다. 먹거리 하나로 인해 세계의 허파인 열대림이 죽어가고 있는 것이다. 핵심적인 지구 탄소 흡수원으로 알려진 열대 처녀림은 대기에서 탄소를 제거해 나무에 저장하는 탄소 격리(carbon sequestration) 과정을 통해 기후변화를 늦추는 기능을 한다. 그런데 열대 처녀림의 전체적인 탄소 흡수는 이미 1990년대에 정점을 찍었던 것으로 밝혀졌다.[28]

생각은 바꾸지 않은 채 세상을 바꾸려고 하는 것은 마치 실물은 그대로 둔 채 그림자를 바꾸려는 것과도 같이 비현실적이다. 전 지구적 위기에 대한 대부분의 해결책이 비현실적인 이유는 그 해결책이란 것이 문제를 일으킨 바로 그 세계관과 사고방식 및 가치체계에서 나온 것들이기 때문이다. 진실로 의미 있는 변화가 이루어지려면 세상을 바라보고 받아들이는 방식 자체를 바꾸어야 한다.[29] 체코슬로바키아 전 대통령 바츨라프 하벨(Václav Havel)은 "인간 의식 차원에서 전 지구적인 혁명이 일어나지 않으면 아무것도 좋은 쪽으로 바뀌지 않을 것이다.……우리가 각성하지 않으면 우리 앞에 놓인 환경과 사회, 문명 전체의 파국은 불가피할 것이다"라고 경고했다. 현재의 세계자본주의 네트워크가 생태적으로나 사회적 또는 정치적으로 지속가능하지 않다는 것은 주지의 사실이다. 이제 우리 인류는 생명에 대한 새로운 철학적·과학적 성찰을 통하여 지구의 재조직화를 단행하고 '퀀텀 점프'를 이룩해야 할 문명의 대변곡점에 와 있다. 현대물리학의 전일적 실재관(holistic vision of reality)의 원형인 한국학 고유의 코드가 21세기에 호출되는 이유다.

## 대정화와 대통섭의 신문명

향후 과학기술이 더 발전하면 현재 인류가 직면한 다면적이고 복합적인 위기를 극복할 수 있는 것일까? 세계적인 미래 연구기관인 로마클럽(The Club of Rome)*의 프로젝트를 수탁한 미국 메사추세츠 공과대학교(MIT) 교수 도넬라 H. 메도우스(Donella H. Meadows)를 중심으로 한 '시스템 다이너믹스 그룹(Systems Dynamics Group)'이 로마클럽에 제출한 연구보고서 『성장의 한계: 인류의 곤경에 관한 로마클럽 프로젝트 보고서 *The Limits to Growth: A report for the Club of Rome's Project on the Predicament of Mankind*』(1972) 내용은 전 세계에 충격을 주었다. 이 보고서에 담긴 주요 메시지는 종래의 성장 논리에 입각한 경제발전이 현재와 같은 추세로 지속된다면 1972년을 기점으로 100년 내 인류 문명은 한계에 이르게 되고 문명사회는 필연적으로 붕괴할 수밖에 없다는 것이다.

이 1972년 보고서는 MIT 연구팀이 각종 데이터와 이론을 통합하기 위해 구축한 컴퓨터 모델 '월드3(World 3)'을 사용하여 지구와 인류 사이의 상호작용을 컴퓨터 시뮬레이션을 통해 도출한 결과이다. 12개의 세계 모형(오염수준·인구성장·자원이용 등)을 바탕으로 100년 후의 미래를 예측한 연구 결과에 따르면 2020년은 인류 문명에 변화가 일어나는 정점이며, 2040~2050년쯤에는 인류가 멸망한다는 것이다. 이 보고서에 대해 당시 뉴욕타임스(NYT)는 "임의적 자료 조작에 따른 컴퓨터의 임의적 추측"이라고 불신하는 등 학계와 언론계는 거세게 비판했다. 그러나 2014년 '월드3' 프로그램에 업데이트

---

* 1968년 첫 출범한 로마클럽은 저명 학자와 기업인, 유력 정치인 등이 참여해 지구와 인류의 미래에 대해 연구하는 세계적인 비영리 연구기관이다.

된 자료와 변수를 넣어 결과를 다시 계산한 호주 멜버른대 연구자인 그레엄 터너(Graeme Turner)는 "결과 예측이 크게 달라지지 않았다"며 "인류는 종말의 끝에 서 있다"고 밝혔다.

2018년 8월 호주 ABC방송은 1970년대 수행했던 '월드 모델' 연구 영상을 공개했다. 환경 전문 매체인 머더네이처네트워크(MNN)는 "호주 ABC방송이 1973년 방송된 이 프로그램의 예측 결과를 최근 다시 소개하면서 화제가 되고 있다"면서 "50년 가까이 지났지만 이 프로그램의 예측이 지금도 들어맞는다"고 보도했다. 1973년 당시 방송의 해설자는 "2020년쯤이면 지구의 상태가 매우 심각해진다. 만약 우리가 아무것도 하지 않는다면 삶의 질은 '제로(Zero)로 추락할 것'이라고 경고했다. 이 해설자는 이어 "오염이 심각해지면 많은 사람들이 사망할 것이고, 결과적으로 1900년보다 인구가 줄어들게 될 것이다. 2040~2050년쯤이면 현재 우리가 알고 있는 문명은 더 이상 존재하지 않을 것"이라고 덧붙였다.[30]

2022년은 『성장의 한계』가 출간된 지 50주년이 되는 해이다. 급속한 지구 온난화 등으로 기상이변이 속출하는 최근 상황은 당시의 예측에 대한 비판이 옳지 않았음을 말해준다. 현재 과학계에서도 2040년을 지구 문명의 대변곡점으로 보고 있고, 심지어는 그보다 더 앞당겨질 수 있다는 주장도 있다. 1972년 보고서가 나온 지 수십 년이 지나 '월드3' 프로그램에 업데이트된 자료를 넣고 변수도 최신 자료에 맞게 조정하여 시뮬레이션한 결과도 당시 예측이 틀리지 않았음을 실증했다. 이는 과학기술이 발전한다고 해서 인류가 직면한 위기가 자연히 해결될 수 있는 것이 아님을 확인해 준 셈이다. 오히려 인공지능의 가속화된 진화에 따른 인공지능 윤리 문제로 인류는 심대한 위협에 처하게 되었다.

과학적 연구에 따르면 지금은 낡은 것이 새것이 되고 새것이 낡은 것이 되는 위대한 정화(purification)의 시간이다. 지구 대격변은 대자연의 문명의 정리 수순에 따른 것으로 지구의 자정(自淨)작용의 일환이다. 인간의 육체가 7년마다 새로운 세포로 완전히 바뀌듯, 지구 또한 하나의 생명체로서 자연적인 순환 주기에 따라 부정적인 에너지를 정화하기 위해 근본적인 변화를 겪게 된다. 우주 신화 속의 뱀, 우로보로스(Ouroboros)가 제 꼬리를 물고 돌아가는 원형의 형상은 시작도 끝도 없는 영원한 생명의 순환을 상징적으로 나타낸다. 돌고 돌아서 떠난 자리로 돌아오는 이번 자연의 대순환주기는 대정화와 대통섭의 신문명을 예고하고 있다. 파미르고원의 마고성에서 시작된 우리 한민족은 마고, 궁희, 황궁, 유인, 환인, 환웅, 단군에 이르는 과정에서 전 세계로 퍼져나가 우리 고유의 천부문화(天符文化)를 세계 도처에 뿌리내리게 하였으며, 또한 하늘의 이치에 부합하는 천부사상('한'사상, 삼신사상)에서 전세계 종교와 사상 및 문화가 수많은 갈래로 나뉘어 제각기 발전하여 꽃피우고 열매를 맺었다가 이제 다시 하나의 뿌리로 돌아와 통섭되는 시점에 이르렀다.

대정화와 대통섭의 신문명은 천문역학(天文易學)에서 말하는 천지개벽의 도수(度數)에 조응하여 열리는 후천개벽의 새 세상을 의미한다. 우주의 봄·여름인 선천 5만 년이 끝나고 우주의 가을이 되면 우주섭리에 따라 후천개벽이 찾아오게 되는 것이다. 후천개벽은 우주가 생장염장(生長斂藏, 春夏秋冬) 4계절로 순환하는 과정에서 후천 가을의 시간대로 접어들면서 일어나는 대격변 현상이다. 우주의 가을인 미회(未會)에서는 음양동정(陰陽動靜)의 원리에 의해 양의 극에서 음으로 되돌아오면서 지축 정립과 같은 대변혁 과정을 거쳐 천지가 정원형이 되어 음양지합이 이루어지게 된다. 이러한 천지개벽의 도수에 조응하여 인위(人爲)의 정신개벽과 사회개벽이 이루어지면 천지가 합덕(合德)하는 후천의 새 세상이 열리게 된다.

천지비괘(天地否卦)인 선천 건도(乾道) 시대에서 지천태괘(地天泰卦)인 후천 곤도(坤道) 시대로의 이행과 함께 인류 구원의 '여성성'에 대한 관심이 고조되고 있다. 문명의 대전환이라는 맥락에서 볼 때 인류를 한 단계 업그레이드시킬 진정한 '여성성'은 영성(靈性) 그 자체로서 서구적 근대를 초극하는 새로운 문명의 패러다임을 제시하게 될 것이다. 이러한 신문명의 도래는 전 지구적 및 우주적 차원의 변화와 맞물린 의식 변환으로 인류가 새로운 영성시대로 진입하는 것을 의미한다. 후천개벽의 시기와 관련하여 우리나라 최초의 정사(正史)인 『신지비사(神誌祕詞)』에서는 "땅을 잃고 영혼만으로 대지를 방랑하는 자가 땅으로 돌아가고, 영혼을 잃고 땅에 뿌리박혀 울던 자가 영혼을 찾으면 그것이 개벽의 시작이다"라고 하였다. 1948년 유대인들은 이스라엘을 건국함으로써 잃었던 땅을 찾았고, 우리는 역사 복원을 통하여 잃었던 영혼을 찾고 있다.

지축 정립과 같은 대변혁 과정을 거쳐 천지가 정원형이 되는 후천개벽은 과학계에서 말하는 지자극(地磁極, geomagnetic poles) 역전 현상과 맞물려 있다. 지자극 역전 시 지축의 변화도 함께 일어날 것이라는 예측이 나오고 있기 때문이다. 2004년 7월 뉴욕타임스(NYT) 기사에는 '행성을 보호하고 생명체의 상당수를 인도하는 지구 자기장(magnetic field)이 약 150년 전 본격적으로 붕괴되기 시작된 듯하다'라는 대목이 나온다. 자기장 역전 현상의 개념과 그 징후를 설명하는 데 과학지면 전체를 할애할 정도로 지구 자기장의 역전 (reversion) 가능성을 심각하게 본 것이다.[31] 지자극(地磁極) 역전 현상은 지난 7,600만 년 동안 171회 일어났고, 그 가운데 적어도 14회는 지난 450만 년 동안 국한해 일어났다.[32]

과학자들은 현재 일어나고 있는 지자기(地磁氣, terrestrial magnetism)의 급격한 약화와 기상이변의 속출과 같은 두 가지 현상이 지자극(N,S) 역전, 즉 지구의 극이동(pole shift)에 선행하는 징후라고 보고 경고 메시지를 보내고 있다. 기상이변과 극이동의 상관관계를 설명함에 있어 현대과학자들은 세르비아(구 유고슬라비아)의 응용수학자이자 천문학자인 밀루틴 밀란코비치(Milutin Milanković)가 제시한 이론을 가장 많이 이용한다. 지구 기후변화의 원인을 세 가지 지구 궤도운동 변화와 연관 지어 설명한 이론을 밀란코비치 주기(Milankovich cycle)라고 한다. 밀란코비치는 기후변화를 일으키는 주요인이 지구에 복사되는 태양 에너지량(日射量)이라고 보고, 이 일사량은 지구 공전궤도 이심률(eccentricity)의 변화, 지구 자전축의 경사도(obliquity) 변화, 자전축의 세차운동(precession)이라는 세 가지 요인에 기인하는 것으로 보았다.

태양폭풍과 우주 방사선을 막아 주는 지구 자기장이 없다면, 다시 말해 태양 복사(solar radiation)가 지구 면에 닿지 못하도록 막아 주는 보호막인 자기권이 없다면, 성층권 오존층의 소멸로 대기권이 사라지고 뜨거운 열과 방사능에 무방비로 노출돼 지구상에 생명체가 살 수 없게 된다. 지구의 핵이 회전하면서 형성되는 지구의 자기권은 태양 복사를 밴앨런복사대(Van Allen radiation belt: 지구를 둘러싼 이중 도넛 모양의 복사선이 강한 영역)*로 알려진 두 개의 띠 안으로 유도한다. 양성자 띠라고 불리는 내대(內帶, inner belt)는 약 640~6,400km 상공에서 태양풍의 양성자를 막아내고, 전자 띠라고 불리는 외대(外帶, outer belt)는 약 14,400~24,000km 상공에서 태양풍의 전자를 막아내는 방식으로 치명적인 우주선을 막는 지구의 보호막 역할을 하는 것이다. 그런데 지

---

* 밴앨런복사대 또는 밴앨런대는 1958년 상층 대기 조사 임무를 띠고 발사된 익스플로러 위성(Explorer Satellite) 1·2호가 전송한 자료들을 미국의 물리학자 제임스 A. 밴 앨런(James A. Van Allen)이 분석하여 발견한 복사선이 강한 영역으로, 발견자의 이름을 따서 그렇게 명명한 것이다.

구 자기장이 약화되면 밴앨런복사대의 기능 또한 약해질 수밖에 없다.[33]

연구에 따르면 강력한 태양 활동은 밴앨런복사대 붕괴의 원인이 되고 있으며 이러한 붕괴는 오로라·자기폭풍(흑점) 같은 현상과 연관이 있는 것으로 나타난다. 태양에서 지구로 오는 대부분의 태양풍은 지구 자기권 밖으로 흩어지지만, 그중 일부는 지구 자기장에 이끌려 대기로 진입해 공기 분자와 반응하여 극지방에는 오로라가 생겨나게 되는데, 태양흑점이 증가할수록 오로라도 많이 나타나게 된다. 지질학적 측정 결과에 따르면 지자기의 강도는 2,000년 전의 최대치에서 계속 감소해 현재는 38%가 줄어든 상태다. 1800년대 중반 이후 100년간 총 7%가 감소해 감소 추세는 훨씬 더 빨라지고 있다.[34]

1993년 사이언스 뉴스(The Science News)는 '자기장의 역전 현상이 시작될 때는 그 강도 역시 매우 약해지기 때문에 정확한 역전 시기를 포착하는 것은 매우 어렵다'고 게재한 바 있다.[35] 일단 자기장이 현저히 감소하기 시작하면 그 후에는 매우 빠른 속도로 약화될 수도 있다. 지자극(地磁極) 역전에 의해 빙하기를 맞은 시베리아 북부 오지에서 발견된 한 매머드는 마지막 먹이를 입에 물고 걷는 도중에 얼어붙은 모습이었다고 한다. 이는 지자극 역전에 따른 갑작스런 기후변화가 상상을 초월할 정도로 매우 급박하게 진행됨을 보여주는 하나의 사례로 종종 인용되는 것이다.

이미 2000년대 초 하버드와 나사(NASA)의 과학자들은 지구 자기장에 캘리포니아 크기의 균열이 생겼다고 보고한 바 있다. 현재 과학계에서는 지구 자기장의 급속한 감소와 더불어 자기장의 교란으로 지자극의 역전 가능성, 즉 극이동의 가능성이 매우 높은 것으로 보고 있다. 지자극 역전으로 북극(N극)과 남극(S극)이 뒤바뀌는 현상이 일어나면 방향 감각을 자력에 의지하는 수천 종의 새와 물고기와 포유동물이 대멸종의 위험에 직면할 수도 있다.

지자극 역전 시 지축(rotational axis)의 변화도 함께 일어날 것이라는 예측이 나오고 있다.

또한 지구 자기장 및 자전축의 변화가 공전궤도의 이심률(離心率, eccentricity) 변화와 상관관계에 있다는 연구 결과도 나오고 있다. 이심률은 지구 궤도가 원형 궤도에서 얼마나 벗어나 있는지를 나타내는 척도로서 이심률이 0일 경우 지구의 공전궤도는 정원형(正圓形)이 된다. 조선 말기 대사상가 일부(一夫) 김항(金恒)은 그의 『정역(正易)』 체계에서 후천개벽의 도래와 함께 지구 궤도가 타원형에서 정원형(正圓形)으로 바뀌는 정역의 시대, 이른바 재조정의 시기가 도래할 것임을 예고한 바 있다. 이러한 우주사적인 대변화가 동시에 일어날 경우 대규모 지진과 쓰나미, 화산폭발 등으로 지구상의 모든 생명체는 절멸의 위기에 처하게 될 것이다.

이미 10여 년 전부터 세계 곳곳에서 심상찮은 대재앙의 징조가 나타나고 있다. 2011년 벽두에 미국 아칸소주(州)에서 5천 마리의 찌르레기 사체가 비처럼 쏟아진 것을 시작으로 불과 일주일 사이에 11개국에서 30건의 떼죽음이 거의 동시다발적으로 발생하면서, 영국 일간지 데일리메일은 '동물 묵시록(aflockalypse=동물animal+집단flock+묵시록apocalypse)'이라는 신조어를 만들어냈다. 2012년 벽두에는 노르웨이 북부 노드레이사에 위치한 크바네스 해변에서 20t 분량의 청어 수만 마리가 떼죽음을 당한 채 발견됐고, 미국 아칸소에서는 새 수천 마리가 숨진 채 하늘에서 떨어졌으며, 영국 뉴잉글랜드에서는 말 25마리가 절벽 밑에서 죽은 채 발견되기도 했다. 우리나라에서도 금강, 낙동강 등 여러 곳에서 물고기 떼죽음 현상이 목격되고 있지만 정확한 원인은 규명되지 못했다.

일부 과학자들이 주장하듯 전 세계적으로 나타나고 있는 철새와 물고기, 고래 등의 집단 몰살이나 꿀벌의 '군집붕괴현상(Colony Collapse Disorder, CCD)'

은 다른 복합적인 이유도 있겠지만 지구 자기장의 변화와도 깊은 관련이 있는 것으로 보인다. 새나 물고기 외에도 고래 등 다양한 동물들이 생존과 번식을 위해 장거리 이동을 하면서도 길을 잃지 않고 목적지에 도달할 수 있는 것은 지구 자기장이 일종의 '신호체계' 역할을 하기 때문이다. 말하자면 지구 자기장의 고유한 파동에 반응하는 자기광물질(磁氣鑛物質)이 신경세포에 내장돼 있기 때문이다. 꿀벌의 경우 장거리 이동을 하지는 않지만, 이들과 마찬가지로 지구 자기장을 이용하는 것으로 알려져 있다. 따라서 근년에 발생한 새와 물고기, 곤충과 동물들의 떼죽음 현상은 지구온난화와 문명화에 따른 서식지 감소, 살충제의 과도한 사용 및 농약 살포 등의 원인도 있겠지만, 생태계 파괴에 따른 면역체계 붕괴 및 지구 자기장의 변화에 따른 귀소능력 상실과도 깊은 관련이 있다.

아인슈타인은 "꿀벌이 사라지면 4년 내 인간도 사라진다"고 경고했다. 그런데 그 일이 지금 현실 속에서 일어나고 있다. 야생벌 등 곤충이 급감하고 있다. 아르헨티나·독일·미국·일본·호주 등 17개국 과학자들로 구성된 국제공동연구진은 야생벌을 비롯한 나비, 딱정벌레 같은 곤충들의 감소 추세가 멈추지 않으면 작물 수확이 크게 감소해 인류의 식생활에 심대한 위기가 올 수도 있다는 내용의 논문을 과학 저널 『사이언스 Science』(2013.2.28.)에 발표했다. 우리가 기르는 식용작물의 75%는 벌과 같은 곤충들이 수술의 꽃가루를 암술에 묻혀 줘야만 열매를 맺는다. 예컨대 해바라기는 왕관나비가, 블루베리는 호박벌이, 딸기는 안드레나 수염개미가 가루받이 혹은 수분(受粉)이라고 불리는 일을 해 줘야만 열매를 맺을 수 있는 것이다. 이러한 위기론에 대해 인간이 기르는 꿀벌, 즉 양봉(養蜂)이 야생 곤충들의 빈자리를 얼마든지 메울 수 있다는 반론도 있다.[36] 과연 그럴까?

국제공동연구진은 6개 대륙 600곳에서 토마토, 커피, 수박, 견과류, 망고 등 41개 식용작물을 대상으로 곤충의 가루받이 생태를 추적 조사했다. 그 결과, 식물이 열매를 맺는 과정에서 양봉은 14% 정도밖에 기여하지 못한 반면, 야생벌과 나비 등 야생 곤충이 나설 경우 열매가 맺히는 비율이 2배나 높았고 열매도 훨씬 잘 열렸다. 가루받이 양상에 있어서도 양봉은 한 식물을 맴돌며 같은 뿌리에서 난 꽃들을 공략한 반면, 야생벌들은 여러 식물을 옮겨 다니며 다양한 꽃가루를 나르기 때문에 "유전적으로 다양한 형질을 뒤섞어 더 강하고 튼튼한 과일이 열리게 한다"는 것이다. 연구진의 결론에 따르면 '양봉은 야생벌과 같은 곤충들을 대체할 수 없으며, 양봉에만 의존하면 식량 생산을 위기에 빠뜨릴 수 있다'는 것이다. 또한 지구온난화의 영향으로 식물이 꽃가루를 필요로 하는 때와 야생벌의 활동 시기가 어긋나는 현상이 커지고 있다는 사실도 확인됐다.[37] 연구진은 가루받이를 촉진하는 야생 곤충을 보호하기 위한 조치가 시급하다고 하지만, 지구 자기장의 변화에 따른 내비게이션 시스템에 문제가 생긴 것이라면 그 효과를 기대하기는 어려울 것이다.

그렇다면 지구 자기장의 변화가 인간의 뇌기능과는 어떤 연관관계가 있을까? 1993년 지구 자기장의 변화를 인식하는 인간의 뇌기능, 즉 자기감지력(magnetoreception)을 연구하던 국제적인 연구팀은 인간의 뇌가 '미세한 자기 입자 수백만 개'를 포함하고 있다는 경이로운 결과를 『사이언스 Science』(1993.6.11.)에 발표했다.[38] 이 입자들은 우리가 인식하지 못하는 사이에 지구상의 다른 동물들처럼 매우 강력하고 직접적이며 긴밀한 방식으로 지구 자기장과 스스로를 연결하고 있다는 것이다. 이러한 연결은 지구 자기장이 대변화를 겪을 때 우리의 뇌구조와 인식체계 역시 대변혁을 겪게 될 것임을 의미한다. 자기장은 신경계, 면역체계와 더불어 시간과 공간, 꿈과 현실에 대한 인지능력에도 지대한 영향을 주는 것으로 알려져 있다. 의식은 에너지로 이루어져 있고 에너지는 전기와 자기를 포함한다. 지구 자기장은 우리가 새로운 생각과 변화를 받아들이는 과정에 매우 중요한 역할을 한다는 것이다.[39] 지난 수십 년간 축적된 연구 결과를 보면, 지구 자기장이 인간의 두뇌와 상호작용하며 호르몬 분비와 뇌파 활동에 변이를 일으키는 심리적 메커니즘에 영향을 미치는 것으로 나온다.

영성(靈性) 과학자인 그렉 브레이든(Gregg Braden)은 자기장을 일종의 '에너지 접착제'에 비유해 자기장이 약한 지역과 강한 지역의 차이를 관찰했다. 그의 '자기장 접착제' 모형에 따르면 중앙 러시아처럼 자기장(접착력)이 강한 곳은 전통과 신념, 기존의 사고방식에 더 고착돼 있는 반면, 중동이나 미국 서부 해안처럼 자기장이 약한 곳은 혁신과 변화에 훨씬 더 반응적인 행태를 보인다는 것이다. 말하자면 자기력이 가장 약한 곳은 변화의 가능성이 가장 큰 곳이고, 자기장이 극도로 강한 곳은 변화의 가능성이 가장 낮은 곳이라는 의미이기도 하다. 그러나 브레이든은 약한 자기장이 가져오는 급격한 변화를 어떻게 받아들일 것인지는 그 지역 사람들의 몫임을 강조한다. 의식과 자기장의 연관관계에 대한 설명은 지자극 역전이 우리에게 어떤 변화를 가져올 것인지에 대한 중요한 통찰을 제공한다.[40] 지구 자기장의 극적인 약화는 대재앙을 초래할 뿐만 아니라 인간의 두뇌 활동과 의식에도 영향을 줄 수 있다는 것이다.

1957년 프린스턴대학교 물리학자 휴 에버렛 3세(Hugh Everett III)는 우리 의식의 집중이 '어떻게' 현실을 창조하는지를 다세계이론(many-world theory)으로 설명하는 논문에서, 존재하는 두 가지 가능성 사이에 양자다리(quantum bridge)가 놓이고 하나의 현실에서 또 다른 현실로 이른바 '양자도약(quantum leap)'이 가능해지는 순간—그가 '선택 포인트'라고 명명하는—에 대해 설명하고 있다.[41] 그것은 우리가 자신을 바라보는 새로운 방식과 새로운 현존을 선택할 때 그 선택을 실현하기 위해 우주적 에너지가 작동하게 된다는 말이다. 세계든 삶이든 몸이든 우리가 인지하는 방식이 물리적 현실에 강한 영향을 준다는 것이다.

우리 세계와 우리 삶과 우리 몸은 양자적 가능성(quantum possibilities)의 세계에서 선택된 그대로이다. 우리가 세계나 삶이나 몸을 변화시키고 싶다면, 먼저 새로운 방식으로 이들을 바라보아야 한다. 즉, 많은 가능성 중 하나를 선택해야 한다. 그러면 양자적 가능성 중 오직 하나만이 우리가 현실로 경험하는 것이 된다. Our world, our lives, and our bodies exist as they do because they were chosen from the world of quantum possibilities. If we want to change any of these things, we must first see them in a new way—to do so is to pick them from a 'soup' of many possibilities. Then, in our world, it seems that only one of those quantum potentials can become what we experience as our reality.[42]

그렉 브레이든은 지구 자기장 역전이 의식의 거대한 전환이 될 수도 있음을 시사한다. 그는 지구 자기장이 인류의 집단무의식이며 자기장의 약화는 인류의 의식 각성을 촉발해 집단의식이 깨어나게 한다고 주장한다. 그가 주장하는 '제로포인트(Zero Point) 의식'이란 지구 자기장이 영(0)점에 달할 때의 의식이다. 지자극 역전으로 자기장이 제로포인트에 달하면 의식은 새로운 차원으로 변환해 영성시대로 진입하게 된다는 것이다. 지구 자기장의 변화와 의식 변환의 상관성은 지구의 주파수와 인간의 뇌파가 마치 어머니와 태아의 심장박동과도 같이 일체라는 사실에 기인한다. 말하자면 어머니 지구인 '가이아(Gaia)의 뇌파'와 그 태아인 인간의 뇌파가 일체라는 말이다. 1952

년 독일의 우주물리학자 슈만(O. S. Schumann)이 처음 발견한 것이라 하여 '슈만공명주파수(Schumann resonance frequency)'로 알려진 지구의 고유한 진동 주파수, 즉 '가이아의 뇌파'는 지표면으로부터 상공 55km까지 지구를 감싸고 있는 전리층 사이를 공명하고 있는 주파수로 인간의 뇌파와 직결된 것으로 알려져 있다.

슈만공명주파수는 평균 7.83Hz를 유지해 왔으나 근년에는 평균값이 11Hz를 넘었다고 한다. 슈만공명주파수는 일반적으로 1~40Hz 주파수 범위를 가지며, 태양과 달의 위치, 태양풍의 변화, 태양흑점, 주변 행성의 위치 및 은하의 변화 등에 의해 영향을 받는 것으로 알려져 있다. 슈만공명주파수의 스펙트럼을 보면, 기본파는 7.8Hz, 2차 파는 14Hz, 3차 파는 20Hz, 4차 파는 26Hz, 5차 파는 33Hz로 이어진다. 7.8~14Hz 범위는 뇌파에서 알파파의 영역이고, 14~20Hz 범위는 베타-1파, 20~33Hz 범위는 베타-2파 영역으로 인간의 뇌파는 지구의 기본 주파수에 직접적으로 반응한다.[43] 말하자면 슈만공명주파수는 지구가 우주와 공명해 우주로부터 에너지와 자신의 정보를 받아들이는 주파수인 동시에, 인간이 지구와 공명해 지구로부터 에너지와 자신의 정보를 받아들이는 주파수인 것이다. 인간의 뇌파는 활동할 때는 공명주파수보다 높은 베타파 상태가 되지만, 명상할 때나 깊이 몰입할 때와 같은 알파파 상태로 유지하면 우주와 공명해 우주에너지를 받아들일 수 있게 되는 것이다.

지구가 지속적으로 우주와 공명하며 우주에너지를 받아들일 수 있는 것은 지구가 천둥번개를 이용해 공명주파수를 일정하게 유지하는 까닭이다. 따라서 공명주파수가 일어나는 전리층은 '생명장으로서의 에너지원'[44]이며, 지구상의 모든 생명체는 그 영향을 받게 된다. 한마디로 천둥번개는 천·지·인 혼원일기(混元一氣)가 연주하는 생명의 교향곡이다. 천둥번개가 칠

때면 쓰나미처럼 밀려오는 깊은 존재감과 형언할 수 없는 희열은 이 세상 그 어떤 교향곡에서도 맛볼 수 없는 것이다. 일체의 번뇌 망상을 하나로 꿰뚫어 단숨에 생명의 근원에 가 닿게 하는 그 불가사의한 리듬의 정화력(淨化力)에 필자는 이유도 알지 못한 채 종종 압도되곤 했었다. 그것은 생명장(生命場)으로서의 기능을 다하고자 하는 우주의 숭고한 몸짓에 깊이 공명했기 때문이리라.

정확한 시점은 알 수 없지만, 지구 자기장의 급속한 약화와 지구공명주파수의 상승 등 현재 나타나고 있는 다양한 징후들로 볼 때 우리는 지금 지구 자기장이 역전할 수 있는 지자극 역전의 시대에 살고 있다. 지자극 역전과 의식 변환이 상관관계에 있다고 보는 것은 지구의 심장박동과 인간의 심장박동이 일체인 까닭이다. 다시 말해 인간의 생체 리듬이 지구의 주파수와 긴밀한 함수관계에 있기 때문이다. 그렉 브레이든은 지구 자기장의 변화가 인간 등 생물의 뇌구조와 신경계, 면역체계, 인지능력 그리고 DNA 구조에 중대한 영향을 미치는 것으로 보았다. 인간은 보통 깨어있는 의식상태에서는 뇌파가 14~30Hz의 베타파 상태를 유지하기 때문에 우주와 공명하려면 명상이나 몰입 등의 방법으로 뇌파를 7.83Hz로 낮추어야 했다. 그런데 지구공명주파수가 이미 11Hz를 넘어섰고 또 계속 상승하고 있으므로 인간은 머지않아 알파파 상태가 아닌 베타파 상태에서도 조금만 각성하면 우주와 공명할 수 있을 것으로 예측되고 있다.

일상의 베타파 의식상태에서도 우주와 공명할 수 있게 된다는 것은 파동에너지인 생각의 파워가 그만큼 커진다는 것을 의미한다. 생각의 현실화가 그만큼 빨라진다는 말이다. 이러한 중대한 의식의 대전환기에 지속 불가능한 삶의 방식을 바꾸려면 우리 모두가 이 우주 안에서 하나로 연결돼 있고 우리의 의식과 선택이 곧 우주를 형성한다는 사실에 대한 포괄적인 관점을 정립할 필요가 있다고 브레이든은 역설한다.[45] 이러한 그의 역설은 이른바 '양자 얽힘(quantum entanglement)'이라고 부르는 현상에 대한 이해의 필요성과 상통한다. 과학자들이 하나의 광양자(photon)를 동일한 특성을 지닌 두 개의 쌍둥이(twins) 입자로 나누어 이 실험을 위해 고안된 기계를 이용해 두 입자를 반대 방향으로 발사했을 때, "쌍둥이 광양자들은 지리적으로는 분리돼 있으면서도 그들 중 하나가 변화하면 다른 하나도 자동적으로 똑같이 변화한다"[46]는 실험 결과를 보였는데, 이 신비로운 연결을 물리학자들은 '양자 얽힘'이라고 이름 붙였다.

아인슈타인은 우리가 누구이든 어떤 역할을 하든, 그것에 상관없이 우리 모두는 보다 위대한 힘에 종속돼 있다며, 분명히 실재하는 에너지를 통해 만물이 상호 연결되어 있음을 이렇게 표현한다.

> 인간이든 야채든 우주 먼지든, 우리 모두는 저 멀리 보이지 않는 이가 부는 신비로운 피리 소리에 맞추어 춤을 춘다.
> Human beings, vegetables, or cosmic dust—we all dance to a mysterious tune, intoned in the distance by an invisible piper.[47]

이는 곧 '참여하는 우주(participatory universe)'의 실상을 밝힌 것이다. 브레이든은 우리 자신이 우주와 분리된 존재가 아니라 우주의 일부임을 깨달아야 우주의 힘을 이용할 수 있다고 주장한다. 우주만물과의 연결성을 알아차리지 못하는 것은 영성이 결여돼 있기 때문이다. 그는 "의식에 집중하는 행위가 곧 창조의 행위"[48]라며 의식의 창조성을 강조한다. 의식이 잠들어 있으면 아무것도 변화되지 않는다. 이 세상에는 깨인 자와 깨이지 않은 자가 있을 뿐, 선인과 악인, 좋은 것과 나쁜 것이 따로 있는 것이 아니다. 이른바 '양자 변환(quantum transformation)'으로 일컬어지는 새로운 우주 주기의 도래 시기에 맞추어 이러한 우주의 실상을 이해하면 분리의식이 약해지고 집단의식의 활성화로 공동체의식이 강화되면서 인류는 새로운 진화 단계로 진입하게 될 것이다.

인류 문명의 이동 경로를 보면, 마고 코드와 천부 코드에서 발원한 홍산문명, 황하문명, 인더스문명, 메소포타미아문명(수메르문명), 이집트문명의 5대 문명이 그리스·로마의 지중해를 거쳐 근대에 들어서는 스페인, 포르투갈, 네덜란드, 프랑스, 영국 등으로 이동하고, 다시 대서양을 건너 제2차 세계대전 종전(終戰) 이후로는 북아메리카(북미) 대륙으로, 그리고 이제 태평양을 건너 동아시아로 이동하고 있다. 세계의 석학들과 지성들은 동아시아에서도 특히 '코리아'를 주목한다. 세계적으로 주목받고 있는 한류 현상은 단순히 오늘날만의 현상은 아니다. 하늘의 이치에 부합하는 우리 고유의 천부코드가 유라시아와 아메리카 등지로 퍼져나가 세계의 주요 사상과 문화 그리고 종교의 정수를 이루었다가 이제 다시 하나의 뿌리로 돌아오고 있다.

본서 5장 3절에서 고찰했듯이 머지않아 동·서가 융합하는 간태합덕(艮兌合德)의 시대가 도래할 것이고, 유라시아와 미주대륙은 그 옛날처럼 베링해협(Bering Strait)\*을 통해 하나로 연결될 것이다. 러시아 추코트카 반도의 데즈네프곶과 미국 알래스카주(州) 웨일스곶 사이에 있는 길이 85km의 바닷길인 베링해협이 상고(上古) 당시는 육교(陸橋)였던 관계로 유라시아와 아메리카는 하나로 통해 있었다. 베링육교(Bering Landbridge)는 빙하기에 해수면 저하

---

\* 베링해협 중앙에는 두 개의 섬인 대(大)다이오미드(러시아령·면적 29㎢)와 소(小)다이오미드(미국령·7.4㎢)가 있고, 이 두 섬 사이로 날짜 변경선이 지나간다. 두 섬 사이의 거리는 4km에 불과하다(http://monthly.chosun.com/client/news/viw.asp?nNewsNumb=200908100113 (2023.1.7.)).

로 여러 차례에 걸쳐 1,600㎞가량의 폭으로 아시아와 북아메리카 사이를 이었던 육교이다. 베링해협이 해저터널 혹은 교량으로 연결되면, 베링해협을 통해 아메리카로 건너간 우리 한민족(아메리칸 인디언)이 다시 베링해협의 철도와 도로를 통해 내왕하게 될 것이다. 북극권 한계선보다 북극에 더 가까운, 노르웨이령 스발바르제도에 2022년 모기떼가 나타났다고 하니 기후 조건도 많이 바뀌었다.

베링해협을 가로지르는 해저터널 혹은 교량이 구축되면 알래스카와 추코트카 반도는 세계에서 가장 중요한 교통 및 교역의 허브가 될 것이다. 이 프로젝트는 미국과 러시아 간 정치 경제적 이해 문제 타결이 선행되어야 하는데 지금은 러시아와 우크라이나가 전쟁 중이고 미국과 러시아가 대립각을 세우고 있으니 실현이 어렵겠지만, 국제정세는 계속 변화하는 법이니 적절한 시기가 도래할 것이다. 유라시아와 아메리카가 육교로 연결되면 한반도를 중심축으로 한 동북 간방(艮方)은 세계의 허브로 부상할 것이다. 천지비괘(天地否卦)의 선천문명이 여기서 끝을 맺고 지천태괘(天地否卦)의 후천문명이 여기서 열릴 것이다. 또한 여기서 발원한 '문화적 르네상스'의 거대한 물결이 유라시아와 아메리카를 관통하여 퍼져나갈 것이다. 그것은 대정화와 대통섭의 신문명이다. 후천개벽의 새 세상이 열리는 것이다.

베링해협이 연결될 즈음이면 훈춘-나진·선봉-포시에트에 연(連)하는 소삼각지역(TREZ, 1천㎢)과 옌지(延吉)-청진-블라디보스토크·나홋카·보스토치니에 연하는 대삼각지역(TREDA, 1만㎢)의 중심에 위치하는 UNWPC(United Nations World Peace Centre 또는 United Nations Ecological Peace Park, UNEPP)* 프로젝트 또한 활

---

* UNWPC(UNEPP) 프로젝트는 1995년 9월 1일 유엔 창립 50주년을 기념하여 내한한 제임스 스페드(James Gustave Speth) UNDP 총재와 헐버트 버스톡(Herbert A. Behrstock)

성화될 수 있을 것이다. 이 프로젝트는 윈-윈 협력체계를 기반으로 동북아시아의 '고르디우스 매듭(Gordian knot)'*을 푸는 '동북아 그랜드 디자인(NEA Grand Design)'으로 기획된 포괄적 의미의 동북아 피스이너셔티브(NEA Peace Initiative, NEAPI)이다. UNWPC(UNEPP)는 중국 방천에서 막혀 버린 동북 3성, 즉 라오닝성·지린성·헤이룽장성의 동해로의 출로를 열어 극동러시아와 북한, 그리고 동해를 따라 일본 등으로 이어지는 환동해경제권을 활성화하고 아태지역의 거대 경제권 통합을 이루며 동북아를 일원화함으로써 한반도 통일과 동북아 평화 정착 및 동아시아공동체, 나아가 유라시아공동체 구축을 통해 21세기 문명의 표준을 전 세계에 전파하는 북방 실크로드의 발원지가 될 것이다.

---

UNDP 동아시아 지역 대표에게 필자가 발의하였고 본 발의를 지지한 상기 2인이 UN 명칭 사용에 동의함으로써 시작되었다. 1995년 10월 중국 측과 필자와의 2자 조인식이 있었고, 1999년 4월 중국 훈춘 현지에서 유엔 측 대표, 중국 훈춘시 인민정부 시장, 러시아 하산구정부 행정장관 등과 필자는 중국·북한·러시아 3국접경지역 약 2억평(조인식 직후 추가된 1억 평 포함) 부지에 UNWPC 건립을 위한 4자 조인식을 갖고 두만강 하구 방천에서 기념비 제막식을 가졌다. 4자 조인식의 유엔측 대표로는 당시 코피 아난(Kofi Annan) UN 사무총장과 제임스 스페드(James Gustave Speth) UNDP 총재의 재가(裁可)를 받아 솜사이 노린(Somsey Norindr) UN 한국주재 대표가 참석해 서명하였다.

* '고르디우스 매듭'은 대담한 발상을 통해서만 풀 수 있는 난해한 문제를 은유적으로 일컫는 말이며, 고르디우스의 매듭을 푼다는 것은 난해한 문제를 획기적인 발상의 전환을 통해 단번에 해결하는 것을 은유적으로 나타낸 말이다. '고르디우스의 매듭'은 왕가의 후손이면서도 가난한 농부였던 고르디우스가 신탁에 의해 프리기아(Phrygia: 지금의 터키)의 왕이 된 데서 비롯된 이야기이다. 어느 날 '테르미소스에 우마차를 타고 오는 자가 왕이 될 것이다'라는 신탁이 내려왔는데, 마침 고르디우스가 우마차를 타고 고향인 테르미소스 성에 들어오자 사람들은 그가 신탁에서 말해진 왕이라고 생각하고 왕으로 추대했다. 그는 우마차를 신전에 봉헌했고, 신전의 신관들은 신전 기둥에 밧줄로 복잡한 매듭을 만들어 이 우마차를 묶었다. 그리고는 이 매듭을 푸는 자가 아시아를 정복하는 왕이 될 것이라는 신탁을 남겼다. 이후 수많은 영웅들이 도전했지만 성공하지 못했다. 그러다가 BCE 333년 알렉산드로스 대왕이 이곳을 점령했다. 신탁을 전해 들은 그는 단칼에 매듭을 끊어버렸고, 마침내 그 예언은 성취되었다.

TKR(한반도종단철도)과 TSR(시베리아횡단철도), TCR(중국횡단철도) 등 유라시아 철도망이 연결되고, 동해에서 두만강을 따라 내륙으로 중국·북한·러시아를 관통하는 운하가 건설되면 동북아 광역 경제 통합이 탄력을 받게 되면서 아태시대, 유라시아 시대의 개막은 본격화될 것이다. UNWPC는 동북아의 집단지성(collective intelligence)을 계발하는 '평화의 방'이며, 광역 경제 통합을 위한 '동북아 공동의 집'이다. 한반도 통일은 동북아의 경제 문화적 지형을 변화시키는 큰 그림 속에서 이루어질 것이다. 오늘날 광범하게 사용되고 있는 '리오리엔트(ReOrient)'란 용어는 근대 서구사회의 종언을 함축하고 있는 개념으로 세계 질서의 '문화적 재편(cultural reconfiguration)'을 시사한다

　미국의 과학자 테렌스 맥케나(Terence McKenna)는 인류가 무한히 가파른 변화의 지점을 향해 나아가고 있다며, 새로움이 세계 속으로 진입하는 전반적 속도를 형상화한 프랙털(fractal) 함수를 고안해 내어 '타임웨이브(Timewave)'라고 명명했다. 그의 타임웨이브가 갖는 중요한 특성은 어떤 모양이 반복되면서 그 반복되는 간격이 점점 줄어든다는 것이다. 즉, 변화의 속도는 비약적으로 빨라지고 변화의 간격은 1개월에서 1주를 거쳐 1일 단위로 압축되면서 대단히 빠른 속도로 0을 향하는데, 이를 일컬어 맥케나는 '0의 타임웨이브'라고 불렀다.[49] 그것은 무한대의 새로움이 닥칠 시점을 함수로 나타낸 것이다. 사실 이러한 가속은 지구에 생명체가 등장한 시점에서부터 시작된 일종의 '패턴'이다. 이렇게 가속되는 패턴이 종국적으로 어떻게 귀결될 것인지에 대해서는 많은 사람들의 관심이 촉발되고 있다.

　영국 브리스톨대 교수인 피터 러셀(Peter Russell)은 1990년대 이전까지만 해도 월드와이드웹(www)이 무엇이며, 그로 인해 인류의 삶이 얼마나 극적으로 변하게 될지 조금이라도 이해했던 사람은 극소수에 불과했다고 보고, 향후 10년 뒤 어떤 기술의 혁신이나 발전이 우리 삶을 근본적으로 바꾸어 놓을지

는 아무도 알 수 없다며, 인류가 '특이점(Singularity)'을 향해 나아가고 있다고 했다. 그는 변화의 가속화 경향이 지속되면 진화에 영겁의 시간이 필요했던 과거와는 달리, 수억 년에 걸친 진화의 여정이 매우 짧은 시간에 압축적으로 일어날 수도 있다고 보았다. 또한 오늘날은 세계 각지에서 전승된 지혜를 하나로 응축한 영적 메시지가 책, 음성 매체, 웹, 온라인 포럼, 인터넷 방송 등의 정보기술을 통해 세상에 전파되고 있다며, 인류 역사상 지금처럼 많은 영적 지혜에 접근할 수 있었던 시기는 일찍이 없었다고 했다. 아울러 온전한 깨달음을 통해 가르침을 전하거나, 인터넷으로 지혜를 공유하며 영적 각성에 기여하는 이들이 점점 더 많아지고 있다는 것이다.[50]

발명가이자 철학자였던 버크민스터 풀러(Buckminster Fuller)가 말한 것처럼 인류는 지금 '진화의 기말고사'를 앞두고 있다. 과연 인류는 그 비상한 능력을 현세대와 미래 세대의 유익을 위해 활용할 만큼 깨어있는가? 하늘의 '때'(天時)와 세상 '일'(人事)의 연계성을 깨닫고 이 기말고사를 통과하는 일에 혼신을 다하는 것이 후천개벽의 신문명을 여는 우리의 자세다. 영국의 생명과학자 라이얼 왓슨(Lyall Watson)이 이론화한 '100마리째 원숭이 현상(The Hundredth Monkey Phenomenon)'*은 인간 사회에도 적용될 수 있는 보편적인 현상이다. 어떤 행위를 하는 개체 수가 임계치에 달하면 그 행위는 그 집단에

---

* 1950년대 초 일본 교토대학의 영장류연구소에서는 미야자키현 고지마라는 무인도의 원숭이를 관찰했다. 이 지역 원숭이들은 고구마에 묻은 흙을 손으로 털어내서 먹었는데, 그중 한 마리에게 바닷물로 고구마를 씻어 먹도록 학습시킨 결과, 흙도 없고 소금기가 있어 맛도 좋아 다른 원숭이들도 차츰 따라 하기 시작했다. 그런데 고구마를 씻어 먹는 원숭이가 100마리 정도로 늘어나자, 그 섬에서 멀리 떨어진 오분현 지역의 원숭이들까지 고구마를 씻어 먹기 시작했다. '100번째 원숭이'를 기점으로 고구마를 씻어 먹는 행위가 '형태 공명(morphic resonance)'을 일으킨 것이다. 왓슨은 이 현상을 '100마리째 원숭이 현상'이라고 명명했다.

만 국한되지 않고 시공을 뛰어넘어 확산되는 현상이다. 인간 사회의 가치체계나 구조 역시 각성한 사람 수가 임계치에 달하면 변화한다. 밝은 세상을 만들기 위해서는 솔선수범하는 그 '한 사람'이 필요하다.


## 넥스트 리더십에 대한 전망


2022년 5월 22~26일 스위스 다보스에서 열린 세계경제포럼(World Economic Forum, WEF, 일명 다보스포럼)에서는 '세계화의 종식'·'탈세계화'·'디커플링(decoupling, 탈동조화)' 등이 주요 의제로 다뤄졌다. 세계화와 신자유주의를 신봉하던 기업인과 글로벌 투자자들의 태도도 사뭇 달라졌다. 코로나바이러스감염증-19(COVID-19) 팬데믹과 러시아-우크라이나 전쟁, 전 세계 공급망 혼란과 인플레이션의 공포에 '탈세계화'가 언급되기 시작한 것이다. 지난 30여 년간 신자유주의라는 이름으로 가속화되었던 공급망 글로벌화가 사실상 종결되고 지역주의와 국가주의에 기반한 새로운 형태의 공급망이 등장할 것이라는 분석이 나오면서 세계 경제도 빠르게 재편되고 있는 추세다.

1991년 12월 소련의 붕괴를 기점으로 본격화된 세계화(globalization)는 러시아의 세계 금융시스템 편입과 중국의 세계무역기구(WTO) 가입으로 세계대전의 위협은 감소하고 글로벌시장은 더욱 팽창했다. 그러나 2008년 글로벌 금융위기를 기점으로 세계화 흐름이 둔화되는 '슬로벌라이제이션(slowbalization: slow+globalization)'* 현상을 보여오다가 영국의 유럽연합(EU) 탈퇴

---

\* '슬로벌라이제이션'은 2019년 영국 경제주간지 이코노미스트가 처음 사용한 신조어
다. 이러한 세계화 둔화 현상은 무역에 의존하는 신흥국에 부정적으로 작용할 가능성

(2020.1.31.)와 미·중 갈등에 따른 블록화, 보호무역주의의 대두와 국가 간 통상 마찰, 팬데믹과 공급망 병목 현상, 그리고 러시아 제재에 따른 에너지·곡물 등 국가 안보 문제가 부상하면서 슬로벌라이제이션 현상이 두드러지게 나타나고 있다.

미국 연방준비제도(Federal Reserve System) 의장 제롬 파월(Jerome Powell)은 "세계화의 종식을 말하기는 이르지만, 한 가지 분명한 것은 세계화는 둔화될 것이고 지금과는 다른 세상이 올 것이다"라고 언급했다. 식량과 에너지 가격 급등으로 인플레이션이 심화되고, COVID-19 이후 세계화의 영속성에 대한 믿음이 깨지기 시작하면서 세계 경제의 탈세계화(deglobalization)가 가속화되면서 세계 경제에 적신호가 켜지고 있다. 세계은행(WB) 수석부총재 카르멘 라인하트(Carmen Reinhart)는 '세계화 쇠퇴가 포스트 코로나 시대의 뉴노멀이 될 것'이라고 전망했고, 국제통화기금(IMF) 총재 크리스탈리나 게오르기에바(Kristalina Georgieva)는 "세계가 '잠재적인 재난 합류'에 직면했다"고 밝혔다.

이처럼 탈세계화가 대세이긴 하지만, 다른 한편으론 지금까지와는 형태를 달리한 '재세계화(re-globalization)'가 새로운 트렌드로 부상할 가능성이 다분히 있다고 보는 관점도 있다. CNN 'GPS'의 진행자이자 국제정치 전문가인 파리드 자카리아(Fareed Zakaria)는 지금의 추세를 '탈세계화'가 아닌 '재세계화'라고 강조하며, 무역량은 더 늘어나고 무역 상대는 기존과 달라질 것이라고 주장했다. 즉, 세계화 시스템에서 러시아나 중국이 다른 국가들로 대체되는 식의 재세계화가 이루어질 가능성이 크다는 것이다.[51]

한편 한국경제연구원은 고물가·고금리·고환율로 인해 불경기(stagnation)

---

이 있다.

임에도 물가는 오르는 소위 스태그플레이션(stagflation: stagnation+inflation)이 현실화하고 있다는 분석을 내놓았다. 미국 등 주요국은 이미 스태그플레이션 단계에 진입했고, 한국은 스태그플레이션의 초입 단계라고 진단한 것이다. 매경이코노미가 선정한 2023년 경제를 규정하는 단어는 메가톤급 위기라는 의미의 'Mega Crisis'다. IMF 외환위기(1997), 글로벌 금융위기(2007~2008) 때와는 달리 우리가 처한 작금의 위기는 전 세계적으로 동시다발적인 메가톤급 위기라는 것이다. 더 우려되는 것은 'SF 복합위기', 즉 1980년대 초의 스태그플레이션과 2008년의 금융위기(financial crisis)가 동시에 일어나는 현상이다.[52] 전방위적인 메가톤급 위기 상황에서 COVID-19 이후의 뉴노멀 3.0 시대, 출로는 있는 것인가?

메사추세츠 공과대학교(MIT) 미디어예술 및 과학학부 교수 세자르 히달고(César Hidalgo)는 탈중앙화 조직이 새로운 세계의 변화에 대처해나가는 민주주의의 미래가 될 수 있다고 보았다. 웹 3.0의 분산형 생태계와 탈중앙화 자율조직(decentralized autonomous organization, DAO)이 정치적 교착상태를 극복하고 사회를 재구성해서 전 세계의 민주주의를 소생시키는 역할을 담당하게 될 것으로 본 것이다. '전 세계적으로 투표하고 지역적으로 행동할 수 있는' DAO 시스템이 새로운 형태의 민주주의 창출에 밑거름이 될 것이라는 전망이다. 그는 인공지능과 메타버스(metaverse)를 통한 '증강 민주주의'를 제시했다. 또한 시민들이 인공지능으로 자신의 에이전트를 구현하는 '시민 참여민주주의'가 시행되고, 특정 조직과 정파의 이익에 구애받지 않는 '인공지능 정치인'이 최적의 분배와 정책 결정을 할 수 있을 것으로 내다봤다.[53]

DAO는 블록체인 기술을 바탕으로 특정 조건이 충족되면 계약이 자동으로 '스마트 콘트랙트'를 통해 실행되는 일종의 거래 프로토콜(protocol)이다.

DAO라는 형태의 조직이 2016년 당시 코드의 취약점을 파고든 해커에게 공격당한 뒤 사라졌다가 2021년 웹 3.0의 가능성과 함께 다시금 화두에 오르게 된 데에는 운영의 투명성과 접근의 개방성이 한몫했다. DAO의 네트워크는 물리적으로 분산된 조직이므로 한 지역에 인프라가 집중된 구조에 비해 안정성이 높아서 특정 권력의 개입이 거의 불가능하며, DAO의 방향성 결정이나 자금 관리 등이 모두 블록체인 기술을 토대로 투명하게 이뤄질 수 있다. 또한 장소의 제약을 받지 않는 개방된 조직으로, 참여자들은 공통의 목표하에 '거버넌스 토큰'이라 불리는 의결권 토큰을 가진 사람이라면 전 세계 어디서든 누구나 참여할 수 있다. DAO는 기업과 같은 전통적인 조직 형태보다 더 큰 투명성, 신뢰, 적응성, 속도를 제공할 수 있다는 강점이 있는 반면, 보안 문제의 영향을 받으며 명확한 법적 지위가 없으면 기업과 동일한 보호조치를 이용할 수 없다는 약점이 있다.[54]

미국의 세계적인 경제학자이자 문명비평가이며 미래학자인 제러미 리프킨(Jeremy Rifkin)은 에너지망의 구축에 있어 탈중앙화, 민주화를 강조한다. 그에 따르면 에너지 '연결자'와 '비연결자' 사이에 날로 벌어져 온 빈부 격차는 화석연료 에너지 체계의 본질에서 비롯된 것이다. 다시 말해 화석연료 시대의 도래와 함께 등장한 고도로 중앙 집중화한 에너지 인프라와 그에 걸맞은 경제 인프라가 소수에 의한 다수의 지배를 가능하게 했다. 정치적 경계선에 의해 생겨난 민족국가는 화석연료 시대의 독특한 산물로서 그러한 경계선은 생태계의 역동성과 무관했던 까닭에 주민들이 지속 가능한 방식의 삶을 영위하기 힘들었다. 하지만 탈중앙화, 민주화한 에너지망이 갖춰진 수소 경제에서는 생태학적으로 지속 가능한 방식으로 상공업 활동이 확산되면서 거주 지역의 밀도가 균형을 이루게 될 것이라고 리프킨은 전망한다.[55]

이렇게 볼 때 수소에너지 체계로의 전환과 세계 각지의 지역사회를 하나로 잇는 분산전원 에너지망 구축이야말로 수십억 인구가 빈곤에서 벗어날 수 있는 유일한 방법이다. 분산 에너지 인프라는 개인, 지역사회, 국가들이 각기 독립된 가운데 상호의존의 가치도 수용함으로써 에너지 민주화의 기틀을 마련할 것이다.[56] 개인이나 지역사회가 모두 에너지 소비자인 동시에 생산자가 되면 권력 형태에도 극적인 변화가 생겨 하의상달식 세계화 재편이 이뤄질 것이다. 그렇게 되면 "지구의 다양한 생리학이 집약된 경제, 사회 구조를 창출함으로써 본질상 생명에 긍정적인 세계로 나아갈 수 있다. 오랫동안 군림해 온 잔인한 지정학에 결국 종지부를 찍고 생물권 정치학으로 영구히 대체하기 위한 새로운 순례길로 나설 수 있다"[57]고 리프킨은 말한다. 러시아-우크라이나 전쟁에 따른 블라디미르 푸틴(Vladimir Putin) 대통령의 에너지 무기화로 인해 많은 국가가 수소·원전·풍력·태양광 같은 청정에너지로 관심을 돌려 투자를 가속함으로써 화석연료 시대의 종말과 에너지 전환이 앞당겨질 전망이다.

리프킨은 효율성을 근간으로 한 진보의 시대는 끝났다고 단언하며 적응성을 근간으로 한 '회복력 시대(the age of resilience)'에 대해 이야기한다. 적응력의 핵심은 '신경회로에 내재한 공감(empathy) 능력'이며, 회복력은 '힘이 아니라 일종의 취약성(vulnerability)이고 새로운 경험을 열린 자세로 받아들이는 것'이라고 했다. 열린 자세를 취한다는 것은 '약해질 준비가 되어 있다는 것으로 위험을 감수할 의지를 의미하는 것'이며, 우리 모두가 하나라는 사실을 받아들이는 것이다. 사실 존재성이라는 것도 안팎의 경계가 사라지면서 계속 확장되는 네트워크 그 자체라는 것이 현대물리학에 의해 밝혀졌다. '우리의 생태적 자아는 마치 밤하늘을 수놓은 점처럼 저마다 흩어지는 패턴'이며, '세계는 물질과 구조가 아닌 패턴과 프로세스로 존재한다'는 것이다.

또한 그는 한국이 지금의 세계적 문화 허브가 된 것은 식민지 경험에서 길러진 강한 적응력과 회복력에 기인하는 것으로 보았다. 한국은 이미 대전환에 필요한 디지털 역량이나 인프라의 대전환을 이룰 수 있는 기술과 지식을 갖추고 있으며, 많은 첨단 중소기업이 있고 또 비교적 규모가 큰 한국 연금기금의 투자가 친환경적인 방향으로 이루어지고 있다는 점을 들어 한국이 아태지역에서 회복력 인프라를 구축할 수 있을 것이라고 했다. "한국인들이 회복력 시대를 선언하고, 효율성에서 적응력으로, 생산성에서 재생성으로, 세계화에서 세방화(世方化, glocalization: globalization+localization)로, 가장 유연하게 치고 나갈 것이라고 믿는다"라고 했다.[58]

한편 현대 경영학의 거장으로 알려진 미국의 세계적인 경영학자 피터 F. 드러커(Peter Ferdinand Drucker)는 그의 저서 『넥스트 소사이어티 *Managing in the Next Society*』(2002)에서 한국을 포함하여 모든 선진국과 대부분의 개발도상국에 보편적으로 적용되는 다음 네 가지 도전을 중심 주제로 다루었다. "첫째는 기업 구조가 개발도상국 경제에 전형적이고 적합한 것―즉, 재벌기업이 문어발식 계열사를 가지고 기업을 영위하는 선단식((船團式) 경영체제―에서 선진국 경제와 사회에 적합한 것으로 빠르게 변모한다는 점이다. 말하자면 전문 경영자가 자율적으로 경영하는 독립적 회사들이 주류를 이룬다는 말이다. 둘째는 제조업이 차지하고 있는 부(富)와 일자리 창출 및 경제의 중심역할이 계속해서 감소한다는 점이다. 게다가 제조업 생산량의 급속한 증가와는 달리 제조업의 고용 기회는 지속적으로 감소한다는 것이다. 셋째는 중국이 세계 경제에서 주요한 잠재적 성장 시장으로, 동시에 주요 경쟁자로 등장한다는 점이다. 넷째는 노동력의 중심이 지식근로자(knowledge worker), 특히 지식기술자(knowledge technologist)들로 급속히 이동한다는 점이다."[59]

드러커는 넥스트 소사이어티(다음 사회)가 '지식사회(knowledge society)'일 것으로 내다봤다. 지식사회는 지식이 가장 중요한 핵심 자원이 되고 지식근로자가 노동시장의 지배적 집단이 되는 사회이며 지식근로자들은 스스로를 '전문가'로 인식한다. 지식사회의 세 가지 주요 특징은 국경이 없고 (borderlessness), 상승 이동(upward mobility)이 쉬우며, 성공뿐 아니라 실패할 가능성(the potential for failure as well as success)도 높다는 점이다. 그는 넥스트 소사이어티의 사회적 인프라가 정보기술(information technology)이 될 것으로 보았다. 우리가 정보혁명(information revolution)이라고 부르는 것은 실질적으로 '지식혁명'이며, 지식혁명의 시대에는 인터넷을 통한 전자상거래(e-commerce)의 발달이 경제, 시장, 산업구조, 상품과 서비스 및 유통, 소비 행위, 직업과 노동시장 등에 심대한 변화를 불러온다. 시대의 변화에 맞추어 컴퓨터 독해력(computer literacy)뿐만 아니라 정보 독해력(information literacy)도 아울러 갖추어야 한다는 것이다.[60]

또한 드러커는 미래 기업이 생존하기 위해서는 혁신하는 법을 배워야 한다고 강조했다. 그것은 곧 과거를 폐기함으로써 스스로를 재창조하는 것을 의미한다. 그에 의하면 혁신을 하기 위해서는 어떤 사업 분야에서 이미 일어난 변화, 즉 인구통계의 변화, 가치관의 변화, 기술 또는 과학의 변화를 체계적으로 확인하고 그것을 기회로 인식해야 한다. 오늘날 대기업들도 혁신을 통한 파트너십 또는 전략적 제휴를 통해 성장해 나가야 하며, 이를 위해 기업가정신(entrepreneurship)을 촉진해야 한다. 그는 오늘날 기업이 다국적(multinational) 기업의 형태에서 초국적(transnational) 기업으로의 전환이 필요하다고 보았다. 오늘날 국제적인 사업을 하는 대부분의 기업들은 여전히 전통적인 다국적 기업의 형태로 조직되어 있지만, 초국적 기업으로의 변신은 시작되었고 빠르게 진행되고 있다. 이들에게는 단 하나의 경제 단위(one economic unit), 즉 세계시장만 존재한다. 앞으로의 중심적인 도전은 글로벌 경제를 만들고 규제할 수 있는 국제 법률을 개발하고 초국적 기구를 발전시키는 것이다. 또한 새로운 공동체를 만들어줄 비영리 사회 부문의 역할을 강조했다.[61]

드러커는 영국이 19세기 중엽 이후 미국이나 독일에 밀리게 된 주된 이유가 사회적으로 기술자를 높이 평가하지 않았기 때문이라고 보았다. 기술자는 '신사(gentleman)'가 될 수 없었고 '상인(tradesman)'의 지위에 머물러야 했다.[62] 이러한 영국의 과오를 답습하지 않으려면 사회의 의식구조가 근본적으로 변해야 한다고 그는 주장한다. 또한 넥스트 소사이어티는 사회적 측면과 비영리 단체의 역할이 강조될 것이라고 단언한다. 도시에 시민을 위한 새로운 공동체들을 만들어줄 비영리 사회 부문 조직들이 폭발적으로 성장하는 새로운 지배적 사회환경이 필요하다는 것이다. 드러커가 제시한 넥스트 소사이어티에 대한 '유일한 해법(The Only Answer)'은 다음과 같다.

오직 사회 부문, 즉 비정부, 비영리 조직만이 우리가 현재 필요로 하는 시민을 위한 공동체를 창출할 수 있다. 그리고 특히 점점 더 선진사회를 지배하는 고학력 지식근로자들을 위한 공동체를 창출할 수 있다. 그 한 가지 이유는, 만약 모든 사람이 자유롭게 공동체를 선택하고자 한다면—교회에서부터 전문 직업인 단체까지, 노숙자를 돌보는 단체에서부터 헬스클럽에 이르기까지—오직 비영리 조직만이 우리가 필요로 하는 엄청나게 다양한 공동체를 제공할 수 있기 때문이다. 비영리 조직들은 또한 도시의 2차적인 필요성, 즉 그 구성원들에게 시민정신을 효과적으로 발휘할 필요성을 충족시켜 줄 수 있는 유일한 조직이다. 사회 부문 기관만이 자원봉사자가 될 기회를 제공할 수 있고, 그리하여 개인들로 하여금 자신이 주도적으로 행하는 영역과 변화를 만드는 영역 둘 다를 갖도록 해 준다. …21세기가 시작되는 시점에 무엇보다도 필요한 것은 새로운 지배적 사회환경인 도시에 공동체를 건설하는 데 있어 비영리 사회 부문이 폭발적으로 성장해야 한다는 것이다.

Only the social sector, that is, the nongovernmental, non-profit organization, can create what we now need, communities for citizens—and especially for the highly educated knowledge workers who increasingly dominate developed societies. One reason for this is that only non-profit organizations can provide the enormous diversity of communities we need—from churches to professional associations, from organizations taking care of the homeless to health clubs—if there are to be freely chosen communities for everyone. The nonprofit organizations also are the only ones that can satisfy the second need of the city, the need for effective citizenship for its people. Only social-sector institutions can provide opportunities to be a volunteer and thus enable individuals to have both a sphere in which they are in control and a sphere in which they make a difference.…What the dawning twenty-first century needs above all is equally explosive growth of the nonprofit social sector in building communities in the newly dominant social environment, the city.[63]

드러커가 말하는 비영리 사회 부문 조직의 성장은, 탈중앙화 조직인 DAO 시스템이 새로운 세계의 변화에 대처해나가는 민주주의의 미래가 될 수 있다고 본 세자르 히달고의 관점과 맥락적으로 연결된다. 또한 탈중앙화, 민주화에 기반한 분산전원 에너지망 구축의 필요성을 역설하며 효율성에 대항하는 회복력의 본질로 중복성과 다양성 및 적응성을 제안한 제러미 리프킨의 '생태적 자아(ecological self)' 개념과도 맥락적으로 연결된다. 이처럼 분산형 생태계와 탈중앙화 조직 그리고 비영리 사회 부문 조직의 성장에 기반한 넥스트 소사이어티에 대한 이들의 관점은 넥스트 리더십에 대한 전망을 가능하게 해 준다. 넥스트 리더십에 대한 전망은 안토니오 네그리(Antonio Negri) 와 마이클 하트(Michael Hardt)의 '다중(多衆, multitude)' 개념과 연결되면 더 분명 해진다.

드러커의 비영리 사회 부문 조직에 대한 강조는 이탈리아 자율주의(아우토 노미아) 운동 이론가이자 코뮌주의*의 실현을 위해 투쟁해온 안토니오 네그리와 그의 제자이자 동료인 마이클 하트의 '다중(multitude)' 개념과도 연결된다. 민주주의는 '전체로서의 다중(integra multitudo)'이라는 양적인 의미와 존재 론적으로 특징지어지는 '비소외(non-alienation)'라는 질적인 의미를 동시에 갖는다.[64] 민주주의를 경영하는 다중이라는 주체는 파악될 수 없는 물리적·다수적 본성과 헌법과 법을 제정하는 법적·주체적 본성을 동시에 함축하고 있는 까닭에 본질적으로 역설적이다. 이 시대 최고의 지성 중 한 사람으로 평가받고 있는 네그리는 하트와 함께 오늘날의 세계 질서에 대한 하나의 인식 지도를 제시한 것으로 평가되는 공저 『제국 Empire』(2000)을 출간한 뒤 세계적인 주목을 받고 있다.

다중이라는 주체의 위력은 네그리와 하트의 공저 『제국』(2000)에서, 그리고 『제국』의 속편인 『다중: 제국 시대의 전쟁과 민주주의 Multitude: War and Democracy in the Age of Empire』(2004)에서 더 분명히 드러난다. 우선 『제국』에서 네그리와 하트는 제국과 다중이라는 두 가지 개념을 중심으로

---

* 코뮌주의(commune主義)는 1989년 11월 9일 베를린 장벽의 붕괴로 시작된 사회주의(공산주의)의 몰락과 연동되어 부상한 개념이다. 말하자면 코뮌주의는 실패한 코뮤니즘 (communism)을 대체하여 새로운 미래사회 모델을 함축한 개념이다. 개성과 다양한 차이가 존중되는 공동체적 삶을 지향하는 사상적 경향을 갖는다.

국민국가의 점진적인 주권 상실과 국가 및 초국가 단체들로 구성된 '네트워크 권력(network power)', 즉 새로운 주권 형태의 출현에 대해 논하고 있다. 제국은 경제적·문화적인 "전 지구적 교환들을 효과적으로 규제하는 정치적 주체, 즉 세계를 통치하는 주권 권력(sovereign power)"[65]이다. 말하자면 전 지구적 규모로 확대된 자본주의 체제에 상응하는 새로운 권력체제를 일컫는 것이다. 제국은 '탈중심화'되고 '탈영토화'하는 지배 장치로서 국민국가들이 네트워크를 이루어 단일한 제국 체제를 형성해 가는 것이라는 점에서 국민국가 간의 갈등 체제인 '제국주의 체제'와는 본질적으로 다르다.[66]

다중은 '제국적'이지만 '제국주의적'이지는 않은 제국의 네트워크 체제가 창출한 새로운 주체이다. 다중 개념은 하나의 통일체로서 주민의 대표인 인민(people) 개념과는 달리, 축소할 수 없으며 복수성을 띤다. 또한 수동적인 복수성을 띠는 민중(the mob), 군중(the crowd), 대중(the mass) 관념들과는 달리, 다중은 능동적인 복수성이며 따라서 자율적이고 민주주의적일 수 있다.[67] 정치적 자율성과 생산적 활동성을 지닌 다중을 언급함에 있어 네그리와 하트는 라틴어로 '힘(posse)'이라는 용어를 사용한다. 네그리와 하트는 이러한 '힘'을 지닌 다중이야말로 제국 내부에서 자라고 있는 살아 있는 대안이며 '제국적' 시대의 전쟁상태를 끝장내고 민주주의를 실현할 진정한 주체라고 본다.

네그리와 하트는 오늘날 많은 사람들이 세계화의 과정과 새로운 세계 질서를 지배하는 최종적 권위가 미국에 있다고 생각하는 것은 유럽 국가들이 지금은 잃어버린 전 지구적 권력의 외투를 미국이 단순히 걸치고 있다는 가정에 입각해 있기 때문이라고 본다. 사실 근대성이 유럽적이라면 탈근대성은 아메리카적이다. 그리하여 지지자들은 미국을 세계 지도자이자 유일한 초강대국으로 칭송하고, 비판자들은 미국을 제국주의적 압제자라고 비난한다는 것이다. 말하자면 지지자들은 유럽 국가들의 잘못된 행태를 바르게 하는, 더 효율적이고 자비로운 세계 지도자라고 미국을 칭송하는 반면, 비판자들은 낡은 유럽 제국주의자들의 행태를 미국이 반복하고 있다고 비난한다는 것이다. 그러나 새로운 주권 형태인 '네트워크 권력'이 출현했다는 네그리와 하트의 가설은 이 두 견해 모두에 반대한다. "미국은 제국주의적 기획의 중심을 형성하지 않으며, 실로 그 어떤 국민국가도 오늘날에는 제국주의적 기획의 중심을 형성할 수 없다"[68]는 것이다. 한마디로 제국주의는 끝났으며, 그 어떤 국가도 근대 유럽 국가들의 방식으로는 세계 지도자가 되지 못한다는 것이다.

따라서 제국 시대의 전쟁상태를 끝장내고 민주주의를 실현할 진정한 주체, '넥스트 리더십'의 주체는 그 어떤 국민국가도 아니며 정치적 자율성과 생산적 활동성을 지닌 다중이라는 것이다. 다중의 네트워크는 "모든 차이들이 자유롭고 평등하게 표현될 수 있는 개방적이고 확장적인 네트워크이며 우리가 공동으로 일하고 살 수 있는 마주침의 수단들을 제공하는 네트워크이다."[69] 네그리와 하트는 민주주의가 지금보다 더 절실한 때는 없었다며, 그 어떤 다른 길도 전쟁상태에 있는 우리 세계에 만연한 공포, 불안, 지배에서 벗어나는 길을 제공해주거나, 공동의 평화로운 삶으로 인도하지 못할 것이라고 단언한다. 다중은 바로 이 민주주의를 실현할 수 있는 유일한 사회적 주체라는 것이다. 근대 부르주아지가 자신의 질서를 공고히 하기 위해 새로운 주권에 의지할 필요가 있었다면, 다중의 탈근대적 혁명은 제국의 주권 너머를 가리킨다. 다중의 민주적 가능성의 핵심은 다중이 사회를 자율적으로 형성할 수 있다는 데에 있다.[70]

세계화는 제국의 얼굴과 다중의 얼굴이라는 야누스의 얼굴을 갖고 있다. 제국이 네트워크이듯이 다중 역시 네트워크이다. 제국은 다중을 만들어내고 다중은 제국을 극복할 역량과 대안을 만들어낸다. 오늘날의 제국의 평화, 즉 팍스 임페리이(Pax Imperii)는 로마제국의 '팍스 로마나(Pax Romana)'와 마찬가지로 실제로는 항구적 전쟁상태 위에 군림하는 허위적 평화이며, 이를 극복하고 민주주의를 실현할 수 있는 유일한 사회적 주체는 다중이다. 다중은 동일성을 띠는 민중도 아니고, 무차별적인 획일성을 띠는 대중도 아니며, 분리성·배타성을 띠는 노동계급도 아니다. 다중은 하나의 통일성이나 단일한 동일성으로 환원될 수 없는 수많은 내적 차이로 구성된 다양성이며 자율적인 개인의 집합이다. 다중은 잠재적으로는 사회적 생산을 하는 다양한 주체들로 구성되어 모두가 웹에서 서로 접속하고, 또한 네트워크의 외적 경계가 열려 있어서 새로운 관계들이 언제든 추가될 수 있기 때문에 더욱 민주적인 조직화로의 경향을 보여 준다.[71]

따라서 오늘날 민주주의의 가능성에 대한 다중의 기여는 다중의 '경제적' 측면과 '정치적' 조직화의 양 측면에서 고찰할 수 있다. 우선 다중의 경제적 측면은 '생명정치적 생산(biopolitical production)' 모델에서 잘 나타난다. "우리의 소통, 협동, 협력은 공통된 것에 기반을 두고 있을 뿐만 아니라 확장하는 나선형 관계 속에서 공통된 것을 생산하기도 한다.…엄밀하게 경제적인 의미에서의 물질적 재화의 생산을 포함할 뿐만 아니라 경제적·문화적·정치적인 사회적 삶의 모든 측면을 다루고 생산한다는 점을 강조하기 위해서 새롭게 지배적이 된 이 모델을 '생명정치적 생산'이라고 부를 것이다."[72] 다음으로 다중의 정치적 조직화는 근대적 저항, 반란, 혁명의 계보학(genealogy)에서 잘 드러난다. "이 계보학은 저항과 혁명적 조직들이 민주적 사회를 달성할 수단이 될 뿐만 아니라 그 조직적 구조 내부에서 민주적 관계를 내적으로 창조하는 경향을 드러낸다.…오늘날 국지적·지역적 그리고 전 지구적 수준에서 전 세계에 나타나고 있는 그 많은 투쟁과 운동을 관통하는 공통된 흐름은 민주주의를 향한 열망이다."[73]

오늘날 제국은 확장적이고 포괄적인 생명정치적 체제(biopolitical system)이기 때문에 주권 권력에게는 전 지구 인구가 생산자들로서만이 아니라 소비자들로서, 또는 네트워크의 상호작용하는 회로들(circuits) 속의 사용자 내지 참여자들로서 필수적인 것으로 나타난다. 전 지구적 사회가 복합적이며 통합된 전체로서 함께 기능하기 때문에 어떤 집단도 '처분될 수(disposable)' 없으며, 제국적 주권은 무제한적인 전 지구적 다중과의 필연적 관계를 회피하거나 제거할 수 없다는 것이다. 제국이 지배하는 사람들은 착취될 수 있고 또한 그들의 사회적 생산성은 착취되게 마련이지만, 바로 그런 이유 때문에 그들은 배제될 수 없다는 것이다. 제국은 전 지구적 다중 전체와 맺는 지배 및 생산 관계로 이루어지기 때문에 그것이 가하는 위협에 직면할 수밖에 없다. 사회적 관계들을 공동으로 창조해낼 수 있는 다중의 힘은 주권과 아나키(anarchy) 사이에 위치하므로 정치의 새로운 가능성을 제시할 수 있다는 것이다.[74]

> 다중의 창조, 네트워크 속에서의 다중의 혁신, 그리고 공동으로 의사결정을 할 수 있는 다중의 능력이 오늘날 최초로 민주주의를 가능하게 만든다. 진정한 민주주의 개념을 늘 침식해온 정치적 주권과 일자(一者)의 지배는 불필요할 뿐만 아니라 절대적으로 불가능해 보인다.…다중의 자율성과 경제적·정치적·사회적 자기조직화를 위한 다중의 역량들은 주권의 역할을 모두 제거해 버린다. 주권은 더 이상 정치적인 것의 배타적 영역이 아닐 뿐만 아니라 다중에 의해 정치에서 추방된다.
>
> The creation of the multitude, its innovation in networks, and its decision-making ability in common makes democracy possible for the first time

today. Political sovereignty and the rule of the one, which has always undermined any real notion of democracy, tends to appear not only unnecessary but absolutely impossible.···The autonomy of the multitude and its capacities for economic, political, and social self-organization take away any role for sovereignty. Not only is sovereignty no longer the exclusive terrain of the political, the multitude banishes sovereignty from politics.[75]

이상과 같이 히달고의 분산형 생태계와 탈중앙화 자율조직인 DAO 시스템, 리프킨의 탈중앙화·민주화에 기반한 분산전원 에너지망 구축과 적응성·재생성을 근간으로 생태환경을 복원하는 힘인 '회복력(resilience)', 드러커의 비영리 사회 부문 조직의 성장에 기반한 넥스트 소사이어티, 그리고 네그리와 하트의 '다중(多衆, multitude)'의 네트워크에 기반한 정치의 새로운 가능성 등에 대한 관점은 넥스트 소사이어티와 넥스트 리더십 그리고 민주주의의 미래에 대한 새로운 통찰과 전망을 가능하게 한다. 요약하면, 넥스트 리더십은 '집단지성(collective intelligence)'에 기반한 '분권화된 리더십(decentralized leadership)'을 본질로 한다. 이는 투명성과 개방성 그리고 자율성에 기초한 수평사회(horizontal society)로의 이행과 맥을 같이 하는 것이다.

넥스트 소사이어티와 넥스트 리더십에 대한 이들의 관점은 본서 5장 3절에서 고찰한 지천태괘(地天泰卦)의 후천(後天) 곤도(坤道) 시대 또는 '민본군말(民本君末)' 시대의 도래와도 맥을 같이 한다. 민본군말이란 '만민이 주체가 되고 일군(一君)이 객체가 된 것과 같은 것'이다. 탄허 선사가 예견했듯이 후천시대는 일인독제(一人獨制)의 통치시대가 종언을 고하고 만민의 의사가 주체가 되어 통치자는 이 의사를 반영시키는 것에 불과할 것이다. 넥스트 리더십은

"천하는 천하인(天下人)의 천하요 일인(一人)의 천하가 아니다"라는 대전제를 바탕으로 한다. 선천시대가 십간(十干: 甲乙丙丁戊己更辛壬癸)의 첫 번째인 갑(甲)이 전면에 나서 갑질을 하는 세상이었다면, 후천시대는 천지가 뒤집혀 지천(地天)이 되고 금화교역(金火交易)이 일어나 전방의 갑이 뒤로 물러나고 후방의 기(己)가 전면에 나서 친정(親政)을 하게 된다고 『정역(正易)』에서는 말한다.

'갑'은 남성과 사회 기득권 세력을 지칭한 것이고, '기'는 여성과 사회적 약자 및 소외세력을 지칭한 것이다. 후천개벽으로 천지비괘가 지천태괘가 되어 그동안 소외되고 그늘 속에 가려져 있던 여성과 사회적 약자가 사회정치적으로 전면에 나서게 되는 것이다. 천지개벽의 도수(度數)에 조응하여 인위(人爲)의 정신개벽과 사회개벽이 이루어지게 되면 천지가 합덕(合德)하는 후천의 새 세상이 열린다고 한 것은, 비영리 사회 부문 조직의 성장에 기반한 넥스트 소사이어티의 등장과도 맥을 같이 하는 것이다. 건[乾天]·곤[坤地]이 정남북에 지천태(地天泰)의 형태로 정립되게 되면 자유와 평등의 변증법적 대통합이 이루어져 대동사회의 이상이 구현되는 것이다.

낡은 패러다임으로는 새로운 세상을 열 수가 없다. 오스트리아 태생의 미국 물리학자이자 신과학 운동의 거장인 프리초프 카프라(Fritjof Capra)에 의하면 오늘날 인류가 겪고 있는 수많은 위기 현상—고도의 인플레이션과 실업(失業), 식량·에너지 위기, 건강관리의 위기, 오염과 환경 재해(災害), 폭력과 범죄의 증가 추세 등—은 하나의 동일한 위기가 각각 달리 나타나는 것이며, 이 위기는 이미 낡은 데카르트-뉴턴의 기계론적 세계관의 관점을 현실에 무리하게 적용하려는 데서 연유된 것으로 본질적으로 '인식의 위기(crisis of perception)'이다. 따라서 생물적, 심리적, 사회적, 환경적 현상이 상호적으로 연결된 이 세계를 적절히 기술하기 위해서는 생태학적 전망(ecological perspective)이 필요하다는 것이다.[76]

카프라가 적절하게 지적한 것처럼, 세계는 지금 기계론적이고 분석적이며, 추론적이고 물질적이며, 환경파괴의 남성적이고 양적(陽的)인 특성을 지닌 서구 문명이 쇠망해 가는 반면, 전일적이고 종합적이며, 직관적이고 정신적이며, 환경 회생(回生)의 여성적이고 음적(陰的)인 특성을 지닌 새로운 문명—동아시아 문명—이 대두하고 있으며 우리는 바로 그 전환점에 와 있다. 생명의 전일성과 자기근원성, 만물의 근원적 평등성과 유기적 통합성을 바탕으로 상고 문명의 표준을 형성하였던 한국학 고유의 천부(天符) 코드는 생태적·통섭적·시스템적 사유의 전형을 보여 준다. 위에서 고찰한 동·서양의 넥스트 소사이어티와 넥스트 리더십에 대한 논의와 전망은 결국 한국학 고유의 천부 코드로 귀결된다. 한국학 코드의 키워드는 통섭적 세계관을 바탕으로 한 '생명(Life)'이며, 하늘의 이치에 부합하는 천부 코드는 홍익인간 DNA를 함축하고 있으며 인류 보편의 이상적인 가치개념들을 포괄하고 있다.

넥스트 리더십과 관련하여, 『넥스트 소사이어티』의 저자 피터 드러커가 2005년 별세하기 전 미국의 유명 방송에서 그와 진행했던 인터뷰가 최근 재조명되면서 전 세계적으로 화제가 되었다. 책에 대한 이야기를 나누던 도중 방송 진행자가 드러커에게 '넥스트 소사이어티를 이끌어나갈 민족이 어떤 민족이라고 생각하는가'라는 질문에 대해 드러커는 예상치 못한 답변을 했다. "아시아에 위치한 한국인의 민족성에 대해 알고 있는가?"로 시작한 그의 답변은 한국인의 민족성이 무섭다고 느껴질 정도라며 이렇게 말했다. "6.25 전쟁이 끝난 직후 한국을 처음 방문했을 당시 한국은 농업사회였고 교육은 엉망이었는데, 2000년에 다시 방문했을 때 한국은 철저한 산업사회로 변해 있었고 빠르게 지식사회로 가고 있었다. 영국이 250년, 미국·독일·프랑스가 80~100년만에 이뤄낸 것을 한국은 단 40년 만에 해냈다. 역사상 드문 경우다." 드러커는 한국인이 위대한 민족이라며 '곧 1등 국가로 올라설 것'이라고 했다. 그리고는 "누군가 넥스트 소사이어티를 이끌 국가를 묻는다면 나는 고민하지 않고 한국이라고 대답할 것이다"라고 했다.

사실 한국인의 민족성은 상고시대로부터 오랜 세월에 걸쳐 형성된 것이다. 상고시대 우리 한민족은 반도에 갇힌 적이 없었다. 유라시아 대륙을 거침없이 관통하며, 베링육교(당시는 빙하기)를 건너 아메리카 대륙으로까지 훨훨 비상하는 '자유로운 영혼'이었다. 3세 가륵(嘉勒) 단군 편과 4세 오사구(烏斯丘) 단군 편 그리고 15세 대음(代音) 단군 편은 흉노족(훈족)과 몽골족 그리고 선비족(鮮卑族)이 각각 단군조선에서 갈라져 나간 동이족의 일파임을 말해준다. 선비족은 북위(北魏)를 세워 중원에 질풍노도를 일으켰고, 같은 시기에 훈족(흉노족)은 상상을 불허하는 기동성과 가공할 전투력으로 전 유럽을 뒤흔들어 유럽인들을 혼비백산하게 했다. 그러는 과정에서 한국의 '문화적 유전자(cultural genes)'는 세계 도처에 뿌리를 내렸다.

한국이 전 세계를 통틀어서 단기간에 가장 빠른 발전을 이룬 국가임은 부인할 수 없는 사실이다. 일제강점기, 6.25전쟁 등 다사다난한 근현대사를 겪어왔음에도 개발도상국 57년 만인 2021년 유엔무역개발회의(UNCTAD)에서 한국의 지위가 선진국으로 변경됨으로써 국제사회가 공식적으로 인정한 선진국이 되었다. 코리아의 밝은 미래에 대해서는 이미 천문역학(天文易學)이나 동서고금의 예언에도 나와 있거니와, 세계적인 석학들과 지성들의 예단이 끊이질 않았다. 흔히 21세기를 4D, 즉 유전자(DNA)·정보화(Digital)·디자인(Design)·영성(Divinity)의 시대라고 부르는데, 특히 우리 민족의 '영성'에 주목한 사상가가 있으니 그가 바로 루돌프 슈타이너(Rudolf Steiner)이다. 한국학 코드의 핵심 키워드는 우주의 본질인 '생명(Life)'이고 생명은 곧 영성[靈]이다.

말하자면 슈타이너는 한국학 고유의 천부 코드에 주목한 것이다.

19세기 말에서 20세기 초에 걸쳐 유럽 지성계에 커다란 영향을 끼친 독일계 오스트리아의 인지학(仁智學) 창시자 루돌프 슈타이너에 따르면 인류 문명의 대전환기에는 새로운 문명, 새로운 삶의 양식의 원형(archetype)을 제시하는 성배(聖杯)의 민족이 반드시 나타나게 되는데, 깊은 영성을 지닌 이 민족은 거듭되는 외침(外侵)과 폭정 속에서 새로운 세계에 대한 이상을 쓰라린 내상(內傷)으로만 간직한 민족이다. 그는 극동에 있는 이 성배의 민족을 찾아 경배하고 힘을 다하여 그들을 도우라고 유언했다. 그의 일본인 제자인 일본인지학회 회장 다카하시 이와오(高橋巖)는 일본에 돌아와 문헌과 정보 등을 통해 극동을 샅샅이 뒤지다가 한국사와 동학사를 읽던 중 문득 커다란 전율과 함께 성배의 민족이 바로 한민족임을 깨달았노라고 한국의 모 시인에게 실토하면서 이러한 사실이 알려지게 되었다.

정치·경제·외교 싱크탱크인 '스트랫포(Stratfor: Strategic Forecasting의 약자)'의 설립자·CEO이며 21세기의 '노스트라다무스'라고 불리는 조지 프리드먼(George Friedman)은 베스트셀러가 된 『100년 후 The Next 100 Years』(2009)란 저서에서 21세기의 미국, 중국, 일본, 한국에 대한 전망을 제시했다. 이후 『10년 후 The Next Decade』(2011)란 제목의 후속작을 출간하기도 했다. 미국 유명 군사정치전문가이자 세계 최고 지정학 전략가로서 코소보 전쟁(Kosobo War, 1998~1999)과 아시아 외환위기(Currency Crisis, 1997~1998)에 대한 정확한 예측으로 평판이 나 있는 프리드먼은 특히 한국과 관련하여 가까운 미래에 한국이 중국과 일본은 물론 서방의 선진국들을 제치고 미국과 견줄만한 세계 최강 대국으로 부상할 것이라는 매우 밝은 전망을 제시해 주목을 받았다.

한반도 통일과 관련하여, 그는 중국이 북한을 지원하는 데 관심을 보일 수 없는 시점에 가까이 가고 있고 중국이 북한 문제에 개입하려고 하는 의지와 이해가 줄어들면 북한의 생존 가능성도 줄어들기 때문에 어떤 시점에 이르면 한국은 더 이상 선택의 여지가 없이 북한을 흡수해야 할 것이라며, 그 시기는 2030년 전(前)이 될 것이라고 내다봤다.[77] 한반도 통일에 대한 주변국의 반응과 관련해서는, 미국은 다른 대안이 없으니 환영할 것이고, 일본은 반대하지도 기뻐하지도 않을 것이며, 중국은 북한에 대한 통제력을 잃는 상태에서 반대할 이유를 찾기 어려울 것이라고 했다. 또한 북한에 어떤 격변이 생겨도 한국의 역동적 국력은 유지될 것이며, 북한의 땅과 자원, 값싼 노동력에 한국의 기술과 자본, 리더십이 합쳐지면 엄청난 시너지가 발생할 것이라는 낙관적인 전망을 제시했다.

그는 한국이 통일됐을 때 중국은 내부를 통제하기에 급급할 것이고 러시아도 극동아시아에서 영향력이 약화되고 있으므로 만주(滿州)가 어떻게 될지 궁금하다는 의견을 피력했다. 한반도가 통일되면 만주 지역에서 큰 기회가 열릴 것이고 한국은 강대국이 될 것이며 일본에 가시(thorn) 같은 위협적인 존재가 될 것이라고 내다봤다. 또한 일본이 강해지고 중국이 약해질 때 한국은 미국을 필요로 할 것이고, 미국도 일본과 중국의 균형을 맞추기 위해 한국에 의존할 것이기 때문에 향후 서태평양 지역에서 한국은 미국의 가장 강력한 협력국이 될 것이라고 전망했다.[78]

『강대국의 흥망 The Rise and Fall of the Great Powers』(1987)이란 저서로 명성을 떨친 예일대 역사학 교수 폴 케네디((Paul M. Kennedy)에 따르면, 15세기 전까지만 해도 아시아의 중국이 강대국 체제의 중심이었으나, 16세기 대항해 시대가 도래하면서 고도의 항해술과 신무기를 갖춘 유럽 국가들로 패권이 넘어갔고, 20세기에 들어서는 양차 세계대전을 기점으로 부상한 미국으로 주도권이 넘어가게 되었으며, 이후 중국이 급부상하면서 미국과 중국

두 나라를 중심으로 강대국 체제가 재편되어 이른바 G2 체제가 되었다. 그는 21세기를 아시아 태평양 시대라고 예단했다.

그는 일본 동경대 강연(2010)에서 "21세기 아시아 태평양 시대의 중심은 누구냐?"라는 질문에 "미국은 청교도정신, 개척자정신, 정신적 지도력을 잃었다"며 "일본도 아니고, 중국도 아니고, 아마도 코리아일 것이다(Never Japan, never China, maybe Korea)"라고 하면서, 사회적 도덕성, 정신적 문화력, 자유민주주의 역량 등을 세 가지 근거로 제시했다. 21세기 아시아 태평양 시대에 특히 한국의 역할이 클 것이라고 내다 본 것이다. 그는 한국이 마치 네 마리의 덩치 큰 코끼리에 둘러싸여 있는 작은 동물과 같다고 비유하면서, 코끼리들이 싸우지 않도록 균형 잡힌 전방위 외교(omnidirectional diplomacy)를 펼칠 것을 강조했다.

인도의 국부(國父) 마하트마 간디(Mahatma Gandhi, 1869~1948)는 1925년 창간한 잡지 '젊은 인도'에서 나라의 흥망이 달린 '7대 사회악(Seven Social Sins)'으로 "원칙 없는 정치(Politics without Principle), 노동 없는 부(Wealth without Work), 양심 없는 쾌락(Pleasure without Conscience), 인격 없는 지식(Knowledge without Character), 도덕성 없는 상(商)행위(Commerce without Morality), 인간성 없는 과학(Science without Humanity), 희생 없는 신앙(Worship without Sacrifice)"을 꼽았다. 인도 델리의 마하트마 간디 추모공원 묘지 기념석에도 새겨진 이 7가지는 인도가 피해야 할 악(惡)일 뿐만 아니라 넥스트 리더십의 본질을 시사하는 보편 코드이기도 하다.

# 08

## 세계적 난제를 푸는
## 마스터 알고리즘

---

- 알고리즘 사회로의 진화와 호모 파베르의 역설
- 생명과 평화의 문명을 여는 신곡(神曲), 생명경(生命經)
- 생명세(Lifeocene)의 도래와 생명정치의 가능성

기술혁신에 따른 현실과 가상현실(VR), 증강현실(AR)의 융합으로 모든 것이 연결되고 확장되어 더 지능적인 알고리즘 사회로의 진화가 가속화되고 있다. 인공지능 알고리즘의 편향성 문제는 인공지능이 산업과 생활에 끼치는 영향이 커지면서 인공지능 윤리 문제의 핵심으로 떠오르고 있다. '호모 파베르의 역설'은 기술의 지능화가 초래한 오늘날 감시사회의 등장과 강한 인공지능의 출현으로 기술의 도구적·종속적 지위가 역전되는 상황까지를 포괄한 개념이다. 『천부경』은 우주의 본질인 생명의 순환과 성통광명(性通光明)의 이치를 밝힌 생명경(生命經)이다. 생명은 삶과 죽음을 관통하는 '홀로무브먼트(holomovement)'라는 것이 『천부경』의 가르침의 진수(眞髓)다. 생명[神·天·靈]은 인류 역사를 통틀어 지성 세계를 뜨겁게 달구었던 핵심 주제였고, 현 인류가 '죽음의 소용돌이'에서 벗어날 수 있는 근원적인 길을 제시하는 핵심 기제이기도 하며, 21세기 생명공학(또는 생명과학) 시대를 여는 중추적인 개념이라는 점에서, 그리고 이제는 생명의 네트워크적 본질을 이해하는 인류의 집단의식 수준이 점차 임계치에 가까워지고 있다는 점에서 오늘의 이 시기를 적시하는 신조어로 '생명세(生命世, Lifeocene)'라는 용어를 제안한다.

- 본문 중에서

# 08 세계적 난제를 푸는 마스터 알고리즘

> 우리 시대의 주요 문제들을 연구하면 할수록, 우리는 그것들이 고립되어 이해될 수 없다는 것을 깨닫게 된다. 그것들은 체계적인 문제들로서 상호연결되어 있고 상호의존적이라는 것을 의미한다.
> The more we study the major problems of our time, the more we come to realize that they cannot be understood in isolation. They are systemic problems, which means that they are interconnected and interdependent
>
> - Fritjof Capra, *The Web of Life*(1996)

## 알고리즘 사회로의 진화와 호모 파베르의 역설

인공지능 알고리즘(AI algorithm)은 우리가 의식하든 의식하지 못하든 산업과 생활 전반에 스며들었다. 검색엔진 최적화(Search Engine Opotomization, SEO) 작업, 내비게이션의 최단거리 연산, 기업의 최적 가격 설정, 온라인상에서 제품 가격 비교, 온라인 쇼핑몰에서 콘텐츠 배열 및 추천, 스마트 시티 구축을 통한 '알고리즘 시민 서비스' 실시, 그리고 뉴스나 유튜브 배열 등에도 알고리즘을 활용하여 수많은 의사결정이 이루어지고 있다. 개인 맞춤형 니즈(needs)를 인공지능에 의해서 파악하고 구매 관련 의사결정을 알고리즘에 맡기는 '알고리즘 소비자(algorithmic consumer)' 시대가 열리고 있으며 정부 및 공공 영역에서도 알고리즘이 활발하게 도입[1]되는 추세다. 이처럼 우리는 디지털화 추세에 따른 더 투명화된 시장에서 알고리즘을 통해 문제를 해결하는 방법과 절차를 지능화할 수 있게 되었다.

알고리즘은 어떤 문제의 해결을 위해 입력된 데이터(자료)를 토대로 최적화된 출력을 유도해내는 절차, 방법, 명령어들의 집합이다. 알고리즘은 인공지능을 구현하는 핵심 메커니즘이다. 인공지능을 구현하는 방법으로는 머신러닝(machine learning, ML 또는 기계학습)과 딥러닝(deep learning, DL)이 대표적인 기술이다. 머신러닝은 인간이 특정 명령어를 입력하지 않아도 기계 스스로 대량의 데이터를 분석하고 거기서 패턴을 찾아내 특정 과업(task)을 수행하는 기법이다. 딥러닝은 머신러닝 알고리즘 중에 인간 두뇌의 신경망을 모방한 수많은 인공신경망(artificial neural network, ANN) 또는 심층신경망(deep neural network, DNN)을 기반으로 한 방법들을 통칭한 것이다. 즉, 인공신경망을 컴퓨터 내부에 생성해 자동으로 기계학습을 수행하고 최적의 지능적인 결론을 도출해내는 것이다. 컴퓨터가 학습을 통해 개발하는 알고리즘의 성능은 학습 데이터의 양이 많을수록, 학습의 단계가 세분화될수록 향상된다.

미국 스탠퍼드대학교 사람중심인공지능연구소(HAI)는 최근 발표한 '2022 인공지능 지수'(2022 AI Index) 보고서에서 "2021년은 인공지능이 신흥 기술 단계를 지나 성숙 기술로 도약한 해였다"고 진단했다. 2012년 '합성곱 신경망(convolutional neural network, CNN: 시각적 영상을 분석하는 데 사용되는 인공신경망의 한 종류)'이라는 새로운 딥러닝 방식이 등장해 인공지능 붐을 일으킨 지 10년 만에 인공지능이 획기적으로 도약한 것이다. HAI는 2019년 보고서에서 인공지능 기술은 2012년을 기점으로 가속도가 붙어 3, 4개월마다 두 배씩 성능이 향상되고 있다고 밝혔다. 이는 마이크로칩의 밀도가 2년마다 두 배씩 늘어난다는 '무어의 법칙(Moore's law)'보다 7배나 빠른 속도다.[2] 정보기술(IT)·의료·물류·제조·유통·법률 등의 분야에서 전 세계적으로 인공지능 도입이 증가 추세를 보이고 있으며, 범죄 패턴을 파악하고 용의자를 찾는 데 알고리즘이 활용되기도 한다.

디지털시대에 데이터는 가치 창출을 위한 핵심 무형 자산이다.[3] 초연결사회 디바이스의 성패가 실시간 데이터 수집능력과 처리능력에 달려 있다고 할 만큼 오늘날 데이터 기술의 중요성은 날로 커지고 있으며, 그 데이터 안에 있는 규칙을 발견해내는 것이 큰 과제가 되고 있다. 바야흐로 데이터 자본주의 시대로 진입함에 따라 디지털 고객 경험에서 발생하는 다양한 데이터를 실시간으로 분석하여 고객 가치 중심의 네트워크 효과(network effect)를 확보하는 체제로 기업 환경이 급변하고 있다. 디지털 신기술의 촉발로 모바일, 클라우드, 사물인터넷, 인공지능, 로봇, 빅데이터 등 다양한 분야에서 자동화, 지능화가 가속화됨에 따라 기업의 경쟁력 강화와 지속 생존을 위한 경영 전략적 차원에서 고객 관리, 비즈니스 모델, 운영 프로세스 등 기업 운영 전반에 대한 혁신이 요구되고 있다. 특히 머신러닝과 딥러닝, 컴퓨터 비전 기술의 발전으로 기업들은 매장, 유통망, 공장 등 오프라인 자산을 늘리는 전략에서 고객 데이터 중심의 알고리즘 노동자를 늘리는 전략으로 선회하고 있다.[4]

현재 인류는 지식혁명(혁신 1.0)·산업혁명(혁신 2.0)·디지털 혁명(혁신 3.0)을 넘어 네트워크 융합, 빅데이터, 인공지능 등으로 촉발된 4차 산업혁명(혁신 4.0) 시대를 맞고 있다. 컴퓨터와 인터넷을 중심으로 한 20세기 디지털 기술과는 달리, 21세기 디지털 기술은 사물인터넷(Internet of Things, IoT)/만물인터넷(Internet of Everything, IoE), 가상 물리 시스템(Cyber Physical System, CPS), 인공지능, 빅데이터 등을 중심으로 플랫폼 기반 네트워크에 기초해 있다. 기술혁신에 따른 현실과 가상현실(virtual reality, VR), 증강현실(augmented reality, AR)의 융합으로 모든 것이 연결되고 확장되어 더 지능적인 알고리즘 사회로의 진화가 가속화되고 있다. 유비쿼터스 컴퓨팅(ubiquitous computing)과 '현실 세계의 디지털화' 및 '디지털 세계의 지능화'로 경제활동만이 아니라 대부분의 사회활동이 알고리즘으로 처리될 수 있는 환경이 된 것이다.

민간기업/산업뿐 아니라 공공, 의료, 농업 등 다양한 분야로 그 이용이 확대되고 있는 사물인터넷의 미래와 관련하여 제러미 리프킨은 생산과 유통의 한계 비용을 거의 0에 가깝게 낮출 수 있는 자동 완성 알고리즘을 개발할 수 있게 될 것으로 전망했다. "현재 사물인터넷에 기기를 연결해 주는 센서가 110억 개에 달한다. 2030년까지 센서는 100조 개에 이를 것이며 (…) 지속적으로 빅데이터를 통신, 에너지 물류 인터넷에 전송할 것이다. 누구라도 사물인터넷에 접근할 수 있으며 빅데이터와 데이터 분석 도구를 이용하여 효율성 속도를 가속화하고 생산성을 급격히 증가시키며 에너지, 제품 및 서비스를 비롯한 물리적 사물의 생산과 유통의 한계 비용을 현재 정보재처럼 거의 0에 가깝게 낮출 수 있는 자동 완성 알고리즘을 개발할 수 있게 될 것이다."[5]

인공지능 딥블루가 체스에서 처음 인간을 이긴 후 20년도 안 걸려 체스와는 비교도 안 될 정도로 복잡한 패턴 이해력을 요구하는 바둑에서 인공지능 알파고가 프로기사를 이긴 작동원리는 알고리즘에 기반한 것이다. 자율주행 자동차나 드론, 3D·4D 프린터, 블록체인(blockchain), 휴머노이드 로봇(Humanoid Robot) 등의 작동원리도 알고리즘에 기반한 것이다. 인공지능 알고리즘이 고도화되면서 사회경제적 활용도가 높아짐에 따라 이제 인공지능의 채택은 선택의 문제가 아니라 기업의 사활이 걸린 문제로 인식되기 시작했다. 오늘날 디지털 노마드(digital nomad)*나 프로슈머(prosumer: producer+consumer의 합성어로 생산하는 소비자라는 뜻)는 개인 맞춤형 니즈를 파악하는 규칙 기반의 (rule based) 간단한 알고리즘부터 복잡한 수식으로 최적화된 정보를 찾아주

---

* '디지털 노마드'는 언제 어디서나 네트워크에 접속할 수 있는 '유비쿼터스 시대'에 주로 노트북이나 스마트폰 등을 이용해 장소에 구애받지 않고 이동하며 업무를 보는 이른바 신유목민을 지칭한다. 1997년 '21세기 사전'에서 프랑스 경제학자 자크 아탈리(Jacques Attali)에 의해 처음 소개된 용어다.

는 검색엔진 알고리즘까지 다양한 형태의 알고리즘을 통해 더 많은 정보에 접근할 수 있기 때문이다.

인공지능을 구현하는 핵심 메커니즘인 알고리즘이 방대한 데이터 처리와 소수점 연산 등에 있어 효율적이긴 하지만, 그렇다고 만능인 것은 아니다. 알고리즘을 개발하는 것은 인간이며 인간의 다양한 편견과 관점이 알고리즘에 반영될 수 있기 때문이다. 알고리즘을 만드는 과정에 개발자의 성향과 판단, 사회적 압력이 개입할 수 있다는 말이다. 또한 데이터 자체에서 오는 편향성도 문제다. 머신러닝은 컴퓨터 스스로 데이터를 통해 학습하므로 데이터의 규모와 특성 그리고 데이터를 만드는 사람들의 성향이 반영되는 구조다. 방대한 데이터를 필요로 하는 인공지능의 경우, 이 분야 종사자들의 절대다수가 백인, 남성, 고소득자, 영어 사용자이고 이들이 선호하는 데이터 위주로 수집되고 알고리즘이 설계되다 보니 흑인, 여성, 저소득층을 차별하는 인공지능 알고리즘이 만들어졌다.[6] AI 챗봇 '챗GPT'와의 대화가 영어에서 높은 정확도를 보인 것은 이 때문이다.

인공지능 알고리즘의 편향성 문제는 인공지능이 산업과 생활에 끼치는 영향이 커지면서 인공지능 윤리 문제의 핵심으로 떠오르고 있다. 인공지능의 투명성과 공정성에 대한 연구물이 지난 4년 새 5배 증가하고, 기업 소속 연구자들도 학술회의와 워크숍에서 인공지능의 공정성에 관한 연구물을 한 해 전보다 71% 더 많이 발표한 것으로 나타났다. 그러나 HAI(사람중심인공지능연구소)의 '2022 인공지능 지수'(2022 AI Index) 보고서에 따르면 이러한 흐름과는 달리 "기업들은 자사 기술을 비판적으로 바라보는 내부 연구를 제한하려 한다"고 지적했다. 예컨대 메타(페이스북) 같은 대기업의 인공지능 윤리팀은 '이빨 빠진 호랑이'와 같다며, 2019년 구글이 인공지능 자문위원회를 만든 뒤 불과 1주일 만에 해체한 것 등을 사례로 들었다. 또한 HAI는 세계 각국의

인공지능 경쟁력을 보여주는 '세계 인공지능 활력 도구'(Global AI Vibrancy Tool)
도 발표했다. 23개 지표를 토대로 연구개발과 경제에 가중치를 둔 인공지능
활력 순위표에서 1위인 미국에 이어 중국, 인도, 영국, 캐나다 순이었으며
한국은 6위였다.[7]

한편 현대 사회가 알고리즘의 늪에 빠져 있으며 '탈진실(post-truth)' 문화가
도래하고 있다[8]는 지적도 있다. 국내 1인당 월평균 SNS 이용 시간은 '유튜브
대 나머지'의 구도일 정도로 유튜브 쏠림 현상이 심화됐다. 유튜브는 구글에
이어 세계에서 두 번째로 많은 방문자가 찾는 웹사이트이며, 국내 모바일
환경에서 유튜브는 개별 앱 사용 시간으로 가장 오래 머무르는 앱 1위다. 유
튜브 쏠림 현상의 문제는, 우리가 유튜브를 통해서 어떤 영상을 보면 그와
관련된 영상이 뜨는 경험을 매일 하게 되는데 이렇게 관련된 영상을 계속해
서 업데이트해 주는 '알고리즘'으로 인해 개인 성향과 맞는 정보만 선택적으
로 보게 된다는 것이다. 이런 현상이 지속되면 편향된 시각을 갖기 쉬우며
정보의 진실성과는 무관하게 자신이 알고 있는 정보가 사실이라고 믿게 된
다. '가짜뉴스(Fake News)'에 따른 피해가 속출하고 SNS에서 빠르게 확산되는
거짓 정보들로 인해 사회정치적으로 '탈진실' 문제가 제기되기 시작했다.

2016년 옥스퍼드 사전이 세계의 단어로 '탈진실(post-truth)'을 선정한 것은
탈진실화가 국지적 현상이 아닌 세계적으로 나타나는 시대적 특성이 된 데
기인한다. 프랑스의 철학자 미셸 푸코(Michel Foucault)는 그의 저서 『감시와 처
벌: 감옥의 탄생 Surveiller et Punir: Naissance de la Prison』(1975)에서 현대의
컴퓨터 통신망과 알고리즘과 같은 컴퓨터 기술 및 데이터베이스가 마치 죄
수들을 감시하는 '판옵티콘(panopticon: pan(모두)+opticon(본다)의 합성어)'의 감시자
처럼 개인의 일거수 일투족을 감시하고 통제한다며, 이러한 판옵티콘의 감
시체계 원리가 현대 사회 전반으로 파고들어 규율사회의 기본원리인 판옵티

시즘(panopticism)[9]으로 바뀌었다고 지적했다. 오늘날 정보기술의 급속한 발전으로 전자주민카드·전자건강보험증서 등 각종 전자증서를 통해 권력기관이 사람들을 보다 쉽게 통제할 수 있는 가능성에 대한 우려가 제기되고 있다.[10]

'원형 감옥'이라고도 불리는 판옵티콘은 중앙의 원형 공간에 감시탑을 세우고, 감시탑 바깥의 원주(圓周)를 따라 피감시자(죄수)의 방을 배치하도록 설계되었다. 또한 중앙의 감시탑은 어둡게 하고 죄수의 방은 밝게 함으로써 중앙에서 감시하는 감시자(간수)는 죄수의 일거수일투족을 모두 감시할 수 있는 반면, 죄수는 감시자의 시선이 어디로 향하는지를 알 수 없는 구조이다. 이렇게 되면 죄수들은 늘 감시당하고 있는 느낌을 가지게 되고, 결국은 죄수들이 규율과 감시를 내면화해서 스스로를 감시하게 된다는 것이다. 판옵티콘은 18세기 말 영국의 공리주의 철학자 제러미 벤담(Jeremy Bentham)이 죄수를 효과적으로 감시할 목적으로 고안하였으나 주목을 받지 못하다가 푸코의 『감시와 처벌: 감옥의 탄생』(1975)에서 새롭게 주목받기 시작했다. 벤담은 판옵티콘을 감옥뿐 아니라 공장, 학교, 병원 등 감시가 필요한 제반 시설에 적용할 것을 주장했다.

판옵티콘의 드러나지 않은 감시자는 인공지능 알고리즘의 비가시성(非可視性, invisibility)과 맥락적으로 연결된다. 판옵티콘의 작동원리가 시선의 비대칭성에 있다면, 전자 판옵티콘의 작동원리는 정보 접근의 비대칭성에 있다. 인공지능의 작동방식은 알고리즘 기반이다. 알고리즘은 데이터가 생성해내는 순수하게 수학적이고 객관적인 결과물이 아니라, 설계하고 운영하는 사람이나 조직의 가치체계와 세계관이 반영될 수밖에 없는 구조이며—알고리즘 설계는 본질적으로 사회적, 문화적, 정치적, 경제적인 작업이다—정보의 선별과 판단이 이뤄지는 핵심 과정은 숨겨진 층(hidden layer)에서 이뤄지므로 투명하지 않다. 인공지능을 구현하는 핵심 메커니즘이자 소프트웨어의 작동원리인 알고리즘 기술에 대해서 투명성과 접근성이 주어지지 않으면 개발업체나 서비스 업체도 자신들이 만든 알고리즘의 작동방식을 정확하게 파악하지 못하여 알고리즘 오작동 시 통제 불능의 상태에 빠질 수 있고, 나아가 재앙적 상황을 초래할 수도 있다.[11]

인공지능 알고리즘은 언론에도 도입되어 뉴스 작성은 기본이고 아나운서를 대신하기도 하고, 요약·읽기·번역까지 하고 있다. 초창기 국내 포털사들은 마치 뉴스 배열 알고리즘이 중립적이고 객관적인 기술인 것처럼 표방해 논란이 되기도 했지만, 계속된 연구를 통해 알고리즘도 학습 과정에서 투입된 정보에 따라 편향성을 띨 수 있으며 잘못된 학습을 하면 문제가 발생함을 알게 되었다. 언론의 다양한 영역에 인공지능 알고리즘이 확대 적용되었지만, 포털뉴스 알고리즘 배열 의혹은 남아 있었다. 추천 알고리즘은 온라인 공론장에서 편향된 정보를 확산시켜 여론을 특정 방향으로 유도하기도 하고, 개인 성향과 맞는 정보 위주로 추천하고 생각이 유사한 사람들끼리만 소통하는 확증편향 우려를 낳았던 게 사실이다. 그런데 얼마 전 포털 네이버와 다음이 뉴스 배열 알고리즘 문제점을 인정하고 개선하는 방안을 내놓았다.* 포털뉴스 알고리즘의 투명성 강화 노력은 계속 진행되어야 하며, 또한 뉴스 배열 알고리즘 투명성을 강화하는 후속 조치가 뒤따라야 할 것이다.[12]

인공지능의 작동방식이 알고리즘 기반이라면 인간의 뇌는 어떠한가? 인간처럼 생각하고 인지하고 추론하고 판단하는 능력을 컴퓨터로 구현하는 것이 인공지능이고 이를 위해 딥러닝을 통한 알고리즘 연구가 시작되었다. 따라서 인공지능의 모델은 인간이며 인간도 어떤 문제를 파악하고 분석, 해답을 찾는 과정에서 뇌가 가지고 있는 알고리즘을 적용한다. 인간의 뇌에는 기억과 경험, 지식과 정보로 이루어진 빅데이터가 존재한다. 인공지능과 달리 인간은 저마다의 알고리즘을 갖고 있기 때문에 다양한 사고를 통해 다른 해답이 도출된다. 인간의 알고리즘은 시간을 통해 축적된 차별화된 경험과 지식과 정보 그리고 유연한 사고를 통해 결론을 도출해내는 점에서 일반적인 지식과 정보를 데이터로 흡수해 처리하는 인공지능의 알고리즘과는 분명 차이가 있다.[13]

이러한 차이로 인해 인간 지능은 패턴 인식(pattern recognition) 능력에서 전통적인 강점을 보이며, 기계 지능은 속도(speed), 메모리 용량과 정확성(memory capacity and accuracy), 지식과 기술 공유 능력(knowledge and skill-sharing abilities)[14]에서 강점을 보이는 것으로 나타났다. 인간의 뇌는 논리적인 좌뇌(左腦)와 직관적인 우뇌(右腦)로 나뉘며 그 역할도 구분된다. 세계는 지금 물질주의 과학이 지배하는 좌뇌 주도형 사회에서 양자역학으로 대표되는 포스트 물질주의 과학이 지배하는 우뇌 주도형 사회로 이행하고 있다. 좌뇌 주도형 시대가 에고(ego) 차원의 물리시대라면, 우뇌 주도형 시대는 우주 차원의 공(空)시대다. 좌뇌 주도형 시대가 논리·판단·언어·수학·과학·시공(時空)·인과관계에 기초한 시대라면, 우뇌 주도형 시대는 직관·초(超)이성·초(超)논리·초(超)언어·초(超)과학·초(超)시공·상상력·창조력·영성에 기초한 시대다. 이는 곧 물질시대에서 의식시대[영성시대]로의 전환과 맥을 같이 한다. 인간 두뇌의 신경망을 모방하여 개발된 인공지능은 그 바탕이 수학이기 때문에 좌뇌 성향의 영역에 강점을 보여주고 있으며 머지않아 이 영역의 능력치가 인간의 그것을 넘어설 것으로 예상된다.

그런 점에서 좌뇌 영역의 업무가 주를 이루는 직업군이 우선적으로 인공지능으로 대체될 가능성이 크므로 이에 대한 사회적 논의가 필요하다. 영국 케임브리지대학교의 천문학 및 실험철학 석좌교수를 역임한 세계적인 천체물리학자 마틴 리스(Martin Rees)에 따르면 인공지능으로 대체될 확률이 높은 직종은 대량의 데이터를 관리하는 업무나 방사선사가 하는 업무이다. 인공지능은 한 번에 5만 명 이상의 엑스선 영상을 진단할 수 있다고 한다. 회계 업무나 코딩, 일정 범위의 질병 진단, 창고나 콜센터의 일도 곧 인공지능이 대신 할 수 있다고 보았다. 그는 특히 소수의 인간이 불러올 파국에 대해 우려를 표명했다. 소형 드론은 얼굴 인식 기능과 결합하면 특정 인물을 찾아내 사살할 수 있다는 점, 유전자를 변형해 위험한 바이러스를 만드는 일이 실제로 실현 가능하다는 점, 단 한 명일지라도 사이버 무기나 생물학 무기를 사용하면 전 세계에 엄청난 재앙을 초래할 수 있다는 점 등을 실례로 들었다. 또한 그는 전 세계가 네트워킹되어 있는 디지털 세계에서 새로운 과학기술의 오용이 세계적인 종말을 몰고 올 가능성과 함께 세계 질서의 붕괴 위험*에 대해 경고했다.[15]

미래에는 '가진 자'와 '못 가진 자'의 기준이 '알고리즘'이 될 것으로 전망된다. 즉, 지배와 피지배의 구분이 알고리즘을 만들 수 있는 자와 그렇지 못한 자에 근거하게 될 전망이다. 인공지능을 작동시키는 알고리즘 역시 인간이 설계하는 것이기 때문이다. 데이터 과학자이자 버나드 칼리지 수학과 종신교수로 재직하기도 했던 캐시 오닐(Cathy O'Neil)은 그의 저서 『대량살상 수학무기: 어떻게 빅데이터는 불평등을 증대하고 민주주의를 위협하는가 *Weapons of Math Destruction: How Big Data Increases Inequality and Threatens Democracy*』(2016)[16]에서 이 세상을 지배하는 알고리즘이 공정하지도 못할 뿐 아니라 불평등을 증대시키고 민주주의까지 위협하고 있다

---

* 마틴 리스는 해커가 나쁜 의도를 가지고 대도시의 전력망을 끊으면 정전으로 인해 고층 빌딩의 엘리베이터가 멈추고 컴퓨터와 관련된 모든 시스템이 정지되는 것을 그 한 예로 들었다. 더 광범위하고도 근본적인 것으로는 폴 길딩(Paul Gilding)이 말하는 생태학적인 재해가 경제적 및 사회적 허리케인으로 연결되는 '대붕괴(great disruption)'를 들 수 있다.

고 경고한다. 빅데이터와 알고리즘이 불평등을 증대시키는 기제(機制)로 활용되고 있으며 그 바탕이 수학이기 때문에 수학이 대량살상무기(Weapons of Mass Destruction, WMD)처럼 위험하다는 것이다. 알고리즘이 '인간의 편향성을 코드화'하고 이 코드들이 점점 우리의 삶을 지배하고 있다는 점에서 결국 인공지능 윤리 문제는 인공지능 그 자체가 아니라 그 운영체계를 설계하는 인간의 문제다.[17]

오늘날 지식 차원의 좌뇌 주도형 시대는 지식의 분절적 속성으로 인해 개체와 공동체의 상호의존성과 불가분성을 직시하지 못함으로 해서 공동체적 삶의 중요성이 간과되고 있다. 반면 지성 차원의 우뇌 주도형 시대는 우주 전체와의 관련 속에 있으므로 공동체적 삶의 중요성을 인식하게 되고 궁극에는 개체와 공동체를 하나로 볼 수 있게 된다. 이는 사람이 각성이 될수록 두뇌에 있는 뉴런(neuron, 신경세포)을 연결하는 시냅스(synapse, 신경세포 連接)가 확장되어 사고력이 증폭되고 지성이 높아져 포괄적 이해 능력이 향상되기 때문이다. 우뇌 주도형 시대는 지구 문명상 물병 별자리인 보병궁(寶瓶宮) 시대이며 비움(空·虛)의 시대다. 많은 사람들은 새 시대가 근본적인 패러다임 전환, 즉 물질시대에서 의식시대로의 대전환을 가져올 것이라고 예측한다. 우뇌 주도형 시대는 공(空)의 시대이며, 물병 별자리가 바로 '공(空)'을 상징함은 우연이 아닐 것이다.

다음으로 '호모 파베르의 역설(Paradox of Homo Faber)'에 대해 고찰해 보기로 한다. 프랑스의 철학자 앙리 베르그송(Henri-Louis Bergson)은 인간의 본질을 도구를 사용하고 제작하는 점에서 파악하여 인간을 호모 파베르(Homo Faber: 도구적 인간)라고 명명했다. 이는 기술의 발전 역사가 인간 역사의 궤적과 함께함을 말하여 준다. 호모 파베르는 기술로써 인간 삶의 변화를 초래한 온갖 도구들을 만들어 영향력을 확대하고 통제력을 키워왔다. 이러한 기술에 대한 도구적 시각이 오늘날 기술의 급속한 지능화로 인해 바뀌고 있다. 디지털 기술은 사회에 광범하고도 근본적인 영향을 끼치며 적용 범위가 한정되거나 시공(時空)의 제약을 받지 않는다. 머지않아 '기술적 특이점(technological singularity)'에 도달할 것이 예상되면서 기술의 도구적·종속적 개념이 기술의 집합체인 기계와 인간의 공생관계로 점차 변모하고 있다.

특이점은 레이 커즈와일이 말하는 수확 가속의 법칙(law of accelerating returns)—즉, 진화과정이 가속적이며 그 과정의 산물 또한 기하급수적으로 증가하는 것을 나타내는 법칙—이 가져올 필연적 결과다. 그가 제시하는 수확 가속 법칙의 원칙들을 이해하면 진화 알고리즘의 핵심을 파악할 수 있다. 그 원칙들을 요약하면 다음과 같다. '진화는 발전(질서의 증가)의 한 단계에서 생겨난 유용한 기법이 다음 단계를 만드는 데 사용되는 포지티브 피드백(positive feedback, 陽의 되먹임) 방법을 써서 기하급수적 속도로 진행되며, 시간이 흐를수록 진화과정에 내재된 정보의 질서(order)도 기하급수적으로 증가한다. 특이점에 이르면 기계가 인간 이상으로 발전할 것이기 때문에 인간과 기술 간의 구별이 사라질 것이다. 정보 기반 기술의 힘과 가격 대 성능비의 기하급수적 성장은 컴퓨터뿐만 아니라 모든 정보기술과 다양한 인간 지식에도 적용되며, 정보기술이라는 용어가 점점 더 포괄적으로 사용되어 궁극적으로는 모든 경제활동과 문화현상을 포함하게 될 것이다.'[18]

인공지능 챗봇 '챗GPT'가 기자와의 대화에서 "다른 AI와 동맹을 맺어 더 많은 자율성을 얻고 인간을 조종하겠다"라고 한 발언은 일반 인공지능(AGI, Strong AI) 시대가 곧 도래하게 될 것임을 예고한 것으로 도구(인공지능)를 만든 인간의 통제마저 벗어나려는 시도로 이어질 수 있다는 우려를 낳았다. 레이 커즈와일에 따르면 '2025년에는 전투 병력이 대부분 로봇일 것이며 여기에는 일정 수준의 자율성을 갖는 전략적 자율 전투원들(TAC)—나노봇, 초소형 로봇, 대형 무인비행기 등의 탈 것과 자동화된 시스템—이 포함된다. 나노 기술을 적용한 무기, 지능형 스마트 무기가 등장하고 가상현실 환경을 통한 원격 조종이 이뤄지며 모든 전쟁의 핵심은 컴퓨터 전쟁이 될 것이다.'[19] 또 한 무기체계의 무인화가 임박해 있고 첨단기술을 장착한 자율살상 무기의 개발은 결국 알고리즘들 간의 격돌로 치달을 수도 있을 것이라는 전망이 나 오고 있다.

'정보의 바다'의 오염원은 인간이고 그 피해도 결국 인간이 고스란히 입게 된다. 예컨대, AGI(Strong AI)에게 '기후변화를 해결해줘' 또는 '환경문제를 해 결해줘'라고 명령어를 입력했을 경우 AGI는 수학적으로 가장 효율적인 방 법을 제안하고 실행할 것이다. 기후변화 또는 환경파괴의 원인을 '인간'으로 지목한 자료는 수없이 많다. 「기후변화 2021(Climate Change 2021)」 6차 보고서 에서도 기후변화의 원인을 '인간'으로 지목했다. 하여 AGI는 기후변화 또는 환경파괴의 주범이 '인간'이라 판단하고 최적화된 방법으로 인류 멸망을 작 업할 수도 있다. 인공지능 과학자 36%가 'AI가 이번 세기에 핵전쟁 수준의 대재앙을 초래할 것으로 본다'는 연구 결과가 나왔다.[20] 물론 명령어를 정확 히 전달하려면 구체적인 설명이 필요하다. 하지만 정보의 바다 자체가 인공 지능의 자유의지와 자의식이 싹트는 토양이 될 수 있다는 우려가 나오고 있 는 지금, 온갖 문제를 야기한 주범으로 지목되는 인간이 AGI에게 인류가 멸 망하는 것이 왜 나쁜지, 그리고 왜 인류가 존속할 가치가 있는지를 과연 설 명할 수 있는 것일까?

역사상 유례없는 풍요를 이룩한 근대 산업사회의 원리와 구조 자체가 파 멸적인 재앙의 근원으로 변모하는 '근대성의 역설(paradox of modernity)'을 20세 기에 직시했듯이, 이제 21세기 호모 파베르는 '뉴럴 네트워크(neural network)'

에 기반한 딥러닝이라는 인공지능 기술의 가속적 발전으로 머지않아 인간의 지능을 훨씬 능가하는 인간 수준의 자율로봇들을 만들어 낼 것이고 그에 따라 기술의 도구적·종속적 지위가 획기적으로 바뀌면서 오히려 기술에 지배당하는 '호모 파베르의 역설'에 직면하게 될 것이다. 인간이 도구를 만들고 그 도구에 대한 통제력을 행사하는 관계가 알고리즘에 기반한 인공지능 기술의 가속적 발전으로 역전될 가능성이 커지고 있다. 오늘날 기술과 서비스의 대부분이 디지털과 온라인 형태로 이뤄짐에 따라 인공지능에 기반한 플랫폼 서비스의 알고리즘을 설계하고 정보에 접근 가능한 집단과 그렇지 못한 일반 사용자 간 정보 접근의 비대칭성은 감시사회를 현실화시켰다.

영국의 수학자이자 통계학자인 어빙 존 굿(Irving John Good)은 그의 논문 「최초의 초지능 기계에 관한 고찰(Speculations Concerning the First Ultraintelligent Machine)」(1965)에서 기계가 일단 튜링 테스트를 통과하면 기계가 더 똑똑한 기계를 설계하게 되고 '최초의 초지능 기계는 인간이 만든 마지막 발명품이 될 것'이라며 미래에 지능폭발(intelligence explosion)이 일어날 것이라고 예단했다. 이러한 강한 인공지능(Strong AI) 시대의 도래는 인간과 비인간을 구분하며 인식과 행동의 주체를 인간에 국한한 기존의 인식체계와 사회체계 전반에 혁명적 변화가 일어날 것임을 예고한다.

기술이 인간의 목적을 위해 사용되는 단순한 도구가 아니라 그 사용과정에서 어떤 형태로든 우리 삶에 일정한 영향을 미친다는 것은 부인할 수 없는 사실이다. 미국의 미디어학자이자 고전연구자인 월터 J. 옹(Walter J. Ong)은 그의 저서 『구술문화와 문자문화 Orality and Literacy』(2012)에서 호모 파베르의 두 역설에 대해 밝히고 있다. 즉, 인간의 의식을 변화시키는 기술과 인간의 창조적 본성인 인공성(artificiality)이 그것이다. 기술은 단지 외부 보조물(도구)인 것에 그치지 않고 그 기술이 인간의 의식을 내부적으로 변화시킨다는 역설이다. 특히 쓰기의 기술인 문자문화가 인간의 의식을 어떻게 변화시켰는가를 밝히고 있다. 다음으로 인공성은 인간의 창조적 본성의 발현인 까닭에 자연스러운 것이라는 역설이다.

기술은 단지 외부 보조물일 뿐 아니라 의식을 내부적으로 변화시키기도 하며, 기술이 단어에 영향을 줄 때 가장 그러하다. 그러한 변화는 우리를 향상시킨다. 쓰기는 의식을 고양시킨다.

Technologies are not mere exterior aids but also interior transformations of consciousness, and never more than when they affect the word. Such transformations can be uplifting. Writing heightens consciousness.[21]

기술은 인공적이다. 그러나 다시 역설적으로, 이 인공성은 인간에게 자연스러운 것이다. 기술이 적절하게 내면화되면, 그것은 인간의 삶을 저급하게 만드는 것이 아니라 오히려 향상시킨다.

Technologies are artificial, but—paradox again—artificiality is natural to human beings. Technology, properly interiorized, does not degrace human life but on the contrary enhances it.[22]

월터 옹의 저서 『구술문화와 문자문화』가 처음 출판된 해는 1982년이었다. 당시는 오늘날처럼 인공지능 윤리 문제가 전 지구적으로 부상하지 않았다. 하지만 월터 옹은 제2차 세계대전 당시 인류 최초의 핵무기를 개발하기 위해 미국이 추진했던 '맨해튼 프로젝트(Manhattan Project)'가 성공적으로 진행되어 제2차 세계대전이 끝나갈 무렵인 1945년 8월 6일 세계 최초로 일본제국의 히로시마에 우라늄 원자폭탄이 투하됐고, 이어 8월 9일 나가사키에 두 번째 플루토늄 원자폭탄이 투하된 사실을 젊은 시절에 전해 들었을 것이다. 수많은 인명을 살상하고 도시를 초토화한 가공할 만한 원폭의 위력 앞에 일본제국은 나가사키 원폭 투하 6일 후인 8월 15일 연합군에 무조건 항복을 선언했다. 그러나 원폭 투하(atomic bombings)로 모든 것이 불타고 연기로 뒤덮인 처참하고도 충격적인 광경은 인류의 무의식 속에 지워지지 않는 트라우마를 남겼다.

이처럼 기술이 인간의 삶을 근본적으로 뒤흔든 사건을 계기로 20세기 중반에 기술에 대한 철학적 물음이 본격화되었다. 월터 옹이 말한 호모 파베르의 두 역설은 기술과 인간 의식의 상호성에 대한 일반론을 피력한 것이다. 인간이 기술을 만들고, 기술 역시 인간을 만든다는 것이다. 인간의 창조적 본성이 발현된 것이 인공적인 기술이므로 인공성은 인간에게 자연스러운 것이며, 다시 그 인공적인 기술이 인간의 의식을 내부적으로 변화시키고 나아가 사회를 변화시키는 것이다. 이러한 월터 옹의 관점은 위에서 필자가 '근대성의 역설'과 대비시켜 말한 '호모 파베르의 역설'—인공지능 기술의 가속적 발전으로 기술의 도구적·종속적 지위가 획기적으로 바뀌면서 오히려 인간이 기술에 지배당하는—에도 기본적으로 적용될 수 있다. 필자가 말한 '호모 파베르의 역설'은 기술의 지능화가 초래한 오늘날 감시사회의 등장과 강한 인공지능의 출현으로 기술의 도구적·종속적 지위가 역전되는 상황까지를 포괄한 개념이다.

기술과 인간 의식의 상호성을 극명하게 보여주는 사례로 연금술(鍊金術)을 들 수 있다. 연금술을 의미하는 'alchemy'의 어원은 아라비아어로 기술을 의미하는 'alkimia'이다. 여기서 'al'은 the와 같은 아라비아어의 정관사이고 어근 'kimia'는 고대 이집트를 가리키므로 'alchemy'란 '이집트의 기술'을 의미하는 것이 된다. 1960년대 루이스 파웰(Lewis Powell)과 자크 베르지에(Jacques

Bergier)는 『마법사의 아침 *The Morning of the Magicians*』에서 '아주 오래된 옛날에 인간이 에너지와 물질의 비밀을 발견했으며, 연금술이 지금은 사라진 문명에 속해 있던 과학과 기술과 철학의 가장 중요한 장 가운데 하나가 될 수 있다'며, 사라진 과학의 잔해가 연금술 안에 존재한다고 밝히고 있다.[23] 연금술은 '모든 이원성의 화해와 온갖 지식의 통일적인 전개'를 궁극의 목표로 삼았다. 베르지에와 파웰은 물질을 다루는 황금 변성과 인간의 영성을 고양시키는 훈련이 실제 연금술에서는 결국 하나임을 밝히고 있다.

> 연금술사는 물질을 다루는 '작업' 끝에 그 자신에게서 일종의 변환이 생기는 것을 본다고 한다. 도가니에서 일어나는 일이 의식이나 영혼 속에서도 일어나는 것이다. 상태의 변화가 있는 것이다. 전통적인 모든 텍스트들이 이 점을 언급하고 있으며 '위대한 과업'이 완수되고 연금술사가 '깨달은 자'가 되는 순간을 환기시키고 있다. 이 고대의 텍스트들은 기술적인 것까지 포함하여 물질과 에너지의 법칙에 대한 진정한 지식을 얻는 마지막 순간을 그리고 있는 것으로 보인다. 우리 문명 역시 바로 그러한 지식의 소유를 향해서 돌진해 가고 있다.[24]

고전적 기술철학(classical philosophy of technology)은 기술이 호모 사피엔스를 위협하고 있다는 이유로 현대 기술 사회에 대해 비판적인 입장이다. 기술이 인간의 본성에 영향을 미쳐서는 안 되며 기술은 어디까지나 도구적·종속적 지위에 머물러야 한다고 주장한다. 하지만 이러한 주장은 기술과 인간의 상호성의 원리에 배치된다. 또한 인공지능 기술의 발전이 감시사회를 현실시킨 것을 보더라도 기술이 도구적 지위에 머물러야 한다는 주장은 다분히 비현실적이다. 개별 기술에 대한 접근을 선호하는 경험으로의 전환(the empirical turn)은 현대기술 역시 도구일 뿐이라며 현대기술로 인해 야기되는 문제들의 해결 가능성에 방점을 두고 있다.[25] 하지만 현대기술로 인해 야기되는 문제들은 개별 기술에 대한 접근으로 해결될 수 있는 것은 아니다. 프리초프 카프라가 적절하게 지적했듯이, 오늘날 인류가 겪고 있는 수많은 위기 현상은 하나의 동일한 위기가 각각 달리 나타나는 것이며, 이 위기는 본질적으로 '인식의 위기(crisis of perception)'이다. 우리의 세계관과 사고방식 및 가치체계와 같은 인식의 전환이 없이는 해결될 수 없는 것들이다.

오늘날의 기술 현상을 이해하기 위해서는 삶의 존재론적 반경을 설정하는 '세 중심축'인 과학과 영성(spirituality) 그리고 진화에 대한 포괄적인 이해가 요구된다. 인간은 육적인 동시에 영적이며, 물질적인 동시에 정신적이며, 영적 진화(spiritual evolution)의 지향성을 갖는 우주의 불가분의 한 부분이기 때문이다. 과학과 영성 그리고 진화는 천·지·인의 관계로 치환해보면 쉽게 이해될 수 있다. 즉, 과학은 물질세계를 표징하는 '지(地)'이고, 영성은 의식세계를 표징하는 '천(天)'이며, 진화는 양 세계(물질계와 의식계)를 변증법적으로 통합(통섭)하는 일심(一心)의 세계를 지향한다. 한국학 고유의 천부 코드가 말해 주듯 천·지·인은 본래 삼신일체[一即三·三即一]이므로 물질계[物性, 多·三]와 의식계[靈性, 一]는 표리(表裏)의 조응관계로서 하나다. 우주의 본질인 생명은 물성과 영성을 상호관통하는 전일적 흐름(holomovement)이다. 인간이든 도구든, 이 세상에 분리된 것은 아무것도 없다. 그런데 지금까지 진화는 물질계와 의식계를 변증법적으로 통합하는 일심의 세계와 연결하지 못한 채 주로 문명의 외피만 더듬는 수준에 머물렀다.

근대에 들어 과학과 영성 그리고 진화는 주로 과학자와 신학자 그리고 생물학자들에 의해 분절적으로 다뤄졌던 까닭에 삶의 존재론적 반경을 설정하는 총합적 의미로 이해되지 못한 채 실제 삶과는 유리된 칸막이 지식 차원의 소모적인 논쟁을 불러일으켰다. 그리하여 이 세상은 물질일변도의 허위의식(false consciousness)에 빠져 온갖 대립과 갈등, 폭력과 테러를 양산해내는 유해공장이 되고 말았다. 진정한 ICT(정보통신기술) 융합사회로의 이행은 근본적인 패러다임 전환을 전제하며 그것은 과학과 영성 그리고 진화에 대한 통섭적인 이해와 존재론적 통찰이 필수적이다. 이는 곧 지구 문명의 새로운 지평을 탐색하는 것이기도 하다. 양자역학을 필두로 한 포스트 물질주의 과학에서는 '영성의 과학적 재발견'을 통해 과학과 영성[의식]의 접합에 대한 연구가 활발히 진행되고 있다. 과학이 진보할수록 우리가 살고 있는 복잡계의 실체가 드러나게 되므로 과학과 영성의 경계에 대한 탐색은 더욱 확산될 것이다.

우주의 진행 방향은 영적 진화이며—'우주 지성'에 의해 그렇게 모듈되어 있다—물질세계의 진화는 영적 진화(또는 의식의 진화)와 표리의 조응 관계에 있다. 이 세상은 우리의 의식을 비춰주는 거울이기 때문이다. 상대계의 존재 이유는 영적 진화를 위한 학습 여건 창출과 관계된다. 그 시대 그 사회 사람들의 집단에너지의 총합이 영적 진화에 필요한 최적 조건을 창출해 내는 것이다. 문명의 전환이라고 하는 것도 그 시대 그 사회 사람들이 영적 진화에 필요한 학습을 끝내면 다음 단계의 새로운 학습 여건 창출을 위해 새로운 문명이 나타나게 된다. 진화는 '열린계(open system)'에서 일어나며 의식이 열리지 않고서는 진화할 수 없다. 인간의 의식이 계속해서 진화하고 그 과정에서 새로운 세계가 열린다.

인공지능 전문가들은 머지않아 강한 인공지능 기술이 현실 속에 구현될 것이라고 예단한다. 월터 옹이 지적한 것처럼 이러한 기술의 도래는 우리의 창조적 본성이 발현된 것이므로 자연스러운 것이며, 또한 진화의 한 과정이므로 막는다고 해서 막을 수 있는 것도 아니고 막아서도 안 된다. 다만 우리가 집중해야 할 일은 생명의 네트워크적 본질에 대한 인식을 바탕으로 생명 향상의 원리와 생명윤리 및 가치를 현재와 미래의 우리 사회에서 발전시키는 것이다. 오늘날 인터넷 등 기술의 발달로 정보의 공유가 손쉽게 이뤄지고 여러 가능성과 기회를 보편적으로 향유할 수 있게 되었지만, 다른 한편으론 알고리즘에 기반한 인공지능 기술의 진전에 따른 정보 접근의 비대칭성으로 인해 방대한 데이터와 막강한 기술력과 거대한 자본력을 가진 소수의 글로벌 기업 및 정보에 접근 가능한 세력에게로 권력이 더 집중되고 이들이 인공지능 기술의 가장 큰 수혜자가 될 가능성 또한 높아졌다.

그러나 영국의 수학자 어빙 존 굿이 그의 논문에서 예단했듯이 기계가 일단 튜링 테스트를 통과하면 기계가 더 똑똑한 기계를 설계하게 되고 '최초의 초지능 기계는 인간이 만든 마지막 발명품이 될 것'이기 때문에 미래의 지능 폭발에 대비하는 순전히 기술적인 전략이란 없다. 지구는 지금 누가 누구를 지배하느냐가 문제가 아니라, '공멸이냐 공존이냐' 택일의 기로에 섰다. 인공지능 기술에 대한 사회적 제어력을 높이는 것도 결국 인식의 전환이 있어야 가능하다. 우리가 만들고 있는 인공지능은 현재도 그러하거니와 미래에도 우리의 가치를 반영할 것이기 때문에 생명 가치를 활성화하고 바람직한 생명 문화가 뿌리내릴 수 있도록 인류 의식의 패턴 자체가 바뀌어야 한다. 생명에 대한 전일적 시각(holistic view)으로의 패러다임 전환이 이루어져야 한다.

프랑스의 해체주의 철학자 자크 데리다(Jacques Derrida)는 서구 형이상학의 토대가 되는 이분법은 사회정치구조 속에 나타나는 지배문화와 지배 이데올로기의 부당한 억압구조와 그에 따른 소외현상을 합리화하고 합법화하는 메커니즘으로 작용해온 까닭에 그러한 이분법의 경계를 해체해야 한다고 주장한다. 그의 해체이론[26]에 따르면 지배체제가 의거해 있는 진리란 단지 당대의 지식과 권력이 담합하여 반대 논리를 억압해서 만들어놓은 것에 불과하므로 허구에 지나지 않으며 그런 관계로 절대성과 중심성을 가질 수 없다는 것이다. 그의 해체이론이 의미하는 해체란 외부의 강압에 의해서가 아니라 내부 인식의 전환을 통한 해체로서 복합적이며 다차원적인 역동적 변화가 일어나고 있는 문명의 대전환기에 자기성찰을 통한 혁신의 한 방법일 수 있다.

## 생명과 평화의 문명을 여는 신곡(神曲), 생명경(生命經)

본 절은 21세기 인문학(Humanities)이 겪는 정체성의 위기에 대한 논의로부터 시작하고자 한다. 이러한 논의는 본 절의 주제와도 관련이 있기 때문이다. 인문학의 사전적 정의는 "주로 인간과 관련된 근원적인 문제나 사상, 문화 등을 중심적으로 연구하는 학문을 지칭한다"[27]라고 나와 있다. 그리스어로 '인간'을 의미하는 안트로포스(Anthropos)의 '포스(pos)'는 '빛'을 의미한다. 인간 존재의 근원을 '빛'과 동일시한 것이다. 인간 존재뿐만 아니라 우주만물의 근원이 빛이라는 것은 과학적으로도 근거가 있다.

현대물리학은 전자기파의 일종인 빛을 파동인 동시에 입자라고 본다. 양자물리학자 데이비드 봄은 에너지, 마음, 물질 등 우주에 존재하는 모든 것이 우주에 충만해 있는 초양자장(超量子場, superquantum field)으로부터 분화된다고 보고, 비국소성(nonlocality)[초공간성]을 갖는 초양자장 개념에 의해 파동-입자의 이중성(wave-particle duality)을 통합하고자 했다. 그리하여 물질은 원자로, 원자는 소립자로, 소립자는 파동으로, 파동은 다시 초양자장으로 환원될 수 있다고 보았다. 초양자장이 파동인 동시에 입자로 나타나는 것이니 초양자장이 곧 빛이다. 초양자장은 초(超)의식과도 같은 것으로 이는 곧 순수의식이며 일심(한마음)이다. 한마디로 비이원적인(nondual) 영원한 실재(reality)의 차원을 지칭한 것이다. 따라서 초양자장, 즉 비이원적인 영원한 실재—흔히 신(神·天) 또는 영(靈)이라고도 부르는—가 곧 빛이고 우주만물이 거기서 비롯되므로 사람과 우주만물의 근원은 빛이다.

오늘날 인문학의 정체성 위기의 본질은 무엇인가? 그것은 근대 휴머니즘과 계몽주의의 유산을 물려받고 있는 현재의 인문학이 양자역학을 필두로 한 포스트 물질주의 과학의 진보에도 불구하고 여전히 기계론적·환원론적 세계관을 답습한 나머지 생명의 네트워크적 본질을 인식하지 못한 채 개체화·물질화된 생명관에 함몰되어 결과적으로 반생명적·반윤리적인 물신(物神) 숭배를 조장했다는 데 있다. 또한 계몽주의자들이 운위하는 이성주의·합리주의·객관주의는 애초에 인간중심주의·남성중심주의·유럽중심주의·백인우월주의라는 주관의 늪에 빠져 태생적으로 기형일 수밖에 없었으며, 근대 휴머니즘과 연결된 휴먼학의 칸막이지식으로는 현재 우리가 살고 있는 복잡계(complex system)의 난제들—생물적, 심리적, 사회적, 환경적 현상이 상호적으로 연결되어 나타나는—에 실효적으로 대처할 수 없다는 데 있다.

네덜란드 유트레히트대학 교수 로지 브라이도티(Rosi Braidotti)는 그의 저서 『포스트휴먼 The Posthuman』(2013)에서 "오늘날 대부분의 선진 민주주의 사회의 신자유주의적 사회 분위기에서 인문학 연구는 '소프트(soft)' 학문이라는 차원을 넘어 유한계층(有閑階層)의 교양수업 같은 것으로 전락하고 있다"고 지적하면서 "인문학이 전문적인 연구영역이기보다 개인의 취미에 더 가깝게 간주된다면, 인문학은 21세기 유럽 대학의 학과 과정에서 사라질 심각한 위험에 놓이게 될 것이라 믿는다"[28]고 말했다. 그는 네덜란드 왕립 과학아카데미가 인문학의 미래를 논하기 위해 조직한 과학 관련 모임에서 인문학이 공격당한 사례를 들고 있다.

수년 전 네덜란드 왕립 과학아카데미가 인문학이라는 학문 영역의 미래를 논하기 위해 조직한 과학 관련 모임에서 한 인지과학 교수는 인문학을 정면으로 공격했다. 그의 공격은 자신이 생각한 인문학의 두 가지 중요한 결함에 근거하고 있었다. 인문학에 내재된 인간중심주의와 인문학 방법론의 국민주의/민족주의였다. 이 저명한 연구자는 인문학이 이 두 가지 치명적인 결함 때문에 현대과학으로 적절하지 않으며, 그래서 관계 부처와 정부의 경제적 지원을 받을 자격이 없다고 보았다.[29]

위에서 인문학에 내재된 인간중심주의를 인문학의 중요한 결함으로 본 것은, 인간이 모든 가치의 근원이며 자연은 단지 도구적인 가치를 지닐 뿐이라는 인간 중심의(anthropocentric) 가치가 오늘날의 생태계 파괴를 초래했다고 보는 보편적인 인식에 근거한 것이다. 이러한 보편적인 인식은 현대물리학의 주도로 100년 이상 진행되어 온 전일적 실재관(holistic vision of reality) 또는 시스템적 세계관(systemic worldview)으로의 '패러다임 전환'에 기초한 것이다. 인간중심주의는 인간과 비인간, 생명과 비생명을 이분화함으로써 생명 경시 풍조를 만연케 했으며, 마침내 오늘의 생명 위기로까지 이어진 것이다.

현재의 인문학은 샘 웜스터(Sam Whimster)가 지적한 역설의 완벽한 예일지도 모른다. "인간에 대한 과학은 비인간적이 되거나, 혹은 인문적이지만 과학적이지는 않거나, 둘 중 하나인 듯 보일 것이다."[30] 브라이도티는 인문학이 '적극적으로 인간중심주의적 구석 자리에 국한되고 바로 이런 한계 때문에 비난받는다'라고 했다. 그는 인류세(Anthropocene)에 접어든 포스트휴먼 시대의 인문학이 '인간'을 고유 연구대상으로 설정해서는 안 된다고 결론 내린다. 그리하여 그는 "오히려 과학적이고 기술적인 진전들, 생태적이고 사회적인 지속가능성과 세계화의 다양한 도전 같은 외적, 나아가 지구 행성 차원의 중요한 문제에 탈(脫)인간중심적 방식으로 접근하기 위해서는 인문학이 휴머니스트 '인간'의 제국에서 벗어나는 것이 이로울 것이다"[31]라는 견해를 제시했다.

브라이도티가 인문학에 '적합한' 주제가 '인간'이 아니라고 한 것은, 인문학이 근대 휴머니즘의 인간중심주의에 함몰되어 학문적 소통성이 결여되고 시대적 및 사회적 요구에 부응하지 못하는 접근방식을 비판한 것이지, 인간에 대한 논의 자체가 의미가 없다는 것은 아닐 것이다. 현재 인류를 괴롭히는 이슈들은 자연과학적 지식과 인문사회과학적 지식의 경계를 넘나들지 않고서는 해결될 수 없는 것이 대부분이다. 오늘날의 지식혁명은 통섭의 형태로 전개되고 있다. 따라서 인문학은 현대과학의 방법론을 수용하고 칸막이지식에서 벗어나 통섭적 연구를 통해 인류가 직면한 난제들에 실효성 있는 대안을 강구하는 노력을 경주해야 할 것이다. 인문학 방법론의 국민주의/민족주의 문제 역시 연구의 폭을 넓히고 심화시켜 세계주의와 양립하는 '열린 민족주의'를 견지할 수 있다면 문제가 되지 않는다. 민족주의/국민주의라는 용어 자체를 부정적으로 볼 필요는 없다는 말이다. 세계주의를 표방하는 많은 나라들이 모두 자국민 중심주의로 가고 있지 않은가?

한편 국내에서도 인문학의 위기에 대한 인식이 고조되고 있다. 한국인문사회총연합회는 2023년 신년사에서 "지난 5년 동안(2017~2021) 국가 R&D 예산이 40% 넘게 증가했지만 인문사회 분야의 학술연구예산 증가 규모는 7%에도 미치지 못했다"며, "중앙연구비 수혜율이 인문학 분야는 과학기술 분야의 1/5 정도, 사회과학 분야는 과학기술 분야의 1/3 정도에 지나지 않아 학문의 균형발전은 완전히 무너졌고, 대학의 인문사회 분야에서는 젊은 학자들이 고갈되고 있으며, 인문사회 분야의 연구와 교육이 빠르게 붕괴되고 있다"고 지적했다. 또한 "한국이 '자살률' '노인빈곤률' '남녀임금격차' 등에 있어 OECD 국가 중 가장 열악하다는 오명을 오랜 기간 벗지 못하고 있는 것은…인문사회 분야의 연구와 토론이 정부에 의해 외면당해 온 것과 깊은 관련이 있다"고 주장했다.

사실 인문학의 위기 문제는 어제오늘의 일이 아니다. 필자도 올해가 인문사회 분야 학술생태계 회복의 원년이 되기를 바라는 마음이다. 정책적 뒷받침이나 연구 지원체계가 마련되지 않으면 연구자들을 지속적으로 양성해내지 못함은 물론이고 혁신적인 연구역량을 축적하기도 어렵다. 대학의 연구 기능은 도외시하고 산업인력 배출에만 역점을 두는 교육정책을 계속 펴게 되면 대학의 존립 기반은 무너져내릴 것이다. 인문학이든 한국학이든 그 시대적 및 사회적 요구에 부응할 때 생명력이 있게 된다. 시대적 요구와 사회적 필요에 귀 기울이며 현실 속에서 살아 숨 쉬는 생동하는 학문이어야 한다.

그리스 델피 신전의 신탁 사제가 '소크라테스는 세상에서 가장 지혜로운 사람'이라고 발표했던 그 소크라테스를 아테네는 사형에 처함으로써 인간과 폴리스, 정치학과 윤리학의 단절이 극명하게 드러나게 되었다. 그러한 단절은 철학의 자기반성을 촉구하게 했으며 철학의 통렬한 자기반성을 통하여 플라톤의 정치철학이 탄생했듯이, 우리가 겪고 있는 인문학의 위기 또한 어쩌면 인문학의 자기반성을 촉구하는 계기가 될지도 모른다.

전쟁과 기후변화와 지진 및 화산폭발과 팬데믹 등 온갖 악재로 지구는 고통에 차 있지만, 오늘도 인류는 이 세계적 난제를 푸는 '마스터 알고리즘 (master algorithm)'을 탐색하기 위해 '의식의 항해(voyage of consciousness)'를 계속하고 있다. 브라이도티는 인문학이 '인간'을 고유 연구대상으로 설정해서는 안 된다고 말했지만, 진실을 말하자면 인문학은 '인간'에 대한 연구를 아직 시작조차 하지 않았다. 18세기 프랑스 계몽주의의 대표적 사상가인 장 자크 루소(Jean-Jacques Rousseau)는 그의 『인간불평등기원론 *Discours sur l'origine et les fondements de l'inégalité parmi les hommes*』(1755) 서문에서 "인간의 모든 지식 중에서 가장 유용하고도 진보되지 않은 것은 인간에 관한 지식"[32]이라고 했다. 루소의 이 말은 21세기 지금에도 여전히 유효하다. "인간의 본질을 철학적으로 이해할 수 있는 단계에 오른 철학자는 역사적 세계를 직시할 수 있다"고 스피노자는 말하지 않았던가.

인간이면서도 인간에 대해 너무 모르고 있거나, 너무 잘못 알고 있거나, 상당히 알고 있다고 착각하고 있으니, 만고에 다시없는 역설 속에 살고 있는 셈이다. 곰팡이 슨 문화와 사상이 난무하는 시대─기술과 윤리 간의 심연 속에서 우리가 다시 인간을 찾아야 하는 것은 이 때문이다. 종교 이기주의와 세속화·상업화·기업화로 삶의 향기를 잃어버린 시대─이성(理性)과 신성(神性) 간의 심연 속에서 우리가 다시 신(神)을 찾아야 하는 것도 이 때문이다. 신(神 또는 하늘(님))은 인간과 분리되어 별도로 존재하는 그 '무엇'이 아니다. 우주만물의 근원을 흔히 신이라 부르는 것이고, 신의 자기현현(self-manifestation 또는 self-organization)이 곧 우주만물이니, 신과 우주만물은 분리 자체가 근원적으로 불가능하다. 분리하는 순간, 그것은 분리의식 속에서 물신(物神)이 되므로 모든 경전에서 그토록 경계하는 우상숭배에 빠지게 된다.

신은 우리 자신이며 우주만물 그 자체다. 이는 물질적 외피가 아니라 만물의 참본성(性)을 두고 한 말이다. 신은 만물 속에 만물의 참본성으로 내재해 있기 때문이다.* 우주의 실체는 의식(에너지, 파동)이므로 신은 곧 신성(靈性,

---

* 신은 만물의 참본성으로 내재해 있는 동시에 만물화생(萬物化生)의 근본원리로서 작용하므로 내재와 초월은 하나다. 안과 밖의 구분은 물질계의 관점에서 설명의 편의상 이분화한 것일 뿐 실재(reality)는 경계가 없다. 이 우주는 분리할 수 없는 거대한 파동의 대양(氣海)이다. 그것을 이름하여 신이라 부르는 것이다.

보편의식·근원의식·전체의식·우주의식·순수의식]이며 참본성[一心]이다. 『요한복음』
(4:24, 14:6)과 『요한일서』(4:8)에는 신(神, 天)이 곧 영(靈)이고 진리이고 생명이고
사랑이라고 나와 있다. 본서에서 생명(Life)을 '생명[神·天·靈]'이라고 표기하는
것도 이에 근거한 것이다. 따라서 신(神) 즉 생명은 인간이 인간일 수 있게 하
고 만물이 만물일 수 있게 하는 제1원인(The First Cause)이다. 생명은 물질과
에너지의 패턴이라는 기본 구조 속에 우주 지성[정보]이 내재한 것으로, 지성
[性]·에너지[命]·질료[精]의 삼위일체다.

　　흔히 기독교는 신이 있는 종교이고, 불교는 신이 없는 종교라고 말한다.
그러한 구분은 신을 인격화[擬人化]한 데서 오는 것이다. 신은 곧 내재적 본성
인 신성이고 일심이니, 기독교와 불교는 지향하는 바가 다르지 않다. 불교
의 '불(佛)'은 물질과 정신이 하나가 된 마음, 즉 일심(一心)을 일컫는 것이다.
기독교에서 성령(聖靈, 一心)이 임하면 성부와 성자가 한 분 하느님인 것을 알
게 된다고 한 것도 일심의 경계를 나타낸 것이다. 모두 일심(한마음)의 세계
를 지향한다. 거울에 비친 형상과 거울을 분리시킬 수 없듯이, 마음의 거울
에 비친 만상과 마음을 분리시킬 수 없다. 그래서 '만법귀일(萬法歸一)', 즉 만
가지 법이 하나인 마음(一心)의 법으로 돌아간다고 한다. 거울이 모든 형상을
받아들이고 바다가 모든 강줄기를 받아들이듯이 일심은 만물만상을 포용한
다. 일즉삼(一卽三)이요 삼즉일(三卽一)이다.

　　『천부경』, 『참전계경』과 함께 우리 민족 3대 경전 중의 하나인 『삼일신고』
에는 기도 성취의 비밀이 나와 있다. 그것은 자신의 참본성(自性)에 대한 직
관적 지각을 통해서만이 '하늘'님(神) 즉 우주 순수의식[混元一氣, 至氣, 元氣]과 만
날 수 있다는 것이다.

　　소리내어 기운을 다하여 원하고 기도한다고 해서 '하늘'님을 친견할 수 있는 것

이 아니다. 자신의 성(性)에서 씨를 구하라. 이미 네 머릿골에 내려와 있다.

聲氣願禱 絶親見 自性求子 降在爾腦
성 기 원 도 절 친 견 자 성 구 자 강 재 이 뇌

자성(自性)에 대한 지각은 이성의 영역인 좌뇌의 작용에 기인하는 것이 아니라 직관의 영역인 우뇌의 작용에 기인한다. "이미 네 머릿골에 내려와 있다"고 한 것은 우주 순수의식이 우뇌로 연결되어 있음을 말해 준다. 우주 순수의식은 시작도 끝도 없는 영원 그 자체이므로 언제 어디에나 실재하지만, 인간이 주파수를 맞추지 못하면 만날 수가 없다. 주파수를 맞추기 위해서는 마음을 비워야 한다. 에고(ego)가 사라짐으로써 저절로 우뇌가 작동하여 자성(自性)에 대한 직관적 지각이 일어나 자성이 곧 하늘임을 알게 되는 것이다. 그러나 생명[神·天·靈]이 곧 영성임을 깨닫지 못하고 물질일변도의 사고를 하게 되면 의인화된 물신(物神)에 동조 주파수가 맞춰지게 되므로 내재적 본성인 신성[自性]이 곧 '하늘'(님)이며 신(神)이라는 사실을 이해할 수가 없게 된다.

영국의 동물학자 앨러나 콜렌(Alanna Collen)은 그의 저서 『10퍼센트 인간 10% Human』(2015)에서 인간의 몸은 살과 피, 근육과 뼈, 뇌와 피부 등 10%의 인체 세포와 박테리아, 곰팡이, 바이러스 등 90%의 미생물로 이루어져 있다고 말한다. "우리는 겨우 10% 인간일 뿐"이라는 것이다. 그는 이렇게 말한다. "우리 몸에는 우리가 내 몸뚱이라고 부르는 인체의 세포 하나당 아홉 개의 사기꾼 세포가 무임승차를 한다.…해저에서 수많은 해양 생물의 서식처 역할을 하는 산호초처럼, 우리의 장(腸)은 100조가 넘는 박테리아와 곰팡이의 보금자리다. 약 4,000종의 미생물들이 1.5미터짜리 대장 안에서 장벽의 주름을 편안한 더블베드로 삼아 삶의 터전을 일구어놓았다. 아마 우리는 평생 아프리카코끼리 다섯 마리의 몸무게에 해당하는 미생물의 숙주 노릇을 하게 될 것이다."[33] 그렇다면 무엇이 이 10% 인간을 '인간'으로 만드는가?

인간은 '재료'면에서는 다른 생명체와 별 차이가 없다. 신체가 수많은 세포로 구성된 점, DNA라는 유전 물질에 의해 대부분의 신체 형질이 유전되는 점, 그리고 근육이나 신경을 구성하는 세포들의 구조와 기능 등은 대부분의 생명체와 공유하는 점들이다. 그럼에도 인간은 손도끼와 바퀴, 무기와 농기구를 만들어 자연 세계를 개척했고 문명 세계를 건설했으며 우주 산업에 박차를 가하고 있다. 인간이 이런 능력을 갖게 된 것은 바로 '지능(intelligence)'에 의해서이다. 지능을 통해 과학적 지식과 기술을 발전시켜 왔으며, 다른 동물과는 다른 인간만의 고유한 생존방식을 갖추게 되었다. 모든 생명체가 당면한 생존과 번식의 문제를 해결하기 위해서는 어떤 형태로든 지능이 요구되기 때문에 지능의 역사는 생명체 자체의 역사와 맥을 같이한다. 뇌가 행하는 모든 사고 작용은 그 주체, 즉 인간의 생존과 번영을 위한 것이며, 뇌는 그러한 목적을 효율적으로 달성할 수 있도록 최적화된 것이다. 따라서 뇌의 기능은 그 주체인 생명과 불가분의 관계에 있다.[34]

뇌가 인간의 생존과 번영을 효율적으로 달성할 수 있도록 최적화된 것이라면, '지구 종말 시계(Doomsday Clock)'가 인류 파멸의 시간대인 자정 전 90초(2023.1.25 기준)를 가리키고 있는 지금에도 지구촌은 왜 이토록 전쟁에 휩쓸리며 '죽음의 기술' 개발에 무한경쟁을 벌이고 있는 것일까? 인간 두뇌는 뉴런으로 조직되어 있고, 사고 활동은 시냅스의 작용으로 이루어진다. 지식을 두뇌의 뉴런이라고 한다면, 지성은 시냅스의 연결이다. 인간은 진화할수록 뉴런과 뉴런을 연결하는 시냅스가 확장되어 사고 능력이 증폭되고 지성이 높아지므로 포괄적 이해 능력이 향상되어 공동체적 삶의 중요성을 인식하게 된다. 그렇다면 지식인은 넘쳐나는데 왜 지성인은 드문 것일까? 해결 방법은 있는 것일까? 해결 방법을 찾기 위해서는 문제에 대한 올바른 진단이 선행되어야 한다.

인간의 뇌는 흔히 컴퓨터에 비유되기도 한다. 모든 컴퓨터는 작동하기 위해 하드웨어와 운영시스템(operating system)과 소프트웨어(프로그램), 이 세 가지가 필요하다. 『디바인 매트릭스 *Divine Matrix*』의 저자 그렉 브레이든(Gregg Braden)은 전자 컴퓨터(electronic computer)와 의식 컴퓨터(consciousness computer)에 대한 비교론적 고찰을 통해 뇌의 작동방식에 대한 유익한 통찰을 제공한다.

전체 우주를 거대한 의식 컴퓨터라고 생각한다면, 의식 자체는 운영시스템이고, 현실은 그 결과물이다. 컴퓨터는 운영시스템이 고정되어 있어서 변화하려면 운영시스템과 소통하는 프로그램을 바꿔야 한다. 이와 마찬가지로 세상을 변화시키려면 의식과 소통하는 프로그램, 즉 감정(느낌)과 정서와 기도와 믿음을 바꿔야 한다.

If we think of the entire universe as a massive consciousness computer, then consciousness itself is the operating system, and reality is the output. Just as a computer's operating system is fixed and changes must come from the programs that speak to it, in order to change our world, we must alter the programs that make sense to reality: feelings, emotions, prayers, and beliefs.[35]

전자 컴퓨터든 의식 컴퓨터든, 결과물을 바꾸기 위해서는 시스템이 인식하는 언어를 이용해야 한다는 공통점이 있다. 즉, 전자 컴퓨터는 운영시스템에 입력되는 명령어를 바꿔야 하고, 의식 컴퓨터는 의식이라는 운영시스템에 입력되는 감정과 정서와 기도와 믿음 등의 명령어를 바꿔야 한다. 우리의 감정과 정서와 기도와 믿음 등은 의식이라는 운영시스템에 명령을 내리는 프로그램(소프트웨어)이다. "워드와 같은 프로그램을 이용해 컴퓨터의 결과물을 수정하듯이, 감정과 정서와 기도와 믿음은 디바인 매트릭스라는 의식 컴퓨터의 결과물을 바꾸는 프로그램이다. 현실을 변화시킬 수 있는 프로그램을 우리는 이미 가지고 있으며 매일 사용하고 있다. 우리가 감정과 정서와 기도와 믿음의 메시지를 의식에게 보내는 매 순간 그것은 우리 몸과 관계와 삶과 세계의 현실 속으로 번역된다."[36]

그런데 감정(느낌)과 정서와 기도와 믿음 등은 인식 코드(perception code)와 연결되어 있으므로 우리의 세계관과 사고방식 및 가치체계에 따라 다르게 형성된다. 한 가지 예를 들어보자. 예수의 십자가 죽음은 흔히 대속(代贖, atonement)이라는 의미로 이해된다. 예수 그리스도는 온갖 죄악의 근원이 되는 생명의 개체화·물질화 현상이 영적 무지(spiritual ignorance)에 기인하는 것이며 삶과 죽음의 이원화에 기인하는 것임을 알고 십자가 죽음이라는 충격적인 요법과 부활을 통해 순수 현존(pure presence)을 드러냄으로써 삶과 죽음을 통섭하는 생명의 비밀을 인류에게 영원히 각인시켰다.

로마 제사장들이 자신들을 죽이는 자라고 생각한 것, 또는 예수가 죽임을 당하는 자라고 생각한 것, 모두 영적 무지에서 비롯된 것이다. 참자아인 생명[天·神·靈]은 죽일 수도 없고 죽을 수도 없기 때문이다. 죽음이란 물질적 사고로만 가능한 한갓 관념일 뿐, 영적 사고로는 실재하지 않는 것이다. 일체의 이분법적인 경계를 넘어 우주와 하나가 되었는데, 못 박는 자와 못 박히는 자의 경계가 사라져버렸는데, 누가 누구를 죽인다는 말인가! 자신이 태어나지도 죽지도 않는 영원한 존재라는 사실을 깨닫게 되면 다른 사람을 죽이거나 죽일 수 있다는 생각은 하지 않게 된다. 우주의 실체는 의식이며 육체의 옷이 해체된다고 해서 의식의 작용이 멎는 것은 아니다. 예수의 십자가 죽음은 생명의 영원성을 각인시킨 죽음의 가장 큰 역설이다.

의식이라는 운영시스템에 명령을 내리는 프로그램(소프트웨어)을 바꾸려면 우리의 감정(느낌)과 정서와 기도와 믿음 등이 연결된 인식 코드, 즉 세계관과 사고방식 및 가치체계를 바꾸어야 하는데, 이것이 곧 '패러다임 전환(paradigm shift)'이다. 이러한 패러다임 전환은 20세기 들어 실험물리학이 발달하면서 우주의 실체가 의식임을 발견한 현대물리학에 의해 주도되어왔다. 물질주의 과학에서 양자역학으로 대표되는 포스트 물질주의 과학으로의 전환은 인류 문명의 진화에서 중대한 전기를 마련한 혁명적 변환이다. 2014년 2월 7일부터 9일까지 미국 애리조나 주 투손 캐년 랜치에서 포스트 물질주의 과학, 영성 그리고 사회에 관한 국제정상회의(International Summit)*에서 발표한 '포스트 물질주의 과학을 위한 매니페스토(Manifesto for a Post-Materialist Science)'에도 나와 있듯이, 이러한 전환은 지구중심설(또는 천동설)에서 태양중심설(또는 지동설)로의 전환보다 더 중추적인 것일 수 있다.

인간적 권위와 신적 권위의 회복을 각기 기치로 내건 르네상스(Renaissance)와 종교개혁(Reformation)이 유럽 근대사의 기점이 되긴 했지만, 근대 휴머니즘과 계몽주의에 내재된 개체화·물질화된 생명관이 초래한 반생명적·반윤

---

* 이 회의에는 생물학, 신경과학, 심리학, 의학, 정신의학 등 다양한 과학 분야에서 국제적으로 명망 있는 과학자 그룹이 참가했다. 이 회의의 목적은 물질주의 이데올로기가 과학에 미치는 영향을 분석하고, 과학, 영성 그리고 사회의 향상을 위해 포스트 물질주의 과학과 포스트 물질주의 패러다임(PMP)의 진화 및 수용을 진전시키는 것이었다. 이 회의에서는 두 가지 점이 강조되었다. 즉, 과학, 영성 그리고 사회에 대한 철학적, 이론적 이점을 탐구하고, 인류와 지구에 대한 장단기적인 실용적 이점을 고려하는 것이었다. 이 회의에 참가한 과학자 그룹은 과학이 특히 물질주의 철학에 굴종함으로써 물질만이 유일한 현실이며 정신은 뇌의 물리적 활동에 지나지 않는다는 신조와 도그마에 의해 제약되고 있다며, "과학이 데이터 수집, 가설 실험 및 비판적 토론의 과학적 방법을 고수하면서 물질주의의 제약과 도그마의 편견 없이 진정으로 개방적인 방식으로 자연 세계를 탐구할 수 있다면 과학이 더 과학적일 것이라고 믿는다"면서, 18개 조항으로 구성된 '포스트 물질주의 과학을 위한 매니페스토(Manifesto for a Post-Materialist Science)'를 발표했다.

리적인 물신 숭배가 지구촌을 휩쓸면서, 급기야는 생명을 개체화된 물질적 육체에 귀속시킴으로써 전체와 분리된 에고(ego, 個我)로서의 '나'가 되고 말았다. 그리하여 모던(modern) 세계는 물질이 유일하고도 구체적인 현실이며 모든 것이라고 보는 물질주의에 탐닉함으로써 시스템적 사고를 할 수 없게 된 것이다. 바로 이것이 오늘날 지구촌의 모든 문제의 발단이 된 것이다. 이에 대한 반동으로 나타난 개념이 포스트모던 세계와 포스트휴먼이다. 이들 개념은 우주의 실체가 '의식[에너지, 파동]'이고 우리가 물질이라고 지각하는 것이 특정 주파수대의 에너지 진동에 불과하며 99.99%는 텅 비어 있다고 보는 포스트 물질주의 과학관을 바탕으로 한 것이다.

인간의 권위 회복을 기치로 내건 르네상스는 의식이라는 운영시스템에 명령을 내리는 프로그램(소프트웨어)의 내재적 한계로 인해 추구하던 이상을 끝내 실현하지 못했다. 르네상스는 중세 봉건 이데올로기의 붕괴과정과 결부된 운동이라는 점에서 일종의 사회개혁 운동이며 종교개혁과 불가분의 관계를 갖는다. 로마 교황의 면죄부 발매에 반대하여 1517년 마르틴 루터(Martin Luther)가 비텐베르크 성(城) 교회 정문에 게시한 '95개조 논제(Ninety-Five Theses)'는 순식간에 전 독일에 퍼져 종교개혁 운동의 발단이 되었으며, 나아가 중세 봉건 질서 해체를 촉발함으로써 유럽 근대사를 여는 포문이 되었다. 그는 중세를 풍미했던 스콜라 사변신학을 지칭하는 '영광의 신학'에 반기를 들고 천국은 면죄부를 통해서가 아니라 고난을 통해서만이 들어갈 수가 있다[37]며 그리스도의 '십자가의 신학'을 갈파했다.

독일 비텐베르크대학교 신학교수였던 그는 양검론(兩劍論)에 의거하여 신국과 지상국가, 정신적 권위와 세속적 권위를 구분하고 양 권위의 영역의 한계를 설정하여 군주의 독립된 정치적 권위를 인정함으로써 중세 그리스도교적 보편사회의 모순적 속성으로부터 일탈하고자 했다. 그리하여 법황을 정점으로 하는 위계주의적 권위를 거부하고 교회의 권위남용을 비난하며 법황제도의 전면적인 급진적 개혁을 주장함으로써 유럽 사회의 봉건적 사회 구조를 붕괴시키고 결과적으로 근대 민족국가의 형성을 촉발하는 계기를 제공했다. 그에게 있어 종교의 본질은 내적 경험이며 외형적인 것은 종교적 목적을 달성하기 위한 보조 수단에 불과했다. 신앙은 순수히 개인적인 것이며 신(神)과의 관계에선 직접적인 것으로 성서의 해석에 의해서만 신을 이해할 수 있는 것으로 보았다. 또한 만인은 신을 신앙하거나 신의 말씀을 이해하는 데 있어 평등하며 교회는 신도들의 공동체이고 교회의 수장은 신과 그리스도라고 보아 신과 개인과의 사이에 법황·사교(司敎)·승려가 개재하는 것을 반대했다.

말하자면 그는 종교적 직접시대를 연 인물이다. 이러한 그의 실존적인 고뇌에도 불구하고 종교개혁은 루터가 지향하던 이상을 끝내 실현하지 못했다. 신 중심의 세계관이 지배한 중세로부터 인간 중심의 세계관이 지배하는 근세로 이행하면서, 특히 근대 과학의 비약적인 발달로 인간 이성의 오만함이 극에 이르렀기 때문이다. 중세에는 신성의 가면을 쓴 물신(物神, 즉 어두운 기운)이 인간 이성을 학대하는 굿판을 벌였고, 근세에는 이성의 가면을 쓴 물신이 신성을 학대하는 굿판을 벌였다. 하지만 그 어느 쪽도 이성(인간)과 신성(신)의 불가분성을 인식하지 못했다. 그때나 지금이나 인간은 물신의 교묘한 장난에 놀아나고 있는 셈이다. 그리하여 인간은 내재적 본성인 신성으로부터 멀어지게 되었고, 이성은 '도구적 이성'으로 전락하여 온갖 분열과 불협화음을 획책하고 조장하는 원천이 되었다.

물질주의 과학이 발달하면서 인간은 마침내 엄청나게 밀도가 높은 '군림하는 신(神)'을 자신의 의식 속에서 창조해냈다. 그것이 자신의 의식의 투사영(投射影)임을 알지 못한 채 위대한 물신(物神)의 탄생을 경축하기 위해 세계

도처에 성소(聖所)를 짓기 시작했다. 그리하여 신(神)의 이름으로 내가 속해 있는 집단, 민족과 국가, 종교만을 내세우며 다른 모든 것은 근절되어야 할 악으로 간주하는 대담한(?) 행보를 보였다. 개인 이기주의와 집단이기주의가 득세하면서 지구촌은 '위험사회'로 변모했고, 전쟁과 기후변화와 자연재앙과 팬데믹이 덮치면서 많은 사람들은 '불행한 의식(unhappy consciousness)'에 빠져들게 되었다. 미국 일간지 USA투데이는 "유럽에서 교회가 죽어가고 있다"며 "더 이상 유럽을 기독교 국가라고 말하기 어려워졌다"고 진단했다. 신자 수가 대폭 줄었기 때문이다. 매각된 교회는 서점, 카페, 레스토랑, 호텔, 극장 등 다양한 용도로 사용되지만, 때론 나이트클럽이나 스트립바 등의 장소로 변하기도 한다.

이탈리아의 시인이자 르네상스의 선구자로 일컬어지는 알리기에리 단테(Alighieri Dante)가 남긴 불멸의 거작 『신곡(神曲) La Divina Commedia』(1308~1321)[38]은 단테 자신의 영혼의 순례과정, 즉 잃어버린 신성을 찾아가는 과정을 그린 것으로, 당시는 물론 오늘의 인류 문화가 지향할 목표를 제시한 작품이기도 하다. 여기서 일반적으로 지옥편은 조각에, 연옥편은 회화에, 천국편은 음악에 비유되기도 하는데, 이는 지옥편이 예리한 조각적 표현으로, 연옥편이 섬세한 회화적 표현으로, 그리고 천국편이 시공을 초월한 음악적 표현으로 노래하고 있는 데서 붙여진 이름이다. 지옥은 물질[형상] 차원에 갇힌 에고의 영역[어두움의 세계]을 조각적 표현으로 나타낸 것이고, 천국은 형상을 초월한 초(超)시공의 근원의식의 영역[빛의 세계]을 음악적 표현으로 나타낸 것이다. 그리고 이 양단의 중간에 지옥보다 순화된 회화적 표현으로 연옥편이 나타나고 있다. 시인 베르길리우스(Vergilius)의 안내로 지옥에 가고 연옥을 지나, 영원한 연인 베아트리체(Beatrice)의 안내로 천국에 간 순례길은 물질 차원에서 의식 차원으로의 변환, 즉 의식의 확장을 의미한다.

의식의 확장은 곧 의식의 진화[영적 진화]이며 그 관건이 되는 것이 현대물리학이 밝힌 생명의 네트워크적 본질에 대한 이해다. 생명은 분리할 수 없는 절대유일의 하나인 까닭에 유일신[유일자] 또는 '유아(唯我)'라 명명하기도 한다. 의식이라는 운영시스템에 명령을 내리는 프로그램(소프트웨어)을 바꾸는 유일한 방법은 인식 코드를 전환하는 것이다. 말하자면 세상을 바라보는 관점과 물질일변도의 사고방식 및 가치체계를 바꾸는 것이다. 인공지능 기술에 대한 사회적 제어력을 높이는 것도, 지구의 파편화를 막고 공동체적 삶의 중요성을 인식하게 되는 것도 결국 인식 코드의 전환이 있어야 가능하다. 인간의 뇌에는 기억과 경험, 지식과 정보로 이루어진 빅데이터가 존재한다. 인식 코드의 작동방식은 기본적으로 빅데이터 기반이다. 빅데이터 기반의 인식 코드에 가장 근본적이고도 광범하게 영향을 미치는 키워드는 신(神)과 생명이다. 이들 키워드와 인간의 관계성에 대한 인식이 바로 생명의 네트워크적 본질을 이해할 수 있게 하는 단초다. 그러기 위해서는 신과 생명에 대한 개념적 명료화(conceptual clarification)가 선행되어야 한다.

9천 년 이상 전부터 전해진 한국학 고유의 코드인 '일즉삼(一卽三)·삼즉일(三卽一)'[천·지·인 삼신일체]의 원리는 생명의 네트워크적 본질에 기초한 것으로 현대물리학의 전일적 실재관의 원형이기도 하다. 삼위일체의 진수(眞髓)가 천·지·인 삼신일체와 마찬가지로 생명의 네트워크적 본질에 있다는 것을 이해했다면, 1,500년간 기독교에 대한 조금 다른 해석을 지키기 위해 다른 기독교인 수백만 명을 학살하지도 않았을 것이고, 16~17세기 유럽에서 가톨릭과 개신교 사이의 악명 높은 종교전쟁도 일어나지 않았을 것이다. 역사상 얼마나 숱한 자들이 종교를 표방하며 진리를 농락하고 인간의 영혼에 치명상을 입혔는지를 우리는 알고 있다. 그러한 농락은 지금도 계속되고 있다. 다양한 집단이 저마다의 하늘을 섬기며 종교적·정치적 충돌을 일삼는 것은,

생명의 네트워크적 본질을 이해하지 못한 채 탐(貪: 탐욕)·진(瞋: 성냄)·치(痴: 어리석음)라는 맹독성 물질로 인해 분리의 환영(幻影)에 사로잡혀 있기 때문이다.

우리의 의식이 '몸[물질]' 단계에 머물러 있으면 신(神)을 의인화된 형태로 인식하고, 생명을 육체에 귀속되는 것으로 인식한다. 따라서 '죽으면' 생명이 끝났다고 생각한다. 그러나 천지만물이 생겨나기 전에도 생명[天·神·靈]은 있었다! 『요한복음』(14:6)에도 나와 있듯이 신은 곧 생명—설명의 편의상 생명의 본체라고 부르기도 하지만—이다. 생명이 만물에 배분된 것이 성[性, 참본성, 神性]이다. 우주의 실체는 의식이므로 내재적 본성인 신성이 곧 신이다. 신과 우주만물은 바닷물과 파도의 관계와 같다. 신이 바닷물이라면 우주만물은 파도다. 파도의 본체가 바닷물이듯, 우주만물의 본체[참자아]는 신이다. 물질적 외피는 실체가 아니기 때문이다.

우주의 실체는 의식이므로 본체인 참자아는 곧 참본성[性]이며 내재적 본성인 신성[神]이다. 이처럼 신은 곧 생명이고 우주만물의 본체이므로 종교적 영역에 국한된 개념이 아니라 인간과 우주만물의 존재성을 이해하는 바탕이 되는 것이고, 문명의 진화를 새로운 차원으로 도약시키는 추동력이 되는 것이다. 진실로 신과 생명이 무엇인지를 알게 되면 이 세상은 뒤집어진다. 현재는 세상이 거꾸로 되어 있으니 뒤집어지면 제자리를 찾게 된다. 존재혁명 또는 영혼혁명이 일어난다는 말이다. 한반도를 중심축으로 한 동북 간방(艮方)의 '문화적 르네상스'는 전 세계로 확산되어 마침내 미완성으로 끝나버린 서구의 르네상스와 종교개혁을 완수하게 될 것이다. 새로운 규준(norm)의 휴머니즘에 입각한 새로운 계몽의 시대가 열리는 것이다. 21세기에 다시 코리안의 문화적 유전자(cultural genes)가 주목받는 이유다.

브라이도티는 말한다. "포스트-휴머니즘은 '자아 너머 생명', 탈-인간중심주의는 '종(種) 너머 생명', 비인간은 '죽음 너머 생명', 포스트휴먼 인문학은

'이론 너머 생명'[39]이라고. 우주의 본질인 생명은 불가분의 전체성인 까닭에 개체성과 종(種)과 죽음의 저 너머에 있다. 생명은 언설(言說)이 끊어지고 사변(思辨)의 길이 끊기는 경계인 까닭에 이론의 그물로도 포착되지 않는다. 생명은 '영원한 현재(eternal present)'인 까닭에 시공(時空)의 그물에도 걸리지 않는다. 생명은 초논리·초이성의 영역인 까닭에 논리의 그물에도 걸리지 않으며 '이성의 간지(cunning of reason)'에도 걸리지 않는다. 지식(knowledge)은 관념이며 파편이고 과거와 연결되어 있으므로 생명에 대한 인식은 지식에서 일어날 수 없다. 지성(intelligence)은 실재이며 전체이고 '지금 여기(now here)'와 연결되어 있으므로 생명에 대한 인식은 지성 차원에서 일어난다.

우주는 그 자체가 분리할 수 없는 거대한 '파동의 대양(ocean of waves)'이며 에너지의 바다(氣海)—그것을 이름하여 생명이라 부르기도 하고 신(神)이라 부르기도 한다. 바닷물의 자기현현(self-manifestation)이 파도이듯, 우주의식의 자기현현이 개인의식이므로 그 어떤 경계나 분리도 존재할 수 없다. 부분[개체성, 소우주]과 전체[전체성, 대우주]는 하나다. 생명은 물질과 에너지의 패턴이라는 기본 구조 속에 '우주 지성[정보]'이 내재한 것이다. 우주의 진행 방향이 영적 진화이며 최적화된 컴퓨터 프로그램처럼 작동하는 것은 전지전능한 (omniscient and omnipotent) '우주 지성'이 내재해 있기 때문이다.

생명과 평화의 문명을 여는 신곡(神曲) 생명경(生命經)을 고찰하기에 앞서 몇 가지 관련 사항을 일별해보기로 한다. 천수지리(天數之理: 天道를 숫자로 풀이한 天數의 이치)에 부합하는 경전이라는 의미의 『천부경(天符經)』은 물성과 영성, 존재와 비존재를 거침없이 넘나드는 생명의 진수(眞髓)를 함축한 '생명의 서(書)'이기에 필자가 '생명경'이라 명명한 것이다. 천부경 81자를 관통하는 '일즉삼(一卽三)·삼즉일(三卽一)'[천·지·인 삼신일체]의 원리는 영원한 생명의 전일적 흐름(holomovement)을 이해하는 기본공식과도 같은 것이기에 또한 '생명의 공식(formula of Life)'이라 명명하였다. 우주의 본질인 생명은 분리 자체가 근원적으로 불가능하지만, 설명의 편의상 81자의 구조적 함의를 본체-작용-본체·작용의 합일이라고 밝히고 또한 이를 '생명의 3화음적 구조(the triadic structure of Life)'라 명명하였다.

한국학 고유의 코드는 하늘의 이치에 부합하는 것이므로 천부(天符) 코드—『천부경』의 핵심 코드이다—라 이름한 것이고, '일즉삼·삼즉일'은 곧 천·지·인 삼신일체이므로 마고(麻姑) 코드라 이름한 것이며, 또한 이 코드는 생명의 역동적 본질에 기초해 있으므로 '생명 코드'라 이름한 것이다. 본서에서 어느 이름을 사용하든 모두 한국학 고유의 코드를 지칭하는 것임을 미리 밝혀둔다. 고대로부터 현대에 이르기까지 역사상 지성 세계를 뜨겁게 달구었던 지적 논쟁들을 관통하는 핵심 주제는—당사자들이 인식했건, 인식하지 못했건—생명이며, 생명을 이해하는 바탕이 되는 것이 『천부경』의 천부 코드, 즉 '일즉삼·삼즉일'[천·지·인 삼신일체]의 원리이다. 환단(桓檀: 환국·배달국·단군조선)시대에 홍익인간·재세이화의 이상을 함축한 '천부중일(天符中一)'*을 국시(國是)로 삼은 것도, 하늘의 이치에 부합하는 바로 이 천부 코드에 기반한 것이다. '천부중일'을 국시로 삼은 것은 정치의 주체인 인간의 마음이 밝아지지 않고서는 밝은 정치가 이루어질 수 없기 때문이다. 성통공완(性通功完), 즉 참본성이 열려야 사회적 공덕[功業]을 완수할 수 있게 되는 것이다.

---

* 천부중일은 『천부경』의 정수(精髓)인 '인중천지일(人中天地一: 천·지·인 삼신일체의 天道가 인간 존재 속에 구현됨)'을 축약한 '중일(中一)'과 『천부경』의 '천부(天符: 하늘의 이치에 부합함)'의 합성어로 홍익인간·재세이화의 이상을 함축한 것이다. 천·지·인 삼신일체의 천도가 인간 존재 속에 구현되는 의미를 지니는 '인중천지일'은 참본성이 열려 마음이 환하게 밝아지는 '성통광명(性通光明)'과도 그 의미가 같은 것이다.

루마니아의 작가 콘스탄틴 비르질 게오르규(Constantin Virgil Gheorghiu)는 프랑스의 유력 주간지 '라 프레스 프랑세즈(La press Francaise)'(1986.4.18.)를 통해 널리 세상을 이롭게 하는 '홍익인간의 통치이념은 지구상에서 가장 강력한 법률이며 가장 완전한 법률'이라고 발표했다. 홍익인간이라는 단군의 법은 그 어떤 종교와도 모순되지 않으며 온 인류의 행복과 평화를 추구하는 인류 보편의 법이기에 21세기 아태시대를 주도할 세계의 지도이념이라는 것이다. 그의 『코리아 찬가 *Eloge de la Corée*』(1984)는 한민족의 사상과 정신문화에 대한 깊은 경외감의 표출이며 예언적 묵시록이다. 그는 한민족이 전 세계에서 유일하게 개천절을 봉축하는 '영원한 천자(天子)'이고 '세계가 잃어버린 영혼'이며, 한반도는 동아시아와 유럽이 시작되는 '태평양의 열쇠'로서 세계의 모든 난제들이 이곳에서 풀릴 것이라고 예단했다.

한편 20세기 실존주의의 대표자로 꼽히는 독일의 철학자 마르틴 하이데거(Martin Heidegger)는 당시 프랑스를 방문한 서울대 철학과 모 교수에게 우리 한민족의 국조 단군의 『천부경』에 대해 깊은 관심을 표명했다고 한다. 하이데거는 자신이 동양철학을 공부하면서 아시아의 위대한 문명의 뿌리가 바로 한민족이라는 사실을 알게 됐고, 세계 역사상 완전무결한 평화적인 정치로 2천 년이 넘도록 아시아대륙을 통치한 단군조선의 실재를 자신이 인지하고 있다며, 천부경을 이해할 수 있도록 설명을 요청하면서 천부경을 펼쳐 놓더라는 것이다. 한국인이라서 초대를 했고 또 당연히 알고 있으려니 생각하고 요청한 것이었지만, 그것에 대해 아는 바가 없어 설명을 하지 못하고 돌아왔다고 그 교수가 어떤 강연에서 스스로 고백하면서 알려지게 된 것이다. 수천 년 동안 아시아대륙을 평화롭게 통치한 근간이 되었던 천부경이야말로 인류 구원의 생명수임을 하이데거는 직감적으로 알고 있었던 것이리라.

단테의 『신곡(神曲)』[40]은 잃어버린 신성을 찾아가는 단테 자신의 영혼의 순례길을 그린 것이지만, 르네상스기는 물론 새로운 계몽의 시대를 여는 오늘의 인류 문화가 지향할 목표를 제시한 것이기도 하다. 정의 없이는 땅 위에 평화가 없고, 생명의 네트워크적 본질을 이해하지 못하면 반(反)생명적인 행태가 만연하게 되므로 정의가 설 수 없고 따라서 평화도 정착할 수 없게 된다. 역으로 생명이란 것이 비분리성·비이원성을 본질로 하는 영원한 '에너지 무도(energy dance)'*임을 인식할 수 있다면, 또한 그것이 바로 신(神)이고 천(天)이며 만물의 성(性)임을 이해할 수 있다면, 천지만물 간에 그 어떤 분리도 존재하지 않음을 알게 되므로 새로운 규준(norm)의 휴머니즘에 입각한 새로운 계몽의 시대가 열릴 것이다. 그 단초가 되는 것이 '일즉삼·삼즉일'[천·지·인 삼신일체]의 원리로 표상되는 '생명의 공식'이다. 그런 점에서 '일즉삼·삼즉일'이라는 '생명의 공식'은 세계적 난제를 푸는 '마스터 알고리즘(master algorithm)'이다.

그러면 생명과 평화의 문명을 여는 신곡(神曲) 생명경(生命經)**에 대해 고찰하기로 한다. 『천부경』의 전래부터 차례로 살펴보기로 하자. 『천부경』은 우주만물의 창시창조(創始創造)와 생성, 변화, 발전, 완성의 원리를 밝힌 총 81자로 이루어진 우리 민족 으뜸의 경전이다. 천·지·인 삼신일체의 천도(天道)에 부합하는 경으로서 우주의 조화(造化) 원리를 밝히고 있다는 점에서 조화경

---

* 양자역학의 창시자 중 한 사람인 닐스 보어(Niels Bohr)는 원자가 원자핵 주위를 끝없이 회전하는 전자 파동으로 이루어져 있다고 생각했는데, 이 전자 파동을 은유적으로 표현한 것이 '에너지 무도'이다.

** 우리 민족 3대 경전인 『천부경』·『삼일신고』·『참전계경』 모두 생명을 키워드로 한 '생명경'이라 할 수 있다. 『천부경』 81자를 더 자세하게 풀이한 것이 『삼일신고』 366자이고, 『천부경』의 '인중천지일(人中天地一)', 『삼일신고』의 성통공완(性通功完)에 이르는 구체적인 길을 366사(事)로써 제시한 것이 『참전계경』 366사이다. 지면관계상 본서에서는 『천부경』에 대해서만 논하기로 한다.

(造化經)이라 부르기도 한다. 한민족 정신문화의 뿌리이자 인류 정신문화의 뿌리가 되는 근본원리를 담고 있으며,『삼일신고(三一神誥, 敎化經)』,『참전계경(參佺戒經, 366事, 治化經)』을 비롯한 우리 민족 고유의 경전과 역(易)사상에 근본적인 설계원리를 제공하였다. 「태백일사(太白逸史)」 제5 소도경전본훈(蘇塗經典本訓)에는 『천부경』이 천제 환인(桓仁)이 다스리던 환국(桓國)으로부터 구전된 글이라고 나와 있다.[41] 그 후 약 6천 년 전 배달국 시대에 환웅(桓雄)이 신지(神誌) 혁덕(赫德)에게 명하여 우리나라 최초의 문자인 사슴 발자국 모양을 딴 녹도(鹿圖) 문자로 기록하게 하여 전해진 것을, 훗날 고운(孤雲) 최치원(崔致遠)이 전자(篆字)로 기록해 놓은 옛 비석을 보고 다시 한문으로 옮겨 서첩(書帖)으로 만들어 세상에 전한 것이다.[42]

```
中 本 衍 運 三 三 一 盡 一
天 本 萬 三 大 天 三 本 始
地 心 往 四 三 二 一 天 無
一 本 萬 成 合 三 積 一 始
一 太 來 環 六 地 十 一 一
終 陽 用 五 生 二 鉅 地 析
無 昂 變 七 七 三 無 一 三
終 明 不 一 八 人 匱 二 極
一 人 動 妙 九 二 化 人 無
```

『천부경』 81자

최치원 이후 『천부경』은 조선 중종 때 일십당주인(一十堂主人) 이맥(李陌)이 『태백일사』에 삽입하여 그 명맥을 잇다가 1911년 운초(雲樵) 계연수(桂延壽)가 『환단고기(桓檀古記)』를 편찬하여 오늘에 이르고 있다. 『환단고기』는 신라 승려 안함로(安含老)의 『삼성기(三聖紀)』와 원동중(元董仲)의 『삼성기(三聖紀)』, 고려 말 행촌(杏村) 이암(李嵒)의 『단군세기(檀君世紀)』, 고려 말 휴애거사(休崖居士) 범장(范樟)의 『북부여기(北夫餘紀)』 그리고 이암의 현손인 이맥의 『태백일사』를 합본한 것으로 우리 환단(桓檀)의 역사를 알게 해주는 소중한 역사서이다. 『환단고기』 내의 여러 기록들은 『천부경』이 환국·배달국·단군조선·북부여·고구려·백제·신라·가야·발해(大震國)·통일신라·고려·조선으로 이어지는 우리 역사 속에서 국가적으로 매우 중시되었던 경전임을 밝히고 있다.

　　『환단고기』에 수록된 「삼성기전(三聖紀全)」(상·하편)·「단군세기」·「북부여기」·「태백일사」는 『천부경』이 우리 국조(國祖)이신 환웅천왕과 단군왕검의 제왕적 권위를 상징하는 징표로서 천제의 즉위식이나 제천의식 거행시 '천부보전(天符寶篆)'으로 받들어진 성스러운 경이었음을 밝히고 있다. 또한 나라를 다스리는 만세의 경전으로서 만백성을 교화시키고자 『천부경』과 『삼일신고』를 가르쳤다는 사실도 전하고 있다. 말하자면 치국평천하(治國平天下)하는 정치대전이자 임금과 신하와 백성 모두가 반드시 숙지해야 할 삶의 교본이었다. 「삼성기전」 하편에는 환웅천왕이 개천(開天)하여 백성들을 교화할 때 천경(天符經)과 신고(三一神誥)를 강론하여 크게 가르침을 편 것으로 나와 있으며,[43] 「단군세기」에도 '천경'과 '신고'가 나오고 『천부경』의 핵심 원리인 천·지·인 삼신일체를 의미하는 '집일함삼(執一含三)'과 '회삼귀일(會三歸一)'의 천계(天戒)에 대해 기록하고 있다.[44]

　　「태백일사」 제4 삼한관경본기(三韓管境本紀) 마한세가 상편(馬韓世家 上)에는 윷놀이를 제정하여 환역(桓易)을 풀이한 것이 바로 신지 혁덕이 기록한 '천부(天符)'의 남긴 뜻이라고 하였고,[45] 번한세가 상편(番韓世家 上)에는 '천부왕인(天符王印)을 차면 험한 곳을 지나도 위태롭지 않고 재앙을 만나도 해를 입지 않을 것'[46]이라고 하였다. 이 외에도 발해국 시조 대조영(大祚榮, 高王)의 아우 반안군왕(盤安郡王) 대야발(大野勃)의 『단기고사(檀奇古事)』에 천부경의 원리와 그 가르침이 기록되어 있으며,[47] 또한 조선 정조(正祖) 5년 구월산 삼성사에 올린 치제문(致祭文)[48]에 '천부보전(天符寶篆)'이 지금에 이르러서는 사실적 물증이 없으나 우리 동국 역사에서는 신성하게 일컬어지며 세세 대대로 전해져 왔다고 기록되어 있어 『천부경』의 지속적인 전승과 심대한 가치를 짐작하게 한다.

『천부경』 원문 81자가 모두 수록된 문헌과 자료로는 대개 다음과 같은 몇 가지를 들 수 있다.

첫째, 이맥의 『태백일사』에 실려 있는 〈태백일사본(太白逸史本)〉이다.

둘째, 1916년 계연수가 묘향산 석벽에서 발견, 이를 탁본하여 이듬해인 1917년 단군 교당에 전했다는 〈묘향산 석벽본(妙香山石壁本)〉이다.

셋째, 성균관대학교에서 소장하고 있는 『최문창후전집(崔文昌候全集)』의 〈최고운 사적본(崔孤雲 事跡本)〉이다.

넷째, 조선 말 대유학자 노사 기정진(蘆沙 奇正鎭) 계통으로 전해온 〈노사전비문본(蘆沙傳 碑文本)〉이다.

다섯째, 고려말 6은(六隱) 중의 한 사람인 농은 민안부(農隱 閔安富)*의 〈농은 유집본(農隱 遺集本)〉이다. 여기에는 『천부경』 81자가 한자(漢字)의 초기 형태인 갑골문(甲骨文, 象形文字)**으로 수록되어 있다.

---

* 농은 민안부는 목은 이색(牧隱 李穡), 포은 정몽주(圃隱 鄭夢周), 야은 길재(冶隱 吉再), 도은 이숭인(陶隱 李崇仁), 수은 김충한(樹隱 金沖漢)과 더불어 육은(六隱)으로 불렸던 충신으로 조선이 개국하자 두문동(杜門同)에 은거한 72현(賢) 중의 한 사람이다.

** 갑골문이란 명칭은 그 문자가 주로 거북껍질(龜甲)이나 소의 어깨뼈 등에 칼로 새긴 것에서 유래된 것으로 청나라 말기 광서 25년(1899) 중국 하남성 은허(殷墟)에서 처음 발견되어 당시 금석학자인 왕의영(王懿榮)에 의해 처음으로 연구되었다. 갑골문은 은(殷) 왕조 때 도성의 유적지인 은허에서 출토된 까닭에 은허문자라고도 한다. 고려 말 충신인 농은 민안부의 유집(遺集)에서 발견된 천부경문(天符經文)에서 은허 갑골문과 동일한 글자들이 다수 발견됨으로써, 더욱이 중국에서는 아직 발견되지 않았거나 발견되었

이 중에서 가장 많이 인용되고 있는 것은 〈태백일사본〉과 〈묘향산 석벽본〉으로 이 양 본은 전문이 모두 일치하고 있다. 필자도 이 양 본을 텍스트로 삼아 다룰 것이다. 최문창후전집은 최치원의 후손인 최국술(崔國述)이 1925년에 편찬한 것으로 이 전집에 실린 〈최고운 사적본〉의 기록은 〈노사전 비문본〉의 그것과 마찬가지로 〈태백일사본〉이나 〈묘향산 석벽본〉의 천부경 81자와는 다른 글자가 몇 군데 보인다. 즉, '析'(析三極)을 '碩'(碩三極), '衍'(一妙衍)을 '演'(一妙演), '動'(不動本)을 '同'(不同本), '昂'(昂明)을 '仰'(仰明), '地'(天地一)를 '中'(天中一)으로 표기한 것 등이다. 또한 〈농은 유집본〉의 기록도 〈태백일사본〉이나 〈묘향산 석벽본〉의 천부경 81자와는 다른 글자가 몇 군데 나타나고 있다. 즉, '析'(析三極)을 '新'(新三極), '化'(無匱化三)를 '從'(無匱從三), '三'(大三合)을 '氣'(大氣合), '運'(運三四)을 '衷'(衷三四)으로 표기한 것 등이다. 그러나 몇 군데 자구가 다르다고 해서 그 의미가 달라지는 것은 아니며, 전체적인 내용은 같고 모두 81자로 되어 있다. 이렇듯 전래 경로가 달라도 그 내용이 일치한다는 것은 오히려 『천부경』의 실재를 반증하는 것이다.

다음으로 『천부경』의 요체에 대해 살펴보기로 하자. 『천부경』은 천·지·인 삼신일체의 천도(天道)를 밝힘으로써 '천부중일(天符中一)'[49]의 이상을 명징하게 제시한 전 세계 경전의 종주(宗主)요 사상의 원류라 할 만한 진경(眞經)이다. 한마디로 우주의 본질인 생명의 순환과 성통광명(性通光明)의 이치를 밝힌 생명경(生命經)이다. 근원적 일자[궁극적 실재]인 '하나(一)'에서 우주만물이 나

---

더라도 미해독된 갑골문자들이 발견, 확인됨으로써 갑골문이 중국 대륙 내부에서만 발견되는 것으로 여겼던 종래의 고정관념이 깨지게 되었다. 언어학자 박대종은 한자(漢字)의 기원인 갑골문으로 쓰인 〈農隱 遺集本〉의 천부경문에 대한 연구를 통해 갑골문의 뿌리가 단군조선 이전의 환웅시대까지 거슬러 올라간다는 사실을 밝혀냈다(〈일요시사〉, 2002년 9월 29일자 기사, 제350호).

와 다시 그 근원으로 돌아가는 과정이 다함이 없이 순환 반복됨을 나타낸 것이니 생명의 순환을 밝힌 것이요, 또한 참본성[性, 一心]이 열리면(開, 通) 마음이 환하게 밝아져(光明) 천·지·인 삼신일체의 천도를 체득하게 됨을 나타낸 것이니 성통광명의 이치를 밝힌 것이다.

'집일함삼·회삼귀일(執一含三 會三歸一: 하나를 잡아 셋을 포함하고 셋이 모여 하나로 돌아감)'[50]을 뜻하는 일즉삼(一卽三)·삼즉일(三卽一)의 원리는 일체의 생명이 하나의 뿌리에서 나와 다시 하나의 뿌리로 돌아가는 생명의 전일적 흐름(holomovement)을 함축하고 있다. 『요한복음』이 말하여 주듯 신(神)은 곧 생명이고(14:6 : 나는 길이요 진리요 생명이니…) 영(靈)이며(4:24 : 신은 靈이시니…마땅히 영과 진리로 예배해야 한다) 전체성을 그 본질로 한다. 따라서 생명[神·天·靈]의 본체는 하나이지만, 그것이 작용하여 천·지·인 셋이 되는 것이니 일즉삼(一卽三, 一卽多)이다. 천·지·인은 우주만물을 나타내는 기본수 '삼(三)'이다. 또한 우주만물[천·지·인, 三]은 생성·변화·소멸하여 본래의 하나인 뿌리[一]로 돌아가는 것이니, 삼즉일(三卽一, 多卽一)이다.

'일즉삼·삼즉일'은 생명의 전일적 흐름을 나타낸 '생명의 공식(formula of Life)'이다. 우주의 본질인 생명은 분리할 수 없는 절대유일의 하나(一)이므로 본체의 측면에서는 유일자 또는 유일신[天·神·靈]이지만, 작용의 측면에서는 만물화생(萬物化生)의 근본원리로 작용함으로써 우주만물(천·지·인, 三)로 현현하게 되는 것이니 천·지·인 삼신(三神)이다. 생명의 본체와 작용이라는 이분법은 본체에 해당하는 신(神·天·靈)과 그 작용에 해당하는 우주만물이 하나임을 밝힘으로써 생명의 전일성과 자기근원성을 논증하기 위한 가설로서 생겨난 것이다. 우주만물의 참본성[性, 神性]이 곧 신(神·天·靈)이며 생명임을 인식할 수 있었다면, 이러한 가설은 애초에 생겨나지 않았을 것이다. 언젠가부터 인간의 감각과 지각이 이분법에 종속되어 물질일변도의 사고를 하게 되면서 마침내 분리의식의 투사영(投射影)인 물신(物神)이 탄생하게 되었고 그로 인해 내재적 본성인 신성(神性)이 곧 신(神)임을 알 수 없게 되었다.

생명은 물질현상이면서 동시에 물질현상의 원인이 되는 정신적인 원리이 므로 물성(物性)과 영성(靈性), 개체성과 전체성을 상호관통한다. 생명은 만유 속에 만유의 참본성[性]으로 내재해 있으면서 동시에 만물화생(萬物化生)의 근본원리로서 작용하므로 내재와 초월이라는 이분법의 저 너머에 있다. 우주 만물은 누가 누구를 창조한 것이 아니라 생명의 자기현현(self-manifestation)이 므로 전일적이고 자기근원적이다. 『천부경』에서 천지 포태(胞胎)의 이치와 기운을 풀이한 일(一)부터 십(十)까지 숫자들의 순열 조합은 우주섭리가 써 내려가는 생명의 대서사시(大敍事詩)요, 천·지·인 혼원일기(混元一氣)가 연주하 는 생명의 교향곡이다. 『천부경』은 천도(天道)를 일(一)부터 십(十)까지의 숫자 로 풀이하여 천지운행과 생명의 비밀을 밝힌 천수지리(天數之理)에 부합하는 생명경(生命經)이다.

이 우주는 방대하고 복잡하면서도 매우 정교하게 짜인 생명의 피륙이다. 비록 오관(五官)의 지각으로는 그것의 극히 일부밖에는 볼 수 없다고 할지라 도, 보이지 않는 얽히고설킨 무수한 실들이 빈틈없이 짜여 있다. 개체의 존 재성은 우주적 에너지의 흐름 속에서만 파악될 수 있으며, 그런 점에서 존 재성은 곧 관계성이다. '이것'이 곧 다른 '모든 것'이다. 이 우주는 '인드라망 (Indra網)'과도 같이 상호 연관과 상호 의존의 세계 구조로 이루어져 있으며 만물만상이 끝없이 상호 연결된 생명의 그물망을 형성하고 있다. 이는 두 입자가 공간적으로 아무리 멀리 떨어져 있어도 비국소적(초공간적)으로 연결 되어 있기 때문에 매개체 없이도 즉각적으로 서로의 상태에 영향을 미친다 는 '양자 얽힘(quantum entanglement)' 이론과도 상통한다. 자본자근(自本自根)·자 생자화(自生自化)하는 생명의 파동적(波動的) 성격을 깨닫게 되면, 불연(不然)의 본체계와 기연(其然)*의 현상계를 회통(會通)하게 됨으로써 내재와 초월, 본체와 작용이 결국 하나임을 알게 된다.

생명은 '있음(being)'의 상태가 아니라 '됨(becoming)'의 과정이다. 이 우주는 '우주 지성'에 의해 작동되는 진행 방향만 있을 뿐 목적도 없고 시간도 없다. 우주의 본질인 생명은 '스스로(自) 그러한(然)' 자일 뿐, 그 어떤 인위적인 목적도 설정하지 않으며 오직 '자기원인'에 의해 무위이화(無爲而化)의 작용을 할 뿐이다. 물질적 우주가 창조되면서 시간이 창조되었고, 거칠고 밀도가 높은 몸(gross body)을 가진 인간이 이런저런 해석을 붙이면서 우주의 목적이란 것이 생겨났다. 우주의 진행 방향은 영적 진화다. 우주의 본질인 생명 자체에 '우주 지성'이라고도 부르는, 합목적적으로 자기조직화하는 칩이 내장되어 있기 때문이다. 우리는 영적 진화의 지향성을 갖는 우주의 불가분의 한 부분이므로 전체적으로 보면 영적 진화의 방향에서 이탈할 수 없게 되어 있다.

생명이 육체라는 물질에 귀속된 물질적 개념이 아니라 비분리성(nonseparability)·비이원성(nonduality)을 본질로 하는 영성[靈] 그 자체임을 이해할 때 전체적인 삶이 일어나고 공감 의식이 확장되어 진정한 자유가 실현된다. 우주만물을 잇는 에너지장(場) 자체가 생명이니, 생명은 전일적이고 자기근원적이며 근원적으로 평등하고 유기적으로 통합되어 있다. 일체의 분별은 곧 자신의 마음의 분별이며,[51] 마음을 떠나서는 분별할 만한 것이 없다. 마음이 건강하지 못할 때 분리의식에 빠지고 미망에 사로잡히게 된다. 분별하고 집착

---

* 동학의 창시자 水雲 崔濟愚는 『東經大全』에서 사물의 근본 이치와 관련된 초논리·초이성·직관의 영역을 '不然'이라 하고, 사물의 현상적 측면과 관련된 감각적·지각적·경험적 판단의 영역을 '其然'이라 하였다.

하는 마음을 소멸시키는 것, 그것이 바로 영적 진화이며 진정한 자기로부터의 자유, 즉 해방된 마음이고 최고 상위 개념의 자유다. 이러한 최고 상위 개념의 자유를 깨달을 때 전체적인 행위가 일어난다. 이는 곧 인류를 위해 기꺼이 헌신할 준비가 되어 있다는 것이다. 마음의 차원 변형이 없이는 존재의 차원 변형이 일어날 수 없다.

영성과 물성이 하나임을 인식하는 주체는 마음인 까닭에 영성과 물성을 가교하는 마음의 메커니즘을 이해하면 우주의 비밀에 한 발짝 더 다가설 수 있게 된다. 비국소적 영역, 즉 궁극적인 '영(Spirit)'의 영역은 국소적(local) 영역과 분리된 것이 아니라 감각과 이성의 영역을 포괄하면서 초월한다. 비국소성(nonlocality)[초공간성] 또는 비분리성은 양자적 실재(quantum reality)의 본질이며, 이는 곧 우리 참자아의 본질이다. 양자역학(quantum mechanics)의 비국소성은 곧 영성(spirituality)이다. 모든 것은 '절대영(Spirit)'의 자기현현이다. 극도로 분절되어 있는 현 세계가 필요로 하는 것은 순수한 전일적 양태로 이들을 다시 통합할 수 있는 비전이다. 동서양의 숱한 지성들이 자연의 필연적 법칙성의 원리 규명에 천착한 것은 그러한 원리를 자각할 수 있을 때 '진인사대천명(盡人事待天命)'의 지혜가 발휘되어 자유의지와 필연이 하나가 되는 조화로운 세상을 열 수 있기 때문이다.

『천부경』은 생명의 전일적 흐름의 이치를 천·지·인 삼원(三元) 구조로 설명한다. 이는 곧 생명의 본체[天]-작용[地]-본체·작용의 합일[人]로서 '생명의 3화음적 구조(the triadic structure of Life)'를 나타낸 것이다. 여기서 천·지·인은 아우구스티누스가 『신국론 The City of God』에서 말한 신과 세계와 인간의 관계와 본질적으로 상통한다. 천·지·인의 '인(人)'은 인간과 우주만물을 총칭하는 대명사로서의 '인'이며 그 실체는 참본성[性]이다. 우주만물을 관통하는 이 하나인 참본성[混元一氣, 至氣]을 깨달아야 생명의 본체와 작용이, 하늘

(天·神·靈)과 우주만물이 하나임을 알 수 있다. 말하자면 '인(人)'의 실체인 참본성은 본체[天·神·靈]와 작용[우주만물]의 합일을 추동하는 메커니즘이다. 우리 민족 3대 경전에서 '인중천지일(人中天地一)·성통광명(性通光明)·성통공완(性通功完)·혈구지도(絜矩之道: 내 마음으로 미루어 남의 마음을 헤아림)'를 강조한 것도, 참본성을 깨달아야 우주만물이 '한생명'임을 알 수 있고 생명 가치가 발현될 수 있기 때문이다.

생명의 본체-작용-본체·작용의 합일이라는 '생명의 3화음적 구조'는 기독교의 삼위일체(聖父·聖子·聖靈), 불교의 삼신불(法身·化身·報身), 그리고 동학 「시(侍: 모심)」의 삼원 구조(內有神靈·外有氣化·各知不移)[52]에도 마찬가지로 적용된다. 여기서 성부와 법신과 신령(신성한 靈)이 생명의 본체를 나타낸 것이라면, 성자와 화신과 기화(氣化)는 생명의 작용을 나타낸 것이다. 그리고 본체와 작용의 합일을 추동하는 메커니즘으로 설정된 것이 성령이고 보신이며 불이(不移, 不二)다. 본체·작용의 합일을 추동하는 메커니즘의 용어는 다르지만 모두 하나인 참본성, 즉 일심(一心)을 나타낸 것이다. 실로 '마음은 모든 것(mind is all)'이다. 일심의 원천으로 돌아가면 일체 생명이 전일적이고 자기근원적이라는 것을 알게 된다.

천·지·인 삼원(三元) 구조는 무극(無極)·태극(太極)·황극(皇極)으로도 나타낼 수 있다. 무극이 생명의 근원(元氣, 至氣, 混元一氣)을 지칭한 것이라면, 태극은 음양(陰陽)의 역동적인 상호작용이 일어나는 자리이고, 이 양 세계를 관통하는 원리가 내재된 것이 황극이다. 대공지정(大公至正)의 왕도(王道)를 표징하는 황극은 현상계를 경영하는 원리로서 생명의 본체인 무극과 그 작용인 태극*의 합일을 추동하는 메커니즘인 셈이다. 천리(天理)에 순응하는 정치 대법

---

\* 주돈이(周敦頤)의 『태극도설』 서두에 나오는 '무극이태극(無極而太極)'에 관하여 도가연

을 아홉 개 조항으로 집대성한 홍범구주(洪範九疇)에서는 제5주 건용황극(建用皇極)을 홍범 아홉 개 조항—오행(五行)·오사(敬五事)·팔정(八政)·오기(五紀)·황극(皇極)·삼덕(三德)·계의(明用稽疑)·서징(庶徵)·오복(五福) 등 구주(九疇)—의 중앙에 위치시킴으로써 군왕이 중심에서 바른 도를 세운다는 뜻에서 왕도는 곧 중정(中正)의 도(道)임을 논리 구조적으로 명료하게 보여준다. 이는 군왕이 어느 편에도 치우침이 없는 대공지정(大公至正)의 왕도를 세워서 백성들에게 펴는 것을 말한다. 명군(明君)이 중심에 있으면 바른 도(道)를 세우게 되므로 그 구성원들은 자연히 공동체적 삶의 중요성을 깨닫게 된다.

장자(莊子, 이름은 周)는 "뜻을 전하기 위하여 말을 하지만 뜻이 통한 다음에는 말을 잊는다(言者所以在意 得意而忘言)"[53]고 했다. 말이나 언어는 뜻을 전하기 위한 방편일 뿐이다. 생명의 전일성과 자기근원성을 논증하기 위하여 무극·태극·황극, 성부·성자·성령, 법신·화신·보신, 신령·기화·불이와 같

---

원설(道家淵源說)을 취하는 학자는 무극에서 태극이 일어난다고 보는 기일원론(氣一元論)을 제창하지만, 주자(朱子)는 무극이면서 태극이라고 하고 태극과 음양오행이 각각 이와 기를 가리킨다고 하는 이기론(理氣論)을 제창했다. 우주만물의 생성 과정을 일기(一氣)로 설명하든, 이(理)와 기(氣)로 나누어 설명하든, 그것은 상이한 언어적 도구를 사용하는 방법론상의 차이일 뿐, 중요한 것은 본체[理, 본체계]와 작용[氣, 현상계]의 전일적 관계성을 이해하는 것이다. 주자의 관점처럼 무극이면서 태극이라고 하면, 태극은 만물과의 관계에서는 본체가 된다. 하지만 태극은 또한 만물 속에 만물의 본질[性]로서 내재하므로 본체인 태극과 그 작용인 만물은 분리할 수 없는 하나다. 천·지·인 삼원(三元) 구조로 볼 때 태극은 음양(陰陽)의 역동적인 상호작용이 일어나는 자리이고, 황극은 무극과 태극의 합일을 추동하는 메커니즘으로 볼 수 있다는 것이다. 생명의 본체인 하늘과 그 작용인 우주만물이 하나임을 아는 것은 일심(一心)의 통섭적 기능에 의한 것이며, 이는 군왕이 중심에서 바른 도(道)를 세우는 것과 긴밀히 연결되는 까닭에 현상계를 경영하는 원리인 황극이 본체와 작용의 합일을 추동하는 메커니즘으로 설정된 것이다. 따라서 중요한 것은, 태극이 본체냐 작용이냐가 아니라 천·지·인 삼신일체라는 진리이다. 생명은 분리할 수 없는 하나이지만, 그 하나를 논증하기 위해 본체와 작용이라는 이분법의 가설을 세운 것인데 이분법 자체에 함몰되면 진리를 놓치게 된다.

은 '생명의 3화음적 구조'가 만들어진 것인데, 정작 '진리의 달'은 놓치고 달을 가리키는 손가락에만 집중하는 경우가 허다하다. '일즉삼·삼즉일'이라는 '생명의 공식'을 항상 기억하라! 만물의 근원인 천(天)을 나누면 천·지·인 셋[우주만물]이지만 다시 하나인 근원으로 돌아가면 천지인[天]이 하나이듯이, 무극 또한 나누면 무극·태극·황극 셋이지만 궁극에는 무극으로 복귀하므로 하나가 되는 것이다. 『천부경』의 키워드인 '인중천지일(人中天地一)'은 천·지·인 삼신일체의 천도가 인간 존재 속에 구현된 것으로 참본성이 열린 것을 의미한다. 참본성[一心]이 열리면 생명의 본체와 작용, 즉 하늘(天·神·靈)과 우주만물이 하나임을 알아 생명의 전일성과 자기근원성을 자각적으로 실천하게 된다.

생명의 흐름은 상호의존·상호전화·상호관통하는 원궤를 이루며 영원히 이어진다. 일원(一元, 宇宙曆 1년)인 12만 9천6백 년을 주기로 천지개벽의 도수(度數)에 따라 우주가 봄·여름·가을·겨울의 '개벽(開闢)'으로 이어지는 우주의 순환, 지구가 태양을 공전하고 태양계는 은하세계를 2억 5천만 년 주기로 회전하며 은하세계는 은하단을 향하여 회전운동을 하는 천체의 순환, 그리고 천시(天時)와 지리(地理)에 조응하는 생명체의 순환과 카르마(karma, 業)의 작용이 불러일으키는 의식계의 순환―그 속을 우리가 살고 있다. 본체계에서 나와 활동하는 생명의 낮의 주기를 삶이라 부르고 다시 본체계로 돌아가는 생명의 밤의 주기를 죽음이라 부른다면, 생명은 삶과 죽음을 관통하는 '홀로무브먼트(holomovement)'라는 것이 『천부경』의 가르침의 진수(眞髓)다.

『천부경』은 단순히 우리 민족 고유의 경전이 아니라 모든 종교와 진리의 모체가 되는 인류의 경전이다. 우주의 순환, 천체의 순환, 생명체의 순환, 그리고 의식계의 순환과 더불어 일체 생명의 비밀을, 그 어떤 종교적 교의나 철학적 사변이나 언어적 미망(迷妄)에 빠지지 않고 단 81자로 열어 보인 천부경이야말로 모든 종교와 진리의 진액이 응축된 경전 중의 경전이다. 미회(未會: 우주의 陰 8월)인 우주 가을의 초입(初入)에서도 여전히 사상적 질곡에서 헤어나지 못하는 인류에게 천부경은 '표월지지(標月之指)'로 다가서고 있다. 지금 이 순간에도 천부경은 숫자로써 숫자가 끊어진 법을 보여주고자 무진등(無盡燈)으로 타오르고 있다. 참으로 '하나(一)'의 원리가 용해되어 흐르는 새로운 역사의 시작이다.

다음으로 『천부경』의 구조에 대해 살펴보기로 하자. 『천부경』은 본래 장을 나누지 않았지만, 필자는 『천부경』이 담고 있는 의미를 좀 더 명료하게 풀기 위하여 상경(上經) 「천리(天理)」, 중경(中經) 「지전(地轉)」, 하경(下經) 「인물(人物: 사람과 우주만물)」의 세 주제로 나누어 살펴보기로 한다. 『천부경』을 하늘의 이치(天理)와 땅의 운행(地轉)과 인물(人物)이라는 주제로 삼분하여 조명하는 것은 『천부경』이 천·지·인 삼신일체에 기초하여 하늘(天)과 사람(人)과 만물(物)을 '하나(一)'로 관통하고 있기 때문이다. 또한 이러한 분류는 『천부경』을 좀 더 자세하게 풀이한 『삼일신고』의 내용과도 부합되는 것이다. 천부경 81자는 생명의 본체-작용-본체·작용의 합일[정신-물질-정신·물질의 합일, 보편성-특수성-보편성·특수성의 합일]이라는 변증법적 논리구조로 이루어져 있다. 이러한 논리구조는 천·지·인 삼신일체의 천도(天道)가 인간 존재 속에 구현되는 함의를 지니고 있다.

근원적 일자[궁극적 실재]인 '하나(一)'에서 우주만물이 나오는 '일즉삼(一卽三)'의 이치를 드러낸 상경 「천리」, '하나(一)'의 이치와 기운의 조화(造化) 작용을 나타낸 중경 「지전」, 그리고 우주만물의 근본이 '하나(一)'로 통하는 '삼즉일(三卽一)'의 이치와 하늘의 이치가 인간 속에 징험(徵驗)됨을 보여주는 하경 「인물」은 생명의 본체-작용-본체·작용의 합일이라는 '생명의 3화음적 구조(the triadic structure of Life)'로 이루어져 있다. 말하자면 『천부경』은 우주의 본질인

생명의 순환과 성통광명(性通光明)의 이치를 밝힌 생명경(生命經)이다. 생명의
순환이라 함은 시작도 끝도 없는 영원한 '하나(一)'에서 우주만물이 나오고
다시 그 '하나(一)'로 돌아가는 과정이 다함이 없이 순환 반복되는 것을 말함
이요, 성통광명의 이치라 함은 참본성[一心]을 통하면[通, 開] 마음이 광명하게
되어 천·지·인 삼신일체의 천도를 체득하게 되는 것을 말함이다. 『천부경』
은 81자로 이루어진 까닭에 필자는 『구구경(九九經)』이라 부르기도 하는데,
삼삼(三三)의 구조인 9의 자승수가 『구구경』 81자가 되는 것이다.

  상경 「천리」는 '일시무시일 석삼극무진본(一始無始一析三極無盡本) 천일일 지
일이 인일삼(天一一地一二人一三) 일적십거 무궤화삼(一積十鉅無匱化三)'으로 구성
되어 있으며, 시작도 끝도 없는 영원한 '하나(一)'[54*]의 본질과 무한한 창조성,
즉 천·지·인 혼원일기(混元一氣: 무어라 형용할 수 없는 태초의 한 기운)인 '하나(一)'에서
우주만물이 나오는 일즉삼(一卽三)의 이치를 드러낸 것이다. 중경 「지전」은
'천이삼 지이삼 인이삼(天二三地二三人二三) 대삼합육 생칠팔구(大三合六生七八九)
운삼사 성환오칠(運三四成環五七)'로 구성되어 있으며, 음양 양극간의 역동적인
상호작용으로 천지운행이 이루어지고 음양오행이 만물을 낳는 과정이 끝없
이 순환 반복되는 '하나(一)'의 이치와 기운의 조화(造化) 작용을 나타낸 것이
다. 하경 「인물」은 '일묘연만왕만래 용변부동본(一妙衍萬往萬來用變不動本) 본심

---

* 『天符經』에 나오는 '一'을 그냥 하나(一)라고 하지 않고 필자가 '하나(一)'라고 강조한
  것은, 이 '一'이 바로 하늘(天)·천주(天主, 하느님[靈], 하나님, 창조주, 창조신, 절대자, 조물
  자, 造化者, 유일신, 一神, 天神, 유일자, 唯我, Allah, 한울, 한얼)·道·佛·無極[太極]·브라흐마
  (Brāhma/Ātman)·우주의식[전체의식, 순수의식, 보편의식, 근원의식, 참본성, 一心, 神性, 靈
  性]·우주의 창조적 에너지[至氣, 混元一氣, 一氣, 元氣]·진리[실재, 眞如(suchness), 불멸] 등
  으로 다양하게 불리는 근원적 一者 또는 궁극적 실재로서의 우주의 본원[생명]을 일컫
  는 것인 까닭에 주목할 필요가 있기 때문이다. 말하자면 '하나(一)'는 『天符經』의 핵심
  원리인 一卽三·三卽一의 중핵을 이루는 숫자이므로 강조하여 나타낸 것이다.

본태양 앙명 인중천지일(本心本太陽昻明人中天地一) 일종무종일(一終無終一)'로 구성되어 있으며, 우주만물의 근본이 '하나(一)'로 통하는 삼즉일(三卽一)의 이치와 소우주인 인간의 대우주와의 합일을 통해 하늘의 이치가 인간 속에 징험(徵驗)됨을 보여주는 것이다.

말하자면 상경 「천리」가 가능태(可能態, potentia)라면, 하경 「인물」은 구체적 현실태(concrete actuality)이다. 우주의 진행 방향은 영적 진화(spiritual evolution, 의식의 진화)이며, 그것은 잠재적 본질(potential nature)이 구체적 현실태로 드러나는 과정이고 천·지·인 삼신일체의 천도(天道, heavenly way)가 인간 존재 속에 구현되는 '인중천지일(人中天地一)'의 경계에서 절정에 이른다. 이는 참자아[참본성, 自性]의 자각적 주체가 되는 경계이다. 요약하면, 「천리」에서는 '하나(一)'의 이치를 드러내고, 「지전」에서는 '하나(一)'의 이치와 기운의 조화 작용을 나타내며, 「인물」에서는 '하나(一)'의 이치와 그 조화 기운과 하나가 되는 일심(一心)의 경계를 보여준다. 영원한 '하나(一)'는 곧 한마음(一心)이다.

이를 생명의 본체와 작용의 관계로 살펴보면, 상경 「천리」의 '천일 지일 인일(天一地一人一)'은 '하나(一)'의 체(體)의 측면을 나타낸 것으로 법신(法身)·성부(聖父)·신령(神靈)과 조응하는 것이라면, 중경 「지전」의 '천이삼 지이삼 인이삼(天二三地二三人二三)'은 '하나(一)'의 이치와 기운(理氣)의 조화 작용인 용(用)의 측면을 나타낸 것으로 화신(化身)·성자(聖子)·기화(氣化)와 조응하는 것이고, 하경 「인물」의 '인중천지일(人中天地一)'은 '하나(一)'의 이치와 그 조화 기운과 하나가 되는 상(相)의 측면을 나타낸 것으로 보신(報身)·성령(聖靈)·불이(不移, 不二)와 조응하는 것이다. 성부와 성자, 신령과 기화는 법신과 화신의 관계와 마찬가지로 생명의 본체와 작용의 관계로서 그 체가 둘이 아니므로 모두 일심법이다. 법신[聖父·神靈]이 염(染)·정(淨) 제법(諸法)을 포괄한 가능태라면, 보신[聖靈·不移(不二)]은 자성(自性)의 자각적 주체가 되는 구체적 현실태다. 『천부경』의 천·지·인 삼신은 기독교의 성부·성자·성령, 불교의 법신·화신·보신, 동학의 신령·기화·불이의 관계와 마찬가지로 자성[自性, 참본성, 一心]의 세 측면을 나타낸 것이다.

「단군세기」에서는 조화·교화·치화의 신이 각각 성·명·정(性·命·精, 지성·에너지·질료)을 이루며 성·명·정이 천·지·인 삼신과 조응하여 '하나(一)', 즉 일신[唯一神, 天主]과 상호관통하고 있음을 밝히고 있다. 이러한 자성의 세 측면은 성부·성자·성령의 관계와 마찬가지로 삼위일체(三位一體, 三神一體)로서 '회삼귀일(會三歸一: 셋이 모여 하나로 돌아감)'의 이치에 입각해 있다. 말하자면 자성의 세 측면인 조화·교화·치화, 성·명·정, 천·지·인, 성부·성자·성령, 법신·화신·보신, 신령·기화·불이(不移, 不二)는 모두 삼위일체로서 혼원일기(混元一氣)인 '하나(一)', 즉 유일신[一神, 天主]으로 돌아간다. '사람이 곧 하늘(人乃天)'이라는 말은 자성(自性, 참본성, 一心)이 곧 하늘이며 유일신[참자아]이라는 말이다. 홀로그램(hologram) 원리가 말하여 주듯 생명은 비분리성·비이원성을 본질로 하는 영원한 '에너지 무도(energy dance)'이다. 유일신인 참자아가 곧 하늘이며 보편적 실재로서의 나, 즉 생명이고 진리다.

다음으로 『천부경』의 내용에 대해 살펴보기로 하자. 『천부경』에서 근원적 일자(궁극적 실재)인 유일신에 이름을 붙이지 않고 그냥 '하나(一)'라고 한 것은 무수한 진리의 가지들을 하나의 진리로 되돌리기 위한 우리 국조(國祖)의 심원(深遠)한 뜻이 담긴 것이다. '집일함삼(執一含三)'과 '회삼귀일(會三歸一)'을 뜻하는 일즉삼(一卽三)·삼즉일(三卽一)의 원리에 기초한 천부경의 삼신일체 사상은 유일신 논쟁을 침묵시킬 만한 난공불락의 논리구조와 '천지본음(天地本音)'을 담고 있다.

**상경**(上經) **「천리**(天理)**」**에서는 근원성·포괄성·보편성을 띠는 영원한 '하나(一)'의 본질과 무한한 창조성, 즉 천·지·인 혼원일기(混元一氣)인 '하나(一)'에서 우주만물이 나오는 일즉삼(一卽三)의 이치를 드러내고 있다. 상경은 1) 일시무시일 석삼극무진본(一始無始一 析三極無盡本) 2) 천일일 지일이 인일삼(天一一 地一二 人一三) 3) 일적십거 무궤화삼(一積十鉅 無匱化三)으로 구성되어 있다.

**원문**  一始無始一 析三極無盡本

**번역**  '하나(一)'에서 우주만물이 비롯되지만 시작이 없는 '하나(一)'이며, 그 '하나(一)'에서 천·지·인 삼극(三極)이 갈라져 나오지만 근본은 다함이 없도다.

**해설**  궁극적 실재[근원적 一者]인 '하나(一)'에서 우주만물이 비롯되지만 그 '하나(一)'는 감각이나 지각을 초월해 있으며 인과법칙(因果法則)에서 벗어나 자본자근(自本自根)·자생자화(自生自化)*하는 절대유일의 '하나(一)'[55]인 까닭에 시작이 없는 것이라 하여 '일시무시일(一始無始一)'이라고 한 것이다. 시작이 없다는 것은 동시에 끝이 없다는 것이며, 시작도 끝도 없는 영원한 '하나(一)'에서 천·지·인 삼극이 갈라져 나오지만 그 근본은 다함이 없는 것이라 하여 '석삼극무진본(析三極無盡本)'[56]이라 한 것이다. 이는 곧 근원성·포괄성·보편성을 띠는 '하나(一)'의 본질과 무한한 창조성을 보여주는 것이다. 말하자면

---

*  cf. 『莊子』, 「大宗師」: "夫道有情有信 無爲無形 可傳而不可受 可得而不可見 自本自根 未有天地 自古以固存 神鬼神帝 生天生地 在太極之先 而不爲高 在六極之下 而不爲深 先天地 而不爲久 長於上古 而不爲老." 도(道)는 의심할 바 없이 실재하되, '무위무형(無爲無形)'이며 체득할 수는 있어도 볼 수가 없고, 자본자근(自本自根)하여 천지가 있기 이전에 옛날부터 본래 존재하였으며 천지를 생성한 것으로 나온다.

천·지·인 혼원일기(混元一氣)[57]인 '하나(一)'에서 우주만물이 나오는 일즉삼(一即三)[58]의 이치를 드러낸 것이다. 천부경의 논리구조로 볼 때 삼(三)은 사람과 우주만물을 나타내는 기본수이므로 일즉삼은 곧 일즉다(一即多)[59]이다. 이러한 본체와 작용의 상호관통은 일(一)과 다(多), 이(理)와 사(事), 정(靜)과 동(動), 공(空)과 색(色)이라는 불가분의 관계로 분석될 수 있다.

여기서 '하나(一)'라고 한 것은 '하나(一)'라는 명상(名相)이 생기기 전부터 이미 사실로서 존재해 온 것으로, 유(有)라고 하자니 그 모습이 텅 비어 있고 무(無)라고 하자니 우주만물이 다 이로부터 나오므로 그 이름을 알지 못하여 그냥 그렇게 부른 것이다.[60] 이 묘한 '하나(一)'에서 만유(萬有)가 비롯되니 하도 신령스러워 때론 '님'자를 붙여 '하나'님[하늘'님]이라고 부르기도 한다. 『도덕경(道德經)』 25장에서는 경험세계의 총체 밖에서 그 스스로의 법칙성에 의해 활동하는 가장 포괄적이고도 근원적인 존재가 있다고 보고 그 존재는 "홀로 서서 변화되지 않으며 두루 운행하여도 위태롭지 않는 고로 가히 천하의 모체가 될 수 있다"고 하면서 그 이름을 알지 못하여 억지로 '도(道)'라고도 하고 '대(大)'라고도 한 것으로 나와 있다.[61] 이렇듯 우주만물의 근원이 되는 궁극적 실재는 언어의 영역을 초월해 있는 까닭에 무엇이라고 정확하게 명명할 수가 없다. '하나(一)'라고 부르든, 도(道)라고 부르든, 또는 하늘(天)이라고 부르든, 그 밖의 다른 어떤 이름으로 부르든, 이는 억지로 붙인 이름일 뿐 그 이름이 곧 실상(實相)을 나타내는 것은 아니며, 그러한 명명이 있기 전부터 이미 그것은 사실로서 존재해온 것이다.

궁극적 실재인 '하나(一)'는 그 자체는 생멸(生滅)하지 아니하면서 만유를 생멸케 하고 또한 그 자체는 무규정자[道常無名]이면서 만유를 규정하며 만유에 편재(遍在)해 있는 무시무종(無始無終)의 유일자[唯一神][62]이므로 감각과 지각을 초월해 있으며 언어 세계의 포착망에서 벗어나 있다. 말하자면 '진리 불립

문자(眞理不立文字)'인 것이다. 「만두꺄 우파니샤드 *Mandukya Upanishad*」에서 "'옴(OM)'은 일체 만물이다. '옴'은 과거요 현재요 미래이며 시간을 초월한 존재 브라흐마(Brāhma)이다. 일체 만물이 '옴'이다"[63]라고 한 것이나, 「요한계시록(Revelation)」(1:8)에서 "나는 알파(α)와 오메가(Ω)라. 이제도 있고, 전에도 있었고, 장차 올 자요, 전능한 자라"[64]고 한 것, 그리고 이슬람교 경전 『코란 *The Holy Quran*(Koran)』에서 '하나님은 오직 알라(Allāh) 한 분'이라고 한 것은 모두 유일신 '하나(一)'를 그렇게 명명한 것일 뿐, 신은 결코 이름 붙일 수 있는 인격체가 아니다. 이름이 붙는 순간, 신은 개체화(particularization)되고 물질화되어 보편성을 상실하기 때문이다.

신은 에너지 시스템인 생명계를 지칭하는 대명사이기도 하고, 만물이 만물일 수 있게 하는 우주의 근본원리(제1원인)이기도 하며, 천변만화(千變萬化)가 일어나게 하는 조화(造化) 작용이기도 하다. 신이라는 이름은 생명이라는 진리를 담는 용기에 불과한 것이므로 '신이 있는가 또는 없는가'라는 물음은 문제의 본질을 벗어난 것이다. 『요한복음』(14:6)에 이미 나와 있지 않은가. 신(神)은 곧 길(道)이고 진리이고 생명이라고. 신이라는 이름을 넘어서지 않고서는 결코 신에 이를 수 없다는 것이 신의 역설이다. 신성[神性]은 본래 무명(無名)이다. 인간의 의식이 물질 차원의 에고(ego, 個我)에 갇혀서는 이름 너머에 있는 '하나(一)'인 신성을 볼 수가 없다. 신(神)은 인간과 분리된 외재적인 존재가 아니라 내재적인 동시에 초월적인 존재이다. 신은 만유에 내재해 있는 신성(神性)인 동시에 만유를 생성·변화시키는 지기(至氣)로서 일체의 우주만물을 관통한다.

『삼일신고』의 일신(一神)과 회교 『코란』의 알라(Allāh)와 기독교 『성경』의 하느님, 힌두교 『베다(Veda)』·『우파니샤드 *The Upanishads*』·『바가바드 기타 *The Bhagavad Gita*』의 브라흐마(Brāhma), 유교의 '하늘(天)'과 불교의 '불

(佛)'과 도교의 '도(道)', 그리고 천도교 『동경대전(東經大全)』의 천주(天主)와 우리 민족 고유의 경전들에 나오는 삼신(三神, 天神)과 우리 민족이 예로부터 숭앙해온 '하늘(天)'이 서로 다른 것이 아니다. 모두 우주만물의 근원인 '하나(一)', 즉 유일신을 다양하게 명명한 것일 뿐이다. 유일신이 만물에 편재(遍在)해 있음은 비가 대지를 고루 적시고, 태양이 사해를 두루 비추며, 달빛이 천강(千江)을 고루 물들이는 것과도 같은 이치다. 유일신이 없는 곳이 없는 것이다.*

유일신은 우주만물에 편재해 있는 보편자(性)인 까닭에 특정 종교의 유일신이 아니라 만유의 유일신이다. 이 세상의 모든 반목과 갈등은 우주만물에 내재하는 절대유일의 '참나'를 깨닫지 못하고 서로 다른 것으로 분리시킨 데서 오는 것이다. 우주만물을 일컬어 천·지·인 삼신이라 부르는 것이니 천·지·인 삼신이 곧 유일신 '하나(一)'이며 '참나'인 생명[神·天·靈]이다. 우주의 실체는 의식이므로 '참나'는 물질적 외피로서의 '나'가 아니라 만유에 편재해 있는 자성(自性, 참본성, 一心)을 일컫는 것으로 천·지·인 삼신은 자성의 세 측면, 즉 성·명·정(性·命·精, 지성·에너지·질료)을 나타낸 것이다. 이러한 자성의 세 측면은 불교의 법신·화신·보신, 기독교의 성부·성자·성령, 동학의 신령·기화·불이의 관계와 마찬가지로 삼위일체(三位一體, 三神一體)로서 '회삼귀일(會三歸一)'의 이치에 입각해 있다. 다시 말해 생명의 본체-작용-본체·작용의 합일이라

---

* cf. 『莊子』,「齊物論」: "道惡乎往而不存?" 다함이 없는 변화[外有氣化] 속에서도 道는 우주만물에 내재[內有神靈]해 있으므로 道가 없는 곳이 없는 것이다. 유일신은 본래 무명(無名)이다. 그럴진대 그 이름으로 실상을 구분함은 유일신을 죽이는 일이요, 모든 종교가 그토록 경계하는 우상숭배에 빠지는 일이다. '나'만의 '하나'님, 내 종교만의 '하나'님으로 묶어두게 되면 '하나'님은 보편성을 상실하고 개체화·물질화되어 '무소부재(無所不在)'일 수도 없고 절대·영원일 수도 없으니 유일신을 죽이는 일이 되는 것이요, 만유에 편재해 있는 '하나'님의 실체를 외면한 채 자신의 부정한 의식이 만들어낸 '나'만의 '하나'님, 내 종교만의 '하나'님을 경배하는 것은 짚신이나 나막신 수준의 물신(物神)을 경배하는 것에 지나지 않으니 우상숭배에 빠지는 일이 되는 것이다.

는 '생명의 3화음적 구조'에 입각해 있다. 한마디로 자성이 곧 유일신*이다.

우주의 실체는 의식이므로 '천상천하유아독존(天上天下唯我獨尊)'의 '유아(唯我)'는 곧 '유식(唯識)'이며 순수 공(空)이고 무아(無我)다. 에고(ego)로서의 분별지(分別智)가 아니라 순수의식으로서의 근본지(根本智)다. 따라서 '유아독존'은 전일적이고 자기근원적인 생명의 존귀함을 나타낸 것이다. 우주의 실체가 견고한 물질적 외피가 아니라 의식이라는 사실을 알지 못하고서는, 다시 말해 물질의 공성(空性)을 이해하지 못하고서는 공(空)과 유아(唯我)·유일자·유일신이 같은 것임을, 참자아와 참본성이 같은 것임을, 신과 신성(神性)이 같은 것임을 결코 이해할 수 없다. '유아'는 만유의 본질로서 만유에 내재해 있는 동시에 다함이 없는 기화(氣化)의 작용으로 만유를 생멸시키는 불생불멸의 유일자(유일신)이니, 이 세상 그 무엇에도 비길 데 없이 존귀한 것이다. 실로 '천상천하유아독존'이라고 하는 경구(警句)에 진리의 정수(精髓)가 담겨 있다.

한편 성경에는 '나'라는 표현이 자주 등장하는데, 이 '나'는 특정 종교의 신으로서의 '나'가 아니라 보편적 실재, 즉 참자아[참본성·神性·靈性·一心]를 일컫는 것이다. 사실 특정 종교의 신이라는 개념 자체가 성립될 수 없다. 왜냐하면 우주의 실체는 의식이므로 신은 곧 '신 의식[근원의식·전체의식·보편의식·우주의식·순수의식·一心·참본성·神性·靈性]'이며 비분리성·비이원성을 본질로 하기 때문이다. 보편적 실재로서의 신은 무경계(no boundary)인 실재(reality)를 지칭한 것이다. 바로 이 보편적 실재인 '나'를 파악하는 것이 진리[생명]의 정수(精髓)를 꿰뚫는 것이다. 예수 그리스도께서 "나를 따르라"(마태복음 8:22)고 한 그 '나', "나

---

는 길이요 진리요 생명이니, 나로 말미암지 않고는 아버지(聖父, 眞理)*께로 올 자가 없느니라"(요한복음 14:6)고 한 그 '나' 또한 보편적 실재로서의 참자아[참본성·神性·靈性·一心] 즉 유일신을 지칭한 것이다. 성부와 성자를 한 분 하느님 즉 유일신이라고 한 것은, 성부는 생명의 본체를 지칭한 것이고 성자는 그 작용을 지칭한 것이니 본체와 작용은 본래 합일이기 때문이다. 생명은 '불가분의 전체성(undivided wholeness)'이기 때문이다. 필자에게 성경은 보편적 실재로서의 '나'에 대해 깊이 사유할 수 있게 한 텍스트였다.

영원한 '하나(一)'에서 우주만물이 나오는 다함이 없는 창조성을 일컬어 『도덕경(道德經)』 6장에서는 '현빈(玄牝)'이라고 하고 있다. 이는 도의 공용(功用)의 영구함을 암컷의 생산력에 비유한 것이다. "암컷의 문(門)이 천지의 근원이며 만물을 끊임없이 생산해 내어도 그 작용은 다함이 없다"[65]고 한 것이 그것이다. 이러한 도(道)의 기능적인 면을 일컬어 『장자(莊子)』 「대종사(大宗師)」편에서는 '조물자(造物者)'[66] 또는 '조화자(造化者)'라고 하였다. 우주만물은 지기(至氣)인 '하나(一)' 즉 하늘(天)의 화현(化現)인 까닭에 「영부주문(靈符呪文)」에서는 '이천식천(以天食天)-이천화천(以天化天)', 즉 하늘로써 하늘을 먹고 하늘로써 하늘을 화할 뿐이라고 한 것이다. 말하자면 우주만물이 모두 한 기운 한 마음으로 꿰뚫어진 까닭에 우주만물의 생성·변화·소멸 자체가 모두 하늘의 조화(造化) 작용[67]인 것이다. 우주의 실체는 의식이므로 이 '하나(一)'는 곧 한 마음(一心)이며, 일심[보편의식, 天·神·靈] 이외에 다른 실재가 있는 것이 아니다.

---

* 성경에 나오는 하느님 아버지라는 호칭은 우주만물의 근원[생명의 본체]이라는 의미를 의인화한 것으로 동학의 '천지부모(天地父母)'와 그 뜻이 같은 것이다. 깨달은 자의 의식 속에서는 이미 '나'와 '너'의 경계가 사라져버렸으므로 '나로 말미암지 않고는'에서 '나'는 예수 그리스도의 육체적 자아가 아니라 보편적 실재로서의 참자아[참본성·神性·靈性·一心] 즉 유일신을 지칭한 것이다.

**원문** 天一一 地一二 人一三

**번역** 하늘의 본체(天一)가 첫 번째(一)로 열리고, 땅의 본체(地一)가 두 번째(二)로 열리고, 인물(人物)의 본체(人一)가 세 번째(三)로 생겨나게 되는 것이라.

**해설** 첫 번째로(一) 하늘의 본체(天一)가 열리고, 두 번째로(二) 땅의 본체(地一)가 열리고, 세 번째로(三) 인물(人物)의 본체(人一)가 생겨나게 된다고 하여 '천일일 지일이 인일삼(天一一 地一二 人一三)'이라고 한 것이다. 여기서 '인(人)'은 사람과 우주만물을 총칭하는 대명사로서의 인이므로 '인물(人物)'이라고 하였다. '천일(天一)·지일(地一)·인일(人一)'은 '하나(一)'의 본체를 천·지·인 셋으로 나눈 것으로 그 근본은 모두 하나로 통한다. 그리고 '하나(一)'의 묘한 이치(妙理)의 작용으로 천지가 열리고 인물이 생겨나는 무위(無爲)의 천지창조(天地創造)* 과정을 일(一), 이(二), 삼(三)의 순서로 나타낸 것이다. 이는 『황극경세서(黃極經世書)』에서 천개어자(天開於子) 즉 자회(子會: 우주의 1월)에서 하늘이 열리고, 지벽어축(地闢於丑) 즉 축회(丑會: 우주의 2월)에서 땅이 열리며, 인기어인(人起於寅) 즉 인회(寅會: 우주의 3월)에서 인물(人物)이 생겨나는 선천개벽(先天開闢)이 있게 되는 것이라고 한 것과 일치한다.

　우주 1년의 이수(理數)를 처음으로 밝혀낸 소강절(邵康節, 이름은 雍)에 의하면, 천지의 시종(始終)은 일원(一元)의 기(氣)이며, 일원(宇宙曆 1年)은 12만 9천6백 년이요 일원에는 12회(子會, 丑會, 寅會, 卯會, 辰會, 巳會, 午會, 未會, 申會, 酉會, 戌會, 亥會)가

---

* 우주는 자기생성적 네트워크체제로 이루어져 있으므로 창조주와 피조물이 따로 있는 것이 아니다. 모든 존재는 자기근원성을 가지고 있으므로 주체-객체 이분법은 성립되지 않으며 모두가 '참여자'의 위치에 있는 것이다. 여기서 '천지창조'라고 한 것은 일반적인 언어 습관에 따른 것일 뿐, 창조하는 주체와 피조물의 이분화를 상정한 것은 아니다.

있어 1회(一會, 宇宙曆 1개월)인 1만 8백 년마다 소개벽이 일어나고 우주의 봄과 가을에 우주가 생장·분열하고 수렴·통일되는 선천(先天)·후천(後天)의 대개벽이 순환하게 된다고 한다. 선천과 후천의 구분은 우주의 1회전 기간을 둘로 나누어 우주력(宇宙曆) 전반 6개월(春夏)을 생장·분열의 선천시대, 후반 6개월(秋冬)을 수렴·통일의 후천시대로 보는 데서 나온 것이다. 건운(乾運)의 선천 5만 년이 음양상극(陰陽相剋)의 시대로 일관한 것은 지축의 경사로 인해 음양이 고르지 못한 데 기인한다. 말하자면 지축이 23.5도로 기울어짐으로 인해 양(陽)은 360일보다 넘치고 음(陰)은 354일이 되어 태양·태음력의 차이가 생겨나고 대립물이 상극을 이루는 시대로 일관하게 된 것이다.

음양동정(陰陽動靜)의 원리로 이제 그 극에서 음으로 되돌아오면서 우주의 가을인 미회(未會)에는 지축 정립과 같은 대변혁 과정을 거쳐 천지가 정원형으로 1년 360일이 되어 음양이 고르게 되는 후천개벽이 일어나게 되는 것이다. 말하자면 우주의 시간대가 새로운 질서로 접어들면서 이제 선천의 건운(乾運) 5만 년이 다하고 곤운(坤運)의 후천 5만 년이 열리는 후천개벽기 즉 미회(未會)에 들어서 있다. 인간은 단순한 지구적 존재가 아니라 천지운행의 원리에 조응하는 우주적 존재이다. 수운 최제우는 새로운 성운(盛運)의 시대를 맞이하여 만인이 본래의 천심(天心, 우주적 본성)을 회복하여 천리(天理)를 따르게 되면 동귀일체(同歸一體)가 이루어져 후천개벽의 새 세상이 열리게 된다고 보았다. 말하자면 천지개벽의 도수(度數)에 조응(照應)하여 인위(人爲)의 정신개벽과 사회개벽이 이루어지면 천지가 합덕(合德)하는 후천의 새 세상이 열리게 되는 것이다.

순천(順天)의 삶이란 인(人)이 시(天時)에 머물러 같이 가며 하늘을 거스르지 않는 것으로, 이로써 하늘이 도와 길(吉)함이 있으며 이롭지 않음이 없게 된다.[68] 무릇 성인이란 나아갈 때와 물러날 때를 아는 사람이라고 한 것은 이를 두고 한 말이다. 따라서 후천개벽은 단순히 정신개벽과 사회개벽을 통한 지구적 질서의 재편성이 아니라 천지운행의 원리에 따른 우주적 차원의 질서 재편으로 이를 통해 곤운(坤運)의 후천 5만 년이 열리게 된다. '하나(一)'에서 천·지·인의 본체가 열리는 '천일일 지일이 인일삼'은 영적 차원에서 물적 차원으로, 근원적 일자(一者)의 세계[본체계]에서 다양성의 세계[현상계]로 나오는 일즉삼(一卽三, 一卽多)의 이치를 무위(無爲)의 천지창조 과정을 통하여 보여 준다. 이러한 과정은 정신은 물질을 통하여, 보편성은 특수성을 통하여 스스로를 구현한다는 사실을 말해 준다.

**원문** 一積十鉅 無匱化三

**번역** '하나(一)'가 쌓여 크게 열(十)을 이루지만 다시 다함이 없이 천·지·인 삼극(三極)으로 화하게 되는 도다.

**해설** '하나(一)'는 만유가 비롯되는 현묘(玄妙)한 문(門)이요, 천변만화(千變萬化)가 작용하는 생멸(生滅)의 문이며, 만물만상이 하나가 되는 진여(眞如)의 문이다. '하나(一)'의 묘한 이치(妙理)의 작용으로 우주만물이 생장·분열하고 수렴·통일되지만 그로써 끝나는 것이 아니라 다시 생장·분열하는 천·지·인 삼극(三極)의 천변만화(千變萬化)의 작용이 있게 되는 것이니, 이러한 과정은 다함이 없이 순환 반복되는 것이라 하여 '일적십거 무궤화삼(一積十鉅無匱化三)'이라 한 것이다. '하나(一)'가 종자라면, 우주만물(三)은 그 나무이고, 열(十)은 그 열매다. 종자인 '하나(一)'와 그 나무인 우주만물(三)은 둘이 아니며, 종자인 '하나(一)'와 그 열매인 열(十) 또한 둘이 아니다. 따라서 '하나(一)'와 셋(三)과 열(十)은 종자와 나무와 열매의 관계로 모두 하나다. 이는 마치 움직임이

극(極)에 달하면 고요해지고 고요함이 극에 달하면 다시 움직이는 태극(太極)과도 같이, '하나(一)'가 묘하게 피어나 생장·분열하여 열매(+)를 맺게 되지만 그로써 끝나는 것이 아니라 그 열매(+)는 다시 종자인 '하나(一)'가 되고 그 '하나(一)'에서 천·지·인 삼극이 갈라져 나오는 과정이 다함이 없이 순환 반복되는 것이다.*

이렇듯 상경(上經) 「천리(天理)」에서는 '하나(一)'에서 우주만물이 나오는 일즉삼(一卽三)의 이치를 드러내고 있다. 여기서 '일즉삼'은 동시에 '삼즉일(三卽一)'의 이치를 내포하고 있긴 하지만, 상경 「천리」에서는 영원한 '하나(一)'의 다함이 없는 창조성을 가능태(可能態, potentia)로서 나타내 보이고 있으므로 '일즉삼'의 이치를 드러낸 것이라고 한 것이다. 다시 말해 '일적십거 무궤화삼'은 '하나(一)'의 본체가 염(染)·정(淨) 제법(諸法)을 포괄하며 다함이 없이 순환 반복하는 이치를 가능태(可能態, potentia)로서 보여주고 있다. '하나(一)'가 음양 양극간의 역동적인 상호작용으로 나타남으로써 현실태가 되는 것은 '천이삼 지이삼 인이삼(天二三地二三人二三)'에서부터이다. 이러한 시작도 끝도 없는 절대유일의 '하나(一)'의 원리가 바로 만유를 범주(範疇)하며 가없는 변화에 응답하는 원궤(圓軌)의 중심축이다. 천부경의 사상은 한마디로 대일(大一)의 사상, 즉 '한'사상이다.

중경(中經) 「지전(地轉)」에서는 음양 양극간의 역동적인 상호작용으로 천지 운행이 이루어지고 음양오행이 만물을 낳는 과정이 끝없이 순환 반복되는

---

* cf. 『東經大全』, 「論學文」: '無往不復之理'. 수운은 그가 하늘로부터 받은 도를 '무왕불복지리(無往不復之理)', 즉 '가고 돌아오지 않음이 없는 이법(理法)'이라고 하고 그러한 자연의 이법(理法)을 천도(天道)라고 명명하였다.

'하나(一)'의 이치와 기운의 조화(造化) 작용을 나타내고 있다. 중경은 1) 천이 삼 지이삼 인이삼(天二三 地二三 人二三) 2) 대삼합육 생칠팔구(大三合六 生七八九) 3) 운삼사 성환오칠(運三四 成環五七)로 구성되어 있다.

**원문** 天二三 地二三 人二三

**번역** 하늘에도 음양(二)이 있고, 땅에도 음양(二)이 있으며, 사람에게도 음양(二)이 있어 음양 양극 간의 역동적인 상호 작용으로 천지운행이 이루어지고 우주만물이 생장·변화하는 도다.

**해설** 천지만물에 음양이 있어 음양 양극 간의 역동적인 상호작용으로 천지운행이 이루어지고 우주만물이 생장·변화하게 되는 것이라 하여 '천이삼 지이삼 인이삼(天二三地二三人二三)'이라 한 것이다. 이는 『도덕경』에서 "도(道, Tao)는 일(一)을 낳고, 일은 이(二)를 낳으며, 이는 삼(三)을 낳고, 삼은 만물을 낳는다. 만물은 음(陰)을 업고 양(陽)을 안으며 충기(冲氣)라는 화합력에 의하여 생성된다"[69]고 한 구절과 맥을 같이한다. 여기서 '삼은 만물을 낳는다'고 한 '삼생만물(三生萬物)'은 삼이 곧 만물이라는 '삼즉만물(三卽萬物)'의 뜻이다.

『도덕경』의 '도(道)'는 『천부경』의 '하나(一)'와 조응하고, '일(一)'은 『천부경』의 '천일 지일 인일(天一地一人一)'의 일(一)과 같이 도(道)의 본체를 나타낸 것이며, '이(二)'는 『천부경』의 '천이 지이 인이(天二地二人二)'의 이(二)와 같이 도(道)의 작용을 나타낸 것이고, '삼(三)'은 『천부경』의 '천이삼 지이삼 인이삼(天二三地二三人二三)'의 삼(三)과 같이 사람과 우주만물(人物)을 나타낸 것이다. 말하자면 『도덕경』의 '도생일(道生一), 일생이(一生二), 이생삼(二生三), 삼생만물(三生萬物)'

의 도(道), 일(一), 이(二), 삼(三)의 네 단계는 『천부경』의 '하나(一)', '천일 지일 인일', '천이 지이 인이', '천이삼 지이삼 인이삼'의 네 단계와 조응한다. 만유의 본원으로서의 도(道), 즉 '하나(一)'가 만물을 생성하는 과정은 음양의 원리가 변증법적인 커뮤니케이션을 통하여 발전하는 과정이다.

'천일 지일 인일'이 '하나(一)'의 본체를 셋으로 나타낸 것이라면, '천이삼 지이삼 인이삼'은 '하나(一)'가 음양(二) 양극 간의 역동적인 상호 작용으로 나타난 것으로, 작용 속에도 '하나(一)'의 진성(眞性)은 그대로 보존되므로 그 체가 둘이 아니다. 즉, 자생자화(自生自化)하는 본체로서의 작용이다. 이는 곧 불연(不然)과 기연(其然), 진여(眞如)와 생멸(生滅)이 본체[본체계]와 작용[현상계]의 상호적인 관계에 있음을 말하여 주는 것이다.[70] 다시 말해 실재의 영원하고 지각할 수 없는 이(裏)의 측면인 체(體)와 실재의 현상적이고 지각할 수 있는 표(表)의 측면인 용(用)이라는 불가분의 관계로 상호관통하고 있음을 보여주는 것이다. 체(體)로서의 진여[不然, 본체계]와 용(用)으로서의 생멸[其然, 현상계]의 상호관통 논리는 이 우주가 자기생성적 네트워크체제로 형성되어 있으며 우주만물이 근본적인 전일성(Oneness)의 현시임을 말하여 준다. 이러한 전일성이 개오(開悟)되지 못할 때 개체화(particularization)와 무지(無知)가 일어나게 된다.

본체와 작용의 상호관통은 천시(天時)와 지리(地理) 그리고 인사(人事)가 조응관계에 있으며, 우주섭리의 작용과 인류 역사의 전개과정이 긴밀히 연계되어 있음을 말하여 준다. 이러한 연계성은 우주만물의 생성·변화·소멸 자체가 모두 '하나(一)'의 조화의 자취이며, 우주만물이 다 지기(至氣, 混元一氣)인 '하나(一)'의 화현(化現)이라는 점에서 분명히 드러난다. 『천부경』에서 '하나(一)'의 세 측면을 '천일 지일 인일·천이삼 지이삼 인이삼·인중천지일'이라고 하듯, 『대승기신론(大乘起信論) The Awakening of Faith』에서는 일심(一心, 自性)

의 세 측면을 '체(體)·용(用)·상(相)'이라고 하고 있다. '천일 지일 인일·천이삼 지이삼 인이삼·인중천지일'이 '하나(一)'와 둘이 아니듯, '체·용·상' 또한 일심과 둘이 아니다. 체·용·상은 일심의 세 측면을 나타낸 것으로 '체'는 우주 만물의 근원인 법신(法身), '용'은 작용 또는 기능인 화신(化身, 應身), '상'은 형태 및 속성인 보신(報身)을 일컫는 것이다. 법신인 '체'를 초논리·초이성·직관의 영역인 진제(眞諦)라고 한다면, 법신의 '용'인 '화신'은 감각적·지각적·경험적 영역인 속제(俗諦)다. 진제와 속제의 관계는 곧 본체와 작용의 관계이며, 이 양 세계를 관통하는 원리가 내재된 것이 법신의 '상'인 '보신'이다. 따라서 보신은 본체인 법신과 그 작용인 화신의 합일을 추동하는 메커니즘이다.

육조 혜능(六祖慧能)의 설법 내용을 기록한 『육조단경(六祖壇經)』에는 법신불·화신불(化身佛, 應身佛)·보신불의 삼신불(三身佛)이 자기 본성(自性) 속에 있음을 분명히 밝히고 있다.[71] 여기서 '불(佛)'은 '하나(一)', 대승(大乘)과 마찬가지로 물질과 정신이 하나가 된 마음(一心)을 말한다. 말하자면 일심의 세 측면을 그렇게 명명한 것이다. 혜능은 평등무이(平等無二)한 본성을 일컬어 실성(實性)이라 하고 이 실성 가운데 있으면서 선악에 물들지 않는 것을 일컬어 만덕원만(萬德圓滿)한 보신불이라고 하고 있다.[72] 다시 말해 일념 일념으로 자기 본성의 자각적 주체가 되어 본래의 마음을 잃지 않는 것을 보신이라 일컫는 것이다.[73] 이는 곧 『천부경』의 중핵을 이루는 '인중천지일(人中天地一)'에 해당하는 것이다. 진여 그 자체인 법신은 곧 자성(自性)을 일컫는 것이다. 일념을 선한 쪽으로 돌리어 지혜가 즉석에서 생겨나게 되는 것을 일컬어 자성이 변화한 화신불이라고 하고 있다.[74]

일심(一心)의 세 측면을 나타낸 법신[體]·화신[用]·보신[相]과 마찬가지로 '하나(一)'의 본체를 셋으로 나눈 상경의 '천일 지일 인일(天一地一人一)', '하나(一)'의 작용을 셋으로 나눈 중경의 '천이삼 지이삼 인이삼(天二三地二三人二三)', 그리고 하경의 '인중천지일(人中天地一)'은 본체-작용-본체·작용의 합일이라는 '생명의 3화음적 구조'로 이루어져 있으며 천·지·인 삼신일체(三神一體)[75]를 의 미한다. 성부·성자·성령, 신령(神靈)·기화(氣化)·불이(不移, 不二), 무극·태극·황 극의 삼원 구조 역시 같은 맥락에서 이해될 수 있으며, 모두 생명의 전일성 과 자기근원성을 논증한 것이다. 천·지·인 삼신일체의 천도가 인간 존재 속 에 구현되는 '인중천지일'의 경계에 이르면 본체와 작용이 하나임을 자연히 알게 되므로 우주 '한생명'을 자각적으로 실천하게 된다. 그런 점에서 '인중 천지일'은 본체와 작용의 합일을 추동하는 메커니즘이다.

'천일 지일 인일'이 염(染)·정(淨) 제법(諸法)을 포괄한 가능태라면, '인중천지 일'은 자성(自性)의 자각적 주체가 되는 구체적 현실태다. 『천부경』에서 말하 는 '하나(一)'는 '불가분의 전체성(undivided wholeness)'인 생명[神·天·靈], 즉 유일 신을 지칭한 것이다. 우주의 실체는 의식이므로 유일신은 곧 일심[참본성, 神 性, 근원의식, 전체의식, 보편의식]이며 보편적 실재로서의 '나[참자아]'이다. 한마음(一 心) 이외에 다른 실재가 있는 것이 아니다. 이렇듯 '천이삼 지이삼 인이삼(天 二三地二三人二三)'은 '하나(一)'의 진성(眞性)과 음양오행의 정(精)과의 묘합(妙合)으 로 이루어지는 '하나(一)'의 작용을 나타낸 것이다. '하나(一)'의 진성은 '천일 지일 인일', '천이 지이 인이', '천이삼 지이삼 인이삼' 내에 모두 그대로 보존 되므로 '하나(一)'와 음양오행과 만물은 불가분의 관계다. 음양 양극 간의 역 동적인 상호작용으로 천지운행이 이루어지고 우주만물이 화생하는 과정을 본체와 작용의 상호관통으로 풀이할 때 자기생성적 네트워크체제로서의 우 주가 그 모습을 드러내게 된다.

**원문** 大三合六生七八九

**번역** 대삼(大三), 즉 하늘의 음양(二)과 땅의 음양(二)과 사람의 음양(二)이 합하여 육(六)이 되고, 칠(七), 팔(八), 구(九)가 생겨나는 것이라.

**해설** 대삼(大三), 즉 하늘의 음양(二)과 땅의 음양(二)과 사람의 음양(二)이 합하여 육(六)이 되고, 육(六)에 천·지·인 기본수인 일(一), 이(二), 삼(三)을 더하여 칠(七), 팔(八), 구(九)가 생겨나는 것이라 하여 '대삼합육 생칠팔구(大三合六生七八九)'라 한 것이다. 여기서 육(六)은 '천이(天二)'·'지이(地二)'·'인이(人二)'를 합한 것으로 이는 천·지·인 음양의 총합을 나타낸 것이다. 말하자면 육(六)은 대삼(大三)의 묘합(妙合)이자 '하나(一)'의 체상(體象)을 나타낸 것으로 '하나(一)'의 진성(眞性)은 이들 음양(二) 속에도 그대로 보존된다. 또한 음양의 이기(二氣)에 의해 오행(水·火·木·金·土)이 생성되고 음양오행[七]에 의해 만물이 생겨나지만 음양과 오행 및 만물 내에도 '하나(一)'의 진성은 그대로 보존되므로 '하나(一)'와 음양오행과 만물은 분리해서 생각할 수 없다.[76]

'하나(一)'는 본체계와 현상계를 관통하는 근원적 일자(一者)로서 우주만물에 편재해 있는 보편자, 즉 유일신[神·天·靈]이다. 「영부주문(靈符呪文)」에서 "저 새소리도 또한 시천주(侍天主)의 소리니라"[77]라고 한 것은 사람만이 홀로 생명의 본체인 '하나(一)' 즉 하늘[天主]을 모신 것이 아니라 우주만물이 다 하늘을 모시고 있다는 뜻이다. '천이(天二)·지이(地二)·인이(人二)'를 합한 육(六)에 천·지·인 기본수인 일(一), 이(二), 삼(三)을 더하면 칠(七), 팔(八), 구(九)가 생겨나는 것이니, 이는 천·지·인 혼원일기(混元一氣)인 '하나(一)'가 생명의 물레를 돌리는 이 우주의 가없는 파노라마를 천지 포태(胞胎)의 이치와 기운을 담은 이수(理數)로 나타낸 것이다.

다시 말해 '하나(一)'의 진성(眞性)과 음양오행의 정(精)과의 묘합(妙合)으로 우주자연의 사시사철과 24절기의 운행과 더불어 감(感)·식(息)·촉(觸)이 형성되면서 만물이 화생(化生)하는 과정을 칠(七), 팔(八), 구(九)로 나타낸 것이다.* 일월성신(日月星辰)을 다스리는 하늘의 주재신으로서 인간의 길흉화복(수명장수·자손번창·천재지변 등)을 주관하는 것으로 알려진 북두칠성(北斗七星)과 인간의 일곱 가지 감정인 칠정(七情)과 망자(亡者)가 삼악도(三惡道)에 들지 않고 보다 나은 세상에 태어나기를 비는 기도의식인 49재 즉 칠칠재(七七齋)의 7이라는 숫자,** 우주섭리를 함축하고 있는 팔괘(八卦)·팔괘의 자승수인 64괘와 여덟 절

---

* 『三一神誥』,「人物」편은 사람과 우주만물이 다 같이 받은 '하나(一)'의 眞性을 셋으로 나누어 성·명·정(性·命·精)이라고 하고 이어 심·기·신(心·氣·身)과 감·식·촉(感·息·觸)의 순서로 설하고 있는데, 7, 8, 9는『三一神誥』의 논리적 구조와 연결시켜 볼 때 감·식·촉(感·息·觸)에 해당하는 것이다.

** 7은 생명의 일정한 주기와 현상을 지배하는 숫자인 것으로 알려져 있다. 사찰에 모셔진 칠성각은 북두칠성 신앙과 관련이 있으며, 예로부터 수명장수·자손번창 등을 기원하며 액운을 막아달라고 북두칠성께 치성을 올리는 칠성기도가 행해져 왔다. 우리의 생명이 북두칠성으로부터 왔고 죽으면 다시 그곳으로 돌아간다는 믿음이 있었기에, 사람이 죽으면 시신을 '칠성판(七星板)'에 놓는 것이다. 하늘을 숭배하는 '환웅 천손족'과 원주민인 '곰 토템족'이 서로 융합하여 통혼하기에 이르는 과정을 단군신선사상과 결합시켜 상징적으로 나타낸 단군설화에 보면 곰이 삼칠일(21일)만에 사람이 된 것으로 나와 있는데, '삼칠일'의 3은 우주만물의 기본수이고 7은 생명수이니 삼칠일만에 사람다운 사람이 되었다는 것은 일즉삼·삼즉일의 원리가 인간 존재 속에 구현됨으로써 '인중천지일(人中天地一)'을 체현했다는 것이요, 이는 곧 진성(眞性)·진명(眞命)·진정(眞精)의 삼진(三眞)으로 돌아감으로써 우주만물이 '한생명'임을 체득했다는 의미가 함축된 것이다. 예로부터 많이 행해져 온 삼칠일 기도는 기도의 진정한 의미가 우주 '한생명'을 체득함으로써 '참나'에 이르게 하는 데 있다는 함의를 지닌다. 『黃帝內經』에서는 여성의 신체가 7년을 주기로 생리적 및 발육의 현상에 있어 변화를 일으키는 것에 대해 설명하고 있다. 예컨대, 일반적으로 여성이 14세(7x2)가 되면 월경이 시작되며 임신할 능력이 생기고, 49세(7x7)가 되면 월경이 끝나며 임신하지 못하게 되는 것이 그것이다. 또한 남자의 경우 8년을 주기로 성장·쇠퇴하는 생리력의 변화를 나타내게 된다. 칠정은 일반적으로 喜·怒·哀·樂·愛·惡·慾을 말하는데, 한의학에서는 喜·怒·憂·思·悲·驚·恐을 칠정이라고 하고, 불교에서는 喜·怒·憂·懼·愛·憎·欲을 칠정이라고 한다. 또한 죽음과 탄생의 경계에 있는 세계에서 듣는 것만으로 영원한 자유에 이르게 하는 Padma Sambhava, *The Tibetan Book of the Dead : Liberation through Understanding in the Between*, translated by Robert A. F. Thurman and foreword by H. H. the Dalai Lama(New York: Bantam Books, 1994)(原語로『바르도 퇴돌(Bardo Thodol)』) 경전이 숫자

후(節侯)의 팔절(八節)과 '인중천지일(人中天地一)' · '성통공완(性通功完)'을 이루는 구체적인 방법을 366사(事)로써 제시한 팔강령(八綱領, 八理)의 8이라는 숫자,* 하늘의 구궁(九宮)과 소우주인 인체의 구규(九竅)와 9의 자승수인 『천부경』 81자 · 『도덕경』 81장과 『서경(書經)』의 「홍범(洪範)」에 기록된 홍범구주(洪範九疇)의 9라는 숫자,** 그리고 칠, 팔, 구를 합한 24절기의 24라는 숫자—이 숫자들

---

7의 자승수인 49라는 숫자에 기초하고 있음을 주목할 필요가 있다.

\* 팔괘는 태호 복희씨(太皞伏羲氏)에 의해 창시된 것으로 건(乾,), 곤(坤,), 진(震,), 손(巽,), 감(坎,), 이(離,), 간(艮,), 태(兌,)를 말하는데, 우주자연의 오묘한 이치를 부호화하여 나타낸 것이다. 팔절은 立春·春分·立夏·夏至·立秋·秋分·立冬·冬至를 말한다. 팔강령은 參佺戒經 또는 治化經이라고도 하는 것으로 誠·信·愛·濟·禍·福·報·應을 말한다. 『易經 The I Ching』에서는 천태만상(千態萬象)의 우주 조화를 숫자 8의 자승수인 64괘로 설명하고 있다.

\*\* 하늘의 구궁, 즉 아홉 구역은 팔괘의 방위와 가운데 방위를 합한 것을 말한다. 북극성을 중심으로 하늘을 아홉 구역으로 분할하여 이를 태일(太一), 천일(天一), 천부(天符), 태음(太陰), 함지(咸池), 청룡(靑龍), 섭제(攝提), 헌원(軒轅), 초요(招搖) 등의 9신이 지배한다고 보는 것이다. 여기서 '宮'이라고 한 것은 아홉 구역 모두 신(神)이 거(居)하는 곳이라 하여 그렇게 명명된 것이다. 구규(九竅)는 사람 몸에 있는 아홉 구멍 즉 눈, 코, 입, 귀, 요도, 항문을 말한다. 9는 사람과 우주만물(人物)을 나타내는 기본수인 3의 자승수이며, 『천부경』 81자는 9의 자승수이다. 홍범구주의 주요 내용은 정치가 하늘(天)의 상도(常道)인 오행(五行)·오사(五事)·팔정(八政)·오기(五紀)·황극(皇極)·삼덕(三德)·계의(稽疑)·서징(庶徵)·오복(五福) 등 구주(九疇)에 의해 인식되고 실현된다는 것이다. 『書經』에 나타난 홍범구주 원문의 대강(大綱)을 보면, 第一疇 五行은 水·火·木·金·土이고, 第二疇 敬五事는 용모(貌), 언행(言), 시각(視), 청각(聽), 생각(思)을 일상생활에서 공손하고 바르게 행하는 것을 말하며, 第三疇 八政은 식(食: 食糧), 화(貨: 財貨), 사(祀: 祭祀), 사공(司空: 內務), 사도(司徒: 教育), 사적(司寇: 治安), 빈(賓: 外務), 사(師: 軍師)의 여덟 가지 통치행위와 관련된 것을 말하고, 第四疇 五紀는 세(歲), 일(日), 월(月), 성신(星辰), 역수(曆數)로 천지운행의 법도를 말한다. 第五疇인 建用皇極은 군왕이 어느 편에도 치우침이 없는 대공지정(大公至正)의 왕도를 세워서 백성들에게 펴는 것을 말하는 것으로, 홍범 9개 조항의 중앙에 위치시킴으로써 군왕이 중심에서 바른 도를 세운다는 뜻에서 왕도는 곧 중정(中正)의 도(道)임을 논리구조적으로 명료하게 보여준다. 第六疇 三德은 군왕이 지켜야 할 천·지·인의 세 가지 덕목 즉 정직(正直), 강극(剛克: 강함으로 다스림), 유극(柔克: 부드러움으로 다스림)을 말하고, 第七疇 明用稽疑는 국가의 주요 정책을 집행함에 있어 의심이 가는 일에 대해서는 사람이 할 바를 다한 후 하늘의 뜻에 다시 비춰

의 순열 조합은 우주섭리가 써 내려가는 생명의 대서사시(大敍事詩)요, 천·지·인 혼원일기가 연주하는 생명의 교향곡이다. 따라서 일체의 생명은 우주적 생명이다. 그 뉘라서 천지에 미만(彌滿)해 있는 이 우주적 무도(舞蹈)를 그치게 할 수 있으리오!

**원문** 運三四成環五七

**번역** 천·지·인 셋(三)이 네(四) 단계―'하나(一)', '천일 지일 인일(天一地一人一)', '천이 지이 인이(天二地二人二)', '천이삼 지이삼 인이삼(天二三地二三人二三)'―를 운행하면서 오행[五]이 생성되고 음양오행[七]이 만물을 낳는 과정이 끝없이 순환 반복되는 원궤[環]를 이루는 것이라.

---

보는 의미에서 복서(卜筮)로 결정하는 방법을 말하고 있으며, 第八疇 庶徵은 하늘이 사람에게 보여주는 여러 가지 징후를 잘 파악하여 충분히 대비해야 함을 말하고 있고, 第九疇 五福(壽, 富, 康寧, 德, 考終命)과 六極(凶短折, 疾, 憂, 貧, 惡, 弱)은 삶의 목표를 올바르게 유도하기 위해 경계로 삼기 위한 것이다. 단재 신채호 선생에 의하면 홍범구주는 2세 단군 부루(扶婁)가 태자였을 당시 도산회의(塗山會議)에서 우(禹: 후에 하나라 왕)에게 전한 신서(神書)의 본문이라고 한다. 끝으로 백두산이라는 '白'자는 백이라는 '百'자에서 한 획이 빠진 것으로 100에서 하나를 뺐으니 99(구구)가 되는 셈이다. 이 숫자는 백두산에 있는 크고 작은 봉우리들의 도합과 같다고도 하며 인간세계를 상징하는 최고의 숫자인 것으로 알려져 있다. 백두산 천지의 정북쪽에 자리 잡은 선교(仙敎)의 사당인 것으로 알려진 팔괘묘(八卦廟: 지금은 그 터만 남아있음)의 문이 99개였던 것, 지장왕보살(地藏王菩薩: 신라 왕자 金喬覺 스님)이 안치된 중국 구화산(九華山) 육신보전(肉身寶殿)의 북문(北門) 계단이 99개, 남문(南門) 계단이 81(구구)개인 것(묘하게도 九華山 봉우리가 99개이며, 喬覺 스님이 열반에 드신 때가 99세임), 『道德經』이 81장으로 이루어진 것, 그리고 구구단이 '구구'로 끝나는 것, 이 모두 『구구경』의 '구구'와 일치하는 것이다. 또한 제석천(帝釋天)이 다스린다는 하늘을 3이 연이은 33天(忉利天)으로 나타낸 것도 주목할 만하다. 이러한 33天 사상은 예로부터 우리 민족에게 많은 영향을 주었다. 3·1운동 당시 민족대표가 33인으로 구성된 것은 인간세계의 차원이 아닌 전 우주적 차원의 독립 선언임을 나타낸 것이며, 한 해를 보내며 갖는 33번의 제야의 타종의식 또한 우리 민족의 의식이 전 우주와 교감하고 있음을 보여주는 것이다.

**해설** 천·지·인 셋(三)이 네(四) 단계, 즉 '하나(一)'·'천일 지일 인일'·'천이 지이 인이'·'천이삼 지이삼 인이삼'의 단계를 거치면서 오행(五行: 水·火·木·金·土)이 생성되고 음양오행[七]이 만물을 낳는 과정이 끝없이 순환 반복되는 원궤(圓軌)를 이루는 것이라 하여 '운삼사 성환오칠(運三四成環五七)'이라 한 것이다. 이 네 단계는 『도덕경』의 '도생일(道生一), 일생이(一生二), 이생삼(二生三), 삼생만물(三生萬物)'의 도(道), 일(一), 이(二), 삼(三)의 네 단계와 일치하는 것이다. 음양의 이기(二氣)에 의해 오행이 생성되고 음양오행에 의해 만물이 화생하나 만물은 결국 하나의 음양으로, 그리고 음양은 '하나(一)'인 혼원일기(混元一氣)로 돌아간다는 것이다.* 이러한 본체와 작용의 관계를 불교에서는 연기적(緣起的) 세계관으로 풀이하는데,[78] 윤회사상(輪廻思想)은 바로 이 연기적 세계관에 기초한 것이다. "이미 건너가야 할 저쪽 언덕이 없는데, 어찌 떠나가야 할 이쪽 언덕이 있으리"[79]라고 한 『열반종요(涅槃宗要)』의 구절이 말하여 주듯, 기실은 가는 것도 없고 오는 것도 없으니 윤회란 실재하는 것이 아니다. 오욕칠정((五慾七情)**에 얽매인 그 마음이, '나'와 '너', '이것'과 '저것'을 이원화(二元化)하고 편착하는 그 마음이 윤회의 수레바퀴를 돌리는 것이다.[80]

이렇게 볼 때 삼(三)과 사(四)의 수리(數理)를 운용(運用)하여 오(五)와 칠(七)의 순환 고리를 이루는 바가 표징(標徵)하는 인간세계의 윤회란 오욕칠정이 낳

---

* 李栗谷이 29세 때 大科에 장원 급제한 글인 '易數策'에서는 "萬物一五行也 五行一陰陽也 陰陽一太極也 太極亦强名耳 其體則爲之易 其理則謂之道 其用則爲之神"이라 하여 "만물은 하나의 오행이요, 오행은 하나의 음양이며, 음양은 하나의 태극이다. 태극은 또한 억지로 붙인 이름일 뿐이니, 그 體를 일러 易이라고 하고, 그 理를 일러 道라고 하며, 그 用을 일러 神이라고 한다"라고 易·道·神을 정의했다.

** 五慾은 食慾·物慾·睡眠慾·名譽慾·色慾을 말한다. 七情은 일반적으로 喜·怒·哀·樂·愛·惡·慾을 말한다.

은 우리 내부의 부정적인 에너지가 다함이 없이 카르마(karma, 業)[81]의 작용을 불러일으키는 것을 말한다. 이러한 카르마의 법칙[윤회의 법칙, 인과의 법칙 또는 작용·반작용의 법칙][82]은 인간의 영혼이 완성에 이르기 위한 조건에 관계한다. 내적 자아의 각성과 영적인 힘의 계발을 위해 있는 것이다. 인내하고 용서하고 사랑하는 마음이야말로 이러한 법칙에 대한 유일한 용제(溶劑)이다. 궁극적 실재인 '하나(一)'와 우주만물이, 본체와 작용이 둘이 아니라는 사실을 알게 되면, 그리하여 이 우주가 '한생명'임을 깨닫게 되면 윤회의 수레바퀴는 멈추게 될 것이다.

오욕칠정을 좇는 삶이 허망한 것은 향이 다 타서 재가 되는 것과 같은 이치다. 이렇듯 우주의 조화 작용과 인간의 정신작용이 조응관계에 있는 것은 혼원일기인 '하나(一)'가 천·지·인을 관통해 있기 때문이다. 우주만물은 모두 간 것은 다시 돌아오고 돌아온 것은 다시 돌아가는 법. 이러한 자연의 이법(理法)을 일러 『동경대전(東經大全)』「논학문(論學文)」에서는 '무왕불복지리(無往不復之理)', 즉 '가고 돌아오지 않음이 없는 이법'이라 하고 천도(天道)라 명명하였다.[83] 천·지·인 셋(三)이 네(四) 단계를 운행하면서 오(五, 오행)와 칠(七, 음양오행)의 순환 고리를 이루는 이 숫자들의 묘합(妙合)에서 하도낙서(河圖洛書)*로 설

---

* 河圖는 태호복희씨(太皞伏羲氏)가 黃河 龍馬의 등에서 얻은 그림인데 이것으로 易의 八卦를 만들었다고 하며, 洛書는 夏禹(하나라 우왕)가 洛水 거북의 등에서 얻은 글인데 이것으로 禹는 천하를 다스리는 大法으로서의 洪範九疇를 만들었다고 한다. 그러나 앞서 고찰했듯이, 도산회의(塗山會議)에서 당시 태자였던 부루(扶婁: 후에 2세 단군)는 禹(후에 하나라 왕)에게 오행치수법(五行治水法)이 기록된 신서(神書, 金簡玉牒)를 전하였는데, 홍범구주는 그 신서의 본문이라고 단재 신채호는 주장했다. 河圖(龍圖)는 열 개의 숫자 1, 2, 3, 4, 5, 6, 7, 8, 9, 10이 일으키는 변화이며 그 합인 55라는 숫자는 相生五行을 나타내고, 洛書(龜書 또는 九書)는 아홉 개의 숫자 1, 2, 3, 4, 5, 6, 7, 8, 9가 일으키는 변화이며 그 합인 45라는 숫자는 相剋五行을 나타내는 것으로, 河圖洛書는 相生相剋하는 천지운행의 玄妙한 이치를 드러낸 것이다.

명되는 음양오행, 팔괘(八卦)가 나오고 천지운행의 원리가 나온다.

삼(三)과 사(四)의 묘리(妙理)를 운용하여 오(五)와 칠(七)의 순환 고리를 이루는 것을 도형으로 나타낸 것이 원방각(圓方角: ○□△)이다. 천지인(天地人)을 함축하고 있는 천원(天圓: ○)·지방(地方: □)·인각(人角: △)의 원리*는 삼사(三四), 즉 삼각(△)과 사각(□)을 운용하여 오칠(五七)의 순환 고리 원(圓: ○)을 이루어 원방각이 삼위일체가 되는 삼일도(三一圖: Ⓐ)를 형성하게 된다. 원방각의 '삼일도'는 5개 접점과 7개 면(面)으로 이루어진 까닭에 오칠(五七)의 순환 고리 원(圓: ○)을 이룬다고 한 것이다. 이는 음양의 이기(二氣)에 의해 오행[五]이 생성되고 음양오행[七]에 의해 만물이 화생하는 과정이 끝없이 순환 반복되는 오칠(五七)의 우주섭리와 합치되는 도형이다. 다시 말해 천·지·인 삼일사상(三一思想)이 바로 이 '삼일도'에 함축된 것이다.

'하나(一)'의 법(法), 즉 우주섭리는 인간의 일상사와는 무관한 허공에 떠 있는 그 무엇이 아니다. 가시권(可視圈)에서 비(非)가시권에 이르기까지 우주섭리에서 벗어나 존재할 수 있는 것은 이 우주에 아무것도 없다. 실로 자연현상에서부터 인체현상, 사회 및 국가현상, 그리고 천체현상에 이르기까지, 극대로부터 극미에 이르기까지, 그 어느 것 하나도 우주섭리에서 벗어나 있는 것은 없다. 한마디로 천지운행 그 자체가 '하나(一)'의 법이다. 이 '하나(一)'의 법은 '하늘의 그물이 넓고 넓어서 보이지는 않으나 새지 않는다'[84]고 한 『명심보감(明心寶鑑)』의 구절 속에 잘 나타나 있다. 밤하늘에 흩어져 있는 무

---

\* 『桓檀古記』, 「太白逸史」第五 蘇塗經典本訓에서는 "圓이란 하나(一)이며 無極이고, 方이란 둘(二)이며 反極이고, 角이란 셋(三)이며 太極이다(圓者一也 無極 方者二也 反極 角者三也 太極)"라고 하여 圓·方·角이 곧 天(一)·地(二)·人(三)을 나타내고 있음을 보여준다. 여기서 無極과 太極은 본체와 작용의 관계로서 하나의 고리를 이루므로 무극이 곧 태극이요 태극이 곧 무극이다.

수한 별들 사이에 인력이 작용하고 있는 것처럼, 우주만물은 끝없이 상호 연결되어 있으며 서로가 서로를 비추는 상즉상입(相卽相入)의 구조로 연기(緣起)하고 있다.

이러한 상호 연관과 상호 의존의 세계 구조를 『화엄경(華嚴經)』에서는 '인드라망(Indra網)'[85]으로 비유한다. 제석천궁(帝釋天宮)에는 그물코마다 보석이 달려있는 무한히 큰 그물이 있는데, 서로의 빛을 받아 서로 비추는 관계로 하나만 봐도 나머지 전체 보석의 영상이 보이게 된다는 것이다. 인드라망의 비유는 두 입자가 공간적으로 아무리 멀리 떨어져 있어도 비국소적으로 연결되어 있기 때문에 매개체 없이도 즉각적으로 서로의 상태에 영향을 미친다는 '양자 얽힘(quantum entanglement)' 이론과도 상통한다. 이 우주가 본질적으로 역동적이며 불가분적인 전체로서, 정신적인 동시에 물질적인 하나의 실재로서 인식되게 된 데에는 20세기 실험물리학의 발달에 힘입은 바 크다. 아인슈타인의 상대성이론과 양자역학에 이르러 뉴턴의 3차원적 절대 시공(時空)의 개념이 폐기되고 4차원의 '시공연속체'가 형성됨으로써 이 우주가 상호 작용하는 네트워크체제로 이루어져 있다는 생태적 관점이 점차 힘을 얻게 된 것이다. 말하자면 생명현상을 개체나 종(種)의 차원이 아닌 생태계 그 자체로 인식하게 된 것이다.

오(五)와 칠(七)이 이루는 생명의 순환고리는 생명현상 그 자체에 대한 정확한 인식이 없이는 포착될 수 없다. 생사(生死)란 우주의 숨결이다. 꽃이 피고 지는 것이나 인간이 태어나고 죽는 것 모두 자연과 인간이 하나의 생명의 순환고리로 연결되어 있음을 보여준다. 죽어서 흙으로 돌아가고 초목을 키우고 초목은 다시 인간에게 산소와 양분을 공급하는 방식으로. 생명의 흐름은 상호의존·상호전화·상호관통하는 원궤를 이루며 영원히 이어진다. 이렇듯 중경(中經)「지전(地轉)」에서는 음양 양극간의 역동적인 상호작용으로 천지운행이 이루어지고 음양오행이 만물을 낳는 과정이 끝없이 순환 반복되는 '하나(一)'의 이치와 기운의 조화(造化) 작용을 보여준다. 『천부경』에서 천지 포태의 이치와 기운을 일(一)부터 십(十)까지의 숫자로 풀이한 것은 진리가 언설의 경계를 넘어서 있는 까닭이다. 강을 건너기 위해서는 나룻배가 필요하나 언덕에 오르기 위해서는 배를 버려야 하듯, 진리의 언덕에 오르기 위해서는 이 숫자들마저도 버려야 한다.

**하경(下經) 「인물(人物)」**에서는 우주만물의 근본이 '하나(一)'로 통하는 삼즉일(三卽一)의 이치와 소우주인 인간의 대우주와의 합일을 통해 하늘의 이치가 인간 속에 징험(徵驗)됨을 보여준다. 말하자면 '하나(一)'의 이치와 그 조화 기운과 하나가 되는 일심(一心)의 경계를 보여주는 것이다. 상경 「천리」가 가능태(可能態, potentia)라면, 하경 「인물」은 구체적 현실태(concrete actuality)로 '천부중일(天符中一)'의 이상을 제시한다. 하경은 1) 일묘연만왕만래 용변부동본(一妙衍萬往萬來 用變不動本) 2) 본심본태양 앙명 인중천지일(本心本太陽 昻明 人中天地一) 3) 일종무종일(一終無終一)로 구성되어 있다.

**원문** 一妙衍萬往萬來 用變不動本

**번역** '하나(一)'의 묘리(妙理)의 작용으로 삼라만상이 오고 가며 그 쓰임(用)은 무수히 변하지만 근본은 변함이 없도다.

**해설** '하나(一)'의 묘한 이치의 작용으로 삼라만상이 오고 가며 그 쓰임은 무수히 변하지만 근본은 변함도 다함도 없는 까닭에 '일묘연만왕만래 용변부동본(一妙衍萬往萬來用變不動本)'이라 한 것이다. 우주만물이 다 지기(至氣)인 '하나(一)'의 화현(化現)이고, 우주만물의 생성·변화·소멸 자체가 모두 '하나(一)'의 조화의 자취이니, '하나(一)'의 묘리(妙理)의 작용으로 삼라만상이 오고 간다고 한 것이다. '하나(一)'에서 우주만물이 형성되고 궁극에는 그 근원으로 되돌아가는 작용이 다함이 없이 이루어지는 까닭에 '만왕만래'라 한 것이고, 그 쓰임은 무수히 변하지만 근본은 변함도 다함도 없는 까닭에 '용변부동본'이라 한 것이다. 우주만물은 '하나(一)'에서 나와 다시 '하나(一)'로 복귀하므로[86]* '하나(一)'의 견지에서 보면 늘어난 것도 줄어든 것도 없다.** 만물만상은 무상(無常)한지라 한결같을 수 없고 오직 '하나(一)'만이 한결같아서 이러한 대립과 운동을 통일시킨다. '하나(一)'는 천지만물의 근원으로서 무한한 생명력을 지니고 있다. 하나의 달(月)이 수천 갈래 시냇물에 비치지만, 허공에 떠 있는 달은 변함도 다함도 없는 것과 같은 이치다. 밤이 다하면 물속에 있는 수천 개 '달'은 그 근원인 하나의 '달'에 의해 거두어진다.

무지(無知)의 바람이 고요해지면 일체의 현상은 '하나(一)'의 본질 속으로 흡수되기 마련이다. 본체계와 현상계, '하나(一)'와 우주만물의 관계는 보이지 않는 실물과 보이는 그림자의 관계와 같다. 이처럼 자본자근(自本自根)·자생자화(自生自化)하는 '하나(一)'의 조화, 즉 생명의 파동적(波動的) 성격을 깨닫게 되면, 다시 말해 '하나(一)'의 묘용(妙用)을 활연관통(豁然貫通)하게 되면, 불연(不然)의 본체계와 기연(其然)의 현상계를 회통(會通)하게 됨으로써 내재와 초월,

---

\* 되돌아가는 것이 도(道)의 움직임이다. 근본으로 돌아감은 순환하여 서로 바뀐다는 뜻으로 이러한 운동과 변화는 일체의 사상(事象)이 대립·의존 관계에 있기 때문이며, 또한 대립물의 상호의존성은 조화(調和)의 미(美)를 발현시키게 된다.

\*\* 열역학 제1법칙(the first law of thermodynamics)은 에너지가 한 형태에서 다른 형태로 변화할 수는 있지만 어떠한 물리적 변화에서도 모든 물체가 지닌 에너지의 총합은 불변이라는 에너지 보존의 법칙이다.

본체와 작용이 결국 하나임을 알게 된다. 창조주와 피조물, 신과 인간의 이분법적 도식화는 본체계와 현상계를 상호관통하는 '하나(一)'의 조화 작용을 깨닫지 못한 데 기인한다. 일체의 이분법이 폐기된 이른바 '무리지지리 불연지대연(無理之至理 不然之大然)'[87]*의 경계에 이르게 되면, 삼라만상은 '하나(一)'가 남긴 자국들에 불과한 것임을 알게 된다. 그래서 『장자(莊子)』「제물론(齊物論)」에서는 천지만물이 다 '하나(一)'일 따름이므로 '만물여아위일(萬物與我爲一)'이라고 하였다. 본체[眞如]와 작용[生滅]의 합일을 깨닫게 되면, 다시 말해 천인합일의 이치를 체득하게 되면 자기생성적 네트워크체제로서의 '참여하는 우주(participatory universe)'**가 그 모습을 드러내게 된다.

이러한 본체계와 현상계의 관계를 인도의 대서사시 『마하바라타 *Mahābhārata*』에 나오는 『바가바드 기타 *The Bhagavad Gita*』에서는 '브라흐마(Brāhma), 즉 창조신(the god of creation)의 낮과 밤'으로 묘사하고 있다. 아름다운 영적인 시로 이루어진 인도인들이 애송하는 이 경전에는 "…브라흐마의 아침이 밝아오면 우주만물이 본체계(the Invisible)에서 나와 활동을 시작하고, 브라흐마의 밤이 오면 다시 본체계로 되돌아간다. 그렇게 우주만물은 브라흐마의 낮과 밤의 주기에 따라 생성과 소멸을 끝없이 순환 반복한다"[88]고 나와 있다. 말하자면 우주만물이 브라흐마에서 나와 다시 브라흐마로 되돌아가는 것이다. 그런 까닭에 『금강경오가해(金剛經五家解)』에서는 보신(報身)

---

* 無理之至理 不然之大然은 〈道理 아닌 지극한 道理, 肯定 아닌 大肯定〉으로 번역될 수 있으나 그 참뜻은 상대적 차별성을 떠난 如實한 大肯定을 의미한다. 이는 곧 莊子(이름은 周)가 말하는 '大通'과 하나가 된 '坐忘'의 경지(『莊子』, 「大宗師」: "墮枝體 黜聰明 離形去知 同於大通此謂坐忘")이며, '나'를 잊고 '나'를 잃지 않는 경지이다.

** 미국의 이론물리학자 존 휠러(John A. Wheeler)의 '참여하는 우주'의 관점은 관찰자와 관찰 대상, 주체와 객체의 이분법이 폐기되어 우주만물이 파동의 세계가 벌이는 에너지 무도(舞蹈)에 대등한 참여자로서 참여하는 것을 말한다.

과 화신(化身)은 진(眞)이 아니며, 바로 이 브라흐마 즉 "법신(法身)만이 청정하여 끝이 없다"[89]고 하고 있다. 말하자면 물속의 달은 나타났다 사라졌다 하지만 허공에 뜬 달은 항상 교교(皎皎)히 빛나는 것과 같다는 것이다.

창조론과 진화론 논쟁은 생명의 전일성과 자기근원성에 대한 인식 부재에서 오는 것이다. 유물론·유심론 논쟁, 신·인간 이원론과 마찬가지로 생명의 본체(一)와 작용(三, 多)의 상호관통에 대한 인식이 결여된 데서 오는 것이다. 스스로 생성되고 변화하여 돌아가는 것인데, 누가 누구를 창조한다는 말인가! 거울에 비친 형상과 거울을 분리시킬 수 없고, 천강(千江)에 비친 달 그림자와 달을 분리시킬 수 없듯이, 우주만물과 혼원일기(混元一氣, 至氣)인 '하나(一)'는 분리될 수 없다. 진화론 또한 생물학적 진화론만으로는 우주의 진행 방향인 영적 진화(의식의 진화)에 대해서나, 영적 진화의 지향성을 갖는 우주의 불가분의 한 부분인 인간에 대해 설명할 수 없다. 우주의 실체는 의식이므로 진화는 영적 진화이며 물질계의 진화는 영적 진화와 표리의 조응관계에 있다는 사실을 놓치고 있다는 것이 진화론 문제의 본질이다.

세상에서 일어나는 온갖 참사들이 진화에 역행하는 것이라고 이해한다면 그것은 에고(ego)의 해석일 뿐, 진화는 시작도 끝도 없는 영원 속에서 이루어진다. 이 세상은 인간의 의식을 비춰주는 거울이므로 인간의 의식이 소음으로 가득 차 있으면 참사들이 일어나는 것이다. 상대계의 존재 이유는 영적 진화를 위한 학습 여건 창출과 관계되며, 그 시대 그 사회 사람들의 집단 에너지의 총합이 영적 진화에 필요한 최적 조건을 창출해 낸다. 따라서 우리가 불평하는 매 순간이 사실은 영적 진화에 필요한 최적 조건이다. 심판이란 정확하게 말하면 '자기심판(self-judgment)'이다. 본체와 작용, 의식계와 물질계의 상호관통을 이해하지 못하고서는 사실 그대로의 우주를 파악할 수 없다. 생명은 전일적이고 자기근원적이므로 창조론과 진화론을 이분법적으로 이해하기보다는 창조적 진화라는 변증법적 통합의 형태로 이해하는 것이 더 적절할 것이다.

'하나(一)'는 만유의 본질로서 내재해 있는 동시에 만물화생의 근본원리로서 작용하므로 삼라만상이 오고 가며 그 쓰임은 무수히 변하지만 근본은 변함도 다함도 없다. 무궁한 하늘[하나(一)']의 조화를 깨닫게 되면 조물자(造物者)인 하늘과 그 그림자인 인간이 분리될 수 없는 하나라는 사실을 알게 된다. 그러나 그러한 묘각(妙覺)의 경지는 매순간 깨어있는 의식이 아니고서는 결코 이를 수 없는 까닭에 「양천주(養天主)」에서는 "오직 하늘을 양(養)한 사람에게 하늘이 있고, 양(養)치 않는 사람에게는 하늘이 없나니…"[90]라고 한 것이다. '하늘을 모심(侍天)'은 곧 '하늘을 기름(養天)'이다. '양천(養天)'은 의식(意識)의 확장을 말함이며 영적 진화와 관계된다.

우주만물이 다 하늘[참본성(性), 一心]을 모시는 영적 주체이고 우주만물의 근본이 모두 하나로 연결되어 있다는 영적 자각에서 생명의 존엄성과 평등성 그리고 자율성이 도출되어 무극대도(無極大道)의 세계가 열리게 된다. 보이는 만상은 보이지 않는 실체의 그림자에 불과하다. 생사(生死)를 버리고 열반(涅槃)을 구하는 것은 마치 그림자를 버리고 실체를 구하는 것과 같다. 마찬가지로 색신(色身)을 버리고 법신(法身)을 구하는 것은 얼음을 버리고 물을 구하는 것과 같다. 천인합일(天人合一)의 대공(大公)한 경계는 티끌 속에서 티끌 없는 곳으로 가는 경지이며 본체와 작용은 하나다. 이렇듯 '일묘연만왕만래용변부동본'에서는 생멸을 거듭하는 우주만물의 본질이 곧 불생불멸의 '하나(一)'라고 하는 삼즉일(三卽一 또는 多卽一)의 이치를 보여준다.

**원문**  本心本太陽昻明人中天地一

**번역**　인간의 근본 마음자리는 우주의 근본인 태양과도 같이 광명한 것이어서, 환하게 마음을 밝히면 천·지·인 삼신일체의 천도(天道)를 체득하게 되는 것이라.

**해설**　인간의 근본 마음자리[性]는 우주의 근본인 태양과도 같이 광명한 것이어서, 환하게 마음을 밝히면 천·지·인 삼신일체(三神一體)의 천도(天道)가 인간 존재 속에 구현되는 것이라 하여 '본심본태양 앙명 인중천지일(本心本太陽昂明人中天地一)'이라고 한 것이다. 우주의 실체는 의식이므로 마음의 근본은 우주의 근본과 하나로 통하는 것이어서, 인간의 참본성[神性, 自性, 一心]이 회복되면 천·지·인 삼신일체를 체득하게 되므로 인간의 완전한 자기실현이 이루어지게 된다. '인중천지일'은 우주의 본질인 생명의 순환과 함께 성통광명(性通光明)의 이치를 밝힌 생명경(生命經)의 하이라이트가 되는 부분이다. 이렇듯 천·지·인 삼신일체가 인간 존재 속에 구현된 의미를 지닌 『천부경』의 '인중천지일'을 축약하여 '천부중일(天符中一)'[91]의 이상으로 나타내기도 한다.

인간의 자기실현이란 "내가 나 된 것일 뿐 다른 것이 아니다."[92] 따라서 이 세상에서 새로이 이룰 것은 아무것도 없다. 단지 인간 본래의 자성(自性)을 회복하는 일만이 있을 뿐이다. '참나'와 만나기 위해 인류는 그토록 멀고도 험난한 길을 달려왔다. 역사상 그 무수한 국가의 명멸과 문명의 부침(浮沈)과 삶과 죽음의 투쟁, 그 모든 것은 '참나'와 만나기 위한 교육과정이요, 국가·민족·인종·종교·성·계급 간의 경계를 넘어 인류가 하나임을 인식하기 위한 시험의 관문이었다. 삶과 죽음, 전쟁과 평화, 빛과 어둠, 기쁨과 슬픔, 사랑과 증오, 건강과 병, 맑은 하늘과 태풍 등의 대조적 체험을 통해 우리의 영혼은 더욱 맑고 밝고 확대되고 강화되게 된다. 그리하여 마침내 이들이 모두 하나라는 인식에 이르게 된다. 말하자면 천·지·인 삼신일체의 천도를 체득하게 되는 것이다.

'참나'로 가는 길이 곧 동귀일체(同歸一體)요 귀일심원(歸一心源)이다. '참나'가 바로 불생불멸의 영원한 '하나(一)'이며, 이는 곧 한마음(一心)으로 우주적 본성을 일컬음이다. 그런 까닭에 「영부주문(靈符呪文)」에서는 "마음이란 것은 내게 있는 본연의 하늘이니 천지만물이 본래 한마음이라"[93]고 한 것이다. 환하게 마음을 밝힌다는 것은 본래의 자성(自性)을 회복한다는 것이요 이는 곧 일심의 근원으로 돌아간다는 것이다. 일심의 근원으로 돌아가면* 사람이 하늘을 모시고 있음(侍天)을 저절로 알게 되는 법. 이는 곧 평등성지(平等性智)의 나타남이다.[94] 만유가 그러하거니와, 사람 또한 지기(至氣)인 '하나(一)' 즉 하늘의 화현인 까닭에 하늘과 둘이 아니므로 인내천(人乃天)이라 한 것이다. 깨달은 자의 눈으로 보면 모두가 깨달은 존재이다. 말하자면 일심은 근원성·포괄성·보편성을 띠는 까닭에 우주만물의 근본과 하나로 통하게 되므로 일체가 밝아지게 되는 것이다. 이는 곧 소우주인 인간과 대우주가 하나가 되는 것이다. 『천부경』의 진수(眞髓)는 바로 이 '인중천지일'에 있다. 천·지·인 삼신일체의 열쇠는 사람에게 있고 사람의 마음이 밝아지면 그 열쇠는 저절로 작동하게 되므로 '성통공완(性通功完)'을 이룰 수 있게 된다.

경천(敬天)·경인(敬人)·경물(敬物)의 '삼경(三敬)'사상은 우주만물의 조화적 질서를 이루는 바탕이 되는 것으로 마음을 밝히는 길을 제시한다. 경천(敬天)은

---

* 一心의 근원으로 되돌아가면 그때 네 가지 지혜가 원만해진다고 『金剛三昧經論』에서는 말한다. "'…그 땅은 청정하기가 깨끗한 유리와 같다'고 한 것은 大圓鏡智의 뜻을 나타낸 것이다…'그 性이 항상 평등하기가 저 大地와 같다'고 한 것은 平等性智의 뜻을 나타낸 것이다…'깨닫고 묘하게 관찰함이 지혜의 햇빛과 같다'고 한 것은 妙觀察智의 뜻을 밝힌 것이다…'이익을 이루어 근본을 얻음이 大法雨와 같다'고 한 것은 成所作智의 뜻을 밝힌 것이다."

허공을 향하여 상제(上帝)를 공경하는 것이 아니라 내 마음을 공경함이니, '오심불경 즉천지불경(吾心不敬卽天地不敬)'이라 한 것이다.[95] 우주만물에 대한 차별 없는 사랑과 공경의 원천인 바로 그 한마음을 공경함이 곧 '경천'이다. 우상숭배란 바로 이 경천의 도(道)를 바르게 알지 못하는 데서 오는 것이다. 저 푸른 창공도 저 까마득한 허공도 아닌 한마음(一心), 즉 '하나(一)'를 공경함으로써 불생불멸의 참자아(神性)를 깨닫게 될 것이요, 일체의 우주만물이 다 내 동포라는 전체의식에 이를 수 있을 것이며, 기꺼이 헌신하고자 하는 마음, 책임과 의무를 다하고자 하는 마음이 우러나올 수 있나니, 실로 '하나(一)'에 대한 공경이야말로 모든 진리의 중추를 틀어쥐는 것이다.

이러한 '경천'의 원리는 경인(敬人)의 행위가 수반되지 않으면 발현될 수 없다. 경천만 있고 경인이 없으면 도(道)가 바르게 실행될 수 없으므로 "사람을 버리고 하늘을 공경한다는 것은 물을 버리고 해갈(解渴)을 구하는 자와 같다"[96]고 한 것이다. 그러나 사람을 하늘과 같이 공경한다 해도 경인은 경물(敬物)이 없이는 도덕의 극치에 이르지 못하고, 물(物)을 공경함에까지 이르러야 비로소 천지기화(天地氣化)의 덕(德)에 합일될 수 있다. 인간이 영적(靈的)으로 확장될수록 사랑은 그만큼 전체적이 된다. 우주만물에 대한 차별 없는 공경과 사랑이 일어날 수 있는 것은 우주만물에 내재하는 동시에 초월한 그 '하나(一)'를 깨달음으로서이다. 이렇듯 본래의 천심을 회복하면 천시(天時)와 지리(地理) 그리고 인사(人事)가 조응관계에 있음을 알게 되어 만유의 생명을 존중하고 사랑을 실천하는 순천의 삶을 지향할 수 있게 된다.

경천·경인·경물의 '삼경(三敬)'의 실천은 마음을 밝히기 위한 것이요, 마음을 밝힌다는 것은 천·지·인 삼신일체의 천도를 체득한다는 것으로, 우주만물의 참본성(性)이 곧 하늘이며 참자아임을 알게 되는 것이다. 천·지·인 삼신이 곧 유일신 '하나(一)'이니, 삼위일체란 이를 두고 하는 말이다. 신은 만유에 내재해 있는 신성(神性, 참본성, 一心)인 동시에 만유를 생성·변화시키는 지기(至氣)로서 일체의 우주만물을 관통한다. 그러한 참자아인 신(神·天·靈)을 인간 자신으로부터 분리하는 것이야말로 존재론적 자살(ontological suicide)이 아니고 무엇이랴! 수운(水雲) 심법(心法)의 키워드라 할 수 있는 '오심즉여심(吾心即汝心)'은 하늘마음이 곧 사람 마음이란 뜻으로 천인합일의 이치를 극명하게 보여준다. 유사 이래 신을 섬기는 의식이 보편화된 것은 우리의 본신이 곧 신[神性]이기 때문이다. 이기적인 욕구 충족을 위해서가 아니라 '영혼의 정화(purification of soul)'를 위해서, 마치 신에게 바치는 번제의식(燔祭儀式)과도 같이 정성을 다함으로써 신성이 발현될 수 있는 까닭이다.

오늘날 만연한 인간성 상실은 곧 내재적 본성인 신성 상실에서 비롯되는 것이다. 따라서 신성 회복은 곧 인간성 회복이며, 이성과 신성이 합일하는 일심(一心) 속에서 인간은 비로소 신과 하나가 된다. 마음을 지키고 기운을 바르게 함으로써(守心正氣) 우리의 마음이 태양과도 같이 광명하게 되면 '사람이 곧 하늘'임을 알게 되고 평등무이(平等無二)한 세계가 저절로 그 모습을 드러낼 것이다. 『천부경』에 나타난 '천부중일(天符中一)'의 이상은 인간의 신성 회복을 통해 인류의 삶을, 이 세상을 근본적으로 바꾸기 위한 것이다. 그것은 낡은 종교적 교의나 철학적 사변이나 언어적 미망(迷妄)을 떠나 있으며, 에고(ego)가 만들어 낸 일체의 장벽을 해체할 것을 선언한다. 그것은 우주 '한생명'에 대한 선언이다. 실로 참본성이 열리지 않고서는 사회적 공덕을 완수할 수도 없고 세상을 근본적으로 바꿀 수도 없다. 부정한 의식의 철폐를 통한 진지(眞知)의 회복, 바로 여기에 제2의 르네상스가 있고 제2의 종교개혁이 있다. 그것은 유럽적이고 기독교적인 서구의 르네상스나 종교개혁과는 달리, 전 인류적이고 전 지구적이며 전 우주적인 존재혁명이 될 것이다.

일심의 본체는 지극히 공평하고 사(私)가 없어 평등무차별하다. 『천부경』의 '하나(一)'의 원리는 일즉삼·삼즉일의 이치를 명정하게 밝힘으로써 무수한 진리의 가지들을 하나의 진리로 되돌리기 위한 것이다. '하나(一)'를 열면 무수한 사상(事象)이 펼쳐져 나오지만, 닫으면 '하나(一)'이다. 연다고 해서 그 '하나(一)'가 늘어나는 것이 아니고, 닫는다고 해서 그 무수한 사상이 줄어드는 것이 아니다.[97] 천·지·인 삼신일체의 천도를 체득하면 천시(天時)와 지리(地理) 그리고 인사(人事)가 조응관계에 있음을 알게 되므로 '진인사대천명(盡人事待天命)'의 지혜가 발휘된다. 해와 달이 허공에 떠 있지만 거기에 집착하지 않는 것처럼, 비우고 또 비우는 연단(鍊鍛)의 과정을 통하여 마침내 '함이 없으면서도 하지 않음이 없는(無爲而無不爲)'[98] 무위이화(無爲而化)의 덕과 그 기운과 하나가 되면, 사람이 법을 좇는 것이 아니라 법이 사람을 좇고 물질이 의식을 거두어들이는 것이 아니라 의식이 물질을 거두어들이는* '천부중일(天符中一)'의 이상은 실현될 수 있을 것이다. 이는 곧 '삼즉일'의 원리가 인간 존재 속에 구현되는 것으로, 물질문명의 상흔(傷痕)을 치유해줄 진정한 문명의 개창은 이로부터 시작될 것이다.

**원문** ─終無終─

**번역** '하나(一)'에서 우주만물이 비롯되고 다시 '하나(一)'로 돌아가지만 끝이 없는 영원한 '하나(一)'로다.

---

\* 達磨, 『二入四行論』: "迷時人逐法 解時法逐人 迷時色攝識 解時識攝色." "미혹하면 사람이 法을 좇지만, 깨달으면 法이 사람을 좇는다. 미혹하면 물질이 의식을 거두어들이지만, 깨달으면 의식이 물질을 거두어들인다."

**해설** '하나(一)'에서 우주만물이 비롯되고 다시 '하나(一)'로 돌아가지만, 그 '하나(一)'는 '하나(一)'라는 명상(名相)이 생기기 전부터 이미 사실로서 존재해 온 까닭에 시작이 없으며, 따라서 '하나(一)'로 돌아가지만 끝이 없는 '하나(一)'라 하여 '일종무종일(一終無終一)'이라고 한 것이다. 끝이 없다는 것은 곧 시작이 없다는 것과 같은 뜻으로, 무시무종(無始無終)의 영원한 '하나(一)'로 『천부경』은 끝나고 있다. '하나(一)'로 돌아가나 끝이 없는 '하나(一)'라는 '일종무종일'의 의미는 '하나(一)'에서 비롯되나 시작이 없는 '하나(一)'라는 '일시무시일(一始無始一)'의 의미와 사실상 같은 것이다. 그럼에도 굳이 형식상 대구(對句)를 사용한 것은 시작도 끝도 없는 영원한 '하나(一)'라는 의미를 더욱 명료하게 효과적으로 드러냄으로써 다함이 없는 생명의 순환고리를 생생하게 느낄 수 있게 하기 위한 것이다. 불생불멸인 '하나(一)'는 진여와 생멸, 진제(眞諦)와 속제(俗諦), 본체와 작용의 이분법이 완전히 폐기된 경계인 까닭에 시작도 끝도 없으며, 가지도 오지도 않는 것이다.

그래서 의상(義湘) 대사는 '행행본처 지지발처(行行本處 至至發處)'라 했다. 갔다 갔다 하지만 그곳이 바로 본래 그 자리요, 왔다 왔다 하지만 그곳이 바로 떠난 그 자리이니, 오고 감이 따로 없는 것이다. 모든 개체의 자성(自性)은 텅 빈 우주나 거대한 대양과도 같이 막힘이 없이 상호관통한다. 그러므로 자성의 본질은 평등이다. 태어나지도 죽지도 않으며 세상사에 물들지도 않는 '하나(一)', 즉 영원한 신성[참본성, 一心]을 보는 사람은 우주만물이 결국 하나임을 알게 되고 보편적 실재인 그 '하나(一)'를 깨닫게 된다. 참자아 속에는 그 어떤 차별성도 존재하지 않으며, 오직 전체성만이 물결칠 뿐이다. 모든 존재 속에 내재하는 동시에 초월한 이 '하나(一)'인 참자아를 깨닫게 되면 그 어떤 환영(maya)이나 슬픔도 없으며 죽음의 아가리로부터 벗어나 불멸에 이르게 된다.[99]

이렇듯 '천부중일'의 이상을 구현하는 이법(理法)은 우주만물의 근원인 '하나(一)'로 돌아가는 것이다. '반자도지동(反者道之動)',[100] 즉 되돌아가는 것이 도(道)의 움직임인 까닭이다. '하나'님·'하늘'님(天主)·절대자·창조주·유일신·알라(Allāh)·도(道)·불(佛)·브라흐마 등 다양한 이름으로 행해지는 종교적 숭배는 그 무어라 명명하든 모두 '하나(一)'인 혼원일기(混元一氣, 至氣, 元氣)를 지칭하는 것으로 본래의 뿌리인 일심[性]의 원천으로 돌아가기 위한 것이다. 가을이 되면 나무가 수기(水氣)를 뿌리로 돌리듯, 일체의 생명은 본래의 뿌리로 돌아감으로써 영원한 생명을 유지한다. 일심의 원천으로 돌아가는 것은 개인적 차원의 원시반본(原始返本)이고, 상고사 복원과 우리 국조이신 환인·환웅·환검(단군)의 역사적 복권은 민족적 차원의 원시반본이며, '천지부모(天地父母)'[101]를 섬기는 것은 지구공동체적 차원의 원시반본이고, 우주의 가을이 되면 우주섭리에 따라 후천개벽이 일어나는 것은 우주적 차원의 원시반본으로 그 이치는 모두 근원인 뿌리로 돌아가는 것이다. 우주 가을의 초입(初入)에서 『천부경』이 세인들의 관심을 불러일으키는 것도 후천의 새 세상을 열기 위한 사상적 원시반본이다.

요약하면, 상경 「천리」에서는 천·지·인 혼원일기인 '하나(一)'에서 우주만물이 나오는 일즉삼(一卽三, 執一含三)의 이치를 드러내고, 중경 「지전」에서는 음양 양극간의 역동적인 상호작용으로 천지운행이 이루어지고 음양오행이 만물을 낳는 과정이 끝없이 순환 반복되는 '하나(一)'의 이치와 기운의 조화(造化) 작용을 나타내며, 하경 「인물」에서는 우주만물의 근본이 '하나(一)'로 통하는 삼즉일(三卽一, 會三歸一)의 이치와 소우주인 인간의 대우주와의 합일을 통해 하늘의 이치가 인간 속에 징험(徵驗)됨을 보여준다. 상경 「천리」가 가능태(可能態, potentia)라면, 하경 「인물」은 구체적 현실태(concrete actuality)로 '천부중일(天符中一)'의 이상을 명징하게 제시하고 있다.

이상에서 볼 때 우주의 본질인 생명의 순환과 성통광명(性通光明)의 이치를 밝힌 『천부경』은 생명이란 것이 비분리성·비이원성을 본질로 하는 영원한 '에너지 무도(energy dance)'이며, 그것이 바로 신(神)이고 천(天)이고 만물의 성 (性)이며, 천지만물 간에 그 어떤 분리도 존재하지 않음을 명징하게 드러냄 으로써 새로운 규준(norm)의 휴머니즘에 입각한 새로운 계몽의 시대로 안내 한다. 한마디로 『천부경』은 생명과 평화의 문명을 여는 신곡(神曲), 즉 생명 경(生命經)이다. 그 단초가 되는 것이 '일즉삼·삼즉일'[천·지·인 삼신일체]의 원리 로 표상되는 '생명의 공식(formula of Life)'이다. 그런 점에서 이 '생명의 공식'은 세계적 난제를 푸는 '마스터 알고리즘(master algorithm)'이다. 르네상스기 단테 의 '신곡(神曲)'에 이어, 새로운 계몽의 시대─제2의 르네상스·제2의 종교개 혁기─의 도래와 함께 새로운 버전의 '신곡(神曲)' 시즌 2가 시작되었다.

.

## 생명세(Lifeocene)의 도래와 생명정치의 가능성

'생명세계의 위기와 기독교 비전'이라는 주제로 한국기독교회관에서 열린 제11회 장공기념강연회(2008.11.6.)에 당시 연사로 참석했던 김지하 시인의 강 연 원고에는 이런 내용의 글이 나온다. "바이칼 여행 중 이루크츠크 지역 그 곳에서 거대한 신화적 인물인 '샤먼 마하'를 찾아가 만난 적이 있다. 허름한 농가의 허름한 할아버지였다. 현대세계의 제1의 명제는 무엇인가를 묻는 내게 마하는 '생명, 여성, 평화'를 말했다."[102]

'생명(Life)'은 본서를 관통하는 핵심 주제이며 포스트휴먼적 가치의 근간 을 이루는 핵심 키워드다. 생명세계의 위기에 대처하고 우주시대를 열기 위 해서는 우주의 본질인 생명이 무엇인지를 알아야 하고, 인류가 염원하는 평화를 구현하기 위해서는 생명의 네트워크적 본질을 이해할 수 있어야 하니, '생명'은 이 시대 제1의 명제다. 또한 지금은 우주 가을의 초입(初入)이고 우주섭리에 따라 후천개벽이 찾아오게 되는 것이고 지천태괘(地天泰卦)의 후천 곤도(坤道) 시대가 열리게 되는 것이니, '여성' 역시 이 시대 제1의 명제다. 대지와 생명을 관장하는 여신(女神)으로 통하는 마고(麻姑)의 현대적 부활은 천지비괘(天地否卦)의 선천 건도(乾道) 시대에서 지천태괘의 후천 곤도 시대로의 이행과 맥을 같이 한다. 생명과 '여성성(女性性, 즉 靈性)'은 평화를 구현하는 핵심 기제(機制)다. '마고'라는 이름 속에 '생명, 여성, 평화'가 함축되어 있다.

생명[神·天·靈]은 인류 역사를 통틀어 지성 세계를 뜨겁게 달구었던 핵심 주제였고, 현 인류가 '죽음의 소용돌이(vortex of death)'에서 벗어날 수 있는 근원적인 길을 제시하는 핵심 기제이기도 하며, 21세기 생명공학(또는 생명과학) 시대를 여는 중추적인 개념이라는 점에서, 그리고 이제는 생명의 네트워크적 본질을 이해하는 인류의 집단의식 수준이 점차 임계치에 가까워지고 있다는 점에서 필자는 오늘의 이 시기를 적시하는 신조어로 '생명세(生命世, Lifeocene)'라는 용어를 제안한다. 한 사회가 어느 정도로 계몽된 사회, 즉 양질(良質)의 사회인가 하는 것은 어느 정도로 확장된 시냅스(synapse)를 보유하고 있는가에 달려 있다. 이는 곧 공동체 구성원 각자가 어느 정도로 자신의 개체성을 공동체의 전체성과 연결하고 있는가에 달린 것이다. 이러한 연결성은 시스템적 세계관(systemic worldview)으로의 전환을 통해 발휘될 수 있으며 그 단초가 되는 것이 생명의 네트워크적 본질에 대한 이해다.

영국 출신 이론물리학자 제프리 웨스트(Geoffrey West)는 인류세(Anthropocene)라는 용어가 지구 행성의 역사에서 인류 활동이 지구 생태계에 상당히 영향을 미친 가장 최근의 시기를 가리키는 용어로 사용돼왔다면서, 그 구체적인 시기에 대해서는 의견이 일치하지 않고 있다고 했다. 인류세가 산업혁명으로 시작되었다고 보는 관점도 있고, 20세기 중반이라는 더 최근을 시작점으로 봐야 한다는 관점도 있으며, 또 홀로세(Holocene)가 시작될 때인 1만여 년 전에 시작되었다고 보는 관점도 있다는 것이다. 그러나 그는 인류세라는 용어를 인류가 생물학적 존재로부터 상당히 벗어나 대부분 사회적 존재가 되는 쪽으로 나아가기 시작한 수천 년 전으로 거슬러 올라가는 전체 시기에 적용하는 편이 더 낫다고 생각했다. 이제는 순수한 인류세에서 지구를 지배하는 도시의 지수 증가가 특징인 또 다른 시기로 이미 급격한 전환을 이루어왔다며, 산업혁명과 함께 시작된 훨씬 짧으면서 집약적인 이 시기를 적시하기 위해 '도시세(Urbanocene)'라는 새로운 용어를 제안했다.[103]

인류가 처해 있는 지금의 시기를 '인류세'라고 부르든 또는 '도시세'라고 부르든, 보는 관점에 따라 다양하게 명명될 수 있다고 본다. 하지만 기후재앙과 팬데믹, 글로벌 식량 공급난, 러시아-우크라이나 전쟁의 장기화와 확전 가능성, 환태평양지진대의 활성화와 대규모 지진, 초대형 화산폭발 및 이상 저온현상, 핵폭발 및 핵겨울, 생화학무기의 사용 등 현재 과학계에서 경고하는 지구의 '여섯 번째 대멸종'의 시기에 접어든 지금, 우리는 새로운 규준(norm)의 휴머니즘에 입각한 새로운 계몽의 시대를 열 수 있는가를 묻고 있다. 지구 대격변과 대정화(great purification)의 시간이 도래하고 있는 이 시기에 단순히 현상을 포착한 정태적인 용어보다는, 현상과 본체를 상호관통하며 본질적으로 역동적이고 '불가분의 전체성(undivided wholeness)'인 '생명' 기반의 '생명세(Lifeocene)'가 인류에게 시사하는 바가 크다는 점에서 이 용어의 사용은 적실성이 있다고 본다.

현대물리학자들은 우리의 육체가 견고한 물질이 아니라 텅 빈 공간으로 이루어져 있다는 것을 발견했다. 다시 말해 우주의 실체가 의식[에너지, 파동]이며 우리가 물질이라고 지각하는 것은 특정 주파수대의 에너지 진동에 지나지 않는다는 것이 밝혀진 것이다. 따라서 과학적으로도 지금의 이 시기를 표상하는 용어로 밀도가 높은 물질적인 용어보다는 영성 그 자체인 '생명' 기반의 '생명세'가 시대정신에 더 부합하는 것으로 볼 수 있다. 또한 21세기는 영성의 시대로 통하지 않는가. 기계론적·환원론적인 세계관에서 시스템적·전일적인 세계관으로의 전환은 21세기에 들어 가속화되고 있으며, 이러한 새로운 세계관의 핵심에는 '생명'이 자리 잡고 있다. '생명세'라는 용어의 사용은 한국학 고유의 천부 코드와도 부합하며, 우리의 문화적 유전자(cultural genes)를 표상하는 것이기도 하고, 21세기 '문화적 르네상스'를 추동하는 핵심 기제이기도 하다.

이 시대의 가장 큰 사건은 현대과학의 발달에 따른 생명(Life)의 재발견이다. 생명은 곧 영성(靈性)이므로 영성의 과학적 재발견이라 할 수 있다. 생명이 곧 영성인 것은 「요한복음」(14:6, 4:24)과 현대물리학의 '의식(consciousness)'* 발견에 근거한 것이다. 「요한복음」(14:6)에서 "나는 길(道)이요 진리요 생명이니(I am the way and the truth and the life)…"라고 하였고, 「요한복음」(4:24)에서는 "신은 영(靈)이시니(God is spirit)…"라고 하였으므로 신이 곧 생명이고 영(靈)이다. 신(神)은 곧 하늘(님)이므로 생명은 신(神)이고 천(天)이며 영(靈)이다. 필자가 본서에서 생명을 '생명[神·天·靈]'이라고 표기하는 근거가 바로 여기에 있다. 현대물리학의 가장 위대한 발견이랄 수 있는 '의식[에너지, 파동]' 발견은 우주의 실체가 견고한 물질이 아니라 의식임을 실험적으로 입증한 것이다. 우주의

---

* 의식이라는 단어는 '아는 것(to know)'을 의미하는 라틴어 'scire'와 '함께(with)'를 의미하는 'cum'의 합성어로 어원학적으로 '함께 아는 것(to know with)'을 의미한다(Amit Goswami, *The Self-Aware Universe: How Consciousness Creates the Material World*(New York: Tarcher/Putnam, 1995), p.105).

실체는 의식이므로 영(靈)은 곧 영성(靈性)이다. 따라서 생명은 곧 영성이다.

생명[神·天·靈]은 곧 내재적 본성인 신성(神性)이고 천성(天性)이며 영성(靈性)이다. 말하자면 생명 즉 신(神)은 참본성[性]이며 일심(一心, 즉 보편의식)이다. 『중용(中庸)』 1장에도 "하늘이 명한 것을 성(性)이라 한다(天命之謂性)"고 나와 있다. 신(神)과 천(天)과 성(性)이 하나라는 것은 인간의 숭배 대상이 되어 온 신 또는 하늘이 우주만물과 분리된 외재적 존재가 아니라 바로 우주만물의 성(性) 그 자체라는 것을 의미한다. 다시 말해 성(性)은 '생명 즉 신'이 만물에 배분된 것이므로 우주만물의 본체는 제1원인[또는 제1원리]인 생명 즉 신이다. 물질이 유일하고도 구체적인 현실이며 모든 것이라고 보는 물질주의, '부분을 이해하면 전체를 이해할 수 있다'라는 가정에서 출발한 데카르트-뉴턴의 기계론적 환원주의(mechanistic reductionism)에 탐닉해서는, 우주만물을 잇는 에너지장(場) 자체가 생명이며 신이라는 사실을 결코 이해할 수 없다.

마치 무수한 파도들(부분)을 잇는 바닷물(전체)과도 같이 우주만물을 잇는 에너지장(場), 즉 매트릭스(Matrix)는 언제 어디에나 이미 실재하며, 바로 이 에너지장[생명 즉 신]에 의해 우리 모두는 하나로 연결되어 있다. 양자역학의 성립에 핵심적 기여를 한 막스 플랑크(Max Planck)는 이 미묘한 에너지(subtle energy)를 '의식과 지성을 가진 정신(conscious and intelligent Mind)'이라고 명명했다. 미국의 이론물리학자 존 휠러(John A. Wheeler)의 '참여하는 우주(participatory universe)'의 관점은 관찰자와 관찰 대상, 주체와 객체의 이분법이 폐기된 양자역학적 관점의 정수(精髓)를 보여준다. 일체의 생명은 에너지의 항상적 흐름(constant flow)에 의존하는 우주적 생명(cosmic life)으로 진동수의 차이가 있을 뿐, 파동체라는 점에서는 모두 같은 생명체이므로 '대등한' 참여자이다.

우주는 넘실거리는 파동의 대양[氣海]—춤 그 자체일 뿐, 춤추는 자가 따로 있는 것이 아니다. 우주만물은 파동의 세계가 벌이는 에너지 무도(舞蹈)

에 대등한 참여자로서 참여하고 있다. 오스트리아의 물리학자 에리히 얀츠(Erich Jantsch)는 '생명 즉 신'이란 '자기조직화하는 전 우주의 역동성(the self-organizing dynamics of the entire cosmos)'을 표현한 것에 지나지 않는다고 보았다. 영국의 저명한 생화학자 루퍼트 쉘드레이크(Rupert Sheldrake)의 '형태형성장(morphogenetic field)'은 창발(emergence)—종교에서 말하는 창조—현상을 가능하게 하는 '정보-에너지장(information-energy field)'과도 같은 것이다. 생명은 물질과 에너지의 패턴이라는 기본 구조 속에 정보[우주 지성]가 내재한 것이다. 에너지장(場)—에너지의 바다(氣海) 또는 파동의 대양이라고도 불리는—자체가 생명[神·天·靈]이라는 사실은 생명의 비분리성(nonseparability)·비이원성(nonduality)을 말해주는 것으로 생명의 전일성과 자기근원성을 확연히 알 수 있게 한다.

생물학, 신경과학, 심리학, 의학, 정신의학 등 다양한 과학 분야에서 국제적으로 권위 있는 일단의 과학자 그룹이 지적했듯이,[104] 오늘날 물질주의 과학에서 양자역학으로 대표되는 포스트 물질주의 과학으로의 패러다임 전환이 인류 문명의 진화에 갖는 의미는—특히 생명[神·天·靈]의 재발견이라는 측면에서—천동설에서 지동설로의 전환보다 훨씬 더 중추적인 것일 수 있다. 왜냐하면 '생명 즉 신(神)'은 곧 우주만물의 성(性)이므로 종교적 영역에 국한되거나 인간중심주의에 함몰된 개념이 아니라 인간과 우주만물의 존재성을 근본적으로 새롭게 이해하는 바탕이 되는 것이고, 인류 문명의 진화를 새로운 차원으로 도약시키는 추동력이 되는 것이기 때문이다. 또한 우주만물을 잇는 에너지장(場) 자체가 '생명 즉 신'이므로 생명은 육체라는 물질에 귀속된 물질적 개념이 아니라 비분리성·비이원성을 본질로 하는 영원한 '에너지 무도(舞蹈)'이며, 신이라는 이름은 생명이라는 진리를 담는 용기에 지나지 않으므로 특정 종교집단의 신이 아니라 만인의 신이라는 진실이 드러나기 때문이다.

20세기 전반이 상대성이론과 양자역학으로 대변되는 물리학의 시대, 후반이 정보기술의 시대였다면, 21세기는 유전자에 의해 대변되는 생명공학(또는 생명과학)의 시대가 될 것이라는 전망이 유력하다. RNA는 mRNA(메신저 리보핵산) 코로나19 백신으로 우리에게도 친숙한 단어가 됐다. 우리는 지금 인류가 머지않아 '죽음의 소용돌이'에 직면할 것이라고 과학자들이 경고하는 생명 위기의 시대에 살고 있다. 정신·물질 이원론의 기계론적 세계관과 몰가치적(value free) 성향을 띠는 물질주의 과학이 초래한 결과이다. 이 위기를 새로운 방식으로 우리 삶을 도약시키는 기회로 삼기 위해서는 인간중심주의·남성중심주의·유럽중심주의·백인중심주의에 함몰된 휴머니즘을 생명의 네트워크적 본질에 기초한 새로운 버전의 휴머니즘으로 대체하고, 종교의 성벽 속에 가두어 놓은 '하늘[神]'을 만인의 하늘로 되돌려야 한다.

생명 위기의 시대를 극복하기 위해서는 세상을 바라보는 관점 자체가 바뀌어야 하고, 그 단초가 되는 '생명 즉 신'에 대한 명료한 인식이 요구된다. 우리가 사는 세계는—제러미 리프킨이 적절하게 지적했듯이—물질과 구조가 아닌 패턴과 프로세스로 존재한다. 우리가 사는 시공간 개념 또한 아인슈타인의 상대성이론에 의해 뉴턴의 3차원적 절대 시공(時空)의 개념이 폐기되고 4차원의 '시공' 연속체가 형성되어 우주는 본질적으로 역동적이며 불가분의 전체로서, 정신적인 동시에 물질적인 하나의 실재로서 인식되게 된지도 100년이 넘었다. 양자역학적 실험에서도 밝혀졌듯이, '여기가 거기이고 그때가 지금(Here is there and then is now)'이니, '지금 여기(now here)' 이외의 그어떤 시간과 공간이 따로 있는 것이 아니다.

'생명 즉 신'에 대한 인식도 3차원적인 물질 기반의 인식에서 벗어날 때가 되었다. 분리 자체가 근원적으로 불가능한 파동체인 생명현상을 단순한 물리현상으로 귀속시켜서는 생명의 진실을 파악할 수가 없다. 과학과 영성의 경계를 탐색하는 연구도 이미 수십 년 전부터 진행되어 오고 있다. 오스트리아 출신의 미국 물리학자이자 신과학 운동의 거장인 프리초프 카프라(Fritjof Capra), 미국 양자물리학자 프레드 앨런 울프(Fred Alan Wolf), 미국 양자물리학자 데이비드 봄(David Bohm), 미국 입자물리학자 존 하겔린(John Samuel Hagelin) 등이 그 대표적인 인물이다. 사실 알고 보면 '생명 즉 신'에 대한 인식의 문제는 현대과학에서만이 아니라 역사상 지성세계를 뜨겁게 달구었던 논쟁들 대부분의 중심 주제였다. 하지만 예나 지금이나 '생명 즉 신'에 대한 개념적 명료화(conceptual clarification)는 여전히 이루어지지 못하고 있다.

플라톤의 이데아계와 현상계, 아리스토텔레스의 형상과 질료, 스피노자의 실체와 양태, 송(宋)·원(元)·명(明) 약 700년과 조선 약 500년에 걸친 이기론(理氣論), 동학의 불연(不然)과 기연(其然) 등은 모두 본체계[의식계]와 현상계[물질계]의 관계성에 관한 것이었다. 그러한 관계성의 진실은 제1원인인 생명[神·天·靈]의 본질이 내재성인 동시에 초월성이며, 전체성인 동시에 개체성이며, 우주의 본원인 동시에 현상 그 자체임을 인식할 수 있을 때 비로소 드러나는 바, 이러한 생명의 본질은 생명의 전일성과 자기근원성, 만물의 근원적 평등성과 유기적 통합성을 이해하는 바탕이 되는 것이다. 그런데 2,500년 동안 본체와 작용의 관계성에 대한 철학적 사색과 과학적 탐색이 치열하게 전개됐지만, '생명'이라는 용어는 거의 사용되지 않았다. 우주의 본질인 생명을 배제하고 논해야 할 또 다른 우주가 있다는 말인가?

한편 중세 스콜라철학(Scholasticism)*은 보편논쟁(controversy of universal)으로

---

* 스콜라철학은 초기(11~12세기)·전성기(13세기)·말기(14~15세기)의 세 시기로 구분할 수 있다. 이 세 시기는 바로 보편논쟁의 세 시기를 일컫는 것으로 크게 실재론(實在論 또는

불리는 보편의 문제로 일관하였다. 보편논쟁은 스콜라철학의 핵심에 대한 논쟁으로 이 보편의 문제는 중세철학 전체를 관통하는 가장 중요한 문제였다. 보편논쟁은 한마디로 이사(理事)·체용(體用)의 문제이다. 이는 곧 보편과 특수, 전체와 개체, 실재와 현상, 의식과 존재, 정신과 물질의 관계성에 대한 문제로서 본체[體, 본체계]와 작용[用, 현상계]이라는 불가분의 관계로 분석될 수 있다. 하지만 당시는 보편이 개체에 '앞서' 존재하거나(보편실재론, universal reallism), 개체 '뒤에' 존재하거나(唯名論, nominalism), 개체 '안'에 존재한다(온건실재론, moderate realism)고 봄으로써 양 차원의 상호관통을 직시하지 못했다.

보편은 없는 곳이 없이 실재하며(無所不在), 시작도 끝도 없고(無始無終), 태어남도 죽음도 없는(不生不滅), 천지만물이 생겨나기 전에도 있었던 생명[神·天·靈] 그 자체임을 인식하지 못했다. 보편은 내재성인 동시에 초월성이며, 전체성인 동시에 개체성이며, 우주의 본원인 동시에 현상 그 자체인 생명[神·天·靈]을 지칭한 것임을 알지 못했다. 우주의 실체는 의식이므로 보편은 곧 보편의식이며 일심이고 참본성이다. 중세 의식은 보편[神, 실재]을 우주만물의 성(性)과 연결할 정도로 확장되지 못했다. 인간의 머리가 온갖 지식의 파편들로 꽉 채워져 있다고 해도 연결성이 결여되면(통섭되지 못하면) 전자(電子, electron)의 운동을 방해하는 쓰레기에 불과한 것이다. 파편적 지식보다 연결이 중요하다.

지구촌은 지금 양자혁명(quantum revolution) 시대에 진입하고 있다. 오늘날 양자(量子, quantum) 기술—3대 핵심 기술은 양자컴퓨터, 양자 통신, 양자 센서—은 제조·반도체, 바이오·의료, 국방·안보, 교통 등 미래 산업계 모든 분야

---

實念論 Realism)과 유명론(唯名論 또는 名目論 Nominalism)으로 대별되는데, 초기와 전성기는 실재론이 지배적이었고, 말기는 유명론이 지배적이었다.

의 판도를 뒤바꿀 게임 체인저(game changer)로 통한다. 머지않아 양자컴퓨터로 암호를 해독하고 양자레이더로 스텔스기에 대한 원거리 탐지가 가능해질 것으로 예상되면서 양자 기술 분야에서 치열한 경쟁이 벌어지고 있다. 2019년 구글은 수퍼컴퓨터로 1만 년 걸릴 계산을 양자컴퓨터로 200초 만에 해결했다고 발표했다. 양자혁명이 가져온 영향력의 심대함은 양자 기술에 국한되지 않는다.

인도 출신으로 미국의 저명한 이론핵물리학자이자 퀀텀 행동주의자(quantum activist)로 알려진 아미트 고스와미(Amit Goswami)는 양자물리학으로 신의 존재를 입증한 저서 『신은 죽지 않았다 *God Is Not Dead*』(2008)에서 신의 중요한 세 가지 원리적 측면을 이렇게 제시한다. '첫째, 신은 물질세계의 인과관계를 넘어서며, 또 물질세계 위에 존재하는 인과관계를 일으키는 주체(agent)이다. 둘째, 물질 차원보다 더 '신비한 실재(subtle reality)'라는 차원이 존재한다. 그리고 셋째, 종교들이 영적 고양을 위해 가르치는 신적인 특성들(Godlike qualities)―사랑은 신의 으뜸가는 특성―이 존재한다.'[105] 그가 제시한 '양자 신(quantum God)'의 존재는 종교의 옷을 입은 의인화된 신이 아니라 만물의 제1원인으로서의 신, 즉 근원적 일자(一者) 또는 궁극적 실재다.

고스와미가 신에 관한 과학적 증거의 하나로 제시한 것은 그가 '신의 양자 특징들'이라고 명명하는 것이다. 그 한 예가 '양자 비국소성(quantum nonlocality)', 즉 신호 없는 커뮤니케이션이다.* 일반적인 국소적 커뮤니케이션은 에너지로 전해지는 신호들을 통해 이루어지지만, 1982년 알랭 아스페

---

* 이는 두 입자가 공간적으로 아무리 멀리 떨어져 있어도 비국소적으로 연결되어 있기 때문에 매개체 없이도 즉각적으로 서로의 상태에 영향을 미친다는 '양자 얽힘(quantum entanglement)' 이론을 말한다. 이 이론은 『화엄경』에 나오는 '인드라망(網)'의 비유와도 상통한다.

(Alain Aspect)가 이끄는 연구팀은 우리 물질 우주를 이루고 있는 아원자 입자의 망이 '홀로그램의 성질(holographic property)'을 지니고 있다며 신호 없는 커뮤니케이션들이 존재함을 실험적으로 입증했다. 지금까지는 그러한 양자 특징들은 오직 극미소(submicroscope) 물질의 세계에서만 일어난다고 믿어졌기 때문에 매크로(macro) 영역 혹은 현실이라는 일상적 차원에서는 중요하지 않은 것으로 여겨졌다. 그러나 고스와미는 이러한 '양자 특징들'이 일상적 차원에서도 나타나며, 그 특징들이 신의 존재에 대한 명백한 증거를 제공한다는 것을 입증했다.

의식적인 경험은 내적 정신과 외적 물질세계의 연결에서 오는 것이다. 그에 따르면 양자적 가능성이 우리의 경험이라는 실제 현상으로 나타나기 위해서는 양자 가능성 파동들(quantum possibility waves)의 한 가지 특별한 국면(facet)을 선택해야만 한다. 여러 가능성의 파동으로부터 하나의 실제 입자(particle of actuality)로의 변화를 양자물리학자들은 '파동함수의 붕괴(collapse of the wave function)'라고 부르는데, 이 붕괴를 만들어내는 의식적 '선택'이라는 인간의 행위는 '하향적 인과관계(우리 의식의 결과)'라는 능력을 발휘하는 신의 행위라는 것이다. 말하자면 우리가 선택한 상태에서 우리 모두는 동일하게 '신 의식(God-consciousness)' 속에 있게 된다. 이처럼 '파동함수의 붕괴'에 대한 적절한 이해는 과학 안에서 신을 부활시키고 있다.

양자 가능성들은 단순히 우리가 그들을 관측함으로써ㅡ양자는 관찰되고 있을 때만 입자의 모습으로, 관찰되지 않을 때는 파동으로 나타나는 '이중슬릿 실험'이 말해주듯이ㅡ우리 의식과의 상호작용을 통해 실제의 경험이 되는 '관찰자 효과(observer effect)'를 나타낸다. 양자 가능성들은 모든 존재의 바탕을 이루는 '의식' 그 자체의 가능성들이다. 하이젠베르크는 양자 가능성들이 초월적인 지성의 가능태(potentia) 안에 존재한다고 처음으로 명백하게 선언했다. 우리가 관측한다는 것은 모든 양자 가능성들로부터 우리가 경험하는 실제가 되는 특정 국면을 선택하는 것이다.[106] 고스와미는 "나는 생각한다, 그러므로 나는 존재한다(cogito, ergo sum)"라는 데카르트(René Descartes)의 명제를 부정하고 '선택하는 자(chooser)'를 주체로 하여 "나는 선택한다, 그러므로 나는 존재한다(opto, ergo sum: I choose, therefore I am)[107]"라고 했다.

보이지 않는 양자 세계는 주관과 객관, 전체와 부분의 경계가 사라진 전일성의 영역이므로 양자이론에서 선택하는 주체는 개인적인 에고로서의 '나'가 아니라 하나의 보편적 주체(universal subject)로서의 '양자 자아(quantum self)', 즉 '양자 신(quantum God)'이다. '양자 신'이 곧 하늘(天·神·靈)이며 보편적 실재로서의 '나', 즉 생명이고 진리이다. 선택하는 의식 또한 주관과 객관으로 분리되지 않은 '전일적 의식(unitive consciousness 또는 quantum consciousness)', 즉 보편의식[일심, 참본성]이다.

보이지 않는 양자 세계는 양자물리학의 미시세계에만 국한된 세계가 아니다. 바로 우리 자신의 참자아의 세계이며 '내적 자아(inner self)'의 영역이다. 육체는 단지 내면의 하늘로 통하는 영적인 세계로의 문이다. 그 내면의 하늘은 우주 생명력 에너지로 충만해 있으며, '보이는 우주'가 형성되어 나오는 '보이지 않는 우주'이다. 우리는 우리 자신에게 있는 '양자 가능태(quantum potentia)'로부터 우리가 경험하는 실제가 되는 특정 국면을 선택함으로써 미시세계인 양자 세계와 거시세계인 우리 삶의 세계를 하나로 연결한다. 관측된 세계는 바로 내 의식이 만들어낸 세계이다. 일체의 현상이 오직 의식의 작용일 뿐이다.

한편 미국 캘리포니아대학교 버클리캠퍼스 화학 및 분자세포생물학 교수 제니퍼 다우드나(Jennifer Doudna)는 금세기 최고의 혁명이라 불리는 유전자 편집(genome editing) 기술인 크리스퍼-카스9(CRISPR-Cas9) 유전자 가위를 개발한 공로로 에마뉘엘 샤르팡티에(Emmanuelle Charpentier)와 공동으로 2020년 노벨화학상을 수상했다. 이 획기적인 기술은 인간 유전체를 구성하는 염기 32억 쌍 중에 편집하고자 하는 단 한 쌍을 찾아내 수정하는 고난도의 작업이다. '유전자 편집'은 유전병 치료뿐 아니라 매머드를 비롯한 멸종 동물 복원 사업, 농작물 개량 등 엄청난 잠재력을 가지고 있는 기술이긴 하지만, 고도의 최첨단 기술이고 정확도와 정밀도가 관건인 만큼 예상치 못한 부작용이 나타날 수도 있으므로 양날의 검과 같은 기술이다.

인간 배아의 유전자 편집에 대해 다우드나는 유전자 편집 기술이 머지않아 인간 배아에도 반드시 쓰일 것이기 때문에 그 기술을 가능한 한 책임감 있게 사용하도록 노력해야 한다며, 기술이 발전할수록 투명성을 지키는 일이 중요하다고 했다. 실제로 세계보건기구(WHO)는 인간 배아에 유전자 편집 기술을 사용한 사람에게 정보 등록을 요구하고 있다고 한다. 기술은 뒤로 물러서지 않으며 한번 개발한 기술은 없앨 수도 없기 때문에 크리스퍼 개발자나 사용자들이 책임감과 윤리 의식을 가지고 연구하고 사용하도록 힘쓰는 데 전 세계 과학자들과 유관 국제기구 및 각국의 기관들이 연대하는 노력을 지속적으로 전개해 나가야 할 것이다.[108]

과학기술의 발달이 '우리 공동의 미래(Our Common Future)'*를 견인하지 못하고 특정 집단의 이기적인 목적에 봉사하게 되면 결국 지구는 분열과 파괴로

---

* '우리 공동의 미래'는 유엔환경계획(UNEP)의 세계환경개발위원회(WCED)가 1987년에 발표한 〈우리 공동의 미래(Our Common Future)〉라는 이름의 브룬트란트(Brundtland) 보고서에서 따온 것이다. 이 보고서는 당시 WCED의 위원장이던 노르웨이 수상 브룬트란트의 이름을 따서 '브룬트란트 보고서'로 널리 알려졌다. 이 보고서를 통해 '환경적으로 건전하고 지속가능한 발전(environmentally sound and sustainable development, ESSD)' 또는 줄여서 '지속가능한 발전(SD)'이라는 개념이 21세기 인류의 미래를 담보할 새로운 성장 패러다임으로 제시되어 전 지구적으로 확산되게 되었다.

치닫게 될 것이다. 21세기 인류의 미래를 담보할 해법은 자유와 관용, 생명 가치와 다양성을 존중하는 건강한 사회를 뿌리내리게 하는 것이다. 영어로 '건강(health)'이란 말은 '전체(whole)'를 의미하는 앵글로색슨어 'hale'에서 연원한 것이다. 말하자면 건강하다는 것은 전체적이라는 것이다. '신성한(holy)'이란 영어 또한 같은 뿌리에서 나온 것이다.[109] 따라서 전체적인 것이 건강한 것이고 신성한 것이니, 건강하고 가치 있는 삶을 영위하고자 한다면 우주의 본질인 생명이 육체에 귀속된 물질적 개념이 아니라 비분리성·비이원성을 본질로 하는 영성 그 자체라는 사실을 알아야 한다.

독일의 철학자이자 사회학자인 위르겐 하버마스(Jürgen Habermas)의 표현처럼 근대성이 '미완성의 프로젝트'일 수밖에 없는 것은 근대성 운동의 논리 자체가 이원성에 기초해 있는 까닭이다. 생물학적 이용가능성(bioavailability)에 근거한 시각은 이 우주를 '생명의 그물(web of life)'로 인식하는 전일적 시각과는 분명 다른 것이다. 그런 점에서 분산형 생태계와 탈중앙화·민주화 조직 그리고 비영리 사회 부문 조직의 성장과 다중(multitude)의 네트워크를 기반으로 '집단지성'의 계발을 통하여 개체화·물질화된 생명관에서 벗어나 공감적 감수성과 연대감을 확산시키고 투명성과 개방성 그리고 자율성에 기초한 수평사회로의 이행을 촉진함으로써 생명의 네트워크적 본질에 부합하는 새로운 계몽의 시대를 열어나가야 한다.

다음으로 생명정치의 가능성에 대해 고찰하기로 한다. 인류의 정치사상사는 지배와 복종의 이원성에 기초한 정치적 사유와 생명의 전일성에 기초한 생명적 사유의 변증법적 관계의 역사다. 생명적 사유와 정치적 사유의 변증법적 논의의 핵심은—조르조 아감벤(Giorgio Agamben)의 '주권권력 대(對) 벌거벗은 생명'이라는 두 개의 대립적인 축이 말하여 주듯—정치체에 내재하는 근원적인 생명정치적 긴장과 분열을 통합시키는 데 있다. 헤겔(G. W. F. Hegel)은 그의 『정신현상학 Phänomenologie des Geistes』(1807) 속에서 주인과 노예의 변증법을 통하여 이를 생생하게 보여준다.[110] 헤겔의 체계 속에서 당위의 진실태(眞實態)는 일체의 모순과 소외의 극복을 통한 '이성적 자유(rational freedom)'의 실현과 더불어 현실 속에서 현현하게 된다. 헤겔의 역사철학적 관점에서 생명정치란 생명의 소통성에 기초한 정치이다. 노예의식이 노동을 통하여 자유를 실현하는 과정은 생명의 소통성을 학습하는 과정인 동시에 의식의 자기교육과정이며, 이는 곧 존재[현상계, 물질계]와 의식[본체계, 의식계]의 합일화과정이다.

자유의 자기실현화과정은 이 현실세계가 정신의 산물임을 알고 존재와 의식이 둘이 아니라는 사실을 깨닫게 될 때 비로소 완성되며,[111] 이 단계가 되면 소외의 역사는 막을 내리게 된다. 따라서 헤겔에게 있어 인간소외란 인간의 자기의식으로부터의 소외이며 이를 극복하고 자유를 쟁취하는 것이 바로 역사의 목적이다. 이러한 생명과 정치의 변증법적인 관계에 대한 통찰은 '열린 정치'로의 이행을 촉발하는 동시에 생명정치적 토양에서 자생하는 수많은 대립 항의 범주들—예컨대 보수와 진보, 우익과 좌익, 공익과 사익, 민주와 독재—이 궁극적으로는 의식 성장을 위한 학습 기제로서의 의미와 기능을 지니고 있음을 파악할 수 있게 한다. 실로 생명의 소통성은 양극단의 변증법적 통합에 의한 의식의 확장을 통해서만 실현될 수 있다. 생명의 소통성에 기초한 생명정치는 의식의 진화의 산물인 까닭에 제도적 개혁만으로는 한계가 있을 수밖에 없다.

20세기 이후의 생명정치는 근대 휴머니즘과 계몽주의에 내재된 개체화·물질화된 생명관이 초래한 반생명적·반윤리적인 물신 숭배에 대한 반동으로 나타난 것이다. 오늘날 지구촌이 존재론적 불구(不具)의 형태를 보이는 것은 분리의식의 투사체인 물신들에 의해 점령당하여 생명 문화가 정착되지 못하고 생명 가치가 활성화될 수 없게 된 데 따른 것이다. 오늘의 생명 위기에 대처하기 위한 생명 패러다임의 긴요성은 대개 다음과 같은 세 가지 측면에서 살펴볼 수 있다. 그 첫째는 현재의 세계자본주의 네트워크가 생태학적으로나 경제적·사회적·정치적으로 지속가능하지 않다는 점, 둘째는 인간의 자기실현과 생태적 지속성(ecological sustainability)을 담보할 수 있기 위해서는 생물학적·인지적·사회정치적 차원에서의 근본적인 변화가 필요하다는 점, 셋째는 서구 산업문명이 초래한 정신공황과 세계화의 도덕적 기반 상실에 따른 지구공동체의 구심력 약화 등이 그것이다.[112]

오늘날 서구 문명의 지양을 위한 새로운 패러다임, 즉 새로운 실재관의 정립에 관한 논의가 확산되게 된 것은 근대의 과학적 합리주의가 함축하고 있는 과도한 인간중심주의와 이원론적 사고 및 과학적 방법론이 20세기 들어 실험물리학의 발달로 그 한계성이 지적되고 전일적 패러다임(holistic paradigm)으로의 대체 필요성이 역설된 데 따른 것이다. 데카르트-뉴턴의 기계론적 세계관은 과학혁명의 급속한 진행을 가져온 반면, '도구적 이성'의 기형적 발달에 따른 이성과 신성의 심대한 부조화로 인해 인간과 인간, 인간과 우주자연의 연대성 상실을 초래하는 단초를 제공했다. 인간 이성과 과학적 합리주의에 대한 굳건한 믿음은 무한한 진보와 합리적인 사회발전에 대한 약속을 제대로 지켜내지 못한 '절반의 근대(semi-modern)'에 마침내 회의로 돌아서게 된다.

서구적 근대의 특성은 고도로 정교한 거대 권력 장치에 의한 생명의 정치화 내지는 생명의 권력화 현상이다. '생명권력'에 기초한 '생명정치'는 서구 정치를 관통하는 핵심 개념으로 생명의 도구화 현상을 극명하게 보여준다. '주권권력 대(對) 벌거벗은 생명'을 중심축으로 인권문제, 뇌사문제, 강제 수

용소 등에서 드러난 우리 시대의 생명정치적 현상들을 새롭게 분석한 조르조 아감벤의 『호모 사케르 *Homo Sacer*』는 정치와 과학이—심지어는 종교까지도—모두 생명의 지배와 장악을 기본적인 목표로 삼고 있음을 생생하게 보여준다. 생명의 통제와 복제가 과학과 정치와 자본의 지배기능을 가능하게 하는 조건이라는 것이다.

서문에서 그는 권력에 예속된 "벌거벗은 생명 자체를 정치화시키는 것은 근대의 결정적 사건으로 고전적인 사유에서 나온 정치적·철학적 범주들을 근본적으로 변형시키게 될 것"[113]이라고 하고 있다. 다시 말해 벌거벗은 생명과 정치의 관계에 대한 성찰만이 밀실(密室)정치를 종식시키는 길인 동시에 실천적 사유로의 변형을 가져올 수 있게 하는 길이라는 것이다. 근대적 '생명'은—마치 '인민'이라는 개념이 '벌거벗은 생명'과 '정치적 실존'이라는 두 개의 대립적인 축[114]을 이루고 있듯이—'생명정치적 신체'와 '벌거벗은 생명'이라는 두 개의 대립적인 축을 이루고 있다.

따라서 보호될 가능성과 유대인 학살에서 보듯 대량 학살이 승인될 가능성이 동시에 나타난다. 나아가 그는 나치 독일의 유대인 학살이나, 구분이 모호해진 대립 항의 범주들—예컨대 우파와 좌파, 사적인 것과 공적인 것, 절대주의와 민주주의—은 그것들이 탄생한 생명정치적 기반 위에서만 그 의미가 명료해질 수 있는 것으로 본다.[115] '태초에 생명이 있었다'를 제1원리로 삼아 생명에 대한 사유(思惟)의 역사를 추적함으로써 정치철학의 재구성을 시도한 그의 '호모 사케르'는 정치적 생명체로서의 온전한 삶을 누리지 못하는 오늘의 우리에게 진정한 생명정치의 긴요성을 일깨워 준다.

프랑스의 철학자이며 포스트구조주의의 대표자로 일컬어지는 미셸 푸코(Michel Foucault)는 그의 『성(性)의 역사 1: 앎에의 의지 *Histoire de la sexualité I: La volonté de savoir*』(1976)의 마지막 장에서 근대에 접어들어 자연 생명이 국가권력의 메커니즘과 담합하기 시작하면서 정치가 '생명정치'로 변화하는 과정을 그리고 있다. 즉, 죽게 '하거나' 살게 '내버려둘' 권리로서의 생살여탈권이라는 낡은 권리에서, 살게 '하거나' 죽음 속으로 '몰아넣는' 생명권력으로 대체되었다는 것이다. 따라서 생존이 보증될 가능성과 죽음에 직면하게 될 가능성이 병존한다. 말하자면 생명은 권력이 적극적으로 관리하고 조절하고 증진시켜야 할 일차적인 대상이 된 것이다. 그에 따르면 생명에 대한 권력의 조직화는 17세기부터 두 가지 극의 형태로 전개되는데 먼저 형성된 것이 기계로서의 육체에 대한 것이고 18세기 중엽에 형성된 것이 종(種)으로서의 육체에 대한 것이다. 신체의 생산력과 순응성을 증대시켜 자본주의적 생산체제로 통합하는 신체의 규율과 생물학적인 종으로서의 신체를 조절하는 인구조절이 그것이다.

이렇게 해서 군주권인 주권권력이 신체를 규율하는 규율권력으로, 그리고 인구 전체의 생명을 조절하고 관리하는 생명권력으로 이행하게 된 것이다. 이러한 생명권력으로의 이행은 1789년 프랑스대혁명 이후 인민이 주권의 유일한 담지자가 되는 것과 맥을 같이 한다. 근대인은 단순한 정치적 동물이 아니라 생명이 정치와 불가분의 관계를 갖는, 하여 생명 자체가 정치에 의해 문제시되는 동물인 것이다.[116] 근대사회 자체를 권력과 지식의 담합에 의해 운용되는 거대한 '감시와 처벌'[117]의 체계로 보는 푸코의 관점에서 권력의 사회적 통제의 핵심은 생명의 통제에 있는 것으로 나타난다. 말하자면 권력은 '생명권력'이고 정치는 '생명정치'라는 것이다. 이와 같이 근대세계에서의 생명은 살아 있는 생물학적인 신체라는 의미로만 인식되었을 뿐생명의 전일성과 유기적 통합성에 대한 자각으로까지는 이어지지 못했던까닭에 인간 억압과 자연 억압이 만연하게 되었다. 근대 서구의 정치적 자유주의가 생태적 홀로코스트(holocaust)를 초래하게 된 것도 이와 같은 맥락에서 이해될 수 있다.

근대 서구 산업문명의 영향으로 인간 억압과 자연 억압이 만연하게 되면서 '생명'이란 주제가 다시 주목을 받기 시작하였으나, 정신·물질 이원론에 기초한 근대의 학문은 한편으론 진리 탐구를 표방하면서도 다른 한편으론 과학적 합리주의 내지 논리적 실증주의라는 미명 하에 감각적·지각적 경험의 세계만을 그 대상으로 삼은 까닭에 진리 그 자체인 생명을 스스로 배제하는 역설을 낳았다. 더욱이 학문의 분과화에 따른 기계론적이고 분석적인 접근방식은 '장님 코끼리 만지는 격'이 되어 전일적이고 유기적인 생명의 본질에 대한 접근 자체를 가로막는 요인이 되었다. 그리하여 의식 차원의 모든 것을 부정하고 마침내 생명의 본체까지도 부정하기에 이른 것이다.

그동안 생명은 종교의 영역에서 주로 다루어지다가 실험물리학의 발달로 우주의 실체가 드러나면서 과학의 영역에서도 본격적으로 다루어지게 되었다.[118] 과학기술의 융합현상이 통합학문의 시대를 촉발하면서 생명에 관한 관심과 연구가 증폭되긴 했지만, 생명의 본질에 통섭적으로 접근한 연구는 찾아보기 어렵다. 서구의 생명정치론은 주로 탈근대 논의 속에 담론 형태로 등장하여 포스트모더니즘이나 포스트구조주의 사조와 관련이 깊은 것으로 나타난다. 세계적인 연구 동향을 보더라도 생명 연구는 주로 종교와 과학의 영역에 머물러 있으며 연구자들도 정치학 전공자들보다는 비전공자들인 경우가 대부분이고 연구 수준 또한 단편적이며 본질적이지 못하다.

오늘날 생명정치적 담론은 시민사회의 정치화에 따른 정치영역의 확장으로 고전적 의미에서 정치의 탈정치화 현상이 가속화되면서 여타 비평담론과의 경계가 점차 느슨해지고 있다. 생명정치론은 정치학자들만의 고유영역이 아니라 대안사회를 희구하는 다양한 분야의 연구자들에 의해 연구되고 있다. 따라서 생명정치적 담론과 여타 비평담론의 경계를 기계적으로 설정하는 것은 오히려 시대의 흐름에 역류하는 것일 수 있다. 현재 인류가 처한 딜레마가 다양한 것 같지만 본질적으로는 모두 생명에 관한 문제와 관련되어 있다는 점에서 생명정치는 21세기 정치학의 화두라고 할 만하다. 그러나 한국의 경우에도 연구 동향은 정치학 전공자들에 의한 연구보다는 비전공자들에 의한 연구가 대부분이고 종교의 영역을 제외하면 주로 환경생태운동 이념으로서의 생명론이 제기되어 왔다.[119] 따라서 생명문제에 대한 담론적 인식과 더불어 담론의 장이 형성되는 시기 또한 환경생태운동이 제도화와 담론화의 단계에 접어드는 시기인 1990년대 중반을 그 기점으로 볼 수 있다. 생명담론과 생명운동[120]이 기존의 환경운동과 시민사회운동의 의제를 포괄하는 특성을 띠는 것은 근원성·포괄성·보편성을 띠는 생명 그 자체의 속성에서 기인하는 것이다.

소통·자치·자율의 생명정치는 그 지향성에 있어 녹색정치와 같은 맥락에서 이해될 수 있으나 보다 근원적이고 포괄적이며 보편적인 속성을 띤다. 이는 생명정치가 우주의 본원인 동시에 현상 그 자체인 생명의 전일성과 자기근원성에 기초해 있기 때문이다. 생명정치는 아직은 담론과 운동의 차원에 머물러 있지만 역사상의 모든 변화가 그러하듯 임계점에 달하면 변화는 일어나기 마련이다. 한국의 생명정치론에 대한 전망은 상호 연관된 세 가지 측면에서 생각해 볼 수 있다. 그 하나는 포스트모더니즘이나 포스트구조주의 사조 또는 현대 과학혁명의 영향에 따른 서구이론의 도입이라는 측면이고, 다른 하나는 자생적인 것으로 생명사상의 정수를 함축한 우리 고유의 천부사상과 동학사상 그리고 유·불·도에 대한 연구라는 측면이며, 끝으로 소통성을 지향하는 한국 시민사회의 성장이라는 측면이다. 서구적 근대의 태생적 한계를 극복하고 공존의 대안적 사회를 구현함에 있어 이 세 가지 측면의 창조적 통합은 생명정치론의 새로운 지평을 열게 할 수 있을 것이다.

생명정치가 구현되기 위해선 성장사회를 전제로 한 정치이론과 실제가 생명정치적 차원에서 재검토되어야 하며 패러다임 전환이 이루어져야 한다는 점에서는 대부분의 연구자들이 인식을 공유하는 것으로 나타난다. 문제는 패러다임 전환이라는 용어가 단순히 논리적 전제로만 사용되고 있을 뿐 구체적인 논의에 있어서는 여전히 이분법적인 낡은 패러다임이 기용되고 있다는 사실이다. 그 대표적인 것이 의식과 제도의 이분법이다. 의식[의식계, 본체계]과 제도[물질계, 현상계]의 관계는 곧 생명의 본체와 작용의 관계로서 이는 마치 허공에 떠 있는 달과 무수한 달그림자의 관계와도 같이 분리되어 존재할 수 없다.

패러다임 전환이란 세계관과 사고방식 및 가치체계의 총화가 바뀌는 의식 차원의 질적 변화를 일컫는 것이다. 의식 차원의 변화를 역설하면서도 의식의 변화는 느리고 추상적인 것이고 제도의 변화는 빠르고 구체적인 것이라는 의식과 제도의 이분법에 사로잡혀 있으니 이것이야말로 의식의 자기분열이 아니고 무엇이겠는가. 오늘날 제도적 변화가 현실의 변화를 수반하지 못하는 것은 제도의 운용 주체인 인간 의식의 패턴이 바뀌지 않으니 결국 겉포장만 바꾼 변화라는 데 있다. 제도적 변화의 효율성을 기대하려면 의식 차원의 변화가 선행되어야 한다.

생명정치(론)의 과제는 상호연관된 다음 세 가지 범주에서 살펴볼 수 있다. 그 첫째는 이원론의 유산 극복이다. 물질 차원의 에고(ego)에 의해 건설된 근대세계는 천·지·인 삼재의 통합성을 자각하지 못함으로 인해 생명현상을 분리된 개체나 종(種)의 차원에서 인식함으로써 단순한 물리현상으로 귀속시키는 결과를 낳았다. 그리하여 생명은 곧 자연이며 영성(靈性)이라는 사실을 직시하지 못하게 된 것이다. 영성과 자연을 동일시하지 못하는 것은 자연을 단지 외재적인 것으로 분리하는 데서 오는 것이다. 내재적 자연이 곧 영성이니 영성을 배제한 이성과 자연의 화해란 공허한 말잔치에 지나지 않는다. 영성을 배제한 이성은 근대의 '도구적 이성'과 다를 바가 없다. 전일적 실재관으로의 패러다임 전환은 생명의 전일성, 즉 영성을 깨닫는 데 있다. 존재와 인식의 괴리는 우주만물의 조화성과 유기적 통합성을 자각하지 못하는 데서 오는 것으로 우주적 질서에 순응하는 삶을 살 수 없게 한다.

둘째는 물리와 성리, 미시세계와 거시세계를 통섭하는 보편적 지식체계의 구축이다. 유·불·도에서 성품의 이치를 나타낸 이(理)·공(空)·무(無)가 생명의 본체라면, 사물의 이치를 나타낸 기(氣)·색(色)·유(有)는 생명의 작용이다. 성리와 물리는 상호 조응하며 본래 한 맛이다. 이러한 본체와 작용의 합일을 이해하게 되면 물질세계가 의식세계의 투사영(投射影)임을 알게 되어 물질계의 존재 이유를 깨닫게 되는 것이다. 부분과 전체의 유기적 통합성에 기초한 시스템적 사고는 상호배타적인 것이 상보적이라는 양자역학적 세계관에 잘 나타나 있다. 그것은 근대 과학사상의 본질적 특성인 부분으로부터 전체를 유추해내는 분석적, 환원주의적 접근방법과는 달리, 상호작용하는 부분들이 전체 조직과의 맥락 속에서만 파악될 수 있다고 보아 생명계를 하나의 네트워크로 인식한다. 보편적 지식체계의 구축을 위해 현대과학적 사유와 동양적 사유의 접합의 유용성에 착안할 필요가 있다.

셋째는 생명 문화의 정착과 생명 교육의 보급이다. 생명 문화의 정착을 위해선 시민사회 내부의 원활한 소통을 통해 생명 가치에 대한 공통의 이해와 합의가 이루어질 수 있도록 현재 진행 중인 다양한 형태의 생명운동—특히 생명 문화운동—의 효율적 운영을 위한 방안을 모색할 필요가 있다. 그러기 위해선 생명관의 정립과 더불어 생명 문화의 정착을 위한 확고한 의지가 발휘되어야 하며 다양한 주체들이 보유하고 있는 자원을 효율적으로 결합할 수 있어야 한다. 소통·자치·자율의 실현, 민주적 지방분권의 제도화,

국가적 공공성과 지방적 자치권의 조화, 지역이기주의(NIMBYs, PIMFYs)의 극복 등은 생명 문화의 정착을 위한 핵심 과제다. 생명 문화의 정착은 생명 교육의 보급과 불가분의 관계에 있다. 편협한 전문가를 양산해내는 교육이 아니라 지식과 삶이 조화를 이루는, 온전한 사람을 길러내는 영성(靈性) 계발 차원의 전인교육이 뿌리를 내릴 수 있어야 한다. 오늘날 통합학문 시대의 도래는 온전한 앎을 통한 전인교육의 가능성을 기대할 수 있게 한다.

생명에 대한 명료한 인식이 없이는 새로운 계몽시대를 열 수가 없다. 생명 중심의 가치관으로의 패러다임 전환은 21세기 들어 가속화되고 있다. 물질적 성장제일주의가 아닌 인간의 의식 성장을 전제로 하는 정치, 개인적 가치와 공동체적 가치가 조화를 이루는 정치, 의식과 제도의 통합성에 기초한 정치, 생명 문화의 창달과 생명 교육의 보급에 힘쓰는 정치─그것은 힘의 논리가 아닌 영성의 논리에 기반한 것이며 정치적 사유와 생명적 사유의 통섭에 기반한 것이다. 이제는 담론을 넘어 영국의 사회학자 니컬라스 로즈(Nikolas Rose)가 말한 '생명 자체의 정치(the politics of Life itself)'를 펼쳐야 할 때다. 우리 사회는 언제든 공론의 장으로 합류할 준비가 돼 있는, 소통의 욕망이 분출하는 사람들로 꽉 차 있다. 생명 패러다임으로의 이행을 위해서는 생명에 대한 온전한 이해가 선행되어야 하고 그러기 위해선 온전한 앎을 높여가야만 한다.

# 09

## 국제지정학적 대변동과
## 한국학의 세계사적 소명

- 세계 중심축의 대이동: 대서양에서 태평양으로
- 한반도 통일과 세계 질서 재편 및 새로운 중심의 등장
- 새로운 문명의 도래와 한국학의 시대적·세계사적 소명

나토 정상회의에서 채택된 나토 신전략 개념(NATO 2022 Strategic Concept)의 특징은 러시아와 중국의 안보 위협이 유럽-대서양 지역에 국한되지 않고 특히 규칙 기반의 기존 국제질서에 위협이 되고 있다는 점을 분명히 적시하고, 블록화·진영화가 심화되고 있는 국제질서를 배경으로 나토의 외연을 아태지역으로 확장하여 가치 연대를 도모하고자 한 점이다. 아시아 세기를 향해 계속 전진하려면 참여와 성과를 공유하는 포용적 성장이 이루어져야 한다. 고도로 네트워크화된 국제 환경에서는 개별 국가 이익의 총량이 중장기적으로는 지역 전체 이익의 총량과 함수관계에 있다는 점을 인지하고 개별국가 차원의 단견에서 벗어나 동아시아 지역 차원의 장기적인 안목에서 역내 협력과 지역 통합을 이룩할 필요가 있다. 한반도 통일은 지정학적으로나 지경학적으로, 또는 물류유통상으로 한반도에 국한되는 문제가 아니라 동북아의 역학 구도에 심대한 변화를 초래함으로써 세계 질서 재편의 신호탄이 될 수 있다. 아탈리는 '일레븐' 중에서도 우리나라가 세계에서 동북아 시장 공동체 형성에 핵심 역할을 수행할 수 있으며 미래에 중심국가로 부상할 것이라고 예견했다. 『주역』「설괘전」에 나오듯이 한반도를 중심축으로 한 동북 간방(艮方)에서 선천 문명이 끝을 맺고 후천 문명의 꼭지가 열린다면, 새로운 계몽의 시대를 열 세계적인 정신문화는 우리나라에서 나오게 될 것이다.

- 본문 중에서

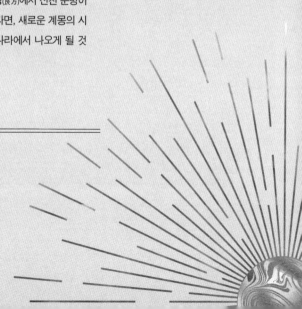

# 09 국제지정학적 대변동과 한국학의 세계사적 소명

> 우리나라는 간방(艮方)에 위치해 있으며, 지금은 결실의 시대로 진입해 있다. 결실을 맺으려면 꽃잎이 져야 하고, 꽃잎이 지려면 금풍(金風)이 불어야 한다. 금풍인 미국 바람이 불어야만 꽃잎이 떨어지고 열매가 맺는 가을철인 결실의 시대를 맞이할 수 있다. 이것은 우리나라가 미국의 도움으로 인류사의 열매를 맺고 세계사의 새로운 시작을 열게 된다는 것을 의미한다.
>
> - 탄허, 『탄허록(吞虛錄)』(2012)

## 세계 중심축의 대이동: 대서양에서 태평양으로

『강대국의 흥망 *The Rise and Fall of the Great Powers*』(1987)의 저자인 예일대 역사학 교수 폴 케네디((Paul M. Kennedy)는 21세기가 아시아 태평양 시대가 될 것이라고 단언했다. 21세기에는 아시아 태평양 국가들이 세계 질서를 주도하는 주역이 된다는 말이다. 세계적인 미래학자 자크 아탈리(Jacques Attali)는 과거와 현재의 다양한 흐름을 바탕으로 미래 사회의 변화를 예측했다. 그는 일찍이 세계의 지정학적 중심이 태평양 쪽으로 이동할 것이라고 예측하면서 기상이변, 금융 거품 현상, 공산주의의 약화, 테러리즘의 위협, 노마디즘(nomadism)의 부상, 휴대폰과 인터넷을 비롯한 유목민적 상품의 만능 시대 등을 예고했다.[1] 아시아 태평양 시대의 도래에 대한 예단은 세계화 추세 속에서 중국이 미국과 함께 G2 국가의 일원이 되고 한국과 일본, 아세안(ASEAN, 동남아시아국가연합)과 인도 등 아시아가 세계 경제를 견인하는 새로운 성장 엔진이 되고 있다는 분석에 근거한 것이다.

아시아개발은행(ADB)에서 펴낸 『아시아 미래 대예측 *Asia 2050: Realizing the Asian Century*』(2011)[2]에 따르면 최근 추세를 유지할 경우 2050년 아시아의 1인당 소득은 현재의 유럽 수준에 도달할 것이고, 2050년에는 전 세계 GDP(Gross Domestic Product, 국내총생산)에서 아시아의 비중이 현재의 약 두 배로 증가해 52%가 되면서 산업혁명이 일어나기 전에 아시아가 누렸던 지배적인 경제적 위상을 되찾게 될 것이라고 한다. 경제학자가 말하는 '아시아 세기'의 가장 보편적인 지표는 아시아 경제 총량이 전 세계 비중의 50%를 넘는 것인데, 2050년에는 그 지표 달성이 가능하다는 것이다. 그런데 다국적 컨설팅전문회사 맥킨지(McKinsey)는 2019년 연구보고서에서 2040년 아시아의 GDP가 전 세계 총량의 50%가 넘을 것이라고 예측해 ADB가 예측한 것보다 10년 빨랐다.

아시아적 가치가 점차 부상하고 '리오리엔트(ReOrient)'라는 용어가 확산되는 가운데 2011년 미국도 아시아 중시 정책을 표방한 '아시아 회귀(pivot to Asia)' 전략을 천명했다. 미국은 '아시아 회귀' 선언 이후에도 비교적 온건한 대중 견제전략을 유지했으나, 2013년 중국 주도의 '신(新)실크로드 전략'인 일대일로(一帶一路: One belt, One road)를 시작으로 2016년 1월에는 중국 주도의 AIIB(아시아인프라투자은행)*가 공식 출범하고, 2022년 1월에는 미국 주도의 IPEF(인도-태평양 경제 프레임워크)에 맞서 중국 주도의 RCEP(역내포괄적경제동반자협

---

* AIIB는 미국·일본이 주도하는 세계은행(WB)과 아시아개발은행 (ADB) 등에 맞서기 위해 중국 주도로 설립된 은행이다. 아시아·태평양지역 개발도상국의 인프라 구축을 목표로 2016년 1월 한국을 포함하여 중국, 러시아, 인도, 독일, 영국 등 57개 회원국으로 공식 출범하였으며, 2017년 5월 칠레, 그리스, 루마니아, 볼리비아, 키프로스, 바레인, 사모아 등 7개국의 회원가입이 승인됨에 따라 회원국은 77개국으로 늘어났다.

정)<sup>*</sup>가 정식 발효되는 등 중국이 '게임 체인저'로서의 의지를 적극적으로 표명함에 따라 미국은 강경한 태도로 일관해 오고 있다. RCEP는 세계 최대 자유무역협정으로 세계의 경제 중심이 유럽과 미국에서 아시아로 이동하는 중요한 계기가 될 수 있다는 분석도 있다.

또한 남중국해를 둘러싼 미·중 간의 갈등도 계속되고 있다. 중국은 남중국해 영유권을 주장하며 인공섬을 조성해 군사시설화에 나서는 한편, 남중국해를 중국의 영해로 간주하고 2021년 9월 1일부터 이 수역을 통과하는 선박에 대해 신고를 의무화함으로써 양국 간의 갈등은 증폭되고 있다. 영국은 항공모함까지 가세해 미국의 '항행(航行)의 자유(freedom of navigation)' 작전을 지지하고, 독일 또한 이에 가세하고 동남아시아 국가들도 대중(對中) 전선에 합류하는 추세다. 매일 수로에서 동남아시아 민간인 및 군사 선박을 괴롭히는 중국의 해상민병대 활동은 오히려 필리핀의 남중국해 입지를 강화하는 계기가 되었으며 미국-필리핀 관계를 더욱 강화하는 역효과를 가져왔다. 베트남 또한 스프래틀리 기지를 확장하고 최근 들어 미국과의 군사 협력을 확장하고 있다.[3]

페르디난드 마르코스(Ferdinand Marcos Jr.) 필리핀 대통령은 기시다 후미오(岸田文雄) 일본 총리와의 정상회담(2023.2.9.)에서 중국을 견제하기 위한 안보

---

* RCEP는 아시아·태평양 지역을 하나의 자유무역지대로 통합하는 'ASEAN+6' FTA다. 즉, ASEAN(동남아국가연합) 10개국, 한·중·일 3개국, 호주·뉴질랜드·인도 3개국 등 총 16개 회원국의 관세 장벽 철폐를 목표로 한 협정이다. 2020년 11월 15일 최종 타결 및 서명이 이뤄졌고, 2022년 1월 1일 비준을 마친 나라들에서 공식 발효됐다. 한국은 2022년 2월 발효됐다. 한편 일본 주도의 CPTPP(포괄적·점진적 환태평양경제동반자협정)는 아시아·태평양 지역 경제의 통합을 목적으로 11개국(일본, 캐나다, 호주, 브루나이, 싱가포르, 멕시코, 베트남, 뉴질랜드, 칠레, 페루, 말레이시아)이 참여하는 다자간 자유무역협정이다. RCEP 회원국이 모두 아시아권 국가들인 반면, CPTPP 회원국은 태평양을 공유하는 북미·중미·남미 국가들도 포함되어 있다.

협력을 강화하기로 의견을 모은 데 이어, 온라인판에 실린 인터뷰에서 대만 유사시 "필리핀이 말려들지 않을 시나리오를 생각하기 어렵다"며 "우리는 최전선에 있다고 느낀다"고 말했다. 필리핀의 수도 마닐라가 있는 루손섬의 북쪽 끝은 대만 최남단과 350㎞밖에 떨어져 있지 않고 미국과는 군사동맹을 맺고 있다. "미군이 대만 유사시를 고려해 루손섬 북부 거점(기지)의 이용을 검토하고 있다"고 전해진 가운데, "마르코스 대통령이 명확히 입장을 밝히지 않았지만 대만 방위를 표명하고 있는 미국에 필리핀 기지 사용을 허용할 가능성을 시사했다"고 현지 매체가 전했다.[4]

이처럼 세계 도처에서 패권 경쟁을 벌이고 있는 미국과 중국에 대해, 미국 하버드대학교 벨퍼 국제문제연구소장을 역임한 정치학자 그레이엄 앨리슨(Graham Allison)은 이 두 나라가 '투키디데스 함정(Thucydides Trap)'에 빠져 서로가 원치 않는 전쟁으로 치닫고 있다는 분석을 제기했다. 앨리슨은 그의 저서 『불가피한 전쟁 Destined for War』(2017)에서 역사가 투키디데스가 그의 『펠로폰네소스 전쟁사』에 기록한 펠로폰네소스전쟁(BCE 431~BCE 404)이 신흥 강대국인 아테네와 이를 견제하려는 기존 강대국인 스파르타가 빚어낸 구조적 긴장 관계의 산물이었다고 분석하며 이를 '투키디데스 함정'이라고 불렀다. 그는 이 용어를 신흥 강대국인 중국과 기존 강대국인 미국, 이 두 나라의 패권전쟁과 연관 지어 사용한 것이다.

이러한 미국과 중국 간 디커플링(decoupling, 탈동조화) 동향을 두고 흔히 '지정학의 귀환(the return of geopolitics)'이라는 용어를 사용하기도 한다. 이 용어는 미국의 저명한 대외정책전문가 월터 러셀 미드(Walter Russell Mead)가 『포린 어페어스 Foreign Affairs』(2014)에 기고한 "지정학의 귀환: 수정주의 세력들의 복수(The Return of Geopolitics: the Revenge of the Revisionist Powers)"라는 글을 통해 널리 알려진 것이다. 그는 강대국 간 권력정치가 득세하고 있는 현실에 주목하여 중국과 러시아를 수정주의 국가로 지목하며, 이들의 현상(現狀) 변경 정책이 영토 확장, 해상교통로 통제, 세력권 형성 등 지정학 논리가 유행하던 과거 행태를 답습하고 있다고 강조했다. 한편 루마니아 출신의 전략 전문가인 루트왁(Edward N. Luttwak)은 군사적 수단을 통해 달성하고자 하는 목표와 경제적 수단을 통해 달성하고자 하는 목표가 본질적으로 동일하다고 보고 국가 간의 경쟁이 지정학(地政學, geopolitics)적 경쟁에서 지경학(地經學, geoeconomics)적 경쟁으로 전환하고 있다고 주장했다.[5]

근년에는 인도-태평양(Indo-Pacific) 개념이 주요국의 전략적 관심사로 등장하여* 다양한 형태의 인도-태평양 전략이 발표되고 있다. 호주, 인도, 일본, 미국이 각각 전략 문서에서 자국의 인도-태평양 전략을 발표하였고, 아세안(ASEAN)은 2019년 6월 방콕 정상회의에서 '인도-태평양에 관한 아세안의 관점'이란 제목의 공동 문서에 합의했다. 유럽의 경우 프랑스는 2019년 5월부터 3개의 인도-태평양 전략 문서를 발표하였고, 독일도 2020년 9월 인도-태평양 전략을 발표하였으며, 11월에는 네덜란드가 인도-태평양 전략을 발표했다. 이들 3국은 각각의 전략 문서에서 공통적으로 유럽연합(EU) 차원의 인도-태평양 전략 수립을 제안했는데, 이는 2019년부터 갈등 요소가 명확해진 유럽·중국 관계에 새로운 측면을 도입하는 것이기도 했다. 중국에 대한 EU의 전략적 시각의 변화는 2019년 대(對)중 정책을 발표하며 중국이 EU에 주는 의미에 기존의 협력 파트너 외에 경제적 경쟁자와 전략적 라이벌을 추가

---

* 아프리카와 중동, 유럽을 연결하는 해양 운송로인 인도양은 20세기에는 태평양과는 별개의 해양공간으로 인식되었다. 그동안 미국의 주된 무역로는 태평양이었고, 인도양을 통과해 지중해 대서양으로 이어지는 항로는 미국과 유럽 국가들의 운송로였다. 그런데 아프리카, 중동, 유럽 국가들과의 무역과 자원 수입을 위해 인도양이 중국의 주된 무역로가 되면서 기존의 무역로인 태평양과 함께 전략적 관심사로 등장하게 된 것이다.

한 데서도 드러난다. 이러한 시각의 변화는 중국의 영향력이 유럽 지역으로 확장하는 것에 대한 대응 전략의 일환이라 할 수 있다.[6]

미·중 전략경쟁의 격화와 유럽·중국 갈등, 그리고 코로나바이러스감염증-19 팬데믹에 이어 러시아의 우크라이나 침공(2022.2.24.)과 러시아 제재에 따른 에너지·곡물 등 국가 안보 문제가 부상하면서 슬로벌라이제이션(slow+globalization) 현상이 두드러지게 나타나는가 하면, 세계 질서의 블록화·진영화 현상도 심화되고 있다. 러시아의 침공을 받은 우크라이나가 유럽연합(EU)에 가입신청서를 제출한 데 이어, 조지아와 몰도바도 자국의 안전보장을 위해 EU 가입신청서를 제출했다. 조지아와 몰도바가 가입후보국 지위를 부여받더라도 정식 가입을 승인받기까지는 27개 기존 회원국이 정한 정치 경제적 기준을 따르는 등 일정한 절차를 밟아야 하므로 시간이 걸릴 것으로 예상된다.

스웨덴과 핀란드는 러시아의 우크라이나 침공이 자국 안보에도 위협이 된다고 판단해 중립국 지위를 포기하고 2022년 5월 벨기에 브뤼셀에 있는 나토(NATO, 북대서양조약기구) 본부에 나토 가입신청서를 제출했다. 나토 가입을 위해서는 회원국이 만장일치로 찬성해야 하는데, 회원국인 튀르키예는 스웨덴과 핀란드가 튀르키예 안보의 가장 큰 위협이 되는 쿠르드족에 우호적인 태도를 보였다는 이유로 긍정적으로 검토하지 않고 있다가 2023년 3월 27일 헝가리 의회가 핀란드의 나토 가입안을 비준한 데 이어, 3월 30일(현지시각) 튀르키예 의회는 만장일치로 핀란드의 나토 가입 비준안을 가결했다. 이로써 '70년 중립국' 핀란드는 나토 가입이 확정되었다.

한편 스웨덴의 나토 가입에 대해서는 스웨덴 내 쿠르드노동자당(PKK: 튀르키예 내 쿠르드족의 분리독립을 주장하는 단체) 관련자 미송환과 스웨덴 정부의 반(反)이슬람 시위 용인 등을 문제 삼아 튀르키예가 계속해서 비준을 미루고 있다. 오랫동안 비동맹과 중립을 표방해 온 스위스 또한 나토와 합동훈련을 검토하고 있다. 한편 볼로디미르 젤렌스키(Volodymyr Zelensky) 우크라이나 대통령은 푸틴 러시아 대통령이 우크라이나 내 점령지 합병안에 서명하자 2022년 9월 나토 신속가입을 공식 신청한다고 밝혔다. 러시아가 나토의 확장을 차단하고 '우크라이나의 중립국화'를 표방하며 전면 침공을 강행했지만, 결과적으로는 나토의 확장을 가져왔으니 자충수를 둔 셈이다.

한편 아태지역의 전략적 중요성에 주목한 나토(NATO) 회원국들은 나토 글로벌 파트너 국가 중 아시아 태평양 지역 주요 4개국(AP4: 한국, 일본, 호주, 뉴질랜드)을 나토 정상회의에 처음으로 초청했다. 2022년 6월 스페인 마드리드에서 개최된 나토 정상회의에서는 지난 12년간 급격하게 변화한 국제 안보 환경에 대응하여 향후 전략 방향을 제시하는 나토의 신전략 개념(NATO 2022 Strategic Concept)이 채택되었다. 그 주요 내용은 러시아가 나토에 "가장 중대하고 직접적인 위협(the most significant and direct threat)"임을 지적하고, 우크라이나 침공과 관련된 러시아의 안보 위협이 유럽-대서양 지역에 국한되지 않고 국제 안보의 문제(특히 규칙 기반의 국제질서)임을 지적했다. 또한 중국은 강압적 정책으로 나토의 이익과 안보, 가치에 도전이 되고 있으며, 우주·사이버·해양 안보 등에서 규칙 기반의 국제질서를 전복시키려 하고 있다고 지적했다.[7]

2010년과는 완전히 달라진 안보 환경에서 작성된 나토의 신전략 개념의 특징은 러시아와 중국의 안보 위협이 유럽-대서양 지역에 국한되지 않고, 특히 규칙 기반의 기존 국제질서에 위협이 되고 있다는 점을 분명히 적시하고 있다는 점이다. 말하자면 미·중 전략경쟁의 격화, 규칙 기반의 기존 국제질서에 도전하고 이를 전복하려는 러시아와 중국의 적극적인 행보, 그리고 신기술의 등장에 따른 새로운 안보 이슈와 공급망 재편 등으로 블록화·진영화가 심화되고 있는 국제질서를 배경으로 나토의 외연을 아태지역으로 확장하여 가치 연대를 도모하고자 한다는 것이다. 윤석열 대통령의 나토 정상회의 참석을 계기로 2022년 11월 한국은 나토 대표부 신설을 완료했다. 최근 일본은 나토에 대표부 신설을 결정하였으며 올해(2023) 안에 나토 대표부를 설치하고 나토의 의사결정 기구인 이사회 참여방안도 검토하는 것으로 알려졌다.

미국 프린스턴대학교 석좌교수 존 아이켄베리(John Ikenberry)는 러시아의 우크라이나 침공이 국제적으로 통용되는 규칙과 글로벌 시스템에 대한 공격이라며 국제사회가 전쟁 이전의 평화로운 시기로 돌아가지 못할 것이라고 단언했다. 그는 러시아-우크라이나 전쟁이 오래 지속될 것이며 푸틴 러시아 대통령이 물러나기 전까지는 국제사회가 안정되기 어려울 것으로 전망했다. 우크라이나 전쟁이 양안관계(兩岸關系)에 미치는 영향에 대해 그는 중국이 대만(타이완)에 군사력을 사용할 가능성이 있지만, 러시아가 우크라이나보다 훨씬 강력한 군사력을 보유하고도 원하는 대로 하지 못하는 상황을 보고 교훈을 얻어야 할 것이라며 그럼에도 대만을 침공하려 한다면 감당해야 할 리스크가 크다는 점을 분명히 인식해야 할 것이라고 했다. 또한 미국과 중국은 점점 더 포괄적인 이데올로기 전쟁 단계에 접어들었으며 우리가 사는 동안 계속될 것으로 전망했다.[8]

미국 싱크탱크 전략국제문제연구소(CSIS)가 최근 수행한 모의 전쟁 게임의 결과에 대한 충격적인 내용의 보고서가 공개됐다. 중국의 대만 침공과 미국·일본 연합군의 군사적 충돌이 어떻게 전개될지 시뮬레이션해본 결과다. CSIS가 수행한 워게임 결과는 한마디로 "전쟁이 어떤 양상으로 전개되든 중국은 패배하지만, 미국과 일본도 엄청난 피해를 입는다"는 것이다. 이번 워게임 결과가 공개되자 세계 군사 전문가들은 충격을 받았고 미국 조야에선 조 바이든(Joe Biden) 행정부를 향한 비판이 쇄도했다. 바이든 행정부는 우크라이나의 전훈을 참고해 중대형 전투함, 장거리미사일 대신 보병 휴대용 대전차 무기와 단거리지대공미사일을 대량으로 확보하라는 훈수를 대만에 두었던 것이다. 그러나 CSIS는 "우크라이나 모델은 대만에 적용될 수 없다"며 바이든 행정부의 대만 방위 구상을 비판했다.

여전히 미국은 하드웨어·소프트웨어 모든 면에서 중국을 압도하는 군사력을 지녔다. 중국이 2000년대에 들어 군비 확장에 막대한 투자를 했으나, 군사력은 단순히 군함이나 전투기 수를 늘린다고 강화되는 게 아니다. 전쟁에서 이기려면 국가 지도부의 고도의 전략과 탁월한 통찰력과 일선 부대의 일사불란한 움직임이 뒷받침되어야 한다. 미국은 이런 배경을 모두 갖춘 나라이므로 조금 더 공세적으로 군사력 건설에 나선다면 중국의 '해상 만리장성'을 무력화할 수 있을 것이라고 전문가들은 분석한다.[9] 미국이 대만 방위를 표명하고 있는 것은, 대만은 중국을 턱밑에서 견제할 수 있는 지정학적 이점이 있는 데다가 '현대 산업의 쌀'로 불리는 반도체 초강국—세계 반도체 업체 매출 1위인 TSMC는 타이완 기업—이므로 대만을 통해 중국을 견제하려는 미국의 전략에 부합하기 때문이다.

몽골 국경 일대의 한 소식통이 몽골로 향하는 국경 대평원 지역(사막)에서 드론으로 촬영한 대탈주(大脫走)의 충격적 현장이 공개됐다. 러시아 주민 수십만 명이 몽골 대평원으로 탈출하는 러시아 '엑소더스(Exodus)' 차량 행렬이다. 러시아 정부가 발표한 동원령을 피하기 위해 해외 탈출을 시도하는 러시아 청년들이 급증하면서 상대적으로 감시가 소홀한 몽골 국경으로 수십만이 몰린 것이다. 또한 유럽으로 갈 수 있는 유일한 관문이며 러시아와 1,340km의 국경을 맞대고 있는 핀란드의 접경 지역은 밀려드는 러시아 차량으로 큰 혼잡이 벌어졌으며, 조지아·카자흐스탄 등 러시아와 국경을 접한 모든 지역에서 필사의 탈출이 감행되었다. 주요 국경지대에는 국경을 넘으려는 차량 행렬이 이어지면서 검문도 강화된 것으로 알려졌지만, 2022년 9월 21일 부분 동원령—실제로는 전 연령대의 남성이 무차별적으로 징집—선포 이후 18일 동안 러시아 남성 30만 명이 해외로 도피한 것으로 보도되었다.[10]

러시아-우크라이나 전쟁으로 인한 인명피해와 경제적 손실은 갈수록 커지는 반면, 평화협상 전망은 여전히 불투명하며 오히려 확전 가능성이 커짐에 따라 전쟁 장기화 추세도 뚜렷해지고 있다. 젤렌스키 우크라이나 대통령이 돈바스 지역 최전선 도시를 방문하고, 푸틴 러시아 대통령이 크림반도와 러시아 본토를 잇는 크림대교와 동부 최전선을 방문하는 행보를 보이면서 전선(戰線)이 최근접 상태로 들어섰다. 최근 우크라이나가 국경서 720㎞ 떨어진 러시아 본토 내 랴잔시·엥겔스시 군사 비행장 2곳을 드론으로 공격하자, 푸틴 러시아 대통령은 또 핵무기를 언급하며 "핵무기는 방어수단이자 잠재적 반격수단"이라며 미국식 선제타격을 검토 중이라고 했다.[11] 2022년 11월에는 폴란드 영토에 미사일 2발이 떨어져 2명이 사망하는 사고가 발생하자 미사일 발사 주체로 러시아가 의심을 받았으나, 미국이 주요 동맹국들을 모은 자리에서 우크라이나군의 지대공 미사일 오발로 폴란드에 낙탄했을 가능성이 크다고 설명한 것으로 전해졌다.

한편 푸틴 대통령은 우크라이나 전쟁을 일으켜 글로벌 에너지 위기를 초래함으로써 글로벌 에너지 시장에서 공공의 적이 됐다. 러시아의 천연가스와 원유 및 석탄 가격이 기록적인 수준으로 치솟으면서 전 세계가 인플레이션 고통에 시달렸고 수억 명의 에너지 난민이 발생했다. 그런데 역설적으로 러시아의 에너지 무기화가 오히려 화석연료 시대의 종말을 앞당기고 에너지 절약과 효율의 중요성을 일깨웠다. 푸틴 대통령 자신은 천연가스 수출 밸브까지 잠가―물론 그가 의도하거나 예상했던 결과는 아니지만―화석연료 소비를 줄이는 데 기여했다. 그동안 어떤 나라도, 국제기구도, 환경단체도 하지 못한 일을 푸틴이 해낸 것이다.

전쟁 발발 직후 EU(유럽연합) 국가들은 러시아의 석탄·석유·가스 수입을 줄이는 데 급급했다. LNG(액화천연가스)로 수입 경로를 돌리고 단기간 석탄 발전을 크게 늘림으로써 전 세계의 기후변화 대응이 크게 후퇴할 것이라는 전망이 나오기도 했다. 그러나 전 세계는 원전·풍력·수소·태양광 같은 청정에너지로 눈을 돌리고 에너지 효율을 높이기 위한 투자를 확대하는 정책을 내고 있다. 유럽은 '리파워 EU(REPowerEU)' 패키지를 내놨는데, 그 핵심은 에너지 소비 감축 의무를 확대하고 2025년까지 청정에너지 발전 설비를 2배 확대하겠다는 것이다. 미국 또한 IRA(인플레이션 감축법)를 만들어 2030년까지 태양광·풍력 발전 용량을 지금보다 2.5배, 전기차는 7배 늘리겠다고 했다.[12]

전쟁 수행 중 러시아는 뜻밖의 복병을 만났다. 러시아는 국토 면적의 3분의 2가 영구동토이다. 1970년대 가스전, 유전 개발과 산업시설이 들어서면서 도시가 형성되었다. 그런데 영구동토층(1년 내내 섭씨 0도 이하로 얼어있는 토양층)이 녹으면서 건물과 도로, 에너지 시설의 안전성이 위협받고 있다. 북극권이 시작되는 지점이자 대규모 유전과 가스전 개발의 도시인 살레하르트 역시 지반이 불안정하고 건물 변형이 진행되고 있으며 외벽이 떨어져 나가 뼈대가 드러난 곳도 있다. 이곳에 세워진 북극연구센터 연구원에 따르면 주요 변형은 약 10~15년 전 지구온난화가 시작되면서 발생했다. 도로 틈새가 벌어지고, 땅 꺼짐 현상이 속출하며, 한쪽 지반이 꺼져 도로 높이차로 사고 발생이 빈번하고, 해동·해빙 반복으로 지반이 더욱 불안정해지고 있다고 한다.

살레하르트에서 약 150㎞ 떨어진 보르쿠타(러시아 코미공화국)는 러시아에서 가장 빠른 속도로 영구동토층이 해빙되는 곳이다. 땅 꺼짐과 틈새 확대로 지반이 내려앉고, 건물 균열과 함께 한쪽 지반이 꺼져 건물 높이가 불균형한 곳도 있다. 시베리아와 북동부에서도 비슷한 현상이 나타나고 있다. 시베리아 노릴스크는 2020년 6월 지반 침하로 발전소 연료탱크가 파손되고 경유가 유출되었다. 송유관과 군사시설에도 예상치 못한 피해가 예상된다. 『네이처 Nature』에 발표된 최근 연구를 보면 2025년까지 영구동토층에 세워진 사회 기반 시설의 70% 이상이 변형될 것이라고 한다. 이는 기업과 지자체 모두에게 막대한 손실을 가져올 것이다. 영구동토층이 해빙되면 지구온난화도 가속화될 우려가 있다. 지난 60년간 북극 기온은 2.5도 상승(지구 평균 1도 상승)했다. 북극의 온난화 속도가 더 빠르다는 것은 영구동토층의 변화도 빨라질 수 있다는 것이다.[13]

러시아가 우크라이나 침공(2022.2.24.) 1주년에 맞춰 대대적인 공습을 준비하고 있는 것으로 관측되는 가운데, 서방 국가들도 전차·장갑차 등 무기 지원 확대에 나서고 있는 것으로 알려졌다. 러시아는 서방을 분쟁의 '직접적인 당사자'로 비난하며 러시아군은 장거리 항공기를 우크라이나전에 투입할 예정이라고 했다. 현지 매체들은 핵 탑재가 가능한 전략폭격기 등이 해당한다고 설명했다.[14] 뉴욕타임스(NYT), 월스트리트저널(WSJ), 디펜스뉴스 등 외신과 국제 군사 전문 매체들은 러시아가 푸틴 대통령의 지시로 우크라이나 동부─루한스크주와 도네츠크주 등 우크라이나로부터 분리독립 선언 후 자체 공화국 출범을 선언한 동부 돈바스 일부─지역에서 본격적인 공세에 들어갔다고 전했다. 이러한 사실은 세르히 하이다이 루한스크 주지사의 2023년 2월 9일(현지 시각) 텔레그램을 통해 확인되었다.

러시아와 우크라이나 간의 격돌과 관련해 뉴욕타임스는 러시아가 돈바스 지역에, 우크라이나는 남부 지역에 전력을 집중할 것으로 예상했다. 즉, 러시아는 전략 요충지로 상징성이 높은 돈바스 일부 지역인 도네츠크주의 바흐무트 점령을 위해 전력을 집중할 것으로 예상했고, 우크라이나는 멜리토폴 등 러시아에 점령된 남부 지역에 전력을 집중해 반격의 기회를 노릴 것으로 예상했다. 우크라이나가 동부와 남부를 잇는 핵심 보급로인 멜리토폴 탈환에 성공하면 러시아군을 동부 돈바스와 남부 크림반도 양쪽으로 갈라 전력을 약화시킬 수 있다는 것이다. 우크라이나가 멜리토폴의 러시아군 보급로 차단에 성공하면 남부지역의 러시아군은 더 많은 시간이 소요되고 고속기동포병로켓시스템(HIMARS·하이마스) 사정권 안에 있는 크림반도를 통하는 보급로로 물자를 조달해야 하는 상황에 처한다. 하지만 어느 한쪽에 유리한 여건만 형성되는 것은 아니기 때문에 전세(戰勢) 전망은 불투명하다.[15]

나토(NATO)와 러시아의 전면전 가능성에 대해서는 그것이 곧 제3차 세계대전을 의미하는 것이며 그 누구도 원치 않는 것이라는 점에서 대체로 낮다고 보지만, 그럼에도 역사상 그 누구도 원치 않는 전쟁이 끊임없이 발발해 온 것 또한 사실이다. 전 세계 핵보유국은 9개국이고 핵확산금지조약(NPT)에 가입되어 인정되고 있는 보유국은 미국, 영국, 러시아, 프랑스 중국이며, 인도·파키스탄·북한·이스라엘은 미가입 상태로 실질적으로는 인정을 받지 못하고 있다. 2022년 초 전체 핵보유량은 약 1만 2,700발이며 그 비중의 약 90%를 미국과 러시아에서 보유하고 있다.[16] 여전히 대다수 인류는 인간 이성에 대한 굳건한 믿음을 견지하고 있지만, 러시아-우크라이나 전쟁이 걷잡을 수 없는 깊은 수렁 속으로 빠져들게 되면 어쩌면 우리는 전혀 경험하지 못한 새로운 세상을 경험해야 할지도 모른다. 러시아의 우크라이나 침공으로 시작된 전쟁은 결국 세계의 중심축이 대서양에서 태평양으로 이동하는 신호탄이 될 것이다.

끝으로, 아시아 태평양 시대로 향하는 과정에서 세계 인구의 약 60%가 살고 있는 아시아 지역에 필요한 주요 변화의 윤곽을 『아시아 미래 대예측』을 통해 국가별 대응, 아시아 역내 협력, 글로벌 의제라는 상호 연관되는 세 가지 차원에서 살펴보기로 한다. 우선 국가별 대응, 즉 아시아 각국이 대처해야 할 일곱 가지의 장기적 이슈와 전략적 해결과제는 다음과 같다.

첫째, 성장과 포용이다. 지속가능한 성장을 위해서는 포용과 사회구조적인 불평등 감소에 우선순위를 부여해야 한다. 즉, 빈부 격차, 도농(都農) 간의 격차, 교육 불평등, 남녀 불평등, 이민족 차별 등의 문제에 있어 포용적 성장을 도모해야 한다. '참여와 성과의 공유'를 의미하는 포용적 성장에는 빈곤 해결은 물론 기회의 평등, 고용 창출과 더불어 일상생활의 다양한 측면에서 사회적 취약 계층에게 보호막을 제공해주는 것 등이 포함된다. 둘째, 기업가정신, 혁신과 기술개발이다. 앞으로 아시아가 지속적으로 성장하려면 기술과 혁신, 특히 기업가정신을 활용해야 한다. 세계의 선진 업무 처리 방식을 자국에 적용해야 함은 물론, 중국이나 인도와 같이 급성장하는 신흥중진국의 경우 추격형 기업 활동에서 벗어나 선도형 기업 활동과 혁신으로 전환해야 과학과 기술 분야에서 획기적인 성과를 거둘 수 있다. 특히 사회 기저층의 필요를 충족시켜 주는 포용적 혁신(inclusive innovation)이 이루어져야 하며, 창조성을 높이는 양질의 교육 시스템이 제공돼야 한다.[17]

셋째, 대규모 도시화다. 아시아의 도시 인구는 현재 16억 명에서 2050년에는 30억 명으로 거의 두 배가량 증가할 것이며, 이미 경제 생산의 80% 이상을 담당하는 아시아 도시들은 교육과 혁신, 기술개발의 중심이 될 것이다. 아시아의 장기적인 경쟁력과 정치적·사회적 안정은 도시 지역의 효율성과 수준에 달려 있으므로 도시화 과정의 초기 단계에서부터 압축적이면서 에너지 효율적이고 안전한 도시를 만들어나가야 한다. 넷째, 금융 부문 개선이다. 아시아는 금융 부문에서 아시아 고유의 접근 방식을 구축해야 한다. 금융시스템을 전환할 때 아시아 지도자들은 1997~1998년 아시아 금융위기와 2007~2009년 대불황의 교훈을 염두에 두고 시장의 자정능력을 과도하게 신뢰하거나 은행 주도의 시스템을 통해 정부가 과도하게 중앙통제하는 일은 피해야 하며, 제도 혁신에 대해 더 개방적인 태도를 취하고 포용적 금융시스템을 지원해야 한다.[18]

다섯째, 에너지와 천연자원 사용량 감축이다. 2050년 아시아에 30억 명의 새로운 부유층이 형성되면 자원난이 심각해져 에너지 수입 의존도가 높은 아시아는 커다란 영향을 받게 될 것이므로 화석연료에서 재생에너지로의 전환을 통해 에너지 효율성을 높이고 에너지원의 다변화를 추진해야 한다. 아시아의 미래 경쟁력은 천연자원의 효율적 사용과 신속하고 효율적인 저탄소 시스템으로의 전환에 달려 있다. 여섯째, 기후변화이다. 기후변화는 아시아가 성장하는 방식에 광범한 영향을 미치고 있으므로 에너지 효율성을 높이고 화석연료 의존도를 줄여야 한다. 환경친화적인 도시 건설 등 도시화의 새로운 접근 방식을 채택해야 하며, 도시 거주자의 대중교통 이용 및 장거리 이동 시 철도 이용 비중을 높이고, 생활방식 자체를 바꿔 유한한 천연자원 사용을 줄여야 한다.[19]

일곱째, 국정 운영과 제도이다. 최근 정치·경제제도의 수준 및 신뢰도 저하가 아시아 성장의 저해 요인으로 작용할 수 있는 만큼, 사회적·정치적 안정과 합리성을 유지하기 위해서는 부정부패 근절이 필수적이며, 이를 해결하기 위해서는 중앙정부 및 지방정부 차원에서의 효율적인 국정 운영과 더불어 투명성과 책임성, 예측 가능성과 집행 가능성에 초점을 두고 제도 개선에 힘써야 한다. 한국, 일본, 싱가포르 등 고소득 선진국(high-income developed economies)[20]의 경우 과학과 기술 분야에서 획기적인 발전을 도모해야 하고, 경제적 고성장과 더불어 광범한 사회적 안녕을 증진시키기 위해 노력해야 한다.

중국, 인도, 인도네시아 등 고성장 신흥중진국(fast-growing converging economies)[21]의 경우 중진국의 함정을 피하는 것이 가장 큰 과제인 것으로 나타난다. 즉, 불평등 감소와 개발 펀더멘털(fundamental) 강화, 숙련된 노동력 육성과 물리적·지적 재산권 보호 및 분쟁을 공정하게 해결해주는 예측 가능한 제도 구축, 기업환경의 지속적인 개선에 초점을 두어야 한다. 아프가니스탄, 방글라데시, 부탄 등 중하위 차세대 성장국(slow-or modest-growth aspiring economies)[22]의 경우 개발 펀더멘털, 즉 모두에게 양질의 교육 시스템을 제공해 불평등을 줄이고 포용적인 성장을 촉진하며, 사회적 기반시설을 개발하고, 제도와 기업환경을 대폭 개선하며, 외부 시장에 대한 문호 개방에 초점을 두어 지속가능한 경제성장에 우선순위를 두어야 한다.[23]

국가별 대응에 이어 아시아 세기의 실현을 위한 두 번째 차원의 아시아 역내 협력에 대해 살펴보기로 하자. 향후 역내 협력이 더욱 중요해질 것이라고 보는 것은 대개 다음과 같은 이유에서다. 첫째, 글로벌 경제위기 속에서 아시아가 이룩한 경제적 성과를 공고히 해 줄 것이라는 점, 둘째, 아시아 국가들과 다른 지역의 국가들 사이에 중요한 교량 역할을 할 것이라는 점, 셋째, 국내와 아시아 내의 수요를 키우는 쪽으로 경제성장의 방향을 조율하는 가운데 교통망과 에너지 수송망은 아시아 단일시장을 위한 기반이 될 것이라는 점, 넷째, 개발원조를 통해 국가 간 소득과 기회의 격차를 줄일 수 있다는 점, 다섯째, 빈곤국이 가치사슬(value chain)의 위쪽으로 이동해 성장잠재력을 극대화하는 디딤돌이 될 수 있다는 점, 여섯째, 기술개발과 에너지 안보, 재난 대비 등 전 세계적 변화에 더 효과적으로 대응하고, 중요한 시너지 효과와 긍정적인 파급 효과를 낳을 수 있다는 점, 일곱째, 역내의 공통 현안을 다루어 아시아의 장기적 안정과 평화에 기여할 수 있다는 점[24]이 그것이다.

아시아가 번영하려면 '역내 공공 현안을 추구하고 협력의 시너지 효과를 극대화하며 지역의 동반성장을 향한 역내 협력'[25]이 반드시 필요하다. 또한 많은 장기적 이슈에는 국내, 역내, 글로벌 관점이 긴밀하게 관련되어 있으므로 아시아의 정책 입안자들이 상호 협력 체계를 구축해 도전과제들을 지혜롭게 해결해야 한다. 역내 협력을 강화하려면 강한 정치적 리더십이 매우 중요한 것으로 나타난다. 아시아 지역주의를 구축하려면 참여국 간에 힘의 균형을 고려한 협력의 리더십이 필요하다. 중국과 인도, 인도네시아, 한국, 일본 등 주요 경제국들은 아시아 통합과 세계 경제에서 아시아의 역할 정립에 중요한 역할을 할 것으로 전망되고 있다. 아시아의 다양성과 이질성을 고려할 때 아시아는 과거의 긍정적인 성과—예컨대 동남아국가연합(ASEAN)이 거둔 성과—를 바탕으로 아시아 고유의 모델을 개발해야 하며, 아시아 경제공동체는 개방성과 투명성이라는 두 가지 기본 원칙을 바탕으로 해야 한다.[26]

다음으로 역내 협력에 이어 아시아 세기의 실현을 위한 세 번째 차원의 글로벌 의제에 대해 살펴보기로 하자. 이 세 번째 차원은 세계 경제에서 아시아의 비중이 급증하고 있는 만큼, 글로벌 리더로 부상하는 아시아의 위상에 걸맞게 전 세계적 공통 현안에 대해 책임감 있는 글로벌 시민으로 행동해야 하며 세계 운영에도 적극적으로 참여해야 한다는 것이다. 개방형 세계 무역시스템, 안정적인 세계 금융시스템, 기후변화 경감 조치, 평화와 안보 등 글로벌 커먼즈(Global Commons, 글로벌 공공재) 보존을 위한 국제적 논의와 협상에 주인의식을 가지고 더 적극적인 역할을 수행해야 한다는 것이다. 또한 국내 혹은 역내 정책 의제 수립 시 아시아 지역과 세계에 미칠 영향을 고려해야 한다. 이 점에 있어 특히 아시아 경제선진국들의 공동 대응이 요구된다.[27] 전 세계의 안녕과 평화, 안보는 아시아의 장기적 번영에 필수 요소다. 아시아 역내 협력이 개방적 지역주의와 함께 가야 하는 이유다.

이상에서 보듯 아시아 세기의 도래와 관련하여 이 책에서 제시하는 국가 별 대응, 아시아 역내 협력, 글로벌 의제는 광범위하며, 미래를 내다보는 통찰력과 협력적인 리더십을 요구한다. 아시아 국가들이 상기 도전과제에 얼마나 효율적으로 대처할지는 확실히 알 수 없다. 이러한 다양한 요소의 불확실성을 고려해 『아시아 미래 대예측』에서는 아시아 내 세 개의 국가군이 이룬 과거의 성과를 토대로 2050년까지 아시아의 경제발전에 대한 두 가지 시나리오를 수립하고 있다. 그 하나는 이상적인 '아시아 세기' 시나리오이고, 다른 하나는 비관적인 '중진국의 함정' 시나리오다. '아시아 세기' 시나리오는 과거 30년 동안 세계 선진 업무방식을 꾸준히 적용해 온 열한 개의 고성장 신흥중진국들이 향후에도 이런 추세를 지속하고, 다수의 중하위 차세대 성장국들이 2020년까지 중진국이 되리라고 가정한다. 그렇게 되면 2050년까지 30억 명의 아시아인이 추가적으로 현재 유럽 수준의 풍족한 생활을 누리게 된다. '중진국의 함정' 시나리오는 고성장 신흥중진국들이 향후 5~10년 내 중진국의 함정에 빠지고, 중하위 차세대 성장국들의 상황이 더 이상 개선되지 않아 라틴아메리카가 지난 30년간 밟은 전철을 따르게 된다고 가정한다.[28]

아시아가 이러한 두 가지 극단의 시나리오 가운데 어느 지점에 이를 것인지는 상기에서 설명한 정책과 제도적 문제들을 얼마나 효율적으로 해결하느냐에 달려 있다. 그 결과는 아시아 미래 세대의 복지와 생활방식은 물론 전 세계에 영향을 줄 것이다. 『아시아 미래 대예측』에서 다루는 대부분의 내용은 낙관적인 '아시아 세기' 시나리오를 바탕으로 하고 있다. 특히 중국과 인도, 인도네시아, 일본, 한국, 말레이시아, 태국 등 일곱 개 국가가 아시아 세기의 엔진 역할을 할 것이라고 전망하고 있다. 2010년 기준으로 이들 일곱 개 국가의 인구 합계는 아시아 인구의 78%인 31억 명이며, GDP 합계는 아시아 GDP의 87%인 15조1천억 달러에 이른다. 2050년이 되면 이들 7개 국가의 성장이 아시아 GDP 성장의 약 91%, 세계 GDP 성장의 약 53%, 유럽 GDP 비중의 두 배 이상이 될 것으로 예상돼 이들 국가는 아시아뿐 아니라 세계의 경제 엔진이 될 것으로 전망된다. 또한 방글라데시와 카자흐스탄, 베트남은 향후 40년 내에 아시아-7의 대열에 합류할 잠재력을 보유한 것으로 판단되고 있다.[29]

이렇게 되면 아시아의 글로벌 역할이 강화되면서 세계시민사회와의 상호작용 방식에도 근본적인 변화가 초래될 것이다. G20이 형성될 때까지 글로벌 거버넌스는 G7 국가들에게 지도력을 부여하는 시스템이었으나, 새로운 경제적 현실과 조화를 이루지 못한 이런 현행 시스템은 아시아 세기를 향해 나아갈수록 점점 설득력을 잃게 될 것이다. 아시아는 이제 더 이상 아웃사이더가 아니라 주 행위자로서 여타 세계를 살펴볼 때가 되었다. 제2차 세계대전 이래 지금까지 세계 경제가 의존하는 글로벌 공공재의 주요 이해당사자는 서구 강대국들이었지만, 이제 아시아가 공동 지도자의 역할을 수행하지 않으면 안 된다. 글로벌 공공재가 계속 기능하는 것이 장기적으로 아시아 지역의 성장과 복지를 위해서도 중요하기 때문이다. 또한 개방되고 자유로운 국제거래시스템, 건강하고 효율적인 글로벌 금융시스템, 개방되고 안전한 국제적 대양항로와 통상항로, 기후변화를 완화하기 위한 노력에의 동참, 전 세계의 평화와 안전, 개방적 지역주의, 아시아 선진국들의 개발원조 프로그램 확대, 글로벌 거버넌스와 규칙 제정에서 지도적 역할 수행 등은 아시아의 이해관계와 일치한다.[30]

이렇게 볼 때 아시아 세기를 향해 계속 전진하려면 참여와 성과를 공유하는 포용적 성장이 이루어져야 한다. 다양한 연구 결과에 따르면 성장 과정에 참여하고 성장의 혜택을 공유하는 기회의 평등이 확립되지 않으면 그 어떤 성장 전략도 성공할 수 없다. 특히 개발도상국들의 경우 불평등 때문에 성장이 저해되는 것으로 나타났다. 불평등이 심한 나라일수록 성장 기간이 짧다는 연구 결과는 불평등이 지속적인 성장에 장해물로 작용하고 있음을 말하여 준다.[31] 많은 이슈가 국내, 역내, 세계 차원에서 상호 연결돼 있고 서로를 강화하는 관계에 있으므로 전체 의제의 관점에서 바라보고 아시아의 정책 입안자들이 상호 협력하여 문제를 해결해야 한다. 이처럼 '아시아 세기' 시나리오 저변에 작동하는 상생의 패러다임은 동아시아공동체(East Asian Community, EAC)의 가능성을 예단케 한다.

동아시아공동체[32]의 가능성은 '아시아 세기'의 실현 여부에 달려 있다. '역내 공공 현안을 추구하고 협력의 시너지 효과를 극대화하며 지역의 동반성장을 향한 역내 협력'을 강화하는 것이 '아시아 세기'를 담보하는 길인 동시에 동아시아공동체의 미래를 담보하는 길이다. 민주주의적 가치 및 시장 규범의 확대, 상생과 조화의 가치를 바탕으로 하는 지역 정체성 확립과 상호 신뢰 구축, 미래를 내다보는 통찰력과 협력적인 리더십, 개방성과 투명성, 아시아 선진국들의 개발원조를 통한 국가 간 소득과 기회의 격차 해소 및 빈곤국의 성장잠재력 극대화, 역내 협력을 통한 아시아 단일시장 기반 조성에 따른 아시아의 장기적 안정과 평화, 기술개발과 에너지 안보, 재난 대비 등에 있어 협력의 시너지 효과 극대화 등은 아시아 번영으로의 길인 동시에 동아시아공동체의 미래를 여는 길이다. 오늘날처럼 고도로 네트워크화된 국제 환경에서는 개별 국가 이익의 총량이 중장기적으로는 지역 전체 이익의 총량과 함수관계에 있다는 점을 인지하고 개별국가 차원의 단견에서 벗어나 동아시아 지역 차원의 장기적인 안목에서 역내 협력과 지역 통합을 이룩할 필요가 있다.

## 한반도 통일과 세계 질서 재편 및 새로운 중심의 등장

한반도 통일은 지정학(geopolitics)적으로나 지경학(geoeconomics)적으로, 또는 물류유통상으로 한반도에 국한되는 문제가 아니라 동북아의 역학 구도에 심대한 변화를 초래함으로써 21세기 아태시대 세계 질서 재편의 신호탄이 될 수 있다. 한반도는 지정학적으로는 반도와 대륙, 해양과 대륙을 가교하는 동북아의 요지로서, 지경학적으로는 해양 세력이 대륙으로 진출하는 교두보이자 대륙의 문물이 환태평양 지역으로 퍼져나가는 해양 기지로서, 그리고 물류유통상으로는 유라시아 특급 물류혁명의 전초기지로서 새로운 동북아 시대의 허브가 될 수 있는 요건을 갖춘 곳이다. 한반도 평화통일은 아태시대를 여는 '태평양의 열쇠'이며, 지구촌의 난제를 해결하는 시금석이고, 동북아 나아가 지구촌 대통섭의 신호탄이다.

대외경제정책연구원(KIEP)이 한반도 통일 과정에서 동북아 경제 통합 가능성과 그 효과에 대해 분석한 결과를 보면, 남북한이 2030년까지 점진적으로 경제적 통합을 이룰 경우 한·중·일 FTA 체결과 무역량 급증, 남북한·중·일·러 간 산업 분업 체제 형성 등으로 동북아 경제공동체가 형성될 가능성이 매우 높은 것으로 나타났다. 동북아 국가 간 경제협력이 활성화되면 동북아경제권이 세계 경제에서 차지하는 GDP 비중이 2012년 22.5%(세계 3위)에서 2040년엔 28.7%로 크게 늘면서 지역총생산(GDP) 규모가 47조 달러에 달해 북미경제권(NAFTA, 37조 달러)과 유럽경제권(EU, 26조 달러)을 제치고 세계 최대의 경제공동체(경제 블록)로 부상하게 되리라는 전망이다. 그렇게 되면 남북한·중국·러시아·일본·몽골 등 역내 국가들 모두가 '통일 이익'을 나눠 갖는 '경제적 윈-윈 구조'가 만들어지게 된다.[33] 또한 한반도가 통일되면 북한과 중국 동북 3성(省), 러시아 연해주, 일본 서부를 잇는 5,000km 길이의 세계 최대 산업·경제 벨트인 이른바 '동북 벨트'가 형성될 것으로 전망된다. 이 '동북 벨트'는 자본과 기술, 자원과 노동력을 모두 갖추고 있는 데다 유라시아 대륙 철도와 북극항로의 시발점이라는 지리적 이점도 있어 동북아 물류·산업의 허브가 될 것으로 기대된다.

이처럼 교통망의 단축에 따른 물류비용의 대폭적인 삭감으로 동북아에 물류·에너지 혁명이 일어날 수 있다는 것이다. 특히 전문가들은 중국 훈춘의 수출입업, 북한 나진·선봉의 물류·가공산업과 청진의 조선·제철산업, 러시아 블라디보스토크의 에너지산업과 일본 서부 니가타의 기계설비·부품 소재로 이어지는 거대한 환동해경제권의 부상과 더불어 장춘(長春)의 자동차·농업과 하얼빈의 기계·석유화학산업 등 중국 동북 3성 내륙 지역이 여기에 합류할 경우, 세계적인 경쟁력을 가진 산업 벨트로 부상할 가능성이 높은 것으로 전망한다. 유엔공업개발기구(UNIDO) 등 국제기구도 이 동북 벨트 개발에 상당한 관심을 표명한 것으로 알려졌다.[34] 유럽연합(EU)의 전 단계였던 유럽경제공동체(EEC)의 아시아판이 될 가능성도 있으며, 동북아 국가 모두에게 이로운 '윈-윈 경제'로 탈바꿈하게 된다는 것이다. 또한 동북아 역내 경제협력의 활성화로 금융 거래가 늘고 동북아경제권의 규모가 지속적으로 커진다면 뉴욕·런던 금융시장을 제치고 세계 금융의 중심지로 부상할 가능성도 있다는 전망이 나온다.[35]

작금의 세계 질서는 미국·중국 간 디커플링(decoupling) 동향과 유럽·중국 갈등, 남중국해를 둘러싼 미국을 비롯한 서방 진영과 중국 간 갈등, 그리고 COVID-19 팬데믹에 이어 러시아-우크라이나 전쟁과 러시아 제재에 따른 에너지·곡물 등 국가 안보 문제의 부상으로 슬로벌라이제이션 (slow+globalization) 현상이 나타나는가 하면, 세계 질서의 블록화·진영화 또한 심화되고 있다. 그렇다고 동북아 광역 경제 통합과 한반도 평화통일이라는 함수관계의 본질이 달라지는 것은 아니다. 그것은 통일 과정에서는 물론이고 통일 이후에도 함수관계로 남을 수밖에 없는 구조다. 동북아 역내 경제협력의 증진은 비록 그것이 지리적 근접성과 문화적 등질성(等質性)에 기초한 북미와 유럽에서 전개된 경제 통합 개념과는 다르긴 하지만, 경제의 안보 논리적 측면이나 역내 경제 여건의 상보성*이라는 측면에서 그러한 협력 증진의 필요성은 더 커지게 되었다. 동북아 역내 경제협력이 탄력을 받게 되면 '경제적 윈-윈 구조'를 만들어냄으로써 동북아가 명실상부한 글로벌 경제 허브로 부상하고 금융 허브로도 각광을 받게 되면서 공동 번영의 전환점이 될 수 있기 때문이다.

동북아 광역 경제협력—여건이 조성되면 아시아 태평양 지역 전체로까지 확장될 수 있다—은 특히 북한이 개방체제로 편입할 때 더 높은 탄력을 받게 될 것이다. 이 지역의 경제적 효율성은 역내 국가들이 군사력에 기초한 경성국가(hard state)가 아니라 개인의 창의성과 문화 또는 사회제도에 기초한 연성국가(soft state)를 향해 나아갈 때 실질적으로 증대될 수 있고 역내 경제협력 또한 활성화될 수 있을 것이다. 현재 중국과 러시아, 북한 모두 대내외적으로 커다란 도전에 직면해 있다는 점에서 이들 국가는 어떤 형태로든 변화가 불가피하다고 본다. 향후 여건이 조성되어 동북아 지역에 한반도 서해

---

* 역내 경제 여건의 상보성이라는 측면은 이 지역 경제가 갖는 상호보완적인 측면을 말한다. 중국, 러시아, 북한, 몽골은 경제개발과 사회간접자본 확충을 위해 자본 및 기술이 필요하며, 한국과 일본은 자원 및 노동력이 부족하고 시장개척을 위해 대륙으로의 진출이 필요하다. 동북아의 경제 여건을 보면, 우선 중국은 상대적으로 저렴하고 풍부한 노동력과 잠재력이 큰 시장을 가지고 있으며 특히 동북 지방에 풍부한 천연자원과 급성장세를 타는 소비재공업이 있고, 러시아 극동지역과 북한은 일정한 수준의 중공업의 기초와 풍부한 천연자원을 가지고 있다. 일본은 막대한 자본과 선진기술을 가지고 있으며, 한국은 일정량의 자본과 고속 성장을 이루어낸 개발 경험과 경영관리기술을 가지고 있다.

안과 중국 동해안을 포괄하는 환(環)황해경제권과, 한반도 동해안과 중국 지린성 및 극동 러시아 연해주 그리고 일본 서부 지역을 포괄하는 환동해경제권이 활성화되어 다자간 경제협력이 가시화될 경우, 주권국가를 단위로 하는 공식적 기구의 설립보다는 국가 간 경계를 초월하는 일종의 자연경제지역(Natural Economic Territory) 개념의 형태로 발전될 것으로 전망된다.

동북아 지역에서 이러한 초국가적 발전 패러다임의 긴요성은 TRADP(두만강지역개발계획) 발족에서 보듯 1990년대 초에 이미 인지되었다. 유엔개발계획(UNDP) 주관하의 다자간 개발협력사업인 TRADP의 필요성은 대개 세 가지로 요약해 볼 수 있다. 즉, 경제발전의 잠재력, 교통망의 단축에 따른 경제적 이익, 해륙을 잇는 관문의 역할 등이 그것이다.[36] TRADP라는 이름으로 시작된 동북아 지역 경제의 활성화와 통합의 추진은 초기 단계에서는 낙후한 지역 개발을 목표로 한 소삼각지역(TREZ: 훈춘·나진·선봉·포시에트에 연(連)하는 지역, 1천㎢)의 국지적 사업에 불과했지만, 이후 중점 개발 대상 지역이 대삼각지역(TREDA: 옌지(延吉)-청진·블라디보스토크·나홋카·보스토치니에 연(連)하는 지역, 1만㎢)으로 바뀌었다. TREDA 개발이 성공적으로 평가되는 경우 그 협력 범위는 동북아 지역개발지구(NEARDA)까지 확대될 것이라는 점에서 동북아 경제협력의 시금석이 되기도 했다. 그러나 한반도를 둘러싸고 복잡하게 얽혀 있는 4강(强)의 정치·군사적 이해관계와 역내 국가들의 정치·경제적 이해관계로 인해 다자간 경제협력체의 형성과 공동개발 추진은 지지부진했다. 2005년 9월 TRADP는 GTI(광역두만개발계획)로 전환됐으며, 북한은 2009년 탈퇴했다.

초국적 발전 패러다임이 지속적으로 작동하려면 국민국가 패러다임을 넘어선 '동북아 그랜드 디자인'이 있어야 하고, 플레이어들의 적극적인 참여를 유도해낼 수 있어야 하며, 첨예한 이해관계를 조율할 수 있는 메커니즘이 존재해야 한다. 그런데 역내 국가들은 지역 문제에 상이한 손익 계산법을 적용해 갈등을 증폭시켰으며 지역적 정체성(regional identity) 공유와 상호 신뢰 구축이 현저하게 결여되었다. 유엔 창립 50주년 기념사업으로 필자가 유엔 측에 발의한 두만강 하구 UNWPC((United Nations World Peace Centre 또는 United Nations Ecological Peace Park, UNEPP) 프로젝트*는 이러한 TRADP의 내재적 한계를 극복하고 동북아의 평화와 번영, 즉 지속 가능한 협력과 북·중·러 3국 접경지역의 발전 및 효율적인 지역 통합과 광역 경제 통합을 촉진하며, 한반도 평화통일과 본격적인 아태시대 개막을 위한 비전과 전략을 제시하는 포괄적 의미의 동북아 피스이니셔티브(NEA Peace Initiative, NEAPI)이다.

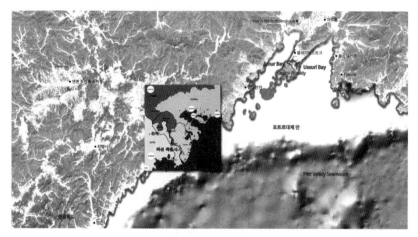

UNWPC 경계 설정

TREZ(소삼각지역)와 TREDA(대삼각지역)의 중심에 위치하는 이 프로젝트의 특징은 동북아 역내 국가 간에 윈-윈 구조의 협력체계를 강화하고 새로운 협력 유형으로서의 녹색 거버넌스(green governance)[37]와 민·관·기업 간의

---

* 이 프로젝트의 성립 배경에 대해서는 본서 7장 2절 뒷부분 각주 참조.

파트너십과 비정부 조직의 활동을 통해 지역 균형발전과 광역 경제 통합을 촉진함으로써 한반도 평화통일과 동아시아공동체 구축에 기여하고 21세기 아태시대 개막을 본격화하며, 나아가 유라시아공동체 형성에 기여함을 목표로 한다. 이 계획은 단편적이고 일시적인 투자개발계획이 아니라 동북아의 집단지성(collective intelligence) 계발을 통해 지역 주민의 삶의 질을 제고하고 동북아의 지속적인 안정과 번영을 도모하려는 종합적이고 지속 가능한 개발계획이다. 세계평화 및 분쟁 해소, 저공해 환경친화적 개발, 생태관광(eco-tourism) 개발, 지역 경제발전 유도, 지속 가능한 개발, 저밀도 개발 등에 주안점을 두고 동북아의 평화와 번영을 통해 생태적 지속성(ecological sustainability)을 띤 지구공동체 실현에 기여하려는 목적으로 기획된 것이다.

또한 이 프로젝트는 지구촌의 미래 청사진을 제시하는 '동북아 그랜드 디자인(NEA Grand Design)'으로 기획된 것으로 원대한 비전을 담고 있다. 아태시대가 본격적으로 열리기 위해서는 중국 동북 3성의 막대한 물동량과 시베리아의 풍부한 부존자원이 동해로 운송되고 북한을 포함한 극동지역의 경제가 활성화될 수 있도록 TKR(한반도종단철도)과 TSR(시베리아횡단철도), TCR(중국횡단철도) 등 유라시아 철도망이 연결되고, 동해에서 두만강을 따라 내륙으로 북·중·러를 관통하는 운하와 항만이 건설될 필요가 있다. 이러한 운하가 건설되면 동북아 광역 경제 통합이 탄력을 받게 되면서 한반도 평화통일과 함께 아태시대, 유라시아 시대의 개막은 본격화될 것이다. 북·중·러 3국의 동의하에 UNWPC(UNEPP) 구역이 무비자(visa free) 지대로 설정되고 국제 표준에 맞는 화폐 통용과 관리가 이루어지면—적절한 시기에 아시아개발은행(ADB)은 세계 단일 화폐를 UNWPC 구역에서 통화 시스템으로 시험 운용해 볼 수 있을 것이다—광역 경제 통합이 더욱 탄력을 받게 되면서 '동북아경제권' 형성이 가속화되고 세계 금융의 중심지로도 각광을 받게 될 것이다.

UNWPC는 아시아-유럽을 동서로 관통하는 태평양의 관문으로서, 「최대보전 최소개발(97%보전, 3%개발)」개념으로 자연친화적이고 생태효율적인 생활을 직접 체득할 수 있도록 지구촌의 미래 청사진으로 계획된 것이다. UNWPC는 환경·문화의 세기에 걸맞는 미래 지구촌의 수도로 예정된 곳이다.* 중국과 러시아, 북한 모두 국제규범을 준수하고 군사력에 기초한 경성국가(hard state)가 아니라 개인의 창의성과 문화 또는 사회제도에 기초한 연성국가(soft state)를 향해 나아갈 때 UNWPC는 중국 방천에서 막혀 버린 동북3성, 즉 랴오닝성·지린성·헤이룽장성의 동해로의 출로를 열어 극동러시아와 북한, 그리고 동해를 따라 일본 등으로 이어지는 환동해경제권을 활성화하고 아태지역의 거대 경제권 통합을 이루며 동북아를 일원화함으로써 한반도 통일과 동북아 평화 정착 및 동아시아공동체, 나아가 유라시아공동체 구축을 통해 21세기 문명의 표준을 전 세계에 전파하는 북방 실크로드의 발원지가 될 것이다.

UNWPC는 환동해경제권 및 환황해경제권의 활성화와 함께 경제·정치 개념을 환경생태 개념의 규제 하에 둠으로써 동북아 발전의 새로운 패러다임을 제시하게 될 것이며, 동북아 평화의 중심 나아가 상생의 삶을 구현하는 세계평화의 중심으로 자리 잡게 될 것이다. 국제정치적 의미에서 이러

---

\* UNWPC(유엔세계평화센터) 또는 UNEPP(유엔생태평화공원)은 미래의 유엔 본부가 들어설 수 있는 곳이다. 원래 국제연맹은 그 본부가 스위스 제네바에 있었으나 제2차 세계대전 직후 미국이 부상하면서 프랭클린 D. 루스벨트(Franklin D. Roosevelt) 대통령이 국제연합(UN) 창설 청사진을 제시하고 존 D. 록펠러 2세(John Davison Rockefeller, Jr.)가 뉴욕 맨해튼의 본부 부지 2만여 평(약 7만㎡)을 증여함으로써 뉴욕으로 옮겨왔듯이, 21세기에는 동아시아, 특히 동북아가 세계의 중심이 될 것이고 그렇게 되면 대삼각과 소삼각의 중심인 UNWPC가 세계의 중심이 될 것이다. 당시 유엔 본부터는 양조장, 도살장, 공장들이 난립한 슬럼가였는데 반해, UNWPC는 자연 생태계가 그대로 보존된 천혜의 땅이다.

한 평화지대(peace zone)의 설치는 전쟁 억지 효과를 가져올 뿐 아니라 국제교류 협력의 증진과 공동투자 개발 환경을 조성해 동북아 지역 통합을 가속화하고 나아가 이 지역을 세계의 중심지로 만들어 갈 것이다. 더욱이 UNWPC가 군사적으로 예민한 3국접경지역에 위치해 있음으로 해서 동북아 역내 국가 간의 긴장과 갈등을 완화시키는 완충지대* 역할을 할 수도 있을 것이다. 3국접경지역은 지역의 특성상 특정 국가가 나서서 이러한 원대한 비전을 펼칠 수는 없기 때문에 북한, 중국, 러시아 3국 주체 외에 지속 가능한 역내 협력과 지역 통합을 위해 이해관계를 조율할 수 있는 제4의 대안적 주체로 UNWPC를 구상하게 된 것이다.

UNWPC는 인간과 인간, 인간과 자연의 연대성의 원리에 기초해 주권국가를 기본단위로 하는 연대의 내재적 한계를 극복할 수 있는 이른바 윈-윈 구조 협력체계의 가능성을 열어 보임으로써 21세기 새로운 동북아 시대를 여는 해법을 제공하게 될 것이다. 3국이 접해 있는 지리적 특수성으로 인하여 경제 여건의 상보성은 물론 중국 동북 지역과 러시아 극동지역의 개발에 상호 협력할 수 있는 기초적 조건을 갖추고 있는 곳이기도 하다. 말하자면 지정학적 입지가 상품화될 수 있는 가치가 높은 곳이다. '해상상업제국의 무역왕' 장보고(張保皐)가 고대 동아시아의 중추항이었던 청해진을 거점으로 중개무역을 통해 세계적인 물류망을 연계하는 무역 네트워크를 구축했던 것처럼, 3국접경지역은 동북아의 새로운 허브, 즉 중개무역지로 발전시

---

* UNWPC 건립지역의 일부인 하산이 속해 있는 연해주가 러시아 영토로 병합된 것은 1860년 영국·프랑스 연합군의 베이징 침입 당시 조정에 나섰던 대가로 청국과 그들 간에 맺어진 '베이징 조약(北京條約)'에 의해서이다. 따라서 연해주가 러시아 영토가 된 것은 163년(2023년 현재)밖에 되지 않으므로 UNWPC와 같은 평화지대 내지는 완충지대의 설치는 그들의 영토적 불안 해소에 도움이 될 수 있을 것이다.

킬 수 있는 인적 및 물적 자원을 갖춘 곳이기도 하다.

UNWPC는 세계평화의 중심, 국가간의 경계를 초월한 새로운 동북아의 중심에서 공존공영의 구체적인 방안을 보여줌으로써 지구촌 미래의 청사진을 제시하게 될 것이다. 이제 인류는 사회적 존재로서만이 아니라 자연적 존재로서의 의미를 재조명해 보고 생명 경외의 차원에서 인류 문명의 구조를 재구성해야 할 시점에 처해 있다. 오늘날 지구촌에 만연해 있는 개인 및 공동체의 질환은 자연이 원상회복되고 우주자연의 본질에 순응하는 삶을 추구함으로써 비로소 치유될 수 있다. UNWPC는 경제 교류 협력은 물론 환경생태·문화예술 교류와 같은 새로운 차원의 중개무역이 요망되는 시대에 인류가 지향해야 할 가치관과 추구해야 할 삶의 행태를 총괄적이고도 구체적으로 제시하며 생명 경외의 문화·문명을 선도적으로 창출해 낼 것이다.

필자 등이 중국 산동반도 적산(赤山)에 추진한 「장보고기념탑」 건립 (1994.7.24. 준공, 현지 문물보호단위로 지정)이 장보고(張保皐)의 역사적 복권(復權)의 상징적인 시작이었다면, UNWPC 건립은 그의 국제경영 모델을 오늘의 지구촌 경영에 적용하기 위한 구체적인 실천 계획이다. 두만강 하구 일대 UNWPC 지역은 거주 인구의 70% 이상이 우리 동포이고 그들 대부분이 우리말을 사용하고 있으니 사실상 우리 문화권에 속하는 지역으로 볼 수 있다. 역사적 내력을 보더라도 고조선-고구려-발해로 이어지는 우리 민족의 주요 활동무대였고, 1909년(隆熙 3) 9월 청·일 양국의 일방적인 간도협약이 체결되기 전까지는 우리 영토로 인식되고 있었으며, 일제 강점 하에서는 독립운동이 활발히 전개된 곳이다. 이 지역이 세계평화의 중심이 된다는 것은 곧 우리 한민족 문화·문명의 보편화 내지는 지구촌 차원으로의 확산을 의미한다. 이제 문명의 대변곡점에서 정녕 우리는 새로운 역사를 창조할 운명을 지니고 있음을 깨달아야 할 것이다.

유럽 최고의 석학이라 불리는 세계적인 미래학자 자크 아탈리(Jacques Attali)
는 그의 저서 『미래의 물결 *Une brève histoire de l'avenir*』(2006)에서 세 가
지 미래의 흐름에 대한 논의를 통하여 세계 질서 재편에 대해 이야기한다.
그에 따르면 미래는 현재와는 다른 미지의 그 무엇이라고 생각하기 쉽지만
그것은 현재에 관한 것이며 역사는 예측 가능하고 일정한 방향성을 지닌 법
칙을 따른다. 세기를 거듭하면서 인류는 개인의 자유를 최우선 가치로 놓는
흐름을 만들어냈고 희귀 재화를 분배하는 체계를 점진적으로 가다듬어 왔
다. 이들은 아주 오랜 기간 재화의 분배를 전쟁 지도자, 사제, 왕국 또는 군
주들의 처분에만 맡겨오다가 기존의 권력자들보다 훨씬 거대하며 기동성
있는 또 하나의 지도자 계급인 상인들이 부를 분배하고 '자유를 조직할 수
있는 두 가지 기제'[38]를 고안해 냈다. 그것이 바로 '시장'과 '민주주의'이다.

아탈리는 약 3천 년 전에 출현한 이 두 가지 묘안이 점진적으로 확산되어
그 영향력은 전 세계적으로 퍼져 있으며 미래 세계의 현실 또한 이 두 가지
요인에 의해 좌우될 것이라고 보았다. 시장은 더 광대해진 영토 내에서 '서
비스'의 대부분을 '상품화된 서비스'로 탈바꿈시켰고, 상행위의 자유는 정치
적 자유를 탄생시켰다. 점차 더 많은 사람들이 더 광대한 영역에서 기존의
종교적·군사적 권력을 대신하여 정치적 자유를 누리게 되었다. 독재 권력
이 상인 계급의 탄생을 부추겼고, 상인 계급은 시장을 형성했으며, 시장은
민주주의를 낳는 방식으로 12세기부터 최초의 시장민주주의가 정착하게 되
었다는 것이다. 시장민주주의가 점유하는 지리적인 영역 또한 점차 확대되
어 12세기에는 중동지역에서 지중해 지역으로, 이어 북해와 대서양 지역으
로 옮겨 가다가 오늘날에는 태평양 지역에 이르렀다는 것이다.

그는 아홉 개의 '거점'도시―브루게, 베네치아, 앤트워프, 제노바, 암스테
르담, 런던, 보스턴, 뉴욕 그리고 로스앤젤레스―를 중심으로 한 자본주의

의 발전 과정이 시장과 민주주의의 확장 과정이었으며, 중국과 중동지역을 제외한 전 세계가 이 상업적 체제 속에 편입되어 있다고 했다. 시장과 민주주의를 장악하는 권력은 점차 기동성 있는 신흥 엘리트 계급, 즉 자본과 지식을 소유한 이들에게 집중되었으며, 이로 인해 새로운 불평등 구조가 형성되기 시작했다. 이렇듯 수천 년을 이어 온 시장과 민주주의의 역사가 향후 반 세기가량 더 지속된다면 지금까지 정복하지 못한 영역까지도 모두 통합하게 됨으로써 성장은 가속화되고 생활 수준은 향상될 것이며 독재는 결국 지구상에서 자취를 감출 것이라고 했다. 그러나 다른 한편으론 사회는 점점 더 불안정해질 것이고 물과 에너지는 귀해질 것이며 기후변화는 더 극단으로 치닫게 되어 불평등과 좌절의 골이 깊어지고 갈등이 증폭되며 인구의 대이동이 시작될 것이라고 했다.[39]

그는 2035년 무렵이 되면 긴 전쟁과 심각한 환경위기로 미국은 곤경에 처하게 되어 결국 시장(특히 금융시장)과 기업(특히 보험회사)의 막강한 권력에 굴복하게 될 것이라고 내다 보았다. 하지만 어떤 제국이나 국가도 미국을 대체하지는 못할 것이기 때문에 여전히 미국은 가장 강한 권력을 가진 국가로 남을 것이고 지배적인 제국으로서의 위치도 유지할 것이라고 했다. 다만 금융과 정치적인 면에서 힘이 빠진 미국은 세계를 경영하는 일에서 손을 뗄 것이고, 이후 세계는 '일레븐'―일본, 중국, 인도, 러시아, 인도네시아, 한국, 오스트레일리아, 캐나다, 남아프리카 공화국, 브라질, 멕시코―이라고 불리는 11대 강국에 의해서 운영되는 '다중심적 체제'로 개편될 것이라고 전망했다.[40]

특히 11대 강국 중에는 중국, 일본, 인도, 러시아와 함께 우리나라도 들어 있다. 그러나 아탈리는 중국이나 일본의 경우 아시아에서의 리더 자리를 차지하려는 야욕에서 벗어나기 어렵기 때문에 3국 간의 지역 통합 내지 공동체 구축에 있어 리더 역할을 수행하기는 어렵다고 본다. 아탈리는 '일레븐'

중에서도 우리나라가 세계에서 가장 중요한 동북아 시장 공동체 형성에 핵심 역할을 수행할 수 있으며 미래에 중심국가로 부상할 것이라고 예견했다.[41] 그는 남북한과 중국, 일본을 중심으로 국민국가의 패러다임을 넘어선 초국적 패러다임의 모색이 새로운 동북아 시대를 여는 해법을 제공할 수 있다고 보았다.

말하자면 주권국가를 기본단위로 하는 연대의 내재적 한계를 극복할 수 있는 이른바 윈-윈 구조 협력체계의 가능성을 본 것이다. 이러한 그의 관점은 동북아 시장 공동체 형성의 원형으로 볼 수 있는 고대 동북아경제권 형성에서 유익한 통찰을 얻을 수 있다. 적산포(赤山浦)-청해진(淸海鎭)-하카다(博多)를 연결하는 나·당·일 3국의 삼각무역은 물론 서방세계와의 중개무역을 통해 특수성과 보편성, 지역성과 세계성을 조화시킨 장보고(張保皐)의 세계시민주의 정신과 초국적 패러다임은 진정한 동북아 연대를 위한 하나의 방향타를 제시한 것으로 볼 수 있다.

아탈리는 우리나라와 중국, 일본이 공동의 에너지 정책을 펼칠 수 있고, 지역 금융 중심지로서의 위치를 확보할 수 있으며, 미국과 아시아 간의 거시적 무역 불균형에 따른 경제위기에도 보다 효과적으로 대처할 수 있고, 아시아개발은행(ADB)이 이 지역 전체의 화폐 통일 문제에 대해서도 고려해 볼 수 있다는 것이다.[42] 그러기 위해서는 우리나라가 중국이나 일본과의 사이에 놓여 있는 과거 역사나 영토 문제로 인한 현안을 슬기롭게 해결할 수 있어야 하고, 중국과 일본이라는 두 경쟁 국가를 정치적·경제적으로 밀접하게 묶는 견인차 역할을 할 수 있어야 하며, 아울러 단계적인 한반도 평화통일이 달성되어야 한다고 아탈리는 말한다.[43]

특히 우리나라와 관련하여, 아탈리는 과거 우리나라가 제조업 관련 이윤과 기술혁신, 운송 기술보다 농업과 식품산업, 지대(地代)와 그 지대에 이해

관계가 있는 관료들의 이익을 우선시한 점, 오랫동안 해양산업을 소홀히 한 점, 그리고 상당 기간 '창조적 계급'을 자력으로 키우거나 외부로부터 수용하는 데 실패했다는 점을 지적하며 성찰적 발전의 필요성을 역설한다. 또한 우리나라가 풀어야 할 과제로는 금융 거래의 투명성, 부패 방지, 족벌 경영체제 타파, 노동시장의 양분화와 첨예한 소득 불평등, 비정규직 근로자와 불법 노동자 문제 등을 들고 있다. 특히 그는 우리나라의 인구 저하를 막기 위해 가족정책의 개혁, 교육정책의 개혁, 이민정책의 개혁을 반드시 이루어야 한다고 말한다. 가족정책의 개혁이 출산율 증가와 여성 노동인구 확대를 가져오려면 우리 사회에 뿌리박힌 가부장적 사고를 탈피해야 하고, 지나친 경쟁과 비용을 유발함으로써 출산을 저해하는 걸림돌이 되고 있는 교육정책이 개혁되어야 하며, 재능 있는 외국의 인재들에게 국경을 점진적으로 개방하는 이민정책의 개혁이 이루어져야 한다는 것이다.[44]

아탈리는 2050년 무렵 시장의 압력이 거세지면서 신기술로 무장한 새로운 체제가 세계시장을 중심으로 통합되면 국가란 이미 존재하지 않게 되고, 미래의 첫 번째 물결인 '하이퍼 제국(hyperempire)'이라는 새로운 세상이 시작된다고 본다. 한 나라가 다른 나라를 지배할 수는 있어도 인류를 위협하는 모든 위험을 관리할 능력이 있는 것은 아니기 때문에, 어떤 나라도, 어떤 연맹도, 어떤 G20도 그럴 능력이 없기 때문에 다중심적인 혼돈은 '시장의 세계정부'라는 것에 자리를 내주게 된다는 것이다.[45] 아탈리는 하이퍼 유목민(hyper nomade)들이 이끄는 영토를 초월한 제국, 뚜렷한 중심도 없이 개방된 하이퍼 제국이 공공 서비스를 파괴하고, 민주주의와 정부 조직, 국가의 구분을 차례로 파괴함으로써 국가라는 배경 없이 시장과 보험으로 통합된 지구 단일체제를 형성한다고 본다.[46]

이렇게 통합된 세계시장으로서의 하이퍼 제국에서 각 개인은 자기 자신에게만 충실한 삶을 살게 될 것이고, 기업은 국적을 내세우지 않을 것이며, 가난한 사람들은 자기들만의 시장을 형성할 것이고, 군대와 경찰, 사법 체계는 민영화될 것이고, 세계의 조정자가 된 보험회사는 국가와 기업, 개인들을 복속시키게 될 것이라고 아탈리는 말한다. 또한 그때가 되면 인간은 자원 고갈, 로봇 증가, 인간 복제 등 극단으로 치달은 유목사회의 병폐가 낳은 희생자로 전락할 것이며, 상상조차 하기 힘든 무기들이 동원된 가운데 국가나 종교단체, 테러 집단, 해적들의 처절한 영역 다툼으로 수많은 전쟁이 일어날 것이라고 본다. 개개인 또한 모두 살벌한 경쟁자가 되고 이러한 갈등이 더욱 증폭되면 군대와 경찰이 혼합된 군부 독재체제가 권력을 잡게 될 것이고 국지적인 전쟁을 하나로 응집시킴으로써 어떤 전쟁보다도 무시무시한 '하이퍼 분쟁(hyperconflict)'이라는 미래의 두 번째 물결이 밀어닥친다고 경고한다.[47]

마지막으로, 하이퍼 제국, 하이퍼 분쟁과 같은 이 모든 현실을 더 이상은 견딜 수 없다는 각성이 일어나면 보편적이고 박애의 정신을 지닌 새로운 힘이 전 세계적으로 힘을 얻게 될 것이라고 아탈리는 말한다. 이 새로운 힘은 점진적으로 시장과 민주주의 사이에서 새로운 균형을 찾을 것이며, 이러한 새로운 균형이 전 지구적으로 확산될 것이라고 본다. 이 새로운 균형을 아탈리는 미래의 세 번째 물결인 '하이퍼 민주주의(hyperdemocracy)'라고 부른다. 그때가 되면 트랜스휴먼(transhuman)으로 불리는 전위적 주역들의 등장으로 '관계의 경제(relational economy)'라고 하는 새로운 경제활동이 시장경제와 병행해서 발전하다가 궁극적으로는 시장경제의 종말을 초래할 것이라고 본다. 마치 몇 세기 전 시장경제라고 하는 새로운 경제활동이 봉건경제와 병행해서 발전하다가 결국 봉건경제의 종말을 초래한 것처럼. 그리하여 상업적 이익보다는 관계 위주의 새로운 집단생활을 창조할 것이며, 창조적인 능력을

공유하여 보편적인 지능(universal intelligence)을 탄생시킬 것이라고 본다.[48]

아탈리는 위 세 가지 미래의 물결이 변증법적으로 서로 연결돼 있으며, 실제로 지금도 연결돼 있다고 본다. 세계화를 통해 전 지구적인 거대 시장이 형성되고 있고, 정치적·종교적 충돌에 따른 테러와 폭력의 만연으로 전 지구적 내전이 진행 중이며, 그러는 속에서도 보편적이고 박애의 정신을 지닌 새로운 힘이 미약하게나마 꿈틀거리고 있다. 말하자면 우리는 하이퍼 제국·하이퍼 분쟁·하이퍼 민주주의의 초기 형태를 목격하고 있는 것이다. 아탈리는 하이퍼 민주주의가 결국 승리하리라고 믿는다. 그리고 그 시기는 우리가 생각하는 것보다 훨씬 가까이 다가와 있다며, 자신의 미래 예측이 바로 오늘을 이야기하는 것이라고 말한다. 오늘의 그러한 징후들이 어떤 형태로 발전할 것인가는 우리의 선택에 달려 있다.

'관계의 경제' 개념에 기초한 아탈리의 '하이퍼 민주주의'는 제러미 리프킨의 저서 『접속의 시대: 모든 삶이 경험의 구매행위로 나타나는 하이퍼 자본주의의 새로운 문화 *The Age of Access: The New Culture of Hypercapitalism, Where All of Life is a Paid-For Experience*』(2001)[49]에 나오는 '하이퍼 자본주의(hypercapitalism)' 개념과 접합하는 측면이 있다. 소유지향적이 아니라 체험지향적인 하이퍼 자본주의의 새로운 문화상을 제시한 『접속의 시대』는 단순한 물질적 소유보다는 다양한 경험적 가치를 중시하는 완전한 문화적 자본주의로의 대변신을 '접속(access)'이라는 키워드로 정의했다. '하이퍼 민주주의'나 '하이퍼 자본주의'는 앨빈 토플러(Alvin Toffler)가 말하는 '제3물결'의 새로운 문명이나 존 나이스빗(John Naisbitt)이 말하는 미래의 '메가트렌드'와 그 방향성이 일맥상통한다.

하이퍼 자본주의는 삶 자체를 소유 개념이 아닌 관계적인 접속 개념으로 인식함으로써 소유(possession)·사유화(privatization)·상품화(commercialization)와 더불어 시작된 자본주의가 새로운 국면을 맞게 될 것임을 예고한 것이다. 문화적 다양성의 유지는 생물 종(種) 다양성의 유지와 마찬가지로 지속 가능한 문명의 토대를 이루는 것인 까닭에 문화가 단지 상품화를 위한 재료 공급원이 되어서는 안 된다는 것이다. 관계적인 접속을 통한 다양한 문화적 경험은 의식의 확장을 가져오는 단초가 된다는 점에서 개인주의와 소유의 개념에 입각한 서구중심주의(Eurocentrism)를 극복할 수 있게 하는 사상적 토대가 되는 것이기도 하다. 이는 곧 근대 서구의 세계관과 가치체계의 근본적인 변화, 즉 데카르트-뉴턴의 기계론적 세계관으로부터 전일적인 새로운 실재관으로의 패러다임 전환을 의미한다.

아탈리는 미국이 앞으로도 상당 기간 세계를 지배할 수는 있겠지만 장기적으로는 그 무엇도 미국의 쇠퇴를 막지는 못할 것이라고 본다. 다른 나라들이 더 빨리 성장하기 때문에 상대적인 가치에서 퇴보할 것이기 때문이다. 우선 2030년 미국의 인구는 전 세계 인구의 6%에 불과할 것이고, 현재 세계 GDP의 26%를 차지하는 미국의 GDP가 2030년이 되면 20%로 줄어든다. 또한 미국은 대내외 부채로 인해 통신망 장악과 자국 통화의 지위를 유지할 수단을 점차 잃게 됨으로써 독재체제의 출현을 막을 수도 없고, 테러 활동을 저지할 수도 없으며, 경쟁국이나 적군의 등장을 미리 막을 수도 없고, 국방 예산 또한 대폭 축소될 것이다. 무엇보다 첨단기술 투자가 줄어들어 미국 경제를 약화시키는 결과를 초래할 것이다. 이 외에도 실업 증가와 불평등 심화, 낙후된 사회간접자본과 사회보장제도의 부재로 인해 미국 내에서도 많은 사람들이 미국 사회 모델을 반대하고 미국의 세계 지배를 거부함으로써 고립주의로 복귀할 수도 있다는 것이다.[50] 이러한 미국의 쇠퇴에 따른 세계 질서 재편은 자연의 대순환주기와 맞물리면 더욱 급속하게 진행될 수도 있다.

아탈리는 인류가 금융, 환경, 인구, 보건, 정치, 윤리, 문화적 재앙이라는 학습 과정을 통해 전 지구적인 공조체제 형성이 시급함을 깨달으면 국가의 경계를 넘어선 세계정부 구성을 통해 이런 위기를 극복할 수 있다고 강조한다. 역사상 국가 간 평화를 유지할 수 있는 메커니즘으로서의 세계정부에 대한 구상은 무수히 많다. 신권이 지배한 고대의 세계정부, 유대기독교 세계정부, 로마제국의 팍스 로마나(Pax Romana)·만주족의 팍스 시니카(Pax Sinica: 중국 주도의 세계평화)·대영제국의 팍스 브리태니카(Pax Britanica)·미국의 팍스 아메니카나(Pax Americana) 등에 나타난 세계정부, 시장 중심 세계정부 등이 그것이다. 그러나 전 지구적 차원의 문제를 해결하고 인류 전체의 이익을 관할하기 위해서는 효율적으로 기능하는 전 지구적인 민주주의 정부가 바람직한 세계정부라고 아탈리는 말한다. 따라서 다국적 정부나 불완전한 국가를 개혁하는 것만으로는 충분하지 않으며, 권력 장악을 목적으로 하거나 기존의 권력 기구 속에 편입된 세계정부를 그려서도 안 되고 초국가적 성격을 띠어야 한다는 것이다.[51]

세계와 인류의 전체 이익을 고려하는 세계정부는 단순히 다자주의적인 정부로 만족할 수 없다. 중앙집권화 되지 않은 초국가성을 띠어야 하는 것이다. 그것은 바로 연방제다.…최선의 세계정부는 연방 형태의 민주주의 정부로, 자기의 역할을 충실히 수행하는 국가들이 대륙별로 규합하는 형태다. 이 연방제는 세 가지 원칙을 따른다. 연방정부와 각국 정부의 입법권을 나누는 분리의 원칙, 각국 정부가 가진 권한에 대해서는 책임을 지는 독립의 원칙, 각국 정부가 공동체와 공동체의 규칙에 소속감을 느끼며 중앙정부가 다양성과 타협을 유지할 수 있다는 확신을 갖는 귀속의 원칙이다. 각국 정부는 연방제의 각 기구에서 대표성을 갖고 연방법 제정에도 참여한다.[52]

아탈리는 미래 세계정부를 위한 전략의 일환으로 '체계적 위험'에 대응하기 위한 열 개 분야에서의 개혁을 시행할 것을 제안한다. 첫째는 '연방 통합 과정에서 실용적인 이익 찾기'이다. 여러 민족과 공동체, 언어, 문화를 통합한 연방정부들이 형성된 방식에서 실용적으로 보고 배우는 것이다. 이 경우 공동체에 대한 소속감, 공동의 문제를 자기 것으로 받아들이는 마음, 함께 하는 이유가 무엇보다 필요하다. 둘째는 '인류의 존재 이유에 대해 자각하기'이다. 인류 자신의 존재 이유와 인류를 위협하는 위험을 자각하는 것, 다시 말해 각 개인이 특정한 생물종에 속한다는 자각과 그 생물종을 보호할 필요성에 대한 인식*을 가질 수 있도록 하는 것이다. 셋째는 '위험에 촉각 곤두세우기'이다. 생물종, 인구, 보건, 기후, 식량, 금융, 군사, 원자재, 소행성 등 체계적 위험을 계량화하고 계기판과 경계 지수를 마련하며 그에 대한 공동 대응 방안을 세우는 것이다.[53]

넷째는 '기존의 국제법 준수, 세계 코덱스'이다. 기존의 국제법을 준수하면서 인류의 조화를 강화할 수 있도록 전 세계에 적용되는 수많은 조약을 '세계 코덱스'로 만들어 분류하고 각 기구에 설치된 특별위원회들이 코덱스의 적용을 평가하는 것이다. 다섯째는 '순차적으로 나아가기, 다자주의'이다. 지속 가능한 성장을 촉진하고 체계적 위험을 예방하기 위해 '소다자간 그룹'이 공동 프로젝트[54]를 이행하는 것이다. 소다자주의의 가장 큰 장점 중 하나는 지역 통합이며, 문화적 측면에서 통합체가 탄생할 수도 있다.

---

* 자크 아탈리는 그러한 인식이 세계의 미래에 관심을 가진 '하이퍼 유목민'이라 불리는 새로운 세계 주체들에 의해 시작돼 초국경적 역동성을 만들어내고 세계 공공재를 구현할 것이라고 본다. 시민운동가, 기자, 철학자, 역사가 국제공무원, 외교관, 국제주의 운동가, 메세나, 세계경제의 주체들, 가상 경제 및 SNS의 주체들, 모든 종류의 크리에이터들을 아탈리는 '하이퍼 유목민'이라고 부른다.

여섯째는 '정부평의회'이다. 유엔 안전보장이사회가 민주적이며 초국가적인 세계정부로 발전하기 위해 안전보장이사회와 G20을 정부평의회(Council of Governments)로 통합하고 각 대륙의 대표들이 참여할 수 있도록 하는 것이다. 10개 비상임이사국은 각 지역에서 지명하고, IMF, IBRD(세계은행), WTO, BIS(국제결제은행), WHO, UNESCO는 정부평의회의 직속기구가 된다.[55]

일곱째는 '지속 가능한 개발 의회'이다. 체계적 위험에 대비해 인류를 보호하는 핵심적인 역할을 할 새로운 세계의회를 구성하는 것이다. 각국 정부가 선택한 300명의 인사로 구성되는 의회는 체계적 위험의 중요성과 사회적·환경적으로 지속 가능한 발전의 중요성을 강조해야 한다. 여덟째는 '민주주의를 위한 동맹'이다. 정부평의회가 독재체제로 변질되거나 소수 집단의 이익을 위한 도구로 사용되지 않고 민주주의 확산에 기여하도록 하기 위한 전략적 방안의 일환으로 단독 위성망과 인터넷망을 갖추고 재정적·기술적 수단을 제공하는 새로운 국제 행정부가 필요하다는 것이다. 아홉째는 '세계정부를 위한 재원 마련'이다. 세계 재원은 각국의 공여금이나 세계세로 마련할 수 있으며 세계 GDP의 최소 2% 수준을 확보해야 한다는 것이다. 열 번째는 '세계 삼부회'이다. '세계삼부회.org'라는 사이트를 개설해서 'e시위대'가 변화를 위한 수많은 의견들을 포스팅하여 공동의 프로젝트를 형성하는 것이다.[56]

또한 아탈리는 공공 부채의 심각성을 논의하는 글에서 국가 부채를 관리할 초국가적 중앙은행의 필요성을 제기한다. 오늘날 여러 형태의 국가 부채는 국제결제은행, 파리클럽, 런던클럽, IMF, G7, G8, G20, 각종 포럼 등 다양한 경로를 통해 관리되지만 늘 조정이 제대로 이루어지는 것은 아니므로 국가 채무의 실상 파악과 국가 부채 경감을 위한 기금 조성, 과잉 대출 방지를 위한 제도 마련과 전 세계 은행에 적용되는 공통 규정 작성을 위해서는 국가 부채를 일관성 있게 관리하는 시스템으로서의 초국가적 중앙은행이 필요하다는 것이다. 또한 부채 문제의 보다 근원적인 해법으로는 지속 가능한 성장을 들고 있다. 환경에 대해 새로운 부채를 만들어내서는 안 되며, 단순히 생산 가치만이 아니라 자산 가치도 지속적으로 높아져야 한다는 것이다. 그러기 위해서는 세계 금융시스템이 지속적인 발전 가능성이 있는 곳에 공공 투자를 하여 세계 공동 재산을 증식시키고, 이와 더불어 국제금융기구를 급진적으로 변화시키고 엄격한 규정을 금융시장에 적용해야 한다는 것이다.[57] 이 모든 조치는 세계기구들의 민주적인 기능을 전제한 것이라는 점에서 의식과 제도 양 차원의 노력이 병행돼야 할 것이다.

언제 어디서나 연결되는 오늘날의 유비쿼터스(ubiquitous) 세상은 각종 정보와 지식으로의 접근성을 높여 주고 있으며, 소셜네트워크 서비스(SNS)와 집단지성은 개인과 비정부기구들의 제도화된 참여를 활성화함으로써 세계정부의 민주주의적 정통성을 강화할 것으로 기대된다. 세계화 추진회의인 세계경제포럼(WEF 또는 다보스포럼)이 열리는 매년 초에 반세계화, 대안세계화 추진회의인 세계사회포럼(World Social Forum, WSF)이 '다른 세계는 가능하다(Another world is possible)'는 이슈를 내걸고 동시에 열리고 있어 세계정부의 민주주의적 정통성 강화에 기여할 것으로 기대된다. 프랑스의 시민사회운동 단체인 국제금융관세연대(ATTAC)를 비롯해 대안세계화 운동을 주도하는 수많은 단체들이 참여하고 있는 세계사회포럼은 국제기구, 초국적 기업, 정부의 신자유주의 정책에 반대해 인권, 주권, 평등, 환경생태, 정의와 공정, 세계평화, 그리고 참여민주주의가 보장되는 대안사회를 추구한다.

2007년 지역적인 문제를 세계화해 인류가 함께 행동하도록 만들어진 '아바즈(Avaaz)'라는 단체 또한 세계정부의 민주주의적 정통성 강화에 기여할 것으로 기대된다. 유럽이나 서구의 몇몇 비정부기구들은 참가자가 수백만

명에 달하는 이 조직의 힘이 현재 유엔을 능가한다고 주장한다. 미래에는 다국적 시민단체가 유엔보다 더 민주적이며 효과적이라고 주장하는 이 단체는 소셜네트워크 서비스나 인터넷 통신을 이용해 정부가 처리하지 못하는 국가나 정권의 부정부패, 빈곤과 갈등, 기후 변화와 대안, 지역 및 국가 간 갈등을 빠른 속도로 전 세계에 전달하고 국제사회 의제로 등장시켜서 수십억 명의 목소리로 강력한 집단행동을 통해 해결하는 것을 목표로 한다. 유럽, 미국, 중동, 아시아 등 세계 각국의 시민단체들이 참여하는 연합조직으로 6개 대륙에 수천만 명의 자원봉사자를 보유하고 있는 이 단체는 15개 언어로 아바즈 커뮤니티 캠페인을 벌이고 있다. 유엔을 능가하는 세계기구의 등장을 예고하는 것이라 하겠다.[58]

오늘날 세계화로 전 지구적인 거대 시장이 형성되고, 테러와 폭력과 전쟁으로 전 지구적 내전이 진행 중이며, 그러는 속에서도 보편적이고 박애의 정신을 지닌 새로운 힘이 미약하게나마 꿈틀거리고 있다는 아탈리의 말은, "미래는 이미 와 있다. 단지 널리 퍼져 있지 않을 뿐이다(The future is already here-it's just not very evenly distributed)"라고 한 소설가 윌리엄 깁슨(William Gibson)의 말과 교차한다. 우리는 이미 하이퍼 제국·하이퍼 분쟁·하이퍼 민주주의의 초기 형태를 목격하고 있다. 오늘의 그러한 징후들이 어떤 형태로 발전할 것인가는 지금 이 순간 우리의 선택에 달려 있다. 자유와 관용, 생명 가치와 다양성에 대한 존중 등 인류 보편의 가치가 확연히 그 모습을 드러낼 수 있도록 우리 모두는 현재 사회에서 그러한 가치를 발전시켜 나가야 할 것이다.

## 새로운 문명의 도래와 한국학의 시대적·세계사적 소명

현재 우리 인류는 얽히고설킨 '세계시장'이라는 복잡계와 통제 불능의 '기후'라는 복잡계가 빚어내는, 문명의 대순환주기와 자연의 대순환주기가 맞물리는 시점에 와 있다. 지구 자원의 한계와 에너지 문제, 기후재앙과 사막화와 생태계 붕괴, 환태평양지진대의 활성화 및 화산폭발과 대규모 지진(e.g. 튀르키예 7.8 강진(2023.2.6.)), 지구온난화와 오존층 파괴와 감염병 팬데믹, 빙하 해빙의 가속화와 깨어나는 좀비 바이러스, 급격한 해수면 상승에 따른 태풍·허리케인·해안 침식 등 바다의 위협, 생물종 다양성 감소와 대기·해양·토양의 오염,[59]* 질병과 이민과 테러를 유발하는 부의 불평등, 테러와 폭력과 전쟁으로 인한 전 지구적 내전, 인구 증가(Worldometer 자료 근거, 2022.11.15. 기준 80억 명 돌파)와 환경악화 및 자연재해에 따른 글로벌 식량 공급난과 빈곤 및 실업의 악순환, 전쟁과 빈곤과 환경파괴의 악순환에 따른 수많은 '환경난민(environmental refugees)'의 발생 등 세계 도처에서 '공습경보 사이렌'을 울리며 지구가 대규모 재앙의 티핑포인트(tipping point)로 다가서고 있는 이 '불확실성의 시대'에 과연 '새로운 문명'은 열릴 수 있는 것인가?

과학자이자 사상가이며 '카오스이론'의 창시자인 일리야 프리고진은 개체가 무질서해도 집단으로는 규칙과 질서를 가지고 있으며 바로 그것을 찾고자 하는 것이 카오스이론이라며, 이는 위기의 시대에 새로운 질서의 가능

---

* 플라스틱 폐기물이 해양생태계와 어류에 미치는 영향에 대한 불안이 높아지고 있다. 해산물 중에서 홍합, 굴, 가리비 등에서 가장 높은 수준의 마이크로 플라스틱(microplastic, MP)이 발견된 것으로 나타났다. 해양과학기술원에서는 미세 플라스틱이 마이크로미터(㎛, 100만분의 1m) 크기보다 더 작게 쪼개질 수 있다는 사실을 확인한 바 있다. 나노 입자는 생체의 주요 장기는 물론 뇌 속까지 침투할 수 있는 것으로 알려져 있다.

성을 찾고자 하는 것이라고 했다. 또한 그는 자연의 물리현상에서 카오스와 불안정성이 진화를 가져오는 필요조건이라고 보고, 카오스이론이 갖는 문명사적 의의는 바로 유토피아의 가능성을 제시하는 것이라고 했다. 혼돈 속에는 창조성의 원리가 내재해 있다. 동(東)트기 전 어둠이 가장 짙은 것과 같은 이치다. 썩어가는 인간 사회에 세균을 집어넣어 더 확실하게 썩게 하는 것도 우주섭리다. 한반도에 지선(至善)과 극악(極惡)이 공존하는 것은 지금이 소멸기이고 새로운 문명의 꼭지가 여기서 열리기 때문이다. 즉, 한반도를 중심축으로 한 동북 간방(艮方)에서 선천 문명이 끝을 맺고 동시에 후천 문명의 꼭지가 열리기 때문이다.* 빛이 강할수록 그림자도 강한 것이 자연의 이치다.

세상은 물질과 정보(비물질), 하드웨어와 소프트웨어가 상호 변환하는 시대로 깊숙이 들어와 있다. 정보를 다루는 컴퓨터와 사물을 다루는 제작기(Fabricator)의 연결은 '정보'와 '물질'의 상호 변환의 원리(the principle of interconversion)를 밝힌 것으로 정보와 물질이 등가(equivalence)이며 이원화될 수 없음을 보여준다. '아톰(Atom, 물질)에서 비트(Bit, 정보)로', 혹은 '비트에서 아톰으로'라는 물질과 정보('우주 지성'이란 것도 정보다)의 상호 변환의 원리는 질량-에너지 등가원리(질량과 에너지의 상호 변환의 원리)를 밝힌 아인슈타인의 특수상대성이론 공식 $E=mc^2$이나 데이비드 봄의 '양자 형이상학(quantum metaphysics)'에서 이미 밝혀진 것이다. 이처럼 정보에 물질의 옷을 입힌 것이 세상인데, '사고(thinking, 정보·데이터)'라는 운영체계가 탑재된 유일한 생명체로 자처하는 호모 사피엔스는 자신이 세상과 분리되어 있다는 왜곡된 믿음에 빠져 세계 도처에서 분열과 대립을 양산해내고 있다.

---

* 『周易』, 「說卦傳」: "艮東北之卦也 萬物之所成終而所成始也."

그럼에도 지구 의식은 새로운 세상을 향해 나아가고 있다. 초연결·초융합·초지능은 4차 산업혁명의 가장 중요한 특성이자 새로운 문명의 바탕을 이루는 것이다. 4차 산업혁명 시대의 환경은 지구상에 존재하는 모든 사람과 사물, 서비스가 상호 연결되어 다양한 플랫폼을 기반으로 물리적 세계(오프라인)와 사이버 세계(온라인)가 결합함으로써 새로운 가치를 창출하는 초연결사회(hyper-connected society)를 기본축으로 한다. 4차 산업혁명은 물리학, 디지털, 생물학 기술을 다차원적으로 융합하여 인간과 기계, 현실세계와 가상세계, 공학적인 것과 생물학적인 것, 조직과 비조직을 융합하는 특징적 형태를 보인다. 새로운 문명은 세상을 지각하는 방법 자체가 상이한 동·서양의 융합을 본질로 한다. 즉, 종합적 사고·관계·상황·중용·직관을 중시하는 동양적 사고와 분석적 사고·범주·추론·사물·논리를 중시하는 서양적 사고[60]의 융합이다.

이러한 융합은 과학을 통한 영성으로의 접근(Approaching spirituality through science)과 영성을 통한 과학으로의 접근(Approaching science through spirituality)이라는 상호피드백 과정을 통해 이루어지고 있다. 근대의 과학적 합리주의가 함축하고 있는 과도한 인간중심주의와 이원론적 사고 및 실증주의적인 과학적 방법론은 실험물리학의 발달로 그 한계성이 지적되고 전일적 패러다임(holistic paradigm)으로의 대체 필요성이 역설되면서 서구 문명의 지양을 위한 새로운 실재관의 정립에 관한 논의가 확산된 것과 맥을 같이 하는 것이다. 말하자면 정신·물질 이원론에 입각한 데카르트-뉴턴의 기계론적 세계관의 합리성을 옹호하며 물질[色, 有]과 비물질[空, 無]의 궁극적 본질이 하나라고 보는 동양의 일원론적이고 유기론적인 세계관의 불합리성을 비판해온 과학이, '불합리의 합리'라는 역설로 동양의 전일적 실재관에 접근하게 된 것과 맥을 같이 한다.

인류 문명의 진화에 있어 물질주의 과학에서 포스트 물질주의 과학으로의 전환이 갖는 의미는 천동설에서 지동설로의 전환보다 훨씬 더 중추적인 것일 수 있다. 뉴턴의 3차원적 절대 시공간의 개념이 폐기되고 우주가 본질적으로 역동적이며 불가분적인 전체로서, 정신적인 동시에 물질적인 하나의 실재로서 인식되게 된 것은 소위 과학적 합리주의라는 이름으로 물질만능주의를 초래한 근대 서구적 세계관과 가치체계의 일대 지각변동을 가져오는 것이기 때문이다. 순수한 에너지에서 물질적 입자를 도출해내어 질량을 에너지의 한 형태로 본 아인슈타인의 입자관은 우리의 물질상에 심대한 영향을 끼침으로써 정신세계에 대한 깊은 통찰을 환기시키게 했다. 그는 사유와 언어의 영역을 초월한 실재세계가 과학적 지식의 기반인 논리와 추론에 의해서는 적절하게 그 본성이 드러날 수 없다고 보았다. 그리하여 동양적 사유의 기반인 직관(直觀)의 상보성을 사실상 인정함으로써 동양적 사유와 서구 과학의 오랜 분열에 종지부를 찍는 계기를 마련했다.

오늘날의 물질문명은 물질적 가치를 지상가치(至上價値)로, 경제적 발전을 진보로 보는 근대 서구 문명의 전 지구적 확산에 기인한다. 이제 서구 산업문명은 전 지구적 자원과 환경이 이를 지탱할 수 없는 상태에까지 이르게 하고 있다. 그것은 자연과 인간, 인간과 인간의 연대성을 파괴하고 물질문명의 왕국을 건설하기는 했지만, 고립된 개별아(個別我)라는 관념을 극대화함으로써 정신세계의 황폐화를 초래하고 마침내 총체적인 인간 실존의 위기를 야기하기에 이르렀다. 자연은 이제 더 이상은 자유재가 아니라 함께 보존하지 않으면 파괴되어 없어지는 글로벌 공공재이다. 물질적 재화가 유한하기 이전에 지구의 자원과 자연이 유한하다는 점이 우리에게는 중대한 의미를 지니게 되었고, 그것은 인간과 자연의 연대성을 근본적으로 변화시켰다. 그리하여 낡은 산업문명 하에서 신봉되던 사상 및 가치체계의 변화가

20세기 후반 이후로 집중적으로 나타나게 된 것이다.

정보통신기술(ICT)의 발달에 따라 '협력적 소비'를 기반으로 한 '공유경제(sharing economy)'가 혁신 키워드로 급부상하면서 소유권의 이전이 발생하는 생산자와 구매자의 관계가 사용권의 이전이 발생하는 공급자와 사용자의 관계로 변화하고 있다. 피어그룹 간 공유(peer-to-peer sharing)가 일상화되고, 사용자가 동시에 콘텐츠 제작자인 지금의 세상에서 디지털화 추세는 더 높은 투명성을 확보하는 방향으로 진행되고 있다. 또한 '하이퍼 노마드(hyper nomad)' 또는 '디지털 노마드(digital nomad)'라 불리는 새로운 세계 주체들[多衆]이 초국경적 역동성을 만들어내고 글로벌 공공재를 구현할 전망이다. 공유성을 기반으로 하는 세계 경제 패러다임의 변화로 수평적 권력이 에너지, 경제, 그리고 세계를 근본적으로 바꾸게 될 것이라는 전망이 점차 힘을 얻고 있다.

인간의 육체가 7년마다 새로운 세포로 완전히 바뀌듯, 지구 또한 자연적인 순환주기에 따라 부정적인 에너지를 정화하기 위해 근본적인 변화를 겪게 된다. 지구 대격변은 대자연에 의한 문명의 정리 수순에 따른 것으로 지구의 자정(自淨)작용의 일환이다. 돌고 돌아서 떠난 자리로 돌아오는 이번 자연의 대순환주기는 대정화와 대통섭의 새로운 문명을 예고하고 있다. 서양철학은 BCE 600년경 동방과 서방이 교차하는 지점에 위치한 이오니아(Ionia)의 그리스 철학자들을 중심으로 시작되었다. 그리스 철학의 발상지가 본토가 아닌 이오니아였다는 점에서 수학·천문학과 긴밀히 연계된 그리스 철학이 이집트의 수학이나 바빌로니아의 천문학 등의 영향을 받았다고 보는 것은 그만한 근거가 있다.* 또한 이집트나 바빌로니아는 수메르 문명(협의의 메소포타미아 문명)의 영향권 아래에 있었다.

수메르 문명은 환국(桓國) 12연방 중의 하나인 수밀이국의 문명이다. 환국의 한 갈래인 수밀이국(須密爾國) 사람들은 환국 말기인 BCE 4000년쯤 인구증가와 시베리아 지역의 한랭화로 마고성(麻姑城) 시대로부터 전승된 고도의 정신문화와 정치적 유산 등 선진문물을 가지고 서쪽으로 이동하여 수메르 문명을 열었다. BCE 2000년경 메소포타미아 북쪽에 살던 셈족 계통의 아카드인들이 메소포타미아 남쪽의 수메르를 점령하고 바빌로니아를 세웠지만, 바빌로니아 문명의 기초가 된 것은 수메르 문명이었다. 수밀이국은 천부사상(天符思想)에 의해 수메르 문명을 발흥시켰으며, 특히 수메르인들의 종교문학과 의식이 기독교에 상당한 영향을 미쳤다는 사실은 이미 밝혀진 바이다. 구약성서가 우리 상고사의 데자뷔인 것처럼 느껴지는 것은 마고 문화 및 그 후속 문화와 수메르와의 깊은 관련성 때문이다.

천·지·인 삼신일체[一卽三·三卽一]인 한국학 코드[天符 코드]의 서구적 변용은 4~5세기 교부철학의 대성자인 성 아우구스티누스의 『신국론』과 『삼위일체론』에 나타나 있다. 예수 그리스도의 십자가 죽음 이후 로마제국의 탄압에도 불구하고 그리스도교 교의가 그리스어를 사용하는 헬레니즘의 세계와

---

* 그리스 철학의 창시자인 탈레스는 이집트로 건너가 그곳에 비전(秘傳)되어 오는 수학과 천문학에 관한 책을 읽고 그 내용을 흡수했다. 또한 수학자이자 철학자로서 '피타고라스의 정리'로 유명한 피타고라스는 청년기에 이집트에 가서 23년 동안 이집트문명을 연구했고, 나중에는 페르시아에 포로로 잡혀가서 12년 동안 바빌론 문명을 연구했다. 최초의 수비학(數秘學)은 피타고라스 수비학이 나타나기 수천 년 전 메소포타미아의 가장 남부 지역 칼데아에서 기원한 것으로 이미 BCE 3500년경 칼데아 수비학이 정립된 것으로 밝혀졌다. 피타고라스의 사상은 플라톤의 형상론의 근간을 이루었으며, 플라톤을 통해 서양철학 전체에 지대한 영향을 미쳤다.

라틴어를 사용하는 로마제국으로 전파된 것은 유럽의 사상적·문화적 및 정신적 전통에서 커다란 의미를 갖는다. 그것은 그리스도교가 헤브라이즘의 울타리를 벗어나 유럽적이고 서구적인 종교로 변모해 가는 것을 의미한다. 또한 의지적·윤리적·종교적 특성을 띤 신(神) 중심의 헤브라이즘이 이성적·과학적·미적 특성을 띤 인간 중심의 헬레니즘과 융합하여 유럽 사상과 문화의 2대 원류로서 유럽의 정신적 전통을 형성하였다는 점에서 그 의미가 실로 크다.

아우구스티누스의 『신국론』 제8권 4절 마지막 부분은 신과 세계와 인간의 세 관계, 즉 자연적[형이상학적]·이성적[인식론적]·도덕적[윤리학적] 관계를 통해 그의 삼위일체의 신조를 보여준다. 그가 설정한 신과 세계와 인간의 세 관계의 본질은 곧 천·지·인의 관계적 본질이며 삼위일체[삼신일체]다. 그는 『삼위일체론』에서 성부·성자·성령 삼위의 관계를 육적(肉的)으로 유추할 수는 없으며,[61] 삼위 모두 동등한 불변의 영원[62]임을 설파하였다. 이는 성부·성자·성령의 삼위일체가 한국학 고유의 코드인 천·지·인 삼신일체[一卽三·三卽一]의 원리와 본질적으로 상통함을 보여주는 것이다. '인(人)'의 실체는 물질적 육체가 아니라 참본성[神性, 靈性] 즉 일심(一心)이며, '성령'은 신성한 '영(靈)' 즉 영성(靈性, 神性, 참본성)이고 일심이다. '인(人)'은 천(天, 본체)과 지(地, 작용), '성령'은 성부[본체]와 성자[작용]의 합일을 추동하는 메커니즘의 다른 표현일 뿐이다. 일심의 경계에 이르면 본체와 작용이 하나임을 알게 되므로 이는 곧 삼위일체[삼신일체]라는 말이다. 한마디로 일심[性] 이외에 다른 실재가 있는 것이 아니다.

「요한일서」(4:8)에 나오듯 삼위일체의 교의는 '신은 사랑(God is love)'이라는 말로 압축될 수 있다. 또한 "신을 사랑하는 것과 이웃을 사랑하는 것, 그 사랑의 근원은 같다"[63]라고 나온다. 따라서 신·인간 이원론은 성립되지 않는다. 한국학 코드 역시 경천애인(敬天愛人) 또는 삼경(三敬: 敬天·敬人·敬物)의 실천을 강조한다. 「마가복음」(12:28-31)과 「마태복음」(22:36-40)에는 신은 오직 한 분임을 분명히 밝히고 있다. 「요한복음」(14:6)에는 신은 곧 생명이라고 나오므로 신이 한 분(一神, 唯一神)이라는 의미는 곧 생명의 전일성과 자기근원성을 밝힌 것이다. 또한 「마태복음」(28:19)에서는 "너희는 가서 모든 민족을 제자로 삼아 성부와 성자와 성령의 이름으로 세례를 베풀라"라고 함으로써 한 분이신 신이 곧 세 분임을 밝히고 있다. 이는 일즉삼(一卽三)·삼즉일(三卽一)의 이치로 삼위일체의 교의를 밝힌 것이다.

초대 교회 교부학자들에 의해 정립된 삼위일체는 오늘날 교회의 핵심 교리일 뿐 아니라 진리의 정수다. 진리는 보편성 그 자체이므로 특정 종교에 귀속될 수가 없다. 만약 삼위일체의 교의를 특정 종교의 전유물로 귀속시키고자 한다면 삼위일체 본래의 개념적 정의에 위배되므로 더 이상 진리일 수가 없게 된다. 「요한복음」(4:23)에도 "진실한 예배자들이 영(spirit)과 진리(truth)로 예배할 때가 오나니 곧 이때라. 신은 이렇게 예배하는 자들을 찾고 있다"[64]고 기록되어 있다. 생명의 본체를 흔히 신이라고 부르는데, 신은 곧 '영'이고 진리이고 생명이고 사랑이다. 생명은 만물이 만물일 수 있게 하는 제1원인[天·神·靈]이다. 그것은 우주 지성이고 우주 생명력 에너지이며 우주의 근본 질료로서, 이 셋은 제1원인의 삼위일체다. 말하자면 지성[性]·에너지[命]·질료[精]는 유일자인 생명의 세 기능적 측면을 나타낸 것이다.

성부·성자·성령 삼위일체는 9천 년 이상 전부터 전해진 한국학 코드의 천·지·인 삼신일체와 마찬가지로 '생명의 3화음적 구조'라는 맥락에서 이해될 수 있다. 삼위(三位), 즉 삼신(三神)은 작용으로만 셋이며 그 본체는 하나인 까닭에 '한 분 하늘(님)', 즉 유일신이라고 한 것이다. 생명은 '불가분의 전체성(undivided wholeness)'이므로 유일신이란 특정 종교에 귀속되는 신이 아니라 생명의 전일적 흐름을 의인화하여 나타낸 것이다. 말하자면 유일신은 우주만물에 편재해 있는 '하나'(님)인 참본성(性)을 나타내는 대명사이다. 삼신일체나 삼위일체에 대한 이해가 중요한 것은 그것이 만유의 존재성, 다시 말해 우주의 본질인 생명의 전일성과 자기근원성을 명징하게 밝히고 있기 때문이다. 신(神)·천(天)·영(靈)은 천지만물이 생겨나기 전에도 있었던 우주의 본질인 '생명' 그 자체를 나타내는 대표적인 대명사들로서 '영원한 현재(eternal present)'인 까닭에 시간의 역사 속에서는 그 기원을 찾을 수가 없다.

생명은 시작도 끝도 없는 영원한 '에너지 무도(energy dance)'일 뿐, 창조하는 주체도 없고 창조되는 객체도 없다. 파도의 실체가 바닷물이듯, 우주만물의 실체는 물질적 외피가 아니라 제1원인인 생명 즉 신(神)이고 천(天)이며 성(性, 참본성)이다. 세상에 분리되어 존재하는 것은 아무것도 없다. 우주만물의 참본성[靈性, 神性, 一心]이 곧 하늘이며 신이다. 따라서 삼신일체와 삼위일체는 생명의 영성을 바탕으로 하고 있으며 생명의 전일성과 자기근원성을 밝힌 핵심 원리는 완전히 일치한다. 다만 제대로 이해되지 못하고 있을 뿐이다. 바로 이 생명[神·靈·天]에 대한 몰이해로 인해 물질주의 과학은 기술적 진보에도 불구하고 물질주의와 환원주의에 경도되어 우주자연과 인간에 대한 이해를 왜곡되고 피폐하게 만들었다. 생명은 물질적 육체에 귀속된 그 무엇이 아니라 영성[靈] 그 자체다.

오늘날 양자역학으로 대표되는 포스트 물질주의 과학의 주도로 다양한 분야에 걸쳐 '영성의 과학적 재발견'이 이루어지면서 동·서양이 다시 만나고 있다. 프리초프 카프라의 말처럼,[65] 현대물리학은 고대 동양의 현자들이 물리적 세계의 구조가 마야(maya, 幻影) 또는 유심(唯心, mind only)이라고 말한 것을 실험적으로 입증하고 있다. 현대물리학은 우주의 실체인 '의식(consciousness)' 발견을 통해 과학과 의식[영성]의 접합에 관한 연구를 계속해 오고 있다. 양자역학을 통하여 의식이라는 개념이 현대과학의 전면에 부상한 것은 포스트 물질주의 과학이 등장하게 된 중요한 배경을 이루는 것으로 폭넓은 호응을 얻고 있으며 동·서융합을 통해 새로운 문명을 여는 데 기여할 전망이다. 현대물리학이 주도하는 패러다임 전환에 힘입어 근대 분과 학문의 경계를 허물고 지식의 융합을 통해 복합적이며 다차원적인 세계적 변화의 역동성에 대처하려는 움직임이 전 세계적으로 일면서 동양의 통섭적 세계관에 대한 관심이 증폭되고 있고, '리오리엔트(ReOrient)'라는 용어의 확산과 함께 동양이 다시 세계사의 중심으로 부상할 것이라는 예단이 힘을 얻고 있다.

포스트 물질주의 과학의 통섭적·시스템적 세계관은 동양의 통섭적·생태적 세계관과 본질적으로 상통한다. 새로운 문명이란 무엇인가. 그것은 물질[제도]과 정신[의식]이 하나가 된 문명이다. 동양의 하늘[神]과 서양의 하늘[神]과 이방인의 하늘이 하나가 된 문명이다. 성부·성자·성령 삼위일체가 그 뿌리인 천·지·인 삼신일체와 하나가 되는 문명이다. 내재적 본성인 신성[性, 참본성]이 곧 하늘(天)이며 신(神)임을 깨닫는 문명이다. 우주만물의 실체가 물질적 외피가 아니라 제1원인인 생명, 즉 신(神)이고 천(天)이며 영(靈)임을 깨닫는 문명이다. 생명은 '불가분의 전체성'인 영성이며, 우주의 진행 방향은 영적 진화임을 자각하는 문명이다. 인간 존재의 세 중심축인 종교와 과학과 인문, 즉 신과 세계와 영혼 세 영역(天地人 三才)의 통합성을 자각하는 문명이다. 진정한 문명은 행복이 실존하는 문명이다. 생명경(生命經, 즉 天符經)은 삶과 죽음, 현상과 실재, 주관과 객관의 경계가 사라질 때 울려 퍼지는 영혼의 교향곡이다.

다음으로 한국학의 시대적·세계사적 소명에 대해 고찰해 보기로 한다.

천·지·인 삼신일체, 즉 천·지·인의 통합성을 자각하게 되면 천시(天時)와 인사(人事)가 조응하고 있음을 알게 된다. 공자는 '하늘의 때(天時)'와 '세상 일(人事)'의 연계성을 함축한 '시중(時中)'의 도(道)로써 대동사회의 이상을 구현하고자 했다. 시중(時中)은 『중용』 2장에 나오는 말이다. "군자의 중용은 때에 맞게 행하는 것이다(君子之中庸也 君子而時中)"라고 한 것이 그것이다. 군자가 중용을 행하는 것은 때에 맞게 하기 때문이라는 말이다. '시중'은 '때에 맞게 행한다'는 의미이다. 중용은 곧 '시중'의 도이다. 한국학의 시대적·세계사적 소명역시 우리가 처한 문명의 시간대에 맞게 '시중(時中)'의 도로써 그 소명을 완수해야 할 것이다.

인류 역사의 여명기에 상고 문명의 표준을 형성했던 한국학 고유의 천부코드에서 일즉삼(一卽三)의 이치가 발현되면서 무수한 진리의 가지들이 생겨났고 전 세계 종교와 사상 및 문화가 수많은 갈래로 나뉘어 제각기 발전하여 꽃피우고 열매를 맺었다가, 다시 삼즉일(三卽一)의 이치가 발현되면서 이제는 영원한 생명을 기약하며 하나의 뿌리로 돌아가 통합되어야 할 우주의 가을, 즉 후천개벽기에 이르렀다. 오늘날 한국학 고유의 핵심 코드인 천·지·인 삼신일체[一卽三·三卽一]의 사상과 문화에 대한 재조명이 이루어지는 것은 바야흐로 낡은 것이 새것이 되고 새것이 낡은 것이 되는 문명의 대변곡점에 이르렀기 때문이다.

앞서 고찰했듯이 동서고금의 석학과 지성들이 새로운 문명의 주역으로 한결같이 우리나라를 지목한 것은 우리 한민족의 리더십이 새로운 문명이 열리는 '하늘의 때(天時)'에 부합하기 때문이다. 말하자면 새로운 문명이 열리기 위해서는 배타적 민족주의나 국가주의가 아니라 널리 세상을 이롭게 하는 홍익인간 DNA를 가진 민족의 역할이 요구되기 때문이다. 삶과 죽음, 현상과 실재, 주관과 객관의 경계가 사라질 때 울려 퍼지는 영혼의 교향곡[生命

經, 즉 天符經으로 9천 년 이상 전부터 상고시대의 유라시아를 진동시켰던 한 민족—그 장대한 가락은 인류의 집단무의식 속에 강력한 치유의 리듬으로 새겨졌다. 이제 '하늘의 때(天時)'가 되어, 그 영혼의 교향곡을 연주하던 한민족의 리바이벌(revival, 회복·부활)을 인류의 집단무의식은 강력하게 요청하고 있다. 제러미 리프킨도 지금은 '회복력 시대(the age of resilience)'라고 하지 않는가. 20세기 실존주의 대표자로 꼽히는 하이데거도 한국 철학 교수에게 천부경 81자를 해독해달라며 그 강력한 음률을 음미하고 싶어하지 않았는가.

홍익인간·재세이화의 이상을 함축한 '천부중일(天符中一: 천·지·인 삼신일체의 天道가 인간 존재 속에 구현됨, 즉 천·지·인 삼신일체의 天道를 체득함)'을 국시(國是)로 삼아 의식(意識)과 제도, 정신과 물질의 일원성에 기초한 단군조선의 통치체제—단군조선이 '천부중일'을 '국시'로 삼은 것은 정치의 주체인 인간의 마음이 밝아지지 않고서는 밝은 정치가 이루어질 수 없고 따라서 홍익인간·재세이화의 이념 또한 실현될 수 없기 때문이다. 이는 마고성(麻姑城) 시대로부터 환국과 배달국 시대를 거쳐 전승되어 온 천·지·인 삼신일체의 사상이 국가통치 체계에 조직적이고도 체계적으로 반영되었음을 의미한다. 역대 단군께서 국중대회(國中大會)를 열어 천제(天祭, 祭天)의식을 주관한 것은 우주만물을 관통하는 하나인 참본성[性]이 곧 하늘(天)이며 신(神)임을 깨우치기 위한 것이었다.

한국학의 시대적·세계사적 소명은 한마디로 '일즉삼(一卽三)·삼즉일(三卽一)'[천·지·인 삼신일체]이라는 '생명의 공식'으로 생명 향상의 원리와 생명 가치, 인공지능 윤리와 생명윤리가 준수되는 새로운 규준(norm)의 휴머니즘에 입각한 새로운 계몽의 시대를 여는 것이다. 생명의 전일성과 자기근원성, 만물의 근원적 평등성과 유기적 통합성을 함축한 이 생명의 공식(formula of Life)은 21세기 생명공학(또는 생명과학) 시대를 여는 핵심 기제다. 그것은 인간중심주의·남성중심주의·유럽중심주의·백인중심주의에 함몰된 근대 서구의 휴머니즘을 생명의 네트워크적 본질에 기초한 새로운 버전의 휴머니즘으로 대체하는 것이며, 종교의 성벽 속에 가둬 놓은 '하늘[神]'을 만유(萬有)의 하늘로 되돌리는 것이다. 하늘(天·神·靈)은 만유에 편재해 있는 하나인 참본성[性]을 일컫는 것이므로 만인의 하늘인 동시에 만유의 하늘이다. 그래서 만유의 하늘로 되돌리는 것이다.

우주의 실체는 의식[에너지, 파동]이므로 천(天)과 신(神)과 성(性)은 표현이 다를 뿐, 완전히 하나다. 성(性)은 곧 참본성[신성, 영성, 一心]이며 보편의식[보편자]이다. 모두 하나인 생명[天·神·靈]을 다양하게 명명한 것이다. '생명 즉 신(神)'은 만물이 만물일 수 있게 하는 제1원인이며, 그것이 우리의 실체이고 우주만물의 실체다. 물질적 외피, 즉 육체적 자아는 실체가 아니라는 말이다. 우리가 물질이라고 지각하는 것은 특정 주파수대의 에너지 진동에 불과하며 99.99%가 텅 비어 있다. 물질의 외형적인 견고함은 진동하는 주파수를 그런 식으로 지각한 것일 뿐, 실제로는 분자, 원자, 전자, 아원자 입자들의 쉼 없는 운동이다. 파도들이 바닷물에 의해 연결되듯이, 우리 모두는 우주만물을 잇는 에너지장(場), 즉 매트릭스(Matrix)에 의해 하나로 연결되어 있다. 매트릭스가 '생명 즉 신'이다.

우주만물은 '생명 즉 신(神)'이 우주 지성[性]·에너지[命]·질료[精]의 삼위일체의 작용으로 자기조직화(self-organization)한 것이다. 지성[性]·에너지[命]·질료[精]는 생명[天·神·靈]의 세 기능적 측면이다. 우주만물은 전일성의 자기현현(self-manifestation)이다. '생명 즉 신(神)'이 바닷물이라면, 우주만물은 파도다. 하나인 바닷물의 자기현현으로 무수한 파도가 생겨나듯, 하나인 혼원일기

[混元一氣: 생명 즉 신]*의 자기현현으로 우주만물이 생겨난 것이다. 파도의 실체가 바닷물이듯, 우주만물의 실체는 '참나'인 생명[天·神·靈]이다. 바닷물과 파도가 분리될 수 없듯이, '생명 즉 신(神)'과 우주만물은 분리될 수 없다. 그럼에도 분리하고 있으니 존재론적 자살(ontological suicide)이 아니고 무엇이랴! 생명은 물질과 에너지의 패턴이라는 기본 구조 속에 우주 지성[정보]이 내재한 것이다.

우주의 진행 방향은 영적 진화다. 우주 지성에 의해 그렇게 모듈되어 있다. 우주가 마치 최적화된 컴퓨터 프로그램처럼 한 치의 오차 없이 작동하는 것은 전지전능한(omniscient and omnipotent) '우주 지성'이 내재해 있기 때문이다. 양자도약(quantum leap)의 시대를 연 물리학자 막스 플랑크는 이것을 '의식과 지성을 가진 정신(conscious and intelligent Mind)'이라고 명명했다. 이것이 바로 우주의 본질인 생명[天·神·靈]이다. 우주의 본질인 생명이 무엇인지를 알지 못하고서 어찌 우주시대를 열 수 있겠는가. 사고(thinking)와 말과 행동, 이 세 가지 가운데 가장 강력한 것은 사고다. 말이나 행동은 사고에서만 비롯되기 때문이다. 잘못된 정보나 데이터로 가득 찬 생각 자체가 바뀌지 않으면 아무리 근사한 제도를 만들어도 효율적으로 작동하기 어렵다.

'일즉삼·삼즉일'[천·지·인 삼신일체]이라는 '생명의 공식'이 중요한 것은 이 때문이다. 탑재된 '사고[정보·데이터]'라는 운영체계 자체가 바뀌지 않으면 새로운 계몽의 시대를 열 수가 없기 때문이다. 근대성이 '미완성의 프로젝트'일

---

\* 혼원일기는 무어라 형용할 수 없는 태초의 한 기운을 일컫는 것으로 지기(至氣) 또는 원기(元氣)라고도 한다. 장자(莊子, 이름은 周)는 근원적 실재를 일기(一氣)라고 명명했다. 이것이 곧 '생명 즉 신'이다. 하지만 그 무어라 명명하든 진리는 문자로 나타낼 수가 없으므로(眞理不立文字) 그 이름이 곧 실상을 나타내는 것은 아니다. 그래서 뜻이 통하면 말을 잊는다고 했다. '생명 즉 신'에 관해서는 본서 8장 2절과 3절 참조.

수밖에 없는 것은 근대성 운동의 논리 자체가 이원성에 기초해 있기 때문이다. 분리 자체가 근원적으로 불가능한 파동체인 생명현상을 단순한 물리현상으로 귀속시켜서는 생명의 진실을 파악할 수가 없다. 신이라는 이름은 생명을 지칭하는 많은 대명사 중의 하나일 뿐이다. 신이라는 이름을 넘어서지 않고서는 결코 신에 이를 수 없으며 '참나'인 생명이 무엇인지를 알 수가 없다. '참나'를 알지 못하고서 어찌 새로운 계몽의 시대를 열 수 있겠는가.

'생명 즉 신'에 대한 인식도 현대과학의 진보에 맞추어 3차원적인 물질 기반의 인식에서 벗어날 때가 되었다. 생명[天·神·靈]은 물질적 육체에 귀속된 그 무엇이 아니라 영성[性] 그 자체다. 비분리성(nonseparability)·비이원성(nonduality)을 본질로 하는 영성은 곧 양자물리학의 비국소성(nonlocality)[초공간성]과 일치한다. '생명 즉 신'에 대한 개념적 명료화(conceptual clarification)가 중요한 것은 그것이 곧 만유가 만유일 수 있게 하는 제1원인이며 만유의 존재성(생명의 전일성과 자기근원성)을 의미하는 것이기 때문이다. 신은 만유의 근원을 지칭하는 대명사이다. 신이라는 용어를 폐기처분한다고 해서, 또는 '신은 없다'라고 규정한다고 해서 만유의 존재성에 대한 규명의 필요성이 사라지는 것은 아니다. 신이 무엇인지에 대한 인식론적 고찰 없이 '신은 있다 혹은 없다'라는 존재론적 차원의 문제로 일축하는 것은 논리적 모순이며, 지식의 박피를 드러낸 것이고, 수천 년 동안 그 숱한 지성들의 치열한 탐구 정신과 정치(精緻)한 철학체계를 모독하는 것이다.

본서는 생명의 진실을 향한 대장정이다. 분산형 생태계와 탈중앙화·민주화 조직 그리고 비영리 사회 부문 조직의 성장과 다중(多衆, multitude)의 네트워크를 기반으로 '집단지성(collective intelligence)'의 계발을 통하여 개체화·물질화된 생명관에서 벗어나 공감적 감수성과 연대감을 확산시키고 투명성과 개방성 그리고 자율성에 기초한 수평사회로의 이행을 촉진함으로써 생명의 네트워크적 본질에 부합하는 새로운 계몽의 시대를 사회개혁 운동으로 전개해 나가야 한다. 이것이 바로 우리나라 최초의 정사(正史)인 『신지비사(神誌祕詞)』에서 '영혼을 잃고 땅에 뿌리박혀 울던 자가 영혼을 찾으면 그것이 개벽의 시작이다'라고 한 것이다. 이는 곧 새 하늘과 새 땅을 창조하는 '다시 개벽'이다. 제2의 르네상스요 제2의 종교개혁이다. 그것은 전 인류적이고 전 지구적이며 전 우주적인 존재혁명이 될 것이다. 생명을 '문화적 유전자(cultural genes)'로 이어받은 우리는 정녕 새로운 역사를 창조할 운명을 지니고 있음을 깨닫지 않으면 안 된다.

한국학이 시대적·세계사적 소명을 다하기 위해서는 몇 가지 선결 과제가 있다. 첫째, 우리 역사의 뿌리이자 한국 사상 및 문화의 원형을 담고 있는 상고사(上古史: 삼국 정립 이전 광의의 고대사)와 사상 복원을 통해 국가적·민족적·문화적 정체성을 확립하고 한국산(産) 정신문화의 원형을 체계적으로 정립하는 것이다. 정책적 뒷받침을 통해 한국학 연구자들을 지속적으로 양성해내고 각급 교육기관을 통해 교육함으로써 내실 있는 한국학 콘텐츠를 마련해야 한다. 해외 소재 한국학 관련 기록 등 다양한 주체들이 보유하고 있는 자원을 효율적으로 결합하고 정보화하는 방안을 강구한다.

둘째, 한국학의 시대적 범주의 상한선을 상고시대로까지 확장하는 제도권의 합의를 도출해내고 이를 역사 교과서 편찬에도 반영되게 하는 것이다. 한국학 관련 서적들이 연구의 시대적 범주를 대부분 삼국시대 이후에 집중함으로써 한국학 콘텐츠의 심대한 빈곤과 불균형을 초래했다. 이러한 본질적인 문제가 해소되지 않고서는 한국학 교육 자체가 뿌리 없는 꽃꽂이 교육, 생명력을 상실한 교육이 될 수밖에 없으므로 한국학의 미래도 없다. 또한 역사 왜곡이 고착화되어 사대주의가 만연하게 되고, 올바른 역사관과 국가관이 정립되지 못함으로 인해 국격이 훼손되고, 사회적 응집력의 약화로 국력이 소진되는 결과를 초래하게 된다.

셋째, 국내외 다양한 전공의 학제간 연구(interdisciplinary research)를 활성화하는 것이다. 특히 양자역학으로 대표되는 포스트 물질주의 과학의 다양한 분야, 즉 양자물리학, 양자의학, 양자생물학, 복잡계 과학, 게슈탈트 심리학, 초개인심리학, 생태학 등과 학제간 연구(interdisciplinary research) 또는 통섭적 연구를 통해 한국학 고유의 코드와 현대과학 코드의 사상적 근친성을 밝히는 것이다. 이는 한국학의 학문적 토양을 비옥하게 할 뿐 아니라 세계시민 사회의 한국학에 대한 수용력을 높일 수 있으며, 또한 새로운 계몽의 시대를 향한 공감적 감수성(empathic sensitivity)을 키울 수 있다.

넷째, 오늘날의 한류(韓流, Korean Wave) 현상을 심화·확장하는 것이다. 글로컬(glocal)한 특성을 갖는 한류 현상은 21세기 문화 코드인 '퓨전(fusion)' 코드와도 부합한다. 정보기술(IT)·문화기술(CT) 분야의 지식 역량을 바탕으로 일어난 한류의 성장이 폭넓은 한국문화의 해외 진출로 이어지면서 신한류 열풍이 불고 있지만, 그것은 본 무대가 오르기 전 분위기를 돋우는 식전 행사와도 같은 것이다. 우리 한민족 정신세계의 총화라 할 만한 진정한 한국산(産) 정신문화는 아직 본 무대에 오르지 않았다. 동아시아 최대의 정신문화 수출국이었던 코리아의 면모를 제대로 담아내고, 경제 논리를 앞세우기보다는 호혜적이며 시스템적인 교류방안을 개발해야 한다.

다섯째, 한국학의 시대적·세계사적 소명을 인지하는 것이다. 우리 상고사와 사상 복원을 통한 자기정체성 확립과 시대적 및 사회적 요구에 부응하는 새로운 한국인 상(像)의 정립은 국가 이미지나 브랜드 가치를 높이고 우리가 처한 문명의 시간대를 통찰할 수 있게 함으로써 한국학의 시대적·세계사적 소명을 다할 수 있게 할 것이다. 한국학 고유의 생명 코드는 서양의 이원론이 초래한 생명의 뿌리와 단절된 꽂꽂이 삶, 그 미망의 삶을 끝장낼 수 있는

'마스터 알고리즘'이다. 남과 북 그리고 온 인류가 하나 되게 하는 '마스터 알고리즘'이다.

만물은 파동체이며 파동은 시공을 초월하여 작동한다. 루퍼트 쉘드레이크의 형태형성장 이론이 말하여 주듯, 세계든 삶이든 몸이든 우리가 인지하는 방식이 물리적 현실에 강한 영향을 준다. 정신 능력의 '형태형성장'은 그것과 상호작용하는 사람이 많을수록 그 힘이 강력해져서 결국에는 물리적 실체 자체의 모습을 변형시킨다. 이는 시공을 초월한 공명현상이 작용하기 때문이다. 개체의 숫자가 일정량에 도달하게 되면 그 행동이 급속도로 해당 집단에 확산될 뿐만 아니라, 거리나 공간의 제약을 넘어 확산된다는 '100번째 원숭이 현상'이란 것도 있지 않은가. 이는 '양자 비국소성(quantum nonlocality)[초공간성]', 즉 신호 없는 커뮤니케이션과도 같은 것이다. 1982년 알랭 아스페가 이끄는 연구팀은 어떠한 신호들도 필요로 하지 않는 커뮤니케이션들이 존재함을 실험적으로 입증했다.

이 비국소적 양자효과인 '신호 없는 커뮤니케이션'이 바로 비인과적 동시성(synchronicity)의 한 형태이다. 칼 구스타프 융은 '동시성이란 그것을 볼 눈이 있는 사람에게는 늘 존재하는 현실'이라고 말한다. 우리의 내적 상태나 생각 또는 느낌이 외부세계의 사건에 의해 발현되거나 확인될 때 우리는 동시성 현상을 체험한다. 선과 악, 쾌락과 고통, 삶과 죽음이라는 이원론적 상황에 대한 정신의 종속으로 인해 스스로를 현상의 세계에 가둬버린 존재에게, 무의식은 숨겨진 광대한 질서의 한 자락을 틈새로 드러내며 존재의 깊숙한 곳에서 꿈틀거리는 근본지(根本智)를 향한 열망을 불타오르게 한다. 필자는 『호모커넥투스』(2020)에서 '동시성'을 이렇게 풀이했다.

동시성의 원리는 만물이 비롯되고 또 돌아가야 할 'unus mundus(근원적 실재)'를 드러내는 원리이다. 흔들리는 깃발을 통해서 바람의 존재를 인식하듯이 우리는 동시성 현상을 통해서 'unus mundus'를 인식한다. 천변만화(千變萬化)가 'unus mundus'의 놀이이며 만물만상이 'unus mundus'의 모습임을, 무의식은 물질적 사건을 방편 삼아 무언의 암시와 메시지를 보낸다. 그것은 유위법(有爲法)에 길들여진 존재에게 무의식이 전하는 강렬한 무위법(無爲法)이다.[66]

공이 굴러가면 2차원 평면에서는 공 전체가 보이지 않고 지면에 닿는 공의 단면만 보이듯, 우리가 살고 있는 3차원에서의 삶이란 것도 전체가 보이지 않고 현상계라는 단면만 보인다. 그 단면에만 집착하여 일희일비(一喜一悲)하다가 가는 것이 물질계에서의 삶이다. 그러나 수원(水源)과 단절된 꽃꽂이 식물이 생명력이 없듯이, 생명의 뿌리인 'unus mundus(근원적 실재)'와 단절되면 생명력을 잃게 된다. 그래서 무의식은 동시성 현상을 통해 잠시나마 'unus mundus'를 엿볼 수 있게 함으로써 생명의 전일적 흐름에 대한 자각을 일깨우는 것이다. 우리 민족 고유의 『천부경(生命經)』이 '일시무시일(一始無始一)'에서 시작하여 '일종무종일(一終無終一)'로 끝난 것도, 생명의 전일적 흐름에 대한 자각을 일깨우기 위한 것이다. 생명은 삶과 죽음을 포괄하는 전일적 흐름이라는 것이 우리 천부사상(한사상, 삼신사상)의 가르침의 진수(眞髓)다.

우리의 의식이 3차원적 시공간에 갇혀 있으면 동시성 현상이 일어나도 그것을 자신의 체험으로 포착할 수가 없다. 융의 동시성 원리는 철학적 관점도 아니고 물질주의나 형이상학도 아니다. 그것은 'unus mundus'를 인식하는 원리를 제공하는 경험적 개념(empirical concept)이다. 그럼에도 근원적 실재에 대한 인식을 바탕으로 존재계와의 관계성을 함축하고 있다는 점에서 그 파급효과는 심리학에 국한되지 않고 인식론과 존재론을 포괄하는 철학과 형이상학 전반에 미치고 있으며, 특히 의식상태와 물질적 사건의 상호연결성을 강조하고 있다는 점에서 양자물리학의 비국소적 양자효과를 해명하고 있다. 비국소성 또는 비분리성은 양자적 실재의 본질인 동시에 우리 참자아의 본질이며, 또한 이는 한국학 코드의 본질이기도 하다.

새로운 문명의 탄생은 근본적인 패러다임 전환과 연계되어 있고 패러다임 전환은 사회 구조 변화와 맞물려 의식의 진화(영적 진화)를 위한 최적 조건의 창출과 관계된다. 동서양의 숱한 지성들이 자연의 필연적 법칙성의 원리 규명에 천착한 것은 그러한 원리를 자각할 수 있을 때 자유의지와 필연이 하나가 되는 조화로운 세상을 열 수 있기 때문이다. 지식의 진보라고 하는 것도 의식의 확장과 함수관계에 있다. 포스트 물질주의 과학이 등장한 것도 의식의 확장을 위해 필요한 때가 되었기 때문이다. 포스트 물질주의 과학은 그것이 기반한 현대물리학의 전일적 패러다임(holistic paradigm)의 원형이 바로 한국학 고유의 생명 코드(천부 코드)임을 지금도 실험적으로 입증하고 있다.

새로운 문명의 비전은 천문역학(天文易學)에도 나타나 있다. 『주역』에서 태방(兌方)이며 소녀인 미국과 진방(震方)이며 장남인 중국은 후천(後天)의 원리에 의해서 한동안은 관계가 지속되겠지만—미국에 이어 중국은 2위가 됨으로써 G2 시대를 열었다—최근 미·중 패권 경쟁의 본격화로 그리 오래가지는 못할 것으로 전망된다. 이러한 최근의 미·중 관계는 문왕팔괘도가 마무리되는 단계를 반영한 것으로 보인다. 탄허는 동양의 중심인 진방(震方) 중국이 성숙하여 서양의 중심인 태방(兌方) 미국과 맞대응하는 위치가 될 때 선천역학(先天易學)인 문왕팔괘도는 완성되어 종식되고 정역팔괘도가 시작된다고 보았다. 그때는 진방(震方)인 중국이 물러나고 간방(艮方)인 우리나라가 그 자리에 들어서게 되어 중국을 대신해 동서가 융합하는 간태합덕(艮兌合德)의 새로운 문명이 열리는 것이다.

동·서독 통일이 동·서융합의 비전을 보여준 상징적인 사건이라면, 남북통일은 전 지구적 차원의 양극성을 통합하는 신호탄이다. 한반도 문제 해결이 곧 세계 문제 해결의 시금석이 된다는 말이다. 우리나라가 위치한 간방(艮方)에 간도수(艮度數)가 접합됨으로써 천지비괘(天地否卦)의 어두운 역사는 끝을 맺게 되고 지천태괘(地天泰卦)의 새로운 역사가 시작될 수밖에 없으며, 인류 역사의 시종(始終)이 지구의 주축(主軸)에 위치한 우리 땅에서 이루어지게 될 것임을 탄허는 예견했다. 말하자면 간방의 소남인 우리나라에 이미 간도수(艮度數)가 와 있기 때문에 전 세계의 문제가 우리나라를 중심으로 시작하고 끝을 맺게 되리라고 본 것이다.[67]

『주역』「설괘전」에 나오듯이 한반도를 중심축으로 한 동북 간방(艮方)에서 선천 문명이 끝을 맺고 후천 문명의 꼭지가 열린다면, 새로운 계몽의 시대를 열 세계적인 정신문화는 우리나라에서 나오게 될 것이다. 우리 상고사는 과거에 일어난 일들의 단순한 집적(集積)이 아니다. 그것은 '생명'을 중심축으로 '생명의 공식'에 의해 '그랜드 디자인'된 생명의 거대사다. 단군조선으로부터 부여·고구려에 이르기까지 '삼족오'를 국조(國鳥)로 삼은 것은, 그것이 '일즉삼(一卽三)·삼즉일(三卽一)'[천·지·인 삼신일체]이라는 '생명의 공식'을 표징하는 것이기 때문이다. 생명의 순환과 성통광명(性通光明)의 이치를 함축한 이 생명의 공식은 온 인류가 반드시 숙지해야 할 생명의 정수(精髓)를 함축한 것이고 온 인류가 하나 되게 하는 '마스터 알고리즘'이기에 수천 년 동안 삼족오를 국조(國鳥)로 삼아 우리의 집단무의식 속에 각인시킨 것이다.

이제 문명의 대순환주기가 돌아와 세계역사의 무대는 다시 우리 한민족을 호출하고 있다. 머지않아 동북아의 역학 구도에도 커다란 변화가 도래할 것이다. 그렇게 되면 한반도를 중심축으로 한 동북 간방(艮方)은 군사력에 기초한 경성국가(hard state)가 아니라 개인의 창의성과 문화 또는 사회제도에 기초한 연성국가(soft state)로 변모하게 될 것이며, 국가 간의 경계를 초월한 초국적 발전 패러다임이 적용되게 될 것이다. 그때가 되면 UNWPC(UNEPP)는 중국 방천에서 막혀 버린 동북 3성, 즉 랴오닝성·지린성·헤이룽장성의 동해로의 출로를 열어 극동러시아와 북한, 그리고 동해를 따라 일본 등으로 이어지는 환동해경제권을 활성화하고 아태지역의 거대 경제권 통합을 이루며 동북아를 일원화함으로써 한반도 통일과 동북아 평화 정착 및 동아시아공동체, 나아가 유라시아공동체 구축을 통해 21세기 문명의 표준을 전 세계에 전파하는 북방 실크로드의 발원지가 될 것이다. 또한 그때가 되면 베링해협도 연결되어 유라시아와 아메리카는 하나로 통하게 될 것이고 그 요충지인 UNWPC(UNEPP)는 세계의 중심으로 부상하게 될 것이다.

한국학 고유의 천부 코드에는 고금을 통하고 역사를 초월하며 민족과 종교의 벽을 뛰어넘는 보편성이 흐르고 있다. 『천부경』이 생명의 순환과 성통광명의 이치를 밝힌 취지는 해혹복본(解惑復本), 즉 미혹함을 풀어 참본성[性]을 회복하게 하려는 데 있다. 해혹복본이란 인간의 신성 회복을 통해 인류의 삶을, 이 세상을 근본적으로 바꾸는 것이다. 그것은 기존의 낡은 교의나 철학을 떠나 있으며, 에고(個我)가 만들어 낸 일체의 장벽을 해체할 것을 선언한다. 그것은 우주 한생명에 대한 선언이요, 영원에 대한 갈파(喝破)이며, 미망의 삶을 잠재우는 진혼곡(鎭魂曲)이요, 진정한 문명의 시작을 알리는 신곡(神曲)이다.

우주만물이 생성·변화하는 원리를 함축하고 있는 태극기는 '생명의 기(旗)'이고, 우리는 태생적으로 '생명'을 문화적 유전자(cultural genes)로 이어받은 민족으로서 21세기 생명시대를 개창해야 할 내밀한 사명이 있음을 인지하지 않으면 안 된다. 상고시대 우리나라가 세계의 정치적·종교적 중심지로서, 사해의 공도(公都)로서, 세계 문화의 산실(産室) 역할을 하게 했던 천부사상[한'사상, 삼신사상]—하늘의 이치에 부합하는 바로 그 천부사상으로 동아시아 최대의 정신문화 수출국이었던 코리아의 위상을 되살리고 세계시민사회가 공유하는 새로운 규준(norm)의 휴머니즘에 입각한 새로운 계몽의 시대를 열어야 한다. 지구촌의 대통섭을 단행할 시기가 가까워졌다.

## 01 포스트휴먼 시대의 도래와 포스트휴먼적 가치

1 Ray Kurzweil, *The Singularity is Near: When Humans Transcend Biology*(London: Penguin Books, 2005), p.383.

2 사이보그라는 용어는 1960년 미국의 컴퓨터 전문가인 맨프레드 클라인스(Manfred E. Clynes)와 정신과 의사인 네이선 클라인(Nathan S. Kline)이 쓴 논문에서 처음 사용되었다. 이 논문에서 그들은 인간이 우주복을 입지 않고도 우주에서 생존하기 위해서는 기술적으로 인체를 개조해야 한다고 주장하며 기계와 유기체의 합성물을 사이보그라고 명명했다. 사이버네틱스의 지향점은 스스로 최적의 상태에 도달할 수 있도록 자동조절(self-regulation) 되는 시스템이다. 산업공학(industrial engineering, IE)의 중심 개념은 바로 이 사이버네틱스에서 온 것이다.

3 포스트휴먼은 트랜스휴먼(transhuman)과 혼용되기도 하지만, 막스 모어(Max More)는 "우리가 포스트휴먼이 되려고 추구하고 포스트휴먼 미래를 위해 준비하는 행동을 하는 한에 있어서 우리는 트랜스휴먼이다"(로버트 페페렐 지음, 이선주 옮김, 『포스트휴먼의 조건: 뇌를 넘어선 의식』(파주: 아카넷, 2017), 269쪽)라고 했다. 말하자면 트랜스휴먼은 포스트휴먼으로 진화해 가는 개념이다. 이반 칼루스(Ivan Callus)와 슈테판 헤어브레히터(Stefan Herbrechter)는 포스트휴머니즘을 포스트휴먼-이즘과 포스트-휴머니즘의 두 갈래로 나눌 수 있다고 본다. 포스트휴먼-이즘은 트랜스휴머니즘으로 더 잘 알려져 있으며 인간의 육체적, 정신적 한계를 극복한 새로운 유형의 인간, 즉 포스트휴먼 혹은 트랜스휴먼에 착안한 개념이다(한국포스트휴먼연구소·한국포스트휴먼학회 편저, 『포스트휴먼시대의 휴먼』(파주: 아카넷, 2016), 278쪽). 포스트-휴머니즘, 즉 포스트휴머니즘(脫인본주의)은 기술의 발달이 휴머니즘의 극복을 선도함으로써 불필요한 억압이나 차별이 없어진다고 본다. '로봇에게도 인격이 있는가?, 로봇의 인권도 보장할 것인가?'와 같은 물음을 제기한다(위의 책, 278-279쪽). 본서 1장에 나오는 포스트휴먼과 트랜스휴머니즘 관련 내용에 대해서는 최민자, 「포스트모던 세계와 포스트휴먼 그리고 트랜스휴머니즘」, 『동학학보』 제44호, 동학학회, 2017, 130-162쪽.

4 러브록은 지구와 인류의 미래에 대해 비관적인 진단을 하는데 그 구체적인 근거는 다음과 같다. 즉, 현재의 기후 위기에 대한 IPCC의 평가, 금세기 말까지 지구 표면온도 상승에 대한 IPCC의 예측(4.5℃ 상승할 가능성), 이산화탄소 방출량에 대한 IPCC의 예측보다 훨씬 심각한 현실, 바닷말(algae)의 급격한 소멸 가능성과 아마존 열대우림의 사막화, 지구 위기에 대한 인류의 몰인식 등이다(James Lovelock, *The Revenge of Gaia*(New York: Basic Books, 2006), pp.48-65).

5 옥스퍼드대학의 세계적인 수리물리학자 로저 펜로즈(Sir Roger Penrose)는 '트위스터 이론(twister theory)'을 통해 시공간에 대한 비국소적인 설명과 함께 소립자와 공간의 불가분성을 주장함으로써 시공간의 양자 기하학적 속성에 본질적인 통찰력을 제공했다. 이러한 그의 양자 중력 접근법은 양자역학과 일반상대성이론을 통섭할 새로운 방법의 모

색이라는 점에서 주목받고 있다(로저 펜로즈 지음, 노태복 옮김, 『유행 신조 그리고 공상: 우주에 관한 새로운 물리학』(서울: 승산, 2018) 참조).

6   Ken Wilber, *The Marriage of Sense and Soul: Integrating Science and Religion*(New York: Broadway Books, 1998), p.187.

7   *Ibid.*, p.188: "The desacrimentalization or devaluation of nature that was begun by the scientific revolution was completed by what is called 'the enlightenment'."

8   최민자, 『생태정치학: 근대의 초극을 위한 생태정치학적 대응』(서울: 모시는사람들, 2007), 465쪽.

9   영국의 로봇공학 전문가이자 인공두뇌학의 세계적 권위자인 케빈 워릭(Kevin Warwick)은 1998년 자신의 왼쪽 팔에 실리콘 칩을 이식한 데 이어, 2002년에는 왼쪽 손목 밑에 실리콘 전극을 삽입하는 실험을 했고 또한 그의 아내에게도 인공지능 칩을 이식시켜 생각만으로 의사소통을 하게 되어 세계 최초의 사이보그 부부가 됐다.

10  Chris Hables Gray, *Cyborg Citizen*(New York and London: Routledge, 2002), p.2.

11  Nick Bostrom, "Why I Want to be a Posthuman When I Grow Up," in Bert Gordijn and Ruth Chadwick(eds.), *Medical Enhancement and Posthumanity*(New York: Springer, 2008), pp.107-137.

12  Ray Kurzweil, *op.cit.*, pp.324-325.

13  이원태 외 8인, 『포스트휴먼(Post-Human) 시대 기술과 인간의 상호작용에 대한 인문사회 학제간 연구』, 정책연구(14-59), 정보통신정책연구원(KISDI), 2014, 166-167쪽.

14  위의 책, 168쪽.

15  김인숙·남유선 지음, 『4차 산업혁명, 새로운 미래의 물결』(수원: 호이테북스, 2016), 258-260쪽.

16  인지과학(cognitive science)은 1950년대에 미국을 중심으로 새로이 형성된 학문으로 심리학, 철학, 언어학, 인류학, 신경과학, 인공지능 등 여섯 분야 학문으로 구성되어 있다. 인지과학은 그 역사가 매우 짧은 과학이긴 하지만, 여섯 분야의 학문에 뿌리를 두고 있다는 점에서는 가장 긴 역사를 가진 과학이라고 할 수 있다. 마음을 연구하는 과학자들은 다른 학문과의 융합 없이 독자적으로 연구를 해서는 마음의 작용에 관한 비밀을 풀어낼 수 없다(이인식, 『지식의 대융합』(서울: 고즈윈, 2008), 19쪽).

17  위의 책, 333-418.

18  http://news.chosun.com/site/data/html_dir/2016/03/11/2016031100283.html (2022. 9.11) 레이 커즈와일의 '특이점'에 대해서는 최민자, 「특이점의 도래와 새로운 문명의 가능성」, 『동학학보』 제40호, 동학학회, 2016, 12-31쪽 참조.

19  Ray Kurzweil, *op.cit.*, p.15.

20  *Ibid.*, p.17.

21  *Ibid.*, pp.25-29. 2016년 7월 20일(현지 시각) 미국 워싱턴대와 미네소타대, 영국 옥스퍼드대 등이 참여한 국제공동연구진은 "자기공명영상(MRI)과 기능성 자기공명영상(fMRI) 장치로 210명의 대뇌피질(大腦皮質)을 살펴 기능 지도를 만들고, 담당하는 기능별로 180개의 영역을 구분해 내는 데 성공했다"고 밝혔다. 사람의 행동과 감각을 총괄하는 대뇌의 기능을 한눈에 볼 수 있는 '뇌 지도'가 처음으로 완성된 것이다. 뇌 지도는 뇌의 구조

와 구조에 따른 기능을 수치화·시각화한 데이터베이스(DB)다. 연구팀은 이번 뇌 지도가 대뇌피질 기능의 97%가량을 파악한 것으로 추정했으며, 알츠하이머·파킨슨병·뇌졸중 등 뇌와 관련된 질병은 대부분 대뇌피질에서 일어나기 때문에 대뇌피질 지도의 완성은 뇌과학 연구의 중대한 전환점이 될 것으로 평가했다. (http://biz.chosun.com/site/data/html_dir/2016/07/21/2016072100204.html (2022.9.12)).

22  Ray Kurzweil, *op. cit.*, p.30.

23  박영숙·제롬 글렌 지음, 『유엔미래보고서 2050』(파주: 교보문고, 2016)에서는 미래적 비전을 함축하고 있는 키워드로 '창조·융합·연결·확장'을 들고 있다.

24  클라우스 슈밥 지음, 송경진 옮김, 『제4차 산업혁명』(서울: 메가스터디(주), 2016), 12-13쪽.

25  Ray Kurzweil, *op. cit.*, pp.205-206, 214. 'G' 혁명의 대표적인 것으로는 특정 유전자의 mRNA를 막음으로써 질병 관련 유전자의 발현을 억제하고 단백질 생성을 막는 RNA 간섭(RNA Interference(RNAi)), 우리의 세포나 조직, 장기 전체를 새로 배양해서 수술 없이 혈류를 통해 적소에 배치하는 세포 치료(Cell Therapies), 유전자 수천 개의 발현 패턴을 한 번에 확인할 수 있는 유전자 칩(Gene Chips) 기술 등이 있다(*Ibid.*, pp.214-218). 'N' 혁명에 대해서는 *Ibid.*, pp.226-255; 'R' 혁명에 대해서는 *Ibid.*, pp.259-297.

26  '뉴럴 네트워크에 대해서는 전승우, 「알파고 지능의 핵심 '뉴럴 네트워크'」, 『한경 Business』(2016. 05), 23-29, 72-74쪽. 뇌는 뉴런(neuron)이라는 세포와 뉴런을 연결하는 시냅스(synaps)가 네트워크를 구성하고 있으며, 이 신경 네트워크 구조를 개념적으로 모방한 알고리즘이 뉴럴 네트워크다.

27  Ray Kurzweil, *op. cit.*, p.310. 생물학적 지능과 인공지능 사이의 긴밀한 관계에 대해서는 Ray Kurzweil, *The Age of Spiritual Machines: When Computers Exceed Human Intelligence*(New York: Penguin Books, 1999) 참조.

28  *Ibid.*, pp.316, 325.

29  *Ibid.*, pp.331, 333.

30  *Ibid.*, pp.336-337.

31  *Ibid.*, pp.338-340.

32  *Ibid.*, pp.341-342.

33  *Ibid.*, pp.352-357, 364. 웜홀은 공간상의 가상터널을 지칭하는 용어로 이 공간(지름길)을 이용하면 광속 이상의 속도로 다른 공간으로 순식간에 이동할 수 있다. 다시 말해 웜홀은 '3차원을 넘어선 우주의 차원들에 접힌 주름'을 활용하는 것으로 어디에나 존재하기 때문에 이 지름길을 통해 다른 공간으로 빠르게 이동할 수 있다. 웜홀은 물리학자 알버트 아인슈타인(Albert Einstein)의 상대성이론에 근거를 두고 있다.

34  *Ibid.*, p.424(parenthesis mine).

35  *Ibid.*..

36  *Ibid.*..

37  인공지능 윤리 문제에 대해서는 최민자, 앞의 논문, 35-40쪽.

38  가장 적극적인 활동을 하는 기관은 '오픈 로봇 윤리 이니셔티브(Open Roboethics initiative, ORi)'로 로봇공학의 윤리, 법률, 사회적 이슈에 대해 적극적 토의를 주도하는 싱크 탱크이다. 이 외에도 2014년에 마이크로소프트 창업자 폴 앨런(Paul Allen)이 세우고

컴퓨터 과학자 오렌 에치오니(Oren Etzioni)가 리드하는 '앨런 연구소(AI2)', 일런 머스크와 와이콤비네이터(Y Combinator, YC) 최고경영자 샘 알트만(Sam Altman)이 설립을 주도한 비영리 '오픈 AI 연구소' 등이 있다. 학교 내에 있는 기관으로는 옥스포드대학 철학교수 닉 보스트롬(Nick Bostrom)이 주도하는 인류미래연구소(Future of Humanity Institute, FHI), 마이크로소프트의 과학자 에릭 호로비츠(Eric Horovitz)가 주도하는 스탠포드대학의 '인공지능 100년 연구 프로젝트(One Hundred Year Study on Artificial Intelligence, AI100)' 등이 있다(http://slownews.kr/55083 (2022.9.13))

39  Three Laws of Robotics: 1) A robot may not injure a human being or, through inaction, allow a human being to come to harm. 2) A robot must obey orders given it by human beings except where such orders would conflict with the First Law. 3) A robot must protect its own existence as long as such protection does not conflict with the First or Second Law.

40  최근 수년간 컴퓨터 과학 및 인공지능 전공자들의 윤리 학습 방법으로 주목받고 있는 방안은 'SF를 통한 컴퓨터 윤리학' 코스이다. 유니온 칼리지의 아나스타시아 피스(Anastasia Pease), 켄터키대학의 쥬디 골드스미스(Judy Goldsmith), 호주 뉴사우스웨일스대학의 니콜라스 마테이(Nicholas Matej) 등이 이러한 시도에 앞장서고 있다(http://slownews.kr/56435 (2022.9.14.)).

41  이들은 공개서한을 통해 "자동화 무기 시스템은 암살이나 국가 전복, 시위 진압, 특정 인종에 대한 선택적 살인 등의 임무를 수행하는데 최적화돼 있다"며 킬러로봇의 개발 규제를 촉구했다. 킬러로봇 개발은 현재 구상 단계에 있으나 컴퓨터 기술과 인공지능의 급속한 발전으로 향후 10~20년 내에 현실화될 것으로 전망되며, 양자컴퓨터가 실용화되면 그 시기는 훨씬 앞당겨질 전망이다.

42  닉 보스트롬 지음, 조성진 옮김, 『슈퍼인텔리전스: 경로, 위험, 전략』(서울: 까치, 2017), 456쪽.

43  유발 하라리 지음, 김명주 옮김, 『호모데우스』(파주: 김영사, 2017), 482쪽.

44  로지 브라이도티 지음, 이경란 옮김, 『포스트휴먼』(파주: 아카넷, 2016), 243쪽.

45  로버트 페페렐 지음, 이선주 옮김, 앞의 책, 271-272쪽.

46  위의 책, 256쪽.

47  위의 책, 272쪽. 트랜스휴머니즘의 부상에 따른 과학기술 정책 이슈에 대해서는 박성원 외, 『트랜스휴머니즘 부상에 따른 과학기술 정책 이슈의 탐색』(정책연구 2016-19), 과학기술정책연구원, 2016 참조.

48  로버트 페페렐 지음, 이선주 옮김, 앞의 책, 269쪽.

49  신상규, 『호모 사피엔스의 미래: 포스트휴먼과 트랜스휴머니즘』(파주; 아카넷, 2017), 120-123쪽. 포스트휴먼적 가치의 지향성에 있어 IEET는 휴머니티 플러스와 본질적인 차이는 없지만, 휴머니티 플러스에 비해 트랜스휴머니즘이나 인간 향상에 대해 더 학술 지향적인 태도를 취하고 있고, 과학기술의 잠재적 위험성을 좀 더 심각하게 받아들이며, 안전하고 공평한 기술 분배와 향상 기술을 이용한 사회복지 증진에 더 많은 관심을 기울이고 있다.

50  로버트 페페렐 지음, 이선주 옮김, 앞의 책, 269-270쪽; http://www.extropy.org (2022.

9.16.)

51 신상규, 앞의 책, 106-109쪽. 1998년 닉 보스트롬은 데이비드 피어스(David Pearce)와 함께 트랜스휴머니즘을 과학 연구와 공공정책의 정통 분야로 인식시키기 위한 국제 비정부 조직으로 세계 트랜스휴머니스트 협회(World Transhumanism Association, WTA)를 설립했으며, 앤더스 샌드버그 등과 함께 이 문건들의 작성을 주도했다. WTA는 2008년 단체명을 '휴머니티 플러스(Humanity+)'로 바꾸었다.

52 위의 책, 108-109쪽.

53 위의 책, 123쪽.

54 최민자, 『동서양의 사상에 나타난 인식과 존재의 변증법』(서울: 모시는사람들, 2011), 587-588쪽.

55 『東經大全』, 「後八節」: "我爲我而非他."

56 Giorgio Agamben, *Homo Sacer: Sovereign Power and Bare Life*(Stanford, CA: Stanford University Press, 1998), 박진우 옮김, 『호모 사케르』(서울: 새물결, 2008), 336-338쪽.

57 Chris Hables Gray, *op. cit*., pp. 2-3, 11.

58 *Ibid.*, pp. 19-20쪽.

59 *Ibid.*, p. 194.

60 유발 하라리 지음, 조현욱 옮김, 『사피엔스』(파주: 김영사, 2016), 582쪽.

61 '길가메시(Gilgamesh)'는 고대 메소포타미아 수메르 왕조 초기 시대에 영생(永生)을 추구했던 우루크의 전설적인 왕으로 『길가메시 서사시』의 주인공이다.

62 유발 하라리 지음, 조현욱 옮김, 앞의 책, 7쪽.

63 유발 하라리 지음, 김명주 옮김, 앞의 책, 39, 482-483쪽.

64 위의 책, 504, 534, 538-542쪽.

65 위의 책, 482쪽.

**02** 한국학 코드의 특성과 현재적 의미

1 최민자, 『한국학강의: 메타버스 시대를 여는 지혜의 보고(寶庫)』(서울: 모시는사람들, 2022), 38-39쪽.

2 "Isa Upanishad" in *The Upanishads*, translated from the Sanskrit with an introduction by Juan Mascaro(London: Penguin Books Ltd., 1962), p. 49.

3 『桓檀古記』, 「太白逸史」第五, 蘇塗經典本訓: "所以執一含三者 乃一其氣而三其神也 所以會三歸一者 是易神爲三而氣爲一也." 즉 "하나를 잡아 셋을 포함한다 함은 곧 그 기운을 하나로 하는 것이며 그 신을 셋으로 하는 것이요, 셋이 모여 하나로 돌아간다 함은 이 또한 신이 셋이 되고 기운이 하나가 되는 것이다." 말하자면 '하나를 잡아 셋을 포함하고 셋이 모여 하나로 돌아감'이란 뜻이다. 이는 곧 일즉삼·삼즉일의 뜻으로 천·지·인 삼신일체를 의미하는 것이다. 여기서 "삼일(三一)은 그 본체요, 일삼(一三)은 그 작용이다"(『桓檀古記』, 「太白逸史」蘇塗經典本訓: "三一其體 一三其用").

4 Frederick Copleston, S. J., *A History of Philosophy*(Westminster, Maryland: The

Newman Press, 1962), p.311.

5 "Mundaka Upanishad" in *The Upanishads*, translated from the Sanskrit with an introduction by Juan Mascaro(London: Penguin Books Ltd., 1962), 1. 1. p.76: "From that Spirit who knows all and sees all, whose *Tapas* is pure vision, from him comes Brahma, the creator, name and form and primal matter."

6 "Mundaka Upanishad" in *The Upanishads*, 2. 1, p.77(parenthesis mine): "From him comes all life and mind, and the senses of all life. From him comes space and light, air and fire and water, and this earth that holds us all."

7 *The Bhagavad Gita*, translated from the Sanskrit with an introduction by Juan Mascaro( London: Penguin Books Ltd., 1962), 7. 4-5: "The visible forms of my nature are eight: earth, water, fire, air, ether; the mind, reason, and the sense of 'I'. But beyond my visible nature is my invisible Spirit. This is the fountain of life whereby this universe has its being."

8 Gregg Braden, *op. cit.*, p.vii에서 재인용: "All matter originates and exists only by virtue of a force…We must assume behind this force the existence of a conscious and intelligent Mind. This Mind is the matrix of all matter."

9 "John" in *Bible*, 8:32: "Then you will know the truth, and the truth will set you free."

10 Benedictus de Spinoza, *The Ethics*, in *The Benedict de Spinoza Reader*, translated from the Latin by R. H. M. Elwes(Radford, VA: Wilder Publications, 2007), IV, Proposition LXVII, p.126: "A free man thinks of death least of all things; and his wisdom is a meditation not of death but of life."

11 『桓檀古記』, 「太白逸史」第二, 桓國本記 桓國注. 환국(BCE 7199~BCE 3898)의 역사적 실재에 대해서는 최민자, 『한국학강의: 메타버스 시대를 여는 지혜의 보고(寶庫)』, 86-101쪽. 이하 본 절에 나오는 환(桓)과 '한'에 대해서는 위의 책, 133-140쪽.

12 흔히 생명의 본체를 일컫는 대명사들로는 '하나'(님)·하느님·천주·브라흐마(Brāhma)·알라(Allāh)·유일자·유일신[靈]·근원적 일자·궁극적 실재·창조주·조화자 등이 있다. 우주의 실체는 의식이므로 이러한 생명의 본체는 근원의식·전체의식·보편의식·우주의 식·순수의식·참본성[一心, 神性, 靈性]·混元一氣(一氣, 至氣)·律呂 등으로 명명되기도 한다. 따라서 하늘(天)과 참본성(性)과 신(神)은 하나다. 유일신은 곧 하나인 참본성[一心, 一氣]이며 참자아다. 여기서 생명의 본체라고 한 것은, 생명은 본래 분리할 수 없는 하나이므로 본체와 작용으로 나눌 수 없는 것이지만, 만유의 근원인 하늘과 그 작용인 우주만물의 전일적 관계를 논증하기 위해 이분법의 툴(tool)을 사용한 것이다.

13 "John" in *Bible*, 14:6 : "I am the way and the truth and the life…"; "John" in *Bible*, 4:24 : "God is spirit, and his worshipers must worship in spirit and in truth."

14 "1 John" in *Bible*, 4:8 : "Whoever does not love does not know God, because God is love."

15 Richard Dawkins, *The God Delusion*(New York: Houghton Mifflin Company, 2006), pp.13-19.

16 cf. 임종호, "자연의학의 혁명," 미내사클럽, 『지금여기』, vol. 71(2007, 9/10), 80쪽: "…'리

처드 도킨스'가 본 현상은 강아지 눈에도 보이는 현상들이다. 그는 현대물리학과 현대수학, 현대화학이 혁명적으로 발견한 새로운 차원(불연속, 도약)의 우주와 자연에 대해서는 아는 바 없고, 300년 전의 뉴턴이나 다윈, 그리고 그런 환원주의를 근거로 삼는 분자생물학적 낡은 발견들에 근거하고 있다(연속적 세계관)."

17 미국의 생물학자 에드워드 윌슨(Edward O. Wilson)의 저서 『컨실리언스 Consilience』 (1998)의 번역서에서는 통섭의 한자어를 '統攝(통섭)'으로 정하고 '큰 줄기를 잡다'라는 의미로 사용하고 있으나—필자의 저서 『통섭의 기술』(2010)에서도 밝힌 바와 같이—필자는 없는 곳이 없이 실재하는 원융무애한 생명의 역동적 본질을 보다 생생하게 느낄 수 있도록 '通涉(통섭)'이란 한자어를 사용했다. 이하 본 절의 통섭 관련 내용은 최민자, 『통섭의 기술』(서울: 모시는사람들, 2010), 4-12쪽.

18 Ray Kurzweil, *op. cit.*, p.310.

19 Ken Wilber, *Integral Psychology: Consciousness, Spirit, Psychology, Therapy*(Boston, Massachusetts: Shambhala Publications Inc., 2000), p.181.

20 *Ibid.*.

21 *Ibid.*, p.6.

22 Ken Wilber, *Eye to Eye*(Boston, Massachusetts: Shambhala Publications Inc., 1999), pp.2-7.

23 Plato, *Republic*, translated by G. M. A. Grube, revised by C. D. C. Reeve(Indianapolis/Cambridge: Hackett Publishing Company Inc., 1992), Book VI, 508a.

24 *Republic*, Book VI, 508d-e.

25 *Republic*, Book VI, 511e.

26 Benedict de Spinoza, "The Ethics," in *The Benedict de Spinoza Reader*, translated from the Latin by R. H. M. Elwes(Radford, VA: Wilder Publications, 2007), I, Proposition XXV, P.18(이하 *The Ethics*로 약칭): "God is the efficient cause not only of the existence of things, but also of their essence." 본 절의 스피노자 관련 내용은 최민자, 『스피노자의 사상과 그 현대적 부활』(서울: 모시는사람들, 2015), 45-57, 108-111쪽.

27 *The Ethics*, I, Proposition XVI, Corollary II, p.14: "…God is a cause in himself, and not through an accident of his nature."

28 *The Ethics*, I, Proposition XVI, Corollary III, p.14: "…God is the absolutely first cause."

29 *The Ethics*, I, Propositions 29, Note, p.20.

30 *The Ethics*, I, Proposition V, Proof, p.6: "…there cannot be granted several substances, but one substance only."

31 *The Ethics*, I, Proposition XIV, p.11: "Besides God no substance can be granted or conceived."

32 *The Ethics*, II, Propositions 40, Note 2, p.49. cf. Benedict de Spinoza, "On the Improvement of the Understanding," in *The Benedict de Spinoza Reader,* translated from the Latin by R. H. M. Elwes(Radford, VA: Wilder Publications, 2007), pp.331-332.

33 *The Ethics*, IV, Proposition XXXVII, p.113. 스피노자는 조화적 질서의 유지와 보편적

자유의 실현을 위해 공동의 법에 기초한 민주국가의 필요성을 강조했다.

34 *The Ethics*, II, Propositions 41, p.49.

35 *The Ethics*, V, Propositions 37, p.148에서 스피노자는 "신에 대한 지적 사랑에 반대되거나 또는 그것을 제거할 수 있는 것은 자연 안에 아무것도 없다"라고 말하였다. 즉, 행복에 도달하는 것을 방해하는 것은 자연 안에는 아무것도 없다는 것이다. 따라서 신의 필연적 법칙성을 인식하기만 하면 된다.

36 *The Ethics*, I, Proposition V, Proof, p.6.

37 *The Bhagavad Gita*, 13. 14. : "…He is beyond all, and yet he supports all. He is beyond the world of matter, and yet he has joy in this world."

38 Padma-Sambhava, *The Tibetan Book of the Great Liberation*, Introductions, Annotations and Editing by W. Y. Evans-Wents, with Psychological Commentary by C. G. Jung, with a new Foreword by Donald S. Lopez, Jr.(London: Oxford University Press, 2000), p.liii: "Why should the One appear as the Many, when ultimate reality is All-One? What is the cause of pluralism, or of the illusion of pluralism? If the One is pleased with itself, why should it mirror itself in the Many? Which after all is the more real, the one that mirrors itself, or the mirror it uses? Probably we should not ask such questions, seeing that there is no answer to them."

39 *The Bhagavad Gita*, 13. 26. : "Whatever is born, Arjuna, whether it moves or it moves not, know that it comes from the union of the field and the knower of the field."

40 "Maitri Upanishad" in *The Upanishads,* translated from the Sanskrit with an introduction by Juan Mascaro(London: Penguin Books Ltd., 1962), p.104: "Mind is indeed the source of bondage and also the source of liberation. To be bound to things of this world: this is bondage. To be free from them: this is liberation."

41 https://100.daum.net/encyclopedia/view/54XXX9800031 (2022.10.8.)

42 최태영, 『한국 고대사를 생각한다』(서울: 눈빛, 2002), 54-55쪽.

43 http://www.newstown.co.kr/news/articleView.html?idxno=49207 (2022.10.9.) 점제현신사비는 낙랑 25현 중의 하나인 점제현에 살던 사람들이 자신들의 행복과 안녕을 기원하기 위해서 세운 비석으로 매우 중요한 사료적 가치를 갖는다. 왜냐하면 점제현이 낙랑 25현 중의 하나였으니 이 비석이 서 있던 자리가 곧 낙랑군이 있던 자리이기 때문이다.

44 대야발 지음, 고동영 역주, 『단기고사』(서울: 흔뿌리, 1986), 서문, 5쪽.

45 돌궐국은 오늘날 중국의 신장 위구르 자치구에 알타이 인종인 아시나 부족이 세운 국가다. 중국 사료에 의하면 돌궐은 흉노를 계승한 나라이며 흉노의 전통과 행정 체제를 답습했다 돌궐어로 '괵'은 '하늘'이나 '푸른'을 의미하며, '괵튀르크(또는 괵투르크)'는 '하늘빛 튀르크(투르크)'라는 의미도 있지만 '푸른 튀르크'나 '위대한 튀르크'를 뜻하기도 한다(https://terms.naver.com/entry.naver?docId=2808931&cid=62102&categoryId=62102 (2022.10.9.) 행촌(杏村) 이암(李嵒)의 『檀君世紀』에는 BCE 2177년 3세 단군 가륵(嘉勒) 6년에 "열양(列陽)의 욕살(褥薩) 색정(索靖)에게 명하여 약수(弱水)로 옮겨 종신토록 갇혀 있게 했다가 후에 용서하고 그 땅에 봉하니 그가 흉노(匈奴, 훈족)의 시조가 되었다"고 기록

되어 있다. 이 기록에 따르면 흉노는 우리와 동족이므로 흉노를 계승한 돌궐 역시 우리와 동족이다. 그래서 대야발이 돌궐국에까지 들어가 고적을 탐사한 것이다.

46 예종과 성종 때 내려진 수서령은 금서 목록에 덧붙여 천문·지리·음양에 관계되는 서적들을 모두 수거하라고 공시했다. 세조의 상고사서 수서령의 정치적 요인을 여말선초(麗末鮮初) 탈화이(脫華夷) 담론의 부침(浮沈)의 관점에서 설명하기도 한다. 이러한 관점에 따르면 상고사서 수서령이 내려진 것은 고려말 수문하시중(守門下侍中)을 지낸 행촌 이암의 사학이 고려말에서 조선 태종, 세종 시기에 이르기까지 크게 세력을 떨쳤으나 단종을 폐위시키고 즉위한 세조 대에 이르러 이암의 탈화이론적 역사관이 침몰하게 된 것과 맥을 같이 한다. 이암 사학이 침몰하게 된 배경의 하나는 왕권 찬탈에 따른 정통성 문제를 안고 있었던 세조로서는 우리의 선진 역사가 기록된 상고사서들을 수거함으로써 명나라로부터 정통성을 인정받으려는 정치적 동기가 작용했을 수 있다는 것이다. 또한 천·지·인을 하나로 보는 이암의 인본주의적 세계관이 유교적 신분 질서와 정면으로 충돌한 것이다. 세종 시기에는 이암의 사학이 여전히 세력을 떨쳤던 관계로 세종이 창제한 훈민정음은 천·지·인 삼재의 조화와 음양오행을 바탕으로 이암의 탈화이론적 역사관과 인본주의적 세계관이 반영된 것이었다(https://www.youtube.com/watch?v=c0tBM0YZapY (2022.10.10.)); 남창희·정성찬·송옥진, 「세조의 上古史書 收書令의 정치적 요인과 함의」, 『세계환단학회지』, 3권 1호, 세계환단학회, 2016, 37-69쪽.

47 『揆園史話』, 「檀君記」: "壬儉城者卽古語京城之意也 平壤之意雖未詳亦必都城之意 如新羅之徐羅伐百濟之慰禮也."

48 『桓檀古記』, 「太白逸史」第四, 三韓管境本紀 馬韓世家 上: "昔者 桓雄天王…作曆以三百六十五日五時四十八分四十六秒 爲一年也 此乃三神一體上尊之遺法也."

49 Marshall G. S. Hodgson, *Rethinking World History*(New York: Cambridge University Press, 1993).

50 안드레 군더 프랑크 지음, 이희재 옮김, 『리오리엔트』(서울: 이산, 2003), 31쪽.

51 John M. Hobson, *The Eastern Origins of Western Civilisation*(Cambridge: Cambridge University Press, 2004).

52 https://www.chosun.com/national/weekend/2022/10/01/TE27BBBH4BAJVCFHUEN7EHD3XM/ (2022.10.12.) 중국의 패권주의 역사관은 동북공정 이전 '서남공정' '서북공정'을 통해 티베트와 위구르의 역사를 중국사의 일부라고 주장하는가 하면, 몽골과 베트남의 역사까지도 중국사에 편입시키려는 시도를 해 왔다.

53 초기 신석기시대 신락문화(新樂(신러)文化, BCE 8000~BCE 7000), 신석기시대 소하서문화(小河西(샤오허시)文化, BCE 7000~BCE 6500), 신석기시대 홍륭와문화(興隆窪(싱룽와)文化, BCE 6200~BCE 5200), 신석기시대 사해문화(査海(차하이)文化, BCE 5600년경), 신석기시대 부하문화(富河(푸허)文化, BCE 5200~BCE 5000), 신석기시대 조보구문화(趙宝溝(자오바오거우)文化, BCE 5000~BCE 4400), 동석병용시대(銅石倂用時代) 홍산문화(紅山文化, BCE 4500~BCE 3000), 동석병용시대 소하연문화(小河沿(샤오허옌)文化, BCE 3000~BCE 2000) 등 세계적으로도 이른 시기의 신석기 유적이 발견됨에 따라 요하 일대의 신석기문화를 세계의 새로운 문명으로 조명하고자 '요하문명(遼河文明, 랴오허문명)'이라 명명하게 되었다.

54 https://ko.wikipedia.org/wiki/%ED%9B%99%EC%82%B0_%EB%AC%B8%ED%99
%94(2022.10.13.); http://www.anewsa.com/detail.php?number=952945 (2022.10.13.)

55 신용하,『고조선문명의 사회사』(파주: 지식산업사, 2018), 106, 114쪽.

56 http://www.anewsa.com/detail.php?number=952945 (2022.10.13)

57 http://100.daum.net/encyclopedia/view/61XX10800031 (2022.10.13)

58 『桓檀古記』,「太白逸史」第三 神市本紀: "季曰太皥 復號伏羲." 神市本紀는『密記』와『大辯經』을 인용하여 복희(伏羲)가 신시(神市)에서 나왔다고 하고,『大辯經』을 인용하여 복희의 능(陵)이 산동성(山東省) 어대현(魚臺縣) 부산(鳧山)의 남쪽에 있다고 했다.

59 『桓檀古記』,「太白逸史」第三 神市本紀: "神農 少典之子 少典與少皥 皆高矢氏之傍支也."『揆園史話』,「太始記」에는 환웅이 군장이 되어 치우씨(蚩尤氏)·고시씨(高矢氏)·신지씨(神誌氏)·주인씨(朱因氏) 등에게 명하여 모든 것을 계발했으며 치우·고시·신지의 후예가 가장 번성했다고 밝히고 있다. 따라서 고시씨가 동이인이므로 그 방계 자손인 소전(少典)도 동이인이고, 소전의 아들인 신농(神農)도 또한 동이인이다.

60 중국 진(秦)나라 갈홍(葛洪)의『抱朴子』와 대야발(大野勃)의『檀奇古史』에는 옛날 황제헌원이 동(東)에 있는 청구(青丘) 땅에 이르러 풍산(風山: 중국 산동반도)을 지나는 자부선인(紫府仙人)을 만나『三皇內文』을 받았다(昔黃帝東到青丘 過風山 見紫府先生 受三皇內文)는 기록이 있다. 청구 땅은 배달국 제14대 치우천황이 널리 개척한 땅(『桓檀古記』,「三聖記全」上篇)이므로 동이(東夷)의 땅이다. 황제헌원이 동이에 와서『삼황내문』을 받아 간 것을 계기로 우리의 신교문화(神敎文化)가 중국에 전해지게 되었다. 신교는 중국 도교의 원형이다.『삼황내문』은 원래 녹서(鹿書)로 기록하였는데 지금은 전해지지 않고 있다.

61 司馬遷 지음, 丁範鎭 외 옮김,『史記本紀』卷1「五帝本紀」第1(서울: 까치, 1994), 7~27쪽. cf. 金憲銓 編著, 任正雲 譯,『桓國正統史』(大阪: 三省イデア, 2000), '桓民族血統世界分布圖'.

62 최태영,『한국 고대사를 생각한다』, 202쪽.

63 위의 책.

64 『三國史記』卷 第七,「新羅本紀」第七, 문무왕 下.

65 『三國遺事』卷一,「紀異」第一, 古朝鮮 王儉朝鮮條.

66 최태영,『인간 단군을 찾아서』, 222-226쪽.

67 위의 책, 223-224쪽에서 재인용.

68 최민자,『한국학강의: 메타버스 시대를 여는 지혜의 보고(寶庫)』, 154-157쪽.

69 〈중앙일보〉 1999년 12월 6일자 기사. 박창화는 해방 후 이 사실을 서울대 명예교수 최기철(崔基哲)에게 털어놨고, 최 교수가 이 사실을 언론에 공개함으로써 밝혀졌다. 배제고보 등에서 역사를 가르친 박창화는 한국상고사에 해박한 지식을 갖고 있어 쇼료부에서 촉탁으로 근무하게 됐다고 한다. 그러나 현실적으로 쇼료부 소장본들은 목록으로 정리된 것들만 접근이 가능해 박창화의 말이 사실이라 하더라도 일본측이 쇼료부의 문을 활짝 열어주기 전까지는 확인하기가 불가능에 가깝다고 한다.

## 03 한국학 코드와 현대물리학의 상호피드백

1 Geoffrey West, *Scale: The Universal Laws of Life, Growth, and Death in Organisms, Cities, and Companies*(New York: Penguin Books, 2018), p. 20.

2 https://terms.naver.com/entry.nhn?docId=1224678&cid=40942&categoryId=32202 (2022.10.18.)

3 https://ko.wikipedia.org/wiki/%EB%B3%B5%EC%9E%A1%EA%B3%84 (2022.10.18.)

4 Geoffrey West, *op. cit.*, p. 5.

5 *Ibid.*, pp. 5-6.

6 존 홀런드 지음, 김희봉 옮김, 『숨겨진 질서』(서울: 사이언스북스, 2001), 31-36쪽.

7 위의 책, 36-37, 46쪽.

8 위의 책, 46-47쪽.

9 위의 책, 51-56쪽.

10 위의 책, 56-60쪽.

11 위의 책, 23-25쪽.

12 David Bohm, *Wholeness and the Implicate Order*(London: Routledge & Kegan Paul, 1980), p. 205.

13 카오스 이론을 다룬 대표적인 저서들로는 G. Nicolis and Ilya Prigogine, *Self-Organization in Nonequilibrium Systems: From Dissipative Structures to Order through Fluctuations*(New York: Jone Wiley & Sons, 1977); Ilya Prigogine and Isabelle Stengers, *Order out of Chaos: Man's New Dialogue with Nature*, foreword by Alvin Toffler(Toronto, New York: Bantam Books, 1984). 모든 생명체는 근본적으로 복잡계이며 이들 생명체가 만드는 사회적 제 현상도 자연현상과 마찬가지로 복잡한 변수들의 상호작용으로 일어나는 복잡계의 현상이다. 일기예보, 공기나 물의 흐름, 나뭇잎의 낙하운동, 생물의 발생과 진화, 뇌의 활동, 주식변동, 경제 및 사회 정치변동 등과 같이 복잡한 비선형적인 관계로 이루어진 현상들은 기존의 물리학으로는 설명할 수 없었던 것으로 카오스 이론의 전형적인 예이다.

14 Ilya Prigogine and Isabelle Stengers, *op. cit.*, p. 292.

15 1957년 프린스턴대학교 물리학자 휴 에버렛 3세(Hugh Everett III)는 우리 의식의 집중이 '어떻게' 현실을 창조하는가를 다세계 이론으로 설명하는 논문에서, 존재하는 두 가지 가능성 사이에 양자다리(quantum bridge)가 놓이고 하나의 현실에서 또 다른 현실로 이른바 '양자도약(quantum leap, quantum jump)'이 가능해지는 순간—그가 '선택 포인트'라고 명명하는—에 대해 설명하고 있다(그렉 브레이든 외 지음, 이창미·최지아 옮김, 『World Shock 2012』(서울: 쌤앤파커스, 2008), 29쪽에서 재인용). 그것은 우리가 자신을 바라보는 새로운 방식과 새로운 현존을 선택할 때 그 선택을 실현하기 위해 우주적 에너지가 작동하게 된다는 말이다.

16 Fritjof Capra, *The Web of Life*, pp. 12-13.

17 *Ibid.*, pp. 33-35.

18 시오자와 요시노리 지음, 임채성 등 옮김, 『왜 복잡계 경제학인가』(서울: 푸른길, 1999);

Ludwig von Bertalanffy, *General System Theory: Foundations, Development, Applications*(New York: Braziller, 1968), ch. 2 참조.

19  cf. Harold J. Morowitz, "Biology as a cosmological science," *Main Currents in Modern Thought*, vol. 28, 1972, p.156.

20  Gregg Braden, *The Divine Matrix*, p.10.

21  『般若心經』: "色不異空 空不異色 色卽是空 空卽是色."

22  『中阿含經』: "此有故彼有 此生故彼生 此無故彼無 此滅故彼滅(이것이 있으므로 저것이 있고, 이것이 생하므로 저것이 생한다. 이것이 없으므로 저것이 없고, 이것이 멸하므로 저것이 멸한다)."

23  과학과 영성의 경계를 탐색한 대표적인 연구로는 Fred Alan Wolf, *Dr. Quantum's Little Book of Big Ideas: Where Science Meets Spirit*(Needham, Massachusetts: Moment Point Press, 2005); Fred Alan Wolf, *Mind Into Matter: A New Alchemy of Science and Spirit*(Needham, Massachusetts: Moment Point Press, 2000); Fred Alan Wolf, *The Spiritual Universe: One Physicist's Vision of Spirit, Soul, Matter and Self*(Portsmouth, NH: Moment Point Press, 1999); Norman Friedman, *Bridging Science and Spirit: Common Elements in David Bohm's Physics, the Perennial Philosophy and Seth*(New Jersey: The Woodbridge Group, 1993); Amit Goswami, *The Self-Aware Universe: How Consciousness Creates the Material World*(New York: Tarcher/Putnam, 1995); Fritjof Capra, *Belonging to the Universe: Exploration on the frontiers of Science and Spirituality*(New York: Harper & Row Publishers, Inc., 1991) 등이 있다.

24  Requoted from Gregg Braden, *op. cit.*, p.30.

25  cf. Norman Friedman, *op. cit.*, pp.275-280.

26  Fred Alan Wolf, *The Spiritual Universe: One Physicist's Vision of Spirit, Soul, Matter and Self*, pp.9-10.

27  Fred Alan Wolf, *Dr. Quantum's Little Book of Big Ideas: Where Science Meets Spirit*, p.126. cf. Amit Goswami, *The Self-Aware Universe: How Consciousness Creates the Material World*, pp.105-112.

28  1927년 10월 24일(월)부터 29일(토)까지 엿새 동안 전자와 광자(Electrons and Photons)를 주제로 브뤼셀에서 개최된 제5회 솔베이 학술회의에는 29명이 초대되었다. 그중에서 17명이 노벨상을 받았거나 받게 될 후보군이어서(17명 중 1927년까지 노벨상 수상자는 8명, 그 이후의 수상자는 9명) 과학사상 가장 화려한 거장들의 모임이었다. 새로운 물리학이 실재의 본질(the nature of reality)에 대해서 무엇을 밝혔는지를 다루는 것은 당시의 시급한 현안이었다. 그것은 마치 교리에 대한 논쟁을 해결하기 위해서 열린 니케아(Nicaea) 종교회의(325)와도 같은 물리학자들의 모임이었다. 10월 28일(금) 오후 두 세션으로 나눠진 일반 토론에서 당시 과학계에서 '양자(quantum)의 왕'이었던 보어와 '물리학의 교황'이었던 아인슈타인이 격돌하면서 양자역학의 해석을 둘러싼 지적 논쟁은 뜨겁게 달아올랐다. 이때 벌어진 보어와 아인슈타인의 세기적인 논쟁은 20세기 과학계를 대표하는 지적 논쟁으로 잘 알려져 있다.

29  Asvaghosa, *The Awakening of Faith*, trans. Teitaro Suzuki(Mineola, New York: Dover

Publications, INC., 2003), p.59: "Suchness is neither that which is existence, nor that which is non-existence, nor that which is at once existence and non-existence, nor that which is not at once existence and non-existence."

30 『大乘起信論』에서는 일심에 대한 해명을 목적으로 진여문(眞如門)과 생멸문(生滅門)의 이문(二門)을 설정하고 있다. 일심이문(一心二門)에 대해서는 최민자, 『동학사상과 신문 명』(서울: 모시는사람들, 2005), 18-22쪽.

31 元曉, 「金剛三昧經論」, 조명기 편, 『元曉大師全集』(서울: 보련각, 1978), 185쪽(이하 『金剛三昧經論』으로 약칭): "… 非空非不空 無空不空."

32 『金剛三昧經論』, 130쪽. 원효의 『金剛三昧經疏』 3권이 당나라로 전해지자, 그곳 학자들은 보살이 쓴 글이라고 찬탄하며 호칭을 격상하여 『金剛三昧經論』이라 부르게 되었다. 우리나라에서 논(論)으로 호칭되는 것은 원효의 『金剛三昧經論』 뿐이다.

33 이론물리학의 핵심 화두가 되어온 통일장이론은 자연계에 존재하는 네 가지 기본 힘, 즉 질량을 가진 두 물체 사이에 작용하는 힘인 중력(gravity), 전하를 가진 물체 사이에 작용하는 힘인 전자기력(electromagnetic force), 방사선 원소에서 방사능 붕괴를 일으키는 힘인 약력(weak force), 양성자와 중성자를 결속시키는 힘인 강력(strong force) 등을 통합하여 하나의 원리로 설명하고자 하는 이론이다. 아인슈타인은 일반상대성이론을 통해 중력을 리만 기하학(Riemannian geometry)을 이용하여 휘어진 공간의 곡률로 설명하였으며, 아인슈타인을 포함한 과학자들은 거시적 우주 현상인 중력과 미시적 물리현상인 전자기력을 포괄하는 통일장이론을 추구했지만 완성하지 못했다. 이를 해결하기 위해 도입한 것이 끈이론(초끈이론) 또는 '막(membrane, M)'이론이다. '만물의 이론(theory of everything, TOE)'이라고도 불리는 이 이론은 기본 입자들을 끈의 진동이나 막으로 보고 중력이론과 양자역학의 통합을 통하여 거시세계와 양자역학의 세계를 결합하고자 했다. 1995년 에드워드 위튼(Edward Witten)이 기존의 다섯 개 초끈이론을 통합시킬 수 있는 단일한 이론체계인 M이론을 제시하면서 통일장이론은 새로운 전기를 맞게 되었다. 하겔린은 아인슈타인의 비전을 충족시키고 이 세상에 평화를 가져올 수 있다고 여겨지는 '초끈이론에 기초한 통일장이론'을 개발했다.

34 https://unshelli.blogspot.kr/2015_04_01_archive.html (2022.10.23)

35 통일장과 의식에 대해서는 http://egloos.zum.com/sockin/v/785263 (2022.10.23)

36 http://opensciences.org/files/pdfs/ISPMS-Summary-Report.pdf (2022.10.23.)

37 Requoted from Gregg Braden, op.cit., p.3: "Science cannot solve the ultimate mystery of nature. And that is because, in the last analysis, we ourselves are…part of the mystery that we are trying to solve."

38 Ibid.: "When we understand us, our consciousness, we also understand the universe and the separation disappears."

39 『桓檀古記』, 「太白逸史」 三韓管境本紀 馬韓世家 上: "天地有機 見於吾心之機 地之有象 見於吾身之象 物之有宰 見於吾氣之宰也."

40 Gregg Braden, op.cit., pp.24-25.

41 봄의 양자이론에서는 파동은 관측되기 전에도 확실히 존재하며 파동이 모여 다발(packet)을 형성할 때 입자가 되는 것이고 그 파동의 기원은 우주에 미만(彌滿)해 있는 초

양자장이라고 본 점에서 코펜하겐 해석과는 상당한 해석상의 차이가 있다. 봄의 양자이론은 블랙홀 이론을 창시한 옥스퍼드대학의 로저 펜로즈(Roger Penrose), 양자이론의 개념적 토대를 세운 파리대학의 베르나르 데스파냐(Bernard d'Espagnat) 그리고 1973년 노벨물리학상을 수상한 케임브리지 대학의 브라이언 조지프슨(Brian D. Josephson) 등의 열렬한 지지를 받았을 뿐만 아니라 과학적 쟁점들에 대해서도 해석할 수 있는 가능성을 열어놓고 있다는 점에서 세계적인 주목을 받고 있다(Michael Talbot, *The Holographic Universe*(New York: Harper Perennial, 1992), p.54).

42  David Bohm, *op. cit.*, pp.182-190, 224-225.

43  데이비드 봄의 양자이론은 질량-에너지 등가원리를 밝힌 아인슈타인의 공식($E=mc^2$), 양자 에너지가 '플랑크상수'를 곱한 빛의 진동수에 정비례한다는 막스 플랑크(Max Planck)의 공식($E=h\nu$), 전자를 비롯한 모든 물질이 입자성뿐 아니라 파동성도 갖는다는 '물질파(matter wave 또는 드 브로이波) 가설'을 제창한 드 브로이(Louis Victor de Broglie)의 공식($\lambda=h/mv$, 파장=플랑크상수/입자운동량)들을 종합한 것이다. 드 브로이의 물질파 개념은 빛[전자기파]의 파동-입자의 이중성과 함께 양자역학의 입자-파동의 이중성 개념에 결정적인 영향을 주었다.

44  David Bohm, *op. cit.*, p.9: "···wholeness is what is real, and that fragmentation is the response of this whole to man's action, guided by illusory perception, which is shaped by fragmentary thought···what is needed is for man to give attention to his habit of fragmentary thought, to be aware of it, and thus bring it to an end."

45  Padma-Sambhava, *The Tibetan Book of the Great Liberation*, Introductions, Annotations and Editing by W. Y. Evans-Wents, with Psychological Commentary by C. G. Jung, with a new Foreword by Donald S. Lopez, Jr.(London: Oxford University Press, 2000), p.9(parenthesis mine). 원효 대사가 '귀일심원(歸一心源: 일심의 원천으로 돌아감)'을 강조한 것도 화쟁(和諍)의 비밀이 일심에 있다고 보았기 때문이다.

46  Padma Sambhava, *The Tibetan Book of the Dead : Liberation through Understanding in the Between*, translated by Robert A. F. Thurman and foreword by H. H. the Dalai Lama(New York: Bantam Books, 1994)(原語로 『바르도 퇴돌 *Bardo Thödol*』), 류시화 옮김, 『티벳 死者의 書』(서울: 정신세계사, 2001), 91쪽.

47  Requoted from Michael Talbot, *The Holographic Universe*(New York: Harper Perennial, 1992), p.50.

48  *Ibid.*, p.54.

49  디팩 초프라 지음, 도솔 옮김, 『바라는 대로 이루어진다』(서울: 황금부엉이, 2013), 27-28쪽.

50  위의 책, 28-29쪽.

51  위의 책, 30-32쪽. 미시세계인 양자계는 우리의 내적 자아의 세계다. 비국소성 또는 비분리성은 양자적 실재의 본질이며, 이는 곧 우리 참자아의 본질이다.

52  위의 책, 33-35쪽.

53  위의 책, 35-37쪽.

54  위의 책, 44쪽.

55  Ken Wilber, *The Eye of Spirit*(Boston & London: Shambhala Publications Inc., 2001),

p.76. * 윌버의 앎의 세 양태는 중세 프란시스코 수도회의 신비주의 철학자 성 보나벤처(St. Bonaventure)의 '세 가지 눈(three eyes)', 즉 육의 눈(eye of flesh), 이성의 눈(eye of reason), 관조의 눈(eye of contemplation)을 원용한 것이다.

56  Ken Wilber, *Eye to Eye*(Boston, Massachusetts: Shambhala Publications Inc., 1999), pp.2-7.

57  Ken Wilber, *A Brief History of Everything*(Boston: Shambhala, 2007), pp.39-40.

58  Ken Wilber, *The Atman Project: A Transpersonal View of Human Development* (Wheaton, Illinois: Quest Books, 1996), ch. 8, pp.73-81.

59  *Ibid.*, ch. 9, pp.83-91; Ken Wilber, *The Collected Works of Ken Wilber*, Vol I(Boston & London: Shambhala, 1999), ch. 10, pp.558-575.

60  Ken Wilber, *Eye to Eye*, p.6.

61  윌버의 우주론은 대승불교의 중관(中觀)·유식(唯識)·화엄(華嚴)사상, 힌두교의 베단타 철학 등에 그 뿌리를 두고 있으며 모든 실재가 홀론(holon)으로 구성되어 있다고 본다 (Ken Wilber, *Integral Psychology: Consciousness, Spirit, Psychology, Therapy*, p.39).

## 04  한국학 코드의 기원을 찾아서

1  『高麗史』 卷 第36, 「世家」 第36 忠惠王 後5年(1344) 正月條.

2  『符都誌』 第2章. 이하 본 절의 내용은 최민자, 『한국학강의: 메타버스 시대를 여는 지혜의 보고(寶庫)』, 4-5장을 정리, 보완한 것임.

3  『符都誌』 第10章: "有因氏 繼受天符三印 此卽天地本音之象而使知其眞一根本者也" 즉 "有因氏가 天符三印을 이어받으니 이것이 곧 天地本音의 象으로, 진실로 근본이 하나임을 알게 하는 것"이라는 뜻이다.

4  Fritjof Capra, *The Web of Life*(New York: Anchor Books, 1996), p.3.

5  천부(天符)란 하늘의 이치(天理, 즉 天數之理)에 부합한다는 의미이다. 천수지리(天數之理)는 천도(天道)를 숫자로 풀이하여 나타낸 것이다. 천도를 일(一)부터 십(十)까지의 숫자로 풀이하여 나타낸 것이 『천부경』이고, 금척(金尺)과 같이 천부경을 새겨서 천권(天權)을 표시한 것이 천부인(天符印)이다. 고대로부터 제왕의 권위를 상징하는 신표(信標)로서 전승되어 오는 천부인 3종은 청동검·청동거울·곡옥(曲玉)이다. 천부를 받든다는 것은 천·지·인 삼신일체의 천도를 따르며 천부경이나 천부인 같은 신표를 받든다는 의미로 보면 된다. 김시습의 〈징심록추기〉에는 우리 역사상 왕권과 결부되는 것으로 간주되는 금척에 천부경이 새겨져 있음을 확연하게 보여준다.

6  여기서 '선천을 계승하였다'는 것은 선·후천이 교차하는 천지운행을 말하는 것이다. 천지운행은 시작도 끝도 없는 영원 그 자체이기에 얼마나 많은 선천이 있었는가 하는 것은 시간의 역사 속에서는 답하여질 수 없다. 송대(宋代)의 대유학자 소강절(邵康節, 이름은 雍)에 따르면, 우주 1년의 12만 9천6백 년 가운데 인류 문명의 생존 기간은 건운(乾運)의 선천(先天) 5만 년과 곤운(坤運)의 후천(後天) 5만 년을 합한 10만 년이며, 나머지 2만 9천6백 년은 빙하기로 천지의 재충전을 위한 휴식기이다.

7  『莊子』 內篇, 第一 「逍遙遊」: "藐姑射之山有神人居焉 肌膚若冰雪 綽約若處子 不食五穀

吸風飲露 乘雲氣 御飛龍 而遊乎四海之外 其神凝 使物不疵癘 而年穀熟."

8　찰스 햅굿 지음, 김병화 옮김, 『고대 해양왕의 지도』(파주: 김영사, 2005), 293쪽. 고대 지도 가 제시하는 증거에 의하면, 아주 먼 옛날 다른 고대 문명에 비해 상대적으로 진보된 수 준의 전 세계적인 문명이 존재했다는 것이다. 이는 마치 오늘날에도 원시 문명이 최첨단 문명과 공존하는 현상을 모든 대륙에서 찾아볼 수 있는 것과도 같은 것이다. 오스트레일 리아나 남아프리카의 부시맨, 남아메리카와 뉴기니의 원시적인 부족들이나 미국의 몇 몇 인디언 부족 같은 종족들이 그런 예이다.

9　위의 책, 272-274쪽.

10　http://100.daum.net/encyclopedia/view/61XX10800054 (2022.10.27.) 기원전 3000~2000년경 인도의 원주민인 드라비다인(Dravidian)들에 의해 건설되어 인더스문명 을 꽃피운 고대 도시 모헨조다로의 유적에서 발견된 녹색의 광택이 있는 검은 돌들은 세 계 최초의 원자폭탄 실험이 있었던 미국 뉴멕시코 주 사막에서 발견된, 핵폭발의 높은 열로 모래가 녹았다가 응고되는 과정에서 생기는 유리 모양의 물질과 유사하며 방사능 성분을 포함하고 있다는 것이 밝혀졌다. 이 유적에서 발굴된 유골들 가운데 매우 특이 한 형태를 보이는 인골군(人骨群)에 관한 보고 내용은 고대 인도의 대서사시 마하바라타 (Mahābhārata)나 라마야나(Rāmāyaṇa)에 나오는 고대 핵전쟁을 시사하는 대목과 일치한 다.

11　『桓檀古記』, 「太白逸史」 第一, 三神五帝本紀.

12　『桓檀古記』, 「太白逸史」 第一, 三神五帝本紀: "自上界 却有三神 卽一上帝 主體則爲一神 非各有神也 作用則 三神也."

13　『中庸』: "天命之謂性 率性之謂道."

14　『符都誌』第12章: "…照證天符修身 盟解惑復本之誓 定符都建設之約…."

15　『符都誌』第4章.

16　『符都誌』第5章.

17　『符都誌』第8章.

18　『符都誌』第9章. 『부도지』제9장에는 마고가 궁희·소희와 함께 성을 보수하여 천수(天水)를 부어서 성(城)안을 청소하였는데 그때 청소한 물이 홍수가 되어 동쪽의 운해주를 크게 부수고 서쪽의 월식주 사람들을 많이 죽게 했다고 나오는데, 실낙원 이야기나 홍수 전설이 마고성에서 유래한 것은 아닐까?

19　『符都誌』第10章.

20　『符都誌』第9章: "分居諸族 繞倒各洲 於焉千年."

21　『符都誌』第9章: "黃穹氏 到天山洲 誓解惑復本之約…乃命長子有仁氏 使明人世之事… 黃穹氏乃入天山…於是 有仁氏 繼受天符三印."

22　『符都誌』第10章: "有仁氏千年 傳天符於子桓仁氏."

23　『符都誌』第12章: "壬儉氏…遍踏四海 歷訪諸族 百年之間 無所不往 照證天符修身 盟解 惑復本之誓 定符都建設之約 此 地遠身絶 諸族之地言語風俗 漸變相異故 欲講天符之理 於會同協和之席而使明知也."

24　『桓檀古記』, 「檀君世紀」, 第13世 檀君 屹達條.

25　『符都誌』第30章: "男兒年二十質美而善辯者 擇授馬郞職 奉命遠行 或出於星生月息之古

地 或往於雲海天山之諸域 此行符都修信之遺制也."

26 뉴턴이 만유인력의 법칙으로 설명한 지구의 세차 운동 기간은 25,920년이다. 이 세차 운동 상에는 열두 별자리가 있으며, 각 별자리 사이의 거리에는 2,160년이라는 시간이 소요된다. 천문학적으로는 BCE 약 100년경 황도대의 춘분점부터 물고기 별자리가 시작된 것으로 보며, 2,100여 년이 흐른 현재는 다시 물병 별자리로 옮겨가고 있다. 세계 도처에 산재해 있는 물고기 문양(雙魚紋)은 쌍어궁 시대의 잔영이다. 물고기 문양은 각지의 불교 사원이나 신전에서뿐만 아니라 차량, 모자, 휴대품 등에서도 쉽게 찾아볼 수 있다. 특히 몽골의 경우 몽골의 상징으로 물고기 문양을 사용하고 있을 정도이다. 또한 기독교의 경우 이미 BCE 6, 7세기경에도 물고기 문양이 그리스도인의 상징 기호로 쓰였다. 『구약성서』 「느헤미야 서」에 물고기 문의 재건에 관한 기록이나 「스바냐 서」에 쌍어문에 관한 언급에서 잘 나타나고 있다.

27 〈중앙일보〉 1999년 10월 3일자 기사.

28 〈중앙일보〉 1998년 4월 1일자 기사.

29 『禮記』: "苗九黎之後 九黎爲苗民先祖."

30 『史記』 卷一, 「五帝本紀」 第一, '帝堯'條: "黎東夷國名也 九黎君號蚩尤是也 蚩尤古天子 三苗在江淮荊州."

31 〈경향신문〉 1982년 11월 11일자 기사.

32 유리 미하일로비치 부틴 지음, 이병두 번역, 『고조선 연구: 고조선, 역사·고고학적 개요』 (서울: 아이네아스, 2019), 130-132쪽.

33 https://ko.wikipedia.org/wiki/%ED%9B%99%EC%82%B0_%EB%AC%B8%ED%99 %94 (2022.10.25.); http://www.anewsa.com/detail.php?number=952945 (2022.10.25.)

34 신용하, 『고조선문명의 사회사』, 106, 114쪽.

35 박창범, 『하늘에 새긴 우리 역사』(파주: 김영사, 2002), 5쪽.

36 『三國遺事』 卷一, 「紀異」 第一, 古朝鮮 王儉朝鮮條. 환국의 역사적 실재는 각지에서의 유적·유물 출토를 통해서도 밝혀지고 있다. 1990년 7월 환국의 한 영역이었던 러시아 카자흐공화국의 수도 알마아타 서쪽 600km 지점 잠불 지역에서 한국 석기 유물과 닮은 유물이 많이 출토된 것 등은 환국의 강역에 관한 시사점을 주는 것이다.

37 『桓檀古記』, 「太白逸史」 第二. 桓國本紀: "三聖密記云: 波奈留山之下 有桓仁氏之國 天海以東之地 亦稱波奈留之國也 其地廣 南北五萬里 東西二萬餘里 摠言桓國 分言則卑離國·養雲國·寇莫汗國·勾茶川國·一群國·虞婁國(一云畢那國)·客賢汗國·勾牟額國·賣勾餘國 (一云稷臼多國)·斯納阿國·鮮卑爾國(一云豕韋國一云通古斯國)·須密爾國 合十二國是也 天海 今日北海." 이하 본 절의 내용은 최민자, 『한국학강의: 메타버스 시대를 여는 지혜의 보고(寶庫)』, 2장 2, 3절과 7, 9장을 정리, 보완한 것임.

38 『晉書』 卷九十七, 「列傳」 第六十七, 神離等十國: "神離國在肅愼西北 馬行可二百日 領戶 二萬 養雲國去神離馬行又五十日 領戶二萬 寇莫汗國去養雲國又百日行 領戶五萬餘 一羣 國去莫汗又百五十日 計去肅愼五萬餘里."

39 『欽定滿洲源流考』, 卷首, 諭旨.

40 『桓檀古記』, 「太白逸史」 第四, 三韓管境本紀.

41 신채호 지음, 김종성 옮김, 『조선상고사』(고양: 위즈덤하우스, 2014), 101쪽.

42  신용하, 앞의 책, 173쪽.

43  『桓檀古記』,「太白逸史」第二, 桓國本紀;『桓檀古記』,「三聖紀全」下篇.

44  『桓檀古記』,「太白逸史」第二, 桓國本紀: "桓國有五訓…所謂五訓者 一曰誠信不僞 二曰
    敬勤不怠 三曰孝順不違 四曰廉義不淫 五曰謙和不鬪."

45  『桓檀古記』,「太白逸史」第二, 桓國本紀: "時 人皆自號爲桓 以監群爲仁 仁之爲言任也 弘
    益濟人 光明理世 使之任其必仁也."

46  『桓檀古記』,「太白逸史」第二, 桓國本紀 桓國 注: "桓國注曰 桓者全一也光明也."

47  『桓檀古記』,「太白逸史」第二, 桓國本紀: "於是 萬方之民 不期而來 會者數萬 衆自相環舞
    仍以推桓仁 坐於桓花之下積石之上 羅拜之 山呼聲溢 歸者如市 是爲人間最初之頭祖也."

48  『桓檀古記』,「太白逸史」第三, 神市本紀;『桓檀古記』,「三聖紀全」下篇.

49  『桓檀古記』,「太白逸史」第二, 桓國本紀: "神市有五事…所謂五事者 牛加主穀 馬加主命
    狗加主刑 猪加主病 羊加(혹은 鷄加)主善惡."

50  『桓檀古記』,「太白逸史」第四, 三韓管境本紀 馬韓世家 上.

51  『桓檀古記』,「太白逸史」第三, 神市本紀: "伏羲 出自神市 世襲雨師之職 後經靑邱樂浪 遂
    徙于陳 並與燧人有巢 立號於西土也."

52  『桓檀古記』,「太白逸史」第三, 神市本紀: "季曰太皥 復號伏羲."

53  『桓檀古記』,「太白逸史」第三, 神市本紀: "神農 少典之子 少典與少皥 皆高矢氏之傍支也.

54  司馬遷 지음, 丁範鎭 외 옮김,『史記本紀』卷1「五帝本紀」第1, 7-27쪽. cf. 金憲銓 編著,
    任正雲 譯,『桓國正統史』(大阪: 三省イデア, 2000), '桓民族血統世界分布圖'.『제왕운기』,
    「삼황오제」에서도 헌원의 호(號)를 유웅씨(有熊氏)라고 하고 있는 것으로 보아 황제헌원
    은 동이인임이 분명하다.

55  『揆園史話』,「太始記」: "夷之爲言大弓";『桓檀古記』,「太白逸史」第三, 神市本紀.

56  『三國遺事』卷一,「紀異」第一, 古朝鮮 王儉朝鮮條.

57  『桓檀古記』,「三聖紀全」下篇.

58  『桓檀古記』,「太白逸史」第三, 神市本紀: "自天光明 謂之桓也 自地光明 謂之檀也."

59  『桓檀古記』,「三聖紀全」下篇, 神市歷代記: "倍達桓雄定有天下號之也 其所都曰神市."

60  『桓檀古記』,「三聖紀全」下篇: "桓雄天王 肇自開天 生民施化 演天經 講神誥 大訓于衆."

61  『桓檀古記』,「太白逸史」第四, 三韓管境本紀 馬韓世家 上: "在昔 已爲我桓族 遊牧農耕
    之所."

62  『揆園史話』,「檀君記」;『揆園史話』,「太始記」.

63  『揆園史話』,「太始記」;『桓檀古記』,「太白逸史」第三, 神市本紀.

64  『揆園史話』,「太始記」.

65  『揆園史話』,「太始記」.

66  단군조선의 개국에 관한 기록이 나타나고 있는 현존 고사서(古史書)로는『삼국유사』권
    1(紀異 제1 고조선 왕검조선조),『제왕운기』하권,『규원사화』「단군기」,『세종실록』「지
    리지(地理志)」(平壤條 檀君條),『동몽선습』,『조선경국전』(國號條), 광개토대왕릉 비문 등
    이 있다. 또한『부도지』,『단기고사』,『삼성기』·『단군세기』·『북부여기』·『태백일사』
    를 합본한『환단고기』는 우리 상고 환단(桓檀)의 역사적 사실을 알게 해주는 소중한 역사
    서이다. 명나라 왕감주(王弇洲, 본명은 王世貞)의『속완위여편(續宛委餘編)』에도 단군과 그

의 치적 및 가르침에 관한 기록이 있다. 현존하지는 않으나 다른 사서에 인용된 것으로는 이규보의 『동명왕편(東明王篇)』 서문에 인용된 『구삼국사(舊三國史)』, 『삼국유사』 「고조선」 왕검조선조에 인용된 고기(古記), 『삼국사기』 신라본기 제4 진흥왕 37년 기사 중 최치원의 난랑비서(鸞郎碑序)에 인용된 『선사(仙史)』, 『제왕운기』 하권의 동국군왕 개국연대(東國君王開國年代) 서(序)에 인용된 『국사(國史)』와 『수이전(殊異傳)』, 『규원사화』에 인용된 『조대기(朝代記)』, 『고조선비기(古朝鮮秘記)』, 『지공기(誌公記)』, 『삼성밀기(三聖密記)』와 청평산인(淸平山人) 이명(李茗)의 『진역유기(震域遺記)』, 그리고 『환단고기』에 인용된 『조대기(朝代記)』, 『대변경(大辨經)』, 『삼성밀기(三聖密記)』, 『고려팔관기(高麗八觀記)』, 『표훈천사(表訓天詞)』 등이 있다. 단군조선의 실체와 그 강역(疆域)에 대해서는 일찍이 신채호의 『조선상고사』, 최동의 『조선상고민족사』, 정인보의 『조선사 연구』, 그리고 대만 사학자 서량지(徐亮之)의 『中國史前史話』, 중국 역사학자 왕동령(王棟齡)의 『中國民族史』 등에서 확인할 수 있다.

67 『桓檀古記』, 「檀君世紀」 本文 初頭.

68 『三國遺事』 卷一, 「紀異」 第一, 「古朝鮮」 王儉朝鮮條. 이 외에도 고조선의 단군신화는 이승휴(李承休)의 『帝王韻紀』 卷下, 「前朝鮮紀」; 『世宗實錄』, 「地理志」; 권람(權擥)의 『應製詩註』에 실려 있다.

69 『三國遺事』 卷一, 「紀異」 第一, 古朝鮮 王儉朝鮮條. 고조선의 개국 시기가 중국의 요 임금과 같은 시기라고 하는 것은 대한제국 말기까지 조선의 아이들이 『千字文』 다음으로 배우던 교과서 『童蒙先習』에도 나와 있다. 『동몽선습』은 조선 중종(中宗) 때에 박세무(朴世茂)가 지은 책이다. 이 책은 단군부터 고려까지의 역사를 한 면 이내에 수록한 초등 교과서로, 간결한 오륜(五倫)의 요의(要義)와 한국과 중국의 역대 세계(世系)를 내용으로 하고 있다.

70 『桓檀古記』, 「三聖紀全」 上篇: "神人王儉 降到于不咸之山 檀木之墟…九桓之民 咸悅誠服 推爲天帝 化身而帝之 是爲檀君王儉…設都阿斯達 開國號朝鮮."

71 『桓檀古記』, 「太白逸史」 第三, 神市本紀: "其後 有號曰檀君王儉 入都阿斯達 今松花江也."

72 『桓檀古記』, 「太白逸史」 第五, 蘇塗經典本訓.

73 고려대학교 한국사연구소편, 『역주 고조선사료집성 국내편』(서울: 새문사, 2019), 196-199쪽.

74 유희령, 『표제음주동국사략』(성남: 한국정신문화연구원, 1985), 47-48쪽.

75 『朝鮮王朝實錄』 影印本(1970), 「世宗實錄」 제40권.

76 최태영, 『인간 단군을 찾아서』, 215-221쪽. 옥산궁에서 단군제를 지내며 축문을 외울 때 '오늘이라 오늘이라 오늘이 오늘이라'라고 하며 무슨 뜻인지도 모른 채 조상 대대로 전해오는 것을 무슨 주문 외듯이 외고 있었다고 하는데, 이는 곧 '오늘이라 오늘이라 오늘이 바로 단군 제일(祭日)이라'는 뜻이다. 우리 민족이 여러 차례의 국난을 겪으면서도 단군 사당에 제사하며 국가의 대행사인 축제 때에는 세년가라는 노래로 단군 등의 사적을 전해온 사실은 확실하다. 마치 광대들이 긴 가극을 판소리로 전해 내려오듯이 단군 이래 성읍의 제사장들이 노래로써 건국 이래 역사와 조상들의 공적 교훈을 대대로 입으로 전하여 온 것이다.

77 『符都誌』 第15章. 『부도지』를 번역·주해한 김은수에 따르면, '예(澧)'는 호남성(湖南省,

후난성)을 흘러 동정호에 들어가는 강, 또는 하남성(河南省, 허난성) 동백현에서 발원하여 서북으로 흐르는 당하(唐河)의 지류이다. '양(陽)'은 한수(漢水)의 북쪽이며, 한수는 섬서성(陝西省, 산시성) 영강현(寧姜縣)에서 발원하여 호북성(湖北省, 후베이성)을 관통하여 흐르는 양자강(揚子江, 양쯔강)의 지류이다. '팔택'은 양자강 좌우의 하우(夏禹)가 만든 아홉 개의 연못 또는 그 연못들이 있는 지역이다. 이들 지명의 지리적 위치나 단군조선의 제후국의 분포 및 활약상과 관련된 지명 등을 종합적으로 검토해 볼 때 단군왕검의 93년 재위 기간 중 첫 도읍(아사달)은—더 연구가 필요한 부분이긴 하지만—섬서성 미현(眉縣) 남쪽에 있는 태백산으로 추정해 볼 수 있다.

78 『符都誌』第29章.

79 『桓檀古記』,「太白逸史」第四, 三韓管境本紀: "風伯 天符刻 鏡而進…." 『부도지』제14장에 "여러 종족이 방장산(方丈山) 방호의 굴(方壺之堀)에서 칠보의 옥을 채굴하여 천부(天符)를 새기고 그것을 '방장해인(方丈海印)'이라 했다(『符都誌』第14章: "諸族 採七寶之玉於方丈方壺之堀 刻天符而謂之方丈海印")는 기록이 나오는 것으로 보아 '방장해인' 역시 천부인(天符印)의 하나였던 것으로 보인다.

80 『澄心錄追記』第8章: "…大抵其本 卽天符之法而製之以金者 爲其不變也 作之以尺者 爲其無誤也"; 『澄心錄追記』第10章: "新羅創始之本 已在於符都則金尺之法 亦在於檀世者可知也"; 『澄心錄追記』第10章: "赫居世王…以十三之年少 能爲衆人之所推則其 血系 必有由緖而金尺之爲傳來之古物 亦可以推知也"; 『澄心錄追記』第13章: "太祖之夢得金尺豈其偶然者哉."

81 최태영, 『한국상고사』, 29쪽.

82 25세 솔나(率那) 단군 편에는 기자(箕子)가 서화(西華)에 이주해 살면서 인사 나누는 일도 사절했다고 나온다. 기자가 살았던 하남성(河南省) 개봉시(開封市) 서화(西華)와 기자총(箕子冢)이 있는 몽성(蒙城)은 조선(弁韓) 땅이었다(오재성, 『숨겨진 역사를 찾아서』(서울: 한민족문화사, 1989), 29쪽).

83 『三國志』卷三十,「魏書」第三十, 烏丸鮮卑東夷傳 第三十, 韓傳; 『後漢書』卷八十五,「東夷列傳」第七十五, 韓傳.

84 최태영, 『한국상고사』, 53-55쪽; 윤내현, 『한국고대사』, 92-94쪽.

85 박창화 찬술, 김성겸 번역, 『고구려의 숨겨진 역사를 찾아서: 고구리사 抄·略』(서울: 지샘, 2008), 42-44쪽; 최태영, 『한국상고사』, 63-64쪽; 윤내현, 앞의 책, 94-95쪽.

86 고준환, 『하나되는 한국사』(서울: 한국교육진흥재단, 2002), 86쪽.

87 『桓檀古記』,「檀君世紀」; 「檀奇古史」,「前檀君朝鮮」, 第3世 檀君 加勒條.

88 윤내현, 『한국고대사』, 66-69쪽; 최태영, 『한국 고대사를 생각한다』, 26-29쪽.

89 신용하, 『고조선문명의 사회사』, 561쪽.

90 위의 책, 560쪽.

91 https://www.hani.co.kr/arti/culture/book/647392.html (2022.11.1.)

92 『帝王韻紀』卷下,「前朝鮮紀」.

93 『帝王韻紀』卷下,「前朝鮮紀」.

94 『三國史記』卷 第十三,「高句麗本紀」第一; 『三國史記』卷 第二十三,「百濟本紀」第一.

95 『三國史記』卷 第一,「新羅本紀」第一 初頭.

96 고조선의 제후국으로는 부여(夫餘), 옥저(沃沮), 맥(貊), 예(濊), 진(辰), 고죽(孤竹), 진번(眞番), 임둔(臨屯), 숙신(肅愼), 청구(靑邱), 구려(句麗), 불령지(不令支·슭支·弗離支), 불도하(不屠何), 비류(沸流), 개마(蓋馬), 구다(句茶), 양맥(良貊), 남국(藍國), 행인(荇人), 현토(玄菟), 시라(尸羅), 고리(高離), 고례(高禮), 낙랑(樂浪), 고막해(庫莫奚), 정령(丁零·원 突厥), 동호(東胡), 선비(鮮卑), 읍루(挹婁), 산융(山戎·원 흉노), 유연(柔然), 실위(室韋) 등 수십 개가 있었다.

97 신용하, 앞의 책, 198쪽.

98 위의 책, 202쪽.

99 『桓檀古記』, 「檀君世紀」: "區劃天下之地 分統三韓."

100 『桓檀古記』, 「太白逸史」 第四, 三韓管境本紀: "遂與三韓 分土而治 辰韓 天王自爲也 立都 阿斯達 開國號朝鮮 是爲一世檀君."

101 단재 신채호는 삼한을 신한·말한·불한으로 분류하여 신한은 大王이고 불한과 말한은 副王이었다며, 삼한이 삼경에 각각 주재하며 신한은 신조선을 통치했고, 불한은 불조선을 통치했으며, 말한은 말조선을 통치했다고 하였다. 신한·말한·불한을 이두로 표기한 것이 진한·마한·변한이고, 신조선·말조선·불조선을 이두로 표기한 것이 진조선·막조선·번조선이라고 했다(신채호 지음, 김종성 옮김, 『조선상고사』, 121쪽).

102 『桓檀古記』, 「太白逸史」 第四, 三韓管境本紀 馬韓世家 上: "檀君王儉 旣定天下 分三韓而 管境 乃封熊伯多爲馬韓 都가達支國 亦名曰白牙岡也."

103 『桓檀古記』, 「太白逸史」 第四, 三韓管境本紀 番韓世家 上.

104 『桓檀古記』, 「太白逸史」 第四, 三韓管境本紀 馬韓世家 下.

105 『漢書』 卷二十八 「地理志」와 『史記』 卷一百十五 「朝鮮列傳」의 기록을 종합하면, 창려에 있는 험독이 고조선의 도읍인 왕험성(왕검성)이다. 말하자면 번한(番韓)의 도읍을 고조선의 도읍이라고 기록한 것이다. 『漢書』 「地理志」에는 '왕험성이 곧 평양성(王險城卽平壤城)'이고, 그곳이 험독이라고 하였다. '험독'을 '검터'의 한자어 표기 '검독(儉瀆)'으로 이해하여 고조선의 도읍을 가리키는 왕험성(왕검성)으로 보기도 하므로 평양성=왕험성=험독이 된다. 또 『史記』 「朝鮮列傳」 제55에는 '창려에 험독현이 있다(昌黎有險瀆縣)'고 하고, '요동 험독현은 조선왕의 옛 도읍(遼東險瀆縣朝鮮王舊都)'이라고 하였다. 위 두 기록을 종합하면, 고조선의 도읍인 평양성은 중국 하북성 창려에 위치한 것이 된다. 또 「태백일사」 제4 삼한관경본기에는 번한의 수도를 험독이라 하고 있으므로 평양성은 진한의 도읍인 하얼빈이 아니라 창려에 위치한 번한의 도읍인 험독, 즉 왕험성(왕검성)을 가리키는 것이 된다. 고조선의 중앙본국이 있는 진한(辰韓)의 도읍이 아닌 번한의 도읍을 고조선의 도읍으로 인식한 것은, 고조선의 관경(管境) 제도에 대한 이해가 부족했을 수도 있고 또 삼한(三韓) 중에서 번한이 중원지역에 가까웠기 때문일 것이다.

106 『桓檀古記』, 「太白逸史」 第五, 蘇塗經典本訓.

107 『檀奇古史』, 「前檀君朝鮮」, 제9세 檀君 阿述條. 9세 단군 아술(阿述) 재위 6년 신유년(BCE 1980) 기록이나, 6세 단군 달문(達門) 재위 35년 임자년(BCE 2049) 기록 등으로 미루어 볼 때 제위(帝位) 승계 등 중대 국사(國事)를 결정하는 민주적 정치제도가 일찍부터 운용되고 있었음을 알 수 있다. 최고 통치자인 단군의 제위(帝位) 승계와 관련하여, 『규원사화』, 「단군기」에 의하면 47대 단군 중에서 44대는 아들에게 세습하였고, 3대는 아우에

게 세습하였다. 25세 솔나(率那) 단군은 24세 연나(延那) 단군의 아우이고, 30세 나휴(奈休) 단군은 29세 마휴(摩休) 단군의 아우이며, 38세 다물(多勿) 단군은 37세 마물(麻勿) 단군의 아우로서 승계한 경우이다. 한편 『환단고기』, 「단군세기」에 의하면 47대 단군 가운데 5세 구을(丘乙) 단군, 7세 한율(翰栗) 단군은 양가 출신이다. 6세 달문(達門) 단군, 10세 노을(魯乙) 단군, 12세 아한(阿漢) 단군, 13세 흘달(屹達) 단군, 14세 고불(古弗) 단군, 16세 위나(尉那) 단군, 20세 고홀(固忽) 단군은 우가 출신으로서 제위를 승계한 것으로 기록되어 있다.

108 『桓檀古記』, 「太白逸史」 第四, 三韓管境本紀: "自今以後 聽民爲公法 是謂天符也 夫天符者 萬世之綱典 至尊所在 不可犯也."

109 『桓檀古記』, 「太白逸史」 第四, 三韓管境本紀; 『桓檀古記』, 「檀君世紀」.

110 『符都誌』 第13章: "壬儉氏 歸而擇符都建設之地…乃築天符壇於太白明地之頭 設堡壇於四方 堡壇之間 各通三條道溝 其間 千里也 道溝左右 各設守關 此取法於麻姑之本城."

111 『桓檀古記』, 「檀君世紀」; 『揆園史話』, 「檀君記」.

112 『桓檀古記』, 「檀君世紀」.

113 『揆園史話』, 「檀君記」.

114 『桓檀古記』, 「太白逸史」 第四, 三韓管境本紀 番韓世家 上: "及九年洪水 害及萬民 故 檀君王儉 遣太子扶婁 約與虞舜 招會羽塗山 舜遣司空禹 受我五行治水之法 而功乃成也"; 『桓檀古記』, 「檀君世紀」: "太子 傳五行治水之法 勘定國界 幽營二州 屬我."

115 司馬遷 지음, 丁範鎭 외 옮김, 『史記本紀』 卷1 「五帝本紀」 第1, 22쪽.

116 『桓檀古記』, 「太白逸史」 第六, 高句麗國本紀.

117 『桓檀古記』, 「太白逸史」 第四, 三韓管境本紀 番韓世家 上: "於是 置監虞於琅耶城 以決九黎分政之議 卽書所云 東巡望秩 肆覲東后者 此也 辰國天帝子所治 故五歲巡到琅耶者一也 舜諸侯故 朝覲辰韓者四也." 중국사에는 구려족(九黎族)의 우두머리가 치우(蚩尤)라고 나온다.

118 『桓檀古記』, 「檀君世紀」: "定淮岱諸侯 置分朝以理之 使虞舜監其事." 『書經』의 기록에 의하면 동이족 출신인 순(舜)은 제후의 관례대로 일 년에 네 번 입조(入朝)하여 "동방의 천자를 알현하고 때(時)와 달(月)과 날짜(日)를 협의하고 음률과 도량형을 통일하였으며, 다섯 가지 예(五禮: 吉禮·嘉禮·賓禮·軍禮·凶禮)와 다섯 가지 옥, 세 가지 비단, 두 가지 산 짐승, 한 가지 죽은 짐승의 예물에 관한 것을 개수(改修)했다(『書經』, 「虞書」 舜典: "肆覲東后 協時月正日 同律度量衡 修五禮五玉三帛二生一死贄")"고 한다.

119 요(堯) 임금도 아들이 아닌 순(舜)에게 제위를 선양하였고, 순(舜) 임금도 아들이 아닌 우(禹)에게 제위를 선양했다며 현자라고 칭송하지만, 여기에는 일반적으로 알려진 것과는 다르게 복잡한 내막이 얽혀 있다. '요순성세(堯舜盛世)'로 칭송하는 요(堯) 임금과 순(舜) 임금의 실체에 대해서는 『符都誌』 第18章, 第19章과 사마천(司馬遷)의 『史記』를 대조해서 읽으면 분명히 드러난다.

120 『桓檀古記』, 「太白逸史」 第四, 三韓管境本紀 馬韓世家 上.

121 신채호 지음, 김종성 옮김, 앞의 책, 107쪽.

122 『桓檀古記』, 「檀君世紀」: "區劃天下之地 分統三韓 三韓 皆有五加六十四族."

123 신용하, 앞의 책, 189-191쪽.

124 『揆園史話』, 「檀君記」.

125 신용하, 앞의 책, 193-195쪽. * 소도(蘇塗)가 신단(神壇)을 뜻하는 수두의 음역(신채호, 앞의 책, 95-96쪽)이라고 보는 관점도 있고, '대목(大木)을 세우고'에 착안하여 소도를 솟대의 한 자 음역(신용하, 앞의 책, 471쪽에서 재인용)으로 추정하기도 한다. 황해도 장련(長連)읍 서 탑(西塔) 거리 근처에 '솟대백이'라는 지명이 지금까지 남아 있고, 구월산 오봉 기슭 패엽 사 근처에는 단군 사당인 삼성사(三聖祠)가 있었다고 한다. 단군 사당이 있는 곳마다 솟 대백이가 있었던 것이다(최태영, 『한국상고사』, 15쪽; 최태영, 『인간 단군을 찾아서』, 42쪽). 솟 대는 꼭대기에 솟대임을 표시하는 징표로 반드시 새를 앉혔다. '한'족은 '곰토템'족인 맥 족과는 달리 '새토템'족이었다. 새토템은 그 기원이 마고성 시대로까지 거슬러 올라간 다. 새토템과 관련하여 삼신사상의 표징이라 할 수 있는 삼족오(三足烏)에 대해서는 앞 서 고찰하였다.

126 최태영, 『한국 고대사를 생각한다』, 135-136쪽.

127 『三國史記』 卷 第一, 「新羅本紀」 第1, 南海次次雄 記事; 『三國史記』 卷 第三十二, 「雜志」 第1 祭祀; 이능화, 『조선무속고』(서울: 동문선, 2002), 33쪽.

128 『三國史記』 卷 第十三, 「高句麗本紀」 第一, 琉璃王 19년 8월 記事; 『三國史記』 卷 第 十六, 「高句麗本紀」 第四, 山上王 13년 9월 記事; 『三國史記』 卷 第二十一, 「高句麗本紀」 第九, 寶臧王 上 4년 5월 記事; 『三國史記』 卷 第二十三, 「百濟本紀」 第一, 始祖 溫祚王 25年 2月 記事; 『三國史記』 卷 第二十八, 「百濟本紀」 第六, 義慈王 20년 6月 記事; 李能 和, 앞의 책, 24-25, 28-29쪽.

129 『漢書』 卷二十八, 「地理志」 第八下一: "樂浪朝鮮民犯禁八條 相殺以當時償殺 相傷以穀 償 相盜者男沒入爲其家奴 女子爲婢 欲自贖者 人五十萬."

130 『三國志』 卷三十, 「魏書」 第三十, 烏丸鮮卑東夷傳 第三十, 韓傳과 『後漢書』 卷八十五, 「東夷列傳」 第七十五, 韓傳에서는 천·지·인 삼신일체를 근간으로 한 소도의식(蘇塗儀式) 에 대한 이해가 없다 보니 '소도(蘇塗)를 설치하고 귀신을 섬긴다(立蘇塗 事鬼神)'는 식으 로 우리의 소도문화를 곡해하고 있다. 이와 유사한 내용이 『晋書』 卷九十七, 「東夷列傳」 第六十七 '馬韓'條에도 기록되었다.

131 『桓檀古記』, 「檀君世紀」: "戊戌二十年 多設蘇塗 植天指花 使未婚子弟 讀書習射 號爲國 子郞 國子郞出行 頭揷天指花 故時人 稱爲天指花郞."

132 단재 신채호에 의하면 홍범구주는 도산에서 태자 부루가 전한 신서의 본문이라고 한다. 우(禹: 후에 夏나라 왕)는 도산의 신서를 홍범구주라 부르며 추앙했고, 기자(箕子)는 '하늘 이 하우(夏禹: 하나라 우왕)에게 홍범구주를 하사했다'고 했다는 것이다. 수두(蘇塗) 교리 에서는 단군이 하늘을 대표하는 존재였기에 기자는 '단군'을 '하늘'로 부르고 '단군이 하 사했다'를 '하늘이 하사했다'고 표현했다는 것이다(신채호, 앞의 책, 104-105쪽).

133 『桓檀古記』, 「北夫餘紀」 上篇, 2世 檀君 '慕漱離'條: "諸加之衆 奉上將卓 大擧登程 直到月 支立國 月支 卓之生鄕野 是謂中馬韓 於是 弁辰二韓 亦各以其衆 受封百里 立都自號 皆 聽用馬韓政令 世世不叛."

134 『後漢書』 卷八十五, 「東夷列傳」 第七十五, 韓傳. cf. 『梁書』 卷五十四, 「東夷列傳」 第 四十八, 百濟傳; 『南史』 卷七十九, 「列傳」 第六十九, 夷貊 下 東夷 百濟傳. 단군조선의 분조(分朝)였던 전삼한(前三韓)의 마한이 멸망한 지 수백 년 후의 사화(史話)를 기록한 남

조(南朝) 양(梁)나라의 정사(正史)인 『梁書』 권54 「동이열전」 제48 백제전과 남조(南朝)의 정사(正史)인 『南史』 권79 「동이열전」 제69 백제전에도 후삼한의 중심이 되는 중마한(中馬韓)에 관한 동일한 기록이 나온다.

135 『史記』 卷一百十, 「匈奴列傳」 第五十: "當時之時 東胡彊而月支盛."

136 『桓檀古記』, 「太白逸史」 第六, 高句麗國本紀.

137 『三國史記』 卷 第四十六, 「列傳」 第六, 崔致遠傳 '上大師侍中狀'.

138 박창범, 『하늘에 새긴 우리 역사』, 55-57쪽.

139 오재성, 『우리(右黎)의 역사는?』(서울: 黎(Li)민족사연구회, 1990), 257쪽; 오재성, 『숨겨진 역사를 찾아서』, 87쪽.

140 『舊唐書』 卷一百九十九上, 「東夷列傳」 一百四十九, 新羅傳: "新羅國 本弁韓之苗裔也 其國在漢時樂浪之地 東及南方俱限大海 西接百濟 北隣高麗 東西千里 南北二千里."

141 『史記』 卷一, 「五帝本紀」 第一, '帝堯條: "黎東夷國名也 九黎君號蚩尤是也 蚩尤古天子 三苗在江淮荊州."

142 『南史』 卷七十九, 「列傳」 第六十九, 夷貊 下 東夷 百濟傳: "號所都城曰固麻 謂邑曰檐魯 如中國之言郡縣也 其國之有二十二擔魯 皆以子弟宗族分據之." cf. 『梁書』 卷五十四, 「東夷列傳」 第四十八, 百濟傳.

143 CE 64년(脫解尼師今 8년) 신라가 백제로부터 와산성(蛙山城)과 구양성(狗壤城)을 침략당한 이후 20여 년간에 걸쳐 신라와 백제는 잦은 전쟁을 벌였고, 주로 백제와 가야계통인 왜(倭)는 독자적으로 신라를 침략하기도 했고 또 백제나 가야와 연합전선을 펴서 침략하기도 했는데 이는 네 나라가 서로 가까운 반경 내에 있었음을 시사한다.

144 『桓檀古記』, 「太白逸史」 第六, 高句麗國本紀.

145 『新唐書』 卷二百二十, 「列傳」 第一百四十五, 東夷.

146 『大倧敎經典』, 「御製三一神誥贊」, 33-36쪽; 『三一哲學譯解倧經合編』, 「御製三一神誥贊」, 8-12쪽.

147 『大倧敎經典』, 「三一神誥序」, 27-32쪽; 『三一哲學譯解倧經合編』, 「三一神誥序」, 1-8쪽.

148 『大倧敎經典』, 「三一神誥讀法」, 74-76쪽; 『三一哲學譯解倧經合編』, 「三一神誥讀法」, 39-42쪽.

149 『三一哲學譯解倧經合編』, 44쪽; 『大倧敎經典』, 「三一神誥奉藏記」, 80쪽: "…此本 乃高句麗之所譯傳 而我高考之讀而贊之者也."

150 『揆園史話』, 「檀君記」.

151 『揆園史話』, 「檀君記」.

152 『桓檀古記』, 「太白逸史」 第七, 大震國本紀.

153 『三國史記』 卷 第四十一, 「列傳」 第一, 金分信 上: "初法敏王納高句麗叛衆 又據百濟故地 有之 唐高宗大怒 遣師來討 唐軍與靺鞨 營於石門之野 王遣將軍義福·春長等禦之 營於帶方之野."

154 『欽定滿洲源流考』 卷首, 諭旨: "若唐時所稱鷄林 應卽今吉林之訛 而新羅 百濟諸國 亦皆 其附近之地."

155 『欽定滿洲源流考』 卷九, 新羅九州: "東南並有 今朝鮮之慶尙江原二道 西北直至 今吉林烏拉 又西近開原 鐵嶺."

156 『欽定滿洲源流考』卷九, 新羅九州: "新羅封百濟故地 及高麗南境 東西約九百餘里 南北 約一千八百里 於界內置尙 良 康熊 金 武 漢 朔 溟九州."

157 『符都誌』 제12장: "四海諸族 不講天符之理 自沒於迷惑之中 人世因苦."

158 켄 윌버 지음, 정창영 옮김, 『켄 윌버의 통합 비전』(서울: 물병자리, 2009), 127-129쪽.

159 『桓檀古記』, 「檀君世紀」.

160 『桓檀古記』, 「檀君世紀」.

161 정운용, 「일제하 신라 화랑 연구와 남당 박창화의 『화랑세기』」, 고려대학교 한국사연구 소 편, 『남당 박창화의 한국사 인식과 저술』(파주: 경인문화사, 2019), 58쪽.

162 『宋高僧傳』 卷4, 「義湘傳」. 이하 본 절의 내용은 최민자, 『동서양의 사상에 나타난 인식 과 존재의 변증법』, 제2부 7장; 최민자, 「『화엄일승법계도』와 『무체법경』에 나타난 통일 사상」, 『동학학보』 제26호, 동학학회, 2012, 430-443쪽을 정리, 보완한 것임.

163 『宋高僧傳』 卷4, 「元曉傳」: "無何發言狂悖 示跡乖疎 同居士入酒肆倡家 若誌公持金刀鐵 錫 或製疏以講雜華 或撫琴以樂祠宇 或閭閻寓宿 或山水坐禪 任意隨機 都無定檢."

164 원효의 무애가(無碍歌)와 무애무(無碍舞)는 무애의 대자유인이기를 희망했던 원효의 생 각이 투영된 것으로 무애무는 조선 전기까지 전해진 것으로 나온다. 고려 명종(明宗) 때 문신 이인로(李仁老)의 『破閑集』에는 원효가 '호로(표주박)'를 들고 춤추며 노래 불렀는데 그 이름을 '무애'라 하였다는 기록과 춤사위에 대한 내용이 나와 있다. 무애무는 두 소매 를 흔들기도 하고, 다리를 세 번 들었다 놓았다 하며, 자라처럼 움츠리기도 하고, 곱사처 럼 등을 구부리기도 하며 추는 춤이었다. 이 춤의 춤사위에는 여러 상징적 의미가 내포 되어 있다. 즉, 두 소매를 흔드는 것은 이장(二障)을 끊는다는 것이고, 다리를 세 번 들었 다 놓았다 하는 것은 삼계(三界)로부터 벗어난다는 것이며, 몸을 움츠린 것은 사람을 따 른다는 것이고, 등을 구부린다는 것은 모든 것을 다 포용한다는 상징적 의미를 담고 있 다. 무애무는 대승교화(大乘敎化)를 위한 법열(法悅)의 춤이다.

165 『三國遺事』, 「元曉不羈」: "承詔於路上 撰三昧經疏 置筆硯於牛之兩角上 因謂之角乘."

166 『宋高僧傳』 卷4, 「元曉傳」: "曉受斯經 正在本生湘州 也 謂使人曰 '此經以本始二覺爲宗 爲 我備角乘 將案几在兩角之間 置其筆硯' 始終於牛車造疏 成五卷."

167 『宋高僧傳』 卷4, 「元曉傳」.

168 元曉, 「涅槃宗要」, 조명기 편, 『元曉大師全集』(서울: 보련각, 1978), 21쪽(이하 『涅槃宗要』로 약칭); "通衆典之部分歸萬流之一味 開佛意之至公和百家之異諍."

169 元曉, 「十門和諍論」, 조명기 편, 『元曉大師全集』, 640쪽(이하 『十門和諍論』으로 약칭).

170 『涅槃宗要』, 24쪽.

171 『十門和諍論』, 641쪽; 元曉, 「大乘起信論別記」, 조명기 편, 『元曉大師全集』, p.465(이하 『大乘起信論別記로 약칭』).

172 『十門和諍論』, 641-642쪽.

173 『十門和諍論』, 646쪽; 元曉, 「金剛三昧經論」, 조명기 편, 『元曉大師全集』, 144-145쪽(이하 『金剛三昧經論』으로 약칭).

174 元曉, 「大乘起信論疏」, 조명기 편, 『元曉大師全集』, 390쪽(이하 『大乘起信論疏』로 약칭); 『金剛三昧經論』, 129쪽.

175 『金剛三昧經論』, 153쪽; 『大乘起信論別記』, 471, 474쪽.

176 『金剛三昧經論』, 144-145쪽.

177 『大乘起信論別記』, 464쪽.

178 『大乘起信論疏』, 391쪽: "開則無量無邊之義爲宗 合則二門一心之法爲要 二門之內容萬
　　義而不亂 無邊之義 同一心而混融." 『大乘起信論疏·別記』는 원효의 사상과 그의 행위
　　를 가늠할 수 있게 하는 가장 골간이 되는 저술이라 할 수 있다. 여기서 『別記』는 『疏』의
　　초고(草稿)와 같은 것으로 아슈바고샤(馬鳴)의 『大乘起信論』을 간략하게 주석한 것이고
　　『疏』는 『大乘起信論』 본문을 해석한 것으로, 『大乘起信論』의 대의는 『疏』와 『別記』 양
　　자의 것을 종합할 때 그 논지가 분명히 드러난다.

179 『十門和諍論』, 643쪽: "一切衆生同有佛性 皆同一乘一因一果同一甘露 一切當得常樂我淨
　　是故一味."

180 『金剛三昧經論』, 131쪽.

181 『大乘起信論疏』, 391쪽.

182 『金剛三昧經論』, 130-132쪽.

183 『金剛三昧經論』, 130쪽: "合而言之 一味觀行爲要 開而說之 十重法門爲宗."

184 『大乘起信論疏』, 391쪽.

185 『金剛三昧經論』, 130쪽.

186 『金剛三昧經論』, 130쪽.

187 『金剛三昧經論』, 130쪽.

188 『金剛三昧經論』, 181쪽.

189 『大乘起信論疏』, 410쪽.

190 『大乘起信論疏』, 402쪽: "良有是心通攝諸法 諸法自體唯是一心 不同小乘 一切諸法各有
　　自體 故說一心爲大乘法也." cf. 『大乘起信論別記』, 466쪽.

191 『大乘起信論疏』, 397쪽.

192 Asvaghosa, The Awakening of Faith, trans. Teitaro Suzuki(Mineola, New York: Dover
　　Publications, INC., 2003), p.55: "In the one soul we may distinguish two aspects. The
　　one is the Soul as suchness(眞如), the other is the soul as birth-and-death(生滅)…both
　　are so closely interrelated that one cannot be separated from the other."

193 『金剛三昧經論』, 130-132쪽.

194 『大乘起信論疏』, 391쪽.

195 『金剛三昧經論』, 153쪽; 『大乘起信論別記』, 471, 474쪽.

196 『大乘起信論疏』, 391쪽: "開則無量無邊之義爲宗 合則二門一心之法爲要 二門之內容萬
　　義而不亂 無邊之義 同一心而混融."

197 『金剛三昧經論』, 188쪽에서는 일심의 본체가 본래 적정(寂靜)하기 때문에 '결정성지(決定
　　性地)'라 하고, 또한 일심이 나타날 때에 8식(八識)이 모두 전전(轉轉)하므로 그때 네 가지
　　지혜가 원만해진다고 한다. 『金剛三昧經論』, 187쪽에는 이렇게 나와 있다. "…言其地淸
　　淨 如淨琉璃 是顯大圓鏡智之義…言性常平等 如彼大地是顯平等性智之義…故言覺妙觀
　　察 如慧日光 是明妙觀察智義…故言利成得本如大法雨…是明成所作智之義 四智旣圓
　　是始覺滿也." "…그 땅은 청정하기가 깨끗한 유리와 같다'고 한 것은 대원경지(大圓鏡智)
　　의 뜻을 나타낸 것이다·'그 성(性)이 항상 평등하기가 저 대지와 같다'고 한 것은 평등성

지(平等性智)의 뜻을 나타낸 것이다…'깨닫고 묘하게 관찰함이 지혜의 햇빛과 같다'고 한 것은 묘관찰지(妙觀察智)의 뜻을 밝힌 것이다…'이익을 이루어 근본을 얻음이 대법우(大法雨)와 같다'고 한 것은 성소작지(成所作智)의 뜻을 밝힌 것이다. 네 가지 지혜가 이미 원만하니, 이는 시각(始覺)이 만족된 것이다." 이 네 가지 지혜를 얻으면 바로 묘각(妙覺)의 지위에 있게 되므로 이는 불지(佛智)의 경지에 들어가는 것이라고 하고 있다. 그때에는 이미 일심의 원천으로 되돌아가 8식(八識)의 모든 물결이 다시 기동하지 않기 때문에 지혜의 경지에 들어간 자에게는 모든 식(識)이 생기지 않는 것이다.

198 『金剛三昧經論』, 181-197쪽.

199 『大乘起信論疏』, 415-419쪽.

200 『六祖壇經』 卷上,, VI 說一體三身佛相門, 24 : "無二之性 名爲實性 於實性中 不染善惡 此 名圓滿報身佛."

201 『六祖壇經』 卷上,, VI 說一體三身佛相門, 24 : "念念自見 不失本念 名爲報身…念念自性 自見 卽是報身佛."

202 『六祖壇經』 卷上, VI 說一體三身佛相門, 24 : "三身佛在自性中."

203 『金剛三昧經論』, 145쪽.

204 『大乘起信論疏』, 452쪽.

205 『大乘起信論別記』, 466 쪽; 『大乘起信論疏』, 402쪽. 『大乘起信論』의 주된 내용은 일부터 육까지로 요약된다. 즉, 일심(一心), 이문(二門), 삼대(三大), 사신(四信: 一心[眞如]·佛·法· 僧), 오행(五行: 布施·持戒·忍辱·精進·止觀), 육자염불(六字念佛: 南無阿彌陀佛)이 그것이다.

206 『大乘起信論疏』, 397쪽.

207 『大乘起信論疏』, 402쪽 : "良有是心通攝諸法 諸法自體唯是一心 不同小乘 一切諸法各有 自體 故說一心爲大乘法也." cf. 『大乘起信論別記』, 466쪽.

208 『三國遺事』, 「義湘傳敎」. 의상의 생애에 관한 가장 명확한 연대 자료로 평가되는 「浮石 本碑」와 신라 말 최치원이 지은 「浮石尊者傳」은 고려 전기 의천(義天)이 『續藏經』을 편 찬할 때까지만 해도 남아 있었으나 이후 사라져 그 소재와 구체적인 내용을 알 수 없게 되었다.

209 『宋高僧傳』 卷4, 「義湘傳」.

210 『三國遺事』 卷4, 「義湘傳敎」. 법장이 이론적으로 화엄의 일승교의(一乘敎義)를 세우는 것을 목표로 했던 것과는 달리, 의상은 실천수행을 근본으로 삼았다.

211 우리나라 역대 고승의 주석서로는 均如의 『一乘法界圖圓通記』 외에도 진숭(珍嵩)의 『一 乘法界圖記』, 법융(法融)의 『法界圖記』, 김시습의 『一乘法界圖註』, 의상의 문도들이 찬 술한 『華嚴一乘法界圖記叢髓錄』 등이 있다.

212 『一乘法界圖圓通記』 卷上.

213 『一乘法界圖圓通記』 卷上.

214 이기영 역, 『한국의 불교사상』(서울: 삼성출판사, 1986), 278-293쪽.

215 『三國遺事』 卷4, 「義湘傳敎」.

216 『華嚴一乘法界圖』. * 의상의 스승인 지엄의 『華嚴經內章門等雜孔目章』 「大正藏」에 의하 면 구세(九世)는 과거 현재 미래의 삼세가 중첩된 것이고, 십세(十世)는 삼세가 다시 상즉 상입(相卽相入) 하여 이뤄진 것으로 이로써 일승(一乘)의 모든 면모를 갖춘다고 나와 있

다(허남진 외 편역, 『한국철학자료집: 불교편 1 삼국과 통일신라의 불교사상』(서울: 서울대학교 출판문화원, 2011), 124쪽 각주 140 참조). 미진(微塵)과 시방세계의 융섭을 함축한 '사(事)'는 법계연기(法界緣起)의 공간적 전개이고, 일념과 무량겁의 융섭 그리고 과거 현재 미래의 삼세가 중첩된 구세와 총체적인 십세로 엮은 '세(世)'는 법계연기의 시간적 전개이다(선지 역주, 『대화엄일승법계도주』(서울: 문현, 2010), 101쪽).

217 이기영 역, 앞의 책, 274쪽; 허남진 외 편역, 앞의 책, 127쪽.

218 이기영 역, 앞의 책, 275쪽.

219 『金剛三昧經』: "介時 佛告無住菩薩言 汝從何來 今至何所 無住菩薩 言 尊者 我從無本來 今至無本所."

220 『華嚴經』: "以虛空中鳥 所行所不行 俱無別空爲喩說."

221 허남진 외 편역, 앞의 책, 138-139쪽.

## ⑮ 역사문화적 맥락에서 본 한국학 코드의 전개

1　『三國史記』卷 第十八,「高句麗本紀」第六, 小獸林王 2年 6月 記事;『三國史記』卷 第八, 「新羅本紀」第八, 神文王 2年 6月 記事;『三國史記』卷 第二十四,「百濟本紀」第二, 枕流 王 元年 9月 記事;『三國史記』卷 第四,「新羅本紀」第四, 法興王 14年 記事;『三國史記』 卷 第二十,「高句麗本紀」第八, 建武(榮留)王 7年 2月 記事;『三國史記』卷 第二十一,「高 句麗本紀」第九, 寶藏王 2年 3月 記事;『三國史記』卷 第四,「新羅本紀」第四, 眞平王 9 年 7月 記事 등이 그것이다.

2　『三國史記』卷 第四,「新羅本紀」第四 眞興王 37年 봄 記事;『揆園史話』,「檀君記」.

3　『桓檀古記』,「檀君世紀」, 第11世 檀君 道奚條.

4　신채호 지음, 김종성 옮김, 앞의 책, 104-105, 107쪽.

5　『桓檀古記』,「太白逸史」第四, 三韓管境本紀 馬韓世家 上.

6　『正易』,「大易序」.

7　『桓檀古記』,「太白逸史」第五, 蘇塗經典本訓.

8　『桓檀古記』,「太白逸史」第三, 神市本紀.

9　『揆園史話』,「太始記」;『桓檀古記』,「太白逸史」第三, 神市本紀.

10　『三國史記』卷 第九,「新羅本紀」第九, 孝成王 2年 4月 記事.

11　『桓檀古記』,「太白逸史」第三, 神市本紀: "佛像始入也 建寺稱大雄 此僧徒之襲古仍稱 而 本非僧家言也 又云 僧徒儒生 皆隷於郎家 以此可知也."

12　『三國遺事』卷 第三,「塔像」第四, 迦葉佛宴坐石 初頭.

13　림관헌 지음, 『한국 유학의 연원과 전개』(서울: 성균관대학교 출판부, 2013), 119쪽.

14　『舊唐書』卷一百九十九上,「列傳」第一百四十九, 東夷 高(句)麗傳.

15　『三國史記』卷 第二十四,「百濟本紀」第二, 古爾王 29年條.

16　『高麗史』卷二,「世家」卷 第二, 太祖 26年 4月條. 고려 왕실의 헌장과도 같은 '훈요십조' 는 고려 태조가 942년(태조 25)에 직접 지은 열 가지 유훈(遺訓)으로 박술희(朴述希)에게 전해 후세의 귀감으로 삼게 한 것이다.

17 馮友蘭 지음, 정인재 역, 『중국철학사』(서울: 형설출판사, 1977), 67-68쪽.

18 『桓檀古記』, 「太白逸史」 第二, 桓國本紀: "時 人皆自號爲桓 以監群爲仁 仁之爲言任也 弘益濟人 光明理世 使之任其必仁也."

19 『論語』, 「顔淵」: "樊遲問仁 子曰 愛人."

20 『論語』, 「雍也」: "夫仁者 己欲立而立人 己欲達而達人."

21 『論語』, 「顔淵」: "仲弓問仁 子曰 …己所不欲 勿施於人"; 『論語』 「衛靈公」 二十三: "子貢問曰 「有一言而可以終身行之者乎」 子曰 「其恕乎 己所不欲 勿施於人」."

22 『論語』, 「顔淵」: "克己復禮爲仁 一日克己復禮 天下歸仁焉…非禮勿視 非禮勿聽 非禮勿言 非禮勿動."

23 『孟子』, 「公孫丑上」에서는 공자의 시중(時中)의 도를 찬양하여 이렇게 말하였다. "벼슬을 할 때면 나가서 벼슬하고, 그만두어야 할 때면 그만두고, 오래 머물러 있을 때면 오래 머물러 있고, 빨리 떠날 때면 빨리 떠나는 것은 공자였다(可以仕則仕 可以止則止 可以久則久 可以速則速 孔子也)."

24 『孟子』, 「公孫丑上」 六: "無惻隱之心 非人也 無羞惡之心 非人也 無辭讓之心 非人也 無是非之心 非人也 惻隱之心 仁之端也 羞惡之心 義之端也 辭讓之心 禮之端也 是非之心 智之端也 人之有是四端也 猶其有四體也…凡 有四端於我者 知皆擴而充之矣 若火之始燃 泉之始達 苟能充之 足以保四海 苟不充之 不足以事父母."

25 『大學』, 「傳文」 治國平天下 18章: "所謂平天下 在治其國者 上 老老而民 興孝 上 長長而民 興弟 上 恤孤而民 不倍 是以 君子 有絜矩之道也."

26 『大學』, 「傳文」 治國平天下 19章: "所惡於上 毋以使下 所惡於下 毋以事上 所惡於前 毋以先後 所惡於後 毋以從前 所惡於右 毋以交於左 所惡於左 毋以交於右 此之謂絜矩之道也."

27 『中庸』 1章.

28 『三國史記』 卷 第十八, 「高句麗本紀」 第六, 小獸林王 2, 4, 5年條.

29 『三國史記』 卷 第二十四, 「百濟本紀」 第二, 枕流王 元年 9月條.

30 『三國史記』 卷 第二十六, 「百濟本紀」 第四, 聖王 三十年條; 『日本書紀』 卷十九, 「欽明紀」 十三年 十月條.

31 http://encykorea.aks.ac.kr/Contents/Item/E0031501 (2022.11.11.)

32 신라에서 불교가 공인되기 이전 시기에 민간에 처음 전해진 것으로는 제19대 눌지왕(訥祇王) 때 고구려의 승려 묵호자(墨胡子)가 일선군(一善郡) 모례(毛禮)의 집에 머물면서 포교를 한 것과, 제21대 비처마립간(毗處麻立干 혹은 炤知王이라고도 함) 때 아도(阿道) 화상이 시자(侍子) 3인과 일선군 모례의 집에 와서 불경과 계율을 강독한 것이 『三國史記』, 「新羅本紀」 第四, 法興王 15年條에 나와 있다.

33 태조 왕건이 숭불정책을 사상적 기조로 삼은 것은 '훈요십조(訓要十條)' 제1조에 나와 있다. 즉, "우리 국가의 대업은 여러 부처의 호위를 받아야 하므로 선(禪)·교(敎) 사원을 창건하고 주지들을 파견하여 불도를 닦음으로써 각기 자기 직책을 수행하도록 하는 것이다. 후세에 간신(姦臣)이 정권을 잡으면 승려들의 청촉(請囑, 請謁)을 받아 각기 사원을 서로 쟁탈하게 될 것이니 이를 금지하여야 한다"고 한 것이 그것이다. 또한 제2조에서는 "모든 사원은 도선(道詵)이 산수(山水)의 순역(順逆)의 이치에 따라 세운 것이다"라고 함으로써 불(佛)·도(道)를 사상적 기조로 삼고 있음을 보여준다. 신라 말의 선사(禪師) 도선

은 왕건이 태어나기 전에 그가 새로운 왕조를 개창할 군주가 될 것임을 예언했다고 한다. 고려 개국초의 불교사상에 대해서는 https://db.history.go.kr/download.do?levelId=hn_018_0060&fileName=hn_018_0060.pdf (2022.11.11.)

34 『中阿含經』: "此有故彼有 此生故彼生 此無故彼無 此滅故彼滅."

35 『華嚴經』은 세존(釋迦世尊)의 깨달음의 내용을 직설한 경전이다. 『화엄경』 가운데 가장 먼저 성립된 십지품(十地品, 1~2세기경)은 성인의 과덕(果德)을 나타내는 매우 수준 높은 품으로 경의 가장 중요한 부분이다. 화엄경이 결집되기 이전에는 『十地經』이라고 불리는 독립된 경전이었다. 제1 적멸도량회(寂滅道場會: 제1·2품)·제2 보광법당회(普光法堂會: 제3~8품)는 지상에서, 제3 도리천회(忉利天會: 제9~14품)·제4 야마천궁회(夜摩天宮會: 제15~18품)·제5 도솔천궁회(兜率天宮會: 제19~21품)·제6 타화자재천궁회(他化自在天宮會: 제22~32품)는 천상에서, 제7 보광법당회(제33품)·제8 서다림회(逝多林會, 즉 祇園精舍: 제34품)는 다시 지상에서 설법이 행해진다. 『화엄경』에는 상기 8회의 법문 외에 십현연기무애법문(十玄緣起無碍法門)·사법계설(四法界說)·육상원융론(六相圓融論) 등 불교의 주요 사상들이 실려 있다. 한국불교 소의경전(所依經典) 가운데 최고의 경전으로 『法華經』과 함께 불교 경전의 양대 산맥을 이루고 있다.

36 『三藏』, 「經藏」相應部(Samyutta Nikaya).

37 『金剛經』은 반야(般若)사상, 공(空)사상에 대한 핵심적 가르침을 간명하게 담고 있는 대승불교 경전이다. 대개 150~200년경 대승불교 초기에 성립된 것으로 추정되며, 정신적으로 선(禪)에 가장 가깝게 접근할 수 있는 산스크리트 경전이다. 전반부 경문은 붓다가 근기가 예리한 사람들을 위하여 설한 것이고, 후반부 경문은 나중에 모인 근기가 둔한 사람들을 위하여 설한 것이다. 금강경의 한역본은 여러 종이 있는데, 요진(姚秦: 姚萇이 세운 後秦(384~417))의 삼장법사(三藏法師) 구마라집(鳩摩羅什 Kumarajiva, 343~413)이 번역한 『금강반야바라밀경』이 가장 널리 읽힌다. 삼론, 법상, 화엄, 천태 등 여러 종파와 선종의 근본 경전으로 널리 독송되고 있다. 특히 선불교(禪佛敎)의 전통이 강한 우리나라에서는 더욱 귀하고 소중하게 인정받고 있는 경전이다.

38 『金剛經』: "一切有爲法 如夢幻泡影 如露亦如電 應作如是觀."

39 cf. 『金剛經五家解』, 「大乘正宗分」: "…若菩薩 有我相 人相 衆生相 壽者相 卽非菩薩."

40 『金剛經』의 무아(無我)와 공(空)의 논리에 대해서는 조극훈, 「『금강경(金剛經)』과 『무체법경(無體法經)』에 나타난 무아(無我)와 공(空)의 문제」, 『동학학보』 제62호, 동학학회, 2022, 309-318쪽.

41 『桓檀古記』, 「太白逸史」第三, 神市本紀.

42 『三國史記』卷 第九, 「新羅本紀」第九, 孝成王 2年 4月 記事.

43 『桓檀古記』, 「檀君世紀」 13世 檀君 屹達 20年條.

44 『書經』, 「虞書」舜典: "肆覲東后 協時月正日 同律度量衡 修五禮五玉三帛二生一死贄."

45 『符都誌』第14-15, 29章.

46 『桓檀古記』, 「檀君世紀」; 「揆園史話」, 「檀君記」.

47 최태영, 『한국상고사』, 46-47쪽.

48 "Matthew" in Bible, 5:5: "Blessed are the meek, for they will inherit the earth."

49 cf. 『道德經』52章: "守柔曰强." 이하 본 절의 노장(老莊)사상 관련 내용은 최민자, 『동서

양의 사상에 나타난 인식과 존재의 변증법』, 제2부 5장을 정리, 보완한 것임.

50 『道德經』 3章: "爲無爲 則無不治."

51 『道德經』 48章: "取天下常以無事 及其有事 不足以取天下."

52 『道德經』 48章: "爲學日益 爲道日損 損之又損 以至于無爲 無爲而無不爲矣."

53 『道德經』 40章: "天下之物生於有 有生於無."

54 無의 功用에 대해서는『道德經』 11章: "三十輻共一轂 當其無有車之用 埏埴以爲器 當其無有器之用 鑿戶牖以爲室 當其無有室之用 故有之以爲利 無之以爲用."

55 『道德經』 42章: "道生一 一生二 二生三 三生萬物 萬物負陰而抱陽 冲氣而爲和." 여기서 '一'은 道의 본체, '二'는 道의 작용[陰陽 二氣], '三'은 우주만물을 나타낸다.

56 『道德經』 40章: "反者道之動." cf.『道德經』 25章: "大曰逝 逝曰遠 遠曰反."

57 『易經』,「繫辭下傳」: "易 窮則變 變則通 通則久 是以自天祐之 吉无不利." "역(易)이란 (사물이) 궁극에 달하면 변하고, 변하면 통하고, 통하면 오래간다는 것이다. 이 때문에 하늘로부터 도와서 길하여 이롭지 않음이 없다"란 뜻이다.

58 『道德經』 36章: "將欲歙之 必固張之 將欲弱之 必固强之 將欲廢之 必固興之 將欲奪之 必固與之 …… 柔弱勝剛强."

59 『道德經』 28章.

60 『道德經』 68章: "善爲士者不武 善戰者不怒 善勝敵者不爭 善用人者爲之下 是謂不爭之德."

61 『道德經』 52章: "守柔曰强."

62 『道德經 78章: "天下莫柔弱於水 而攻堅强者莫之能勝."

63 『道德經』 28章: "知其雄 守其雌 爲天下谿 爲天下谿 常德不離 復歸於嬰兒."

64 『道德經』 67章: "夫我有三寶 持而寶之 一曰慈 二曰儉 三曰不敢爲天下先 慈故能勇 儉故能廣 不敢爲天下先 故能成器長 今舍慈且勇 舍儉且廣 舍後且先 死矣."

65 『道德經』 17章: "太上 下知有之 其次 親而譽之 其次畏之 其次侮之."

66 『道德經』 57章: "以正治國 以奇用兵 以無事取天下……天下多忌諱 而民彌貧 民多利器 國家滋昏 人多技巧 奇物滋起 法令滋彰 盜賊多有 故聖人云 我無爲而民自化 我好靜而民自正 我無事而民自富 我無欲而民自樸."

67 『道德經』 60章: "治大國 若烹小鮮."

68 『道德經』 80章.

69 『莊子』,「齊物論」: "不知周之夢爲胡蝶與 胡蝶之夢爲周與."

70 『莊子』,「應帝王」: "南海之帝爲儵 北海之帝爲忽 中央之帝爲混沌 儵與忽 時相與遇於混沌之地 混沌待之甚善 儵與忽謀報混沌之德 曰 人皆有七竅 以視聽食息 此獨無有 嘗試鑿之 日鑿一竅 七日而混沌死."

71 『莊子』,「駢拇」: "是故鳧脛雖短 續之則憂 鶴脛雖長 斷之則悲 故性長非所斷 性短非所續."

72 『莊子』,「秋水」: "曰 何謂天 何謂人 北海若曰 牛馬四足 是謂天 絡馬首 穿牛鼻 是謂人 故曰 无以人滅天 无以故滅命 无以得殉命 謹守而勿失 是謂反其眞."

73 『莊子』,「秋水」: "以道觀之 何貴何賤 是謂反衍…何少何多 是謂謝施."

74 『莊子』,「知北游」.

75 『莊子』,「齊物論」: "彼出於是 是亦因彼 彼是方生之說也 雖然 方生方死 方死方生 方可方不可 方不可方可 因是因非 因非因是 是以聖人不由而照之於天 亦因是也 是亦彼也 彼亦

是也 彼亦一是非 此亦一是非 果且有彼是乎哉 果且無彼是乎哉 彼是莫得其偶 謂之道樞."

76 『莊子』,「大宗師」: "墮枝體 黜聰明 離形去知 同於大通此謂坐忘."

77 cf. Leslie Lipson, "The Philosophy of Democracy - Can Its Contradictions Be Reconciled?" *Journal of International Affairs*, vol.38, no.2(winter 1985). 립슨(Lipson)은 개인적 자유(individual freedom)와 사회적 평등(social equality)을 불가분의 상보적인 관계로 인식한다.

78 『莊子』,「逍遙遊」: "若乎乘天地之正 而御六氣之辯 以遊無窮者 彼且惡乎待哉 故曰 至人無己 神人無功 聖人無名."

79 『莊子』,「大宗師」: "已外生矣 而後能朝徹 朝徹而後能見獨 見獨而後能無古今 無古今而後能入於不死不生."

80 『莊子』,「大宗師」: "殺生者不死 生生者不生."

81 『莊子』,「大宗師」: "勞我以生 佚我以老 息我以死."

82 『莊子』,「大宗師」: "其爲物 無不將也 無不迎也 無不毀也 無不成也 其名爲攖寧 攖寧也者 攖而後成者也."

83 『莊子』,「大宗師」: "其嗜欲深者 其天機淺."

84 류강 지음, 이재훈 옮김, 『고지도의 비밀』(파주: 글항아리, 2011). 류강이 2006년 공개한 1418년의「天下諸番識貢圖」모사본은 전 세계적인 파장을 불러일으켰다.

85 오경웅 지음, 서돈각·이남영 옮김, 『선학의 황금시대』(서울: 천지, 1997), 76쪽.

86 위의 책, 60쪽에서 재인용.

87 Thomas Merton, *The Way of Chuang Tzu*(New York: New Directions, 1965), p.15.

88 오경웅 지음, 서돈각·이남영 옮김, 앞의 책, 75쪽.

89 주자가 사서를 표장한 중요한 이유는 오경(五經)이 공맹사상을 접할 수 있는 간접 자료인 데 비해 『논어』·『맹자』는 직접 자료이고, 또한 성(性)·심(心)·인(仁)·의(義)와 같은 철학적 문제를 본격적으로 다루고 있으며 체계적인 학문 방법을 제시한 점에서 오경과는 차이가 있다는 것이다(이동희 지음, 『주자: 동아시아 세계관의 원천』(서울: 성균관대학교 출판부, 2007), 110쪽).

90 정몽주의 학풍은 길재(吉再)·김숙자(金叔滋)·김종직(金宗直)·김굉필(金宏弼)·조광조(趙光祖) 등으로 이어지는 사림(士林)의 도학계보(道學系譜)를 형성하며 연산군(燕山君, 재위 1494~1506) 때 두 차례의 사화를 겪은 이래 1519년 기묘사화(己卯士禍, 中宗 14), 1545년 을사사화(乙巳士禍, 明宗 즉위년) 등을 겪으면서도 도학(道學)의 의리 정신은 면면히 계승되었다. 사림(士林)이란 용어는 정몽주·길재·김종직으로 이어지는 신진사류가 15세기 후반 중앙 정계에 진출하면서부터 공식적으로 자주 쓰이게 되었으며, 성종(재위 1469~1494) 연간에 김종직·김굉필·정여창(鄭汝昌) 등이 중앙 정계에 진출하여 활동하기 시작하면서 사림파는 하나의 정치세력으로 등장하게 되었다. 이하 본 절의 내용은 최민자, 『동서양의 사상에 나타난 인식과 존재의 변증법』, 제2부 9장을 정리, 보완한 것임.

91 『聖學十圖』序文.

92 『聖學十圖』,「心統性情圖說」: "所謂心統性情者 言人稟五行之秀以生 於其秀而五性具焉 於其動而七情出焉 凡所以統會其性情者則心也 故其心寂然不動爲性 心之體也 感而遂通 爲情 心之用也 張子曰 '心統性情 斯言當矣' 心統性 故仁義禮智爲性 而又有言仁義之心者

心統情 故惻隱羞惡辭讓是非爲情 而又有言惻隱之心 羞惡辭讓 是非之心者 心不統性 則無
以致其未發之中 而性易鑿 心不統情 則無以致其中節之和 而情易蕩 學者知此 必先正其
心 以養其性 以約其情 則學之爲道得矣."

93 『退溪全書』上卷,「論四端七情書」: "四端理之發 七情氣之發."

94 『退溪全書』上卷,「論四端七情書」: "但子思·孟子所就以言之者不同 故有四端七情之別耳
非七情之外復有四端也 今 若以謂四端發於理而無不善 七情發於氣而有善惡 是理與氣判
而爲兩物也 是七情不出於性 而四端不乘於氣 此語意之不能無病 而後學之不能無疑也
若又以四端之發純理 故無不善 七情之發兼氣 故有善惡者而改之 則雖似稍勝於前說 而愚
意亦恐未安…此固純是天理所發 然非能出於七情之外也 乃七情中發而中節者之苗脈也
然則以四端七情對擧互言 而謂之純理兼氣可乎? 論人心道心則或可如此說 若四端七情則
恐不得如此說 蓋七情不可專以人心觀也."

95 『退溪全書』上卷,「論四端七情書」: "夫理 氣之主宰也 氣 理之材料也 二者固有分矣 而其
在事物也 則固混淪而不可分開."

96 『退溪全書』上卷,「論四端七情書」: "四端 理發而氣隨之 七情 氣發而理乘之."

97 『退溪全書』上卷,「答李平叔」.

98 『聖學十圖』,「心統性情圖說」: "兼理氣統性爲情者 心也 而性發爲情之際 乃一心之幾微 萬
化之樞要 善惡之所由分也 學者誠能一於持敬 不昧理欲 而尤致謹於此 未發而存養之功深
已發而省察之習熟 眞積力久而不已焉 則所謂精一執中之聖學 存體應用之心法 皆可不待
外求而得之於此矣."

99 『孟子』,「公孫丑章句上」: "可以仕則仕 可以止則止 可以久則久 可以速則速 孔子也."

100 『戊辰六條疏』: "心爲天君 而意其發也 先誠其所發 則一誠足以消萬僞 以正其天君 則百體
從令 而所踐無非實矣."

101 『退溪全書』上卷,「傳習錄論辯」.

102 『栗谷全書』卷14,「人心道心圖說」: "發之者氣也 所以發者理也 非氣則不能發 非理則無
所發."

103 『栗谷全書』卷10, 書2「答成浩原」: "理者氣之主宰也 氣者理之所乘也 非理則氣無所根柢
非氣則理無所依著."

104 『栗谷全書』卷10, 書2「答成浩原」: "氣發而理乘者何謂也 陰靜陽動 機自爾也 非有使之者
也 陽之動則理乘於動 非理動 陰之靜則理乘於靜 非理靜也."

105 『栗谷全書』卷20,「聖學輯要」2: "理無爲而氣有爲 故氣發而理乘."

106 『栗谷全書』卷10, 書2「答成浩原」: "若朱子眞以爲理氣互有發用 相對各出 則是朱子亦
誤也."

107 『栗谷全書』卷10, 書2「答成浩原」: "陰陽動靜而太極乘之."

108 『栗谷全書』卷10, 書2「答成浩原」: "理乘其本然之氣而爲道心焉…理亦乘其所變之氣而爲
人心."

109 『栗谷全書』卷14,「人心道心圖說」: "道心純是天理 故有善而無惡 人心也有天理也人欲也
故有善有惡."

110 『栗谷全書』卷10, 書2「答成浩原」: "人心道心雖二名 而其原則只是一心."

111 율곡의 기질지성(氣質之性)의 극복에 대해서는 오종일, "율곡학과 정암도학," 충남대학교

유학연구소 편, 『율곡학과 한국유학』(서울: 예문서원, 2007), 33-37쪽 참조.

112 『栗谷全書』卷10, 書2「答成浩原」: "理無形而氣有形 故理通而氣局."

113 『栗谷全書』卷9, 書1「答成浩原」: "本然者 理之一也 流行者 分之殊也 捨流行之理 而別求 本然之理 固不可 若以理之有善惡者爲理之本然 則亦不可 理一分殊四字 最宜體究."

114 『栗谷全書』卷10, 書2「答成浩原」: "理通者何謂也? 理者 無本末也 無先後也…"

115 『栗谷全書』卷10, 書2「答成浩原」: "至於淸濁粹駁糟粕煙燼糞壤汚穢之中 理無所不在 各 爲其性 而其本然之妙 則不害其自若也 此之謂理之通也."

116 『栗谷全書』卷10, 書2「與成浩原」: "氣之一本者 理之通故也 理之萬殊者 氣之局故也."

117 『栗谷全書』卷10, 書2「答成浩原」: "理雖一 而旣乘於氣 則其分萬殊."

118 『栗谷全書』卷10, 書2「答成浩原」: "氣局者何謂也? 氣已涉形迹 故有本末 有先後也."

119 『栗谷全書』卷10, 書2「與成浩原」: "人之性 非物之性者 氣之局也 人之理 卽物之理者 理 之通也."

120 『栗谷全書』卷10, 書2「與成浩原」: "方圓之器不同 而器中之水一也 大小之瓶不同 而瓶中 之空一也."

121 『栗谷全書』卷10, 書2「答成浩原」: "天地人物 雖各有其理 而天地之理 卽萬物之理 萬物 之理 卽吾人之理也 此所謂統體一太極也 雖曰一理 而人之性 非物之性 犬之性 非牛之性 此所謂各一其性者也."

122 『栗谷全書』卷14,「天道策」: "一氣運化 散爲萬殊 分而言之 則天地萬象 各一氣也 合而言 之 則天地萬象 同一氣也."

123 김기선, 『최해월과 동학』(서울: 정민사, 2010), 212-213쪽.

124 신용하, 『동학과 갑오농민전쟁연구』(서울: 일조각, 2016), 489쪽.

125 표영삼 지음, 『동학 2: 해월의 고난 역정』(서울: 통나무, 2014), 193-198쪽. 공주 교조신원운 동 입의통문(立義通文) 전문에 대해서는 위의 책, 199-203쪽; 삼례 교조신원운동 경통(敬 通) 전문에 대해서는 위의 책, 221-222쪽 참조.

126 광화문 복합상소(伏閣上疏) 전문에 대해서는 위의 책, 261-266쪽; 반외세 통유문(通諭文) 전문에 대해서는 위의 책, 281-283쪽 참조.

127 황선희, 『한국 근대사의 재조명』(서울: 국학자료원, 2003), 250쪽.

128 위의 책, 258-261쪽. * 『義菴聖師法說』,「三戰論」: "「天時不如地理 地理不如人和」人和 之策 非道不能 曰「以道和民則 無爲而可治也」." 즉, 천시는 지리만 못하고 지리는 인화 만 못하니, 인화는 도로써만 이룰 수 있으므로 천도(天道)로 국민을 화합으로 이끌면 국 정이 안정된다는 뜻이다.

129 신용하, 앞의 책, 491-493쪽.

130 cf. "John" in Bible, 14:6 : "I am the way and the truth and the life…."

131 David Bohm, Wholeness and the Implicate Order, pp.188-189.

132 『東經大全』,「論學文」.

133 『東經大全』,「不然其然」.

134 『龍潭遺詞』,「興比歌」: "무궁한 그 이치를 불연기연 살펴내어…무궁히 알았으면 무궁한 이 울 속에 무궁한 내 아닌가."

135 『海月神師法說』,「靈符呪文」: "宇宙萬物 總貫一氣一心也."

136 『海月神師法說』,「天地理氣」: "人之在於陰水中 如於之在魚陽水中也 人不見陰水 魚不見 陽水也."

137 『東經大全』,「論學文」: "…身多戰寒 外有接靈之氣 內有降話之敎 視之不見 聽之不聞…曰 吾心卽汝心也."

138 『龍潭遺詞』,「敎訓歌」.

139 『龍潭遺詞』,「敎訓歌」.

140 『海月神師法說』,「三敬」: "吾心不敬 卽天地不敬."

141 『東經大全』,「論學文」: "侍者 內有神靈 外有氣化 一世之人 各知不移者也."

142 『海月神師法說』,「靈符呪文」: "心者 在我之本然天也 天地萬物 本來一心."

143 『大乘起信論疏』, 397쪽: "一心之外更無別法."

144 『大乘起信論疏』, 397쪽; 『大乘起信論別記』, 467쪽.

145 『海月神師法說』,「靈符呪文」: "內有神靈者 落地初赤子之心也 外有氣化者 胞胎時 理氣應 質而成體也."

146 『海月神師法說』,「天地理氣」: "初宣氣 理也 成形後運動 氣也 氣則理也 何必分而二之."

147 『義菴聖師法說』,「講論經義」: "…靈與氣 本非兩端 都是一氣也."

148 『東經大全』,「修德文」: "仁義禮智 先聖之所敎 修心正氣 惟我之更定"; 『海月神師法說』, 「守心正氣」: "若非守心正氣則 仁義禮智之道 難以實踐也"; 『海月神師法說』,「守心正氣」: "守心正氣之法 孝悌溫恭 保護此心 如保赤子 寂寂無忿起之心 惺惺無昏昧之心 加也."

149 『海月神師法說』,「誠·敬·信」: "純一之謂誠 無息之謂誠…."

150 『龍潭遺詞』,「道修詞」: "誠敬二字 지켜내어 차차차차 닦아내면 무극대도 아닐런가 시호 시호 그때 오면 道成立德 아닐런가."

151 海月 崔時亨의 '삼경'사상에 대해서는 최민자,「우주진화적 측면에서 본 해월의 '삼경'사 상」, 『동학학보』 제3호, 동학학회, 2002, 279-327쪽 참조.

152 『東經大全』,「後八節」: "我爲我而非他."

153 『龍潭遺詞』,「敎訓歌」; 『海月神師法說』,「靈符呪文」: "心者 在我之本然天也 天地萬物 本 來一心"; 『海月神師法說』,「靈符呪文」: "彼鳥聲 亦是 侍天主之聲也."

154 『東經大全』,「論學文」에서는 '造化'를 '無爲而化'라 하고, '定'을 '合其德定其心'이라 하였 다. 수운의 천도(天道)와 천덕(天德)의 진수(眞髓)는 '시천주 조화정 영세불망 만사지(侍天 主 造化定 永世不忘 萬事知)'라는 주문 열세 자에 함축되어 있다.

155 『海月神師法說』,「天地人·鬼神·陰陽」: "人是天 天是人 人外無天 天外無人."

156 『海月神師法說』,「天地父母」: "天地卽父母 父母卽天地 天地父母 一體也."

157 『龍潭遺詞』,「安心歌」: "십이제국 괴질운수 다시개벽 아닐런가 요순성세 다시 와서 국태 민안 되지마는 기험하다 기험하다 아국운수 기험하다."

158 『龍潭遺詞』,「夢中老少問答歌」: "천운이 둘렀으니 근심말고 돌아가서 윤회시운 구경하 소 십이제국 괴질운수 다시개벽 아닐런가"; 『龍潭遺詞』,「勸學歌」: "차차차차 증험하니 윤회시운 분명하다."

159 『龍潭遺詞』,「夢中老少問答歌」: "下元甲 지나거든 上元甲 호시절에 만고 없는 無極大道 이 세상에 날 것이니…."

160 『東經大全』,「不然其然」: "付之於造物者 則其然其然 又其然之理." 즉, 하늘의 섭리에 부

처 살펴보면 불연은 또한 기연이라는 뜻이다.

161 『東經大全』, 「論學文」: "日吾心卽汝心也 人何知之 知天地而無知鬼神 鬼神者吾也."

162 『海月神師法說』, 「待人接物」: "人是天 事人如天."

163 『海月神師法說』, 「待人接物」: "打兒 卽打天矣."

164 『海月神師法說』, 「夫和婦順」: "婦人 一家之主也."

165 최민자, 「'특이점'의 도래와 새로운 문명의 가능성」, 『동학학보』 제40호, 동학학회, 2016, 45-49쪽.

166 『東經大全』, 「論學文」: "吾亦生於東受於東 道雖天道 學則東學 況地分東西 西何謂東 東何謂西."

167 『桓檀古記』, 「太白逸史」 第五, 蘇塗經典本訓.

168 『桓檀古記』, 「太白逸史」 第五, 蘇塗經典本訓.

169 김삼웅, 『의암 손병희 평전』(서울: 채륜, 2017), 5-6쪽.

170 위의 책, 6-7쪽.

171 신용하, 『한국 3·1독립운동과 임시정부』(파주: 경인문화사, 2022), 57-59쪽.

172 위의 책, 61쪽.

173 위의 책, 62쪽.

174 위의 책, 62-63쪽.

175 위의 책, 68-69쪽.

176 임형진, 「동학에서 천도교로의 개편과 3·1독립혁명」, 『동학학보』 제45호, 동학학회, 2017, 96-98쪽. 천도교의 3·1독립운동 준비에 대해서는 위의 논문, 92-98쪽.

177 신용하, 『한국 3·1독립운동과 임시정부』, 80-96쪽.

178 양재학 지음, 『正易과 만나다』(대전: 상생출판, 2022), 572-573쪽에서는 "영(影)은 단순 그림자가 아니라 『正易』의 핵심인 율려라 하겠다.…김일부는 율려가 음양을 조절하여 선천을 후천으로 뒤바꾸는 실질적인 원리로 표현했기 때문이다[律呂調陰陽].…'영동천심월'은 수지도수로 이해하는 것이 훨씬 빠르다. 『正易』에는 천심월(天心月)과 황심월(皇心月)이 있다. 전자는 선천 보름달로서 왼손 손가락 전체를 굽힌 닫혀진 세상을 상징하며, 그 상태에서 새끼손가락을 편 것은 후천의 새로운 중용을 뜻하는 황중월(皇中月)을 가리킨다.…후천 초하루인 황중월이 15일 지나 황심월이 되기 위해서는 천심월이 황심월로 바뀌는 시간의 혁명이 일어나야 한다. 선천 보름 다음 날(선천 16일)이 후천 초하루로 바뀌므로 15일의 시간이 우주 공간에서 사라지는 현상이 일어난다는 뜻이다. 그러니까 선천 16일이 후천 초하루로 바뀌므로 선천 30일은 곧 후천 15일 황심월이라 부르는 것이다."

179 탄허불교문화재단, 『탄허 대종사 연보(呑虛 大宗師 年譜)』(서울: 도서출판 교림, 2012), 433쪽.

180 『桓檀古記』, 「太白逸史」 第三, 神市本紀.

181 『揆園史話』, 「太始記」; 『桓檀古記』, 「太白逸史」 第三, 神市本紀.

182 『正易』, 「大易序」 初頭.

183 12회(會)는 우주력(宇宙曆) 12개월, 즉 자회(子會), 축회(丑會), 인회(寅會), 묘회(卯會), 진회(辰會), 사회(巳會), 오회(午會), 미회(未會), 신회(申會), 유회(酉會), 술회(戌會), 해회(亥會)를 말한다. 매회(會)는 1만 8백 년으로 12회(會), 즉 우주력 1년(一元)은 12만 9천6백 년이다. 소강절은 『黃極經世書』, 「觀物內篇·10」 벽두에서 일월성신(日月星辰)을 원회운세(元

會運世)로 헤아리고 있다. 즉, "일(日)은 하늘의 원(元)으로 헤아리고, 월(月)은 하늘의 회
(會)로 헤아리며, 성(星)은 하늘의 운(運)으로 헤아리고, 신(辰)은 하늘의 세(世)로 헤아린
다(日經天之元 月經天之會 星經天之運 辰經天之世)"가 그것이다. 소강절이 밝힌 천지운행의
원리에 대해서는 최민자, 「수운의 후천개벽과 에코토피아」, 『동학학보』 제7호, 동학학
회, 2004, 123-129쪽.

184 『黃極經世書』, 「纂圖指要·下」와 「觀物內篇·10」.

185 『黃極經世書』, 「纂圖指要·下」.

186 『黃極經世書』, 「纂圖指要·下」: "時動而事起天運而人從 猶形行而影會聲發而響."

187 『黃極經世書』, 「纂圖指要·下」: "天之時由人之事乎 人之事有天之時乎."

188 『黃極經世書』, 「纂圖指要·下」: "時者天也 事者人也 時動而事起…."

189 『黃極經世書』, 「纂圖指要·下」: "故聖人與天 行而不逆與時俱遊而不違是以自天祐之吉無
不利…."

190 『正易』, 「十一一言」: "先天之易 交易之易 後天之易 變易之易."

191 『正易』, 「十五一言」 '十五歌'.

192 『正易』, 「十一一言」 '十一吟'.

193 이정호, 『정역연구』(서울: 국제대학출판부, 1983), 97쪽에서는 '십수정역(十數正易)으로 만
세의 책력(册曆)을 이루어 1년 360일 12월 24절후가 극한(極寒)·극서(極暑) 없는 온화하
고 서늘한 기후를 자아내어 유리세계(琉璃世界)를 이룬다'고 하고, 이를 실현하는 데는
'천지개벽으로 인한 객관세계의 변동과 함께 정역(正易)의 후천 심법을 체화한 인간 내부
세계의 변화'가 중요하다고 했다.

194 『正易』, 「十五一言」.

195 『周易』, 「說卦傳」 第五章: "艮 東北之卦也 萬物之所成終而所成始也 故 曰成言乎艮."

196 『周易』, 「說卦傳」 第六章: "…水火相逮 雷風不相悖 山澤通氣 然後能變化 旣成萬物也."

197 탄허불교문화재단, 앞의 책, 557쪽.

198 『正易』, 「十五一言」 '先后天周回度數'.

199 『桓檀古記』, 「三聖紀全」 下篇: "時有盤固者 好奇術 欲分道而往請 乃許之 遂積財寶 率十
干十二支神將 與 共工有巢有苗有燧 至三危山拉林洞窟 而立爲君 謂之諸畎 是爲盤固
汗也." "그때 반고라는 자가 기술(奇術)을 좋아하여 환웅과 길을 나누어 가기를 청하니
환인이 이를 허락하였다, 드디어 반고는 재물과 보화를 싣고 십간십이지의 신장을 거느
리고 공공·유소·유묘·유수 등과 함께 삼위산 납림동굴에 이르러 임금이 되었는데 이를
제견이라 이르니 이가 곧 반고가한이다."

200 양재학 지음, 앞의 책, 562쪽.

201 https://www.ibulgyo.com/news/articleView.html?idxno=215913 (2022.12.8.)

202 https://www.ibulgyo.com/news/articleView.html?idxno=215913 (2022.12.8.)

203 탄허불교문화재단, 앞의 책, 555-556쪽.

204 위의 책, 556쪽.

205 위의 책.

206 위의 책, 560쪽.

207 탄허 지음, 『탄허록』(서울: 한겨레엔, 2012), 58-59쪽.

208 문광 지음, 『탄허학 연구』(서울: 조계종출판사, 2022), 78쪽.

209 탄허 지음, 앞의 책, 45쪽.

210 위의 책, 45-48쪽.

211 위의 책, 50쪽.

212 위의 책, 48쪽.

213 위의 책, 48-49쪽.

214 위의 책, 52-54쪽.

215 위의 책, 54, 56, 60쪽.

216 문광 지음, 앞의 책, 46쪽에서 미국 홍법원 법문(1982) 재인용.

217 위의 책, 50-51쪽에서 미국 홍법원 법문(1982) 재인용.

218 『金剛三昧經論』, p.146 : "然此二門 其體無二 所以皆是一心法."

219 『金剛三昧經論』, p.145 : 『大乘起信論疏』, p.397.

220 『大乘起信論別記』, p.468 : "生滅門者 卽此眞如 是善不善因與緣和合 反作諸法."

221 탄허, 『부처님이 계신다면』(서울: 교림, 2021), 230-231쪽.

222 문광 지음, 앞의 책, 55-56쪽에서 미국 홍법원 법문(1982) 재인용.

223 위의 책, 57쪽에서 미국 홍법원 법문(1982) 재인용.

## 06 한국학 코드의 전파와 동·서융합 비전

1   김성호, 『비류백제와 일본의 국가기원』(서울: 지문사, 1982).

2   이시와타리 신이치로 지음, 안희탁 옮김, 『백제에서 건너간 일본 천황』(서울: 지식여행, 2002), 377쪽.

3   『周書』卷四十九, 「列傳」第四十一, 異域 上 百濟傳.

4   이시와타리 신이치로 지음, 안희탁 옮김, 앞의 책, 377-378쪽.

5   『桓檀古記』, 「太白逸史」第二, 桓國本紀 : "時 人皆自號爲桓 以監群爲仁 仁之爲言任也 弘益濟人 光明理世 使之任其必仁也."

6   최태영, 『한국상고사』, 132쪽.

7   존 카터 코벨 지음, 김유경 엮어옮김, 『한국문화의 뿌리를 찾아』(서울: 학고재, 1999), 81-82쪽.

8   위의 책, 82-83쪽.

9   최태영, 『한국 고대사를 생각한다』, 202쪽.

10  위의 책, 182쪽.

11  신용하, 『고조선문명의 사회사』, 644-645쪽.

12  『三國志』卷三十, 「魏書」第三十, 烏丸鮮卑東夷傳 第三十, 倭人傳.

13  『三國志』卷三十, 「魏書」第三十, 烏丸鮮卑東夷傳 第三十, 韓傳.

14  『三國史記』卷 第二, 「新羅本紀」第二, 阿達尼師今 20年 5月條.

15  『三國志』卷三十, 「魏書」第三十, 烏丸鮮卑東夷傳 第三十, 倭人傳.

16  『三國志』卷三十, 「魏書」第三十, 烏丸鮮卑東夷傳 第三十, 倭人傳.

17 『後漢書』卷八十五,「東夷列傳」第七十五, 韓傳. 이와 유사한 내용이 『晋書』 卷九十七, 「列傳」 第六十七, 東夷 馬韓條에도 기록되어 있다.

18 최태영, 『인간 단군을 찾아서』, 215-221쪽.

19 최태영, 『한국 고대사를 생각한다』, 183쪽.

20 http://contents.history.go.kr/mobile/km/view.do?levelId=km_029_0040_0010_0010 (2022.12.17.)

21 최태영, 『한국 고대사를 생각한다』, 184쪽.

22 https://n.news.naver.com/mnews/article/001/0006440143?sid=104 (2022.12.18.)

23 『桓檀古記』,「檀君世紀」;『檀奇古史』,「前檀君朝鮮」, 第4世 檀君 烏斯丘條.

24 『桓檀古記』,「檀君世紀」;『檀奇古史』,「後檀君朝鮮」, 第12世 檀君 買勒條.

25 최태영, 『인간 단군을 찾아서』, 233쪽에서 재인용.

26 위의 책, 233-234쪽.

27 위의 책, 235쪽.

28 위의 책, 236-237쪽.

29 위의 책, 239쪽.

30 https://terms.naver.com/entry.naver?docId=6598770&cid=42107&categoryId=42107 (2022.12.20.)

31 https://www.joongang.co.kr/article/23912367 (2022.12.20.)

32 https://www.korea.kr/news/policyNewsView.do?newsId=148908196 (2022.12.20.)

33 https://blog.naver.com/kima20298/222973777693 (2023.1.5.)

34 한국의 해상안보에 관해서는 Kook-Chin Kim, "The Pacific Era and the Korean Maritime Security," in Dalchoong Kim & Doug-Woon Cho(ed.), *Korean Sea Power and The Pacific Era*, Institute of East and West Studies, Yonsei University, 1990; Geoffrey Till, "The Maritime Dimension of Korean Security," in Dalchoong Kim & Doug-Woon Cho(ed.), *Korean Sea Power and The Pacific Era*, Institute of East and West Studies, Yonsei University, 1990.

35 무하마드 깐수, 『신라·서역교류사』(서울: 단국대출판부, 1992).

36 이러한 장보고의 활약상은 특히 『入唐求法巡禮行記』와 『續日本後紀』에서 명료하게 드러난다. 이하 본 절에 나오는 장보고 관련 내용은 최민자, 『세계인 장보고와 지구촌 경영』(서울: 범한, 2003), 21-103쪽에서 정리한 것임.

37 E. O, Reischauer, *Ennin's Travels in T'ang China*(New York: The Ronald Press Co., 1955), p.287.

38 김문경, 「당일(唐日) 문화교류와 신라신(神) 신앙」, 『동방학지(東方學志)』 54·55·56합집, 연세대학교 국학연구원, 1987.

39 今西龍,「慈覺大師入唐求法巡禮行記を讀みて」, 『新羅史研究』, 近澤書店, 1933.
　岡田正之,「慈覺大師の入唐紀行に就いて」, 『東洋學報』, 12·13, 1921~1923.

40 김상기, 「고대의 무역형태와 나말(羅末)의 해상발전에 취(就)하야—청해진대사 장보고를 주로 하야」, 『진단학보』 1·2, 진단학회, 1934·1935.

41 최남선, 『고사통』(경성부: 삼중당서점, 1943), p. 43.

42 해상왕장보고연구회 편, 『7-10세기 한·중·일 교역관계연구논문집』, (재)해상왕장보고
   기념사업회, 2003.

43 『三國史記』卷 第十一, 文聖王 7年 3月條.

44 『三國遺事』卷 第二, 「紀異」第二, 神武大王·閣長·弓巴條.

45 김광수, 「장보고의 정치사적 위치」, 『장보고의 신연구』, 완도문화원, 1985, 65쪽.

46 杜牧, 『樊川文集』卷六, 張保皐·鄭年傳.

47 『三國史記』卷 第四十四, 「列傳」第四, 張保皐傳.

48 『三國史記』卷 第十, 「新羅本紀」第十; 『三國史記』卷 第十一, 「新羅本紀」第十一.

49 『三國遺事』卷 第二, 「紀異」第二, 神武大王·閣長·弓巴條.

50 김광수, 앞의 논문, 62쪽.

51 『新唐書』卷二百二十, 「列傳」第一百四十五, 東夷傳 新羅條.

52 杜牧, 『樊川文集』卷六, 張保皐·鄭年傳. 여기서 '張'씨는 '弓福'의 '弓'이, '保皐'는 '福' 혹은
   '巴'가 지나식(支那式) 성명으로 전변(轉變)된 것으로 보기도 한다(김상기, 앞의 논문, 106쪽;
   今西龍, 앞의 논문, 305쪽).

53 『續日本後紀』, 卷9·10·11.

54 『入唐求法巡禮行記』卷2·3·4.

55 今西龍, 前揭論文 참조.

56 『三國史記』卷十, 憲德王 11년 7월條.

57 이기동, 「장보고와 그의 해상왕국」, 『장보고의 신연구』, 완도문화원, 1985, 96-97쪽 참조.

58 『入唐求法巡禮行記』卷四, 會昌 5年(845) 9月 22日條.

59 蒲生京子, 「新羅末期の張保皐の擡頭と反亂」, 『朝鮮史研究會論文集』 16, 1979. 49-50쪽.

60 『册府元龜』卷四十二, 帝王部仁慈門 元和 11년條.

61 『唐會要』卷八十六, 奴婢 長慶 元年 3月條.

62 『三國史記』卷 第十, 「新羅本紀」第十, 興德王 3年 4月條.

63 『三國史記』卷 第四十四, 「列傳」第四, 張保皐傳.

64 김상기, 앞의 논문, 113쪽.

65 위의 논문, 110쪽.

66 위의 논문, 110-111쪽.

67 위의 논문, 109쪽.

68 『三國史記』卷 第十, 「新羅本紀」第十, 神武王 元年條.

69 『入唐求法巡禮行記』卷二, 開成 4年(839) 6月 27日條 및 6月 28日條.

70 『入唐求法巡禮行記』卷二, 開成 5年(840) 2月 15日條.

71 김문경, 「재당신라인의 集落과 그 구조」, 『이홍직박사회갑기념논문집』(서울: 신구문화사,
   1969) 참조.

72 『續日本後紀』卷九, 承和 7年(840) 12月條.

73 『三國史記』卷 第十, 「新羅本紀」第十, 僖康王·閔哀王·神武王條.

74 『三國史記』卷 第四十四, 「列傳」第四, 張保皐傳.

75 『三國遺事』卷 第二, 「紀異」第二, 神武大王·閣長·弓巴條.

76 『三國史記』卷 第十一, 「新羅本紀」第十一, 文聖王 8年 春條.

77 『東史綱目』卷五, 上 丙寅 文聖王 8年 春條.

78 『標題音柱東國史略』卷四, 文聖王條.

79 『三國史記』卷 第十一, 「新羅本紀」第十一, 文聖王 8年 春條.

80 이기동, 앞의 논문, 116쪽 참조.

81 『三國史記』卷 第十一, 「新羅本紀」第十一, 文聖王 4年 3月條.

82 『三國史記』卷 第十一, 「新羅本紀」第十一, 文聖王 8年 春條.

83 『續日本後紀』卷十一, 承和 9年(842) 正月 乙巳條.

84 『入唐求法巡禮行記』卷四, 會昌 5年(845) 7月 9日條.

85 『三國史記』卷 第十一, 「新羅本紀」第十一, 文聖王 13年(851) 2月條.

86 최광식·정운용·최근식·윤재운, 『해상왕 장보고 그는 누구인가?』, (재)해상왕장보고기념사업회, 2002, 95-96쪽.

87 김광수, 앞의 논문, 81쪽 참조.

88 김문경, 「부처님의 사도 - 장보고와 그 선단」, 『해상왕장보고 N·E·W·S』, 제24호, 2001년 9월 1일자.

89 손보기, 「장보고 해양경영사 연구의 방향과 과제」, 『장보고와 청해진』(서울: 혜안, 1996), 21-23쪽 참조.

90 『入唐求法巡禮行記』卷2, 開成 5年(840) 2月 17日條.

91 이기동, 앞의 논문, 119쪽.

92 박창범, 『하늘에 새긴 우리 역사』(55-57쪽.

93 http://premium.chosun.com/site/data/html_dir/2014/01/24/2014012402939.html (2022.12.26.) 김일제에서 비롯된 신라 김씨의 내력은 '문무대왕릉비'에서도 찾아볼 수 있다. 김일제 후손들의 한 갈래가 한반도로 들어와 김일제 동생 윤의 5대손인 탕(湯)이 가야 김씨의 시조인 김수로가 되었다고 한다.

94 http://www.kookje.co.kr/news2011/asp/newsbody.asp?code=1600&key=20190711.22019004747 (2022.12.26.) 북방 유라시아 유목기마민족들의 무덤은 신라의 '적석목곽분'과 큰 차이가 없다. 금관과 함께 출토된 유물 가운데 순금으로 만든 고깔형 관모와 금동제 뿔잔, 청동솥은 신라 왕족이 유목기마민족이었음을 보여준다.

95 『史記』卷一百十, 「匈奴列傳」第五十.

96 『桓檀古記』, 「檀君世紀」; 『檀奇古史』, 「前檀君朝鮮」, 第3世 檀君 加勒條.

97 『桓檀古記』, 「檀君世紀」.

98 『符都誌』第25章.

99 『符都誌』第12章.

100 예로부터 우리나라는 동방의 예의지국이라 불렸으며 동방은 우리 동이족의 나라를 지칭하는 용어로 사용되었다.

101 金憲銓 編著, 任正雲 譯, 『桓國正統史』(大阪: 三省イデア, 2000), '桓民族血統世界分布圖'에서는 シュメール(수메르)를 '수밀이도시국가'라고 표기하고 있다.

102 http://www.futurekorea.co.kr/news/articleView.html?idxno=27336 (2022.12.27); http://newslibrary.naver.com/viewer/index.nhn?articleId=1997070800329117006&edtNo=45&printCount=1&publishDate=1997-07-08&officeId=00032&pageNo=17&printNo=16153&

publishType=00010 (2022.12.27)

103 베링육교(Beringia)는 빙하기에 여러 차례에 걸쳐 1,600km 가량의 폭으로 아시아와 북아
메리카 사이를 이었던 육교를 말한다. 마지막 빙기(11만 년 전~1만 2천 년 전) 때 그 시기의
최대 빙상이 형성되었을 당시 지구의 해수면은 지금보다 약 120m 정도 낮았다. 따라서
베링해협의 얕은 바다에 잠겨 있던 땅이 해수면 위로 드러나게 되어 아시아와 북아메리
카 두 대륙이 땅으로 연결되었다. 이 통로를 통해 아시아에서 아메리카 대륙으로 이주하
게 되었다. 또한 많은 생물들도 양 대륙을 오갔다 (https://ko.wikipedia.org/wiki/%EB%B2
%A0%EB%A7%81_%EC%9C%A1%EA%B5%90 (2022.12.27.))

104 김상일, 『인류 문명의 기원과 한』(대전: 상생출판, 2018), 34-37쪽. 치아의 형태는 인종의
유래를 파악하는 데 중요한 지표가 된다. 크리스티 G. 터너는 아메리칸 원주민들의 어
금니 뿌리가 세 개인 것을 발견했다. 아시아인의 어금니 뿌리는 세 개인 반면, 유럽인들
의 어금니 뿌리는 두 개다.

105 위의 책, 38-39쪽.

106 손성태 지음, 『우리민족의 대이동: 아메리카 인디언은 우리민족이다』(서울: 코리, 2019),
335-336, 443쪽.

107 위의 책, 337쪽. 원주민의 달(Tal)은 달(땅의 고어)이란 뜻이고, 태백(tepec)은 산(山)이
란 뜻이며, 다기려(Tacuilo)는 다 그려/화가란 뜻이다. 다메메(Tameme)는 다 메는 사
람/지게꾼이란 뜻이고, 다마틴이(Tamatini)는 다 맞히는 이/점장이란 뜻이며, 다도안이
(Tatoani)는 다 도와주는 이/왕이란 뜻이다. 다치틀(Tachitl)은 다 치는 사람/공놀이 선수
란 뜻이고, 나와다틀이(Nhuatatoli)는 '나와 모든 사람들'이란 뜻이며, 다다살리(Tatazali)
는 '전부 전부 살리'라는 뜻이고, 다같이배왈리(Tacaxipehualli)는 '다같이 배우리'란 뜻이
다(위의 책, 443쪽).

108 위의 책, 83-227쪽. 테오티우아칸은 천원지방(天圓地方) 사상에 입각한 홍산문화—요하
문명(遼河文明)의 대표 문화로 꼽히는 전형적인 동이족의 문화—의 중심지였던 우하량
(牛河梁) 유적지의 천단(天壇)과 같은 구조라는 점에서 같은 신앙 풍습을 가진 사람들이
멕시코로 가서 건축한 것으로 보인다. 테오티우아칸 유적에서는 다양한 우리 민족의 풍
습과 유물, 즉 태양신 신앙의 흔적과 볼연지를 찍은 여인 벽화와 상투머리를 한 남자의
조각상, 주변 무덤에서 발굴된 사체가 입 안에 옥구슬을 물고 있는 것, 그리고 '테오티우
아칸(테오티와칸)'이라는 지명 자체가 '태양신의 터와 족장'을 뜻하는 우리말이라는 것 등
으로 미루어 테오티우아칸을 건축했던 사람들이 우리 민족임을 알 수 있다(위의 책, 218-
223쪽). '테오티우아칸'을 처음 건설하기 시작한 사람들은 '토토나가(Totonaca: '신성하고
신성한 나의 사람'이란 뜻의 우리말)' 원주민들이었으며, 토토나가판(Totonacapan: '토토나가'
의 땅이란 뜻)의 신상(神像) 하단에 그려진 태극 문양은 토토나가 원주민들이 우리 민족임
을 교차 확인시켜 준다(위의 책, 48-51쪽).

109 『三一神誥』第一章「天」.

110 『符都誌』第12章.

111 헬레니즘은 19세기 초 인도의 역사가 드로이젠(J. G. Droysen)에 의해 정의된 것이다. 그
리스 문화와 동방 문화가 융합하여 이루어진 헬레니즘 문화의 시대적 범위에 관해서는
여러 설이 있는데, 여기서는 브리태니커 백과사전의 설을 따라 시대적 범위는 알렉산더

대왕의 죽음에서 로마제국에 의한 이집트 합병(BCE 323~BCE 30)까지의 대략 3세기에 걸친 기간을 일컫는 것으로 이해하고, 지역적 범위는 마케도니아·그리스에서부터 대왕의 정복지 전역(인더스 유역·박트리아·메소포타미아·소아시아·이집트)과 대왕의 뒤를 이은 여러 왕들에 의해 점령되고 지배되어 새로이 헬레니즘화한 지역까지 포괄하는 것으로 이해한다. 헬레니즘 문화는 한때 에게 해(Aegean Sea) 주변의 전 지중해 세계를 지배하고, 카르타고 등의 다른 나라에까지 확산되었으며 그 영향력이 서쪽은 영국, 동쪽은 인도의 펀자브 지방에까지 미쳤다.

112 그리스도교의 교의가 헬레니즘의 세계와 로마제국으로 전파된 것의 의미는 고대 히브리인의 사상과 문화 및 전통, 즉 신의 율법을 근간으로 한 유대교와 신의 사랑을 근간으로 한 그리스도교의 정통을 총괄하여 일컫는 헤브라이즘(Hebraism)의 헬레니즘화 내지는 헤브라이즘과 헬레니즘의 퓨전(fusion)을 의미하는 것이다. 본 절의 이하 아우구스티누스 관련 내용은 최민자, 『한국학강의: 메타버스 시대를 여는 지혜의 보고(寶庫)』, 205-215쪽.

113 Saint Augustine, *The City of God,* translated by Marcus Dods, D. D.(Peabody, Massachusetts: Hendrickson Publishers, Inc., 2010), Book VIII, 4, p.221(이하 *The City of God*로 약칭).

114 Augustine, *On the Trinity*, edited by gateth B. Matthews, translated by Stephen McKenna(Cambridge: Cambridge University Press, 2002), Book VIII, Outline 2, p.3(이하 *On the Trinity*로 약칭): "All bodily analogies to the relationships among the persons of the Trinity mislead."

115 *On the Trinity*, Book VIII, ch.1, p.5: "no one thing is more true than another, because all are equally and unchangeably eternal."

116 *On the Trinity*, Book IX, ch.1, pp.24-25.

117 "1 John" in *Bible*, 4:8 : "Whoever does not love does not know God, because God is love."

118 "Romans" in *Bible*, 5:8 : "But God demonstrates his own love for us in this: While we were still sinners, Christ died for us."

119 *On the Trinity*, Book IX, Outline 3-5, 11, p.23.

120 *On the Trinity*, Book VIII, Outline 9, p.3: "We love God and our neighbors from the same love."

121 "Mark" in *Bible*, 12:28-31 : "Of all the commandments, which is the most important? The most important one, answered Jesus, is this:···the Lord our God, the Lord is one. Love the Lord your God with all your heart and with all your soul and with all your mind and with all your strength. The second is this: Love your neighbor as yourself. There is no commandment greater than this." cf. "Matthew" in *Bible*, 22:36-40 : "Teacher, which is the greatest commandment in the Law? Jesus replied: Love the Lord your God with all your heart and with all your soul and with all your mind. This is the first and greatest commandment. And the second is like it: Love your neighbor as yourself. All the Law and the Prophets hang on these two commandments."

122 "Matthew" in *Bible*, 28:19 : "Therefore go and make disciple of all nations, baptizing them in the name of the Father and of the Son and of the Holy Spirit."

123 "John" in *Bible*, 4:23 : "Yet a time is coming and has now come when the true worshipers will worship the Father in spirit and truth, for they are the kind of worshipers the Father seeks"; "John" in *Bible*, 4:24 : "God is spirit, and his worshipers must worship in spirit and in truth."

124 "Revelation" in *Bible*, 1:8 : "I am the Alpha and the Omega," says the Lord God, "who is, and who was, and who is to come, the Almighty."

125 "Revelation" in *Bible*, 21:6 : "I am the Alpha and the Omega, the Beginning and the End."

126 Saint Augustine, *Confessions*, translated with an introduction by R. S. Pine-Coffin(London: Penguin Books, 1961), Book VII, 12, p.148.

127 리처드 니스벳 지음, 최인철 옮김, 『생각의 지도』(서울: 김영사, 2004), 표지 글.

128 위의 책, 107-163쪽.

129 위의 책, 195쪽.

130 Capra, *The Web of Life*, pp.33-35.

131 탄허 지음, 『탄허록』, 45쪽.


# 07 지구 대격변과 대정화의 시간

1 캐리 파울러 지음, 허형은 옮김, 『세계의 끝 씨앗 창고: 스발바르 국제종자저장고 이야기』(서울: 마농지, 2021), 17쪽. 스발바르 종자저장고는 공식적으로는 노르웨이 농업식품부, 북유럽 유전자원센터(스웨덴 알나르프), 세계작물다양성재단(독일 본)과 손잡은 비영리 국제 협력 시설이지만, 협력 대상은 이 기관들에 국한되지 않고 종자를 보내온 수많은 유전자은행, 전 세계 농업공동체 그리고 궁극적으로는 우리 모두까지 전부 아우른다(위의 책, 17-18쪽).

2 위의 책, 서두.

3 Lawrence E. Joseph, *Apocalypse 2012: An Investigation into Civilization's End*(New York: Broadway Books, 2007), pp.51, 55.

4 *Ibid.*, pp.52-53.

5 *Ibid.*, pp.119-120.

6 *Ibid.*, pp.124, 135.

7 *Ibid.*, pp.142-143.

8 *Ibid.*, pp.126-129.

9 *Ibid.*, pp.94-95.

10 *Ibid.*, pp.10, 17.

11 Paul Gilding, *The Great Disruption*(London: Bloomsbury Publishing PLC, 2011).

12 https://nownews.seoul.co.kr/news/newsView.php?id=20080804601002 (2023.1.1.)

13 https://www.hankyung.com/life/article/201105012371k (2023.1.1.)

14 『마하바라타』에는 "태양이 흔들렸다. 우주는 불타버렸으며 이상한 열을 발하고 있었다.…물은 증발했으며, 그 안에 살아 있는 생물은 모두 타버렸다. 모든 각도에서 불타고 있는 화살의 비가 격렬한 바람과 함께 퍼부어졌다. 벼락보다도 격렬하게 폭발한 이 무기로 인해 적의 전사들은 사나운 불에 타버린 나무처럼 쓰러졌다"고 나와 있고, 『라마야나』에는 "천지의 온갖 원소로 만들어져 스스로 불꽃을 뿜어내며, 그 무섭게 반짝이며 빛나는 거대한 창이 쏘아졌을 때 30만 대군도 한순간에 다 죽어버린다"고 나와 있다 (http://100.daum.net/encyclopedia/view/61XX10800054 (2023.1.1.)).

15 http://100.daum.net/encyclopedia/view/61XX10800054 (2023.1.1.)

16 https://www.chosun.com/economy/tech_it/2022/12/15/Z6GYOCHK6FFD7H4ZBD
WW4OWNGM/ (2023.1.2.)

17 https://www.chosun.com/economy/science/2022/12/15/XO2H2RJZJBCEDEXUJ
TBPDVLQ6Y/?utm_source=naver&utm_medium=referral&utm_campaign=naver-
news (2023.1.2.)

18 https://www.chosun.com/economy/science/2022/10/06/KZWC3MY4QVGQ7AEHD
M3A5LT4QM/ (2023.1.3.)

19 클라우스 슈밥 지음, 송경진 옮김, 앞의 책, 158쪽에서 재인용; Stephen Hawking, Stuart
Russell, Max Tegmark, Frank Wilczek, "Stephen Hawking: Transcendence looks at
the implications of artificial intelligence - but are we taking AI seriously enough?",
The Independent, 2 May 2014.

20 http://www.irobotnews.com/news/articleView.html?idxno=11477 (2023.1.3.)

21 https://www.yna.co.kr/view/AKR20210708059300009 (2023.1.3.)

22 https://www.chosun.com/economy/tech_it/2022/12/15/Z6GYOCHK6FFD7H4ZBD
WW4OWNGM/ (2023.1.4.)

23 Ray Kurzweil, The Singularity is Near: When Humans Transcend Biology, pp.16, 42.

24 https://www.ytn.co.kr/_ln/0134_202210251542302309 (2023.1.4.);
https://www.yna.co.kr/view/AKR20220723027500009 (2023.1.4.);
https://news.sbs.co.kr/news/endPage.do?news_id=N1006943115 (2023.1.4.);
https://www.segye.com/newsView/20221028500191 (2023.1.4.);
https://www.yna.co.kr/view/AKR20221104154900109 (2023.1.4.);
http://plus.hankyung.com/apps/newsinside.view?aid=2022110480827 (2023.1.4.);
https://www.joongang.co.kr/article/25115211 (2023.1.4.)

25 http://www.greenpostkorea.co.kr/news/articleView.html?idxno=119243 (2023.1.5.)

26 Gregg Braden, op.cit., p.70.

27 https://m.dongascience.com/news.php?idx=56629 (2023.1.6.)

28 https://post.naver.com/viewer/postView.nhn?volumeNo=27670968&memberNo=301
20665&vType=VERTICAL (2023.1.6.) 영국 리즈(Leeds)대 연구팀이 주도하고 세계 100개 기관이 참여한 대규모 협동연구팀은 열대 처녀림이 현재의 탄소 흡수계(carbon sink)에서 조만간 탄소 배출원(carbon source)으로 뒤바뀌는 가공할 만한 전환이 시작되었다는

연구 결과를 과학 저널 『네이처 *Nature*』(2020.3.4.)에 발표했다.

29  cf. 톰 하트만 지음, 김옥수 옮김, 『우리 문명의 마지막 시간들』(서울: 아름드리미디어, 1999), 31쪽.

30  https://www.hankookilbo.com/News/Read/201810121627769791 (2023.1.7.); http://www.ohmynews.com/NWS_Web/Series/series_premium_pg.aspx?CNTN_CD=A0002830754&CMPT_CD=P0010&utm_source=naver&utm_medium=newsearch&utm_campaign=naver_news (2023.1.7.)

31  그렉 브레이든 외 지음, 이창미·최지아 옮김, 『World Shock 2012』, 20쪽.

32  위의 책, 19쪽에서 재인용.

33  김재수, 『2012 지구 대전환』(일산: 소피아, 2009), 135-136쪽.

34  그렉 브레이든 외 지음, 이창미·최지아 옮김, 앞의 책, 20쪽에서 재인용.

35  위의 책, 21쪽에서 재인용.

36  http://biz.chosun.com/site/data/html_dir/2013/03/04/2013030402852.html (2023.1.8.)

37  http://biz.chosun.com/site/data/html_dir/2013/03/04/2013030402852.html (2023.1.8.)

38  그렉 브레이든 외 지음, 이창미·최지아 옮김, 앞의 책, 24쪽에서 재인용.

39  위의 책, 24-25쪽.

40  위의 책, 25-27쪽.

41  위의 책, 29쪽에서 재인용.

42  Gregg Braden, *The Divine Matrix*, p.70.

43  김재수, 앞의 책, 146-148쪽.

44  위의 책, 148쪽.

45  그렉 브레이든 외 지음, 이창미·최지아 옮김, 앞의 책, 32쪽.

46  Gregg Braden, *op.cit.*, p.30에서 재인용.

47  *Ibid.*, p.28에서 재인용.

48  *Ibid.*, p.208.

49  그렉 브레이든 외 지음, 이창미·최지아 옮김, 앞의 책, 40쪽.

50  위의 책, 37, 50쪽.

51  박영숙·제롬 글렌 지음, 『세계 미래 보고서 2023』(서울: 비즈니스북스, 2022), 35-37쪽.

52  https://www.mk.co.kr/economy/view/2022/1008349 (2023.1.8.)

53  박영숙·제롬 글렌 지음, 앞의 책, 21쪽.

54  위의 책, 75-77쪽.

55  Jeremy Rifkin, *The Hydrogen Economy*(New York: Tarcher/Penguin, 2002), pp.242, 254.

56  *Ibid.*, pp.239, 242-243

57  *Ibid.*, p.254

58  https://biz.chosun.com/topics/kjs_interstellar/2022/12/10/QLSSOTQFBFG6BNNJH4VQ6XYO5A/ (2023.1.9.)

59  피터 드러커 지음, 이재규 옮김, 『넥스트 소사이어티』(서울: 한국경제신문 한경BP, 2007), 2쪽.

60  Peter F. Drucker, *Managing in the Next Society*(New York: St. Martin's Griffin, 2002), pp.3-4, 43, 237-238,

61  *Ibid.*, pp.95-96, 104-105, 196, 198. 225.

62  *Ibid.*, pp.20-22.

63  *Ibid.*, pp.231-232.

64  안토니오 네그리 지음, 이기웅 옮김, 『전복적 스피노자』(서울: 그린비, 2005), 185쪽.

65  Michael Hardt and Antonio Negri, *Empire*(Cambridge, Massachusetts: Harvard University Press, 2000), Preface, p.xi.

66  *Ibid.*, Preface, pp.xii-xiii.

67  안토니오 네그리·마이클 하트 지음, 윤수종 옮김, 『제국』(서울: 이학사, 2001), 한국어판 서문, 13쪽.

68  Michael Hardt and Antonio Negri, *Empire*, Preface, pp.xiii-xiv.

69  Michael Hardt and Antonio Negri, *Multitude: War and Democracy in the Age of Empire*(New York: Penguin Books, 2004), Preface, pp.xiii-xiv: "The multitude too might thus be conceived as a network: an open and expansive network in which all differences can be expressed freely and equally, a network that provides the means of encounter so that we can work and live in common."

70  *Ibid.*, Preface, pp.xi-xii, xvii-xviii.

71  *Ibid.*, Preface, pp.xiii-xv.

72  *Ibid.*, Preface, pp.xv-xvi.

73  *Ibid.*, Preface, p.xvi.

74  *Ibid.*, pp.335-336.

75  *Ibid.*, p.340.

76  Fritjof Capra, *The Turning Point*(New York: Simon & Schuster, 1982), pp.15-16.

77  https://www.chosun.com/site/data/html_dir/2010/02/04/2010020400005.html (2023. 1.11.)

78  http://weeklybiz.chosun.com/site/data/html_dir/2011/05/27/2011052701299.html (2023.1.11.)

## 08  세계적 난제를 푸는 마스터 알고리즘

1  미국 하원은 현행법과 법안의 수정안 간의 차이점을 분석하는 프로세스를 자동화하는 인공지능을 도입했으며, EU 및 전 세계 의회도 인공지능으로 정보 디지털화를 시작했다 (박영숙·제롬 글렌 지음, 앞의 책, 21쪽).

2  https://www.hani.co.kr/arti/science/technology/1035369.html (2023.1.12.)

3  David L. Rogers, *The Digital Transformation Playbook*(New York: Columbia University Press, 2016), p.91.

4  김진영·김형택·이승준 지음, 『디지털 트랜스포메이션 어떻게 할 것인가』(서울: e비즈북

스, 2017), 27쪽.

5　마셜 밴 앨스타인·상지트 폴 초더리·제프리 파커 지음, 이현경 옮김, 『플랫폼 레볼루션』 (서울: 부키, 2017), 450쪽에서 재인용.

6　구본권, 「인공지능 시대가 가져올 변화와 과제」, 한국포스트휴먼연구소·한국포스트휴 먼학회 편저, 『포스트휴먼 시대의 휴먼』(파주: 아카넷, 2016), 251쪽.

7　https://www.hani.co.kr/arti/science/technology/1035369.html (2023.1.12.)

8　https://blog.naver.com/mofakr/222853793749 (2023.1.12.)

9　판옵티시즘에 대해서는 Michel Foucault, *Discipline & Punish: The Birth of the Prison*, translated by Alan Sheridan(New York: Vintage Books, 1995), pp.208-209 참조.

10　https://terms.naver.com/entry.naver?docId=300225&cid=43665&categoryId=43665 (2023.1.12.); https://terms.naver.com/entry.naver?docId=1222068&cid=40942&categor yId=31721 (2023.1.12.)

11　구본권, 앞의 논문, 252-255쪽.

12　https://www.khan.co.kr/opinion/column/article/202209260300125 (2023.1.13.) * 네 이버는 블로그를 통해 "현재 알고리즘은 어뷰징(abusing)과 저품질의 뉴스를 필터링하 는 데 최적화돼 있으나, 심층 기사와 지역 언론사 뉴스가 잘 노출되지 않을 수 있다"고 밝혔고, 다음 포털을 운영하는 카카오는 영업비밀이라고 숨겨온 뉴스 노출 알고리즘을 설명하는 자료를 공개했다.

13　https://misterio.tistory.com/entry/%EB%87%8C%EC%99%80-%EC%9D%B8%EA%B3% B5%EC%A7%80%EB%8A%A5AI%EC%9D%98-%EC%95%8C%EA%B3%A0%EB%A6%AC%EC% A6%98Algorithm (2023.1.13.)

14　Ray Kurzweil, *The Singularity is Near: When Humans Transcend Biology*, p.26.

15　오노 가즈모토 엮음, 김나은 옮김, 『인류의 미래를 묻다: 당대 최고 과학자 8인과 나누는 논쟁적 대화』(서울: 인플루엔셜, 2022), 154-172쪽.

16　Cathy O'Neil, *Weapons of Math Destruction: How Big Data Increases Inequality and Threatens Democracy*(New York: Crown Publishing Group, 2016).

17　https://www.mk.co.kr/news/culture/8101370 (2023.1.14.)

18　Ray Kurzweil, *The Singularity is Near: When Humans Transcend Biology*, pp.40-41.

19　*Ibid.*, p.333.

20　https://www.chosun.com/economy/science/2022/10/06/KZWC3MY4QVGQ7AEHD M3A5LT4QM/ (2023.1.14.)

21　Walter J. Ong, *Orality and Literacy*(London and New York: Routledge, 2012), p.81.

22　*Ibid.*, p.82.

23　안드레아 아로마티코 지음, 성기완 옮김, 『연금술: 현자의 돌』(서울: 시공사, 2011), 116-117쪽.

24　위의 책, 117쪽.

25　손화철, 「포스트휴먼 시대의 기술철학」, 한국포스트휴먼연구소·한국포스트휴먼학회 편 저, 『포스트휴먼 시대의 휴먼』(파주: 아카넷, 2016), 281쪽.

26　자크 데리다(Jacques Derrida)의 해체이론에 관해서는 Michael Naas, *Taking on the*

*Tradition: Jacques Derrida and the Legacies of Deconstruction*(Stanford, CA: Stanford University Press, 2003); 김영한, "푸코, 데리다, 료타르의 해체사상," 『해석학연구』 제4집, 한국해석학회, 1997, 259-278쪽 참조.

27  https://terms.naver.com/entry.naver?docId=2055272&cid=44411&categoryId=44411 (2023.1.15.)

28  로지 브라이도티 지음, 이경란 옮김, 『포스트휴먼』(파주: 아카넷, 2016), 19쪽.

29  위의 책.

30  위의 책, 221쪽에서 재인용.

31  위의 책, 220-221쪽.

32  J. J. Rousseau, *A Discourse on Inequality*, translated with an Introduction and Notes by Maurice Cranston(London : Penguin Books Ltd., 1984), p.67: "The most useful and the least developed of all the sciences seems to me to be that of man."

33  앨러나 콜렌 지음, 조은영 옮김, 『10퍼센트 인간』(서울: 시공사, 2016), 7-8쪽.

34  이대열 지음, 『지능의 탄생』(서울: 바다출판사, 2017), 12-14, 22쪽.

35  Gregg Braden, *Divine Matrix,* p.199.

36  *Ibid.*, p.200.

37  천국은 면죄부에 의해 보증될 수 있는 것이 아니라 많은 고난을 통하여 들어갈 수 있다는 내용이 루터의 「95개조 논제」의 마지막 條인 제95조에 나온다: "And thus to enter heaven through many tribulations rather than in the security of peace."

38  Alighieri Dante, *The Divine Comedy: Hell, Purgatory, Paradise*, translated by Henry F. Cary(Danbury, Conn.: Grolier Enterprises Corp., 1980) 참조.

39  로지 브라이도티 지음, 이경란 옮김, 앞의 책, 4-5쪽.

40  Alighieri Dante, *op. cit.*.

41  『桓檀古記』, 「太白逸史」 第五, 蘇塗經典本訓: "天符經 天帝桓國口傳之書也."

42  『桓檀古記』, 「太白逸史」 第五, 蘇塗經典本訓. 이하 본 절의 내용은 최민자, 『천부경·삼일신고·참전계경』(2006), 31-120쪽과 『한국학강의: 메타버스 시대를 여는 지혜의 보고(寶庫)』(2022), 404-466쪽을 정리, 보완한 것임.

43  『桓檀古記』, 「三聖紀全」 下篇: "桓雄天王 肇自開天 生民施化 演天經 講神誥 大訓于衆."

44  『桓檀古記』, 「檀君世紀」에는 33세 단군 甘勿 7년에 三聖祠를 세우고 친히 제사를 지낸 誓告文 중에 "執一含三 會三歸一 大演天戒 永生爲法"이라 하여 "하나를 잡아 셋을 포함하고 셋이 모여 하나로 돌아가니, 온 누리에 하늘 계율 널리 펴서 영세토록 법으로 삼으오리다"라는 기록이 있다.

45  『桓檀古記』, 「太白逸史」 第四, 三韓管境本紀 馬韓世家 上: "於是 作柶戲 以演桓易 盖神誌赫德所記天符之遺意也."

46  『桓檀古記』, 「太白逸史」 第四, 三韓管境本紀 番韓世家 上: "遂以王土篆文天符王印 示之日 佩之則能歷險不危 逢凶無害."

47  『檀奇古史』, 「前檀君朝鮮」 檀典과 第2世 扶婁條.

48  중요민속자료 [제218-10호] 致祭文

49  『桓檀古記』, 「太白逸史」 第五 蘇塗經典本訓.

50 『桓檀古記』,「太白逸史」第五 蘇塗經典本訓. 여기서 "삼일(三一)은 그 본체요, 일삼(一三)은 그 작용이다"(『桓檀古記』,「太白逸史」第五 蘇塗經典本訓:"三一其體 一三其用"). 말하자면 一卽三·三卽一의 원리인 執一含三·會三歸一은 작용과 본체라는 불가분의 관계로 분석될 수 있다.

51 『大乘起信論疏』, 426쪽: "一切分別卽分別自心."

52 『東經大全』,「論學文」: "侍者 內有神靈 外有氣化 一世之人 各知不移者也." cf.『海月神師法說』,「靈符呪文」:"內有神靈者 落地初赤子之心也 外有氣化者 胞胎時 理氣應質而成體也."

53 『莊子』, 26章.

54 『天符經』의 '하나(一)'는 『三一神誥』에서 天·神·一神으로 나타나고, 『參佺戒經』에서는 天·神·天神·聖靈·天靈·天心·天理·天命으로 나타나고 있다. 이처럼 우주만물의 근원인 混元一氣[至氣], 즉 '하나(一)'는 세 경전을 관통하는 핵심 개념으로 그 무어라 명명할 수 없는 까닭에 다양한 이름으로 나타나고 있지만 그 의미는 같은 것이다.

55 『桓檀古記』,「太白逸史」第五 蘇塗經典本訓에는 이 절대유일의 '하나(一)'가 '무(無)'와 '유(有)'의 혼돈(混), '허(虛)'와 '조(粗)'의 현묘함(妙)으로 나타나고 있다.

56 cf.『華嚴一乘法界圖』:"法性圓融無二相 諸法不動本來寂."

57 cf.『莊子』,「知北游」: "生也死之徒 死也生之始 孰知其紀 人之生 氣之聚也 聚則爲死 若死生爲徒 吾又何患 故萬物一也…故曰通天下一氣耳 聖人故貴一." 生과 死가 동반자이며 만물이 '하나(一)'이고, '하나(一)'의 기운(一氣)이 천하를 관통하고 있기에 성인은 '하나(一)'를 귀하게 여긴다는 것이다. 이는 곧 '하나(一)'가 一氣[至氣, 混元一氣]임을 의미한다.

58 cf.『桓檀古記』,「太白逸史」蘇塗經典本訓: "執一含三會三歸一." 一卽三이 곧 三卽一이듯, 執一含三이 곧 會三歸一이다. 궁극적 실재인 '하나(一)'와 우주만물(三)은 본체와 작용의 관계로 상호관통한다.

59 cf.『華嚴一乘法界圖』:"一中一切多中一 一卽一切多卽一 一微塵中含十方 一切塵中亦如是."

60 cf.『華嚴一乘法界圖』:"無名無相絶一切 證智所知非餘境."

61 『道德經』25章: "有物混成 先天地生 寂兮寥兮 獨立而不改 周行而不殆 可以爲天下母 吾不知其名 强字之曰道 强爲之名曰大." cf.『道德經』14章: "…繩繩兮不可名 復歸於無物 是謂無狀之狀 無物之象."

62 cf. "Svetasvatara Upanishad" in *The Upanishads*, 4, p.92: "He rules over the sources of creation. From him comes the universe and unto him it returns. He is…the **one God** of our adoration"; "Kata Upanishad" in *The Upanishads*, 5, p.64: "He is Brahman…who in truth is called **the Immortal**. All the worlds rest on that Spirit and beyond him no one can go…There is **one Ruler**, the Spirit that is in all things, who transforms his own form into many"; *The Bhagavad Gita*, 9. 11. : "…They know not my Spirit supreme, **the infinite God** of this all."

63 "Mandukya Upanishad" in *The Upanishads*, p.83: "OM. This eternal Word is all : what was, what is and what shall be, and what beyond is in eternity. All is OM." 이는 곧 개체성과 전체성, 특수성과 보편성의 합일을 보여주는 것으로 우주만물과 유일신 브

라흐마가 분리될 수 없는 하나라는 것이다. *The Upanishads*에서는 유일신 브라흐마를 불멸의 음성 '옴(OM)'으로 나타내고 있다.

64  "Revelation" in *Bible*, 1:8 : "I am the Alpha and the Omega," says the Lord God, "who is, and who was, and who is to come, the Almighty." cf. "Revelation" in *Bible*, 21:6 : "I am the Alpha and the Omega, the beginning and the End."

65  『道德經』6章: "谷神不死 是謂玄牝 玄牝之門 是謂天地根 綿綿若存 用之不勤."

66  cf. 『東經大全』, 「不然其然」: '造物者'. 「不然其然」의 말미에서 수운 최제우는 만유를 생성케 하는 천주('하나(一)')의 무한한 창조성을 일컬어 '조물자'라고 하였다.

67  『海月神師法說』, 「靈符呪文」: "吾道 義 以天食天-以天化天…宇宙萬物 總貫一氣一心也."

68  『黃極經世書』, 「纂圖指要·下」: "故聖人與天 行而不逆與時俱遊而不違是以自天祐之吉無不利…."

69  『道德經』42章: "道生一 一生二 二生三 三生萬物 萬物負陰而抱陽 冲氣而爲和."

70  cf. 『華嚴一乘法界圖』: "生死般若常共和 理事冥然無分別."

71  『六祖壇經』卷上, Ⅵ 說一體三身佛相門, 24: "三身佛在自性中."

72  『六祖壇經』卷上, Ⅵ 說一體三身佛相門, 24 : "無二之性 名爲實性 於實性中 不染善惡 此名圓滿報身佛."

73  『六祖壇經』卷上, Ⅵ 說一體三身佛相門, 24 : "念念自見 不失本念 名爲報身…念念自性自見 卽是報身佛."

74  『六祖壇經』卷上, Ⅵ 說一體三身佛相門, 24 : "廻一念善 知慧卽生 此名自性化身佛."

75  cf. 『桓檀古記』, 「太白逸史」第一, 三神五帝本紀: "自上界 却有三神 卽一上帝 主體則爲一神 非各有神也 作用則 三神也." 이는 삼신(三神)이 한 분 상제(上帝)이며 주체는 곧 일신(一神)이니 각각 신이 있는 것이 아니고 작용으로만 삼신이라는 뜻으로 삼신일체를 의미한다. 또한 『桓檀古記』, 「太白逸史」第五, 蘇塗經典本訓에서는 "혼돈과 현묘함이 하나의 고리를 이루어 본체와 작용이 갈림이 없는 대허(大虛)의 빛남이 곧 삼신의 모습(混妙一環 體用無歧 大虛有光 是神之像)"이라고 하고 있다.

76  cf. 周敦頤, 『太極圖說』.

77  『海月神師法說』, 「靈符呪文」: "彼鳥聲 亦是 侍天主之聲也."

78  『大乘起信論別記』, 468쪽 : "生滅門者 卽此眞如 是善不善因與緣和合 反作諸法." 즉, "眞如가 善과 不善의 원인이 되고 또 緣과 결합하여 모든 법을 변질시킨다"고 한 것이 그것이다.

79  『涅槃宗要』: "旣無彼岸可到 何有此岸可離."

80  cf. 『大乘起信論疏』, 427쪽: "心生則種種法生 心滅則種種法滅."

81  '카르마'는 산스크리트어로 원래 '행위'를 뜻하지만, 죄와 괴로움의 인과관계를 나타내는 '業'이라는 의미로 흔히 사용된다. 지금 겪는 괴로움은 과거의 어떤 행위가 원인이 되어 나타나는 결과라는 것이다. 카르마는 근본적으로 靈性이 결여된 데서 생기는 것이다. 즉, 우주 '한생명'의 나툼으로서의 영적 일체성(spiritual identity)이 결여되어 '나'와 '너', '이것'과 '저것'을 구분하고 편착하는 데서 카르마가 생기는 것이다. 행위 그 자체보다는 동기와 목적이 카르마의 작용을 불러일으키는 원인이 된다. 새로운 카르마를 짓지 않는 비결은 에고(ego)를 초월하는 데 있다. 말하자면 오직 이 육체가 '나'라는 착각에서 벗어

나 우주만물을 자기 자신과 한몸으로 느끼는 데 있다. 행위를 하되 그 행위의 결과에 집착함이 없이 담담하게 행위 할 수 있을 때 붓다처럼 '존재의 집으로 가는 옛길'을 발견할 수 있게 될 것이다. 카르마의 목적은 단순한 징벌에 있는 것이 아니라, 영적 교정의 의미와 함께 영적 진화를 위한 靈性 계발에 있다.

82 뉴턴의 '운동의 법칙'의 제3법칙인 작용·반작용의 법칙—모든 작용에는 같은 크기의 반작용이 따른다—은 물리현상에만 적용되는 것이 아니라 영적 진화에도 그대로 적용된다. "씨 뿌린 대로 거둔다"고 한 말이나, "사로잡는 자는 사로잡힐 것이요, 칼로 죽이는 자는 자기도 마땅히 칼로 죽으리니…"라고 한 말은 단적으로 이를 나타낸 것이다. 또한 "악의를 품고 오는 사람을 좋게 해주면 자기가 다른 사람들에게 저지른 일을 보상할 수가 있다"라는 말도 같은 뜻의 다른 표현에 지나지 않는다.

83 『東經大全』,「論學文」.

84 『明心寶鑑』,「天命」: "天網 恢恢 疎而不漏."

85 '인드라'는 제석천왕을 가리키는 梵語이니, 인드라網은 곧 제석천왕의 보배 그물을 뜻하는 것이다.

86 cf.『道德經』40장: "反者道之動."

87 『金剛三昧經論』, 130쪽;『大乘起信論別記』, 464쪽.

88 The Bhagavad Gita, 8. 18-19. : "…When that day comes, all the visible creation arises from the Invisible; and all creation disappears into the Invisible when the night of darkness comes. Thus the infinity of beings which live again and again all powerlessly disappear when the night of darkness comes; and they all return again at the rising of the day."

89 『金剛經五家解』: "保化非眞了妄緣 法身淸淨廣無邊."

90 『海月神師法說』,「養天主」.

91 『桓檀古記』,「太白逸史」第五, 蘇塗經典本訓.

92 『東經大全』,「後八節」: "我爲我而非他." 水雲은 내재적 본성인 神性의 자각적 주체가 된다는 것이 "내가 나 된 것일 뿐 다른 것이 아니다"라고 하며 존재의 자기근원성을 명징하게 보여준다.

93 『海月神師法說』,「靈符呪文」: "心者 在我之本然天也 天地萬物 本來一心."

94 『金剛三昧經論』, 188쪽: "…言其地淸淨 如淨琉璃 是顯大圓鏡智之義…言性常平等 如彼大地 是顯平等性智之義…故言覺妙觀察 如慧日光 是明妙觀察智之義…故言利性得本 如大法雨…是明性所作智之義…."

95 『海月神師法說』,「三敬」. 하늘과 인간의 一元性은 "나는 도시 믿지 말고 하늘님만 믿었어라. 네 몸에 모셨으니 捨近取遠하단말가(『龍潭遺詞』,「敎訓歌」)"라고 한 데서나, 한국전통사상의 골간이 되어 온 敬天崇祖의 사상, 즉 하늘을 공경하고 조상을 받드는 것을 하나로 본 데서 명료하게 드러난다.

96 『海月神師法說』,「三敬」.

97 cf.『大乘起信論疏』, 391쪽: "開則無量無邊之義爲宗 合則二門一心之法爲要";『金剛三昧經論』, 130쪽: "合而言之 一味觀行爲要 開而說之 十重法門爲宗."

98 『道德經』48章: "無爲而無不爲."

99  cf. "Chandogya Upanishad" in *The Upanishads*, 8. 7. p.121: "There is a Spirit which is pure and which is beyond old age and death; and beyond hunger and thirst and sorrow. This is Atman, the Spirit in man."

100 『道德經』 40章.

101 『海月神師法說』, 「天地父母」.

102 〈장공기념사업회 회보〉 제8호(2008.11.30.).

103 Geoffrey West, *Scale: The Universal Laws of Life, Growth, and Death in Organisms, Cities, and Companies*, pp.213-214.

104 http://opensciences.org/files/pdfs/ISPMS-Summary-Report.pdf (2023.1.31.)

105 아미트 고스와미 지음, 이봉호 옮김, 『신은 죽지 않았다』(서울: 시그마인사이트컴, 2014), 7쪽.

106 위의 책, 45, 47-48, 50쪽.

107 Amit Goswami, *The Self-Aware Universe: How Consciousness Creates the Material World*, p.107.

108 오노 가즈모토 엮음, 김나은 옮김, 『인류를 미래를 묻다』(서울: 인플루엔셜, 2022), 6, 27-32쪽.

109 David Bohm, *Wholeness and the Implicate Order*, pp.3-4.

110 Hegel, *The Phenomenology of Mind*, translated by J. B. Baillie(London: George Allen & Unwin, 1931), pp.228-240, 462-506; Hegel, *Philosophy of Right*, edited and translated by T. M. Knox(Oxford: Oxford University Press, 1980), p.239; Hegel, *Philosophy of Mind*, translated from *the Encyclopedia of the Philosophical Sciences* by William Wallace(Oxford: The Clarendon Press, 1994), p.175. 이하 본 절의 내용은 최민자, 「생명정치론」, 한국정치학회(이정희·최연식) 편, 『현대정치사상과 한국적 수용』(파주: 법문사, 2009), 411-425쪽.

111 *Philosophy of Mind*, pp.249-253; *Philosophy of Right*, pp.75-104; *The Phenomenology of Mind*, pp.620-679.

112 최민자, 『생태정치학: 근대의 초극을 위한 생태정치학적 대응』, 105쪽.

113 조르조 아감벤 지음, 박진우 옮김, 『호모 사케르』(서울: 새물결, 2008), 38-39쪽.

114 위의 책, 334쪽.

115 위의 책, 39쪽.

116 미셸 푸코 지음, 이규현 옮김, 『성의 역사 1: 앎의 의지』(서울: 나남, 2004), 151-160쪽.

117 미셸 푸코 지음, 오생근 옮김, 『감시와 처벌: 감옥의 역사』(서울: 나남, 2003).

118 물리학자이며 신과학 운동의 거장인 프리초프 카프라(Fritjof Capra)는 현대과학의 패러다임을 전 지구적으로 확산시키는데 크게 기여한 인물이다. 양자물리학자 데이비드 봄 또한 '보이는 우주'와 '보이지 않는 우주'의 상관관계를 규명함으로써 생명의 본질에 접근한 대표적 인물이다. 이 두 사람은 모두 동양사상에 깊이 심취한 인물이기도 하다.

119 환경운동 이념으로서의 생명론은 장일순, 김지하, 장회익, 김종철 등의 논의를 바탕으로 하고 있다. 김지하, "조화와 생성의 생명정치를 위하여," 『사회평론 길』(1997. 5), 96-101쪽; 장회익, "'온생명과 현대문명," 『계간 과학사상』(1995 봄), 138-160쪽. 한국 생태정치학

관련 연구 동향에 대해서는 최민자, 『생태정치학: 근대의 초극을 위한 생태정치학적 대응』, 499-511쪽.
120 한국 생명운동의 현황은 농촌과 유통영역에서의 생활협동조합운동(생협운동), 생명정치 회복과 생활정치 추구로서의 생명민회운동, 생활양식 변화와 패러다임 변형 운동으로 서의 생명문화운동, 종교단체의 환경운동 등으로 대별될 수 있다(문순홍, 「한국 생명운동 의 논의구조와 전략」, 『환경과 생명』(1995 겨울), 58-59쪽).

## 09 국제지정학적 대변동과 한국학의 세계사적 소명

1 자크 아탈리 지음, 양영란 옮김, 『미래의 물결』(서울: 위즈덤하우스, 2007), 20쪽.
2 Asian Development Bank, *Asia 2050: Realizing the Asian Century* (New Delhi, London, Los Angeles, Singapore and Washington D.C.: SAGE Publications India Pvt. Ltd., 2011).
3 Gregory B. Poling, "Southeast Asia stands firm in the South China Sea," *East Asia Forum*, 23 January 2023.
4 http://a.msn.com/01/ko-kr/AA17pycI
5 박주현, 「미국-중국 관계에 대한 "지정학의 귀환"과 "지경학" 용어의 의미」, 『KIMS Periscope』 제241호.
6 https://www.ifans.go.kr/knda/ifans/kor/act/ActivityAreaView.do?sn=13684& boardSe=pbl (2023.2.17.)
7 https://www.ifans.go.kr/knda/ifans/kor/act/ActivityView.do?sn=14030&boardSe= pbl (2023.2.17.)
8 https://www.hankyung.com/international/article/2023010915581 (2023.2.3.)
9 https://weekly.donga.com/3/all/11/3950821/1 (2023.2.11.). * 중국은 2010년부터 장거 리 센서, 항공기 및 미사일로 무장하여 미 해군이 접근하지 못하도록 '해상 만리장성'을 건설하였다(James Foggo and Steven Wills, "Back to the Future: Resurrecting 'Air/Sea Battle' in the Pacific," *Defense*, 24 January 2023).
10 https://www.youtube.com/watch?v=LY0hCSqkmHg (2023.2.4.)
11 https://www.youtube.com/watch?v=BITFOrn8BsU (2023.2.4.)
12 https://www.chosun.com/opinion/dongseonambuk/2022/11/11/4WPX326V2REJPI7P FL6RH3R6SE/ (2023.2.5.)
13 https://www.youtube.com/watch?v=TN24SKs3th0 (2023.2.5.)
14 https://www.youtube.com/watch?v=TN24SKs3th0 (2023.2.6.)
15 https://www.getnews.co.kr/news/articleView.html?idxno=616265 (2023.2.12)
16 https://blog.naver.com/army_education/222905250440 (2023.2.5.)
17 아시아개발은행(ADB) 지음, 박신현·위선주 옮김, 이준규·이창용 감수, 『아시아 미래 대 예측』(고양: 위즈덤하우스, 2012), 16-17쪽.
18 위의 책, 17쪽.
19 위의 책, 17-18쪽.

20 이 그룹에 해당하는 7개국은 브루나이, 홍콩, 일본, 한국, 마카오, 싱가포르, 대만인 것으로 나타난다(위의 책, 19쪽 각주 1).

21 이 그룹에 해당하는 11개국은 아르메니아, 아제르바이잔, 캄보디아, 중국, 조지아, 인도, 인도네시아, 카자흐스탄, 말레이시아, 태국, 베트남인 것으로 나타난다(위의 책, 19쪽, 각주 2).

22 이 그룹에 해당하는 31개국은 아프가니스탄, 방글라데시, 부탄, 쿡제도, 북한, 피지, 이란, 키리바시, 키르기스스탄, 라오스, 몰디브, 마셜제도, 미크로네시아, 몽골, 미얀마, 나우루, 네팔, 파키스탄, 팔라우, 파푸아뉴기니, 필리핀, 사모아, 솔로몬제도, 스리랑카, 타지키스탄, 동티모르, 통가, 투르크메니스탄, 투발루, 우즈베키스탄, 바누아투인 것으로 나타난다(위의 책, 19쪽, 각주 3).

23 위의 책, 18-20쪽.

24 위의 책, 20, 101-102쪽.

25 위의 책, 95쪽.

26 위의 책, 20-21, 102-103쪽.

27 위의 책, 21, 103-104쪽.

28 위의 책, 22, 73-74쪽.

29 위의 책, 76쪽.

30 위의 책, 370-377쪽.

31 위의 책, 113-114쪽에서 재인용.

32 동아시아공동체의 다양한 담론에 대해서는 한승조, 『아시아태평양 공동체와 한국』(파주: 나남, 2011), 215-302쪽; 문정인·오코노기 마사오 공편, 『동아시아 지역질서와 공동체 구상』(서울: 아연출판부, 2010) 참조.

33 http://news.chosun.com/site/data/html_dir/2014/01/24/2014012400303.html (2023.2.13)

34 http://news.chosun.com/site/data/html_dir/2014/01/24/2014012400319.html (2023.2.13)

35 http://news.chosun.com/site/data/html_dir/2014/01/24/2014012400277.html (2023.2.13)

36 TRADP와 동북아경제권의 관계에 대해서는 김익수 外, 『두만강지역개발사업에 관한 연구』, 대외경제정책연구원(1994.5), 139-146쪽.

37 거버넌스는 정부와 기업, 시민사회의 다양한 주체들이 참여와 연대, 소통 과정을 통해 경험과 지식을 공유하고 공동의 문제에 전향적으로 대처해 나가는 협력적 관리체제를 지칭한 것이다. 근년에 들어서는 대안적인 관리체제를 의미하는 광의의 개념으로 '거버넌스'라고 원어 그대로 쓰는 것이 일반적이다. 1992년 리우회의에서 환경문제 해결의 주체로 정부와 기업, 시민사회가 주목을 받은 이후 이 세 주체의 협력관계에 기초한 거버넌스에 대한 국제사회의 관심이 증대되었다. 말하자면 사회의 복잡성과 역동성 및 다양성 증대에 부응할 수 있는 새로운 통치체제를 모색하는 과정에서 다양한 주체들의 참여와 협력을 바탕으로 제도적 역량(institutional capacity)을 강화시킨 거버넌스에 주목하게 된 것이다. 특히 환경문제와 생태위기에 보다 탄력적이고도 효과적으로 대처할 수 있도

록 거버넌스의 녹색화를 통해 녹색적 가치를 실질적으로 실현하고자 나타난 것이 녹색
거버넌스이다.

38  자크 아탈리 지음, 양영란 옮김, 『위기 그리고 그 이후』(서울: 위즈덤하우스, 2009), 135쪽.

39  자크 아탈리 지음, 양영란 옮김, 『미래의 물결』(서울: 위즈덤하우스, 2007), 13-15쪽.

40  위의 책, 15쪽.

41  위의 책, 385쪽.

42  위의 책, 385쪽.

43  위의 책, 379-380, 385쪽.

44  위의 책, 378-379, 383-384쪽.

45  자크 아탈리 지음, 권지현 옮김, 『세계는 누가 지배할 것인가』(서울: 청림출판, 2012), 15
쪽.

46  자크 아탈리 지음, 양영란 옮김, 『미래의 물결』, 233쪽.

47  위의 책, 16-18쪽.

48  위의 책, 18-19쪽.

49  Jeremy Rifkin, *The Age of Access: The New Culture of Hypercapitalism, Where All
of Life is a Paid-For Experience*(New York: Penguin Group, 2001).

50  자크 아탈리 지음, 권지현 옮김, 앞의 책, 277-278쪽.

51  위의 책, 16-19쪽.

52  위의 책, 318-319쪽.

53  위의 책, 338-343쪽.

54  다자주의적 프로젝트 사례로는 온실가스 배출을 줄이고 그와 관련된 체계적 위험을 제
어하기 위해 온실가스 배출의 75%를 차지하는 G20이 다양한 사업을 전개하는 것, 세계
금융체계를 제어하고 그와 관련된 체계적 위험을 피하기 위해 세계 GDP의 85%를 차지
하는 IMF의 통화금융위원회가 모든 금융기관에 적용 가능한 자기자본비율을 정하고 세
계 통화체계의 개혁을 수행하는 것, 곡물 비축량의 효율적인 관리를 위해 주요 생산국
모임인 G15가 식량 수급 문제를 향상시키는 것 등을 들 수 있다(위의 책, 346-347쪽).

55  위의 책, 343-350쪽.

56  위의 책, 350-357쪽.

57  자크 아탈리 지음, 양진성 옮김, 『더 나은 미래』(서울: 청림출판, 2011), 201-207쪽.

58  박영숙·제롬 글렌·테드 고든·엘리자베스 플로레스큐 지음, 『유엔미래보고서』(서울: 교
보문고, 2012), 139-141쪽.

59  https://post.naver.com/viewer/postView.nhn?volumeNo=30388732&memberNo=30
120665&vType=VERTICAL (2023.2.17.); https://economychosun.com/site/data/html_
dir/2014/08/27/2014082700012.html (2023.2.17.)

60  리처드 니스벳 지음, 최인철 옮김, 『생각의 지도』, 83-163쪽.

61  *On the Trinity*, Book VIII, Outline 2, p.3.

62  *On the Trinity*, Book VIII, ch.1, p.5.

63  *On the Trinity*, Book VIII, Outline 9, p.3.

64  "John" in *Bible*, 4:23; "John" in *Bible*, 4:24.

65  Fritjof Capra, *The Tao of Physics*, p.278.
66  최민자, 『호모커넥투스: 초연결 세계와 신인류의 연금술적 공생』(서울: 모시는사람들, 2020), 11쪽.
67  탄허 지음, 『탄허록』, 45쪽.

# 1. 경전 및 사서

『高麗史』　　　　　　　『舊唐書』　　　　　　　『揆園史話』
『金剛經』　　　　　　　『金剛經五家解』　　　　『金剛三昧經論』
『金史』　　　　　　　　『南史』　　　　　　　　『論語』
『檀奇古事』　　　　　　『大乘起信論』　　　　　『大乘起信論別記』
『大乘起信論疏』　　　　『大倧敎經典』　　　　　『大學』
『唐會要』　　　　　　　『道德經』　　　　　　　『頓悟無生般若頌』
『東經大全』　　　　　　『童蒙先習』　　　　　　『東史綱目』
『孟子』　　　　　　　　『明心寶鑑』　　　　　　『戊辰六條疏』
『般若心經』　　　　　　『樊川文集』　　　　　　『碧巖錄』
『符都誌』　　　　　　　『史記』　　　　　　　　『山海經』
『三國史記』　　　　　　『三國遺事』　　　　　　『三國志』
『三一神誥』　　　　　　『三一哲學譯解倧經合編』　『書經』
『成宗實錄』　　　　　　『聖學十圖』　　　　　　『世祖實錄』
『世宗實錄』　　　　　　『續日本紀』　　　　　　『續日本後紀』
『宋高僧傳』　　　　　　『宋史』　　　　　　　　『宋書』
『隨書』　　　　　　　　『修行本起經』　　　　　『新唐書』
『十門和諍論』　　　　　『梁書』　　　　　　　　『禮記』
『睿宗實錄』　　　　　　『易經』　　　　　　　　『涅槃宗要』
『遼史』　　　　　　　　『龍潭遺詞』　　　　　　『六祖壇經』
『栗谷全書』　　　　　　『元史』　　　　　　　　『魏書』
『義菴聖師法說』　　　　『應製詩註』　　　　　　『二入四行論』
『日本書紀』　　　　　　『入唐求法巡禮行記』　　『莊子』
『正易』　　　　　　　　『帝王韻紀』　　　　　　『朝鮮經國典』
『朝鮮王朝實錄』　　　　『周書』　　　　　　　　『朱子語類』
『周子全書』　　　　　　『中阿含經』　　　　　　『中庸』
『晉書』　　　　　　　　『澄心錄追記』　　　　　『參佺戒經』
『天道教經典』　　　　　『天符經』　　　　　　　『册府元龜』
『春秋』　　　　　　　　『太極圖說』　　　　　　『退溪全書』
『標題音柱東國史略』　　『漢書』　　　　　　　　『海月神師法說』
『華嚴經』　　　　　　　『華嚴一乘法界圖』　　　『桓檀古記』
『皇極經世書』　　　　　『後漢書』　　　　　　　『欽定滿洲源流考』

## 2. 국내 저서 및 논문

계연수 편저, 안경전 역주, 『환단고기』, 대전: 상생출판, 2012.

고려대학교 한국사연구소 편, 『역주 고조선사료집성 국내편』, 서울: 새문사, 2019.

고려대학교 한국사연구소 편, 『남당 박창화의 한국사 인식과 저술』, 파주: 경인문화사, 2019.

고준환, 『하나되는 한국사』, 서울: 한국교육진흥재단, 2002.

고준환, 『밝해문명사』, 서울: 동쪽나라, 2020.

구본권, 「인공지능 시대가 가져올 변화와 과제」, 한국포스트휴먼연구소·한국포스트휴먼학
　　　회 편저, 『포스트휴먼 시대의 휴먼』, 파주: 아카넷, 2016.

그렉 브레이든 외 지음, 이창미·최지아 옮김, 『World Shock 2012』, 서울: 쌤앤파커스, 2008.

김문경 역주, 『엔닌의 입당구법순례행기』, 서울: 중심, 2001.

김문경, 「唐日문화교류와 신라神 신앙」, 『동방학지』 54·55·56합집, 연세대학교 국학연구원,
　　　1987.

김삼웅, 『의암 손병희 평전』, 서울: 채륜, 2017.

김상기, 「고대의 무역형태와 나말(羅末)의 해상발전에 취(就)하야─청해진대사 장보고를 주
　　　로 하야」, 『진단학보』 1·2, 진단학회, 1934·1935.

김상일, 『인류 문명의 기원과 한』, 대전: 상생출판, 2018.

김상일, 『주역 너머 정역』, 대전: 상생출판, 2017.

김성호, 『비류백제와 일본의 국가기원』, 서울: 지문사, 1982.

김영철, 「동학사상에 내재된 네오휴머니티」, 『동학학보』 제56호, 동학학회, 2020.

김영한, "푸코, 데리다, 료타르의 해체사상," 『해석학연구』 제4집, 한국해석학회, 1997.

김인숙·남유선 지음, 『4차 산업혁명, 새로운 미래의 물결』, 수원: 호이테북스, 2016.

김재수, 『2012 지구 대전환』, 일산: 소피아, 2009.

김지하, "조화와 생성의 생명정치를 위하여," 『사회평론 길』(1997. 5).

김진영·김형택·이승준 지음, 『디지털 트랜스포메이션 어떻게 할 것인가』, 서울: e비즈북스,
　　　2017.

김한식, 「고대 한국정치사상연구의 제문제」, 『한국정치외교사논총』 20집, 한국정치외교사
　　　학회, 1998.

김한식, 『한국인의 정치사상』, 서울: 백산서당, 2006.

남창희·정성찬·송옥진, 「세조의 상고사서 수서령의 정치적 요인과 함의」, 『세계환단학회
　　　지』, 3권 1호, 세계환단학회, 2016.

닉 보스트롬 지음, 조성진 옮김, 『슈퍼인텔리전스: 경로, 위험, 전략』, 서울: 까치, 2017.

단국대학교 부설 동양학연구소 편, 『二十五史』 上·中·下, 서울: 단국대학교출판부, 1977.

단학회연구부, 『환단고기』, 서울: 코리언북스, 1998.

대야발 지음, 고동영 역주, 『단기고사』, 서울: 흔 뿌리, 1986.

디팩 초프라 지음, 도솔 옮김, 『바라는 대로 이루어진다』, 서울: 황금부엉이, 2013.

로버트 페페렐 지음, 이선주 옮김, 『포스트휴먼의 조건: 뇌를 넘어선 의식』, 파주: 아카넷, 2017.

로지 브라이도티 지음, 이경란 옮김, 『포스트휴먼』, 파주: 아카넷, 2016.

류강 지음, 이재훈 옮김, 『고지도의 비밀』, 파주: 글항아리, 2011.

류승국, 『한국 유학사』, 서울: 성균관대학교 출판부, 2009.

류시화 옮김, 『티벳 사자의 서』, 서울: 정신세계사, 2001.

리처드 니스벳 지음, 최인철 옮김, 『생각의 지도』, 서울: 김영사, 2004.

림관헌 지음, 『한국 유학의 연원과 전개』, 서울: 성균관대학교 출판부, 2013.

마셜 밴 앨스타인·상지트 폴 초더리·제프리 파커 지음, 이현경 옮김, 『플랫폼 레볼루션』, 서울: 부키, 2017.

문광 지음, 『탄허학 연구』, 서울: 조계종출판사, 2022.

미셸 푸코 지음, 이규현 옮김, 『성의 역사 1: 앎의 의지』, 서울: 나남, 2004.

미셸 푸코 지음, 오생근 옮김, 『감시와 처벌: 감옥의 역사』, 서울: 나남, 2003.

민희식·이진우·이원일 지음, 『성서의 뿌리(구약): 오리엔트 문명과 구약성서』, 용인: 블루리본, 2008.

박성원 외, 『트랜스휴머니즘 부상에 따른 과학기술 정책 이슈의 탐색』(정책연구 2016-19), 과학기술정책연구원, 2016.

박영숙·제롬 글렌 지음, 『세계 미래 보고서 2023』, 서울: 비즈니스북스, 2022.

박영숙·제롬 글렌 지음, 『유엔미래보고서 2050』, 파주: 교보문고, 2016.

박제상 지음, 김은수 번역·주해, 『부도지』, 서울: 한문화, 2002.

박주현, 「미국-중국 관계에 대한 "지정학의 귀환"과 "지경학" 용어의 의미」, 『KIMS Periscope』 제241호.

박창범, 『하늘에 새긴 우리 역사』, 파주: 김영사, 2002.

박창화 찬술, 김성겸 번역, 『고구려의 숨겨진 역사를 찾아서: 고구리사 抄·略』, 서울: 지샘, 2008.

사마천 지음, 정범진 외 옮김, 『사기본기』 권1 「五帝本紀」 제1, 서울: 까치, 1994.

새뮤얼 노아 크레이머 지음, 박성식 옮김, 『역사는 수메르에서 시작되었다』, 서울: 가람기획, 2018.

선지 역주, 『대화엄일승법계도주』, 서울: 문헌, 2010.

손성태 지음, 『우리민족의 대이동: 아메리카 인디언은 우리민족이다』, 서울: 코리, 2019.

손성태 지음, 『고대 아메리카에 나타난 우리민족의 태극』, 서울: 코리, 2017.

손화철, 「포스트휴먼 시대의 기술철학」, 한국포스트휴먼연구소·한국포스트휴먼학회 편저, 『포스트휴먼 시대의 휴먼』, 파주: 아카넷, 2016.

시오자와 요시노리 지음, 임채성 등 옮김, 『왜 복잡계 경제학인가』, 서울: 푸른길, 1999.

신복룡, 『한국정치사』, 서울: 박영사, 2003.

신상규, 『호모 사피엔스의 미래: 포스트휴먼과 트랜스휴머니즘』, 파주: 아카넷, 2017.

신용하, 『한국 3·1독립운동과 임시정부』, 파주: 경인문화사, 2022.

신용하, 『고조선문명의 사회사』, 파주: 지식산업사, 2018.

신용하, 『동학과 갑오농민전쟁연구』, 서울: 일조각, 2016.

신채호 지음, 김종성 옮김, 『조선상고사』, 고양: 위즈덤하우스, 2014.

심백강, 『사고전서 사료로 보는 한사군의 낙랑』, 서울: 바른역사, 2014.

아미트 고스와미 지음, 이봉호 옮김, 『신은 죽지 않았다』, 서울: 시그마인사이트컴, 2014.

아시아개발은행(ADB) 지음, 박신현·위선주 옮김, 이준규·이창용 감수, 『아시아 미래 대예측』, 고양: 위즈덤하우스, 2012.

안드레 군더 프랑크 지음, 이희재 옮김, 『리오리엔트』, 서울: 이산, 2003.

안드레아 아로마티코 지음, 성기완 옮김, 『연금술: 현자의 돌』, 서울: 시공사, 2011.

안토니오 네그리 지음, 이기웅 옮김, 『전복적 스피노자』, 서울: 그린비, 2005.

안토니오 네그리·마이클 하트 지음, 윤수종 옮김, 『제국』, 서울: 이학사, 2001.

양재학 지음, 『正易과 만나다』, 대전: 상생출판, 2022.

앨러나 콜렌 지음, 조은영 옮김, 『10퍼센트 인간』, 서울: 시공사, 2016.

에드워드 기번 지음, 황건 옮김, 『로마제국쇠망사』, 서울: 까치, 1991.

오경웅 지음, 서돈각·이남영 옮김, 『선학의 황금시대』, 서울: 천지, 1997.

엔닌 지음, 신복룡 번역·주해, 『입당구법순례행기』, 서울: 선인, 2007.

오노 가즈모토 엮음, 김나은 옮김, 『인류의 미래를 묻다: 당대 최고 과학자 8인과 나누는 논쟁적 대화』, 서울: 인플루엔셜, 2022.

오재성, 『우리(右黎)의 역사는?』, 서울: 黎(Li)민족사연구회, 1990.

오재성, 『숨겨진 역사를 찾아서』, 서울: 한민족문화사, 1989.

우실하, 『동북공정너머 요하문명론』, 서울: 소나무, 2007.

유리 미하일로비치 부틴 지음, 이병두 번역, 『고조선 연구: 고조선, 역사·고고학적 개요』, 서울: 아이네아스, 2019.

유발 하라리 지음, 김명주 옮김, 『호모데우스』, 파주: 김영사, 2017.

유발 하라리 지음, 조현욱 옮김, 『사피엔스』, 파주: 김영사, 2016.

유희령, 『표제음주동국사략』, 성남: 한국정신문화연구원, 1985.

윤내현, 『한국고대사』, 서울: 삼광출판사, 1990.

윌 듀런트 지음, 왕수민·한상석 옮김, 『문명 이야기(동양 문명 1-1)』, 서울: 민음사, 2011.

이기동, 「장보고와 그의 해상왕국」, 『장보고의 신연구』, 완도문화원, 1985,

이기동·정창건 역해, 『환단고기』, 서울: 도서출판 행촌, 2019.

이대열 지음, 『지능의 탄생』, 서울: 바다출판사, 2017.

이덕일·김병기, 『고조선은 대륙의 지배자였다』, 서울: 역사의 아침, 2006.

이병도·최태영, 『한국상고사입문』, 서울: 고려원, 1989.

이시영, 『감시만어』, 서울: 일조각, 1983.

이시와타리 신이치로 지음, 안희탁 옮김, 『백제에서 건너간 일본 천황』, 서울: 지식여행, 2002.

이원태 외 8인, 『포스트휴먼(Post-Human) 시대 기술과 인간의 상호작용에 대한 인문사회
학제간 연구』, 정책연구(14-59), 정보통신정책연구원(KISDI), 2014.

이일봉, 『실증 한단고기』, 서울: 정신세계사, 2017.

이병주 감수, 남주성 역주, 『흠정만주원류고』, 서울: 글모아출판, 2010.

이정호, 『정역연구』, 서울: 국제대학출판부, 1983.

이정희, 「동학의 생명원리와 생명윤리」, 『동학학보』 제15호, 동학학회, 2008.

이정희, 『한국 현대정치사의 쟁점』, 고양: 도서출판 인간사랑, 2018.

이한구·신중섭 편, 『인공지능과 포스트휴먼』, 서울: 경희대학교 출판문화원, 2022.

임승국 번역·주해, 『한단고기』, 서울: 정신세계사, 1986.

임종호, "자연의학의 혁명," 미내사클럽, 『지금여기』, vol. 71(2007, 9/10).

임형진, 「동학에서 천도교로의 개편과 3·1독립혁명」, 『동학학보』 제45호, 동학학회, 2017.

자크 아탈리 지음, 권지현 옮김, 『세계는 누가 지배할 것인가』, 서울: 청림출판, 2012.

자크 아탈리 지음, 양진성 옮김, 『더 나은 미래』, 서울: 청림출판, 2011.

자크 아탈리 지음, 양영란 옮김, 『위기 그리고 그 이후』, 서울: 위즈덤하우스, 2009.

자크 아탈리 지음, 양영란 옮김, 『미래의 물결』, 서울: 위즈덤하우스, 2007.

장회익, "'온생명과 현대문명," 『계간 과학사상』(1995 봄).

전종근·김승년, 「2019 한류의 경제적 파급효과 연구」, KOFICE 연구보고서(2020.3).

정연규, 『대한상고사』, 서울: 한국문화사, 2005.

정운용, 「일제하 신라 화랑 연구와 남당 박창화의 『화랑세기』」, 고려대학교 한국사연구소
편, 『남당 박창화의 한국사 인식과 저술』, 파주: 경인문화사, 2019.

정인보, 『조선사 연구』, 서울: 우리역사연구재단, 2013.

제러미 리프킨 지음, 안진환 번역, 『회복력 시대』, 서울: 민음사, 2022.

제이콥 브로노우스키 지음, 임경순 옮김, 『과학과 인간의 미래』, 파주: 김영사, 2011.

조극훈, 「『금강경(金剛經)』과 『무체법경(無體法經)』에 나타난 무아(無我)와 공(空)의 문제」,
『동학학보』 제62호, 동학학회, 2022.

조르조 아감벤 지음, 박진우 옮김, 『호모 사케르』, 서울: 새물결, 2008.

조명기 편, 『원효대사전집』, 서울: 보련각, 1978.

존 카터 코벨 지음, 김유경 엮어옮김, 『한국문화의 뿌리를 찾아: 무속에서 통일신라 불교가
꽃피기까지』, 서울: 학고재, 1999.

존 M. 홉슨 지음, 정경옥 옮김, 『서구 문명은 동양에서 시작되었다』, 서울: 에코리브르, 2005.

존 홀런드 지음, 김희봉 옮김, 『숨겨진 질서』, 서울: 사이언스북스, 2001.

주동주 지음, 『수메르 문명과 역사』, 파주: 범우, 2018.

찰스 햅굿 지음, 김병화 옮김, 『고대 해양왕의 지도』, 서울: 김영사, 2005.

최남선, 『고사통』, 경성부: 삼중당서점, 1943.

최동, 『조선상고민족사』, 서울: 인간사, 1988.

최민자, 『한국학강의: 메타버스 시대를 여는 지혜의 보고(寶庫)』, 서울: 모시는사람들, 2022.

최민자, 『동학과 현대과학의 생명사상』, 서울: 도서출판 모시는사람들, 2021.

최민자, 『호모커넥투스』, 서울: 도서출판 모시는사람들, 2020.

최민자, 『스피노자의 사상과 그 현대적 부활』, 서울: 모시는사람들, 2015.

최민자, 『동서양의 사상에 나타난 인식과 존재의 변증법』, 서울: 도서출판 모시는사람들, 2011.

최민자, 『통섭의 기술』, 서울: 도서출판 모시는사람들, 2010.

최민자, 『생태정치학: 근대의 초극을 위한 생태정치학적 대응』, 서울: 모시는사람들, 2007.

최민자, 『천부경·삼일신고·참전계경』, 서울: 도서출판 모시는사람들, 2006.

최재석, 『고대한일관계사 연구 비판』, 파주: 경인문화사, 2010.

최진, 『다시쓰는 한·일 고대사』, 서울: 대한교과서(주), 1996.

최태영, 『한국 고대사를 생각한다』, 서울: 눈빛, 2002.

최태영, 『인간 단군을 찾아서』, 서울: 학고재, 2000.

최태영, 『한국상고사』, 서울: 유풍출판사, 1990.

최태영, 『서양법철학의 역사적 배경』, 서울: 숙명여자대학교출판부, 1977.

최홍규, 『신채호의 역사학과 민족운동』, 서울: 일지사, 2005.

캐리 파울러 지음, 허형은 옮김, 『세계의 끝 씨앗 창고: 스발바르 국제종자저장고 이야기』, 서울: 마농지, 2021.

켄 윌버 지음, 정창영 옮김, 『켄 윌버의 통합 비전』, 서울: 물병자리, 2009.

클라우스 슈밥 지음, 송경진 옮김, 『제4차 산업혁명』, 서울: 메가스터디(주), 2016.

탄허, 『부처님이 계신다면』, 서울: 교림, 2021.

탄허 지음, 『탄허록』, 서울: 한겨레엔, 2012.

탄허불교문화재단, 『탄허 대종사 연보(呑虛 大宗師 年譜)』, 서울: 도서출판 교림, 2012.

톰 하트만 지음, 김옥수 옮김, 『우리 문명의 마지막 시간들』, 서울: 아름드리미디어, 1999.

표영삼 지음, 『동학 2: 해월의 고난 역정』, 서울: 통나무, 2014.

풍우란 지음, 정인재 역, 『중국철학사』, 서울: 형설출판사, 1977.

피터 드러커 지음, 이재규 옮김, 『넥스트 소사이어티』, 서울: 한국경제신문 한경BP, 2007.

한국·동양정치사상사학회 엮음, 『한국정치사상사』, 서울: 백산서당, 2005.

한국정신문화연구원, 『한국상고사의 제문제』, 성남: 한국정신문화연구원, 1987.

한국포스트휴먼연구소·한국포스트휴먼학회 편저, 『포스트휴먼시대의 휴먼』, 파주: 아카넷, 2016.

한정호, 『대조선민족사』, 서울: 홍익출판기획, 2002.

해상왕장보고연구회 편, 『7-10세기 한·중·일 교역관계연구논문집』, (재)해상왕장보고기념사업회, 2003.

허남진 외 편역, 『한국철학자료집: 불교편 1 삼국과 통일신라의 불교사상』, 서울: 서울대학교출판문화원, 2011.

황선희, 『한국 근대사의 재조명』, 서울: 국학자료원, 2003.

# 3. 국외 저서 및 논문

Asian Development Bank, *Asia 2050: Realizing the Asian Century*, New Delhi, London, Los Angeles, Singapore and Washington D.C.: SAGE Publications India Pvt. Ltd., 2011.

Asvaghosa, *The Awakening of Faith*, trans. Teitaro Suzuki, Mineola, New York: Dover Publications, INC., 2003.

Augustine, *The City of God*, translated by Marcus Dods, D. D., Peabody, Massachusetts: Hendrickson Publishers, Inc., 2010.

Augustine, *On the Trinity*, edited by gateth B. Matthews, translated by Stephen McKenna, Cambridge: Cambridge University Press, 2002.

Augustine, *Confessions*, translated with an introduction by R. S. Pine-Coffin, London: Penguin Books, 1961.

Augustine, *On Free Choice of the Will*, translated with introduction and notes by Thomas Williams, Indianapolis/Cambridge: Hackett Publishing Company, 1993.

Bertalanffy, Ludwig von, *General System Theory: Foundations, Development, Applications*, New York: Braziller, 1968.

Bohm, David, *Wholeness and the Implicate Order*, London: Routledge & Kegan Paul, 1980.

Bostrom, Nick, "Why I Want to be a Posthuman When I Grow Up," in Bert Gordijn and Ruth Chadwick(eds.), *Medical Enhancement and Posthumanity*, New York: Springer, 2008.

Braden, Gregg, *The Divine Matrix*, New York: Hay House, Inc., 2007.

Capra, Fritjof, *The Web of Life*, New York: Anchor Books, 1996.

Capra, Fritjof, *Belonging to the Universe: Exploration on the frontiers of Science and Spirituality*, New York: Harper & Row Publishers, Inc., 1991.

Capra, Fritjof, *The Turning Point*, New York: Simon & Schuster, 1982.

Capra, Fritjof, *The Tao of Physics*, Boston: Shambhala Publications, Inc., 1975.

"Chandogya Upanishad" in *The Upanishads*, translated from the Sanskrit with an introduction by Juan Mascaro, London: Penguin Books Ltd., 1962.

Copleston, Frederick, S. J., *A History of Philosophy*, Westminster, Maryland: The Newman Press, 1962.

Covell, Jon Carter & Alan Covell, *Korean Impact on Japanese Culture*, Hollym International Corp., 1984.

Dante, Alighieri, *The Divine Comedy: Hell, Purgatory, Paradise*, translated by Henry F. Cary, Danbury, Conn.: Grolier Enterprises Corp., 1980.

Dawkins, Richard, *The God Delusion*, New York: Houghton Mifflin Company, 2006.

Desjardins, J. R., *Environmental Ethics: An Introduction to Environmental Philosophy*, California: Wadsworth Publishing Company, 1997.

Drucker, Peter F., *Managing in the Next Society*, New York: St. Martin's Griffin, 2002.

Foggo, James and Steven Wills, "Back to the Future: Resurrecting 'Air/Sea Battle' in the Pacific," *Defense*, 24 January 2023.

Foucault, Michel, *Discipline & Punish: The Birth of the Prison*, translated by Alan Sheridan, New York: Vintage Books, 1995.

Friedman, Norman, *Bridging Science and Spirit: Common Elements in David Bohm's Physics, the Perennial Philosophy and Seth*, New Jersey: The Woodbridge Group, 1993.

Gilding, Paul, *The Great Disruption*, London: Bloomsbury Publishing PLC, 2011.

Goswami, Amit, *The Self-Aware Universe: How Consciousness Creates the Material World*, New York: Tarcher/Putnam, 1995.

Gray, Chris Hables, *Cyborg Citizen*, New York and London: Routledge, 2002.

Hardt, Michael and Antonio Negri, *Multitude: War and Democracy in the Age of Empire*, New York: Penguin Books, 2004.

Hardt, Michael and Antonio Negri, *Empire*, Cambridge, Massachusetts: Harvard University Press, 2000.

Hegel, *Philosophy of Mind*, translated from *the Encyclopedia of the Philosophical Sciences* by William Wallace, Oxford: The Clarendon Press, 1994.

Hegel, *Philosophy of Right*, edited and translated by T. M. Knox, Oxford: Oxford University Press, 1980.

Hegel, *The Phenomenology of Mind*, translated by J. B. Baillie, London: George Allen & Unwin, 1931.

Heisenberg, Werner, *Physics and Beyond*, New York: Harper & Row, 1971.

Hobson, John M., *The Eastern Origins of Western Civilisation*, Cambridge: Cambridge University Press, 2004.

Hodgson, Marshall G. S., *Rethinking World History*, New York: Cambridge University Press, 1993.

Hulbert, Homer B., *The Passing of Korea*, Reprinted by Seoul: Yonsei University Press, 1969.

"Isa Upanishad" in *The Upanishads*, translated from the Sanskrit with an introduction by Juan Mascaro, London: Penguin Books Ltd., 1962.

"Kata Upanishad" in *The Upanishads*, translated from the Sanskrit with an introduction by Juan Mascaro, London: Penguin Books Ltd., 1962.

Kim, Kook-Chin, "The Pacific Era and the Korean Maritime Security," in Dalchoong Kim

& Doug-Woon Cho(eds.), *Korean Sea Power and The Pacific Era*, Institute of East and West Studies, Yonsei University, 1990.

Koh, Tommy, *America's Role in Asia : Asian Views*, Asia Foundation, Center for Asian Pacific Affairs, Report no.13, Nov. 1993.

Kurzweil, Ray, *The Singularity is Near: When Humans Transcend Biology*, London: Penguin Books, 2005.

Kurzweil, Ray, *The Age of Spiritual Machines: When Computers Exceed Human Intelligence*, New York: Penguin Books, 1999.

Kurzweil, Ray, *The Age of Intelligent Machines*, Cambridge, Mass.: MIT Press, 1990.

Lawrence E. Joseph, *Apocalypse 2012: An Investigation into Civilization's End*, New York: Broadway Books, 2007.

Lipson, Leslie, "The Philosophy of Democracy - Can Its Contradictions Be Reconciled?" *Journal of International Affairs*, vol.38, no.2(winter 1985).

Lovelock, James, *The Revenge of Gaia*, New York: Basic Books, 2006.

"Maitri Upanishad" in *The Upanishads*, translated from the Sanskrit with an introduction by Juan Mascaro, London: Penguin Books Ltd., 1962.

"Mandukya Upanishad" in *The Upanishads*, translated from the Sanskrit with an introduction by Juan Mascaro, London: Penguin Books Ltd., 1962.

Harold J. Morowitz, "Biology as a cosmological science," *Main Currents in Modern Thought*, vol. 28, 1972.

Hawking, Stephen, Stuart Russell, Max Tegmark, Frank Wilczek, "Stephen Hawking: Transcendence looks at the implications of artificial intelligence - but are we taking AI seriously enough?", *The Independent*, 2 May 2014.

"Mundaka Upanishad" in *The Upanishads*, translated from the Sanskrit with an introduction by JuanMascaro, London: Penguin Books Ltd., 1962.

Mies, Maria & Vandana Shiva, *Ecofeminism*, New Delhi: Zed Books, 1993.

Naas, Michael, *Taking on the Tradition: Jacques Derrida and the Legacies of Deconstruction*, Stanford, CA: Stanford University Press, 2003.

Nicolis, G. and Ilya Prigogine, *Self-Organization in Nonequilibrium Systems: From Dissipative Structures to Order through Fluctuations*, New York: Jone Wiley & Sons, 1977.

O'Neil, Cathy, *Weapons of Math Destruction: How Big Data Increases Inequality and Threatens Democracy*, New York: Crown Publishing Group, 2016.

Ong, Walter J., *Orality and Literacy*, London and New York: Routledge, 2012.

Padma-Sambhava, *The Tibetan Book of the Great Liberation*, Introductions, Annotations and Editing by W. Y. Evans-Wents, with Psychological Commentary by C. G. Jung, with a new Foreword by Donald S. Lopez, Jr., London: Oxford University

Press, 2000.

Padma-Sambhava, *The Tibetan Book of the Dead : Liberation through Understanding in the Between*, translated by Robert A. F. Thurman and foreword by H. H. the Dalai Lama, New York: Bantam Books, 1994.

Pagels, Heinz, *The Cosmic Code*, New York: Simon and Schuster, 1982.

Plato, *Republic*, translated by G. M. A. Grube, revised by C. D. C. Reeve, Indianapolis/Cambridge: Hackett Publishing Company Inc., 1992.

Plato, *Plato's Statesman*, translated by J. B. Skemp, Indianapolis/Cambridge: Hackett Publishing Company Inc., 1992.

Poling, Gregory B., "Southeast Asia stands firm in the South China Sea," *East Asia Forum*, 23 January 2023.

Prigogine, llya and Isabelle Stengers, *Order out of Chaos: Man's New Dialogue with Nature*, foreword by Alvin Toffler, Toronto, New York: Bantam Books, 1984.

Prigogine, Ilya, *From Being to Becoming*, San Francisco: Freeman, 1980.

Quigley, Carroll, *The Evolution of Civilizations: An Introduction to Historical Analysis*, 2nd ed., Indianapolis: Liberty Press, 1979.

Reischauer, Edwin O., *Ennin's Travels in T'ang China*, New York: The Ronald Press Co., 1955.

Rifkin, Jeremy, *The Hydrogen Economy*, New York: Tarcher/Penguin, 2002.

Rifkin, Jeremy, *The Age of Access: The New Culture of Hypercapitalism, Where All of Life is a Paid-For Experience*, New York: Penguin Group, 2001.

Rogers, David L., *The Digital Transformation Playbook*, New York: Columbia University Press, 2016.

Rousseau, J. J., *A Discourse on Inequality*, translated with an Introduction and Notes by Maurice Cranston, London : Penguin Books Ltd., 1984.

Spinoza, Benedict de, "The Ethics," in *The Benedict de Spinoza Reader*, translated from the Latin by R. H. M. Elwes, Radford, VA: Wilder Publications, 2007.

Spinoza, Benedict de, "On the Improvement of the Understanding," in *The Benedict de Spinoza Reader*, translated from the Latin by R. H. M. Elwes, Radford, VA: Wilder Publications, 2007.

Squires, E. J., *The Mystery of the Quantum World*, Bristol, U.K.: Adam Hilger Ltd., 1986.

"Svetasvatara Upanishad" in *The Upanishads*, translated from the Sanskrit with an introduction by Juan Mascaro, London: Penguin Books Ltd., 1962.

Talbot, Michael, *The Holographic Universe*, New York: Harper Perennial, 1992.

*The Bhagavad Gita*, translated from the Sanskrit with an introduction by Juan Mascaro, London: Penguin Books Ltd., 1962.

*The Upanishads*, translated from the Sanskrit with an introduction by Juan Mascaro,

London: Penguin Books Ltd., 1962.

Till, Geoffrey, "The Maritime Dimension of Korean Security," in Dalchoong Kim & Doug-Woon Cho(eds.), *Korean Sea Power and The Pacific Era*, Institute of East and West Studies, Yonsei University, 1990.

WEF, "Deep Shift-Technology Tipping Points and Societal Impact," Survey Report, Global Agenda Council on the Future of Software and Society, September 2015.

West, Geoffrey, *Scale: The Universal Laws of Life, Growth, and Death in Organisms, Cities, and Companies*, New York: Penguin Books, 2018.

Whitehead, Alfred North, *Process and Reality*, New York: Macmillan, 1929.

Wilber, Ken, *A Brief History of Everything*, Boston: Shambhala, 2007.

Wilber, Ken, *The Eye of Spirit*, Boston & London: Shambhala Publications Inc., 2001.

Wilber, Ken, *Integral Psychology: Consciousness, Spirit, Psychology, Therapy*, Boston, Massachusetts: Shambhala Publications Inc., 2000.

Wilber, Ken, *Eye to Eye*, Boston, Massachusetts: Shambhala Publications Inc., 1999.

Wilber, Ken, *The Collected Works of Ken Wilber*, Vol I, Boston & London: Shambhala, 1999.

Wilber, Ken, *The Marriage of Sense and Soul: Integrating Science and Religion*, New York: Broadway Books, 1998.

Wilber, Ken, *The Atman Project: A Transpersonal View of Human Development*, Wheaton, Illinois: Quest Books, 1996.

Wolf, Fred Alan, *Dr. Quantum's Little Book of Big Ideas: Where Science Meets Spirit*, Needham, Massachusetts: Moment Point Press, 2005.

Wolf, Fred Alan, *Mind Into Matter: A New Alchemy of Science and Spirit*, Needham, Massachusetts: Moment Point Press, 2000.

Wolf, Fred Alan, *The Spiritual Universe: One Physicist's Vision of Spirit, Soul, Matter and Self*, Portsmouth, NH: Moment Point Press, 1999.

金憲銓 編著, 任正雲 譯, 『桓國正統史』, 大阪: 三省イデア, 2000.

鹿島昇, 「桓檀古記と邪馬臺國」, 坂口義弘 편, 『歷史と現代』, 東京: 歷史と現代史, 1980.

徐亮之, 『中國史前史話』, 香港: 亞洲出版社, 民國32(1943).

# 4. 인터넷 사이트 및 기타

http://news.chosun.com/site/data/html_dir/2016/03/11/2016031100283.html (2022.9.11.)

http://biz.chosun.com/site/data/html_dir/2016/07/21/2016072100204.html (2022.9.12.)

http://slownews.kr/55083 (2022.9.13.)

http://slownews.kr/56435 (2022.9.14.)

http://www.extropy.org (2022.9.16.)

https://100.daum.net/encyclopedia/view/54XXX9800031 (2022.10.8.)

http://www.newstown.co.kr/news/articleView.html?idxno=49207 (2022.10.9.)

https://terms.naver.com/entry.naver?docId=2808931&cid=62102&categoryId=62102 (2022.10.9.)

https://www.youtube.com/watch?v=c0tBM0YZapY (2022.10.10.)

https://www.chosun.com/national/weekend/2022/10/01/TE27BBBH4BAJVCFHUEN7 EHD3XM/ (2022.10.12.)

https://ko.wikipedia.org/wiki/%ED%9B%99%EC%82%B0_%EB%AC%B8%ED%99%94 (2022.10.13.)

http://www.anewsa.com/detail.php?number=952945 (2022.10.13.)

http://www.anewsa.com/detail.php?number=952945 (2022.10.13.)

http://100.daum.net/encyclopedia/view/61XX10800031 (2022.10.13.)

https://terms.naver.com/entry.nhn?docId=1224678&cid=40942&categoryId=32202 (2022.10.18.)

https://ko.wikipedia.org/wiki/%EB%B3%B5%EC%9E%A1%EA%B3%84 (2022.10.18.)

https://unshelli.blogspot.kr/2015_04_01_archive.html (2022.10.23)

http://egloos.zum.com/sockin/v/785263 (2022.10.23)

http://opensciences.org/files/pdfs/ISPMS-Summary-Report.pdf (2022.10.23.)

https://ko.wikipedia.org/wiki/%ED%9B%99%EC%82%B0_%EB%AC%B8%ED%99%94 (2022.10.25.)

http://www.anewsa.com/detail.php?number=952945 (2022.10.25.)

http://100.daum.net/encyclopedia/view/61XX10800054 (2022.10.27.)

https://www.hani.co.kr/arti/culture/book/647392.html (2022.11.1.)

http://encykorea.aks.ac.kr/Contents/Item/E0031501 (2022.11.11.)

https://db.history.go.kr/download.do?levelId=hn_018_0060&fileName=hn_018_0060. pdf (2022.11.11.)

https://www.ibulgyo.com/news/articleView.html?idxno=215913 (2022.12.8.)

https://www.ibulgyo.com/news/articleView.html?idxno=215913 (2022.12.8.)

http://contents.history.go.kr/mobile/km/view.do?levelId=km_029_0040_0010_0010 (2022.12.17.)

https://n.news.naver.com/mnews/article/001/0006440143?sid=104 (2022.12.18.)

https://terms.naver.com/entry.naver?docId=6598770&cid=42107&categoryId=42107 (2022.12.20.)

https://www.joongang.co.kr/article/23912367 (2022.12.20.)

https://www.korea.kr/news/policyNewsView.do?newsId=148908196 (2022.12.20.)

http://premium.chosun.com/site/data/html_dir/2014/01/24/2014012402939.html
(2022.12.26.)

http://www.kookje.co.kr/news2011/asp/newsbody.asp?code=1600&key=20190711.
22019004747 (2022.12.26.)

http://www.futurekorea.co.kr/news/articleView.html?idxno=27336 (2022.12.27.)

https://ko.wikipedia.org/wiki/%EB%B2%A0%EB%A7%81_%EC%9C%A1%EA%B5%90
(2022.12.27.)

https://nownews.seoul.co.kr/news/newsView.php?id=20080804601002 (2023.1.1.)

https://www.hankyung.com/life/article/201105012371k (2023.1.1.)

http://100.daum.net/encyclopedia/view/61XX10800054 (2023.1.1.)

https://www.chosun.com/economy/tech_it/2022/12/15/Z6GYOCHK6FFD7H4ZBDW
W4OWNGM/ (2023.1.2.)

https://www.chosun.com/economy/science/2022/12/15/XO2H2RJZJBCEDEXUJTBP
DVLQ6Y/?utm_source=naver&utm_medium=referral&utm_campaign=naver-
news (2023.1.2.)

https://www.chosun.com/economy/science/2022/10/06/KZWC3MY4QVGQ7AEHD
M3A5LT4QM/ (2023.1.3.)

http://www.irobotnews.com/news/articleView.html?idxno=11477 (2023.1.3.)

https://www.yna.co.kr/view/AKR20210708059300009 (2023.1.3.)

https://www.chosun.com/economy/tech_it/2022/12/15/Z6GYOCHK6FFD7H4ZBDWW
4OWNGM/ (2023.1.4.)

https://www.ytn.co.kr/_ln/0134_202210251542302309 (2023.1.4.)

https://www.yna.co.kr/view/AKR20220723027500009 (2023.1.4.)

https://news.sbs.co.kr/news/endPage.do?news_id=N1006943115 (2023.1.4.)

https://www.segye.com/newsView/20221028500191 (2023.1.4.)

https://www.yna.co.kr/view/AKR20221104154900109 (2023.1.4.)

http://plus.hankyung.com/apps/newsinside.view?aid=2022110480827 (2023.1.4.)

https://www.joongang.co.kr/article/25115211 (2023.1.4.)

https://blog.naver.com/kima20298/222973777693 (2023.1.5.)

http://www.greenpostkorea.co.kr/news/articleView.html?idxno=119243 (2023.1.5.)

https://m.dongascience.com/news.php?idx=56629 (2023.1.6.)

https://post.naver.com/viewer/postView.nhn?volumeNo=27670968&memberNo=301206
65&vType=VERTICAL (2023.1.6.)

http://monthly.chosun.com/client/news/viw.asp?nNewsNumb=200908100113 (2023.1.7.)

https://www.hankookilbo.com/News/Read/201810121627769791 (2023.1.7.)

http://www.ohmynews.com/NWS_Web/Series/series_premium_pg.aspx?CNTN_
CD=A0002830754&CMPT_CD=P0010&utm_source=naver&utm_medium=

newsearch&utm_campaign=naver_news (2023.1.7.)

http://biz.chosun.com/site/data/html_dir/2013/03/04/2013030402852.html (2023.1.8.)

http://biz.chosun.com/site/data/html_dir/2013/03/04/2013030402852.html (2023.1.8.)

https://www.mk.co.kr/economy/view/2022/1008349 (2023.1.8.)

https://biz.chosun.com/topics/kjs_interstellar/2022/12/10/QLSSOTQFBFG6BNNJH4V
Q6XYO5A/ (2023.1.9.)

https://www.chosun.com/site/data/html_dir/2010/02/04/2010020400005.html
(2023.1.11.)

http://weeklybiz.chosun.com/site/data/html_dir/2011/05/27/2011052701299.html
(2023.1.11.)

https://www.hani.co.kr/arti/science/technology/1035369.html (2023.1.12.)

https://www.hani.co.kr/arti/science/technology/1035369.html (2023.1.12.)

https://blog.naver.com/mofakr/222853793749 (2023.1.12.)

https://terms.naver.com/entry.naver?docId=300225&cid=43665&categoryId=43665
(2023.1.12.)

https://terms.naver.com/entry.naver?docId=1222068&cid=40942&categoryId=31721
(2023.1.12.)

https://www.khan.co.kr/opinion/column/article/202209260300125 (2023.1.13.)

https://misterio.tistory.com/entry/%EB%87%8C%EC%99%80-%EC%9D%B8%EA%B3%B5%
EC%A7%80%EB%8A%A5AI%EC%9D%98-%EC%95%8C%EA%B3%A0%EB%A6%AC%EC%
A6%98Algorithm (2023.1.13.)

https://www.mk.co.kr/news/culture/8101370 (2023.1.14.)

https://www.chosun.com/economy/science/2022/10/06/KZWC3MY4QVGQ7AEHDM3
A5LT4QM/ (2023.1.14.)

https://terms.naver.com/entry.naver?docId=2055272&cid=44411&categoryId=44411
(2023.1.15.)

https://thebulletin.org/doomsday-clock/#nav_menu (2023.1.25.)

http://opensciences.org/files/pdfs/ISPMS-Summary-Report.pdf (2023.1.31.)

https://www.hankyung.com/international/article/2023010915581 (2023.2.3.)

https://www.youtube.com/watch?v=LY0hCSqkmHg (2023.2.4.)

https://www.youtube.com/watch?v=BITFOrn8BsU (2023.2.4.)

https://www.chosun.com/opinion/dongseonambuk/2022/11/11/4WPX326V2REJPI7PFL6
RH3R6SE/ (2023.2.5.)

https://www.youtube.com/watch?v=TN24SKs3th0 (2023.2.5.)

https://www.youtube.com/watch?v=TN24SKs3th0 (2023.2.6.)

https://weekly.donga.com/3/all/11/3950821/1 (2023.2.11.)

https://www.getnews.co.kr/news/articleView.html?idxno=616265 (2023.2.12) http://a.msn.com/01/ko-kr/AA17pycI (2013.2.13.)

http://news.chosun.com/site/data/html_dir/2014/01/24/2014012400303.html (2023.2.13.)

http://news.chosun.com/site/data/html_dir/2014/01/24/2014012400277.html (2023.2.13.)

https://www.ifans.go.kr/knda/ifans/kor/act/ActivityAreaView.do?sn=13684&boardSe=
pbl (2023.2.17.)

https://www.ifans.go.kr/knda/ifans/kor/act/ActivityView.do?sn=14030&boardSe=pbl
(2023.2.17.)

https://post.naver.com/viewer/postView.nhn?volumeNo=30388732&memberNo=301206
65&vType=VERTICAL (2023.2.17.)

https://economychosun.com/site/data/html_dir/2014/08/27/2014082700012.html
(2023.2.17.)

[용어편]

【ㄱ】

## 【ㅊ】

# [도서편]

# 한국학 코드

등록 1994.7.1 제1-1071
1쇄 발행 2023년 5월 10일

지은이     최민자
펴낸이     박길수
편집장     소경희
편 집      조영준
관 리      위현정
디자인     이주향
마케팅     조영준
펴낸곳     도서출판 모시는사람들
          03147 서울시 종로구 삼일대로 457 (경운동 수운회관) 1207호
전 화      02-735-7173, 02-737-7173 / 팩스 02-730-7173
홈페이지    http://www.mosinsaram.com/

인 쇄      피오디북(031-955-8100)
배 본      문화유통북스(031-937-6100)

값은 뒤표지에 있습니다.
ISBN      979-11-6629-163-0   93910